KÖLLEN GOLF

GOLFFÜHRER

FÜR DEUTSCHLAND 2022/23

Vice GOLF
GRATIS
BEDRUCKUNG
BÄLLE GANZ NACH IHREM GESCHMACK.
WEAR IT IF IT CLASHES
HIT HERE
EXKLUSIVER GUTSCHEINCODE
GF22DRUCK
*Geben Sie bei Ihrer Bestellung von personalisierten Vice Golfbällen auf www.vicegolf.com einfach den Gutscheincode GF22DRUCK im Bezahlvorgang ein, und die Druckkosten eines einseitigen Drucks werden automatisch abgezogen. Dieses Angebot ist nur bis zum 31. Dezember 2022 gültig.
DIESES ANGEBOT IST NICHT KOMBINIERBAR MIT WEITEREN VICE GOLF ANGEBOTEN!
WWW.VICEGOLF.COM
HOT LIST SILVER 2021
PRO
PRO
PRO
PRO
TOUR
DRIVE

INHALT

DIESE AUSGABE ENTHÄLT FOLGENDE BEILAGEN:

- KÖLLENCARD
- BROSCHÜRE „INTERNATIONALE REISETIPPS“

Liebe Leserinnen und Leser,

Ihnen zunächst einmal vielen Dank, dass Sie unseren Golfführer für Deutschland 2022/23 erworben haben. Der offizielle Golfführer des Deutschen Golf Verbandes (DGV) erscheint bereits in seiner 13. Auflage.

272! Eine Zahl, über die ich mich kaum mehr freuen könnte. 272 Golfanlagen beteiligen sich in diesem Jahr an unserer Gutschein-Aktion. So viele wie noch nie zuvor und natürlich sind auch in diesem Jahr wieder richtige Knaller dabei. An dieser Stelle möchte ich in erster Linie meinem Team danken, welches jeden Gutschein jährlich immer wieder neu abfragt. Dadurch verhindern wir „Karteileichen" unter unseren Partneranlagen und ermöglichen Ihnen einen reibungslosen Ablauf beim Einlösen der Gutscheine. Mein Tipp: Rufen Sie trotzdem den Club an, bevor Sie eine Startzeit buchen und kündigen Sie dabei unseren Gutschein an.

Gute Golfreisen zeichnen sich natürlich durch gute Golfplätze und schöne Hotels aus. Im Idealfall aber auch durch kurze Wege, z. B. vom Frühstückstisch zum ersten Abschlag. Daher möchte ich Ihnen heute drei Anlagen empfehlen, auf denen diese Wege besonders kurz sind.

Das Golfresort Achental im Chiemgau, zwischen Chiemsee und Kampenwand gelegen, bietet Ihnen Entspannung, Erholung und ein herrliches Golfvergnügen in einmaliger Naturkulisse. Der 18-Loch Meisterschaftsplatz lässt das Golferherz höher schlagen und genau auf diesem Niveau geht es auch nach der Golfrunde weiter, wenn Sie sich von Spitzenkoch Edip Sigl im ess:enz kulinarisch verwöhnen lassen.

Weiter im Norden, genauer gesagt im Taunus in Hessen gelegen, finden Sie das Hofgut Georgenthal. Auch hier können Sie aus dem Hotelbett direkt auf das erste Tee blicken. Golfplatz-Architekt Christian Althaus hat hier 2016 einen Linkskurs ähnlichen Platz gebaut, der seines Gleichen sucht. Jedes Loch ist eine Augenweide, mit beeindruckenden Erdbewegungen vom Tee bis zum Grün. Diesen Platz müssen Sie unbedingt einmal spielen. Sollten Sie in der Nähe sein und einfach nur eine Runde Golf im Georgenthal spielen wollen, dann nutzen Sie doch unsere 2:1-Greenfee-Gutscheine für diesen Club.

Inmitten der großen Mecklenburger Seen, zwischen Berlin und Rostock gelegen, möchte ich Ihnen das Van der Valk Golfhotel Serrahn empfehlen. Werfen Sie doch noch einmal einen Blick auf das Cover dieser Ausgabe des Golfführer für Deutschland. Sie sehen eine herrliche Drohnenaufnahme der 18-Loch-Anlage direkt am Serrahner See. Das Golfhotel bietet Ihnen zahlreiche Angebote aus Übernachtungen inklusive Greenfee und auch hier werden Ihre golferischen und kulinarischen Erwartungen erfüllt. Einen Greenfee-Gutschein für den Golfclub Serrahn finden Sie im hinteren Teil des Buches.

Schweren Herzens mussten wir uns in diesem Jahr von der beliebten Deutschlandkarte trennen. Die gestiegenen Produktionskosten, bedingt durch die extremen Entwicklungen der Papierpreise, haben uns zum Handeln gezwungen. Wir mussten uns entscheiden: erhöhen wir den Verkaufspreis oder reduzieren wir die Produktionskosten. Um Ihnen den Golfführer zum gewohnten Preis anbieten zu können, haben wir uns entschlossen, auf die Produktion und Beilage der Karte zu verzichten. Aber ich verspreche Ihnen, sollte sich die Lage am Papiermarkt wieder entspannen, wird es ein Comeback der Deutschlandkarte geben.

Golf in Deutschland hat viel zu bieten. Bleiben Sie dabei und spielen Sie viele tolle Golfrunden.

Im Namen des gesamten Köllen Golf Teams wünsche ich Ihnen allzeit ein gutes Spiel.
Vielleicht sehen wir uns dieses Jahr mal auf dem Platz. Ich würde mich freuen!

Bastian Bleeck

Geschäftsführer
Köllen Druck+Verlag GmbH

HINWEISE ZUR NUTZUNG DES GOLFFÜHRERS

Der Köllen Golfführer veröffentlicht Informationen zu Golfplätzen, Kurzplätzen und Driving Ranges in Deutschland. Der Verlag übernimmt keine Gewähr und Haftung auf Vollständigkeit der Nennung von Golfanlagen, Golfclubs oder Anlagenbetreibern. Wird eine Anlage von mehreren Gesellschaften geteilt oder betrieben, wird sie nur einmal im Buch dargestellt. Für die Veröffentlichung der Daten besteht kein Rechtsanspruch aufgrund einer Mitgliedschaft im Deutschen Golf Verband (DGV).

Zur praktischen Handhabung des Golfführers wurden die Golfanlagen (bis auf wenige Ausnahmen) innerhalb der Bundesländer nach Postleitzahlen sortiert. So hat der Nutzer die Möglichkeit, zur Anlage seiner Wahl zusätzlich die naheliegenden Anlagen auf den Seiten davor und danach zu finden.

Die Daten zur Erstellung des Golfführers ergeben sich aus Mitteilungen der Golfanlagen sowie aus Onlinerecherchen des Verlags. Informationen können sich im Laufe eines Jahres verändern. Erfahrungsgemäß unterliegen besonders die Greenfee-Preise Veränderungen und sollten daher nur als Richtpreise gewertet werden. Im Buch werden die Standardpreise für Wochentage und das Wochenende dargestellt. Verfügt die Golfanlage über mehrere Plätze, werden im Buch nur die Preise für den Hauptplatz angegeben. Bitte beachten Sie, dass je nach Mitgliedsform (z.B. VcG oder Fernmitgliedschaften) andere Greenfee-Preise für Sie gelten können. Der Golfführer erhebt keinen Anspruch auf Vollständigkeit der Daten.

Beim Mindest-HCP werden teilweise zwei Werte für WT oder WE angegeben, wenn die Golfanlage für Männer und Frauen unterschiedliche Handicaps voraussetzt. Der erste Wert bezieht sich auf das Mindest-HCP bei Männern.

Über QR-Codes gelangen Sie direkt auf die Onlinedarstellungen der Clubs auf www.golfpost.de. Scannen Sie dazu den abgebildeten Code mithilfe der Kamera Ihres Smartphones oder einer dafür geeigneten App (QR-Code Scanner).

Zur Planung Ihrer Übernachtungsmöglichkeiten präsentieren wir Ihnen ausgesuchte Hotels im direkten Umfeld der Golfanlagen. Bitte beachten Sie auch die Online-Darstellungen unserer Partnerhotels auf www.golfpost.de. Unsere Partnerhotels veröffentlichen hier in unregelmäßigen Abständen auch Angebote, speziell für reisende Golfer.

Zur Verbesserung der Lesbarkeit wurde bei allen Bezeichnungen, die auf Personen bezogen sind, die männliche Formulierung gewählt. Gemeint sind stets beide Geschlechter.

NUTZUNG DER GREENFEE-GUTSCHEINE

Angebote im Rahmen unserer **Greenfee-Aktion** finden Sie als heraustrennbare Coupons am Ende des Buches. Welche Golfanlagen an dieser Aktion teilnehmen, sehen Sie schnell durch die Bezeichnung „2:1" oder „%" auf den Seiten der Golfanlagen. Eine Übersicht direkt vor den Gutscheinen informiert über die teilnehmenden Anlagen. Die Gutscheine sind innerhalb der Bundelsänder nach den DGV-Nummern der Golfanlagen sortiert. Die DGV-Nummern finden Sie auf den jeweiligen Clubseiten im Buch.

Bitte beachten Sie vor dem Einlösen der Gutscheine die auf der Rückseite der Coupons abgedruckten Teilnahmebedingungen. Es empfiehlt sich, grundsätzlich vor dem Besuch einer Golfanlage telefonisch zu prüfen, ob ein Spiel als Gast am gewünschten Tag problemlos möglich ist. Pflegearbeiten, Turnierbetrieb und geschlossene Veranstaltungen können unter Umständen dazu führen, dass Greenfee-Spieler die Anlage nicht bespielen können. Einschränkungen (z.B. nur Mo-Fr (außer feiertags)) finden Sie auf dem jeweiligen Gutschein.

Die Gutscheine sind nur in Kombination mit dem Buch oder mit der KöllenCard gültig. Die KöllenCard liegt diesem Buch bei.

ABKÜRZUNGEN IN DIESEM BUCH:

AP	Ansprechpartner
CR	Course Rating-Wert (1. Kennzahl für die Schwierigkeit des Platzes)
D	Platzlänge Damen (Angabe rote Abschläge)
DGV-Nr.	Vom Deutschen Golf Verband vergebene Mitgliedsnummer
Fam	Familie
FT	Feiertage
GA	Golfanlage
GC	Golfclub
GF	Greenfee
GR	Golfresort
H	Platzlänge Herren (Angabe gelbe Abschläge)
HCP	Handicap
HS	Hauptsaison
INH	Inhaber
k. A.	keine Angabe
m	Meter
Mo-Fr	Montag bis Freitag
NS	Nebensaison
PR	Platzreife
SL	Slope-Wert (2. Kennzahl für die Schwierigkeit des Platzes)
VcG	Vereinigung clubfreier Golfer
WE	Wochenende
WT	Werktage

BALANCE BAND
IMMER SCHÖN
MIT DER RUHE.
Denn in der Ruhe liegt die Kraft. Sie ist der Grundstein für erfolgreiches Golf. Mit dem Balance Band und seinem 50 Millionen Jahre alten baltischen Naturbernstein fördern Sie Ruhe & Konzentration – und schauen beim Golfen richtig gut aus. Handmade in Austria.
FIND YOUR
BALANCE.
balanceband.com

VERWENDETE LOGOS IN DIESEM BUCH:

Club oder Anlage verfügt über eine zertifizierte „Offizielle PGA Golfschule"

Golfschule wurde als „PGA Premium-Golfschule" ausgezeichnet

Anlage nimmt am Programm Golf & Natur teil.

Anlage gehört zur GolfRange GmbH

Mindestens ein Mitarbeiter der Anlage ist Mitglied im Golf Management Verband Deutschland e.V.

Anlage nimmt an der Greenfee-Aktion „2für1" teil

Anlage nimmt an der Greenfee-Aktion teil

Platzbewertung der Golf Post Community

Golfanlage erhielt 2021 einen Award für Bestnoten in der Golf Post Community

Golfanlage erhielt die Auszeichnung „Top Golfclub" von der Golf Post Community

CLUBICONS:

Die folgenden Icons werden zur Platz/Anlagen-Charakteristik verwendet. Ist das jeweilige Icon grau hinterlegt, gilt die nachfolgende Erklärung als verneint, ist das Icon schwarz hinterlegt, so gilt die Aussage als bestätigt.

Pro-Shop » Basic « — Anlage verfügt über Pro-Shop mit kleiner Produktauswahl

Pro-Shop » Large « — Anlage verfügt über Pro-Shop mit großer Produktauswahl

Golfplatz wird als „flach" eingestuft

Golfplatz wird als „hügelig" eingestuft

Golfplatz wird als „sehr hügelig" eingestuft

hundefreundliche Anlage (Hunde auf Platz (angeleint) erlaubt)

Anlage verfügt über eine Indoor-Anlage

Kartenzahlung möglich

Level — Golfplatz wird als „leicht" eingestuft

Level — Golfplatz wird als „mittel" eingestuft

Level — Golfplatz wird als „schwer" eingestuft

Anlage verfügt über Golf Carts

Elektrotrolleys können ausgeliehen werden

Drivingrange mit überdachten Abschlagplätzen vorhanden

Trolleys können ausgeliehen werden

Golfschläger können ausgeliehen werden

Anlage verfügt über einen Konferenzraum

Kurzpl. — Anlage verfügt über einen Kurzplatz

Es gibt Übernachtungsmöglichkeiten direkt auf der Anlage.

Werde Teil der größten Golf Community Deutschlands

Deine persönlichen News

Mit unserer Plattform sind wir in der Lage, Dir genau die Inhalte – egal ob Artikel, Gewinnspiel oder News aus Deinem Heimatclub – zu zeigen, welche Dich wirklich interessieren.

Dein Community Account

Mit einem Community Account kann man sich mit der weltweiten Golf Post Community vernetzen. So bist Du direkt am Golf-Puls Deiner Region und immer über alle wichtigen Ereignisse informiert.

Golf Post Tour – Dein Saison Highlight

Golf Post Tour Events sind nicht einfach nur Golfturniere! Mit Preisen von Golfequipment bis hin zu Reisen und anspruchsvollen sowie lustigen Sonderwertungen bieten wir Dir Golf & Community Events, die Du so schnell nicht vergessen wirst!

Fantasy Game – NEU IN 2022

Ein weiteres einzigartiges Produkt startet zum Saisonbeginn Das Golf Post Fantasy Game. Egal ob im Golfclub, unter Freunden oder im Büro – jeder wird seine Liga gründen und gegen Mitspieler antreten können. Vernetze Dich mit anderer Golf Post Community Mitgliedern und sieh, wer am besten tippen kann – Spaß und Spannung sind garantiert.

QR-Code Tipp:
Öffne die Kamera auf Deinem Smartphone und scanne den QR-Code für mehr Infos zu jedem Golfclub.

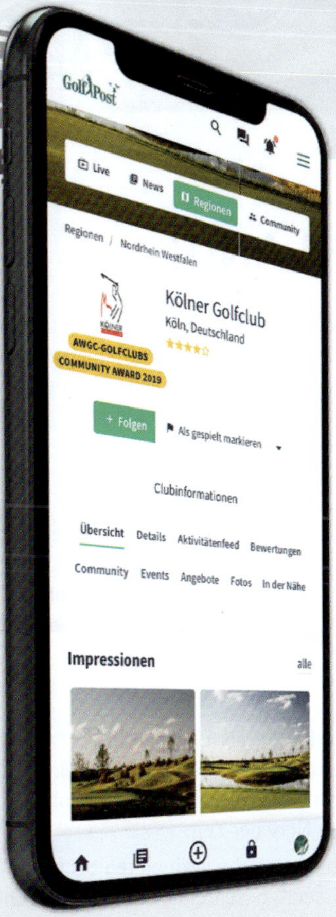

Im digitalen Golf Guide von Golf Post findest Du:

+30.000
aktuelle Golfclub-Bewertungen

+102.000
aktuelle Golfplatz-Bilder

+45.000
Quick-Tipps von Golfern für Golfer

regionale News aus den Golfclubs

DER GOLF POST COMMUNITY AWARD:
Empfehlungen von Golfern für Golfer.
Die beliebtesten Plätze für 2022 sind hier im Golfführer vermerkt.

GOLF POST AUCH ALS APP ERHÄLTLICH

app.golfpost.de

GOLFRANGE –
11 GOLFPLÄTZE IN DEUTSCHLAND!

Egal, ob in Augsburg, Berlin, Dortmund, Hamburg, Nürnberg oder München (6x). Durch die unmittelbare Stadtnähe ist jede GolfRange Anlage innerhalb weniger Minuten, getreu dem Motto „Nur ein Abschlag von der City...", erreichbar. Vor Ort laden großzügige Driving Ranges, sowie Pitching- und Putting-Greens zu einer kurzen oder auch ausgiebigeren Übungseinheit ein.

OB 9- ODER 18-LOCH: TOP-GEPFLEGTE GOLFPLÄTZE

Hochwertige und top-gepflegte 9-Loch-Golfplätze machen es möglich, innerhalb von rund zwei Stunden eine entspannte Runde Golf zu spielen. Eine Option, die von immer mehr Berufstätigen innerhalb einer verlängerten Mittagspause oder nach Feierabend genutzt wird. Wenn etwas mehr Zeit bleibt, bieten die Golfanlagen um München auch die Möglichkeit eine klassische Runde zu drehen. Dazu stehen bei der Golfanlage Rottbach 27 Spielbahnen, bei der Golfanlage Harthausen 18 Löcher sowie bei der GolfRange München-Germering und GolfRange München-Brunnthal jeweils zwei 9-Loch Golfplätze zur Verfügung.

ZEIT- UND KOSTENERSPARNIS

Mehr als 5.000 Neu-Golfer wählten allein im letzten Jahr die GolfRange als Einstieg in die Faszination des Golfsports. Im Umfeld der Städte, in denen sich eine GolfRange befindet, gibt es kaum einen Golfer, der nicht in regelmäßigen Abständen auf deren Angebot zurückgreift. Schließlich trifft das innovative Golf-Konzept mit den beiden wesentlichen Säulen Zeit- und Kostenersparnis exakt den Nerv der Zeit.

Wer allerdings glaubt, diese Vorzüge hätten ihren Preis, der sieht sich getäuscht. „Wir bieten ein hervorragendes Preis-Leistungsverhältnis. Das ist es, was die Kunden zu schätzen wissen.", beschreibt einer der Anlagenleiter die finanzielle Erfolgskomponente des GolfRange Konzeptes.

IDEAL FÜR GOLF-EINSTEIGER

Auch Golf-Neueinsteigern bietet die GolfRange günstige Möglichkeiten, einen Einblick in die Faszination des immer beliebter werdenden Sports zu erlangen. Schnupperkurse gibt es ab 19 Euro, den Golf-Führerschein, die sogenannte „Platzreife", bereits ab 99 Euro. Dabei legen die jeweiligen Golflehrer innerhalb des 16-stündigen Kurses höchsten Wert auf eine qualifizierte Ausbildung ihrer Schützlinge, die durch umfangreiche Lehrmaterialien unterstützt wird.

ANGENEHME UND UNGEZWUNGENE ATMOSPHÄRE

Neben dem innovativen Konzept, begründet diese gesunde Mischung von Golf-Einsteigern und etablierten Golfern aller Altersklassen einen weiteren entscheidenden Vorteil, der die GolfRange von üblichen Golfanlagen unterscheidet. Durch eine angenehme und ungezwungene Atmosphäre, die Spaß macht und sich angenehm von den üblichen Golf-Klischees abhebt, werden Berührungsängste vom ersten Moment an abgebaut. So fällt es auch Neulingen leicht, bei einem kühlen Getränk auf der Sonnenterrasse erste Kontakte zu knüpfen.

Weitere Informationen zum Konzept der GolfRange oder zum Angebot der einzelnen Anlagen erhalten Sie im Internet unter www.golfrange.de, persönlich vor Ort oder im vorliegenden Golfführer.

L'INSTANT
TAITTINGER
#THEINSTANTWHEN
IT'S TIME TO CELEBRATE
TAITTINGER
BRUT
CHAMPAGNE
TAITTINGER
à Reims
FRANCE
BRUT
RÉSERVE

DEUTSCHER GOLF VERBAND
Deutscher Golf Verband
ALLE INFOS UNTER:
golf.de/Versicherung
FORE!
GOLFBALL AUF ABWEGEN.
Sichern Sie sich mit der DGV-GolfProtect ab!
Damit auch Golfspieler ab 18 Jahren sorglos golfen können, hat der Deutsche Golf Verband e.V. (DGV) zusammen mit der HanseMerkur die DGV-GolfProtect entwickelt. Sie deckt im Inland Schäden ab, die durch abirrende Golfbälle auf im DGV organisierten Golfanlagen entstehen – auch solche, die Ihre private Haftpflichtversicherung nicht übernimmt. Mehr Informationen unter www.golf.de/Versicherung.
Einfach QR-Code scannen und der DGV-GolfProtect beitreten!
slaeter.com
Partner des DGV
HanseMerkur
KINDERSCHUTZALLIANZ
THE ALLIANCE FOR CHILDREN
Big Green Egg

Foto: Golfclub Isarwinkel e.V.

GOLF&NATUR – NATÜRLICHE VIELFALT AUF DEM GOLFPLATZ

Golf ist Naturerlebnis. Golf ist Natursport. Die einmalige Verbindung von Natur- und Sporterlebnis ist auf einem Golfplatz greifbar. Die Spielflächen sind unmittelbar in die Landschaft eingebunden, benötigen dabei allerdings auch ein erhebliches Maß an Fläche. Umso ernster nimmt der Deutsche Golf Verband (DGV) die Aufgabe, die Interessen des Golfsports mit denen des Umweltschutzes zu vereinen.

Im Frühjahr 2005 initiierte der DGV daher in Zusammenarbeit mit dem Bundesamt für Naturschutz (BfN) und dem Greenkeeper Verband Deutschland (GVD) das Programm Golf&Natur, eine praxisnahe Anleitung für die umweltgerechte Entwicklung und Führung von Golfanlagen. Seit Mai 2008 ist auch die DQS (Deutsche Gesellschaft zur Zertifizierung von Managementsystemen) Partner in diesem Programm und bringt ihre Expertise als neutraler Begutachter in das Zertifizierungsprogramm des DGV ein.

Ziel des Projekts Golf&Natur ist es, eine Optimierung der Bedingungen für den Golfsport mit dem größtmöglichen Schutz der Natur zu verbinden. Teilnehmende Clubs führen anhand eines DGV-Leitfadens zunächst eine Bestandsaufnahme in vier Bereichen durch: Natur und Landschaft, Pflege und Spielbetrieb, Umweltmanagement sowie Öffentlichkeitsarbeit und Arbeitsumfeld. Daraufhin folgt die Erstellung eines Entwicklungsplanes, der das Umwelt- und Qualitätsmanagement in der Golfplatzpflege optimieren helfen soll. Erfüllt der Club innerhalb von zwei Jahren mindestens 15 der insgesamt 25 Basisanforderungen, so qualifiziert er sich für das Zertifikat Golf&Natur.

Es gibt drei Stufen der Auszeichnung: Bronze bei mindestens 15, Silber bei mindestens 20 und Gold bei 25 Punkten. Das Prinzip eines Qualitätszertifikats impliziert die regelmäßige Bestätigung der erreichten Standards, deshalb beinhaltet das Programm eine Rezertifizierung nach zwei Jahren.

Inzwischen hat sich mit der Initiative Golf&Natur ein beeindruckendes Qualitätsprogramm entwickelt, das dafür gesorgt hat, dass moderne und naturnahe Platzpflege mittlerweile auf fast jeder Agenda von Führungsverantwortlichen steht.

GOLD:

Golf- und Land-Club Berlin-Wannsee e.V.
Golf- und Country Club Seddiner See e.V.
Hamburger Golf-Club e.V.
Golfclub Emstal e.V.
Golf-Club Main-Taunus e.V.
Golfclub Schönbuch e.V.
Golf Club St. Leon-Rot
Golf-Club Chieming e.V.
Golfclub Lauterhofen e.V.
Golf Club Hohenpähl e.V.
Jura Golf Park GmbH - Golfclub am Habsberg
Achimer Golfclub e.V.
Golfanlage Haus Bey GmbH & Co. KG
Golf Club Hubbelrath e.V.
Hof Hausen vor der Sonne Golf AG
Golf Resort Adendorf AG
Golfclub Hamburg-Holm e.V.
Golfclub Hösel e.V.
Marine-Golf-Club Sylt e.G.
St. Eurach Land u. Golfclub e.V.
Golfclub Isarwinkel e.V.
Golfplatz Steisslingen GmbH
GHW Golf- und Hotelresort Wittenbeck GmbH & Co. KG
Golfclub München-Riedhof e.V.
Golfclub Domäne Niederreutin e.V.
Golfclub Hamburg-Ahrensburg e.V.
Golfanlage Kirchheim-Wendlingen-Wernau
Golf- und Landclub Haghof e.V.
Golfclub Wörthsee e.V.
Golfclub Schwarze Heide Bottrop-Kirchhellen e.V.
Golf-Club Freudenstadt e.V.
Rottaler Golf- und Country-Club e.V.
Förde-Golf-Club e.V. Glücksburg
Golfclub München Eichenried GmbH & Co. KG
Golfclub Hamburg-Walddörfer e.V.
Golf- und Land-Club Kronberg e.V.

Foto: Allgäuer Golf & Landclub Ottobeuren e.V.

Royal Homburger Golf Club 1899 e.V.
Golf-Club Neuhof e.V.
Golfoase Pfullinger Hof e.V.
Golfclub Münster-Wilkinghege e.V.
Frankfurter Golf Club e.V.
Golfclub Mülheim an der Ruhr e.V.
Golf-Club Konstanz e.V.
Golfclub Schloss Maxlrain e.V.
Stuttgarter Golf-Club Solitude e.V.
Golf Club Herzogenaurach e.V.
Golf-Club Escheburg e.V.
Oldenburgischer Golfclub e.V.
Kölner Golfclub
Golf Club Lohersand e.V.
Golf Club Ulm e.V.
Golf-Club An der Pinnau e.V.
Golf Burgkonradsheim
Golclub Schwanhof e.V.
Westfälischer Golf-Club Gütersloh e.V.
Golfclub Mettmann e.V.
Golfclub Kassel-Wilhelmshöhe e.V.
Golfpark München Aschheim
Golf- und Landclub Oberpfälzer Wald e.V.
V-Golf Sankt Urbanus
Golfclub Feldafing
Burgdorfer Golfclub e.V.
Golfclub „Gut Hainmühlen" im Moorheilbad
Golf Club Hammetweil
Golfplatz Johannesthal GmbH
Golfclub Gut Hahues zu Telgte e.V.
Golf Club Hechingen-Hohenzollern e.V.
Berliner Golfclub Stolper Heide e.V.
Münchener Golf Club e.V.
Münchener Golf Club Thalkirchen e.V.
Golfplatz Heddesheim Gut Neuzenhof KG
Golfclub Abenberg e.V.
Golfclub Siegen-Olpe e.V.
Golfplatz Rheintal GmbH & Co KG
Golfclub Wiesensee e.V.
Golfclub Starnberg e.V.
Golf Club Großensee e.V.
Mainzer Golfclub
Golfclub München-Valley e.V.
Golfclub am Reichswald e.V.
Golf Club Schloß Klingenburg e.V.
Golf Club St. Dionys e.V.
Golfclub Budersand Sylt
Golf- und Landclub Bad Salzuflen von 1956 e.V.
Golf Club Würzburg
Allgäuer Land & Golfclub e.V.
Düsseldorfer Golf Club e.V.
Golflcub Hannover e.V.
Wiesbadener Golf-Club e.V.
GC Rheinhessen Hofgut Wißberg St. Johann e.V.
Golf Club Hanau - Wilhelmsbad e.V.
Golfplatz Iffeldorf GmbH
Golf Resort Öschberghof
Golfclub Schloss Myllendonk e.V.
Golf- und Land-Club Regensburg e.V.
Golf-Club Hamburg Wendlohe e.V.
Golfclub Spessart e.V.

SILBER:
Golfanlage Patting - Hochriesblick
Golfsportclub Rheine/Mesum Gut Winterbrock e.V.
Golf- und Landclub Ahaus e.V.
Golf-Club Bad Wörishofen
Freiburger Golfclub e.V.
Golfclub Gröbernhof e.V.
Küsten - Golfclub „Hohe Klint" Cuxhaven e.V.
Golf Club Schloss Langenstein
Golfclub Wolfsburg Boldecker Land e.V.
Golfclub Büsum Dithmarschen e.V.
Golfanlage Schloss Wilkendorf
Golfclub Stahlberg im Lippetal e.V.
Golfclub Rickenbach e.V.
Hamburger Land- und Golf-Club Hittfeld e.V.
Golfclub Rhein-Sieg e.V.
Golfpark Rittergut Birkhof
Golfclub Bab Kissingen e.V.

Derzeit beteiligen sich an die 172 Clubs an dem Programm. Bei allen Maßnahmen steht dabei auch weiterhin die Verbesserung der Spielbedingungen im Mittelpunkt. Denn gepflegte Spielflächen fördern die Freude am Spiel im Freien und werden zum entscheidenden Wettbewerbsfaktor, um neue Mitglieder und Gastspieler zu gewinnen.

Achten Sie auf dieses Siegel

Die im Köllen Golfführer mit diesem Siegel dargestellten Golfanlagen achten in besonderem Maße auf die Qualität von Spielflächen und betreiben eine professionelle Platzpflege im Einklang mit der Natur.

BISHER HAT DER DGV 95 ZERTIFIKATE IN GOLD, 32 IN SILBER UND 29 IN BRONZE (STAND: FEB. 2022) VERLIEHEN.

Überblick Golf&Natur

Golfanlage Puschendorf
Bielefelder Golfclub e.V.
Golfclub Augsburg e.V.
Thüringen Golfclub „Drei Gleichen" Mühlberg e.V.
Golfclub Owingen-Überlingen e.V.
Golfclub Altötting-Burghausen e.V.
Golfclub Bad Liebenzell
Baden Hills Golf und Curling Club e.V.
Golfclub Mannheim-Viernheim 1930 e.V.
Golfclub Weiherhof e.V.
Golfclub Altenhof
Golf-Club Schloss Braunfels e.V.
Golf-Club Darmstadt Traisa e.V.
Golfclub Brückhausen e.V.
Wittelsbacher Golfclub Rohrenfeld-Neuburg e.V.

BRONZE:

Golf- und Landclub Nordkirchen
Golfclub Dresden Ullersdorf e.V.
Margarethenhof Golfclub am Tegernsee
Golfclub Schloß Westerholt e.V.
Niederrheinischer Golfclub e.V. Duisburg
Berliner Golf & Country Club Motzener See e.V.
Golfclub Curau e.V.
Golfclub Urloffen e.V.
Golfclub Lichtenau-Weickerhof e.V.
Golfclub Oldenburger Land e.V.
Golfclub Reischenhof e.V.
Golfclub Burg Overbach e.V.
Golfclub Garmisch-Partenkirchen e.V.
Golfplatz Pfälzer Wald
Golfclub Schultenhof Peckeloh e.V.
Golf Club Buchholz-Nordheide e.V.
Golfclub Hohenstaufen e.V.
Golf Club Kitzeberg e.V.
Golfclub Hof Berg
Golf Club Husumer Bucht e.V.
Golf Club Sylt e.V.
Golfclub Heilbronn-Hohenhlohe e.V.
Golfclub Schloss Weitenburg
Golf-Club Maria Bildhausen
Golf-Club Buxtehude
Golfclub Sagmühle e.V.
Golfanlage Gut Westerhart
Golfclub Saarbrücken
Das Achental

Lebensraum Golfplatz: Eine Biodiversitätsinitiative des Deutschen Golf Verbandes. (Bildquelle: DGV)

PGA: Die Profis im Golf

Die PGA of Germany vereint als Berufsverband des Professional Golf in Deutschland unter ihrem Dach all jene, die Golf zu ihrem Beruf machen und damit einer echten Berufung folgen.

Kernkompetenz des 1927 gegründeten Verbands ist die Ausbildung von Golfprofessionals, die das Spiel auf höchstem Niveau in Clubs und Golfschulen unterrichten und Amateuren das Einmaleins des Spiels und die Freude an diesem Sport nahebringen. Jedem Fully Qualified PGA Golfprofessional stehen nach einer dreijährigen, sehr breit gefächerten Berufsausbildung, aber grundsätzlich zahlreiche Karrierewege im Golfmarkt offen.

Playing Professionals wie Sophia Popov, Martin Kaymer oder Marcel Siem, die ebenso wie die Fully-Qualifieds Mitglieder des Verbands sind, repräsentieren Golf und ihren Berufsverband PGA of Germany weltweit bei Turnieren und in den Medien, und tragen mit ihren Erfolgen wesentlich dazu bei, dass Golf in aller Munde ist und den sportlich ambitionierten Nachwuchs begeistert. In den Clubs und Golfschulen sorgen dann die Trainer und Coaches der PGA of Germany wiederum dafür, dass der Sport von der Pike auf richtig erlernt wird und so zu einem lebenslang begeisterndem Hobby, zum Leistungssport der Wahl oder eben auch zum Beruf werden kann.

Ausbildung zum Golflehrer steht hoch im Kurs

Die Ausbildung zum PGA Golfprofessional steht hoch im Kurs: Über 70 Interessenten haben 2021 den PGA PreCourse absolviert, und über 60 Personen stiegen am 1. Februar 2022 in die Modulausbildung zum PGA Golfprofessional ein. Und das aus gutem Grund und mit den allerbesten Aussichten: Fully Qualified PGA Golfprofessionals sind in Clubs und im gesamten Golfmarkt gefragte und äußerst begehrte Fachkräfte, denn nach der dreijährigen Berufsausbildung in einem dualen System sind sie versierte Professionals des Golfsports. Das umfangreiche Fortbildungsprogramm der PGA of Germany garantiert, dass PGA Mitglieder auch nach abgeschlossener Ausbildung ihr Know-how stets auf neuestem Stand halten können.

Wer sich für einen Karriere als PGA Golfprofessional interessiert, findet alle Infos unter www.pga.de.

Zweitgrößte PGA Europas mit über 2000 Mitgliedern

Die Mitgliederzahl der PGA of Germany steigt seit Jahren moderat, doch der Bedarf an hochqualifizierten Golflehrern wird in naher Zukunft deutlich zunehmen, da altersbedingt sehr viele Teacher in den Ruhestand gehen. Mit über 2000 Mitgliedern ist die PGA of Germany nach der PGA of Great Britain & Ireland die zweitgrößte PGA Europas.

Die Ausbildung zum Fully Qualified PGA Golfprofessional

Gesamtstruktur

ZULASSUNGSVORAUSSETZUNGEN		ÜBERBETRIEBLICHE AUSBILDUNG	BETRIEBLICHE AUSBILDUNG			QUEREINSTIEG

MODULAUSBILDUNG II

schließt mit der Prüfung zum Fully Qualified PGA Golfprofessional ab

2. und 3. Jahr – außerordentliches Mitglied der PGA of Germany

- 3 Seminare à 6 Tage pro Jahr
  2 Tage Schlägerreparatur-Workshop
  5 Turnierrunden pro Jahr
  Playing Ability Test
- Vollzeitausbildung im Golfclub oder
- berufsbegleitende Ausbildung (nur unter bestimmten Voraussetzungen, z.B. abgeschlossenes Studium) mit 100 Tagen Praktikum oder Tutorenseminaren (gesamt 5 Seminare à 6 Tage plus Hausarbeiten)

MODULAUSBILDUNG I

schließt mit der Prüfung zum PGA Assistenten ab

1. Jahr – in der Regel Amateur

- 3 Seminare à 6 Tage
  5 Turnierrunden
  (davon mind. 1 PAT)
- Vollzeitausbildung im Golfclub oder
- berufsbegleitende Ausbildung mit 30 Tagen Praktikum oder 2 Tutorenseminaren à 5 Tage

Zulassungsvoraussetzungen:

- Bestandene Assistentenprüfung und PGA Mitgliedschaft (→ Modulausbildung II)
- 16 Jahre und Handicap-Index 12,4 oder besser (→ Modulausbildung I)

Quereinstieg:

- Direkte Zulassung zur Assistentenprüfung u.a. für B-Trainer Golf und GGTF-Pros möglich
- Erlass des PGA PreCourse (nicht des Eingangstests) für C-Trainer Golf

PGA PRECOURSE

schließt mit der C-Trainer-Prüfung Breitensport und dem Eingangstest ab

3 Seminare à 4 Tage und 2 praktische Tutorenseminare à 3 Tage
Erste-Hilfe-Kurs

vor der Ausbildung – Amateur

Zulassungsvoraussetzung:

- 16 Jahre und Handicap-Index 18,4 oder besser

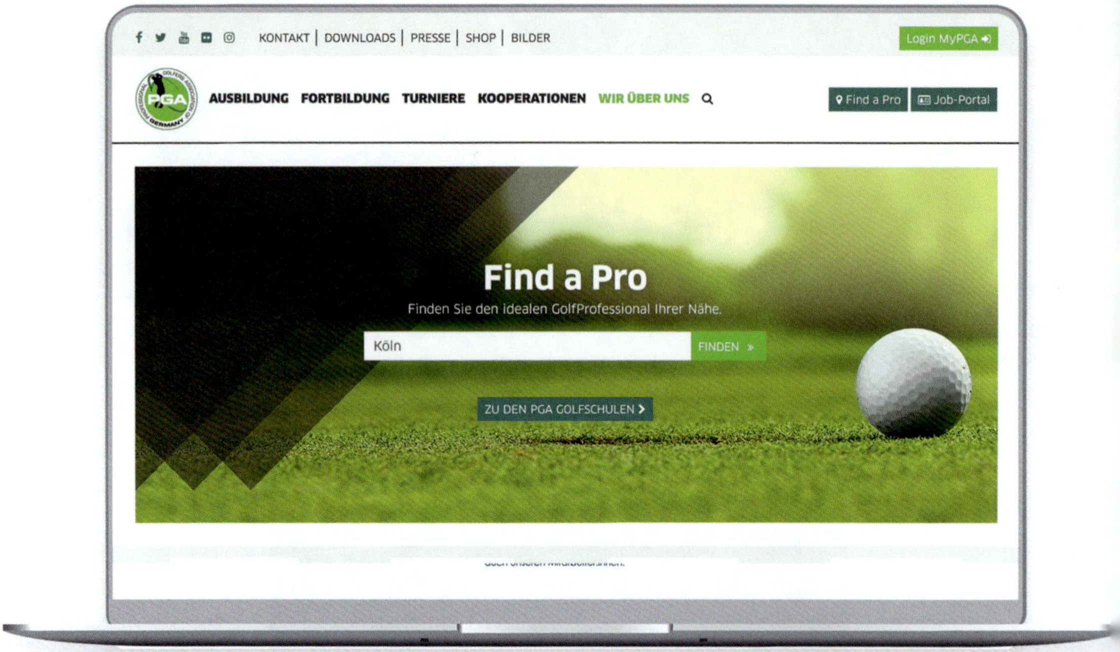

„Find a Pro“: Die PGA Suchmaschine

Wie finde ich einen für mich geeigneten, gut qualifizierten Golflehrer? Einen Ansatz zur Suche bietet neben dem Golfführer Deutschland des Köllen Verlag das Modul „Find a Pro!“ der Website der PGA of Germany.

Im Internet-Auftritt des deutschen Berufsverbands der PGA Golfprofessionals ist eine Online-Suche integriert, die es den PGA Mitgliedern erlaubt, ein berufliches Profil und ihre speziellen beruflichen Qualifikationen zu zeigen. An Unterricht interessierte Amateure können zunächst nach Name, Postleitzahl oder Ort nach einem PGA Golfprofessional suchen, und die Auswahl anschließend anhand verschiedener Filter weiter eingrenzen. Der Graduierungsstatus wird dabei ebenso berücksichtigt wie zum Beispiel Zusatz-Qualifikationen wie eine Health-Pro-Lizenz oder Fortbildungen im Leistungsgolf. Ebenso fließt das Kursangebot in die Auswahl ein.

Professionals, die selbst eine neue berufliche Herausforderung suchen, werden im PGA Job-Portal fündig. Ganz gleich, ob es eine Position als Head-Professional oder im Club-Management sein soll, ob der Weg in die Industrie oder in eine Golfschule führt oder eine Position als Leistungscoach angestrebt ist: Wer sich im Golfmarkt beruflich positionieren oder verändern will, für den ist das Job-Portal der PGA of Germany die erste Anlaufstelle. Gleichermaßen gilt: Wer hochkarätige Verstärkung sucht, der findet auf der PGA Job-Plattform die Professionals des Golfsports.

PGA Social Media: Service, News und Emotionen

Facebook, LinkedIn und Instagram: Nachrichten zum Thema Golf transportiert die PGA of Germany regelmäßig per Newsletter, Website und Rundschreiben an ihre Mitglieder, ebenso über ihre verschiedenen Social-Media-Kanäle. Die Website www.pga.de der PGA of Germany ist einerseits ein Info-Portal für das Professional Golf in Deutschland und für die dreijährige Berufsausbildung zum Fully Qualified PGA Golfprofessional. Darüber hinaus stellt sie für die Mitglieder mit dem nur diesen zugänglichen Bereich „MyPGA“ auch eine hochmoderne Info- und Service-Plattform dar.

In den Social-Media-Kanälen der PGA of Germany geht es um das Thema Aus- und Fortbildung zum PGA Golfprofessional ebenso wie um Turniere. Die Nachrichten auf Facebook haben im Februar 2022 eine Beitragsreichweite im sechsstelligen Bereich und über 4500 Follower. Auf Instagram hat die PGA of Germany über 4200 Abonnenten (www.pga.de).

Verband mit Tradition und Geschichte

Die Professional Golfers Association (PGA) of Germany präsentiert sich heute als moderner Berufsverband mit über 2000 Mitgliedern. Gegründet wurde sie 1927 in Neviges im Kreis Mettmann in Nordrhein-Westfalen.

Unter dem Namen „Deutscher Golflehrer Verband e.V." gründen Wilhelm Zimmer, Georg und Max Lange, Heinrich Henkell und der Brite Percy Alliss im Jahr 1927 den Berufsverband in Neviges in Nordrhein-Westfalen. Heute hat die Professional Golfers Association (PGA) of Germany, wie der Verband seit 1995 heißt, über 2000 Mitglieder und eine moderne wirtschaftliche Struktur. Zehn Mitarbeiter kümmern sich um die Belange der Mitglieder, betreuen mehr als 45 Partnerunternehmen und organisieren ein umfangreiches Aus- und Fortbildungsprogramm sowie Deutsche Meisterschaften. Die PGA of Germany ist heute gleichermaßen ein Verein mit Tradition und eine anerkannte Instanz des deutschen und europäischen Golfmarkts, die dessen Entwicklung mitbestimmt.

Der Weg bis dahin war weit. Während des Zweiten Weltkriegs ruht der Deutsche Golflehrer Verband (DGLV) zunächst, wird aber am 28. Mai 1947 wiedergegründet, erneut in Neviges. Gerold Fischer, Präsident von 1972 bis 1986, vernetzt den Verband international. Von 1986 bis 1993 agiert Karl-Heinz Gögele als Präsident, und 1994, inzwischen mit Heinz Fehring an der Spitze, stellt der DGLV mit Rainer Goldrian einen hauptamtlichen Geschäftsführer ein, der die Partnerschaften des Verbandes mit Wirtschaftsunternehmen ausbaut. 1995 wird der Berufsverband in „Professional Golfers Association of Germany e.V." umbenannt. 2004 gründet die PGA of Germany – inzwischen unter der Führung von Stefan Quirmbach (Präsident ab 2000) – die Professional Golf AG als wirtschaftliche Dachgesellschaft und betreibt von 2005 bis 2020 federführend die Pro Golf Tour, eine europaweite Turnierserie.

Nach 21 Jahren: Kariem Baraka löst Stefan Quirmbach an der Spitze ab

Am 19. September 2021 wählen die Mitglieder des Berufsverbands Kariem Baraka zum 1. Vorsitzenden und Präsidenten des PGA of Germany e.V.; er löst damit nach 21 Jahren Stefan Quirmbach ab, der ebenso wie sein Stellvertreter Guido Tillmanns und der Schatzmeister Achim Lehnstaedt nicht mehr für den Vorstand kandidiert.

Der Münchner Kariem Baraka ist seit 2000 PGA Mitglied, bis 2008 spielte er auf der Challenge Tour und der European Tour. Bis 2013 war er als Mitarbeiter der Langer Sport Marketing GmbH als Turnierdirektor der EPD Tour beziehungsweise der Pro Golf Tour im Einsatz. Sein Stellvertreter im PGA Vorstand ist Oliver Neumann, das Amt des Schriftführers übernahm Ralf Pütter. Das Trio, das dem Gremium bereits in den vergangenen Jahren als Beisitzer angehört hat, bildet auch den geschäftsführenden Vorstand der PGA of Germany. Als Beisitzer fungieren Anthony Lloyd, Marco Kaussler, Paul Dyer und Florian Fritsch.

Am 19. September 2021 übernahm der Münchner Kariem Baraka das Amt des 1. Vorsitzenden und Präsidenten des PGA of Germany e.V.

Gutes Training unter garantiert besten Bedingungen: Die PGA Golfschule

Modernen Golfunterricht und hervorragende Trainingsbedingungen garantieren die PGA Golfschulen und PGA Premium-Golfschulen der PGA of Germany. Über 90 Einrichtungen sind mittlerweile zertifiziert.

Wer Golf von Beginn an richtig erlernen möchte, wendet sich an einen PGA Golfprofessional. Dass in einem Club ausschließlich geschulte Experten der PGA of Germany unterrichten, das garantieren die Qualitätssiegel der PGA Golfschule und PGA Premium-Golfschule. Clubs mit einer solchen Zertifizierung verfügen über ausgezeichnete Trainings- und Übungsanlagen – beste Voraussetzungen also, um Golf von der Pike auf richtig zu erlernen und eine fundierte Grundlage für das neue Hobby oder gegebenenfalls sogar für eine Karriere im Leistungssport zu legen.

Die Zertifikate einer PGA Golfschule oder Premium-Golfschule signalisieren, dass die gesamte Golfanlage bestens gepflegt und die Driving Range sowohl großzügig als auch gut ausgestattet ist, dass der Kurzspiel-Bereich zahlreiche Schlagvariationen erlaubt und das Putting-Grün ebenso treu und schnell ist wie die Grüns auf dem Platz. Wer guten Golfunterricht wünscht und ein vielfältiges Kursprogramm, der ist hier richtig. Alle Mitarbeiter der Anlage sind bestens geschult, und es herrschen insgesamt hervorragende Voraussetzungen, um das Spiel mit Spaß und Freude sowie sehr guten Erfolgsaussichten zu erlernen.

Golfanlagen und die dort tätigen PGA Golfprofessionals verschaffen sich mit dem PGA Golfschul-Zertifikat ein weltweit anerkanntes Qualitätssiegel und betreiben damit effektive Werbung in eigener Sache. Dabei ist die Gründung einer PGA Golfschule immer dann besonders erfolgreich, wenn Club und Professionals das PGA Golfschul-Konzept gemeinsam umsetzen.

Alle PGA Golfschulen und PGA Premium-Golfschulen sind in diesem Führer mit entsprechenden Logos gekennzeichnet. Eine Übersicht gibt es auch auf der www.pga.de.

Voraussetzungen

In Clubs, an deren Pforte das Siegel einer PGA Golfschule prangt, müssen mindestens zwei Mitglieder der PGA of Germany Golfunterricht geben. Mindestens ein Golflehrer muss dabei ein Fully Qualified PGA Golfprofessional sein. Moderne Trainingsanlagen sind ebenso Voraussetzung wie ein Arsenal an sogenannten Teaching Aids, also Hilfsmitteln, die im Unterricht eingesetzt werden können. Ein breites Kursprogramm ist gefordert, zudem die Möglichkeit zur Video- oder Radaranalyse; der einwandfreie Zustand aller Einrichtungen und des Equipments ist selbstverständlich. Bei der PGA Premium-Golfschule werden zusätzlich eine ausgeprägte Serviceorientierung und bestimmte bauliche Kriterien vorausgesetzt und geprüft.

Das Qualitätssiegel einer PGA Golfschule oder PGA Premium-Golfschule ist eine hervorragende Möglichkeit, um die Qualität eines Clubs oder einer Golfschule zu unterstreichen, und um neue Interessenten, Mitglieder und Schüler zu gewinnen. Infomaterial kann per E-Mail an info@pga.de angefordert werden.

Modell Zukunft: Die neue PGA Business Division

Die 2022 von der PGA of Germany neu installierte „PGA Business Division“ spiegelt zahlreiche Tätigkeitsfelder der Verbandsmitglieder und ermöglicht nun auch Personen Zugang zum Berufsverband des Professional Golf, die hauptberuflich im Golfmarkt tätig, aber weder Player noch Teacher sind, und daher nicht Mitglieder des PGA of Germany e.V. sein können.

Neben der Ausbildung von Golflehrern respektive Fully Qualified PGA Golfprofessionals, ist eine der Kernkompetenzen der PGA of Germany, ihren Mitgliedern – ganz gleich ob Teachern oder Playern – attraktive Angebote zur Weiterbildung zu machen sowie ihnen eine berufliche Heimat zu geben. Für klassische Golflehrer, Trainer und Coaches gibt es ein breites Seminarangebot, mit dessen Hilfe sie ihr Können erweitern und so ihre beruflichen Kompetenzen und damit auch ihre Chancen am Markt verbessern können; ebenso steht Tourspielern mit der Pro Golf Tour eine internationale Turnierserie zur Verfügung.

Ungenügend abgedeckt waren bisher die Bedürfnisse von Berufsgruppen, die einst eine Ausbildung zum PGA Golfprofessional absolviert haben, jedoch nun nicht oder nicht mehr in einer der beiden klassischen Sparten „Teacher“ oder „Player“ tätig sind. Die Rede ist von Professionals, die Golfanlagen und Clubs managen, Shops führen oder allgemein in einem anderen Segment der Golfindustrie tätig sind, sei es als Angestellte oder Selbständige; dies betrifft bereits 25 bis 30 Prozent der PGA Mitglieder – Tendenz steigend. Sie alle sollen in der PGA Business Division eine berufliche Heimat finden.

Mitglieder der PGA of Germany werden daher künftig gemäß ihres PGA Member-Status zunächst einer der Divisions „Player“ oder „Teacher“ zugeordnet, außerdem können sie der neuen Business Division beitreten. Darüber hinaus haben künftig aber auch weitere Professionals des Golfmarkts Zugang zur PGA Business Division: Golfmanager, Geschäftsführer, Greenkeeper, Golfplatzarchitekten und Golfjournalisten, Fitter und Mitarbeiter der Golfindustrie sind willkommen, sofern sie hauptberuflich im Golfmarkt tätig sind. Auf diese Weise stärkt die PGA of Germany ihre eigene Marktposition ebenso wie die ihrer Mitglieder.

Hochkarätiges Netzwerk des gesamten Golfmarkts

Das neu entstehende „Netzwerk PGA“ wird eine hochkarätige berufliche Plattform zum professionellen Austausch, zur Fortbildung und zum Auf- und Ausbau wertvoller Geschäftskontakte darstellen. Disziplinen-übergreifend entsteht dort intensiver Austausch, mit dem ein Blick weit über den Tellerrand hinaus einhergeht, und der es allen Beteiligten ermöglicht, neues Know-how aufzusaugen.

Weitere Infos gibt es unter www.pga.de.

PROFESSIONAL GOLFERS ASSOCIATION OF GERMANY PGA

GOLF MIT HUNDEN UND GOLFHUNDE

Golf gehört zweifelsohne zu den schönsten Freizeit-Beschäftigungen. Eine der größten Herausforderungen ist meist, den für Training und Golfrunden notwendigen Zeitbedarf mit Beruf und Freizeit in Einklang zu bringen. Das gilt nicht nur für Golfer mit Familien, sondern auch für Golfer mit Hunden. Dabei sind Hunde in Deutschland in gut 19% aller Haushalte anzutreffen, insgesamt kommt Deutschland auf rund 9,4 Millionen Hunde. Die meisten Hunde gibt es in Nordrhein-Westphalen, gefolgt von Bayern, Baden-Württemberg und Niedersachsen. Auch unter Golfern sind Hunde weit verbreitet: rund jeder fünfte Golfer in Deutschland ist zugleich Hundehalter.

Für viele Golfer ist daher die Frage, ob sie ihren Hund mit auf die Runde nehmen können, ein wichtiges Kriterium bei der Anlagenauswahl. Das gilt sowohl für Mitgliedschaften als auch für Gastspieler, insbesondere in Urlaubsregionen. Denn gerade wenn Golfer samt Hund im Urlaub sind, fehlen Betreuungsmöglichkeiten für die Vierbeiner, so dass bei der Auswahl geeigneter Golfanlagen die Frage „Hunde erlaubt?" zum mitentscheidenden Faktor wird. Auch bei den Heimatclubs zeigt sich immer öfter, dass Hundebesitzer ihre Clubs besonders stark danach auswählen, ob die Mitnahme von Hunden erlaubt ist.

Um sowohl Golfern mit Hund als auch Golfern, welche lieber eine Runde ohne Vierbeiner genießen möchten, die notwendigen Informationen bereitzustellen, kooperiert der Golfführer für Deutschland bereits seit 2018 mit dem Portal golf-mit-hunden.de und hat ein Icon bei den Ausstattungsmerkmalen eingeführt, um hundefreundliche Golfanlagen leichter zu identifizieren. Detaillierte Informationen dazu finden Sie in den Benutzerhinweisen in diesem Buch.

TOLERANZ IST UNERLÄSSLICH

Ob ein Club die Mitnahme von Hunden lediglich auf Freizeitrunden oder auch bei Turnieren und registrierten Privatrunden (RPR) gestattet, sollte unabhängig voneinander betrachtet werden. Sicherlich fühlen sich Golfer ohne eigene Hundeerfahrung gerade auf vorgabenwirksamen Runden manchmal ohne vierbeinige Begleitung entspannter. Umgekehrt haben viele Hundehalter hierfür sicherlich Verständnis, wenn die Mitnahme ihrer Vierbeiner auf reine Freizeitrunden begrenzt ist. Erfahrungen im Rahmen der bundesweiten, hundefreundlichen Charity-Golfturnierserie HuGo-Cup haben jedoch gezeigt, dass die Scores bei Turnieren mit und ohne Hund auf der gleichen Golfanlage nicht voneinander abweichen. Dennoch: gleich, ob Golfer mit oder ohne Hund: entscheidend ist ein harmonisches Miteinander, so dass beide Gruppen ihre Runden genießen können. Und für Golfanlagen ist es wichtig, beispielsweise direkt bei Startzeitenbuchung die Möglichkeit zu bieten, Hunde ebenfalls zu buchen und so anderen Golfern anzuzeigen, wenn bereits Golfer mit Hund für eine Startzeit eingetragen sind. Einige Tipps zur Mitnahme von Hunden auf Golfanlagen von golf-mit-hunden.de finden Sie hier: https://bit.ly/3hl5ixO.

NEUE INITIATIVE INKLUSIVE TRAINING

Zahlreiche Golfanlagen suchen nach einem einheitlichen Ausbildungsstandard für Hunde auf dem Golfplatz. Das Portal golf-mit-hunden.de kooperiert daher mit der Hundeschule Golfhunde, die ein einheitliches Ausbildungskonzept für Hunde auf dem Golfplatz inklusive Prüfung entwickelt hat. Eine Besonderheit: das Konzept wird bundesweit angeboten, zahlreiche Hundeschulen in ganz Deutschland arbeiten nach einem einheitlichen Standard. Je nach Vorkenntnissen des Hundes kann die Schulung entweder als Einzeltraining oder im Rahmen eines Gruppenkurses erfolgen. Die Besonderheit: Golfhunde kooperiert auch direkt mit den Golfanlagen, so dass diese exklusiv für ihre Mitglieder, aber auch Gäste entsprechende Kurse anbieten können. Selbst Schnupperkurse für Hundebesitzer werden angeboten, so dass die Neu-Golfer den Sport von Beginn an gemeinsam mit ihren vierbeinigen Freunden genießen können – denn Hunde auf dem Golfplatz sind sowohl bei der Mitglieder- und Gastspielerbindung als auch der Neugewinnung relevant. Zum Abschluss der Ausbildung absolvieren die Hunde eine Prüfung und dürfen sich nach Bestehen offiziell „Golfhund" nennen. Damit können Golfanlagen künftig auf einheitliche Ausbildungsstandards setzen – und dennoch frei entscheiden, ob auf ihren Platz ausschließlich zertifizierte Golfhunde dürfen oder auch Golfer mit Hund, die anderweitige Voraussetzungen erfüllen. Ziel der Initiative ist es, den Golfanlagen eine bundesweit einheitliche Ausbildung als Qualitätsstandard anzubieten und damit noch mehr Golfanlagen zur Zulassung von Hunden auf dem Golfplatz zu motivieren. Weitere Informationen finden Golfer und Golfanlagen unter www.golfhunde.com.

Weitere Informationen zu hundefreundlichen Golfanlagen und den Trainingsangeboten von Golfhunde erhalten Sie im Internet auf den jeweiligen Webseiten golf-mit-hunden.de, sowie golfhunde.com.

CLUBVERZEICHNIS ALPHABETISCH

	Buchseite	DGV-Nr.	Gutschein
A			
Aachener Golf Club 1927 e.V., Aachen	218	4401	
Abenberg, Golfclub Abenberg e.V.	374	8801	
Absolute-Trages, Freigericht, Golf	142	6673	
ACAMED Resort, Neugattersleben	9	3003	
Achental, Grassau/Chiemgau, Das	329	8716	
Achimer Golfclub e.V., Achim	101	3353	
Adendorf, Golf Resort Adendorf	86	3383	
Aerzen, Hamelner Golfclub e.V. Schloss Schwöbber	114	3311	
Ahaus-Alstätte, Golf- und Landclub Ahaus e.V.	204	4402	
Ahrensburg, Golfclub Hamburg-Ahrensburg e.V.	53	2201	
Ahrensburg, Siek, Golfclub Siek	56	2327	
Ainring, Golf Club Berchtesgadener Land e.V.	331	8905	2:1
Aiterhofen, Golfclub Gäuboden e.V.	392	8914	2:1
Aldruper Heide e.V., Greven, Golf-Club	201	4438	
Alfdorf-Haghof, Golf- und Landclub Haghof e.V.	281	7701	2:1
Allensbach-Langenrain, Golf-Club Konstanz e.V.	299	7720	
Allgäuer Golf- und Landclub e.V., Ottobeuren	367	8852	
Alpenseehof, Nesselwang, Golfanlage	362	8702	2:1
Alpirsbach-Peterzell, Golfclub Alpirsbach e.V.	275	7764	
Altenhof, Golf Club Altenhof e.V.	66	2216	
Altenmedingen, OT Secklendorf, Golf-Club Bad Bevensen e.V.	104	3342	%
Altenstadt, Golfplatz Altenstadt GmbH & Co. KG	144	6657	
Altlandsberg - Wilkendorf, Golfpark Schloss Wilkendorf	26	1129	2:1
Altmühlgolf Beilngries GmbH, Beilngries	381	8968	2:1
Altötting-Burghausen e.V., Haiming, Golfclub	342	8833	2:1
Altrhein e.V., Rastatt, Golfclub	293	7760	
Alveslohe, Gut Kaden Golf und Landclub	74	2248	
Am Alten Fliess e.V., Bergheim, Golfclub	208	4511	
Am Deister e.V., Bad Münder, Golfclub	113	3372	
Am Donner Kleve e.V., St. Michaelisdonn, Golfclub	77	2320	2:1
Am Donnersberg e.V., Börrstadt, Golfclub	262	5517	
Am Habsberg e.V., Velburg-Unterwiesenacker, Golf Club	382	8958	
Am Harrl e.V., Bad Eilsen, Golfclub	113	3385	
Am Hockenberg e.V., Seevetal, Golf & Country Club	45	2245	
Am Katzberg e.V., Langenfeld, Golfclub	169	4537	
Am Kemnader See e.V., Witten, Golfclub	233	4560	2:1
Am Kloster Kamp e.V., Kamp-Lintfort, Golfclub	193	4543	
Am Kortenbach e.V. Seligenstadt, Seligenstadt, Golfclub	141	6655	
Am Meer e.V., Bad Zwischenahn, Golfclub	88	3380	
Ammersbek, Golfclub Hamburg-Walddörfer e.V.	55	2211	
Am Obinger See, Obing - Kleinornach, Der Golf Club	326	8954	2:1
Amorbach, Golfclub Gut Sansenhof e.V.	146	8906	2:1
Am Reichswald e.V., Nürnberg, Golfclub	371	8847	
Am Römerweg e.V., Golfclub siehe GC Rittergut Birkhof e.V.	173	4517	
Am Sachsenwald e.V., Dassendorf, Golf-Club	48	2235	
Am Schottenring e.V., Schotten, Golfclub	144	6662	2:1
An der Göhrde e.V., Zernien, Golf-Club	104	3305	2:1
An der Oder e.V., Frankfurt (Oder), Golfclub	25	1126	
Ankum, Artland Golfclub e.V.	124	3349	
Ansbach e.V., Colmberg, Golfclub	379	8802	2:1
Anthal-Waginger See e.V., Fridolfing, Golfclub	332	8912	2:1
Appenweier, Golfclub Urloffen e.V.	296	7779	
Arnsberg, Golfclub Sauerland e.V.	240	4405	2:1
Artland, Ankum, Golfclub e.V	124	3349	
Aschaffenburger Golfclub e.V., Hösbach	145	8803	2:1
Ascheberg-Herbern, Golfclub Wasserschloß Westerwinkel e.V.	237	4505	2:1
Aschheim, Golfpark München Aschheim GmbH & Co. KG	350	8889	
Aschheim, GREEN HILL - Der Golf & Eventpark München-Ost	349	8708	
Attendorn, Golfclub Repetal Südsauerland e.V.	231	4527	
Attighof Golf & Country Club e.V., Waldsolms-Brandoberndorf	133	6627	2:1
Auf der Gsteig Lechbruck am See e.V., Lechbruck am See, Golfclub	361	8944	
Augsburg e.V., Bobingen-Burgwalden, Golfclub	356	8804	2:1
Augsburg, Golfclub Gersthofen e.V.	353	8707	2:1

Die Offiziellen Golfregeln
DIE GRUNDLEGENDSTEN ÄNDERUNGEN SEIT 60 JAHREN!
GÜLTIG AB 2019
R&A USGA
Offizielle Golfregeln
Gültig ab Januar 2019
ROLEX
PROUD SUPPORTER OF THE GAME OF GOLF
R&A USGA
Offizielle Golfregeln
Spieleredition
Gültig ab Januar 2019
ROLEX
€ 8,95
€ 15,95
WÄHLEN SIE IHRE VERSION:
Offizielle Golfregeln – Spieleredition
Verkürzte Fassung für Spieler
DIN A6, 192 Seiten, 8,95 Euro
Offizielle Golfregeln
Vollversion der Golfregeln
DIN A5, 262 Seiten, 15,95 Euro
DEUTSCHER GOLF VERBAND
KÖLLEN GOLF
Offizieller Verlagspartner
Jetzt bestellen auf: www.koellen-golf.de
VERSANDKOSTENFREI *
* innerhalb Deutschlands

	Buchseite	DGV-Nr.	Gutschein
Barbarossa e.V. Kaiserslautern, Mackenbach, Golfclub	261	5526	2:1
Batzenhof, Karlsruhe-Hohenwettersbach, Golfpark Karlsruhe Gut	292	7809	
Baumholder, Rolling Hills Golf Club Baumholder e.V.	252	5504	2:1
Baustert, Golfclub Südeifel	247	5539	
Bavarian Golfclub München-Eicherloh e.V., Eicherloh	348	8971	2:1
Bayerischer Wald e.V., St. Oswald, Golfclub am Nationalpark	394	8969	2:1
Bayerwald e.V., Waldkirchen, Golf- und Landclub	391	8870	
Bayreuth, Golf-Club Bayreuth e.V.	396	8911	2:1
Beckenbauer Golf Course, Bad Griesbach, Golf Resort Bad Griesbach	390	8878	%
Bedburg-Hau, Land-Golf-Club Schloß Moyland e.V.	194	4439	2:1
Bedburg-Hau, Schloss Moyland Golfresort e.V.	195	4532	
Beerfelden, Golf- und Land-Club Buchenhof Hetzbach e.V.	150	6634	2:1
Beilngries, Altmühlgolf Beilngries GmbH	381	8968	2:1
Bella Vista Golfpark Bad Birnbach, Bad Birnbach/Rottal	341	8978	2:1
Bensheim, Golf-Club Bensheim e.V.	149	6605	
Benz OT Balm, Golfclub Balmer See-Insel Usedom e.V.	35	1304	
Berchtesgadener Land e.V., Ainring, Golf Club	331	8905	2:1
Berchtesgaden, Golfclub Berchtesgaden e.V.	333	8811	
Bergen, Bergen-Hohne Golfclub e.V.	103	3396	
Bergheim, Golfclub Am Alten Fliess e.V.	208	4511	
Bergisch Gladbach, Golf- und Land-Club Köln e.V.	214	4442	
Bergisch Land e.V., Wuppertal, Golf-Club	177	4454	
Bergkramerhof e.V., Wolfratshausen, Golf- und Landclub	323	8907	
Berlin, Berliner Golf Club Gatow e.V.,	21	1103	
Berliner Golfclub Stolper Heide e.V., Hohen Neuendorf OT Stolpe	29	1113	
Berliner Golf & Country Club Motzener See e.V., Mittenwalde OT Motzen	27	1105	
Berlin, Golfclub Pankow von Berlin e.V.	20	1121	
Berlin, Golfclub Prenden	28	1130	2:1
Berlin, Golf- und Land-Club Berlin-Wannsee e.V.	21	1101	
Berlin-Großbeeren, Großbeeren, GolfRange	25	1120	%
Berlin Scharmützelsee e.V., Bad Saarow, Sporting Club	26	1133	
Bernbeuren, Golfplatz Stenz	360	8924	%
Beuerberg, Golfclub Beuerberg e.V.	324	8812	
Biblis, Golf-Club Biblis-Wattenheim e.V.	155	6636	
Bielefeld, Bielefelder Golfclub e.V.	164	4408	
Birdie Golf Tegernsee e.V., Rottach, siehe Golfplatz Tegernsee	337	K745	
Birkenhof, Kehl-Neumühl, Golfanlage	295	7800	
Birkhof e.V., Korschenbroich, Golf Club Rittergut	173	4517	
Bissendorf, Osnabrücker Golf Club e.V.	121	3325	
Bitburger Land, Golf-Resort	246	5521	
Blankenhain, GolfResort Weimarer Land	16	1627	
Blomberg, Lippischer Golfclub e.V.	161	4409	2:1
Bobingen-Burgwalden, Golfclub Augsburg e.V.	356	8804	2:1
Bochumer Golfclub e.V., Bochum	181	4410	
Bockhorn, Golfclub Erding-Grünbach e.V.	348	8821	2:1
Bodensee Weißensberg e.V., Weißensberg, Golfclub	365	K805	
Bogey Golfer e.V. ? siehe GP München Aschheim GmbH & Co. KG	350	8889	
Bokensdorf, Golfclub Wolfsburg / Boldecker Land e.V.	120	3364	2:1
Boldecker Land e.V., Bokensdorf, Golfclub Wolfsburg	120	3364	2:1
Bondorf, Golfclub Domäne Niederreutin e.V.	271	7758	
Bonn e.V., St. Augustin, Internationaler Golf Club	221	4497	
Bonn-Godesberg in Wachtberg e.V., Wachtberg-Niederbachem, Golfclub	221	4411	
Boppard, Golfclub Jakobsberg e.V.	253	5518	%
Borghees e.V., Emmerich, Golfclub	189	4518	
Bornheim, Golfclub Römerhof e.V.	220	4520	
Börrstadt, Golfclub am Donnersberg e.V.	262	5517	
Bosau/Thürk, Golfplatz Plöner See	58	2224	
Bostalsee e.V., Nohfelden, Golfclub	258	9905	
Bottrop-Kirchhellen e.V., Kirchhellen, Golfclub Schwarze Heide	188	4412	
Braunfels, Golf-Club Schloss Braunfels e.V.	132	6606	2:1
Braunschweig, Golf-Klub Braunschweig e.V.	117	3306	
Breisgau e.V., Herbolzheim-Tutschfelden, Golfclub	301	7784	
Breitenburg, Golf-Club Schloss Breitenburg e.V.	77	2241	
Breitengüßbach, Golfanlage Gut Leimershof	399	8732	2:1
Bremen, Bremer Golfclub „Lesmona" e.V.	100	3401	
Bremen, Club zur Vahr e.V. (GP Vahr)	99	3307	
Bremen, Golf-Club Bremer Schweiz e.V.	101	3356	
Bremen, Golf-Club Oberneuland e.V.	100	3308	

O

KÖLLEN GOLF

GOLFANLAGEN

Sachsen-
Anhalt
Thüringen
Thüringer Wald
Salzwedel
Stendal
Tangermünde
Gardelegen
Genthin
Haldensleben
Wolmirstedt
Burg
MAGDEBURG
3002
Oschersleben
Schönebeck
Zerbst
Halberstadt
Calbe
Staßfurt
3003
Aken
DESSAU
3004
Wernigerode
Brocken
Blankenburg
Thale
Quedlinburg
Aschersleben
Bernburg
Köthen
3001
Hettstedt
-Wolfen
Bitterfe
1624
Nordhausen
Sangerhausen
Lutherstadt Eisleben
HALLE
3005
Heiligenstadt
Leinefelde-Worbis
Sondershausen
Querfurt
Merseburg
Bad Dürrenberg
Weißenfels
Mühlhausen
Sömmerda
Naumburg
Bad Langensalza
Apolda
Zeitz
Eisenach
6642
1614
ERFURT
WEIMAR
Gotha
Waltershausen
1610
1616
JENA
1627
Eisenberg
GERA
Arnstadt
Bad Salzungen
Rudolstadt
Neustadt
1621
Schmalkalden
Ilmenau
Zella-Mehlis
Pößneck
Saalfeld
Zeulenroda
Suhl
Meiningen
Schleiz
1618
PLAUEN
Hildburghsn.
Sonneberg
Elbe
Havel
Aland
Arendsee
Jeetze
Biese
Uchte
Elbe-Havel-Kanal
Aller
Bode
Saale
Wipper
Selke
Weiße Elster
Helme
Unstrut
Leine
Gera
Nesse
Ilm
Werra
W. Elster
Stausee
Bleiloch Talsp.
Wittenberge
Lüchow
Uelzen
Munster
Soltau
Wittingen
CELLE
Gifhorn
WOLFSBURG
HANNOVER
Lehrte
Sehnde
Edemissen
Peine
BRAUNSCHWEIG
Helmstedt
Königslutter
Cremlingen
Schöningen
Laatzen
Pattensen
Sarstedt
Harsum
Lengede
Ilsede
Vechelde
Lahstedt
SALZGITTER
WOLFENBÜTTEL
HILDESHEIM
Nordstemmen
Bad Salzdetfurth
Bockenem
Alfeld
Langelsheim
Goslar
Vienenburg
Seesen
Bad Gandersheim
Bad Harzburg
Einbeck
Clausthal-Zellerfeld
Northeim
Osterode
Herzberg
Bad Lauterberg
Bovenden
GÖTTINGEN
Duderstadt
Rosdorf
Hann. Münden
Witzenhausen
Hess. Lichtenau
Eschwege
Bebra
Hersfeld
Hünfeld
Künzell
Eichenzell
Bad Neustadt
Bad Kissingen
Hammelburg
Neustadt
Rödental
Coburg
Kronach
Hof
Münchberg
Kulmbach
Lichtenfels
Bad Staffelstein
Wunsiedel
Bergen
Winsen
Burgwedel
Burgdorf
Uetze

SACHSEN / SACHSEN-ANHALT / THÜRINGEN

DGV -Nr.	CLUB-Name	Seite
1601	Golfclub Dresden Elbflorenz e.V.	5
1604	Golfclub Dresden Ullersdorf e.V.	4
1605	1. Golfclub Leipzig e.V.	7
1606	Golfclub Markkleeberg am See e.V.	6
1607	Golf Sport Gahlenz e.V.	14
1608	Golfclub Zwickau e.V.	11
1610	Thüringer Golfclub „Drei Gleichen" Mühlberg	17
1611	GolfPark Leipzig	5
1614	Golf Club Erfurt e.V.	15
1615	GC Chemnitz e.V. Wasserschloß Klaffenbach	13
1616	GolfClub Jena e.V.	10
1618	Golfclub Plauen e.V.	12
1619	Golfanlage Talsperre Pöhl	12
1621	Golfclub Gera e.V.	10

DGV -Nr.	CLUB-Name	Seite
1624	Golfpark Neustadt / Harz e.V.	16
1625	Golfpark Westerzgebirge	11
1627	GolfResort Weimarer Land	16
1629	Golfclub Bad Elster - Bad Brambach e.V.	13
1632	Golf & Country Club Leipzig GmbH	6
1633	Golfclub Herzogswalde GmbH	4
1634	Golfanlage Zschopau GmbH	14
3001	Golfclub Schloß Meisdorf e.V.	8
3002	GCM Golfclub Magdeburg e.V.	15
3003	ACAMED Resort	9
3004	Golfpark Dessau e.V.	8
3005	Golfclub Halle e.V.	7
6642	Golfclub Eisenach im Wartburgkreis e.V.	17

(Die rot hinterlegten Clubs nehmen an der Köllen Golf Gutschein-Aktion teil)

DGV-NR. 1604

GOLFCLUB DRESDEN ULLERSDORF E.V.

Am Golfplatz 1
01454 Ullersdorf
Tel. 03528 48060
info@golfanlage-ullersdorf.de
www.golfanlage-ullersdorf.de

Zweite Heimat
Tel. 03528 446990
Saisonale Speisen und tagesaktuelle Angebote

Löcheranzahl: 18
Gegründet: 1994
Höhe: 360 m
H: 6256 m, CR 73,5, SL 135, Par 73
D: 5491 m, CR 75,5, SL 134, Par 73

Saison: April - Oktober
Mindest-HCP WT/WE: 54
Anmeldung WT/WE: Ja
Mitgl.-begl. WT/WE: Nein
VcG WT/WE: Ja

18-Loch Greenfee WT/WE: EUR 60/80

(Greenfee-Preise können je nach DGV-Ausweiskennzeichnung abweichen)

Platzcharakteristik:

Die 18-Loch-Anlage ist Teil einer reizvollen Naturlandschaft im Bereich Weißer Hirsch, Dresdner Heide und Prießnitz-Aue. Die wohldurchdachte Gestaltung des Platzes bietet eine sportliche Herausforderung für Golfer jeder Klasse. Der Platz bietet mehrere lange Par 4 und Par 5 Löcher. Alle Spielbahnen sind mit hohen, schwer spielbaren Roughs umgeben.

Pro-Shop » Large « | Level | Kurzpl.

GolfPost 4,6/5

DGV-NR. 1633

GOLFCLUB HERZOGSWALDE GMBH

Am Golfplatz 1
01723 Wilsdruff OT Herzogswalde
Tel. 035209 310590
info@golfanlage-herzogswalde.de
www.golfclub-herzogswalde.de

CLUBHOUSE by Roland Frauscher
Tel. 035209 310598

Löcheranzahl: 3x9
Gegründet: 2015
Höhe: 340 m
Platzdaten PARKLAND (Old Course)
H: 5970 m, CR 71,8, SL 139, Par 72
D: 5228 m, CR 74,2, SL 128, Par 72

Saison: April - Oktober
Mindest-HCP WT/WE: 54
Anmeldung WT/WE: Ja
Mitgl.-begl. WT/WE: Nein
VcG WT/WE: Ja

18-Loch Greenfee WT/WE: EUR 60/65

(Greenfee-Preise können je nach DGV-Ausweiskennzeichnung abweichen)

Platzcharakteristik:

Wenn Sie von der Dresdner Innenstadt auf der B173 in Richtung Freiberg fahren, werden Sie nach ca. 20 Auto-Minuten über eine Anhöhe kommend, den malerischen Ort Herzogswalde sehen. Darüber hinaus unser Golfareal mit dem HerzogswalderLINKS (1-9), dem PARKLAND (10-18) und unserem Kurzplatz LITTLE`LINKS´. Das Übungsgelände unserer Driving Range lädt jeden dazu ein, der an seiner Technik feilen oder gut vorbereitet auf eine Runde gehen will. Das Clubhaus mit Restaurant bietet einen tollen Ort der Entspannung und des Genießens. Neben Sauna, Golfsimulator oder Fitnessbereich, steht an ausgewählten Tagen unser Physiotherapeut für Sie bereit. Am besten Sie machen sich Ihr eigenes Bild und schauen bei uns vorbei.

Pro-Shop » Basic « | Level | Kurzpl.

GolfPost 5,0/5

DGV-NR. 1601

GOLFCLUB DRESDEN ELBFLORENZ E.V.

Ferdinand-von-Schill-Straße 4a
01728 Possendorf
Tel. 035206 2430
info@golfclub-dresden.de
www.golfclub-dresden.de

Parkblick
Küche regional

Löcheranzahl: 18
Gegründet: 1992
Höhe: 300 m
H: 5996 m, CR 72,4, SL 139, Par 73
D: 5384 m, CR 75,0, SL 134, Par 73

Saison: April-November
Mindest-HCP WT/WE: 54
Anmeldung WT/WE: Ja
Mitgl.-begl. WT/WE: Nein
VcG WT/WE: Ja

18-Loch Greenfee WT/WE: EUR 60/80

(Greenfee-Preise können je nach DGV-Ausweiskennzeichnung abweichen)

Platzcharakteristik:

Direkt vor den Toren der sächsischen Landeshauptstadt, nur 12 km von Zwinger und Semperoper entfernt, liegt diese Anlage oberhalb des Elbtales auf sanften Hügeln, von Wald begrenzt. Die 18 Spielbahnen fordern auch vom passionierten Golfer hohe Konzentration. Als besonderer Genuss gelten die vier Waldbahnen der 12 bis 15, die sich direkt durch den ehemals königlichen Poisenwald ziehen.

Pro-Shop » Basic « | Level | Kurzpl.

GolfPost 4,8/5

DGV-NR. 1611

GOLFPARK LEIPZIG

Bergweg 10
04356 Leipzig
Tel. 0341 5217442
info@golfparkleipzig.de
www.golfparkleipzig.de

B1 - Bowl in One
Tel. 0173 3988029
chris-b1-golf@gmx.de
Ruhetag: montags
Küche regional, international

Löcheranzahl: 18+6
Gegründet: 1998
18-Loch Platz:
H: 6097 m, CR 73,2, SL 134, Par 72
D: 5189 m, CR 73,9, SL 133, Par 72
6-Loch Kurzplatz

Saison: Februar-Dezember
Mindest-HCP WT/WE: 54
Anmeldung WT/WE: Nein/Ja
Mitgl.-begl. WT/WE: Nein
VcG WT/WE: Ja

18-Loch Greenfee WT/WE: EUR 60/70

(Greenfee-Preise können je nach DGV-Ausweiskennzeichnung abweichen)

Platzcharakteristik:

Die Anlage am nördlichen Stadtrand von Leipzig liegt direkt an der neuen Messe im Ortsteil Seehausen. Überwiegend flaches Gelände, große Seen, viele Bunker und sehr anspruchsvolle Grüns prägen das Gesamtbild. Je nach Wahl der Abschlags- und Fahnenposition ist der Platz von anspruchsvoll bis schwer, aber immer fair einzustufen. Die großzügige Drivingrange mit 6-Loch-Kurzplatz bietet sehr gute Übungsmöglichkeiten.

Pro-Shop » Basic « | Level | Kurzpl.

GolfPost 3,5/5

DGV-NR. 1606

GOLFCLUB MARKKLEEBERG AM SEE E.V.

Mühlweg
04416 Markkleeberg/Zöbigker
Tel. 0341 3582686
kontakt@golfclub-markkleeberg.de
www.golfclub-markkleeberg.de

Frau Dana Nitra
Tel. 0341 3582684
info@nitra-golf.de
Ruhetag: montags
Küche regional, Kartenzahlung möglich

Löcheranzahl: 9
Gegründet: 1993
Höhe: 120 m
H: 5096 m, CR 67,5, SL 125, Par 68
D: 4596 m, CR 69,6, SL 117, Par 68

Saison: April-Oktober
Mindest-HCP WT/WE: 54
Anmeldung WT/WE: Ja
Mitgl.-begl. WT/WE: Nein
VcG WT/WE: Ja

18-Loch Greenfee WT/WE: EUR 40

(Greenfee-Preise können je nach DGV-Ausweiskennzeichnung abweichen)

Platzcharakteristik:

Die Anlage des Golfclub Markkleeberg ist ein kompakter 9-Loch-Golfplatz direkt am Cospudener See, einem ehemaligen Tagebau, gelegen. Der Platz ist sanft gewellt und ohne große Anstrengungen zu bespielen, allerdings erfordern einige schmale Fairways ein konzentriertes und genaues Spiel. Besonderheit: "Little Joe Course", ein beleuchteter 6-Loch-Pitch- und Puttplatz mit Bunkern und Wasserhindernissen.

Pro-Shop » Basic « | Level | Kurzpl.

GolfPost 5,0/5

DGV-NR. 1632

GOLF & COUNTRY CLUB LEIPZIG GMBH

Pehritzscher Weg 41
04827 Machern
Tel. 034292 632241
info@gcc-leipzig.de
www.gcc-leipzig.de

Wiesenhütte
Tel. 034292 632242
Ruhetag: montags

Löcheranzahl: 18+6
Gegründet: 2014
H: 5985 m, CR 72,5, SL 137, Par 72
D: 4865 m, CR 71,6, SL 132, Par 72

Saison: April - Oktober
Mindest-HCP WT/WE: PR
Anmeldung WT/WE: Nein/Ja
Mitgl.-begl. WT/WE: Nein
VcG WT/WE: Ja

18-Loch Greenfee WT/WE: EUR 60/80

(Greenfee-Preise können je nach DGV-Ausweiskennzeichnung abweichen)

Platzcharakteristik:

Inmitten der idyllischen Landschaft des Muldentals bietet der Golf & Country Club Leipzig eine Golfanlage, die durch ihre ausgewogene Symbiose zwischen Golf und Natur einen besonders hohen Freizeit- und Erholungswert bereithält. Nur etwa zwanzig Autominuten von Leipzigs Zentrum entfernt erfüllen sich die Träume von Golfern und Naturliebhabern. Auf dem 80 Hektar großen Areal erstrecken sich zwischen dichten Waldgebieten die anspruchsvolle 18-Loch-Anlage und der 6-Loch-Übungsplatz Die Spielbahnen fügen sich harmonisch in das leicht hügelige Gelände ein und sind für Golfer jeder Spielstärke eine Herausforderung.

Pro-Shop » Large « | Level | Kurzpl.

GolfPost 3,7/5

DGV-NR. 1605

1. GOLFCLUB LEIPZIG E.V.

Zum Golfplatz 1
04838 Noitzsch / Hohenprießnitz
Tel. 0341 7116412
info@golfclub-leipzig.de
www.golfclub-leipzig.de
Tel. 034242 50303

Löcheranzahl: 18
Gegründet: 1990
Höhe: 116 m
H: 5977 m, CR 71,5, SL 126, Par 72
D: 5265 m, CR 73,4, SL 123, Par 72

Saison: April-Oktober
Mindest-HCP WT/WE: 54
Anmeldung WT/WE: Nein/Ja
Mitgl.-begl. WT/WE: Nein
VcG WT/WE: Ja

18-Loch Greenfee WT/WE: EUR 50/60

(Greenfee-Preise können je nach DGV-Ausweiskennzeichnung abweichen)

2:1

Platzcharakteristik:

Der Golfplatz "Dübener Heide" bei Hohenprießnitz liegt im Nord-Osten Leipzigs inmitten reizvoller Landschaft, eingebettet zwischen den Landschaftsschutzgebieten "Dübener Heide", "Muldenaue" und "Noitzscher Heide".

Pro-Shop » Basic « | Level | Kurzpl.

GolfPost 4,0/5

DGV-NR. 3005

GOLFCLUB HALLE E.V.

Krienitzweg 16
06112 Halle (Saale)
Tel. 0345 5806116
info@golfclub-halle.de
www.halle.golf
Seeterrassen Halle
Tel. 0345 44479880
info@seeterrassen-halle.de

Löcheranzahl: 18
Gegründet: 2012
Höhe: 88 m
H: 5559m, CR 68,8, SL 113, Par 71
D: 5022m, CR 71,4, SL 114, Par 71

Saison: März-November
Mindest-HCP WT/WE: 54
Anmeldung WT/WE: Ja
Mitgl.-begl. WT/WE: Nein
VcG WT/WE: Ja

18-Loch Greenfee WT/WE: EUR 56/72

(Greenfee-Preise können je nach DGV-Ausweiskennzeichnung abweichen)

Platzcharakteristik:

Die junge Par 71 Anlage malerisch gelegen am Hufeisensee in der Händelstadt Halle besticht durch ihren außergewöhnlichen Linkscharakter. Spieltechnisch anspruchsvoll mit erstklassigen Grüns, ist die neue Anlage trotzdem ein überaus fairer Platz, der Golfern aller Spielstärken eine genussvolle Runde bietet. Die charakteristisch interessantesten Löcher der 18 Bahnen sind Loch 16 und 17, welche sich an die südwestliche Spitze des Hufeisensees schmiegen. Mit seiner ausgeprägten Vegetation bietet der Platz ein traumhaft schönes Naturerlebnis. Der zugehörige öffentliche Kurzplatz bietet 6 abwechslungsreiche Spielbahnen nicht nur für Golf-Einsteiger, sondern auch erprobte Spieler finden hier beste Übungsbedingungen.

Pro-Shop » Basic « | Level | Kurzpl.

GolfPost 5,0/5

DGV-NR. 3001

GOLFCLUB SCHLOSS MEISDORF E.V.

Petersberger Trift 33
06463 Meisdorf
Tel. 034743 98450
info@golfclub-schloss-meisdorf.com
www.golfclub-schloss-meisdorf.com

kleines Restaurant im Clubhaus

Löcheranzahl: 18
Gegründet: 1996
Höhe: 155 m
H: 5902 m, CR 72,1, SL 125, Par 72
D: 5210 m, CR 74,3, SL 128, Par 72

Saison: Mitte März - November
Mindest-HCP WT/WE: 54
Anmeldung WT/WE: Ja
Mitgl.-begl. WT/WE: Nein
VcG WT/WE: Ja

18-Loch Greenfee WT/WE: EUR 50/60

(Greenfee-Preise können je nach DGV-Ausweiskennzeichnung abweichen)

2:1

Platzcharakteristik:

Der erste 18-Loch-Golfplatz Sachsen-Anhalts liegt auf den Hügeln des östlichen Harzvorlandes über dem romantischen Selketal, eingebettet in die reizvolle Landschaft am Übergang zwischen Harz und Magdeburger Börde. Eingerahmt von fruchtbaren Wiesen und Äckern zum einen und malerischen Laubwäldern zum andern wurde der Platz für einen schnellen Spielfluss konzipiert. Auf knapp 70 ha finden sich 18 Wasserhindernisse bei 10.000 qm Wasserfläche.

Pro-Shop » Basic « | Level | Kurzpl.

GolfPost 3,0/5

DGV-NR. 3004

GOLFPARK DESSAU E.V.

Junkersstraße 52
06847 Dessau-Roßlau
Tel. 0340 5025664
info@golfpark-dessau.de
www.golfpark-dessau.de

„Stammhaus" im Golfpark
Reservierung wird empfohlen

Löcheranzahl: 9
Gegründet: 2009
H: 4732 m, CR 64,6. SL 118, Par 68
D: 4180 m, CR 65,6, SL 117, Par 68

Saison: ganzjährig
Mindest-HCP WT/WE: 54
Anmeldung WT/WE: Nein
Mitgl.-begl. WT/WE: Nein
VcG WT/WE: Ja

18-Loch Greenfee WT/WE: EUR 40/50

(Greenfee-Preise können je nach DGV-Ausweiskennzeichnung abweichen)

2:1

Platzcharakteristik:

Mitten in Dessau, auf dem ehemaligen Gelände der Hugo-Junkers-Flugzeugwerke, entstand auf dem 32 Hektar großen Areal eine 9-Loch-Anlage Par 68 mit Driving-Range und Übungsanlagen.

Pro-Shop » Basic « | Level | Kurzpl.

GolfPost 4,5/5

DGV-NR. 3003

ACAMED RESORT

Brumbyer Strasse 5
06429 Nienburg
OT Neugattersleben
Tel. 034721 50155
info@acamedresort.de
www.acamedresort.de

Albatross
Tel. 034721 50200

Löcheranzahl: 9
Gegründet: 2006
H: 5510 m, CR 69,4, SL 121, Par 70
D: 4614 m, CR 69,3, SL 123, Par 70

Saison: ganzjährig
Mindest-HCP WT/WE: k.A.
Anmeldung WT/WE: Nein
Mitgl.-begl. WT/WE: Nein
VcG WT/WE: Ja

9-Loch Greenfee WT/WE: EUR 29/39

(Greenfee-Preise können je nach DGV-Ausweiskennzeichnung abweichen)

Platzcharakteristik:

Im AcamedResort finden Sie Angebote für Erholung, Sport und Gesundheit. Es erwarten Sie ein 3-Sterne Komforthotel mit eigenem See und Inselwanderweg, das Restaurant „Albatros", ein Golfplatz mit umfangreichem Trainingsareal sowie eine Mini-Golf-Anlage.

GolfPost 4,0/5

DGV-NR. 1621

GOLFCLUB GERA E.V.

GMVD

Am Schafteich 3
07570 Harth-Pöllnitz
Tel. 036603 61610
info@golfclub-gera.de
www.golfclub-gera.de
am Golfpark
Tel. 036603 616120
Ruhetag: montags

Löcheranzahl: 18
Gegründet: 2005
Höhe: 300 m
H: 5790 m, CR 71,4, SL 132, Par 72
D: 4911 m, CR 72,1, SL 128, Par 72

Saison: April-November
Mindest-HCP WT/WE: 54
Anmeldung WT/WE: Nein/Ja
Mitgl.-begl. WT/WE: Nein
VcG WT/WE: Ja

18-Loch Greenfee WT/WE: EUR 60/70

(Greenfee-Preise können je nach DGV-Ausweiskennzeichnung abweichen)

2:1

Platzcharakteristik:

In unmittelbarer Nähe der Osterburg zu Weida, die „Wiege des Vogtlandes", ist eine sehr gepflegte und landschaftlich reizvolle 18 Loch Anlage entstanden. Wir versprechen Ihnen: Das abwechslungsreiche Gelände mit schönen, fairen Golfbahnen sind ideale Bedingungen für eine schöne und anspruchsvolle Golfrunde. Außerdem befindet sich im Golfpark Burkersdorf eine öffentliche 6 Loch Par 3 Anlage. Hier finden sowohl Anfänger ohne Golferfahrung, wie auch ambitionierte Golfer entsprechende Herausforderungen und werden ihren Spaß haben. Gern verwöhnt Sie unser Team des Restaurants vor, nach und zwischen dem Spiel mit leckeren Speisen und Getränken. Genießen Sie von unserer großzügigen Sonnenterrasse einen tollen Blick über die Anlage und das 9. und 18. Grün!

Pro-Shop » Basic « | Level | Kurzpl.

GolfPost 5,0/5

DGV-NR. 1616

GOLFCLUB JENA E.V.

Münchenroda 31
07751 Jena
Tel. 03641 3842277
info@golf-jena.de
www.golf-jena.de

Löcheranzahl: 9
Gegründet: 1994
Höhe: 365 m
H: 6140 m, CR 72,8 , SL 133 , Par 72
D: 5342 m, CR 74,0 , SL 134 , Par 72

Saison: ganzjährig
Mindest-HCP WT/WE: 54
Anmeldung WT/WE: Nein
Mitgl.-begl. WT/WE: Nein
VcG WT/WE: Ja

Tages-Greenfee WT/WE: EUR 45

(Greenfee-Preise können je nach DGV-Ausweiskennzeichnung abweichen)

Platzcharakteristik:

Das Areal der Anlage befindet sich ca. 10 Autominuten vom Jenaer Stadtzentrum entfernt, hoch über der Stadt gelegen in einem landschaftlich reizvollem Gebiet südlich des Ortsteils Jena-Münchenroda. Man genießt von vielen Stellen des Platzes einen einmaligen Blick auf die „Lichtstadt" Jena, das Saaletal und die umliegenden Berge. Insgesamt zeichnet sich die Anlage durch ein leicht hügeliges Gelände mit viel Baum- und Buschbestand aus. Die Range wurde groß dimensioniert und bietet mit 20 Abschlägen den entsprechenden Platz zum Üben.

Pro-Shop » Basic « | Level | Kurzpl.

GolfPost 3,4/5

DGV-NR. 1608

GOLFCLUB ZWICKAU E.V.

Reinsdorfer Str. 29
08066 Zwickau
Tel. 0375 2040400
info@golfplatz-zwickau.de
www.golfplatz-zwickau.de

Polster-Gastronomie
Frau Ina Carl, Küche regional

Löcheranzahl: 9
Gegründet: 1997
Höhe: 355 m
H: 5764 m, CR 70,0, SL 129, Par 70
D: 4986 m, CR 71,1, SL 127, Par 70

Saison: ganzjährig - witterungsbedingt
Mindest-HCP WT/WE: 54
Anmeldung WT/WE: Ja
Mitgl.-begl. WT/WE: Nein
VcG WT/WE: Ja

18-Loch Greenfee WT/WE: EUR 40/50

(Greenfee-Preise können je nach DGV-Ausweiskennzeichnung abweichen)

Platzcharakteristik:

Einfach ausprobieren!

Der Einstieg ist einfacher als Sie denken. Sprechen Sie uns an, kommen Sie vorbei und lernen Sie den Golfplatz Zwickau kennen.

Pro-Shop » Large « | Level | Kurzpl.

GolfPost 4,0/5

DGV-NR. 1625

GOLFPARK WESTERZGEBIRGE

Grubenstraße 24
08301 Bad Schlema
Tel. 03772 3992987
info@golfpark-westerzgebirge.de
www.golfpark-westerzgebirge.de

Tel. 03772 3992987
Ruhetag: montags

Löcheranzahl: 9
Gegründet: 2001
Höhe: 460 m
H: 5538 m, CR 70,2, SL 125, Par 72
D: 4766 m, CR 71,7, SL 123, Par 72

Saison: ganzjährig - witterungsbedingt
Mindest-HCP WT/WE: k.A.
Anmeldung WT/WE: Nein
Mitgl.-begl. WT/WE: Nein
VcG WT/WE: Ja

18-Loch Greenfee WT/WE: EUR 50/55

(Greenfee-Preise können je nach DGV-Ausweiskennzeichnung abweichen)

2:1

Platzcharakteristik:

Golfpark Westerzgebirge - Golfen mit Weitblick ...

Herzlich Willkommen auf der Seite des Golfpark Westerzgebirge GmbH & Co. KG, in Bad Schlema. Mitten im Erzgebirge gelegen, finden Sie einen neuen, anspruchsvollen Golfplatz. Am 31. Mai 2009 haben wir unseren Platz eröffnet. Genießen Sie den Ausblick vom Golfplatz - alle höchsten Berge des Erzgebirges scheinen zum Greifen nah. Für Kurse mit unserem Pro Denny Matthias steht Ihnen ein erfahrener und sehr freundlicher Golflehrer zur Verfügung. Wir freuen uns auf Sie.

Pro-Shop » Basic « | Level | Kurzpl.

GolfPost 4,7/5

DGV-NR. 1619

GOLFANLAGE TALSPERRE PÖHL

Voigtsgrüner Straße 20
08543 Pöhl
Tel. 037439 44535
info@golfanlage-talsperre-poehl.de
www.golfclub-talsperre-poehl.de

Tel. 0171 2672386
hans.theeuwen@t-online.de
Unsere Gastronomie und die Clubterrasse laden zu einem gemütlichen Verweilen ein.

Löcheranzahl: 9
Gegründet: 2001
Höhe: 400 m
H: 4164 m, CR 62,8, SL 105, Par 64
D: 3664 m, CR 63,2, SL 107, Par 64

Saison: April - Oktober
Mindest-HCP WT/WE: k.A.
Anmeldung WT/WE: Nein
Mitgl.-begl. WT/WE: Nein
VcG WT/WE: Ja

18-Loch Greenfee WT/WE:
EUR 35/40

(Greenfee-Preise können je nach DGV-Ausweiskennzeichnung abweichen)

Platzcharakteristik:

Die Golfanlage Talsperre Pöhl steht unter dem Motto "Golf für Jedermann" und bietet neben Schnupper- und Fortgeschrittenen-Kursen moderate Preise sowie 3 Übungsbahnen, die ohne Platzreife bespielt werden können. Die 9-Loch-Anlage weist einen guten Standard auf, liegt landschaftlich wunderschön und ist sehr leicht zu erreichen.

Pro-Shop » Basic « | Level | Kurzpl.

GolfPost 3,0/5

DGV-NR. 1618

GOLFCLUB PLAUEN E.V.

Am Gut 1 A
08547 Plauen-Steinsdorf
Tel. 037439 44658
info@golfclub-plauen.de
www.golfclub-plauen.de

Petra Haupt
Tel. 0175 9202114
Restaurant sporadisch bewirtet. Getränke Selbstbedienung.

Löcheranzahl: 27
Gegründet: 1998
Höhe: 440 m
18-Loch-Platz Kolkrabe
H 5277 m, CR 68,8, SL 121, Par 71
D 4581 m, CR 70,3, SL 119, Par 71
9-Loch-Platz Roter Milan (öffentl.)
H 1729 m, CR 31,0, SL 91, Par 30
D 1515 m, CR 30,8, SL 85, Par 30

Saison: April bis November
Mindest-HCP WT/WE: 54
Anmeldung WT/WE: Nein
Mitgl.-begl. WT/WE: Nein
VcG WT/WE: Ja

18-Loch Greenfee WT/WE:
EUR 40/55

(Greenfee-Preise können je nach DGV-Ausweiskennzeichnung abweichen)

2:1

Platzcharakteristik:

Ca. 15 Minuten von Plauen entfernt liegt die 54 ha große Anlage etwas erhöht am Rand von Steinsdorf. Der hügelige, leicht bespielbare Platz bietet wunderschöne Ausblicke auf die Kämme der umliegenden Mittelgebirgsrücken des Vogtlandes, Erzgebirges, Elstergebirges und des Thüringer Waldes. Eine Reitanlage befindet sich gleich nebenan.

Weitere Informationen im Internet unter www.golfclub-plauen.de.

Pro-Shop | Level | Kurzpl.

GolfPost 4,0/5

DGV-NR. 1629

GOLFCLUB BAD ELSTER - BAD BRAMBACH E.V.

GMVD MEMBER

Badstraße 45
08648 Bad Brambach
Tel. 037437 517857
service@golfclub-bad-elster.de
www.golfclub-bad-elster.de
Jan Zají ek
Tel. +420 607 741 752

Löcheranzahl: 18
Gegründet: 2011
Höhe: 555 m
Golf Resort Franzensbad:
H: 6076 m, CR 73,1, SL 144, Par 72
D: 5237 m, CR 74,8, SL 144, Par 72

Saison: März - November
Mindest-HCP WT/WE: 54
Anmeldung WT/WE: Ja
Mitgl.-begl. WT/WE: Nein
VcG WT/WE: Ja

18-Loch Greenfee in CZK WT/WE: 1600/1800

(Greenfee-Preise können je nach DGV-Ausweiskennzeichnung abweichen)

Platzcharakteristik:

Heimatplatz für den Club ist die 18-Loch-Anlage im Golf Resort Franzensbad. Unmittelbar hinter der deutsch-tschechischen Grenze ist verkehrsgünstig gelegen im weltbekannten böhmischen Bäderdreieck nahe Franzensbad in Hazlov 2002 der sportlich anspruchsvolle Platz eröffnet worden. Die Einbettung der baulichen Elemente in die von Laubwäldern und Naturgewässern geprägte leicht hügelige Landschaftskulisse des Naturschutzgebietes an der Eger eröffnet dem Golfer eindrucksvolle Erlebnisse auf jeder Spielbahn. Das mit 4-Sterne Superior klassifizierte Resort gewährleistet mit seinen deutsch sprechenden Mitarbeitern eine hohe Servicequalität. Neu: Stellplätze mit Vollversorgung für Caravans, Ladeplätze für E-Autos.

Pro-Shop » Large « | Level | Kurzpl.

GolfPost 4,0/5

DGV-NR. 1615

GC CHEMNITZ WASSERSCHLOSS KLAFFENBACH

Wasserschlossweg 6
09123 Chemnitz
Tel. 0371 2621840
mail@golfclub-chemnitz.de
www.golfclub-chemnitz.de
Mediterrano

Löcheranzahl: 18
Gegründet: 1997
Höhe: 450 m
H: 5732 m, CR 70,9, SL 128, Par 70
D: 5029 m, CR 72,6, SL 128, Par 70

Saison: April-Oktober
Mindest-HCP WT/WE: k.A.
Anmeldung WT/WE: Ja
Mitgl.-begl. WT/WE: Nein
VcG WT/WE: Ja

18-Loch Greenfee WT/WE: EUR 50/60

(Greenfee-Preise können je nach DGV-Ausweiskennzeichnung abweichen)

Platzcharakteristik:

Am Rande des Erzgebirges und nur eine kurze Fahrt von der Chemnitzer Innenstadt entfernt, erwartet Sie ein anspruchsvoller Platz. Hier können Sie das herrliche Panorama des Erzgebirges oder den Blick auf das historische Wasserschloss genießen.

Dank seines hervorragenden Pflegezustandes und des Designs zählt unser Platz zu den attraktivsten Anlagen in Sachsen. Alle Bahnen unseres 1997 gegründeten Golfclubs sind sportlich anspruchsvoll angelegt, lassen aber auch Anfängern eine faire Chance. Ideale Trainingsbedingungen erwarten Sie auf unserer Driving Range und in der Golfschule.

Pro-Shop » Basic « | Level | Kurzpl.

GolfPost 4,7/5

DGV-NR. 1634

GOLFANLAGE ZSCHOPAU GMBH

Thumer Straße 430
09405 Zschopau
Tel. 03725 459818
info@golfplatz-zschopau.de
www.golfplatz-zschopau.de

Gastronomie mit kleinen Speisen und Sonnenterrasse

Löcheranzahl: 9
Gegründet: 2015
Höhe: 430 m
H: 4482 m, CR 64,8, SL 125, Par 66
D: 4058 m, CR 66,8, SL 113, Par 66

Saison: April - Oktober
Mindest-HCP WT/WE: k.A.
Anmeldung WT/WE: Nein
Mitgl.-begl. WT/WE: Nein
VcG WT/WE: Ja

Tages-Greenfee WT/WE: EUR 30/35

(Greenfee-Preise können je nach DGV-Ausweiskennzeichnung abweichen)

Platzcharakteristik:

In ruhiger und reizvoller Lage, nur 10km südlich von Chemnitz, liegt die 9-Loch-Golfanlage. Durch die familiäre Atmosphäre genießt der Platz mehr und mehr Zuspruch bei Golfern aus Nah und Fern. Auf dem sorgfältig angelegten Golfplatz bedarf es weniger der Superdrives als vielmehr der Präzision und Konzentration eines kurzen Spiels. Herausforderungen bieten die vielen Schräglagen und der tückische Wind. Auf 22 Hektar finden Sie sportliche Herausforderung und geistige Entspannung.

Pro-Shop » Basic « | Level | Kurzpl.

GolfPost 4,0/5

DGV-NR. 1607

GOLF SPORT GAHLENZ E.V.

Am Golfplatz 1
09569 Oederan OT Gahlenz
Tel. 037292 60666
golfclub-gahlenz@t-online.de
www.golfsport-gahlenz-ev.de

Löcheranzahl: 18
Gegründet: 1995
Höhe: 495 m
H: 5678 m, CR 71,2, SL 135, Par 72
D: 5006 m, CR 73,0, SL 133, Par 72

Saison: Mai-Oktober
Mindest-HCP WT/WE: 54
Anmeldung WT/WE: Nein/Ja
Mitgl.-begl. WT/WE: Nein
VcG WT/WE: Ja

18-Loch Greenfee WT/WE: EUR 35/45

(Greenfee-Preise können je nach DGV-Ausweiskennzeichnung abweichen)

Platzcharakteristik:

In der Freiberger Region, am Fuße des Erzgebirges, finden Sie in einer hügligen Landschaft den reizvollen 18-Loch-Golfplatz des Golf Sport Gahlenz e.V.

Gahlenz, ein Ortsteil der Stadt Oederan, ist ein malerisches Dorf in der Talsenke zwischen Oederan und Eppendorf. Der Turm der Kirche ist von den meisten Fairways aus zu sehen und wird gern als Orientierungspunkt genutzt. Auf den meisten Fairways wird entweder bergauf oder bergab gespielt, was eine gute Kondition des Spielers erfordert. Alter Baumbestand wechselt mit vielen Neuanpflanzungen und gibt dem Platz einen naturnahen Charakter. Biotope und Wasserhindernisse unterstreichen diesen Eindruck.

Pro-Shop » Basic « | Level | Kurzpl.

GolfPost 2,2/5

DGV-NR. 3002

GCM GOLFCLUB MAGDEBURG E.V.

Herrenkrug 4
39114 Magdeburg
Tel. 0391 8868846
info@golfclub-magdeburg.de
www.golfclub-magdeburg.de

Löcheranzahl: 9
Gegründet: 1995
Höhe: 42 m
H: 5361 m, CR 68,6, SL 130, Par 72
D: 4660 m, CR 70,0, SL 125, Par 72

Saison: ganzjährig
Mindest-HCP WT/WE: k.A.
Anmeldung WT/WE: Ja
Mitgl.-begl. WT/WE: Nein
VcG WT/WE: Ja

18-Loch Greenfee WT/WE: EUR 40/50

(Greenfee-Preise können je nach DGV-Ausweiskennzeichnung abweichen)

Platzcharakteristik:

Der bereits 1923, im Innenraum der Pferderennbahn, angelegte Golfplatz wurde nach 50-jähriger Brachzeit vollständig erneuert und erweitert. Die 9 Spielbahnen liegen inmitten eines herrlichen Parkgeländes mit altem Baumbestand und angrenzender Elbufer-Naturlandschaft, 10 Minuten vom Stadtzentrum entfernt. Die unterschiedlichen Abschläge auf beiden Halbrunden vermitteln den Eindruck einer 18-Loch Anlage.

Pro-Shop » Basic « | Level | Kurzpl.

GolfPost 3,4/5

DGV-NR. 1614

GOLF CLUB ERFURT E.V.

Im Schaderoder Grund
99090 Erfurt
Tel. 036208 80712
info@golfclub-erfurt.com
www.golfclub-erfurt.com
Clubhaus mit Restaurant und Sonnenterrasse

Löcheranzahl: 9
Gegründet: 1993
Höhe: 320 m
H: 5394 m, CR 68,8, SL 134, Par 70
D: 4716 m, CR 70,2, SL 122, Par 70

Saison: ganzjährig
Mindest-HCP WT/WE: 54
Anmeldung WT/WE: Nein
Mitgl.-begl. WT/WE: Nein
VcG WT/WE: Ja

18-Loch Greenfee WT/WE: EUR 45/50

(Greenfee-Preise können je nach DGV-Ausweiskennzeichnung abweichen)

Platzcharakteristik:

Wer Erfurt auf dem Luftweg verlässt, kann das ca. 66 ha große Areal des Golfplatzes gut überschauen. Im leicht hängigen Gelände zwischen Alacher Höhe und dem malerischen Orphalgrund bei Tiefthal, wurde etwa die Hälfte der Fläche für die Golfanlage genutzt.

Pro-Shop » Basic « | Level | Kurzpl.

GolfPost 5,0/5

SA(-AN)/TH

DGV-NR. 1627

GOLFRESORT WEIMARER LAND

Weimarer Straße 60
99444 Blankenhain
Tel. 036459 6164-1000
info@golfweimar.de
www.golfresort-weimarerland.de

Augusta, Masters, Golfhütte, zum güldenen Zopf, Grand Slam Bar, Bobby Jones Smokers Lounge, Vinothek

Löcheranzahl: 36
Gegründet: 2006
Goethe-Course
H: 5971 m, CR 72,2, SL 134, Par 72
Feininger-Course
H: 5706 m, CR 70,6, SL 126, Par 71
Bobby Jones Champion-Course
H: 6280 m, CR 73,8, SL 138, Par 73

Saison:
Mindest-HCP WT/WE: k.A.
Anmeldung WT/WE: Ja
Mitgl.-begl. WT/WE: Nein
VcG WT/WE: Ja

18-Loch Greenfee WT/WE: EUR 70/100

(Greenfee-Preise können je nach DGV-Ausweiskennzeichnung abweichen)

Platzcharakteristik:

Vor den Toren Weimars liegt eine der schönsten Golfanlagen Deutschlands.

Die 36-Loch Golfanlage besteht aus zwei 18-Loch Golfplätzen und einem 3-Loch Übungsplatz. Die Kombination der beiden Plätze ermöglicht drei abwechslungsreiche 18-Loch-Varianten: den den Bobby Jones Champion-Course, den Goethe-Course sowie den Feininger-Course.

Im Mai 2013 wurde das on-course 4-Sterne-Superior Lindner Spa & Golf Hotel Weimarer Land eröffnet. Es bietet nicht nur Golfern optimale Voraussetzungen, sondern lockt Spa-Freunde in seine 2.500 qm große Lindentherme und Familien mit Kindern in den 140 qm großen KinderClub – den RabbitClub!

Pro-Shop » Basic « | Level | Kurzpl.

GolfPost 4,9/5

DGV-NR. 1624

GOLFPARK NEUSTADT / HARZ E.V.

Rüdigsdorfer Weg 8c
99762 Neustadt/Harz
Tel. 03631 685026
info@golfpark-neustadt.de
www.golfpark-neustadt.de

Events + Stay
Tel. 0171 6100007
Ferienwohnungen verfügbar

Löcheranzahl: 6
Gegründet: 2002
H/D: 1995 m, CR 54, SL 113, Par 54

Saison: April bis November
Mindest-HCP WT/WE: k.A.
Anmeldung WT/WE: Nein
Mitgl.-begl. WT/WE: Nein
VcG WT/WE: Ja

18-Loch Greenfee WT/WE: EUR 15

(Greenfee-Preise können je nach DGV-Ausweiskennzeichnung abweichen)

Platzcharakteristik:

Wir möchten Sie auf unserer 6 Loch - Übungsanlage "Golfplatz Neustadt/Harz" im schönen Südharz willkommen heißen!

Bei uns finden Sie neben einem sanft in die idyllische Landschaft eingefügten Golfplatz vor allem viel Ruhe, professionelle Betreuung und die Geselligkeit eines modernen Vereins.

Ob Jung oder Alt, Anfänger oder Profi, Gelegenheits- oder erfahrener Stammspieler, der Golfpark-Neustadt/Harz bietet jedem Spieler die passende Plattform, um seine spielerischen sowie gesellschaftlichen Wünsche auszuleben und zu erfüllen.

Pro-Shop » Basic « | Level | Kurzpl.

GolfPost 5,0/5

DGV-NR. 6642

GOLFCLUB EISENACH IM WARTBURGKREIS E.V.

Am Röderweg 3
99820 Hörselberg-Hainich
Tel. 036920 71871
info@golf-eisenach.de
www.golf-eisenach.de

Restaurant Trattoria Toscana
Tel. 036920 729453
Ruhetag: montags

Löcheranzahl: 18
Gegründet: 1995
Höhe: 200 m
H: 6019 m, CR 71,9, SL 125, Par 73
D: 5249 m, CR 73,2, SL 125, Par 73

Saison: April-November
Mindest-HCP WT/WE: 54
Anmeldung WT/WE: Nein/Ja
Mitgl.-begl. WT/WE: Nein
VcG WT/WE: Ja

18-Loch Greenfee WT/WE: EUR 55/65

(Greenfee-Preise können je nach DGV-Ausweiskennzeichnung abweichen)

Platzcharakteristik:

Mitten in Deutschland, in Thüringen gelegen und aus allen Richtungen gut erreichbar liegt die 18 Loch Golfanlage - der Wartburg Golfpark. Sie spielen und genießen zugleich den herrlichen Blick auf die Wartburg und die Hörselberge.

Zahlreiche Bunker, große Wasserflächen, Bäume und Sträucher werden Ihrem Spiel den erforderlichen Anspruch verleihen. Ein gepflegtes Clubhaus mit Spielmöglichkeiten für Kinder garantieren auch nach dem Spiel Erholung und Entspannung nach einem anstrengenden Golftag.

Das Clubhaus mit dem gut geführten Restaurant bietet ca. 200 Gästen Platz und der Blick von der Terrassse bei Sonnenuntergang auf die Wartburg ist legendär und unvergesslich.

Pro-Shop » Large « | Level | Kurzpl.

GolfPost 4,3/5

DGV-NR. 1610

THÜRINGER GC "DREI GLEICHEN" MÜHLBERG

GMVD | GOLF & NATUR

Gut Ringhofen
99869 Drei Gleichen OT Mühlberg
Tel. 036256 86983
info@thueringer-golfclub.de
www.thueringer-golfclub.de

Hotel & Restaurant Taubennest
Tel. 036256 33378
taubennest@live.de
www.hotel-taubennest.de

Löcheranzahl: 18
Gegründet: 1998
Höhe: 280 m
H: 6028 m, CR 72,3, SL 132, Par 72
D: 5204 m, CR 73,0, SL 134, Par 72

Saison: April-Oktober
Mindest-HCP WT/WE: PR
Anmeldung WT/WE: Nein/Ja
Mitgl.-begl. WT/WE: Nein
VcG WT/WE: Ja

18-Loch Greenfee WT/WE: EUR 60/70

(Greenfee-Preise können je nach DGV-Ausweiskennzeichnung abweichen)

2:1

Platzcharakteristik:

Mitten ins malerische Burgenland "Drei Gleichen" eingebettet, liegt der 18-Loch-Platz. Zahlreiche natürliche Hindernisse, Teiche und gut platzierte Bunker verteidigen die Grüns uns stellen auch für ambitionierte Golfer eine Herausforderung dar. Die ca. 5 ha große Übungsanlage, mit den ca. 60 Abschlagplätzen, davon 10 überdacht und beleuchtet, sowie ein sehr großzügig gestaltetes Pitching-, Chipping- und Puttingarea, bieten hervorragende Voraussetzungen zum Trainieren und Lernen.

Das Turnier- und Eventangebote bieten Mitgliedern und Gästen eine Vielzahl von Möglichkeiten, den Golfsport zu entdecken und/oder mit Freunden und Bekannten eine entspannte Golfrunde zu genießen.

Pro-Shop » Large « | Level | Kurzpl.

GolfPost 4,8/5

BERLIN / BRANDENBURG

DGV -Nr.	CLUB-Name	Seite
1101	Golf- und Land-Club Berlin-Wannsee e.V.	21
1103	Berliner Golf Club Gatow e.V.	21
1104	Potsdamer Golfclub e.V.	23
1105	Berliner Golf & Country Club Motzener See	27
1106	Märkischer Golfclub Potsdam e.V.	22
1107	Golfclub Kallin e.V.	23
1109	Golf- und Landclub Semlin am See e.V.	24
1112	Golf- und Country Golf Club Seddiner See e.V.	22
1113	Berliner Golfclub Stolper Heide e.V.	29
1114	Golf Club Mahlow e.V.	27
1115	Lausitzer Golfclub e.V.	20
1116	Golfclub Gross Kienitz e.V.	28
1120	GolfRange Berlin-Großbeeren	25
1121	Golfclub Pankow von Berlin e.V.	20
1125	Golf in Wall	29
1126	Golfclub an der Oder e.V.	25
1129	Golfpark Schloss Wilkendorf	26
1130	Golfclub Berlin Prenden	28
1133	Golf Club Bad Saarow	26
K111	Country Golf Wiesenburg	24

(Die rot hinterlegten Clubs nehmen an der Köllen Golf Gutschein-Aktion teil)

NEUBRANDENBURG
Pasewalk
SZCZECIN
STETTIN
Goleniów
Stargard
Szczecinski
Prenzlau
Unter-
uckersee
Ober
Uecker
Westoder
Welse
Stolpersee
Templin
Havel
Schwedt
Angermünde
Pyrzyce
Grimnitzsee
Zehdenick
Myslibórz
Parsteiner S.
Havel
Oder-Havel-Kanal
Eberswalde
1130
Bad Freienwalde
Oranienburg
Wandlitz
Debno
ODER
Odra
11
Bernau
Alte Oder
Velten
Hohen-
Neuendf.
Panketal
Kostrzyn
Küstrin
1113
Mühlenbecker
Land
1129
Ahrensfelde
Strausberg
1121
BERLIN
Neuenhagen
Petershagen-
-Eggersdorf
Seelow
Hoppe-
garten
Fredersdf.-Vogelsdorf
Rüdersdorf
Schöneiche
1103
115
Spree
Gr. Müggelsee
10
Erkner
Fürstenwalde
FRANKFURT
(Oder)
Kleinmachnow
Schönefeld
1126
Slubice
101
Stahnsdorf
Teltow
1116
12
Oder-Spree-Kanal
1120
Blankenfelde-
-Mahlow
1114
113
Zeuthen
Nuthe
10
Königs
Wusterhausen
Scharmützel-
see
1133
Spree
Ludwigsfelde
Zossen
Beeskow
Eisenhüttenstadt
1105
Dahme
Krosno Od
Schwielochsee
Luckenwalde
Nuthe
13
Guben
Gubin
Spree
Lübben
Lausitzer Neiße
Spreewald
Teufelstein-Teufelsteich
Lübbenau
COTTBUS
Forst/
Barsc
15
Nieder-
13
Spree
1115
Schw. Elster
Herzberg
Stausee
Finsterwalde
Spremberg
Großräschen
Senftenberg
Weißwasser
Lauchhammer
Bad Liebenwerda
Senften-
berger See
Hoyerswerda
13
Niesky
Kamenz

DGV-NR. 1115

LAUSITZER GOLFCLUB E.V.

Am Golfplatz 3
03058 Neuhausen / Spree
Tel. 035605 42332
info@lausitzer-golfclub.de
www.lausitzer-golfclub.de

Das Clubhaus und die Gastronomie sind in der Regel täglich ab 10.00 Uhr geöffnet.
Küche regional

Löcheranzahl: 9
Gegründet: 1995
Höhe: 100 m
H: 6158 m, CR 72,5, SL 130, Par 74
D: 5307 m, CR 74,1, SL 122, Par 74

Saison: März-November
Mindest-HCP WT/WE: PR
Anmeldung WT/WE: Nein
Mitgl.-begl. WT/WE: Nein
VcG WT/WE: Ja

Tages-Greenfee WT/WE: EUR 50
9-Loch Greenfee WT/WE: EUR 30

(Greenfee-Preise können je nach DGV-Ausweiskennzeichnung abweichen)

2:1

Platzcharakteristik:

Der Lausitzer Golfplatz ist der östlichste in Deutschland. Die interessante, anspruchsvolle 9-Loch-Anlage verfügt über höchst abwechslungsreiche Bahnen, die Longhitter-Qualitäten und Präzision erfordern. Die Fairways sind seitlich von Bäumen und z.T. hohen Roughs umgeben, während die Greens von Wasserteichen und Bunkern verteidigt werden. Zudem erschweren Doglegs und Wind das Spiel.

Pro-Shop » Basic « Level Kurzpl.

GolfPost 3,7/5

DGV-NR. 1121

GOLFCLUB PANKOW VON BERLIN E.V.

Blankenburger Pflasterweg 40
13129 Berlin
Tel. 030 50019490
info@golf-pankow.de
www.golf-pankow.de

Restaurant am Golfplatz
Tel. 030 50019494
Ruhetag: keinen

Löcheranzahl: 36
Gegründet: 2005
Höhe: 40 m
Sepp Maier Platz (18 Loch)
H: 5938 m, CR 72,1, SL 125, Par 72
D: 5041 m, CR 72,3, SL 124, Par 72
Platz am Fließ (9 Loch)
H: 1735 m, CR 60,2, SL 101, Par 30
6 Loch Kurzplatz H/D: 545 m

Saison: ganzjährig
Mindest-HCP WT/WE: PR/36
Anmeldung WT/WE: Nein
Mitgl.-begl. WT/WE: Nein
VcG WT/WE: Ja

18-Loch Greenfee WT/WE: EUR 50/64

(Greenfee-Preise können je nach DGV-Ausweiskennzeichnung abweichen)

Platzcharakteristik:

Zentrumsnah enstand 2004/2005 innerhalb der Stadtgrenzen von Berlin der 18-Loch-Golfplatz und der von der Vereinigung clubfreier Golfspieler (VcG) geförderte öffentliche 9-Loch-Kurzplatz. Die Schirmherrschaft für das Golfresort hat die Torwartlegende Sepp Maier übernommen. Durch die schnelle Erreichbarkeit vom Berliner Zentrum sowie die günstigen Konditionen stellt die Anlage eine attraktive Bereicherung für den Golfsport in Berlin dar.

Pro-Shop » Basic « Level Kurzpl.

GolfPost 4,3/5

DGV-NR. 1103

BERLINER GOLF CLUB GATOW E.V.

Sparnecker Weg 100
14089 Berlin
Tel. 030 3650006
info@golfclubgatow.de
www.golfclubgatow.de

Löcheranzahl: 18
Gegründet: 1990
H: 5803 m, CR 71,4, SL 128, Par 72
D: 4983 m, CR 72,2, SL 124, Par 72

Saison: ganzjährig
Mindest-HCP WT/WE: 54/36
Anmeldung WT/WE: Ja
Mitgl.-begl. WT/WE: Nein
VcG WT/WE: Ja

18-Loch Greenfee WT/WE: EUR 65/85

(Greenfee-Preise können je nach DGV-Ausweiskennzeichnung abweichen)

BER / BRA

Platzcharakteristik:

Der 1969 von den Briten angelegte Golfplatz trägt unverkennbar die Handschrift seiner englischen Erbauer. Er zeichnet sich durch alten Baumbestand und ein parkartiges Gelände aus. Die Anlage wurde im Juni 2001 auf 18 Loch erweitert, u.a. mit der Anlage eines Sees mit 13.000 qm Wasserfläche. Ein spieltechnisch und landschaftlich reizvoller Platz inmitten Berlins, 30 Automin. vom Brandenburger Tor entfernt.

Pro-Shop » Basic « | Level | Kurzpl.

GolfPost 4,5/5

DGV-NR. 1101

GOLF- UND LAND-CLUB BERLIN-WANNSEE E.V.

Golfweg 22
14109 Berlin
Tel. +49 (030) 806706-0
info@wannsee.de
www.wannsee.de
Marco Koburger Privatkoch und Catering
Tel. +49 (030) 806706-92 oder -98
marco-koburger-catering@gmx.de

Löcheranzahl: 27
Gegründet: 1895
Höhe: 84 m
18-Loch-Meisterschaftsplatz
H: 5863 m, CR 71,9, SL 133, Par 72
D: 5195 m, CR 73,9, SL 131, Par 72
9-Loch-Platz
H: 4138 m, CR 63,2, SL 114, Par 62
D: 3730 m, CR 64,2, SL 112, Par 62

Saison: ganzjährig
Mindest-HCP WT/WE: 36
Anmeldung WT/WE: Ja
Mitgl.-begl. WT/WE: Nein/Ja
VcG WT/WE: Ja

18-Loch Greenfee (nur wochentags) WT/WE: EUR 180

(Greenfee-Preise können je nach DGV-Ausweiskennzeichnung abweichen)

Platzcharakteristik:

Der 1895 gegründete GLC Berlin-Wannsee e.V. gehört zu den renommiertesten Golfclubs in Deutschland. Hier treffen sich Persönlichkeiten aus Diplomatie, Politik, Wirtschaft, Kultur und Wissenschaft zu sportlichem Ausgleich und geselliger Entspannung. Die 27-Loch-Golfanlage ist bestens erreichbar im Südwesten Berlins gelegen und bietet, idyllisch eingebettet in den alten Baumbestand der typischen brandenburgischen Waldlandschaft mit ihren leicht hügeligen und abwechslungsreich angelegten Spielbahnen, Golfern aller Stärken sportliche Herausforderungen und erholsame Ruhe. Ein hervorragendes Restaurant im großzügig angelegten Clubhaus bietet einen exklusiven Rahmen für die Pflege gesellschaftlicher und geschäftlicher Kontakte.

Pro-Shop » Basic « | Level | Kurzpl.

GolfPost 4,7/5

DGV-NR. 1106

MÄRKISCHER GOLFCLUB POTSDAM E.V.

Kemnitzer Schmiedeweg 1
14542 Werder OT Kemnitz
Tel. 03327 66370
info@dermaerkische.de
www.dermaerkische.de

Die UnspielBar
In der Saison
Mo-So 9-20 Uhr geöffnet

Löcheranzahl: 27
Gegründet: 1991
Fontane Course (18 Loch)
H: 6114 m, CR 72,8, SL 133, Par 72
D: 5424 m, CR 75,0, SL 133, Par 72
Lehne Course by locals (9 Loch)
H: 2927 m, CR 70,4, SL 125, Par 36
D: 2555 m, CR 71,6, SL 122, Par 36
Family Course by CADDIE FOR LIFE
(9 Loch, Öffentlicher Kurs)

Saison: ganzjährig
Mindest-HCP WT/WE: 54
Anmeldung WT/WE: Ja
Mitgl.-begl. WT/WE: Nein
VcG WT/WE: Ja

18-Loch Greenfee (Fontane)
WT/WE: EUR 50/65

(Greenfee-Preise können je nach DGV-Ausweiskennzeichnung abweichen)

Platzcharakteristik:

Herzstück der Anlage ist der sportlich anspruchsvolle 18-Loch-Platz. Im Zentrum befindet sich eine leichte Anhöhe, die einen Überblick über alle 18 Bahnen erlaubt. Mit seinen schmalen Fairways und kleinen Grüns ist auch der 9-Loch-Platz eine echte Herausforderung. Abgerundet wird das Angebot mit einem weiteren 9-Loch-Kurzplatz. Hunde auf dem Lehne Course von Mo-Fr angeleint erlaubt. Wochenends vor 9 und nach 16 Uhr.

Greenfeepreise Lehne Course (WT/WE): 40/50,
Family Course by CADDIE FOR LIFE
Tagesgreenfee (WT/WE): 15/20.

Pro-Shop » Large « | Level | Kurzpl.

GolfPost 4,5/5

DGV-NR. 1112

GOLF & COUNTRY CLUB SEDDINER SEE

Zum Weiher 44
14552 Michendorf
Tel. 033205 7320
info@gccseddinersee.de
www.gccseddinersee.de

Claudine Friebe
Tel. 033205 73263
restaurant@gccseddinersee.com

Löcheranzahl: 36
Gegründet: 1993
Höhe: 45 m
Nordplatz
H: 5978 m, CR 71,6, SL 135, Par 72
D: 5353 m, CR 74,2, SL 131, Par 72
Südplatz
H: 6046 m, CR 72,7, SL 138, Par 72
D: 5514 m, CR 75,9, SL 134, Par 72

Saison: März-November
Mindest-HCP WT/WE: 28-36
Anmeldung WT/WE: Ja
Mitgl.-begl. WT/WE: Nein
VcG WT/WE: Ja

18-Loch Greenfee (Nordplatz)
WT/WE: EUR 80/90

(Greenfee-Preise können je nach DGV-Ausweiskennzeichnung abweichen)

Platzcharakteristik:

Neben der einmalig schönen Seen- und Waldlandschaft und der Exklusivität der Golf- und Wohnanlage zeichnet den Golf- und Country Club Seddiner See vor allem die erstklassige Verkehrsanbindung nach Berlin sowie der einzige in Deutschland von Robert Trent Jones jr. gebaute Golfplatz (= Südplatz, 18-Loch Greenfee WT/WE: EUR 100/110) aus.

Pro-Shop » Large « | Level | Kurzpl.

GolfPost 4,9/5

DGV-NR. 1107

GOLFCLUB KALLIN E.V.

GMVD

Am Kallin 1
14641 Nauen OT Börnicke
Tel. 033230 894-0
info@golf-kallin.de
www.golf-kallin.de
Restaurant Am Kallin
Tel. 033230 89451
info@golf-kallin.de

Löcheranzahl: 27
Gegründet: 1990
18-Loch-Meisterschaftsplatz
H: 6057 m, CR 72,1, SL 126, Par 72
D: 5349 m, CR 73,9, SL 128, Par 72
9-Loch-Platz
H: 2144 m, CR 61,7, SL 113, Par 32

Saison: ganzjährig
Mindest-HCP WT/WE: 45/36
Anmeldung WT/WE: Ja
Mitgl.-begl. WT/WE: Nein
VcG WT/WE: Ja

18-Loch Greenfee WT/WE: EUR 60/80

(Greenfee-Preise können je nach DGV-Ausweiskennzeichnung abweichen)

Platzcharakteristik:

Die 27-Loch-Anlage inmitten eines Kiefernwaldes, bieten ein abwechslungsreiches Golfspiel, dominiert durch seine 35.000 qm Wasserflächen. Das großzügig angelegte Übungsareal besitzt alle Möglichkeiten, um das Training erfolgreich u. kurzweilig zu gestalten. Nicht nur sportlich u. landschaftlich bietet die Anlage etwas Besonderes, sondern auch das Clubhaus mit herrlichem Terrassenblick und seiner Gastronomie lässt den Golftag zum Erlebnis werden.

Pro-Shop » Basic « | Level | Kurzpl.

GolfPost 4,5/5

DGV-NR. 1104

POTSDAMER GOLFCLUB E.V.

Zachower Str.
14669 Ketzin
Tel. 033233 7050
clubsekretariat@potsdamer-golfclub.de
www.potsdamer-golfclub.de
Helen Richter

Löcheranzahl: 18
Gegründet: 1990
Höhe: 31 m
H: CR 70,2, SL 126, Par 72
D: CR 72,3, SL 125, Par 72

Saison: ganzjährig
Mindest-HCP WT/WE: 54
Anmeldung WT/WE: Ja
Mitgl.-begl. WT/WE: Nein
VcG WT/WE: Ja

18-Loch Greenfee WT/WE: EUR 50/65

(Greenfee-Preise können je nach DGV-Ausweiskennzeichnung abweichen)

2:1

Platzcharakteristik:

Die Fairways dieser abwechslungsreichen Anlage verlaufen auf ehemaligen Obstplantagen und auf offenem Gelände. Gut platzierte Wasser- u. Sandhindernisse erschweren den Score und bieten auch profilierten Golfern immer wieder eine Herausforderung. Hervorzuheben ist hierbei das 9. Loch, ein Par 3, welches über einen Teich gespielt werden muss. Ein präzises Anspiel muss hier durch eine Baum-Öffnung erfolgen.

Pro-Shop » Basic « | Level | Kurzpl.

GolfPost 4,4/5

DGV-NR. 1109

GOLF- UND LANDCLUB SEMLIN AM SEE E.V.

BER / BRA

Ferchesarer Straße 8 b
14712 Rathenow OT Semlin
Tel. 03385 554474
golf@golfresort-semlin.de
www.golfresort-semlin.de

Otto's
Öffnungszeiten ab 7.00 Uhr

Löcheranzahl: 27
Gegründet: 1992
Höhe: 20 m
Course AB (18-Loch)
H: 5934 m, CR 71,8, SL 134, Par 72
D: 5276 m, CR 74,0, SL 129, Par 72

Saison: ganzjährig
Mindest-HCP WT/WE: 54
Anmeldung WT/WE: Ja
Mitgl.-begl. WT/WE: Nein
VcG WT/WE: Ja

18-Loch Greenfee WT/WE: EUR 55/75

(Greenfee-Preise können je nach DGV-Ausweiskennzeichnung abweichen)

Platzcharakteristik:

Das erste Golf Resort in Berlin-Brandenburg ist in Semlin am See entstanden. Seit 1993 wird auf dem von Christoph Städler entworfenen 18-Loch Meisterschaftsplatz Golf gespielt. 2004 wurde die Anlage auf 27 Löcher erweitert und präsentiert sich nunmehr auf einem 150 Hektar großen Gelände. Architekt Christoph Städler zu dem neuen Platz: „Eine Besonderheit des neuen Platzes sind zwei V-förmig angeordnete Par 3-Löcher, die in einem wunderschönen alten Waldbestand eingefügt wurden und mit einem Doppelgrün verbunden sind. Auf der Bahn 26 haben wir zudem das Grün auf einen so genannten „Feldherrenhügel" platziert, von dem man das gesamte Gelände des neuen Platzes aus überblicken kann."

Pro-Shop » Basic « | Level | Kurzpl.

GolfPost 4,4/5

DGV-NR. K111

COUNTRY GOLF WIESENBURG

Am Bahnhof 37
14827 Wiesenburg/Mark
Tel. 033849 909980
info@countrygolf.de
www.countrygolf.de

Café & Bistro
Frische Speisen aus regionalen Produkten, wechselnde Angebote

Löcheranzahl: 9
Gegründet: 2020
Öffentliche 9-Loch Naturgolfanlage
Par 60 Kurs

Mindest-HCP WT/WE: k.A.
Anmeldung WT/WE: Nein
Mitgl.-begl. WT/WE: Nein
VcG WT/WE: Ja

9-Loch Greenfee WT/WE: EUR 15

(Greenfee-Preise können je nach DGV-Ausweiskennzeichnung abweichen)

2:1

Platzcharakteristik:

Inmitten der schönen Landschaft des Hohen Fläming, zwischen Schlosspark und Bahnhof Wiesenburg findet Ihr unsere 9-Loch Naturgolfanlage auf einer knapp 9 Hektar großen Fläche. Unsere schmalen Spielbahnen passen sich den Gegebenheiten des Geländes an – nicht andersherum. Wir legen hohen Wert auf den Schutz der beheimateten Artenvielfalt. Die vorhandene Flora und Fauna – Biotope, Wasserläufe, Gräser – haben wir als Spielelemente integriert. Das macht unsere Anlage einzigartig und abwechslungsreich für alle Schwierigkeitsgrade.

Pro-Shop | Level | Kurzpl.

DGV-NR. 1120

GOLFRANGE BERLIN-GROSSBEEREN

Am Golfplatz 1
14979 Großbeeren
Tel. 033701 32890
berlin@golfrange.de
www.golfrange.de
„Tin Cup"
Tel. 033701 365798

Löcheranzahl: 9
Gegründet: 2001
Höhe: 30 m
H: 4096 m, CR 61,8, SL 103, Par 64
D: 3686 m, CR 62,4, SL 102, Par 64

Saison: ganzjährig
Mindest-HCP WT/WE: 54
Anmeldung WT/WE: Ja
Mitgl.-begl. WT/WE: Nein
VcG WT/WE: Ja

18-Loch Greenfee WT/WE: EUR 37/42

(Greenfee-Preise können je nach DGV-Ausweiskennzeichnung abweichen)

BER/BRA

%

Platzcharakteristik:

Stadtnahe Anlage der GolfRange-Gruppe mit angenehmer Spiellänge und interessantem Design. Jede Spielbahn der 9-Loch-Anlage wurde einem "Famous Hole" im Design nachempfunden.

- Ein nach modernsten Standards gebauter 9 Loch-Golfplatz in Berlin Großbeeren
- Berlins größte Driving Range
- sowie Pitching-, Chipping- und Putting-Greens.

Mehr muss man zu unserer großzügigen Golfanlage eigentlich nicht sagen. Außer vielleicht, dass unser 9-Loch-Golfplatz sowohl für Golf Anfänger als auch fortgeschrittene Golfspieler anspruchsvolle Abwechslung bietet.

Pro-Shop » Basic « | Level | Kurzpl.

GolfPost 4,0/5

DGV-NR. 1126

GOLFCLUB AN DER ODER E.V.

Eichenalle 1a
15234 Frankfurt (Oder)
Tel. +48 512 774177
info@gcanderoder.de
www.gcanderoder.de

Löcheranzahl: 9
Gegründet: 2007
9-Loch-Platz
H: CR 59,4, SL 99, Par 30

Saison: ganzjährig
Mindest-HCP WT/WE: k.A.
Anmeldung WT/WE: Nein
Mitgl.-begl. WT/WE: Nein
VcG WT/WE: Ja

18-Loch Greenfee WT/WE: EUR 20/25

(Greenfee-Preise können je nach DGV-Ausweiskennzeichnung abweichen)

Platzcharakteristik:

9-Loch Kurzplatz in unmittelbarer Nähe zur Deutsch-Polnischen Grenze (auf polnischer Seite) gelegen. Nur unweit der Stadt Frankfurt (Oder).

Achtung:
Bei Redaktionsschluss war nicht eindeutig ersichtlich, ob die Spielmöglichkeit auf dem Platz in Slubice noch besteht.

Pro-Shop » Basic « | Level | Kurzpl.

GolfPost 3,7/5

BER/BRA

DGV-NR. 1129

GOLFPARK SCHLOSS WILKENDORF

Am Weiher 1
15345 Altlandsberg - Wilkendorf
Tel. 03341 330960
info@golfpark-schloss-wilkendorf.com
www.golfpark-schloss-wilkendorf.com
restaurant@golfpark-schloss-wilkendorf.com
Tel. 03341 330990

Löcheranzahl: 36
Gegründet: 1997
Höhe: 100 m
Sandy Lyle Platz
H: 6096 m, CR 72,7, SL 133, Par 72
D: 5302 m, CR 74,0. SL 129, Par 72
Westside Platz
H: 5763 m, CR 69,9, SL 125, Par 72
D: 5149 m, CR 72,0, SL 119, Par 72

Saison: ganzjährig
Mindest-HCP WT/WE: 54
Anmeldung WT/WE: Ja
Mitgl.-begl. WT/WE: Nein
VcG WT/WE: Ja

18-Loch Greenfee WT/WE: EUR 60/80

(Greenfee-Preise können je nach DGV-Ausweiskennzeichnung abweichen)

2:1

Platzcharakteristik:

Die Golfanlage vor den Toren Berlins schmiegt sich auf 220 ha in die Hügel der Märkischen Schweiz und macht auf den ersten Blick klar, warum sie zu den 100 schönsten Europas gehört. Der Platz ist wunderschön in das von der Natur leicht hügelig modellierte Gelände eingebettet und auch den jahrhundertealten Baumbestand hat der Platzdesigner Sandy Lyle einfließen lassen.

Auf den 42 Golflöchern bei Privatrunden, Schnupperkursen sowie wunderschönen Turnieren, fühlen sich die Gäste wohl und genießen es ein Teil von Schloss Wilkendorf zu sein.

Pro-Shop » Large « | Level | Kurzpl.

GolfPost 4,6/5

DGV-NR. 1133

GOLF CLUB BAD SAAROW

Parkallee 3
15526 Bad Saarow
Tel. 033631 63300
golf@gcbadsaarow.de
www.gcbadsaarow.de
A-ROSA Scharmützelsee
Tel. 033631 61522
www.a-rosa.resorts.de
Resort verfügt über eine Vielzahl an Restaurants

Löcheranzahl: 63
Gegründet: 2017
Höhe: 45 m
Nick Faldo Platz
H: 6095 m, CR 73,1, SL 142, Par 72
D: 5722 m, CR 74,0, SL 138, Par 72
Arnold Palmer Platz
H: 6078 m, CR 71,8, SL 141, Par 72
Stan Eby Platz
H:5593m CR 69,6 SL 132 Par 71

Saison: ganzjährig
Mindest-HCP WT/WE: 54
Anmeldung WT/WE: Ja
Mitgl.-begl. WT/WE: Nein
VcG WT/WE: Ja

18-Loch GF Arnold Palmer Platz/Nick Faldo/Stan Eby Platz WT/WE: EUR 85/95

(Greenfee-Preise können je nach DGV-Ausweiskennzeichnung abweichen)

Platzcharakteristik:

Natur pur und mittendrin Golfplätze, die ihresgleichen suchen. Spielen Sie die Plätze der Golf-Legenden Sir Nick Faldo, Arnold Palmer und Stanford Eby. Südöstlich vor den Toren Berlins erwartet Sie die 63 Loch Anlage in traumhafter Idylle am Scharmüzelsee mit unzähligen Möglichkeiten. Neben dem Golfsport bieten wir Ihnen am Standort eine Vielzahl von Wassersportarten, Tennis, Reiten oder Landaktivitäten. Wir freuen uns auf Ihren Besuch!

Hunde auf Eby Platz (angeleint) erlaubt.

Pro-Shop » Basic « | Level | Kurzpl.

GolfPost 4,6/5

DGV-NR. 1105

BERLINER G & CC MOTZENER SEE E.V.

Am Golfplatz 5
15749 Mittenwalde OT Motzen
Tel. 033769 50130
info@golfclubmotzen.de
www.golfclubmotzen.de
Mario Franke
Tel. 033769 50130

Löcheranzahl: 27
Gegründet: 1991
H: 5884 m, CR 71,2, SL 132, Par 72
D: 5118 m, CR 73,0, SL 127, Par 72

Saison: ganzjährig
Mindest-HCP WT/WE: 54
Anmeldung WT/WE: Ja
Mitgl.-begl. WT/WE: Nein
VcG WT/WE: Ja

18-Loch Greenfee WT/WE: EUR 75/95

(Greenfee-Preise können je nach DGV-Ausweiskennzeichnung abweichen)

BER / BRA

Platzcharakteristik:

Die auf einer Fläche von 110 ha angelegte Anlage besticht durch offene weitreichende Blicke, die das Spielen zum und durch den Wald mit Schlägen über Bunker und Seen zu einer Verbundenheit mit der vorhandenen Landschaft werden lässt. Kontrastreiche optische Eindrücke, wechselnde spieltaktische Varianten und das Überqueren des immer wieder kreuzenden Baches bieten in Motzen ein abwechslungsreiches Spiel.

Pro-Shop » Basic « | Level | Kurzpl.

GolfPost 4,8/5

DGV-NR. 1114

GOLF CLUB MAHLOW E.V.

Föhrenweg
15831 Mahlow
Tel. 03379 370595
info@gcmahlow.de
www.gcmahlow.de

Löcheranzahl: 9
Gegründet: 1995
H: 3548 m, CR 61,2, SL 115, Par 62
D: 3232 m, CR 61,4, SL 113, Par 62

Saison: ganzjährig
Mindest-HCP WT/WE: 54
Anmeldung WT/WE: Nein
Mitgl.-begl. WT/WE: Nein
VcG WT/WE: Ja

18-Loch Greenfee (Mo-So): EUR 25

(Greenfee-Preise können je nach DGV-Ausweiskennzeichnung abweichen)

Platzcharakteristik:

Der Golfplatz ist direkt in Mahlow gelegen und vom Stadtzentrum Berlin in nur wenigen Minuten erreichbar. Der Golfplatz und der Club sind sowohl von der Atmosphäre als auch von der Anlage selbst sehr britisch.

Pro-Shop | Level | Kurzpl.

GolfPost 4,0/5

DGV-NR. 1116

GOLFCLUB GROSS KIENITZ E.V.

An der Straße nach Dahlew
15831 Groß Kienitz
Tel. 033708 5370
info@grosskienitz.de
www.grosskienitz.de

Kienitz Open
Tel. 033708 53740
Küche international

Löcheranzahl: 27
Gegründet: 1997
Robert Baker Platz (18 Loch)
H: 5990 m, CR 72,4, SL 131, Par 72
D: 5013 m, CR 72,4, SL 127, Par 72
brillen.de-Platz (9-Loch öffentlich)
H: 2967 m, CR 71,9, SL 127, Par 36

Saison: April-November
Mindest-HCP WT/WE: 54
Anmeldung WT/WE: Ja
Mitgl.-begl. WT/WE: Nein
VcG WT/WE: Ja

18-Loch Greenfee WT/WE: EUR 50/65

(Greenfee-Preise können je nach DGV-Ausweiskennzeichnung abweichen)

BER / BRA

Platzcharakteristik:

In Gross Kienitz sind sowohl Clubgolfer, öffentliche Golfer als auch Golfeinsteiger willkommen. Auf der 3-Loch-Anlage dürfen werdende Golfer auch ohne Vorkenntnisse ihre Runde drehen. Mit dem 18-Loch-Clubplatz erwartet den Golfer ein sportlich sehr anspruchsvoller und langer Platz. Mit 96 Bunkern und seinen unterschiedlichen Hanglagen beinhaltet der Platz einige Schwierigkeiten in landschaftlicher Idylle.

Außerdem verfügt die Anlage über einen öffentlichen 9-Loch Platz.

Pro-Shop » Basic « | Level | Kurzpl.

GolfPost 4,0/5

DGV-NR. 1130

GOLFCLUB BERLIN PRENDEN

Waldweg 3
16348 Prenden
Tel. 033396 7790
info@golfplatz-prenden.de
www.golfplatz-prenden.de

van Wachtel
Tel. 033396 877676
vanwachtel@golfplatz-prenden.de
Inh. Martin Müller

Löcheranzahl: 27
Gegründet: 1991
Prenden Pines (18-Loch)
H: 6132 m, CR 72,3, SL 129, Par 72
D: 5478 m, CR 74,8, SL 131, Par 72
Hunters Nine (9-Loch)
H: 2950 m, CR 70,4, SL 128, Par 36

Saison: ganzjährig
Mindest-HCP WT/WE: 54/36
Anmeldung WT/WE: Nein
Mitgl.-begl. WT/WE: Nein
VcG WT/WE: Ja

18-Loch Greenfee WT/WE: EUR 49/59

(Greenfee-Preise können je nach DGV-Ausweiskennzeichnung abweichen)

2:1

Platzcharakteristik:

Im Naturpark Barnim finden Sie das Golfvergnügen auf 27 Löchern. Das weitläufige Gelände, die breiten Fairways, die dünenartige Sandbunker und die zahlreichen Wasserhindernisse erinnern an einen schottischen „Links Course". Die großen, terrassenförmigen Greens, das natürliche Rough sowie die Wasserhindernisse und zahlreiche Topfbunker machen dem Kurs strategisch und technisch anspruchsvoll. Erleben Sie Golf-Spaß auf insgesamt 120 Hektar.

Bei uns sind Sie jederzeit herzlich Willkommen.

Pro-Shop » Basic « | Level | Kurzpl.

GolfPost 4,3/5

DGV-NR. 1113

BERLINER GOLFCLUB STOLPER HEIDE E.V.

Am Golfplatz 1
16540 Hohen Neuendorf OT Stolpe
Tel. 03303 549214
Info@golfclub-stolperheide.de
www.golfclub-stolperheide.de
Tel. 03303 549225
green@golfclub-stolperheide.de
Küche regional, international

Löcheranzahl: 36
Gegründet: 1995
Höhe: 52 m
Westplatz
H: 5974 m, CR 71,5, SL 126, Par 72
D: 5222 m, CR 72,8, SL 124, Par 72
Ostplatz
H: 6021 m, CR 72,8, SL 128
D: 5232 m, CR 73,7, SL 128

Saison: ganzjährig
Mindest-HCP WT/WE: PR
Anmeldung WT/WE: Ja
Mitgl.-begl. WT/WE: Nein
VcG WT/WE: Ja

18-Loch Greenfee WT/WE: EUR 70/100

(Greenfee-Preise können je nach DGV-Ausweiskennzeichnung abweichen)

Platzcharakteristik:

Nur 25 Minuten vom KU-Damm enfernt befinden sich die von Bernhard Langer entworfenen und von Kurt Rossknecht gebauten zwei 18 Löcher Golfplätze in der Stolper Heide. Ein landschaftliches Erlebnis, für weniger Geübte gut zu bewältigen und dank des intelligenten Designs auch für Single-Handicapper anspruchsvoll. Dazu ein modernes Clubhaus, freundlicher Service, eine hochklassige Golfakademie, großzügige Übungsanlagen mit öffentlichem 6 Loch Kurzplatz: Golferherz, was willst du mehr?

Pro-Shop » Large « | Level | Kurzpl.

GolfPost 4,7/5

DGV-NR. 1125

GOLF IN WALL

Am Königsgraben 1
16818 Wall
Tel. 033925 71135
info@golfinwall.de
www.golfinwall.de
Clubrestaurant Golf in Wall
Tel. 033925 71135

Löcheranzahl: 27
Gegründet: 2005
Höhe: 20 m
18-Loch-Meisterschaftsplatz
H: 5712 m, CR 71,1, SL 126, Par 72
D: 4962 m, CR 72,3, SL 124, Par 72
Kranichplatz (9-Loch öffentlich)
H: 3332 m, CR 59,2, SL 99, Par 62

Saison: ganzjährig
Mindest-HCP WT/WE: 54
Anmeldung WT/WE: Nein/Ja
Mitgl.-begl. WT/WE: Nein
VcG WT/WE: Ja

18-Loch Greenfee WT/WE: EUR 45/59

(Greenfee-Preise können je nach DGV-Ausweiskennzeichnung abweichen)

2:1

Platzcharakteristik:

Die großzügig auf einer Fläche von 80ha angelegten 27 Spielbahnen beeindrucken durch ihre reizvolle Lage mitten im Rhinluch.

Die Kombination aus breiten Spielbahnen, treuen Grüns, strategisch gut platzierten Sandbunkern und Wasserhindernissen sind fair für den Hobbygolfer zu spielen und herausfordernd für den Profi.

Golf in Wall ist für Entspannung, Ungezwungenheit und die familiäre Atmosphäre weit über Berlins Grenzen hinaus bekannt.

Pro-Shop » Large « | Level | Kurzpl.

GolfPost 4,3/5

Lolland
Nykøbing
Fehmarn
Fehmarn
2219
Darß
Ribnitz-Damgarten
1307
Recknitz
Malente
2228
Eutin
1319
ROSTOCK
1303
Bad Doberan
Neustadt
Scharbeutz
Wustrow
1308
Poel
20
Recknitz
2237
Ratekau
1301
19
Bad Schwartau
Warnow
Grevesmühlen
Wismar
2328
LÜBECK
Mecklenb
Güstrow
Teterow
1310
20
Stepenitz
14
Vorpomm
Schweriner See
Sternberger See
Malch
Ratzeburg
1314
1320
SCHWERIN
Krakower S.
19
Mölln
Goldberger S.
Warnow
Ware
Sude
Kölpinsee
Elde
1306
Schaale
Störkanal
Elde
Parchim
Plauer S.
Hagenow
14
Boizenburg
Lauenburg
24
Sude
Ludwigslust
Rögnitz
Neue Elde
Pritzwalk
Perleberg
Wittenberge
Lüchow
Salzwedel
Wittingen
Stendal
Rathenow
Gardelegen
Tangermünde
Gifhorn
Sachsen-
Genthin

MECKLENBURG-VORPOMMERN

DGV-Nr.	CLUB-Name	Seite
1301	Golf Club Hohen Wieschendorf e.V.	41
1302	Golfclub Rügen e.V.	40
1303	Ostseegolfclub Wittenbeck e.V.	38
1304	Golfclub Balmer See-Insel Usedom e.V.	35
1306	Fleesensee Sportanlagen GmbH	33
1307	Golfclub „Zum Fischland" e.V.	38
1308	Golfclub Tessin e.V.	36
1310	Golfclub Schloss Teschow e.V.	32
1311	Golfclub Mecklenburg-Strelitz e.V.	32
1314	WINSTONgolf GmbH	40
1316	Hanseatischer Golfclub e.V. in Greifswald	35
1318	Golfpark Strelasund GmbH & Co. KG	39
1319	Golfanlage Warnemünde	36
1320	Van der Valk Golfclub Serrahn	37
1321	Baltic Hills Golf Usedom	34
1326	Schloss Ranzow	39
1327	Golf & Country Club Schloss Krugsdorf	34

(Die rot hinterlegten Clubs nehmen an der Köllen Golf Gutschein-Aktion teil)

DGV-NR. 1311

GOLFCLUB MECKLENBURG-STRELITZ E.V.

Bornmühle 1A
17094 Groß Nemerow
Tel. 039605 27376
info@gc-mst.de
www.gc-mst.de

Clubhaus mit Bistro

Löcheranzahl: 9
Gegründet: 1995
Höhe: 55 m
H: 5446 m, CR 68,7, SL 129, Par 70
D: 4694 m, CR 69,7, SL 121, Par 70

Saison: April-November
Mindest-HCP WT/WE: 54
Anmeldung WT/WE: Nein
Mitgl.-begl. WT/WE: Nein
VcG WT/WE: Ja

18-Loch Greenfee WT/WE: EUR 40/48

(Greenfee-Preise können je nach DGV-Ausweiskennzeichnung abweichen)

MV

Platzcharakteristik:

Der hügelige Platz liegt im Landschaftsschutzgebiet des Tollenseseebeckens. An mehreren Stellen ist ein Blick auf den See möglich. Die Topographie ist eiszeitlich geprägt und in ihrer Charakteristik bei jeder einzelnen Bahn in sehr unterschiedlicher Struktur erlebbar. Der Platz ist für Anfänger gut bespielbar. Er bietet aber auch den erfahrenen Spielern genügend Herausforderungen.

Pro-Shop » Basic « · Level · Kurzpl.

GolfPost 4,0/5

DGV-NR. 1310

GOLFCLUB SCHLOSS TESCHOW E.V.

Alte Dorfstr. 13
17166 Teterow / Teschow
Tel. 03996 140454
golf@schloss-teschow.de
www.gc-schloss-teschow.de

Löcheranzahl: 27
Gegründet: 2000
Höhe: 1 m
„Am See" (18-Loch)
H: 5977 m, CR 71,9 , SL 132, Par 72
D: 4893 m, CR 71,2 , SL 128, Par 72
„Am Silberberg" (9-Loch)
H: 1683 m, CR 59,0 , SL 96, Par 62
D: 1377 m, CR 57,4 , SL 89, Par 62

Saison: ganzjährig / eingeschr. Winterspielbetrieb
Mindest-HCP WT/WE: 54
Anmeldung WT/WE: Ja
Mitgl.-begl. WT/WE: Nein
VcG WT/WE: Ja

18-Loch Greenfee WT/WE: EUR 55/65

(Greenfee-Preise können je nach DGV-Ausweiskennzeichnung abweichen)

2:1

Platzcharakteristik:

Der GC Schloss Teschow e.V. verfügt mit dem 18-Loch-Platz "Am See", dem öffentl. 9-Loch Platz "Am Silberberg" sowie einem großen Übungsareal über ein attraktives Angebot für Golfer jeder Spielstärke. Der anspruchsvolle 18-Loch-Platz wurde in ein Naturschutzgebiet integriert und besticht besonders durch die wunderschöne Landschaft mit Blick auf den Teterower See. Unser Golferkiosk in der Gutschsschänke "von Blücher" lädt zur Entspannung und Erholung ein.

Pro-Shop » Basic « · Level · Kurzpl.

GolfPost 4,0/5

DGV-NR. 1306

GOLF FLEESENSEE

Tannenweg 1
17213 Göhren-Lebbin
Tel. 039932 8040-0
info.golf@fleesensee.de
golf.fleesensee.de

Genusswerkstatt
Tel. 039932 804051

Löcheranzahl: 72
Gegründet: 1996
Höhe: 80 m
Schloss-Platz
H: 5970 m, CR 73,2, SL 142, Par 72
D: 4935 m, CR 72,9, SL 136, Par 72
Engel & Völkers Course
H: 5897 m, CR 71,7, SL 128, Par 72
B2B-Platz
H: 4554 m, CR 65,1, SL 119, Par 67

Saison: ganzjährig
Mindest-HCP WT/WE: PR
Anmeldung WT/WE: Ja
Mitgl.-begl. WT/WE: Nein
VcG WT/WE: Ja

18-Loch Greenfee (Schloss-Platz) WT/WE: EUR 100

(Greenfee-Preise können je nach DGV-Ausweiskennzeichnung abweichen)

Platzcharakteristik:

Auf halber Strecke zwischen Berlin und Hamburg, inmitten der Mecklenburgischen Seenplatte, befindet sich Europas größte zusammenhängende Golf- und Tennis-Anlage: GOLF Fleesensee. Auf 350 Hektar wurde eine 72-Löcher-Anlage realisiert, die nach einem einheitlichen Gesamtkonzept entstand. Der Club bildet eine harmonische und in sich geschlossene Einheit, dessen Plätze ideal aufeinander abgestimmt sind. GOLFFleesensee bietet seinen Gästen vor allem eines, viel Golf mit insgesamt 5 Plätzen für jede Spielstärke: Schloss-Platz (18-Loch), Engel & Völkers Course (18-Loch, 80,-), B2B-Platz (18-Loch, 60,-) Synchron Golf Course (9-Loch, 25,-) und Fleesensee Platz (9-Loch, 15,-).

Pro-Shop » Large «
Level
Kurzpl.

GolfPost 4,8/5

DGV-NR. 1327

GOLF & COUNTRY CLUB SCHLOSS KRUGSDORF E.V.

Zerrenthiner Str. 2-3
17309 Krugsdorf
Tel. 039743 519611
mitglieder@gccsk.de
www.gccsk.de

Restaurant "La Crue"
im Schloss Krugsdorf

Löcheranzahl: 18
Gegründet: 2014
H: 5804 m, CR 70,8, SL 126, Par 72
D: 5018 m, CR 70,3, SL 121, Par 72

Saison: ganzjährig
Mindest-HCP WT/WE: k.A.
Anmeldung WT/WE: Nein
Mitgl.-begl. WT/WE: Nein
VcG WT/WE: Ja

18-Loch Greenfee WT/WE: EUR 49/59

(Greenfee-Preise können je nach DGV-Ausweiskennzeichnung abweichen)

Platzcharakteristik:

Der Krugsdorfer Golfplatz ist als typischer „Lake Course" angelegt, die 4 großen Teiche sind ins Spiel direkt oder indirekt einbezogene Wasserhindernisse.

Individuell gestaltete, gut verteidigte Grüns, mit Putt-Eigenschaften, die höchsten Ansprüchen gerecht werden. Einige unserer Grüns sind stark onduliert und der Headgreenkeeper kann Pinpositionen stecken, die selbst erfahrenste Scratch-golfer ins Schwitzen kommen lassen.

Der Platz wurde mit viel Liebe zum Detail erbaut und einzelne Bahnen sind mit vielen Raffinessen ausgestattet.

Pro-Shop » Basic « | Level | Kurzpl.

GolfPost 4,5/5

DGV-NR. 1321

BALTIC HILLS GOLF USEDOM

Hauptstraße 10
17419 Korswandt
Tel. 038378 805070
info@baltic-hills.de
www.baltic-hills.de

Café und
Restaurant Sonnenterrasse
Tel. 038378 805072

Löcheranzahl: 18
Gegründet: 2005
H: 5771 m, CR 71,1, SL 128, Par 71
D: 4889 m, CR 71,5, SL 124, Par 71

Saison: ganzjährig
Mindest-HCP WT/WE: 54
Anmeldung WT/WE: Ja
Mitgl.-begl. WT/WE: Nein
VcG WT/WE: Ja

18-Loch Greenfee WT/WE: EUR 60

(Greenfee-Preise können je nach DGV-Ausweiskennzeichnung abweichen)

%

Platzcharakteristik:

Der Golfplatz Baltic Hills Golf Usedom bietet Ihnen eine 19-Loch-Golfanlage (inkl. Mulligan-Hole) und – wunderschön eingebettet in die einzigartige Natur der Insel Usedom - unvergessliche Tage. Designed wurde die Anlage von Golfplatzarchitekt Andreas Lukasch. Spielbahnen unterschiedlichster Schwierigkeitsgrade stellen für jeden Golfer eine abwechslungsreiche Herausforderung dar. Der Platz öffnet atemberaubende Aussichten auf den nahe gelegenen Gothensee und über die Sonneninsel Usedom. Die Gäste der Ostseebäder Ahlbeck, Heringsdorf und Bansin können hier in entspannter Atmosphäre dem Golfsport auf Usedom nachgehen, ohne längere Wege zurücklegen zu müssen.

Pro-Shop » Basic « | Level | Kurzpl.

GolfPost 5,0/5

DGV-NR. 1304

GOLFCLUB BALMER SEE-INSEL USEDOM E.V.

Drewinscher Weg 1
17429 Benz OT Balm
Tel. 038379 28-199
golfhus@golfhotel-usedom.de
www.golfpark-usedom.de

Panoramarestaurant, Blockhaus, Cucina Italiana
Küche regional, international

Löcheranzahl: 45
Gegründet: 1995
Höhe: 15 m
Gelber Kurs (18-Loch)
H: 5111 m, CR 68,8, SL 130, Par 71
D: 4438 m, CR 70,3, SL 123, Par 71
Blauer Kurs (18-Loch)
H: 5492 m, CR 70,8, SL 136, Par 71
D: 4796 m, CR 72,7, SL 131, Par 71

Saison: ganzjährig
Mindest-HCP WT/WE: 54
Anmeldung WT/WE: Ja
Mitgl.-begl. WT/WE: Nein
VcG WT/WE: Ja

18-Loch Greenfee WT/WE: EUR 65

(Greenfee-Preise können je nach DGV-Ausweiskennzeichnung abweichen)

Platzcharakteristik:

Inmitten der idyllischen Landschaft auf der Insel Usedom liegt neben dem Achterwasser der Golfpark Balm. Auf dem 120 ha großen Gelände wurden zwei 18-Loch-Meisterschaftsplätze konzipiert, die den gehobenen spieltechnischen Erwartungen entsprechen. Diese können mit einer nachgewiesenen Platzreife bespielt werden.

Für Golfeinsteiger steht ohne Platzreife ein attraktiver 9-Loch Übungsplatz zur Verfügung.

Pro-Shop » Basic « | Level | Kurzpl.

GolfPost 4,9/5

MV

DGV-NR. 1316

HANSEATISCHER GC E.V. IN GREIFSWALD

Golfplatz 1
17498 Greifswald - Wackerow
Tel. 03834 3689916
info@golfclub-greifswald.de
www.golfclub-greifswald.de

Küche regional

Löcheranzahl: 9
Gegründet: 2004
Höhe: 10 m
H: 5226 m, Par 70
D: 4660 m, Par 70

Saison: 15.03.-30.11.
Mindest-HCP WT/WE: k.A.
Anmeldung WT/WE: Nein
Mitgl.-begl. WT/WE: Nein
VcG WT/WE: Ja

18-Loch Greenfee WT/WE: EUR 40

(Greenfee-Preise können je nach DGV-Ausweiskennzeichnung abweichen)

2:1

Platzcharakteristik:

An der Stadtgrenze der Universitäts- und Hansestadt Greifswald liegt der Golfpark Greifswald-Wackerow. Der renommierte Golfplatzarchitekt Christoph Städler konzipierte die 27-Loch-Anlage. Seit dem Frühsommer 2006 sind davon 9 Löcher bespielbar. In der Planung befindet sich ebenfalls ein Hotel mit Clubhaus und Restaurant.

Vor der historischen Kulisse der Stadt ist hier ein trickreicher Platz geschaffen, der jedem Golfer aller Stärken exaktes Spiel abverlangt.

Pro-Shop » Basic « | Level | Kurzpl.

GolfPost 3,2/5

MV

DGV-NR. 1319

GOLFANLAGE WARNEMÜNDE

Am Golfplatz 1
18119 Warnemünde
Tel. 0381 7786830
info@golf-warnemuende.de
www.golf-warnemuende.de

Andre Steinweg
andre.steinweg@golf-warnemuende.de

Löcheranzahl: 27
Gegründet: 2006
Yachthafenresidenz Hohe Dühne
H: 6173 m, CR 73,2, SL 124, Par 72
D: 5091 m, CR 73,0, SL 122, Par 72
Hotel Neptun
H: 5996 m, CR 72,0, SL 122, Par 72
D: 5060 m, CR 72,3, SL 119, Par 72

Saison: ganzjährig
Mindest-HCP WT/WE: k.A.
Anmeldung WT/WE: Nein
Mitgl.-begl. WT/WE: Nein
VcG WT/WE: Ja

18-Loch Greenfee WT/WE: EUR 65

(Greenfee-Preise können je nach DGV-Ausweiskennzeichnung abweichen)

Platzcharakteristik:

Die Golfanlage Warnemünde verfügt auf einer Fläche von ca. 130 Hektar über drei 9-Loch-Plätze, die in verschiedenen Schwierigkeitsgraden kombiniert werden können. So entsteht unweit des Warnemünder Stadtzentrums ein abwechselungsreiches Golfvergnügen für Spieler aller Spielstärken.

Das großzügige Übungsareal und die ansässige Golfakademie bieten darüber hinaus perfekte Trainingsbedingungen.

Pro-Shop » Basic «
Level
Kurzpl.

GolfPost 4,5/5

DGV-NR. 1308

GOLFCLUB TESSIN E.V.

Alte Zuckerfabrik
18195 Tessin
Tel. 038205 12767
kontakt@ostseegolftessin.de
www.ostseegolftessin.de

Clubrestaurant
Küche regional

Löcheranzahl: 9
Gegründet: 1998
Herren (gelb):
5804 m, CR 71,9, SL 135, Par 72
Herren (rot):
4914 m, CR 67,1, SL 127, Par 70
Damen (rot):
4914 m, CR 72,7, SL 131, Par 72

Saison: ganzjährig
Mindest-HCP WT/WE: 54
Anmeldung WT/WE: Nein
Mitgl.-begl. WT/WE: Nein
VcG WT/WE: Ja

18-Loch Greenfee WT/WE: EUR 50/60

(Greenfee-Preise können je nach DGV-Ausweiskennzeichnung abweichen)

2:1

Platzcharakteristik:

Ein Fleckchen Erde, das sicher noch zu den Geheimtipps in Mecklenburg-Vorpommern gehört. Die Bahnen führen rings um den Schwanensee, über sanft ansteigende Hügel, umgeben von altem Baumbestand. Natürliche Wasserhindernisse und geschickt angelegte Bunker erhöhen das Spielvergnügen. Die besondere Atmosphäre liegt in der Mischung aus sportlicher Herausforderung und gemütlichem Clubleben.

Pro-Shop » Basic «
Level
Kurzpl.

GolfPost 4,0/5

DGV-NR. 1320

VAN DER VALK GOLFCLUB SERRAHN

Dobbiner Weg 24
18292 Serrahn
Tel. 038456 6692-222
golfclubserrahn@vandervalk.de
www.vandervalk-golf.de

Van der Valk Golfhotel Serrahn
Tel. 038456 6692-255
rezeptionserrahn@vandervalk.de
www.serrahn.vandervalk.de

Löcheranzahl: 18
Gegründet: 2006
H: 5087 m, CR 68.7, SL 131, Par 72
D: 4641 m, CR 71.2, SL 131, Par 72

Saison: ganzjährig
Mindest-HCP WT/WE: 54
Anmeldung WT/WE: Ja
Mitgl.-begl. WT/WE: Nein
VcG WT/WE: Ja

18-Loch Greenfee WT/WE: EUR 45/50

(Greenfee-Preise können je nach DGV-Ausweiskennzeichnung abweichen)

2:1

Platzcharakteristik:

Der 18-Loch-Golfplatz zählt wegen seiner einzigartigen Lage inmitten einer idyllischen Seen- und Hügellandschaft zu einem der schönsten Golfplätze Norddeutschlands. Hier können Golfer aller Handicapklassen die einzigartige Kombination aus Sport und Natur hautnah miterleben. Die bereits seit 2012 bespielbaren 18 Löcher erstrecken sich entlang einer Hügelkette mit einem atemberaubenden Panoramablick auf die Krakower Seelandschaft. Ein Platz mit viel Bewegung, anspruchsvollen Greens und einzigartigen Bahnverläufen erwartet die Golfer. Die Übungsflächen beinhalten eine überdachte Driving Range mit Abschlag in 10 Metern Höhe direkt auf den Krakower See, eine Chipping- und Pitching-Fläche sowie Putting Greens.

MV

Pro-Shop » Basic «

Level

Kurzpl.

GolfPost
4,0/5

DGV-NR. 1303

OSTSEEGOLFCLUB WITTENBECK E.V.

Zum Belvedere
18209 Wittenbeck
Tel. 038293 41009-0
info@golf-resort-wittenbeck.de
www.golf-resort-wittenbeck.de

Küche regional

Löcheranzahl: 27
Gegründet: 1996
Höhe: 50 m
18-Loch Meisterschaftsplatz Eikhof
H: 6000 m, CR 73,3, SL 136, Par 72
D: 5057 m, CR 73,6, SL 133, Par 72
Kompaktplatz Höstingen (9 Loch)
H: 1875 m, CR 58,7, SL 101, Par 28

Saison: ganzjährig
Mindest-HCP WT/WE: 45-54
Anmeldung WT/WE: Ja
Mitgl.-begl. WT/WE: Nein
VcG WT/WE: Nein

18-Loch Greenfee WT/WE: EUR 35/60

(Greenfee-Preise können je nach DGV-Ausweiskennzeichnung abweichen)

Platzcharakteristik:

Zwischen den traditionsreichen Ostseebädern Heligendamm und Kühlungsborn, fernab von Lärm und Hektik in eine herrliche Landschaft eingebettet, liegt das Ostsee Golf Resort Wittenbeck. Sowohl auf dem Par-72-Meiserschaftsplatz Eikhof als auch auf dem 9-Loch-Kompaktplatz Höstingen erleben Sie Platzarchitektur auf höstem Niveau. Können finden hier eine sportliche Herausforderung der Sonderklasse, Spieler mit mittleren Handicaps punkten mit klugem taktischen Spiel, während die höheren Handicapklassen auf dem 9-Loch-Platz eine großartige Chance haben, ihr Handicap zu verbessern.

Pro-Shop » Basic « | Level | Kurzpl.

GolfPost 4,3/5

DGV-NR. 1307

GOLFCLUB "ZUM FISCHLAND" E.V.

Pappelallee 23 a
18311 Neuhof
Tel. 03821 894610
golf-fischland@t-online.de
www.golfclub-fischland.de

Imbiss

Löcheranzahl: 9
Gegründet: 1999
Höhe: 8 m
H: 5142 m, CR 67,9, SL 125, Par 70
D: 4486 m, CR 68,9, SL 123, Par 70

Saison: ganzjährig
Mindest-HCP WT/WE: PR
Anmeldung WT/WE: Nein
Mitgl.-begl. WT/WE: Nein
VcG WT/WE: Ja

9-Loch Greenfee WT/WE: EUR 35

(Greenfee-Preise können je nach DGV-Ausweiskennzeichnung abweichen)

Platzcharakteristik:

Vor der beliebten Halbinsel Fischland-Darß-Zingst, zwischen Rostock und Stralsund, liegt dieser idyllische Platz. Die Gestaltung der 9-Loch-Anlage wurde einem Links-Course nachempfunden und stellt auch für erfahrene Spieler eine Herausforderung dar. Der Par 35-Course, von Golfplatzdesigner Tony Ristola gebaut, ist reich an Details und bietet zugleich Vergnügen und Erholung, sowie Befriedigung nach vollbrachtem Golfspiel.

Pro-Shop | Level | Kurzpl.

GolfPost 3,5/5

DGV-NR. 1318

GOLFPARK STRELASUND GMBH & CO. KG

Zur Alten Hofstelle 1-4
18516 Süderholz OT Kaschow
Tel. 038326 45830
info@golfpark-strelasund.de
www.golfpark-strelasund.de
Landgasthof Frettwurst
Tel. 038326 45830
Küche regional

Löcheranzahl: 36
Gegründet: 2004
MeckPommPlatz (18-Loch)
H: 5855 m, CR 72,6, SL 136, Par 72
D: 4845 m, CR 72,4, SL 128, Par 72
Strelasund Inselcourse (18-Loch)
H: 5643 m, CR 71,2, SL 132, Par 71
D: 4775 m, CR 72,0, SL 129, Par 71

Saison: ganzjährig
Mindest-HCP WT/WE: 54
Anmeldung WT/WE: Ja
Mitgl.-begl. WT/WE: Nein
VcG WT/WE: Ja

18-Loch Greenfee WT/WE: EUR 69

(Greenfee-Preise können je nach DGV-Ausweiskennzeichnung abweichen)

2:1

Platzcharakteristik:

Zwischen Stralsund und Greifswald, im Herzen Vorpommerns, lädt Sie unsere 36-Loch-Anlage mit Drving Range und großzügigem Übungsareal ein.

Die 18 Bahnen des "Mecklenburg-Vorpommern" Platzes spiegeln typische Landesteile Mecklenburg-Vorpommerns wieder. Das Clubhaus lädt zum Verweilen ein und der angeschlossene "Landgasthof Frettwurst" verwöhnt Sie mit einer frischen regionalen Küche.

Ein Par 3 vom Golfplatz entfernt, liegt unser kleines, feines Golfhotel, mit 47 liebevoll eingerichteten Zimmern und einem Spa-Bereich mit Pool und Saunalandschaft.

Pro-Shop » Large « Level Kurzpl.

GolfPost 4,9/5

MV

DGV-NR. 1326

SCHLOSS RANZOW

Schlossallee 1
18551 Lohme
Tel. 038302 88911
golf@schloss-ranzow.de
www.golf-schloss-ranzow.de
Schloss Ranzow
Tel. info@schloss-ranzow.de
Ruhetag: dienstags und mittwochs

Löcheranzahl: 18
Gegründet: 2015
Höhe: 70 m
H: 5397 m, CR 69,0, SL 129, Par 71
D: 4584 m, CR 69,7, SL 124, Par 71

Saison: April-Oktober
Mindest-HCP WT/WE: 54
Anmeldung WT/WE: Ja
Mitgl.-begl. WT/WE: Nein
VcG WT/WE: Ja

18-Loch Greenfee WT/WE: EUR 79

(Greenfee-Preise können je nach DGV-Ausweiskennzeichnung abweichen)

Platzcharakteristik:

Golfsport hoch über der Ostsee – Schloss Ranzow – wo das PAR immer leichtes Spiel hat!

Spielen Sie Golf auf einem einzigartigen Platz auf der Insel Rügen. Der 18 Loch Golfcourse Schloss Ranzow erstreckt sich unterhalb des eleganten Schlosshotels bis zum Saum der markanten Steilküste im Nationalpark Jasmund im Norden Rügens.

Von hier aus haben Sie einen großartigen Blick über die Weite der Ostsee bis zur Kreidesteilküste mit dem Kap Arkona. Eine perfekt gepflegte Anlage mit klug platzierten Bunkern und samtigem Grün fordert ambitionierte Akteure, erfreut Hobbygolfer und ermuntert Neulinge.

Pro-Shop » Large « Level Kurzpl.

DGV-NR. 1302

GOLFCLUB RÜGEN E.V.

Am Golfplatz 2
18574 Garz OT Karnitz
Tel. 038304 824711
info@golfclub-ruegen.de
www.golfclub-ruegen.de
Küche regional, international

Löcheranzahl: 27
Gegründet: 1995
Challenge Course (18 Loch)
H: 5727 m, CR 71,3, SL 139, Par 72
D: 5128 m, CR 74,0, SL 129, Par 72
Public Course (9 Loch öffentlich)
H: 1827 m, CR 60,7, SL 85, Par 30

Saison: ganzjährig
Mindest-HCP WT/WE: PR
Anmeldung WT/WE: Ja
Mitgl.-begl. WT/WE: Nein
VcG WT/WE: Ja

18-Loch Greenfee WT/WE: EUR 55/60

(Greenfee-Preise können je nach DGV-Ausweiskennzeichnung abweichen)

Platzcharakteristik:

Die Golfanlage liegt mitten im Herzen der Insel Rügen. Jedermann kann hier Golfspielen lernen, auch ohne in einem Club Mitglied zu sein. Die teilöffentliche Anlage ermöglicht ein harmonisches Miteinander von Clubleben und öffentl. Betrieb. Das Herzstück ist ein 18-Loch-Turnierplatz mit schmalen Fairways, undurchdringlichem Rough und hohem Baumbestand. Auf dem gleichen Platz hat der Ostseegolf-club Warnemünde e.V. Spielrecht.

Pro-Shop » Basic « | Level | Kurzpl.

GolfPost 3,5/5

DGV-NR. 1314

WINSTONGOLF GMBH

Kranichweg 1
19065 Vorbeck
Tel. 03860 5020
info@winstongolf.de
www.winstongolf.de
RESTAURANTkranichhaus
Tel. 03860 502200
restaurant@winstongolf.de
www.winstongolf.de/kranichhaus

Löcheranzahl: 45
Gegründet: 2002
Höhe: 50 m
WINSTONopen (18 Loch)
H: 5815 m, CR 71,9, SL 135, Par 72
D: 4969 m, CR 72,9, SL 133, Par 72
WINSTONlinks (18 Loch)
H. 5865 m, CR 72,6, SL 139, Par 72
D: 4856 m, CR 72,8, SL 131, Par 72

Saison: ganzjährig
Mindest-HCP links WT/WE: 36
Mindest-HCP openWT/WE: 45
Anmeldung WT/WE: Ja
Mitgl.-begl. WT/WE: Nein
VcG WT/WE: Ja

18-Loch Greenfee WT/WE: EUR 85/128

(Greenfee-Preise können je nach DGV-Ausweiskennzeichnung abweichen)

Platzcharakteristik:

Nur wenige Autominuten von Schwerin entfernt, bietet die Anlage auf naturbelassenem, hügeligem Endmoränengebiet von allen Abschlägen herrlich wechselnde Panoramablicke auf Seen und Wälder. Einzelne Bahnen sind mit einigen Raffinessen klassischer Golfländer ausgestattet. Individuell gestaltete, gut verteidigte Grüns, mit Putt-Eigenschaften, werden auch höchsten Ansprüchen gerecht.

Pro-Shop » Large « | Level | Kurzpl.

GolfPost 5,0/5

DGV-NR. 1301

GOLF CLUB HOHEN WIESCHENDORF E.V.

Am Golfplatz 1
23968 Hohen Wieschendorf
Tel. 038826 89889
info@golfclub-hohen-wieschendorf.de
www.golfclub-hohen-wieschendorf.de

Löcheranzahl: 18
Gegründet: 1991
Höhe: 0 m
H: 5727 m, CR 70,0, SL 126, Par 72
D: 5118 m, CR 72,1, SL 122, Par 72

Saison: ganzjährig
Mindest-HCP WT/WE: PR
Anmeldung WT/WE: Nein
Mitgl.-begl. WT/WE: Nein
VcG WT/WE: Ja

18-Loch Greenfee WT/WE: EUR 30

(Greenfee-Preise können je nach DGV-Ausweiskennzeichnung abweichen)

Platzcharakteristik:

Direkt an der Ostsee gelegen vermittelt dieser Platz typische Gegebenheiten eines Küsten-Golfplatzes, leicht hügelig mit viel Wind und breiten Fairways, allerdings insgesamt nicht zu unterschätzen, da alle Par-3-Bahnen mit Längen zwischen 166 m und 182 m nach langen und präzise Schläge verlangen und auch fünf Par 4-Bahnen ein Auge auf Longhitter werfen. Von jedem Tee aus und von den höher gelegenen Grüns eröffnen sich Aussichten auf die Ostsee.

Hinweis: Bitte informieren Sie sich vorab telefonisch über die Bespielbarkeit des Platzes.

Pro-Shop | Level | Kurzpl.

GolfPost 5,0/5

MV

SCHLESWIG-HOLSTEIN / HAMBURG

DGV -Nr.	CLUB-Name	Seite
2201	Golfclub Hamburg - Ahrensburg e.V.	53
2202	Hamburger Golf-Club e.V.	52
2204	Großflottbeker Tennis-, Hockey- und GC.	52
2206	Hamburger Land- und Golf-Club Hittfeld	45
2207	**Golf-Club Hoisdorf e.V.**	**55**
2208	Golf Club Segeberg e.V.	62
2209	Golf-Club An der Pinnau e.V.	73
2210	Wentorf-Reinbeker Golf-Club e.V.	47
2211	Golfclub Hamburg-Walddörfer e.V.	55
2212	Golf-Club Hamburg Wendlohe e.V.	51
2213	Golf Club St. Dionys e.V.	46
2214	Golfclub Hamburg-Holm e.V.	74
2215	**Golfclub Gut Immenbeck e.V.**	**49**
2216	Golf Club Altenhof e.V.	66
2218	**Mittelholsteinischer Golf-Club Aukrug e.V.**	**69**
2219	**Golf Club Fehmarn e.V.**	**60**
2220	Golfclub Bad Bramstedt e.V.	68
2221	Golf Club Föhr e.V.	81
2222	Förde-Golf-Club e.V. Glücksburg	71
2223	**Golfclub Gut Grambek e.V.**	**63**
2224	Golfplatz Plöner See	58
2225	Nordsee-Golfclub St. Peter-Ording e.V.	79
2226	Kieler Golfclub Havighorst	64
2227	Golfclub Büsum Dithmarschen e.V.	78
2229	**Golf Club Husumer Bucht e.V.**	**79**
2230	Golf-Club Jersbek e.V.	54
2231	Golf-Club Kitzeberg e.V.	64
2232	Golf Club Großensee e.V.	54
2233	Golf Club Brodauer Mühle e.V.	59
2235	Golf-Club am Sachsenwald e.V.	48
2236	Golf Club Lohersand e.V.	70
2237	**Lübeck-Travemünder Golf-Klub von 1921**	**56**
2238	**Golf Club Ostseebad Grömitz e.V.**	**59**
2239	Marine-Golf-Club Sylt e.G.	81
2240	Golf-Club Sylt e.V.	82
2241	Golf-Club Schloss Breitenburg e.V.	77
2242	Golf- & LandClub Gut Uhlenhorst	65

DGV -Nr.	CLUB-Name	Seite
2243	G & CC Club Hamburg-Treudelberg	51
2244	**Golf-Club Buxtehude GmbH & Co. KG**	**49**
2245	Golf & Country Club Am Hockenberg e.V.	45
2246	Golf & Country Club Hohwachter Bucht	66
2247	Golfclub Buchholz-Nordheide e.V.	46
2248	Gut Kaden Golf und Land Club	74
2250	Golf Club Lutzhorn e.V.	72
2252	Red Golf Moorfleet GmbH & Co.KG	50
2253	**GolfRange Hamburg-Oststeinbek**	**50**
2254	**Golfclub Hamburg Gut Waldhof**	**69**
2300	**Golf-Club Escheburg e.V.**	**44**
2302	**Golf Club Hof Berg e.V.**	**80**
2305	**Golf und Country Club Brunstorf e.V.**	**48**
2306	Golf-Club an der Schlei e.V.	67
2307	Golfclub Gut Haseldorf e.V.	75
2308	**Golfclub Sülfeld e.V.**	**63**
2309	**Golf-Club-Curau e.V.**	**57**
2310	Golf Club Stenerberg e.V.	67
2311	Golfpark Weidenhof e.V.	72
2312	Golfclub im Open County e.V.	80
2314	Golf & Country Club Gut Bissenmoor e.V.	68
2315	**Golfanlage Gut Wulfsmühle GmbH**	**76**
2316	Maritim Golfclub Ostsee e.V.	57
2317	Golfclub Timmendorfer Strand e.V.	58
2319	Golfclub Gut Glinde e.V.	47
2320	**Golfclub am Donner Kleve e.V.**	**77**
2321	Golf Club Gut Apeldör	78
2324	Red Golf Quickborn e.V.	73
2325	Golfpark Krogaspe	70
2327	Golfclub Siek/Ahrensburg	56
2328	**Golfclub Reinfeld e.V.**	**62**
2329	Fairway Peiner Hof	76
2330	Golfclub Budersand Sylt	83
2332	GTC Morsum auf Sylt e.V.	82
2338	**Golfclub Hamburg-Oberalster**	**53**
2341	**Golfclub Gut Waldshagen**	**65**
3392	Golf Lounge e.V.	44

(Die rot hinterlegten Clubs nehmen an der Köllen Golf Gutschein-Aktion teil)

2222
Kegnæs
Ærø
Langeland
L o l l a n d
2310
Schlei
Schleswig
Eckernförde
2306
2216
2242
Wittensee
Büdelsdorf
Kronshagen
2231
Selenter See
2246
Rendsburg
210
KIEL
Westensee
7
215
2226
Preetz
1
Plön
Malente
2341
Gr. Plöner See
2224
Eutin
2238
2233
Neustadt
Schleswig-
2325
NEUMÜNSTER
21
Holstein
2218
7
Scharbeutz
Fehmarn
Fehmarn
2219
2208
2317
2237
2316
2309
Ratekau
Bad Bramstedt
Bad Segeberg
20
Bad Schwartau
Stockelsdorf
2241
2220
2314
Kaltenkirchen
2250
2328
LÜBECK
21
2254
1
Henstedt-Ulzburg
2308
Bad Oldesloe
23
2248
2338
Elmshorn
Quickborn
NORDER-
STEDT
2230
Bargteheide
Tornesch
2209
2324
Uetersen
2315
7
2211
Ahrensburg
Ratzeburg
2243
2201
2329
2212
2307
Pinneberg
2214
2311
Halstenbek
2327
2207
Mölln
Wedel
2232
Schaalsee
Schenefeld
HAMBURG
Barsbüttel
2223
2202
2204
2253
Glinde
Reinbek
Schwarzenbek
7
3392
24
Jork
2319
2210
2235
2252
2300
2305
25
1311
Geesthacht
2215
Neu Wulmstorf
2244
Seevetal
Rosengarten
2206
Lauenburg
Boizenburg
2245
Buchholz
2247
Winsen
Tostedt
LÜNEBURG
Grevesmühlen
Wismar
SCHWERIN
Hagenow
Wustrow
Poel
Ludwigslust
Schneverdingen
Soltau
Munster
Uelzen
Lüchow
Salzwedel
Bad Fallingbostel
Bergen
Winsen
Wittingen

DGV-NR. 3392

GOLF LOUNGE E.V.

Billwerder Neuer Deich 40
20539 Hamburg
Tel. 040 81978790
mail@golflounge.de
www.golflounge.de
Küche international

Löcheranzahl: Driving Range
Gegründet: 2007
Driving Range
Putting Grün
Pitching-Area inkl. Übungsbunker
Lounge

Saison: ganzjährig
Mindest-HCP WT/WE: Nein
Anmeldung WT/WE: Nein
Mitgl.-begl. WT/WE: Nein
VcG WT/WE: Ja

Range-Gebühr: WT/WE: EUR 0

(Greenfee-Preise können je nach DGV-Ausweiskennzeichnung abweichen)

Platzcharakteristik:

In der Golf Lounge können Sie citynah, wettergeschützt, umfassend und günstig Ihren Schwung perfektionieren. 360 Tage im Jahr von früh bis spät. Mit oder ohne professionelle Unterstützung. Privat oder geschäftlich. Und das an phänomenalem Standort. Von den Elbbrücken aus ist das monumentale Stahlterminal der GOLF LOUNGE nicht zu übersehen. Von den wettergeschützen, beheizbaren Abschlägen auf drei Ebenen öffnet sich der Blick auf das Fairway mit den drei Zielgrüns.

Auf das großflächige Putting Grün gelangt man über eine breite Freitreppe. Dort findet sich auch ein Übungsbunker sowie eine Pitching-Area. Zu einem entspannenden Stop-over lädt die Coffee Bar ein.

Pro-Shop » Basic « | Level | Kurzpl.

GolfPost 3,6/5

DGV-NR. 2300

GOLF-CLUB ESCHEBURG E.V.

Am Soll 3
21039 Escheburg
Tel. 04152 83204
info@gc-escheburg.de
www.gc-escheburg.de
Il Ristorante
Tel. 04152 839896
www.ilristorante-escheburg.de

Löcheranzahl: 18
Gegründet: 1991
H: 6010 m, CR 72,0, SL 132, Par 72
D: 5202 m, CR 73,6, SL 126, Par 72

Saison: ganzjährig
Mindest-HCP WT/WE: PR
Anmeldung WT/WE: Nein/Ja
Mitgl.-begl. WT/WE: Nein
VcG WT/WE: Ja

18-Loch Greenfee WT/WE: EUR 60/70

(Greenfee-Preise können je nach DGV-Ausweiskennzeichnung abweichen)

2:1

Platzcharakteristik:

Im Juni 1996 wurde die PAR 72 Golfanlage in Escheburg östlich von Hamburg auf über 100 Hektar eröffnet. Seit Mitte 2013, nach Fertigstellung des 6-Loch Nordplatzes, präsentiert sich der 18 Loch Golfplatz im neuen Design. Besonders reizvoll ist die Lage auf dem sogenannten Geestrücken oberhalb des Urstromtals der Elbe. Die großzügig angelegten Spielbahnen werden durch die für Norddeutschland typischen Knicks getrennt. Die gut platzierten Wasser- und Bunkerhindernisse, gepaart mit den vorwiegend als Doglegs angelegten Spielbahnen, stellen sowohl für Golfanfänger als auch für erfahrene Golfspieler eine faire Herausforderung dar. Für eine stetige Abwechslung sorgen die wechselnden Blicke über weite Flächen, die von schönen Baumbeständen und Wäldern begrenzt werden. Ein Übriges tut die große Ruhe - so wird jede Golfrunde ein schönes Erlebnis.

Pro-Shop » Large « | Level | Kurzpl.

GolfPost 4,3/5

DGV-NR. 2206

HAMBURGER LAND- UND GC HITTFELD E.V.

Am Golfplatz 24
21218 Seevetal
Tel. 04105 2331
sekretariat@hlgc-hittfeld.de
www.hlgc-hittfeld.de

Clubrestaurant HLGC
Tel. 04105 2242
gastro@hlgc-hittfeld.de
Ruhetag: montags
Küche regional, international

Löcheranzahl: 18
Gegründet: 1957
H: 5799 m, CR 71,5, SL 133, Par 71
D: 4777 m, CR 71,8, SL 127, Par 71

Saison: ganzjährig
Mindest-HCP WT/WE: 54/36
Anmeldung WT/WE: Ja
Mitgl.-begl. WT/WE: Nein
VcG WT/WE: Ja

18-Loch Greenfee WT/WE: EUR 90

(Greenfee-Preise können je nach DGV-Ausweiskennzeichnung abweichen)

Platzcharakteristik:

"Mehr sein, als scheinen", dieses hanseatische Selbstverständnis zeichnet seit 60 Jahren die erste Golfadresse im Süden Hamburgs aus. Der 1957 gegründete Hamburger Land- und Golf-Club Hittfeld versteht sich als gediegene Oase der Entspannung mit vielfältigen sportlichen Optionen. Das herausfordernde golferische Angebot des einzigartigen Parkland Course mit seinem alten Baumbestand wird ergänzt durch eine TrackMan-Anlage, Schwimmbad, Tennis sowie Eisstockschießen im Winter. Seit dem Redesign des traditionsreichen Morrison-Platzes durch den renommierten Architekten David Krause im Jahre 2004/2005 ist sich die Fachwelt einig: "Der Championshipcourse gehört zu den Golfplätzen in Deutschland, die man einfach einmal gespielt haben muss."

SH/HA

Pro-Shop » Basic « | Level | Kurzpl.

GolfPost 4,9/5

DGV-NR. 2245

G&CC AM HOCKENBERG GMBH & CO. KG

Am Hockenberg 100
21218 Seevetal
Tel. 04105 52245
info@amhockenberg.de
www.amhockenberg.de

Hockenbergs
Tel. 04105 1589286
Inh: Herr Lutz Prey

Löcheranzahl: 18
Gegründet: 1991
Höhe: 70 m
H: 6015 m, CR 72,3, SL 132, Par 72
D: 5350 m, CR 74,5, SL 131, Par 72

Saison: ganzjährig
Mindest-HCP WT/WE: 54/36
Anmeldung WT/WE: Ja
Mitgl.-begl. WT/WE: Nein
VcG WT/WE: Ja

18-Loch Greenfee WT/WE: EUR 65/75

(Greenfee-Preise können je nach DGV-Ausweiskennzeichnung abweichen)

Platzcharakteristik:

Nur ca. 25 Minuten von der Hamburger City entfernt liegt der Golf & Country Club Am Hockenberg in der reizvollen Landschaft des Seevetals. Sanfte Hügel und lange Täler, begleiten das Spiel auf dem 6.061 m langen Course. Der Platz bietet Spielvergnügen für alle Handicaps und ist dabei immer wieder eine sportliche Herausforderung. Die Anlage wurde 1991 zu einer der reizvollsten, naturbelassenen Golfanlagen Norddeutschlands umgebaut. Die Fairways fügen sich in eine hügelige Landschaft ein und bieten schöne Ausblicke über die Geest und die Landschaft des Seevetals. Die Gastronomie verfügt über eine schöne Terrasse mit herrlichem Blick über die 18.

www.amhockenberg.de

Pro-Shop » Basic « | Level | Kurzpl.

GolfPost 4,9/5

DGV-NR. 2247

GOLFCLUB BUCHHOLZ-NORDHEIDE E.V.

An der Rehm 25
21244 Buchholz
Tel. 04181 36200
info@golfclub-buchholz.de
www.golfclub-buchholz.de

Apama Panbetchi
Tel. 04181 34779
apama.panbetchi@web.de
montags (eingeschränkt)

Löcheranzahl: 18
Gegründet: 1982
H: 5730 m, CR 71,4, SL 129, Par 72
D: 5036 m, CR 73,3, SL 125, Par 72

Saison: ganzjährig
Mindest-HCP WT/WE: 45/36
Anmeldung WT/WE: Ja
Mitgl.-begl. WT/WE: Nein
VcG WT/WE: Ja

18-Loch Greenfee WT/WE: EUR 65/75

(Greenfee-Preise können je nach DGV-Ausweiskennzeichnung abweichen)

Platzcharakteristik:

Natürlich eingebettet in eine reizvolle Heide- und Waldlandschaft, nur 35 Autominuten von Hamburg entfernt, bietet die ebene, aber technisch anspruchsvolle 18-Loch-Anlage eine Herausforderung für jeden Golfer. Das 1993 fertiggestellte, architektonisch reizvolle Clubhaus mit seiner großen Sonnenterrasse lädt Mitglieder und Gäste gleichermaßen zum Verweilen ein.

SH/HA

Pro-Shop » Large « | Level | Kurzpl.

GolfPost 5,0/5

DGV-NR. 2213

GOLF CLUB ST. DIONYS E.V.

Widukindweg
21357 St. Dionys
Tel. 04133 213311
info@gcstd.de
www.gcstd.de

Restaurant Paradeiser
Tel. 04133 4180740
info@paradeiser.eu
www.paradeiser.eu

Löcheranzahl: 18
Gegründet: 1972
Höhe: 12 m
H: 6040 m, CR 72,9, SL 136, Par 72
D: 5100 m, CR 73,8, SL 128, Par 72

Saison: ganzjährig
Mindest-HCP WT/WE: 36
Anmeldung WT/WE: Ja
Mitgl.-begl. WT/WE: Nein/Ja
VcG WT/WE: Ja

18-Loch Greenfee WT/WE: EUR 90

(Greenfee-Preise können je nach DGV-Ausweiskennzeichnung abweichen)

Platzcharakteristik:

Der Club liegt ca. 50 km südöstlich von Hamburg in einem großen Erholungsgebiet mit unverwechselbarer Heidelandschaft. Auf dem 90 ha umfassenden welligen Gelände bieten die Spielbahnen zwischen hartem Heidekraut und Kiefern-, Nadel- und Mischwald einen abwechslungsreichen Parcours. Durch den trockenen Heideboden ist in St. Dionys ein ganzjähriges Spielvergnügen möglich.

Pro-Shop » Large « | Level | Kurzpl.

GolfPost 4,8/5

DGV-NR. 2210

WENTORF-REINBEKER GOLF-CLUB E.V.

Golfstraße 2
21465 Wentorf
Tel. 040 72978068
sekretariat@wrgc.de
www.wrgc.de

Söhnke Brehmer
Tel. 040 7202610

Löcheranzahl: 18
Gegründet: 1901
Höhe: 25 m
H: 5821 m, CR 72,0, SL 132, Par 72
D: 5165 m, CR 74,1, SL 130, Par 72

Saison: ganzjährig
Mindest-HCP WT/WE: 36
Anmeldung WT/WE: Nein
Mitgl.-begl. WT/WE: Nein
VcG WT/WE: Ja

18-Loch Greenfee WT/WE: EUR 60/70

(Greenfee-Preise können je nach DGV-Ausweiskennzeichnung abweichen)

Platzcharakteristik:

Der Wentorf-Reinbeker Golf-Club wurde im Jahr 1901 gegründet und ist eines der Gründungsmitglieder des Deutschen Golf Verbandes. Der Platz liegt am Rande des Sachsenwaldes im Osten von Hamburg, ist landschaftlich sehr reizvoll und von hohem sportlichen Anspruch. Die Fairways sind durch den alten Baumbestand relativ eng und der Schlag zum Grün ist nicht immer einfach. Die Grüns sind teilweise von Wasserhindernissen verteidigt oder haben viele Breaks.

SH/HA

Pro-Shop » Basic « Level Kurzpl.

GolfPost 4,7/5

DGV-NR. 2319

GOLFCLUB GUT GLINDE E.V.

GMVD

In der Trift 1
21509 Glinde
Tel. 040 7100506
info@golf-gut-glinde.de
www.golf-gut-glinde.de

Golf Gut Glinde Restaurant
Tel. 040 71005072
www.golf-gut-glinde.de/restaurant

Löcheranzahl: 27
Gegründet: 2002
Höhe: 52 m
18-Loch-Meisterschaftsplatz
H: 5911 m, CR 71,3, SL 133, Par 72
D: 5329 m, CR 73,8, SL 131, Par 72
9-Loch-Platz
H: 2426 m, CR 66,0, SL 111, Par 34

Saison: ganzjährig
Mindest-HCP WT/WE: 54/45
Anmeldung WT/WE: Ja
Mitgl.-begl. WT/WE: Nein
VcG WT/WE: Ja

18-Loch Greenfee WT/WE: EUR 65/75

(Greenfee-Preise können je nach DGV-Ausweiskennzeichnung abweichen)

Platzcharakteristik:

Die moderne Anlage liegt 20 Minuten östlich von Hamburg-City und ist täglich bespielbar. Rezeption, Restaurant, Shop und Golfschule sind ebenfalls täglich geöffnet - für Gäste ebenso wie für Mitglieder. Ein 18-Loch-Platz, ein öffentlicher 9-Loch-Platz (mit Platzreife bespielbar) und ein 6-Loch-Kurzplatz (für Golfanfänger) bieten für jeden Golfspieler die richtigen Bahnen. Dazu bietet der sehr großzügige Trainingsbereich, die Golf-Arena, neben 100 Abschlagplätzen 5 Zielgrüns sowie ein Wasserhindernis mit Inselgrün. Ein großer Kurzspielbereich und Flutlicht sowie beheizte Abschlaghütten vervollständigen die Trainingsmöglichkeiten.

Pro-Shop » Large « Level Kurzpl.

GolfPost 4,6/5

SH/HA

DGV-NR. 2235

GOLF-CLUB AM SACHSENWALD E.V.

Am Riesenbett
21521 Dassendorf
Tel. 04104 6120
info@gc-sachsenwald.de
www.gc-sachsenwald.de

Ristorante am Riesenbett
Tel. 04104 961524
info@ristorante-am-riesenbett.de
www.ristorante-am-riesenbett.de
Fabio Di Nardo Di Maio

Löcheranzahl: 18
Gegründet: 1985
Höhe: 50 m
H: 6087 m, CR 72,6, SL 130, Par 72
D: 5324 m, CR 74,2, SL 127, Par 72

Saison: ganzjährig
Mindest-HCP WT/WE: 36-45/36
Anmeldung WT/WE: Ja
Mitgl.-begl. WT/WE: Nein
VcG WT/WE: Ja

18-Loch Greenfee WT/WE: EUR 60/70

(Greenfee-Preise können je nach DGV-Ausweiskennzeichnung abweichen)

Platzcharakteristik:

Leicht geschwungenes Gelände mit schönem Weitblick vor der Kulisse des Sachsenwaldes. Kreuzende Bäche, geschickt verteilte Teiche und Biotope sowie bunkerbewehrte hängende Grüns und knifflige Roughs stellen selbst den niedrigen Hcp-Spieler vor Herausforderungen. Die teils imposant langen Bahnen bieten fast ausnahmslos Gelegenheit zur Nutzung des Drivers, aber nur wer diesen reizvollen Platz strategisch spielt, erreicht einen guten Score.

Pro-Shop » Basic « | Level | Kurzpl.

GolfPost 4,8/5

DGV-NR. 2305

GOLF UND COUNTRY CLUB BRUNSTORF E.V.

Am Golfplatz 1
21524 Brunstorf
Tel. 04151 867878
info@golfclub-brunstorf.de
www.golfclub-brunstorf.de

Greenvieh
Tel. 04151 867860
Ruhetag: montags (kl. Karte)
Küche regional, international

Löcheranzahl: 27
Gegründet: 1995
Höhe: 50 m
18-Loch-Meisterschaftsplatz
H: 6080 m, CR 72,8, SL 135, Par 73
D: 5170 m, CR 76,4, SL 138, Par 73
9-Loch-Platz (öffentlich)

Saison: ganzjährig
Mindest-HCP WT/WE: 54
Anmeldung WT/WE: Ja
Mitgl.-begl. WT/WE: Nein
VcG WT/WE: Ja

18-Loch Greenfee WT/WE: EUR 70/80

(Greenfee-Preise können je nach DGV-Ausweiskennzeichnung abweichen)

€

Platzcharakteristik:

Die Golfanlage Brunstorf liegt 30 Min. östlich von Hamburg und ist umgeben von Wiesen, Feldern und den Ausläufern des Sachsenwaldes. Neben einem anspruchsvollen 18-Loch Championship-Course, der sich harmonisch in die Landschaft einfügt, bietet die Anlage einen öffentl. 9-Loch Platz. Die Driving-Range verfügt über 80 Abschlagplätze, Pitching-, Chipping-Area und 2 Putting-Greens. Der CCPlatz erwartet von allen Golfern ein hohes Maß an Konzentration und Geschick. Abwechslungsreiche Fairways, Wasserhindernisse und geschickt platzierte Bunker sowie die ondulierten Grüns sind eine Herausforderung und purer Golfgenuss zugleich. Im großzügigen Clubhaus befinden sich Sekretariat, Pro-Shop u. Restaurant.

Pro-Shop » Large « | Level | Kurzpl.

GolfPost 4,8/5

DGV-NR. 2215

GOLFCLUB GUT IMMENBECK E.V.

Ardestorfer Weg 1
21614 Buxtehude
Tel. 04161 87699
info@gut-immenbeck.de
www.gut-immenbeck.de

Löcheranzahl: 9
Gegründet: 1984
Höhe: 25 m
H: 5522 m, CR 70,0, SL 127, Par 72
D: 5049 m, CR 73,5, SL 127, Par 72

Saison: März-Oktober
Mindest-HCP WT/WE: PR
Anmeldung WT/WE: Ja
Mitgl.-begl. WT/WE: Nein
VcG WT/WE: Ja

18-Loch Greenfee WT/WE: EUR 50

(Greenfee-Preise können je nach DGV-Ausweiskennzeichnung abweichen)

2:1

Platzcharakteristik:

Unsere landschaftlich reizvolle 9-Loch-Anlage am Gut Immenbeck, im Süden von Hamburg, bietet für jeden Golfer eine spannende Herausforderung. Auf dem teils offenem, teils bewaldeten Gelände bieten schmal angelegte Fairways und sorgfältig platzierte Wasserhindernisse ein abwechslungsreiches und anspruchsvolles Golfspiel. Die Bahnen 4 und 5 erfordern golfsportliches Können. Die übrigen Bahnen sind harmonisch den landschaftlichen Flächen angepasst und geben mit heimischen Gehölzen, Obstbäumen und Wasserhindernissen dem Golfplatz einen parkähnlichen Charakter.

Pro-Shop » Basic « · Level · Kurzpl.

GolfPost 4,0/5

DGV-NR. 2244

GOLF-CLUB BUXTEHUDE GMBH & CO. KG

GOLF& NATUR

Zum Lehmfeld 1
21614 Buxtehude
Tel. 04161 81333
post@gc-b.de
www.golfclubbuxtehude.de
Hübner's Restaurant
Tel. 0151 22677678
m_huebner@outlook.com
Ruhetag: montags

Löcheranzahl: 18
Gegründet: 1982
Höhe: 40 m
H: 6076 m, CR 72,6, SL 134, Par 74
D: 5107 m, CR 73,2, SL 131, Par 74

Saison: März-Oktober
Mindest-HCP WT/WE: 54
Anmeldung WT/WE: Ja
Mitgl.-begl. WT/WE: Nein
VcG WT/WE: Ja

18-Loch Greenfee WT/WE: EUR 65/75

(Greenfee-Preise können je nach DGV-Ausweiskennzeichnung abweichen)

2:1

Platzcharakteristik:

Die Anlage liegt auf einem ca. 70 ha großen Gelände in der sogenannten Vilsener Heide. Wer Abwechslung sucht, ist hier in den besten Händen. Flache Fairways wechseln sich mit Bergauf- und Bergablagen ab. Oft wird der Spieler auch mit Schräglagen konfrontiert. Alter Baumbestand prägt den Gesamteindruck der Spielbahnen, zeitweise glaubt sich der Spieler in einen Obstgarten versetzt.

2015 frisch renoviert und modernisiert. Neue Grüns mit spannenden Breaks warten darauf entdeckt zu werden.

Pro-Shop · Level · Kurzpl.

GolfPost 4,7/5

DGV-NR. 2252

RED GOLF MOORFLEET GMBH & CO.KG

Vorlandring 16
22113 Hamburg
Tel. 040 788772-0
moorfleet@redgolf.de
www.redgolf.de

Red Golf Bistro
Tel. 040 78877225
moorfleet@redgolf.de
Täglich ab 10:00 Uhr geöffnet

Löcheranzahl: 9
Gegründet: 2002
H: 4746 m, CR 66,1, SL 124, Par 68
D: 4168 m, CR 67,3, SL 119, Par 68

Saison: ganzjährig
Mindest-HCP WT/WE: PR
Anmeldung WT/WE: Ja
Mitgl.-begl. WT/WE: Nein
VcG WT/WE: Ja

18-Loch Greenfee WT/WE: EUR 30/35

(Greenfee-Preise können je nach DGV-Ausweiskennzeichnung abweichen)

Platzcharakteristik:

Die 2002 gegründete öffentliche Golfanlage mit 9 Löchern (Par 68) und großzügigen Übungsflächen ist auf einer Fläche von 26 Hektar angelegt und bietet neben einer doppelstöckigen Abschlaghütte u.a. auch eine Flutlichtanlage für das Training bei Dunkelheit. Ein Altbestand an Bäumen, Grabensysteme zum Moorfleeter Deich sowie zeitweise wasserführende Flächen übernehmen ausreichend Hindernis- und Biotopfunktion in dem reizvoll zu spielenden Golfpark.

Pro-Shop » Basic « Level Kurzpl.

GolfPost 4,3/5

DGV-NR. 2253

GOLFRANGE HAMBURG-OSTSTEINBEK

Meessen 38
22113 Oststeinbek
Tel. 040 4130490
hamburg@golfrange.de
www.golfrange.de

123 Restaurant am Golfplatz
Tel. 040 60796519
123-restaurant@web.de

Löcheranzahl: 9
Gegründet: 2003
H: 5066 m, CR 67,0, SL 118, Par 66
D: 4362 m, CR 68,0, SL 115, Par 66

Saison: ganzjährig
Mindest-HCP WT/WE: 54
Anmeldung WT/WE: Ja
Mitgl.-begl. WT/WE: Nein
VcG WT/WE: Ja

18-Loch Greenfee WT/WE: EUR 40/42

(Greenfee-Preise können je nach DGV-Ausweiskennzeichnung abweichen)

%

Platzcharakteristik:

Die GolfRange bietet Golfvergnügen in malerischer Natur direkt vor den Toren Hamburgs. Nur 20 min von der Hamburger City entfernt, tragen umfangreiche Übungseinrichtungen, 9 hochwertige Spielbahnen, professionelle Golfschulbetreuung, günstige Aufnahme- und Spielgebühren sowie ein Clubhaus zum Wohlfühlen dazu bei, Golfen zum Erlebnis werden zu lassen.

Pro-Shop » Basic « Level Kurzpl.

GolfPost 3,9/5

SH/HA

DGV-NR. 2243

GOLF- UND COUNTRY CLUB HAMBURG-TREUDELBERG

Lemsahler Landstr. 45
22397 Hamburg
Tel. 040 608228877
golf@treudelberg.com
www.treudelberg.com
Clubrestaurant täglich
12:00-22:30 Uhr

Löcheranzahl: 27
Gegründet: 1991
A+B
H: 5849 m, CR 71,3, SL 129, Par 72
D: 5000 m, CR 72,2, SL 124, Par 72
A+C
H: 5585 m, CR 70,5, SL 125, Par 72
B+C
H: 5590 m, CR 70,0, SL 124, Par 72

Saison: ganzjährig
Mindest-HCP WT/WE: 54/36
Anmeldung WT/WE: Ja
Mitgl.-begl. WT/WE: Nein
VcG WT/WE: Ja

18-Loch Greenfee WT/WE: EUR 60/80

(Greenfee-Preise können je nach DGV-Ausweiskennzeichnung abweichen)

Platzcharakteristik:

Das Steigenberger Hotel Treudelberg bietet mit dem eigenen 27-Loch Meisterschaftsgolfplatz sportliche Erlebnisse auf höchstem Niveau. Der Platz steht nicht nur den Mitgliedern des Golf & Country Club Hamburg-Treudelberg e.V. zur Verfügung sondern auch Tages- und Hausgäste können hier Golf spielen. 1992 vom britischen Golfplatzarchitekten Donald Steel geplant, wurde der Platz 2009 von David Krause eindrucksvoll erweitert. Nun erwartet Sie einer der schönsten und anspruchsvollsten Plätze in Norddeutschland auf ca. 122ha. Eingebettet in die typisch norddeutsche Knicklandschaft mit Biotopen, Bunkern und einem herausfordernden Wasserhinderniss wartet der Platz auf golfbegeisterte Spieler jeder Spielstärke.

Pro-Shop » Basic « | Level | Kurzpl.

GolfPost 4,5/5

SH/HA

DGV-NR. 2212

GOLF-CLUB HAMBURG WENDLOHE E.V.

GMVD | GOLF& NATUR

Oldesloer Strasse 251
22457 Hamburg
Tel. 040 5528966
sekretariat@wendlohe.de
www.wendlohe.de
Fairway auf der Wendlohe
Tel. 040 55289681

Löcheranzahl: 27
Gegründet: 1964
Höhe: 11 m
A+B Course
H: 5745 m, CR 71,1, SL 129, Par 72
D: 5079 m, CR 72,5, SL 127, Par 72
A+C Course
H: 5575 m, CR 71,6, SL 132, Par 72
B+C Course
H: 5716 m, CR 70,9, SL 131, Par 72

Saison: ganzjährig
Mindest-HCP WT/WE: 36
Anmeldung WT/WE: Ja
Mitgl.-begl. WT/WE: Nein/Ja
VcG WT/WE: Nein

18-Loch Greenfee WT/WE: EUR 90

(Greenfee-Preise können je nach DGV-Ausweiskennzeichnung abweichen)

Platzcharakteristik:

Dieser Platz gilt als eine der besten Adressen in Deutschland. Umgeben von vielfältiger Flora und Fauna erfährt hier der Golfer, wie mit viel Feingefühl die spielerischen und natürlichen Erfordernisse in allen golferisch möglichen Variationen beim Bau dieser Anlage berücksichtigt wurden. Die Gemütlichkeit und Perfektion des großzügigen Clubhauses bietet dabei den angenehmen Rahmen vor und nach einem Spiel.

Pro-Shop » Large « | Level | Kurzpl.

GolfPost 4,7/5

DGV-NR. 2202

HAMBURGER GOLF-CLUB E.V.

In de Bargen 59
22587 Hamburg
Tel. 040 812177
info@golfclub-falkenstein.de
www.golfclub-falkenstein.de

Clubgastronomie
Tel. 040 814404

Löcheranzahl: 18
Gegründet: 1906
Höhe: 100 m
H: 5759 m, CR 71,4, SL 135, Par 71
D: 5078 m, CR 73,2, SL 133, Par 71

Saison: ganzjährig
Mindest-HCP WT/WE: 36
Anmeldung WT/WE: Ja
Mitgl.-begl. WT/WE: Nein/Ja
VcG WT/WE: Nein

18-Loch Greenfee WT/WE: EUR 100

(Greenfee-Preise können je nach DGV-Ausweiskennzeichnung abweichen)

Platzcharakteristik:

Am 16. Januar 1906 wurde im „patriotischen Gebäude" zu Hamburg der Hamburger Golfclub gegründet. Auf dem heutigen Gelände schufen die bekannten Golfplatzarchitekten Colt, Alison und Morrison von 1928 bis 1930 ein Meisterwerk englischer Golf-Architektur - die Meisterschaftsanlage Falkenstein. Seit 1935 bis heute fanden und viele nationale und internationale Meisterschaften statt. Bernhard Langer gewann hier 1981 als erster Deutscher die German Open. Aufgrund der Erfolge seiner aktiven Spieler, wurde der Hamburger Golf-Club mit dem Silbernen Lorbeerblatt ausgezeichnet. Die vorbildliche Jugendarbeit bildet die Grundlage der sportlichen Zielsetzungen und Erfolge.

Pro-Shop » Large « | Level | Kurzpl.

GolfPost 4,8/5

DGV-NR. 2204

GROSSFLOTTBEKER TENNIS-, HOCKEY- UND GOLF-CLUB

Otto-Ernst-Str. 32
22605 Hamburg
Tel. 040 827208
orga@gthgc.de
www.gthgc.de

Club 32
Tel. 040 - 88301820
www.club-32.de
Ruhetag: montags (Okt.-März)
täglich 11-22 Uhr

Löcheranzahl: 6
Gegründet: 1901
Höhe: 40 m
H: 4443 m, CR 64,8, SL 126, Par 65
D: 4068 m, CR 67,0, SL 125, Par 65

Saison: Mai-Oktober
Mindest-HCP WT/WE: 36
Anmeldung WT/WE: Nein
Mitgl.-begl. WT/WE: Nein/Ja
VcG WT/WE: Nein

18-Loch Greenfee WT/WE: EUR 50

(Greenfee-Preise können je nach DGV-Ausweiskennzeichnung abweichen)

Platzcharakteristik:

Der parkähnlich angelegte Golfplatz ist nahe der Elbe und dem Jenischpark mitten in einem Villenviertel gelegen. Der alte Baumbestand und harmonisch eingefügte Wasserhindernisse erfordern ein genaues Spiel. Der Club besitzt mit seinen 6 Löchern einen der ältesten, schönsten und feinsten Golfplätze Deutschlands. 2017 wurde der Platz umgebaut.

Pro-Shop » Basic « | Level | Kurzpl.

GolfPost 3,1/5

DGV-NR. 2338

GOLF MANAGEMENT HAMBURG-OBERALSTER

Bäckerbarg 10
22889 Tangstedt
Tel. 04109 5544546
info@golfclub-oberalster.de
www.golfclub-oberalster.de

Löcheranzahl: 18
Gegründet: 2005
H: 6048 m, CR 72,7, SL 136, Par 72
D: 5076 m, CR 73,1, SL 130, Par 72

Saison: ganzjährig
Mindest-HCP WT/WE: PR
Anmeldung WT/WE: Ja
Mitgl.-begl. WT/WE: Nein
VcG WT/WE: Ja

18-Loch Greenfee WT/WE: EUR 60/70

(Greenfee-Preise können je nach DGV-Ausweiskennzeichnung abweichen)

%

Platzcharakteristik:

Konzipiert wurde die Golfanlage von dem international bekannten deutsch-kanadischen Golfplatz-Architekten David Krause. Sowohl Spielbarkeit als auch Optik der Anlage entspricht einem klassischen Links-Kurs.

18 Spielbahnen, Par 72, Länge: 6.048 Meter. Kreativ angelegte Fairways, Grüns und Roughs inmitten schönster Heide- und Moorflächen sowie altem Wald- und Baumbestand zeichnen den Platz aus.

Der 14.000 qm große und durch Brunnenwasser gespeiste See vor dem Clubhaus sowie mehrere Teiche und Bachläufe in Mäanderform sind Teil des umweltfreundlichen Konzepts.

SH/HA

Pro-Shop » Basic « | Level | Kurzpl.

GolfPost 4,3/5

DGV-NR. 2201

GOLFCLUB HAMBURG - AHRENSBURG E.V.

Am Haidschlag 39-45
22926 Ahrensburg
Tel. 04102 51309
info@golfclub-ahrensburg.de
www.golfclub-ahrensburg.de

Gastronomie im GC Hamburg Ahrensburg, Tel. 04102 57522
gastronomie@golfclub-ahrensburg.de, Ruhetag: MO u. DI (außerh. der Saison), Leila Unger

Löcheranzahl: 18
Gegründet: 1964
H: 5584 m, CR 70,6, SL 130, Par 71
D: 4877 m, CR 71,9, SL 128, Par 71

Saison: ganzjährig
Mindest-HCP WT/WE: 36
Anmeldung WT/WE: Ja
Mitgl.-begl. WT/WE: Nein/Ja
VcG WT/WE: Ja

18-Loch Greenfee WT/WE: EUR 90

(Greenfee-Preise können je nach DGV-Ausweiskennzeichnung abweichen)

Platzcharakteristik:

Die anspruchsvolle Anlage aus dem Jahr 1964 wurde im Jahr 2017 aufwändig erneuert und umgestaltet. Neben der Neuanlage aller Grüns und Abschläge ist auch eine einzigartige Auenlandschaft entstanden, die Spieler aller Leistungsstärken fordert. Weitere Bahnen wurden neu designed und bieten traumhafte Blickachsen in eine wunderschöne Parklandschaft. Das neue Design sorgt für mehr Spielgerechtigkeit und fordert von guten Spielern ein hohes Maß an taktischer Disziplin. Auf den neu modulierten Grüns ist konzentriertes Putten nötig. Das neue Golfplatzjuwel vor den Toren Hamburgs wird im Juni 2018 mit neuem Course - Rating wiedereröffnet.

Pro-Shop » Basic « | Level | Kurzpl.

GolfPost 5,0/5

DGV-NR. 2230

GOLF-CLUB JERSBEK E.V.

Oberteicher Weg
22941 Jersbek
Tel. 04532 2095-0
mail@golfclub-jersbek.de
www.golfclub-jersbek.de

Olaf und Kuno Richter
Tel. 04532 260070
restaurant@foni.net
www.richters-golfrestaurant.de
Ruhetag: montags

Löcheranzahl: 18
Gegründet: 1986
H: 6026 m, CR 72,3, SL 131, Par 72
D: 5268 m, CR 73,8, SL 130, Par 72

Saison: ganzjährig
Mindest-HCP WT/WE: 36
Anmeldung WT/WE: Nein
Mitgl.-begl. WT/WE: Nein
VcG WT/WE: Ja

18-Loch Greenfee WT/WE: EUR 60/70

(Greenfee-Preise können je nach DGV-Ausweiskennzeichnung abweichen)

Platzcharakteristik:

Nur knapp 40 Autominuten von der Hamburger City entfernt entstand hier, in einer typischen schleswig-holsteinischen Knicklandschaft, um das 400 Jahre alte Gut herum eine für Spieler aller Leistungsstärken gleichermaßen reizvoll gestaltete Anlage. Das Gut mit 75 ha Gelände, seinem historischen Park und das alte Herrenhaus ist in seiner gewachsenen Struktur weitgehend unverändert geblieben.

EUR 30,- Greenfee Aufpreis bei fehlender DGV Regional-kennzeichnung

SH/HA

Pro-Shop » Basic « | Level | Kurzpl.

GolfPost 4,5/5

DGV-NR. 2232

GOLF CLUB GROSSENSEE E.V.

Hamburger Straße 29
22946 Großensee
Tel. 04154 6473
info@gc-grossensee.de
www.gc-grossensee.de

Luna am Grün
Tel. 04154 7945943
mediterrane und einheimische Küche

Löcheranzahl: 18
Gegründet: 1975
Höhe: 45 m
H: 6127 m, CR 72,4, SL 127, Par 73
D: 5391 m, CR 75,0, SL 126, Par 73

Saison: ganzjährig
Mindest-HCP WT/WE: 54
Anmeldung WT/WE: Nein
Mitgl.-begl. WT/WE: Nein/Ja
VcG WT/WE: Ja

18-Loch Greenfee WT/WE: EUR 60/70

(Greenfee-Preise können je nach DGV-Ausweiskennzeichnung abweichen)

Platzcharakteristik:

Westlich von Großensee, an der Landstraße in Richtung Braak, präsentiert sich die Anlage des Golf Club Großensee fernab vom Alltagsstress und Verkehrslärm.

Der gepflegte Golfplatz erlaubt herrliche Rundblicke über die Felder der schleswig-holsteinischen Knicklandschaft. Der Golfclub ist eine Sportgemeinschaft für alle Generationen.

Die Golfanlage besteht aus einem 18 Loch Turnierplatz, 9 Loch Kurzplatz und einer PGA-Golfakademie.

Der 18-Loch Platz ist wegen seiner guten Bodenbeschaffen-heit ganzjährig bespielbar. Der 9-Loch Kurzplatz darf auch von Gästen genutzt werden, die noch keine Platzreife besitzen.

Pro-Shop » Basic « | Level | Kurzpl.

GolfPost 4,6/5

DGV-NR. 2211

GOLFCLUB HAMBURG-WALDDÖRFER E.V.

Schevenbarg
22949 Ammersbek
Tel. 040 6051337
info@gchw.de
www.gchw.de
Mandy, Bastian und
Jan Hoewert
Tel. 040 6054211

Löcheranzahl: 18
Gegründet: 1960
Höhe: 35 m
H: 5909 m, CR 71,3, SL 131, Par 73
D: 5301 m, CR 73,6, SL 131, Par 73

Saison: ganzjährig
Mindest-HCP WT/WE: 36
Anmeldung WT/WE: Ja
Mitgl.-begl. WT/WE: Nein/Ja
VcG WT/WE: Nein

18-Loch Greenfee WT/WE: EUR 60/70

(Greenfee-Preise können je nach DGV-Ausweiskennzeichnung abweichen)

Platzcharakteristik:

Das Herrenhaus, ein Backsteinbau des bekannten Hamburger Architekten Erich Elingius aus dem Jahre 1925, dient als Clubhaus des Golfclubs.

Der "berühmte Blick" von der Walddörfer Terrasse kreuzt drei Golfbahnen - die sechste, siebte und neunte Bahn - ehe er auf den von Sträuchern und Bäumen gesäumten Bredenbeker Teich trifft.

Bernhard von Limburger entwarf seinerzeit den Kurs. Und er hat es in sich: Sechs Par 5, sieben Par 4 und fünf lange oder gut geschützte Par 3 Löcher müssen erst einmal bezwungen sein. Das hügelige Gelände mit seinem Platzstandard von 73 und einer Länge zwischen 5416 und 6154 Meter verlangt volle Konzentration und gute Kondition.

SH/HA

Pro-Shop » Basic « | Level | Kurzpl.

Golf Post 5,0/5

DGV-NR. 2207

GOLF-CLUB HOISDORF E.V.

Hof Bornbek/Lunken
22952 Lütjensee
Tel. 04107 7831
info@gc-hoisdorf.com
www.gc-hoisdorf.com
"all square" Axel Hagedorn
Tel. 04107 908845
axelhagedorn@gmx.de
Navi: Lunken, 22955 Hoisdorf

Löcheranzahl: 18
Gegründet: 1977
H: 5794 m, CR 71,7, SL 132, Par 71
D: 5136 m, CR 73,9, SL 128, Par 71

Saison: ganzjährig
Mindest-HCP WT/WE: PR
Anmeldung WT/WE: Nein
Mitgl.-begl. WT/WE: Nein
VcG WT/WE: Ja

18-Loch Greenfee WT/WE: EUR 50/60

(Greenfee-Preise können je nach DGV-Ausweiskennzeichnung abweichen)

%

Platzcharakteristik:

Golf-Club Hoisdorf e.V. – der Golfclub mit dem "Plusfaktor" vor den Toren Hamburgs. Wir heißen Sie herzlich willkommen beim Golf-Club Hoisdorf nahe Hamburg!

Der zum Hamburger Golfverband gehörige Golfplatz Hoisdorf ist harmonisch in Wiesen, Felder und Laubwälder mit altem Baumbestand eingebettet. Die landschaftlich ungewöhnlich reizvolle und sehr idyllische Lage macht die 18-Loch-Golfanlage zu einer sportlichen Herausforderung für jeden Spieler. Eine Driving-Range mit überdachten Abschlagplätzen und Übungsflächen runden das „Rund-um-sorglos" Golfpaket ab.

Pro-Shop | Level | Kurzpl.

Golf Post 4,5/5

DGV-NR. 2327

GOLFCLUB SIEK/AHRENSBURG

Bültbek 31 a
22962 Siek
Tel. 04107 851201
info@golfplatz-siek.de
www.golfplatz-siek.de

The Nineteenth
Tel. 04107 851424
www.golfplatz-siek.de/gastro
Ruhetag: montags

Löcheranzahl: 18
Gegründet: 2003
H: 4593 m, CR 63,4, SL 106, Par 66
D: 3940 m, CR 64,1, SL 107, Par 66

Saison: ganzjährig
Mindest-HCP WT/WE: PR
Anmeldung WT/WE: Nein
Mitgl.-begl. WT/WE: Nein
VcG WT/WE: Ja

18-Loch Greenfee WT/WE:
EUR 40/50

(Greenfee-Preise können je nach DGV-Ausweiskennzeichnung abweichen)

Platzcharakteristik:

Der öffentliche Golfplatz in Siek verfügt über zwei 9-Löcher-Plätze - einer davon wurde ganz bewusst als Kompaktanlage mit einer Länge von nur ca. 1.500 Metern realisiert, der somit eine schnelle Runde ermöglicht und dennoch anspruchsvoll und zugleich perfekt für Golfeinsteiger geeignet ist.

Im Kontrast dazu verfügen die zweiten 9 Bahnen über eine überdurchschnittliche Länge von rund 3.150 Metern - ganz wichtig: beide sind vorgabenwirksam!

SH/HA

Pro-Shop » Large « | Level | Kurzpl.

GolfPost 4,0/5

DGV-NR. 2237

LÜBECK-TRAVEMÜNDER GOLF-KLUB VON 1921 E.V.

Kowitzberg 41
23570 Lübeck-Travemünde
Tel. 04502 74018
info@ltgk.de
www.ltgk.de

Restaurant Neunzehn
Tel. 04502 302741
restaurant-neunzehn@web.de
Informationen über www.ltgk.de

Löcheranzahl: 27
Gegründet: 1921
Höhe: 20 m
A/B
H: 6148 m, CR 73,0, SL 128, Par 73
D: 5199 m, CR 73,5, SL 131, Par 73
B/C
H: 6088 m, CR 72,9, SL 130, Par 73
D: 5293 m, CR 74,7, SL 133, Par 73

Saison: ganzjährig
Mindest-HCP WT/WE: 36
Anmeldung WT/WE: Nein
Mitgl.-begl. WT/WE: Nein
VcG WT/WE: Ja

18-Loch Greenfee WT/WE:
EUR 80/95

(Greenfee-Preise können je nach DGV-Ausweiskennzeichnung abweichen)

%

Platzcharakteristik:

Breite Fairways wechseln sich mit parkähnlichen Waldpartien ab, Wasserhindernisse und geschickt platzierte Bunker machen den Kurs zu einer Herausforderung für Spieler aller Stärken. Die traditionelle Travemünder Golfwoche bietet ein umfangreiches Angebot an offenen Wettspielen, dennoch bleibt durch die 27 Bahnen stets genügend Platz für Privatrunden. Zu Übungszwecken nutzen Sie unsere spektakuläre Driving-Range, die mit ihrer Lage direkt oberhalb des Brodtener Steilufers zu den schönsten in Deutschland gehört.

Gäste sind dem Lübeck-Travemünder Golf-Klub immer willkommen. VcG-Spieler sind ebenfalls gern gesehene Gäste.

Pro-Shop » Large « | Level | Kurzpl.

GolfPost 4,8/5

DGV-NR. 2309

GOLF-CLUB-CURAU E.V.

Malkendorfer Weg 18
23617 Curau
Tel. 04505 594082
info@golfclub-curau.de
www.golfclub-curau.de

Löcheranzahl: 18
Gegründet: 1998
Höhe: 37 m
H: 5989 m, CR 71,0, SL 130, Par 72
D: 5331 m, CR 73,2, SL 131, Par 72

Saison: Januar-Dezember
Mindest-HCP WT/WE: 54
Anmeldung WT/WE: Ja
Mitgl.-begl. WT/WE: Nein
VcG WT/WE: Ja

18-Loch Greenfee WT/WE: EUR 50/60

(Greenfee-Preise können je nach DGV-Ausweiskennzeichnung abweichen)

2:1

Platzcharakteristik:

Die Golfanlage liegt in der Gemeinde Stockelsdorf nur einen Golfschwung entfernt von Lübeck, Bad Schwartau und Ahrensbök. In sanft hügeligem Gelände bietet die 23-Loch-Anlage alles, was Golf auszeichnet. Alle Bahnen sind in das holsteintypische Landschaftsbild harmonisch integriert. Rough mit zwei Schnitten begrenzt die Spielbahnen. Die Grüns sind erhöht aufgebaut und werden von Bunkern und Wasser gut verteidigt.

SH/HA

Pro-Shop » Basic « | Level | Kurzpl.

GolfPost 4,0/5

DGV-NR. 2316

MARITIM GOLFCLUB OSTSEE E.V.

Schloßstraße 14
23626 Warnsdorf
Tel. 04502 77770
info.golf@maritimgolfpark.de
www.maritimgolfpark.de

Mulligan's Bistro
Tel. 04502 777740

Löcheranzahl: 27
Gegründet: 2001
Course Schloß+Warnsdorf
H: 6024 m, CR 72,8, SL 129, Par 72
D: 5089 m, CR 73,6, SL 126, Par 72
Course See+Schloß
H: 5358 m, CR 68,7, SL 118, Par 69
D: 4505 m, CR 68,9, SL 118, Par 69

Saison: ganzjährig
Mindest-HCP WT/WE: 54
Anmeldung WT/WE: Ja
Mitgl.-begl. WT/WE: Nein
VcG WT/WE: Ja

18-Loch Greenfee WT/WE: EUR 60/80

(Greenfee-Preise können je nach DGV-Ausweiskennzeichnung abweichen)

Platzcharakteristik:

Golfanlage mit einem aktiven Clubleben, einem umfangreichen Turnierkalender, einem wunderschönen Restaurant sowie einem stilvollen Kaminzimmer. Ganzjährig geöffnet wird hier Golf für Jedermann geboten. Zu erwähnen ist daneben aber auch die Indoorhalle mit Golfsimulator, die das Training auch bei widrigsten Bedingungen zulässt.

Pro-Shop » Basic « | Level | Kurzpl.

GolfPost 4,5/5

DGV-NR. 2317

GOLFCLUB TIMMENDORFER STRAND E.V.

Am Golfplatz 3
23669 Timmendorfer Strand
Tel. 04503 70440-0
info@golfresort-strandgruen.de
www.golfresort-strandgruen.de

Restaurant Windfang & Trattoria del Campo
Tel. Windfang: 04503 70440210
Ruhetag: montags (nur Trattoria)
Tel. Trattoria: 04503 70440270

Löcheranzahl: 36
Gegründet: 1973
Nordplatz
H: 5937 m, CR 71,8, SL 135, Par 72
D: 5312 m, CR 74,1, SL 132, Par 72
Südplatz
H: 3605 m, CR 61,1, SL 108, Par 61
D: 3263 m, CR 61,2, SL 109, Par 61

Saison: ganzjährig
Mindest-HCP WT/WE: 45-54
Anmeldung WT/WE: Ja
Mitgl.-begl. WT/WE: Nein
VcG WT/WE: Ja

18-Loch Greenfee WT/WE: EUR 75/89

(Greenfee-Preise können je nach DGV-Ausweiskennzeichnung abweichen)

Platzcharakteristik:

Der 18-Löcher Par 72-Platz und der 18-Löcher Par 61-Platz liegen im Herzen der Lübecker Bucht auf einer leichten Anhöhe. Die weitläufige Anlage bietet Golfgenuss für jede Spielstärke und ideale Spiel- und Trainingsmöglichkeiten. Hunde sind ab 15 Uhr auf dem Südplatz (angeleint) erlaubt.

SH/HA

Pro-Shop » Large « | Level | Kurzpl.

GolfPost 4,5/5

DGV-NR. 2224

GOLFPLATZ PLÖNER SEE

Bergstraße 3
23715 Thürk
Tel. 04527 1548
info@golfplatzploenersee.de
www.golfplatzploenersee.de

Golfplatz Plöner See
Tel. 04527 1548
Ruhetag: montags und dienstags

Löcheranzahl: 9
Gegründet: 2012
Höhe: 50 m
H: 4782 m, CR 66,0, SL 114, Par 68
D: 4366 m, CR 68,3, SL 113, Par 68

Saison: ganzjährig
Mindest-HCP WT/WE: 54
Anmeldung WT/WE: Nein
Mitgl.-begl. WT/WE: Nein
VcG WT/WE: Ja

All DAY Greenfee WT/WE: EUR 40

(Greenfee-Preise können je nach DGV-Ausweiskennzeichnung abweichen)

Platzcharakteristik:

Harmonisch eingefügt in die sanfte Hügel- und Seenlandschaft des Naturparks Holsteinische Schweiz - nur wenige Kilometer vom Großen Plöner See entfernt -bietet der Golfplatz Plöner See Golfsport und Entspannung in herrlich ruhiger Natur mit vielen reizvollen Ausblicken.

Die durch alten Obst- und Laubbaumbestand abgegrenzten Spielbahnen, die typischen Knicks, Blumen- und Kräuterwiesen sowie Gewässer verleihen dem Platz seinen besonderen Charakter.

Der Platz begeistert Anfänger wie Golferfahrene durch großzügige breite Fairways, kleine und gut verteidigte Grüns sowie trickreich platzierte Wasserhindernisse.

Pro-Shop » Basic « | Level | Kurzpl.

GolfPost 4,3/5

DGV-NR. 2233

GOLF CLUB BRODAUER MÜHLE E.V.

Baumallee 14
23730 Gut Beusloe
Tel. 04561 8140
info@gc-brodauermuehle.de
www.gc-brodauermuehle.de
Restaurant & Cafe Gut Beusloe
Tel. 04561 5590555

Löcheranzahl: 18
Gegründet: 1986
H: 6039 m, CR 72,4, SL 129, Par 72
D: 5273 m, CR 74,0, SL 129, Par 72

Saison: ganzjährig
Mindest-HCP WT/WE: 36
Anmeldung WT/WE: Ja
Mitgl.-begl. WT/WE: Nein
VcG WT/WE: Ja

18-Loch Greenfee WT/WE: EUR 60/70

(Greenfee-Preise können je nach DGV-Ausweiskennzeichnung abweichen)

Platzcharakteristik:

Die sanft geschwungene Landschaft in Nähe der Lübecker Bucht bietet der Golfanlage ein Areal mit unterschiedlichem Landschaftscharakter. Die ersten Löcher verlaufen auf einem relativ flachen und sehr offenem Gelände, ab der Bahn 6 geht es in ein recht kupiertes Gelände über. So bildet jedes Fairway mit natürlichen und künstlichen Wasserhindernissen und Bunkern ein abwechslungsreiches Spiel.

SH/HA

Pro-Shop » Basic « | Level | Kurzpl.

GolfPost 4,7/5

DGV-NR. 2238

GOLF CLUB OSTSEEBAD GRÖMITZ E.V.

Am Schoor 46
23743 Grömitz
Tel. 04562 222650
info@golfclubgroemitz.de
www.golfclub-groemitz.de
Tel. 04562 222650
Ruhetag: montags

Löcheranzahl: 18
Gegründet: 1989
18-Loch-Meisterschaftsplatz:
H: 5682 m, CR 70,4, SL 133, Par 73
D: 4830 m, CR 70,8, SL 129, Par 73

Saison: ganzjährig
Mindest-HCP WT/WE: 54
Anmeldung WT/WE: Ja
Mitgl.-begl. WT/WE: Nein
VcG WT/WE: Ja

18-Loch Greenfee WT/WE: EUR 65

(Greenfee-Preise können je nach DGV-Ausweiskennzeichnung abweichen)

2:1

Platzcharakteristik:

Eingebettet in die holsteinische Knicklandschaft liegt im Zentrum des Ostseebades Grömitz die wunderschöne Golfanlage mit mäßigen Steigungen und zahlreichen Wasserhindernissen, die mit ihren 18 Löchern eine echte Herausforderung für den Könner aber auch viel Spielfreude für den Anfänger bietet. Eine große Übungsarea, das Clubrestaurant, Umkleideräume, Duschen und Pro-Shop runden das Angebot ab, nach der Runde lädt die großzügige Sonnenterrasse mit Blick auf das 18. Grün zum Verweilen ein.

Pro-Shop » Basic « | Level | Kurzpl.

GolfPost 4,0/5

DGV-NR. 2219

GOLF CLUB FEHMARN E.V.

Wulfener Hals Weg 80
23769 Fehmarn OT Wulfen
Tel. 04371 6969
info@golfclub-fehmarn.de
www.golfclub-fehmarn.de
Volker Riechey
Tel. 04371-3006
Das Restaurant freut sich auf Ihren Besuch.

Löcheranzahl: 27
Gegründet: 1987
Höhe: 3 m
H: 5770 m, CR 73,2, SL 122, Par 72
D: 5088 m, CR 75,1, SL 129, Par 72
9-Loch Kurzplatz
H: 720 m, D: 720 m, Par 27

Saison: ganzjährig
Mindest-HCP WT/WE: PR
Anmeldung WT/WE: Ja
Mitgl.-begl. WT/WE: Nein
VcG WT/WE: Ja

18-Loch Greenfee WT/WE: EUR 65

(Greenfee-Preise können je nach DGV-Ausweiskennzeichnung abweichen)

%

Platzcharakteristik:

Der Golfplatz umschließt das Erholungsgebiet "Wulfener Berge" in einer landschaftlich sehr reizvollen Umgebung. Von allen Abschlägen und Greens haben Sie einen herrlichen Blick auf die Ostsee, den Burger Binnensee mit dem Burger Hafen und der Kulisse vieler Surfer und der Fehmarnsundbrücke. Freuen Sie sich vor allem auf unser Loch 9, unser Inselgrün (Form Fehmarns), welches sowohl Golf-Beginner, als auch dem anspruchsvollen Golfer eine besondere Herausforderung ist!

SH/HA

Pro-Shop » Basic «

Level

Kurzpl.

GolfPost 4,2/5

Nächte im Hotel
onneninsel inklusive
rühstück und Golfen
nlimited auf dem
8-Loch Platz
ro Person
299,00 €
in. 2 Personen, zzgl. Kurtaxe
Camping- und Ferienpark
WULFENER HALS
MEMBER OF LEADING CAMPINGS OF EUROPE
Ostsee-Insel Fehmarn
Fr.-Mo. oder Mo.-Fr.
3/4 Nächte im Ferienhaus
direkt am Golfpark Fehmarr
inklusive
•Ein Essen für 2 Personen
•Golfen unlimited
pro Person
ab
256,00 €
Min. 2 Personen, zzgl. Kurtaxe
Wohnen direkt am Golfpark Fehmarn
3-Sterne-Superior-Hotel „Sonneninsel“ in Avendorf
Ferienhäuser im „Dünenpark“ direkt am Golfpark Fehmarn
www.wulfenerhals.de
Camping, Mietwohnwagen,
Ferienhäuser, Mobilheime,
Appartements, Hotelzimmer,
Surfen, Kiten, Reiten, Tauchen,
separater Wohnmobilpark,
direkt am Golfpark Fehmarn,
beheizter Swimming-Pool,
Animation und Abend-Entertainment
Camping- und Ferienpark Wulfener Hals · Wulfen, 23769 Fehmarn
. (0 43 71) 86 28 - 0 · Fax (0 43 71) 37 23 · info@wulfenerhals.de
ing Campings
DTV, DCC, ECC:
ADAC Superplatz 2022
ADAC
EMAS
WINNER
UMWELT MANAGEMENT
TopPlatz
r unsere Gäste 30% Greenfeerabatt. Bei Onlinebuchungen wird ein höherer Rabatt gewährt.
Wulfener Hals

DGV-NR. 2208

GOLF CLUB SEGEBERG E.V.

GMVD

Feldscheide 2
23827 Wensin
Tel. 04559 1360
info@golfclub-segeberg.de
www.golfclub-segeberg.de

Anno 1915
www.golfrestaurant-anno1915.de

Löcheranzahl: 18
Gegründet: 1991
Höhe: 20 m
H: 6036 m, CR 71,9, SL 136, Par 72
D: 5431 m, CR 74,8, SL 134, Par 72

Saison: ganzjährig
Mindest-HCP WT/WE: 54
Anmeldung WT/WE: Ja
Mitgl.-begl. WT/WE: Nein
VcG WT/WE: Ja

18-Loch Greenfee WT/WE: EUR 49/59

(Greenfee-Preise können je nach DGV-Ausweiskennzeichnung abweichen)

Platzcharakteristik:

Die 18 Spielbahnen des Golfclub Segeberg Gut Wensin liegen auf einem leicht hügeligen Gelände in einer typischen holsteinischen Knicklandschaft. Die insgesamt sehr langen Fairways (6.534 m) erfordern ein strategisches Spiel, da die 30 Wasserhindernisse und Bunker sehr geschickt platziert wurden.

Pro-Shop » Basic « · Level · Kurzpl.

GolfPost 4,0/5

SH/HA

DGV-NR. 2328

GOLFCLUB REINFELD E.V.

Binnenkamp 29
23858 Reinfeld
Tel. 04533 610308
info@golfclub-reinfeld.de
www.golfclub-reinfeld.de

Casa Rusticana
Tel. 04533 207447
www.casa-rusticana.de
Ruhetag: montags
Küche regional, international

Löcheranzahl: 9
Gegründet: 2006
Höhe: 19 m
H: 5.548 m, CR 70,4, SL 130, Par 72
D: 4.874 m, CR 71,7, SL 126, Par 72

Saison: ganzjährig
Mindest-HCP WT/WE: 54
Anmeldung WT/WE: Nein
Mitgl.-begl. WT/WE: Nein
VcG WT/WE: Ja

18-Loch Greenfee WT/WE: EUR 40/45

(Greenfee-Preise können je nach DGV-Ausweiskennzeichnung abweichen)

2:1

Platzcharakteristik:

Eingebettet in die flache Holsteiner Knicklandschaft liegt der schöne 9-Loch-Platz am Rande eines Waldes und fernab von lauten Straßen. Neben Teichen, Wasserläufen und Bunkern sorgen auch die geschickt platzierten Anpflanzungen für immer neue, spannende Spielsituationen. Durch die naturbelassenen Flächen zwischen den Bahnen ergibt sich ein Gefühl der Weite mit schönen Ausblicken. Der sandige Untergrund sorgt dafür, dass der Platz ganzjährig bespielbar ist und auch nach starkem Regen schnell abtrocknet. Auf der Terrasse vor dem Clubhaus treffen sich die Golfer gerne in freundlicher Atmosphäre zum Kaffee oder Kaltgetränk. Das angrenzende Restaurant Casa Rusticana und der benachbarte Bauernladen Dölger bieten eine breite Auswahl an Speisen.

Pro-Shop » Basic « · Level · Kurzpl.

GolfPost 4,0/5

DGV-NR. 2308

GOLFCLUB SÜLFELD E.V.

Petersfelde 4a
23867 Sülfeld
Tel. 04537 701551
info@golf-suelfeld.de
www.golf-suelfeld.de

Rookledge Golf Betriebs und Verwaltungs GmbH
Tel. 04537 7073317

Löcheranzahl: 27
Gegründet: 1999
Course A + C
H: 5503 m, CR 70,2, SL 122, Par 71
D: 4616 m, CR 70,6, SL 118, Par 70

Saison: ganzjährig
Mindest-HCP WT/WE: 54
Anmeldung WT/WE: Ja
Mitgl.-begl. WT/WE: Nein
VcG WT/WE: Ja

18-Loch Greenfee WT/WE: EUR 52/62

(Greenfee-Preise können je nach DGV-Ausweiskennzeichnung abweichen)

2:1

Platzcharakteristik:

Auf dieser sportlich gepflegten Anlage herrscht eine sehr herzliche und familiäre Stimmung. Mitglieder sowie Gäste sind hier jederzeit willkommen. Der Platz mit seinen rollenden Hügeln fordert ein strategisches und präzises Spiel. Die breiten Fairways laden dennoch zu mutigen Schlägen mit dem Holz ein.

Pro-Shop » Basic « | Level | Kurzpl.

GolfPost 4,0/5

DGV-NR. 2223

GOLFCLUB GUT GRAMBEK E.V.

Schloßstrasse 21
23883 Grambek
Tel. 04542 841474
info@gcgrambek.de
www.gcgrambek.de

Gutshaus Grambek
Tel. 04542 835584
info@gutshaus-grambek.de
www.guthaus-grambek.de
kein Ruhetag während der Saison

Löcheranzahl: 18
Gegründet: 1981
Höhe: 20 m
H: 5907 m, CR 71,4, SL 125, Par 71
D: 5174 m, CR 73,6, SL 121, Par 71

Saison: ganzjährig
Mindest-HCP WT/WE: 54/36
Anmeldung WT/WE: Nein/Ja
Mitgl.-begl. WT/WE: Nein
VcG WT/WE: Ja

18-Loch Greenfee WT/WE: EUR 60/70

(Greenfee-Preise können je nach DGV-Ausweiskennzeichnung abweichen)

2:1

Platzcharakteristik:

Der Golfplatz liegt inmitten des Naturparks Lauenburgische Seen, harmonisch eingebettet in eine typisch holsteinische Knicklandschaft mit altem Baumbestand. Einige Spielbahnen verlaufen als lange, breite Waldschneisen durch Kiefern- und Fichtenwälder. Fast eben, mit sanften Bodenwellen, ist der Platz leicht zu begehen und zu fast jeder Jahreszeit bespielbar.

Pro-Shop » Basic « | Level | Kurzpl.

GolfPost 4,7/5

SH/HA

DGV-NR. 2226

KIELER GOLFCLUB HAVIGHORST

Havighorster Weg 20
24211 Honigsee / Havighorst
Tel. 04302 965980
info@GC-Kiel.de
www.Kieler-Golfclub-Havighorst.de

HABICHTNEST

Löcheranzahl: 18
Gegründet: 1992
Höhe: 30 m
H: 5915 m, CR 72,4, SL 132, Par 72
D: 4979 m, CR 73,4, SL 125, Par 72

Saison: ganzjährig
Mindest-HCP WT/WE: k.A.
Anmeldung WT/WE: Nein
Mitgl.-begl. WT/WE: Nein
VcG WT/WE: Nein

18-Loch Greenfee WT/WE: EUR 50/60

(Greenfee-Preise können je nach DGV-Ausweiskennzeichnung abweichen)

Platzcharakteristik:

Wundervolles GOLF im grünen Süden Kiels.

Im Kieler Golfclub Havighorst kann in idyllischer Naturkulisse gegolft und entspannt werden. Hier ist gut aufgehoben, wer zusammen mit der ganzen Familie, Freunden oder neuen netten Leuten etwas für Gesundheit und Seele tun will.

In wunderschöner schleswig-holsteinischer Endmoränenlandschaft mit den typischen Knicks, Teichen und umgeben von dichtem Baumbestand können Sie sich hier dem spannenden Rasenspiel widmen.

Pro-Shop » Basic «

Level

Kurzpl.

GolfPost 4,0/5

DGV-NR. 2231

GOLF-CLUB KITZEBERG E.V.

GMVD

GOLF& NATUR

Wildgarten 1
24226 Heikendorf
Tel. 0431 232324
info@golf-kiel.de
www.golf-kiel.de

Wildgarten
Tel. 0431 2398694

Löcheranzahl: 18
Gegründet: 1902
H: 5500 m, CR 70,4, SL 129, Par 71
D: 4821 m, CR 72,2, SL 127, Par 71

Saison: Hauptsaison März-Okt., Nebensaison Nov.-Febr.
Mindest-HCP WT/WE: 54/45-54
Anmeldung WT/WE: Ja
Mitgl.-begl. WT/WE: Nein
VcG WT/WE: Ja

18-Loch Greenfee WT/WE: EUR 60/70

(Greenfee-Preise können je nach DGV-Ausweiskennzeichnung abweichen)

Platzcharakteristik:

Die bereits 1902 gegründete Golfanlage liegt inmitten einer für norddeutsche Verhältnisse sehr hügeligen Landschaft an der Kieler Förde. Das parkähnliche Gelände mit zum Teil sehr altem Baumbestand bietet besonders wegen der zahlreichen Schräglagen immer wieder eine Herausforderung für Spieler aller Leistungsstärken.

Pro-Shop » Basic «

Level

Kurzpl.

GolfPost 4,5/5

DGV-NR. 2242

GOLF- & LANDCLUB GUT UHLENHORST

Mühlenstraße 37
24229 Dänischenhagen
Tel. 04349 91700
golf@gut-uhlenhorst.de
www.gut-uhlenhorst.de
LAURENS
Tel. 04349 917070
info@restaurant-laurens.de
www.restaurant-laurens.de

Löcheranzahl: 27
Gegründet: 1989
Höhe: 10 m
Rot - Blau
H: 6100 m, CR 71,6, SL 125, Par 72
Blau - Weiß
H: 6074 m, CR 71,8, SL 125, Par 72
Rot - Weiß
H: 6100 m, CR 71,9, SL 127, Par 72

Saison: ganzjährig
Mindest-HCP WT/WE: 54
Anmeldung WT/WE: Ja
Mitgl.-begl. WT/WE: Nein
VcG WT/WE: Ja

18-Loch Greenfee WT/WE: EUR 60/70

(Greenfee-Preise können je nach DGV-Ausweiskennzeichnung abweichen)

Platzcharakteristik:

Nur knapp 10 Automin. vom Kieler Stadtzentrum entfernt bietet sich hier dem Golfer auf einem 145 ha umfassenden Gelände eine großzügig angelegte, abwechslungsreiche Golfanlage. Insgesamt 27 Löcher (3 18-Loch-Kombinationen) und ein 9-Loch-Kurzplatz stehen zur Verfügung. Die breiten Fairways und großen Grüns tragen die Handschrift des Erbauers Donald Harradine. Doch Vorsicht ist geboten, da fast alle Grüns von Bunkern verteidigt werden.

SH/HA

Pro-Shop » Large « | Level | Kurzpl.

GolfPost 4,7/5

DGV-NR. 2341

GOLFCLUB GUT WALDSHAGEN

Waldshagen 3
24306 Bösdorf bei Plön
Tel. 04522 766766
info@gut-waldshagen.de
www.gut-waldshagen.de
Gut Waldshagen
Tel. 04522 766730
restaurant@gut-waldshagen.de
www.waldshagen.de
Ruhetag: montags

Löcheranzahl: 18
Gegründet: 1996
Höhe: 40 m
H: 5917 m, CR 72,6, SL 132, Par 73
D: 4959 m, CR 72,9, SL 131, Par 73

Saison: ganzjährig
Mindest-HCP WT/WE: 54
Anmeldung WT/WE: Ja
Mitgl.-begl. WT/WE: Nein
VcG WT/WE: Ja

18-Loch Greenfee WT/WE: EUR 60/70

(Greenfee-Preise können je nach DGV-Ausweiskennzeichnung abweichen)

2:1

Platzcharakteristik:

Inmitten der Holsteinischen Schweiz und unweit der Ostsee liegt die Golfanlage Gut Waldshagen. Nur wenige Kilometer von den Kreisstädten Plön und Eutin entfernt bieten wir Ihnen neben dem 18-Loch-Meisterschaftsplatz eine erstklassige Übungsanlage an. Wir freuen uns auf Sie!

Pro-Shop » Basic « | Level | Kurzpl.

GolfPost 4,3/5

DGV-NR. 2246

GOLF & COUNTRY CLUB HOHWACHTER BUCHT E.V.

Eichenallee
24321 Hohwacht
Tel. 04381 9690
info@golfclub-hohwacht.de
www.golfclub-hohwacht.de

Zeitlos
Tel. 04381 418065
gastronomie@golfclub-hohwacht.de

Löcheranzahl: 27
Gegründet: 1992
Höhe: 20 m
Golfplatz Hohwacht
H: 5946 m, CR 71,6, SL 127, Par 72
D: 5217 m, CR 73,5, SL 123, Par 72

Saison: ganzjährig
Mindest-HCP WT/WE: 54
Anmeldung WT/WE: Ja
Mitgl.-begl. WT/WE: Nein
VcG WT/WE: Ja

Tages-Greenfee WT/WE: EUR 60/65

(Greenfee-Preise können je nach DGV-Ausweiskennzeichnung abweichen)

Platzcharakteristik:

Der 27-Loch-Golfplatz liegt eingebettet in die typisch holsteinische Endmoränenlandschaft mit Blick über den großen Binnensee und die Ostsee. Raffiniert platzierte Bunker, schöne Wasserhindernisse und interessante Grüns garantieren eine abwechslungsreiche Golfrunde in frischer Meeresluft, umgeben von Wäldern und Feldern.

Das Golfodrom Übungsgelände bietet Ihnen die Möglichkeit kostenlos Golf zu spielen und zu trainieren. Es stehen Ihnen 7 Hektar und 150 Abschlagplätze zur Verfügung. Zwei überdachte Hütten bieten Schutz bei Regen. Münzen für die Ballautomaten erhalten Sie an der Rezeption.

Pro-Shop » Large « | Level | Kurzpl.

GolfPost 4,7/5

DGV-NR. 2216

GOLF CLUB ALTENHOF E.V.

Gut Altenhof 1
24340 Altenhof
Tel. 04351 41227
info@gcaltenhof.de
www.gcaltenhof.de

Club-Restaurant
Tel. 04351 43954

Löcheranzahl: 18
Gegründet: 1971
Höhe: 30 m
H: 5770 m, CR 71,9, SL 129, Par 72
D: 5058 m, CR 73,7, SL 126, Par 72

Saison: ganzjährig
Mindest-HCP WT/WE: 54
Anmeldung WT/WE: Ja
Mitgl.-begl. WT/WE: Nein
VcG WT/WE: Ja

18-Loch Greenfee WT/WE: EUR 50/65/80

(Greenfee-Preise können je nach DGV-Ausweiskennzeichnung abweichen)

Platzcharakteristik:

Die Heimat des GC Altenhof ist ein ausgesprochen malerisches Fleckchen Erde. Die gefällige Hügellandschaft an der Eckernförder Bucht, Weitblicke über die Felder, uralte Baumriesen, das historische Ensemble des Gutes Altenhof, all dies macht diesen Golfplatz zu etwas Besonderem. Ganz davon abgesehen, dass jede der 18 Bahnen mit fairen, aber auch anspruchsvollen Herausforderungen Spielern aller Handicapklassen Freude bereitet. Der Club rangiert stets weit oben auf den Listen der schönsten Anlagen Deutschlands. Dies ist auch den herausragenden Leistungen vieler Mannschaften und Spieler des Clubs zu verdanken, die Altenhof ins Gespräch gebracht haben. In erster Linie aber sind es die „ganz normalen" Golferinnen und Golfer, die zu Recht von diesem Platz schwärmen.

Pro-Shop » Large « | Level | Kurzpl.

GolfPost 4,8/5

DGV-NR. 2306

GOLF-CLUB AN DER SCHLEI E.V.

Borgwedeler Weg 16
24357 Güby
Tel. 04354 98184
schleigolf@gc-schlei.de
www.gc-schlei.de

Clubgaststätte mit regionalen und saisonalen Speisen

Löcheranzahl: 18
Gegründet: 1995
Höhe: 45 m
H: 6083 m, CR 73,7, SL 136, Par 72
D: 5298 m, CR 75,3, SL 133, Par 72

Saison: ganzjährig
Mindest-HCP WT/WE: 54
Anmeldung WT/WE: Nein/Ja
Mitgl.-begl. WT/WE: Nein
VcG WT/WE: Ja

18-Loch Greenfee WT/WE: EUR 60/70

(Greenfee-Preise können je nach DGV-Ausweiskennzeichnung abweichen)

Platzcharakteristik:

Kaum anderswo ist die Freude am Golfsport und das pure Naturerlebnis so nah, eindrucksvoll und kompromisslos miteinander verbunden. Nur wenige Autominuten von Schleswig und Eckernförde entfernt liegt unsere knapp 80 Hektar große 18-Loch-Championship-Golfanlage.

Die Fairways sind zum Teil hügelig, sodass sich von vielen Punkten aus schöne Blicke auf die Schlei bieten. Das Clubhaus im skandinavischen Stil mit Sekretariat, Pro Shop und Restaurant ist ganzjährig geöffnet.

Driving-Range, Pitching Areas, Übungsbunker und Putting-Greens bieten viele Möglichkeiten für Übungsschläge und Training. Wir freuen uns über Gäste. Der Club ist offen für Greenfee-Spieler und neue Mitglieder.

Pro-Shop » Basic « | Level | Kurzpl.

GolfPost 4,4/5

DGV-NR. 2310

GOLF CLUB STENERBERG E.V.

Morgensterner Str. 6
24407 Rabenkirchen
Tel. 04642 9212422
club@stenerberg.de
www.stenerberg.de

Löcheranzahl: 9
Gegründet: 1997
Höhe: 20 m
H: 5160 m, CR 69,1, SL 129, Par 70
D: 4532 m, CR 70,9, SL 122, Par 70

Saison: ganzjährig
Mindest-HCP WT/WE: k.A.
Anmeldung WT/WE: Nein
Mitgl.-begl. WT/WE: Nein
VcG WT/WE: Ja

Tages-Greenfee WT/WE: EUR 40/60

(Greenfee-Preise können je nach DGV-Ausweiskennzeichnung abweichen)

Platzcharakteristik:

Die Spielbahnen wurden in die vorhandene Geländeformation eingefügt und bilden mit teilweise engen Fairways, Wasserhindernissen und hügeligem Gelände einen abwechslungsreichen Parcours.

Pro-Shop » Basic « | Level | Kurzpl.

GolfPost 4,7/5

DGV-NR. 2220

GOLFCLUB BAD BRAMSTEDT E.V.

Hamburger Str. 61
24576 Bad Bramstedt
Tel. 04192 897515
kontakt@golfclub-badbramstedt.de
www.golfclub-badbramstedt.de

DIVINO
Tel. 04192 897517
Ruhetag: dienstags
italienische und regionale Küche

Löcheranzahl: 9
Gegründet: 1975
Höhe: 100 m
H: 5680 m, CR 71,6, SL 130, Par 72
D: 5094 m, CR 74,2, SL 133, Par 72

Saison: ganzjährig
Mindest-HCP WT/WE: 54
Anmeldung WT/WE: Nein
Mitgl.-begl. WT/WE: Nein
VcG WT/WE: Ja

Tages-Greenfee 18-Loch WT/WE: EUR 50

(Greenfee-Preise können je nach DGV-Ausweiskennzeichnung abweichen)

Platzcharakteristik:

In einer typisch schleswig-holsteinischen Auenlandschaft ziehen sich die neun Spielbahnen über ein Gelände links entlang des Flusses Ohlau. Bedingt durch die Tallage in einem Auental erwarten den Spieler viele spielentscheidende Wasserhindernisse. Neben der nassen Gefahr erfordern teilweise einzelne alte Bäume und Baumgruppen inmitten der Fairways immer wieder Präzision.

SH/HA

Pro-Shop » Basic « | Level | Kurzpl.

GolfPost 4,0/5

DGV-NR. 2314

GOLF & COUNTRY CLUB GUT BISSENMOOR E.V.

Golfparkallee 11
24576 Bad Bramstedt
Tel. 04192 819560
info@golfbissenmoor.de
www.golfbissenmoor.de

Le Bellevue
Tel. 04192 81956-20
info@lebellevue.de
www.lebellevue.de

Löcheranzahl: 18
Gegründet: 2000
H: 5888 m, CR 71,5, SL 133, Par 72
D: 4976 m, CR 72,3, SL 125, Par 72

Saison: Januar - Dezember
Mindest-HCP WT/WE: 54
Anmeldung WT/WE: Ja
Mitgl.-begl. WT/WE: Nein
VcG WT/WE: Ja

18-Loch Greenfee WT/WE: EUR 60/70

(Greenfee-Preise können je nach DGV-Ausweiskennzeichnung abweichen)

Platzcharakteristik:

Die Bahnen der 18-Loch-Meisterschaftsanlage bieten mit 5 Abschlägen für Golfer aller Handicapklassen adäquate Schwierigkeitsgrade. Fast 3,5 ha Wasserfläche mit zahlreichen Neuanpflanzungen - 800 Bäume und 30.000 Sträucher - geben dem Platz seinen unverwechselbaren Charakter.

Pro-Shop » Basic « | Level | Kurzpl.

GolfPost 4,3/5

DGV-NR. 2218

MITTELHOLSTEINISCHER GOLF-CLUB AUKRUG E.V.

Zum Glasberg 9
24613 Aukrug-Bargfeld
Tel. 04873 595
sekretariat@golfclub-aukrug.de
www.golfclub-aukrug.de

Marinko Barbic
Tel. 04873 333

Löcheranzahl: 18
Gegründet: 1969
Höhe: 10 m
H: 5783 m, CR 72,7, SL 125, Par 72
D: 5059 m, CR 74,2, SL 120, Par 72

Saison: ganzjährig
Mindest-HCP WT/WE: 36
Anmeldung WT/WE: Ja
Mitgl.-begl. WT/WE: Nein
VcG WT/WE: Ja

18-Loch Greenfee WT/WE: EUR 50/60

(Greenfee-Preise können je nach DGV-Ausweiskennzeichnung abweichen)

2:1

Platzcharakteristik:

Nur knapp eine Autostunde von Hamburg entfernt liegt die Anlage in einer leicht hügeligen holsteinischen Landschaft. Bei Planung und Realisation wurden auf teure Extravaganzen weitgehend verzichtet, so dass der Platz in Harmonie mit der Natur dem Golfer einen sehr abwechslungsreichen und anspruchsvollen Parcours bietet. Die Natur hat hier schon vor vielen tausend Jahren Vorarbeit geleistet. Golf konnte hier gekonnt integriert werden.

SH/HA

Pro-Shop » Basic « | Level | Kurzpl.

GolfPost 4,6/5

DGV-NR. 2254

GUT WALDHOF

Am Waldhof 3
24629 Kisdorf
Tel. 04194 99740
info@gut-waldhof.de
www.gut-waldhof.de

WALDbistro
Tel. 04194 997415

Löcheranzahl: 18
Gegründet: 1969
Höhe: 50 m
H: 5939 m, Par 72, CR 71,5, SL 131
D: 5237 m, Par 72, CR 73,1, SL 129

Saison: ganzjährig
Mindest-HCP WT/WE: 54/36
Anmeldung WT/WE: Ja
Mitgl.-begl. WT/WE: Nein
VcG WT/WE: Ja

18-Loch Greenfee WT/WE: EUR 65/75

(Greenfee-Preise können je nach DGV-Ausweiskennzeichnung abweichen)

2:1

Platzcharakteristik:

Der Gut Waldhof besteht seit 1969 und bietet einen 18- Loch Platz auf höchster Qualität. Charakteristisch für die Golfanlage ist der alte Baumbestand und die zahlreichen Wasserflächen.

Die Golfanlage verspricht ein exklusives Golferlebnis in entspannter und ruhiger Athmosphäre und gehört zu den sportlich anspruchvollsten von Hamburg und Schleswig-Holstein.

Pro-Shop » Basic « | Level | Kurzpl.

GolfPost 4,8/5

DGV-NR. 2325

GOLFPARK KROGASPE

Aalbeksweg 8
24644 Krogaspe
Tel. 04321 852993
info@golfpark-krogaspe.de
www.golfpark-krogaspe.de

Clubhaus
Tel. 04321 852993

Löcheranzahl: 27
Gegründet: 2002
18-Loch-Meisterschaftsplatz
H: 6225 m, CR 72,5, SL 125, Par 73
D: 5536 m, CR 74,5, SL 125, Par 73
9-Loch-Kurzplatz
H: CR 56,9, SL 89, Par 29

Saison: ganzjährig
Mindest-HCP WT/WE: PR
Anmeldung WT/WE: Nein
Mitgl.-begl. WT/WE: Nein
VcG WT/WE: Ja

Tages-Greenfee WT/WE: EUR 20/25

(Greenfee-Preise können je nach DGV-Ausweiskennzeichnung abweichen)

Platzcharakteristik:

Mitten in schönster, typisch schleswig-holsteinischer Landschaft ist der Öffentliche Golfpark Krogaspe gelegen. Insgesamt 27 Löcher, verteilt auf einen 9-Loch Kurzplatz und einen 18-Loch-Platz (Par 73) laden zum Spielen ein.

Hier ist jeder Interessierte willkommen. Egal. Ob Anfänger oder Profi – auch ganz ohne Vorkenntnisse oder Platzreife. Nach dem englischen Vorbild „pay and play" können Anfänger auf der Driving Range oder auf dem 9-Loch-Platz den perfekten Schwung üben und das den ganzen Tag lang. Schläger und Ausrüstung können im Clubhaus gegen eine kleine Gebühr ausgeliehen werden.

Pro-Shop » Basic «
Level
Kurzpl.
GolfPost 4,5/5

DGV-NR. 2236

GOLF CLUB LOHERSAND E.V.

GOLF& NATUR

Am Golfplatz
24806 Sorgbrück
Tel. 04336 999111
info@lohersand.de
www.lohersand.de

Mario Ferraris
Tel. 04336 9991188

Löcheranzahl: 18
Gegründet: 1957
Höhe: 35 m
H: 5480 m, CR 69,3, SL 128, Par 71
D: 4675 m, CR 70,3, SL 124, Par 71

Saison: ganzjährig
Mindest-HCP WT/WE: 54
Anmeldung WT/WE: Ja
Mitgl.-begl. WT/WE: Nein
VcG WT/WE: Ja

18-Loch Greenfee WT/WE: EUR 60/70

(Greenfee-Preise können je nach DGV-Ausweiskennzeichnung abweichen)

Platzcharakteristik:

Unsere Philosophie

Golfgenuss pur, hier macht es Spaß – das ist Lohersand -

- traditionell und doch modern....
- flexibel, sportlich, unkonventionell, freundlich...
- Regeln und Etikette gehören allerdings auch dazu...
- offen für alle Altersgruppen...
- aktives Clubleben, jedoch ohne Zwänge...
- zufriedene Mitglieder und Gäste sind unser Ziel...

Pro-Shop » Basic «
Level
Kurzpl.
GolfPost 4,6/5

DGV-NR. 2222

FÖRDE-GOLF-CLUB E.V. GLÜCKSBURG

Bockholm 23
24960 Glücksburg
Tel. 04631 2547
info@foerdegolfclub.de
www.foerdegolfclub.de

Gastronomie im Förde-Golf-Club
Tel. 04631 441940

Löcheranzahl: 18
Gegründet: 1972
Höhe: 30 m
H: 5877 m, CR 72,4, SL 132, Par 72
D: 4988 m, CR 73,1, SL 126, Par 72

Saison: ganzjährig
Mindest-HCP WT/WE: 54/36
Anmeldung WT/WE: Ja
Mitgl.-begl. WT/WE: Nein
VcG WT/WE: Ja

18-Loch Greenfee WT/WE: EUR 65/75

(Greenfee-Preise können je nach DGV-Ausweiskennzeichnung abweichen)

Platzcharakteristik:

Die Spielbahnen präsentieren sich in einer für das östliche Schleswig-Holstein typischen Hügellandschaft und liegen direkt an und über der Flensburger Förde mit weitreichendem Blick bis hinüber nach Dänemark. Leicht hügelige Fairways, teils mit altem Baumbestand, weisen reizvolle Hindernisse wie Knicks, Biotope, Teiche und einen kreuzenden Wasserlauf auf. Gut platzierte Bunker u. typische wechselnde Winde fordern strategisches und präzises Spiel.

Pro-Shop » Basic « · Level · Kurzpl.

GolfPost 4,8/5

SH/HA

DGV-NR. 2250

GOLF CLUB LUTZHORN E.V.

Bramstedter Landstraße 1
25355 Lutzhorn
Tel. 04123 7408
info@golfclub-lutzhorn.de
www.golfclub-lutzhorn.de

Clubhaus mit Wintergarten
Küche regional

Löcheranzahl: 18
Gegründet: 1996
H: 5658 m, CR 70,0, SL 130, Par 70
D: 4747 m, CR 70,1, SL 129, Par 70

Saison: ganzjährig
Mindest-HCP WT/WE: k.A.
Anmeldung WT/WE: Nein
Mitgl.-begl. WT/WE: Nein
VcG WT/WE: Ja

18-Loch Greenfee WT/WE: EUR 40/50

(Greenfee-Preise können je nach DGV-Ausweiskennzeichnung abweichen)

SH/HA

Platzcharakteristik:

Der Golfplatz Lutzhorn ist eine öffentliche Anlage und beitet "Golf für Jedermann" zu erschwinglichen Preisen.

Jedermann, mit etwas Golferfahrung, auch ohne Platzreife, ohne Handicapnachweis und ohne Clubmitgliedschaft kann in Lutzhorn 18 abwechslungsreiche Bahnen in der typisch holsteinischen Natur erleben und trifft auf freundliche und aufgeschlossene Menschen jeder Altersklasse.

Kommen Sie nach Lutzhorn und lernen Sie die ungezwungene Atmosphäre bei uns im Club kennen.

Pro-Shop » Basic «
Level
Kurzpl.

GolfPost 3,8/5

DGV-NR. 2311

GOLFPARK WEIDENHOF E.V.

Mühlenstrasse 140
25421 Pinneberg
Tel. 04101 511830
info@golfpark-weidenhof.de
www.golfpark-weidenhof.de

heimatLODGE
Tel. 04101 7891858
escape@restaurant-lodge.de
www.restaurant-lodge.de
Ruhetag: durchgehend geöffnet

Löcheranzahl: 18
Gegründet: 1998
Höhe: 10 m
H: 5254 m, CR 67,6, SL 121, Par 70
D: 4533 m, CR 68,2, SL 121, Par 70

Saison: ganzjährig
Mindest-HCP WT/WE: 54
Anmeldung WT/WE: Nein
Mitgl.-begl. WT/WE: Nein
VcG WT/WE: Ja

18-Loch Greenfee WT/WE: EUR 65/75

(Greenfee-Preise können je nach DGV-Ausweiskennzeichnung abweichen)

Platzcharakteristik:

Golfspielen ganz unkompliziert so lautet das Motto auf der Golfanlage Weidenhof, 20 Minuten von der Hamburger City im Westen Hamburgs gelegen. Eine große überdachte Driving-Range und drei Golflehrer stehen den Besuchern zur Verfügung. Auf den fortgeschrittenen Golfer wartet ein anspruchsvoller 18-Loch-Platz, aber auch 9 Löcher nach Feierabend lassen den Alltagsstress schnell vergessen. Besucher sind herzlich willkommen.

Pro-Shop » Basic «
Level
Kurzpl.

GolfPost 4,4/5

DGV-NR. 2209

GOLF-CLUB AN DER PINNAU E.V.

Pinneberger Str. 81 a
25451 Quickborn-Renzel
Tel. 04106 81800
info@pinnau.de
www.pinnau.de
Küche international

Löcheranzahl: 27
Gegründet: 1982
Höhe: 19 m
A+B
H: 5898 m, CR 71,9, SL 134, Par 73
D: 5263 m, CR 74,3, SL 129, Par 73
A+C
H: 5852 m, CR 71,5, SL 131, Par 72
B+C
H: 5844 m, CR 71,3, SL 123, Par 73

Saison: ganzjährig
Mindest-HCP WT/WE: 36
Anmeldung WT/WE: Nein
Mitgl.-begl. WT/WE: Nein
VcG WT/WE: Ja

18-Loch Greenfee WT/WE:
EUR 80

(Greenfee-Preise können je nach DGV-Ausweiskennzeichnung abweichen)

Platzcharakteristik:

Die Anlage liegt in einer typischen schleswig-holsteinischen Knicklandschaft mit leicht hügeligem Gelände, das sanft zur Pinnau, die dem Club seinen Namen gegeben hat, abfällt. Breite Fairways mit häufig zu überwindenden Wasserhindernissen und einzeln in die Fairways ragende alte großgewachsene Bäume prägen den Charakter dieses Platzes. Besondere sportliche Herausforderung ist das Inselgrün von Loch B6.

Hier finden Sie alles, was Sie wollen: Golferlebnis und Natur pur! Gepflegte Fairways, ein alter gewachsener Baumbestand, den Flusslauf der Pinnau und viele Teiche sind nicht nur sehr sehenswert, sondern auch genauso spielenswert. Kurzum: Wer das verpasst, hat was verpasst!

Pro-Shop » Large « | Level | Kurzpl.

GolfPost 4,2/5

SH/HA

DGV-NR. 2324

RED GOLF QUICKBORN E.V.

Harksheider Weg 226
25451 Quickborn
Tel. 04106 804433
quickborn@redgolf.de
www.redgolf.de
Täglich ab 10:00 Uhr geöffnet

Löcheranzahl: 9
Gegründet: 2004
H: 2864 m, CR 57,0, SL 93, Par 58
D: 2864 m, CR 58,0, SL 89, Par 58

Saison: ganzjährig
Mindest-HCP WT/WE: 54
Anmeldung WT/WE: Ja
Mitgl.-begl. WT/WE: Nein
VcG WT/WE: Ja

18-Loch Greenfee WT/WE:
EUR 30/35

(Greenfee-Preise können je nach DGV-Ausweiskennzeichnung abweichen)

Platzcharakteristik:

Nur 5 Minuten vom Zentrum Quickborns bzw. Norderstedts und gerade mal 15 Minuten von der Hamburger City entfernt liegt die 9-Loch-Anlage, die Anfängern wie Fortgeschrittenen optimale Trainings- und Spielmöglichkeiten bietet. Übungseinrichtungen wie Driving Range mit Flutlicht, Zielgrüns mit Wasserhindernis, Putting Green oder Übungsbunker erhöhen den Reiz der Anlage.

Pro-Shop » Basic « | Level | Kurzpl.

GolfPost 4,0/5

DGV-NR. 2248

GUT KADEN GOLF UND LAND CLUB

Kadener Str. 9
25486 Alveslohe
Tel. 04193 99290
info@gutkaden.de
www.gutkaden.de

Johann Alt
Tel. 04193 97144
Hotel Gut Kaden

Löcheranzahl: 27
Gegründet: 1987
H: 3278 m, CR 60,1, SL 103, Par 60
D: 2954 m, CR 60,1, SL 100, Par 60

Saison: ganzjährig
Mindest-HCP WT/WE: 54
Anmeldung WT/WE: Ja
Mitgl.-begl. WT/WE: Nein/Ja
VcG WT/WE: Ja

18-Loch Greenfee WT/WE: EUR 100

(Greenfee-Preise können je nach DGV-Ausweiskennzeichnung abweichen)

Platzcharakteristik:

Der ehemalige Rittersitz zählt zu den landschaftlich schönsten Herrensitzen Holsteins und bietet dem Golf und Landclub in einem alten Gutsgelände mit Herrenhaus eine repräsentative Heimat. Das Gelände hat dank altem Baumbestand und der sich durch die Anlage schlängelnden Pinnau beeindruckende landschaftliche Reize. Durch verschiedene Abschläge und daraus entstehende unterschiedliche Längen bietet die Anlage für alle Spieler eine Herausforderung. Das neu gebaute Hotel und Gästehaus mit seinen 40 Zimmern lädt zum Verweilen direkt auf der Anlage. Das Spielen gegen Greenfee ist am Wochenende nur als Hotelgast oder in Begleitung eines Mitglieds möglich.

Pro-Shop » Large « | Level | Kurzpl.

GolfPost 4,8/5

SH/HA

DGV-NR. 2214

GOLFCLUB HAMBURG-HOLM E.V.

Haverkamp 1
25488 Holm
Tel. 04103 91330
Info@gchh.de
www.gchh.de

Clubhaus
Küche regional

Löcheranzahl: 27
Gegründet: 1986
Höhe: 10 m
BC-Course
H: 6086m, CR 72,2, SL 131, Par 72
D: 5376m, CR 74,7, SL 130, Par 72

Saison: ganzjährig
Mindest-HCP WT/WE: 36
Anmeldung WT/WE: Nein/Ja
Mitgl.-begl. WT/WE: Nein/Ja
VcG WT/WE: Ja

18-Loch Greenfee WT/WE: EUR 75

(Greenfee-Preise können je nach DGV-Ausweiskennzeichnung abweichen)

Platzcharakteristik:

Die Anlage liegt inmitten eines Landschaftsschutzgebietes nahe der Holmer Sandberge. Eine typisch holsteinische Knicklandschaft, das Hetlinger und Wittmoor prägen den weitläufigen Kurs. Teilweise dichter und alter Baumbestand und die gut platzierten Hindernisse bieten zusätzliche Abwechslung im Spiel.

Pro-Shop » Basic « | Level | Kurzpl.

GolfPost 5,0/5

DGV-NR. 2307

GOLFCLUB GUT HASELDORF E.V.

Heister Feld 7
25489 Haselau
Tel. 04122 853500
info@golfclub-gut-haseldorf.de
www.golfclub-gut-haseldorf.de
Franc Schiefelbein
Tel. 04122 999430

Löcheranzahl: 18
Gegründet: 1996
H: 5984 m, CR 72,6, SL 141, Par 73
D: 5030 m, CR 72,5, SL 129, Par 73

Saison: ganzjährig
Mindest-HCP WT/WE: PR
Anmeldung WT/WE: Nein/Ja
Mitgl.-begl. WT/WE: Nein
VcG WT/WE: Ja

18-Loch Greenfee WT/WE: EUR 55/65

(Greenfee-Preise können je nach DGV-Ausweiskennzeichnung abweichen)

Platzcharakteristik:

Ca. 25 km nordwestlich von Hamburg, in der Haseldorfer Marsch zwischen Elbe und Pinnau gelegen, bietet unser äußerst attraktiver 18-Loch-Golfplatz ambitionierten Golfern, Freizeitsportlern und Jugendlichen kostengünstige Möglichkeiten zum Erlernen und Ausüben des Golfsports. Seit 1996 befindet sich der Golfplatz auf den Ländereien des Prinzen von Schoenaich-Carolath-Schilden. Erleben Sie einen ganz besonderen Golfplatz in der Elbmarsch mit herzlicher Atmosphäre. Chippen, Pitchen, Putten, gut gepflegte Greens und die interessanten Spielbahnen sind ein Erlebnis für Golfer aller Spielstärken. Ob Sie bereits Golfer sind oder die Freude am Golfsport entdecken möchten, im Golfclub Gut Haseldorf ist jeder willkommen! Sind Sie reif für Haseldorf?

Pro-Shop » Basic «
Level
Kurzpl.

GolfPost 4,0/5

DGV-NR. 2329

FAIRWAY PEINER HOF

Peiner Hag / Peiner Hof
25497 Prisdorf
Tel. 04101 75560
info@golf-park.de
www.peinerhof.de

Goldschätzchen
Tel. 04101 6010910
www.goldschaetzchen.com
Frisch/Gesund/Lecker - Reservierung: www.opentable.de

Löcheranzahl: 18
Gegründet: 2018
H: 5685 m, CR 70,0, SL 129, Par 71
D: 4964 m, CR 71,3, SL 123, Par 71

Saison: ganzjährig
Mindest-HCP WT/WE: 54
Anmeldung WT/WE: Nein
Mitgl.-begl. WT/WE: Nein
VcG WT/WE: Ja

18-Loch Greenfee WT/WE: EUR 59/75

(Greenfee-Preise können je nach DGV-Ausweiskennzeichnung abweichen)

Platzcharakteristik:

Nur 20 Minuten im Wester der Hamburger Innenstadt liegt dieser idyllische Golfplatz. Für Anfänger gut zu spielen und für Könner eine schöne Herausforderung. Gesäumt von alten Bäumen und der herrlichen Natur Schleswig-Holsteins fahren Sie nach 18 Löchern Golf auf dem Peiner Hof glücklich und entspannt nach Hause.

SH/HA

Pro-Shop » Large « | Level | Kurzpl.

GolfPost 4,8/5

DGV-NR. 2315

GOLFANLAGE GUT WULFSMÜHLE GMBH

Mühlenstraße 98
25499 Tangstedt
Tel. 04101 586777
info@golfanlage-wulfsmuehle.de
www.golfanlage-wulfsmuehle.de

Tel. 04101 808169

Löcheranzahl: 18
Gegründet: 2002
H: 5772 m, CR 71,8, SL 134, Par 72
D: 4879 m, CR 72,4, SL 130, Par 72

Saison: ganzjährig
Mindest-HCP WT/WE: 54/45
Anmeldung WT/WE: Ja
Mitgl.-begl. WT/WE: Nein
VcG WT/WE: Ja

18-Loch Greenfee WT/WE: EUR 70/80

(Greenfee-Preise können je nach DGV-Ausweiskennzeichnung abweichen)

2:1

Platzcharakteristik:

Vor den Toren Hamburgs, etwa 25 min. von der Innenstadt entfernt, liegt die in jeder Hinsicht anspruchsvolle Golfanlage Gut Wulfsmühle.

Beiderseits der Pinnau, auf einem fast 100 Hektar großen Areal, liegen in der typisch schleswig-holsteinischen Knicklandschaft 18 sehr unterschiedliche Spielbahnen.

Unser Restaurant im Clubhaus lädt nach der Runde zu abwechslungsreicher Küche mit saisonalen Spezialitäten ein.

Pro-Shop » Basic « | Level | Kurzpl.

GolfPost 4,0/5

DGV-NR. 2241

GOLF-CLUB SCHLOSS BREITENBURG E.V.

Gut Osterholz 3
25524 Breitenburg
Tel. 04828 8188
info@gcsb.de
www.gcsb.de

Fuxbau
Tel. 04828 8222
info@derfuxbau.de
Restaurant Johann
im Hotel Breitenburg

Löcheranzahl: 27
Gegründet: 1990
Höhe: 10 m
H: 5682 m, CR 71,6, SL 128, Par 72
D: 5081 m, CR 74,6, SL 130, Par 72

Saison: ganzjährig
Mindest-HCP WT/WE: PR
Anmeldung WT/WE: Ja
Mitgl.-begl. WT/WE: Nein
VcG WT/WE: Ja

18-Loch Greenfee WT/WE: EUR 70

(Greenfee-Preise können je nach DGV-Ausweiskennzeichnung abweichen)

Platzcharakteristik:

Eine 27-Loch-Anlage, spielbar in drei Kombinationen, gelegen in den wunderschönen Störniederungen und auf der hohen Geest. Durch die verschiedenen Landschafts- und Platztypen ist das Spiel abwechslungsreich und interessant. Eine üppige Flora und der alte Baumbestand prägen das Bild der Courses A+B. Auf Loch 6 und 14 kann man das 500 Jahre alte Schloß Breitenburg sehen. Der C-Course zeigt dagegen viel Inselgrün und Seen zum Überspielen.

Pro-Shop » Basic « Level Kurzpl.

GolfPost 4,8/5

DGV-NR. 2320

GOLFCLUB AM DONNER KLEVE E.V.

Alte Landstrasse 1
25693 St. Michaelisdonn
Tel. 04853 880909
info@golf-am-donner-kleve.de
www.golf-am-donner-kleve.de

Ulrike Ringert
Tel. 04853 880909

Löcheranzahl: 27
Gegründet: 2003
H: 6022 m, CR 72,7, SL 129, Par 72
D: 5102 m, CR 73,2, SL 129, Par 72

Saison: ganzjährig
Mindest-HCP WT/WE: 54
Anmeldung WT/WE: Ja
Mitgl.-begl. WT/WE: Nein
VcG WT/WE: Ja

18-Loch Greenfee „Kleve Course" WT/WE: EUR 65/75

(Greenfee-Preise können je nach DGV-Ausweiskennzeichnung abweichen)

2:1

Platzcharakteristik:

Mit viel Liebe zum Detail ausgestattete Spielbahnen führen durch eine reizvolle, leicht hügelige Landschaft. Der Kleve Course hat 18 unverwechselbare Löcher auf sandigem, von Natur aus gewelltem Dünenboden und ist ganzjährig bespielbar. Das Angebot wird ergänzt durch den öffentlichen 9-Loch Schramm Group Hopen Course sowie hervorragende Übungseinrichtungen. Der hohe Anspruch an Pflege und Qualität macht den Golfplatz zu einem der schönsten und beliebtesten im Umkreis. Im Golfclub am Donner Kleve legt man Wert auf ein freundliches und entspanntes Clubleben: offen, sportlich und unkompliziert.

Pro-Shop » Basic « Level Kurzpl.

GolfPost 4,6/5

DGV-NR. 2227

GOLFCLUB BÜSUM DITHMARSCHEN E.V.

Zwischen den Deichen
(Navi: Dorfstr. 11)
25761 Warwerort
Tel. 04834 960460
info@gc-buesum.de
www.gc-buesum.de
Café und Restaurant am Priel
Tel. 04834 960469
Sonnenterasse mit Blick auf 3 Bahnen

Löcheranzahl: 18
Gegründet: 1984
H: 5669 m, CR 70,0, SL 121, Par 72
D: 4834 m, CR 70,3, SL 120, Par 72

Saison: ganzjährig
Mindest-HCP WT/WE: PR
Anmeldung WT/WE: Nein
Mitgl.-begl. WT/WE: Nein
VcG WT/WE: Ja

18-Loch Greenfee WT/WE: EUR 65/75

(Greenfee-Preise können je nach DGV-Ausweiskennzeichnung abweichen)

Platzcharakteristik:

In der ehemaligen Wattenmeerlandschaft liegt dieser Golfplatz teilweise unter dem Meeresspiegel. Priele und naturgegebene Wasserhindernisse kennzeichnen diesen Golfplatz, der zwar eben, aber in seiner Art nicht leicht bespielbar ist. Strandkörbe an den Abschlägen erleichtern das Warten und bieten Schutz vor Sonne und Wind. Neben dem Golfplatz, ca. 500 m entfernt, lädt der Badestrand Warwerort zum Baden und Erholen ein.

Campingstellplätze sind am Club vorhanden.

SH/HA

Pro-Shop » Basic « | Level | Kurzpl.

GolfPost 4,9/5

DGV-NR. 2321

GOLF CLUB GUT APELDÖR

Apeldör 2
25779 Hennstedt
Tel. 04836 9960-0
info@apeldoer.de
www.apeldoer.de
Gut Apeldör

Löcheranzahl: 27
Gegründet: 1996
Höhe: 15 m
Big Apple (18-Loch Platz)
H: 5980 m, CR 73,2, SL 138, Par 72
D: 5365 m, CR 75,4, SL 137, Par 72

Saison: ganzjährig
Mindest-HCP WT/WE: 54
Anmeldung WT/WE: Ja
Mitgl.-begl. WT/WE: Ja
VcG WT/WE: Ja

18-Loch Greenfee WT/WE: EUR 70/90

(Greenfee-Preise können je nach DGV-Ausweiskennzeichnung abweichen)

Platzcharakteristik:

Der BIG APPLE (18-Loch-Platz) des GC Gut Apeldör zeichnet sich durch stark ondulierte Grüns aus und ist landschaftlich reizvoll in die typische Geest- und Knicklandschaft zwischen Nordsee und Eider integriert. Die welligen Bahnen stellen insbesondere aufgrund zahlreicher, großer Wasserhindernisse, die sowohl Fairways begrenzen als auch Greens abschirmen, eine sportliche Herausforderung dar. Zusätzlich verfügt der Club über den öffentlichen BIG 9 (PAR 36).

Pro-Shop » Large « | Level | Kurzpl.

GolfPost 4,7/5

DGV-NR. 2229

GOLF CLUB HUSUMER BUCHT E.V.

Hohlacker 5
25813 Schwesing
Tel. 04841 72238
info@gc-husumer-bucht.de
www.gc-husumer-bucht.de

Storm´s
Tel. 04841 773213

Löcheranzahl: 18
Gegründet: 1987
H: 6036 m, CR 72,7, SL 133, Par 72
D: 5345 m, CR 74,7, SL 135, Par 72

Saison: ganzjährig
Mindest-HCP WT/WE: 54
Anmeldung WT/WE: Ja
Mitgl.-begl. WT/WE: Nein
VcG WT/WE: Ja

18-Loch Greenfee WT/WE: EUR 60

(Greenfee-Preise können je nach DGV-Ausweiskennzeichnung abweichen)

2:1

Platzcharakteristik:

In die typisch nordfriesische Knicklandschaft eingebettet, heben gepflegte Fairways und Grüns, geschickt platzierte Bunker, naturbelassene Roughs, sowie sorgsam angelegte Biotope und Wasserhindernisse, diesen Golfplatz hervor. Storm Course nennen wir den 18-Loch-Meisterschaftsplatz, nach dem wohl berühmteste Sohn der Stadt: Theodor Storm (1817-1888). Vor den Toren Husum´s, nahe dem Nationalpark Wattenmeer und der Nordseeküste gelegen, bereichern Wind und Wetter das abwechslungsreiche und anspruchsvolle Spiel auf dem Storm Course.

Hunde sind (angeleint) auf Anfrage gestattet.
Bitte informieren Sie sich vorab im Sekretariat.

Pro-Shop » Large « | Level | Kurzpl.

GolfPost 4,6/5

DGV-NR. 2225

NORDSEE-GOLFCLUB ST. PETER-ORDING E.V.

Eiderweg 1
25826 St. Peter-Ording
Tel. 04863 3545
info@ngc-spo.de
www.ngc-spo.de

Nordsee Panorama Café

Löcheranzahl: 9
Gegründet: 1971
Höhe: 4 m
H: 5740 m, CR 70,9, SL 130, Par 72
D: 5032 m, CR 72,3, SL 130, Par 72

Saison: ganzjährig
Mindest-HCP WT/WE: 54
Anmeldung WT/WE: Ja
Mitgl.-begl. WT/WE: Nein
VcG WT/WE: Ja

18-Loch Greenfee WT/WE: EUR 55/65

(Greenfee-Preise können je nach DGV-Ausweiskennzeichnung abweichen)

Platzcharakteristik:

Der Nordsee-Golfclub St. Peter-Ording ist Deutschlands erster Westküsten-Golfplatz, ein Links-Course, wie Golfer ihn aus Irland und Schottland kennen. Der Platz zieht sich entlang der Nationalparkgrenze, teilweise durch Dünenlandschaft. Viele Abschläge liegen auf Dünenkuppen.

Pro-Shop » Basic « | Level | Kurzpl.

GolfPost 4,7/5

DGV-NR. 2312

GOLFCLUB IM OPEN COUNTY E.V.

Martendorf 23
25881 Tating
Tel. 04863 955060
info@opencounty.de
www.opencounty.de

Egan´s Pub
Irish Pub in Eigerstedt

Löcheranzahl: 9
Gegründet: 1999
H: 3634 m, Par 60
D: 3170 m, Par 60

Saison: März-Oktober
Mindest-HCP WT/WE: PR
Anmeldung WT/WE: Nein
Mitgl.-begl. WT/WE: Nein
VcG WT/WE: Ja

Tages-Greenfee WT/WE: EUR 25

(Greenfee-Preise können je nach DGV-Ausweiskennzeichnung abweichen)

Platzcharakteristik:

Der 9-Loch-Platz ist ideal für Anfänger, da er auch ohne Vorkenntnisse bespielbar ist, aber auch geübte Spieler kommen hier auf ihre Kosten. Besonders für Firmen und Gruppen bietet er sich als sehr gutes Ausflugsziel an.

SH/HA

Pro-Shop » Basic « | Level | Kurzpl.

GolfPost 4,5/5

DGV-NR. 2302

GOLF CLUB HOF BERG E.V.

GOLF & NATUR

Hof Berg 3
25917 Stadum
Tel. 04662 70577
info@gc-hofberg.de
www.gc-hofberg.de

Carmen Nickel
Tel. 04662 8858019

Löcheranzahl: 18
Gegründet: 1993
H: 5953 m, CR 71,6, SL 137, Par 73
D: 5127 m, CR 73,1, SL 133, Par 73

Saison: ganzjährig
Mindest-HCP WT/WE: 54
Anmeldung WT/WE: Ja
Mitgl.-begl. WT/WE: Nein
VcG WT/WE: Ja

18-Loch Greenfee WT/WE: EUR 60/65

(Greenfee-Preise können je nach DGV-Ausweiskennzeichnung abweichen)

2:1

Platzcharakteristik:

Der Golf Club Hof Berg liegt zwischen der Insel Sylt und der Fördestadt Flensburg. In alten Baumbestand eingebaut, führen die 18 Spielbahnen durch flaches Gelände und werden von natürlichen Gräben, Teichen und Biotopen durchzogen. Spieler aller Spielstärken finden hier ihre Herausforderung. Auf dem Weg zu den interessant modellierten Grüns zwingen 28 gut platzierte Bunker den Spieler zu Präzision.

Pro-Shop » Large « | Level | Kurzpl.

GolfPost 4,9/5

DGV-NR. 2221

GOLF CLUB FÖHR E.V.

Grevelingstieg 6
25938 Nieblum
Tel. 04681 580455
info@golfclubfoehr.de
www.golfclubfoehr.de

Fabienne Buron
Tel. 04681 50476

Löcheranzahl: 27
Gegründet: 1925
Höhe: 6 m
Blau-Rot
H: 6002 m, CR 72,8, SL 136, Par 72
D: 5187 m, CR 74,3, SL 132, Par 72
Rot-Gelb
H: 5984 m, CR 72,9, SL 132, Par 72
Blau-Gelb
H: 6020 m,CR 73,3, SL 136, Par 72

Saison: ganzjährig
Mindest-HCP WT/WE: 54/46
Anmeldung WT/WE: Nein
Mitgl.-begl. WT/WE: Nein
VcG WT/WE: Ja

18-Loch Greenfee WT/WE: EUR 69

(Greenfee-Preise können je nach DGV-Ausweiskennzeichnung abweichen)

Platzcharakteristik:

Seit 1925 wird auf der Nordseeinsel Föhr Golf gespielt. Die Vielfalt der Insel Föhr spiegelt sich in den 27 Löchern wieder: Natur pur auf Spielbahnen mit Wald, mit Wasser, mit Heide, mit Ginster, mit Strandhafer, mit Dünenformationen. Jedes Loch ist unverwechselbar. Die Bahnen sind so geschickt angelegt, dass man sich auch in der Hochsaison fast wie allein auf dem Platz wähnt. Alle drei ausgewogenen 9-Löcher-Runden (blaue, rote und gelbe Runde) starten und enden in Clubhausnähe und werden in wechselnder Kombination angeboten.

Ein gemütliches Clubhaus rundet den Gesamteindruck ab: Eine wunderbare Golfanlage mit friesisch-hanseatischem Touch.

Pro-Shop » Large «

Level

Kurzpl.

GolfPost 4,8/5

SH/HA

DGV-NR. 2239

MARINE-GOLF-CLUB SYLT E.G.

Flughafen 69
25980 Sylt OT Tinnum
Tel. 04651 927575
info@sylt-golf.de
www.sylt-golf.de

Marine Restaurant
Tel. 04651 967801

Löcheranzahl: 18
Gegründet: 1980
H: 6309 m, CR 74,3, SL 132, Par 73
D: 5486 m, CR 76,0, SL 131, Par 73

Saison: März-November
Mindest-HCP WT/WE: 54
Anmeldung WT/WE: Ja
Mitgl.-begl. WT/WE: Nein
VcG WT/WE: Ja

18-Loch Greenfee WT/WE: EUR 70/85

(Greenfee-Preise können je nach DGV-Ausweiskennzeichnung abweichen)

Platzcharakteristik:

Der neue 18-Loch Links Course des Marine Golf-Course wirkt mit seiner Dünen- und Heidelandschaft wie in die Sylter Natur hineingegossen. Das Design des Platzes stammt aus der Feder des schottischen Golfplatzarchitekten Kenneth J. Moody. 77 meist tiefe Bunker, schnelle, ondulierte Grüns und imposante Dünen prägen die 80 Hektar große Anlage, die die Sylter Golflandschaft um eine echte sportliche Herausforderung bereichert.

Pro-Shop » Basic «

Level

Kurzpl.

GolfPost 4,6/5

DGV-NR. 2332

GTC MORSUM AUF SYLT E.V.

Uasterhörn 37
25980 Sylt-Morsum
Tel. 04651 890387
info@golfclubmorsum.de
www.golf-morsum.de

Christoph Harnisch
Tel. 04651 890387

Löcheranzahl: 18
Gegründet: 1964
H: 6009 m, CR 71,5, SL 127, Par 72
D: 5138 m, CR 71,9, SL 131, Par 72

Saison: ganzjährig
Mindest-HCP WT/WE: 36/54
Anmeldung WT/WE: Ja
Mitgl.-begl. WT/WE: Nein
VcG WT/WE: Ja

18-Loch Greenfee WT/WE: EUR 95

(Greenfee-Preise können je nach DGV-Ausweiskennzeichnung abweichen)

Platzcharakteristik:

Der Golfclub Morsum auf Sylt liegt versteckt ganz im Osten der Insel. Abseits des Trubels anderer Plätze kann man hier ganz in Ruhe das Spiel und die schöne Morsumer Landschaft genießen. Der Platz ist sehr schön in die vorhandene Natur integriert und ermöglicht herrliche Blicke auf das angrenzende Wattenmeer. Es ist keine Seltenheit, dass Fasane oder Rehe die Spielbahnen kreuzen. Durch den Wind und die vielen Wasserhindernisse stellt der Platz auch für tiefe Handicaps eine Herausforderung dar. Gäste werden um Anmeldung gebeten. Mitglieder benötigen keine Startzeiten und haben im Spielbetrieb Vorrang.

Pro-Shop » Basic «

Level

Kurzpl.

GolfPost 4,6/5

DGV-NR. 2240

GOLF-CLUB SYLT E.V.

GMVD

GOLF & NATUR

Norderweg 5
25996 Wenningstedt
Tel. 04651 9959810
info@gcsylt.de
www.gcsylt.de

Steffen's Restaurant
Tel. 04651 9959841
info@restaurant-steffens.de
www.restaurant-steffens.de
Ruhetag: montags (Nebensaison)

Löcheranzahl: 27
Gegründet: 1984
18-Loch Meisterschaftsplatz
H: 5733 m, CR 70,7, SL 126, Par 72
D: 4949 m, CR 72,4, SL 126, Par 72
9-Loch-Kurzplatz:
H: 1731 m

Saison: ganzjährig
Mindest-HCP WT/WE: 54
Anmeldung WT/WE: Ja
Mitgl.-begl. WT/WE: Nein
VcG WT/WE: Ja

18-Loch Greenfee Hauptsaison WT/WE: EUR 90

(Greenfee-Preise können je nach DGV-Ausweiskennzeichnung abweichen)

Platzcharakteristik:

In der landschaftlichen Schönheit Sylts bietet sich dem Golfer eine 18-Loch Anlage, die sich an internationalem Standard messen lassen kann. Die vorgeschichtlichen Grabhügel und ca. 30.000 qm Wasserfläche prägen diesen Platz in ganz besonderer Weise. Von den Spielbahnen 3 und 4 bietet sich zum Beispiel ein großartiger Blick über die Braderuper Heide auf das Wattenmeer bis zum Morsumer Kliff.

Außerdem verfügt der Club über einen 9-Loch-Kurzplatz, der nicht nur Anfängern einen Einstieg in den Golfsport bietet, sondern der auch von erfahrenen Golfern geschätzt wird.

Pro-Shop » Large «

Level

Kurzpl.

GolfPost 4,6/5

DGV-NR. 2330

GOLFCLUB BUDERSAND SYLT

Fernsicht 1
25997 Hörnum / Sylt
Tel. 04651 4492710
golf@gc-budersand.de
www.gc-budersand.de

Restaurant Strönholt
Tel. Tel. 04651 4492727
info@stroenholt.de
www.stroenholt.de
Ruhetag: dienstags

Löcheranzahl: 18
Gegründet: 2005
Höhe: 6 m
H: 5915 m, CR 73,5, SL 139, Par 72
D: 5292 m, CR 76,1, SL 140, Par 72

Saison: ganzjährig
Mindest-HCP WT/WE: 54
Anmeldung WT/WE: Ja
Mitgl.-begl. WT/WE: Nein
VcG WT/WE: Ja

18-Loch Greenfee WT/WE: EUR 110

(Greenfee-Preise können je nach DGV-Ausweiskennzeichnung abweichen)

Platzcharakteristik:

Der GC Budersand Sylt als typischer 18-Loch Links Course ist geprägt von der kargen Sylter Dünenlandschaft und den üppigen Heideflächen, welche sich mit wogendem Strandhafer abwechseln. Das Golfen zwischen den Meeren wird hier einzigartig erlebbar: Genießen Sie den Blick auf die weite, raue Nordsee und das sich ständig verändernde Wattenmeer - ein Naturerlebnis der ganz besonderen Art. Unberechenbare Seewinde sowie das häufig und schnell wechselnde Wetter stellen selbst für den passionierten Golfer eine echte Herausforderung dar. Das hoch oben über dem Golfplatz angelegte Puttinggreen vermittelt Ruhe und gibt dem Golfer einen ersten Eindruck auf die zu erwartenden Spielbahnen.

SH/HA

Pro-Shop » Large «

Level

Kurzpl.

GolfPost 4,7/5

NIEDERSACHSEN / BREMEN

DGV -Nr.	CLUB-Name	Seite
3302	Golf-Club Harz e.V.	120
3303	Golf-Club Bad Pyrmont e.V.	114
3304	Golf-Club Bad Salzdetfurth-Hildesheim	109
3305	Golf-Club an der Göhrde e.V.	104
3306	Golf-Klub Braunschweig e.V.	117
3307	Club zur Vahr e.V.	99
3308	Golf-Club Oberneuland e.V.	100
3310	Burgdorfer Golfclub e.V.	110
3311	Hamelner Golfclub e.V. Schloss Schwöbber	114
3312	Golfclub Euregio Bad Bentheim e.V.	121
3313	Golfclub Herzogstadt Celle e.V.	103
3314	Küsten-Golfclub „Hohe Klint" Cuxhaven	97
3315	Golfclub Gifhorn e.V.	119
3316	Golf Club Hardenberg e.V.	116
3317	Golf-Club Hannover e.V.	106
3318	Golfclub Isernhagen e.V.	108
3319	Golfclub Emstal e.V.	125
3321	Golfanlage Schloss Lüdersburg	86
3322	Golf-Club Norderney e.V.	92
3323	Golfclub Schaumburg e.V.	112
3324	Oldenburgischer Golfclub e.V.	88
3325	Osnabrücker Golf Club e.V.	121
3326	GC Gutshof e.V. Papenburg-Aschendorf	93
3327	Golfclub Weserbergland e.V.	117
3328	Golf-Club Sieben-Berge e.V.	109
3329	Golf-Club Wümme e.V.	95

DGV -Nr.	CLUB-Name	Seite
3330	Golf Club Salzgitter / Liebenburg e.V.	118
3332	Golf- und Land-Club St. Lorenz e.V.	119
3333	Golf Club Tietlingen e.V.	106
3334	Golfclub Ostfriesland e.V.	93
3335	Golf Club Wildeshauser Geest e.V.	98
3336	Golfclub Vechta-Welpe e.V.	122
3337	Golfclub Wilhelmshaven-Friesland e.V.	90
3338	Golfclub Worpswede e.V.	98
3339	Golf-Club Munster e.V.	105
3341	Golfclub Syke e.V.	102
3342	Golf-Club Bad Bevensen e.V.	104
3343	Golfclub Königshof Sittensen e.V.	94
3344	Golfpark Hainhaus GmbH	107
3345	Golf Club Verden e.V.	94
3347	Golfclub Rehburg-Loccum	112
3348	Golf Club Thülsfelder Talsperre e.V.	124
3349	Artland Golfclub e.V.	124
3350	Golfclub Peine-Edemissen e.V.	110
3351	Golf-Club Burgwedel e.V.	108
3353	Achimer Golfclub e.V.	101
3354	Golfclub Rittergut Rothenberger Haus	115
3355	Golfclub Rittergut Hedwigsburg e.V.	118
3356	Golf-Club Bremer Schweiz e.V.	101
3357	Golf Club Deinster Geest GmbH & Co.KG	87
3361	Golfclub Gut Hainmühlen e.V.	96
3362	Golfclub Hatten e.V.	89

DGV -Nr.	CLUB-Name	Seite
3364	Golfclub Wolfsburg Boldecker Land e.V.	120
3367	Golfclub Varus e.V.	122
3368	Golfclub Gut Düneburg e.V.	125
3369	Golf in Hude e.V.	99
3370	Golfclub Gut Brettberg Lohne e.V.	123
3371	Golf Park Steinhuder Meer e.V.	111
3372	Golfclub am Deister e.V.	113
3373	Green Eagle Golf Courses	87
3374	Golfclub Oldenburger Land e.V.	90
3375	Golf und Country Club Leinetal Einbeck	116
3376	Golfclub Gleidingen e.V.	107
3380	Golfclub am Meer e.V.	88
3382	Golfclub Insel Langeoog e.V.	91

DGV -Nr.	CLUB-Name	Seite
3383	Golf Resort Adendorf	86
3385	Golfclub am Harrl e.V.	113
3386	Golfclub Lilienthal e.V.	102
3390	GC Bremerhaven Geestemünde	96
3396	Bergen-Hohne Golfclub e.V	103
3398	Golfanlage Schloss Lütetsburg	92
3399	Golfpark Wagenfeld	123
3400	Golfclub Insel Wangerooge e.V.	91
3401	Bremer Golfclub „Lesmona" e.V.	100
3402	Sport- und Golfresort Gut Wissmannshof	115
3405	Rethmar Golf	111
3408	Golfpark Soltau	105

(Die rot hinterlegten Clubs nehmen an der Köllen Golf Gutschein-Aktion teil)

DGV-NR. 3383

GOLF RESORT ADENDORF

Moorchaussee 3
21365 Adendorf
Tel. 04131 22332660
golf@castanea-resort.de
www.castanea-resort.de

Castanea Resort Hotel
Tel. 04131 22330

Löcheranzahl: 18
Gegründet: 2001
Höhe: 30 m
Mastercourse
H: 5891 m, CR 71,5, SL 133, Par 72
D: 5037 m, CR 72,3, SL 133, Par 72

Saison: April-Oktober
Mindest-HCP WT/WE: 54
Anmeldung WT/WE: Ja
Mitgl.-begl. WT/WE: Nein
VcG WT/WE: Ja

18-Loch Greenfee WT/WE: EUR 60/70

(Greenfee-Preise können je nach DGV-Ausweiskennzeichnung abweichen)

Platzcharakteristik:

Der 18 Loch Mastercourse sowie der öffentliche 9 Loch Kurzplatz sind ganzjährig bespielbar und verfügen über trockene Fairways, gepflegte Grüns und anspruchsvolle Hindernisse. Trainingsmöglichkeiten bestehen auf der überdachten Driving Range.

Pro-Shop » Basic « | Level | Kurzpl.

GolfPost 4,6/5

DGV-NR. 3321

GOLFANLAGE SCHLOSS LÜDERSBURG

Lüdersburger Straße 21
21379 Lüdersburg
Tel. 04139 6970-0
info@schloss-luedersburg.de
www.schloss-luedersburg.de

Clubhaus
Tel. 04139 6970-785
Küche regional, international

Löcheranzahl: 36
Gegründet: 1985
Old Course
H: 5912 m, CR 71,6, SL 130, Par 73
D: 5229 m, CR 73,7, SL 127, Par 73
Lakes Course
H: 6067 m, CR 71,7, SL 129, Par 72
D: 5305 m, CR 73,1, SL 125, Par 72

Saison: ganzjährig
Mindest-HCP WT/WE: 54/36
Anmeldung WT/WE: Ja
Mitgl.-begl. WT/WE: Nein
VcG WT/WE: Ja

18-Loch Greenfee WT/WE: EUR 65

(Greenfee-Preise können je nach DGV-Ausweiskennzeichnung abweichen)

Platzcharakteristik:

Nur ca. 12 Kilometer nordöstlich von Lüneburg fügt sich die parkähnliche Anlage in verhältnismäßig flaches Gelände ein. Der Parcours und das alte Herrenhaus wird auf der einen Seite von der Elb-Marsch mit ihren Weiden und Flutgräben, auf der anderen Seite von der waldigen Geest eingefasst. Die Anlage wird durch viele Wasserhindernisse, schwer anzuspielende Grüns und sich verengende Spielbahnen geprägt.

Anlagen Old Course (18 Loch) & Lakes Course (18 Loch) & 4 - Loch Kurzplatz

Pro-Shop » Basic « | Level | Kurzpl.

GolfPost 4,0/5

DGV-NR. 3373

GREEN EAGLE GOLF COURSES

Radbrucher Str. 200
21423 Winsen
Tel. 04171 782241
info@greeneagle.de
www.greeneagle.de

Clubrestaurant
Tel. 04171 679939
restaurant@greeneagle.de
Küche regional

Löcheranzahl: 36 + 6 Loch Par 3 Course
Gegründet: 1997
Höhe: 5 m
Süd Course
H: 6033 m, CR 73,3, SL 135, Par 72
D: 5183 m, CR 74,4, SL 130, Par 72
Porsche Nord Course
H: 6633 m, CR 76,0, SL 137, Par 73
D: 5384 m, CR 74,8, SL 135, Par 73

Saison: ganzjährig
Mindest-HCP WT/WE: PR
Anmeldung WT/WE: Ja
Mitgl.-begl. WT/WE: Nein
VcG WT/WE: Ja

18-Loch Greenfee (Porsche Nord) WT/WE: EUR 118/138

(Greenfee-Preise können je nach DGV-Ausweiskennzeichnung abweichen)

Platzcharakteristik:

Green Eagle Golf Courses bietet seinen Mitgliedern & Gästen ein erschwingliches, für jedermann zugängliches Golfangebot für alle Spielstärken. Die 3 Plätze ermöglichen dies in jeder Hinsicht: der öffentliche 6-Loch Par 3 Course, der 18-Loch Süd Course für alle Spielstärken und der 18-Loch Porsche Nord Course, als Austragungsort der Porsche European Open. Mit der größten Driving-Range Norddeutschlands, den vielfältigen Übungsbereich und dem Titleist Fitting Center sind den Trainingsmöglichkeiten keine Grenzen gesetzt. Aber nicht allein durch das einzigartige Design und der außergewöhnlich hohen Pflegequalität der drei Plätze, macht Green Eagle Golf Courses von sich reden. Auch in Sachen Clubhaus-Atmosphäre und Ambiente werden neue Maßstäbe gesetzt.

18-Loch Greenfee Süd Course Mo-Do/Fr-Sa/So: EUR 78/88/98.

Pro-Shop » Large « | Level | Kurzpl.

GolfPost 4,9/5

NS/BRE

DGV-NR. 3357

GOLF CLUB DEINSTER GEEST

Im Mühlenfeld 30
21717 Deinste
Tel. 04149 925112
golfclub@deinste.golf
www.deinste.golf

Das Eysten
Tel. 04149 925118
Ruhetag: montags
Küche regional, international

Löcheranzahl: 18
Gegründet: 1994
Höhe: 15 m
H: 5948 m, CR 71,8, SL 129, Par 72
D: 5304 m, CR 74,2, SL 129, Par 72

Saison: ganzjährig
Mindest-HCP WT/WE: k.A.
Anmeldung WT/WE: Ja
Mitgl.-begl. WT/WE: Nein
VcG WT/WE: Ja

18-Loch Greenfee WT/WE: EUR 55/65

(Greenfee-Preise können je nach DGV-Ausweiskennzeichnung abweichen)

Platzcharakteristik:

Die Golfanlage des Golf Park Deinster Mühle liegt in einer weiträumigen Landschaft der Stader Geest und verläuft rund um eine 800 Jahre alte Mühle, die der Anlage auch den Namen gegeben hat. In typischer Geestlandschaft weist die Anlage mit Waldungen, Knicks, Wasserläufen sowie Teichen und Seen einen gereiften Charakter auf und bietet für Golfeinsteiger als auch für Könner eine Herausforderung.

Pro-Shop » Basic « | Level | Kurzpl.

GolfPost 4,1/5

DGV-NR. 3380

GOLFCLUB AM MEER E.V.

Ebereschenstrasse 10
26160 Bad Zwischenahn
Tel. 04403 623050
sekretariat@golfclub-am-meer.de
www.golfclub-am-meer.de

eks Catering
Tel. 04403 62440-0

Löcheranzahl: 18
Gegründet: 1989
Höhe: 10 m
H: 6044 m, CR 72,5, SL 129, Par 72
D: 4998 m, CR 72,9, SL 124, Par 72

Saison: ganzjährig
Mindest-HCP WT/WE: PR
Anmeldung WT/WE: Ja
Mitgl.-begl. WT/WE: Nein
VcG WT/WE: Ja

18-Loch Greenfee WT/WE: EUR 59/69

(Greenfee-Preise können je nach DGV-Ausweiskennzeichnung abweichen)

Platzcharakteristik:

Eingebettet in die grüne Parklandschaft des Ammerlandes, nur wenige hundert Meter vom Zwischenahner Meer entfernt, finden Sie die 18-Loch Golfanlage. Großzügige Teichbiotope und viele helle Bunker sind die belebenden Tupfer in dem von Naturschutzzonen umrahmten, abwechslungsreich modellierten Gelände. Zusammen mit einer vielfältigen Vogel- und Pflanzenwelt bietet sich eine großartige Kulisse für eine entspannte Golfrunde.

Pro-Shop » Large « | Level | Kurzpl.

GolfPost 4,4/5

DGV-NR. 3324

OLDENBURGISCHER GOLFCLUB E.V.

Wemkenstraße 13
26180 Rastede
Tel. 04402 7240
info@oldenburgischer-golfclub.de
www.oldenburgischer-golfclub.de

Gastronomie im Golfclub
Tel. 0179 5599109
gastronomie@golfclub-ol.de
www.oldenburgischer-golfclub.de
Ruhetag: montags

Löcheranzahl: 18
Gegründet: 1964
Höhe: 8 m
H: 6050 m, CR 72,8, SL 140, Par 72
D: 5277 m, CR 73,8, SL 135, Par 72

Saison: ganzjährig
Mindest-HCP WT/WE: 36
Anmeldung WT/WE: Nein
Mitgl.-begl. WT/WE: Nein
VcG WT/WE: Ja

18-Loch Greenfee WT/WE: EUR 50/60

(Greenfee-Preise können je nach DGV-Ausweiskennzeichnung abweichen)

Platzcharakteristik:

Die Parklandschaft des Ammerlandes im Norden von Oldenburg prägt die Spielbahnen der Anlage. Die gelungene Kombination aus alten, teilweise von Rhododendren umrahmten Waldbahnen mit freien Fairways, bei denen strategische Wasserhindernisse und gut platzierte Bunker das Spiel bestimmen, wurde in den letzten Jahren zu einer Herausforderung für jeden Golfer. Ein modernes Clubhaus mit ausgezeichneter Gastronomie komplettiert die attraktive Anlage.

Pro-Shop » Large « | Level | Kurzpl.

GolfPost 4,8/5

DGV-NR. 3362

GOLFCLUB HATTEN E.V.

Hatter Landstraße 34
26209 Tweelbäke-Ost
Tel. 04481 8855
info@golfclub-hatten.de
www.golfclub-hatten.de

Zum Golfblick
Tel. 04481 8855
info@zumgolfblick.de
www.zumgolfblick.de
Ruhetag: montags, Küche regional

Löcheranzahl: 9
Gegründet: 1991
Höhe: 8 m
H: 5646 m, CR 70,3, SL 129, Par 72
D: 5026 m, CR 72,5, SL 132, Par 72

Saison: ganzjährig
Mindest-HCP WT/WE: PR
Anmeldung WT/WE: Nein
Mitgl.-begl. WT/WE: Nein
VcG WT/WE: Ja

18-Loch Greenfee WT/WE: EUR 35/45

(Greenfee-Preise können je nach DGV-Ausweiskennzeichnung abweichen)

2:1

Platzcharakteristik:

Eine typische Geestlandschaft am Rande des Landschaftsschutzgebietes "Wildeshauser Geest" ist die Heimat dieser anspruchsvollen Anlage. Ein überlegtes Spiel ist aufgrund des Baumbestandes, gut platzierter Bunker und auch aufgrund der tückischen Roughs und des meist kräftigen Windes erforderlich. Hervorzuheben ist die Bahn 9, ein langes Par 4, dessen Grün durch mächtige, alte Eichen und vier seitliche, teilweise sehr tiefe Bunker geschützt wird.

Pro-Shop » Basic «
Level
Kurzpl.

GolfPost 3,6/5

NS/BRE

DGV-NR. 3374

GOLFCLUB OLDENBURGER LAND E.V.

Hatter Str. 14
26209 Hatten-Dingstede
Tel. 04482 8280
info@gcol.de
www.gcol.de
Café Restaurant Heuerhaus
Tel. 04482 9809126
heuerhaus@t-online.de

Löcheranzahl: 18
Gegründet: 1996
H: 5773 m, CR 71,2, SL 130, Par 72
D: 5169 m, CR 73,5, SL 130, Par 72

Saison: ganzjährig
Mindest-HCP WT/WE: 54
Anmeldung WT/WE: Ja
Mitgl.-begl. WT/WE: Nein
VcG WT/WE: Ja

18-Loch Greenfee WT/WE: EUR 65/75

(Greenfee-Preise können je nach DGV-Ausweiskennzeichnung abweichen)

2:1

Platzcharakteristik:

Der 1996 gegründete Golfplatz Oldenburger Land e.V. befindet sich im Herzen des Oldenburger Landes.

Unsere Gäste erwartet eine wunderschöne 18-Loch-Golfanlage. Das gesamte Golfgelände ist umsäumt von Waldrändern, durchzogen von Wallhecken, Feldgehölzen und einem Bachlauf. Drei große Teiche, die auch zur Bewässerung dienen, geben der Anlage zusätzlich einen reizvollen und landschaftlich ansprechenden Charakter. Das Übungsgelände hat eine Größe von 250 x 150m und verfügt über ein Übungsgrün, Übungsbunker, Chipping- und Pitching-Grün. Die Anlage ist ganzjährig geöffnet!

Pro-Shop » Basic «
Level
Kurzpl.

GolfPost 4,8/5

NS/BRE

DGV-NR. 3337

GOLFCLUB WILHELMSHAVEN-FRIESLAND E.V.

Mennhausen 5
26419 Schortens
Tel. 04423 985918
info@golfclub-wilhelmshaven.de
www.golfclub-wilhelmshaven.de
Golfclub Gastronomie
Fam. Edgar Lübben & Team
Tel. 04423 9851144

Löcheranzahl: 18
Gegründet: 1979
H: 6098 m, CR 73,5, SL 131, Par 72
D: 5043 m, CR 73,8, SL 127, Par 72

Saison: ganzjährig
Mindest-HCP WT/WE: 54
Anmeldung WT/WE: Nein/Ja
Mitgl.-begl. WT/WE: Nein
VcG WT/WE: Ja

18-Loch Greenfee WT/WE: EUR 50/60

(Greenfee-Preise können je nach DGV-Ausweiskennzeichnung abweichen)

Platzcharakteristik:

Die 70 ha Anlage ist harmonisch in die typisch friesische Landschaft integriert und zeichnet sich durch ebenes, interessant modelliertes und von Schilfgräben, Teichen und Kopfweiden durchzogenes Grünland aus. Große und gut verteidigte Grüns sowie zahlreiche Bunker und Wasser-hindernisse erfordern präzise Schläge, um einen guten Score erzielen zu können.

Pro-Shop » Basic «
Level
Kurzpl.

GolfPost 5,0/5

DGV-NR. 3382

GOLFCLUB INSEL LANGEOOG E.V.

Flughafenstraße 2
26465 Langeoog
Tel. 04972 990246
info@golfclub-insel-langeoog.de
www.golfclub-insel-langeoog.de

La Perla
Tel. 04972 9902903

Löcheranzahl: 9
Gegründet: 1996
9-Loch An't Diek Platz
H: 5060 m, CR 69,6, SL 126, Par 70
D: 4260 m, CR 70,9, SL 125, Par 70

Saison: ganzjährig
Mindest-HCP WT/WE: 54
Anmeldung WT/WE: Nein
Mitgl.-begl. WT/WE: Nein
VcG WT/WE: Ja

18-Loch Greenfee WT/WE: EUR 50

(Greenfee-Preise können je nach DGV-Ausweiskennzeichnung abweichen)

Platzcharakteristik:

Einmalige Lage im Nationalpark Wattenmeer, 50 m hinter dem Deich gelegen, mit Blick auf unsere Dünen, weitläufigen Wiesenflächen und den Wald.

Pro-Shop » Basic « | Level | Kurzpl.

GolfPost 4,5/5

NS/BRE

DGV-NR. 3400

GOLFCLUB INSEL WANGEROOGE E.V.

Jadehörn 17
26486 Wangerooge
Tel. 01723614858
post@golf-wangerooge.de
www.golf-wangerooge.de

Löcheranzahl: 9
Gegründet: 2007
Höhe: 3 m
9-Loch-Kurzplatz
H: 1785 m, Par 31

Saison: Mai - Oktober
Mindest-HCP WT/WE: PR
Anmeldung WT/WE: Nein
Mitgl.-begl. WT/WE: Nein
VcG WT/WE: Ja

Tages-Greenfee WT/WE: EUR 30

(Greenfee-Preise können je nach DGV-Ausweiskennzeichnung abweichen)

Platzcharakteristik:

Spielen Sie Golf auf einem Flugplatzgelände verbunden mit ganz speziellen und außergewöhnlichen Eindrücken.

Gäste sind herzlich willkommen.

Für die Ausübung des Golfsports auf Wangerooge steht Ihnen eine Driving Range und ein 9-Loch-Platz (5* Par 3, 4* Par 4) rund um die Graslandebahn des Flugplatzes zur Verfügung.

Pro-Shop | Level | Kurzpl.

GolfPost 5,0/5

DGV-NR. 3398

GOLFANLAGE SCHLOSS LÜTETSBURG

Landstr. 36
26524 Lütetsburg
Tel. 04931 9300431
info@golfclub-luetetsburg.de
www.golfclub-luetetsburg.de

Schatthuus Lütetsburg
Tel. 04931 9567696

Löcheranzahl: 18
Gegründet: 2009
H: 4250 m, CR 63,5, SL 111, Par 64
D: 3834 m, CR 65,7, SL 110, Par 65

Saison: ganzjährig
Mindest-HCP WT/WE: PR
Anmeldung WT/WE: Nein
Mitgl.-begl. WT/WE: Nein
VcG WT/WE: Ja

18-Loch Greenfee WT/WE: EUR 45/55

(Greenfee-Preise können je nach DGV-Ausweiskennzeichnung abweichen)

2:1

Platzcharakteristik:

Großzügige Teichanlagen, gepflegte Greens und Fairways, dazwischen eine vielfältige Tierwelt. Der Golfclub Schloss Lütetsburg ist ein Ort der Gegensätze mit Links Course Charakter: Inmitten der faszinierenden Naturkulisse mit charismatischem Nordseewind und hohem Salzanteil in der Luft ist Golfen mehr als ein Sport: Herausforderung, Erholung und Geselligkeit zugleich.

Gastspieler sind bei uns herzlich willkommen: Unser Schatthausplatz ist öffentlich, also ohne DGV-Mitgliedschaft bespielbar (Platzreife notwendig).

Pro-Shop » Basic « | Level | Kurzpl.

GolfPost 4,8/5

DGV-NR. 3322

GOLF-CLUB NORDERNEY E.V.

Am Golfplatz 2
26548 Norderney
Tel. 04932 927156
info@gc-norderney.de
www.gc-norderney.de

Clubhaus
Modernes Ambiente mit Blick auf das Putting Green und den Leuchtturm

Löcheranzahl: 9
Gegründet: 1927
H: 5600 m, CR 70,7, SL 118, Par 72
D: 5006 m, CR 72,8, SL 118, Par 72

Saison: ganzjährig
Mindest-HCP WT/WE: 54
Anmeldung WT/WE: Nein
Mitgl.-begl. WT/WE: Nein
VcG WT/WE: Ja

Tages-Greenfee WT/WE: EUR 50

(Greenfee-Preise können je nach DGV-Ausweiskennzeichnung abweichen)

Platzcharakteristik:

Der Dünengolfplatz erinnert stark an typische Links-Courses im Ursprungsland des Golfsports. Auf den oft hochgelegenen Abschlägen bieten sich dem Spieler Ausblicke auf das nahe Wattenmeer, urwüchsige Dünenlandschaften und das golferische Ziel - nur zu oft schmale Fairways und tückische Roughs. Hervorzuheben ist der über die Dünenketten zumeist aus wechselnden Richtungen wehende Wind.

Pro-Shop » Basic « | Level | Kurzpl.

GolfPost 4,5/5

DGV-NR. 3334

GOLFCLUB OSTFRIESLAND E.V.

Am Golfplatz 4
26639 Wiesmoor-Hinrichsfehn
Tel. 04944 6440
golf@golfclubostfriesland.de
www.golfclub-ostfriesland.de

Clubhaus im Hotel-Restaurant Blauer Fasan
Tel. 04944 92700
rezeption@blauer-fasan.de
www.blauer-fasan.de

Löcheranzahl: 27
Gegründet: 1980
Höhe: 10 m
Platz A+B (18-Loch)
H: 6177 m, CR 73,3, SL 131, Par 73
D: 5133 m, CR 73,6, SL 128, Par 73
Platz C (9-Loch)
H: 3086 m, Par 36
D: 2559 m, Par 36

Saison: ganzjährig
Mindest-HCP WT/WE: PR
Anmeldung WT/WE: Ja
Mitgl.-begl. WT/WE: Nein
VcG WT/WE: Ja

18-Loch Greenfee WT/WE: EUR 55/65

(Greenfee-Preise können je nach DGV-Ausweiskennzeichnung abweichen)

Platzcharakteristik:

Der 27-Loch-Golfplatz ist ein Parkland-Course inmitten einer wunderschönen Natur. Der Platz ist flach, aber durch zahlreiche Solitärbäume und Wasserhindernisse nicht einfach zu spielen. Feuchtbiotope, Gräben und Teiche sowie ein stetiger Wind von der Küste unterstreichen die Herausforderungen dieser Anlage. In den Monaten Mai und Juni, wenn die meisten Blüten aufgegangen sind, präsentiert sich dem Gast ein farbenfrohes Bild, denn großzügige Rhododendron-Pflanzungen bestimmen den Gesamteindruck der ursprünglichen 18-Loch-Anlage, die von Frank Pennink Anfang der 80er Jahre konzipiert und dann 2006 von Christoph Städler auf 27 Loch erweitert wurde.

Pro-Shop » Basic « | Level | Kurzpl.

GolfPost 4,2/5

DGV-NR. 3326

GOLF-CLUB GUTSHOF E.V. PAPENBURG-ASCHENDORF

Gutshofstraße 141
26871 Papenburg
Tel. 04961 998011
gc@papenburg-gutshof.de
www.golfclub-gutshof.de

Marcus Reschke
Tel. 04961 9980-13
info@gutshof-papenburg.de
www.gutshof-papenburg.de

Löcheranzahl: 18
Gegründet: 1986
Höhe: 10 m
H: 5965 m, CR 71,7, SL 132, Par 72
D: 5188 m, CR 73,2, SL 135, Par 72

Saison: ganzjährig
Mindest-HCP WT/WE: 54
Anmeldung WT/WE: Ja
Mitgl.-begl. WT/WE: Nein
VcG WT/WE: Ja

18-Loch Greenfee WT/WE: EUR 45/59

(Greenfee-Preise können je nach DGV-Ausweiskennzeichnung abweichen)

Platzcharakteristik:

Der Golfsport in Papenburg ist auf dem fast 80 Hektar großen Gelände eines alten Gutshofs zu Hause. Das im Jugendstil erbaute Gutshofgebäude mit den Nebenräumen wurde von Grund auf saniert und dient heute als Gastronomie, Sekretariat, Pro Shop und Umkleide- bzw. Sanitärbereich.

Der im Jahr 2011 durch David Krause umgebaute Platz ist geprägt durch seinen schönen Baumbestand sowie durch Wasserhinderhindernisse jeglicher Form. Moortümpel, Teiche, Längs- und Quergräben erfordern ein präzises Spiel und drücken dem Platz seinen grünen Stempel auf. Mitglieder und Gäste schätzen die kurzen Wege, die die Bahnen miteinander verbinden.

Pro-Shop » Large « | Level | Kurzpl.

GolfPost 4,5/5

DGV-NR. 3345

GOLF CLUB VERDEN E.V.

Holtumer Straße 24
27283 Verden-Walle
Tel. 04230 1470
golf@gc-verden.de
www.gc-verden.de
Golf Club Verden
Tel. 04230 95100

Löcheranzahl: 27
Gegründet: 1988
Platz A+B (18-Loch)
H: 5886 m, CR 72,1, SL 131, Par 72
D: 5210 m, CR 73,9, SL 125, Par 72
Platz C (9-Loch)
H: 3051 m, Par 37
D: 2636 m, Par 37

Saison: ganzjährig
Mindest-HCP WT/WE: 54
Anmeldung WT/WE: Nein
Mitgl.-begl. WT/WE: Nein
VcG WT/WE: Ja

Tages-Greenfee WT/WE: EUR 55/65

(Greenfee-Preise können je nach DGV-Ausweiskennzeichnung abweichen)

Platzcharakteristik:

Der 1988 gegründete Golf-Club präsentiert seine eindrucksvolle 27-Loch-Anlage auf einer Fläche von rund 140 ha. Die naturbelassene Golfanlage gehört zu den schönsten in Norddeutschland und wird von der Lage am Rande der Lüneburger Heide bestimmt. Jeder Golfer ist begeistert von dem hervorragend in die leicht wellige Geest- und Waldlandschaft eingebetteten 27-Loch-Platz, der mit geschickt eingebauten Wasserhindernissen und waldgesäumt überaus interessant gestaltet ist. Das Angebot wird erweitert durch eine 5-Loch-Anlage (Par 3). Auch für eine nicht golfende Begleitung ist die Dom- und Reiterstadt Verden einen Besuch wert. Die Verdener Golfanlage liegt verkehrsgünstig unweit des ABK Bremen.

Pro-Shop » Basic « | Level | Kurzpl.

GolfPost 4,5/5

DGV-NR. 3343

GOLFCLUB KÖNIGSHOF SITTENSEN E.V.

Alpershausener Weg 60
27419 Sittensen
Tel. 04282 3266
info@golfclub-sittensen.de
www.golfclub-sittensen.de
"Königs"
Tel. 04282 5944888
info@koenigs-restaurant.de
www.koenigs-restaurant.de

Löcheranzahl: 18
Gegründet: 1990
Höhe: 30 m
H: 5976 m, CR 71,9, SL 127, Par 72
D: 5269 m, CR 73,6, SL 129, Par 72

Saison: ganzjährig
Mindest-HCP WT/WE: 54
Anmeldung WT/WE: Ja
Mitgl.-begl. WT/WE: Nein
VcG WT/WE: Ja

18-Loch Greenfee WT/WE: EUR 50/60

(Greenfee-Preise können je nach DGV-Ausweiskennzeichnung abweichen)

2:1

Platzcharakteristik:

Direkt an der Autobahn A1 gelegen, jeweils 50 km von Hamburg und Bremen entfernt, finden Golfer ein 60 ha umfassendes Gelände in typischer Geestlandschaft. Auf dem spielerisch anspruchsvollen Platz mit 18 Löchern bieten zahlreiche Hügel, Mulden, Biotope und Wasserhindernisse einige Überraschungen. Detaillierte Informationen zum Club, Platz sowie Greenfee und attraktiven Aktionen finden Sie auf www.golfclub-sittensen.de. Wir freuen uns auf Ihren Besuch!

Pro-Shop » Large « | Level | Kurzpl.

GolfPost 4,0/5

DGV-NR. 3329

GOLF-CLUB WÜMME E.V.

Hof Emmen/Westerholz
27383 Scheeßel
Tel. 04263 9301-0
info@golfclub-wuemme.de
www.golfclub-wuemme.de

Club Restaurant
Tel. 04263 9301-30
restaurant@golfclub-wuemme.de
Ruhetag: montags
Küche regional

Löcheranzahl: 27
Gegründet: 1984
Höhe: 20 m
Platz A+B (18 Loch)
H: 3015 m, CR 72,5, SL 132, Par 72
D: 5112 m, CR 73,2, SL 127, Par 72
Platz C (9 Loch)
H: 3004 m, Par 37
D: 2591 m, Par 37

Saison: März-November
Mindest-HCP WT/WE: 54/36
Anmeldung WT/WE: Nein
Mitgl.-begl. WT/WE: Nein
VcG WT/WE: Ja

18-Loch Greenfee WT/WE: EUR 40/55

(Greenfee-Preise können je nach DGV-Ausweiskennzeichnung abweichen)

2:1

Platzcharakteristik:

Der großzügig angelegte Platz ist harmonisch in die norddeutsche Landschaft eingebettet und grenzt an ein Moorgebiet. Die Anlage ist an fünf Bahnen etwas hügelig, ansonsten überwiegend flach. Einige sehr enge Spielbahnen sowie zahlreiche Wasserhindernisse machen den Platz interessant und erfordern gute Drives und präzise Schläge. Insgesamt ist die Anlage als mittelschwer einzuschätzen.

Pro-Shop » Basic «

Level

Kurzpl.

GolfPost 5,0/5

NS/BRE

DGV-NR. 3390

GOLFCLUB BREMERHAVEN GEESTEMÜNDE

Georg-Büchner-Str. 19
27574 Bremerhaven
Tel. 0471 926897913
Info@golfclub-bremerhaven.de
www.golfclub-bremerhaven.de

Schmidts Hemingway
Tel. 0471 96904944
info@schmidts-hemingway.de

Löcheranzahl: 11
Gegründet: 2002
H: 4396 m, CR 64,9, SL 114, Par 66
D: 3694 m, CR 65,5, SL 110, Par 66

Saison: ganzjährig
Mindest-HCP WT/WE: PR
Anmeldung WT/WE: Ja
Mitgl.-begl. WT/WE: Nein
VcG WT/WE: Ja

18-Loch Greenfee WT/WE: EUR 45/55

(Greenfee-Preise können je nach DGV-Ausweiskennzeichnung abweichen)

2:1

Platzcharakteristik:

Nur wenige Minuten von der Stadtmitte entfernt finden Sie den Golfclub Bremerhaven Geestemünde. Die Markfleth zieht sich als spielbestimmendes Element mit seinen Seitenarmen und Ausbuchtungen durch das Gelände. Dadurch kommt auf fast allen Bahnen Wasser ins Spiel. Die Driving Range bietet zehn Abschlagboxen und zehn Außenplätze. Auf dem Übungsbereich mit Bunker, Chipping Area und Puttinggrün haben Golfer alle Möglichkeiten an der Verbesserung ihres Spiels zu arbeiten. Die Flutlichtanlage ermöglicht auch im Winter die Nutzung der Übungsanlage bis 21 Uhr. Allen steht unser Restaurant Schmidt's Hemingway offen. Unsere über die Stadtgrenzen hinaus bekannten Gastronomen bieten täglich kleine Gerichte oder anspruchsvolle Menues, abgerundet durch exzellente Weine.

Pro-Shop » Basic « | Level | Kurzpl.

GolfPost 4,2/5

NS/BRE

DGV-NR. 3361

GOLFCLUB GUT HAINMÜHLEN E.V.

Am Golfplatz 1
27624 Geestland
Tel. 04708 920036
info@golfhm.de
www.gut-hainmuehlen.de

Froschkönig
Tel. 04708 9210033

Löcheranzahl: 18
Gegründet: 1993
Höhe: 38 m
H: 5975 m, CR 71,9, SL 128, Par 72
D: 5293 m, CR 74,0, SL 130, Par 72

Saison: ganzjährig
Mindest-HCP WT/WE: 54
Anmeldung WT/WE: Ja
Mitgl.-begl. WT/WE: Nein
VcG WT/WE: Ja

18-Loch Greenfee WT/WE: EUR 50/60

(Greenfee-Preise können je nach DGV-Ausweiskennzeichnung abweichen)

2:1

Platzcharakteristik:

Der Golfplatz bildet die vielseitige Landschaft auf ca. 71 ha ab. Eingerahmt von Naturforst liegen die ersten 11 Bahnen in einer moorigen Senke, durchzogen von Wasserläufen in den Wiesen, auf denen die wirkungsvoll platzierten Busch- und Baumgruppen immer neue Perspektiven bieten. Der zweite Spielabschnitt wird von einer anderen Landschaftsform, dem Geestrücken mit sandigem Untergrund bestimmt. Die lang gezogenen Wellenberge der nahen Nordsee wurden in diesem Sandboden auf Bahn 14 (Par 5) wirkungsvoll nachmodelliert. Auch das kurze Spiel erfordert in Hainmühlen Präzision, weil die Grüns, die häufig mit einem leichten Gefälle angelegt sind, besonders schnell sind.

Pro-Shop » Large « | Level | Kurzpl.

GolfPost 4,0/5

DGV-NR. 3314

KÜSTEN-GOLFCLUB "HOHE KLINT" CUXHAVEN E.V.

GOLF& NATUR

Hohe Klint 32
27478 Cuxhaven
Tel. 04723 2737
info@golf-cuxhaven.de
www.golf-cuxhaven.de

Familie Muzzicato
Tel. 04723 4905587
Ruhetag: montags

Löcheranzahl: 18
Gegründet: 1978
H: 6041 m, CR 72,6, SL 131, Par 72
D: 5300 m, CR 74,8, SL 127, Par 72

Saison: ganzjährig
Mindest-HCP WT/WE: 54/36
Anmeldung WT/WE: Nein
Mitgl.-begl. WT/WE: Nein
VcG WT/WE: Ja

18-Loch Greenfee WT/WE: EUR 45/50

(Greenfee-Preise können je nach DGV-Ausweiskennzeichnung abweichen)

Platzcharakteristik:

Wie der Name schon verrät liegt dieser Platz in unmittelbarer Nähe der Nordsee und bietet landschaftstypisch abwechslungsreiche Spielbahnen. Spielerisch erfordern fünf kleinere Teiche platziertes Spiel. Die Fairways sind großzügig angelegt und lassen den immer vorhandenen Wind meist unterschätzt, um im hohen Rough oder seitlichen Buschreihen den wahren Schwierigkeitsgrad zu erfahren.

Pro-Shop Level Kurzpl.

GolfPost 4,5/5

NS/BRE

DGV-NR. 3338

GOLFCLUB WORPSWEDE E.V.

Paddewischer Weg 2
27729 Vollersode
Tel. 04763 7313
info@golfclub-worpswede.de
www.golfclub-worpswede.de

Jens Trübner
Tel. 04763 628428

Löcheranzahl: 18
Gegründet: 1974
Höhe: 30 m
H: 5779 m, CR 71,1, SL 130, Par 72
D: 5093 m, CR 72,9, SL 128, Par 72

Saison: ganzjährig
Mindest-HCP WT/WE: 45/36
Anmeldung WT/WE: Ja
Mitgl.-begl. WT/WE: Nein
VcG WT/WE: Ja

18-Loch Greenfee WT/WE: EUR 50/55

(Greenfee-Preise können je nach DGV-Ausweiskennzeichnung abweichen)

2:1

Platzcharakteristik:

Die Fairways des Golfclub Worpswede liegen sehr naturverbunden in einem Areal mit wechselnder Moor-, Heide- und Waldlandschaft. Die Löcher 1 bis 6 ziehen sich durch direkt an die Spielbahn grenzenden Waldbestand und erfordern ein sehr präzises Spiel. Auch die restlichen Bahnen sind ohne größeren Waldbestand durch natürliche Hindernisse und Teiche golferisch interessant.

Pro-Shop » Basic « Level Kurzpl.

GolfPost 4,8/5

DGV-NR. 3335

GOLF CLUB WILDESHAUSER GEEST E.V.

Spasche 5
27793 Wildeshausen
Tel. 04431 1232
info@golfclub-wildeshausen.de
www.golfclub-wildeshausen.de

Pizzeria Numero 19, Fam. Zeyrek
Gemütl. Ambiente im Clubhaus und auf der Terrasse. Abwechslungsreiche Karte mit frischer Pizza und selbstgebackenem Kuchen.

Löcheranzahl: 9
Gegründet: 1978
H: 5882 m, CR 71.6, SL 123, Par 72
D: 5200 m, CR 72.9, SL 126, Par 72

Saison: ganzjährig
Mindest-HCP WT/WE: PR/54
Anmeldung WT/WE: Nein
Mitgl.-begl. WT/WE: Nein
VcG WT/WE: Ja

18-Loch Greenfee WT/WE: EUR 40/45

(Greenfee-Preise können je nach DGV-Ausweiskennzeichnung abweichen)

2:1

Platzcharakteristik:

Von typischer Heidelandschaft umgeben bieten die meist breiten Fairways auch Anfängern eine Chance auf gute Ergebnisse. Gute Spieler haben die Möglichkeit, ihre Longhitter-Fähigkeiten durch lange Abschläge aus den Waldschneisen zu beweisen. Die in die Natur eingebundenen Grüns stellen Golfer aller Handicaps auf die Probe und erfordern ein präzises Anspielen. Umfangreiche Modernisierungsarbeiten haben sowohl mit dem idyllisch gestalteten Teich als auch mit den vollständig neu modellierten Bunkern für echte „Hingucker" auf unserem Golfplatz gesorgt. Überzeugen Sie sich selbst! Der Platz ist durch den Geestboden und eine Beregnungsanlage ganzjährig bespielbar. Bei uns spielen Sie ohne feste Startzeiten. Gäste sind herzlich willkommen!

Pro-Shop » Basic « Level Kurzpl.

GolfPost 5,0/5

DGV-NR. 3369

GOLF IN HUDE E.V.

Lehmweg 1
27798 Hude
Tel. 04408 929090
info@golfinhude.de
www.golfinhude.de

EssZimmer am See
Tel. 04408 9290922

Löcheranzahl: 27
Gegründet: 1997
Höhe: 20 m
18-Loch Nordseeplatz
H: 6039 m, CR 72,4, SL 133, Par 72
D: 5000 m, CR 72,5, SL 123, Par 72
9-Loch Weserplatz (öffentlich)
CR 60,1, SL 99, Par 31

Saison: ganzjährig
Mindest-HCP WT/WE: k.A.
Anmeldung WT/WE: Nein
Mitgl.-begl. WT/WE: Nein
VcG WT/WE: Ja

18-Loch Greenfee WT/WE: EUR 50/60

(Greenfee-Preise können je nach DGV-Ausweiskennzeichnung abweichen)

Platzcharakteristik:

Auf einem ca. 80 ha großen Areal findet der ambitionierte Golfer neben einer öffentlichen 9-Loch-Anlage einen 18-Loch-Meisterschaftsplatz, der auch erfahrenen Spielern abwechslungsreiches Golf bietet. Der Club bietet zudem großzügige Übungsmöglichkeiten, einen 7-Loch-Pitch- u. Puttplatz und eine Golfschule.

Pro-Shop » Basic « | Level | Kurzpl.

GolfPost 4,8/5

NS/BRE

DGV-NR. 3307

CLUB ZUR VAHR E.V.

Bgm.-Spitta-Allee 34
28329 Bremen
Tel. 0421 204480
decker@czvb.de
www.czvb.de

Gastronomie Vahr, Frau Schmidt und Herr Grauenhorst
Tel. 0421 2044815

Löcheranzahl: 27
Gegründet: 1905
Garlstedt (18-Loch)
H: 6283 m, CR 74,2, SL 146, Par 74
D: 5368 m, CR 75,1, SL 137, Par 74
Zur Vahr (9-Loch)
H: 5799 m, CR 69,2, SL 111, Par 72
D: 5219 m, CR 71,4, SL 116, Par 72

Saison: ganzjährig
Mindest-HCP WT/WE: 36
Anmeldung WT/WE: Ja
Mitgl.-begl. WT/WE: Nein/Ja
VcG WT/WE: Nein

18-Loch Greenfee WT/WE: EUR 70/80

(Greenfee-Preise können je nach DGV-Ausweiskennzeichnung abweichen)

Platzcharakteristik:

Der Country-Club verfügt über zwei Golf-Plätze und beide haben ihren ganz speziellen Reiz!

Der Platz in der Vahr ist mit seinen neun Löchern eine grüne Oase, inmitten der Stadt. Ungefähr 20 Autominuten von Bremen entfernt, in der Garlstedter Heide, liegt der 18-Loch-Platz. Landschaftlich besonders interessant gelegen, umgeben von Seen und beeindruckenden Baumbeständen ist er abwechslungsreich und sehr anspruchsvoll. Nicht ohne Grund zählt der Garlstedter Platz zu den schönsten Golfplätzen Europas.

Pro-Shop » Basic « | Level | Kurzpl.

GolfPost 5,0/5

DGV-NR. 3308

GOLF-CLUB OBERNEULAND E.V.

Heinrich-Baden-Weg 23
28355 Bremen
Tel. 0421 20529199
info@gc-oberneuland.de
www.gc-oberneuland.de

Restaurant im Golfpark
Tel. 0421 24366610

Löcheranzahl: 18
Gegründet: 1987
H: 5736 m, CR 71,8, SL 130, Par 71
D: 5108 m, CR 73,7, SL 130, Par 72

Saison: ganzjährig
Mindest-HCP WT/WE: 45
Anmeldung WT/WE: Nein
Mitgl.-begl. WT/WE: Nein
VcG WT/WE: Ja

18-Loch Greenfee WT/WE: EUR 50/60

(Greenfee-Preise können je nach DGV-Ausweiskennzeichnung abweichen)

Platzcharakteristik:

Sport und Natur finden im Golfpark Oberneuland eine einzigartige Verbindung, da der anspruchsvolle Golfplatz als Arboretum in einen jahrhunderte alten Oberneulander Park integriert werden konnte. Der Platz ist für Anfänger und Profis gleichermaßen reizvoll und erfordert mit seinen sechs Teichen, vielen Fairwaybunkern, Eichenhainen und Sträuchern ein präzises Spiel. Inmitten der Stadt Bremen gelegen ist er wohl einzigartig in Deutschland.

Pro-Shop » Basic « Level Kurzpl.

GolfPost 4,3/5

NS/BRE

DGV-NR. 3401

BREMER GOLFCLUB "LESMONA" E.V.

Lesumbroker Landstr. 70
28719 Bremen
Tel. 0421 949340
info@bremer-golfclub-lesmona.de
www.bremer-golfclub-lesmona.de

Schmidt's Restaurant & Café

Löcheranzahl: 18
Gegründet: 2011
H: 3324 m, CR 60,3, SL 105, Par 61
D: 3082 m, CR 59,9, SL 108, Par 61

Saison: ganzjährig
Mindest-HCP WT/WE: 54
Anmeldung WT/WE: Nein
Mitgl.-begl. WT/WE: Nein
VcG WT/WE: Ja

18-Loch Greenfee WT/WE: EUR 28/38

(Greenfee-Preise können je nach DGV-Ausweiskennzeichnung abweichen)

Platzcharakteristik:

Die Golfanlage liegt direkt an der Lesum im Bremer Norden. Der Platz erstreckt sich im Naherholungsgebiet „Werderland" sehr ruhig gelegen. Trotzdem ist der Golfplatz auch mit öffentlichen Verkehrsmitteln gut zu erreichen. Die nächste Bahnstation, Bremen-Burg, ist weniger als 2 km entfernt. Der Platz fordert und fördert auf seinen engen, trickreich angelegten Bahnen ein genaues Spiel. Dieser Platz findet mit seinen 18 Bahnen auf nur 3324 Metern Platz und ist somit auch für die Golfer interessant, die nicht mehr all zu lange Wege gehen wollen, dennoch auf eine 18-Loch Anlage nicht verzichten möchten. Die Anlage verfügt über einen großzügigen Übungsbereich mit einer großen überdachten Drivingrange und einem wunderschönen Clubhaus.

Pro-Shop » Basic « Level Kurzpl.

GolfPost 4,2/5

DGV-NR. 3356

GOLF-CLUB BREMER SCHWEIZ E.V.

Wölpscher Str. 4
28779 Bremen
Tel. 0421 6095331
info@golfclub-bremerschweiz.de
www.golfclub-bremerschweiz.de

Teetime
Tel. 0421 69655175
teetime.bremen@ewe.net

Löcheranzahl: 18
Gegründet: 1991
Höhe: 820 m
H: 5865 m, CR 71,7, SL 134, Par 72
D: 4955 m, CR 71,9, SL 126, Par 72

Saison: ganzjährig
Mindest-HCP WT/WE: 54
Anmeldung WT/WE: Ja
Mitgl.-begl. WT/WE: Nein
VcG WT/WE: Ja

18-Loch Greenfee WT/WE: EUR 50/60

(Greenfee-Preise können je nach DGV-Ausweiskennzeichnung abweichen)

Platzcharakteristik:

Der Golfclub Bremer Schweiz präsentiert sich jung und dynamisch und befindet sich z. Zt. noch in starkem Wachstum. Der sportlich orientierte Club hält seit 2004 18 fordernde, aber faire Bahnen zum Spiel bereit; die komplette 18-Loch-Anlage wurde im Herbst 2003 fertiggestellt.

Eine Besonderheit der Anlage: das 18. Loch verfügt über zwei Grüns in unterschiedlichen Bundesländern.

Pro-Shop » Basic « | Level | Kurzpl.

GolfPost 4,8/5

NS/BRE

DGV-NR. 3353

ACHIMER GOLFCLUB E.V.

Roedenbeckstraße 55
28832 Achim
Tel. 04202 97400
info@achimergolfclub.de
www.achimergolfclub.de

WACHTELKÖNIG
Tel. 04202 974020
info@wachtel-koenig.de
www.wachtel-koenig.de
Ruhetag: montags (Nebensaison)

Löcheranzahl: 27
Gegründet: 1993
Höhe: 47 m
18-Loch Platz
H: 6460 m, CR 74,1, SL 143, Par 74
D: 5355 m, CR 73,7, SL 130, Par 74

Saison: ganzjährig
Mindest-HCP WT/WE: 54
Anmeldung WT/WE: Ja
Mitgl.-begl. WT/WE: Nein
VcG WT/WE: Ja

18-Loch Greenfee WT/WE: EUR 50/65

(Greenfee-Preise können je nach DGV-Ausweiskennzeichnung abweichen)

Platzcharakteristik:

Sportliches Vergnügen und Naturerlebnis finden Anfänger und Profis auf der etwa 15 Autominuten südlich von Bremen gelegenen Golflandschaft des Achimer Golfclubs. Die großzügige 18-Loch-Anlage von hohem Standard erstreckt sich über 125 ha Land in einem landschaftlich reizvollen Gebiet. Reicher alter Baumbestand, natürliche Wasserläufe, geschützte Greens sowie großzügig angelegte Wasserhindernisse und Bunker bieten Abwechslung für alle Niveaus.

Pro-Shop » Basic « | Level | Kurzpl.

GolfPost 4,3/5

DGV-NR. 3341

GOLFCLUB SYKE E.V.

Schultenweg 1
28857 Syke
Tel. 04242 8230
info@golfclub-syke.de
www.golfclub-syke.de

Clubhaus Brasserie
Tel. 04242 9378050

Löcheranzahl: 27
Gegründet: 1989
Höhe: 20 m
Platz A+B (18 Loch)
H: 5824 m, CR 71,3, SL 129, Par 72
D: 5152 m, CR 73,5, SL 127, Par 72
Platz C (9 Loch)
H: 3107 m, CR 73,5, SL 122, Par 37

Saison: ganzjährig
Mindest-HCP WT/WE: 54/36
Anmeldung WT/WE: Nein
Mitgl.-begl. WT/WE: Nein
VcG WT/WE: Ja

18-Loch Greenfee WT/WE: EUR 60/70

(Greenfee-Preise können je nach DGV-Ausweiskennzeichnung abweichen)

Platzcharakteristik:

Vor den Toren Bremens gelegen erstreckt sich die Anlage über ein 105 ha großes leicht hügeliges Gelände. Die großzügig angelegten Spielbahnen lehnen sich einseitig an altes Waldgebiet und bieten durch geschickte Einflussnahme der Geländestruktur und zahlreiche Neuanpflanzungen eine anspruchsvolle Runde.

Pro-Shop » Basic « | Level | Kurzpl.

GolfPost 4,7/5

DGV-NR. 3386

GOLFCLUB LILIENTHAL E.V.

1. Landwehr 20
28865 Lilienthal
Tel. 04298 697069
clubhaus@golfclub-lilienthal.de
www.golfclub-lilienthal.de

Löcheranzahl: 18
Gegründet: 1998
Höhe: 3 m

Spielvariante 18-Loch/9-Loch
H: 5476 m, CR 69,3, SL 125, Par 71
D: 4747 m, CR 70,5, SL 125, Par 72

Saison: ganzjährig
Mindest-HCP WT/WE: 54
Anmeldung WT/WE: Ja
Mitgl.-begl. WT/WE: Nein
VcG WT/WE: Ja

18-Loch Greenfee WT/WE: EUR 50/60

(Greenfee-Preise können je nach DGV-Ausweiskennzeichnung abweichen)

2:1

Platzcharakteristik:

Ein wunderschöner Golfplatz in optisch reizvollem Moorgelände gelegen. Die Anlage wurde 2018 nach den Plänen des Golfplatz Architekten Christian Althaus um 7 Bahnen auf 18-Loch erweitert und verfügt für Herren über einen Par 71 Kurs mit vier Par 5 Bahnen, für Damen über einen Par 72 Kurs mit fünf Par 5 Bahnen. Die CR- und Slope-Werte für Herren kennzeichnen den Kurs als gehoben mittelschwer, die für Damen als mittelschwer bis schwer. Trotz dieser jetzt sportlichen Anlage bleibt die Inklusion auch doppelt gehandicapter Spieler ein bestehendes Anliegen des GC Lilienthal. Das translozierte Niedersachsenhaus der Clubanlage garantiert darüber hinaus einen barrierefreien Zugang und gemütlichen Aufenthalt.

Pro-Shop » Basic « | Level | Kurzpl.

GolfPost 4,7/5

DGV-NR. 3313

GOLFCLUB HERZOGSTADT CELLE E.V.

Beukenbusch 1
29229 Celle-Garßen
Tel. 05086 395
info@golf-celle.de
www.golf-celle.de

Golfrestaurant
Tel. 05086 955299
u.peter@celler-golf.de
www.celler-golfrestaurant.de
Ruhetag: montags

Löcheranzahl: 18
Gegründet: 1985
Höhe: 65 m
H: 5722 m, CR 70,6, SL 122, Par 71
D: 5029 m, CR 72,2, SL 118, Par 71

Saison: ganzjährig
Mindest-HCP WT/WE: 54
Anmeldung WT/WE: Ja
Mitgl.-begl. WT/WE: Nein
VcG WT/WE: Ja

18-Loch Greenfee WT/WE: EUR 55

(Greenfee-Preise können je nach DGV-Ausweiskennzeichnung abweichen)

2:1

Platzcharakteristik:

Die 18 attraktiven Fairways verlaufen in einem 66 ha umfassenden Areal über die südliche Flanke des Osterberges Celle-Garßen nur unweit von Celle entfernt. Die Anlage verfügt über eine für die Region der Lüneburger Heide unüblich hügelige Topographie mit Bodenwellen, Dämmen und einem bis zu 300 Jahre alten Baumbestand.

GolfPost 4,0/5

NS/BRE

DGV-NR. 3396

BERGEN-HOHNE GOLFCLUB E.V

Panzerstr. 1
29303 Bergen
Tel. 05051 4393
info@bergen-hohne-golfclub.com
www.bergen-hohne-golfclub.com

Löcheranzahl: 9
Gegründet: 2014
H: 5812 m, CR 71,2, SL 135, Par 72
D: 5145 m, CR 73,4, SL 129, Par 72

Saison: ganzjährig
Mindest-HCP WT/WE: PR
Anmeldung WT/WE: Nein
Mitgl.-begl. WT/WE: Nein
VcG WT/WE: Ja

Tages-Greenfee WT/WE: EUR 30/40

(Greenfee-Preise können je nach DGV-Ausweiskennzeichnung abweichen)

Platzcharakteristik:

Seit Anfang 2015 betreibt der Bergen-Hohne Golfclub e.V. den bereits im Jahr 1962 durch die British Army eröffneten Golfplatz.

Der Golfplatz liegt inmitten eines Waldes. Die Besonderheit des 9 Loch Golfplatzes besteht darin, dass 18 Tees zur Verfügung stehen. Damit ergeben sich in der zweiten Runde, für die gleichen Bahnen, z.T. ganz neue Spielperspektiven, was einem 18 Loch Golfplatz schon recht nahe kommt.

GolfPost 3,0/5

DGV-NR. 3305

GOLF-CLUB AN DER GÖHRDE E.V.

Braasche 2
29499 Zernien
Tel. 05863 556
golfclub.goehrde@t-online.de
www.goehrdegolf.de

Krzysztof Bartoszynski
Tel. 05863 983290
Küche regional

Löcheranzahl: 18
Gegründet: 1968
Höhe: 80 m
White Course
H: 5940 m, CR 71,8, SL 128, Par 72
D: 5291 m, CR 74,2, SL 128, Par 72

Saison: ganzjährig
Mindest-HCP WT/WE: PR
Anmeldung WT/WE: Ja
Mitgl.-begl. WT/WE: Nein
VcG WT/WE: Ja

Tages-Greenfee WT/WE: EUR 50/60

(Greenfee-Preise können je nach DGV-Ausweiskennzeichnung abweichen)

2:1

Platzcharakteristik:

Die Golfanlage liegt auf einem relativ flachen Gelände mit nur leichten Bodenwellen und ist teilweise von altem Nadel- und Laubwald umgrenzt. Einige strategisch platzierte Wasserhindernisse und Bunker fordern auf einigen Spielbahnen sehr präzise Schläge. Insgesamt bietet sich für Golfer jeder Spielstärke ein abwechslungsreicher Parcours.

Pro-Shop » Basic « Level Kurzpl.

GolfPost 4,3/5

NS/BRE

DGV-NR. 3342

GOLF-CLUB BAD BEVENSEN E.V.

GMVD

Dorfstraße 22
29575 Altenmedingen
Tel. 05821 98250
info@gc-badbevensen.de
www.gc-badbevensen.de

Held's GOLF Restaurant
Tel. 05821 98250
info@helds-restaurant.de
www.helds-restaurant.de
Saisonale Gerichte

Löcheranzahl: 18
Gegründet: 1989
Höhe: 93 m
H: 5808 m, CR 71,2, SL 136, Par 72
D: 5163 m, CR 73,5, SL 132, Par 72

Saison: März-November
Mindest-HCP WT/WE: 54
Anmeldung WT/WE: Ja
Mitgl.-begl. WT/WE: Nein
VcG WT/WE: Ja

18-Loch Greenfee WT/WE: EUR 60/70

(Greenfee-Preise können je nach DGV-Ausweiskennzeichnung abweichen)

%

Platzcharakteristik:

Die Anlage bietet eine anspruchsvolle Gestaltung durch gezielt platzierte Sand- und Wasserhindernisse. Allein 88 Bunker, z.T. typisch irische Pottbunker, sind eine Herausforderung für jeden Spieler. Die Hälfte der Fairways liegt in einem Waldgebiet und fordert durch die Waldschneisen ein präzises Spiel. Die restl. Bahnen verlaufen auf welligem, leicht hügeligem Gelände. Auf dem gleichen Platz beheimatet ist der Golf- & Countryclub Zur Amtsheide e.V.

Pro-Shop » Basic « Level Kurzpl.

GolfPost 4,8/5

DGV-NR. 3408

GOLFPARK SOLTAU

Hof Loh
29614 Soltau
Tel. 05191 9676333
office@golf-soltau.de
www.golf-soltau.de

"Chip Inn"
Tel. 05191 9676333

Löcheranzahl: 27
Gegründet: 1900
Höhe: 60 m
18-Loch Meisterschaftsplatz
H: 6061 m, CR 71,6, SL 131, Par 73
D: 5342 m, CR 73,6, SL 125, Par 73
9-Loch Platz (öffentlich)
H: 1250 m, CR 57,1, SL 85, Par 28

Saison: März - November
Mindest-HCP WT/WE: PR
Anmeldung WT/WE: Nein
Mitgl.-begl. WT/WE: Nein
VcG WT/WE: Ja

18-Loch Greenfee WT/WE:
EUR 45/55

(Greenfee-Preise können je nach DGV-Ausweiskennzeichnung abweichen)

2:1

Platzcharakteristik:

Der Golfpark Soltau liegt in der traumhaften Landschaft der Lüneburger Heide, mitten zwischen den Metropolen Hamburg, Hannover und Bremen gelegen.

Der Golfpark bietet einen gepflegten 27-Loch Golfplatz mit Driving Range und Übungsgelände. Der vollwertige 9-Loch-Platz ist öffentlich.

Pro-Shop » Basic «

Level

Kurzpl.

GolfPost 4,1/5

NS/BRE

DGV-NR. 3339

GOLF-CLUB MUNSTER E.V.

Kohlenbissen 55
29633 Munster / Örtze
Tel. 05192 887059
info@golfclubmunster.de
www.golfclubmunster.de

Familie Franke
Tel. 05192 2108

Löcheranzahl: 9
Gegründet: 1993
Höhe: 75 m
H: 5278 m, CR 68,2, SL 125, Par 70
D: 4656 m, CR 70,0, SL 120, Par 70

Saison: ganzjährig
Mindest-HCP WT/WE: 54/36
Anmeldung WT/WE: Nein
Mitgl.-begl. WT/WE: Nein
VcG WT/WE: Ja

Tages-Greenfee WT/WE:
EUR 30/35

(Greenfee-Preise können je nach DGV-Ausweiskennzeichnung abweichen)

Platzcharakteristik:

Die 9-Loch-Anlage wurde auf einem ehemaligen Flugfeld nach schottischem Vorbild angelegt. Das 22 ha große Areal wird an drei Seiten durch Wald begrenzt und verfügt über weitläufige Roughs in wunderschöner Heideflora. Sportlich werden dem Spieler sowohl lange Schläge auf breiten Spielbahnen als auch kurze, präzise Schläge abverlangt.

Pro-Shop » Basic «

Level

Kurzpl.

GolfPost 4,2/5

DGV-NR. 3333

GOLF CLUB TIETLINGEN E.V.

Tietlingen 6c
29664 Walsrode
Tel. 05162 3889
info@tietlingen.de
www.tietlingen.de
Angelika Knoop
Tel. 0170 5585121
Ruhetag: montags

Löcheranzahl: 18
Gegründet: 1979
Höhe: 43 m
H: 6159 m, CR 73,5, SL 135, Par 73
D: 5423 m, CR 74,9, SL 133, Par 73

Saison: ganzjährig
Mindest-HCP WT/WE: 54
Anmeldung WT/WE: Ja
Mitgl.-begl. WT/WE: Nein
VcG WT/WE: Ja

18-Loch Greenfee WT/WE: EUR 45/55

(Greenfee-Preise können je nach DGV-Ausweiskennzeichnung abweichen)

2:1

Platzcharakteristik:

In unmittelbarer Nachbarschaft zur reizvollen Landschaft des Tietlinger Wacholderhains liegen die Spielbahnen des Golfclubs. Seit 1979 wird hier unter dem Motto "Golf am Lönspark" Golf gespielt. Der Platz wird durch sanfte Hügel, ausgedehnte Birken- und Eichenbestände sowie zahlreiche Teiche, die als Biotope angelegt wurden, geprägt. Die anmutige Landschaft ist Anziehungspunkt für Golfer und Naturliebhaber gleichermaßen.

Pro-Shop » Basic « | Level | Kurzpl.

GolfPost 5,0/5

DGV-NR. 3317

GOLF-CLUB HANNOVER E.V.

Am Blauen See 120
30823 Garbsen
Tel. 05137 73068
info@golfclub-hannover.de
www.golfclub-hannover.de
Restaurant im Golfclub
Tel. 05137 121182
gastronomie@golfclub-hannover.de

Löcheranzahl: 18
Gegründet: 1923
Höhe: 48 m
H: 5658 m, CR 71,2, SL 130, Par 71
D: 5068 m, CR 73,4, SL 127, Par 71

Saison: ganzjährig
Mindest-HCP WT/WE: 54
Anmeldung WT/WE: Ja
Mitgl.-begl. WT/WE: Nein/Ja
VcG WT/WE: Ja

18-Loch GF WT/WE: EUR 70/80

(Greenfee-Preise können je nach DGV-Ausweiskennzeichnung abweichen)

2:1

Platzcharakteristik:

Nach einer erfolgreichen Erneuerung sämtlicher Grüns startet der GCH in die neue Golfsaison mit ausgezeichneten Platzbedingungen. Entstanden sind im Jahr 2019, nach einer umfangreichen Platzerneuerung, attraktive und anspruchsvolle Grünkomplexe, eingebettet in den alten Baumbestand der traditionellen Golfanlage des GCH. Ein zusätzlicher Teichkomplex am neuen Grün #12 bietet darüberhinaus eine besondere Herausforderung für jede Spielstärke. Freuen Sie sich auf beste Golfbedingungen auf einem abwechslungsreichen Platz in wunderbarer Natur - wir freuen uns auf Sie.

Pro-Shop » Basic « | Level | Kurzpl.

GolfPost 4,6/5

DGV-NR. 3344

GOLFPARK HAINHAUS GMBH

Hainhaus 22
30855 Langenhagen
Tel. 0511 739300
golf@golfpark-hainhaus.de
www.golfpark-hainhaus.de
Landhaus am Golfpark
Tel. 0511 728520
info@landhaus-am-golfpark.de
www.landhaus-am-golfpark.de

Löcheranzahl: 27
Gegründet: 1989
Höhe: 51 m
Kurs Ost-Nord
H: 6068 m, CR 71,5, SL 123, Par 72
D: 5323 m, CR 73,0, SL 124, Par 72
Kurs Nord-West
H: 6004 m, CR 70,8, SL 123, Par 72
Kurs Ost-West
H: 6162 m, CR 71,5, SL 123, Par 72

Saison: ganzjährig
Mindest-HCP WT/WE: 54
Anmeldung WT/WE: Ja
Mitgl.-begl. WT/WE: Nein
VcG WT/WE: Ja

18-Loch Greenfee WT/WE: EUR 50/60

(Greenfee-Preise können je nach DGV-Ausweiskennzeichnung abweichen)

Platzcharakteristik:

Die attraktive 27-Loch-Anlage im landschaftlich schönsten Teil Langenhagens ist eingebettet in eine Parklandschaft mit prachtvollem Baumbestand und einer Vielzahl von Teichen und Biotopen. Zuverlässige Greens, gepflegte Fairways und Abschläge sowie zahlreiche, hügelartig angelegte Geländemodellierungen und reizvolle Wasserflächen werden hohen golferischen Anforderungen gerecht. Ebenso die 250 m lange Driving-Range mit ihren 32 fast komplett überdachten Abschlagplätzen, zwei Pitching- und drei Putting-Greens bieten ideale Übungsmöglichkeiten. Die 27-Löcher-Golfanlage mit den drei alternativ kombinierbaren 9-Loch Coursen, eignet sich in besonderem Maße für Firmen-, Sponsoren- und Privatturniere ohne Spielmöglichkeiten unserer Mitglieder dabei einzuschränken.

Pro-Shop » Large « | Level | Kurzpl.

GolfPost 4,5/5

NS/BRE

DGV-NR. 3376

GOLF GLEIDINGEN

GMVD

Am Golfplatz 1
30880 Laatzen-Gleidingen
Tel. 05102 739000
empfang@golfgleidingen.de
www.golf51.de
Stableford
Tel. 05102 739001

Löcheranzahl: 27
Gegründet: 1998
Höhe: 60 m
H: 5740 m, CR 70,4, SL 128, Par 72
D: 4673 m, CR 71,3, SL 127, Par 72

Saison: ganzjährig
Mindest-HCP WT/WE: PR
Anmeldung WT/WE: Ja
Mitgl.-begl. WT/WE: Nein
VcG WT/WE: Ja

18-Loch Greenfee WT/WE: EUR 55/65

(Greenfee-Preise können je nach DGV-Ausweiskennzeichnung abweichen)

Platzcharakteristik:

Golf Gleidingen ist eine exzellente Golfanlage mit vielseitigen Möglichkeiten zum Golf spielen. Herzstück ist die 27-Loch-Meisterschaftsanlage, welche von Stararchitekt David Krause errichtet wurde und bereits Austragungsort zahlreicher nationaler Meisterschaften war. Das Übungsareal verfügt über zum Teil beheizte Abschlagboxen, ist mit modernen Trainingstechnologien wie FlightScope und SAM PuttLab ausgestattet und besitzt eine eigene ClubFactory. Ein 6-Loch öffentlicher Kurzplatz mit selbigen Pflegestandard wird von Mitgliedern und Gästen gleichermaßen genutzt und eignet sich zum Üben und Verbessern

Pro-Shop » Large « | Level | Kurzpl.

GolfPost 4,7/5

DGV-NR. 3318

GOLFCLUB ISERNHAGEN E.V.

Gut Lohne
30916 Isernhagen
Tel. 05139 893185
info@golfclub-isernhagen.de
www.golfclub-isernhagen.de

Gastronomie im Golfclub Isernhagen
Tel. 05137-9820417
service_coaching@t-online.de
www.ggci.de, montags

Löcheranzahl: 18
Gegründet: 1983
Höhe: 64 m
H: 6118 m, CR 73,2, SL 134, Par 72
D: 5443 m, CR 75,5, SL 130, Par 72

Saison: ganzjährig
Mindest-HCP WT/WE: 54
Anmeldung WT/WE: Ja
Mitgl.-begl. WT/WE: Nein
VcG WT/WE: Ja

18-Loch Greenfee WT/WE: EUR 60

(Greenfee-Preise können je nach DGV-Ausweiskennzeichnung abweichen)

%

Platzcharakteristik:

Unweit des Gutes Lohne liegt der Golfplatz, eingerahmt von sehr altem Laubwald, auf ebenem Gelände. Die großteils langen Fairways sind von naturbelassenen meist dichten Roughs umgeben. Auf mehr als einem Drittel der Bahnen sind Wasserhindernisse, die das Spiel mehr oder weniger stark beeinflussen.

Weitere Infos auf unserer Homepage:
www.golfclub-isernhagen.de

Pro-Shop » Basic « | Level | Kurzpl.

GolfPost 4,0/5

DGV-NR. 3351

GOLF-CLUB BURGWEDEL E.V.

Wettmarer Strasse 13
30938 Burgwedel
Tel. 05139 973969-0
info@golf-burgwedel.de
www.gc-burgwedel.de

Bachelle's im GC Burgwedel
Tel. 05139 9843290
info@bachelle.de

Löcheranzahl: 18
Gegründet: 1992
H: 6163 m, CR 72,1, SL 124, Par 72
D: 5424 m, CR 74,0, SL 123, Par 72

Saison: ganzjährig
Mindest-HCP WT/WE: 54
Anmeldung WT/WE: Nein
Mitgl.-begl. WT/WE: Nein
VcG WT/WE: Ja

18-Loch Greenfee WT/WE: EUR 55/65

(Greenfee-Preise können je nach DGV-Ausweiskennzeichnung abweichen)

2:1

Platzcharakteristik:

Weniger als 30 Autominuten vom Zentrum Hannovers entfernt liegt die Anlage am Rande des kleinen, idyllischen Dorfes Engensen. Das 90 Hektar große, weitläufige und natürlich sanft modellierte Gelände ermöglichte den Bau von 18 anspruchsvollen Löchern, die sich harmonisch in die vorgegebenen Landschaftsstrukturen einpassen. Entscheidend dafür waren die schon vorhandenen Biotopvernetzungen - große Hecken- und Baumpflanzungen. Zusätzlich wurden ca.70.000 Büsche und Bäume zur Gestaltung des Naturgeländes gepflanzt. Die Anlage bietet mit ihrem unverwechselbaren Charakter sowohl Anfängern wie Fortgeschrittenen ein sportliches Golferlebnis auf den rund 6.160 m langen Bahnen.

Pro-Shop » Basic « | Level | Kurzpl.

GolfPost 4,0/5

DGV-NR. 3328

GOLF-CLUB SIEBEN-BERGE E.V.

Schlossalle 1 a
31028 Rheden / Gronau
Tel. 05182 52336
gc7berge@gmx.de
www.gc7berge.de

Das Golfrestaurant 7 Berge
Tel. 05182 9099109
Küche regional, international

Löcheranzahl: 18
Gegründet: 1983
Höhe: 100 m
H: 5887 m, CR 70,9, SL 126, Par 71
D: 5152 m, CR 72,5, SL 124, Par 71

Saison: ganzjährig
Mindest-HCP WT/WE: 54
Anmeldung WT/WE: Nein/Ja
Mitgl.-begl. WT/WE: Nein
VcG WT/WE: Ja

18-Loch Greenfee WT/WE: EUR 30/40

(Greenfee-Preise können je nach DGV-Ausweiskennzeichnung abweichen)

Platzcharakteristik:

Der Golfplatz liegt am Fuße der Sieben Berge inmitten der sanften Hügellandschaft des Leineberglandes. Er ist - bis auf wenige wetterbedingte Ausnahmen - ganzjährig bespielbar! Die ersten 9 Bahnen befinden sich im ehemaligen Schlosspark von Rheden, bereits 1966 erbaut und gekennzeichnet durch herrlichen, alten Baumbestand, während die Bahnen 10-18 auf leicht hügeligem, freiem Gelände zu finden sind und seit 1993 bestehen.

Pro-Shop » Basic « | Level | Kurzpl.

GolfPost 4,0/5

NS / BRE

DGV-NR. 3304

GOLF-CLUB BAD SALZDETFURTH-HILDESHEIM E.V.

GMVD

Dr.-Jochen-Schneider-Weg 1
31162 Bad Salzdetfurth
Tel. 05063 1516
info@golfclub-hildesheim.de
www.golfclub-hildesheim.de

Golf-Club Gastronomie
Tel. 05063-960630

Löcheranzahl: 18
Gegründet: 1972
Höhe: 125 m
H: 5812 m, CR 71,8, SL 135, Par 72
D: 5141 m, CR 73,4, SL 128, Par 72

Saison: Januar-Dezember
Mindest-HCP WT/WE: 54
Anmeldung WT/WE: Nein
Mitgl.-begl. WT/WE: Nein
VcG WT/WE: Ja

18-Loch Greenfee WT/WE: EUR 45/55

(Greenfee-Preise können je nach DGV-Ausweiskennzeichnung abweichen)

2:1

Platzcharakteristik:

14 Kilometer südlich vom Zentrum Hildesheims, liegt seit 1972 die Anlage des Golf-Club Bad Salzdetfurth-Hildesheim. Abwechslungsreich und herausfordernd wie die Landschaft sind auch die 18 Spielbahnen. Es erwartet Sie eine Mischung aus anspruchsvoll angelegten Bahnen, herrlichen Panoramen und der natürliche Charme des Buchenwaldes.

Pro-Shop » Basic « | Level | Kurzpl.

GolfPost 4,0/5

DGV-NR. 3350

GOLFCLUB PEINE-EDEMISSEN E.V.

Dahlkampsweg 2
31234 Edemissen
Tel. 05176 90112
info@gcpe.de
www.gcpe.de
Fairway
Tel. 05176 5552233
info@fairway-gcpe.de

Löcheranzahl: 18
Gegründet: 1989
H: 5896 m, CR 71,3, SL 133, Par 72
D: 5099 m, CR 72,6, SL 130, Par 72

Saison: ganzjährig
Mindest-HCP WT/WE: PR
Anmeldung WT/WE: Nein
Mitgl.-begl. WT/WE: Nein
VcG WT/WE: Ja

18-Loch Greenfee WT/WE: EUR 45/60

(Greenfee-Preise können je nach DGV-Ausweiskennzeichnung abweichen)

Platzcharakteristik:

Der Golfclub liegt im Peiner Land zwischen Hannover und Braunschweig. Der sehr gepflegte Platz zeichnet sich durch sandigen Untergrund aus, der es ermöglicht, auch nach ergiebigen Regenfällen zu spielen. Das Design ist abwechslungsreich und sportlich anspruchsvoll.

Die Par-3-Bahnen variieren in der Länge zwischen 126 m und 184 m. Es gibt drivebare Par-4-Löcher und lange Par-5-Bahnen. Wasser kommt auf zehn Bahnen ins Spiel, was immer eine überlegte Spieltaktik erfordert. Auf dem ganzen Gelände bilden Sport und Natur eine harmonische Einheit.

Pro-Shop » Basic « | Level | Kurzpl.

GolfPost 5,0/5

NS/BRE

DGV-NR. 3310

BURGDORFER GOLFCLUB E.V.

Waldstraße 27
31303 Burgdorf
Tel. 05085 7628
info@burgdorfergolfclub.de
www.burgdorfergolfclub.de
Restaurant im Burgdorfer Golfclub
Tel. 05085 6200
info@burgdorfergolfclub.de
www.burgdorfergolfclub.de

Löcheranzahl: 18
Gegründet: 1969
Höhe: 55 m
H: 6194 m, CR 73,9, SL 133, Par 73
D: 5634 m, CR 75,1, SL 131, Par 73

Saison: ganzjährig
Mindest-HCP WT/WE: 36
Anmeldung WT/WE: Ja
Mitgl.-begl. WT/WE: Nein
VcG WT/WE: Ja

18-Loch Greenfee WT/WE: EUR 60/70

(Greenfee-Preise können je nach DGV-Ausweiskennzeichnung abweichen)

2:1

Platzcharakteristik:

Die 18-Loch-Meisterschaftsanlage wurde harmonisch in die umliegende Heide- und Waldlandschaft eingefügt. Der Platz verfügt über nur geringe Höhenunterschiede und ist vor allem durch den dichten Bestand an Kiefernwald mit Blaubeer- und Heide geprägt. Durch die windgeschützte Lage und die ebenen Fairways sind ganzjährig faire Spielbedingungen gegeben.

Pro-Shop » Basic « | Level | Kurzpl.

GolfPost 4,0/5

DGV-NR. 3405

RETHMAR GOLF

Am Golfplatz 1
31319 Sehnde
Tel. 05138 700530
info@rethmargolf.de
www.golf51.de

Frank Danz
Tel. 05138 700530

Löcheranzahl: 18
Gegründet: 1999
Höhe: 70 m
H: 5880 m, CR 71,5, SL 133, Par 72
D: 5126 m, CR 72,8, SL 133, Par 72

Saison: ganzjährig
Mindest-HCP WT/WE: PR
Anmeldung WT/WE: Nein
Mitgl.-begl. WT/WE: Nein
VcG WT/WE: Ja

18-Loch Greenfee WT/WE: EUR 55/65

(Greenfee-Preise können je nach DGV-Ausweiskennzeichnung abweichen)

Platzcharakteristik:

Wahres Schottland-Feeling in Norddeutschland – Rethmar Golf ist eine der besten 18-Loch-Golfanlagen in Deutschland und wurde von Golflegende Arnold Palmer und seinem Partner Ed Seay konzipiert. Über eine Fläche von 120 ha findet auf diesem Dünen-Links-Course jeder Golfspieler seine eigene, spielerische Herausforderung. Der im flachen Binnenland über die offenen Fairways blasende Wind sowie die groß gestalteten Grüns unterstreichen das Links-Erlebnis. Im sanften Abendlicht entfaltet der Platz in Rethmar eine besonders magische Atmosphäre. Der Kontrast von gülden schimmernden Dünengräsern und sattgrünen Spielbahnen ist ein visueller Genuss. Genießen Sie abends auf der Terrasse in Rethmar einen unvergesslichen Sundowner!

Pro-Shop » Basic «
Level
Kurzpl.

GolfPost 4,8/5

NS/BRE

DGV-NR. 3371

GOLF PARK STEINHUDER MEER E.V.

Vor der Mühle 20
31535 Neustadt
Tel. 05036 2778
info@gpsm.de
www.gpsm.de

Clubhaus
Tel. 05036 988442

Löcheranzahl: 27
Gegründet: 1997
Der Mardorfer (18 Loch)
H: 5860 m, CR 70,8, SL 127, Par 72
D: 5175 m, CR 72,7, SL 123, Par 72
The Orchard (9 Loch)
H: 1959 m, CR 62,9, SL 113, Par 33

Saison: ganzjährig
Mindest-HCP WT/WE: 54/36
Anmeldung WT/WE: Nein/Ja
Mitgl.-begl. WT/WE: Nein
VcG WT/WE: Ja

18-Loch Greenfee WT/WE: EUR 50/60

(Greenfee-Preise können je nach DGV-Ausweiskennzeichnung abweichen)

Platzcharakteristik:

Der Golf Park Steinhuder Meer liegt keine 30 Minuten Autofahrt von Hannover entfernt und ist über die Autobahnen A2 und A7 schnell zu erreichen. Um der Landschaft des Steinhuder Meers gerecht zu werden, baute Ronald Orme (brit. Golfplatz-Architekt) 1997 eine ganz besondere 27-Loch-Anlage, die vor allem durch Ihre großen Bunker- und Wasserflächen besticht. Die Anlage ist so angelegt, dass Golfeinsteiger genauso viel Spaß am Spielen haben wie die Profis.

2009 wurde der Golf Park Steinhuder Meer vom Bundesverband Golfanlagen (BVGA) mit 4 Sternen ausgezeichnet. Die Auszeichnung wurde vor allem für die besonders gute Pflege vergeben.

Pro-Shop » Basic «
Level
Kurzpl.

GolfPost 4,7/5

DGV-NR. 3347

GOLFCLUB REHBURG-LOCCUM

Hormannshausen 2a
31547 Rehburg-Loccum
Tel. 05766 93017
info@gcrl.de
www.gcrl.de

bahn 19
Tel. 05766 6504316

Löcheranzahl: 18
Gegründet: 2007
H: 6008 m, CR 72,0, SL 123, Par 72
D: 5355 m, CR 74,1, SL 122, Par 72

Saison: ganzjährig
Mindest-HCP WT/WE: 54
Anmeldung WT/WE: Nein
Mitgl.-begl. WT/WE: Nein
VcG WT/WE: Ja

18-Loch Greenfee WT/WE: EUR 40/50

(Greenfee-Preise können je nach DGV-Ausweiskennzeichnung abweichen)

Platzcharakteristik:

Inmitten des Naturparks Steinhuder Meer wurde auf einer Fläche von 60 ha eine naturverbundene Anlage geschaffen, die auch ambitionierten Spielern ein abwechslungsreiches Spiel ermöglicht.

Pro-Shop » Basic « | Level | Kurzpl.

GolfPost 5,0/5

DGV-NR. 3323

GOLFCLUB SCHAUMBURG E.V.

Röserheide 2
31683 Obernkirchen
Tel. 05724 4670
info@golfclub-schaumburg.de
www.golfclub-schaumburg.de

GolfRestaurant Obernkirchen
Tel. 05724 9584558
restaurant@golfclub-schaumburg.de
Ruhetag: montags

Löcheranzahl: 18
Gegründet: 1980
Höhe: 160 m
H: 5157 m, CR 69,1, SL 127, Par 71
D: 4541 m, CR 70,6 SL 122, Par 71

Saison: ganzjährig
Mindest-HCP WT/WE: 54
Anmeldung WT/WE: Nein
Mitgl.-begl. WT/WE: Nein
VcG WT/WE: Ja

18-Loch Greenfee WT/WE: EUR 50

(Greenfee-Preise können je nach DGV-Ausweiskennzeichnung abweichen)

Platzcharakteristik:

Golfen mit Weitblick:
Unser beeindruckender 18-Loch-Golfplatz liegt über den Dächern der traditionsreichen Bergstadt Obernkirchen, deren markante Silhouette auf vielen Spielbahnen herübergrüßt. Anno 1960 endete hier an den Bückebergen der Abbau der Steinkohle im Bereich des heutigen Golfplatzes. Teile dieser Geschichte sind auch heute noch zu erkennen. Heutzutage erwartet Sie hier jedoch ein unvergesslicher Golftag auf einer spektakulären Golfanlage: Eine gelungene Mischung aus Entspannung und Herausforderung für Golferinnen und Golfer aller Spielklassen. Und immer wieder werden Sie die herrlichen Ausblicke ins Schaumburger Land und bis zum Weser- und Wiehengebirge mit der Porta Westfalica genießen können!

Pro-Shop » Basic « | Level | Kurzpl.

GolfPost 4,2/5

DGV-NR. 3385

GOLFCLUB AM HARRL E.V.

Am Bruch 16
31711 Luhden
Tel. 05722 9054900
info@golfclub-am-harrl.de
www.golfclub-am-harrl.de

Küche regional

Löcheranzahl: 9
Gegründet: 2001
H: CR 72,3, SL 120, Par 72
D: CR 72,3, SL 120, Par 72

Saison: ganzjährig
Mindest-HCP WT/WE: k.A.
Anmeldung WT/WE: Ja
Mitgl.-begl. WT/WE: Nein
VcG WT/WE: Ja

18-Loch Greenfee WT/WE: EUR 40

(Greenfee-Preise können je nach DGV-Ausweiskennzeichnung abweichen)

Platzcharakteristik:

Der Golfpark AM HARRL ist hervorragend in das Gelände des Weserberglandes direkt am Harrl integriert worden. Das zum Teil hügelige Gelände ist von Wald umgeben und durch Teiche und Nassbiotope verschönert, aber auch erschwert worden. Der Platz ist eine echte Herausforderung für alle Spielstärken, durch den 6-Loch-Kurzplatz, die Driving Range, Putting Green und Chipping Area aber auch bestens für Einsteiger geeignet.

Pro-Shop » Basic « | Level | Kurzpl.

GolfPost 4,8/5

DGV-NR. 3372

GOLFCLUB AM DEISTER E.V.

Am Osterberg 2
31848 Bad Münder
Tel. 05042 503276
info@golfclub-deister.de
www.deistergolf.de

Waldschlösschen
Tel. 05042 7509222

Löcheranzahl: 18
Gegründet: 1997
Höhe: 145 m
H: 6002 m, CR 71,8, SL 130, Par 72
D: 5166 m, CR 72,6, SL 127, Par 72

Saison: April-November
Mindest-HCP WT/WE: 54
Anmeldung WT/WE: Nein
Mitgl.-begl. WT/WE: Nein
VcG WT/WE: Ja

18-Loch-Greenfee WT/WE: EUR 45/55

(Greenfee-Preise können je nach DGV-Ausweiskennzeichnung abweichen)

Platzcharakteristik:

Der GC Am Deister e.V. wurde 1997 gegründet. Seit 2004 besteht die 18-Loch-Anlage. Sie ist in eine natürliche, sanftwellige Landschaft eingebettet. Weder Hochspannungsleitungen noch Windmühlenräder beeinträchtigen das romantische Ambiente der Anlage. Drei kleine Resthöfe lockern den 70 Hektar großen Golfplatz auf. Häufig begleiten Schafe die Golfer und kommentieren "mähend" die Schläge. Die Golfbahnen, von denen man einen weiten Panoramablick auf Deister, Süntel, Saupark und Osterberg hat, folgen den natürlichen Gegebenheiten. Zahlreiche Bunker und Wasserhindernisse gliedern die modellierten Fairways oder verteidigen wirkungsvoll die Grüns.

Pro-Shop » Basic « | Level | Kurzpl.

GolfPost 4,6/5

DGV-NR. 3311

HAMELNER GOLFCLUB E.V. SCHLOSS SCHWÖBBER

Schwöbber 8
31855 Aerzen
Tel. 05154 9870
info@hamelner-golfclub.de
www.hamelner-golfclub.de

Küche regional

Löcheranzahl: 36
Gegründet: 1991
Höhe: 10 m
Baron-von-Münchhausen
H: 5951 m, CR 73,5, SL 135, Par 73
D: 5241 m, CR 75,4, SL 132, Par 73
Lucia-von-Reden
H: 2813 m, CR 58,0, SL 96, Par 59
D: 2761 m, CR 57,3, SL 96, Par 59

Saison: ganzjährig
Mindest-HCP WT/WE: 45-54
Anmeldung WT/WE: Nein/Ja
Mitgl.-begl. WT/WE: Nein
VcG WT/WE: Ja

18-Loch GF (Baron v. Münchhausen) WT/WE: EUR 60

(Greenfee-Preise können je nach DGV-Ausweiskennzeichnung abweichen)

Platzcharakteristik:

36 Löcher mit 5-Sterne-Ambiente und Top-Anspruch warten auf Sie!

Zwei 18-Loch-Plätze, die ein Schlosshotel mit Park und das Clubrestaurant umrahmen. Eingebettet in die reizvolle Landschaft des Weserberglandes, mit uraltem, schattigen Baumbestand. Abschläge inmitten von Wäldern, Hügeln und Wiesen, mit grandiosen Ausblicken auf die Umgebung. Eben eine Anlage mit "5-Sterne-Ambiente". Hier erleben Sie die Faszination Golf: Auf zwei spielerisch anspruchsvollen Plätzen, reizvoll sowohl für den ambitionierten Golfer als auch für den Anfänger.

Pro-Shop » Basic « | Level | Kurzpl.

GolfPost 4,5/5

DGV-NR. 3303

GOLF-CLUB BAD PYRMONT E.V.

Am Golfplatz 2
32676 Lügde
Tel. 05281 9892790
pyrmonter.golf.club@t-online.de
www.golfclub-pyrmont.de

GC Clubhouse GmbH
Tel. 05281 9892794
info@gc-clubhouse.de
www.golfclub-pyrmont.de
Ruhetag: montags

Löcheranzahl: 18
Gegründet: 1961
Höhe: 271 m
H: 5624 m, CR 70,1, SL 121, Par 71
D: 4889 m, CR 71,4, SL 123, Par 71

Saison: ganzjährig
Mindest-HCP WT/WE: 54
Anmeldung WT/WE: Ja
Mitgl.-begl. WT/WE: Nein
VcG WT/WE: Ja

18-Loch Greenfee WT/WE: EUR 50

(Greenfee-Preise können je nach DGV-Ausweiskennzeichnung abweichen)

2:1

Platzcharakteristik:

Die Lage des Platzes hoch über Bad Pyrmont und Lügde bietet einen Panoramablick besonderer Art: Über den Pyrmonter Talkessel tief hinein in das Weserbergland, hinüber zu den Lipper Bergen und den Ausläufern des Teutoburger Waldes. Von jedem Loch ein anderer Blick, teilweise sogar über den Wolken; je nach Sonnenstand mit herrlichen Lichtvariationen, einfach fantastisch! Einzigartige Besonderheit: Auf der Bahn 7 kann man mit einem Schlag den Golfball von Niedersachsen über die Landesgrenze nach Nordrhein-Westfalen spielen. Ein ausgefallen schöner Grenzstein markiert diesen Punkt.

Pro-Shop » Basic « | Level | Kurzpl.

GolfPost 4,0/5

DGV-NR. 3402

SPORT- UND GOLFRESORT GUT WISSMANNSHOF

Wissmannshof 1
34355 Staufenberg
Tel. 05543 999335
info@wissmannshof.de
www.wissmannshof.de

Gut Wissmannshof
Tel. 05543 999335
restaurant@wissmannshof.de

Löcheranzahl: 18
Gegründet: 2010
Höhe: 300 m
H: 5614 m, CR 70,9, SL 133
D: 4926 m, CR 72,7, SL 127

Saison: ganzjährig
Mindest-HCP WT/WE: 54
Anmeldung WT/WE: Ja
Mitgl.-begl. WT/WE: Nein
VcG WT/WE: Ja

18-Loch Greenfee WT/WE: EUR 80/90

(Greenfee-Preise können je nach DGV-Ausweiskennzeichnung abweichen)

Platzcharakteristik:

Im Sport- & Golf-Resort genießen Sie Sport und Erholung in natürlicher Umgebung. Sechs Wasserhindernisse, 87 Bunker und anspruchsvolle Schräg- und Hanglagen versprechen ein abwechslungsreiches Golfvergnügen. Ganz gleich, ob das attraktive Spiel durch den Wald, die aufwändig bewirtschafteten Ausgleichsflächen oder die geplante Erweiterung von 18 auf 27 Löcher – die moderne Golfplatzarchitektur sorgt für höchsten Spielkomfort und unzählige Kombinationsmöglichkeiten.

Neben eines 18-Loch-Meisterschaftsplatzes verfügt das Resort über einen 9-Loch-Adventuregolf-Course, einem Golfvergnügen für Jung und Alt.

Pro-Shop » Basic « | Level | Kurzpl.

GolfPost 5,0/5

NS/BRE

DGV-NR. 3354

GOLFCLUB RITTERGUT ROTHENBERGER HAUS E.V.

Rothenberger Haus
37115 Duderstadt
Tel. 05529 8992
manager@golf-duderstadt.de
www.golf-duderstadt.de

Waltraud Hoppmann
Tel. 05529 8993
Ruhetag: montags
Küche regional

Löcheranzahl: 18
Gegründet: 1994
Höhe: 200 m
H: 5984 m, CR 71,3, SL 128, Par 72
D: 5250 m, CR 73,5, SL 124, Par 72

Saison: März-Oktober
Mindest-HCP WT/WE: 54
Anmeldung WT/WE: Nein
Mitgl.-begl. WT/WE: Nein
VcG WT/WE: Ja

18-Loch Greenfee WT/WE: EUR 60/70

(Greenfee-Preise können je nach DGV-Ausweiskennzeichnung abweichen)

2:1

Platzcharakteristik:

Die Anlage ist am Rande des Südharzes in idyllischer Landschaft gelegen und bietet abseits der Hauptverkehrsverbindungen Entspannung, Ruhe und Erholung. Das hügelige Gelände bietet mit natürlichen Hindernissen und naturbelassener Vegetation anspruchsvolles Golf. Sämtliche Spielbahnen verlaufen eingebettet in dichtem Mischwald.

Pro-Shop » Large « | Level | Kurzpl.

GolfPost 4,7/5

DGV-NR. 3316

GOLF CLUB HARDENBERG E.V.

Levershausen
37154 Northeim
Tel. 05551 90838-0
info@gchardenberg.de
www.gchardenberg.de

Sachsenross
Tel. 05551 61866
info@sachsenross.com
www.sachsenross.com
Ruhetag: montags

Löcheranzahl: 36
Gegründet: 1969
Höhe: 250 m
Göttingen Course
H: 6033 m, CR 72,8, SL 138, Par 72
D: 5276 m, CR 74,6, SL 133, Par 72
Niedersachsen Course
H: 5901 m, CR 72,9, SL 136, Par 72
D: 5137 m, CR 74,5, SL 131, Par 72

Saison: ganzjährig
Mindest-HCP WT/WE: 54
Anmeldung WT/WE: Ja
Mitgl.-begl. WT/WE: Nein
VcG WT/WE: Ja

Göttingen Course WT/WE: EUR 75/85
Niedersachsen Course WT/WE: EUR 85/90

(Greenfee-Preise können je nach DGV-Ausweiskennzeichnung abweichen)

Platzcharakteristik:

Der auf 36 Löcher erweiterte Platz gilt als reizvolle und sportlich anspruchsvolle Anlage. Der Göttingen Course mit seinem hügeligen Gelände verlangt vor allem Ausdauer, der neue Niedersachsen Course weist als Highlight das Wappentier der Grafen von Hardenberg auf - einen Keilerkopf als Par 3-Inselgrün. Ein Trockenbiotop, ein Canyon, Streuobstwiesen etc. sind weitere Kennzeichen des Courses. Der 6-Loch-Public-Course ist öffentlich und 915 m lang.

Pro-Shop » Basic « | Level | Kurzpl.

GolfPost 4,8/5

NS/BRE

DGV-NR. 3375

GOLF UND COUNTRY CLUB LEINETAL EINBECK E.V.

Am Holzgrund
37574 Einbeck
Tel. 05561 982305
info@golfclub-einbeck.de
www.golfclub-einbeck.de

Küche regional

Löcheranzahl: 18
Gegründet: 1997
Höhe: 140 m
H: 4763 m, CR 65,7, SL 119, Par 69
D: 4169 m, CR 67,0, SL 116, Par 69

Saison: ganzjährig
Mindest-HCP WT/WE: 54
Anmeldung WT/WE: Nein
Mitgl.-begl. WT/WE: Nein
VcG WT/WE: Ja

18-Loch Greenfee WT/WE: EUR 40/50

(Greenfee-Preise können je nach DGV-Ausweiskennzeichnung abweichen)

2:1

Platzcharakteristik:

Auf einem langgezogenen Hügel oberhalb des Leinetals bei Einbeck erstreckt sich der parkähnliche Golfplatz. Auf einer Fläche von insgesamt 30ha und geographisch ein wenig von der Umgebung abgehoben, bietet zum Beispiel die großzügige Übungsanlage Anfängern und Könnern eine ideale Kulisse zum Golfen. Mit einem herrlichen Panorama in die Umgebung, meistens Rückenwind und einer Spielrichtung talwärts findet der Golfer beste Voraussetzungen.

Seit dem 25. Mai 2013 besitzt auch der Golfpark Leinetal abwechslungsreiche und spannende 18 Bahnen, gestaltet vom renommierten Golfplatz-Architekt David Krause.

Weitere Informationen finden Sie auf unserer Homepage: www.golfclub-einbeck.de

Pro-Shop » Basic « | Level | Kurzpl.

GolfPost 3,5/5

DGV-NR. 3327

GOLFCLUB WESERBERGLAND E.V.

Weißenfelder Mühle 2
37647 Polle
Tel. 05535 8842
info@golfclub-weserbergland.de
www.golfclub-weserbergland.de

Küche Golf Wirtschaft
Tel. 05535 660

Löcheranzahl: 18
Gegründet: 1982
Höhe: 160 m
H: 5787 m, CR 70,6, SL 132, Par 72
D: 5003 m, CR 72,2, SL 124, Par 72

Saison: ganzjährig
Mindest-HCP WT/WE: 54
Anmeldung WT/WE: Nein
Mitgl.-begl. WT/WE: Nein
VcG WT/WE: Ja

18-Loch Greenfee WT/WE: EUR 50/60

(Greenfee-Preise können je nach DGV-Ausweiskennzeichnung abweichen)

2:1

Platzcharakteristik:

Wohl einzig in ihrer Art dürfte die Verbindung zwischen Sport, Kunst und Natur sein, die der Golfclub Weserbergland mit seinem Skulpturenprojekt seinen Gästen und Mitgliedern bietet. GOLF ART LAND, eingebettet in die überaus reizvollen Landschaftsformationen der im Herzen des Weserberglandes gelegenen Platzanlage, bietet zeitgenössischen Künstlern eine repräsentative Plattform für die Darstellung ihrer Arbeiten.

Pro-Shop » Basic « | Level | Kurzpl.

GolfPost 5,0/5

NS/BRE

DGV-NR. 3306

GOLF-KLUB BRAUNSCHWEIG E.V.

Schwartzkopffstrasse 10
38126 Braunschweig
Tel. 0531 26424-0
sekretariat@golf-klub-braun-schweig.de
www.golf-klub-braunschweig.de

"Rudolf"
Tel. 0531 2886436

Löcheranzahl: 18
Gegründet: 1926
H: 5704 m, CR 70,3, SL 136, Par 71
D: 5022 m, CR 72,1, SL 128, Par 71

Saison: ganzjährig
Mindest-HCP WT/WE: PR
Anmeldung WT/WE: Ja
Mitgl.-begl. WT/WE: Nein
VcG WT/WE: Ja

18-Loch Greenfee WT/WE: EUR 50/60

(Greenfee-Preise können je nach DGV-Ausweiskennzeichnung abweichen)

Platzcharakteristik:

Die Anlage entstand bereits im Jahre 1926 auf einem Areal, das einst den herzoglichen und königlichen Truppen als großer Exerzierplatz diente. Trotz seiner Länge von nur rund 5.700m für Herren und rund 5.000m für Damen gehört der Parcours zu einem der schwierigsten Niedersachsens. Sehr hoher und alter Baumbestand und die schmalen Fairways erfordern Präzision. Die schwer anzuspielenden Grüns werden gut von Bunkern verteidigt.

Pro-Shop » Basic « | Level | Kurzpl.

GolfPost 4,7/5

DGV-NR. 3330

GOLF CLUB SALZGITTER / LIEBENBURG E.V.

Sportpark Mahner Berg
38259 Salzgitter-Bad
Tel. 05341 37376
info@golfclub-salzgitter.de
www.golfclub-salzgitter.de

Restaurant "Landliebe"
Tel. 05341 905171

Löcheranzahl: 18
Gegründet: 1985
Höhe: 180 m
H: 6016 m, CR 72,5, SL 133, Par 72
D: 5302 m, CR 75,0, SL 128, Par 72

Saison: März-November
Mindest-HCP WT/WE: 54
Anmeldung WT/WE: Ja
Mitgl.-begl. WT/WE: Nein
VcG WT/WE: Ja

18-Loch Greenfee WT/WE: EUR 45/50

(Greenfee-Preise können je nach DGV-Ausweiskennzeichnung abweichen)

2:1

Platzcharakteristik:

Besuchen Sie unsere herrliche Anlage im Harzvorland! Mit Sicht bis zur höchsten Erhebung des Harzes, dem Brocken - und wenn Sie nach Norden schauen, schweift bei klarem Wetter der Blick über eine toskanisch anmutende Landschaft bis weit hinter Braunschweig.

Die Anlage selbst ist äußerst reizvoll, vom Landschaftsschutz geprägt und eine Herausforderung für jeden Golfer. Es gilt, verschiedene Wasserhindernisse und Biotope zu überwinden und die Fairways im leicht hügeligen Strautetal bieten interessante Hanglagen. Ein besonderes Highlight: Die Anlage kreuzt den Skulpturenweg "Straße des Friedens", der von Paris nach Moskau führt.

Pro-Shop » Basic «
Level
Kurzpl.

GolfPost 4,0/5

DGV-NR. 3355

GOLFCLUB RITTERGUT HEDWIGSBURG E.V.

Golfplatz
38324 Kissenbrück
Tel. 05337 90703
sekretariat@golfclub-hedwigsburg.de
www.golfclub-hedwigsburg.de

Schöne Aussicht
Tel. 05337 78008
Ruhetag: montags

Löcheranzahl: 18
Gegründet: 1994
Höhe: 60 m
H: 6157 m, CR 72,2, SL 131, Par 73
D: 5508 m, CR 74,8, SL 129, Par 73

Saison: Januar-Dezember
Mindest-HCP WT/WE: 54
Anmeldung WT/WE: Ja
Mitgl.-begl. WT/WE: Nein
VcG WT/WE: Ja

Tages-Greenfee WT/WE: EUR 65/75

(Greenfee-Preise können je nach DGV-Ausweiskennzeichnung abweichen)

Platzcharakteristik:

Der Golfclub Rittergut Hedwigsburg liegt südlich von Wolfenbüttel und nennt einen 18-Loch-Platz, der von breiten Fairways, schnellen, gut verteidigten Grüns und einem hügeligen Bahnverlauf geprägt ist, sein eigen. Der Platz ist gut gepflegt und verfügt zudem über eine großzügig gestaltete Driving Range mit überdachten Abschlagplätzen. Schön ist die Aussicht von der Terrasse des Clubhauses auf das südliche Umland sowie den 10. Abschlag!

Pro-Shop
Level
Kurzpl.

GolfPost 4,6/5

DGV-NR. 3332

GOLF- UND LAND-CLUB ST. LORENZ E.V.

Klosterfreiheit 9e
38364 Schöningen
Tel. 05352 1697
kontakt@stlorenz-golf.de
www.stlorenz-golf.de
Restaurant Golf Club
Tel. 05352 909150
sven.daske@web.de
Ruhetag: montags

Löcheranzahl: 9
Gegründet: 1987
Höhe: 175 m
H: 6296 m, CR 73,8, SL 130, Par 74
D: 5594 m, CR 75,8, SL 134, Par 74

Saison: ganzjährig
Mindest-HCP WT/WE: 45
Anmeldung WT/WE: Nein
Mitgl.-begl. WT/WE: Nein
VcG WT/WE: Ja

Greenfee (Mo-Fr): EUR 50/65
Greenfee (Sa-So): EUR 60/75

(Greenfee-Preise können je nach DGV-Ausweiskennzeichnung abweichen)

Platzcharakteristik:

Der am Klostergut gelegene Platz verläuft auf einem sanft hügeligen Gelände oberhalb der Stadt direkt am Elmwald und bietet an zahlreichen Stellen einen weiten Blick nach Sachsen-Anhalt und zum Harz.

Pro-Shop » Basic « | Level | Kurzpl.

GolfPost 3,0/5

NS/BRE

DGV-NR. 3315

GOLFCLUB GIFHORN E.V.

Wilscher Weg 69
38518 Gifhorn
Tel. 05371 16737
info@golfclub-gifhorn.de
www.gcgf.de
Restaurant am Golfplatz
Tel. 05371 9379170
Ruhetag: montags

Löcheranzahl: 18
Gegründet: 1982
Höhe: 61 m
H: 5893 m, CR 72,0, SL 129, Par 72
D: 5234 m, CR 74,2, SL 125, Par 72

Saison: ganzjährig
Mindest-HCP WT/WE: 45
Anmeldung WT/WE: Ja
Mitgl.-begl. WT/WE: Nein
VcG WT/WE: Ja

18-Loch Greenfee WT/WE: EUR 50/60

(Greenfee-Preise können je nach DGV-Ausweiskennzeichnung abweichen)

2:1

Platzcharakteristik:

Unter dem Motto „Golf. Natur. Vergnügen." lädt der Golfclub Gifhorn auf seine Anlage direkt vor den Toren der Mühlenstadt ein. Eingebettet in einer für die Region typischen Heidelandschaft, verspricht der 18 Loch Meisterschaftsplatz des Gifhorner Golfclubs für jede Spielstärke Abwechslung und Herausforderung zugleich.

Für Neueinsteiger im Golfsport bietet der Golfclub Gifhorn ganzjährig sowohl zahlreiche Schnupper- und Platzreifekurse, als auch spezielle Mitgliedschaften an.

Darüber hinaus lädt das Restaurant im charakteristischen zwölfeckigen Clubhaus mit einem wunderschönen Blick über den Platz auch für Nichtgolfer zum Verweilen ein.

Pro-Shop | Level | Kurzpl.

GolfPost 4,3/5

DGV-NR. 3364

GOLFCLUB WOLFSBURG BOLDECKER LAND E.V.

GOLF & NATUR DGV Zertifikat

Sloßer Weg 20
38556 Bokensdorf
Tel. 05366 1223
info@gc-wob.de
www.golfclub-wolfsburg.de

Gastronomie im GC Wolfsburg
Tel. 05366 961610
Ruhetag: montags

Löcheranzahl: 18
Gegründet: 1995
Höhe: 80 m
H: 5787 m, CR 70,9, SL 131, Par 72
D: 5183 m, CR 73,2, SL 128, Par 72

Saison: April bis Oktober
Mindest-HCP WT/WE: Nein
Anmeldung WT/WE: Ja
Mitgl.-begl. WT/WE: Nein
VcG WT/WE: Ja

18-Loch Greenfee WT/WE: EUR 55/65

(Greenfee-Preise können je nach DGV-Ausweiskennzeichnung abweichen)

2:1

Platzcharakteristik:

Im GC Wolfsburg / Boldecker Land e.V. findet man Abstand vom Stress, hier wird Erholung pur geboten. Auf der Basis eines respektvollen Umgangs mit der Natur wurde unsere Golfanlage im Jahr 1995 konzipiert. Das großzügige Gelände mit 72 Hektar bietet Wiesen, Wald, schilfbewachsene Gräben, naturbelassene Wasserläufe und Teiche. Breite Fairways, faires Rough, gepflegte Grüns und eine insgesamt unterschiedliche Landschaft lassen das Golferherz höher schlagen. Neben perfekten Trainingsanlagen mit Flutlicht, beleuchteten Zielgrüns und einem 6-Löcher-Kurzplatz stehen eine attraktive und behindertengerechte Ausstattung mit Gastronomie, Pro-Shop, Indoor-Golfanlage zur Verfügung. Unsere Golfschule bietet umfassende Trainingsmöglichkeiten (TrackMan, Fittingcenter u.a.) an.

Pro-Shop » Basic « | Level | Kurzpl.

GolfPost 4,5/5

DGV-NR. 3302

GOLF-CLUB HARZ E.V.

Am Breitenberg 107
-38667 Bad Harzburg
Tel. 05322 6737
info@golfclubharz.de
www.golfclubharz.de

Aubergine
Tel. 05322 5590545
www.aubergine-badharzburg.de

Löcheranzahl: 18
Gegründet: 1969
Höhe: 300 m
H: 5793 m, CR 71,8, SL 139, Par 72
D: 5019 m, CR 73,0, SL 133, Par 72

Saison: ganzjährig (witterungsbedingt)
Mindest-HCP WT/WE: 54
Anmeldung WT/WE: Ja
Mitgl.-begl. WT/WE: Nein
VcG WT/WE: Ja

18-Loch Greenfee WT/WE: EUR 55/65

(Greenfee-Preise können je nach DGV-Ausweiskennzeichnung abweichen)

%

Platzcharakteristik:

Harzlich Golf spielen in Bad Harzburg!
Stadtnahes Golfen auf höchstem Niveau, das erwartet den Golfer auf der 18 Löcher Anlage des Golf-Club Harz. Die Bahnen sind harmonisch in die parkähnliche Landschaft und die ehemaligen Gestütswiesen integriert.
Die Bahnen 7, 8 und 10 queren die Galopprennbahn. Das gesamte Gelände wird geprägt durch alten Baumbestand. Knorrige Eichen säumen markant einige Spielbahnen. Schräglagen gehören mit zu den Herausforderungen. Ungetrübte Ausblicke ins Harzvorland sind Balsam für die Seele. Idyllische Teiche an den Löchern 4, 6, 8 und 17 fordern die Aufmerksamkeit des Spielers und verlangen ein taktisches Spiel.

Pro-Shop » Basic « | Level | Kurzpl.

GolfPost 4,5/5

DGV-NR. 3312

GOLFCLUB EUREGIO BAD BENTHEIM E.V.

Am Hauptdiek 8
48455 Bad Bentheim
Tel. 05922 9044310
info@golfclub-euregio.de
www.golfclub-euregio.de

Frank Termühlen
Tel. 05922 777613
frank.termuehlen@gmx.de
www.restaurant-termuehlen.de

Löcheranzahl: 18
Gegründet: 1987
Höhe: 70 m
H: 5780 m, CR 70,3, SL 131, Par 72
D: 5011 m, CR 71,6, SL 123, Par 72

Saison: ganzjährig
Mindest-HCP WT/WE: 54/32-35
Anmeldung WT/WE: Ja
Mitgl.-begl. WT/WE: Nein
VcG WT/WE: Ja

18-Loch Greenfee WT/WE: EUR 55/65

(Greenfee-Preise können je nach DGV-Ausweiskennzeichnung abweichen)

Platzcharakteristik:

Mit dem Blick auf die alte Burganlage der Stadt Bad Bentheim liegen die gepflegten Spielbahnen in einer herrlichen Landschaft mit zahlreichen Teichen, unberührten Rietgrasflächen und Mischwaldstücken. Die weitläufige Anlage bietet mit vielen Wasserhindernissen, einigen Doglegs, gut platzierten Bunkern u. einer Mischung aus altem und neuem Baumbestand einen sportlichen Platz mit viel Abwechslung.

Pro-Shop » Large « | Level | Kurzpl.

GolfPost 4,5/5

NS/BRE

DGV-NR. 3325

OSNABRÜCKER GOLF CLUB E.V.

GMVD

Am Golfplatz 3
49143 Bissendorf
Tel. 05402 5636
info@ogc.de
www.ogc.de

Tee 19
Tel. 05402 5636

Löcheranzahl: 18
Gegründet: 1955
Höhe: 133 m
H: 5835 m, CR 72,9, SL 130, Par 72
D: 5042 m, CR 73,9, SL 125, Par 72

Saison: März - November
Mindest-HCP WT/WE: 54/35-36
Anmeldung WT/WE: Ja
Mitgl.-begl. WT/WE: Nein
VcG WT/WE: Ja

18-Loch Greenfee WT/WE: EUR 60/80

(Greenfee-Preise können je nach DGV-Ausweiskennzeichnung abweichen)

Platzcharakteristik:

Der Platz liegt in einem Endmoränen-Gebiet zwischen Teutoburger Wald und Wiehengebirge in reizvoller ländlicher Umgebung. Die Topographie ist bewegt und abwechslungsreich gestaltet. Der eher kurze Platz mit 55 Bunkern stellt dennoch echte Herausforderungen, denn naturbelassene Hindernisse und in die Fairways hineinragende Baumkronen mächtiger Eichen und Buchen machen das Scoren nicht immer leicht. Mitglied der "Leading Golf Courses of Germany".

Pro-Shop » Basic « | Level | Kurzpl.

GolfPost 4,7/5

DGV-NR. 3367

GOLFCLUB VARUS E.V.

Im Schlingerort 5
49179 Ostercappeln-Venne
Tel. 05476 200
info@golfclub-varus.de
www.golfclub-varus.de

Restaurant & Cafe Fairway
Tel. 05476 911436
fairway@golfclub-varus.de

Löcheranzahl: 18
Gegründet: 1996
Höhe: 50 m
H: 6032 m, CR 71,8, SL 130, Par 72
D: 5315 m, CR 73,6, SL 131, Par 72

Saison: ganzjährig
Mindest-HCP WT/WE: 54
Anmeldung WT/WE: Ja
Mitgl.-begl. WT/WE: Ja
VcG WT/WE: Ja

18-Loch Greenfee WT/WE: EUR 50/60

(Greenfee-Preise können je nach DGV-Ausweiskennzeichnung abweichen)

2:1

Platzcharakteristik:

Die Anlage ist auf dem 80ha großen Gelände durch Weiträumigkeit geprägt und liegt fernab jeden Verkehrslärms. Die Abfolge der Spielbahnen wird begleitet durch die Aussicht auf die typische Topographie des Wiehengebirges jedoch ohne hügelig zu sein. Die geschickte Integration des alten Busch- und Baumbestandes bestimmt das Bild. Lange Fairways mit flankierenden Bunkern sind ebenso anzutreffen, wie stark ondulierte Grüns mit pfiffig angeordneten Sandhindernissen. Es kann ganzjährig gespielt werden und längere Regenperioden werden vom Platz gut verkraftet.

Pro-Shop » Basic « | Level | Kurzpl.

GolfPost 4,7/5

DGV-NR. 3336

GOLFCLUB VECHTA-WELPE E.V.

GMVD

Welpe 2
49377 Vechta
Tel. 04441 5539
info@golfclub-vechta.de
www.golfclub-vechta.de

19th Hole GC Vechta-Welpe
Tel. 04441 82168
Ruhetag: montags

Löcheranzahl: 18
Gegründet: 1989
Höhe: 40 m
H: 5957 m, CR 72,9, SL 137, Par 72
D: 5233 m, CR 75,1, SL 132, Par 72

Saison: ganzjährig
Mindest-HCP WT/WE: 54/45
Anmeldung WT/WE: Ja
Mitgl.-begl. WT/WE: Nein
VcG WT/WE: Ja

18-Loch Greenfee WT/WE: EUR 55/65

(Greenfee-Preise können je nach DGV-Ausweiskennzeichnung abweichen)

Platzcharakteristik:

Die Anlage gehört zu den schönsten Norddeutschlands und liegt eingebettet in die schöne Landschaft des Welper Waldes des Grafen von Merveldt. Die Bahnen ziehen sich um das historische Herrenhaus von Welpe und sind überwiegend von sehr altem Baumbestand umgeben. Die planerische Vorgabe, wertvollen Baumbestand zu erhalten, hat sportlich sehr anspruchsvolle, da enge Spielbahnen, nach sich gezogen. Ein Musterbeispiel eines Landschaftsgolfplatzes.

Pro-Shop » Basic « | Level | Kurzpl.

GolfPost 4,5/5

DGV-NR. 3370

GOLFCLUB GUT BRETTBERG LOHNE E.V.

Brettberger Weg 9
49393 Lohne
Tel. 04442 730873
info@gc-lohne.de
www.gc-lohne.de

Café-Restaurant Gut Brettberg
Tel. 04442 730875
Ruhetag: montags

Löcheranzahl: 18
Gegründet: 1997
H: 6100 m, CR 73,3, SL 129, Par 72
D: 5039 m, CR 73,0, SL 124, Par 72

Saison: ganzjährig
Mindest-HCP WT/WE: PR
Anmeldung WT/WE: Ja
Mitgl.-begl. WT/WE: Nein
VcG WT/WE: Ja

18-Loch Greenfee WT/WE: EUR 40/50

(Greenfee-Preise können je nach DGV-Ausweiskennzeichnung abweichen)

%

Platzcharakteristik:

Der Platz integriert sich harmonisch ins sanft gewellte Landschaftsbild, geprägt durch zahlreiche naturbelassene Hindernisse. Optisch unterbrochen von alten Eichen- und Buchenbeständen ist der Blick dennoch nie eingeengt. Der erste Eindruck eines leichten Platzes korrigiert sich schnell; alles wird gefordert vom Longhitten bis zu Längenplanungen mit schmalem Winkel und/oder Doglegs. Dennoch auch für schwächere Spieler fair zu bewältigen.

Pro-Shop » Large « | Level | Kurzpl.

GolfPost 4,8/5

DGV-NR. 3399

GOLFPARK WAGENFELD

Oppenweher Str. 83-85
49419 Wagenfeld
Tel. 05444 9801690
info@golfpark-wagenfeld.de
www.golfpark-wagenfeld.de

Blauer Hirsch
Info@blauer-hirsch.com
blauer-hirsch.com

Löcheranzahl: 18
Gegründet: 2012
Höhe: 37 m
H: 5735 m, CR 70,5, SL 131, Par 71
D: 5119 m, CR 72,6, SL 131, Par 71

Saison: ganzjährig
Mindest-HCP WT/WE: k.A.
Anmeldung WT/WE: Ja
Mitgl.-begl. WT/WE: Nein
VcG WT/WE: Ja

18-Loch Greenfee WT/WE: EUR 40/50

(Greenfee-Preise können je nach DGV-Ausweiskennzeichnung abweichen)

Platzcharakteristik:

Mitten in einem der schönsten Moorgebiete Niedersachsens, direkt am Naturpark Dümmer See, finden Sie den Golfpark Wagenfeld.

Unsere 18-Loch-Anlage ist geprägt von einer typischen ebenen Moor- und Wiesenlandschaft. Anspruchsvoll, interessant, erlebnisreich – die drei Resümees hören wir immer wieder von den Golfern. Mit vielen Bunkern und Wasserhindernissen, oftmals in Schlagdistanz sowie zahlreichen Bäumen sieht unsere Anlage nicht nur attraktiv aus, sondern ist ein Erlebnis für jeden Golfer.

Unser selbst geführtes Hotel mit 17 DZ und der Seeterrasse lädt zu günstigen Arrangements und Gruppenreisen ein.

Pro-Shop | Level | Kurzpl.

GolfPost 4,0/5

DGV-NR. 3349

ARTLAND GOLFCLUB E.V.

Zum Golfplatz 23
49577 Ankum
Tel. 05466 301
info@artlandgolf.de
www.artlandgolf.de

Giersfeld23
Tel. 05466 91080
info@giersfeld.de, www.giersfeld.de
Ruhetag: montags
geöffnet ab 12:00 Uhr

Löcheranzahl: 18
Gegründet: 1988
Höhe: 85 m
H: 5780 m, CR 70,9, SL 129, Par 72
D: 5080 m, CR 72,7, SL 126, Par 72

Saison: ganzjährig
Mindest-HCP WT/WE: 54
Anmeldung WT/WE: Ja
Mitgl.-begl. WT/WE: Nein
VcG WT/WE: Ja

18-Loch Greenfee WT/WE: EUR 55/65

(Greenfee-Preise können je nach DGV-Ausweiskennzeichnung abweichen)

Platzcharakteristik:

Willkommen im Artland Golfclub!

Der Artland Golfclub begrüßt seine Gäste - kommen Sie zu uns, es lohnt sich! Der Golfplatz liegt im Naturpark umgeben von malerischen Wäldern und ausgedehnten Feldern.

Der Platz mit seinen breiten Fairways passt sich den natürlichen landschaftlichen Gegebenheiten perfekt an. Einzelne Abschnitte der Spielbahnen gleichen einer englischen Parklandschaft mit Impressionen eines schottischen Links-Course. Absolute Ruhe inmitten der Natur sorgt für eine entspannte Atmosphäre, die ihresgleichen sucht.

Die 18 Loch Anlage ist ganzjährig bespielbar.

Das Artland Team freut sich auf Ihren Besuch!

Pro-Shop » Basic « · Level · Kurzpl.

GolfPost 4,8/5

DGV-NR. 3348

GOLF CLUB THÜLSFELDER TALSPERRE E.V.

Mühlenweg 9
49696 Molbergen / OT Resthausen
Tel. 04474 7995
info@gc-thuelsfelde.de
www.gc-thuelsfelde.de

"Chip Inn" Bistroküche
Tel. 04474 989714
chipinn.thuelsfelde@gmail.com
Ruhetag: Mo u. Do (Nov. bis Mrz.)
Inhaber: Danilo Kaper

Löcheranzahl: 27
Gegründet: 1991
18-Loch Meisterschaftsplatz
H: 6056 m, CR 73,2, SR 130, Par 72
D: 5358 m, CR 75,2, SR 132, Par 72
9-Loch Öffentlichkeitsplatz
H: 1441 m, CR 57,5, SR 95
D: 1441 m, CR 59,0, SR 97

Saison: ganzjährig
Mindest-HCP WT/WE: 54
Anmeldung WT/WE: Ja
Mitgl.-begl. WT/WE: Nein
VcG WT/WE: Ja

18-Loch Greenfee WT/WE: EUR 55/65

(Greenfee-Preise können je nach DGV-Ausweiskennzeichnung abweichen)

2:1

Platzcharakteristik:

Die 1991 gegründete Golfanlage des Golfclubs Thülsfelder Talsperre e.V. mit ihrem 18-Loch Meisterschaftsplatz und einem 9-Loch öffentlichen Golfplatz liegt eingebettet in dem wunderschönen Erholungsgebiet der Thülsfelder Talsperre und erstreckt sich über eine Fläche von gut 86 Hektar. Durch attraktive Wasserflächen, zahlreichen Laubhölzern, einer hügeligen Landschaft und einer Reihe von Biotopen verwöhnt dieser Golfclub das Golferauge. Mit seinen weitläufigen Fairways und den großzügig angelegten Grüns bietet dieser Platz jedem Golfer perfekte Bedingungen sich sportlich herausfordern zu lassen. Wohnmobilstellplätze sind vorhanden (Anmeldung erforderlich).

Pro-Shop » Basic « · Level · Kurzpl.

GolfPost 4,6/5

DGV-NR. 3368

GOLFCLUB GUT DÜNEBURG E.V.

Düneburg 1
49733 Haren (Ems)
Tel. 05932 72740
golf@gut-dueneburg.de
www.gcgd.de

Torfscheune
Tel. 05932 72740

Löcheranzahl: 18
Gegründet: 1996
Höhe: 8 m
H: 5608 m, CR 71,8, SL 131, Par 72
D: 4760 m, CR 72,7, SL 126, Par 72

Saison: ganzjährig
Mindest-HCP WT/WE: 54
Anmeldung WT/WE: Ja
Mitgl.-begl. WT/WE: Nein
VcG WT/WE: Ja

18-Loch Greenfee WT/WE: EUR 45/55

(Greenfee-Preise können je nach DGV-Ausweiskennzeichnung abweichen)

Platzcharakteristik:

Das heutige "Gut Düneburg" ist auf einen Herrensitz aus dem Jahr 1729 zurückzuführen. Die reizvolle Umgebung mit Heide, Moor und Landflächen sowie ein 300 ha großes parkähnliches Areal mit für das Emsland ungewöhnlich großem Wald bietet ideale Voraussetzungen für eine harmonische und natürliche Integration einer Golfanlage.

Pro-Shop » Basic «

Level

Kurzpl.

GolfPost 5,0/5

NS/BRE

DGV-NR. 3319

GOLFCLUB EMSTAL E.V.

GMVD

GOLF& NATUR

Beversundern 3
49808 Lingen/Ems
Tel. 0591 63837
info@gc-emstal.de
www.gc-emstal.de

Gastronomie im G.C. Emstal, Inh. Frau E.Holt
Tel. 0591 67005

Löcheranzahl: 18
Gegründet: 1977
Höhe: 30 m
H: 5980 m, CR 70,6, SL 128, Par 72
D: 5308 m, CR 72,7, SL 130, Par 72

Saison: ganzjährig
Mindest-HCP WT/WE: 53/36
Anmeldung WT/WE: Ja
Mitgl.-begl. WT/WE: Nein/Ja
VcG WT/WE: Ja

(Greenfee-Preise können je nach DGV-Ausweiskennzeichnung abweichen)

Platzcharakteristik:

Der Golfclub Emstal e.V. gilt als eine der besten Adressen im norddeutschen Raum. Eingebettet in ein Landschaftsschutzgebiet direkt an der Ems liegen die sehr abwechslungsreichen 18 Fairways. Der Golfplatzarchitekt Tony Ristola hat mit sehr viel Feingefühl die ursprüngliche 9-Loch-Anlage mit dem neuen Areal zu einem golferisch attraktiven und spannenden Parcour gestaltet. Jeder Golfspieler wird von der Vielfalt des Platzes begeistert sein. Er findet eine Parklandschaft mit markanten alten Buchen und Eichen im Wechsel mit Biotopen, Gräben und typisch emsländischer Weitläufigkeit vor. Die Gemütlichkeit des großzügigen Clubhauses bietet vor und nach dem Spiel einen angenehmen Rahmen.

Pro-Shop » Large «

Level

Kurzpl.

GolfPost 4,3/5

PADERBORN
LIPPSTADT
HAMM
DORTMUND
BOCHUM
HAGEN
ARNSBERG
Bad Arolsen
6644
Korbach
6632
Edersee
Bad Wild
6604
Frankenberg
Winterberg
Bad Berleburg
Biedenkopf
6614
Dautphetal
MARBURG
Kirchhain
Stadt-allendorf
Eschenburg
Gladenbach
Haiger
Dillenburg
6626
Herborn
Biebertal
Lollar
Wettenberg
45
Aßlar
Buseck
6643
Solms
WETZLAR
GIESSEN
Reiskchn.
Grünberg
6606
Hütten-berg
Pohlhm.
Braunfels
Linden
6629
Lich
Laubach
Weilburg
Langgöns
Hadamar
6627
5
Butzbach
Hungen
Limburg
Diez
Nidda
Bad Nauheim
6602
45
Hünfelden
Bad Camberg
6618
Usingen
6637
Friedberg
3
Neu-Anspach
Rosbach
6657
Altenstadt
Hünstetten
6653
Friedrichsdf.
BAD HOMBURG
6601
Nidderau
Idstein
Oberursel
Karben
6670
Königstein
Bad
6631
Schöneck
Bruchköbel
Niedernhausen
6613
Schwalb.
6661
Taunusstn.
Kelkhm.
Eschborn
Maintal
6611
66
Erlensee
Bad Schwalbach
Eppstein
6646
Bad Soden
FRANKFURT
HANAU
Rodenbach
6619
Hofheim
Mühlhm.
6673
6620
WIESBADEN
Kriftel
OFFENBACH
Hainbg.
Alzenau
Hattershm.
6609
Obertshsn.
Oestrich-Winkel
Eltville
6667
6621
Kelsterbach
Neu-Isenburg
6655
Geisenheim
Rüdesheim
Hochheim
Flörshm.
Heusenstamm
Seligenstadt
Raunhm.
Dreieich
6615
Dietzenbach
Mörf.-Walldorf
MAINZ
Bischofsheim
Rodgau-Walldorf
RÜSSELSHM.
Langen
Rödermark
Ginshm.-Gustavsbg.
Nauheim
6651
Babenhsn.
ASCHAFFENBURG
Münster
Trebur
Weiterstadt
Groß-Gerau
DARMSTADT
Dieburg
Großostheim
Büttelborn
Griesheim
8996
6649
Roßdorf
6641
Groß-Zimmern
Groß-Umstadt
Riedstadt
6607
Pfungstadt
Mühltal
Ober-Ramst.
Reinhm.
6639
5
Seehm.-Jugenhm.
6608
6623
6636
Bensheim
Michelstadt
6605
Heppenheim
WORMS
Bürstadt
Lorsch
Fürth
Erbach
Rhein
Mörlen-bach
6634
Lampertheim
Hemsbach
67
Viernheim
Birkenau
Wald-Michelbach
Weinheim
MANNHEIM
Eberbach
LUDWIGSHAFEN
HEIDELBG.
KAISERSLAUTERN
Bad Kreuznach
Alzey
Bingen
Ingelheim
KOBLENZ
NEUWIED
SIEGEN
Hessen
Taunus
Odenwald
Main
Rhein
Lahn
Nidda

HESSEN

DGV -Nr.	CLUB-Name	Seite
6601	Royal Homburger Golf Club 1899 e.V.	139
6602	Golf-Club Bad Nauheim e.V.	138
6603	Golf-Club Spessart e.V.	143
6604	Golfclub Bad Wildungen e.V.	130
6605	Golf Club Bensheim e.V.	149
6606	Golf-Club Schloss Braunfels e.V.	132
6607	Golf-Club Darmstadt Traisa e.V.	147
6608	Golfclub Odenwald e.V.	150
6609	Frankfurter Golf Club e.V.	136
6610	Golfclub Fulda Rhön e.V.	134
6611	Golf Club Hanau-Wilhelmsbad e.V.	141
6612	Golf Club Kassel-Wilhelmshöhe e. V.	128
6613	Golf- und Land-Club Kronberg e.V.	140
6614	Oberhessischer Golf-Club Marburg e.V.	131
6615	Golf-Club Neuhof e.V.	140
6616	Kurhessischer GC Oberaula/Bad Hersfeld	135
6618	Golfclub Taunus Weilrod e.V.	139
6619	Wiesbadener Golf-Club e.V.	151
6620	Golfclub Rhein-Main e.V.	152
6621	Golf-Club Main-Taunus e.V.	152
6623	Natur Golf-Club Geierstal e.V.	149
6625	Golf-Club Bad Orb Jossgrund e.V.	143
6626	Golfclub Dillenburg e.V.	133
6627	Attighof Golf & Country Club e.V.	133
6628	GC Lauterbach e.V. Schloß Sickendorf	135
6629	Licher GC Fürstliches Hofgut Kolnhausen	131
6631	Bad Vilbeler Golfclub Lindenhof e.V.	137
6632	Golfclub Waldeck am Edersee e.V.	130
6633	Golfclub Hofgut Praforst e.V.	134
6634	Golf- und Land-Club Buchenhof Hetzbach	150
6635	Golf Club Zierenberg - Gut Escheberg	129
6636	Golf-Club Biblis-Wattenheim e.V.	155
6637	Golfpark am Löwenhof / GC Friedberg/H.	138
6639	Golf-Club Gernsheim Hof Gräbenbruch	148
6641	Zimmerner Golfclub 1995 e.V.	151
6643	Golf-Club Winnerod e.V.	132
6644	Golf- und Landclub Bad Arolsen e.V.	129
6646	Golfclub Hof Hausen vor der Sonne e.V.	154
6649	KIAWAH Golfpark	147
6651	Golfpark Bachgrund e.V.	148
6653	Golfpark Idstein	154
6654	Golfpark Gut Hühnerhof	142
6655	Golfclub Seligenstadt am Kortenbach	141
6657	Golfplatz Altenstadt GmbH & Co. KG	144
6661	Golf-Club Golf Range Frankfurt	136
6662	Golfclub am Schottenring e.V.	144
6668	GolfPark Gudensberg	128
6670	Hofgut Georgenthal	153
6673	Golf absolute-Trages	142
8803	Aschaffenburger Golfclub e.V.	145
8906	Golfclub Gut Sansenhof e.V.	146
8926	Golfclub Miltenberg - Erftal e.V.	146
8996	Golfpark Rosenhof GmbH	145

(Die rot hinterlegten Clubs nehmen an der Köllen Golf Gutschein-Aktion teil)

DGV-NR. 6612

GOLF CLUB KASSEL-WILHELMSHÖHE E. V.

Ehlener Straße 21
34131 Kassel
Tel. 0561 33509
mail@golfclub-kassel.de
www.golfclub-kassel.de

Michaela & Francois Heuertz
Tel. 0561 3168636

Löcheranzahl: 18
Gegründet: 1958
Höhe: 510 m
H: 5627 m, CR 71,9, SL 136, Par 70
D: 4877 m, CR 72,3, SL 132, Par 70

Saison: Mai-Oktober
Mindest-HCP WT/WE: 54
Anmeldung WT/WE: Nein
Mitgl.-begl. WT/WE: Nein
VcG WT/WE: Ja

18-Loch Greenfee WT/WE: EUR 50/70

(Greenfee-Preise können je nach DGV-Ausweiskennzeichnung abweichen)

Platzcharakteristik:

Der Golf Club Kassel-Wilhelmshöhe e.V ist seit über 55 Jahren der Golfclub Nr. 1 in Nordhessen und einer der schönsten Golfplätze Hessens. Mitten im größten Bergpark Europas, 2013 als Weltkulturerbe ausgezeichnet, liegt die einzigartige Golfanlage und bietet seinen Gästen und Mitgliedern sportliche Herausforderungen, menschliches Miteinander und eine exzellente Qualität in Service und Gastfreundschaft.

Pro-Shop » Basic « | Level | Kurzpl.

GolfPost 4,5/5

HES

DGV-NR. 6668

GOLFPARK GUDENSBERG

Ziegelei 1
34281 Gudensberg
Tel. 05603 930730
info@golfpark-gudensberg.de
www.golfpark-gudensberg.de

Bistro & Biergarten
Tel. 05603 930730
info@golfpark-gudensberg.de

Löcheranzahl: 9
Gegründet: 2010
H: 3136 m, CR 58,8, SL 102, Par 58
D: 3016 m, CR 59,7, SL 90, Par 58

Saison: ganzjährig
Mindest-HCP WT/WE: PR
Anmeldung WT/WE: Nein
Mitgl.-begl. WT/WE: Nein
VcG WT/WE: Ja

Tages-Greenfee WT/WE: EUR 28/30

(Greenfee-Preise können je nach DGV-Ausweiskennzeichnung abweichen)

Platzcharakteristik:

Im GolfPark Gudensberg gibt es zahlreiche Angebote, die Sie mit der ganzen Familie nutzen können. Vom Spiel-Golf – eine Art Minigolf XXL – über Anfänger- und Schnupperkurse für Kinder und Erwachsene bis zum Indoor Golf-Simulator. Verbringen Sie Zeit mit ihren Liebsten und erleben Sie eine unglaubliche Erfahrung mit dem wunderschönen Golfsport! Neu seit 2019: die Fußball Golfanlage!

Natürlich ist auch für Ihr leibliches Wohl und das Ihrer Familie gesorgt. In unserem Bistro und Biergarten im alten Ziegelei Innenhof können Sie bei einem kühlen Getränk oder einem leichten Snack ganz einfach mal die Seele baumeln lassen und vom hektischen Alltagsstress abschalten.

Pro-Shop » Basic « | Level | Kurzpl.

GolfPost 4,5/5

DGV-NR. 6635

GOLFCLUB ESCHEBERG

Gut Escheberg
34289 Zierenberg
Tel. 05606 531972
sekretariat@golfclub-escheberg.de
www.golfclub-escheberg.de
05606 5631014

Löcheranzahl: 18
Gegründet: 1990
Höhe: 284 m
H: 6083 m, CR 71,2, SL 123, Par 72
D: 5354 m, CR 72,9, SL 126, Par 72

Saison: März-Oktober
Mindest-HCP WT/WE: PR
Anmeldung WT/WE: Nein/Ja
Mitgl.-begl. WT/WE: Ja/Nein
VcG WT/WE: Ja

18-Loch Greenfee WT/WE: EUR 45/55

(Greenfee-Preise können je nach DGV-Ausweiskennzeichnung abweichen)

Platzcharakteristik:

Der Golfplatz Zierenberg Gut Escheberg besitzt eine romantische fast märchenhafte Atmosphäre. Ruhig, aber dennoch zentral vor den Toren Kassels gelegen, abseits viel befahrener Straßen, bietet die Golfanlage Raum für Entspannung und zugleich sportliche Herausforderung.

Pro-Shop » Basic « | Level | Kurzpl.

GolfPost 4,1/5

DGV-NR. 6644

GOLF- UND LANDCLUB BAD AROLSEN E.V.

Zum Wiggenberg 33
34454 Bad Arolsen
Tel. 05691 628444
info@golf-arolsen.de
www.golf-arolsen.de
Mac Birdies
Tel. 05691 806800
dan.fran@gmx.de
Ruhetag: dienstags
Daniel Franke

Löcheranzahl: 9
Gegründet: 1997
Höhe: 350 m
Twistesee
H: 3796 m, CR 62,5, SL 114, Par 63
D: 3306 m, CR 61,6, SL 108, Par 63

Saison: ganzjährig
Mindest-HCP WT/WE: 54
Anmeldung WT/WE: Ja
Mitgl.-begl. WT/WE: Nein
VcG WT/WE: Ja

18-Loch Greenfee WT/WE: EUR 44/54

(Greenfee-Preise können je nach DGV-Ausweiskennzeichnung abweichen)

2:1

Platzcharakteristik:

9 Loch Golfanlage mit großzügigem Übungsareal und 18 Loch Adventure Golf. Oberhalb vom Twistesee, eingebettet in die sanfte Hügellandschaft des Waldecker Landes und umgeben von der herrlichen Waldlandschaft Bad Arolsen, liegt die Anlage mit einem für die Region einmaligen Trainingsareal. Golfer aller Spielstärken schätzen den durchweg guten Pflegezustand und die Möglichkeit, eine schnelle Runde Golf mit sportlicher Herausforderung zu kombinieren. Besonders das Inselgrün verlangt den Spielern aufgrund der wechselnden Windverhältnisse alles ab. Genießen Sie den Ausblick von der sonnigen Clubhausterrasse über das Inselgrün zum Twistesee.
Komplettiert wird das Golferlebnis durch die 2016 entstandene Adventuregolf Anlage für die ganze Familie.

Pro-Shop » Large « | Level | Kurzpl.

GolfPost 4,8/5

HES

DGV-NR. 6632

GOLFCLUB WALDECK AM EDERSEE E.V.

Domänenweg 12
34513 Waldeck
Tel. 05623 99890
info@golfeninwaldeck.de
www.golfeninwaldeck.de

Restaurant Schlossblick
Tel. 05623 9989-18

Löcheranzahl: 27
Gegründet: 1992
Höhe: 400 m
Herren
Weiss 6373 m, CR 74,4, SL 136, Par 72
Gelb 6060 m, CR 72,8, SL 135, Par 72
Blau 5735 m, CR 71,3, SL 133, Par 72
Rot 5292 m, CR 68,7, SL 126, Par 70
Damen
Blau 5735 m, CR 77,4, SL 134, Par 72
Rot 5292 m, CR 74,3, SL 129, Par 72

Saison: Januar- Dezember
Mindest-HCP WT/WE: 54
Anmeldung WT/WE: Ja
Mitgl.-begl. WT/WE: Nein
VcG WT/WE: Ja

18-Loch Greenfee WT/WE: EUR 45/55

(Greenfee-Preise können je nach DGV-Ausweiskennzeichnung abweichen)

Platzcharakteristik:

Die Golfanlage ist ca. 40 km von Kassel entfernt und liegt in einer landschaftlich äußerst reizvollen Lage in Nähe des Edersees und dem historischen Schloß Waldeck. Die Anlage ist teilöffentlich und bietet auf dem Kurzplatz auch ohne PE und Hcp für alle eine Spielmöglichkeit. Die 27-Loch-Anlage erstreckt sich über ein Gebiet von 98 ha und bietet für Spieler jeder Spielstärke ein variantenreiches und attraktives Spiel.

Pro-Shop » Basic « | Level | Kurzpl.

GolfPost 4,5/5

DGV-NR. 6604

GOLFCLUB BAD WILDUNGEN E.V.

Talquellenweg 33
34537 Bad Wildungen
Tel. 05621 3767
gc-bad-wildungen@t-online.de
www.gc-bad-wildungen.de

Loch 19
Öffentliche Gastronomie mit Sonnenterrasse.

Löcheranzahl: 9
Gegründet: 1930
Höhe: 300 m
H: 5547 m, CR 70,5, Slope 136, Par 70
D: 4951 m, CR 72,4, Slope 134, Par 70

Saison: ganzjährig
Mindest-HCP WT/WE: 54
Anmeldung WT/WE: Ja
Mitgl.-begl. WT/WE: Nein
VcG WT/WE: Ja

18-Loch Greenfee WT/WE: EUR 50/60

(Greenfee-Preise können je nach DGV-Ausweiskennzeichnung abweichen)

%

Platzcharakteristik:

Diese Anlage gehört nicht nur zu den ältesten in Hessen, sondern auch mit zu den interessantesten 9 Lochanlagen in Deutschland. Begründet wird dies vor allem durch den größtenteils historischen, unter Landschaftsschutz stehenden Baumbestand, der das Golfspiel zu einer wahren naturkundlichen Exkursion werden lässt. Immer wieder gilt es, Solitärbäume oder Baumgruppen um- bzw. zu überspielen.

Pro-Shop » Basic « | Level | Kurzpl.

GolfPost 4,3/5

DGV-NR. 6614

OBERHESSISCHER GOLF-CLUB MARBURG E.V.

Maximilianenhof
35091 Cölbe-Bernsdorf
Tel. 06427 92040
info@golf-club-marburg.de
www.golf-club-marburg.de

Maximilianenhof
Tel. 06427 920421

Löcheranzahl: 18
Gegründet: 1973
H: 6003 m, CR 71,8, SL 136, Par 72
D: 5156 m, CR 72,8, SL 131, Par 72

Saison: ganzjährig
Mindest-HCP WT/WE: 45
Anmeldung WT/WE: Ja
Mitgl.-begl. WT/WE: Nein
VcG WT/WE: Ja

18-Loch Greenfee WT/WE: EUR 55/75

(Greenfee-Preise können je nach DGV-Ausweiskennzeichnung abweichen)

2:1

Platzcharakteristik:

Der Platz liegt in einer hügeligen Landschaft und bietet einen weitreichenden Blick auf die umliegenden Wiesen, Wälder und Dörfer. Wenig Wasserhindernisse und ein größtenteils alter Baumbestand kennzeichnen den Platz. Die Bunker sind insgesamt gut platziert. Alles in allem sehr abwechslungsreich; jedes Loch hat seinen eigenen Charakter.

Pro-Shop » Large « | Level | Kurzpl.

GolfPost 4,8/5

DGV-NR. 6629

LICHER GC FÜRSTLICHES HOFGUT KOLNHAUSEN E.V.

GMVD

Golfplatz Kolnhausen
35423 Lich
Tel. 06404 91071
info@licher-golf-club.de
www.licher-golf-club.de

Luisa's Restaurant
Tel. 06404 910743
info@luisas-restaurant.de
www.luisas-restaurant.de
Öffnungszeiten: Mo-So ab 11 Uhr

Löcheranzahl: 18
Gegründet: 1992
Höhe: 171 m
H: 5928 m, CR 71,8, SL 130, Par 72
D: 5111 m, CR 72,6, SL 128, Par 72

Saison: ganzjährig
Mindest-HCP WT/WE: 54/45
Anmeldung WT/WE: Ja
Mitgl.-begl. WT/WE: Nein
VcG WT/WE: Ja

18-Loch Greenfee WT/WE: EUR 75/100

(Greenfee-Preise können je nach DGV-Ausweiskennzeichnung abweichen)

Platzcharakteristik:

Nur eine halbe Autostunde von Frankfurt entfernt liegt diese Anlage eingebettet in eine reizvolle Wiesen- und Flachwasserlandschaft. Der Platz erfordert variantenreiche Schlagtechnik und bietet durch mehrere Abschläge und große Greens für Spieler unterschiedlicher Handicap-Klassen viele Finessen. Die 10 ist beidseitig durch Flachwasser begrenzt und fordert ein platziertes Spiel.

Pro-Shop » Large « | Level | Kurzpl.

GolfPost 5,0/5

HES

DGV-NR. 6643

GOLF-CLUB WINNEROD E.V.

Parkstrasse 22
35447 Reiskirchen
Tel. 06408 95130
info@golfpark.de
www.golfpark.de
Park Restaurant
Tel. 06408 9513-23
reservierung@golfpark-restaurant.de

Löcheranzahl: 27
Gegründet: 1986
Höhe: 200 m
18-Loch Meisterschaftsplatz
H: 6196 m, CR 71,7, SL 131, Par 72
D: 5436 m, CR 73,5, SL 124, Par 72
9-Loch Kurzplatz (öffentlich)

Saison: ganzjährig
Mindest-HCP WT/WE: 54
Anmeldung WT/WE: Ja
Mitgl.-begl. WT/WE: Nein
VcG WT/WE: Ja

18-Loch Greenfee WT/WE: EUR 55/75

(Greenfee-Preise können je nach DGV-Ausweiskennzeichnung abweichen)

2:1

Community Award
Empfehlung 2022

Platzcharakteristik:

Auf dem von Michael Pinner designten, offiziell im April 1999 eröffneten Meisterschaftskurs, genießt man herrliche Ausblicke auf Taunus und Vogelsberg. Mit durchschnittlich vier Abschlägen je Spielbahn sowie den breiten und einladenden Fairways und stark ondulierten Grüns bietet dieser Platz Spielern, vom ambitionierten Freizeitgolfer bis hin zum Profi, interessante und herausfordernde Varianten.

Pro-Shop » Large «
Level
Kurzpl.

GolfPost 4,6/5

HES

DGV-NR. 6606

GOLF-CLUB SCHLOSS BRAUNFELS E.V.

Homburger Hof
35619 Braunfels
Tel. 06442 4530
info@golfclub-braunfels.de
www.golfclub-braunfels.de
Homburger Hof
Tel. 06442 9591515

Löcheranzahl: 18
Gegründet: 1970
Höhe: 300 m
H: 5940 m, CR 71,7, SL 127, Par 73
D: 5216 m, CR 73,0, SL 127, Par 73

Saison: Januar - Dezember
Mindest-HCP WT/WE: 54
Anmeldung WT/WE: Ja
Mitgl.-begl. WT/WE: Nein
VcG WT/WE: Ja

18-Loch Greenfee WT/WE: EUR 65/80

(Greenfee-Preise können je nach DGV-Ausweiskennzeichnung abweichen)

2:1

Community Award
Empfehlung 2022

Platzcharakteristik:

Der Platz liegt in der hügeligen Landschaft der Nordausläufer des Taunus auf einem ehemaligen Gutshofgelände der Fürsten zu Solms-Braunfels. Auf dem leicht hügeligen Gelände mit Feuchtbiotopen und uralten Teichen verlaufen die Spielbahnen an jahrhunderte alten Baumbeständen vorbei, über Kastanienalleen bis zum höchsten Punkt des Platzes, der einen herrlichen Ausblick über den Lahn-Dill-Kreis ermöglicht.

Pro-Shop » Basic «
Level
Kurzpl.

GolfPost 4,8/5

DGV-NR. 6627

ATTIGHOF GOLF & COUNTRY CLUB E.V.

Attighof 1
35647 Waldsolms
Tel. 06085 9812-0
info@attighof.de
www.attighof.de

Golfhaus Restaurant
Tel. 06085 9812-20

Löcheranzahl: 18
Gegründet: 1990
Höhe: 380 m
H: 5748 m, CR 71,3, SL 131, Par 72
D: 5110 m, CR 72,8, SL 131, Par 72

Saison: ganzjährig
Mindest-HCP WT/WE: 54
Anmeldung WT/WE: Ja
Mitgl.-begl. WT/WE: Nein
VcG WT/WE: Ja

18-Loch Greenfee WT/WE: EUR 49/69

(Greenfee-Preise können je nach DGV-Ausweiskennzeichnung abweichen)

2:1

Platzcharakteristik:

Der Platz liegt wunderschön auf den Ausläufern des Hintertaunus im Norden Frankfurts. Auf einem über 80 ha umfassenden Areal angelegt, bietet er einen leicht anspruchsvollen aber dabei sehr abwechslungsreichen Naturparcours. Erholung pur in netter Gesellschaft. Berühmt ist der Attighof nicht alleine durch seine 5-Sterne Klassifizierung. Die nette freundliche Aufnahme der Gäste von Mitgliedern und dem Management wird oft gelobt.

Über 60 Bunker und einige Wasserhindernisse zieren dabei die Fairways und verlangen Technik und Übersicht.

Pro-Shop » Large «
Level
Kurzpl.

GolfPost 4,8/5

DGV-NR. 6626

GOLFCLUB DILLENBURG E.V.

Auf dem Altscheid
35687 Dillenburg
Tel. 02771 5001
info@gc-dillenburg.de
www.gc-dillenburg.de

Tel. 02771 5002

Löcheranzahl: 18
Gegründet: 1979
Höhe: 220 m
H: 5988 m, CR 71,2, SL 130, Par 72
D: 5269 m, CR 73,0, SL 126, Par 72

Saison: ganzjährig
Mindest-HCP WT/WE: 54
Anmeldung WT/WE: Nein
Mitgl.-begl. WT/WE: Nein
VcG WT/WE: Ja

18-Loch Greenfee WT/WE: EUR 50/60

(Greenfee-Preise können je nach DGV-Ausweiskennzeichnung abweichen)

2:1

Platzcharakteristik:

Am Rande des Westerwaldes gelegen, erstrecken sich die Spielbahnen über ein 65 ha großes Areal. Die Fairways führen kreisförmig um das Clubhaus herum. An fast allen Stellen des Platzes bietet sich dem Golfer ein weitreichender Ausblick auf den Westerwald. Die maximalen Höhenunterschiede liegen bei 40 m. Am höchsten Punkt hat man einen Überblick über das gesamte Spielgeschehen.

Pro-Shop » Large «
Level
Kurzpl.

GolfPost 4,5/5

HES

DGV-NR. 6633

GOLFCLUB HOFGUT PRAFORST E.V.

Dr.Detl. Rudelsd. Allee 3
36088 Hünfeld
Tel. 06652 9970
info@praforst.de
www.praforst.de
Zur Praforst Sonne
Tel. 06652 7473529
Ruhetag: montags

Löcheranzahl: 27
Gegründet: 1992
Höhe: 270 m
Ostkurs (18 Loch)
H: 6036 m, CR 71,9, SL 129, Par 72
D: 5317 m, CR 73,7, SL 129, Par 72
Westkurs (9 Loch)
H: 2592 m, Par 34
D: 2152 m, Par 34

Saison: 01.04.-15.11.
Mindest-HCP WT/WE: 54
Anmeldung WT/WE: Nein/Ja
Mitgl.-begl. WT/WE: Nein
VcG WT/WE: Ja

18-Loch Greenfee WT/WE: EUR 55/65

(Greenfee-Preise können je nach DGV-Ausweiskennzeichnung abweichen)

Platzcharakteristik:

Die 18-Loch-Anlage des Ostkurses erstreckt sich über ein Gelände von ca. 110 ha. Vom Golfplatz aus bietet die Anlage dem Betrachter einen Panoramablick in die Rhön und auf das Hessische Kegelspiel. Die zeitgerechte Golfanlage bietet optimale Trainingsmöglichkeiten auf einer der größten Ranges Deutschlands. Die 9 Löcher des Westkurses erstrecken sich über insgesamt ca. 35 ha auf derselben Anlage.

Pro-Shop » Basic « | Level | Kurzpl.

GolfPost 4,7/5

HES

DGV-NR. 6610

GOLFCLUB FULDA RHÖN E.V.

Am Golfplatz 35
36145 Hofbieber
Tel. 06657 1334
info@golfclub-fulda.de
www.golfclub-fulda.de
Panorama,
Anita De Marchi
Tel. 06657 918232

Löcheranzahl: 18
Gegründet: 1971
Höhe: 420 m
H: 5521 m, CR 68,6, SL 126, Par 70
D: 4901 m, CR 70,5, SL 123, Par 70

Saison: April-November
Mindest-HCP WT/WE: 54
Anmeldung WT/WE: Ja
Mitgl.-begl. WT/WE: Nein
VcG WT/WE: Ja

18-Loch Greenfee WT/WE: EUR 50/60

(Greenfee-Preise können je nach DGV-Ausweiskennzeichnung abweichen)

2:1

Platzcharakteristik:

Von den meisten Punkten der Anlage hat man einen fantastischen Panoramablick auf die Rhön mit Wasserkuppe, Milseburg, Schloß Bieberstein, Vogelsberg, den Knüll und die Barockstadt Fulda. Ein respektabler Baumbestand verleiht dem Platz zusätzlichen Reiz. Vom Golfer wird "Spiel mit Köpfchen" verlangt, denn einige der sehr großzügig angelegten Bahnen sind als "Blind-Holes" angelegt.

Pro-Shop » Basic « | Level | Kurzpl.

GolfPost 5,0/5

DGV-NR. 6616

KURHESSISCHER GOLFCLUB

Peter-Bickhardt-Allee 1
36280 Oberaula
Tel. 06628 91540
info@kurhessischer-golfclub.de
www.kurhessischer-golfclub.de
Golfrestaurant
Oberaula/Hausen
Tel. 06628 8454

Löcheranzahl: 18
Gegründet: 1987
Höhe: 380 m
H: 6041 m, CR 71,7, SL 133, Par 72
D: 5324 m, CR 73,4, SL 129, Par 72

Saison: ganzjährig
Mindest-HCP WT/WE: 54
Anmeldung WT/WE: Nein
Mitgl.-begl. WT/WE: Nein
VcG WT/WE: Ja

18-Loch Greenfee WT/WE: EUR 50/60

(Greenfee-Preise können je nach DGV-Ausweiskennzeichnung abweichen)

2:1

Platzcharakteristik:

In den sanften Hügeln des Kurhessischen Berglands inmitten der Tourismusregion Waldhessen liegt die Golfanlage Oberaula. 18 abwechslungsreiche Spielbahnen fügen sich harmonisch in die Natur des Knüllwalds ein und fordern geübte Golfer und Neueinsteiger gleichermaßen. Unser umfangreiches Angebot wird abgerundet von perfekten Trainingsmöglichkeiten und einem großzügigen Clubhaus mit gepflegter Gastronomie und engagiertem Service.

Pro-Shop » Basic « | Level | Kurzpl.

GolfPost 4,0/5

HES

DGV-NR. 6628

GOLFCLUB LAUTERBACH E.V.

Hofstraße 9-11
36341 Lauterbach
Tel. 06641 96130
office@gc-lauterbach.de
www.gc-lauterbach.de
Gutshof
Tel. 06641 9613-12
restaurant@gc-lauterbach.de
Ruhetag: montags

Löcheranzahl: 18
Gegründet: 1990
Höhe: 400 m
H: 6020 m, CR 72,4, SL 125, Par 72
D: 5181 m, CR 73,3, SL 128, Par 72

Saison: ganzjährig
Mindest-HCP WT/WE: 54
Anmeldung WT/WE: Ja
Mitgl.-begl. WT/WE: Nein
VcG WT/WE: Ja

18-Loch Greenfee WT/WE: EUR 40/60

(Greenfee-Preise können je nach DGV-Ausweiskennzeichnung abweichen)

Platzcharakteristik:

Nur unweit der Stadt Lauterbach liegt diese sehr gepflegte Anlage auf einem 100 ha umfassenden leicht hügeligem Platz mit Höhenunterschieden von bis zu 40 m. Die reizvolle Landschaft des Vogelberges und der ehemalige Schlossbereich bieten ein angenehmes Ambiente. Der Platz verfügt über viele markante alte Eichen und Baumgruppen sowie viele Wasser-, Sand- und Geländehindernisse, die nicht nur Präzision, sondern auch strategisches Spiel erfordern.

Pro-Shop » Basic « | Level | Kurzpl.

GolfPost 5,0/5

DGV-NR. 6661

GOLF-CLUB GOLF RANGE FRANKFURT

Am Martinszehnten 6
60437 Frankfurt a.M.
Tel. 069 950927-44
info@golfrange-ffm.de
www.golfrange-ffm.de
Club-Restaurant
Tel. 069 95092860
www.bistrogolfrange-ffm.de

Löcheranzahl: 9
Gegründet: 2001
9-Loch Kurzplatz
H: 3276 m, CR 60,5, SL 119, Par 62
D: 2814 m, CR 60,2, SL 109, Par 62

Saison: ganzjährig
Mindest-HCP WT/WE: PR
Anmeldung WT/WE: Ja
Mitgl.-begl. WT/WE: Nein
VcG WT/WE: Ja

18-Loch Greenfee WT/WE: EUR 50/60

(Greenfee-Preise können je nach DGV-Ausweiskennzeichnung abweichen)

Platzcharakteristik:

Kompakte City-Golfanlage vor den Toren Frankfurts mit großzügiger Driving-Range und anspruchsvoller 9-Loch Anlage. Empfehlenswerte Gastronomie.

Pro-Shop » Basic « Level Kurzpl.

GolfPost 4,0/5

DGV-NR. 6609

FRANKFURTER GOLF CLUB E.V.

GOLF& NATUR

Golfstr. 41
60528 Frankfurt am Main
Tel. 069 66623180
info@fgc.de
www.fgc.de
FGC Gastronomie,
Michael Grehl
Tel. 069 6662318-19
gastronomie@fgc.de

Löcheranzahl: 18
Gegründet: 1913
H: 6040 m, CR 72,4, SL 136, Par 71
D: 5298 m, CR 73,9, SL 130, Par 71

Saison: ganzjährig
Mindest-HCP WT/WE: 32
Anmeldung WT/WE: Nein/Ja
Mitgl.-begl. WT/WE: Nein/Ja
VcG WT/WE: Ja

18-Loch Greenfee WT/WE: EUR 90/110

(Greenfee-Preise können je nach DGV-Ausweiskennzeichnung abweichen)

Platzcharakteristik:

Der Frankfurter Golf Club ist einer der ältesten Golfclubs Deutschlands. Der perfekt in die Landschaft des Stadtwaldes eingefügte Parkland Course, ist eine 64 ha große Oase innerhalb der wuchernden Metropole. Der renommierte Meisterschaftsplatz präsentiert sich sportlich anspruchsvoll und abwechslungsreich. Raffiniert geschnittene Fairways erfordern ein präzises Spiel. Namenhafte Golfer wie Henry Cotton, Jack Nicklaus, Severiano Ballesteros und Bernhard Langer haben in der Vergangenheit schon in Frankfurt ihr Können unter Beweis gestellt. Absolutes Highlight und ein Muss an schönen Sommertagen: eine Pause auf der einzigartigen Clubhausterrasse. Ein Besuch in Frankfurt lohnt sich!

Pro-Shop » Basic « Level Kurzpl.

GolfPost 4,8/5

DGV-NR. 6631

BAD VILBELER GOLFCLUB LINDENHOF E.V.

Lehnfurther Weg 1
61118 Bad Vilbel
Tel. 06101 9893730
info@bvgc.de
www.bvgc.de

Golfhotel und Restaurant
Lindenhof, Tel. 06101 5245140
info@golfhotel-lindenhof.de
www.golfhotel-lindenhof.de
Ruhetag: montags

Löcheranzahl: 18
Gegründet: 1994
Höhe: 115 m
H: 6068 m, CR 71,6, SL 127, Par 72
D: 5228 m, CR 72,9, SL 125, Par 72

Saison: ganzjährig
Mindest-HCP WT/WE: 54/36
Anmeldung WT/WE: Ja
Mitgl.-begl. WT/WE: Nein
VcG WT/WE: Ja

18-Loch Greenfee WT/WE: EUR 70/80

(Greenfee-Preise können je nach DGV-Ausweiskennzeichnung abweichen)

Platzcharakteristik:

Dieser Platz zählt zu den jahreszeitlich am längsten bespielbaren Plätzen der Region. Die Fairways liegen im Tal der Nidda in absolut ruhiger Lage. Die Konzentration und Ruhe wird nicht durch Auto- oder Flugverkehr beeinträchtigt. Der sportliche und naturverbundene Charakter der Anlage wird durch großzügige Bepflanzung, 37.470 qm Wasserfläche und über 60 Bunker geprägt.

Pro-Shop » Large «

Level

Kurzpl.

GolfPost 4,7/5

HES

DGV-NR. 6637

GOLFPARK AM LÖWENHOF / GOLFCLUB FRIEDBERG/H.

Am Golfplatz
61169 Friedberg
Tel. 06031 1619980
office@golf-loewenhof.de
www.golf-loewenhof.de
Gastronomie vorhanden

Löcheranzahl: 27
Gegründet: 1996
Höhe: 200 m
Südkurs (18-Loch)
H: 6040 m, CR 72,5, SL 124, Par 72
D: 5077 m, CR 72,7, SL 121, Par 72
Nordkurs (9 Loch, öffentlich)
H: 1888 m, CR 61,8, SL 108, Par 32

Saison: ganzjährig
Mindest-HCP WT/WE: 54/45
Anmeldung WT/WE: Nein
Mitgl.-begl. WT/WE: Nein
VcG WT/WE: Ja

18-Loch Greenfee WT/WE: EUR 68/84

(Greenfee-Preise können je nach DGV-Ausweiskennzeichnung abweichen)

Platzcharakteristik:

Die 27-Loch-Anlage befindet sich 25 km von Frankfurt und ist aufgrund der vielen Wasserhindernisse, die an 12 Bahnen ins Spiel eingreifen - inklusive eines Inselgrüns am 7. Loch -, als technisch anspruchsvoll zu bezeichnen. Die Anlage bietet schöne Panoramablicke über Frankfurt und Wetterau bis in den Vogelsberg. Der öffentliche 9-Loch-Platz charakterisiert sich durch kleine Grüns und viele Hanglagen.

Pro-Shop » Basic « | Level | Kurzpl.

GolfPost 4,8/5

HES

DGV-NR. 6602

GOLF-CLUB BAD NAUHEIM E.V.

Nördlicher Park 21
61231 Bad Nauheim
Tel. 06032 2153
info@gcbadnauheim.de
www.gcbadnauheim.de
Golfclub Bad Nauheim
Tel. 06032 9358940
info@villa-loggia.de

Löcheranzahl: 9
Gegründet: 1956
H: 5282 m, CR 67,3, SL 128, Par 68
D: 4682 m, CR 68,7, SL 123, Par 68

Saison: März-November
Mindest-HCP WT/WE: 54/42
Anmeldung WT/WE: Ja
Mitgl.-begl. WT/WE: Nein
VcG WT/WE: Ja

18-Loch Greenfee WT/WE: EUR 50/60

(Greenfee-Preise können je nach DGV-Ausweiskennzeichnung abweichen)

2:1

Platzcharakteristik:

Der Golf-Club Bad Nauheim e.V. ist ein sportlicher Club mit einem leicht begehbaren Platz, der stark eingebunkerte Greens aufweist. Das Areal ist relativ flach und von viel Wald und einigen Sehenswürdigkeiten (Münzenburg, Römischer Turm, Saalburg usw.) umgeben. Das Clubhaus stammt aus der Jahrhundertwende und ist im englischen Kolonialstil erbaut.

Pro-Shop » Basic « | Level | Kurzpl.

GolfPost 4,5/5

DGV-NR. 6618

GOLFCLUB TAUNUS WEILROD E.V.

Merzhäuser Straße 29
61276 Weilrod
Tel. 06083 95050
kontakt@golfclub-weilrod.de
www.golfclub-weilrod.de

Branko´s Restaurant
Tel. 06083 9505-12
kontakt@golfclub-weilrod.de

Löcheranzahl: 18
Gegründet: 1979
Höhe: 400 m
H: 5909 m, CR 71,4, SL 124, Par 72
D: 5148 m, CR 72,6, SL 126, Par 72

Saison: ganzjährig
Mindest-HCP WT/WE: 54/36
Anmeldung WT/WE: Ja
Mitgl.-begl. WT/WE: Nein
VcG WT/WE: Ja

18-Loch Greenfee WT/WE: EUR 45/55

(Greenfee-Preise können je nach DGV-Ausweiskennzeichnung abweichen)

Platzcharakteristik:

Die Anlage des Golfclubs liegt mitten im Landschaftsschutzgebiet des Naturparks Hochtaunus. Auf sanft hügeligem Gelände ziehen sich die Golfbahnen um den Berg Altkolum. Nur 30 Minuten von den Rhein-Main Metropolen Frankfurt und Wiesbaden entfernt, findet der Golfer auf dieser Anlage Erholung und Entspannung ohne Straßen- und Umweltlärm.

Pro-Shop » Large « | Level | Kurzpl.

GolfPost 4,6/5

DGV-NR. 6601

ROYAL HOMBURGER GOLF CLUB 1899 E.V.

An der Karlsbrücke 10
61350 Bad Homburg
Tel. 06172 306808
info@royal-hgc.de
www.royal-hgc.de

New Course: Restaurant 1899
Tel. 06172 5972900
Old Course: Golfhaus Restaurant
www.golfhaus-restaurant.de
Ruhetag: jeweils montags

Löcheranzahl: 18
Gegründet: 1899
Höhe: 230 m
New Course (18 Loch)
H: 4358 m, CR 64,6, SL 119, Par 66
D: 3862 m, CR 66,1, SL 113, Par 66
Old Course (6 Loch Kurzplatz)

Saison: ganzjährig
Mindest-HCP WT/WE: 54/36
Anmeldung WT/WE: Nein/Ja
Mitgl.-begl. WT/WE: Nein
VcG WT/WE: Ja

18-Loch Greenfee WT/WE: EUR 45/75

(Greenfee-Preise können je nach DGV-Ausweiskennzeichnung abweichen)

2:1

Platzcharakteristik:

Ein Golfclub mit einzigartiger Geschichte. Auch von Mitgliedern des englischen Königshauses gegründet, entstand ab 1889 der erste Golfplatz auf deutschem Boden – 2013 erhielt der Club als einziger deutscher Golf Club den Titel ROYAL von Queen Elizabeth II. verliehen. Heute verfügt der RHGC über zwei Plätze und zwei Clubhäuser in traumhafter Lage. Der historische OLD COURSE im Kurpark ist als PAR-3 6-Loch-Platz ein idealer Trainingsplatz für das kurze Spiel. Der anspruchsvolle 18-Loch-Platz NEW COURSE Röderwiesen lässt das Golferherz ebenfalls höher schlagen. An den Taunushöhen unmittelbar am Stadtrand von Bad Homburg liegend, bietet der NEW COURSE Golfspaß pur.

Pro-Shop » Basic « | Level | Kurzpl.

GolfPost 4,5/5

HES

DGV-NR. 6613

GOLF- UND LAND-CLUB KRONBERG E.V.

Hainstraße 25
61476 Kronberg
Tel. 06173 1426
info@gc-kronberg.de
www.gc-kronberg.de

Casino Golf- und Land-Club Kronberg
Tel. 06173 79049

Löcheranzahl: 18
Gegründet: 1954
Höhe: 250 m
H: 4939 m, CR 68,2, SL 125, Par 68
D: 4434 m, CR 70,0, SL 126, Par 68

Saison: je nach Wetterlage
Mindest-HCP WT/WE: 36
Anmeldung WT/WE: Nein
Mitgl.-begl. WT/WE: Nein/Ja
VcG WT/WE: Ja

18-Loch Greenfee WT/WE: EUR 80/95

(Greenfee-Preise können je nach DGV-Ausweiskennzeichnung abweichen)

Platzcharakteristik:

Die anspruchsvolle Golfanlage ist herrlich im Park des Schlosses Friedrichshof (Schloßhotel Kronberg) gelegen. Der Charakter der Anlage wird sehr stark durch die vielfältige und teilweise exotische Vegetation geprägt, die parkähnlich die engen Spielbahnen begleitet.

Pro-Shop » Basic « | Level | Kurzpl.

Golf Post 5,0/5

HES

DGV-NR. 6615

GOLF-CLUB NEUHOF E.V.

Hofgut Neuhof
63303 Dreieich
Tel. 06102 327010
info@golfclubneuhof.de
www.golfclubneuhof.de

Steffen Schenk
Tel. 06102 320602
golfrestaurant-neuhof@gmx.de
Ruhetag: montags

Löcheranzahl: 27
Gegründet: 1984
Höhe: 190 m
Course Rot-Gelb (18 Loch)
H: 5839 m, CR 71,5, SL 137, Par 72
D: 5100 m, CR 73,0, SL 134, Par 72
Course Blau (9 Loch)
H: 3055 m, CR 73,1, SL 126, Par 36

Saison: ganzjährig
Mindest-HCP WT/WE: 36
Anmeldung WT/WE: Nein/Ja
Mitgl.-begl. WT/WE: Nein/Ja
VcG WT/WE: Nein

18-Loch Greenfee WT/WE: EUR 80/100

(Greenfee-Preise können je nach DGV-Ausweiskennzeichnung abweichen)

Platzcharakteristik:

Der Golf-Club Neuhof liegt ideal erreichbar mitten im Herzen der Metropolregion Rhein-Main – nur 15 km von der Stadtmitte Frankfurts entfernt – aber ohne jegliche Fluglärmbelästigung.

Zur 27-Loch-Meisterschaftsanlage gehören der 18-Loch-Platz „Parkland Course" (Rot-Gelb), eingebettet in eine wunderschöne parkähnliche Natur, der 9-Loch-Platz „Skyline Course" (Blau) mit herrlichem Blick auf die Skyline von Frankfurt sowie die großzügige Driving Range mit 6-Loch-Kurzplatz und großem Übungsgelände. Das denkmalgeschützte Clubhaus bietet eine große Sonnenterrasse, ein erstklassiges Restaurant und einen gut sortierten Pro-Shop.

Pro-Shop » Large « | Level | Kurzpl.

Golf Post 5,0/5

DGV-NR. 6611

GOLF CLUB HANAU-WILHELMSBAD E.V.

Franz-Ludwig-von-Cancrin-Weg 1a
63454 Hanau
Tel. 06181 180190
info@golfclub-hanau.de
www.golfclub-hanau.de
Herr Loveley Singh
Tel. 06181 9929222
info@restaurant-hotel-golfplatz.de
www.restaurant-hotel-golfplatz.de
Ruhetag: montags

Löcheranzahl: 18
Gegründet: 1958
Höhe: 110 m
H: 5977 m, CR 72,4, SL 131, Par 73
D: 5257 m, CR 73,5, SL 130, Par 73

Saison: ganzjährig
Mindest-HCP WT/WE: 32
Anmeldung WT/WE: Ja
Mitgl.-begl. WT/WE: Nein
VcG WT/WE: Ja

18-Loch Greenfee WT/WE: EUR 80/90

(Greenfee-Preise können je nach DGV-Ausweiskennzeichnung abweichen)

Platzcharakteristik:

Die Golfanlage Hanau-Wilhelmsbad liegt in der ehemaligen Fasanerie der Grafen von Hanau, nur unweit des Parks von Wilhelmsbad entfernt. Der Charakter der Golfanlage wird durch den sehr alten Baumbestand geprägt, der bei manchen Fairways entscheidend in das Spielgeschehen eingreift.

Pro-Shop » Basic « | Level | Kurzpl.

Golf Post 4,8/5

DGV-NR. 6655

GOLFCLUB SELIGENSTADT E.V.

An der Lache 1
63500 Seligenstadt
Tel. 06182 828990
sekretariat@golf-seligenstadt.de
www.golf-seligenstadt.de
Villa Stokkum's
"Brasserie am Golfplatz"

Löcheranzahl: 9
Gegründet: 2002
Höhe: 110 m
H: 6236 m, Par 72
D: 5146 m, Par 72

Saison: ganzjährig
Mindest-HCP WT/WE: PR/45
Anmeldung WT/WE: Ja
Mitgl.-begl. WT/WE: Nein
VcG WT/WE: Ja

18-Loch Greenfee WT/WE: EUR 50/60

(Greenfee-Preise können je nach DGV-Ausweiskennzeichnung abweichen)

Platzcharakteristik:

Verkehrsgünstig von der A 3 zu erreichen, befindet sich rund um das Naturschutzgebiet "Am Kortenbach" die 9-Loch-Anlage des GC Seligenstadt. Auf großzügigen 45 ha und mit 3 Teichen versehen bietet der Platz Golfern jeder Spielstärke eine Herausforderung. Von den Championabschlägen ist der Platz mit fast 6.300 m sogar ein echter Prüfstein. Drivingrange mit überdachten Abschlagplätzen, Pitch- und Puttanlagen sowie Übungsbunker runden das Bild ab.

Pro-Shop » Basic « | Level | Kurzpl.

Golf Post 4,7/5

DGV-NR. 6673

GOLF ABSOLUTE-TRAGES

Hofgut Trages
63579 Freigericht
Tel. 06055 6394055
trages@golf-absolute.de
www.golf-absolute.de

Restaurant am Herrenhaus
Tel. 06055 9393130
info@restaurant-am-herrenhaus.de
www.restaurant-am-herrenhaus.de
montags kleine Karte

Löcheranzahl: 18
Gegründet: 2014
Höhe: 212 m
H: 5583 m, CR 70,4, SL 135, Par 72
D: 4868 m, CR 71,9, SL 129, Par 72

Saison: ganzjährig
Mindest-HCP WT/WE: 54
Anmeldung WT/WE: Ja
Mitgl.-begl. WT/WE: Nein
VcG WT/WE: Ja

18-Loch Greenfee WT/WE: EUR 60/80

(Greenfee-Preise können je nach DGV-Ausweiskennzeichnung abweichen)

Platzcharakteristik:

Herrschaftliches Golfen in Historischer Umgebung.

Das Hofgut Trages aus dem 14. Jahrhundert liegt am Rande des Naturparks Hessischer Spessart. Zusätzlich zum stilvollen Ambiente mit britischem Charme erwartet den Golfer ein Golfpark mit vielen reizvollen Hindernissen. Eingebettet in eine leicht hügelige und atemberaubende Landschaft eröffnen sich dem Betrachter unvergleichliche Panoramaausblicke.

Eine großzügig angelegte Driving Range und alle erforderlichen Übungseinrichtungen bieten optimale Trainingsmöglichkeiten für Einsteiger und Fortgeschrittene.

Pro-Shop » Large «

Level

Kurzpl.

GolfPost 4,0/5

HES

DGV-NR. 6654

GOLFPARK GUT HÜHNERHOF

Am Golfplatz 1
63584 Gründau/Gettenbach
Tel. 06058 91638470
golf@gut-huehnerhof.de
www.gut-huehnerhof.de

Heckers – Restaurant, Café & Bar,
Tel. 06058 91638472
info@heckers-restaurant.de
www.heckers-restaurant.de
reg. und saisonale Köstlichkeiten

Löcheranzahl: 27
Gegründet: 2000
Höhe: 420 m
18-Loch Platz
H: 6129 m, CR 72,7, SL 130, Par 72
D: 5211 m, CR 73,4, SL 121, Par 72
9-Loch Platz
H: 2538 m, CR 69,2, SL 131, Par 35
D: 2198 m, CR 70,6, SL 122, Par 35

Saison: ganzjährig
Mindest-HCP WT/WE: PR
Anmeldung WT/WE: Ja
Mitgl.-begl. WT/WE: Nein
VcG WT/WE: Ja

18-Loch Greenfee WT/WE: EUR 55/70

(Greenfee-Preise können je nach DGV-Ausweiskennzeichnung abweichen)

Platzcharakteristik:

Eingebettet in eine wundervolle Landschaft, umgeben von Wäldern liegt der GP Gut Hühnerhof. Erleben Sie einzigartigen Golfsport auf 27-Löchern – nur 30 Min. von Frankfurt entfernt. Bei der Errichtung der 9-Loch-Anlage am historischen Gut Hühnerhof wurde darauf geachtet, dass der alte Baumbestand weitgehend erhalten blieb. Der 2012 eröffnete 18-Loch-Platz besticht durch sein „Signature Hole" – der Spielbahn 18. Das Inselgrün befi ndet sich in unmittelbarer Nähe zum zentral gelegenen Clubhaus – dem Herzstück des Platzes. Neben den beiden Plätzen erwarten Sie außerdem zahlreiche Trainingsmöglichkeiten. Als erster öffentl. GP in Hessen bieten wir Ihnen die Möglichkeit, auch ohne eine Mitgliedschaft Ihr Können zu beweisen.

Pro-Shop » Basic «

Level

Kurzpl.

GolfPost 4,6/5

DGV-NR. 6603

GOLF-CLUB SPESSART E.V.

Golfplatz Alsberg a. d. H.
63628 Bad Soden-Salmünster
Tel. 06056 91580
sekretariat@golf-spessart.de
www.golf-spessart.de

Clubrestaurant
Tel. 06056 3537

Löcheranzahl: 18
Gegründet: 1972
Höhe: 500 m
H: 6023 m, CR 72,4, SL 133, Par 72
D: 5304 m, CR 74,0, SL 133, Par 72

Saison: April-November
Mindest-HCP WT/WE: 36
Anmeldung WT/WE: Ja
Mitgl.-begl. WT/WE: Nein
VcG WT/WE: Ja

18-Loch Greenfee WT/WE: EUR 55/65

(Greenfee-Preise können je nach DGV-Ausweiskennzeichnung abweichen)

Platzcharakteristik:

Zwischen Wiesen und Feldern liegt dieser Platz eingebettet in ein romantisches Areal hoch über dem Kinzigtal. Schon der erste Blick von der Terrasse des Clubhauses bietet eine herrliche Aussicht auf den Hohen Vogelsberg und den Taunus. Der Charakter des Platzes wird von hohem altem Baumbestand, Wasserhindernissen und gut platzierten Bunkern geprägt. Jedes Fairway trägt einen Namen, der auf landschaftliche oder historische Gegebenheiten hinweist.

Pro-Shop » Basic « | Level | Kurzpl.

GolfPost 5,0/5

DGV-NR. 6625

GOLF-CLUB BAD ORB JOSSGRUND E.V.

Hindenburgstr. 7
63637 Jossgrund
Tel. 06059 90550
info@golfclub-badorb.de
www.golfclub-badorb.de

Horstberg
Tel. 06059-905560
www.restaurant-horstberg.de
Ruhetag: montags
Hotel direkt auf dem Golfplatz

Löcheranzahl: 18
Gegründet: 1990
Höhe: 430 m
H: 5976 m, CR 72,2, SL 138, Par 72
D: 5112 m, CR 73,0, SL 134, Par 72

Saison: ganzjährig
Mindest-HCP WT/WE: 54/36
Anmeldung WT/WE: Ja
Mitgl.-begl. WT/WE: Nein
VcG WT/WE: Ja

18-Loch Greenfee WT/Sa/So: EUR 55/65/70

(Greenfee-Preise können je nach DGV-Ausweiskennzeichnung abweichen)

Platzcharakteristik:

Ohne Verkehrslärm des Rhein-Main-Gebietes bietet dieser Golfclub Erholung von Stress und Alltag im Einklang mit der schönen ländlichen Umgebung des Naturparks Spessart. Charakteristisch für den Meisterschaftsplatz sind zahlreiche, zum Teil gut platzierte Bunker, sowie abwechslungsreich gestaltete Grüns. An insgesamt 10 Löchern kommen frontale oder seitliche Wasserhindernisse ins Spiel. Spätestens das 13. Grün erinnert an einen Links-Course.

Hinweis zu den Greenfeepreisen: Die Wochentag-Preise gelten von Montag - Samstag.

Pro-Shop » Basic « | Level | Kurzpl.

GolfPost 4,3/5

HES

DGV-NR. 6657

GOLFPLATZ ALTENSTADT GMBH & CO. KG

Oppelshäuser Weg 5
63674 Altenstadt
Tel. 06047 988088
mail@golfplatz-altenstadt.de
www.golfplatz-altenstadt.de
Bella Vista
www.bellavista-altenstadt.de

Löcheranzahl: 18
Gegründet: 2002
Bahn 1-18 AB
H: 5805 m, CR 71,1, SL 127, Par 71
D: 4976 m, CR 71,6, SL 126, Par 71
Bahn 19-27 C
H: 2637 m, CR 68,4, SL 128, Par 70
D: 2257 m, CR 69,5, SL 119, Par 70

Saison: ganzjährig
Mindest-HCP WT/WE: 54
Anmeldung WT/WE: Ja
Mitgl.-begl. WT/WE: Nein
VcG WT/WE: Ja

18-Loch Greenfee WT/WE: EUR 50/55

(Greenfee-Preise können je nach DGV-Ausweiskennzeichnung abweichen)

Platzcharakteristik:

Sie suchen eine familiäre und ambitionierte Golfanlage im Rhein-Main-Gebiet? Dann ist der Golfplatz Altenstadt garantiert die richtige Adresse. Verkehrsgünstig im Nordosten des Rhein-Main-Gebietes gelegen, finden Sie den Golfplatz Altenstadt auf einer romantischen, von Wald und Feldern umgebenen Anhöhe, die wahre Urlaubsgefühle vermittelt. Ob schnell ein paar Abschläge auf der Driving Range nach Feierabend oder die gemütliche 9 – oder 18-Loch-Golf-Runde am Samstag mit Freunden: Aus der Frankfurter City sind Sie in einer guten halben Stunde da, wo Golf richtig glücklich macht. Und nach der Erweiterung auf 27 Bahnen bieten sich nun noch viel mehr Möglichkeiten für die Golfer.

Pro-Shop » Basic « | Level | Kurzpl.

GolfPost 4,6/5

DGV-NR. 6662

GOLFCLUB AM SCHOTTENRING E.V.

Lindenstr. 46
63679 Schotten
Tel. 06044 8401
info@gc-eschenrod.de
www.gc-am-schottenring.de
Bistro

Löcheranzahl: 27
Gegründet: 2012
Höhe: 480 m
18-Loch Meisterschaftsplatz
H: 5542 m, CR 70,6, SL 128, Par 71
D: 4780 m, CR 71,9, SL 125, Par 71
9-Loch Kurzplatz
H+D: 2934 m, CR 59,3, SL 93, Par 58

Saison: März-November
Mindest-HCP WT/WE: 54
Anmeldung WT/WE: Nein/Ja
Mitgl.-begl. WT/WE: Nein
VcG WT/WE: Ja

18-Loch Greenfee WT/WE: EUR 35/55

(Greenfee-Preise können je nach DGV-Ausweiskennzeichnung abweichen)

2:1

Platzcharakteristik:

Der Platz liegt im Naturpark Hoher Vogelsberg am Rande des Hoher-Rodskopf in Schotten-Eschenrod. Der Platz wurde 1997 auf 18 Loch erweitert. Die neuen Löcher sind vom Design sehr anspruchsvoll und stellen an jeden Golfer höchste Ansprüche und Anforderungen. Von dem neuen Teilbereich des Platzes kann man bei klarem Wetter die Aussicht bis Frankfurt, Nidda und Gedern genießen. Die 6-Loch-Übungsanlage steht auch zum "Schnuppern" zur Verfügung.

Pro-Shop » Basic « | Level | Kurzpl.

GolfPost 4,0/5

DGV-NR. 8803

ASCHAFFENBURGER GOLFCLUB E.V.

Am Heigenberg 30
63768 Hösbach
Tel. 06024 6340-0
info@golfclub-aschaffenburg.de
www.golfclub-aschaffenburg.de

der heigenberger
Tel. 06024 636969
info@der-heigenberger.de
www.der-heigenberger.de
Ruhetag: montags (Okt. bis Mrz.)

Löcheranzahl: 18
Gegründet: 1977
Höhe: 300 m
H: 5436 m, CR 69,8, SL 132, Par 71
D: 4737 m, CR 70,9, SL 125, Par 71

Saison: März-November
Mindest-HCP WT/WE: 54
Anmeldung WT/WE: Ja
Mitgl.-begl. WT/WE: Nein
VcG WT/WE: Ja

18-Loch Greenfee WT/WE: EUR 55/65

(Greenfee-Preise können je nach DGV-Ausweiskennzeichnung abweichen)

2:1

Platzcharakteristik:

Die Anlage des Aschaffenburger Golfclub befindet sich in der malerischen Umgebung des Vorspessart auf einer Höhe von ca. 300 m. Ihr Besuch wird mit einer herrlichen Aussicht auf Aschaffenburg und Umgebung belohnt. Besonders reizvoll sind die Eindrücke im Frühjahr und Herbst.

Pro-Shop » Basic « | Level | Kurzpl.

GolfPost 4,3/5

DGV-NR. 8996

GOLFPARK ROSENHOF GMBH

Rosenhof
63843 Niedernberg / Unterfr
Tel. 06026 9771390
info@golfparkrosenhof.de
www.golfparkrosenhof.de

La Casa
www.ristorante-la-casa.de

Löcheranzahl: 18
Gegründet: 2005
H: 5864 m, CR 71,0, SL 131, Par 72
D: 4960 m, CR 71,4, SL 123. Par 72

Saison: ganzjährig auf Sommergrüns bespielbar
Mindest-HCP WT/WE: 45/37
Anmeldung WT/WE: Nein
Mitgl.-begl. WT/WE: Nein
VcG WT/WE: Ja

18-Loch Greenfee WT/WE: EUR 50/60

(Greenfee-Preise können je nach DGV-Ausweiskennzeichnung abweichen)

Platzcharakteristik:

Der Golfpark Rosenhof bietet eine außergewöhnliche Anlage, die kaum Wünsche offen lässt – für jeden Golfer! Egal ob alt oder jung, Anfänger oder Profi. Einfach begehbar, aber anspruchsvoll zu spielen. Wir sind auch einfach zu erreichen: nur eine halbe Stunde südöstlich von Frankfurt/M., bei Niedernberg und den Weinhügeln von Großostheim kurz hinter Aschaffenburg, zentral gelegen im herrlichen Maintal zwischen Spessart und Odenwald, befindet sich die Golfanlage im schottischen „Links Course"-Design. Sie können also jederzeit das Spielerlebnis eines klassischen Inland-Links-Platzes erfahren, ohne auf die britische Insel reisen zu müssen. Vielleicht einfach nach dem Büro oder am Wochenende.

Pro-Shop » Basic « | Level | Kurzpl.

GolfPost 4,5/5

DGV-NR. 8906

GOLFCLUB GUT SANSENHOF E.V.

Gut Sansenhof
63916 Amorbach
Tel. 09373 2180
club@golf-sansenhof.de
www.golf-sansenhof.de

I PAESANI Ristorante & Pizzeria
Tel. 09373 99566
ristoranteipaesani@gmail.com
Ruhetag: montags

Löcheranzahl: 27
Gegründet: 1993
Höhe: 480 m
18-Loch Meisterschaftsplatz
H: 6111 m, CR 72,0, SL 131, Par 72
D: 5370 m, CR 73,7, SL 128, Par 72
Öffentlicher 9-Loch Platz

Saison: März-Dezember
Mindest-HCP WT/WE: 45
Anmeldung WT/WE: Nein
Mitgl.-begl. WT/WE: Nein
VcG WT/WE: Ja

18-Loch Greenfee WT/WE: EUR 58/68

(Greenfee-Preise können je nach DGV-Ausweiskennzeichnung abweichen)

2:1

Platzcharakteristik:

Das Gut Sansenhof befindet sich mitten im Odenwald in einem abwechslungsreichen leicht hügeligen Gelände mit zahlreichen Wasser- und Sandhindernissen. Die aufwendige Fairwaygestaltung und vor allem auch die von Bunkern und Hindernissen gut verteidigten Grüns lassen den Parcours schwierig werden. Teilweise müssen einige Par 3-Löcher mit bis zu 25 m Höhenunterschied von oben angegriffen werden. Der Platz ist dennoch angenehm zu begehen.

Pro-Shop » Basic « | Level | Kurzpl.

GolfPost 5,0/5

DGV-NR. 8926

GOLFCLUB MILTENBERG - ERFTAL E.V.

Ortsstr. 30
63928 Eichenbühl/Guggenberg
Tel. 09378 789
info@golfclub-erftal.de
www.golfclub-erftal.de

Da Richie
Tel. 09378 908127
ristorantedarichie@icloud.com
Ruhetag: montags

Löcheranzahl: 36
Gegründet: 1996
Höhe: 340 m
Erftal (18-Loch Meisterschaftsplatz)
H: 5732 m, CR 71,5, SL 130, Par 71
D: 4921 m, CR 72,2, SL 128, Par 71
Miltenberg (18-Loch)
H: 4183 m, CR 63,6, SL 109, Par 64

Saison: März-November
Mindest-HCP WT/WE: 54
Anmeldung WT/WE: Ja
Mitgl.-begl. WT/WE: Nein
VcG WT/WE: Ja

18-Loch Greenfee WT/WE: EUR 50/60

(Greenfee-Preise können je nach DGV-Ausweiskennzeichnung abweichen)

2:1

Platzcharakteristik:

Abseits vom Trubel des Alltags finden Sie unsere 36-Loch-Anlage in der traumhaften Natur des nördlichen Odenwaldes, gelegen im Dreiländereck von Bayern, Hessen und Baden-Württemberg. Unser Erftal-Course bietet alles, was Sie bei einer entspannten Freizeitrunde erwarten. Ein abwechslungsreiches Bahndesign, klug platzierte Hindernisse und zum Abschluss das Signature-Hole – ein langes Par 4 – das dem Spieler nochmals sein ganzes Können abverlangt, zeichnen diesen Platz aus. Der Miltenberg-Course ist zwar mit Par 64 und maximal 4183 Metern um einiges kürzer, aber keineswegs eine „leichte Wiese". Meist kleine, zum Teil stark geneigte Grüns testen auch hier das Können von Golfern aller Spielstärken. Erleben Sie fränkische Gastfreundschaft, ein familiäres Miteinander und den wohl schönsten Sonnenuntergang weit und breit.

Pro-Shop » Basic « | Level | Kurzpl.

GolfPost 5,0/5

DGV-NR. 6607

GOLF-CLUB DARMSTADT TRAISA E.V.

Am Dippelshof 19
64367 Mühltal
Tel. 06151 146543
info@gc-dt.de
www.gc-darmstadt-traisa.de

Tonis Golfclub-Restaurant
Tel. 06151 6015158
mail@tonis-golfclub-restaurant.de
www.tonis-golfclub-restaurant.de

Löcheranzahl: 9
Gegründet: 1973
Höhe: 170 m
H: 4884 m, CR 67,0, SL 128, Par 66
D: 4252 m, CR 68,4, SL 123, Par 66

Saison: ganzjährig
Mindest-HCP WT/WE: 54
Anmeldung WT/WE: Nein
Mitgl.-begl. WT/WE: Nein
VcG WT/WE: Ja

18-Loch Greenfee WT/WE: EUR 45/60

(Greenfee-Preise können je nach DGV-Ausweiskennzeichnung abweichen)

2:1

Platzcharakteristik:

1973 gegründet hat der GC seit 1980 sein Zuhause am Dippelshof. Die 9 Löcher sind äußerst abwechslungsreich, nicht immer eben, aber immer mit herrlichen Ausblicken auf die Burg Frankenstein und die Bergstr. ausgestattet. Der Golfer wird oftmals mit Schräglagen konfrontiert, die insbesondere beim Grünspiel höchste Konzentration erfordern. Daneben sind Teiche, Bachläufe und ein großes Feuchtbiotop die weiteren Schwierigkeiten zu einem guten Score.

Pro-Shop » Basic « | Level | Kurzpl.

GolfPost 5,0/5

DGV-NR. 6649

KIAWAH GOLFPARK

Hof Hayna
64560 Riedstadt
Tel. 06158 747385
kiawah@golf-absolute.de
www.golf-absolute.de/riedstadt

Haynas Restaurant & Lounge
Tel. 06158 8283811
haynasrestaurant@gmail.com
www.haynas-restaurant.eatbu.com

Löcheranzahl: 18
Gegründet: 1997
Höhe: 100 m
H: 6093 m, CR 72,3, SL 125, Par 72
D: 5078 m, CR 71,8, SL 126, Par 72

Saison: ganzjährig
Mindest-HCP WT/WE: 54
Anmeldung WT/WE: Ja
Mitgl.-begl. WT/WE: Nein
VcG WT/WE: Ja

18-Loch Greenfee WT/WE: EUR 60/80

(Greenfee-Preise können je nach DGV-Ausweiskennzeichnung abweichen)

Platzcharakteristik:

Der Kiawah Golfpark ist ein 18-Loch Meisterschaftsplatz (Hunde an der Leine erlaubt) inmitten des Rhein-Main Ballungsraumes, der verkehrstechnisch optimal zu erreichen ist. Nahe dem Naturschutzgebiet „Kühkopf" gelegen, bieten sich dem Golfspieler beeindruckende Ausblicke auf die linksrheinischen Weinberge, den Taunus und den Odenwald. Die grundsätzlich ebene Anlage ist an zahlreichen Spielbahnen mit sanften Hügeln, strategisch platzierten Teichen und Bunkern modelliert. Besonders populär und weit über die Region hinaus bekannt ist das „Inselgrün" an Bahn 17. Für zusätzliches Ambiente sorgt das über 300 Jahre alte Landgut Hof Hayna. Umfangreiche Trainingseinrichtungen, ein 4-Loch öffentlicher Kurzplatz sowie ein empfehlenswertes Restaurant runden das dortige Angebot für alle Golfspieler ab.

Pro-Shop » Basic « | Level | Kurzpl.

GolfPost 4,3/5

HES

DGV-NR. 6651

GOLFPARK BACHGRUND E.V.

GMVD MEMBER

Im Bachgrund 1
64572 Büttelborn-Worfelden
Tel. 06152 807900
bachgrund@golf-absolute.de
www.golf-absolute.de

Restaurant San Elma
Tel. 06152 8583033
info@san-elma.de
www.san-elma.de

Löcheranzahl: 27
Gegründet: 2000
Höhe: 70 m
Nessie (18-Loch-Platz)
H: 5725 m, CR 71,6, SL 136, Par 72
D: 4809 m, CR 72,5, SL 129, Par 72
Happy Luck (9-Loch-Platz)
H: 2495 m, Par 35
D: 2151 m, Par 35

Saison: ganzjährig
Mindest-HCP WT/WE: 54
Anmeldung WT/WE: Ja
Mitgl.-begl. WT/WE: Nein
VcG WT/WE: Ja

18-Loch Greenfee WT/WE: EUR 60/80

(Greenfee-Preise können je nach DGV-Ausweiskennzeichnung abweichen)

Platzcharakteristik:

Die zentral zwischen Frankfurt, Wiesbaden, Mainz und Darmstadt gelegene Anlage verfügt über einen interessanten 18-Loch-Platz und einen 9-Loch-Golfplatz. Hinzu kommen ein weiterer öffentlicher 9-Loch-Übungsplatz und eine große Driving-Range (von drei Seiten bespielbar) mit Zielgrüns (davon 1 Inselgrün) und Flutlichtanlage. Das Design des 18-Loch-Meisterschaftsplatzes "Nessie" besticht durch seinen Linkscourse-Charakter: Dünen und Wasserflächen sowie steil abfallende Wasserhindernisse prägen das Gesamtbild dieser traumhaften Anlage.

Dieses in Deutschland einmalige und besondere Design ist das absolute Non plus Ultra.

Pro-Shop » Large « | Level | Kurzpl.

GolfPost 4,8/5

DGV-NR. 6639

GOLF-CLUB GERNSHEIM HOF GRÄBENBRUCH E.V.

GMVD MEMBER

Golfparkallee 1
64579 Gernsheim-Allmendfeld
Tel. 06157 991616
gernsheim@golf-absolute.de
www.golf-absolute.de

Michael Schorn
Tel. 0621 77771-27

Löcheranzahl: 36
Gegründet: 1991
Höhe: 70 m
Parklandplatz
H: 5385 m, CR 69,0, SL 121, Par 72
D: 4559 m, CR 69,1, SL 123, Par 72
Diplomatenplatz
H: 4794 m, CR 66,0, SL 118, Par 70
D: 4119 m, CR 67,0, SL 114, Par 70

Saison: ganzjährig
Mindest-HCP WT/WE: 54
Anmeldung WT/WE: Ja
Mitgl.-begl. WT/WE: Nein
VcG WT/WE: Ja

18-Loch Greenfee WT/WE: EUR 60/80

(Greenfee-Preise können je nach DGV-Ausweiskennzeichnung abweichen)

Platzcharakteristik:

Die 36-Loch-Golfanlage liegt im Rhein-Main-Gebiet, in der klimatisch milden Zone zwischen Bergstraße und Rheinebene. Die sowohl landschaftlich reizvolle als auch golferisch anspruchsvolle Anlage wird geprägt von zwei Wasserflächen mit jeweils ca. 11.000 qm. Lange, großzügig bemessene Fairways wechseln sich mit stragegisch modellierten Spielbahnen ab, die durch ausgeprägten Baum- und Pflanzenbestand ein präzises Spiel fordern.

Pro-Shop » Basic « | Level | Kurzpl.

GolfPost 4,9/5

DGV-NR. 6605

GOLF CLUB BENSHEIM E.V.

GMVD

Außerhalb 56
64625 Bensheim
Tel. 06251 67732
info@golfclub-bensheim.de
www.golfclub-bensheim.de

Clubrestaurant
Tel. 06251 848770

Löcheranzahl: 18
Gegründet: 1985
Höhe: 100 m
H: 5764 m, CR 71,1, SL 133, Par 71
D: 4930 m, CR 71,7, SL 128, Par 71

Saison: ganzjährig
Mindest-HCP WT/WE: 54/45
Anmeldung WT/WE: Nein
Mitgl.-begl. WT/WE: Nein
VcG WT/WE: Ja

18-Loch Greenfee WT/WE: EUR 55/70

(Greenfee-Preise können je nach DGV-Ausweiskennzeichnung abweichen)

Platzcharakteristik:

Der Golf-Club Bensheim e.V. wurde 1986 gegründet und hat heute über 850 Mitglieder jeden Alters und aller Spielstärken.

Im Kreis Bergstraße am Rande des Odenwalds gelegen bietet der 18 Loch-Meisterschaftsplatz mit seinen umfangreichen Übungsanlagen und dem gemütlichen Clubhaus alles, was das Golferherz höher schlagen lässt. Im ebenen Gelände sind die Spielbahnen Harmonisch in die mit Streuobstwiesen durchsetzte Landschaft integriert und bieten mit reizvollen Ausblicken ein besonderes Naturerlebnis. Genießen Sie nach dem Spiel auf unserer Terrasse den Wein der Region und erleben Sie die Hessische Bergstraße von ihrer besten Seite während Sie die in unmittelbarer Nähe nistenden Störche beobachten. Unser Team im Sekretariat ist gerne für Sie da.

Pro-Shop » Large « | Level | Kurzpl.

GolfPost 4,4/5

DGV-NR. 6623

NATUR GOLF-CLUB GEIERSTAL E.V.

Ohrnbach-Außenliegend 1
64720 Vielbrunn
Tel. 06066 258
golfclub-geierstal@t-online.de
www.golfclub-geierstal.de

Gasthof Geiersmühle
Tel. 06066 721

Löcheranzahl: 9
Gegründet: 1988
Höhe: 330 m
H: 3454 m, CR 63,1, SL 118, Par 64
D: 3454 m, CR 65,3, SL 119, Par 64

Saison: ganzjährig
Mindest-HCP WT/WE: 54
Anmeldung WT/WE: Nein
Mitgl.-begl. WT/WE: Nein
VcG WT/WE: Ja

Tages-Greenfee WT/WE: EUR 25/30

(Greenfee-Preise können je nach DGV-Ausweiskennzeichnung abweichen)

2:1

Platzcharakteristik:

... wo der Himmel die Erde berührt ...

... und der Bussard seine Kreise zieht ...

Die öffentliche Golfanlage liegt gut erreichbar in schöner Lage im Naturschutzgebiet zwischen Bad König, Michelstadt und Miltenberg im Odenwald. Der Platz bietet abwechslungsreiche Fairways. Teilweise hügelige Spielbahnen erfordern durch Waldabschläge, Bachläufe und mehreren Biotopen ein konzentriertes Spiel.

Wir freuen uns auf neue und alte Gastspieler. Besuchen Sie uns im Luftkurort Vielbrunn.

Pro-Shop » Basic « | Level | Kurzpl.

GolfPost 5,0/5

HES

DGV-NR. 6608

GOLFCLUB ODENWALD E.V.

Am Golfplatz 1
64753 Brombachtal
Tel. 06063 57447
mail@golfclub-odenwald.de
www.golfclub-odenwald.de
Nouvelle, Tel. 06063 911227
info@nouvelle-restaurant.de
www.nouvelle-restaurant.de
Ruhetag: montags
Di-So ab 11.30 Uhr

Löcheranzahl: 18
Gegründet: 1986
Höhe: 350 m
H: 5951 m, CR 71,5, SL 137, Par 72
D: 5153 m, CR 72,8, SL 130, Par 72

Saison: ganzjährig
Mindest-HCP WT/WE: 45
Anmeldung WT/WE: Ja
Mitgl.-begl. WT/WE: Nein
VcG WT/WE: Ja

18-Loch Greenfee WT/WE: EUR 70/80

(Greenfee-Preise können je nach DGV-Ausweiskennzeichnung abweichen)

2:1

Platzcharakteristik:

Der Golfclub wurde 1986 gegründet und zählt zu einer der schönsten Golfanlagen in Hessen. Der Platz erstreckt sich über mehrere Anhöhen des Landschaftsschutzgebiets Naturpark Bergstrasse-Odenwald. Aus einer Höhe von 350 m bietet der abwechslungsreiche Parcour von zahlreichen Abschlägen einen grandiosen Panoramablick. Hier lässt es sich in aller Ruhe golfen! Gäste mit Wohnmobilen sind herzlich willkommen.

Pro-Shop » Basic « | Level | Kurzpl.

GolfPost 4,2/5

DGV-NR. 6634

GLC BUCHENHOF HETZBACH E.V.

An der alten Buche 8
64760 Oberzent (Hetzbach)
Tel. 06068 912050
info@golfclub-buchenhof.de
www.golfclub-buchenhof.de
Landgasthof Grüner Baum, Gasthof Zur Krone, Landhotel Siegfriedbrunnen, Waldgasthof Reussenkreuz

Löcheranzahl: 9
Gegründet: 1988
Höhe: 320 m
H: 5502 m, CR 70,7, SL 130, Par 70
D: 4804 m, CR 71,8, SL 128, Par 70

Saison: ganzjährig
Mindest-HCP WT/WE: k.A.
Anmeldung WT/WE: Nein
Mitgl.-begl. WT/WE: Nein
VcG WT/WE: Ja

18-Loch Greenfee WT/WE: EUR 35

(Greenfee-Preise können je nach DGV-Ausweiskennzeichnung abweichen)

2:1

Platzcharakteristik:

Die Anlage Buchenhof liegt herrlich an einem Südosthang über dem Beerfeldener Ortsteil Hetzbach. Bedingt durch diese Sonnenlage kann der Platz meist das ganze Jahr bespielt werden. Faszinierend sind die Ausblicke, herausfordernd die abwechslungsreichen Bahnen - ein Erlebnis gleichermaßen für Könner wie Anfänger. Neben dem Hauptplatz bietet die großzügige Driving Range mit 8 überdachten Abschlägen gute Übungsmöglichkeiten.

Pro-Shop » Basic « | Level | Kurzpl.

GolfPost 5,0/5

DGV-NR. 6641

ZIMMERNER GOLFCLUB 1995 E.V.

Darmstädter Straße 111
64846 Groß-Zimmern
Tel. 06071 92210
info@gc-zimmern.de
www.gc-zimmern.de
Luigis Golf Restaurant
luigi@del-gesso.de
www.luigis-golf-restaurant.de

Löcheranzahl: 27
Gegründet: 1995
Höhe: 150 m
Gelber Course (18-Loch Platz)
H: 5848 m, CR 70,8, SL 131, Par 71
D: 5098 m, CR 72,3, SL 123, Par 71
Blauer Course (9-Loch Platz)
H: 2242 m, Par 54
D: 2242 m, Par 54

Saison: ganzjährig
Mindest-HCP WT/WE: 54/45
Anmeldung WT/WE: Ja
Mitgl.-begl. WT/WE: Nein
VcG WT/WE: Ja

18-Loch Greenfee WT/WE: EUR 60/75

(Greenfee-Preise können je nach DGV-Ausweiskennzeichnung abweichen)

Platzcharakteristik:

Die 18-Loch-Meisterschaftsanlage liegt am Rande des Odenwaldes in den Ausläufern des Reinheimer Hügellandes auf zwei anspruchsvollen Spielebenen. Die erste Ebene bezieht ihren Reiz aus mehreren Wasserhindernissen. Die zweite Ebene, ca. 20 m höher gelegen, bildet eine Art Hochplateau mit herrlichen Rundblicken über den Roßberg, einen ehemaligen Vulkan, den Odenwald sowie Ausläufer des Spessarts und des Vogelberges.

Pro-Shop » Large « | Level | Kurzpl.

GolfPost 4,3/5

DGV-NR. 6619

WIESBADENER GOLF-CLUB E.V.

Chausseehaus 17
65199 Wiesbaden
Tel. 0611 460238
info@wiesbadener-golfclub.de
www.wiesbadener-golfclub.de
Golf-Restaurant (Familie Pjanic)
Tel. 0611 464288

Löcheranzahl: 9
Gegründet: 1893
Höhe: 150 m
H: 5172 m, CR 68,2, SL 128, Par 68
D: 4670 m, CR 70,7, SL 131, Par 68

Saison: März-Dezember
Mindest-HCP WT/WE: 36
Anmeldung WT/WE: Nein
Mitgl.-begl. WT/WE: Nein
VcG WT/WE: Ja

18-Loch Greenfee WT/WE: EUR 50/55

(Greenfee-Preise können je nach DGV-Ausweiskennzeichnung abweichen)

Platzcharakteristik:

Der älteste Golfclub Deutschlands wurde im Jahre 1893 von Engländern und Schotten gegründet. Die heutige Anlage des Clubs befindet sich seit 1911 auf den Gehrn-Wiesen am Chausseehaus. Der leicht hügelige Platz erfordert ein akkurates Spiel, da Bäche, Bunker und der sehr alte Baumbestand oft spielentscheidende, strategische Herausforderungen bieten.

Pro-Shop » Basic « | Level | Kurzpl.

GolfPost 5,0/5

DGV-NR. 6620

GOLFCLUB RHEIN-MAIN E.V.

Weißer Weg
65201 Wiesbaden
Tel. 0611 1842416
golfc@golfclubrheinmain.de
www.golfclubrheinmain.de

Cem's Bistro im GC Rheinblick
Tel. 0611 71028072
reservations@cemklein.de
Küche international

Löcheranzahl: 18
Gegründet: 1977
H: 5593 m, CR 70,6, SL 139, Par 72
D: 4949 m, CR 72,7, SL 133, Par 72

Saison: April-Oktober
Mindest-HCP WT/WE: 36
Anmeldung WT/WE: Ja
Mitgl.-begl. WT/WE: Nein/Ja
VcG WT/WE: Ja

18-Loch Greenfee WT/WE: EUR 60/75

(Greenfee-Preise können je nach DGV-Ausweiskennzeichnung abweichen)

Platzcharakteristik:

Der Golfclub Rhein Main ist auf dem US-amerikanischen 18-Loch Rheinblick Golf Course beheimatet. Der Platz wurde 1958 gebaut und liegt in Wiesbaden am Fuße des Taunus. Die Bahnen sind in das zum Rhein abfallende Gelände integriert. Der Platz ist sportlich anspruchsvoll. Startzeitenreservierung unter Tel. 0611 143548548-5 o. -6 möglich.

Pro-Shop | Level | Kurzpl.

GolfPost 4,7/5

DGV-NR. 6621

GOLF-CLUB MAIN-TAUNUS E.V.

Lange Seegewann 2
65205 Wiesbaden
Tel. 06122 177480
clubinfo@golfclub-maintaunus.de
www.golfclubmaintaunus.de

Team meets Friends
Tel. 06122 1774880

Löcheranzahl: 18
Gegründet: 1979
H: 5835 m, CR 70,6, SL 130, Par 72
D: 5181 m, CR 72,6, SL 128, Par 72

Saison: ganzjährig
Mindest-HCP WT/WE: 45
Anmeldung WT/WE: Nein/Ja
Mitgl.-begl. WT/WE: Nein/Ja
VcG WT/WE: Ja

18-Loch Greenfee WT/WE: EUR 55

(Greenfee-Preise können je nach DGV-Ausweiskennzeichnung abweichen)

Platzcharakteristik:

Eine grüne Oase mitten im Rhein-Main-Gebiet ist dieser anspruchsvolle, aber sportlich jederzeit faire Platz. Maßgeblich geprägt wird die sehr gepflegte Anlage durch ihre Wasserhindernisse, die an insgesamt acht Löchern ins Spiel kommen. Das milde Klima und eine großzügige Fairwaybewässerung sorgen ganzjährig für ausgezeichnete Spielbedingungen. In der Nähe der A66 gelegen, bietet die große Driving Range eine ideale Übungsmöglichkeit "en passant".

Pro-Shop » Basic « | Level | Kurzpl.

GolfPost 3,9/5

DGV-NR. 6670

HOFGUT GEORGENTHAL

Georgenthal 1
65329 Hohenstein
Tel. 06128 943523
golfclub@hofgut-georgenthal.de
www.hofgut-georgenthal.de

Hofgut Georgenthal
Hotel, Golf, Spa, Restaurant

Löcheranzahl: 18
Gegründet: 2013
Höhe: 350 m
H: 5431 m, CR 69,8, SL 135, Par 70
D: 4533 m, CR 69,9, SL 130, Par 70

Saison: März bis November
Mindest-HCP WT/WE: 54
Anmeldung WT/WE: Ja
Mitgl.-begl. WT/WE: Nein
VcG WT/WE: Ja

18-Loch Greenfee WT/WE: EUR 70/90

(Greenfee-Preise können je nach DGV-Ausweiskennzeichnung abweichen)

2:1

Platzcharakteristik:

Der im Mai 2016 eröffnete 18-Loch Parkland Linkskurs stellt für Golfer jeder Spielstärke eine Herausforderung dar. Herrlich gelegen mitten im Taunus, erstrecken sich die Bahnen wie in einem Amphitheater um das historische Hofgut Georgenthal. Insgesamt gilt es auf dem Weg zu einem guten Score acht Wasserhindernissen und 55 Bunkern auszuweichen.

Neben einem hervorragenden Pflegezustand der Anlage, bietet der großzügig gestaltete Übungsbereich (Driving Range, 2 Puttingsgrüns, Pitchinggrün, 3 Loch Kurzplatz) ausgezeichnete Trainingsmöglichkeiten.

Pro-Shop » Large « | Level | Kurzpl.

GolfPost 4,8/5

DGV-NR. 6653

GOLFPARK IDSTEIN

Am Nassen Berg
65510 Idstein-Wörsdorf
Tel. 06126 9322-0
suedkurs@golfpark-idstein.de
www.golfpark-idstein.de
"Gut Henriettenthal" & Bistro-Pavillon
Tel. 06126 9322-14
restaurant@golfpark-idstein.de

Löcheranzahl: 36
Gegründet: 2001
Höhe: 270 m
Nordkurs
H: 6230 m, CR 72,4, SL 120, Par 72
D: 5372 m, CR 73,8, SL 118, Par 72
Südkurs
H: 6140 m, CR 73,2, SL 130, Par 72
D: 5385 m, CR 74,7, SL 128, Par 72

Saison: ganzjährig
Mindest-HCP WT/WE: PR
Anmeldung WT/WE: Ja
Mitgl.-begl. WT/WE: Nein
VcG WT/WE: Ja

18-Loch Greenfee (Südkurs) WT/WE: EUR 50/65

(Greenfee-Preise können je nach DGV-Ausweiskennzeichnung abweichen)

2:1

Platzcharakteristik:

Das Golfprojekt auf rund 160 Hektar ist die größte Golf-Oase im Rhein-Main-Gebiet. Der 18 Loch Südkurs "Gut Henriettenthal" in Idstein-Wörsdorf ist seit 1989 bespielbar, der 18 Loch Nordkurs "Goldener Grund" in Idstein-Walsdorf seit dem Jahr 2001. Die beiden Meisterschaftsgolfanlagen zeichnen sich besonders durch die naturnahe Bauweise in abwechslungsreicher, reizvoller landschaftlicher Umgebung zwischen Büschen, Streuobstwiesen und Solitärbäumen mit Blick auf den malerischen Feldberg im Hochtaunus aus. Der Golfpark Idstein wurde als 5 Sterne Golfanlage qualifiziert und erhielt mehrfach die DGV-Auszeichnung als Landessieger "Zukunft Jugend".

Pro-Shop » Large « | Level | Kurzpl.

GolfPost 4,5/5

HES

DGV-NR. 6646

GC HOF HAUSEN VOR DER SONNE HOFHEIM

Hof Hausen vor der Sonne 1
65719 Hofheim
Tel. 06192 9391680
info@hofhausen.golf
www.hofhausen.golf
Restaurant im Herrenhaus
Tel. 06192 9221100
info@restaurant-im-herrenhaus.de
www.restauant-im-herrenhaus.de
Ruhetag: montags (Nebensaison)

Löcheranzahl: 18
Gegründet: 1996
Höhe: 143 m
H: 6215 m, CR 72,2, SL 129, Par 72
D: 5219 m, CR 72,3, SL 123, Par 72

Saison: ganzjährig
Mindest-HCP WT/WE: 54/45
Anmeldung WT/WE: Ja
Mitgl.-begl. WT/WE: Nein
VcG WT/WE: Ja

18-Loch Greenfee WT/WE: EUR 70/90

(Greenfee-Preise können je nach DGV-Ausweiskennzeichnung abweichen)

Platzcharakteristik:

Die Anlage ist in etwa 15 Min. von Frankfurt und Wiesbaden aus zu erreichen und bietet mit ihrer exponierten Lage am Südhang des Taunus und den denkmalgeschützten Gebäuden unverwechselbare Eindrücke: Golfen mit Blick auf die Skyline Frankfurts sowie Gastronomie und Erholung in historischen Fachwerkgebäuden. Der anspruchsvolle, aber faire Kurs mit altem Baumbestand, Biotopen und Blumenwiesen fordert Golfer aller Spielstärken.

Pro-Shop » Large « | Level | Kurzpl.

GolfPost 5,0/5

DGV-NR. 6636

GOLF-CLUB BIBLIS-WATTENHEIM E.V.

Golfparkallee 2
68647 Biblis
Tel. 06245 90600
biblis@golf-absolute.de
www.golf-absolute.de
"Al Parco"
Tel. 06245 3440

Löcheranzahl: 36
Gegründet: 1993
Höhe: 40 m
Platz A+B (18-Loch):
H: 6096 m, CR 71,6, SL 135, Par 73
D: 5410 m, CR 73,8, SL 133, Par 73
Platz C (9 Loch):
H: 3174 m / D: 2759 m, Par 38
9 Loch Kurzplatz (öffentlich)

Saison: ganzjährig
Mindest-HCP WT/WE: 54
Anmeldung WT/WE: Ja
Mitgl.-begl. WT/WE: Nein
VcG WT/WE: Ja

18-Loch Greenfee WT/WE: EUR 90/110

(Greenfee-Preise können je nach DGV-Ausweiskennzeichnung abweichen)

Platzcharakteristik:

Die Golfanlage liegt harmonisch eingebettet in ein 136 ha großes Areal und umfasst einen 27-Loch-Meisterschaftsplatz, einen öffentlichen 9-Loch-Kurzplatz sowie großzügige Übungsanlagen. Sowohl Anfänger als auch fortgeschrittene Golfer finden hier ihre sportliche Herausforderung. Auf dem gleichen Platz beheimatet ist der Lufthansa Golfclub Frankfurt e.V.

Pro-Shop » Large « | Level | Kurzpl.

GolfPost 4,8/5

HES

NORDRHEIN-WESTFALEN

DGV -Nr.	CLUB-Name	Seite
4401	Aachener Golf Club 1927 e.V.	218
4402	Golf- und Landclub Ahaus e.V.	204
4403	Golfclub Wasserburg Anholt e.V.	189
4404	Golf- und Landclub Bad Salzuflen e.V.	158
4405	Golfclub Sauerland e.V	240
4406	B.A. Golfclub Sennelager	163
4407	Bad Driburger Golfclub e.V.	161
4408	Bielefelder Golfclub e.V.	164
4409	Lippischer Golfclub e.V.	161
4410	Bochumer Golfclub e.V.	181
4411	Golfclub Bonn-Godesberg in Wachtberg	221
4412	GC Schwarze Heide Bottrop-Kirchhellen	188
4413	Golf- und Landclub Coesfeld e.V.	204
4414	Golfclub Castrop-Rauxel e.V. in Frohlinde	181

DGV -Nr.	CLUB-Name	Seite
4415	Dortmunder Golfclub e.V.	180
4416	Golfclub Hünxerwald e.V.	190
4417	Golf Club Düren e.V.	219
4418	Golf Club Hubbelrath e.V.	167
4419	Golfclub Hösel e.V.	178
4420	Niederrheinischer Golfclub e.V. Duisburg	192
4421	Düsseldorfer Golf-Club e.V.	170
4422	Golfclub Ravensberger Land e.V.	159
4423	Golfclub Schloss Vornholz e.V.	236
4424	Golfriege ETUF e.V.	182
4425	Golfclub Essen-Heidhausen e.V.	183
4426	Essener Golfclub Haus Oefte e.V.	182
4427	Gelsenkirchener Golfclub Haus Leythe	187
4428	Golfclub Brückhausen e.V.	202

DGV -Nr.	CLUB-Name	Seite
4429	Golfclub Heerhof e.V.	158
4430	Golfclub Schloß Georghausen e.V.	217
4431	Westfälischer Golf-Club Gütersloh e.V.	163
4432	Märkischer Golf Club e.V. Hagen	230
4433	Golfclub Rhein-Sieg e.V.	222
4434	Golfclub Herford e.V.	160
4435	Golf-Club Widukind-Land e.V.	159
4436	Golfclub Issum-Niederrhein e.V.	196
4438	Golf-Club Aldruper Heide e.V.	201
4439	Land-Golf-Club Schloss Moyland e.V.	194
4441	Marienburger Golf-Club e.V.	212
4442	Golf- und Land-Club Köln e.V.	214
4443	Golf Burgkonradsheim	210
4444	Krefelder Golf Club e.V.	197
4446	Golfclub Stadtwald e.V.	196
4447	Golfclub Leverkusen e.V.	212
4449	Golf-Club Marienfeld e.V.	164
4450	Golfclub Burg Overbach e.V.	224
4451	GC Schloss Myllendonk - Mönchengladbach	172
4452	Golfclub Münster-Wilkinghege e.V.	199
4453	Golf- und Landclub Nordkirchen e.V.	237
4454	Golf-Club Bergisch Land Wuppertal e.V.	177
4455	Golfclub Osnabrück-Dütetal e.V.	206
4457	Golf Club Paderborner Land e.V.	162
4458	Vestischer Golfclub Recklinghausen e.V.	185
4459	Golf-Club Oberberg e.V.	215
4460	Golfclub Weselerwald e.V.	190
4461	Golfclub Schmallenberg e.V.	228
4462	Golf Club Siegen-Olpe e.V.	230
4463	Golfclub Stahlberg im Lippetal e.V.	238
4464	Golfclub Münsterland e.V., Burgsteinfurt	203
4465	Golfclub Tecklenburger Land e.V.	207
4466	Golf-Club Unna-Fröndenberg e.V.	234
4467	Golfclub Habichtswald e.V.	206
4468	Golf-Club Schulten-Hof Peckeloh e.V.	165
4469	Warendorfer Golfclub an der Ems	200
4470	Golf- und Landclub Schmitzhof e.V.	176
4471	Golfclub Winterberg e.V.	241
4472	Golf Club Werl e.V.	238
4473	GC Haus Kambach Eschweiler-Kinzweiler	219
4474	Golfclub Gut Hahues zu Telgte e.V.	202
4475	Golfclub Hummelbachaue e.V.	174
4476	Golfclub Sellinghausen e.V.	228
4477	Golfclub Mülheim an der Ruhr e.V.	184
4478	GC Teutoburger Wald Halle/Westfalen	166
4479	Int. GC Mergelhof Sektion Deutschland	218
4480	Royal Saint Barbara´s Dortmund GC	180
4482	Golfclub Siegerland e.V.	227
4483	Golf-Club Varmert e.V.	233
4484	Golfclub Mettmann e.V.	170
4485	Golfclub Uhlenberg Reken e.V.	205
4486	Golfclub Clostermanns Hof e.V.	225
4487	Golfclub Haus Bey e.V.	172
4488	Golfclub Erftaue e.V.	174
4489	Mühlenhof Golf und Country Club e.V.	194
4490	Senne Golfclub Gut Welschof e.V.	165
4491	Golfclub Wildenrath e.V.	175
4493	KOSAIDO Int. Golfclub Düsseldorf e.V.	168
4494	Gut Heckenhof Hotel & Golfresort an der Sieg	222
4495	Golf Club Elfrather Mühle e.V.	197
4496	Golfclub Brilon e.V.	241
4497	Internationaler Golf Club Bonn e.V.	221
4499	Golfclub Schloss Westerholt e.V.	186
4500	Golfclub Duvenhof e.V.	198
4501	Golfclub Münster-Tinnen e.V.	199
4502	Golf-Club Schloss Miel	226
4503	Golfclub Velbert-Gut Kuhlendahl e.V.	178

DGV -Nr.	CLUB-Name	Seite
4504	Golfclub Lippstadt e.V.	239
4505	Golf Club Wasserschloß Westerwinkel	237
4506	Golf-Club Kürten e.V.	215
4507	Golfclub Meerbusch e.V.	169
4508	Golfclub Burg Zievel e.V.	225
4509	Golf Club Gut Lärchenhof e.V.	209
4511	Golfclub Am Alten Fliess e.V.	208
4512	Golfclub Gut Neuenhof e.V.	235
4513	Golfclub Op de Niep e.V.	193
4514	GC Rheine/Mesum Gut Winterbrock e.V.	203
4515	V-Golf Sankt Urbanus	213
4516	Golfclub Hamm e.V.	235
4517	Golf Club Rittergut Birkhof e.V.	173
4518	Golfclub Borghees e.V.	189
4519	Golfclub Düsseldorf Grafenberg e.V.	168
4520	Golfclub Römerhof e.V.	220
4522	GSV Golf-Sport-Verein Düsseldorf e.V.	167
4523	Golfclub Schloss Haag e.V.	195
4524	Golfclub Felderbach Sprockhövel e.V.	185
4525	Golfclub Haan-Düsseltal e.V.	179
4526	Golf & Country Club Velderhof	209
4527	Golfclub Repetal Südsauerland e.V.	231
4528	Golfclub Mönchengladbach Wanlo e.V.	171
4529	Golfclub Gut Berge Gevelsberg/Wetter	232
4532	Schloss Moyland Golfresort	195
4533	Golfpark Schloß Horst e.V.	187
4534	Golfclub Bruckmannshof e.V.	191
4535	Rothenbacher Golfanlage	176
4537	Golfclub am Katzberg e.V.	169
4538	Golfclub Dreibäumen e.V.	177
4540	Golfplatz Werne an der Lippe	236
4541	Golfclub Schloss Auel	223
4542	Golf am Haus Amecke	240
4543	Golfclub Am Kloster Kamp e.V.	193
4544	Golfclub Gimborner Land e.V.	216
4545	Golfclub Oberhausen e.V.	188
4546	GC Mülheim an der Ruhr Raffelberg	184
4547	Golfclub Der Lüderich e.V.	214
4548	Golfclub Westheim e.V.	166
4549	Golfclub Bad Münstereifel Stockert e.V.	226
4550	Golfclub Grevenmühle	171
4551	GC Gelstern Lüdenscheid-Schalksmühle	234
4552	GolfRange Dortmund	179
4553	Golf & More Huckingen GmbH & Co. KG	192
4554	Golfpark Heidewald Vohren	201
4557	Universitäts-Golfclub Paderborn e.V.	162
4558	Golfclub Röttgersbach e.V.	191
4560	Golfclub am Kemnader See e.V.	233
4564	Golfclub Ladbergen e.V.	207
4565	Golfanlage Jammertal	186
4566	GolfCity Pulheim	210
4567	Golf-Park Nümbrecht	216
4568	Golfen in Hiltrup	200
4574	WEST Golf GmbH & Co. KG	224
4575	Golfpark Loherhof	220
4576	Golfclub Wittgensteiner Land e.V.	227
4577	Golfen in Herdecke	232
4578	Europäischer Golfclub Elmpter Wald e.V.	173
4579	Int. GC Henri-Chapelle Sektion Deutschland	217
4580	Kölner Golfclub	211
4587	Golfpark Renneshof	198
4591	Golfanlage Gut Ottenhausen GmbH	160
4593	KölnGolf	211
4596	Golfplatz Gut Köbbinghof	239
K462	Konzept Golf Gut Clarenhof	208
K470	GC Wahn im SSZ Köln-Wahn e.V.	213

(Die rot hinterlegten Clubs nehmen an der Köllen Golf Gutschein-Aktion teil)

DGV-NR. 4429

GOLFCLUB HEERHOF E.V.

Finnebachstr. 31
32049 Herford
Tel. 05228 7507
info@heerhof.de
www.heerhof.de
Jörg Obermeier
Tel. 05228 960232
gastronomie@golf-am-heerhof.de
Ruhetag: montags
geöffnet ab 11 Uhr

Löcheranzahl: 9
Gegründet: 1984
H Gelb: 5948 m, CR 71,2, SL 123, Par 72
H Blau: 5576 m, CR 69,3, SL 120, Par 72
H Rot: 5236 m, CR 67,2, SL 121, Par 70
D Blau: 5576 m, CR 74,8, SL 129, Par 72
D Rot: 5236 m, CR 72,6, SL 122, Par 72

Saison: ganzjährig
Mindest-HCP WT/WE: 54
Anmeldung WT/WE: Nein
Mitgl.-begl. WT/WE: Nein
VcG WT/WE: Ja

18-Loch Greenfee WT/WE: EUR 45/50

(Greenfee-Preise können je nach DGV-Ausweiskennzeichnung abweichen)

2:1

Platzcharakteristik:

Die Golfanlage des Golf Club Heerhof liegt am Rande des Teutoburger Waldes, eingebettet in leicht hügeliges Gelände. Die Kombination der geplanten und gewachsenen Hindernisse machen das Spiel auf der 9-Loch Anlage variantenreich und spannend. Teilweise sehr tiefe Bunker und drei Biotope machen jedes Loch zum Erlebnis.

Pro-Shop » Basic « | Level | Kurzpl.

GolfPost 5,0/5

DGV-NR. 4404

GOLF- UND LANDCLUB BAD SALZUFLEN E.V.

Schwaghof 4
32108 Bad Salzuflen
Tel. 05222 10773
info@golfclub-bad-salzuflen.de
www.golfclub-bad-salzuflen.de
Daubel Events
Tel. 0171-50 000 99
Ruhetag: montags

Löcheranzahl: 18
Gegründet: 1956
Höhe: 180 m
H: 5987 m, CR 72,4, SL 130, Par 72
D: 5283 m, CR 74,1, SL 133, Par 72

Saison: ganzjährig
Mindest-HCP WT/WE: 54/36
Anmeldung WT/WE: Ja
Mitgl.-begl. WT/WE: Nein
VcG WT/WE: Ja

18-Loch Greenfee WT/WE: EUR 50/60

(Greenfee-Preise können je nach DGV-Ausweiskennzeichnung abweichen)

Platzcharakteristik:

Die abwechslungsreiche Anlage ist teils im Hochwald gelegen, teils offen und gewährt reizvolle Ausblicke in die leicht bergige Landschaft des Teutoburger Waldes. Der 18-Loch-Platz mit altem Baumbestand, integriert in eine hügelige Parklandschaft, begeistert durch strategisch raffiniert angelegte Bahnen, deren Grüns stark onduliert und von Bunkern gut verteidigt sind, und von deren Fairways Drives scheinbar magisch von Teichen angezogen werden.

Pro-Shop » Large « | Level | Kurzpl.

GolfPost 5,0/5

NRW

DGV-NR. 4422

GOLFCLUB RAVENSBERGER LAND E.V.

Südstrasse 96
32130 Enger-Pödinghausen
Tel. 05224 79751
info@gc-rl.de
www.golfclub-ravensberger-land.de

Streibergers im
Nölkenhöners Hof
Tel. 05224 9861501
info@noelkenhoeners-hof.de
Ruhetag: montags

Löcheranzahl: 18
Gegründet: 1987
Höhe: 150 m
H: 5820 m, CR 70,4, SL 125, Par 72
D: 5026 m, CR 71,6, SL 125, Par 72

Saison: ganzjährig
Mindest-HCP WT/WE: 45
Anmeldung WT/WE: Ja
Mitgl.-begl. WT/WE: Nein
VcG WT/WE: Ja

18-Loch Greenfee WT/WE: EUR 50/55

(Greenfee-Preise können je nach DGV-Ausweiskennzeichnung abweichen)

2:1

Platzcharakteristik:

Strategie ist der Schlüssel zum Erfolg auf dieser Golfanlage mitten im Ravensberger Land im Norden von Bielefeld.

Der clubeigene Golfplatz hat den Charakter einer Parklandschaft und erfordert bereits vom ersten Tee an volle Konzentration. 63 Bunker, kleine und schnelle Grüns sowie die mit 586 Metern längste Spielbahn Ostwestfalens sind eine Herausforderung für jeden Golfspieler. Nach der Runde verwöhnt ein italienischer Küchenchef in einem 1697 erbauten Bauernhaus Clubmitglieder und Gäste mit lokaler und mediterraner Küche.

Pro-Shop » Basic « | Level | Kurzpl.

GolfPost 4,6/5

DGV-NR. 4435

GOLF-CLUB WIDUKIND-LAND E.V.

GMVD

Auf dem Stickdorn 63
32584 Löhne
Tel. 05228 7050
info@gc-widukindland.de
www.gc-widukindland.de

Widukind-Land
Tel. 05228 1038
Ruhetag: montags

Löcheranzahl: 18
Gegründet: 1986
Höhe: 160 m
H: 6090 m, CR 72,0 SL 136, Par 72
D: 5320 m, CR 73,4, SL 131 Par 72

Saison: ganzjährig
Mindest-HCP WT/WE: 54
Anmeldung WT/WE: Ja
Mitgl.-begl. WT/WE: Nein
VcG WT/WE: Ja

18-Loch Greenfee WT/WE: EUR 60/70

(Greenfee-Preise können je nach DGV-Ausweiskennzeichnung abweichen)

NRW

2:1

Platzcharakteristik:

Die leicht hügelige Topographie des Geländes ermöglicht ein problemloses Spielen für alle Altersgruppen, stellt aber gleichzeitig eine sportlich anspruchsvolle und abwechslungsreiche Herausforderung dar. Das Terrain wird in unregelmäßigen Abständen von kleinen Wäldchen eingesäumt. Von Bunkern umgebene Grüns, landschaftsgerecht angelegte Feuchtbiotope sowie der bei jedem Schlag einzukalkulierende Wind bieten für jeden Spieler eine Herausforderung.

Pro-Shop » Basic « | Level | Kurzpl.

GolfPost 4,4/5

DGV-NR. 4434

GOLFCLUB HERFORD E.V.

Heideholz 8
32602 Vlotho-Exter
Tel. 05228 7434
info@golfclubherford.de
www.golfclubherford.de

Ristorante Mulino
Tel. 05228 989365
Ruhetag: montags
Inh.: Orazio Antonuccio

Löcheranzahl: 9
Gegründet: 1984
Höhe: 200 m
H: 5765 m, CR 71,5, SL 131, Par 72
D: 5166 m, CR 74,0, SL 131, Par 72

Saison: ganzjährig
Mindest-HCP WT/WE: PR
Anmeldung WT/WE: Ja
Mitgl.-begl. WT/WE: Nein
VcG WT/WE: Ja

18-Loch Greenfee WT/WE: EUR 50

(Greenfee-Preise können je nach DGV-Ausweiskennzeichnung abweichen)

2:1

Platzcharakteristik:

Der Golfplatz liegt zwischen den Orten Herford, Bad Oeynhausen, Löhne und Vlotho in verkehrsgünstiger Lage. Bei gutem Wetter ist ein wunderschöner Ausblick bis weit ins Weserbergland möglich. Die abwechslungsreiche Anlage ist hügelig, anspruchsvoll und sportlich.

Pro-Shop » Basic « | Level | Kurzpl.

GolfPost 4,7/5

DGV-NR. 4591

GOLFANLAGE GUT OTTENHAUSEN

Ottenhauser Str. 100
32791 Lage
Tel. 05232 9738500
info@golf-gut-ottenhausen.de
www.golf-gut-ottenhausen.de

Bistro Gut Ottenhausen
Ruhetag: montags

Löcheranzahl: 18
Gegründet: 2015
Höhe: 100 m
H: 5822 m, CR 71,6, SL 133, Par 72
D: 5169 m, CR 73,6, SL 126, Par 72

Saison: ganzjährig
Mindest-HCP WT/WE: PR/54
Anmeldung WT/WE: Nein
Mitgl.-begl. WT/WE: Nein
VcG WT/WE: Ja

18-Loch WT/WE: EUR 45/50

(Greenfee-Preise können je nach DGV-Ausweiskennzeichnung abweichen)

2:1

Platzcharakteristik:

Mitten in Ostwestfalen-Lippe, in der „Zuckerstadt" Lage, finden Sie die Golfanlage Gut Ottenhausen. Der Wechsel von Freiflächen und Wald prägt den Platz und vermittelt eine schöne parkähnliche Atmosphäre. Genießen Sie die zahlreichen Doglegs und immer wechselnden Ausblicke auf den Teutoburger Wald und das Hermannsdenkmal. Als Highlight erwartet Sie an der Bahn 18 ein wunderschöner Seeblick, der das Golferlebnis abrundet. Die Anlage zeichnet sich besonders durch ihre kurzen Wege aus: Die Bahnen 1 und 10, die Driving Range, das Putting und das Chipping Grün sowie die Parkplätze liegen in unmittelbarer Nähe zum Clubhaus. Genießen Sie die freundliche Atmosphäre und freuen Sie sich auf ein entspanntes Golferlebnis ohne Startzeiten. Wir freuen uns auf Sie!

Pro-Shop » Basic « | Level | Kurzpl.

GolfPost 4,0/5

DGV-NR. 4409

LIPPISCHER GOLFCLUB E.V.

Huxoll 14
32825 Blomberg
Tel. 05236 459
sekretariat@lippischergolfclub.de
www.lippischergolfclub.de

Tel. 05236 8184
Ruhetag: montags

Löcheranzahl: 18
Gegründet: 1980
Höhe: 250 m
H: 5989 m, CR 72,1, SL 131, Par 72
D: 5224 m, CR 73,7, SL 131, Par 72

Saison: ganzjährig
(bei Frost Wintergrüns)
Mindest-HCP WT/WE: 54
Anmeldung WT/WE: Ja
Mitgl.-begl. WT/WE: Nein
VcG WT/WE: Ja

**18-Loch Greenfee WT/WE:
EUR 55/65**

(Greenfee-Preise können je nach DGV-Ausweiskennzeichnung abweichen)

2:1

Platzcharakteristik:

Die ruhige, parkähnlich angelegte Anlage besticht durch ihren hervorragenden Pflegezustand und bietet eine angemessene sportliche Herausforderung. Beste Trainingsbedingungen bieten die überdachten Übungsplätze der Driving-Range.

Aus dem neu gestalteten Clubhaus und von der großzügigen Terrasse bieten sich nach der Runde wunderbare Ausblicke auf den Golfplatz.

Mitglieder und Gäste können sich auf der Anlage jederzeit wohl fühlen und den Besuch wie einen kleinen Urlaub genießen.

Pro-Shop » Large «

Level

Kurzpl.

GolfPost 4,5/5

DGV-NR. 4407

BAD DRIBURGER GOLFCLUB E.V.

Georg-Nave-Str. 24 a
33014 Bad Driburg
Tel. 05253 7104
info@bad-driburger-golfclub.de
www.bad-driburger-golfclub.de

Neue Gastronomie seit 2022
Tel. Tel. 05253 70282

Löcheranzahl: 18
Gegründet: 1976
Höhe: 220 m
H: 6013 m, CR 72,4, SL 133, Par 72
D: 5362 m, CR 74,4, SL 131, Par 72

Saison: März-November
Mindest-HCP WT/WE: 45
Anmeldung WT/WE: Nein/Ja
Mitgl.-begl. WT/WE: Nein
VcG WT/WE: Ja

**18-Loch Greenfee WT/WE:
EUR 55/60**

(Greenfee-Preise können je nach DGV-Ausweiskennzeichnung abweichen)

NRW

Platzcharakteristik:

Der Golfplatz liegt am nordöstlichen Rand Bad Driburgs und grenzt direkt an den Kurpark. Kleine Waldgebiete, einzelne uralte Eichen, ausgedehnte Mischwälder, naturbelassene Wasserhindernisse und großzügig angelegte Spielbahnen kennzeichnen diese abwechslungsreiche Anlage. Abgesehen von einigen besonderen Herausforderungen hat der leicht hügelige Platz einen mittleren Schwierigkeitsgrad.

Pro-Shop » Basic «

Level

Kurzpl.

GolfPost 4,8/5

DGV-NR. 4557

UNIVERSITÄTS-GOLFCLUB PADERBORN E.V.

GMVD MEMBER

Haxterhöhe 2
33100 Paderborn
Tel. 05251 604242
info@haxterpark.de
www.haxterpark.de/golf

Gasthaus Haxterpark
Tel. 05251 7098817
gastro@haxterpark.de
www.haxterpark.de/gasthaus
Ruhetag: montags

Löcheranzahl: 27
Gegründet: 2004
Höhe: 220 m
18-Loch Meisterschaftsplatz
H: 5396 m, CR 68,7, SL 123, Par 71
D: 4604 m, CR 69,6, SL 118, Par 71
9-Loch Kurzplatz „Universität"
H+D: 1488 m, Par 29

Saison: ganzjährig
Mindest-HCP WT/WE: 54
Anmeldung WT/WE: Nein
Mitgl.-begl. WT/WE: Nein
VcG WT/WE: Ja

18-Loch Greenfee WT/WE: EUR 44/56

(Greenfee-Preise können je nach DGV-Ausweiskennzeichnung abweichen)

2:1

Platzcharakteristik:

Der Heimatplatz des Universitäts-Golfclubs Paderborn ist der Kurs „Haxterhöhe Links". Errichtet nach schottischen Vorbildern fi ndest Du Deine golferische Herausforderung in welligem Dünen-Design, in wechselnden Winden, in festen Festuca-Grüns und in 121 zu umspielenden Bunkern. Belohnt wird Deine Runde mit einer bis zu 30 km weit reichenden Fernsicht. Charakteristisch für die Paderborner Hochfl äche ist der karge Bewuchs.

Im Jahr 2015 führte das GolfMagazin den Kurs Haxterhöhe Links im Ranking der schönsten Golfplätze Deutschlands unter den TOP25. Und im Buch der 100 besten Golfplätze in Deutschland und Österreich erreichten Platz und Club einen Platz unter den ersten 10.

Pro-Shop » Basic « | Level | Kurzpl.

GolfPost 4,6/5

DGV-NR. 4457

GOLF CLUB PADERBORNER LAND E.V.

GMVD MEMBER

Im Nordfeld 25
33154 Salzkotten-Thüle
Tel. 05258 9373-10
info@gcpaderbornerland.de
www.gcpaderbornerland.de

Landgasthaus Lohre
Tel. 05258 9382244
info@landgasthaus-lohre.de
www.landgasthaus-lohre.de

Löcheranzahl: 27
Gegründet: 1983
Höhe: 94 m
Platz Grün-Gelb (18 Loch)
H: 5964 m, CR 72,5, SL 132, Par 72
D: 5303 m, CR 74,7, SL 130, Par 72
Platz Rot (9 Loch)
H: 2857 m, Par 36
D: 2405 m, Par 36

Saison: ganzjährig
Mindest-HCP WT/WE: 45/36
Anmeldung WT/WE: Ja
Mitgl.-begl. WT/WE: Nein
VcG WT/WE: Ja

18-Loch Greenfee WT/WE: EUR 45/55

(Greenfee-Preise können je nach DGV-Ausweiskennzeichnung abweichen)

Platzcharakteristik:

Der Golfplatz liegt in einer ländlichen Idylle auf einem nur leicht hügeligen Gelände. Wasserhindernisse stellen hier die größten Schwierigkeiten dar und sind fast überall anzutreffen. Ob ein bis in die Fairway-Mitte reichendes Wasserhindernis, Wassergräben vor und hinter den Grüns und seitliche, als Biotope angelegte Wasserhindernisse - für jeden Geschmack ist hier etwas dabei.

Die frei 9-Loch Platze sind frei miteinander kombinierbar und ergeben somit drei abwechslungsreiche Golfrunden über je 18 Loch.

Pro-Shop » Basic « | Level | Kurzpl.

GolfPost 5,0/5

NRW

DGV-NR. 4406

B.A. GOLFCLUB SENNELAGER

Senne 1
33175 Bad Lippspringe
Tel. 05252 53794
info@sennelagergolfclub.de
www.sennelagergolfclub.de

Senne 1
Tel. 0176 68585364
Ruhetag: montags

Löcheranzahl: 27
Gegründet: 1963
Höhe: 30 m
Forest Pine Course (18 Loch)
H: 5646 m, CR 69,7, SL 129, Par 72
D: 4991 m, CR 71,2, SL 127, Par 72
Old Course (9 Loch, öffentl. Golfpl.)
H: 2477 m, CR 65,0, SL 108, Par 34

Saison: ganzjährig
Mindest-HCP WT/WE: 54
Anmeldung WT/WE: Nein
Mitgl.-begl. WT/WE: Nein
VcG WT/WE: Ja

18-Loch Greenfee WT/WE: EUR 50/65

(Greenfee-Preise können je nach DGV-Ausweiskennzeichnung abweichen)

2:1

Platzcharakteristik:

Dieser schöne, in typischer Sennelandschaft mit Heide-, Kiefern- und Birkenwäldern gelegene Platz wurde 1963 von der Britischen Rheinarmee gebaut und nach und nach auf 27 Löcher ausgeweitet. Der nicht sehr lange Platz erfordert genaues Spiel, da durch Wald und Busch begrenzte Fairways, seitliche und frontale Wasserhindernisse ungenaue Schläge schnell bestraft werden.

Angebots-Special: Dienstags - Sonntags erhalten Sie eine Tasse Kaffee & ein Sandwich vor der Runde, sowie ein Schnitzel mit Pommes nach der Runde für 12,50 € zzgl. des saisonaktuellen Greenfeepreises.

Pro-Shop » Large « | Level | Kurzpl.

GolfPost 5,0/5

DGV-NR. 4431

WESTFÄLISCHER GOLF-CLUB GÜTERSLOH

GMVD | GOLF& NATUR

Gütersloher Str. 127
33397 Rietberg
Tel. 05244 2340
info@golf-gt.de
www.golf-gt.de

Klubhaus Cafe & Restaurant
Tel. 05244 1855
gastronomie@golf-gt.de
Ruhetag: montags

Löcheranzahl: 18
Gegründet: 1968
Höhe: 70 m
H: 6044 m, CR 71,8, SL 130, Par 72
D: 5303 m, CR 73,6, SL 131, Par 72

Saison: ganzjährig
Mindest-HCP WT/WE: 54/36
Anmeldung WT/WE: Nein/Ja
Mitgl.-begl. WT/WE: Nein
VcG WT/WE: Ja

18-Loch Greenfee WT/WE: EUR 60/80

(Greenfee-Preise können je nach DGV-Ausweiskennzeichnung abweichen)

NRW

Platzcharakteristik:

Auf einem sehr weitläufigen und flachen Gelände wurden die 18 Spielbahnen nahezu unsichtbar in die Landschaft eingepasst. Der lange Platz wird vor allem durch den alten Eichen- und Buchenbestand, der die meisten Fairways umsäumt, geprägt. Will man den Score nicht mit Wasser-Strafschlägen belasten, ist ein genaues Anspiel erforderlich, denn oft gilt es, gleich mehreren Wasserhindernissen auszuweichen.

Pro-Shop » Large « | Level | Kurzpl.

GolfPost 4,8/5

DGV-NR. 4449

GOLF-CLUB MARIENFELD E.V.

Remse 27
33428 Marienfeld
Tel. 05247 8880
info@gc-marienfeld.de
www.gc-marienfeld.de

Loch 19
Tel. 05247 80240
info@lochneunzehn.de
Ruhetag: montags

Löcheranzahl: 18
Gegründet: 1986
Höhe: 70 m
H: 5818 m, CR 71,3, SL 129, Par 71
D: 5103 m, CR 72,6, SL 127, Par 71

Saison: Januar-Dezember
Mindest-HCP WT/WE: 54
Anmeldung WT/WE: Ja
Mitgl.-begl. WT/WE: Nein
VcG WT/WE: Ja

18-Loch Greenfee WT/WE: EUR 50/60

(Greenfee-Preise können je nach DGV-Ausweiskennzeichnung abweichen)

Platzcharakteristik:

Eingebettet in eine westfälische Parklandschaft liegt der sehr gepflegte 18-Loch-Platz zwischen Harsewinkel und Gütersloh an der B 513. Die Fairways und Greens befinden sich in ausgezeichnetem Zustand. Teiche, renaturierte Bäche, alter Baumbestand sowie einige Doglegs machen den Reiz dieser vielleicht nur auf den ersten Eindruck einfach zu bespielenden Golfanlage aus.

Pro-Shop » Basic « | Level | Kurzpl.

GolfPost ★★★★★ 5,0/5

DGV-NR. 4408

BIELEFELDER GOLFCLUB E.V.

GMVD | GOLF& NATUR

Dornberger Str. 377
33619 Bielefeld
Tel. 0521 105103
info@bielefelder-golfclub.de
www.bielefelder-golfclub.de

Klubhaus Cafe & Restaurant
Tel. 05244 105133
Ruhetag: montags

Löcheranzahl: 18
Gegründet: 1977
Höhe: 200 m
H: 5642 m, CR 69,6, SL 126, Par 71
D: 4916 m, CR 70,7, SL 127, Par 71

Saison: April-Oktober
Mindest-HCP WT/WE: 36
Anmeldung WT/WE: Ja
Mitgl.-begl. WT/WE: Nein
VcG WT/WE: Ja

18-Loch Greenfee WT/WE: EUR 50/60

(Greenfee-Preise können je nach DGV-Ausweiskennzeichnung abweichen)

NRW

Platzcharakteristik:

Die 18 Loch Anlage liegt nur wenige Autominuten vom Zentrum Bielefelds entfernt am Nordhang des Teutoburger Waldes und bietet alles was einen Golfplatz reizvoll macht.

Sie zeichnet sich durch besonderen landschaftlichen Reiz, alten Baumbestand und eindrucksvolle weite Ausblicke aus. Die Bahnen schmiegen sich in die Landschaft und erlauben Blicke in die umgebende Hügellandschaft des Teutoburger Waldes.

Die topografischen Verhältnisse mit vielen Hanglagen und insgesamt sechs als Wasserhindernisse zu überspielenden kleinen Schluchten (Sieks) bieten besondere spielerische Herausforderungen.

Pro-Shop » Basic « | Level | Kurzpl.

GolfPost ★★★★★ 5,0/5

DGV-NR. 4490

SENNE GOLFCLUB GUT WELSCHOF E.V.

Augustdorfer Str. 72
33758 Schloß Holte-Stukenbrock
Tel. 05207 920936
info@sennegolfclub.de
www.sennegolfclub.de

Gut Welschof
Tel. 05207 9937227

Löcheranzahl: 18
Gegründet: 1992
H: 5935 m, CR 71,2, SL 128, Par 72
D: 5269 m, CR 73,2, SL 129, Par 72

Saison: ganzjährig
Mindest-HCP WT/WE: 54/45
Anmeldung WT/WE: Nein/Ja
Mitgl.-begl. WT/WE: Nein
VcG WT/WE: Ja

18-Loch Greenfee WT/WE: EUR 45/55

(Greenfee-Preise können je nach DGV-Ausweiskennzeichnung abweichen)

%

Platzcharakteristik:

Der Par 72 Golfplatz liegt auf einem landschaftlich sehr abwechslungsreichen Gelände mit angenehm bewegtem Oberflächenrelief und rundum verlaufenden prächtigen Waldkulissen. Zu beachten sind vor allem 10 Teiche, die auf 10 der 18 Bahnen auf verschlagene Bälle lauern. Sie befinden sich überwiegend in Reichweite der längeren, besseren Spieler. Die anspruchsvoll platzierten 63 Bunker erfordern zudem eine hohe Spielpräzision.

Pro-Shop » Basic « | Level | Kurzpl.

GolfPost 4,5/5

DGV-NR. 4468

GOLF-CLUB SCHULTEN-HOF PECKELOH E.V.

Schultenallee 1
33775 Versmold
Tel. 05423 42872
info@golfclub-peckeloh.de
www.golfclub-peckeloh.de

Casa Italiana
Tel. 05423 4103826
AP: Marco Iezzi

Löcheranzahl: 18
Gegründet: 1988
Höhe: 70 m
H: 6129 m, CR 72,1, SL 130, Par 72
D: 5315 m, CR 73,7, SL 128, Par 72

Saison: März-Oktober
Mindest-HCP WT/WE: k.A.
Anmeldung WT/WE: Nein
Mitgl.-begl. WT/WE: Nein
VcG WT/WE: Ja

18-Loch WT/WE: EUR 50/60

(Greenfee-Preise können je nach DGV-Ausweiskennzeichnung abweichen)

NRW

2:1

Platzcharakteristik:

Die Anlage liegt in einer typisch "westfälischen Parklandschaft" auf sanft hügeligem Gelände. Bei den ersten 9 Loch ist taktisches Spiel (Wasserhindernisse) gefragt, bei den zweiten 9 Loch sind es eher die Longhitter-Fähigkeiten.

Pro-Shop » Large « | Level | Kurzpl.

GolfPost 4,4/5

DGV-NR. 4478

GC TEUTOBURGER WALD HALLE/WESTFALEN

GMVD

Eggeberger Str.13
33790 Halle/Westfalen
Tel. 05201 6279
post@gctw.de
www.gctw.de

ROSSINI Gastronomie GmbH
Tel. 05201 971710

Löcheranzahl: 27
Gegründet: 1990
Höhe: 180 m
Kurs Rot (18 Loch)
H: 6.036 m, CR 72,0, SL 135, Par 72
D: 5.287 m, CR 73,9, SL 134, Par 72
Kurs Grün (9 Loch)
H: 2889 m, Par 36
D: 2549 m, Par 36

Saison: ganzjährig
Mindest-HCP WT/WE: 45
Anmeldung WT/WE: Nein/Ja
Mitgl.-begl. WT/WE: Nein
VcG WT/WE: Ja

18-Loch Greenfee WT/WE: EUR 45/65

(Greenfee-Preise können je nach DGV-Ausweiskennzeichnung abweichen)

Platzcharakteristik:

Der Golf Club Teutoburger Wald gehört seit Jahren zu einer der interessantesten und schönsten Golfanlagen Deutschlands. Einfach gesagt, eine Golfanlage, die für Sie vom Start in den Golftag bis hin zum Ausklang Ihrer Golfrunde kaum Wünsche offen lässt.

Bei uns erwartet Sie eine perfekt auf den Golfsport zugeschnittene Golfanlage, die allen Leistungs- und Altersklassen gerecht wird. Dieses Versprechen unterstreichen wir mit der durch den Bundesverband der Golfanlagen verliehenen 5-Sterne Klassifizierung, die als objektiver Maßstab für alle auf unserer Anlage angebotenen Leistungen dient.

Im Golf Club Teutoburger Wald genießen Sie Golf von seiner schönsten Seite, denn wir haben viel zu bieten.

Pro-Shop » Basic « | Level | Kurzpl.

GolfPost 4,9/5

DGV-NR. 4548

GOLFCLUB WESTHEIM E.V.

Kastanienweg 16 b
34431 Marsberg
Tel. 02994 908854
info@gc-westheim.de
www.golfclub-westheim.de

Löcheranzahl: 18
Gegründet: 2012
Höhe: 300 m
H: 5500 m, CR 69,8, SL 127, Par 71
D: 4600 m, CR 69,2, SL 123, Par 71

Saison: ganzjährig
Mindest-HCP WT/WE: 54/45-54
Anmeldung WT/WE: Ja
Mitgl.-begl. WT/WE: Nein
VcG WT/WE: Ja

18-Loch Greenfee WT/WE: EUR 54/60

(Greenfee-Preise können je nach DGV-Ausweiskennzeichnung abweichen)

2:1

Platzcharakteristik:

Herrliche nicht sehr große Anlage im Stil schottischer Dorfgolfplätze, angeschlossen an eine Sportanlage mit Sportheim, Fußballplatz, Tennisanlage und großem Spielplatz. Alle Bahnen schön geschwungen fast immer gut einzusehen und unterschiedlich der Natur angepasst, an den höheren Bahnen wunderbare Fernsicht auf das Sauerland. Die Grüns sind schwer zu lesen, nicht groß, i.d. Regel angehoben u. durch Bunker, Steinbiotop o. Wasser verteidigt. Der Slope entspricht nicht der Realität, Hcp ist schwer zu spielen. Der Platz ist gut zu laufen auch für ältere Semester.

Pro-Shop | Level | Kurzpl.

GolfPost 4,8/5

NRW

DGV-NR. 4522

GSV GOLF-SPORT-VEREIN DÜSSELDORF E.V.

Auf der Lausward 51
40221 Düsseldorf
Tel. 0211 410529
info@gsvgolf.de
www.gsvgolf.de

"Trüffelschwein"
Tel. 0211 1372765

Löcheranzahl: 9
Gegründet: 1990
Höhe: 35 m
H: 5678 m, CR 69,9, SL 123, Par 70
D: 5016 m, CR 71,9, SL 121, Par 70

Saison: ganzjährig
Mindest-HCP WT/WE: PR
Anmeldung WT/WE: Nein/Ja
Mitgl.-begl. WT/WE: Nein
VcG WT/WE: Nein

18-Loch Greenfee WT/WE: EUR 30/45

(Greenfee-Preise können je nach DGV-Ausweiskennzeichnung abweichen)

2:1

Platzcharakteristik:

Bekannt ist der Golfplatz "Auf der Lausward" seit 1978 als erster öffentlicher Golfplatz Deutschlands. Seit 1.1.1997 betreibt der GSV Düsseldorf den Platz in Eigenregie. Auf der Lausward trifft sich ein völlig gemischtes Publikum zu gemeinsamem Spiel, der Umgang miteinander ist unkompliziert und freundschaftlich. Fast mitten in der City auf den Rheinwiesen vor dem Hafen ist der Blick vom 8. Grün auf die Skyline Düsseldorfs optischer Höhepunkt.

Pro-Shop » Basic « | Level | Kurzpl.

GolfPost 4,4/5

DGV-NR. 4418

GOLF CLUB HUBBELRATH E.V.

GMVD | GOLF& NATUR

Bergische Landstraße 700
40629 Düsseldorf
Tel. 02104 72178
info@gc-hubbelrath.de
www.gc-hubbelrath.de

Golfrestaurant Hubbelrath
Tel. 02104 70452
b.mexner-hubbelrath@t-online.de

Löcheranzahl: 36
Gegründet: 1961
Höhe: 170 m
Ostplatz
H: 5977 m, CR 72,4, SL 132, Par 72
D: 5269 m, CR 74,5, SL 131, Par 72
Westplatz
H: 4000 m, CR 61,7, SL 107, Par 66
D: 3586 m, CR 62,5, SL 106, Par 66

Saison: ganzjährig
Mindest-HCP WT/WE: 26-36
Anmeldung WT/WE: Ja
Mitgl.-begl. WT/WE: Nein
VcG WT/WE: Ja

18-Loch Greenfee WT/WE: EUR 80/100

(Greenfee-Preise können je nach DGV-Ausweiskennzeichnung abweichen)

Platzcharakteristik:

Der Golf-Club ist in einem landschaftlich reizvollen Gebiet zwischen der Landeshauptstadt Düsseldorf und dem Bergischen Land gelegen. Es bietet sich die Möglichkeit, zwei äußerst unterschiedliche Plätze zu bespielen. Der Westplatz ist zwar relativ kurz, aber wegen vieler Schräglagen und kleiner Grüns nicht einfach. Auf dem Meisterschaftsplatz wurden bereits mehrfach die German Open ausgetragen.

Pro-Shop » Basic « | Level | Kurzpl.

GolfPost 4,8/5

DGV-NR. 4493

KOSAIDO INTERNATIONALER GOLFCLUB DÜSSELDORF E.V.

Am Schmidtberg 11
40629 Düsseldorf
Tel. 02104 7706-0
info@kosaido.de
www.kosaido.de

Tel. 02104 770640
eventteam@kosaido.de

Löcheranzahl: 18
Gegründet: 1990
H: 5562 m, CR 70,5, SL 135, Par 71
D: 5044 m, CR 73,0, SL 131, Par 71

Saison: ganzjährig
Mindest-HCP WT/WE: 45/36
Anmeldung WT/WE: Ja
Mitgl.-begl. WT/WE: Nein
VcG WT/WE: Ja

18-Loch Greenfee WT/WE: EUR 50/80

(Greenfee-Preise können je nach DGV-Ausweiskennzeichnung abweichen)

Platzcharakteristik:

Die 18-Loch-Meisterschaftsanlage liegt inmitten der Natur in Düsseldorf-Hubbelrath. Der Club bietet alle Voraussetzungen für erholsame Entspannung, gepflegte Kommunikation sowie eine anspruchsvolle gastronomische Betreuung, in dessen gemütlicher Atmosphäre der Gast japanische und europäische Küche genießen kann. Der Platz und die Platzpflege liegen auf hohem Niveau.

Pro-Shop » Basic « | Level | Kurzpl.

GolfPost 4,5/5

DGV-NR. 4519

GOLFCLUB DÜSSELDORF GRAFENBERG E.V.

Rennbahnstr. 24-26
40629 Düsseldorf
Tel. 0211 9649511
info@golfclub-duesseldorf.de
www.golf-duesseldorf.de

grafengrün
Tel. 0211 9649514
mail@grafengruen.org
www.grafengruen.org
Ruhetag: montags, Küche regional

Löcheranzahl: 18
Gegründet: 1996
Höhe: 70 m
H: 5301 m, CR 67,7, SL 122, Par 70
D: 4539 m, CR 68,6, SL 118, Par 70

Saison: ganzjährig
Mindest-HCP WT/WE: 54
Anmeldung WT/WE: Ja
Mitgl.-begl. WT/WE: Nein
VcG WT/WE: Ja

18-Loch Greenfee WT/WE: EUR 70/80

(Greenfee-Preise können je nach DGV-Ausweiskennzeichnung abweichen)

Platzcharakteristik:

Nur gerade mal 10 Minuten von der Düsseldorfer Innenstadt entfernt, eingebettet im Landschaftsschutzgebiet des Grafenberger und des Aaper Waldes, befindet sich der einzige gänzlich auf Düsseldorfer Stadtgebiet gelegene 18 Loch-Golfplatz der Golfanlage Düsseldorf-Grafenberg.

In die idyllische Landschaft eingebettet und von Wald umgeben, bietet der Platz mehrere mit Bachläufen und Wasserfällen miteinander verbundene künstliche Seen, lange Bahnen, hängende Fairways und anspruchsvolle Inselgrüns.

Pro-Shop » Basic « | Level | Kurzpl.

GolfPost 4,5/5

DGV-NR. 4507

GOLFCLUB MEERBUSCH E.V.

Badendonker Straße 15
40667 Meerbusch
Tel. 02132 93250
info@golfpark-meerbusch.de
www.golfpark-meerbusch.de
Tel. 02132 932519

Löcheranzahl: 18
Gegründet: 1984
Höhe: 20 m
H: 6098 m, CR 72,2, SL 126, Par 72
D: 5477 m, CR 74,7, SL 130, Par 72

Saison: ganzjährig
Mindest-HCP WT/WE: 45/36
Anmeldung WT/WE: Nein/Ja
Mitgl.-begl. WT/WE: Nein/Ja
VcG WT/WE: Ja

18-Loch Greenfee WT/WE: EUR 60/80

(Greenfee-Preise können je nach DGV-Ausweiskennzeichnung abweichen)

Platzcharakteristik:

Der Golfclub Meerbusch verfügt über eine 18-Loch-Anlage mit typisch niederrheinischem Charakter, eingebettet in die Waldlandschaft des Meerer Busches. Drei große Seenbereiche garantieren ein abwechslungsreiches Spiel. Der Golfplatz befindet sich nur 15 Minuten vom Düsseldorfer Zentrum entfernt.

Pro-Shop » Basic « | Level | Kurzpl.

GolfPost 4,8/5

DGV-NR. 4537

GOLFCLUB AM KATZBERG E.V.

Katzbergstr. 21
40764 Langenfeld
Tel. 02173 919741
office@gcamkatzberg.de
www.gcamkatzberg.de
Restaurant Heavens
Tel. 02173 1015707
info@restaurant-heavens.com
www.restaurant-heavens.com
Ruhetag: montags, Küche regional

Löcheranzahl: 9
Gegründet: 1997
Höhe: 60 m
H: 4150 m, CR 64,5, SL 123, Par 66
D: 3672 m, CR 66,2, SL 120, Par 66

Saison: ganzjährig
Mindest-HCP WT/WE: 45/36
Anmeldung WT/WE: Ja
Mitgl.-begl. WT/WE: Nein
VcG WT/WE: Ja

18-Loch Greenfee WT/WE: EUR 35/44

(Greenfee-Preise können je nach DGV-Ausweiskennzeichnung abweichen)

Platzcharakteristik:

Zahlreiche Wasserhindernisse und teils tiefe Topfbunker verlangen ein äußerst präzises Spiel. Die engen Fairways tragen ebenfalls dazu bei, den Platz trotz seiner relativen Kürze zu einer echten Herausforderung zu machen.

Pro-Shop » Basic « | Level | Kurzpl.

GolfPost 4,0/5

NRW

DGV-NR. 4484

GOLFCLUB METTMANN E.V.

Obschwarzbach 4a
40822 Mettmann
Tel. 02058 92240
info@gc-mettmann.de
www.gc-mettmann.de

Tel. 02058 895681
treiber@gcmettmann-restaurant.de
Ruhetag: montags

Löcheranzahl: 18
Gegründet: 1986
Höhe: 200 m
H: 6064 m, CR 72,4, SL 133, Par 72
D: 5340 m, CR 74,3, SL 126, Par 72

Saison: ganzjährig
Mindest-HCP WT/WE: 36
Anmeldung WT/WE: Nein/Ja
Mitgl.-begl. WT/WE: Nein
VcG WT/WE: Ja

18-Loch Greenfee WT/WE: EUR 60

(Greenfee-Preise können je nach DGV-Ausweiskennzeichnung abweichen)

Platzcharakteristik:

Der Platz liegt auf einem Ausläufer des Bergischen Landes in einem sanft hügeligen, 93 ha umfassenden Gelände, nur 15 km östl. von Düsseldorf. Die Fairways sind sportlich anspruchsvoll und bieten mit insgesamt 71 Bunkern und 7 Wasserhindernissen besondere spielerische Reize. Eine Übungsanlage mit 3-Loch-Kurzplatz, einer Driving Range mit 35 Abschlägen (6 überdacht) sowie mit Einrichtungen für das kurze Spiel bietet ideale Trainingsmöglichkeiten. Angebote für Sondermitgliedschaft für 3 Monate auf dem Kurzplatz und Schnupperkurse.

Pro-Shop » Large «
Level
Kurzpl.

GolfPost 4,7/5

DGV-NR. 4421

DÜSSELDORFER GOLF-CLUB E.V.

Rommeljansweg 12
40882 Ratingen
Tel. 02102 81092
info@duesseldorfer-golf-club.de
www.duesseldorfer-golf-club.de

Familie Kesten
Tel. 02102 83620
kesten-oeko@t-online.de
Ruhetag: montags

Löcheranzahl: 18
Gegründet: 1961
Höhe: 100 m
H: 5781 m, CR 71,1, SL 131, Par 71
D: 5105 m, CR 72,1, SL 128, Par 71

Saison: April-Oktober
Mindest-HCP WT/WE: 36
Anmeldung WT/WE: Ja
Mitgl.-begl. WT/WE: Nein
VcG WT/WE: Ja

18-Loch Greenfee WT/WE: EUR 80/100

(Greenfee-Preise können je nach DGV-Ausweiskennzeichnung abweichen)

Platzcharakteristik:

Der Düsseldorfer Golf Club ist eine der ersten Adressen im deutschen Golfsport. Diese Einschätzung beruht einmal auf unserer wunderschönen Golfanlage, die neben einer sehr interessanten Golfplatzarchitektur und Topografie einen sehr hohen Pflegestandard zeigt und stetig durch umfangreiche Investitionen verbessert und verschönert wird.

Darüber hinaus fühlen wir uns der Tradition des ältesten Düsseldorfer Golf Clubs verbunden und auch Gastfreundschaft haben wir uns auf die Fahne geschrieben. So freuen wir uns auf Ihren Besuch im Düsseldorfer Golf Club.

Pro-Shop » Large «
Level
Kurzpl.

GolfPost 4,8/5

DGV-NR. 4550

GOLFCLUB GREVENMÜHLE

Grevenmühle 3
40882 Ratingen
Tel. 02102 95950
golfclub@grevenmuehle.de
www.grevenmuehle.de
Landhaus Grevenmühle
Tel. 02102 9595-30
restaurant@grevenmuehle.de
Ruhetag: montags

Löcheranzahl: 18
Gegründet: 2001
Höhe: 141 m
H: 5531 m, CR 71,7, SL 127, Par 72
D: 5227 m, CR 72,8, SL 126, Par 72

Saison: ganzjährig
Mindest-HCP WT/WE: 36
Anmeldung WT/WE: Ja
Mitgl.-begl. WT/WE: Nein/Ja
VcG WT/WE: Ja/Nein

18-Loch Greenfee WT/WE: EUR 60/80

(Greenfee-Preise können je nach DGV-Ausweiskennzeichnung abweichen)

2:1

Platzcharakteristik:

Auf einem 107 ha großen Gelände am Fuße des bergischen Landes, nur unweit der Landeshauptstadt Düsseldorf gelegen, bieten sich den Golfbegeisterten 18 wohl überlegte und anspruchsvolle Golfbahnen. Der sportlich sehr anspruchsvolle, hügelige Platz mit Schräglagen verfügt über eine Reihe von Bunkern, Wasserhindernissen, altem Baumbestand und Biotopen sowie über mehrere Stufengrüns.

Community Award – Empfehlung 2022

Pro-Shop » Basic « | Level | Kurzpl.

GolfPost 4,9/5

DGV-NR. 4528

GOLFCLUB MÖNCHENGLADBACH WANLO E.V.

Kuckumer Str. 61
41189 Mönchengladbach
Tel. 02166 954 954
info@mg-golfsport.de
www.mg-golfsport.de
Golfbistro
Tel. 02166 954954

Löcheranzahl: 18
Gegründet: 1997
Höhe: 60 m
H: 5889 m, CR 71,8, SL 133, Par 72
D: 5248 m, CR 74,0, SL 133, Par 72

Saison: ganzjährig
Mindest-HCP WT/WE: PR
Anmeldung WT/WE: Nein
Mitgl.-begl. WT/WE: Nein
VcG WT/WE: Ja

18-Loch Greenfee WT/WE: EUR 40/50

(Greenfee-Preise können je nach DGV-Ausweiskennzeichnung abweichen)

NRW

Platzcharakteristik:

Die öffentliche Anlage ist auf einem antiken Bodendenkmal angelegt und bettet sich hervorragend in die Natur des linken Niederrheins ein, mit einer Lage am 800 Jahre alten, von Wassergräben umgebenen Rittergut Wildenrath, welches einen gepflegten Gastronomiebetrieb und einen Erlebnisbauernhof in seinen trutzigen Mauern beherbergt. Der Ausbau von 9 auf 18 Löcher ist im Herbst 2002 fertiggestellt worden.

Pro-Shop » Basic « | Level | Kurzpl.

GolfPost 3,0/5

DGV-NR. 4487

GOLFCLUB HAUS BEY E.V.

An Haus Bey 16
41334 Nettetal
Tel. 02153 91970
golf@hausbey.de
www.hausbey.de

Haus Bey
Tel. 02153 91087 90
info@restaurant-haus-bey.de
www.restaurant-haus-bey.de

Löcheranzahl: 18
Gegründet: 1992
Höhe: 40 m
H: 5948 m, CR 71,8, SL 122, Par 72
D: 5221 m, CR 73,7, SL 124, Par 72

Saison: ganzjährig
Mindest-HCP WT/WE: 45
Anmeldung WT/WE: Ja
Mitgl.-begl. WT/WE: Nein
VcG WT/WE: Ja

18-Loch Greenfee WT/WE: EUR 60/70

(Greenfee-Preise können je nach DGV-Ausweiskennzeichnung abweichen)

2:1

Platzcharakteristik:

Namensgeber der Anlage ist das erstmals 1605 urkundlich erwähnte Haus Bey mit seinem charakteristischen Haubenturm. Rund um den einstigen Rittersitz liegt die 70 ha große und mehrfach ausgezeichnete Golfanlage. Auf 18 Club- und 6 öffentlichen Löchern hat die Anlage einen typisch niederrheinischen Charakter. Zahlreiche Teiche sowie ein nahezu den gesamten Platz durchziehender Wasserlauf machen den Platz für Spieler aller Klassen sehr interessant.

Pro-Shop » Basic « | Level | Kurzpl.

GolfPost 4,4/5

DGV-NR. 4451

GC SCHLOSS MYLLENDONK E.V.

Myllendonker Strasse 113
41352 Korschenbroich
Tel. 02161 641049
info@gcsm.de
www.gcsm.de

Fairways
Tel. 02161 642152
restaurant-fairways@gmx.de
www.gcsm.de/restaurant
Ruhetag: montags

Löcheranzahl: 18
Gegründet: 1965
Höhe: 40 m
H: 6059 m, CR 72,6, SL 132, Par 72
D: 5258 m, CR 74,1, SL 132, Par 72

Saison: ganzjährig
Mindest-HCP WT/WE: 36
Anmeldung WT/WE: Ja
Mitgl.-begl. WT/WE: Nein/Ja
VcG WT/WE: Ja

18-Loch Greenfee WT/WE: EUR 65/75

(Greenfee-Preise können je nach DGV-Ausweiskennzeichnung abweichen)

NRW

Platzcharakteristik:

Der Golfclub liegt inmitten eines Landschaftsschutzgebietes am Rande der Stadt Mönchengladbach. Die weitläufige Parkanlage, die ihren besonderen Charakter durch den alten Baumbestand und die natürlichen Gewässer des Schlosses erhält, macht das Golfspiel in Myllendonk zu einem besonderen Erlebnis. Die Zuflüsse zu den Grachten und die natürlichen Teiche prägen den Golfpark und bieten in Verbindung mit den hohen Bäumen entlang der Fairways eine Herausforderung für alle Spielstärken. Eine gut überlegte Spielstrategie ist hier unerlässlich.

Gäste sind herzlich willkommen.
Bitte melden Sie sich vorher an.

Pro-Shop » Large « | Level | Kurzpl.

GolfPost 4,5/5

DGV-NR. 4517

GOLF CLUB RITTERGUT BIRKHOF E.V.

Rittergut Birkhof
41352 Korschenbroich
Tel. 02131 510660
info@gc-rittergutbirkhof.de
www.gc-rittergutbirkhof.de

Rittergut Birkhof
Tel. 02131 206535

Löcheranzahl: 27
Gegründet: 1995
18-Loch Meisterschaftsplatz
H: 5894 m, CR 70,8, SL 128, Par 73
D: 5159 m, CR 72,4, SL 128, Par 73
9- Loch „Am Birkenbusch"
H: 5908 m, CR 71,2, SL 130, Par 72

Saison: ganzjährig
Mindest-HCP WT/WE: 36
Anmeldung WT/WE: Nein/Ja
Mitgl.-begl. WT/WE: Nein
VcG WT/WE: Ja

18-Loch Greenfee WT/WE: EUR 55/60

(Greenfee-Preise können je nach DGV-Ausweiskennzeichnung abweichen)

Platzcharakteristik:

Auf 84 ha traditionsreicher niederrheinischer Landschaft wurde hier im Nahbereich von Düsseldorf, Neuss, Krefeld und Umgebung eine attraktive Anlage geschaffen. Der 18-Loch-Meisterschaftsplatz ist seit 1996 Austragungsort der Nationalen Offenen Meisterschaften und seit 2001 auch der Internationalen. Der öffentliche 9-Loch-Platz gehört dem ebenfalls hier beheimateten GC Am Römerweg e.V.

Pro-Shop » Basic « | Level | Kurzpl.

GolfPost 4,3/5

DGV-NR. 4578

EUROPÄISCHER GOLFCLUB ELMPTER WALD E.V.

Roermonder Str. 45
41372 Niederkrüchten
Tel. 02163 4996131
info@golf-in-elmpt.eu
www.golf-in-elmpt.eu

Löcheranzahl: 18
Gegründet: 2006
Höhe: 80 m
H: 5580 m, CR 69,4, SL 123, Par 71
D: 5009 m, CR 71,5, SL 122, Par 72

Saison: ganzjährig
Mindest-HCP WT/WE: 54/36
Anmeldung WT/WE: Ja
Mitgl.-begl. WT/WE: Nein
VcG WT/WE: Ja

18-Loch Greenfee WT/WE: EUR 55/60

(Greenfee-Preise können je nach DGV-Ausweiskennzeichnung abweichen)

2:1

Platzcharakteristik:

Auf dem ehemaligen Militärgelände Niederkrüchten - Elmpt, befindet sich der 76 Hektar große Golfplatz des Europäischen Golfclubs Elmpter Wald. Der Course wurde 1954 von der Royal Air Force erbaut und hat den Charakter eines klassisch britischen Parkland Platzes. Er ist eingebettet in einer schönen Park- und Heidelandschaft, ideal für Golf von seiner schönsten Seite.

Durch den hohen Sandanteil im Boden ist der Golfplatz extrem wetterbeständig und selbst nach starken Regenfällen gut zu bespielen. Wer die Mühe der auf einem umzäunten, ehemaligen Militärgelände notwendigen Anmeldung auf sich nimmt, bekommt für ein normales, faires Greenfee einen der besten Plätze am Niederrhein geboten.

Pro-Shop » Basic « | Level | Kurzpl.

GolfPost 4,6/5

NRW

DGV-NR. 4475

GOLFCLUB HUMMELBACHAUE E.V.

GMVD

Am Golfplatz
41469 Neuss
Tel. 02137 91910
service@hummelbachaue.de
www.hummelbachaue.de

Restaurant Hummelbachaue
Tel. 02137 919131
gastronomie@hummelbachaue.de

Löcheranzahl: 27
Gegründet: 1988
18 Loch Meisterschaftsplatz
H: 6139 m, CR 74,4, SL 149, Par 74
D: 5386 m, CR 76,2, SL 143, Par 74
9 Lochanlage
H: 4970 m, CR 67,1, SL 125, Par 70
D: 4322 m, CR 68,4, SL 126, Par 70

Saison: ganzjährig
Mindest-HCP WT/WE: 45
Anmeldung WT/WE: Ja
Mitgl.-begl. WT/WE: Nein
VcG WT/WE: Ja

18-Loch Greenfee WT/WE: EUR 65/70

(Greenfee-Preise können je nach DGV-Ausweiskennzeichnung abweichen)

Platzcharakteristik:

Seit 1988 steht der Name Hummelbachaue in Neuss für Golfsport auf höchstem Niveau. Die Anlage bietet als Leading-Golf-Course sowohl Neu-Golfern als auch Profis beste Voraussetzungen für ein besonderes Golferlebnis. Erleben Sie auf 92 Hektar die Kombination aus professionellem Anspruch und besten Platzbedingungen in einer idyllischen Landschaft.

Eine öffentliche 9-Loch-Anlage gibt auch Anfängern die Möglichkeit dem Golfspiel näher zu kommen.

Mit dem „Golfodrom" steht den Golfern eine der größten Übungsanlagen Deutschlands zur Verfügung, die keine Trainingswünsche offen lässt.

Pro-Shop » Large « | Level | Kurzpl.

GolfPost 4,8/5

DGV-NR. 4488

GOLFCLUB ERFTAUE E.V.

Zur Mühlenerft 1
41517 Grevenbroich
Tel. 02181 280637
info@golf-erftaue.de
www.golf-erftaue.de

Il Sole
Tel. 02181 2829515
www.golf-erftaue.de/golfclub/gastronomie

Löcheranzahl: 18
Gegründet: 1991
Höhe: 58 m
H: 6003 m, CR 71,6, SL 129, Par 72
D: 5300 m, CR 73,5, SL 128, Par 72

Saison: ganzjährig
Mindest-HCP WT/WE: 54
Anmeldung WT/WE: Ja
Mitgl.-begl. WT/WE: Nein
VcG WT/WE: Ja

18-Loch Greenfee WT/WE: EUR 60/70

(Greenfee-Preise können je nach DGV-Ausweiskennzeichnung abweichen)

Platzcharakteristik:

Als unser Mitglied oder Gast genießen Sie unseren anspruchsvollen Meisterschaftsplatz mit 18 Golfbahnen in leicht moduliertem Gelände zu jeder Jahreszeit. Das klug durchdachte Design unserer Anlage vor den Toren von Düsseldorf, Köln und Mönchengladbach fordert Golfspieler aller Alters- und Spielklassen gleichermaßen. Nach einer erholsamen Golfrunde entspannen Sie sich in unserem Clubrestaurant oder auf der Sonnenterrasse mit Blick auf das Inselgrün. Mit einem regen Spiel- und Turnierbetrieb sowie einem geselligen und familiären Clubleben setzen wir unser Motto „Sportlich. Gesellig. Familiär." aktiv um.

Pro-Shop | Level | Kurzpl.

GolfPost 4,8/5

NRW

DGV-NR. 4491

GOLFCLUB WILDENRATH E.V.

Am Golfplatz 1
41844 Wegberg
Tel. 02432 81500
info@gc-wildenrath.de
www.gc-wildenrath.de

Neunzehn
Tel. 02432 89995

Löcheranzahl: 18
Gegründet: 1991
H: 6181 m, CR 74,1, SL 132, Par 72
D: 5187 m, CR 74,2, SL 132, Par 72

Saison: ganzjährig
Mindest-HCP WT/WE: 36-45/36
Anmeldung WT/WE: Nein/Ja
Mitgl.-begl. WT/WE: Nein
VcG WT/WE: Ja

18-Loch Greenfee WT/WE: EUR 60/70

(Greenfee-Preise können je nach DGV-Ausweiskennzeichnung abweichen)

2:1

Platzcharakteristik:

Der 18-Loch-Meisterschaftsplatz zeichnet sich dadurch aus, dass er alle golferischen Elemente bietet, die das Spiel so interessant machen: spektakuläre Wasserhindernisse, Parkland-Kurs-Charakter durch alten Baumbestand bis hin zu großen Heideflächen, die vor allem bei Wind an einen schottischen Links-Course erinnern.

Pro-Shop » Basic «

Level

Kurzpl.

GolfPost 4,3/5

DGV-NR. 4470

GOLF- UND LANDCLUB SCHMITZHOF E.V.

GMVD

Arsbecker Straße 160
41844 Wegberg
Tel. 02436 39090
info@golfclubschmitzhof.de
www.golfclubschmitzhof.de

Am Schmitzhof
Tel. 02436 380250

Löcheranzahl: 18
Gegründet: 1975
Höhe: 80 m
H: 6071 m, CR 71,9, SL 135, Par 72
D: 5229 m, CR 72,9, SL 127, Par 72

Saison: ganzjährig
Mindest-HCP WT/WE: 54
Anmeldung WT/WE: Ja
Mitgl.-begl. WT/WE: Nein
VcG WT/WE: Ja

18-Loch Greenfee WT/WE: EUR 65/75

(Greenfee-Preise können je nach DGV-Ausweiskennzeichnung abweichen)

2:1

Platzcharakteristik:

Das landwirtschaftliche Anwesen Schmitzhof bestand nachweislich schon in der Mitte des 19. Jahrhunderts. Schon damals stand ein Kastanienbaum auf dem Anwesen, der mittlerweile auf 230 Jahre geschätzt wird und sich als Wahrzeichen des Clubs im Wappen wiederfindet. Die Anlage ist wegen ihrer Sportlichkeit und Gastfreundschaft weit über die Grenzen des Niederrheins ein Begriff.

Pro-Shop » Large «
Level
Kurzpl.

GolfPost 4,6/5

DGV-NR. 4535

ROTHENBACHER GOLFANLAGE

Belgenstraße 10
41849 Wassenberg
Tel. 02432 902209
clubmanagement@gc-rothenbach.de
www.rothenbacher-golfanlage.de

Haus Rothenbach
Tel. 02432 9336371
info@haus-rothenbach.com
www.haus-rothenbach.de
regionale Küche

Löcheranzahl: 9
Gegründet: 1997
Höhe: 70 m
H: 4958 m, CR 68,5, SL 124, Par 70
D: 4438 m, CR 70,0, SL 124, Par 70

Saison: ganzjährig
Mindest-HCP WT/WE: PR
Anmeldung WT/WE: Ja
Mitgl.-begl. WT/WE: Nein
VcG WT/WE: Ja

Greenfee: wechselnde Angebote siehe Homepage

(Greenfee-Preise können je nach DGV-Ausweiskennzeichnung abweichen)

NRW

Platzcharakteristik:

ERSTE GOLF-FLUTLICHTANLAGE IN DEUTSCHLAND

Wenn es dunkel wird, kommt das Ende des täglichen Spielbetriebes auf einer Golfanlage – nicht jedoch auf der Rothenbacher Golfanlage, bei Wassenberg, 10 km vom Outlet-Center Roermond entfernt, direkt an der Deutsch/Niederländischen Grenze. Die Rothenbacher Golfanlage ist die erste Golf-Flutlichtanlage in Deutschland und eine der ganz wenigen in Europa. 88 Lichtmasten mit rund 700 LED-Strahlern wurden aufgestellt, um die 9 Bahnen komplett auszuleuchten. Aber auch tagsüber ist die Rothenbacher Golfanlage ein Golf-Genuss und auch im Herbst/Winter bespielbar.

Pro-Shop » Basic «
Level
Kurzpl.

GolfPost 4,8/5

DGV-NR. 4454

GOLF-CLUB BERGISCH LAND WUPPERTAL E.V.

Siebeneicker Str. 386
42111 Wuppertal
Tel. 02053 7077
info@golfclub-bergischland.de
www.golfclub-bergischland.de

Küche regional
Tel. 02053 4938466
Ruhetag: montags

Löcheranzahl: 18
Gegründet: 1928
Höhe: 150 m
D: 5242 m, CR 72,2, SL 135, Par 72
H: 5951 m, CR 72,9, SL 139, Par 72

Saison: April-Oktober
Mindest-HCP WT/WE: 36
Anmeldung WT/WE: Ja
Mitgl.-begl. WT/WE: Nein
VcG WT/WE: Ja

18-Loch Greenfee WT/WE: EUR 60/70

(Greenfee-Preise können je nach DGV-Ausweiskennzeichnung abweichen)

Platzcharakteristik:

Der Charakteristik des Bergischen Landes entsprechender hügeliger Platz mit altem Baumbestand, großzügige Fairways mit modernem Konturenschnitt. Teils stark gebunkerte und stark hängende Grüns sowie Bäche, die die Spielbahnen immer wieder kreuzen und spielstrategisch geschickt angelegte Teiche bieten ein abwechslungsreiches Spiel.

Pro-Shop » Basic « Level Kurzpl.

GolfPost 4,8/5

DGV-NR. 4538

GOLFCLUB DREIBÄUMEN E.V.

GMVD

Stoote 1
42499 Hückeswagen
Tel. 02192 854720
sekretariat@dreibaeumen.de
www.gcdreibaeumen.de

Casa Lorenzo
Tel. 02192 854763
info@casa-lorenzo.de
Ruhetag: montags

Löcheranzahl: 18
Gegründet: 1997
Höhe: 300 m
H: 5958 m, CR 71,0, SL 133, Par 71
D: 5283 m, CR 73,1, SL 130, Par 71

Saison: ganzjährig
Mindest-HCP WT/WE: 54/36
Anmeldung WT/WE: Nein/Ja
Mitgl.-begl. WT/WE: Nein
VcG WT/WE: Ja

18-Loch Greenfee WT/WE: EUR 70/80

(Greenfee-Preise können je nach DGV-Ausweiskennzeichnung abweichen)

NRW

Platzcharakteristik:

Mitten im Bergischen Land - Städtedreieck Remscheid/Wermelskirchen/Hückeswagen - liegt der leicht hügelige Platz mit wunderschöner Aussicht. Auf 72 ha sind die 18 Löcher großzügig angelegt und bieten zahlreiche Herausforderungen wie Schräglagen, natürliche Roughs, Bunker und große hängende Greens. Driving Range, Übungsbunker, Pitching- und Puttinggreen sowie Rasenabschläge laden zu Trainingsstunden ein.

Pro-Shop » Basic « Level Kurzpl.

GolfPost 4,5/5

DGV-NR. 4503

GOLFCLUB VELBERT-GUT KUHLENDAHL E.V.

Kuhlendahler Str. 283
42553 Velbert
Tel. 02053 923290
info@golfclub-velbert.de
www.golfclub-velbert.de

Martina Bottmer & Sabrina Omsen
Tel. 02053 4966377

Löcheranzahl: 18
Gegründet: 1993
Höhe: 140 m
H: 5608 m, CR 71,4, SL 137, Par 70
D: 4930 m, CR 73,0, SL 131, Par 70

Saison: ganzjährig
Mindest-HCP WT/WE: 45
Anmeldung WT/WE: Ja
Mitgl.-begl. WT/WE: Nein
VcG WT/WE: Ja

18-Loch Greenfee WT/WE: EUR 70/100

(Greenfee-Preise können je nach DGV-Ausweiskennzeichnung abweichen)

2:1

Platzcharakteristik:

Verkehrsgünstig zwischen Essen und Wuppertal gelegen, wunderschön eingebettet in das Bergische Land, findet man den Golfclub Velbert – Gut Kuhlendahl, den laut Golfjournal wohl anspruchsvollsten Par 70 Kurs in Deutschland.

Strategisch intelligent platzierte Bunker und Wasserhindernisse, Grüns mit interessanten Plateaus und Breaks, sowie abwechslungsreiches Bahndesign, gewährleisten ein spannendes Spiel für Könner und Einsteiger. In unserem gemütlichen Clubhaus mit einer Gastronomie, die sich durch bodenständige Küche auszeichnet, erleben Sie die einmalige familiäre Atmosphäre, die diesen Golfclub so besonders macht.

Pro-Shop » Large « | Level | Kurzpl.

GolfPost 4,7/5

DGV-NR. 4419

GOLFCLUB HÖSEL E.V.

Höseler Straße 147
42579 Heiligenhaus
Tel. 02056 93370
service@golfclubhoesel.de
www.golfclubhoesel.de

„Gustus", Fam. Strasser
Tel. 02056 5990810
info@restaurant-gustus.de
www.restaurant-gustus.de
Ruhetag: montags

Löcheranzahl: 36
Gegründet: 1979
Höhe: 158 m
Südplatz
H: 6038 m, CR 72,0, SL 138, Par 72
D: 5354 m, CR 74,5, SL 133, Par 72
Nordplatz
H: 5882 m, CR 71,7, SL 134, Par 71
D: 5232 m, CR 73,9, SL 130, Par 71

Saison: ganzjährig
Mindest-HCP WT/WE: 45/36
Anmeldung WT/WE: Nein/Ja
Mitgl.-begl. WT/WE: Nein
VcG WT/WE: Ja

18-Loch Greenfee WT/WE: EUR 70/90

(Greenfee-Preise können je nach DGV-Ausweiskennzeichnung abweichen)

%

Platzcharakteristik:

Gleich doppeltes Golfvergnügen beschert der Golfclub Hösel mit seinen beiden charakterlich grundverschiedenen Meisterschaftsrunden: Der ältere Südplatz überzeugt durch ebenes und parkähnliches Ambiente, während der jüngere Nordplatz zwar Leichtigkeit vermittelt es aber durch Topographie und Design sportlich in sich hat.

Zweieige Zwillinge, die man als Golfer kennen lernen sollte.

Pro-Shop » Large « | Level | Kurzpl.

GolfPost 4,7/5

NRW

DGV-NR. 4525

GOLFCLUB HAAN-DÜSSELTAL E.V.

Pannschoppen 2
42781 Haan
Tel. 02104 170307
info@golfclub-haan-duesseltal.de
www.golfclub-haan-duesseltal.de

Golfrestaurant Haan-Düsseltal
Tel. 02104 809401 oder 0176 24259979

Löcheranzahl: 18
Gegründet: 1994
Höhe: 163 m
H: 5737 m, CR 70,9, SL 131, Par 72
D: 5014 m, CR 72,3, SL 125, Par 72

Saison: ganzjährig
Mindest-HCP WT/WE: 45/36
Anmeldung WT/WE: Nein/Ja
Mitgl.-begl. WT/WE: Nein
VcG WT/WE: Ja

18-Loch Greenfee WT/WE: EUR 40/55

(Greenfee-Preise können je nach DGV-Ausweiskennzeichnung abweichen)

Platzcharakteristik:

Der 18-Loch-Meisterschaftsplatz liegt in einer leicht hügeligen Südhanglage am Rande des Düsseltals, 13 km östlich von Düsseldorf. Eine abwechslungsreiche Platzarchitektur mit sieben Teichen, vielen Gräben und Bunkerhindernissen ermöglicht ein anspruchsvolles und interessantes Spiel.

Pro-Shop » Basic « | Level | Kurzpl.

GolfPost 4,6/5

DGV-NR. 4552

GOLFRANGE DORTMUND

Rennweg 70
44143 Dortmund
Tel. 0231 981295-0
dortmund@golfrange.de
www.golfrange.de

Green Ville
Tel. 0162 6955422

Löcheranzahl: 9
Gegründet: 2001
H: 4146 m, CR 62,5, SL 116, Par 64
D: 3754 m, CR 63,7, SL 111, Par 64

Saison: ganzjährig
Mindest-HCP WT/WE: 54
Anmeldung WT/WE: Ja
Mitgl.-begl. WT/WE: Nein
VcG WT/WE: Ja

18-Loch Greenfee WT/WE: EUR 36/40

(Greenfee-Preise können je nach DGV-Ausweiskennzeichnung abweichen)

Platzcharakteristik:

Die 1994 eröffnete Dormunder Anlage wurde im Herbst 2001 von dem Golfanlagenbetreiber GolfRange Deutschland übernommen. Auch in Dortmund setzt GolfRange auf sein erfolgreiches Konzept: stadtnah, beste Übungsmöglichkeiten, ein stets gut gepflegter Golfplatz und günstige Konditionen. Die Anlage verfügt über ein interessantes Kurzspielcenter, ein funktionelles Verwaltungsgebäude mit Golfshop, Gastronomie und eine Range mit 36 Abschlagplätzen.

Pro-Shop » Basic « | Level | Kurzpl.

GolfPost 4,2/5

NRW

DGV-NR. 4415

DORTMUNDER GOLFCLUB E.V.

Reichsmarkstr. 12
44265 Dortmund
Tel. 0231 774133
info@dortmunder-golfclub.de
www.dortmunder-golfclub.de

Felix Feldkamp
Tel. 0231 4753727
Ruhetag: montags

Löcheranzahl: 18
Gegründet: 1956
H: 5953 m, CR 71,3, SL 132, Par 72
D: 5297 m, CR 73,5, SL 131, Par 72

Saison: ganzjährig
Mindest-HCP WT/WE: 36
Anmeldung WT/WE: Ja
Mitgl.-begl. WT/WE: Nein/Ja
VcG WT/WE: Ja/Nein

18-Loch Greenfee WT/WE: EUR 60/80

(Greenfee-Preise können je nach DGV-Ausweiskennzeichnung abweichen)

Platzcharakteristik:

Am nördlichen Rande des Sauerlandes, eingebettet in sanfte Hügel zwischen der Reichsmark und der Hohensyburg gelegen. Die 18 Spielbahnen sind eingesäumt von Lärchen, Eichen und Mischwald. Erhöhte "blinde" Grüns, Wasserhindernisse und der uralte Baumbestand machen besonders im Frühjahr und Herbst den besonderen Reiz des Platzes aus. Viele Grüns sind beim Annäherungsschlag nicht einsehbar, da sie bergauf gespielt werden müssen.

Pro-Shop » Basic « | Level | Kurzpl.

GolfPost 3,7/5

DGV-NR. 4480

ROYAL SAINT BARBARA´S DORTMUND GC E.V.

Saint-Barbara-Allee 18
44309 Dortmund
Tel. 0231 909865-0
info@royal-dortmund-gc.de
www.royal-dortmund-gc.de

Sophie Becker
Tel. 0231 4271971
Ruhetag: montags

Löcheranzahl: 18
Gegründet: 1969
H: 6110 m, CR 72,3, SL 128, Par 72
D: 5132 m, CR 72,6, SL 128, Par 72

Saison: ganzjährig
Mindest-HCP WT/WE: 45
Anmeldung WT/WE: Ja
Mitgl.-begl. WT/WE: Ja
VcG WT/WE: Ja

18-Loch Greenfee WT/WE: EUR 60/70

(Greenfee-Preise können je nach DGV-Ausweiskennzeichnung abweichen)

Platzcharakteristik:

Der auf dem früheren Flugplatz von Dortmund entstandene 18-Loch-Kurs (Par 72) weist eine Länge von 6110 m auf und ist geprägt durch alten Baumbestand sowie lange Par-4- und schwierige Par-5-Bahnen. Dennoch ist der Platz fair und sportlich ausgerichtet, da nahezu alle Hindernisse vom Drivepunkt zu erkennen sind. Die einzelnen Bahnen werden durch leicht angelegte Hügel voneinander getrennt. Absolute Highlights des Platzes, den Kenner als „Perle des Ruhrgebiets" bezeichnen, sind das erweiterte Inselgrün (Bahn 9) und das Doppelgrün (Bahn 12 und 16), das mit 1280 qm und 70 m Länge die Größe von fünfeinhalb Tennisplätzen hat. Ein furioses Finales erfordert das über Wasser anzuspielende 18. Grün.

Pro-Shop » Large « | Level | Kurzpl.

GolfPost 4,6/5

NRW

DGV-NR. 4414

GOLFCLUB CASTROP-RAUXEL E.V. IN FROHLINDE

Dortmunder Str. 222
44577 Castrop-Rauxel
Tel. 02305 62027
golfclub-castrop@t-online.de
www.gccastroprauxel.de
Tel. 02305 62511

Löcheranzahl: 27
Gegründet: 1987
Höhe: 90 m
Barbachtal- Wollental
H: 5814 m, CR 73,6, SL 133, Par 72
D: 4976 m, CR 75,0, SL 130, Par 72
Frohlinde- Wollental
H: 5431 m, CR 73,1, SL 131, Par 73
D: 5113 m, CR 75,0, SL 126, Par 73

Saison: ganzjährig
Mindest-HCP WT/WE: 54/36
Anmeldung WT/WE: Nein
Mitgl.-begl. WT/WE: Nein
VcG WT/WE: Ja

18-Loch WT/WE: EUR 55/70

(Greenfee-Preise können je nach DGV-Ausweiskennzeichnung abweichen)

Platzcharakteristik:

Im Dreieck Dortmund, Bochum und Gelsenkirchen gelegen, bietet diese Anlage, vergleichbar mit einer Oase, Ruhe und Natur. Seen und Höhenzüge mit altem Baumbestand bieten dem Spieler eine landschaftlich reizvolle Kulisse und einen spieltechnisch anspruchsvollen Platz, der mit fertigstellung des neuen Clubhauses zu einer Attraktion im Ruhrgebiet geworden ist.

Pro-Shop » Basic « | Level | Kurzpl.

GolfPost 4,8/5

DGV-NR. 4410

BOCHUMER GOLFCLUB E.V.

Im Mailand 127
44797 Bochum
Tel. 0234 799832
info@bochumer-golfclub.de
www.bochumer-golfclub.de
Lori´s Landhaus
Tel. 0234 77313330
info@loris-landhaus.de

Löcheranzahl: 18
Gegründet: 1981
Höhe: 120 m
H: 5747 m, CR 71,0, SL 133, Par 72
D: 4895 m, CR 71,9, SL 126, Par 72

Saison: ganzjährig
Mindest-HCP WT/WE: 36
Anmeldung WT/WE: Nein
Mitgl.-begl. WT/WE: Nein/Ja
VcG WT/WE: Ja

18-Loch Greenfee WT/WE: EUR 60/70

(Greenfee-Preise können je nach DGV-Ausweiskennzeichnung abweichen)

Platzcharakteristik:

Der Golfkurs fügt sich südlich von Bochum im Grüngürtel des Stadtteils Stiepel oberhalb des Kemnader Ruhr-Stausees harmonisch in alte Flussterrassen, die vor mehr als 400.000 Jahren von der Ruhr geprägt wurden. Das hügelige Gelände fordert vom Golfer Spielgeschick und gute Kondition. Mehrfach sind Schräglagen zu bewältigen. Wirkungsvoll eingebunkerte Grüns, Feuchtbiotope, Streuobstwiesen und alter Mischwald bieten sportliche Herausforderungen.

Pro-Shop » Basic « | Level | Kurzpl.

GolfPost 4,7/5

DGV-NR. 4424

GOLFRIEGE ETUF E.V.

Freiherr-vom-Stein-Str. 92
45133 Essen
Tel. 0201 444600
golfriege@etuf.de
www.etuf.de

Marco Zingone
Tel. 0201 472180
kontakt@marcozingone.de
www.marcozingone.de

Löcheranzahl: 9
Gegründet: 1962
Höhe: 100 m
H: 4486 m, CR 65,3, SL 119, Par 66
D: 3992 m, CR 66,6, SL 117, Par 66

Saison: April-Oktober
Mindest-HCP WT/WE: k.A.
Anmeldung WT/WE: Nein
Mitgl.-begl. WT/WE: Nein/Ja
VcG WT/WE: Nein

18-Loch WT/WE: EUR 50

(Greenfee-Preise können je nach DGV-Ausweiskennzeichnung abweichen)

Platzcharakteristik:

Die teilweise sehr engen Spielbahnen mit viel Baumbestand verlangen ein präzises und gerades Spiel. Es gibt insgesamt vier Doglegs zu bewältigen und die strategisch gelegenen Bunker und teilweise kleinen Grüns fordern weniger Longhitter-Qualitäten, dafür aber viel Technik und Gefühl bei der Grün-Annäherung.

Pro-Shop » Basic «

Level

Kurzpl.

GolfPost 4,0/5

DGV-NR. 4426

ESSENER GOLFCLUB HAUS OEFTE E.V.

Oefte 1 / Laupendahler Landstraße
45219 Essen-Kettwig
Tel. 02054 83911
info@oefte.com
www.oefte.com

Schlossgastronomie Oefte
Tel. 02054 8708588
gastro@oefte.com
www.oefte.com/gastronomie
Ruhetag: montags

Löcheranzahl: 18
Gegründet: 1959
Höhe: 55 m
H: 6003 m, CR 72,4, SL 131, Par 72
D: 5465 m, CR 73,3, SL 131, Par 72

Saison: April-Oktober
Mindest-HCP WT/WE: 36
Anmeldung WT/WE: Ja
Mitgl.-begl. WT/WE: Nein/Ja
VcG WT/WE: Ja/Nein

18-Loch Greenfee WT/WE: EUR 70/100

(Greenfee-Preise können je nach DGV-Ausweiskennzeichnung abweichen)

Platzcharakteristik:

Der 18-Loch-Platz ist eine (Golf-)Oase inmitten des Ruhrgebietes. Die ersten neun Löcher ziehen sich über ein hügeliges Gelände, umfasst von altem Nadel- und Laubwald mit Blicken auf offenes Feld. Die Fairways verlangen durch teilweise enge Schneisen präzises Spiel. Sieben der zweiten neun Löcher liegen an der Ruhrkurve mit Weitblick über die Ruhrlandschaft mit bewaldeten Ufer-Bergen, Fluss, Blick auf die "Platte" und Richtung Villa Hügel.

Pro-Shop » Large «

Level

Kurzpl.

GolfPost 5,0/5

NRW

DGV-NR. 4425

GOLFCLUB ESSEN-HEIDHAUSEN E.V.

GMVD MEMBER

Preutenborbeckstr. 36
45239 Essen
Tel. 0201 404111
info@gceh.de
www.gceh.de

Gastronomie Gerd Dimsat
Tel. 0201 402808
gastronomie@dimsat.com
www.dimsat.com
Ruhetag: montags

Löcheranzahl: 27
Gegründet: 1970
Höhe: 202 m
18-Loch „Hespertal"
H: 5877 m, CR 72,1, SL 135, Par 72
D: 5135 m, CR 73,4, SL 133, Par 72
9-Loch "Schauinsland"
H: 4132 m, CR 63,0, SL 118, Par 64

Saison: ganzjährig
Mindest-HCP WT/WE: 45
Anmeldung WT/WE: Ja
Mitgl.-begl. WT/WE: Nein/Ja
VcG WT/WE: Ja

18-Loch Greenfee WT/WE: EUR 60/70

(Greenfee-Preise können je nach DGV-Ausweiskennzeichnung abweichen)

2:1

Platzcharakteristik:

Im Süden von Essen ist die Anlage in den Ausläufern des Bergischen Landes gelegen. Der 18-Loch Platz „Hespertal" ist von Donald Harradine großartig in die naturbelassene, hügelige Landschaft eingefügt. Alter Baumbestand und charaktervolle, abwechslungsreiche Spielbahnen bieten ein einzigartiges optisches Ambiente und dem Golfer jeder Spielstärke eine besondere sportliche Herausforderung. Die signifikante Schlucht der Bahn 11 und mehere Teiche machen den Platz noch anspruchsvoller. Der nur leicht wellige 9-Loch Platz „Schauinsland" von Christoph Städler ist ein Schmuckkästchen am schönsten Aussichtspunkt der Stadt und verwöhnt mit atemberaubenden Blicken weit ins Land hinein.

Pro-Shop » Basic « | Level | Kurzpl.

GolfPost ★★★★★ 5,0/5

NRW

DGV-NR. 4546

GOLF CLUB MÜLHEIM AN DER RUHR RAFFELBERG E.V.

Akazienallee 84
45478 Mülheim an der Ruhr
Tel. 0208 5805690
hello@golfclub-raffelberg.de
www.golfplatz-raffelberg.de

Nice Dining
Tel. 0208 5805694
Ruhetag: montags

Löcheranzahl: 18
Gegründet: 1999
Höhe: 63 m
H: 3293 m, CR 59,8, SL 107, Par 61
D: 2928 m, CR 59,6, SL 104, Par 61

Saison: ganzjährig
Mindest-HCP WT/WE: 54
Anmeldung WT/WE: Ja
Mitgl.-begl. WT/WE: Nein
VcG WT/WE: Ja

18-Loch Greenfee WT/WE: EUR 45/55

(Greenfee-Preise können je nach DGV-Ausweiskennzeichnung abweichen)

Platzcharakteristik:

Klassisches Country-Club-Flair im Herzen des Ruhrgebiets – der Golfplatz Mülheim an der Ruhr Raffelberg. Die 19-jährige Tradition des Golf-Clubs und seine wunderschöne Lage mitten im Grünen vermittelt eine klassische Country-Club-Atmosphäre, die für ein unvergessliches Golferlebnis sorgt. Fünf Teiche mit wunderschönen Wasserspielen sowie vielfältige Fairways und ein Inselgrün machen den Golfplatz zu einem besonderen Erlebnis. Auf den Terrassen erwartet Sie ein wunderschöner Blick auf die Spielbahnen. Verbinden Sie Ihr Golfspiel mit einer Übernachtung in einem unserer Hotels: Das 4 Sterne Hotel „Hotel am Ruhrufer Business & Golf" und das 5 Sterne Hotel „Villa am Ruhrufer Golf & Spa".

Pro-Shop » Basic « | Level | Kurzpl.

GolfPost 4,5/5

DGV-NR. 4477

GOLFCLUB MÜLHEIM AN DER RUHR E.V.

Am Golfplatz 1
45481 Mülheim
Tel. 0208 483607
info@gcmuelheim.com
www.gcmuelheim.com

Marco Zingone
Tel. 0208 460628
kontakt@marcozingone.de
www.marcozingone.de
Ruhetag: montags

Löcheranzahl: 18
Gegründet: 1980
Höhe: 59 m
H: 6095 m, CR 71,9, SL 132, Par 72
D: 5501 m, CR 74,6, SL 133, Par 72

Saison: ganzjährig
Mindest-HCP WT/WE: 36
Anmeldung WT/WE: Ja
Mitgl.-begl. WT/WE: Nein/Ja
VcG WT/WE: Ja

18-Loch WT/WE: EUR 60/80

(Greenfee-Preise können je nach DGV-Ausweiskennzeichnung abweichen)

Platzcharakteristik:

Herzlich Willkommen im GC Mülheim an der Ruhr e.V.

Sie erwartet ein hervorragender 18 Loch Meisterschaftsplatz. Die Weitläufigkeit und räumliche Großzügigkeit verleihen dem Platz seinen unverwechselbaren Charakter.

Lassen Sie sich von der ganzjährig topgepflegten Anlage zu sportlich anspruchsvollem Spiel oder einem rundum entspannenden Golferlebnis einladen. Die langen Wasserläufe sowie zahlreiche Teiche, gelungen in Szene gesetzt durch einen schönen Bewuchs, haben bisher noch jeden Besucher beeindruckt. Die professionelle Driving-Range mit großzügigen Übungsmöglichkeiten sowie modernster Techniken setzen Ihnen auch im Bereich Training keine Grenzen.

Pro-Shop » Basic « | Level | Kurzpl.

GolfPost 5,0/5

NRW

DGV-NR. 4524

GOLFCLUB FELDERBACH SPROCKHÖVEL E.V.

Frielinghausen 1
45549 Sprockhövel
Tel. 0202 64822222
info@golfclub-felderbach.de
www.golfclub-felderbach.de

Golfhotel Vesper
Tel. 0202 648220
info@golfhotel-vesper.de
www.golfhotel-vesper.de

Löcheranzahl: 45
Gegründet: 1996
Höhe: 280 m
Felderbach
H: 6026 m, CR 72,9, SL 134, Par 74
D: 5079 m, CR 74,2, SL 132, Par 74
Frielinghausen
H: 5398 m, CR 70,1, SL 128, Par 71
D: 4767 m, CR 71,5, SL 125, Par 71

Saison: ganzjährig
Mindest-HCP WT/WE: 54
Anmeldung WT/WE: Ja
Mitgl.-begl. WT/WE: Nein
VcG WT/WE: Ja

18-Loch Greenfee WT/WE: EUR 70/80

(Greenfee-Preise können je nach DGV-Ausweiskennzeichnung abweichen)

Platzcharakteristik:

Der Golfclub liegt auf den nördlichen Höhen Wuppertals im herrlich gelegenen Felderbachtal und besteht aus den beiden 18-Loch Plätzen Felderbach und Frielinghausen. Eingebettet in eine traumhaft schöne Landschaft mit herrlichem Blick auf Täler, Wiesen und Felder. Renaturierte Bachläufe und geschützte Biotope bilden reizvolle "Inseln" in diesem anspruchsvollen Golfpark. Der GC Felderbach eröffnet landschaftlich und golferisch neue, interessante Perspektiven.

Zusätzlich bietet der Golfclub die öffentliche 9-Loch Anlage Mollenkotten (Par 27), die für Anfänger und Einsteiger ideal geeignet ist.

Pro-Shop » Basic « | Level | Kurzpl.

GolfPost 4,8/5

DGV-NR. 4458

VESTISCHER GOLFCLUB RECKLINGHAUSEN E.V.

Bockholter Straße 475
45659 Recklinghausen
Tel. 02361 93420
info@golf-re.de
www.golf-re.de

Gastronomie im Vestischen Golfclub
Tel. 02361 9063344
Ruhetag: montags
Familie Czirjak

Löcheranzahl: 18
Gegründet: 1974
H: 5756 m, CR 71,7, SL 131, Par 72
D: 4887 m, CR 72,6, SL 131, Par 72

Saison: ganzjährig
Mindest-HCP WT/WE: 36
Anmeldung WT/WE: Ja
Mitgl.-begl. WT/WE: Nein/Ja
VcG WT/WE: Ja

18-Loch Greenfee WT/WE: EUR 60/70

(Greenfee-Preise können je nach DGV-Ausweiskennzeichnung abweichen)

Platzcharakteristik:

Der Platz wurde 1974 auf historischem Gelände mit einem im Jahre 1630 erstmals aktenkundig gewordenen Schultenhof auf überwiegend flachem Terrain erstellt. Die Fairways sind mit dichten Rough gesäumt und werden teilweise von altem Baumbestand alleenartig begleitet. Durch anspruchsvoll in die Spielführung integrierte Teiche und Bunker bietet sich ein abwechslungsreicher, nicht zu unterschätzender Platz.

Pro-Shop » Basic « | Level | Kurzpl.

GolfPost 4,9/5

DGV-NR. 4499

GOLFCLUB SCHLOSS WESTERHOLT E.V.

Schloßstraße 1
45701 Herten-Westerholt
Tel. 0209 165840
info@gc-westerholt.de
www.gc-westerholt.de

Hotel Schloss Westerholt
Tel. 0209 148940
info@schlosshotelwesterholt.de
www.schlosshotelwesterholt.de

Löcheranzahl: 18
Gegründet: 1993
Höhe: 70 m
H: 6075 m, CR 71,6, SL 129, Par 72
D: 5214 m, CR 72,4, SL 125, Par 72

Saison: April-Oktober
Mindest-HCP WT/WE: 36
Anmeldung WT/WE: Ja
Mitgl.-begl. WT/WE: Nein/Ja
VcG WT/WE: Ja

18-Loch Greenfee WT/WE: EUR 60

(Greenfee-Preise können je nach DGV-Ausweiskennzeichnung abweichen)

Platzcharakteristik:

Das 90 ha umfassende Areal erstreckt sich in einem großen Halbkreis um das Schloß Westerholt und bietet diesem sportlich überaus reizvollen Platz mit abwechslungsreichen Teilfächen und einem angenehm bewegten Oberflächenrelief eine großartige Kulisse aus altem Laubwaldbestand und prächtigen Alleen. Zahlreiche Biotope und vor allem 10 Teiche, die an 9 der 18 Fairways auf verschlagene Bälle lauern, stellen dem Golfer viele anspruchsvolle Aufgaben.

Pro-Shop | Level | Kurzpl.

GolfPost 4,2/5

DGV-NR. 4565

GOLFANLAGE JAMMERTAL

Redder Str. 421
45711 Datteln-Ahsen
Tel. 02363 3770
golf@jammertal.de
www.jammertal.de

Schnieders Gute Stube

Löcheranzahl: 9
Gegründet: 1983
Höhe: 49 m
H: 2790 m, CR 58,1, SL 100, Par 58
D: 2790 m, CR 58,4, SL 99, Par 58

Saison: ganzjährig geöffnet
Mindest-HCP WT/WE: PR
Anmeldung WT/WE: Nein
Mitgl.-begl. WT/WE: Nein
VcG WT/WE: Ja

Tages-Greenfee WT/WE: EUR 36/42

(Greenfee-Preise können je nach DGV-Ausweiskennzeichnung abweichen)

Platzcharakteristik:

Golfen stärkt die Konzentration und Koordination, wirkt gegen Stress, beruhigt die Seele und aktiviert Glückshormone. Frische Luft und die herrliche Natur des Jammertal tun ein Übriges. Relativ schmale, kurze Bahnen erfordern präzises Spiel, sind aber auch ideal für Anfänger! Umgeben von den herrlichen Wäldern des Naturpark Haard liegt der Platz idyllisch und ruhig. Die Golfanlage Jammertal bietet sportlichen Spaß für "Greenschnäbel" und erfahrene Golfer - direkt am Hotel. Die große Sonnenterrasse und auch der 3000 m² Wellnessbereich locken nach dem Spiel mit Erfrischungen und Entspannung.

Pro-Shop » Basic « | Level | Kurzpl.

GolfPost 4,0/5

NRW

DGV-NR. 4427

GELSENKIRCHENER GOLFCLUB HAUS LEYTHE E.V.

Middelicher Str. 72
45891 Gelsenkirchen
Tel. 0209 701100
info@haus-leythe.de
www.haus-leythe.de

"Unverhofft" (Patrick Hoff)
Tel. 0209 77390
www.unverhofft.de

Löcheranzahl: 18
Gegründet: 1988
Höhe: 36 m
H: 5433 m, CR 70,4, SL 127, Par 71
D: 4653 m, CR 70,9, SL 126, Par 71

Saison: ganzjährig
Mindest-HCP WT/WE: 36
Anmeldung WT/WE: Nein
Mitgl.-begl. WT/WE: Nein/Ja
VcG WT/WE: Ja

18-Loch Greenfee WT/WE: EUR 50/60

(Greenfee-Preise können je nach DGV-Ausweiskennzeichnung abweichen)

Platzcharakteristik:

Die Anlage ist durch Überreste der so genannten "Münsterländer Parklandschaft" geprägt. Dauerweiden, Baumreihen entlang der Straßen und Nutzungsgrenzen, Brachflächen und Feuchtwiesen sowie die galerieartige Baumkulisse entlang des Knabenbaches schaffen ein interessantes Landschaftsbild, dazwischen befinden sich vielfältige Biotopstrukturen. Eine Vielzahl von natürlichen Hindernissen und Landschaftsstrukturen sind in die Anlage integriert.

Pro-Shop » Basic « | Level | Kurzpl.

GolfPost 4,0/5

DGV-NR. 4533

GOLFPARK SCHLOSS HORST E.V.

Johannastr. 37
45899 Gelsenkirchen Horst
Tel. 0209 503020
info@gcsh.de
www.gcsh.de

ab 12 Uhr
Tel. 0209 5030223

Löcheranzahl: 9
Gegründet: 1998
H: 5478 m, CR 70,5, SL 128, Par 72
D: 4856 m, CR 72,3, SL 122, Par 72

Saison: ganzjährig
Mindest-HCP WT/WE: 54/45
Anmeldung WT/WE: Ja
Mitgl.-begl. WT/WE: Nein
VcG WT/WE: Ja

18-Loch Greenfee WT/WE: EUR 39/55

(Greenfee-Preise können je nach DGV-Ausweiskennzeichnung abweichen)

NRW

Platzcharakteristik:

Innerhalb der Stadt Gelsenkirchen im Innenraum der ehemals größten deutschen Galopprennbahn befindet sich die 9-Loch-Anlage mit Clubhaus und Übungsbereichen. Hervorzuheben ist die Driving-Range! Sie verfügt über ein vollautomatisches Tee-Up-System .Alle 14 Tee-Up´s (12 rechts und 2 links) sind mit einer Weitenmessung „Track Tee" ausgerüstet. In den Herbst- und Wintermonaten ermöglicht die Flutlichtanlage das abendliche Training auf der Driving-Range.

Pro-Shop » Basic « | Level | Kurzpl.

GolfPost 4,5/5

DGV-NR. 4545

GOLFCLUB OBERHAUSEN E.V.

Jacobistr. 35
46119 Oberhausen
Tel. 0208 2997335
info@gcob.de
www.gcob.de
Tel. 0208 2997335

Löcheranzahl: 18
Gegründet: 1999

9 Loch Oberhausen
H: 4958 m, CR 66,6, SL 115, Par 68
D: 4264 m, CR 67,3, SL 117, Par 68
9 Loch Jacobi
H: 2840 m, CR 57,5, SL 89, Par 60
D: 2840 m, CR 57,8, SL 95, Par 60

Saison: ganzjährig
Mindest-HCP WT/WE: PR
Anmeldung WT/WE: Ja
Mitgl.-begl. WT/WE: Nein
VcG WT/WE: Ja

18-Loch Greenfee WT/WE: EUR 39/55

(Greenfee-Preise können je nach DGV-Ausweiskennzeichnung abweichen)

Platzcharakteristik:

In unmittelbarer Nähe des EKZ Centro befindet sich Red Golf Oberhausen mit großzügigem Golfodrom, ausgestattet mit einem vollautomatischen Tee-Up-System. Die beiden anspruchsvollen 9-Loch-Plätze sind öffentlich und für jedermann bespielbar, auch ohne Clubausweis. Eine PE ist erforderlich.

Pro-Shop » Basic « | Level | Kurzpl.

GolfPost 4,3/5

DGV-NR. 4412

GC SCHWARZE HEIDE BOTTROP-KIRCHHELLEN

Gahlener Straße 44
46244 Bottrop-Kirchhellen
Tel. 02045 82488
info@gc-schwarze-heide.de
www.gc-schwarze-heide.de
Thorsten Stöcker
Tel. 02045 4680880
gastronomie@gc-schwarze-heide.de
Ruhetag: montags

Löcheranzahl: 18
Gegründet: 1986
Höhe: 100 m
H: 6009 m, CR 71,8, SL 129, Par 72
D: 5247 m, CR 73,3, SL 127, Par 72

Saison: ganzjährig
Mindest-HCP WT/WE: 36
Anmeldung WT/WE: Ja
Mitgl.-begl. WT/WE: Nein/Ja
VcG WT/WE: Ja

18-Loch Greenfee WT/WE: EUR 60/70

(Greenfee-Preise können je nach DGV-Ausweiskennzeichnung abweichen)

Platzcharakteristik:

Selten vermutet man eine solch schöne Landschaft am Rande des Ruhrgebietes. In der Charakteristik eines westfälischen Bauerngartens wurde hier eine wunderschöne Golfanlage erstellt. Das Gelände ist leicht hügelig und bietet interessant integrierte Sand- und Wasserhindernisse. Besonders die Löcher 6 bis 9, das "Holtkamp-Eck", ist für jeden Golfer eine absolute Herausforderung.

Pro-Shop » Basic « | Level | Kurzpl.

GolfPost 4,2/5

NRW

DGV-NR. 4403

GOLFCLUB WASSERBURG ANHOLT E.V.

Schloss 3
46419 Isselburg-Anholt
Tel. 02874 915120
sekretariat@golfclub-anholt.de
www.golfclub-anholt.de
Tel. 02874 915120
gastronomie@golfclub-anholt.de

Löcheranzahl: 18
Gegründet: 1972
H: 6048 m, CR 71,3, SL 130, Par 72
D: 5314 m, CR 73,0, SL 128, Par 72

Saison: April-November
Mindest-HCP WT/WE: 45/36
Anmeldung WT/WE: Ja
Mitgl.-begl. WT/WE: Nein
VcG WT/WE: Ja

18-Loch Greenfee WT/WE: EUR 65/85

(Greenfee-Preise können je nach DGV-Ausweiskennzeichnung abweichen)

Platzcharakteristik:

Die 18-Loch-Golfanlage wurde 1972 in einer Parkanlage des Fürsten zu Salm-Salm angelegt. Durch Ostwind und taktisch angelegte Wasserhindernisse und Bunker ist präzises Spiel notwendig. Der alte Baumbestand der gesamten Anlage und das Clubhaus versprühen einen traditionellen Charme.

Pro-Shop » Basic « | Level | Kurzpl.

GolfPost 4,7/5

DGV-NR. 4518

GOLFCLUB BORGHEES E.V.

Abergsweg 30
46446 Emmerich
Tel. 02822 92710
info@golfplatzborghees.com
www.golfplatzborghees.com
Küche regional
Tel. 02822 92712

Löcheranzahl: 18
Gegründet: 1995
Höhe: 35 m
H: 6138 m, CR 72,6, SL 131, Par 72
D: 5478 m, CR 74,8, SL 130, Par 72

Saison: Februar-Dezember
Mindest-HCP WT/WE: 54
Anmeldung WT/WE: Ja
Mitgl.-begl. WT/WE: Nein
VcG WT/WE: Ja

18-Loch Greenfee WT/WE: EUR 40/50

(Greenfee-Preise können je nach DGV-Ausweiskennzeichnung abweichen)

Platzcharakteristik:

Kopfweiden prägen die landschaftliche Idylle des Niederrheins. Und so ist es fast selbstverständlich, dass diese Bäume auch schmückender Rahmen des Golfplatzes sind. Hier am Fuß des Eltener Berges, unmittelbar vor der Grenze zu den Niederlanden wurden auf rund 100 ha 18 Spielbahnen gestaltet, um die sich die gesamte Flora des Niederrheins rankt: Wiesen, Weiden, Wälder und eine Anzahl von Bächen.

Pro-Shop » Basic « | Level | Kurzpl.

GolfPost 4,2/5

DGV-NR. 4460

GOLFCLUB WESELERWALD E.V.

Steenbecksweg 14
46514 Schermbeck
Tel. 02856 9137-0
info@golfclub-weselerwald.de
www.gcww.de

Birdie Bistro Betreiber Jörg Klauß
Tel. 02856 913713
info@birdie-bistro.de
www.birdie-bistro.de
Ruhetag: montags

Löcheranzahl: 18
Gegründet: 1988
Höhe: 50 m
H: 6101 m, CR 72,9, SL 133, Par 72
D: 5271 m, CR 74,4, SL 130, Par 72

Saison: ganzjährig
Mindest-HCP WT/WE: 54
Anmeldung WT/WE: Ja
Mitgl.-begl. WT/WE: Nein
VcG WT/WE: Ja

18-Loch Greenfee WT/WE: EUR 65/80

(Greenfee-Preise können je nach DGV-Ausweiskennzeichnung abweichen)

%

Platzcharakteristik:

In typisch niederrheinischer Landschaft mit Bächen und Biotopen liegender 18-Loch-Platz. Die letzten sieben Bahnen sind durchaus als hügelig zu bezeichnen, wobei die restlichen Fairways überwiegend flach verlaufen. Das Symbol des Clubs ist eine mitten im Gelände befindliche 1000 Jahre alte Eiche, ein Naturdenkmal. Neben der 18-Loch-Anlage gibt es noch einen 9-Loch-Kurzplatz (Par 56) für Golfer, die keinem Club angehören - "Golf für Jedermann".

Pro-Shop » Large « | Level | Kurzpl.

GolfPost 4,8/5

DGV-NR. 4416

GOLFCLUB HÜNXERWALD E.V.

Hardtbergweg 16
46569 Hünxe
Tel. 02858 6480
info@gc-huenxerwald.de
www.gc-huenxerwald.de

Golfclub Hünxerwald e.V.
Tel. 02858 6489
info@gc-huenxerwald.de
Ruhetag: montags

Löcheranzahl: 18
Gegründet: 1982
Höhe: 60 m
H: 5903 m, CR 73,1, SL 129, Par 72
D: 5182 m, CR 75,0, SL 130, Par 72

Saison: ganzjährig
Mindest-HCP WT/WE: 54/36
Anmeldung WT/WE: Nein
Mitgl.-begl. WT/WE: Nein
VcG WT/WE: Ja

18-Loch Greenfee WT/WE: EUR 55/70

(Greenfee-Preise können je nach DGV-Ausweiskennzeichnung abweichen)

Platzcharakteristik:

Der Golfplatz liegt in leicht hügeliger Landschaft am Rande des Hünxerwaldes. Alter Baumbestand und naturgeschützte wasserführende Gräben, ein Fischteich und ein Inselgrün machen den optischen Reiz der Anlage aus. Die zum rustikalen Clubhaus umgebaute 200 Jahre alte Scheune erwartet die Golfer zu gemütlichen Après Golf Stunden.

Pro-Shop » Basic « | Level | Kurzpl.

GolfPost 4,8/5

NRW

DGV-NR. 4534

GOLFCLUB BRUCKMANNSHOF E.V.

An den Höfen 7
46569 Hünxe-Bruckhausen
Tel. 02064 33043
gc-bruckmannshof@t-online.de
www.gcbruckmannshof.de
Küche regional

Löcheranzahl: 9
Gegründet: 1998
H: 5760 m, CR 71,1, SL 130, Par 72
D: 5156 m, CR 73,5, SL 130, Par 72

Saison: ganzjährig
Mindest-HCP WT/WE: 54/36-45
Anmeldung WT/WE: Ja
Mitgl.-begl. WT/WE: Nein
VcG WT/WE: Ja

18-Loch Greenfee WT/WE: EUR 45/55

(Greenfee-Preise können je nach DGV-Ausweiskennzeichnung abweichen)

Platzcharakteristik:

Der Golfplatz ist eingebettet in die typisch niederrheinische Landschaft. Das Gelände ist von altem Baumbestand umgeben. Zahlreiche Kopfweiden und ein Bachlauf begrenzen den Platz. Jede Bahn hat ihren eigenen Charakter und ist sowohl für Anfänger als auch Fortgeschrittene eine Herausforderung.

Pro-Shop » Basic « | Level | Kurzpl.

GolfPost 4,5/5

DGV-NR. 4558

GOLFCLUB RÖTTGERSBACH E.V.

Ardesstraße 82
47167 Duisburg
Tel. 0203 4846725
info@gc-roettgersbach.de
www.gc-roettgersbach.de
Restaurant am Golfplatz

Löcheranzahl: 18
Gegründet: 2004
Westplatz (9-Loch)
H: 6004 m, CR 72,4, SL 135, Par 72
D: 5396 m, CR 74,7, SL 137, Par 74
Ostplatz (9-Loch, öffentlich)
H: 1443 m, Par 28

Saison: ganzjährig
Mindest-HCP WT/WE: 54
Anmeldung WT/WE: Ja
Mitgl.-begl. WT/WE: Nein
VcG WT/WE: Ja

9-Loch Greenfee WT/WE: EUR 45/55

(Greenfee-Preise können je nach DGV-Ausweiskennzeichnung abweichen)

2:1

Platzcharakteristik:

An den Erholungspark Mattlerbusch angrenzend, weist die neue Anlage des GC Röttgersbach den typischen Charakter des rechten Niederrheins auf. Die 9 Spielbahnen sind mit zahlreichen Bunkern und Wasserhindernissen ausgestattet und erfordern aufgrund der anspruchsvollen Gestaltung oftmals kluges Spiel. Die Sommergrüns sind ganzjährig geöffnet. Der 9-Loch-Kurzplatz ist öffentlich und für jedermann bespielbar.

Pro-Shop » Basic « | Level | Kurzpl.

GolfPost 4,5/5

NRW

DGV-NR. 4420

NIEDERRHEINISCHER GOLFCLUB E.V. DUISBURG

GOLF& NATUR DGV Zertifikat

Großenbaumer Allee 240
47249 Duisburg
Tel. 02037 21469
info@ngcd.de
www.ngcd.de

Grüne Oase
Tel. 0203 724683
gastronomie@ngcd.de
Ruhetag: montags

Löcheranzahl: 9
Gegründet: 1953
H: 5962 m, CR 71,6, SL 135, Par 72
D: 5224 m, CR 73,3, SL 135, Par 72

Saison: März-November
Mindest-HCP WT/WE: 36
Anmeldung WT/WE: Ja
Mitgl.-begl. WT/WE: Nein/Ja
VcG WT/WE: Ja/Nein

18-Loch Greenfee WT/WE: EUR 60

(Greenfee-Preise können je nach DGV-Ausweiskennzeichnung abweichen)

Platzcharakteristik:

Die sehr gepflegte Golfanlage liegt in unmittelbarer Nähe zur Stadt Duisburg im Gebiet der "Sechs-Seen-Platte", einem Naherholungsgebiet, das alle Zweifler über den Ruhrpott eines Besseren belehrt. Die Fairways ziehen, beeinflusst durch den üppigen Baumbestand, ihre engen Bahnen durch das sehr parkähnliche Areal. Sehr präzises Spiel ist hier gefragt, um den teilweise bis in die Fairways hineinragenden Bäumen aus dem Weg zu gehen.

Pro-Shop » Basic « | Level | Kurzpl.

GolfPost 5,0/5

DGV-NR. 4553

GOLF & MORE HUCKINGEN

PGA Golfschule Germany

Altenbrucher Damm 92a
47269 Duisburg
Tel. 0203 7386286
info@golfandmore.net
www.golfandmore.net

Abzweig
Tel. 0203 72843793
info@restaurant-abzweig.de
www.restaurant-abzweig.de
Küche tägl. von 12-21 Uhr

Löcheranzahl: 18
Gegründet: 2000
Höhe: 35 m
H: 4858 m, CR 65,9 SL 122, Par 67
D: 4172 m, CR 66,8 SL 116, Par 67

Saison: ganzjährig
Mindest-HCP WT/WE: 54/45
Anmeldung WT/WE: Ja
Mitgl.-begl. WT/WE: Nein/Ja
VcG WT/WE: Ja

18-Loch Greenfee WT/WE: EUR 55

(Greenfee-Preise können je nach DGV-Ausweiskennzeichnung abweichen)

Platzcharakteristik:

Golf & More bietet ein offenes Konzept mit sportlichen Mitgliedern und einen überwiegend flachen Platz mit einem großen See. Besonders die hervorragende Lage mit der direkten Anbindung an die Autobahn lädt zum Golfen zwischendurch ein.

Driving Range mit Flutlicht und beheizbaren Boxen. Die Übungsbereiche befinden sich unmittelbarer Nähe des Clubhauses. Seit 2021 wird die kostenlose Nutzung von TRACKMAN RANGE in allen Boxen angeboten.

Pro-Shop » Large « | Level | Kurzpl.

GolfPost 4,7/5

NRW

DGV-NR. 4543

GOLFCLUB AM KLOSTER KAMP E.V.

Kirchstraße 164
47475 Kamp-Lintfort
Tel. 02842 4833
golfclub@amklosterkamp.de
www.golfclub-am-kloster-kamp.de
Sigrid und Udo Dubielzig
Tel. 02842 4700021

Löcheranzahl: 18
Gegründet: 1997
Höhe: 28 m
H: 6064 m, CR 72,3, SL 132, Par 72
D: 5138 m, CR 72,7, SL 127, Par 72

Saison: ganzjährig
Mindest-HCP WT/WE: 54
Anmeldung WT/WE: Nein
Mitgl.-begl. WT/WE: Nein
VcG WT/WE: Ja

18-Loch Greenfee WT/WE: EUR 50/60

(Greenfee-Preise können je nach DGV-Ausweiskennzeichnung abweichen)

Platzcharakteristik:

Idyllisch gelegen im Tal zwischen Kamper Berg und Niersenberg zu Füßen des Klosters Kamp liegt die 18-Loch-Anlage mit Par 72 und einer Länge von 6.064 m. Attraktive Golflandschaften wechseln mit interessanten Wasserhindernissen, jede Bahn hat ihren eigenen Charakter und ist sowohl für Anfänger wie Fortgeschrittene eine Herausforderung.

Pro-Shop » Basic « | Level | Kurzpl.

GolfPost 4,8/5

DGV-NR. 4513

GOLFCLUB OP DE NIEP E.V.

Bergschenweg 71
47506 Neukirchen-Vluyn
Tel. 02845 28051
OpdeNiep@golf.de
www.gc-opdeniep.de
Op de Niep
Tel. 02845 794672
leutfeld@restaurant-opdeniep.de

Löcheranzahl: 27
Gegründet: 1995
Höhe: 30 m
H: 6374 m, CR 73,4, SL 135, Par 75
D: 5617 m, CR 75,4, SL 130, Par 75

Saison: ganzjährig
Mindest-HCP WT/WE: 45-54
Anmeldung WT/WE: Nein
Mitgl.-begl. WT/WE: Nein/Ja
VcG WT/WE: Ja

18-Loch Greenfee WT/WE: EUR 40/50

(Greenfee-Preise können je nach DGV-Ausweiskennzeichnung abweichen)

Platzcharakteristik:

Der Platz liegt in einer landschaftlich typisch niederrheinischen Gegend in der Nähe des Niepkuhlenzuges, einem alten Rheinarm, der sich von Krefeld bis Issum erstreckt. Der Golfplatz ist sportlich anspruchsvoll konzipiert.

Pro-Shop » Basic « | Level | Kurzpl.

GolfPost 4,3/5

NRW

DGV-NR. 4489

MÜHLENHOF GOLF UND COUNTRY CLUB E.V.

Greilack 29
47546 Kalkar-Niedermörmter
Tel. 02824 924092
info@muehlenhof.net
www.muehlenhof.net

Mühlenhof
Tel. 02824 924092
jheselmann@muehlenhof.net

Löcheranzahl: 18
Gegründet: 1992
H: 6103 m, CR 72,4, SL 127, Par 72
D: 5301 m, CR 74,0, SL 130, Par 72

Saison: ganzjährig
Mindest-HCP WT/WE: 54
Anmeldung WT/WE: Ja
Mitgl.-begl. WT/WE: Nein
VcG WT/WE: Ja

Tages-Greenfee WT/WE: EUR 50/60

(Greenfee-Preise können je nach DGV-Ausweiskennzeichnung abweichen)

2:1

Platzcharakteristik:

Die Golfanlage liegt in einer typisch niederrheinischen Kopfweidenlandschaft mit sattgrünen Fairways, zahlreichen Wasserhindernissen und gepflegten Stufengreens. Die öffentliche Anlage mit Kurzplatz bietet zudem eine Möglichkeit, Ferienhäuser zu mieten oder zu kaufen.

Pro-Shop » Large «
Level
Kurzpl.

GolfPost 3,8/5

DGV-NR. 4532

SCHLOSS MOYLAND GOLFRESORT

Moyländer Allee 10
47551 Bedburg-Hau
Tel. 02824 976680
info@golfinternationalmoyland.de
www.golfinternationalmoyland.de

Kochwerk
Tel. 02824 976680

Löcheranzahl: 18
Gegründet: 1900

H: 5973 m, CR 72,4, SL 131, Par 72
D: 5255 m, CR 75,3, SL 128, Par 72

Saison: April-Oktober
Mindest-HCP WT/WE: 54
Anmeldung WT/WE: Ja
Mitgl.-begl. WT/WE: Nein
VcG WT/WE: Ja

18-Loch Greenfee WT/WE: EUR 55/65

(Greenfee-Preise können je nach DGV-Ausweiskennzeichnung abweichen)

Platzcharakteristik:

Der 18-Loch-Championship Course, das öffentl. Trainingscenter m. 6 Bahnen u. der öffentl. 9-Loch-Platz (in Planung), werden durch die harmonische Landschaft einer Niederrhein-Aue geprägt. Die Einbeziehung ausgedehnter Wasserflächen u. Feuchtmulden - gerahmt von Kopfweiden u. Waldsäumen - vermittelt dem Golfer ein einzigartiges Spielerlebnis. Als ökolog. Kleinod auf insg. 160 ha zählt die Anlage zu den Spitzenplätzen, auch wegen der Penn A4-Grüns.

Pro-Shop » Basic «
Level
Kurzpl.

GolfPost 5,0/5

DGV-NR. 4439

LAND-GOLF-CLUB SCHLOSS MOYLAND E.V.

Moyländer Allee 1
47551 Bedburg-Hau
Tel. 02824 4749
info@landgolfclub.de
www.landgolfclub.de

L'echalote
Tel. 02824 8686
kontakt@lechalote.de
www.lechalote.de
Ruhetag: montags

Löcheranzahl: 18
Gegründet: 1986
Höhe: 20 m
H: 5497 m, CR 68,7, SL 123, Par 71
D: 4707 m, CR 69,4, SL 122, Par 71

Saison: ganzjährig
Mindest-HCP WT/WE: 54/36
Anmeldung WT/WE: Ja
Mitgl.-begl. WT/WE: Nein
VcG WT/WE: Ja

18-Loch Greenfee WT/WE: EUR 55/75

(Greenfee-Preise können je nach DGV-Ausweiskennzeichnung abweichen)

2:1

Platzcharakteristik:

Golf & Fun for Friends & Family lautet unser Motto.

In der niederrheinischen Gemeinde Bedburg-Hau, unweit der Kreisstadt Kleve, liegt die Golfanlage des LGC Schloss Moyland. Sie ist ganzjährig geöffnet. Das Schloss Moyland, heute ein Museum für moderne Kunst, ist der Namensgeber unseres Clubs. Der Golfplatz, seit 1986 in Betrieb, bietet eine landschaftlich besonders reizvolle Kombination von "alten" Waldlöchern und neuer offener Platzarchitektur. Die teilweise engen Fairways und vielfältigen Ausgrenzen erfordern ein präzises Spiel. Dafür wird der Golfer belohnt mit den landschaftlich abwechslungsreichen Impressionen eines der schönsten Golfplätze am unteren Niederrhein.

Pro-Shop » Large « | Level | Kurzpl.

GolfPost 5,0/5

DGV-NR. 4523

GOLFCLUB SCHLOSS HAAG E.V.

Schloss Haag 8
47608 Geldern
Tel. 02831 94777
GC-Schloss-Haag@t-online.de
www.gc-schloss-haag.de

Kloibers im Schloss
Tel. 02831 924425
info@kloibers.com

Löcheranzahl: 18
Gegründet: 1995
Höhe: 60 m
H: 6193 m, CR 73,6, SL 137, Par 73
D: 5423 m, CR 75,3, SL 135, Par 73

Saison: ganzjährig
Mindest-HCP WT/WE: 54
Anmeldung WT/WE: Ja
Mitgl.-begl. WT/WE: Nein/Ja
VcG WT/WE: Ja

18-Loch Greenfee WT/WE: EUR 50/60

(Greenfee-Preise können je nach DGV-Ausweiskennzeichnung abweichen)

2:1

Platzcharakteristik:

Das ca. 100 ha große Gelände erstreckt sich weiträumig um das Schloss Haag herum. Die 18 Spielbahnen bieten ausreichend Abwechslung und Schwierigkeiten (Slope 134 von den gelben Abschlägen). Insbesondere die durch Wasserhindernisse und Bunker gut gesicherten und ondulierten Grüns stellen die Spieler vor Herausforderungen. Nach dem Spiel erleben Sie das angenehme Ambiente des Schlosshofs und des Clubrestaurants.

Pro-Shop » Large « | Level | Kurzpl.

GolfPost 4,5/5

NRW

DGV-NR. 4436

GOLFCLUB ISSUM-NIEDERRHEIN E.V.

Pauenweg 68
47661 Issum
Tel. 02835 92310
golfclub-issum@t-online.de
www.golfclub-issum.de

Gerd Krings
Tel. 02835 9231-19

Löcheranzahl: 18
Gegründet: 1973
H: 5737 m, CR 71,4, SL 128, Par 71
D: 4921 m, CR 71,9, SL 124, Par 71

Saison: ganzjährig
Mindest-HCP WT/WE: 54/45
Anmeldung WT/WE: Nein/Ja
Mitgl.-begl. WT/WE: Nein/Ja
VcG WT/WE: Ja

18-Loch Greenfee WT/WE: EUR 50/70

(Greenfee-Preise können je nach DGV-Ausweiskennzeichnung abweichen)

Platzcharakteristik:

Inmitten der niederrheinischen Landschaft eingebettet liegt der Golfclub Issum-Niederrhein. Der Golfclub existiert bereits seit 1973 und wurde ständig aufgewertet.

Eine attraktive Golfanlage für Golfer aller Klassen. Das Design des 18-Loch-Platzes ist ausgeklügelt und abwechslungsreich in die natürlichen Gegebenheiten der wunderschönen Natur integriert.

Auf den Löchern 1 bis 9 findet der Golfer ein parkähnlich angelegtes Gelände vor, während die Spielbahnen 10 bis 17 vor allem durch die vielen Wasserhindernisse und umliegenden Bauernhöfe geprägt sind.

Pro-Shop » Basic « | Level | Kurzpl.

GolfPost 4,6/5

DGV-NR. 4446

GOLFCLUB STADTWALD E.V.

Hüttenallee 188
47800 Krefeld
Tel. 02151 590243
info@golfclub-stadtwald.de
www.golfclub-stadtwald.de

Annetta Ucar
Tel. 02151-594663

Löcheranzahl: 9
Gegründet: 1985
Höhe: 50 m
H: 5072 m, CR 67,4, SL 119, Par 68
D: 4504 m, CR 69,3, SL 121, Par 68

Saison: ganzjährig
Mindest-HCP WT/WE: 36
Anmeldung WT/WE: Nein
Mitgl.-begl. WT/WE: Nein/Ja
VcG WT/WE: Ja

18-Loch Greenfee WT/WE: EUR 35/45

(Greenfee-Preise können je nach DGV-Ausweiskennzeichnung abweichen)

Platzcharakteristik:

Stadtnah gelegen findet man hier einen attraktiven, von alten Bäumen, Hecken und Wasserhindernissen geprägten Platz mit englischem Charme, der in das Innere einer Pferderennbahn integriert ist. Die 9-Loch-Anlage stellt sich besonders aufgrund der aussergewöhnlichen Hindernisse, die durch das Umfeld der Rennbahn bedingt sind, als interessante, abwechslungsreiche Herausforderung für den Golfer dar.

Pro-Shop » Basic « | Level | Kurzpl.

GolfPost 3,7/5

NRW

DGV-NR. 4495

GOLF CLUB ELFRATHER MÜHLE E.V.

An der Elfrather Mühle 145
47802 Krefeld
Tel. 02151 49690
info@gcem.de
www.gcem.de

Elfrather Mühle
Tel. 02151 7899722
info@elfrather-muehle.de
www.elfrather-muehle.de
Ruhetag: montags (Nebensaison)

Löcheranzahl: 18
Gegründet: 1992
Höhe: 30 m
H: 6292 m, CR 73,4, SL 130, Par 72
D: 5655 m, CR 75,6, SL 136, Par 72

Saison: ganzjährig
Mindest-HCP WT/WE: 54
Anmeldung WT/WE: Ja
Mitgl.-begl. WT/WE: Nein
VcG WT/WE: Ja

18-Loch Greenfee WT/WE: EUR 65/80

(Greenfee-Preise können je nach DGV-Ausweiskennzeichnung abweichen)

Platzcharakteristik:

Auf insgesamt 96 ha wartet ein großzügig angelegter Meisterschaftsplatz. Dank hervorragender Drainage und dem Aufbau der Grüns ist es ein Ganzjahresplatz, auf dem selbst im Winter nicht im Matsch herumgestochert oder auf holprigen Wintergrüns eingelocht werden muss.
Das Gelände ist relativ flach mit einer welligen Oberflächenkontur. Von Profi-Abschlägen ist er 6.251 m lang und damit selbst für Könner eine echte Herausforderung.

Pro-Shop » Basic « | Level | Kurzpl.

GolfPost 4,7/5

DGV-NR. 4444

KREFELDER GOLF CLUB E.V.

Eltweg 2
47809 Krefeld
Tel. 02151 156030
kgc@krefelder-gc.de
www.krefelder-gc.de

Michael Herbertz
Tel. 02151 15603200
mc_herbertz@outlook.com

Löcheranzahl: 18
Gegründet: 1930
H: 6082 m, CR 71,8, SL 126, Par 72
D: 5321 m, CR 73,1, SL 125, Par 72

Saison: ganzjährig
Mindest-HCP WT/WE: 28
Anmeldung WT/WE: Nein
Mitgl.-begl. WT/WE: Nein
VcG WT/WE: Nein

18-Loch Greenfee WT/WE: EUR 55/65

(Greenfee-Preise können je nach DGV-Ausweiskennzeichnung abweichen)

Platzcharakteristik:

Der Krefelder Golf Club hat einen der schönsten deutschen Parkland-Kurse mit herrlichem Baumbestand in einer flachen ehemaligen Rheinschleife. Das Gelände ist mit Wassergräben durchzogen. Mit 6.082 m ist der Platz zwar relativ kurz, bietet jedoch einige raffinierte Doglegs sowie ein Wasserhindernis vor dem Grün der neunten Bahn.

Pro-Shop » Basic « | Level | Kurzpl.

GolfPost 5,0/5

NRW

DGV-NR. 4500

GOLFCLUB DUVENHOF E.V.

Hardt 21
47877 Willich
Tel. 02159 911093
sekretariat@gcduvenhof.de
www.gcdw.de
Restaurant im Landgut Duvenhof
Tel. 02159 912943
renesteel@gmx.de

Löcheranzahl: 27
Gegründet: 1993
18-Loch Meisterschaftsplatz
H: 6022 m, CR 73,5, SL 133, Par 73
D: 5330 m, CR 75,5, SL 138, Par 73
9-Loch Kurzplatz
H: 3810 m, CR 61,6, SL 110, Par 62

Saison: ganzjährig
Mindest-HCP WT/WE: 36
Anmeldung WT/WE: Ja
Mitgl.-begl. WT/WE: Nein/Ja
VcG WT/WE: Ja

18-Loch Greenfee WT/WE: EUR 65/80
9-Loch Greenfee WT/WE: EUR 30/35

(Greenfee-Preise können je nach DGV-Ausweiskennzeichnung abweichen)

Platzcharakteristik:

Eingebettet in die wunderschöne Landschaft des Niederrheins wurde ein 18-Loch-Meisterschaftsplatz modelliert, der sowohl den versierten Golfer fordert als auch dem nicht ganz so erfahrenen Spieler die Möglichkeit gibt, bei entsprechend taktischem Spiel sein Handicap zu erreichen. Obwohl der Platz einige stark nivellierte Spielbahnen und sehr viel Wasser bietet, ist er jederzeit fair.

Pro-Shop » Basic « | Level | Kurzpl.

GolfPost 4,9/5

DGV-NR. 4587

GOLFPARK RENNESHOF

Zum Renneshof
47877 Willich-Anrath
Tel. 02156 9142180
info@gc-renneshof.de
www.renneshof.de
Restaurant Renneshof
Tel. 02156 914218-5
restaurant@gc-renneshof.de
www.renneshof-restaurant.de
Ruhetag: montags

Löcheranzahl: 18
Gegründet: 2014
Höhe: 37 m
H: 4834 m, CR 65,6, SL 108, Par 70
D: 4301 m, CR 67,0, SL 113, Par 70

Saison: ganzjährig
Mindest-HCP WT/WE: k.A.
Anmeldung WT/WE: Ja
Mitgl.-begl. WT/WE: Nein
VcG WT/WE: Ja

18-Loch WT/WE: EUR 45/55

(Greenfee-Preise können je nach DGV-Ausweiskennzeichnung abweichen)

Platzcharakteristik:

Der Erste Links Cource am Niederrhein.
Inmitten wunderschöner Natur und mit dem unter Denkmalschutz stehenden Renneshof in seinem Zentrum, bietet unsere 18-Loch-Anlage unvergesslichen Golfgenuss. Der traditionsreiche Vierkanthof ist der Mittelpunkt unserer Golfanlage. Hier befinden sich der Pro Shop, das Sekretariat, die großzügigen Umkleideräumlichkeiten und unsere Caddyhalle. Unsere öffentliche GOLFPARK-GASTRONOMIE ist ein besonderer Platz zum kulinarischen Wohlfühlen.

Pro-Shop » Basic « | Level | Kurzpl.

GolfPost 4,2/5

NRW

DGV-NR. 4452

GOLFCLUB MÜNSTER-WILKINGHEGE E.V.

Steinfurter Str. 448
48159 Münster
Tel. 0251 21409-0
kontakt@golfclub-wilkinghege.de
www.golfclub-wilkinghege.de

Golfclub Restaurant Hessfeld
Tel. 0251 217664
t.hessfeld@yahoo.de
www.golfclub-restaurant.com
Ruhetag: montags, Ehel. Hessfeld

Löcheranzahl: 18
Gegründet: 1963
Höhe: 60 m
H: 5749 m, CR 70,8, SL 127, Par 71
D: 5101 m, CR 72,8, SL 126, Par 71

Saison: ganzjährig
Mindest-HCP WT/WE: 36
Anmeldung WT/WE: Ja
Mitgl.-begl. WT/WE: Nein
VcG WT/WE: Ja

18-Loch Greenfee WT/WE: EUR 70/90

(Greenfee-Preise können je nach DGV-Ausweiskennzeichnung abweichen)

Platzcharakteristik:

Der Golfclub Münster-Wilkinghege wurde 1963 gegründet. Seinen Namen hat der Club vom Wasserschloss Wilkinghege, das unmittelbar neben dem Platz liegt. Alter Baumbestand, zahlreiche Bäche und Biotope liefern die Voraussetzung für einen schönen und erlebnisreichen Golftag. Der GC Münster-Wilkinghege ist ein anspruchsvoller Platz, der durch den Umbau des Golfplatzspezialisten David J. Krause nochmal an Attraktivität gewonnen hat. Durch eine großzügige Be- und Entwässerungsmaßnahme ist der Platz ganzjährig bespielbar. Eine gute Gastronomie rundet mit einer anspruchsvollen Küche und einem edlen Tropfen einen schönen Golftag ab. Der Platz ist stadtnah (5 km zur City) und die Autobahnabfahrt Münster-Nord ist nur 2 km entfernt.

Pro-Shop | Level | Kurzpl.

GolfPost 5,0/5

DGV-NR. 4501

GOLFCLUB MÜNSTER-TINNEN E.V.

Am Kattwinkel 244
48163 Münster
Tel. 02536 3301011
info@gc-tinnen.de
www.gc-tinnen.de

Tel. 02536 3301012
restaurant@gc-tinnen.de

Löcheranzahl: 27
Gegründet: 1992
Höhe: 80 m
H: 5911 m, CR 71,1, SL 118, Par 72
D: 5242 m, CR 72,8, SL 120, Par 72

Saison: ganzjährig
Mindest-HCP WT/WE: 54
Anmeldung WT/WE: Nein/Ja
Mitgl.-begl. WT/WE: Nein
VcG WT/WE: Ja

18-Loch Greenfee WT/WE: EUR 45/60

(Greenfee-Preise können je nach DGV-Ausweiskennzeichnung abweichen)

NRW

Platzcharakteristik:

Der Platz liegt im landschaftlich reizvollen Münsterland. Die Fairways sind technisch anspruchsvoll, aber fair und weisen an 15 Spielbahnen attraktive Wasserhindernisse in Form von kleinen und großen Teichen sowie Bächen und Gräben auf. Die im Forst gelegenen Spielbahnen bieten in abwechslungsreicher Natur neben dem Sport die notwendige Ruhe für Erholung und Entspannung.

In Ergänzung zum Par 72 Meisterschaftsplatz entsteht, eingebettet in die authentische Münsterländer Parklandschaft, bis zum Herbst dieses Jahres ein zusätzlicher attraktiver 9-Loch-Kurs, der die bestehenden 18 Bahnen optimal ergänzt.

Pro-Shop » Basic « | Level | Kurzpl.

GolfPost 4,2/5

DGV-NR. 4568

GOLFEN IN HILTRUP

GMVD

Westfalenstraße 332
48165 Münster-Hiltrup
Tel. 02501 5948719
info@golfen-in-hiltrup.de
www.golfen-in-hiltrup.de

Cafe 9

Löcheranzahl: 9
Gegründet: 2009
Höhe: 150 m
H: 5594 m, CR 69,0, SL 127, Par 73
D: 5594 m, CR 76,0, SL 128, Par 74

Saison: ganzjährig
Mindest-HCP WT/WE: PR
Anmeldung WT/WE: Ja
Mitgl.-begl. WT/WE: Nein
VcG WT/WE: Ja

9-Loch Greenfee WT/WE: EUR 30/35

(Greenfee-Preise können je nach DGV-Ausweiskennzeichnung abweichen)

2:1

Platzcharakteristik:

In Münster - Hiltrup, direkt an der B54 gelegen, neben dem Kanal und der Davert, von der Innenstadt gerade einmal 8 km entfernt, ist eine 9-Loch Golfanlage mit ca. 3.000 Metern Länge entstanden. Großzügige Grüns und Golfbahnen mit bis zu 510 Metern Länge in einer einmaligen Landschaft.

Pro-Shop » Basic « | Level | Kurzpl.

GolfPost 3,6/5

DGV-NR. 4469

WARENDORFER GOLFCLUB AN DER EMS

Vohren 41
48231 Warendorf
Tel. 02586 1792
info@warendorfer-golfclub.de
www.warendorfer-golfclub.de

„Blaue Ente"
Tel. 02586 1792

Löcheranzahl: 9
Gegründet: 1987
Höhe: 65 m
H: 6106 m, CR 72,5, SL 128, Par 72
D: 5398 m, CR 74,8, SL 127, Par 72

Saison: ganzjährig
Mindest-HCP WT/WE: k.A.
Anmeldung WT/WE: Nein
Mitgl.-begl. WT/WE: Nein
VcG WT/WE: Ja

18-Loch WT/WE: EUR 40/50

(Greenfee-Preise können je nach DGV-Ausweiskennzeichnung abweichen)

Platzcharakteristik:

Die Golfanlage liegt inmitten einer münsterländischen Parklandschaft, umgeben von hohen alten Bäumen. Der feine Sandboden garantiert nicht nur sehr feine Fairwaygräser, sondern garantiert auch nach längerem Regen einen stets trockenen und bespielbaren Untergrund. Der Platz bietet einen sehr abwechslungsreichen Parcours mit strategisch gut platzierten, teilweise tiefen Bunkern und Wasserhindernissen.

Pro-Shop » Basic « | Level | Kurzpl.

GolfPost 2,7/5

DGV-NR. 4554

GOLFPARK HEIDEWALD VOHREN

Vohren 41
48231 Vohren
Tel. 02586 1792
info@golfpark-heidewald.de
www.golfpark-heidewald.de
„Blaue Ente"
Tel. 02586 1792

Löcheranzahl: 9
Gegründet: 2003
Höhe: 65 m
H: 3018 m, CR 57,2, SL 090, Par 56
D: 2890 m, CR 57,1, SL 079, Par 56

Saison: ganzjährig
Mindest-HCP WT/WE: PR
Anmeldung WT/WE: Nein/Ja
Mitgl.-begl. WT/WE: Nein
VcG WT/WE: Ja

Tages-Greenfee WT/WE:
EUR 20/25

(Greenfee-Preise können je nach DGV-Ausweiskennzeichnung abweichen)

Platzcharakteristik:

Der "Golfpark Heidewald" bietet im Städtedreieck Münster-Bielefeld-Osnabrück jetzt allen Golfern die Chance zu unkompliziertem Golfspiel. Der erste öffentliche Platz der Region wurde im Mai 1997 eingeweiht. Die Fairways stellen hohe Anforderungen an ein präzises Spiel und sind zwischen 95 und 240 m lang. Die Par 3-Bahnen sind berühmten Löchern schottischer Golfplätze nachempfunden und bestechen durch eine Anordnung von sog. "Pottbunkern".

Pro-Shop » Basic « | Level | Kurzpl.

GolfPost 4,3/5

DGV-NR. 4438

GOLF-CLUB ALDRUPER HEIDE E.V.

Aldruper Oberesch 12
48268 Greven
Tel. 02571 97095
info@golfclub-aldruper-heide.de
www.golfclub-aldruper-heide.de
Michael Schlautmann
Tel. 02571 800305
Ruhetag: montags

Löcheranzahl: 18
Gegründet: 1990
H: 5741 m, CR 70,1, SL 130, Par 71
D: 5033 m, CR 71,7, SL 126, Par 71

Saison: ganzjährig
Mindest-HCP WT/WE: 54
Anmeldung WT/WE: Ja
Mitgl.-begl. WT/WE: Nein
VcG WT/WE: Ja

18-Loch Greenfee WT/WE:
EUR 60/70

(Greenfee-Preise können je nach DGV-Ausweiskennzeichnung abweichen)

Platzcharakteristik:

Das malerische, leicht hügelige Gelände mit zahlreichen Biotopen, Teichen, Seen und Waldbestand begeistert Golf- und Naturfreunde gleichermaßen. 18 Spielbahnen sind auf 52 ha in eine typisch münsterländische Parklandschaft eingefügt. Der zumeist sandige Eschboden auf allen Bahnen nimmt selbst starke Regengüsse problemlos auf, so dass der Platz ganzjährig bespiebar ist.

Pro-Shop » Basic « | Level | Kurzpl.

GolfPost 5,0/5

DGV-NR. 4474

GOLFCLUB GUT HAHUES ZU TELGTE E.V.

Harkampsheide 5
48291 Telgte
Tel. 02504 72326
sekretariat@golfclub-telgte.de
www.golfclub-telgte.de
Franz-Josef Gottheil
Ruhetag: montags

Löcheranzahl: 12
Gegründet: 1989
Höhe: 55 m
Kurs blau-rot-blau:
H: 5572 m, CR 69,3, SL 128, Par 71
D: 4674 m, CR 69,8, SL 125, Par 71
Kurs rot-blau-rot:
H: 5495m, CR 69,0, SL 131, Par 70
D: 4602m, CR 69,7, SL 124, Par 70

Saison: ganzjährig
Mindest-HCP WT/WE: 54
Anmeldung WT/WE: Nein
Mitgl.-begl. WT/WE: Nein
VcG WT/WE: Ja

18-Loch Greenfee WT/WE: EUR 50/60

(Greenfee-Preise können je nach DGV-Ausweiskennzeichnung abweichen)

2:1

Platzcharakteristik:

Ein Golfplatz mit Atmosphäre, gelegen in einer typisch westfälischen Parklandschaft mit altem Baumbestand und natürlichen Wasserhindernissen. Die gepflegten Fairways sind dank des saugfähigen Sandbodens in der Regel ganzjährig bespielbar, ebenso die Sommergrüns.

Von der Terrasse des Clubhauses können Sie einen Panoramablick über einen großen Teil der Anlage genießen. Das Clubhaus repräsentiert modernes Ambiente hinter denkmalgeschützter Fassade. Die Gastronomie bietet traditionelle Gastfreundlichkeit mit gepflegter westfälischer Küche, Erfrischungen und angenehme, zwanglose Geselligkeit.

Pro-Shop | Level | Kurzpl.

GolfPost 5,0/5

DGV-NR. 4428

GOLFCLUB BRÜCKHAUSEN E.V.

Holling 4
48351 Everswinkel
Tel. 02582 5645
info@golfclub-brueckhausen.de
www.gc-brueckhausen.de
Marian Szkodzinska
Tel. 02582 227
Ruhetag: montags

Löcheranzahl: 18
Gegründet: 1987
Höhe: 56 m
H: 6088 m, CR 71,9, SL 134, Par 72
D: 5385 m, CR 74,4, SL 129, Par 72

Saison: ganzjährig
Mindest-HCP WT/WE: k.A.
Anmeldung WT/WE: Ja
Mitgl.-begl. WT/WE: Nein
VcG WT/WE: Ja

18-Loch Greenfee WT/WE: EUR 60/80

(Greenfee-Preise können je nach DGV-Ausweiskennzeichnung abweichen)

2:1

Platzcharakteristik:

Der Platz fügt sich harmonisch in die münsterländische Parklandschaft ein. Der Reiz des Platzes liegt in seinen zahlreichen Wasserhindernissen, insbesondere dem Inselgrün der 5. Spielbahn, dem Lauf der Angel und den vielen Teichen. Der Verlauf der abwechslungsreichen Spielbahnen stellt für Golfer jeder Spielstärke eine echte Herausforderung dar.

Pro-Shop » Basic « | Level | Kurzpl.

GolfPost 4,5/5

NRW

DGV-NR. 4514

GSC RHEINE/MESUM GUT WINTERBROCK

Wörstraße 201
48432 Rheine
Tel. 05975 9490
info@golfclub-rheine.de
www.golfclub-rheine.de

Golfhotel Gut Winterbrock
Tel. 05975 919560
info@golfhotel-rheine.de
www.golfhotel-rheine.de

Löcheranzahl: 27
Gegründet: 1995
Höhe: 15 m
18-Loch Meisteschaftsplatz
H: 6036 m, CR 71,6, SL 126, Par 72
D: 4998 m, CR 71,4, SL 125, Par 72

Saison: ganzjährig
Mindest-HCP WT/WE: 54
Anmeldung WT/WE: Ja
Mitgl.-begl. WT/WE: Nein
VcG WT/WE: Ja

18-Loch Greenfee WT/WE: EUR 60/80

(Greenfee-Preise können je nach DGV-Ausweiskennzeichnung abweichen)

2:1

Platzcharakteristik:

Die Golfanlage Rheine/Mesum verfügt über eine ganzjährig geöffnete 18 Loch Meisterschaftsanlage und eine 9 Loch öffentliche Anlage. Ab einem Handicap von -36 sind Gäste auf der 18 Loch Anlage herzlich willkommen. Für die 9 Loch öffentliche Anlage genügt die Platzerlaubnis - eine Mitgliedschaft ist nicht erforderlich.

Ganzjährig bespielbare Sommergrüns sind für die Golfanlage Rheine/Mesum selbstverständlich. Der anerkannte Golfplatzarchitekt Christoph Städler aus Münster hat den Platz entworfen. Die Schwierigkeiten der großzügigen Golfanlage sind gut über den Platz verteilt. Die großen und stark ondulierten Grüns erfordern ein gutes kurzes Spiel.

Pro-Shop » Basic « | Level | Kurzpl.

GolfPost 4,8/5

DGV-NR. 4464

GOLFCLUB MÜNSTERLAND E.V., BURGSTEINFURT

Hollich 156a
48565 Steinfurt
Tel. 02551 833550
info@gc-muensterland.de
www.gc-muensterland.de

Nossa Terra
Inh. Joao da Silva
Tel. 02551 833552
info@nossaterra.de

Löcheranzahl: 9
Gegründet: 1950
H: 5170 m, CR 67,4, SL 118, Par 72
D: 4686 m, CR 69,5, SL 115, Par 72

Saison: März-November
Mindest-HCP WT/WE: 54
Anmeldung WT/WE: Nein
Mitgl.-begl. WT/WE: Nein
VcG WT/WE: Ja

18-Loch WT/WE: EUR 50/60

(Greenfee-Preise können je nach DGV-Ausweiskennzeichnung abweichen)

NRW

Platzcharakteristik:

Seit 1950 wird im Schlosspark der Fürsten von Bentheim und Steinfurt Golf gespielt. Die ehemalige Hauptwache, ein Gebäude aus dem 18. Jahrhundert, dient als Clubhaus. Der Park wurde als französischer Lustgarten nach Versailler Vorbild angelegt. Nur wer seine langen Schläge gerade spielt, hat hier ein ungetrübtes Erfolgserlebnis, denn der Wald und viele alte Solitärbäume werden manchem Longhitter zum Verhängnis.

Pro-Shop » Basic « | Level | Kurzpl.

GolfPost 4,5/5

DGV-NR. 4413

GOLF- UND LANDCLUB COESFELD E.V.

Stevede 8 a
48653 Coesfeld
Tel. 02541 5957
coesfeld@golf.de
www.golfclub-coesfeld.de
Gisela Merz und ihr Team
Tel. 02541 5983
Ruhetag: montags

Löcheranzahl: 18
Gegründet: 1986
Höhe: 46 m
H: 6127 m, CR 72,5, SL 132, Par 73
D: 5221 m, CR 73,0, SL 128, Par 73

Saison: ganzjährig
Mindest-HCP WT/WE: 45/36
Anmeldung WT/WE: Ja
Mitgl.-begl. WT/WE: Nein
VcG WT/WE: Ja

18-Loch Greenfee WT/WE: EUR 60/80

(Greenfee-Preise können je nach DGV-Ausweiskennzeichnung abweichen)

2:1

Platzcharakteristik:

Golfen in reizvoller und ruhiger Natur - unter diesem Motto steht das Spiel auf dem Golfplatz Coesfeld. Zahlreiche Biotope, Wallhecken, Streuobstwiesen, Teiche und Tümpel bilden auch weiterhin den Lebensraum für einheimische Pflanzen und Tiere. Von der ersten bis zur letzten Bahn finden die Sportler gepflegten Rasen in ansprechender Umgebung. Viel Spielwitz kennzeichnen die 18 Spielbahnen, bei denen keine der anderen gleicht. Sportliche Spieler entscheiden sich zum Überspielen zahlreicher Teiche oder sehen sich mehrstufigen Grüns gegenüber. Weite Landeflächen kommen auch weniger geübten Golfern entgegen. Golf wird hier zu einem Erlebnis nicht nur für das Sportlerherz, sondern auch für das Auge des Betrachters.

Pro-Shop » Basic « | Level | Kurzpl.

GolfPost 4,3/5

DGV-NR. 4402

GOLF- UND LANDCLUB AHAUS E.V.

Schmäinghook 36
48683 Ahaus-Alstätte
Tel. 02567 405
info@glc-ahaus.de
www.glc-ahaus.de
Jules Bistro
Tel. 02567 9367335
info@glc-ahaus.de
www.glc-ahaus.de

Löcheranzahl: 36
Gegründet: 1987
Höhe: 95 m
Süd-Ost (18-Loch)
H: 5692 m, CR 71,3, SL 124, Par 72
D: 5037 m, CR 73,0, SL 124, Par 72
Platzdaten der weiteren Kombinationen auf www.glc-ahaus.de

Saison: ganzjährig
Mindest-HCP WT/WE: 54/36
Anmeldung WT/WE: Ja
Mitgl.-begl. WT/WE: Nein
VcG WT/WE: Ja

18-Loch Greenfee WT/WE: EUR 60/70

(Greenfee-Preise können je nach DGV-Ausweiskennzeichnung abweichen)

Platzcharakteristik:

Die Golfanlage grenzt an das Naturschutzgebiet der Hörsteloer Wacholderheide. Die anspruchsvollen Bahnen wurden gekonnt in die westmünsterländische Parklandschaft integriert. Die 36 Löcher garantieren Anfängern und Könnern ein abwechslungsreiches Spiel. Der Süd-Ost-Course erhielt von der europäischen Vereinigung der Golfplatzarchitekten als erste deutsche Anlage das Prädikat "Premier European Golf Course". Hunde auf dem West- und Nord-Course zugelassen.

Pro-Shop » Basic « | Level | Kurzpl.

GolfPost 5,0/5

NRW

DGV-NR. 4485

GOLFCLUB UHLENBERG REKEN E.V.

Uhlenberg 8
48734 Reken
Tel. 02864 72372
info@golfanlage-uhlenberg-reken.de
www.golfanlage-uhlenberg-reken.de

Löcheranzahl: 18
Gegründet: 1988
Höhe: 100 m
H: 5637 m, CR 69,6, SL 126, Par 70
D: 5046 m, CR 71,9, SL 124, Par 70

Saison: April-Oktober
Mindest-HCP WT/WE: 54
Anmeldung WT/WE: Ja
Mitgl.-begl. WT/WE: Nein
VcG WT/WE: Ja

18-Loch Greenfee WT/WE: EUR 40

(Greenfee-Preise können je nach DGV-Ausweiskennzeichnung abweichen)

Platzcharakteristik:

Alle die den Platz schon einmal erlebt haben sagen übereinstimmend: „Die Ruhe und natürliche Schönheit dieses Platzes ist eine seiner größten Vorteile“. Für viele unserer Mitglieder war es „Liebe auf den ersten Blick". Inmitten eines Landschaftsschutzgebietes, eingebettet in weitläufige Wälder und Felder der Parklandschaft des Münsterlandes am Rande des Naturschutzgebietes Hohe Mark, erstreckt sich die 18 Loch-Golfanlage "Uhlenberg-Reken" der Familie Bolle.

Die ersten neun Löcher sind relativ flach mit einer Höhendifferenz von fünf bis sechs Metern. Wasserhindernisse auf den Fairways der Bahnen 10, 11 und 12 befinden sich genau im Bereich der Drive-Landezonen.

Pro-Shop » Basic « | Level | Kurzpl.

GolfPost 4,0/5

NRW

DGV-NR. 4467

GOLFCLUB HABICHTSWALD E.V.

Industriestraße 16
49492 Westerkappeln
Tel. 05456 96013
sekretariat@golfclub-habichts-wald.de
www.golfclub-habichtswald.de
Birkenhof
Tel. 05456 6549982
sonjafernandezsturies@web.de
Ruhetag: montags

Löcheranzahl: 18
Gegründet: 1981
Höhe: 80 m
H: 5735 m, CR 71,4, SL 132, Par 73
D: 4946 m, CR 72,4, SL 127, Par 73

Saison: ganzjährig
Mindest-HCP WT/WE: 54
Anmeldung WT/WE: Ja
Mitgl.-begl. WT/WE: Nein
VcG WT/WE: Ja

18-Loch Greenfee WT/WE: EUR 55/65

(Greenfee-Preise können je nach DGV-Ausweiskennzeichnung abweichen)

2:1

Platzcharakteristik:

Der Golfclub Habichtswald, mitten im TERRA.vita Natur- und Geopark Teutoburger Wald gelegen, ist für seine Region außergewöhnlich und ein echtes Highlight. Unterschiedliche Höhenlagen, interessante und überraschend verlaufende Bahnen, machen den 18-Loch Golfplatz im Westen von Osnabrück für Anfänger und Könner gleichermaßen zu einem Erlebnis und einer Herausforderung. Doglegs, blinde Abschläge, tiefe Bunker, Wasserhindernisse und die Überwindung von Höhenmetern lassen bei diesem PAR 73-Platz keine Langeweile aufkommen.

Die Clubgastronomie Birkenhof, eine urige Bauernkate heißt Gäste und Mitglieder auf seiner schönen, großzügigen Terrasse herzlich willkommen.

Pro-Shop » Basic « | Level | Kurzpl.

GolfPost 4,7/5

DGV-NR. 4455

GOLFCLUB OSNABRÜCK-DÜTETAL E.V.

Wersener Straße 17
49504 Lotte
Tel. 05404 99861-0
info@golf-duetetal.de
www.golf-duetetal.de
Café Restaurant
Golfclub Dütetal
Tel. 05404 73655
restaurant-duetetal@hotmail.com
Ruhetag: montags

Löcheranzahl: 18
Gegründet: 1983
Höhe: 83 m
H: 6094 m, CR 72,3, SL 128, Par 72
D: 5263 m, CR 73,6, SL 127, Par 72

Saison: ganzjährig
Mindest-HCP WT/WE: 45
Anmeldung WT/WE: Ja
Mitgl.-begl. WT/WE: Nein
VcG WT/WE: Ja

18-Loch Greenfee WT/WE: EUR 60/70

(Greenfee-Preise können je nach DGV-Ausweiskennzeichnung abweichen)

Platzcharakteristik:

Die Anlage des Golfclubs Osnabrück-Dütetal befindet sich nur wenige Autominuten vom Zentrum der Stadt Osnabrück entfernt. Geprägt vom naturbelassenen Flusslauf der Düte und einem über die Jahrzehnte gewachsenen Baumbestand ist hier über die Jahre ein gepflegter Parkland Course englischen Stils behutsam gewachsen und gestaltet worden. Im Laufe seines Bestehens hat der Club den Platz immer wieder modernisiert und ausgebaut, um den gewachsenen Ansprüchen der Golfer gerecht werden zu können. Die gelungene Umsetzung einer sportlich wie ökologisch durchdachten Planung überzeugt und begeistert nicht nur unsere Mitglieder, sondern alle, die hier Golf spielen.

Pro-Shop | Level | Kurzpl.

GolfPost 5,0/5

NRW

DGV-NR. 4465

GOLFCLUB TECKLENBURGER LAND E.V.

Wallenweg 24
49545 Tecklenburg
Tel. 05455 2080010
sekretariat@golfclub-tecklenburg.de
www.golfclub-tecklenburg.de
Tel. 05455 2080024
Ruhetag: montags
Küche regional

Löcheranzahl: 9
Gegründet: 1971
H: 6084 m, CR 72,7, SL 127, Par 72
D: 5332 m, CR 74,5, SL 123, Par 72

Saison: ganzjährig
Mindest-HCP WT/WE: PR
Anmeldung WT/WE: Ja
Mitgl.-begl. WT/WE: Nein
VcG WT/WE: Ja

18-Loch Greenfee WT/WE: EUR 50/60

(Greenfee-Preise können je nach DGV-Ausweiskennzeichnung abweichen)

Platzcharakteristik:

Der wunderschön in die Landschaft integrierte Golfplatz ist ein Kleinod und eine über die Grenzen des Tecklenburger Landes hinausgehende Topadresse für Golfer. Die anspruchsvolle Topographie am Rande des Teutoburger Waldes sowie die natürlichen Gegebenheiten des Platzes machen diese Anlage zu einem wirklichen Golferlebnis im Tecklenburger Land.

Pro-Shop » Basic « | Level | Kurzpl.

GolfPost 4,8/5

DGV-NR. 4564

GOLFCLUB LADBERGEN E.V.

Hölterweg 8
49549 Ladbergen
Tel. 05485 831813
info@golf-ladbergen.de
www.golf-ladbergen.de

Löcheranzahl: 9
Gegründet: 2006
Höhe: 50 m
H: 3242 m, CR 60,7, SL 101, Par 60
D: 3242 m, CR 61,2, SL 109, Par 60

Saison: ganzjährig
Mindest-HCP WT/WE: PR
Anmeldung WT/WE: Nein
Mitgl.-begl. WT/WE: Nein
VcG WT/WE: Ja

Tages-Greenfee WT/WE: EUR 30/35

(Greenfee-Preise können je nach DGV-Ausweiskennzeichnung abweichen)

2:1

Platzcharakteristik:

Die Golfanlage Ladbergen verfügt über einen 9-Loch Platz. Darüber hinaus bieten wir 20 Abschlagplätze auf der Driving Range und eine 3.000 qm große Übungseinheit für das kurze Spiel.

Selbst nach ausgiebigen Regenfällen ist der Platz aufgrund des Sandbodens sehr gut bespielbar. Die flache, absolut ebene Golfanlage ist nicht nur für Anfänger gut geeignet, sondern erfordert bedingt durch die engen Fairways auch von Fortgeschrittenen ein präzises Spiel.

Um auf dem Platz zu spielen, ist eine Platzreife erforderlich. Platzreifen anderer Clubs oder Golfschulen werden anerkannt. Es gibt 9- und 18-Loch-Turniere für jede Spielstärke.

Pro-Shop » Basic « | Level | Kurzpl.

GolfPost 1,0/5

NRW

DGV-NR. 4511

GOLFCLUB AM ALTEN FLIESS E.V.

Am Alten Fliess 66
50129 Bergheim
Tel. 02238 94410
info@golfplatz-koeln.de
www.golfplatz-koeln.de
SUNSET
Tel. 02238 944130
www.sunset-koeln.de

Löcheranzahl: 27
Gegründet: 1994
Höhe: 85 m
Course rot/weiß
H: 6057 m, CR 71,9, SL 128, Par 72
D: 5394 m, CR 72,2, SL 122, Par 72
Course rot/gelb
H: 6019 m, CR 71,8, SL 132, Par 72
D: 5351 m, CR 72,6, SL 124, Par 72

Saison: ganzjährig
Mindest-HCP WT/WE: 36
Anmeldung WT/WE: Ja
Mitgl.-begl. WT/WE: Nein
VcG WT/WE: Nein

18-Loch Greenfee WT/WE: EUR 95

(Greenfee-Preise können je nach DGV-Ausweiskennzeichnung abweichen)

Platzcharakteristik:

Im Schatten des Kölner Doms, nur etwa 20 Minuten entfernt vom quirligen Großstadtleben der Rheinmetropole, erwartet Sie ein sportlich anspruchsvoller Platz in ländlicher Idylle. So nah und doch so fern, dass Sie von einigen Löchern das herrliche Panorama der Kölner Bucht genießen oder bei klarer Sicht den Blick bis nach Düsseldorf oder zum Siebengebirge schweifen lassen können.

Dank seines ganzjährig hervorragenden Pflegezustandes und des anspruchsvollen Designs zählt unser Platz zu den Top Ten in Deutschland. Die Grüns sind auch für Profis eine echte Herausforderung – immer exzellent in Schuss, 'true' und sehr schnell.

Pro-Shop » Basic « | Level | Kurzpl.

GolfPost 4,8/5

DGV-NR. K462

KONZEPT GOLF GUT CLARENHOF

Gut Clarenhof 5
50226 Frechen
Tel. 02234 943434
golf@gut-clarenhof.de
www.golf-clarenhof.de
Biergarten & Bistro

Löcheranzahl: 6
6 Loch Par 3 Kurzplatz

Saison: ganzjährig
Mindest-HCP WT/WE: PR
Anmeldung WT/WE: Nein
Mitgl.-begl. WT/WE: Nein
VcG WT/WE: Ja

Tages-Greenfee WT/WE: EUR 29,50

(Greenfee-Preise können je nach DGV-Ausweiskennzeichnung abweichen)

Platzcharakteristik:

Die 20 beleuchteten und überdachten Abschlagsplätze, sowie unsere Flutlichtanlage auf der Driving Range und dem Golfplatz ermöglichen Ihnen, ganzjährig "Ihren" Sport auszuüben. Bei gutem Wetter schlagen Sie von 30 freien Abschlagplätzen ab, üben das Bunkerspiel oder Putten auf dem großen Übungs-Green.

Realistisches Spielen können Sie auf dem 6-Loch-Par-3 Platz trainieren.

Pro-Shop » Basic « | Level | Kurzpl.

NRW

DGV-NR. 4509

GOLF CLUB GUT LÄRCHENHOF E.V.

Hahnenstraße
50259 Pulheim
Tel. 02238 923900
golfclub@gutlaerchenhof.de
www.gutlaerchenhof.de

Gut Lärchenhof
Tel. 02238 92310-0
info@restaurant-laerchenhof.de

Löcheranzahl: 18
Gegründet: 1991
Höhe: 65 m
H: 6015 m, CR 72,6, SL 135, Par 72
D: 5052 m, CR 73,0, SL 133, Par 72

Saison: ganzjährig
Mindest-HCP WT/WE: 20,1/23,7
Anmeldung WT/WE: Ja
Mitgl.-begl. WT/WE: Nein
VcG WT/WE: Ja

18-Loch Greenfee WT/WE: EUR 140/190

(Greenfee-Preise können je nach DGV-Ausweiskennzeichnung abweichen)

Platzcharakteristik:

Der von Jack Nicklaus entworfene Golfplatz erweist sich trotz seiner zentralen Lage als eine Oase der Ruhe. Entlang eines ausgedehnten Waldgebietes wurden 18 Spielbahnen abwechslungsreich und individuell modelliert. Die einzelnen Bahnen sind durch Hügellandschaften gegeneinander abgegrenzt und damit weitgehend uneinsehbar. Der Platz ist voll beregnet und drainiert, um eine ganzjährige Bespielbarkeit in bestmöglichem Zustand zu garantieren.

Pro-Shop » Large « | Level | Kurzpl.

GolfPost 4,8/5

DGV-NR. 4526

GOLF & COUNTRY CLUB VELDERHOF

Velderhof
50259 Pulheim
Tel. 02238 92394-0
info@velderhof.de
www.velderhof.de

Il Nido
Tel. 02238 140285
deutsch-italienische Küche

Löcheranzahl: 27
Gegründet: 1997
Höhe: 46 m
Grün-Gelb (18-Loch)
H: 5884 m, CR 72,1, SL 124, Par 72
D: 5233 m, CR 72,9, SL 121, Par 72
Rot (9-Loch)
H: CR 72,1, SL 122, Par 72

Saison: ganzjährig
Mindest-HCP WT/WE: 54/36
Anmeldung WT/WE: Ja
Mitgl.-begl. WT/WE: Nein
VcG WT/WE: Ja

18-Loch Greenfee WT/WE: EUR 75/90

(Greenfee-Preise können je nach DGV-Ausweiskennzeichnung abweichen)

Platzcharakteristik:

Der Golf & Country Club Velderhof ist einer der renommierten Golfanlagen im Großraum Köln-Düsseldorf. Der Meisterschaftsplatz mit 27 Spielbahnen befindet sich in traumhaft ruhiger Lage nördlich von Köln und ist eingebettet in eine geschützte Auenlandschaft mit ausgedehnten Waldbeständen.

Die Anlage ist ganzjährig bespielbar und die drei 9-Loch Kurse können beliebig kombiniert werden. Durch die kontinuierliche Weiterentwicklung des Platzes durch gezielte Um- und Neubaumaßnahmen von Bunkern, Biotopen und großflächigen Teichen sowie zahlreiche Neuanpflanzungen hat sich ein interessanter und abwechslungsreicher Meisterschaftsplatz entwickelt.

Pro-Shop » Large « | Level | Kurzpl.

GolfPost 4,8/5

NRW

DGV-NR. 4566

GOLFCITY PULHEIM

Am Golfplatz 1
50259 Pulheim-Freimersdorf
Tel. 02234 99966-0
koeln@golfcity.de
www.golfcity.de
täglich wechselnde Karte mit frischen und saisonalen Gerichten

Löcheranzahl: 9
Gegründet: 2006
H: 2143 m, CR 62,8, SL 109, Par 32
D: 1877 m, CR 63,4, SL 106, Par 32

Saison: ganzjährig
Mindest-HCP WT/WE: PR
Anmeldung WT/WE: Ja
Mitgl.-begl. WT/WE: Nein
VcG WT/WE: Ja

9-Loch Greenfee WT/WE: EUR 29/39

(Greenfee-Preise können je nach DGV-Ausweiskennzeichnung abweichen)

2:1

Platzcharakteristik:

Das perfekte Freizeitvergnügen: Nur 20 Minuten vom Kölner Dom entfernt räumt GolfCity mit allen Vorurteilen auf: Hier kann jeder mitmachen. Sowohl Einsteigern als auch allen Handicap-Spielern möchte GolfCity ein Angebot zum Golfen machen und bietet sportliche Herausforderung für alle Leistungsstufen, ein vielfältiges Angebot an Golfkursen und ein einzigartiges Preismodell, bei dem Sie nur zahlen, was Sie wirklich nutzen.

Neben einem 9-Loch-Golfplatz und einem 3-Loch-Übungsplatz gibt es rund 80 Rasen-Abschlagplätze, zwei Abschlaggebäude mit Beleuchtung sowie ein professionelles Kurzspielzentrum mit Putting-, Pitching- und Chipping-Greens.

Pro-Shop » Basic « | Level | Kurzpl.

GolfPost 4,3/5

DGV-NR. 4443

GOLF BURGKONRADSHEIM

GMVD | GOLF& NATUR

Am Golfplatz 1
50374 Erftstadt
Tel. 02235 955660
info@golfburg.de
www.golfburg.de
Landhaus Konradsheim
Tel. 02235 95566-30
gastronomie@golfburg.de

Löcheranzahl: 18
Gegründet: 1988
Höhe: 100 m
H: 6127 m, CR 71,9, SL 122, Par 72
D: 5368 m, CR 73,6, SL 125, Par 72

Saison: Februar-Dezember
Mindest-HCP WT/WE: 54/45
Anmeldung WT/WE: Ja
Mitgl.-begl. WT/WE: Nein
VcG WT/WE: Ja

18-Loch Greenfee WT/WE: EUR 75/90

(Greenfee-Preise können je nach DGV-Ausweiskennzeichnung abweichen)

2:1

Platzcharakteristik:

Eingebettet in die ebene Auenlandschaft der Zülpicher Börde liegt der Golfplatz idyllisch am Fuße der Burg Konradsheim, einer der ältesten Wasserburgen Nordrhein-Westfalens. Die Grüns sind groß, kunstvoll angelegt und in die Hügellandschaft integriert. Den besonderen Reiz vermitteln die idyllischen Bachläufe und Teiche mit fast 30.000 qm Wasserfläche sowie die aufgelockerten Bepflanzungen und der alte Baumbestand.

Pro-Shop » Large « | Level | Kurzpl.

GolfPost 4,5/5

NRW

DGV-NR. 4593

KÖLNGOLF

Parallelweg 1
50769 Köln
Tel. 0221 784018
info@koelngolf.de
www.koelngolf.de
Miso Kursar & sein Team
Tel. 0221 7830258

Löcheranzahl: 18
Gegründet: 1996
H: 5944 m, CR 71,6, SL 127, Par 72
D: 5109 m, CR 73,6, SL 127, Par 72

Saison: ganzjährig
Mindest-HCP WT/WE: PR
Anmeldung WT/WE: Ja
Mitgl.-begl. WT/WE: Nein
VcG WT/WE: Ja

18-Loch Greenfee WT/WE: EUR 45/55

(Greenfee-Preise können je nach DGV-Ausweiskennzeichnung abweichen)

2:1

Platzcharakteristik:

Nur knapp 20 km nördlich der Kölner Innenstadt, nahe Köln-Roggendorf, finden Sie unseren Golfplatz mit weitläufigem Trainingsgelände. Unsere Anlage steht allen Golfern, und denen die es werden wollen, sieben Tage die Woche zur Verfügung. Der Platz bietet hervorragende Möglichkeiten um Golf auf jedem Level zu spielen und immer wieder eine Herausforderung zu finden. Gespickt mit strategisch interessanten und fair angelegten Penaltyareas, einem gepflegten Baumbestand und schnellen Grüns erwartet Sie unser Players Course in Form eines 18-Loch-Platz. Nach Ihrer Golfrunde, lädt Sie unsere Gastro zum Verweilen ein. Die Terrasse, mit Blick auf Grün 9 und 18, und eine Küche, die seit Jahren weit über unsere Grenzen beliebt und bekannt ist, warten auf Sie.

Pro-Shop » Large « | Level | Kurzpl.

GolfPost 4,5/5

DGV-NR. 4580

KÖLNER GOLFCLUB

GOLF& NATUR

Freimersdorfer Weg 43
50859 Köln
Tel. 0221 2772980
info@koelner-golfclub.de
www.koelner-golfclub.de
Tel. 0221 56782202
reservierung@koelner-golfclub.de

Löcheranzahl: 45
Gegründet: 2011
Höhe: 56 m
CHAMPIONSHIP COURSE
H: 5731 m, CR 71,2, SL 134, Par 74
D: 4856 m, CR 71,6, SL 132, Par 74
LINKS COURSE
H: 3614 m, CR 61,2, SL 108, Par 63
D: 3004 m, CR 60,1, SL 102, Par 63

Saison: ganzjährig Sommergrüns und mit Buggy befahrbar.
Mindest-HCP WT/WE: PR
Anmeldung WT/WE: Nein/Ja
Mitgl.-begl. WT/WE: Nein
VcG WT/WE: Ja

18-Loch Greenfee WT/WE: EUR 50/70

(Greenfee-Preise können je nach DGV-Ausweiskennzeichnung abweichen)

NRW

Platzcharakteristik:

Der Kölner Golfclub bietet ein einmaliges, mehrfach ausgezeichnetes Zusammenspiel aus offenem Konzept, außergewöhnlichem Design, individuellen Trainingsmöglichkeiten und positiver Ökobilanz.

Mit 2 x 18 Spielbahnen plus einem 9-Loch-Kurzplatz bietet die Golfanlage eine Vielzahl an Kombinationsmöglichkeiten und entspricht der Philosophie von Golfplatz-Designer Heinz Fehring „vom Einfachen zur Herausforderung": ein Pitch Course mit 9 Bahnen (557 m, Par 27) zum einfachen Golfeinstieg, ein 3.627 m langer Links Course (Par 63) für das schnelle und leichtere Spiel zwischendurch und der Championship Course – die Herausforderung.

Pro-Shop » Basic « | Level | Kurzpl.

GolfPost 4,5/5

DGV-NR. 4441

MARIENBURGER GOLF-CLUB E.V.

Schillingsrotterweg
50968 Köln
Tel. 0221 384054
info@marienburger-golfclub.de
www.marienburger-golfclub.de
Vierling GmbH
Tel. 0221 3400874
gastro@marienburger-golfclub.de
www.vierling-gmbh.de
Ruhetag: montags

Löcheranzahl: 9
Gegründet: 1953
Höhe: 55 m
H: 6096 m, CR 72,5, SL 132, Par 72
D: 5158 m, CR 72,5, SL 126, Par 72

Saison: April-Oktober
Mindest-HCP WT/WE: 36
Anmeldung WT/WE: Ja
Mitgl.-begl. WT/WE: Nein
VcG WT/WE: Ja

18-Loch Greenfee WT/WE: EUR 60

(Greenfee-Preise können je nach DGV-Ausweiskennzeichnung abweichen)

Platzcharakteristik:

Der Golfclub liegt nur unweit vom Kölner-Zentrum entfernt und bietet von verschiedenen Fairways einen Blick auf die Metropole. Landschaftlich sehr schön gelegen ist die Anlage von altem Baumbestand geprägt und bietet mit einer hohen Anzahl an Bunkern und Hindernissen einen mittleren Schwierigkeitsgrad mit anspruchsvollen Vierer-Löchern.

Pro-Shop » Basic « | Level | Kurzpl.

GolfPost 5,0/5

DGV-NR. 4447

GOLFCLUB LEVERKUSEN E.V.

GMVD

Am Hirschfuß 2-4
51061 Köln
Tel. 0214 50047500
info@golfclub-leverkusen.de
www.golfclub-leverkusen.de
Golfrestaurant Paulinenhof
Tel. 0214 50047500

Löcheranzahl: 18
Gegründet: 1985
Höhe: 45 m
H: 6098 m, CR 71,8, SL 130, Par 73
D: 5336 m, CR 73,3, SL 125, Par 73

Saison: ganzjährig
Mindest-HCP WT/WE: 36
Anmeldung WT/WE: Ja
Mitgl.-begl. WT/WE: Nein/Ja
VcG WT/WE: Ja

18-Loch Greenfee WT/WE: EUR 85/95

(Greenfee-Preise können je nach DGV-Ausweiskennzeichnung abweichen)

Platzcharakteristik:

Unter Nutzung der im Relief nachvollziehbaren Altrheinarme wurden die charakteristischen Elemente einer Auenlandschaft wie "Flussschleifen", Feuchtwiesen, Feldhecken und Solitärbaumbestände konsequent geplant und in das Spiel einbezogen. Auf 8 Bahnen findet man teilweise über die gesamte Bahnenlänge Wasserhindernisse.

Pro-Shop » Basic « | Level | Kurzpl.

GolfPost 5,0/5

NRW

DGV-NR. 4515

V-GOLF SANKT URBANUS

Urbanusstraße 70
51147 Köln
Tel. 0221 99886611
reception@sankturbanus.golf
www.sankturbanus.golf

Landhaus Velte
Tel. 0221 998866-12
nachricht@landhausvelte.koeln
www.landhausvelte.koeln

Löcheranzahl: 18
Gegründet: 1999
Höhe: 50 m
H: 6055 m, CR 71,0, SL 122, Par 72
D: 5196 m, CR 71,6, SL 122, Par 72

Saison: ganzjährig
Mindest-HCP WT/WE: 54
Anmeldung WT/WE: Ja
Mitgl.-begl. WT/WE: Nein
VcG WT/WE: Ja

18-Loch Greenfee WT/WE: EUR 60

(Greenfee-Preise können je nach DGV-Ausweiskennzeichnung abweichen)

Platzcharakteristik:

Zentral im Ballungsraum Köln-Bonn, nur jeweils rund 15 Autominuten vom Kölner Dom und von der Bonner Museumsmeile entfernt, liegt die 18-Loch-Golfanlage. Herausfordernd modellierte Grüns, breite Spielbahnen, strategisch platzierte Hindernisse und großzügige Übungsanlagen mit überdachten Abschlagplätzen schaffen ideale Bedingungen für ein intensives Training oder ein entspanntes Spiel.

Im außergewöhnlichen Clubhaus mit seinem amerikanischen Landhausstil lässt sich ein schöner Golftag perfekt ergänzen. Die gepflegte Gastlichkeit lädt darüber hinaus ein, auch private Veranstaltungen wie Hochzeiten oder Jubiläen und Firmenevents (Tagungen, Seminare) zu einem unvergesslichen Ereignis werden zu lassen.

Pro-Shop » Basic « | Level | Kurzpl.

GolfPost 4,1/5

DGV-NR. K470

GOLF CLUB WAHN IM SSZ KÖLN-WAHN

Frankfurter Straße 320
51147 Köln
Tel. 02203 62334
ssz-koeln@t-online.de
www.golfwahn.de

Clubgastronomie
Tel. 02203 5907733
Ruhetag: montags

Löcheranzahl: 9
Gegründet: 1981
H: 1916 m, CR 54,0, SL 113, Par 54

Saison: ganzjährig
Mindest-HCP WT/WE: PR
Anmeldung WT/WE: Nein
Mitgl.-begl. WT/WE: Nein
VcG WT/WE: Ja

Tages-Greenfee WT/WE: EUR 20

(Greenfee-Preise können je nach DGV-Ausweiskennzeichnung abweichen)

NRW

2:1

Platzcharakteristik:

Sehr stadtnah befindet sich dieser selbstorganisierte Golfclub zwischen Rhein und Flughafen in einem Landschaftsschutzgebiet, umgeben von Land- und Forstwirtschaft. Die Atmosphäre ist angenehm familiär und betont sportlich.

Pro-Shop | Level | Kurzpl.

GolfPost 3,0/5

DGV-NR. 4442

GOLF- UND LAND-CLUB KÖLN E.V.

Golfplatz 2
51429 Bergisch Gladbach
Tel. 02204 92760
info@glckoeln.de
www.glckoeln.de

Kai Hollenstein
Tel. 02204 66122
Ruhetag: montags

Löcheranzahl: 18
Gegründet: 1906
H: 5980 m, CR 72,2, SL 136, Par 72
D: 5286 m, CR 74,3, SL 137, Par 72

Saison: ganzjährig
Mindest-HCP WT/WE: 28-36
Anmeldung WT/WE: Ja
Mitgl.-begl. WT/WE: Nein/Ja
VcG WT/WE: Nein

18-Loch Greenfee WT/WE: EUR 110

(Greenfee-Preise können je nach DGV-Ausweiskennzeichnung abweichen)

Platzcharakteristik:

Ein Golfplatz in Traumlage. Bernhard von Limburger, Deutschlands wohl berühmtester Golfplatzarchitekt, hat ein spannendes 18 Loch Layout inmitten der Wälder von Refrath geschaffen. Gelegentlich ragen Baumreihen oder Solitäre als strategisches Element in die gewünschte Spiellinie. Wasserhindernisse an ausgesuchten Löchern greifen prägend ins Spiel ein. Doch trotz des hohen Anspruchs erwartet Golfer aller Spielstärken ein faires Spiel auf dem leicht gewellten Gelände.

Pro-Shop » Large «
Level
Kurzpl.

4,8/5

DGV-NR. 4547

GOLFCLUB DER LÜDERICH E.V.

Am Golfplatz 1
51491 Overath
Tel. 02204 9760-0
info@gc-luederich.de
www.gc-luederich.de

CB Gastronomie
Tel. 02204 9760-15

Löcheranzahl: 18
Gegründet: 2000
Höhe: 200 m
H: 4866 m, CR 68,5, SL 131, Par 70
D: 4107 m, CR 70,0, SL 127, Par 70

Saison: ganzjährig
Mindest-HCP WT/WE: 54
Anmeldung WT/WE: Ja
Mitgl.-begl. WT/WE: Nein
VcG WT/WE: Ja

18-Loch Greenfee WT/WE: EUR 59/75

(Greenfee-Preise können je nach DGV-Ausweiskennzeichnung abweichen)

Platzcharakteristik:

Der extremste Golfplatz Deutschlands!

Spielen Sie die leichtesten 9 Loch (Slope 116) und die schwersten 9 Loch (Slope 149) an einem Tag!

Der Golfclub DER LÜDERICH bietet Ihnen ein nicht alltägliches Golferlebnis auf einem hervorragend gepflegten Platz mit außergewöhnlichen Ausblicken ins Bergische Land, und das nur 20 Minuten vom Zentrum Kölns entfernt.

Auf einem ehemaligen Erzbergwerksgelände entstand im Jahre 2000 der Golfclub am Lüderich, dessen Wahrzeichen der zweitälteste Förderturm Deutschlands ist. Die außergewöhnliche Anlage, die harmonisch in die Natur eingepasst ist, vermittelt Ihnen das Erholungsgefühl eines Urlaubstages.

Pro-Shop » Basic «
Level
Kurzpl.

4,8/5

NRW

DGV-NR. 4506

GOLF-CLUB KÜRTEN E.V.

Johannesberg 13
51515 Kürten
Tel. 02268 8989
info@gckuerten.de
www.golfclubkuerten.de

Petros Athanasiou
Tel. 02268 3295

Löcheranzahl: 18
Gegründet: 1991
Höhe: 210 m
H: 6059 m, CR 72,5, SL 135, Par 72
D: 5297 m, CR 73,8, SL 132, Par 72

Saison: ganzjährig
Mindest-HCP WT/WE: 54
Anmeldung WT/WE: Ja
Mitgl.-begl. WT/WE: Nein
VcG WT/WE: Ja

18-Loch Greenfee WT/WE: EUR 39/59

(Greenfee-Preise können je nach DGV-Ausweiskennzeichnung abweichen)

Platzcharakteristik:

Die Anlage des Golf-Clubs Kürten e.V. "Berghöhe" besteht aus einer 18-Loch-Anlage und einem 6-Loch-Kurzplatz und liegt im Naturpark Bergisches Land. Die Bahnen verlaufen über mehrere Höhenrücken und bieten weite Blicke über das Bergische Land. Der Platz verlangt auch durch die schwierigen Grüns und Schräglagen auf so manchem Fairway strategisches und sportlich anspruchsvolles Spiel.

Pro-Shop » Basic « | Level | Kurzpl. | GolfPost 4,7/5

DGV-NR. 4459

GOLF-CLUB OBERBERG E.V.

Hasseler Straße 42
51580 Reichshof
Tel. 02297 7131
info@golfcluboberberg.de
www.golfcluboberberg.de

Restaurant 19
Tel. 02297 7306
gastro@golfcluboberberg.de
Ruhetag: montags

Löcheranzahl: 18+6
Gegründet: 1987
Höhe: 420 m
H: 5957 m, CR 73,0, SL 136, Par 73
D: 5271 m, CR 75,2, SL 131, Par 73

Saison: ganzjährig
Mindest-HCP WT/WE: 54/36
Anmeldung WT/WE: Nein
Mitgl.-begl. WT/WE: Nein
VcG WT/WE: Ja

18-Loch Greenfee WT/WE: EUR 65/80

(Greenfee-Preise können je nach DGV-Ausweiskennzeichnung abweichen)

NRW

Platzcharakteristik:

Mit der Fertigstellung des 18-Loch Platzes im Jahr 2011 ist ein Championship-Course entstanden, wie er seinesgleichen sucht. Der besondere Spielreiz erwächst aus den Anforderungen, die von der Topografie der alten Kulturlandschaft geprägt wird, ergänzt durch atemberaubende Aussichten über die umliegende Berglandschaft mit ihren tiefen Tälern. International erfahrene Golfer kennen derartige Anlagen aus dem Norden der Vereinigten Staaten, dem Norden Englands und den südlichen Regionen Schottlands. Obwohl die Anlage mitten im Oberbergischen Land errichtet wurde, sind kaum Höhenmeter zu überwinden. Somit ist eine gute Begehbarkeit auch für ältere Spieler gewährleistet.

Pro-Shop » Large « | Level | Kurzpl. | GolfPost 4,6/5

DGV-NR. 4567

GOLF-PARK NÜMBRECHT

Höhenstr. 40
51588 Nümbrecht
Tel. 02293 303700
Golfpark@nuembrecht.com
www.golfpark-nuembrecht.de

Sportpark Bistro
Tel. 02293 303700

Löcheranzahl: 9
Gegründet: 2005
Höhe: 325 m
H: 2870 m, CR 58,8, SL 107, Par 58
D: 2754 m, CR 59,4, SL 106, Par 58

Saison: ganzjährig
Mindest-HCP WT/WE: PR
Anmeldung WT/WE: Nein
Mitgl.-begl. WT/WE: Nein
VcG WT/WE: Ja

Tages-Greenfee WT/WE: EUR 30

(Greenfee-Preise können je nach DGV-Ausweiskennzeichnung abweichen)

2:1

Platzcharakteristik:

Nur wenige Gehminuten vom Park-Hotel Nümbrecht entfernt liegt der Golfplatz des Sport-Park Nümbrechts. Die für Anfänger wie für Fortgeschrittene gleichermaßen anspruchsvollen Golfbahnen sind eingebettet in die gepflegte Parklandschaft mit teilweise altem Baumbestand und bieten jedem Golfer pures Spielvergnügen.

Unsere Golfanlage erstreckt sich in gemäßigter Topographie bis an die Ortsgrenzen Nümbrechts. Auf den zu Fuß leicht zu bewältigenden Bahnen finden hier auch ältere Golfspielerinnen und Golfspieler die ideale Möglichkeit ihrem Sport nachzugehen.

Der abwechslungsreiche und landschaftlich reizvolle Platz zählt zu den schönsten Kurzplatzanlagen Deutschlands.

Pro-Shop » Basic « | Level | Kurzpl.

GolfPost 3,0/5

DGV-NR. 4544

GOLFCLUB GIMBORNER LAND E.V.

Kreuzstraße 10
51647 Gummersbach
Tel. 02266 440447
info@gimborner-land.de
www.gimborner-land.de

Gimborner Land
Neuverpachtung ab Frühjahr 2022

Löcheranzahl: 9
Gegründet: 2000
Höhe: 300 m
H: 5890 m, CR 72,2, SL 133, Par 72
D: 5188 m, CR 73,9, SL 130, Par 72

Saison: ganzjährig
Mindest-HCP WT/WE: 54
Anmeldung WT/WE: Ja
Mitgl.-begl. WT/WE: Nein
VcG WT/WE: Ja

18-Loch Greenfee WT/WE: EUR 33/45

(Greenfee-Preise können je nach DGV-Ausweiskennzeichnung abweichen)

2:1

Platzcharakteristik:

Inmitten der idyllischen Landschaft des Bergischen Landes, mit einem einmaligen Panoramablick, befindet sich auf einer Fläche von 27 ha die Golfanlage "Gimborner Land". Die auf 9-Loch konzipierte Anlage entspricht gehobenen spieltechnischen Ansprüchen. Nicht unerwähnt bleiben darf die natürliche Topographie des Geländes, die golftechnisch sehr anspruchsvoll, aber für die oberbergische Lage keine besondere körperliche Anforderung stellt.

Pro-Shop » Basic « | Level | Kurzpl.

GolfPost 4,3/5

NRW

DGV-NR. 4430

GOLFCLUB SCHLOSS GEORGHAUSEN E.V.

Georghausen 8
51789 Lindlar
Tel. 02207 4938
info@gcsg.de
www.golfclub-georghausen.de
Tel. 02207 7833
gastro.gcsgvierling-catering.de

Löcheranzahl: 18
Gegründet: 1962
Höhe: 100 m
H: 5745 m, CR 71,2, SL 132, Par 72
D: 4979 m, CR 72,7, SL 124, Par 72

Saison: ganzjährig
Mindest-HCP WT/WE: 36
Anmeldung WT/WE: Nein
Mitgl.-begl. WT/WE: Nein
VcG WT/WE: Ja

18-Loch Greenfee WT/WE: EUR 50/70

(Greenfee-Preise können je nach DGV-Ausweiskennzeichnung abweichen)

Platzcharakteristik:

Der sehr anspruchsvolle Platz liegt inmitten der reizvollen Landschaft des Bergischen Landes und bietet dem Spieler unverhoffte Ausblicke in die ländliche Umgebung. Die ersten neun Löcher sind hügelig, die zweiten neun eben. Es sind auf 18 Löchern ca. 100 Höhenmeter zu überwinden. Einige Grüns müssen aufgrund der Hanglagen blind angespielt werden. Nach der Runde steht das renovierte Wasserschloss als schmuckes Clubhaus zur Verfügung.

Pro-Shop » Basic « | Level | Kurzpl.

GolfPost 4,3/5

DGV-NR. 4579

INT. GC HENRI-CHAPELLE E.V.

3, Rue du Vivier
4841 Henri-Chapelle / Belgien
Tel. +32 87 883275
mail@golf-hc.com
www.golf-hc.com
Golf & Hotel Henri Chapelle
Tel. 0032 (0) 87 88 19 91
www.golfhenrichapelle.be/de

Löcheranzahl: 45
Gegründet: 2010
Les Viviers (18-Loch)
H: 5630 m, CR 71,1, SL 129, Par 73
D: 4799 m, CR 71,9, SL 122, Par 73
Le Charlemagne (18-Loch)
H: 4695 m, CR 67,1, SL 121, Par 70
D: 3800 m, CR 66,1, SL 115, Par 70

Saison: ganzjährig
Mindest-HCP WT/WE: 54
Anmeldung WT/WE: Nein
Mitgl.-begl. WT/WE: Nein
VcG WT/WE: Ja

18-Loch Greenfee WT/WE: EUR 55/75

(Greenfee-Preise können je nach DGV-Ausweiskennzeichnung abweichen)

Platzcharakteristik:

Wunderschöne Anlage inmitten des Herver Plateaus und in unmittelbarer Nähe der deutschen und niederländischen Grenze. Die Fairways, die in einer hügeligen Gegend liegen stellen eine echte Herausforderung für internationale Spieler dar und liefern, soweit das Auge reicht, herrliche Ausblicke in die Landschaft.

Die Anlage beinhaltet zwei beeindruckende 18-Loch-Meisterschaftsplätze (Les Viviers und Le Charlemagne) sowie einen 9 Loch Kurzplatz (La Chapelle), der für Anfänger ideal geeignet ist.

Das im englischen Stil gehaltene Clubhaus rundet ein Golferlebnis der besonderen Art perfekt ab.

Pro-Shop » Basic « | Level | Kurzpl.

GolfPost 4,7/5

NRW

DGV-NR. 4479

INT. GC MERGELHOF E.V.

Rue de Terstraeten 254
4851 Gemmenich / Belgien
Tel. +32 8778 9280
mail@gc-mergelhof.net
www.gc-mergelhof.net

BRASSERIE PORCINI
Tel. +32 8778 9296
info@brasserieporcini.eu
www.brasserieporcini.eu
montags (Nov.–Mrz.)

Löcheranzahl: 27
Gegründet: 1988
H: 5979 m, CR 72,9, SL 137, Par 72
D: 5157 m, CR 71,6, SL 130, Par 72

Saison: ganzjährig
Mindest-HCP WT/WE: 36/34
Anmeldung WT/WE: Ja
Mitgl.-begl. WT/WE: Nein
VcG WT/WE: Ja

18-Loch Greenfee WT/WE: EUR 60/70

(Greenfee-Preise können je nach DGV-Ausweiskennzeichnung abweichen)

Platzcharakteristik:

Die Lage des Mergelhofs befindet sich gleich bei Aachen, im Herzen der Euregio zwischen Aachen, Eupen, Henri-Chapelle, Lüttich und Maastricht. Die geografische Lage zwischen Belgien, Deutschland und den Niederlanden gibt dem Club seinen internationalen Charme.

Die im Mergelland gelegene Golfanlage ist ein ehemaliger Gutsbetrieb und wurde in den Jahren 1991 bis 1997 zu einer 27 Loch Golfanlage mit Hotel und Restaurant umgebaut. Fernab von jeglichem Straßenlärm können sich die Damen den 5.158 Metern und die Herren den 5.979 Metern sportlicher Herausforderung mit zahlreichen natürlichen Hindernissen stellen und dabei wunderbare Ausblicke ins hügelige Mergelland genießen.

GolfPost 4,0/5

DGV-NR. 4401

AACHENER GOLF CLUB 1927 E.V.

Schurzelter Straße 300
52074 Aachen
Tel. 0241 12501
info@agc-ev.de
www.aachener-golfclub.de

Die Ökonomie
Tel. 0241 171079

Löcheranzahl: 18
Gegründet: 1927
Höhe: 180 m
H: 5921 m, CR 71,0, SL 126, Par 72
D: 5309 m, CR 73,3, SL 127, Par 72

Saison: ganzjährig
Mindest-HCP WT/WE: 32
Anmeldung WT/WE: Nein/Ja
Mitgl.-begl. WT/WE: Nein
VcG WT/WE: Ja

18-Loch Greenfee WT/WE: EUR 60/70

(Greenfee-Preise können je nach DGV-Ausweiskennzeichnung abweichen)

Platzcharakteristik:

Das mit altem Baumbestand versehene Gelände hat eine leicht hügelige Topographie und liegt am Fuße des Schneeberges im Westen der Stadt Aachen, dicht an der Grenze zu den Niederlanden. Der Platz verfügt über abwechslungsreiche Spielbahnen mit teilweise schönen Ausblicken auf Aachen und eine schöne Hügellandschaft.

GolfPost 5,0/5

NRW

DGV-NR. 4473

GC HAUS KAMBACH ESCHWEILER-KINZWEILER

Kambachstraße 9-13
52249 Eschweiler
Tel. 02403 50890
info@golf-kambach.de
www.golf-kambach.de

Schlemme`s Restaurant
Tel. 02403 23080

Löcheranzahl: 18
Gegründet: 1989
Höhe: 180 m
H: 6023 m, CR 71,4, SL 123, Par 72
D: 5375 m, CR 73,6, SL 122, Par 72

Saison: ganzjährig
Mindest-HCP WT/WE: 54
Anmeldung WT/WE: Ja
Mitgl.-begl. WT/WE: Nein
VcG WT/WE: Ja

18-Loch Greenfee WT/WE: EUR 55/65

(Greenfee-Preise können je nach DGV-Ausweiskennzeichnung abweichen)

Platzcharakteristik:

Dieser Platz ist eine erstklassige Adresse im Dreiländereck bei Aachen. Die natürliche Ausprägung der Voreifel-Landschaft wurde harmonisch für eine 18-Loch-Meisterschaftsanlage genutzt. Vor der malerischen Kulisse eines barocken Wasserschlosses fühlen sich dabei Anfänger und fortgeschrittene Golfer gleichermaßen zu Hause.

Pro-Shop » Basic « | Level | Kurzpl.

GolfPost 4,0/5

DGV-NR. 4417

GOLF CLUB DÜREN E.V.

Am Golfplatz 2
52355 Düren
Tel. 02421 67278
sekretariat@gcdueren.de
www.gcdueren.de

Rivo Restaurant
Tel. 0241 8897668
info@rivo-restaurant.de
www.rivo-restaurant.de
Ruhetag: montags, Inh. Ivaylo Hristov

Löcheranzahl: 18
Gegründet: 1975
Höhe: 120 m
H: 6082 m, CR 73,2, SL 133, Par 73
D: 5316 m, CR 75,1, SL 133, Par 73

Saison: ganzjährig
Mindest-HCP WT/WE: 36
Anmeldung WT/WE: Ja
Mitgl.-begl. WT/WE: Nein
VcG WT/WE: Ja

18-Loch Greenfee WT/WE: EUR 65/75

(Greenfee-Preise können je nach DGV-Ausweiskennzeichnung abweichen)

Platzcharakteristik:

Die Anlage von 1975 wurde in ebenem, parkähnlichem Gelände mit altem Baumbestand angelegt, der zusammen mit Bachläufen ein taktisches Spiel verlangt. Die Erweiterung wurde geschickt in die Anlage integriert. Nach den ersten 3 Bahnen des Platzes betritt man den durch großzügig angelegte Fairways, Teiche und freie Blicke in die nahe Voreifel geprägten Teil des Platzes. Danach kehrt man in die reizvolle Kulisse der Parklandschaft zurück.

Pro-Shop » Large « | Level | Kurzpl.

GolfPost 4,2/5

NRW

DGV-NR. 4575

GOLFPARK LOHERHOF

Pater-Briers-Weg 85
52511 Geilenkirchen
Tel. 02451 1234
s.davids@golfpark-loherhof.de
www.golfpark-loherhof.de
Ruhetag: montags

Löcheranzahl: 18
Gegründet: 2005
Höhe: 50 m
H: 4994 m, CR 65,7, SL 111, Par 68
D: 4398 m, CR 66,8, SL 114, Par 68

Saison: ganzjährig
Mindest-HCP WT/WE: PR
Anmeldung WT/WE: Nein
Mitgl.-begl. WT/WE: Nein
VcG WT/WE: Ja

18-Loch Greenfee WT/WE: EUR 50/60

(Greenfee-Preise können je nach DGV-Ausweiskennzeichnung abweichen)

Platzcharakteristik:

Zwischen Aachen und Heinsberg entstand im Jahre 2006 nahe der Stadt Geilenkirchen die heutige 18-Loch-Anlage auf dem Gelände rund um das Missionshaus Loherhof. Angegliedert an den seit 1994 bestehenden Sportpark Loherhof mit seinem vielfältigen Sportangeboten und einer hervorragenden Gastronomie.

Der Par 68 Platz wird öffentlich betrieben. Neugolfer können sofort auf dem Übungsgelände spielen und nach dem Erlangen der Platzreife auch die 18-Loch-Golfanlage gegen eine Greenfee-Gebühr nutzen. Für Übung und Training steht eine Driving Range mit einer Länge von 250 m kostenlos (ohne sonst übliches Rangefee) zur Verfügung.

Pro-Shop » Basic « | Level | Kurzpl.

GolfPost 4,7/5

DGV-NR. 4520

GOLFCLUB RÖMERHOF E.V.

Römerhof
53332 Bornheim
Tel. 02222 938539
gc-roemerhof@t-online.de
www.golfclubroemerhof.de
Culinarisches im Römerhof
Tel. 02222 8279953
info@culinarisch.es
www.culinarisch.es
Ruhetag: montags

Löcheranzahl: 27
Gegründet: 1996
Höhe: 156 m
18-Loch Platz
H: 6215 m, CR 72,1, SL 128, Par 72
D: 5216 m, CR 73,0, SL 126, Par 72
9-Loch Platz
H: 1494 m, CR 57,7, SL 87, Par 60

Saison: ganzjährig
Mindest-HCP WT/WE: k.A.
Anmeldung WT/WE: Ja
Mitgl.-begl. WT/WE: Nein
VcG WT/WE: Ja

18-Loch Greenfee WT/WE: EUR 45/80

(Greenfee-Preise können je nach DGV-Ausweiskennzeichnung abweichen)

Platzcharakteristik:

Auf halber Strecke zwischen Köln und Bonn im Naherholungsgebiet Kottenforst-Ville liegt die 100 ha große, himmlisch ruhige Golfanlage inmitten Feld, Wald und Obstwiesen. Rund um die komplett restaurierte Hofanlage erstrecken sich öffentlicher Übungsteil und Golfschule, ein öffentlicher 9-Loch-Kurzplatz sowie ein 18-Loch-Turnierplatz. Auf dem gleichen Platz hat auch die Airport-Golf Sparte der Sportgem. Flughafen Köln/Bonn e.V. Spielrecht.

Pro-Shop » Basic « | Level | Kurzpl.

GolfPost 4,5/5

NRW

DGV-NR. 4411

GOLFCLUB BONN-GODESBERG E.V.

GMVD

Landgrabenweg
53343 Wachtberg-Niederbachem
Tel. 0228 344003
info@gc-bonn-godesberg.de
www.gc-bonn-godesberg.de

Hole in One
Tel. 0228 36977481
gastronomie@gcbngo.de
www.gc-bonn.de
Ruhetag: montags, off. 10-22 Uhr

Löcheranzahl: 18
Gegründet: 1960
Höhe: 150 m
H: 5662 m, CR 70,2, SL 133, Par 71
D: 5029 m, CR 72,1, SL 128, Par 71

Saison: Februar-Dezember
Mindest-HCP WT/WE: 54
Anmeldung WT/WE: Nein
Mitgl.-begl. WT/WE: Nein
VcG WT/WE: Ja

18-Loch Greenfee WT/WE: EUR 55/65

(Greenfee-Preise können je nach DGV-Ausweiskennzeichnung abweichen)

Platzcharakteristik:

Haben Sie es schon einmal erlebt, dass ein Vogelruf laut ist, weil Sie sonst nichts hören? Damit ist eigentlich schon viel über unseren Platz gesagt. Unmittelbar vor den Toren Bonns finden Sie Ruhe und Entspannung auf einem einzigartigen Waldplatz im Naturschutzgebiet ‚Drachenfelser-Ländchen'.

Natur Pur sowie grandiose Aussichten auf das Siebengebirge und die Rheinische-Bucht sind die Kulisse für 18 abwechslungsreiche Spielbahnen, die strategische Spielplanung fordern aber immer fair angelegt sind.

Das idyllisch gelegene Clubhaus ist Dreh- und Angelpunkt zur Entspannung nach der Runde oder für Veranstaltungen zum Ausklang von Turnieren.

Pro-Shop » Basic « | Level | Kurzpl.

GolfPost 4,3/5

DGV-NR. 4497

INTERNATIONALER GOLF CLUB BONN E.V.

Konrad-Adenauer-Str. 100
53757 St. Augustin
Tel. 02241 39880
info@gcbonn.de
www.gcbonn.de

Gut Grossenbusch
Tel. 02241 398850
www.gcbonn.de/restaurant
Hotel & Restaurant

Löcheranzahl: 18
Gegründet: 1992
Höhe: 120 m
H: 5927 m, CR 72,2, SL 132, Par 71
D: 5241 m, CR 74,1, SL 126, Par 71

Saison: ganzjährig
Mindest-HCP WT/WE: 54/36
Anmeldung WT/WE: Ja
Mitgl.-begl. WT/WE: Nein
VcG WT/WE: Ja

18-Loch Greenfee WT/WE: EUR 60/80

(Greenfee-Preise können je nach DGV-Ausweiskennzeichnung abweichen)

NRW

Platzcharakteristik:

Der in hügeliger Parklandschaft, mit Ausblicken in das Rhein- und Siegtal, angelegte Platz bietet abwechslungsreiche und anspruchsvolle Fairways, umgeben von altem Baumbestand.

Pro-Shop » Large « | Level | Kurzpl.

GolfPost 5,0/5

DGV-NR. 4433

GOLFCLUB RHEIN-SIEG E.V.

Haus Dürresbach
53773 Hennef
Tel. 02242 6501
sekretariat@gcrs.de
www.gcrs.de
Phil Hönscheid
Tel. 0152/231 635 36
phil.hoenscheid@lavie-siegburg.de

Löcheranzahl: 18
Gegründet: 1971
H: 5868 m, CR 71,1, SL 130, Par 72
D: 5172 m, CR 72,9, SL 126, Par 72

Saison: ganzjährig
Mindest-HCP WT/WE: 54
Anmeldung WT/WE: Ja
Mitgl.-begl. WT/WE: Nein
VcG WT/WE: Ja

18-Loch Greenfee WT/WE: EUR 60/70

(Greenfee-Preise können je nach DGV-Ausweiskennzeichnung abweichen)

Platzcharakteristik:

Die Golfanlage liegt oberhalb von Hennef, etwa 2 km vom Ortskern entfernt inmitten eines weitläufigen Wiesen- und Waldgebietes mit herrlicher Aussicht, bei klarem Wetter bis nach Köln und Leverkusen. Das relativ offene Gelände mit großzügigen Fairways wird von altem Baumbestand umrahmt. Gut platzierte Bunker, das eine oder andere Wasserhindernis, Doglegs und Hanglagen bieten einen anspruchsvollen und abwechslungsreichen Parcours.

Pro-Shop » Large « Level Kurzpl.

GolfPost 4,7/5

DGV-NR. 4494

GUT HECKENHOF HOTEL & GOLFRESORT

Heckerhof 5
53783 Eitorf
Tel. 02243 9232-0
info@gut-heckenhof.de
www.gut-heckenhof.de
Hotel & Restaurant

Löcheranzahl: 27
Gegründet: 1992
Höhe: 100 m
gelb-grüner Kurs
H: 5515 m, CR 72,0, SL 123, Par 72
D: 4723 m, CR 72,1, SL 122, Par 72
rot-gelber Kurs
H: 5551 m, CR 72,2, SL 123, Par 72
D: 4775 m, CR 72,1, SL 119, Par 72

Saison: ganzjährig
Mindest-HCP WT/WE: 54
Anmeldung WT/WE: Ja
Mitgl.-begl. WT/WE: Nein
VcG WT/WE: Ja

18-Loch Greenfee WT/WE: EUR 65/80

(Greenfee-Preise können je nach DGV-Ausweiskennzeichnung abweichen)

Platzcharakteristik:

Das Herz des Golfresorts ist die 27-Loch-Meisterschaftsanlage. Die gleichwertigen 9-Loch-Golfkurse können individuell miteinander kombiniert werden und ergeben so drei interessante und abwechslungsreiche 18-Loch-Meisterschaftsplätze. Golfer jeder Spielstärke finden hier ihr Glück.

Darüber hinaus verfügt das Resort über ein großzügig gestaltetes Übungsgelände und einen öffentlichen 6-Loch-Platz, der ohne Platzreife und ohne Clubzugehörigkeit gespielt werden kann.

Das 4-Sterne Hotel mit 78 Zimmern besticht durch seinen individuellen Charakter und modernen Architektur.

Pro-Shop » Large « Level Kurzpl.

GolfPost 4,5/5

NRW

DGV-NR. 4541

GOLFCLUB SCHLOSS AUEL

Haus Auel 1
53797 Lohmar
Tel. 02206 909056
info@gc-schloss-auel.de
www.gc-schloss-auel.de
Hotel Schloss Auel
www.schlossauel.de
Küche international

Löcheranzahl: 27
Gegründet: 2004
Höhe: 130 m
18-Loch-Meisterschaftsplatz
H: 5959 m, CR 71,3, SL 132, Par 73
D: 5276 m, CR 73,2, SL 132, Par 74
9-Loch-Kurzplatz
H: 1414 m, CR 57,2, SL 93, Par 29

Saison: ganzjährig
Mindest-HCP WT/WE: 54/36
Anmeldung WT/WE: Nein
Mitgl.-begl. WT/WE: Nein
VcG WT/WE: Nein

18-Loch Greenfee WT/WE: EUR 50/65

(Greenfee-Preise können je nach DGV-Ausweiskennzeichnung abweichen)

2:1

Platzcharakteristik:

Ein phantastisches Panorama und ein abwechslungsreich geschwungenes Gelände sind der Rahmen für diese anspruchsvolle Golfanlage. Die bewaldeten Höhenzüge, Ackerflächen, Feldgehölze, Strauch- und Gebüschgruppen bilden eine zu allen Jahreszeiten abwechslungsreiche Kulisse. Das Gelände erstreckt sich über langgezogene Hügelketten mit hervorragender Fernsicht. Im Kontrast dazu befinden sich einige Bahnen zwischen Wiesen und Wäldern.

Pro-Shop » Basic «
Level
Kurzpl.

GolfPost 4,2/5

NRW

DGV-NR. 4450

GOLFCLUB BURG OVERBACH E.V.

Overbach 1
53804 Much
Tel. 02245 5550
info@golfclub-burg-overbach.de
www.golfclub-burg-overbach.de

Miguel´s Restaurant + Weinhandel
Tel. 02245-9111191
www.miguels-burg-overbach.de

Löcheranzahl: 18
Gegründet: 1984
Höhe: 200 m
H: 5955 m, CR 71,9, SL 136, Par 72
D: 5276 m, CR 74,0, SL 133, Par 72

Saison: ganzjährig
Mindest-HCP WT/WE: 54
Anmeldung WT/WE: Ja
Mitgl.-begl. WT/WE: Nein
VcG WT/WE: Ja

18-Loch Greenfee WT/WE: EUR 59/79

(Greenfee-Preise können je nach DGV-Ausweiskennzeichnung abweichen)

2:1

Platzcharakteristik:

Ein sportlich anspruchsvoller, aber fairer Platz in naturbelassener, leicht hügeliger Landschaft. Sehr schöner, mehrfach ausgezeichneter Platz im Bereich Golf und Natur.

Pro-Shop » Basic « | Level | Kurzpl.

GolfPost 4,7/5

DGV-NR. 4574

WEST GOLF GMBH & CO. KG

Am Golfplatz 1
53844 Troisdorf
Tel. 02241 2327128
info@west-golf.com
www.west-golf.com

Nineteen´th
Tel. 02241 9430588
info@nineteenth.de
www.nineteenth.de

Löcheranzahl: 9
Gegründet: 2008
H: 2986 m, CR 71,5, SL 123, Par 36
D: 2525 m, CR 71,9, SL 125, Par 36

Saison: ganzjährig
Mindest-HCP WT/WE: PR
Anmeldung WT/WE: Ja
Mitgl.-begl. WT/WE: Nein
VcG WT/WE: Ja

9-Loch Greenfee WT/WE: EUR 29/40

(Greenfee-Preise können je nach DGV-Ausweiskennzeichnung abweichen)

2:1

Platzcharakteristik:

Ein Traum geht in Erfüllung. Welcher Golfer träumt nicht von einem eigenen Golfplatz ...

... für Craig West und seine Partner wurde dieser Traum Realität. Mit Troisdorf hatte er in 2004 nach langer Suche, das passende Gelände für die zukünftige Golfanlage gefunden. Für die Gestaltung des Golfplatzes wurde der Jack Nicklaus Schüler Francois Bouchard verpflichtet, und die Idee des Golfplatzes wurde konkret. „Wir wollten ein hochqualitative öffentliche Golfanlage, mit großzügigen Übungsmöglichkeiten bauen, und Golfinteressierten sowie Familien einen leichten Einstieg in den Sport ermöglichen". Bereits seit Ende November 2008 ist es soweit, lassen Sie sich überraschen!

Pro-Shop » Basic « | Level | Kurzpl.

GolfPost 4,3/5

NRW

DGV-NR. 4486

GOLFCLUB CLOSTERMANNS HOF

Heerstraße 2a
53859 Niederkassel
Tel. 02208 506790
info@golfclubclostermannshof.de
www.golfclubclostermannshof.de

La Terrazza
Tel. 02208 9190320

Löcheranzahl: 18
Gegründet: 1991
Höhe: 55 m
H: 6052 m, CR 71,6, SL 129, Par 72
D: 5304 m, CR 73,3, SL 128, Par 72

Saison: ganzjährig
Mindest-HCP WT/WE: 54/36
Anmeldung WT/WE: Ja
Mitgl.-begl. WT/WE: Nein
VcG WT/WE: Ja

18-Loch Greenfee WT/WE: EUR 65/80

(Greenfee-Preise können je nach DGV-Ausweiskennzeichnung abweichen)

Platzcharakteristik:

Eingebettet in das milde Klima der Kölner Bucht, nur 15 Autominuten vom Kölner Dom oder der Bonner Innenstadt entfernt, liegt die Golfanlage Clostermanns Hof. Vor der malerischen Kulisse des Siebengebirges breitet sich die Anlage auf überwiegend ebenem Gelände aus. Doch auch sehr gute Golfspieler finden hier eine echte Herausforderung: Viele Doglegs, zahlreiche Bunker und strategisch platzierte Wasserhindernisse erfordern ein taktisch kluges Spiel.

Pro-Shop » Large « · Level · Kurzpl.

GolfPost 3,8/5

DGV-NR. 4508

GOLFCLUB BURG ZIEVEL E.V.

Burg Zievel
53894 Mechernich
Tel. 02256 1651
gcburg@zievel.de
www.gcburgzievel.de

Ehepaar Müller
Tel. 02256 957463
golfclubgastronomie@yahoo.de

Löcheranzahl: 18
Gegründet: 1995
Höhe: 200 m
H: 5944 m, CR 71,9, SL 132, Par 72
D: 5248 m, CR 73,8, SL 132, Par 72

Saison: ganzjährig
Mindest-HCP WT/WE: 54
Anmeldung WT/WE: Ja
Mitgl.-begl. WT/WE: Nein
VcG WT/WE: Ja

18-Loch Greenfee WT/WE: EUR 60/70

(Greenfee-Preise können je nach DGV-Ausweiskennzeichnung abweichen)

NRW

Platzcharakteristik:

Alter Baumbestand, Bachläufe und terrassenförmig angelegte Fairways prägen diese Anlage. Anspruchsvolle Hindernisse bilden eine sportliche Herausforderung und sorgen für ein abwechslungsreiches Spiel in bewegtem Gelände. Die Burg Zievel ist dabei vonfast allen Fairways sichtbar und bildet eine attraktive Kulisse. Einzigartig im Rheinland ist der Blick von der Clubhausterrasse auf die beiden Grüns 9 + 18, die hangabwärts zu spielen sind.

Pro-Shop » Basic « · Level · Kurzpl.

GolfPost 5,0/5

DGV-NR. 4549

GOLFCLUB BAD MÜNSTEREIFEL STOCKERT E.V.

Moselweg 4
53902 Bad Münstereifel
Tel. 02253 2714
info@golfbadmuenstereifel.de
www.golfbadmuenstereifel.de

Landhaus Stockert
Tel. 02253 9322355
kontakt@landhaus-stockert.de

Löcheranzahl: 18
Gegründet: 1993
Höhe: 360 m
H: 5474 m, CR 71,0, SL 129, Par 71
D: 4864 m, CR 72,6, SL 122, Par 71

Saison: ganzjährig
Mindest-HCP WT/WE: PR
Anmeldung WT/WE: Nein/Ja
Mitgl.-begl. WT/WE: Nein
VcG WT/WE: Ja

18-Loch Greenfee WT/WE: EUR 59/69

(Greenfee-Preise können je nach DGV-Ausweiskennzeichnung abweichen)

2:1

Platzcharakteristik:

In nahezu unberührter Landschaft fühlt sich ein Golfer im GC Bad Münstereifel nur 30 Minuten von Köln wie im Urlaub. Die weiten Panoramaaussichten, die teils unberührte Natur in den angrenzenden Naturschutzgebieten der Eifel und die absolute Ruhe unterscheiden uns von allen anderen Golfanlagen in der Region Köln-Bonn. Jede Spielbahn hat auf Grund der leicht hügeligen Landschaft ihren ganz eigenen Charakter. Offene Bahnen im Parklandstil wechseln sich mit Waldbahnen mit 100-jährigem Baumbestand ab. Unsere Mitglieder spielen bei uns, auf den 5 Plätzen der GolfAlliance im Raum Köln-Bonn und auf über 45 Plätzen deutschlandweit greenfeefrei. Sie wollen gleich auf dem Golfplatz übernachten? Wir haben Ferienwohnungen ab 2 bis max. 12 Personen. Schreiben Sie uns an.

Pro-Shop » Basic « | Level | Kurzpl.

GolfPost 4,8/5

DGV-NR. 4502

GOLF-CLUB SCHLOSS MIEL

Schlossallee 1
53913 Swisttal/Miel
Tel. 02226 10050
mail@schlossmiel.de
www.schlossmiel.de

Graf Belderbusch
Tel. 02226 9078807
belderbusch@schlossmiel.de
www.belderbusch.de

Löcheranzahl: 18
Gegründet: 1995
H: 6060 m, CR 72,5, SL 135, Par 72
D: 5397 m, CR 74,8, SL 133, Par 72

Saison: ganzjährig
Mindest-HCP WT/WE: 54/36
Anmeldung WT/WE: Ja
Mitgl.-begl. WT/WE: Nein
VcG WT/WE: Ja

18-Loch Greenfee WT/WE: EUR 110/130

(Greenfee-Preise können je nach DGV-Ausweiskennzeichnung abweichen)

2:1

Platzcharakteristik:

Der GC Schloss Miel liegt nur 12 km westlich von Bonn in einer reizvollen Landschaft der Voreifel. Eine abwechslungsreiche Platzarchitektur mit tückischen Wasser- und Bunkerhindernissen ermöglicht ein anspruchsvolles und interessantes Spiel. Den Mittelpunkt des Platzes bildet ein alter, über 12 ha großer Laubwald.

Pro-Shop » Basic « | Level | Kurzpl.

GolfPost 4,9/5

NRW

DGV-NR. 4482

GOLFCLUB SIEGERLAND E.V.

Berghäuser Weg
57223 Kreuztal
Tel. 02732 59470
info@golfclub-siegerland.de
www.gc-siegerland.de

Golf Restaurant & Clubhaus
Tel. 02732 5947-23

Löcheranzahl: 18
Gegründet: 1991
Höhe: 350 m
H: 5865 m, CR 71,8, SL 131, Par 72
D: 5162 m, CR 73,9, SL 125, Par 72

Saison: April-Oktober
Mindest-HCP WT/WE: PR
Anmeldung WT/WE: Ja
Mitgl.-begl. WT/WE: Nein
VcG WT/WE: Ja

18-Loch Greenfee WT/WE: EUR 60/70

(Greenfee-Preise können je nach DGV-Ausweiskennzeichnung abweichen)

2:1

Platzcharakteristik:

Das idyllische "Berghäuser Tal" mit seinen umliegenden Wäldern und Bachläufen gibt Raum für einen aufregenden Golfplatz mit sportlichen Anforderungen. Die abwechslungsreich gestalteten Spielbahnen und natürlich modellierten Grüns erlauben in der hügeligen Mittelgebirgslandschaft ein erlebnisreiches Spiel, wobei sich immer wieder weite Ausblicke über das Sieger- und Sauerland ergeben. Angeleinte Hunde sind auf dem Platz zu besonderen Zeiten erlaubt (siehe Homepage GC Siegerland).

Pro-Shop » Basic « | Level | Kurzpl.

GolfPost 4,8/5

DGV-NR. 4576

GOLFCLUB WITTGENSTEINER LAND E.V.

Kapellenstr. 10
57319 Bad Berleburg-Sassenhausen
Tel. 02751 9202278
info@gc-wittgenstein.de
www.gc-wittgenstein.de

Löcheranzahl: 18
Gegründet: 2009
Höhe: 600 m

H: 5153 m, CR 68,6, SL 127, Par 68
D: 4348 m, CR 68,9, SL 125, Par 68

Saison: 01. März - 30. November
Mindest-HCP WT/WE: /54
Anmeldung WT/WE: Nein
Mitgl.-begl. WT/WE: Nein
VcG WT/WE: Ja

Tages-Greenfee WT/WE: EUR 40

(Greenfee-Preise können je nach DGV-Ausweiskennzeichnung abweichen)

NRW

2:1

Platzcharakteristik:

Wir sind der junge Golfclub für die ganze Familie! Kommen Sie doch einfach mal vorbei und probieren Sie sich aus. Das Schnuppergolfen für 19 € p.P. und unser Einsteiger-Angebot von monatlich 59 € für eine Mitgliedschaft lässt das Herz höher schlagen und die Einstiegs-Hürde niedriger werden.

Unsere Panorama-Golfanlage liegt spektakulär auf einem sonnigen Bergplateau auf 600 Metern über dem Meer. Die Anlage ist geprägt durch die wunderschöne Landschaft mit phantastischen Weitblicken in das idyllische Edertal und das Rothaargebirge.

Pro-Shop » Basic « | Level | Kurzpl.

GolfPost 4,0/5

DGV-NR. 4476

GOLFCLUB SELLINGHAUSEN E.V.

Auf der Fuhr 5
57392 Schmallenberg-Sellinghausen
Tel. 02971 908274
info@golfclub-sellinghausen.de
www.gc-sellinghausen.de

Ferienhotel Stockhausen
Tel. 02971 312-0

Löcheranzahl: 18
Gegründet: 1991
Höhe: 460 m
H: 5946 m, CR 72,8, SL 133, Par 74
D: 5226 m, CR 74,4, SL 136, Par 74

Saison: März-November
Mindest-HCP WT/WE: /PR
Anmeldung WT/WE: Nein
Mitgl.-begl. WT/WE: Nein
VcG WT/WE: Ja

18-Loch Greenfee WT/WE: EUR 40/50

(Greenfee-Preise können je nach DGV-Ausweiskennzeichnung abweichen)

2:1

Platzcharakteristik:

Der GC Sellinghausen liegt in einer landschaftlich schönen Umgebung des Schmallenberger Sauerlandes und bietet herrliche Ausblicke von jeder Spielbahn aus. Die 9-Loch Anlage mit Par 74 und der 9-Loch Kurzplatz liegen direkt nebeneinander und können auch als 18-Loch Platz Par 65 miteinander kombiniert werden.

Pro-Shop » Basic « | Level | Kurzpl.

GolfPost 3,0/5

DGV-NR. 4461

GOLFCLUB SCHMALLENBERG E.V.

GMVD

Über dem Ohle 25
57392 Schmallenberg
Tel. 02975 8745
info@golfclub-schmallenberg.de
www.golfclub-schmallenberg.de

Golf Café Deimann
Tel. 02975 81250
ed@deimann.de
www.golf-cafe-restaurant.de
Ruhetag: montags

Löcheranzahl: 27
Gegründet: 1984
Höhe: 415 m
Nord-Ost Course
H: 5654 m, CR 70,6, SL 134, Par 72
D: 4941 m, CR 71,9, SL 131, Par 72
Nord-West Course
H: 5790 m, CR 71,3, SL 135, Par 72

Saison: April-Oktober
Mindest-HCP WT/WE: 54
Anmeldung WT/WE: Ja
Mitgl.-begl. WT/WE: Nein
VcG WT/WE: Ja

18-Loch Greenfee WT/WE: EUR 65

(Greenfee-Preise können je nach DGV-Ausweiskennzeichnung abweichen)

Platzcharakteristik:

Willkommen im Herzen des Hochsauerlandes! Prächtige Ausblicke, großartige Spielbahnen zwischen 415 und 510 Höhenmetern und spektakuläre Abschläge. Der mächtige Wilzenberg schützt den Platz von Süden, im Norden liegt das typisch sauerländische Örtchen Holthausen. 27 spannende Spielbahnen mit wunderschönen Ausblicken auf Hunau- und Rothaargebirge erwarten den Besucher. Auf unserem 6 Loch Platz (Par 3) kann ohne Mitgliedschaft und Platzerlaubnis gespielt werden.

Pro-Shop » Large « | Level | Kurzpl.

GolfPost 4,8/5

Golftrip al Gusto

Genießen Sie die schönste Golfwoche im Sauerland! Für alle die Erfahrungsaustausch, Fairplay und Geselligkeit ebenso schätzen wie den sportlichen Wettbewerb.

- Übernachtungen mit Verwöhnhalbpension
- 4- bzw. 6-Gang Wahlmenüs, Käse u. Salatbuffet
- 2x Greenfee (jede weitere nach Rabatt 56,25 €)
- Täglich wechselndes Sport- und Entspannungsprogramm, Einweisung an den Fitnessgeräten
- Eine persönlich geführte Wanderung, je nach Aufenthaltstag

Termine: auf Anfrage in der Golfsaison

Deimanns Golf-Trophy

Genießen Sie die schönste Golfwoche im Sauerland! Für alle die Erfahrungsaustausch, Fairplay und Geselligkeit ebenso schätzen wie den sportlichen Wettbewerb.

Termin: 07.08. - 14.08.2022

Sauerland Open

„Golfen und Genießen" ist das alljährliche Motto der beliebten Sauerland-Open. Natürlich ist die Golfrunde auf dem Panorama-Golfplatz in Winkhausen als solche schon ein Erlebnis, bei diesem Turnier stehen aber die genussvollen Seiten des Lebens im Vordergrund.

Termin: 16.06. - 19.06.2022

D

DEIMANN

ROMANTIK- & WELLNESSHOTEL

★ ★ ★ ★ ★

Golfen & Genießen im Sauerland

Nur 500 m vom Golfplatz entfernt liegt das einzige 5-Sterne-Hotel des Sauerlandes. Bei uns erhalten Golfer 25 bis 50% Greenfee-Ermäßigung. Nach dem Golfen können Sie so richtig abtauchen. Dazu lädt unsere 4.700 m² große Sauna- und Badelandschaft mit Hallenbad und Sole-Freibad ein, oder regenerieren Sie in unserem SPA. Lassen Sie sich "deimannlike" verwöhnen.

OMANTIK- & WELLNESSHOTEL DEIMANN • ALTE HANDELSSTRASSE 5 • 57392 SCHMALLENBERG

TEL 02975 810 • WWW.DEIMANN.DE • INFO@DEIMANN.DE

DGV-NR. 4462

GOLF CLUB SIEGEN-OLPE E.V.

GOLF & NATUR DGV Zertifikat

Am Golfplatz 1
57482 Wenden
Tel. 02762 97620
info@gcso.de
www.gcso.de

Birdie Lounge
Tel. 02762 976225
Ruhetag: montags

Löcheranzahl: 18
Gegründet: 1966
Höhe: 400 m
H: 5959 m, CR 71,1, SL 127, Par 72
D: 5270 m, CR 73,1, SL 128, Par 72

Saison: April-Oktober
Mindest-HCP WT/WE: 54/36
Anmeldung WT/WE: Nein/Ja
Mitgl.-begl. WT/WE: Nein
VcG WT/WE: Ja

18-Loch Greenfee WT/WE: EUR 60/70

(Greenfee-Preise können je nach DGV-Ausweiskennzeichnung abweichen)

Platzcharakteristik:

Der von Golfern hoch bewertete, top-gepflegte und sportlich anspruchsvolle Golfplatz liegt herrlich in der typischen Mittelgebirgslandschaft. In der leicht hügeligen, parkähnlichen Landschaft bieten sich faszinierende Ausblicke und reizvolle spielerische Abwechslung. Fairways in dichtem Hochwald und Spielbahnen mit offenem, weitem Charakter machen Golf für alle Handicapklassen zum Vergnügen. Schnelle Grüns und geschickt platzierte Bunker, Bäume und Wasserhindernisse schaffen faire Herausforderungen für Anfänger und Könner.

Gäste sind auf dem Platz und im Clubhaus mit freundschaftlicher, sportlich orientierter Atmosphäre herzlich willkommen.

Pro-Shop » Basic « | Level | Kurzpl.

GolfPost 4,4/5

DGV-NR. 4432

MÄRKISCHER GOLF CLUB E.V. HAGEN

Tiefendorfer Str. 48
58093 Hagen
Tel. 02334 51778
welcome@mgc-hagen.de
www.mgc-hagen.de

Restaurant Suren
Tel. 02334 580229
gastronomie@mgc-hagen.de
Ruhetag: montags

Löcheranzahl: 9
Gegründet: 1965
H: 5974 m, CR 71,7, SL 130, Par 72
D: 5270 m, CR 73,4, SL 128, Par 72

Saison: ganzjährig
Mindest-HCP WT/WE: 54
Anmeldung WT/WE: Nein
Mitgl.-begl. WT/WE: Nein
VcG WT/WE: Ja

18-Loch Greenfee WT/WE: EUR 40/50

(Greenfee-Preise können je nach DGV-Ausweiskennzeichnung abweichen)

Platzcharakteristik:

Das Leben kann so schön sein....besonders auf dem Golfplatz des Märkischen Golf Club e. V. Hagen. Dieser 9-Loch-Platz mit Charme besteht schon seit über fünfzig Jahren und ist eingebettet in einer wunderschönen reizvollen Landschaft. Durch die hügelige Landschaft geprägt, gleicht kein Loch dem anderen. Somit ist ein variantenreiches Spiel mit traumhafter Aussicht garantiert. Reichlich Abwechslung bietet dieser technisch anspruchsvolle, der nach internationalem Standard gebaute Platz, für Anfänger und für Könner. Durch die fachlich geschulten Greenkeeper befi nden sich die Fairways, Grüns und die Bunker immer in hervorragend gepfl egtem Zustand. Wir würden uns freuen, Sie als Gäste bei uns begrüßen zu dürfen.

Pro-Shop » Basic « | Level | Kurzpl.

GolfPost 4,2/5

DGV-NR. 4527

GOLFCLUB REPETAL SÜDSAUERLAND E.V.

Repetalstr. 220
57439 Attendorn
Tel. 02721 718032
info@gc-repetal.de
www.golfclub-repetal.de

Löcheranzahl: 18
Gegründet: 1991
Höhe: 300 m
H: 5415 m, CR 68,3, SL 123, Par 71
D: 4813 m, CR 70,0, SL 117, Par 71

Saison: April-November
Mindest-HCP WT/WE: PR
Anmeldung WT/WE: Nein
Mitgl.-begl. WT/WE: Nein
VcG WT/WE: Ja

18-Loch Greenfee WT/WE: EUR 55/65

(Greenfee-Preise können je nach DGV-Ausweiskennzeichnung abweichen)

Platzcharakteristik:

Inmitten einer der lieblichsten Gegenden Westfalens entstand die 18-Loch-Anlage in einem romantischen Tal der Repe - einem Wasser- und Landschaftsschutzgebiet. Attendorf liegt im südlichen Sauerland und gefällt durch sein herrliches Mittelgebirgsambiente sowie durch die gelungene Kombination von ökologischer Planung und natürlicher Vielfalt beim Platzdesign.

Die einzelnen Spielbahnen verteilen sich sehr großzügig in der einzigartigen südsauerländischen Landschaft. Für alle noch-nicht Golfer, haben wir auch noch den 6-Loch Übungsplatz.

Pro-Shop » Basic «
Level
Kurzpl.

GolfPost 5,0/5

NRW

DGV-NR. 4529

GOLFCLUB GUT BERGE GEVELSBERG/WETTER E.V.

Berkenberg 1
58285 Gevelsberg
Tel. 02332 913755
info@gutberge.de
www.gutberge.de

Berkenbergs
www.berkenbergs.de

Löcheranzahl: 18
Gegründet: 1995
H: 5572 m, CR 71,9, SR 131, Par 71
D: 4724 m, CR 72,4, SR 128, Par 71

Saison: ganzjährig
Mindest-HCP WT/WE: /36
Anmeldung WT/WE: Nein
Mitgl.-begl. WT/WE: Nein
VcG WT/WE: Ja

18-Loch Greenfee WT/WE: EUR 45/55

(Greenfee-Preise können je nach DGV-Ausweiskennzeichnung abweichen)

Platzcharakteristik:

Der 1995 gegründete Golfclub Gut Berge Gevelsberg/ Wetter e.V. ist auf dem seit 300 Jahren im Familienbesitz befindlichen Gut Berge beheimatet. Der Golfclub ist ein Club, in dem man sich wohlfühlt. Er ist familiär, die Liebe zur Natur, der Spaß am Golfsport und die Geselligkeit unter Golffreunden stehen im Vordergrund. Jedes Mitglied kann zwischen sportlichen Turnieren, offenen Spielformen oder unbeschwerten Runden mit Freunden oder der Familie wählen. Die Aufnahmebedingungen sind attraktiv gestaltet. Die auf mehr als 100 ha weiträumig angelegte 4 Sterne 18-Loch-Golfanlage mit großem Übungsgelände ist für Golfspieler aller Spielklassen sehr interessant gestaltet und verfügt über eine sehr gute Verkehrsanbindung.

Pro-Shop » Basic « | Level | Kurzpl.

GolfPost 4,5/5

DGV-NR. 4577

GOLFEN IN HERDECKE

Ackerweg 30a
58313 Herdecke
Tel. 02330 973505
info@golfen-in-herdecke.de
www.golfen-in-herdecke.de

Ristorante-Vinobar Bellini
Tel. 02330 9709215

Löcheranzahl: 9
Gegründet: 2000
H: 2820 m, CR 57,9, SL 99, Par 60
D: 2760 m, CR 58,3, SL 97, Par 60

Saison: ganzjährig
Mindest-HCP WT/WE: 54
Anmeldung WT/WE: Ja
Mitgl.-begl. WT/WE: Nein
VcG WT/WE: Ja

18-Loch Greenfee WT/WE: EUR 30/50

(Greenfee-Preise können je nach DGV-Ausweiskennzeichnung abweichen)

2:1

Platzcharakteristik:

Auf unserem wunderschön gelegenen Areal am Ackerweg, nahe der Stadtgrenze zwischen Dortmund und Herdecke, finden ambitionierte Golfer und auch jene, die ihre ersten Schwünge üben wollen, sportliche Herausforderungen und ideale Trainingsbedingungen.

„9 statt 18"

Bei uns treffen Sie sowohl den Golfer, der nach einem anstrengenden Arbeitstag auf einer Runde entspannen möchte, als auch die ambitionierten Golfer, die das perfekte Finish trainieren.

Wir freuen uns auf Sie!

Pro-Shop » Basic « | Level | Kurzpl.

GolfPost 4,0/5

NRW

DGV-NR. 4560

GOLFCLUB AM KEMNADER SEE E.V.

In der Lake 33
58456 Witten
Tel. 02302 7601600
info@golfclub-kemnadersee.de
www.golfclub-kemnadersee.de

Löcheranzahl: 9
Gegründet: 2005
Höhe: 110 m
H: 3562 m, CR 61,7, SL 115, Par 62
D: 3562 m, CR 63,9, SL 110, Par 62

Saison: ganzjährig
Mindest-HCP WT/WE: 54/45
Anmeldung WT/WE: Nein/Ja
Mitgl.-begl. WT/WE: Nein
VcG WT/WE: Ja

18-Loch Greenfee WT/WE: EUR 20/25

(Greenfee-Preise können je nach DGV-Ausweiskennzeichnung abweichen)

2:1

Platzcharakteristik:

Wo einst Kohle- und Stahlindustrie das Landschaftsbild regierten, begannen im Jahre 2003 die Anfänge unserer Golfanlage. In der Stadt Witten, nahe des Kemnader Stausees, finden Sie alles was das Golferherz höher schlagen lässt! Neben einer 9-Loch Golfplatzanlage verfügen wir zudem über eine weiträumige Driving-Range, sowie ein Trainingsgelänge mit Putting-Green und Übungsbunker.

Ganz nach dem Motto „Jeder ist Willkommen", laden wir Sie, gleich ob Anfänger, Amateur oder Profi zu uns ein!

Also, wer auch einfach nur mal „schnuppern" will, ist herzlich dazu eingeladen.

Pro-Shop | Level | Kurzpl.

GolfPost 2,2/5

DGV-NR. 4483

GOLF-CLUB VARMERT E.V.

GMVD

Woeste 2
58566 Kierspe
Tel. 02359 290215
post@golfclub-varmert.de
www. golfclub-varmert.de

Landhaus Varmert
Tel. 02359 2990233

Löcheranzahl: 18
Gegründet: 1976
Höhe: 400 m
H: 5683m, CR 71,0, SL 138, Par 72
D: 5051m, CR 73,1, SL 130, Par 72

Saison: ganzjährig
Mindest-HCP WT/WE: 45
Anmeldung WT/WE: Ja
Mitgl.-begl. WT/WE: Nein
VcG WT/WE: Ja

18-Loch Greenfee WT/WE: EUR 50/60

(Greenfee-Preise können je nach DGV-Ausweiskennzeichnung abweichen)

NRW

2:1

Platzcharakteristik:

Die 18-Loch-Anlage liegt eingebettet in sanfter Hügellandschaft am Rande des Sauerlandes. Das Gelände wird umrahmt von altem Baumbestand und landwirtschaftlich genutzten Flächen. Schon aus der Topographie ergibt sich der sportliche Charakter. Immer wiederkehrende Schräglagen, mehrere Teiche, seitliche Wasserhindernisse und zahlreiche Bunker fordern ein präzises Spiel. Zusammen mit reizvollen Panoramablicken kommt hier keine Langeweile auf.

Pro-Shop » Basic « | Level | Kurzpl.

GolfPost 4,5/5

DGV-NR. 4551

GC GELSTERN LÜDENSCHEID-SCHALKSMÜHLE E.V.

Gelstern 2
58579 Schalksmühle
Tel. 02351 51819
kontakt@gc-gelstern.de
www.gc-gelstern.de

Fairway
Tel. 02351 3669917
Ruhetag: montags

Löcheranzahl: 18
Gegründet: 2002
Höhe: 390 m
H: 5747 m, CR 70,6, SL 130, Par 71
D: 5131 m, CR 73,3, SL 126, Par 71

Saison: ganzjährig
(je nach Witterung)
Mindest-HCP WT/WE: 45
Anmeldung WT/WE: Nein
Mitgl.-begl. WT/WE: Nein
VcG WT/WE: Ja

18-Loch Greenfee WT/WE: EUR 50/60

(Greenfee-Preise können je nach DGV-Ausweiskennzeichnung abweichen)

2:1

Platzcharakteristik:

Umgeben von dicht bewaldeten Höhen liegt nach Süden gerichtet der Golfplatz Gelstern eingebettet in eine herrliche Mittelgebirgs-Landschaft. Ausblicke auf Berge, Täler, Wiesen und Felder. Renaturierte Bachläufe und geschützte Biotope bilden reizvolle "Inseln" auf diesem abwechslungsreichen Golfgelände.

Pro-Shop » Large « | Level | Kurzpl.

GolfPost 4,7/5

DGV-NR. 4466

GOLF-CLUB UNNA-FRÖNDENBERG E.V.

Schwarzer Weg 1
58730 Fröndenberg
Tel. 02373 70068
info@gcuf.de
www.gcuf.de

Chip.in
Tel. 02373 70032
chipin@gcuf.de

Löcheranzahl: 27
Gegründet: 1985
Höhe: 220 m
H: 6234 m, CR 73,0, SL 133, Par 72
D: 5291 m, CR 73,7, SL 131, Par 72

Saison: März-November
Mindest-HCP WT/WE: 54/36
Anmeldung WT/WE: Nein
Mitgl.-begl. WT/WE: Nein
VcG WT/WE: Ja

18-Loch Greenfee WT/WE: EUR 60/70

(Greenfee-Preise können je nach DGV-Ausweiskennzeichnung abweichen)

Platzcharakteristik:

Die Anlage liegt auf der Höhe des Haarstranges. Die leicht hügelige Landschaft wurde geschickt in die Streckenführung integriert, breite Fairways und abwechslungsreiche Grünausformungen erfordern die verschiedensten Spielstrategien, zudem wird der Kurs durch zwei Teiche und 60 Bunker erschwert.

Der Meisterschaftsplatz hat 18 Löcher. Highlight ist der neue Teich vor dem Grün von Bahn 2. Zusätzlich verfügt der Club über einen Kurzplatz mit 9 Löchern.

Pro-Shop » Large « | Level | Kurzpl.

GolfPost 4,6/5

NRW

DGV-NR. 4512

GOLFCLUB GUT NEUENHOF E.V.

Eulenstr. 58
58730 Fröndenberg
Tel. 02373 76489
gut.neuenhof@golf.de
www.golfclub-gut-neuenhof.de

Il Campo Gastronomie GbR
Tel. 02373 70043

Löcheranzahl: 18
Gegründet: 1995
Höhe: 220 m
H: 5749 m, CR 70,3, SL 131, Par 71
D: 4956 m, CR 71,2, SL 126, Par 71

Saison: April-Oktober
Mindest-HCP WT/WE: 54/36
Anmeldung WT/WE: Nein
Mitgl.-begl. WT/WE: Nein
VcG WT/WE: Ja

18-Loch WT/WE:
EUR 50/70

(Greenfee-Preise können je nach DGV-Ausweiskennzeichnung abweichen)

2:1

Platzcharakteristik:

Diese 18-Loch-Anlage liegt auf dem Höhenzug des Haarstranges mit Blick in das Ruhrtal in einer sehr verkehrsgünstigen Lage südöstlich von Dortmund. Die Bahnen des Platzes sind überwiegend flacher Natur, die Fairways vom umliegenden Wald und einigen Sandbunkern beengt und die Grüns werden zudem von einigen Teichen verteidigt, so dass das Spiel insgesamt fordernd und interessant ist, aber auch Spielern höheren Handicaps Chancen lässt.

Pro-Shop » Basic « Level Kurzpl.

GolfPost 4,6/5

DGV-NR. 4516

GOLFCLUB HAMM E.V.

Gobel-von-Drechen-Straße 8a
59069 Hamm
Tel. 02385 913500
info@gc-hamm.de
www.gc-hamm.de

Anke Hövel
Tel. 0170 9608145
gastro.golclubhamm@web.de

Löcheranzahl: 18
Gegründet: 1995
Höhe: 60 m
H: 6009 m, CR 72,3, SL 122, Par 72
D: 5289 m, CR 74,4, SL 125, Par 72

Saison: ganzjährig
Mindest-HCP WT/WE: 54/45
Anmeldung WT/WE: Nein
Mitgl.-begl. WT/WE: Nein
VcG WT/WE: Ja

18-Loch Greenfee WT/WE:
EUR 45/55

(Greenfee-Preise können je nach DGV-Ausweiskennzeichnung abweichen)

Platzcharakteristik:

Die 18-Loch-Anlage entstand auf einem 60 ha umfassenden, bisher landwirtschaftlich genutzten Gelände des ehemaligen Schulzenhofes Gut Drechen.

Breite Fairways und treue Grüns bieten für Spieler aller Hcp-Klassen eine anspruchsvolle Herausforderung.

Zahlreiche Doglegs können mit einem guten Schlag abgekürzt werden um sich Birdie- oder sogar Eagle-Chancen zu erarbeiten. Zahlreiche Teiche und Biotope erfreuen das Auge, greifen aber kaum ins Spielgeschehen ein.

Die Anlage ist ganzjährig geöffnet. Auch im Winter sind die Sommergrüns bespielbar!

(Fotos Peter Brenneken, TriAss)

Pro-Shop » Basic « Level Kurzpl.

GolfPost 4,0/5

NRW

DGV-NR. 4423

GOLFCLUB SCHLOSS VORNHOLZ E.V.

Steinpatt 13
59320 Ennigerloh-Ostenfelde
Tel. 02524 5799
info@gcsv.de
www.gcsv.de

Thomas & Anett Jogwick
Tel. 02524 9281954
Ruhetag: montags
Küche regional

Löcheranzahl: 18
Gegründet: 1986
Höhe: 60 m
H: 6006 m, CR 72,2, SL 136, Par 72
D: 5099 m, CR 72,8, SL 131, Par 72

Saison: ganzjährig
Mindest-HCP WT/WE: 54/36
Anmeldung WT/WE: Ja
Mitgl.-begl. WT/WE: Nein
VcG WT/WE: Ja

18-Loch Greenfee WT/WE: EUR 50/60

(Greenfee-Preise können je nach DGV-Ausweiskennzeichnung abweichen)

Platzcharakteristik:

Der Golfplatz zieht sich durch eine münsterländische Parklandschaft mit erhabenen, bis zu 200 Jahre alten Bäumen und anspruchsvollen Wasserhindernissen. Das alte westfälische Wasserschloß Vornholz unterstreicht die Erhabenheit und wohltuende Ruhe des gesamten Areals.

Pro-Shop » Large « | Level | Kurzpl.

Golf Post 4,7/5

DGV-NR. 4540

GOLFPLATZ WERNE AN DER LIPPE

Kerstingweg 10
59368 Werne
Tel. 02389 539060
buero@golfplatz-werne.de
www.golfplatz-werne.de

Löcheranzahl: 9
Gegründet: 2012
Höhe: 75 m
H: 5674 m, CR 70,3, SL 127, Par 70
D: 4794 m, CR 70,7, SL 122, Par 70

Saison: ganzjährig
Mindest-HCP WT/WE: 54
Anmeldung WT/WE: Nein
Mitgl.-begl. WT/WE: Nein
VcG WT/WE: Ja

18-Loch Greenfee WT/WE: EUR 25/30

(Greenfee-Preise können je nach DGV-Ausweiskennzeichnung abweichen)

Platzcharakteristik:

Ein junger Platz, der sich noch im (Auf-)Bau befindet. Ländlich familiäres Ambiente, absolut ruhig gelegener Platz inmitten Münsterländer Parklandschaft und Landschaftsschutzgebiet.

Pro-Shop » Basic « | Level | Kurzpl.

Golf Post 4,3/5

NRW

DGV-NR. 4505

GOLF CLUB WASSERSCHLOSS WESTERWINKEL E.V.

Horn-Westerwinkel 5
59387 Ascheberg-Herbern
Tel. 02599 92222
info@golfclub-westerwinkel.de
www.golfclub-westerwinkel.de

Golfcafé "Hugo am Schloß"
Tel. 02599 7595933
info@hugo-im-dahl.de
Ruhetag: montags
Inh. Frau Gaby Ledendecker

Löcheranzahl: 18
Gegründet: 1995
Höhe: 120 m
H: 5898 m, CR 71,0, SL 126, Par 72
D: 5172 m, CR 72,3, SL 127, Par 72

Saison: ganzjährig
Mindest-HCP WT/WE: 54
Anmeldung WT/WE: Ja
Mitgl.-begl. WT/WE: Nein
VcG WT/WE: Ja

18-Loch Greenfee WT/WE: EUR 50/70

(Greenfee-Preise können je nach DGV-Ausweiskennzeichnung abweichen)

2:1

Platzcharakteristik:

Das Ambiente der Anlage unterscheidet sich nachhaltig von umliegenden Clubs der Region. Schon von weitem ist das 1663 erbaute Wasserschloß Westerwinkel auszumachen. Das Schloss kann von der Mehrzahl der 18 Golfbahnen erblickt werden, die von zum Teil jahrhunderte altem Baumbestand begleitet werden.

Pro-Shop » Basic « | Level | Kurzpl.

GolfPost 4,7/5

DGV-NR. 4453

GOLF- UND LANDCLUB NORDKIRCHEN E.V.

GOLF& NATUR DGV Zertifikat

Am Golfplatz 6
59394 Nordkirchen
Tel. 02596 9191
info@golfclub-nordkirchen.de
www.glc-nordkirchen.de

Samy Ben Salah
Tel. 02596 9197
restaurant@golfclub-nordkirchen.de

Löcheranzahl: 18
Gegründet: 1974
Höhe: 150 m
H: 5828 m, CR 70,5, SL 127, Par 71
D: 5092 m, CR 72,1, SL 131, Par 71

Saison: März-Dezember
Mindest-HCP WT/WE: 54/36
Anmeldung WT/WE: Ja
Mitgl.-begl. WT/WE: Nein
VcG WT/WE: Ja

18-Loch Greenfee WT/WE: EUR 60/80

(Greenfee-Preise können je nach DGV-Ausweiskennzeichnung abweichen)

NRW

Platzcharakteristik:

Die Golfanlage liegt inmitten einer münsterländischen Parklandschaft auf einem leicht hügeligen Gelände mit einigen herausfordernden Wasserhindernissen. Das nur unweit gelegene Schloss Nordkirchen ist das größte Wasserschloss Westfalens und wird oft auch als das "westfälische Versaille" bezeichnet.

Pro-Shop » Large « | Level | Kurzpl.

GolfPost 4,8/5

DGV-NR. 4472

GOLFCLUB WERL E.V.

Am Golfplatz 1
59457 Werl
Tel. 02377 6307
info@gc-werl.de
www.gc-werl.de

Werler Waldrestaurant
Tel. 02377 1062
Ruhetag: montags

Löcheranzahl: 9
Gegründet: 1973
Höhe: 300 m
H: 5404 m, CR 69,6, SL 132, Par 70
D: 4750 m, CR 71,3, SL 125, Par 70

Saison: ganzjährig
Mindest-HCP WT/WE: PR
Anmeldung WT/WE: Nein
Mitgl.-begl. WT/WE: Nein
VcG WT/WE: Ja

Tages-Greenfee WT/WE: EUR 40/50

(Greenfee-Preise können je nach DGV-Ausweiskennzeichnung abweichen)

Platzcharakteristik:

Durch seine zentrale Lage und gute Verkehrsanbindung ermöglicht der GC Werl auch externen Spielern eine zeitlich kalkulierbare Golfrunde ohne Startzeiten. Der clubeigene Platz liegt zwischen dem Ruhrgebiet und dem Naturschutzgebiet des Arnsberger Waldes direkt im Werler Stadtwald. Die 9-Loch-Anlage umfasst etwa 25 ha mit überwiegend altem Baumbestand. Der Platz ist leicht hügelig und erinnert an eine engl. Parklandschaft. Die engen Spielbahnen und die kleinen Grüns erfordern genaues Spiel. Ein großer Trainingsbereich mit Range, Kurzspiel und Putting-Area rundet die Anlage ab. Nach der Golfrunde lädt die große Sonnenterasse zum Verweilen und Entspannen ein. Das Team von Böer's Golfcafé sorgt für die kulinarische Begleitung.

Pro-Shop » Basic « | Level | Kurzpl.

GolfPost 4,0/5

DGV-NR. 4463

GOLFCLUB STAHLBERG IM LIPPETAL E.V.

GOLF& NATUR DGV Zertifikat

Ebbeckeweg 3
59510 Lippetal-Lippborg
Tel. 02527 8191
sekretariat@golfclub-stahlberg.de
www.golfclub-stahlberg.de

Jürgen Weber
Tel. 0152 02333309
Ruhetag: montags

Löcheranzahl: 18
Gegründet: 1974
H: 6019 m, CR 72,3, SL 119, Par 72
D: 5250 m, CR 73,5, SL 122, Par 72

Saison: ganzjährig
Mindest-HCP WT/WE: 54
Anmeldung WT/WE: Nein
Mitgl.-begl. WT/WE: Nein
VcG WT/WE: Ja

18-Loch Greenfee WT/WE: EUR 60/70

(Greenfee-Preise können je nach DGV-Ausweiskennzeichnung abweichen)

Platzcharakteristik:

Ruhig gelegen und abwechslungsreich gestaltet ist der Platz fair, aber beileibe nicht anspruchslos. Die gesamte Fläche des Golfgeländes liegt im Landschaftsschutzgebiet in einem Landschaftspark mit Hochwaldstücken, einer Vielzahl großer solitär gewachsener Eichen in Verbindung mit offenem, topographisch bewegtem Terrain.

Pro-Shop » Basic « | Level | Kurzpl.

GolfPost 4,5/5

NRW

DGV-NR. 4596

GOLFPLATZ GUT KÖBBINGHOF

Frankenufer 13
59519 Möhnesee
Tel. 02925 4935
info@golf-gutkoebbinghof.de
www.golf-gutkoebbinghof.de

faldo's
Tel. 02925 982951

Löcheranzahl: 18
Gegründet: 1988
Höhe: 270 m
H: 5963 m, CR 71,8, SL 131, Par 72
D: 5202 m, CR 73,2, SL 130, Par 72

Saison: ganzjährig
Mindest-HCP WT/WE: 54
Anmeldung WT/WE: Ja
Mitgl.-begl. WT/WE: Nein
VcG WT/WE: Ja

18-Loch Greenfee WT/WE:
EUR 50/70

(Greenfee-Preise können je nach DGV-Ausweiskennzeichnung abweichen)

2:1

Platzcharakteristik:

Am Nordrand des Sauerlandes, in direkter Nachbarschaft zur Hansestadt Soest, entstand auf 95 Hektar 1988 die Par 72 Golfanlage des GolfClub Möhnesee mit abwechslungsreich gestalteten Grüns und Fairways.

Schattiger alter Baumbestand, idyllische Teiche und Feuchtbiotope und immer wieder weite Ausblicke in die Landschaft des Arnsberger Waldes sind charakteristisch für den Platz. Eine günstige Anreise ist aus allen Himmelrichtungen über die A44 möglich.

Wir freuen uns darauf, Ihnen einen schönen Aufenthalt in unserem stilvollen Ambiente oder auf unserer underschön gelegenen Sonnenterrasse zu ermöglichen. Besuchen Sie uns!

Pro-Shop » Basic « | Level | Kurzpl.

DGV-NR. 4504

GOLFCLUB LIPPSTADT E.V.

Wiesenhausweg 14
59555 Lippstadt
Tel. 02941 810110
info@golfclub-lippstadt.de
www.golfclub-lippstadt.de

Wiesenhaus
Tel. 02941 2048666
Ruhetag: montags
Küche international

Löcheranzahl: 27
Gegründet: 1994
Höhe: 80 m
H: 5959 m, CR 72,0, SL 132, Par 73
D: 5111 m, CR 73,2, SL 136, Par 73

Saison: ganzjährig
Mindest-HCP WT/WE: k.A.
Anmeldung WT/WE: Nein
Mitgl.-begl. WT/WE: Nein
VcG WT/WE: Ja

18-Loch Greenfee WT/WE:
EUR 45/55

(Greenfee-Preise können je nach DGV-Ausweiskennzeichnung abweichen)

NRW

Platzcharakteristik:

Die Anlage wurde auf einem 110 ha umfassenden Gelände der ehemaligen Flößwiesen zwischen Boer- und Menzelsfelder Kanal errichtet. Die durchziehenden Gräben wurden mit Teichen, Tümpeln und Gräben verbunden, so dass fast jede Spielbahn und jedes Grün von Wasser umgeben ist. Aufgrund der vielen Wasserhindernisse und Fairwaybunker sowie der modellierten Grüns gilt die Anlage als "golferisches Juwel" im ostwestfälischen Gebiet, ein "Muss".

Pro-Shop » Basic « | Level | Kurzpl.

GolfPost 4,6/5

DGV-NR. 4405

GOLFCLUB SAUERLAND E.V

Zum Golfplatz 19
59759 Arnsberg
Tel. 02932 31546
sekretariat@golfclub-sauerland.de
golfclub-sauerland.de

Tel. 02932 528504
Ruhetag: montags

Löcheranzahl: 10
Gegründet: 1958
H: 5754 m, CR 70,7, SL 124, Par 72
D: 5030 m, CR 72,2, SL 125, Par 72

Saison: April-November
Mindest-HCP WT/WE: 54/45
Anmeldung WT/WE: Nein
Mitgl.-begl. WT/WE: Nein
VcG WT/WE: Ja

18-Loch Greenfee WT/WE: EUR 40/50

(Greenfee-Preise können je nach DGV-Ausweiskennzeichnung abweichen)

2:1

Platzcharakteristik:

Oberhalb von Ruhr- und Röhrtal gelegen, erstreckt sich der Golfplatz auf der leicht hügeligen Landschaft des Sauerlandes. Mehrere mächtige, 300 jährige Eichen, vornehmlich auf den Bahnen 4, 6 und 8, sind schon manchem Golfer zum Verhängnis geworden. Trotz aller Schwierigkeiten (die Grüns 7 und 8 sind terrassenförmig angelegt, gefürchtet wird auch der große Teich zwischen Bahn 4 und Bahn 5) überwiegt aber das Erlebnis, dort eine Runde zu spielen.

Pro-Shop » Basic « | Level | Kurzpl.

GolfPost 5,0/5

DGV-NR. 4542

GOLF AM HAUS AMECKE

Haus Amecke
59846 Sundern
Tel. 02393 170666
info@golfhausamecke.de
www.golfhausamecke.de

Weitblick Amecke
Tel. 02393 24631
weitblick-amecke@t-online.de
www.weitblick-amecke.de
Ruhetag: montags, öfftl. Gastro

Löcheranzahl: 9
Gegründet: 2013
Höhe: 295 m
H: 4074 m, CR 63,6, SL 115, Par 64
D: 3342 m, CR 65,4, SL 109, Par 64

Saison: ganzjährig
Mindest-HCP WT/WE: k.A.
Anmeldung WT/WE: Nein
Mitgl.-begl. WT/WE: Nein
VcG WT/WE: Ja

Tages-Greenfee WT/WE: EUR 40

(Greenfee-Preise können je nach DGV-Ausweiskennzeichnung abweichen)

2:1

Platzcharakteristik:

Die Bahnen der 9 Löcher sind durch die Hügellandschaft mit mehreren Wasserhindernissen eine Herausforderung für jeden Golfer, bieten aber auch Anfängern optimale Einstiegsmöglichkeiten. Der Sorpebach fließt inmitten der Anlage zum 500 m entfernten Sorpe-Stausee.

Pro-Shop » Large « | Level | Kurzpl.

GolfPost 4,3/5

NRW

DGV-NR. 4496

GOLFCLUB BRILON E.V.

Hölsterloh 6
59929 Brilon
Tel. 02961 53550
info@golfclub-brilon.de
www.golfclub-brilon.de

Wiegelmann
Tel. 02961 989586
Ruhetag: montags
Küche international

Löcheranzahl: 9
Gegründet: 1986
Höhe: 500 m
H: 5303 m, CR 70,0, SL 128, Par 70
D: 4464 m, CR 70,7, SL 125, Par 70

Saison: April-November
Mindest-HCP WT/WE: 54
Anmeldung WT/WE: Ja
Mitgl.-begl. WT/WE: Nein
VcG WT/WE: Ja

18-Loch Greenfee WT/WE:
EUR 35/45

(Greenfee-Preise können je nach DGV-Ausweiskennzeichnung abweichen)

2:1

Platzcharakteristik:

Die Anlage wurde in einer Parklandschaft mit Hügeln, Gehölzen, Baumgruppen und Wasserläufen naturbelassen und landschaftsschonend angelegt. Fairways, Grüns und Wasserhindernisse sind abwechslungsreich konzipiert und bieten einen herrlichen Panoramablick über das Land der 1.000 Berge.

Pro-Shop | Level | Kurzpl.

GolfPost 5,0/5

DGV-NR. 4471

GOLFCLUB WINTERBERG E.V.

In der Büre 20
59955 Winterberg
Tel. 02981 1770
info@golfclub-winterberg.de
www.Golfclub-Winterberg.de

Kathleen Lange
Küche regional

Löcheranzahl: 9
Gegründet: 1962
Höhe: 640 m
H: 5504 m, CR 70,3, SL 132, Par 70
D: 5001 m, CR 73,5, SL 120, Par 70

Saison: April-November
Mindest-HCP WT/WE: 54/45
Anmeldung WT/WE: Ja
Mitgl.-begl. WT/WE: Nein
VcG WT/WE: Ja

18-Loch Greenfee WT/WE:
EUR 40/45

(Greenfee-Preise können je nach DGV-Ausweiskennzeichnung abweichen)

Platzcharakteristik:

Der Golfplatz liegt mitten in einer fast unberührten Naturlandschaft. Auf der 9-Loch-Anlage genießt der Golfer von mehreren Punkten aus einen bezaubernden Blick auf die sauerländische Bergwelt. Ein natürlicher Wasserlauf greift an mehreren Löchern spielentscheidend ein. Die gesamte Anlage ist geprägt von zahlreichen Schräglagen und großem Baumbestand.

Pro-Shop » Basic « | Level | Kurzpl.

GolfPost 4,5/5

KÖLN
BERGISCH-GLADB.
Engelskirchen
Linnich
Brunssum
Übach-Palenberg
Baesweiler
Jülich
HEERLEN
Alsdorf
Aldenhoven
Niederzier
Elsdorf
KERPEN
Overath
Wiehl
KERKRADE
Herzogenrath
Frechen
Rösrath
Much
Nümbrecht
HÜRTH
Neunkirchen-Seelscheid
Würselen
Langerwehe
Waldbröl
ESCHWEILER
Nörvenich
Brühl
Wesseling
TROISDF.
Lohmar
Ruppichteroth
Siegburg
DÜREN
ERFTSTADT
Bornheim
Nieder-kassel
Hennef
Eitorf
Windeck
AACHEN
STOLBERG
Kreuzau
Weilerswist
ST. AUGUSTIN
Swisttal
Alfter
Nideggen
Zülpich
BONN
Königswinter
Altenkirchen
Eupen
EUSKIRCHEN
Rheinbach
Bad Honnef
Wachtberg
Simmerath
Meckenhm.
5511
Mechernich
Bad Münstereifel
5503
Monschau
Schleiden
Kall
Grafschaft
Remagen
Bad Neuenahr Ahrweiler
Sinzig
Ahr
NEUWIED
5508
Bendorf
Laacher See
Andernach
KOBLENZ
Mülheim-Kärlich
61
5506
Mayen
E i f e l
Lahn
5518
48
Boppard
60
5528
5536
Mosel
1
Wittlich
5539
5521
Bitburg
5524
Sauer
Prüm
5510
R h e i n l a n d -
P f a l z
H u n s r ü c k
Morbach
5533
64
TRIER
5514
Idar-Oberstein
Nahe
Konz
Birkenfeld
Tr.Üb.pl
Mosel
LUXEMBOURG
9905
5504
Glan
Nohfelden
Saar
Wadern
1
Mettlach
Losheim
S a a r l a n d
Kusel
9903
Tholey
9906
St. Wendel
62
5526
Dudelange
Merzig
Schmelz
Marpingen
KAISE
8
Beckingen
Lebach
Eppelborn
Ottweiler
Thionville
Rehlingen-Siersburg
Dillingen
Illingen
Schiffwlr.
Yutz
9901
Saarwell.
Heuswlr.
Merchwlr.
NEUNKCHN.
9904
Friedrichsth.
Bexbach
Saarlouis
Riegelsbg.
Quierschied
Guénange
Schwalb.
Spiesen-Elversberg
Homburg
62
5542
Hagondange
Überherrn
Völklingen
Püttlingen
Sulzbach
Kirkel
Rombas
Wadgassen
620
St. Ingbert
5512
SAARBRÜCKEN
Blieskastel
Zweibrücken
Creutzwald
8
Mandelbachtal
Forbach
Saar
9902
Pirmasens
Freyming
Kleinblittersdorf
METZ
Sarreguemines
Saargemünd
St. Avold
Bitche
Faulquemont
Pont-à-Mousson

RHEINLAND-PFALZ / SAARLAND

DGV -Nr.	CLUB-Name	Seite
5501	Mittelrheinischer Golfclub Bad Ems e.V.	252
5502	Golfclub Nahetal e.V.	251
5503	GLC Bad Neuenahr - Ahrweiler	244
5504	Rolling Hills Golf Club Baumholder e.V.	252
5505	Golf-Club Westerwald e.V.	255
5506	Golf Club Eifel e.V.	245
5507	Golf-Club Pfalz Neustadt a.d. Weinstraße	260
5508	Golf Club Rhein-Wied e.V.	254
5509	Golf-Club Stromberg-Schindeldorf e.V.	248
5510	Golf Club Trier e.V.	245
5511	Golf Course Siebengebirge	244
5512	Erster Golfclub Westpfalz Schwarzbachtal	257
5513	GC Rheinhessen Hofgut Wißberg St. Johann	250
5514	Golfclub Edelstein-Hunsrück e.V.	251
5516	Golf Club Wiesensee e.V.	253
5517	Golfclub am Donnersberg e.V.	262
5518	Golfclub Jakobsberg e.V.	253
5520	GC Landgut Dreihof Südliche Weinstraße	263
5521	Golf-Resort Bitburger Land GmbH	246
5523	Golfclub Deutsche Weinstraße e.V.	260
5524	Golf-Club Hahn e.V.	250
5525	Golfclub Domtal Mommenheim e.V.	248
5526	Golfclub Barbarossa e.V. Kaiserslautern	261
5527	Golf-Club Kurpfalz e.V.	259
5528	Euro Golfclub 2000 e.V.	246
5531	Golfclub Worms e.V.	261
5533	Golf & Health Club Maasberg Bad Sobernheim	249
5536	Golfclub Cochem/Mosel	254
5537	Mainzer Golfclub	247
5539	Golfclub Südeifel	247
5542	Golfplatz Pfälzerwald	262
9901	Golfclub Saarbrücken e.V.	259
9902	Golf-Club Katharinenhof e.V.	256
9903	Golfclub Weiherhof e.V.	258
9904	GC Homburg/Saar Websweiler Hof e.V.	256
9905	Golfclub Bostalsee e.V.	258
9906	Wendelinus Golfpark St. Wendel	257

(Die rot hinterlegten Clubs nehmen an der Köllen Golf Gutschein-Aktion teil)

DGV-NR. 5503

GLC BAD NEUENAHR-AHRWEILER

Grosser Weg 100
53474 Bad Neuenahr-Ahrweiler
Tel. 02641 950950
sekretariat@glc-badneuenahr.de
www.glc-badneuenahr.de

Köhlerhof
Tel. 02641 6693
schoenherrs-restaurant@t-online.de
Ruhetag: montags

Löcheranzahl: 18
Gegründet: 1979
Höhe: 99 m
H: 6010 m, CR 72,4, SL 135, Par 72
D: 5293 m, CR 74,3, SL 133, Par 72

Saison: ganzjährig
Mindest-HCP WT/WE: 36
Anmeldung WT/WE: Ja
Mitgl.-begl. WT/WE: Nein/Ja
VcG WT/WE: Ja/Nein

18-Loch Greenfee WT/WE: EUR 80/100

(Greenfee-Preise können je nach DGV-Ausweiskennzeichnung abweichen)

%

Platzcharakteristik:

Ein sportlich interessanter und anspruchsvoller Platz, der sich weit über die Hügellandschaft des unteren Ahrtales hinzieht, wobei jedoch die einzelnen Fairways, von Ausnahmen abgesehen, ohne allzu große Neigungen verlaufen. Dichter und teilweise buschiger Baumbestand entlang verschiedener Bahnen erfordern zielgenaue Drives. Strategisch gut platzierte Hindernisse bilden zusätzliche Herausforderungen.

Pro-Shop » Basic « | Level | Kurzpl.

GolfPost 4,3/5

DGV-NR. 5511

GOLF COURSE SIEBENGEBIRGE

Brunnenstr. 11
53578 Windhagen
Tel. 02645 8041
info@golfcourse-siebengebirge.de
www.golfcourse-siebengebirge.de

Il Pozzo, Loredana Scheibel
Tel. 02645 970041
info@ilpozzo-ristorante.de
Ruhetag: montags von Nov. - März
Events möglich

Löcheranzahl: 18
Gegründet: 1983
Höhe: 290 m
Platzdaten Mercedes-Benz Course:
H: 5497 m, CR 70,3, SL 126, Par 70
D: 4833 m, CR 72,1, SL 126, Par 70

Saison: ganzjährig
Mindest-HCP WT/WE: 54
Anmeldung WT/WE: Ja
Mitgl.-begl. WT/WE: Nein
VcG WT/WE: Ja

18-Loch Greenfee WT/WE: EUR 70/80

(Greenfee-Preise können je nach DGV-Ausweiskennzeichnung abweichen)

2:1

Platzcharakteristik:

Die Ausläufer des Siebengebirges geben dem Waldbrunnen-Kurs sein charakteristisches hügeliges "Gesicht", ohne dass unnatürliche Bodenveränderungen die landschaftliche Harmonie stören. Große Grüns, saftige Fairways sowie die perfekt in die Natur eingebetteten Spielbahnen machen die Runde zu einem unvergesslichen Erlebnis. Von den Bahnen 4, 6, 9, 14,und 15 hat man weite Ausblicke in die reizvolle Landschaft.

Pro-Shop » Basic « | Level | Kurzpl.

GolfPost 4,7/5

DGV-NR. 5510

GOLF CLUB TRIER E.V.

Birkenheck
54340 Ensch
Tel. 06507 993255
info@golf-club-trier.de
www.golf-club-trier.de

El Golfo
Tel. 06507 4914006

Löcheranzahl: 18
Gegründet: 1977
Höhe: 250 m
H: 6084 m, CR 72,9, SL 141, Par 72
D: 5245 m, CR 74,5, SL 135, Par 72

Saison: ganzjährig
Mindest-HCP WT/WE: 45/36
Anmeldung WT/WE: Ja
Mitgl.-begl. WT/WE: Nein
VcG WT/WE: Ja

18-Loch-Greenfee WT/WE: EUR 70/80

(Greenfee-Preise können je nach DGV-Ausweiskennzeichnung abweichen)

Platzcharakteristik:

Der sehr gepflegte, anspruchsvolle 18 Loch Golfplatz breitet sich auf leicht hügeligem Gelände, eingerahmt von Wäldern und Weinbergen in einem Seitental des schönen Moseltals aus.

Die abwechslungsreichen Golfbahnen in reizvoller Landschaft fordern Anfänger wie auch Fortgeschrittene so manches Mal auf, um die großzügigen naturbelassenen Fairways zu überwinden. Schnelle, teilweise stark ondulierte Grüns können den Score erheblich beeinflussen.

Und am Ende einer schönen Golfrunde lädt das Clubhaus zum Verweilen in gepflegtem Ambiente mit hervorrander Gastronomie und ausgezeichneten Weinen der Region ein.

Pro-Shop » Basic « | Level | Kurzpl.

GolfPost 5,0/5

DGV-NR. 5506

GOLF CLUB EIFEL E.V.

GMVD MEMBER

Milanweg
54576 Hillesheim
Tel. 06593 1241
info@golfclub-eifel.de
www.golfclub-eifel.de

Milan Stuben
Tel. 06593 8639 / 0170 3865317
info@topsteaks-milanstuben.de
www.topsteaks-milanstuben.de

Löcheranzahl: 18
Gegründet: 1977
Höhe: 500 m
H: 5903 m, CR 71,8, SL 131, Par 72
D: 5216 m, CR 73,7, SL 129, Par 72

Saison: ganzjährig
Mindest-HCP WT/WE: 54
Anmeldung WT/WE: Ja
Mitgl.-begl. WT/WE: Nein
VcG WT/WE: Ja

18-Loch Greenfee WT/WE: EUR 65/90

(Greenfee-Preise können je nach DGV-Ausweiskennzeichnung abweichen)

2:1

Platzcharakteristik:

Der Golfclub liegt in der reizvollen charakteristischen Eifellandschaft in unmittelbarer Nähe des Eifelstädtchens Hillesheim. Die Anlage befindet sich in etwas hügeligem Gelände, jedoch ohne große Steigungen und kann auch von Senioren gut bespielt werden. Inmitten des naturbelassenen Waldbestandes mit seinen vielen Baumarten sind die Fairways großzügig angelegt.

Pro-Shop » Basic « | Level | Kurzpl.

GolfPost 4,7/5

DGV-NR. 5528

EURO GOLFCLUB 2000 E.V.

Lietzenhof 1
54597 Burbach
Tel. 06553 2007
info@golf-lietzenhof.de
www.golf-lietzenhof.de

Lietzenhof am Golfplatz
Küche international

Löcheranzahl: 18
Gegründet: 1979
Höhe: 500 m
H: 5440 m, CR 70,3, SL 130, Par 70
D: 4712 m, CR 71,5, SL 125, Par 70

Saison: März-Oktober
Mindest-HCP WT/WE: 54
Anmeldung WT/WE: Ja
Mitgl.-begl. WT/WE: Nein
VcG WT/WE: Ja

18-Loch Greenfee WT/WE: EUR 55/65

(Greenfee-Preise können je nach DGV-Ausweiskennzeichnung abweichen)

%

Platzcharakteristik:

Die 18 Fairways verlaufen großzügig gestaltet auf einem naturbelassenen, hügeligen Gelände mit Höhenunterschieden von bis zu 100 m. Trotz der relativ breiten Fairways ohne beengende Ausgrenzen wird mit geschickt platzierten Hindernissen und Bunkern durchaus Präzision gefordert, um den Score halten zu können. Der Euro Golfclub 2000 e.V. ist beheimatet auf der Golfanlage Lietzenhof.

Pro-Shop » Basic « | Level | Kurzpl.

GolfPost 4,0/5

DGV-NR. 5521

GOLF-RESORT BITBURGER LAND

Zur Weilersheck 1
54636 Wißmannsdorf
Tel. 06527 9272-0
info@bitgolf.de
www.bitgolf.de

Paulo Ferreira
Tel. 06527 9272-27
paulo@bitgolf.de
Ruhetag: siehe Homepage
Küche regional und international

Löcheranzahl: 18
Gegründet: 1995
Höhe: 350 m
H: 6104 m, CR 72,3, SL 136, Par 72
D: 5326 m, CR 73,9, SL 130, Par 72

Saison: März-November
Mindest-HCP WT/WE: 54
Anmeldung WT/WE: Ja
Mitgl.-begl. WT/WE: Nein
VcG WT/WE: Ja

18-Loch Greenfee WT/WE: EUR 60/70

(Greenfee-Preise können je nach DGV-Ausweiskennzeichnung abweichen)

Platzcharakteristik:

Das Golf-Resort Bitburger Land (www.bitgolf.de) wurde oberhalb des Bitburger Stausees inmitten einer typischen Eifellandschaft angelegt. Ein echter Meisterschaftsplatz mit aufwendigem Pflegekonzept, der spielstrategisch nach amerikanischem Vorbild gebaut ist, sich aber dennoch natürlich in die Landschaft einbettet. Ein großzügiger, nie langweiliger Kurs und ein großes, komfortables Clubhaus zeichnen die Anlage aus.

Pro-Shop » Large « | Level | Kurzpl.

GolfPost 4,3/5

RPF/SA

DGV-NR. 5539

GOLFCLUB SÜDEIFEL

Auf Kinnscheid 1
54636 Baustert
Tel. 06527 934977
info@golfclub-suedeifel.de
www.golfclub-suedeifel.de

Gastronomie im Clubhaus
tägl. ab 9 Uhr geöffnet

Löcheranzahl: 9
Gegründet: 2008
H: 4778 m, CR 65,5, SL 125, Par 68
D: 4230 m, CR 67,2, SL 120, Par 68

Saison: ganzjährig
Mindest-HCP WT/WE: k.A.
Anmeldung WT/WE: Nein
Mitgl.-begl. WT/WE: Nein
VcG WT/WE: Ja

18-Loch WT/WE: EUR 45/50

(Greenfee-Preise können je nach DGV-Ausweiskennzeichnung abweichen)

Platzcharakteristik:

Der Golfclub Südeifel macht die Faszination des Golfsports für jeden spürbar. Auf der 9-Loch-Anlage in Baustert nahe Bitburg genießen die Spieler einen atemberaubenden Blick auf die Bitburger Brauerei und die verträumte Landschaft der Südeifel. Einsteiger finden hier die richtige Kulisse für ihre ersten Gehversuche auf dem Platz, währen fortgeschrittenen Spielern durchaus einiges an Können abverlangt wird.

GolfPost 5,0/5

DGV-NR. 5537

MAINZER GOLFCLUB

Budenheimer Parkallee 11
55257 Budenheim
Tel. 06139 2930-0
info@mainzer-golfclub.de
www.mainzer-golfclub.de

Knuths Bistro
Tel. 06139 293023
info@dasknuths.de
www.dasknuths.de

Löcheranzahl: 18
Gegründet: 2007
Höhe: 103 m
H: 5559 m, CR 71,7, SL 135, Par 72
D: 4698 m, CR 72,0, SL 130, Par 72

Saison: ganzjährig
Mindest-HCP WT/WE: 54
Anmeldung WT/WE: Ja
Mitgl.-begl. WT/WE: Nein
VcG WT/WE: Ja

18-Loch Greenfee WT/WE: EUR 75/90

(Greenfee-Preise können je nach DGV-Ausweiskennzeichnung abweichen)

Platzcharakteristik:

EIN ORT WIE KEIN ANDERER!

Ein 18-Loch-Meisterschafts-Golfplatz mitten in der spektakulären Kulisse eines ehemaligen Steinbruchs. Mit zweimal neun Löchern, wie sie unterschiedlicher kaum sein könnten. Enge Schneisen, schmale Felsbänder und hohe Steilwände bestimmen das Spiel auf dem Canyon Course. Danach weitet sich auf dem Panorama Course der Blick ins Rheinhessische und den Rheingau. Jede Bahn fügt sich auf ihre eigene Art harmonisch in die Landschaft ein. Hier wurde ein Platz geschaffen, der sowohl ein nachhaltiges ökologisches Vorzeigeprojekt ist, als auch eine golferische Herausforderung ohnegleichen, geeignet für Golfer aller Leistungsklassen.

GolfPost 4,7/5

DGV-NR. 5525

GOLFCLUB DOMTAL MOMMENHEIM E.V.

Am Golfplatz 1
55278 Mommenheim
Tel. 06138 9202-0
info@gc-dm.de
www.gc-dm.de
Fam. Milenkovic
Tel. Tel. 06138 902881

Löcheranzahl: 18
Gegründet: 1995
H: 6251 m, CR 73,1, SL 133, Par 73
D: 5334 m, CR 73,7, SL 128, Par 73

Saison: ganzjährig
Mindest-HCP WT/WE: 54/45
Anmeldung WT/WE: Nein/Ja
Mitgl.-begl. WT/WE: Nein
VcG WT/WE: Ja

18-Loch Greenfee WT/WE: EUR 35/50

(Greenfee-Preise können je nach DGV-Ausweiskennzeichnung abweichen)

Platzcharakteristik:

Die Golfanlage liegt zentrumsnah im Rhein-Main-Gebiet in Mommenheim und bietet von allen Bahnen einen wunderschönen Blick in die rheinhessichen Weinberge.

Eine abwechslungsreiche Herausforderung, aber vor allem faire Gestaltung der Spielbahnen für alle Spielstärken und die ganzjährige Bespielbarkeit in herausragendem Zustand, zeichnet die Golfanlage Domtal Mommenheim aus.

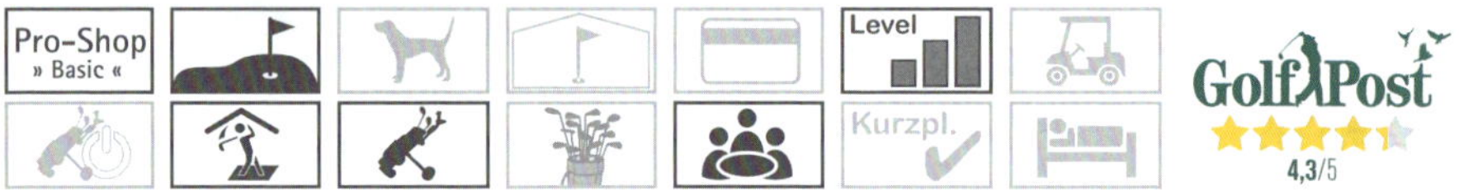

DGV-NR. 5509

GOLF-CLUB STROMBERG-SCHINDELDORF E.V.

Buchenring 6
55442 Stromberg-Schindeldorf
Tel. 06724 600 700
kontakt@gc-stromberg.de
www.golfclub-in-stromberg.de
Land & Golf Hotel Stromberg
www.golfhotel-stromberg.de

Löcheranzahl: 18
Gegründet: 1987
Höhe: 410 m
H: 5259 m, CR 69,2, SL 133, Par 70
D: 4617 m, CR 71,0, SL 123, Par 70

Saison: März-Oktober
Mindest-HCP WT/WE: 54
Anmeldung WT/WE: Ja
Mitgl.-begl. WT/WE: Nein
VcG WT/WE: Ja

18-Loch Greenfee WT/WE: EUR 50/60

(Greenfee-Preise können je nach DGV-Ausweiskennzeichnung abweichen)

Platzcharakteristik:

Über den Dächern der Stadt Stromberg gelegen, befindet sich die hoteleigene 18-Loch- Golfanlage Stromberg. Optisch präsentiert sich der Platz als wahrer Augenschmaus, der den Blick in die Weiten der Täler und Wälder des Hunsrücks schweifen lässt.

Die Spielbahnen der 18-Loch- Anlage (Par 70) ziehen sich in einem weiten Bogen um das Land & Golf Hotel Stromberg herum. Seinen anspruchsvollen Charakter erhält der Platz durch die teilweise schmal in den Wald geschnittenen Fairways, Doglegs und Wasserhindernisse, die auf großzügig angelegtem Gelände Hügel und Täler durchziehen. Alter Baumbestand verleiht dem Platz einen ganz besonderen Charme.

RPF/SA

DGV-NR. 5533

GOLF & HEALTH CLUB MAASBERG BAD SOBERNHEIM E.V.

Am Maasberg
55566 Bad Sobernheim
Tel. 06751 876666
info@golfclub-maasberg.de
www.golfclub-maasberg.de

Hotel Maasberg Therme
Tel. 06751 8760
info@hotel-maasberg-therme-de
www.hotel-maasberg-therme.de

Löcheranzahl: 18
Gegründet: 1999
Höhe: 230 m
H: 5066 m, CR 69,0, SL 136, Par 70
D: 4340 m, CR 70,2, SL 127, Par 70

Saison: ganzjährig
Mindest-HCP WT/WE: 54
Anmeldung WT/WE: Ja
Mitgl.-begl. WT/WE: Nein
VcG WT/WE: Ja

18-Loch Greenfee WT/WE: EUR 48/58

(Greenfee-Preise können je nach DGV-Ausweiskennzeichnung abweichen)

2:1

Platzcharakteristik:

Abseits des Trubels anderer Plätze kann man hier in Ruhe das Spiel und die schöne Landschaft genießen. Die abwechslungsreiche 18-Loch-Golfanlage (Par 70) befindet sich direkt am dazugehörigen Hotel Maasberg Therme und ist auch für Anfänger geeignet. Entspanntes Spielen steht bei diesem anspruchsvollen Platz mit herrlicher Aussicht hinunter ins schöne Nahetal im Vordergrund. Das hügelige Areal weist reizvolle Hindernisse wie Biotope, Doglegs und Teiche auf und stellt damit auch für tiefe Handicaps eine Herausforderung dar. Aufgrund des milden Klimas kann man hier fast das ganze Jahr hindurch Golf spielen.

Pro-Shop » Basic « | Level | Kurzpl.

GolfPost 4,5/5

RPF/SA

DGV-NR. 5524

GOLF-CLUB HAHN E.V.

Golfallee 1
55483 Hahn-Flughafen
Tel. 06543 509560
info@gc-hahn.de
www.gc-hahn.de

Hiranja
Tel. 06543 509569
Ruhetag: montags

Löcheranzahl: 9
Gegründet: 1995
Höhe: 500 m
H: 6078 m, CR 72,5, SL 131, Par 72
D: 5273 m, CR 73,6, SL 133, Par 72

Saison: ganzjährig
Mindest-HCP WT/WE: 54
Anmeldung WT/WE: Nein
Mitgl.-begl. WT/WE: Nein
VcG WT/WE: Ja

18-Loch Greenfee WT/WE: EUR 45/50

(Greenfee-Preise können je nach DGV-Ausweiskennzeichnung abweichen)

2:1

Platzcharakteristik:

Der Golfplatz Hahn verzaubert Golfer mit dem Charme der großen, weiten Welt des Flugbetriebs und bietet gleichzeitig ungestörten Golfspaß mit Niveau auf einem mit alten Baumbestand eingebetteten Platz. Die bereits 1954 entstandenen 9 Golfbahnen wurde 1996 und 2006 umfangreich modifiziert und präsentieren sich heute mit großzügigen Fairways, Teichen und weiträumigen Roughs-gepaart mit idyllischem Hunsrück-Panoramablick.

Pro-Shop » Basic « | Level | Kurzpl.

GolfPost 5,0/5

DGV-NR. 5513

GC RHEINHESSEN HOFGUT WISSBERG

Hofgut Wißberg
55578 St. Johann
Tel. 06701 20080
info@gc-rheinhessen.de
www.gc-rheinhessen.de

Gramms Restaurant
Tel. 06701 205444
info@gramms-restaurant.de
www.gramms-restaurant.de

Löcheranzahl: 18
Gegründet: 1988
Höhe: 200 m
H: 6067 m, CR 72,4, SL 135, Par 72
D: 5321 m, CR 74,1, SL 137, Par 72

Saison: ganzjährig
Mindest-HCP WT/WE: 54/28-32
Anmeldung WT/WE: Ja
Mitgl.-begl. WT/WE: Nein
VcG WT/WE: Ja

18-Loch Greenfee WT/WE: EUR 60/80

(Greenfee-Preise können je nach DGV-Ausweiskennzeichnung abweichen)

2:1

Platzcharakteristik:

Golf auf dem Weinberg - auf dem Hochplateau des Wissbergs gelegen. Von allen Bahnen der Anlage genießt man einen 360°-Blick über die Wein-Kultur-Landschaft Rheinhessen. Der offen gestaltete und anspruchsvolle Golfplatz erwartet den Golfer mit neu gestalteten Bunkern sowie großen und schnellen Grüns. Auf dem Clubgelände befindet sich daneben ein Golf- und Tagungshotel, das sich bestens für Gruppenreisen und als Ausgangspunkt für Golftouren eignet.

Pro-Shop » Basic « | Level | Kurzpl.

GolfPost 4,8/5

RPF/SA

DGV-NR. 5502

GOLFCLUB NAHETAL E.V.

Drei Buchen
55583 Bad Kreuznach
Tel. 06708 2145
info@golfclub-Nahetal.de
www.golfclub-nahetal.de

Drei Buchen
Tel. 06708 660766
www.3-buchen.de

Löcheranzahl: 18
Gegründet: 1971
Höhe: 250 m
H: 5832 m, CR 71,0, SL 138, Par 72
D: 5144 m, CR 72,8, SL 127, Par 72

Saison: ganzjährig
Mindest-HCP WT/WE: 54/36
Anmeldung WT/WE: Ja
Mitgl.-begl. WT/WE: Nein
VcG WT/WE: Ja

18-Loch Greenfee WT/WE: EUR 60/70

(Greenfee-Preise können je nach DGV-Ausweiskennzeichnung abweichen)

2:1

Platzcharakteristik:

Der GC Nahetal zeichnet sich durch eine freundliche, familiäre Atmosphäre aus. Der Club verfügt über ein herausragendes Restaurant, das regionale wie internationale Spezialitäten serviert und einen 18-Loch-Platz, der bedingt durch sein hügeliges Areal und z.T. sehr enge Fairways, die von altem Baumbestand eingegrenzt werden, ein präzises, taktisch kluges Spiel erfordert. Ein Highlight ist der herrliche Ausblick vom Dogleg der 7. Bahn auf den Rotenfels.

Pro-Shop » Basic « | Level | Kurzpl.

GolfPost 4,5/5

DGV-NR. 5514

GOLFCLUB EDELSTEIN-HUNSRÜCK E.V.

Am Golfplatz
55743 Kirschweiler
Tel. 06781 36615
info@gc-edelstein.de
www.gc-edelstein.de

Restaurant am Golfplatz
Tel. 06781 35874
Ruhetag: montags

Löcheranzahl: 9
Gegründet: 1989
Höhe: 500 m
H: 5945 m, CR 73,6, SL 123, Par 72
D: 5242 m, CR 71,4, SL 125, Par 72

Saison: ganzjährig
Mindest-HCP WT/WE: 54
Anmeldung WT/WE: Nein
Mitgl.-begl. WT/WE: Nein
VcG WT/WE: Ja

18-Loch Greenfee WT/WE: EUR 45/50

(Greenfee-Preise können je nach DGV-Ausweiskennzeichnung abweichen)

2:1

Platzcharakteristik:

Die Golfanlage des Golfclub Edelstein Hunsrück wurde in der Höhenlage des Hunsrücks auf einem leicht hügeligem Gelände entlang eines Waldgebietes angelegt. Trotz der vergleichbar geringen Gesamtlänge ergeben sich durch strategisch gekonnt platzierte Bunker und Wasserhindernisse sowie zwei lange Par 3 anspruchsvolle Bahnen. Zahlreiche Hanglagen und wechselnde Winde erschweren das Spiel.

Spieler mit DGV-Ausweis ohne R-Kennzeichnung zahlen einen Aufschlag von EUR 15,-.

Pro-Shop » Basic « | Level | Kurzpl.

GolfPost 4,0/5

RPF/SA

DGV-NR. 5504

ROLLING HILLS GOLF CLUB BAUMHOLDER E.V.

Gebäude 8888
55774 Baumholder
Tel. 06783 8788
info@golf-baumholder.de
www.golf-baumholder.de

Löcheranzahl: 9
Gegründet: 1986
Höhe: 500 m
H: 5526 m, CR 70,1, SL 127, Par 72
D: 4848 m, CR 71,1, SL 129, Par 72

Saison: April-Oktober
Mindest-HCP WT/WE: 54
Anmeldung WT/WE: Nein
Mitgl.-begl. WT/WE: Nein
VcG WT/WE: Ja

18-Loch WT/WE: EUR 35/40

(Greenfee-Preise können je nach DGV-Ausweiskennzeichnung abweichen)

2:1

Platzcharakteristik:

Der 9-Loch-Platz des Golfclubs Rolling Hills, der sich auf einem amerikanischen Militärstützpunkt befindet, besticht durch für Anfänger und Könner anspruchsvolles Golf und seine wunderschöne Lage. Die weiten von Bäumen und Roughs begrenzten Fairways, die von Sandbunkern und Teichen geschützten Greens sowie die Höhenunterschiede auf den Bahnen machen den besonderen Reiz des Courses aus. Auch eine Driving Range und ein Clubhaus sind vorhanden.

Greenfee usw. nur per EC-Karte zahlbar im US-Pro Shop.

Pro-Shop » Basic «
Level
Kurzpl.

GolfPost 3,5/5

DGV-NR. 5501

MITTELRHEINISCHER GOLFCLUB BAD EMS E.V.

GMVD MEMBER

Denzerheide
56130 Bad Ems
Tel. 02603 6541
info@mgcbadems.de
www.mgcbadems.de

Golfhotel Denzerheide
Tel. 02603 6159

Löcheranzahl: 18
Gegründet: 1938
Höhe: 370 m
H: 6069 m, CR 72,2, SL 132, Par 72
D: 5308 m, CR 73,7, SL 131, Par 72

Saison: ganzjährig
Mindest-HCP WT/WE: 54/45
Anmeldung WT/WE: Ja
Mitgl.-begl. WT/WE: Nein
VcG WT/WE: Ja

18-Loch Greenfee WT/WE: EUR 70/90

(Greenfee-Preise können je nach DGV-Ausweiskennzeichnung abweichen)

RPF/SA

2:1

Platzcharakteristik:

Mitten im Rheinland, etwa 370 m über dem steil abfallendem Rhein- und Lahntal, liegt ruhig und abgeschieden die 18-Loch-Anlage des Mittelrheinischen GC Bad Ems. Während der Runde eröffnen sich von den großzügig der Landschaft angepassten Bahnen, die von altem Baumbestand eingerahmt sind, herrliche Panoramablicke auf das rheinische Mittelgebirge, den Hunsrück, die Eifel und den Westerwald. Zudem genießt die Anlage sportlich einen exzellenten Ruf.

Pro-Shop » Basic «
Level
Kurzpl.

GolfPost 4,3/5

DGV-NR. 5518

GOLFCLUB JAKOBSBERG E.V.

Im Tal der Loreley
56154 Boppard
Tel. 06742 808-491
golf@jakobsberg.de
www.jakobsberg.de

Golf Bistro
Tel. 06742 8080
info@jakobsberg.de

Löcheranzahl: 18
Gegründet: 1990
Höhe: 230 m
H: 5950 m, CR 71,5, SL 127, Par 72
D: 5195 m, CR 73,0, SL 125, Par 72

Saison: ganzjährig
Mindest-HCP WT/WE: 54
Anmeldung WT/WE: Ja
Mitgl.-begl. WT/WE: Nein
VcG WT/WE: Ja

18-Loch Greenfee WT/WE: EUR 75

(Greenfee-Preise können je nach DGV-Ausweiskennzeichnung abweichen)

Platzcharakteristik:

Der Golfplatz ist umgeben von Wäldern, Bergen, Burgen u. Schlössern. Immer wieder eröffnet sich ein Blick auf das herrliche Rheintal und die umliegenden Weinberge. Die Fairways weisen eine starke Modellierung auf und bieten jeweils vier getrennte Abschläge, große Fairwaybunker sowie zahlreiche Wasserhindernisse und schnelle, sehr stark ondulierte Grüns. Das Golfhotel, das zu früheren Zeiten ein Kloster war, bietet alles was das Herz begehrt.

Pro-Shop » Large « | Level | Kurzpl.

GolfPost 4,6/5

DGV-NR. 5516

GOLF CLUB WIESENSEE E.V.

Am Wiesensee
56457 Westerburg
Tel. 02663 991192
golfclub.wiesensee@lindner.de
www.golfclub-wiesensee.de

Lindner Hotel & Sporting Club Wiesensee
restaurant.wiesensee@lindner.de
www.golfclub-wiesensee.de

Löcheranzahl: 18
Gegründet: 1991
Höhe: 549 m
H: 5753 m, CR 70,6, SL 131, Par 72
D: 5044 m, CR 72,2, SL 126, Par 72

Saison: ganzjährig
Mindest-HCP WT/WE: 54
Anmeldung WT/WE: Ja
Mitgl.-begl. WT/WE: Nein
VcG WT/WE: Ja

18-Loch Greenfee WT/WE: EUR 70/80

(Greenfee-Preise können je nach DGV-Ausweiskennzeichnung abweichen)

Platzcharakteristik:

Der Platz erstreckt sich vom Ufer des Wiesensees in die Hügellandschaft des Westerwaldes. Über die Hälfte des 18-Loch-Meisterschaftsplatzes spielt man in alten Baumbeständen. Von fast allen Bahnen hat man einen herrlichen Blick auf den Wiesensee, der von den Höhen des Westerwaldes umgeben ist.

Pro-Shop » Large « | Level | Kurzpl.

GolfPost 4,8/5

RPF/SA

DGV-NR. 5508

GOLF CLUB RHEIN-WIED E.V.

Gut Burghof
56566 Neuwied
Tel. 02622 83523
info@gc-rhein-wied.de
www.gc-rhein-wied.de

Gut Burghof, Tel. 02622 82113
reservierung@golfclubrestaurant-neuwied.de
www.golfclubrestaurant-neuwied.de
Ruhetag: montags

Löcheranzahl: 18
Gegründet: 1987
Höhe: 300 m
H: 5629 m, CR 70,7, SL 139, Par 72
D: 5008 m, CR 72,6, SL 132, Par 72

Saison: ganzjährig
Mindest-HCP WT/WE: 36
Anmeldung WT/WE: Ja
Mitgl.-begl. WT/WE: Nein
VcG WT/WE: Ja

18-Loch Greenfee WT/WE: EUR 60/70

(Greenfee-Preise können je nach DGV-Ausweiskennzeichnung abweichen)

2:1

Platzcharakteristik:

Die Anlage auf dem "Burghof" ist in Harmonie zur Landschaft gestaltet worden. Hoch über dem Rhein gelegen, ein herrliches Panorama in alle Himmelsrichtungen bietend, steht das alte Gut wie eine Trutzburg in der Landschaft. Das nur leicht strukturierte Gelände bietet durch zahlreiche Fairway- und Grünbunker kombiniert mit einigen Schräglagen auch für Könner eine hohe sportliche Herausforderung.

Pro-Shop » Basic « | Level | Kurzpl.

GolfPost 5,0/5

DGV-NR. 5536

GOLFCLUB COCHEM/MOSEL

Am Kellerborn 2
56814 Ediger Eller
Tel. 02675 911511
sekretariat@golfcochem.eu
www.golfcochem.eu

Ferienpark Cochem
Tel. 02675 911601

Löcheranzahl: 27
Gegründet: 1993
Course Mosel (18 Loch)
H: 5885 m, CR 71,4, SL 128, Par 72
D: 5025 m, CR 72,6, SL 126, Par 72
Course Eifel (9 Loch)
H: 3036 m, CR 58,4, SL 100, Par 60

Saison: ganzjährig
Mindest-HCP WT/WE: 54
Anmeldung WT/WE: Ja
Mitgl.-begl. WT/WE: Nein
VcG WT/WE: Ja

18-Loch Greenfee WT/WE: EUR 55/65

(Greenfee-Preise können je nach DGV-Ausweiskennzeichnung abweichen)

2:1

Platzcharakteristik:

Die Mosel mit ihrer wunderschönen und unverwechselbaren Landschaft hat auf dem Hochplateau oberhalb von Cochem bzw. Ediger-Eller am Rande eines Ferienparks eine herrliche Golfanlage zu bieten. Die Golfanlage Cochem verfügt über einen 18-Loch-Championship Course (Par 72) sowie einen 9-Loch-Executive Course (Par 31), der auch ohne Platzreife und DGV-Mitgliedschaft gespielt werden darf. Der großzügige und moderne Übungsbereich besteht aus einer Driving Range mit über 50 Abschlagsplätzen, von denen 30 überdacht sind, die abends zum Teil mit Flutlicht beleuchtet werden.

Pro-Shop » Basic « | Level | Kurzpl.

GolfPost 4,5/5

RPF/SA

DGV-NR. 5505

GOLF-CLUB WESTERWALD E.V.

Steinebacher Straße
57629 Dreifelden
Tel. 02666 8220
sekretariat@gc-westerwald.de
www.golfclub-westerwald.de

Dining Range
Tel. 02666 8200
dining-range@t-online.de
Ruhetag: montags

Löcheranzahl: 18
Gegründet: 1979
Höhe: 400 m
H: 6035 m, CR 72,1, SL 136, Par 72
D: 5212 m, CR 73,2, SL 132, Par 72

Saison: ganzjährig
Mindest-HCP WT/WE: 54/36
Anmeldung WT/WE: Ja
Mitgl.-begl. WT/WE: Nein
VcG WT/WE: Ja

18-Loch Greenfee WT/WE: EUR 50/60

(Greenfee-Preise können je nach DGV-Ausweiskennzeichnung abweichen)

Platzcharakteristik:

Wo sich schon Kelten, Germanen und Franken zuhause fühlten, in einer der traditionsreichsten und bekanntesten Kulturregionen Deutschlands, wurde im Jahr 1979 der Golf-Club Westerwald gegründet.

Wohltuende Ruhe, prächtige Landschaft, eine artenreiche Tierwelt, der alte Baumbestand und der idyllische Ausblick auf den Dreifelder Weiher lassen jede Golfrunde zu einem besonderen Erlebnis werden.

Auf den anspruchsvollen und abwechslungsreichen Bahnen des Par-72-Meisterschaftsplatzes in Dreifelden können Golfanhänger das gesamte Spektrum ihres Sports ausleben.

Pro-Shop » Basic « | Level | Kurzpl.

GolfPost 5,0/5

RPF/SA

DGV-NR. 9904

GC HOMBURG/SAAR WEBSWEILER HOF E.V.

Römerstr. 94
66424 Homburg
Tel. 068 41777760
info@golfsaar.de
www.golfsaar.de
Websweiler Hof
Tel. 06841 79636
websweilerhof@web.de
Ruhetag: montags
Küche regional

Löcheranzahl: 18
Gegründet: 1990
Höhe: 345 m
H: 6104 m, CR 71,9, SL 129, Par 72
D: 5195 m, CR 72,5, SL 126, Par 72

Saison: ganzjährig
Mindest-HCP WT/WE: 54
Anmeldung WT/WE: Nein
Mitgl.-begl. WT/WE: Nein
VcG WT/WE: Ja

18-Loch Greenfee WT/WE: EUR 55/65

(Greenfee-Preise können je nach DGV-Ausweiskennzeichnung abweichen)

Platzcharakteristik:

Die 98 ha große Anlage zeichnet sich durch die außergewöhnlich großzügigen Übungseinrichtungen und die gelungene Integration in die vorhandenen natürlichen Landschaftsgegebenheiten aus. In teilweise hügeligem Gelände gelegen, fordern die ersten 9 Loch taktisches und präzises Spiel. Auf dem zweiten, hochgelegenen Teil der Anlage ist der Wind ein steter Begleiter und erzwingt eine andere Spielweise.

Pro-Shop » Large « · Level · Kurzpl.

GolfPost 4,0/5

DGV-NR. 9902

GOLF-CLUB KATHARINENHOF E.V.

Katharinenhof
66453 Gersheim-Rubenheim
Tel. 06843 8797
verwaltung@golfclub-katharinenhof.de
www.golfclub-katharinenhof.de
Restaurant im Clubhaus
Tel. 06843 901834
zpetrovic@gmx.de
Ruhetag: montags, Di-So 11-22 Uhr

Löcheranzahl: 18
Gegründet: 1982
Höhe: 380 m
H: 5538 m, CR 70,5, SL 133, Par 71
D: 4641 m, CR 70,3, SL 125, Par 71

Saison: ganzjährig
Mindest-HCP WT/WE: 54
Anmeldung WT/WE: Nein
Mitgl.-begl. WT/WE: Nein
VcG WT/WE: Ja

18-Loch Greenfee WT/WE: EUR 60/80

(Greenfee-Preise können je nach DGV-Ausweiskennzeichnung abweichen)

RPF/SA

2:1

Platzcharakteristik:

Die Anlage des Golfclub Katharinenhof ist sehr weitläufig und großzügig zwischen Wiesen und Wäldern angelegt. Von den meisten Stellen des Platzes eröffnet sich dem Spieler eine weite Sicht bis nach Frankreich hinein.

Zahlreiche Hügel und Schräglagen und auch die welligen Fairways machen den Platz trotz der breiten Fairways zu einer Herausforderung, auch für bessere Golfer.

Pro-Shop » Basic « · Level · Kurzpl.

GolfPost 5,0/5

DGV-NR. 5512

ERSTER GC WESTPFALZ SCHWARZBACHTAL E.V.

Hitscherhof
66509 Rieschweiler-Mühlbach
Tel. 06336 6442
egw@golf.de
www.gcwestpfalz.de
Restaurant im Golfclub
Tel. 0177 8745086
Ruhetag: montags
(von November - März)

Löcheranzahl: 18
Gegründet: 1988
Höhe: 340 m
H: 5715 m, CR 70,7, SL 135, Par 72
D: 5038 m, CR 72,7, SL 134, Par 72

Saison: ganzjährig
Mindest-HCP WT/WE: 54
Anmeldung WT/WE: Nein/Ja
Mitgl.-begl. WT/WE: Nein
VcG WT/WE: Ja

18-Loch Greenfee WT/WE: EUR 60/80

(Greenfee-Preise können je nach DGV-Ausweiskennzeichnung abweichen)

Platzcharakteristik:

An den Ausläufern der Sickinger Höhe erstreckt sich das 76 ha große Gelände, harmonisch in die hügelige Landschaft des Pfälzer Waldes integriert. Mit dem Abschluss der Umbaumaßnahmen, vor allem auf den Bahnen 10 - 18 präsentiert sich nun ein Platz von herausragender Qualität. Große Wasserflächen, verbunden durch Bachläufe mit Wasserfällen, wurden neu geschaffen. Alle Bunker sind gut sichtbar, blinde Abschläge wurden eliminiert. Die Herausforderungen durch Bunker, Wasserhindernisse, Teiche und Schräglagen fordern sportlich ambitionierte Golfer zu strategischen Spiel heraus. Genussgolfer werden den hervorragenden Pflegezustand des Platzes, die saftigen Fairways und sehr gepflegten Grüns zu schätzen wissen und das Spiel ohne Straßenlärm genießen.

Pro-Shop » Basic « | Level | Kurzpl.

GolfPost 4,8/5

DGV-NR. 9906

WENDELINUS GOLFPARK ST. WENDEL

Golfparkallee 1
66606 St Wendel / Saar
Tel. 068 51-979800
stwendel@golf-absolute.de
www.golf-absolute.de
Angels das Hotel am Golfpark
Tel. 06851 999000
reservierung@angels-hotels.de
www.angels-dashotel.de

Löcheranzahl: 27
Gegründet: 2003
Platz A
H: 2993 m, D: 2517 m, Par 36
Platz B
H: 3015 m, D: 2505 m, Par 36
Platz C
H: 3250 m, D: 2601 m, Par 36

Saison: ganzjährig
Mindest-HCP WT/WE: 54
Anmeldung WT/WE: Ja
Mitgl.-begl. WT/WE: Nein
VcG WT/WE: Ja

18-Loch Greenfee WT/WE: EUR 60/80

(Greenfee-Preise können je nach DGV-Ausweiskennzeichnung abweichen)

Platzcharakteristik:

Die 27/9-Loch-Golfanlage bei St. Wendel im Saarland bietet die Faszination und sportliche Herausforderung typischer Golfwelten aus Irland, England, Kanada und Florida. Parklandschaften, Berg- und Waldbahnen sowie Links Courses und Floridastyling machen den Besuch zu einem besonderen Erlebnis.

Pro-Shop » Large « | Level | Kurzpl.

GolfPost 4,9/5

DGV-NR. 9905

GOLFCLUB BOSTALSEE E.V.

Heidehof 3
66625 Nohfelden
Tel. 06852 991470
info@golfpark-bostalsee.de
www.golfpark-bostalsee.de

Tel. 06852 802269
www.no.10.golfpark-bostalsee.de

Löcheranzahl: 18
Gegründet: 1998
Höhe: 450 m
H: 6148 m, CR 72,0, SL 132, Par 72
D: 4946 m, CR 70,7, SL 123, Par 72

Saison: März-November
Mindest-HCP WT/WE: 54
Anmeldung WT/WE: Ja
Mitgl.-begl. WT/WE: Nein
VcG WT/WE: Ja

18-Loch Greenfee WT/WE: EUR 45/50

(Greenfee-Preise können je nach DGV-Ausweiskennzeichnung abweichen)

Platzcharakteristik:

Ab der Saison 2022 eröffnet der neue 18-Loch-Golfpark Bostalsee im Sankt Wendeler Land. Auf 55 Hektar hügeligem Wald und vielen Wiesen entsteht ein spieltechnisch anspruchsvoller Golfplatz mit Clubhaus, Driving Range, Putting- und Chipping Green, Indoor-Golfanlage sowie einer Golf-Akademie für Jung und Alt. Neun neue und neun komplett überarbeitete Spielbahnen winden sich an Obstbäumen, Bachläufen, kleinen Seen und kreativ präparierten Hindernissen vorbei. Charakteristisch für den Golfplatz sind die unglaublich ruhige Landschaft des angrenzenden Nationalparks und der Wechsel zwischen friedlicher Atmosphäre und spielerischer Herausforderung.

Pro-Shop » Basic « | Level | Kurzpl.

GolfPost 5,0/5

DGV-NR. 9903

GOLFCLUB WEIHERHOF E.V.

In den Weihern 21
66687 Wadern - Nunkirchen
Tel. 06874 186980
info@golfpark-weiherhof.info
www.golfpark-weiherhof.com

Weiherhof
Tel. 06874 1869818
restaurant@golfpark-weiherhof.de

Löcheranzahl: 27
Gegründet: 2000
Höhe: 312 m
Platzkombination A+B
H: 5161 m, CR 67,9, SL 131, Par 71
D: 4341 m, CR 68,2, SL 125, Par 71
Platzkombination A+C
H: 5365 m, CR 69,4, SL 136, Par 71
Platzkombination B+C
H: 5632 m, CR 70,7, SL 141, Par 72

Saison: ganzjährig
Mindest-HCP WT/WE: 54
Anmeldung WT/WE: Ja
Mitgl.-begl. WT/WE: Nein
VcG WT/WE: Ja

18-Loch Greenfee WT/WE: EUR 50/60

(Greenfee-Preise können je nach DGV-Ausweiskennzeichnung abweichen)

Platzcharakteristik:

Seit dem 25. September 2011 besitzt der Golfpark Weiherhof offiziell eine 18-Loch Anlage. Diese wurde im Jahr 2018 auf 27-Loch erweitert und im Sommer 2019 eröffnet. Mit höchsten Ansprüchen wurde ein Golfcourse geschaffen, der sportlich anspruchsvolles Spiel verlangt und den Golfer gleichzeitig mit seiner atemberaubenden Landschaftsgestaltung in seinen Bann zieht.

Um diesen Einklang mit der Natur und den einzigartigen Pflegezustand beizubehalten, wird unsere Anlage von unseren professionellen Mitarbeitern mit viel Liebe zur Arbeit, Engagement und Sinn für Ästhetik gehegt und umsorgt.

Pro-Shop » Basic « | Level | Kurzpl.

GolfPost 5,0/5

RPF/SA

DGV-NR. 9901

GOLFCLUB SAARBRÜCKEN E.V.

Oberlimberger Weg
66798 Wallerfangen
Tel. 06837 44480-0
info@golfclub-saarbruecken.de
www.golfclub-saarbruecken.de

Golfrestaurant
Tel. 06837 444 8025

Löcheranzahl: 18
Gegründet: 1961
Höhe: 360 m
H: 5971 m, CR 72,3, SL 131, Par 72
D: 5015 m, CR 72,3, SL 130, Par 72

Saison: März-Dezember
Mindest-HCP WT/WE: 54
Anmeldung WT/WE: Ja
Mitgl.-begl. WT/WE: Nein
VcG WT/WE: Ja

18-Loch Greenfee WT/WE: EUR 60/70

(Greenfee-Preise können je nach DGV-Ausweiskennzeichnung abweichen)

2:1

Platzcharakteristik:

Der vom bekannten Golfplatzarchitekten Donald Harradine gut durchdachte Platz liegt auf einem 340 m hohen Plateau des Saargaus. Aufgrund seines über 40 jährigen Bestehens ist der Platz von altem Baumbestand optisch sehr reizvoll geprägt. Spieltechnisch ist der Platz eine Herausforderung und erfordert ein präzises Spiel.

Pro-Shop » Basic «

Level

Kurzpl.

GolfPost
4,0/5

DGV-NR. 5527

GOLF-CLUB KURPFALZ E.V.

Kohlhof 9
67117 Limburgerhof
Tel. 06236 479494
info@golfpark-kurpfalz.de
www.golfpark-kurpfalz.de

La Maison chez Kudi
Tel. 06236 479490
www.restaurant-lamaison.de

Löcheranzahl: 27
Gegründet: 1995
Höhe: 100 m
18-Loch Meisterschaftsplatz
H: 6132 m, CR 72,2, SL 132, Par 72
D: 5435 m, CR 74,1, SL 128, Par 72
Öffentlicher 9-Loch Platz
H: 5752 m, CR 69,3, SL 124, Par 70
D: 5026 m, CR 70,7, SL 115, Par 70

Saison: ganzjährig
Mindest-HCP WT/WE: 54/45
Anmeldung WT/WE: Ja
Mitgl.-begl. WT/WE: Nein
VcG WT/WE: Ja

18-Loch Greenfee WT/WE: EUR 60/80

(Greenfee-Preise können je nach DGV-Ausweiskennzeichnung abweichen)

Platzcharakteristik:

Die Anlage bietet auf 110 ha ein 86.000 qm großes Golfodrom, eine öffentliche 9-Loch-Anlage und einen 18-Loch-Meisterschaftsplatz. "Öffentliches Golf für Jedermann" und "Golfen im Club" werden nebeneinander angeboten. Das Golfodrom mit über 100 Abschlägen (z.T. überdacht/beheizt), zwei Putting- und Chipping-Greens, ein Wassergrün und ein Pitching-Green lassen Abschläge aus allen Himmelsrichtungen zu und bieten ideale Trainingsbedingungen.

Pro-Shop » Large «

Level

Kurzpl.

GolfPost
4,8/5

RPF/SA

DGV-NR. 5523

GOLFCLUB DEUTSCHE WEINSTRASSE E.V.

GMVD MEMBER

Kirchheimer Str. 40
67273 Dackenheim
Tel. 06353 989212
dackenheim@golf-absolute.de
www.golf-absolute.de/dackenheim/

Golfgarten Dackenheim
Tel. 06353 989210
www.golfgarten-restaurant.de

Löcheranzahl: 27
Gegründet: 1995
Höhe: 160 m
Platz A+B (18 Loch)
H: 5371 m, CR 68,0, SL 128, Par 70
D: 4418 m, CR 68,1, SL 119, Par 70
Platz C (9 Loch)
H: 2761 m, Par 34
D: 2277 m, Par 34

Saison: ganzjährig
Mindest-HCP WT/WE: 54
Anmeldung WT/WE: Ja
Mitgl.-begl. WT/WE: Nein
VcG WT/WE: Ja

18-Loch Greenfee WT/WE: EUR 60/80

(Greenfee-Preise können je nach DGV-Ausweiskennzeichnung abweichen)

Platzcharakteristik:

Das Gelände des Golfgartens liegt im Tal zwischen Dackenheim und Kirchheim und wird nach drei Seiten von Weinbergen begrenzt. Der Course führt direkt durch die farbenprächtige Reblandschaft und die engen Fairways verlaufen größtenteils entlang, aber auch durch die Dackenheimer Weinreben und Obstbäume. Zusätzlich stellen die vielfältig gestalteten Bunker und Wasserhindernisse den Golfspielern immer wieder neue und interessante Aufgaben.

Pro-Shop » Basic « | Level | Kurzpl.

GolfPost 4,3/5

DGV-NR. 5507

GOLF-CLUB PFALZ NEUSTADT A.D. WEINSTRASSE E.V.

GMVD MEMBER

Im Lochbusch
67435 Neustadt a.d. Weinstraße
Tel. 06327 97420
info@gc-pfalz.de
www.gc-pfalz.de

Grünwedels im GC Pfalz
Tel. 06327 4663
Ruhetag: montags
Inh. D. Grünwedel

Löcheranzahl: 18
Gegründet: 1970
Höhe: 150 m
H: 6051 m, CR 72,4, SL 136, Par 73
D: 5298 m, CR 73,8, SL 128, Par 73

Saison: ganzjährig
Mindest-HCP WT/WE: 36
Anmeldung WT/WE: Nein
Mitgl.-begl. WT/WE: Nein/Ja
VcG WT/WE: Ja

18-Loch Greenfee WT/WE: EUR 85/110

(Greenfee-Preise können je nach DGV-Ausweiskennzeichnung abweichen)

Platzcharakteristik:

Der Golfplatz liegt am Rande des Pfälzer Waldes auf einem ebenen, typisch südpfälzischen, naturbelassenen Gelände. Wald und Wiesen, Wasserläufe und Teiche, Bunker und Rough stellen hohe Anforderungen an das golferische Können. Die Par 4-Löcher erfordern Länge und Genauigkeit der Schläge. Strategisch sehr gut angeordnete Bunker erhöhen den spielerischen Reiz dieses Platzes. Während der Runde bieten sich sehenswerte Aussichten auf das bergige Land.

Pro-Shop » Large « | Level | Kurzpl.

GolfPost 4,5/5

RPF/SA

DGV-NR. 5531

GOLFCLUB WORMS E.V.

Gernsheimer Fahrt
67580 Hamm
Tel. 06246 907226
info@gc-worms.de
www.gc-worms.de
Clubrestaurant
Tel. 06246 9061
Ruhetag: montags

Löcheranzahl: 9
Gegründet: 1978
Höhe: 90 m
H: 6064 m, CR 71,1, SL 120, Par 72
D: 5010 m, CR 70,5, SL 119, Par 72

Saison: ganzjährig
Mindest-HCP WT/WE: PR
Anmeldung WT/WE: Ja
Mitgl.-begl. WT/WE: Nein
VcG WT/WE: Ja

Tages-Greenfee WT/WE: EUR 40
9-Loch-Greenfee WT/WE: EUR 25

(Greenfee-Preise können je nach DGV-Ausweiskennzeichnung abweichen)

2:1

Platzcharakteristik:

Der Golfclub Worms ist ein kleiner, familiärer Golfclub mit einer lockeren Atmosphäre - sehr gastfreundlich und unkompliziert. Breite, ebene und übersichtliche Fairways, die weiträumig voneinander entfernt liegen, sind sehr anfängerfreundlich. Die Doglegs, Wasserhindernisse, Bunker und fein modellierten Greens fordern dagegen erfahrene Golfer heraus. Hier wird nach dem Motto Sport/Erholung/Aktivitäten gelebt und gespielt!

Unsere treuen Spieler (Mitglieder sowie Gäste) lassen es uns täglich wissen, welch wunderschöne Golfanlage hier am Rhein gelegen ist.

Pro-Shop » Basic « · Level · Kurzpl.

GolfPost 4,0/5

DGV-NR. 5526

GOLFCLUB BARBAROSSA E.V. KAISERSLAUTERN

Am Hebenhübel
67686 Mackenbach
Tel. 06374 994633
info@golfclub-barbarossa.de
www.Golfclub-Barbarossa.de
Tel. 06374 9924720
www.bistrorante-rough.com

Löcheranzahl: 18
Gegründet: 1996
Höhe: 275 m
H: 5998 m, CR 71,4, SL 124, Par 74
D: 5190 m, CR 73,0, SL 125, Par 74

Saison: März-Oktober
Mindest-HCP WT/WE: 54
Anmeldung WT/WE: Ja
Mitgl.-begl. WT/WE: Nein
VcG WT/WE: Ja

18-Loch Greenfee WT/WE: EUR 55/70

(Greenfee-Preise können je nach DGV-Ausweiskennzeichnung abweichen)

2:1

Platzcharakteristik:

Die Anlage des GC Barbarossa breitet sich nordwestl. von Kaiserslautern auf über 300 m Höhe über ein 80 ha großes Areal aus. Der in einem sanft hügeligen Gelände gelegene Platz gewährt einen herrlichen Ausblick nach Süden auf die Ausläufer des Pfälzer Waldes und die Sickinger Höhe. Die Bahnen werden durch den Bachlauf in Verbindung mit einem Feuchtbiotop getrennt. Präzises Spiel ist gefragt.

Pro-Shop » Large « · Level · Kurzpl.

GolfPost 4,3/5

RPF/SA

DGV-NR. 5542

GOLFPLATZ PFÄLZERWALD

Auf dem Aspen 60
67714 Waldfischbach-Burgalben
Tel. 06333 279603
info@golfplatz-pfaelzerwald.de
www.golfplatz-pfaelzerwald.de

Restaurant Palatina
Tel. 06333 9938264
restaurant@golfplatz-pfaelzerwald.de
regionale und internationale Küche

Löcheranzahl: 18
Gegründet: 2018
Höhe: 290 m
H: 5885 m, CR 70,5, SL 125, Par 72
D: 5004 m, CR 71,0, SL 120, Par 72

Saison: ganzjährig
Mindest-HCP WT/WE: 54
Anmeldung WT/WE: Ja
Mitgl.-begl. WT/WE: Nein
VcG WT/WE: Ja

18-Loch Greenfee WT/WE: EUR 55/70

(Greenfee-Preise können je nach DGV-Ausweiskennzeichnung abweichen)

2:1

Platzcharakteristik:

Mitten in der herrlichen Naturlandschaft des Pfälzerwalds liegt die Anlage des Golfplatz Pfälzerwald. Harmonisch in die Kulisse der umgebenden Hügel und Täler eingefügt, ist der 18-Loch Meisterschaftsplatz (Par 72) mit leicht hügeligen, abwechslungsreich gestalteten Fairways und anspruchsvollen Grüns eine Herausforderung für ambitionierte Golfspieler-Innen. Kurze Wege von den Grüns zum nächsten Abschlag tragen zu einer angenehmen, entspannten Golfrunde bei. Alles zusammen ergibt Golfvergnügen pur auf hohem sportlichem Niveau. Anfängern und Fortgeschrittenen steht eine Driving-Range mit 11 überdachten und 20 offenen Abschlagplätzen, großem Putting-Green und Pitching-Area zur Verfügung.

Pro-Shop » Basic « | Level | Kurzpl.

GolfPost 4,0/5

DGV-NR. 5517

GOLFCLUB AM DONNERSBERG E.V.

Röderhof 3b
67725 Börrstadt
Tel. 06357 96094
info@golfamdonnersberg.de
www.gcdonnersberg.de

Landgasthof Röderhof
Tel. 06357 509166

Löcheranzahl: 18
Gegründet: 1990
Höhe: 300 m
H: 6018 m, CR 71,4, SL 122, Par 72
D: 5276 m, CR 73,0, SL 122, Par 72

Saison: März-November
Mindest-HCP WT/WE: 54/36
Anmeldung WT/WE: Nein/Ja
Mitgl.-begl. WT/WE: Nein
VcG WT/WE: Ja

18-Loch Greenfee WT/WE: EUR 55/70

(Greenfee-Preise können je nach DGV-Ausweiskennzeichnung abweichen)

Platzcharakteristik:

Der teilweise von Wald umgebene Golfplatz liegt am Südhang des Donnersberges. Ein Höhenunterschied von ca. 50 m muss zweimal überwunden werden. Die Spielbahnen sind abwechslungsreich konzipiert und hervorragend in die Landschaft eingebettet. Große Grüns und schöne Sand- und Wasserhindernisse verlangen präzises Spiel und lassen den Platz zu einem besonderen Erlebnis werden.

Pro-Shop » Basic « | Level | Kurzpl.

GolfPost 4,0/5

RPF/SA

DGV-NR. 5520

GC LANDGUT DREIHOF SÜDLICHE WEINSTRASSE E.V.

Am Golfplatz 1
76879 Essingen
Tel. 06348 4282
landau-essingen@golf-absolute.de
www.golf-absolute.de/landau-essingen

Restaurant "El Toro"
info@eltoro-landau.de
www.eltoro-landau.de

Löcheranzahl: 27
Gegründet: 1993
Höhe: 100 m
A+B-Course (18 Loch)
H: 6052 m, CR 71,2, SL 124, Par 72
D: 5322 m, CR 72,9, SL 125, Par 72
A+C-Course (18 Loch)
H: 5887 m, CR 70,9, SL 126, Par 72
D: 5067 m, CR 71,9, SL 125, Par 72

Saison: ganzjährig
Mindest-HCP WT/WE: 54
Anmeldung WT/WE: Ja
Mitgl.-begl. WT/WE: Nein
VcG WT/WE: Ja

18-Loch Greenfee WT/WE: EUR 60/90

(Greenfee-Preise können je nach DGV-Ausweiskennzeichnung abweichen)

Platzcharakteristik:

Begrenzt durch Waldgebiet ist die 27-Loch-Meisterschaftsanlage mit 9-Loch öffentlichem Kurzplatz idyllisch in ein 95 ha großes Areal eingebettet. Die großzügig angelegten Abschläge und Spielbahnen, sowie Sand- und Wasserhindernisse (ca. 70.000 qm) lassen zusammen mit den herausfordernd platzierten Greens Golfen am Dreihof zu einem Erlebnis werden. Die Nähe zum Pfälzer Wald und zur Südlichen Weinstraße lädt zusätzlich zum Verweilen ein.

Pro-Shop » Large « Level Kurzpl.

GolfPost 4,8/5

RPF/SA

Baden-Württemberg
Wertheim
Tauberbischofsheim
7731
Walldürn
Lauda-Königshofen
7814
Buchen
Bad Mergentheim
7707
Mannheim
7738
7772
Weinheim
Ludwigs-Hfn.
7792
Schriesheim
Eberbach
Heidelbg.
Neckargemünd
7716
Mosbach
7765
7723
Leimen
7732
Wiesloch
Walldorf
St. Leon-Rot
Sinsheim
Bad Rappenau
7746
7717
Künzelsau
Waghäusel
7766
Philippsbg.
Graben-Neudorf
Bad Schönborn
Östringen
7756
Bad Friedrichshall
Neckarsulm
Öhringen
Ubstadt-Weiher
7744
Eppingen
Heilbronn
Weinsberg
Bretzfeld
Linkenhm.-Hochst.
Eggenstn.-Leopoldshfn.
Bruchsal
Kraichtal
7802
Schwaigern
7804
Obersulm
Schwäbisch Hall
7757
Stutensee
Oberderdingen
Bretten
Brackenheim
7729
Karlsruhe
Pfinztal
7753
7721
7755
7748
Rheinstetten
7752
7809
7763
7815
Besigheim
Sachsenhm.
Bietighm.-Biss.
Freiberg
Steinhm.
Murrhardt
Gaildorf
Durmershm.
Ettlingen
Remchingen
7793
Mühlacker
Marbach
Backnang
Waldbronn
Karlsbad
Malsch
Niefern-Öschelbronn
Vaihingen
Tamm
7745
Ludwigsbg.
Rastatt
Birkenfeld
Pforzhm.
Asperg
Möglgn.
Remseck
Rudersberg
Welzheim
7760
7736
7754
7728
Winnenden
7701
Straubenhardt
7705
Rutesheim
Ditzingen
7808
Weinst.
Schwäbisch
Gaggenau
Fellbach
Kernen
7704
Sinzheim
7702
Baden-Baden
Gernsbach
7706
Leonberg
Renningen
Stuttgart
Schorndf.
Lorch
7712
Esslingen
Bühl
Bad Wildbad
Calw
Weil d. Stadt
Sindelfgn.
Ostfildern
Plochingen
Ebersbach
Göppingen
7773
Rheinau
Leinfdn.-Echterdgn.
7713
Achern
Böblingen
Schönaich
Neuhsn.
7761
Wernau
Uhingen
Eislingen
Süßen
Wildberg
Altensteig
Gärtringen
Holzgerlgn.
Filderstadt
Kirchheim
7775
7739
7800
Kehl
7779
7735
Weil i. Sch.
Nürtingen
Oberkirch
Nagold
Herrenberg
Ammerbuch
7785
Metzingen
Baiersbronn
7758
Laichingen
Offenburg
Freudenstadt
Tübingen
Reutlingen
Bad Urach
Gengenbach
7711
Horb
Rottenburg
7795
Pfullingen
Blaubeuren
7781
Friesenhm.
Sulz
Mössingen
7725
Münsingen
Lahr
7724
7778
Haigerloch
7715
Hechingen
7764
Oberndorf
Burladingen
Ehingen
Erbach
Ettenheim
Balingen
7790
Schramberg
7784
Albstadt
7787
Rottweil
Meßstetten
Teningen
Emmendingen
7714
St. Georgen
7741
Riedlingen
Denzlingen
Waldkirch
Villingen-Schwenningen
Sigmaringen
Trossingen
Spaichingen
Gundelfingen
7749
Breisach
Bad Dürrheim
Mengen
Bad Saulgau
Biberach
7743
Freiburg
7710
Donaueschingen
7709
7767
Tuttlingen
7708
7780
Titisee-Neustadt
Pfullendorf
Aulendorf
Bad Krozingen
Feldberg
Bad Waldsee
Blumberg
Engen
Stockach
Müllheim
7740
7747
7703
Neuenburg
7770
7774
7762
Weingarten
7734
Singen
Radolfzell
7720
Überlingen
7737
Salem
Ravensburg
7783
7719
Markdorf
Rielasingen-Worblingen
Meckenbeuren
Steinen
7797
Konstanz
Friedrichshafen
Tettnang
Weil
Lörrach
Schopfhm.
Wehr
7726
Waldshut-Tiengen
Grenzach-Wyhlen
Rheinfelden
Bad Säckingen
7810
7742
Basel
Koblenz
Wiesbaden
Mainz
Frankfurt
Offenbach
Darmstadt
Aschaffenbg.
Worms
Kaiserslautern
Speyer
Strasbourg
Colmar
Zürich
Winterthur
St. Gallen
Rhein
Neckar
Donau
Bodensee

BADEN WÜRTTEMBERG

DGV -Nr.	CLUB-Name	Seite
7701	Golf- und Landclub Haghof e.V.	281
7702	Golf Club Baden-Baden e.V.	293
7703	Rhein-Golf-Club Badenweiler e.V.	303
7704	Baden Hills Golf und Curling Club e.V.	296
7705	Golf-Club Bad Herrenalb e.V.	292
7706	Golfclub Bad Liebenzell e.V.	291
7707	Golf-Club Bad Mergentheim e.V.	311
7708	Fürstlicher Golfclub Oberschwaben e.V.	308
7709	Land- und Golfclub Öschberghof	298
7710	Freiburger Golfclub e.V.	300
7711	Golf-Club Freudenstadt e.V.	274
7712	Golfclub Hetzenhof e.V.	281
7713	Golf-Club Hohenstaufen e.V.	278
7714	Golfclub Gütermann Gutach e.V.	301
7715	Golf Club Hechingen-Hohenzollern e.V.	276
7716	Golfclub Heidelberg-Lobenfeld e.V.	289
7717	Golf-Club Heilbronn-Hohenlohe e.V.	286
7718	Golf-Club Hochstatt Härtsfeld-Ries e.V.	280
7719	Golfclub Markgräflerland Kandern e.V.	302
7720	Golf-Club Konstanz e.V.	299
7721	Golf- und Landclub Schloß Liebenstein	282
7723	Golf Club Rheintal e.V.	268
7724	Golf-Club Ortenau e.V.	297
7725	Golfclub Reutlingen-Sonnenbühl e.V.	277
7726	Golfclub Rickenbach e.V.	305
7728	Golfclub Neckartal e.V.	270
7729	Golfclub Schwäbisch Hall e.V.	286
7730	Golf Club Ulm e.V.	310
7731	Golfclub Glashofen-Neusaß e.V.	287
7732	Golfanlagen Hohenhardter Hof	269
7733	Golfclub Reischenhof e.V.	309
7734	Golfclub Obere Alp e.V.	305
7735	Golfclub Schönbuch e.V.	271
7736	Stuttgarter Golf-Club Solitude e.V.	272
7737	Golfclub Owingen Überlingen e.V.	310
7738	Golfclub Mannheim-Viernheim 1930	266
7739	Golfers Club Bad Überkingen e.V.	280
7740	Golf Club Schloss Langenstein e.V.	299
7741	Golfclub Königsfeld e.V.	297
7742	Golfclub Rheinblick e.V.	306
7743	Golfclub Tuniberg e.V.	300
7744	Golf Resort Heitlinger Tiefenbach	294
7745	Golfclub Schloß Monrepos e.V.	272
7746	Golfclub Bad Rappenau e.V.	288
7747	Golfclub Steisslingen e.V.	298
7748	Oberrot-Frankenberg GmbH & Co. KG	284
7749	Golf-Club Sigmaringen Zollern-Alb e.V.	276
7750	Golf & Country Club Grafenhof e.V.	285
7751	Golfoase Pfullinger Hof e.V.	282
7752	Golfclub Hofgut Scheibenhardt e.V.	291
7753	Golf-Club Cleebronn e.V.	284
7754	Nippenburg Golfclub GmbH	273
7755	Golfclub Marhördt Betriebsgesellschaft	285
7756	Golfclub Sinsheim Buchenauerhof e.V.	288
7757	Golfclub Bruchsal e.V.	294
7758	Golfclub Domäne Niederreutin e.V.	271
7760	Golfclub Altrhein e.V.	293
7761	Golfclub Kirchheim-Wendlingen e.V.	279
7762	Golfclub Ravensburg e.V.	308
7763	Golfclub Johannesthal e.V.	289
7764	Golfclub Alpirsbach e.V.	275
7765	Golfclub Kaiserhöhe e.V.	287
7766	GC St. Leon-Rot Betriebsgesellschaft	267
7767	Green-Golf Bad Saulgau GbR	307
7770	Golf-Club Schönau	304
7772	Golfclub Heddesheim Gut Neuzenhof	268
7773	Golfclub Göppingen e.V.	278
7774	Golfclub Rochushof Deggenhausertal	309
7775	Golfclub Teck e.V.	279
7778	Golfclub Gröbernhof e.V.	295
7779	Golfclub Urloffen e.V.	296
7780	Golfclub Hochschwarzwald e.V.	306
7781	Golfclub Schloss Weitenburg	274
7783	Drei Thermen Golfresort	302
7784	Europa-Park Golfclub Breisgau e.V.	301
7785	Golf Club Hammetweil	277
7787	Golf-ER Schwaben GmbH & Co. KG	275
7790	Golfclub Donau-Riss e.V.	311
7792	Golfclub Mannheim e.V.	266
7793	Golf you up GmbH	290
7795	Golfclub Schloss Kressbach	273
7797	Golfanlage Schopfheim	303
7800	Golfanlage Birkenhof	295
7804	Public Golf Talheimer Hof	283
7808	Citygolf e.V.	270
7809	Golfpark Karlsruhe Gut Batzenhof	292
7810	Golfpark Bad Säckingen	304
7814	Golfclub Mudau GmbH	269
7815	Karlshäuser Hof Golf Pforzheim	290

(Die rot hinterlegten Clubs nehmen an der Köllen Golf Gutschein-Aktion teil)

DGV-NR. 7792

GOLFCLUB MANNHEIM E.V.

Rheingoldstraße 215
68199 Mannheim
Tel. 0621 851720
mannheim@golf-absolute.de
www.golf-absolute.de

Löcheranzahl: 9
Gegründet: 2006
H+D: 516 m, Par 27

Saison: ganzjährig
Mindest-HCP WT/WE: ohne PR
Anmeldung WT/WE: Nein
Mitgl.-begl. WT/WE: Nein
VcG WT/WE: Ja

9-Loch Greenfee WT/WE: EUR 20/25

(Greenfee-Preise können je nach DGV-Ausweiskennzeichnung abweichen)

Platzcharakteristik:

Der Golfclub Mannheim an der Rheingoldhalle liegt Citynah und dennoch in der Natur und im Grünen. Ein Golfübungsgelände mit einem romantischen 9-Loch Platz, einer Driving Range inkl. Pitch & Chipp & Puttinggreen befinden auf rund 60.000 qm. Die Anlage ist mit einer modernen Flutlichtanlage ausgestattet und ganzjährig bis 21:00 Uhr bespielbar.

Pro-Shop Level Kurzpl.

GolfPost 3,6/5

DGV-NR. 7738

GOLFCLUB MANNHEIM-VIERNHEIM 1930 E.V.

Alte Mannheimer Str. 5
68519 Viernheim
Tel. 06204 60700
info@gcmv.de
www.gcmv.de
GCMV Restaurations GmbH
Tel. 06204 607020
helmut.rudzinski@googlemail.com
Ruhetag: montags

Löcheranzahl: 18
Gegründet: 1930
Höhe: 95 m
H: 6172 m, CR 72,5, SL 130, Par 72
D: 5307 m, CR 73,6, SL 125, Par 72

Saison: ganzjährig
Mindest-HCP WT/WE: 54
Anmeldung WT/WE: Nein
Mitgl.-begl. WT/WE: Nein
VcG WT/WE: Ja

18-Loch Greenfee WT/WE: EUR 50/60

(Greenfee-Preise können je nach DGV-Ausweiskennzeichnung abweichen)

Platzcharakteristik:

Teilweise vom Käfertaler-Wald umgeben, ist dieser eher flache Platz von vielen alten Bäumen und Baumgruppen sowie die Anlage von Teichen geprägt. Einige Bahnen sind in den Wald eingebettet und geben dem Platz seinen besonderen Reiz. Im Ballungsraum Hessen/Baden-Württemberg zählt er zu den beliebtesten Plätzen. Die Terrasse des Clubhauses bietet einen guten Blick auf die Bahn 18.

Pro-Shop » Large « Level Kurzpl.

GolfPost 4,3/5

BW

DGV-NR. 7766

GOLFCLUB ST. LEON-ROT

Opelstraße 30
68789 St. Leon-Rot
Tel. 06227 86080
info@gc-slr.de
www.gc-slr.de

Ace of Clubs & Carpe Diem
Tel. 06227 8608110
gastro@gc-slr.de
www.aceofclubs.de
öffentlich

Löcheranzahl: 45
Gegründet: 1996
Höhe: 108 m
Rating „Course Rot"
H: 6.047 m, CR-Wert 72,0, Slope 138
D: 5.329 m, CR-Wert 74,0, Slope 136
Rating „Course St. Leon"
H: 6.178 m, CR-Wert 72,9, Slope 133
D: 5.286 m, CR-Wert 73,8, Slope 131

Saison: ganzjährig
Mindest-HCP WT/WE: 36
Anmeldung WT/WE: Ja
Mitgl.-begl. WT/WE: Nein
VcG WT/WE: Ja

18-Loch Greenfee WT/WE: EUR 85/120

(Greenfee-Preise können je nach DGV-Ausweiskennzeichnung abweichen)

Platzcharakteristik:

Die Golfanlage stellt eine gelungene Kombination aus Golfsport auf höchstem internationalen Niveau und Entspannung inmitten der Natur dar. Es ist gelungen, trotz spieltechnischer Schwierigkeiten und den Herausforderungen der beiden Plätze, den Aufenthalt zu einem unvergesslichen Erlebnis zu machen. Auf der Anlage fanden 4 Mal die Deutsche Bank – SAP Open statt, mit den legendären 3 Siegen von Tiger Woods. 2015 war St. Leon-Rot Gastgeber und Ausrichter des Solheim Cup. Meisterschaftsplatz »Rot« wurde bis 2010 zehn Mal in Folge mit dem Golf Journal Travel Award als »Beliebtester Golfplatz in Deutschland« ausgezeichnet, »St. Leon« erhielt diese Auszeichnung von 2011 bis 2016.

Pro-Shop » Large «
Level
Kurzpl.

GolfPost 4,9/5

BW

DGV-NR. 7772

GOLFCLUB HEDDESHEIM GUT NEUZENHOF E.V.

Gut Neuzenhof
68519 Viernheim
Tel. 06204 97690
service@gc-heddesheim.de
www.gc-heddesheim.de
Claudio Piermani & Quintino Pitzus
Tel. 06204 976930
www.restaurant-neuzenhof.de

Löcheranzahl: 18
Gegründet: 1996
Höhe: 96 m
H: 6179 m, CR 72,7, SL 128, Par 72
D: 5368 m, CR 74,3, SL 129, Par 72

Saison: ganzjährig
Mindest-HCP WT/WE: 54/36
Anmeldung WT/WE: Ja
Mitgl.-begl. WT/WE: Nein/Ja
VcG WT/WE: Ja

18-Loch Greenfee WT/WE: EUR 60/80

(Greenfee-Preise können je nach DGV-Ausweiskennzeichnung abweichen)

Platzcharakteristik:

Die Spielbahnen der Anlage orientieren sich am Verlauf der ehemaligen Altneckarschleife. Durch fünf neue Teiche wird der alte Flusscharakter besonders hervorgehoben und beeinflusst gleichzeitig das Spiel. Das früher landwirtschaftlich genutzte Hofgut wurde mit Liebe zum Detail umgebaut und bietet ein unvergessliches einmaliges Ambiente.

Pro-Shop » Basic « | Level | Kurzpl.

GolfPost 4,8/5

DGV-NR. 7723

GOLF CLUB RHEINTAL E.V.

An der Bundesstrasse 291
68723 Oftersheim
Tel. 06202 56390
info@golfplatz-rheintal.de
www.golfplatz-rheintal.de
Fairway Golfrestaurant Oftersheim
Tel. 06202 9263191
fairway-golfrestaurant@gmx.de
www.fairway-golfrestaurant.de

Löcheranzahl: 18 + 6 (öffentlich)
Gegründet: 1971
H: 5705 m, CR 70,3, SL 130, Par 71
D: 4631 m, CR 69,1, SL 125, Par 71

Saison: ganzjährig
Mindest-HCP WT/WE: 54
Anmeldung WT/WE: Ja
Mitgl.-begl. WT/WE: Nein
VcG WT/WE: Ja

18-Loch Greenfee WT/WE: EUR 60/80

(Greenfee-Preise können je nach DGV-Ausweiskennzeichnung abweichen)

Platzcharakteristik:

Das etwas hügelige, von jahrhundertealten Sanddünen durchzogene, Gelände wird im Süden und Westen von dichtem Kiefernwald begrenzt. Im Osten geht der Blick über Felder bis nach Heidelberg und zum Odenwald. Der alte Baumbestand verleiht dem Par 71 Kurs eine besondere Atmosphäre und lässt auch bei großer Sommerhitze ein angenehmes Spiel zu. Wasserhindernisse sind zwar nicht vorhanden, dafür verteidigen Bunker die schwer zu spielenden Grüns.

Pro-Shop » Basic « | Level | Kurzpl.

GolfPost 4,2/5

BW

DGV-NR. 7732

GOLFANLAGEN HOHENHARDTER HOF

Hohenhardter Hof 1
69168 Wiesloch
Tel. 06222 788110
info@golf-hohenhardt.de
www.golf-hohenhardt.de

Ulrich Mack
Tel. 06222 7881120

Löcheranzahl: 27
Gegründet: 1983
Höhe: 230 m
H: 5781 m, CR 71,6, SL 132, Par 72
D: 5034 m, CR 73,0, SL 129, Par 72

Saison: März-Oktober
Mindest-HCP WT/WE: k.A.
Anmeldung WT/WE: Nein
Mitgl.-begl. WT/WE: Nein
VcG WT/WE: Ja

18-Loch Greenfee WT/WE: EUR 60/80

(Greenfee-Preise können je nach DGV-Ausweiskennzeichnung abweichen)

2:1

Platzcharakteristik:

Die 18-Loch-Anlage liegt auf dem Gelände des ehemaligen Rittergutes Hohenhardter Hof in Wiesloch-Baiertal. Im Zentrum der 50 ha großen Anlage liegt das Herrenhaus des ehemaligen Rittergutes und rundet so das Bild der Anlage in der Hügellandschaft des Kraichgaus ab. Das hügelige Gelände mit Höhenunterschieden bis zu 60 m und zusätzlichen Baum-, Sand- und Wasserhindernissen erhöht den Schwierigkeitsgrad, ist jedoch fair für alle Golfer gestaltet.

Pro-Shop » Basic « · Level · Kurzpl.

GolfPost 3,9/5

DGV-NR. 7814

GOLFCLUB MUDAU GMBH

Donebacher Str. 41
69427 Mudau
Tel. 06284 8408
info@golfclub-mudau.de
www.golfclub-mudau.de

Genuss am Golfplatz
Tel. 06284 95800
gastronomie@golfclub-mudau.de
Ruhetag: 7 Tage die Woche geöffnet

Löcheranzahl: 18
Gegründet: 1993
Höhe: 480 m
H: 5531 m, CR 69,5, SL 127, Par 70
D: 4786 m, CR 70,9, SL 126, Par 70

Saison: ganzjährig
Mindest-HCP WT/WE: k.A.
Anmeldung WT/WE: Ja
Mitgl.-begl. WT/WE: Nein
VcG WT/WE: Ja

18-Loch Greenfee WT/WE: EUR 50/60

(Greenfee-Preise können je nach DGV-Ausweiskennzeichnung abweichen)

Platzcharakteristik:

Der Golfclub Mudau liegt im badischen Odenwald auf einer Höhe von 480 m. Die auf einem 92 ha großen Gelände in ein ausgedehntes Waldgebiet eingebetteten 18 Spielbahnen bieten ein abwechslungsreiches und anspruchsvolles Spiel.

Pro-Shop » Basic « · Level · Kurzpl.

BW

DGV-NR. 7808

CITYGOLF E.V.

Wagrainstr. 136
70378 Stuttgart
Tel. 0711 907980-0
info@citygolf-stuttgart.de
www.citygolf-stuttgart.de
Chefkoch Reiner Friedrich
Tel. 0711 9079800

Löcheranzahl: Driving Range
Gegründet: 2014
Driving Range, öffentl.
3-Loch-Kurzplatz, 18-Loch
Puttinganlage, Pitch-, Chip- und
Bunkerbereich

Saison: ganzjährig
Mindest-HCP WT/WE: ohne PR
Anmeldung WT/WE: Nein
Mitgl.-begl. WT/WE: Nein
VcG WT/WE: Ja

Tages-Greenfee WT/WE: EUR 20

(Greenfee-Preise können je nach DGV-Ausweiskennzeichnung abweichen)

Platzcharakteristik:

Raus aus dem Geschäft, rein in die Sportklamotten – und schon zehn Minuten später den ersten Ball schlagen. Bei Deutschlands modernster Trainingslocation erleben Sie das ganze Jahr optimale Trainingsbedingungen - mit automatischem Tee-Up System (der Ball wird automatisch auf das Tee gehoben).

Flutlichtanlage | Großzügige und doppelstöckige Driving Range mit Eventbeleuchtung und Loungemöblierung | 6 Zielgrüns für ein gezieltes Training | 22 überdachte und beheizbare Abschlagplätze, 12 Abschlagmatten im Freien | 3-Loch Kurzplatz | 18-Loch Puttinganlage | 18-Loch Adventure Golf | Pitch- , Chip- & Bunkerbereich | Kulinarisches Gastronomieangebot und große Sonnenterrasse.

Pro-Shop » Basic « | Level | Kurzpl.

GolfPost 4,0/5

DGV-NR. 7728

GOLFCLUB NECKARTAL E.V.

Aldinger Straße 975
70806 Kornwestheim
Tel. 07141 871319
info@gc-neckartal.de
www.golfclub-neckartal.de
Philip Moessiadis
Tel. 07154 1379674

Löcheranzahl: 18
Gegründet: 1974
Höhe: 260 m
H: 5950 m, CR 71,2, SL 126, Par 72
D: 5055 m, CR 71,7, SL 126, Par 72

Saison: ganzjährig
Mindest-HCP WT/WE: 36-45
Anmeldung WT/WE: Nein/Ja
Mitgl.-begl. WT/WE: Ja
VcG WT/WE: Nein

18-Loch Greenfee WT/WE: EUR 65/80

(Greenfee-Preise können je nach DGV-Ausweiskennzeichnung abweichen)

Platzcharakteristik:

Das insgesamt 130 ha umfassende Gelände bietet dem im Jahr 1954 von den Amerikanern angelegten Platz Pattonville eine großzügige Einteilung mit breiten, meist geraden Fairways. Die relativ großen Grüns sind überwiegend gut einsehbar, jedoch von Bunkern und Gräben gut verteidigt.

Unsere Golfplatz App ist für alle Apple und Android Geräten erhältlich.

Pro-Shop » Basic « | Level | Kurzpl.

GolfPost 4,5/5

BW

DGV-NR. 7735

GOLFCLUB SCHÖNBUCH E.V.

Schaichhof
71088 Holzgerlingen
Tel. 07157 67966
info@gc-schoenbuch.de
www.gc-schoenbuch.de
Restaurant am Golfplatz
Tel. 07157 66188
gastro@gc-schoenbuch.de

Löcheranzahl: 27
Gegründet: 1989
Höhe: 500 m
Clubplatz (18 Loch)
H: 5988 m, CR 72,0, SL 136, Par 72
D: 5145 m, CR 73,1, SL 127, Par 72
öffentlicher Golfplatz (9-Loch)

Saison: ganzjährig
Mindest-HCP WT/WE: 36
Anmeldung WT/WE: Ja
Mitgl.-begl. WT/WE: Nein
VcG WT/WE: Ja

18-Loch Greenfee WT/WE: EUR 70/90

(Greenfee-Preise können je nach DGV-Ausweiskennzeichnung abweichen)

Platzcharakteristik:

Die optisch wie spieltechnisch sehr reizvolle Anlage, eingebettet in eine Lichtung des Naturparks Schönbuch, bietet Golfen in herrlicher Natur und absoluter Ruhe. Die Bahnen sind abwechslungsreich angelegt mit Seen, Teichen und Bächen. Besonders spektakulär und schwierig ist Loch 17, Dogleg, mit Seen und gut verteidigtem Grün. Nach dem Spiel lädt das Clubhaus mit seiner Gastronomie zum Verweilen ein.

Ausführliche Informationen finden Sie auf unserer Homepage unter www.gc-schoenbuch.de.

Pro-Shop » Large « | Level | Kurzpl.

GolfPost 4,5/5

DGV-NR. 7758

GOLFCLUB DOMÄNE NIEDERREUTIN

Niederreutin 1
71149 Bondorf
Tel. 07457 9449-0
info@golf-bondorf.de
www.golf-bondorf.de
Restaurant Hofgut
Tel. 07457 944927
info@hofgutbondorf.de
www.hofgutbondorf.de
Herzhaft schwäbische Küche

Löcheranzahl: 33
Gegründet: 1994
Höhe: 460 m
Kurs B+C:
H: 6087 m, CR 72,1, SL 130, Par 73
D: 5381 m, CR 74,2, SL 129, Par 73

Saison: ganzjährig
Mindest-HCP WT/WE: 54
Anmeldung WT/WE: Ja
Mitgl.-begl. WT/WE: Nein
VcG WT/WE: Ja

18-Loch Greenfee WT/WE: EUR 70/90

(Greenfee-Preise können je nach DGV-Ausweiskennzeichnung abweichen)

Platzcharakteristik:

GOLF SATT AUF 33 GRÜNS

Die Golfanlage bietet Abwechslung pur mit dem 27-Loch Championship Course und dem öffentlichen 6-Loch-Kurzplatz, der ohne Mitgliedschaft in einem Golfclub gespielt werden kann. Die Bahnen sind harmonisch eingebettet in die sanft hügelige Landschaft des Heckengäu zwischen Nordschwarzwald und Neckartal. Spielspaß und sportliche Herausforderung für alle Spielstärken kommen nicht zu kurz.

Als Leading Golf Club sind beste Platzqualität und herausragender Service garantiert.

Pro-Shop » Large « | Level | Kurzpl.

GolfPost 4,8/5

BW

DGV-NR. 7736

STUTTGARTER GOLF-CLUB SOLITUDE E.V.

Schlossfeld / Golfplatz
71297 Mönsheim
Tel. 07044 9110410
info@golfclub-stuttgart.com
www.golfclub-stuttgart.com
Ulrike Ludewig
Tel. 07044 9110412
ludewig.juergen@web.de

Löcheranzahl: 18
Gegründet: 1927
Höhe: 500 m
H: 5869 m, CR 71,5, SL 130, Par 72
D: 4970 m, CR 72,0, SL 125, Par 72

Saison: ganzjährig
Mindest-HCP WT/WE: 26,5
Anmeldung WT/WE: Nein
Mitgl.-begl. WT/WE: Nein/Ja
VcG WT/WE: Ja

18-Loch Greenfee WT/WE: EUR 85

(Greenfee-Preise können je nach DGV-Ausweiskennzeichnung abweichen)

Platzcharakteristik:

Die Anlage ist mit altem Baumbestand u. vielen Neuanpflanzungen umgeben u. befindet sich mit variantenreichen, großzügig u. breit angelegten Spielbahnen auf einem leicht hügeligen Gelände. Gut gesetzte Bunker, künstl. angelegte Seen, Steigungen und manch erhöht liegendes Grün sowie teilweise in den Fairways liegende Anpflanzungen erfordern nicht nur Longhitter-Qualitäten.

Pro-Shop » Basic « | Level | Kurzpl.

GolfPost 4,0/5

DGV-NR. 7745

GOLFCLUB SCHLOSS MONREPOS E.V.

Monrepos 26
71634 Ludwigsburg
Tel. 07141 220030
info@golfclub-monrepos.de
www.monrepos.golf
Ristorante La Corte
Tel. 07141 5051039
Inh. Aniello Casalino

Löcheranzahl: 18
Gegründet: 1992
Höhe: 250 m
H: 5937 m, CR 71,9, SL 132, Par 72
D: 5206 m, CR 73,5, SL 129, Par 72

Saison: ganzjährig
Mindest-HCP WT/WE: 45/36
Anmeldung WT/WE: Ja
Mitgl.-begl. WT/WE: Ja
VcG WT/WE: Ja

18-Loch Greenfee WT/WE: EUR 65/80

(Greenfee-Preise können je nach DGV-Ausweiskennzeichnung abweichen)

Platzcharakteristik:

Der Golfclub Schloss Monrepos bildet mit dem Schlosspark Monrepos die „Grüne Oase" im urbanen Gebiet unweit der Ludwigsburger Innenstadt. Ob als Tagesgast oder im Urlaub – die Domäne Monrepos mit altem Baumbestand, Seeschloss, Schlosspark, Reitstall, Schlosshotel und dem Weingut Herzog von Württemberg lassen Sie schon bei der Einfahrt aktiv erholen. Golf kann auf Monrepos jeder genießen – für Einsteiger gibt es einen attraktiven 6-Loch Kurzplatz, für geübte Golfer einen anspruchsvollen und abwechslungsreichen 18-Loch Platz und für alle optimale Übungsmöglichkeiten. Die Barockstadt Ludwigsburg mit ihrem ganzjährigen Kulturangebot lässt einen Aufenthalt zum unvergesslichen Erlebnis werden. Schloss Monrepos – Golf, Wein und Kultur erleben!

Pro-Shop » Basic « | Level | Kurzpl.

GolfPost 5,0/5

BW

DGV-NR. 7754

NIPPENBURG GOLFCLUB GMBH

Nippenburg 21
71701 Schwieberdingen
Tel. 07150 39530
info@schlossnippenburg.de
www.schlossnippenburg.de
carpe diem
Tel. 07150 395320
restaurant@schlossnippenburg.de

Löcheranzahl: 18
Gegründet: 1994
Höhe: 330 m
H: 5866 m, CR 71,2, SL 132, Par 71
D: 5152 m, CR 72,8, SL 126, Par 71

Saison: ganzjährig
Mindest-HCP WT/WE: 54/36
Anmeldung WT/WE: Ja
Mitgl.-begl. WT/WE: Nein/Ja
VcG WT/WE: Ja

18-Loch Greenfee WT/WE: EUR 60/80

(Greenfee-Preise können je nach DGV-Ausweiskennzeichnung abweichen)

Platzcharakteristik:

Nur 20 Minuten von Stadtzentrum und Flughafen entfernt, bietet der Platz der Golfanlage Schloss Nippenburg auf einem vorher ebenmäßigen 100 ha großen Areal einen herausfordernden 18-Loch-Meisterschafts-Platz. Die engen Fairways liegen durchwegs eingebettet in hügeliges Terrain. Von den erhöhten Abschlägen wird der Golfer an Traditionskurse in den USA und Großbritannien erinnert. Einen besonderen Reiz bieten die arenaartigen Greens.

Pro-Shop » Basic « | Level | Kurzpl. | GolfPost 4,5/5

DGV-NR. 7795

GOLFCLUB SCHLOSS KRESSBACH

Kressbach Hofgut 11
72072 Tübingen
Tel. 07071 970906-0
info@gc-schloss-kressbach.de
www.gc-schloss-kressbach.de
Restaurant Schloss Kressbach
Tel. 07071 97090670
www.restaurant-schloss-kressbach.de
Leitung: Gerhard Beck

Löcheranzahl: 27
Gegründet: 2008
Höhe: 420 m
18-Loch Meisterschaftsplatz
H: 6108 m, CR 72,9, SL 131, Par 72
D: 5424 m, CR 75,0, SL 131, Par 72
Schlossplatz (9-Loch, öffentl.)
H: 4390 m, CR 65,0, SL 116, Par 66
D: 4156 m, CR 67,6, SL 116, Par 66

Saison: ganzjährig
Mindest-HCP WT/WE: 54
Anmeldung WT/WE: Nein
Mitgl.-begl. WT/WE: Nein
VcG WT/WE: Ja

18-Loch Greenfee WT/WE: EUR 60/75

(Greenfee-Preise können je nach DGV-Ausweiskennzeichnung abweichen)

Platzcharakteristik:

Der Golfclub Schloss Kressbach liegt in schönster Aussichtslage umgeben von saftigem Grün und alten Baumbeständen und in perfekter Verkehrsanbindung am Rande der Universitätsstadt Tübingen. Auf 130 Hektar erwarten den passionierten Golfer ebenso wie den ambitionierten Anfänger seit Mai 2013 die 18 Löcher eines spektakulären Meisterschaftskurses. Ein bereits seit Ende 2008 bespielbarer öffentl. 9-Loch-Platz sowie hochmoderne Übungseinrichtungen runden das Angebot ab.

Pro-Shop » Basic « | Level | Kurzpl. | GolfPost 4,7/5

BW

DGV-NR. 7781

GOLFCLUB SCHLOSS WEITENBURG

Sommerhalde 11
72181 Starzach-Sulzau
Tel. 07472 15050
info@gcsw.de
www.gcsw.de
Dimples
Tel. 07472 9313130
www.gcsw.de
Ruhetag: montags

Löcheranzahl: 27
Gegründet: 1984
Höhe: 372 m
H: 5978 m, CR 71,5, SL 126, Par 72
D: 5222 m, CR 72,8, SL 128, Par 72

Saison: Saison: ganzjährig
Mindest-HCP WT/WE: 54/36
Anmeldung WT/WE: Nein
Mitgl.-begl. WT/WE: Nein
VcG WT/WE: Ja

18-Loch Greenfee WT/WE: EUR 60/80

(Greenfee-Preise können je nach DGV-Ausweiskennzeichnung abweichen)

Platzcharakteristik:

Der 18-Loch Meisterschaftsplatz entwickelte sich im Laufe vieler Jahre zu einer geglückten Symbiose aus gewachsener Natur und geplanter Sportlichkeit. Die Spielbahnen schlängeln sich entlang des kurvenreichen Neckars, viele Biotope und selten gewordene Vogelarten wie der schwarze Milan oder der Silberreiher ziehen sich in diese Oase der Ruhe zurück und machen den Platz unterhalb der Weitenburg zu einem echten Naturparadies. So schön der „Platz am Fluss" auch ist, so sportlich anspruchsvoll ist er, denn nicht weniger als fünfmal muss der Neckar überquert werden. Auf unserem öffentl. 9-Loch-Platz können Sie ohne Verpflichtungen oder Clubmitgliedschaft bis zur Erlangung Ihres ersten Handicaps alles ausprobieren.

Pro-Shop » Basic « | Level | Kurzpl.

GolfPost 4,5/5

DGV-NR. 7711

GOLF-CLUB FREUDENSTADT E.V.

Ziegelwäldle 3
72250 Freudenstadt
Tel. 07441 3060
info@golfclub-freudenstadt.de
www.golfclub-freudenstadt.de
Golfclub Restaurant Freudenstadt
Tel. 07441 83416
www.golfclub-restaurant-freudenstadt.de, Ruhetag: montags

Löcheranzahl: 18
Gegründet: 1929
Höhe: 732 m
H: 5.636 m, CR 70,4, SL 133, Par 71
D: 4.962 m, CR 72,3, SL 127, Par 71

Saison: April-Oktober
Mindest-HCP WT/WE: PR
Anmeldung WT/WE: Nein
Mitgl.-begl. WT/WE: Nein
VcG WT/WE: Ja

18-Loch Greenfee WT/WE: EUR 60/75

(Greenfee-Preise können je nach DGV-Ausweiskennzeichnung abweichen)

Platzcharakteristik:

Nur 1.000 m von Deutschlands größtem geschlossenen Marktplatz liegt stadtnah die 18-Loch-Anlage des 1929 gegründeten Golf-Club Freudenstadt. In hügeliger Schwarzwaldlandschaft, mit kleinen Bächen, Biotopen, Grüns direkt am Wald gelegen, bietet dieser Platz ein reizvolles, sportliches und abwechslungsreiches Spiel. Das Clubhaus, ein Kleinod mit ausgezeichneter Küche, liegt bis in die Abendstunden hinein in der Sonne.

Pro-Shop » Basic « | Level | Kurzpl.

GolfPost 4,5/5

BW

DGV-NR. 7764

GOLFCLUB ALPIRSBACH E.V.

Fluorner Str. 3
72275 Alpirsbach-Peterzell
Tel. 07444 4665
info@gc-alpirsbach.de
www.gc-alpirsbach.de
Küche regional

Löcheranzahl: 9
Gegründet: 1993
H: 6036 m, CR 71,4, SL 123, Par 72
D: 5326 m, CR 73,5, SL 125, Par 72

Saison: April-November
Mindest-HCP WT/WE: 54
Anmeldung WT/WE: Ja
Mitgl.-begl. WT/WE: Nein
VcG WT/WE: Ja

18-Loch Greenfee WT/WE: EUR 45/55

(Greenfee-Preise können je nach DGV-Ausweiskennzeichnung abweichen)

Platzcharakteristik:

Im Sommer 1994 entstand auf Hofgut Breitenwies ein land- und forstwirtschaftlich gepflegter Golfplatz. Eine für den Schwarzwald außergewöhnliche topographische Lage ermöglichte die Einrichtung einer schönen, großzügigen 9-Loch-Anlage. Über 500 m lange Spielbahnen, eingebettet und umsäumt von 44 Sandbunkern, bieten für jeden Golfer eine Herausforderung.

Pro-Shop » Basic «
Level
Kurzpl.

GolfPost 4,0/5

DGV-NR. 7787

GOLF-ER SCHWABEN GMBH & CO. KG

Am Golfplatz 1
72361 Hausen am Tann
Tel. 07436 - 16 00
info@golf-er.de
www.golf-er.de
Küche regional, international

Löcheranzahl: 9
Gegründet: 2005
Höhe: 680 m
H: 5350 m, CR 69,8, SL 125, Par 70
D: 4488 m, CR 70,0, SL 118, Par 70

Saison: ganzjährig
Mindest-HCP WT/WE: 54
Anmeldung WT/WE: Ja
Mitgl.-begl. WT/WE: Nein
VcG WT/WE: Ja

18-Loch Greenfee WT/WE: EUR 45/55

(Greenfee-Preise können je nach DGV-Ausweiskennzeichnung abweichen)

Platzcharakteristik:

Die neue Anlage des Golfplatzes Hausen am Tann liegt am Fuße der schwäbischen Alb in einem hügeligen Gelände. Der Platz ist anspruchsvoll, aber fair in einer traumhaften Landschaft.

Besuchen Sie auch unsere Homepage: www.golf-er.de

Wir freuen uns auf Sie!

Pro-Shop » Basic «
Level
Kurzpl.

GolfPost 3,0/5

DGV-NR. 7715

GOLF CLUB HECHINGEN-HOHENZOLLERN E.V.

Hagelwasen
72379 Hechingen
Tel. 07471 9849930
info@golfclub-hechingen.de
www.golfclub-hechingen.de

Ristorante "Bei Conti's am Golfplatz"
Tel. 07471 15346
bei.contis@gmx.de
Ruhetag: montags

Löcheranzahl: 18
Gegründet: 1955
Höhe: 550 m
H: 5945 m, CR 71,7, SL 129, Par 72
D: 5263 m, CR 73,5, SL 122, Par 72

Saison: ganzjährig
Mindest-HCP WT/WE: 54
Anmeldung WT/WE: Ja
Mitgl.-begl. WT/WE: Nein
VcG WT/WE: Ja

18-Loch Greenfee WT/WE: EUR 60/80

(Greenfee-Preise können je nach DGV-Ausweiskennzeichnung abweichen)

2:1

Platzcharakteristik:

Direkt am Fuß der schwäbischen Alb liegt der idyllische 18-Loch Platz in unmittelbarer Nähe zur historischen und malerischen Burg Hohenzollern. Die langen und teilweise auch engen Spielbahnen liegen auf leicht hügeligem Gelände, umgeben von altem Baumbestand und zahlreichen Wacholderbüschen. Fast an jeder Stelle des Platzes bietet sich ein herrlicher Blick auf die Burg Hohenzollern und die naheliegende Albkette.

Pro-Shop » Basic « | Level | Kurzpl.

GolfPost 5,0/5

DGV-NR. 7749

GOLF-CLUB SIGMARINGEN ZOLLERN-ALB E.V.

Buwiesen 10
72514 Inzigkofen
Tel. 07571 7442-0
info@gc-sigmaringen.de
www.gc-sigmaringen.de

Landhaus Paultertal
Tel. 07571 7442-60
info@landhaus-paultertal.de
www.landhaus-paultertal.de
Ruhetag: montags

Löcheranzahl: 18
Gegründet: 1992
Höhe: 620 m
H: 5930 m, CR 71,5, SL 132, Par 72
D: 5138 m, CR 72,4, SL 133, Par 72

Saison: ganzjährig
Mindest-HCP WT/WE: 54
Anmeldung WT/WE: Ja
Mitgl.-begl. WT/WE: Nein
VcG WT/WE: Ja

18-Loch Greenfee WT/WE: EUR 60/75

(Greenfee-Preise können je nach DGV-Ausweiskennzeichnung abweichen)

Platzcharakteristik:

Die 4-Sterne-Anlage liegt im Naturpark "Obere Donau" unweit des idyllischen Donautals und der Hohenzollernstadt Sigmaringen mit seinem berühmten Stadtschloss am Rande der Schwäbischen Alb. Die Bahnen sind teilweise hügelig und bestechen durch ihren Variantenreichtum und die ruhige Lage. Die Bahn 13 ist ein atemberaubendes Par 3 über ein Tal mit einem schmalen Grün.

Pro-Shop » Large « | Level | Kurzpl.

GolfPost 4,8/5

BW

DGV-NR. 7785

GOLF CLUB HAMMETWEIL

GMVD MEMBER · GOLF & NATUR DGV Zertifikat

Hammetweil 10
72654 Neckartenzlingen
Tel. 0712797430
info@gc-hammetweil.de
www.gc-hammetweil.de

clubhouse H
Tel. 07127 974321
mail@clubhouse-h.de

Löcheranzahl: 18
Gegründet: 2004
H: 6023 m; CR 72,3; SL 129; Par 72
D: 5130 m; CR 72,9; SL 125; Par 72

Saison: ganzjährig
Mindest-HCP WT/WE: 54/36
Anmeldung WT/WE: Nein/Ja
Mitgl.-begl. WT/WE: Nein/Ja
VcG WT/WE: Ja

18-Loch Greenfee WT/WE: EUR 90/110
9-Loch Greenfee WT/WE: EUR 49/59

(Greenfee-Preise können je nach DGV-Ausweiskennzeichnung abweichen)

Platzcharakteristik:

Nur 20 Autominuten südlich von Stuttgart, an einem Südhang oberhalb des Neckars – mit traumhaftem Blick auf die Schwäbische Alb – liegt die Golfanlage Hammetweil. Der moderne Golfclub begeistert seine rund 1.000 Mitglieder nun seit über fünfzehn Jahren. Der Par-72-18-Loch-Platz ist sowohl für Anfänger geeignet, als auch mit seinen herausfordernden Par 4's für Single-Handicaper spannend – und dies an 7 Tagen die Woche ohne Startzeiten.

Das Restaurant clubhouse H ist öffentlich und begrüßt Golfer ebenso herzlich wie Nicht-Golfer.

Pro-Shop » Basic « · Level · Kurzpl.

GolfPost 4,3/5

DGV-NR. 7725

GOLFCLUB REUTLINGEN-SONNENBÜHL E.V.

GMVD MEMBER

Gewann vor Staudach 2
72820 Sonnenbühl
Tel. 07128 92660
info@albgolf.de
www.albgolf.de

Ristorante il Gambero Rosso
Tel. 07128 926680
ristorante-gamberorosso@freenet.de
www.gamberorosso-ristorante.de
ganztägig geöffnet (April - Okt.)

Löcheranzahl: 18
Gegründet: 1986
Höhe: 750 m
H: 5931 m, CR 71,8, SL 127, Par 72
D: 5318 m, CR 74,3, SL 135, Par 72

Saison: ganzjährig
Mindest-HCP WT/WE: 54
Anmeldung WT/WE: Ja
Mitgl.-begl. WT/WE: Ja
VcG WT/WE: Ja

18-Loch Greenfee WT/WE: EUR 60/75

(Greenfee-Preise können je nach DGV-Ausweiskennzeichnung abweichen)

2:1

Platzcharakteristik:

Die wunderschöne Landschaft und eine in über mehrere Jahrzehnte gewachsene, sehr gepflegte 18-Loch Anlage bietet Golf- und Naturgenuss pur ohne Lärm und Hektik. Das sanft hügelige, nach Süden geneigte Gelände am Biosphärengebiet Schwäbische Alb ist gesäumt von Laubwäldern, albtypischen Wiesen und Gehölzen. Rund 2.800 Sonnenstunden im Jahr in über 700 Metern Höhe tragen zu einem gesunden und anregenden Klima bei. Gäste sind bei uns an allen Tagen der Woche herzlich willkommen. Startzeiten müssen reserviert werden. Unsere sehr geschätzte Gastronomie mit italienischen und regionalen Spezialitäten sowie erlesenen Weinen macht die Golfrunde zu einem nachhaltigen Erlebnis.

Pro-Shop » Large « · Level · Kurzpl.

GolfPost 5,0/5

BW

DGV-NR. 7773

GOLFCLUB GÖPPINGEN E.V.

Fraunhoferstr. 2
73037 Göppingen
Tel. 07161 964140
info@golf-gp.de
www.golf-gp.de

Restaurant am Golfpark
Tel. 07161 9868266
Ruhetag: montags

Löcheranzahl: 9
Gegründet: 1998
Höhe: 300 m
H: 5516 m, CR 70,5, SL 126, Par 72
D: 5100 m, CR 73,2, SL 131, Par 72

Saison: ganzjährig
Mindest-HCP WT/WE: 54
Anmeldung WT/WE: Ja
Mitgl.-begl. WT/WE: Nein
VcG WT/WE: Ja

18-Loch Greenfee WT/WE: EUR 40/50

(Greenfee-Preise können je nach DGV-Ausweiskennzeichnung abweichen)

Platzcharakteristik:

Die 9-Loch-Anlage liegt auf einem sonnigen Plateau oberhalb Göppingens und verfügt über ein modernes Übungscenter inklusive Driving-Range mit 40 Abschlagsplätzen, überdachten Abschlagsboxen, Übungsbahnen sowie Putting- und Chipping-Grüns. Eine naturunterstützende Landschaftsgestaltung ließ Refugien für die Tier- und Pflanzenwelt entstehen. Der schöne alte Baumbestand und der Panoramablick auf Albrand und Stauferberge prägen den landschaftlichen Gesamteindruck des Platzes. Die Anlage ist verkehrsgünstig gelegen, von der Göppinger Stadtmitte aus in ca. 3 Minuten erreichbar, verfügt über ausreichen Parkplätze direkt am Clubhaus und ist ganzjährig geöffnet.

Pro-Shop » Basic «
Level
Kurzpl.

GolfPost 3,1/5

DGV-NR. 7713

GOLF-CLUB HOHENSTAUFEN E.V.

GOLF& NATUR DGV Zertifikat

Unter dem Ramsberg
73072 Donzdorf
Tel. 07162 27171
info@gc-hohenstaufen.de
www.gc-hohenstaufen.de

Golf-Club Restaurant Hohenstaufen
Tel. 07162 203818
restaurant@gc-hohenstaufen.de
Ruhetag: montags

Löcheranzahl: 18
Gegründet: 1959
Höhe: 420 m
H: 5838 m, CR 71,2, SL 137, Par 72
D: 5132 m, CR 72,9, SL 135, Par 72

Saison: März-November
Mindest-HCP WT/WE: 54
Anmeldung WT/WE: Nein
Mitgl.-begl. WT/WE: Nein
VcG WT/WE: Ja

18-Loch Greenfee WT/WE: EUR 80/90

(Greenfee-Preise können je nach DGV-Ausweiskennzeichnung abweichen)

Platzcharakteristik:

Die im Tal des Reichenbachs gelegene 18-Loch Anlage des Golfclubs Hohenstaufen eröffnet auf ihren Bahnen immer wieder schöne Ausblicke auf das Panorama der Schwäbischen Alb wie auch auf die Voralbberge des Fils- und Lautertals. Golferisch ist der sehr hügelige Platz, dessen Fairways oft durch Wälder und den Reichenbach beengt sind, und dessen Grüns gut von Bunkern, Wassergräben und Semi-Roughs geschützt werden, eine echte Herausforderung.

Pro-Shop » Large «
Level
Kurzpl.

GolfPost 4,5/5

BW

DGV-NR. 7761

GOLFCLUB KIRCHHEIM-WENDLINGEN E.V.

Schulerberg 1
73230 Kirchheim unter Teck
Tel. 07024 920820
info@golf-kirchheim.de
www.golf-kirchheim.de

Restaurant am Golfplatz
Tel. 07024 55705
info@restaurant-golfplatz.de

Löcheranzahl: 18
Gegründet: 1993
Höhe: 330 m
H: 6095 m, CR 72,0, SL 129, Par 72
D: 5354 m, CR 73,4, SL 129, Par 72

Saison: ganzjährig
Mindest-HCP WT/WE: 54/45
Anmeldung WT/WE: Ja
Mitgl.-begl. WT/WE: Nein/Ja
VcG WT/WE: Ja

18-Loch Greenfee WT/WE: EUR 85

(Greenfee-Preise können je nach DGV-Ausweiskennzeichnung abweichen)

Platzcharakteristik:

Die Anlage liegt ca. 30 km südlich von Stuttgart auf einem Höhenrücken zwischen dem Filstal und dem Lautertal mit einer weitreichenden Aussicht in die schwäbische Landschaft bis hin zur Schwäbischen Alb. Das Gelände ist großteils nach Westen geneigt und weist eine maximale Höhendifferenz von 35 m auf. Besonders charakteristisch sind die Modellierungen der Spielbahnen, die ähnlich einem "Stadium Course" von Hügeln begleitet werden.

Pro-Shop » Basic « | Level | Kurzpl.

GolfPost 5,0/5

DGV-NR. 7775

GOLFCLUB TECK E.V.

Am Golfplatz
73275 Ohmden
Tel. 07023 742663
info@golfclub-teck.de
www.golfclub-teck.de

Von Ende April bis Ende Oktober bieten wir einfache Gerichte und eine reiche Auswahl an Getränken

Löcheranzahl: 9
Gegründet: 1989
Höhe: 370 m
H: 1961 m, CR 61,0, SL 112, Par 62
D: 1845 m, CR 63,2, SL 107, Par 62

Saison: ganzjährig
Mindest-HCP WT/WE: PR
Anmeldung WT/WE: Nein
Mitgl.-begl. WT/WE: Nein
VcG WT/WE: Ja

18-Loch Greenfee WT/WE: EUR 40/50

(Greenfee-Preise können je nach DGV-Ausweiskennzeichnung abweichen)

2:1

Platzcharakteristik:

Der Golfplatz liegt an der Straße von Ohmden nach Zell mit Blick auf die Schwäbische Alb und grenzt auf einer Seite an Wald.

Pro-Shop » Basic « | Level | Kurzpl.

GolfPost 4,0/5

BW

DGV-NR. 7739

GOLFERS CLUB BAD ÜBERKINGEN E.V.

Beim Bildstöckle
73337 Bad Überkingen / Oberböhringen
Tel. 07331 64066
info@gc-bad-ueberkingen.de
www.gc-bad-ueberkingen.de

Tel. 07331 64067
Küche regional, international

Löcheranzahl: 18
Gegründet: 1996
Höhe: 750 m
H: 5875 m, CR 71,3, SL 129, Par 71
D: 5244 m, CR 73,7, SL 131, Par 71

Saison: März-November
Mindest-HCP WT/WE: 45/36
Anmeldung WT/WE: Nein/Ja
Mitgl.-begl. WT/WE: Nein
VcG WT/WE: Ja

18-Loch Greenfee WT/WE: EUR 70/80

(Greenfee-Preise können je nach DGV-Ausweiskennzeichnung abweichen)

Platzcharakteristik:

Die 18-Loch-Anlage des Golfclub Bad Überkingen liegt in Oberböhringen auf der Schwäbischen Alp und gehört landschaftlich zu einem der vielleicht schönsten Golfplätze Süddeutschlands. In legerer, familiärer Atmosphäre kann man hier seine golferischen Qualitäten auf gepflegten Fairways und anspruchsvollen Greens unter Beweis stellen. Nach der Runde kann man von der Terrasse des malerisch gelegenen Clubhauses ein herrliches Panorama genießen.

Pro-Shop » Large «

Level

Kurzpl.

GolfPost 5,0/5

DGV-NR. 7718

GOLF-CLUB HOCHSTATT HÄRTSFELD-RIES E.V.

Hofgut Hochstatt
73450 Neresheim
Tel. 07326 5649
info@golfclub-hochstatt.de
www.golfclub-hochstatt.de

Tel. 07326 7979

Löcheranzahl: 18
Gegründet: 1981
Höhe: 630 m
H: 6071 m, CR 71,7, SL 131, Par 72
D: 5350 m, CR 73,6, SL 129, Par 72

Saison: April-Oktober
Mindest-HCP WT/WE: 54
Anmeldung WT/WE: Ja
Mitgl.-begl. WT/WE: Nein
VcG WT/WE: Ja

18-Loch Greenfee WT/WE: EUR 80/90

(Greenfee-Preise können je nach DGV-Ausweiskennzeichnung abweichen)

Platzcharakteristik:

Der 18-Loch-Parcours liegt auf einem leicht hügeligen Hochplateau mit altem Baumbestand und teilweise sehr schönen Ausblicken auf die Burg Katzenstein und die Neresheimer Abteikirche. Wasserhindernisse und gut gesetzte Bunker der spielerisch ausgewogenen Anlage sowie Doglegs und bergauf gehende Par 4-Löcher bieten auch geübten Golfern immer eine Herausforderung.

Pro-Shop » Basic «

Level

Kurzpl.

GolfPost 5,0/5

BW

DGV-NR. 7712

GOLFCLUB HETZENHOF E.V.

Hetzenhof 7
73547 Lorch
Tel. 07172 9180-0
info@golfclub-hetzenhof.de
www.golfclub-hetzenhof.de

Hey, Peete. Restaurant & Terrasse
Tel. 07172 9180-12
info@heypeete.de
www.heypeete.de

Löcheranzahl: 27
Gegründet: 1987
Höhe: 410 m
H: 6101 m, CR 72,0, SL 123, Par 72
D: 5267 m, CR 73,1, SL 125, Par 72

Saison: ganzjährig
Mindest-HCP WT/WE: 54
Anmeldung WT/WE: Ja
Mitgl.-begl. WT/WE: Nein
VcG WT/WE: Ja

18-Loch Greenfee WT/WE: EUR 80/95

(Greenfee-Preise können je nach DGV-Ausweiskennzeichnung abweichen)

2:1

Platzcharakteristik:

Für alle Golfspieler in der Region Stuttgart ist der GC Hetzenhof eine der ersten Adressen. Durch die gute Verkehrsanbindung über die vierspurig ausgebaute B14/B29 ist der Club in nur 30 Min. von der Stadtmitte Stuttgarts aus zu erreichen. Die gepflegte 3 x 9 Loch-Meisterschafts-anlage bietet durch die Ausnutzung der Topographie ein abwechslungsreiches und anspruchsvolles Golfspiel. Das Weltkulturerbe Limes, das Kloster Lorch sowie das Stamm-schloss der Staufer, das Wäscherschloss, liegen in direkter Nachbarschaft des Hetzenhofs. Während Corona ist die Buchung einer Startzeit notwendig

Pro-Shop » Large « | Level | Kurzpl.

GolfPost 5,0/5

DGV-NR. 7701

GOLF- UND LANDCLUB HAGHOF E.V.

Haghof 6
73553 Alfdorf-Haghof
Tel. 07182 92760
info@glc-haghof.de
www.glc-haghof.de

Restaurant am Golfplatz Haghof
Tel. 07182 927615
restaurant@kuechenbrigade24.de
Ruhetag: donnerstags
Küche regional, international

Löcheranzahl: 18+7
Gegründet: 1983
Höhe: 510 m
18-Loch Platz
H: 5700 m, CR 70,6, SL 132, Par 71
D: 4999 m, CR 72,6, SL 128, Par 71
öffentlicher 7-Loch Platz

Saison: März-November
Mindest-HCP WT/WE: PR
Anmeldung WT/WE: Ja
Mitgl.-begl. WT/WE: Nein
VcG WT/WE: Ja

18-Loch Greenfee WT/WE: EUR 70/90

(Greenfee-Preise können je nach DGV-Ausweiskennzeichnung abweichen)

2:1

Platzcharakteristik:

Dieser Golfplatz erfordert mit seinen zahlreichen, strategisch geschickten Sand- und Wasserhindernissen ein mutiges, herausforderndes und präzises Spiel. Highlight ist die Bahn 17 mit der Entscheidung, langer Drive über den See oder am Wasser vorbei mit einem schweren 2. Schlag aufs Grün. Die Bahn 18 befindet sich auf historischem Gelände, mit dem Drive überwindet man neben einem kleinen Teich auch den Limes!

Pro-Shop » Large « | Level | Kurzpl.

GolfPost 4,5/5

BW

DGV-NR. 7751

GOLFOASE PFULLINGER HOF E.V.

Pfullinger Hof 1
74193 Stetten a.H.
Tel. 0713867442
golfoase@t-online.de
www.golfoase.de

Madeleines
Tel. 07138 67442

Löcheranzahl: 27
Gegründet: 1991
H: 5593 m, Par 72, CR 70,2, SL 131
D: 5113 m, Par 72, CR 73,6, SL 130

Saison: März-November
Mindest-HCP WT/WE: 54
Anmeldung WT/WE: Nein
Mitgl.-begl. WT/WE: Nein
VcG WT/WE: Ja

Tages-Greenfee WT/WE: EUR 50/60

(Greenfee-Preise können je nach DGV-Ausweiskennzeichnung abweichen)

Platzcharakteristik:

In freundlicher, idyllischer Atmosphäre lädt der öffentliche 18 Loch Par 72 sowie der 9-Loch-Kurzplatz Par 56 und der 6-Loch Bambiniplatz der Golfoase Pfullinger Hof auch all jene herzlich ein, die mit dem kleinen weißen Ball noch nicht so vertraut sind. Die landschaftlich schöne Umgebung mit angrenzenden Bauernhöfen und Weinbergen sowie das gemütliche, familiäre Clubhaus tragen ebenso zum positiven Eindruck der Anlage bei. Weitere Trainingsmöglichkeiten bietet ein großzügiges Übungsareal, sowie eine Golfschule mit modernstem Equipement.

Pro-Shop » Basic « | Level | Kurzpl.

GolfPost 5,0/5

DGV-NR. 7721

GOLF- UND LANDCLUB SCHLOSS LIEBENSTEIN E.V.

Liebenstein 16
74382 Neckarwestheim
Tel. 07133 9878-11
info@gc-sl.de
www.golfclubliebenstein.de

Clubgastronomie
Tel. 07133 963424

Löcheranzahl: 27
Gegründet: 1982
Höhe: 400 m
H: 6180 m, CR 73,5, SL 142, Par 74
D: 5607 m, CR 76,5, SL 141, Par 74

Saison: ganzjährig
Mindest-HCP WT/WE: k.A./28
Anmeldung WT/WE: Nein/Ja
Mitgl.-begl. WT/WE: Nein
VcG WT/WE: Ja

18-Loch Greenfee WT/WE: EUR 70/90

(Greenfee-Preise können je nach DGV-Ausweiskennzeichnung abweichen)

Platzcharakteristik:

Weinberge, Felder, Wiesen und Wälder bilden zusammen mit dem mächtigen Schloss eine harmonische Landschaftsidylle, die für den Golfsport geradezu prädestiniert ist. Auf über 120 ha Fläche des ehemaligen Schlossgutes wurde die Anlage mit sanften Hügeln zwischen beschaulichen Teichen, teils offen, teils bewaldet, angelegt. Es gibt einige enge Passagen die ein sehr konzentriertes Spiel erfordern.

Pro-Shop » Large « | Level | Kurzpl.

GolfPost 4,8/5

BW

DGV-NR. 7804

PUBLIC GOLF TALHEIMER HOF

Talheimer Hof 1
74388 Talheim
Tel. 071316359911
welcome@talheimerhof.de
www.talheimerhof.de

Talheimer Hof
Tel. Tel. 07131 6359910

Löcheranzahl: 18
Gegründet: 2011
H: 2.775 m, CR 69,0, SL 126, Par 35
D: 2.295 m, CR 68,6, SL 117, Par 35

Saison: ganzjährig
Mindest-HCP WT/WE: 54
Anmeldung WT/WE: Nein
Mitgl.-begl. WT/WE: Nein
VcG WT/WE: Ja

18-Loch Greenfee WT/WE: EUR 35/38

(Greenfee-Preise können je nach DGV-Ausweiskennzeichnung abweichen)

Platzcharakteristik:

Zwischen Weinbergen und Wäldern in landschaftlich reizvoller Lage liegt die Anlage Public Golf Talheimer Hof, direkt vor den Toren Heilbronns. 18 völlig unterschiedliche attraktive Spielbahnen ermöglichen Ihnen ein spannendes Spiel für alle Spielstärken. Sie erwartet ein 9 Loch Champions Course und ein 9 Loch College Course mit großer Driving Range und Übungsanlagen auf höchstem Qualitätsstandard. Ein weieres Highlight bietet unser gut bürgerliches Restaurant mit Sonnenterrasse.

Pro-Shop » Basic « | Level | Kurzpl.

GolfPost 4,5/5

BW

DGV-NR. 7753

GOLF-CLUB CLEEBRONN E.V.

Schlossgut Neumagenheim
74389 Cleebronn
Tel. 07135 934520
info@golfplatz-cleebronn.de
www.golfplatz-cleebronn.de

Villa Verde
Tel. 07135 93452-50
Ruhetag: montags

Löcheranzahl: 9
Gegründet: 1992
Höhe: 303 m
H: 4264 m, CR 63,0, SL 105, Par 64
D: 3736 m, CR 63,8, SL 106, Par 64

Saison: ganzjährig
Mindest-HCP WT/WE: PR
Anmeldung WT/WE: Ja
Mitgl.-begl. WT/WE: Nein
VcG WT/WE: Ja

18-Loch Greenfee WT/WE: EUR 40/45

(Greenfee-Preise können je nach DGV-Ausweiskennzeichnung abweichen)

Platzcharakteristik:

Der Golfclub liegt umgeben von Weinbergen am Fuße des Michaelsbergs und ist natürlich in die landschaftlichen Gegebenheiten des Strombergs integriert. Er ist ganzjährig bespielbar und wer nach dem Golfen noch etwas unternehmen will, kann den Freizeitpark Tripsdrill besuchen, der nur einen Kilometer entfernt liegt.

Pro-Shop » Large «

Level

Kurzpl.

GolfPost 4,4/5

DGV-NR. 7748

OBERROT-FRANKENBERG GMBH & CO. KG

Höhenstraße 54
74420 Oberrot-Frankenberg
Tel. 07977 8601
info@golfclub-oberrot-frankenberg.de
www.golfclub-oberrot-frankenberg.de

Am Golfplatz
Tel. 07977 8601
Ruhetag: montags
Küche regional

Löcheranzahl: 9
Gegründet: 1991
Höhe: 510 m
H: 5694 m, CR 70,4, SL 130, Par 70
D: 5061 m, CR 72,2, SL 123, Par 70

Saison: ganzjährig
Mindest-HCP WT/WE: 54
Anmeldung WT/WE: Nein
Mitgl.-begl. WT/WE: Nein/Ja
VcG WT/WE: Ja

18-Loch Greenfee WT/WE: EUR 55/65

(Greenfee-Preise können je nach DGV-Ausweiskennzeichnung abweichen)

Platzcharakteristik:

Die herrliche Landschaft mit sanften Hügeln, alten Obstbäumen und Wäldern bietet den Rahmen für diesen naturverbundenen Platz. Hier inmitten des Naturparks Fränkisch-Schwäbischer Wald sind noch wohltuende Ruhe und Luft zu finden. Ohne große Höhendifferenzen, doch mit schwierigen langen Par 3 Bahnen ist der Platz eine Herausforderung für Anfänger & Könner. Eine großzügige Driving Range, ein 6-Loch Platz und Übungsmöglichkeiten runden den Platz ab.

Pro-Shop » Basic «

Level

Kurzpl.

GolfPost 4,4/5

BW

DGV-NR. 7755

GC MARHÖRDT BETRIEBSGESELLSCHAFT MBH & CO. KG

Marhördt 18
74420 Oberrot/Marhördt
Tel. 0 79 77 / 91 02 77
info@golfclub-marhoerdt.de
www.golfclub-marhoerdt.de

Landhaus Noller
Tel. 07977 9119970
Ruhetag: montags
Küche regional, international

Löcheranzahl: 18
Gegründet: 2003
Höhe: 570 m
H: 5816 m, CR 71,1, SL 130, Par 72
D: 5123 m, CR 72,9, SL 131, Par 72

Saison: ganzjährig
Mindest-HCP WT/WE: k.A.
Anmeldung WT/WE: Nein/Ja
Mitgl.-begl. WT/WE: Nein
VcG WT/WE: Ja

18-Loch Greenfee WT/WE: EUR 65/75

(Greenfee-Preise können je nach DGV-Ausweiskennzeichnung abweichen)

Platzcharakteristik:

Die Anlage befindet sich mitten im Herzen des Naturparks "Schwäbisch-Fränkischer Wald". Der landschaftlich sehr schön gelegene Platz, fernab von lärmenden Straßen ermöglicht gemütliche Stunden auf einem nicht all zu lang angelegten Parcour. Dennoch verlangt der Platz mit seinen kleinen Grüns und schmalen Fairways nach einem präzisen Spiel vom Tee und auf den Fairways.

Pro-Shop » Basic « | Level | Kurzpl.

GolfPost 4,3/5

DGV-NR. 7750

GOLF & COUNTRY CLUB GRAFENHOF E.V.

Hinterfeld 1
74426 Bühlerzell
Tel. 07963 8419333
info@golfclub-grafenhof.de
www.golfclub-grafenhof.de

Löcheranzahl: 9
Gegründet: 1992
Höhe: 460 m
H: 5998 m, CR 72,4, SL 139, Par 72
D: 5380 m, CR 74,3, SL 131, Par 72

Saison: April-November
Mindest-HCP WT/WE: 54
Anmeldung WT/WE: Nein
Mitgl.-begl. WT/WE: Nein
VcG WT/WE: Ja

18-Loch Greenfee WT/WE: EUR 50/55

(Greenfee-Preise können je nach DGV-Ausweiskennzeichnung abweichen)

Platzcharakteristik:

Der langgesteckte Platz liegt in einer Hügel- und Seenlandschaft im romantischen Schwäbischen Wald. Er verlangt nach weiten, aber auch präzisen Schlägen. Er ist anspruchsvoll für den Könner, aber auch keine unlösbare Aufgabe für den Spieler mit hoher Vorgabe.

Pro-Shop » Basic « | Level | Kurzpl.

GolfPost 5,0/5

BW

DGV-NR. 7729

GOLFCLUB SCHWÄBISCH HALL E.V.

Am Golfplatz 1
74523 Schwäbisch Hall
Tel. 07907 8190
info@gc-sha.de
www.gc-sha.de

Restaurant am Golfplatz 1
Tel. 07907 940242

Löcheranzahl: 18
Gegründet: 1987
Höhe: 410 m
H: 6103 m, CR 72,7, SL 136, Par 72
D: 5373 m, CR 74,5, SL 136, Par 72

Saison: ganzjährig geöffnet
Mindest-HCP WT/WE: 45/36
Anmeldung WT/WE: Nein
Mitgl.-begl. WT/WE: Nein
VcG WT/WE: Ja

18-Loch Greenfee WT/WE: EUR 70/90

(Greenfee-Preise können je nach DGV-Ausweiskennzeichnung abweichen)

Platzcharakteristik:

Auf gut 85 ha Gesamtfläche entstand seit 1987 eine Golfanlage, die jeden Golfer begeistert. Die großzügig angelegten Spielbahnen sind harmonisch in die abwechslungsreiche, natürlich geformte, hügelige Landschaft eingebettet. Die Anlage bietet ein umfassendes Angebot für jedes Alter und jede Spielstärke. Ob Einsteiger oder Fortgeschrittene, ob Spaß oder sportlicher Ehrgeiz, immer eine spannende Herausforderung vor beeindruckender Kulisse.

Pro-Shop » Basic « | Level | Kurzpl.

GolfPost 5,0/5

DGV-NR. 7717

GOLF-CLUB HEILBRONN-HOHENLOHE E.V.

Neuer Garten 2
74639 Zweiflingen
Tel. 07941 92080
golf@gc-heilbronn-hohenlohe.de
www.golfclub-heilbronn.de

Ehrenberger´s 2.0
Tel. 07941 920830
info@ehrenbergers.net
Ruhetag: montags

Löcheranzahl: 27
Gegründet: 1964
Höhe: 300 m
H: 6032 m, CR 72,1, SL 132, Par 73
D: 5293 m, CR 73,6, SL 130, Par 73

Saison: ganzjährig
Mindest-HCP WT/WE: 53/36
Anmeldung WT/WE: Ja
Mitgl.-begl. WT/WE: Nein
VcG WT/WE: Ja

18-Loch Greenfee WT/WE: EUR 70/90

(Greenfee-Preise können je nach DGV-Ausweiskennzeichnung abweichen)

Platzcharakteristik:

Der Platz liegt im hügeligen Gelände des Hohenloher Landes direkt beim Wald- und Schloßhotel Friedrichsruhe. Ein Teil der Spielbahnen verläuft im ehemaligen Schlosspark der Fürsten zu Hohenlohe-Oehringen mit teilweise sehr altem Baumbestand. Die restlichen Bahnen verlaufen offener und bieten einen besonderen Reiz durch weite Ausblicke auf die umliegenden Weinberge.

Pro-Shop » Large « | Level | Kurzpl.

GolfPost 4,8/5

BW

DGV-NR. 7731

GOLFCLUB GLASHOFEN-NEUSASS E.V.

Mühlweg 7
74731 Walldürn-Neusaß
Tel. 06282 7383
info@golfclub-glashofen-neusass.de
www.golfclub-glashofen-neusass.de

Risto Zafferano
Tel. 06282 7384
restaurant@golfclub-glasho-fen-neusass.de
italienische & bayrische Küche

Löcheranzahl: 27
Gegründet: 1987
Höhe: 430 m
H: 6219 m, CR 73,8, SL 133, Par 73
D: 5457 m, CR 75,8, SL 131, Par 73

Saison: April-Oktober
Mindest-HCP WT/WE: 54
Anmeldung WT/WE: Ja
Mitgl.-begl. WT/WE: Nein
VcG WT/WE: Ja

18-Loch Greenfee WT/WE: EUR 60/70

(Greenfee-Preise können je nach DGV-Ausweiskennzeichnung abweichen)

Platzcharakteristik:

Die Anlage liegt nur wenige km nördlich Walldürns im Madonnenländchen des Badischen Odenwaldes und verfügt über sportlich anspruchsvolle 18-Loch sowie über einen 9-Loch-Platz. Die landschaftlich reizvolle Lage erlaubt weite Blicke auf die Erhebungen von Odenwald & Spessart. Beide Plätze haben nur leichte Höhenunterschiede und sind so problemlos zu Fuß zu spielen. Alter & neuer Baumbestand sowie natürlich angelegte Hindernisse sorgen für Variation.

Pro-Shop » Large « | Level | Kurzpl.

GolfPost 5,0/5

DGV-NR. 7765

GOLFCLUB KAISERHÖHE E.V.

Im Laber 4a
74747 Ravenstein-Merchingen
Tel. 06297 399
info@golfclub-kaiserhoehe.de
www.golfclub-kaiserhoehe.de

Küche regional, international

Löcheranzahl: 27
Gegründet: 1995
Höhe: 350 m
H: 5927 m, CR 71,2, SL 125, Par 72
D: 5196 m, CR 72,8, SL 121, Par 72

Saison: März-November
Mindest-HCP WT/WE: 54
Anmeldung WT/WE: Nein/Ja
Mitgl.-begl. WT/WE: Nein
VcG WT/WE: Ja

18-Loch Greenfee WT/WE: EUR 60/75

(Greenfee-Preise können je nach DGV-Ausweiskennzeichnung abweichen)

Platzcharakteristik:

Die Golfanlage Kaiserhöhe wurde im Sommer 1997 fertiggestellt und bietet mit ihrem 18-Loch-Mitgliederplatz, ihrem 9-Loch-Pay und Play Platz, ihren großzügigen Übungsanlagen sowie mit dem 6-Loch-Pay und Play Platz auf insgesamt 112 ha Golfern jeder Spielstärke Golfvergnügen pur. Der 9-Loch-Pay und Play Platz ist ohne Handicap bespielbar.

Pro-Shop » Basic « | Level | Kurzpl.

GolfPost 5,0/5

BW

DGV-NR. 7756

GOLFCLUB SINSHEIM BUCHENAUERHOF E.V.

Buchenauerhof 4
74889 Sinsheim
Tel. 07265 7258
info@golfclubsinsheim.de
www.golfclubsinsheim.de
Sette Ristorante
Tel. 07265 9199511
info@sette-ristorante.de
www.sette-ristorante.de
Inh: Murat Özcan

Löcheranzahl: 18
Gegründet: 1993
Höhe: 200 m
H: 5803 m, CR 71,2, SL 135, Par 72
D: 5163 m, CR 73,5, SL 130, Par 72

Saison: ganzjährig
Mindest-HCP WT/WE: 54
Anmeldung WT/WE: Ja
Mitgl.-begl. WT/WE: Nein
VcG WT/WE: Ja

18-Loch Greenfee WT/WE: EUR 60/80

(Greenfee-Preise können je nach DGV-Ausweiskennzeichnung abweichen)

2:1

Platzcharakteristik:

Umrahmt von Wäldern in der typischen Kraichgauer Hügellandschaft ist unsere Anlage mit ihren top gepflegten Grüns der ideale Ort für Entspannung und sportliche Herausforderung. Der Meisterschaftsplatz stellt aufgrund seiner Topografie und des Designs mit mehreren Doglegs hohe Anforderungen an die taktischen und technischen Fähigkeiten des Spieler, bietet aber durch mehrere Teeboxen gleichzeitig eine Golferlebnis für alle Spielstärken. Genießen Sie die angenehme Atmosphäre unserer Golfanlage.
Unser Angebot beinhaltet neben dem 18-Loch Platz ein ausgedehntes Übungsareal, einen 6-Loch Kurzplatz, Sauna, Fitnessraum, Snookertisch und natürlich eine Sonnenterasse für den perfekten Tagesabschluss.

Pro-Shop » Basic « | Level | Kurzpl.

GolfPost 4,8/5

DGV-NR. 7746

GOLFCLUB BAD RAPPENAU E.V.

Ehrenbergstrasse 25a
74906 Bad Rappenau
Tel. 07264 3666
info@golfclub-badrappenau.de
www.golfclub-badrappenau.de
Ehrenberger´s
Tel. 0171 3481295
AP: Frank Pasternacki

Löcheranzahl: 18
Gegründet: 1989
Höhe: 200 m
H: 5968 m, CR 71,3, SL 129, Par 72
D: 5251 m, CR 72,9, SL 128, Par 72

Saison: ganzjährig
Mindest-HCP WT/WE: k.A.
Anmeldung WT/WE: Nein
Mitgl.-begl. WT/WE: Nein
VcG WT/WE: Ja

18-Loch Greenfee WT/WE: EUR 60/80

(Greenfee-Preise können je nach DGV-Ausweiskennzeichnung abweichen)

Platzcharakteristik:

Die Golfanlage liegt am Eingang des "Fünfmühlentals" harmonisch eingebettet in ein 72 ha umfassendes, leicht welliges Gelände. Die mit 18-Loch symetrisch angeordneten Spielbahnen bieten einen interessanten und abwechslungsreichen Parcours mit einigen Herausforderungen, nicht zu letzt durch den im Jahre 2006 fertiggestellten Bachlauf über die Bahnen 11, 12 und 13.

Pro-Shop » Basic « | Level | Kurzpl.

GolfPost 4,0/5

BW

DGV-NR. 7716

GOLFCLUB HEIDELBERG-LOBENFELD E.V.

Am Biddersbacher Hof
74931 Lobbach-Lobenfeld
Tel. 06226 952110
golf@gchl.de
www.gchl.de

Bella Vista
Tel. 06226 952116
www.bellavistamed.com
Ruhetag: montags

Löcheranzahl: 18
Gegründet: 1968
H: 5957 m, CR 72,3, SL 143, Par 72
D: 5128 m, CR 73,4, SL 134, Par 72

Saison: ganzjährig
Mindest-HCP WT/WE: 54
Anmeldung WT/WE: Ja
Mitgl.-begl. WT/WE: Nein
VcG WT/WE: Ja

18-Loch Greenfee WT/WE: EUR 70/90

(Greenfee-Preise können je nach DGV-Ausweiskennzeichnung abweichen)

Platzcharakteristik:

Der 18-Loch Platz gilt als einzigartiges Naturjuwel und ist mit großer Sensibilität in die Landschaft eingebettet. Am Rande der Spielbahnen finden sich einige Zeugen uralter Besiedelungen, die bis in die Römerzeit zurückreichen. Die idyllische Lage, das außergewöhnliche Design sowie modernste Pflegestandards garantieren jedem Golfspieler höchsten Spielgenuss. Erleben Sie einen Golfplatz mit abwechslungsreichen Bachläufen, natürlichen Hindernissen sowie einer Vielzahl an einheimischen Pflanzen und Tieren.

Der Platz wurde im Jahr 2013 durch den renommierten Golfplatzarchitekten Thomas Himmel re-designt und bietet höchsten Spielgenuss für Golfspieler aller Alters- und Leistungsklassen.

Pro-Shop » Large « | Level | Kurzpl.

GolfPost 4,6/5

DGV-NR. 7763

GOLFCLUB JOHANNESTHAL E.V.

Johannesthaler Hof
75203 Königsbach-Stein
Tel. 07232 809860
info@johannesthal.de
www.johannesthal.de

Johannesthaler Hof
Tel. 07232 314373
oliverruedel@t-online.de
Ruhetag: montags (außerhalb der Saison), AP: Oliver Ruedel

Löcheranzahl: 18
Gegründet: 1993
Höhe: 250 m
H: 5839 m, CR 71,0, SL 134, Par 73
D: 5098 m, CR 72,3, SL 129, Par 73

Saison: ganzjährig
Mindest-HCP WT/WE: 54/36
Anmeldung WT/WE: Ja
Mitgl.-begl. WT/WE: Nein
VcG WT/WE: Ja

18-Loch Greenfee WT/WE: EUR 65/80

(Greenfee-Preise können je nach DGV-Ausweiskennzeichnung abweichen)

Platzcharakteristik:

Der Golfclub Johannesthal liegt in der reizvollen hügeligen Landschaft des Kraichgaus mit Blick bis weit in den Nord-schwarzwald. Im denkmalgeschützten Gutshof befindet sich das Sekretariat, der Pro Shop und das Restaurant "Johannesthaler Hof". Neben den Mitgliedern schätzen auch die zahlreichen Gastspieler den anspruchsvollen und gepflegten Platz.

Pro-Shop » Basic « | Level | Kurzpl.

GolfPost 4,6/5

BW

DGV-NR. 7793

GOLF YOU UP GMBH

Karlshäuserhof
75248 Ölbronn-Dürrn
Tel. 07237 484000
info@golfyouup.de
www.golfyouup.com

Cafe Restaurant Green
Tel. 07237 4868887
Inh. Renate Reichert

Löcheranzahl: 9
Gegründet: 2004
Höhe: 300 m
H: 5172 m, CR 66,9, SL 117, Par 68
D: 4652 m, CR 69,1, SL 117, Par 68

Saison: ganzjährig
Mindest-HCP WT/WE: 54
Anmeldung WT/WE: Nein
Mitgl.-begl. WT/WE: Nein
VcG WT/WE: Ja

18-Loch Greenfee WT/WE: EUR 38/45

(Greenfee-Preise können je nach DGV-Ausweiskennzeichnung abweichen)

Platzcharakteristik:

Viele interessierte Menschen schrecken vor hohen Aufnahmegebühren und Jahresbeiträgen beim Trendsport Golf zurück und probieren diese Sportart dadurch niemals aus. Unsere Idee ist es, für alle, ohne Ausnahmen, diese Sportart zugänglich zu machen. golfyouup bietet Ihnen Pay and Play.

Weitere Informationen über golfyouup stehen auch im Internet unter www.golfyouup.de

Pro-Shop » Large « | Level | Kurzpl.

GolfPost 4,0/5

DGV-NR. 7815

KARLSHÄUSER HOF GOLF PFORZHEIM

Karlshäuserhof 7
75248 Ölbronn-Dürrn
Tel. 07237 5161
info@kh-golf.de
www.golfpforzheim.de

Ristorante Calabria
Tel. 07237 4863860
info@calabria-bretten.de
www.calabria-golfclub.de
ital. und deutsche Spezialitäten

Löcheranzahl: 18
Gegründet: 1987
Höhe: 300 m
H: 5843 m, CR 71,2, SL 126, Par 73
D: 5176 m, CR 73,0, SL 130, Par 73

Saison: ganzjährig
Mindest-HCP WT/WE: 54
Anmeldung WT/WE: Ja
Mitgl.-begl. WT/WE: Nein
VcG WT/WE: Ja

18-Loch Greenfee WT/WE: EUR 50/70

(Greenfee-Preise können je nach DGV-Ausweiskennzeichnung abweichen)

%

Platzcharakteristik:

Nördlich von Pforzheim, im zauberhaften Erlenbachtal, inmitten reizvoller Landschaft, schmiegt sich der 18-Loch Meisterschaftsplatz des Karlshäuser Hof Golf Pforzheim um ein unter Naturschutz stehendes Waldgebiet.

Der interessante und abwechslungsreiche Course bietet eine gekonnte Mischung aus sämtlichen Elementen des Golfspiels: modellierte Fairways, anspruchsvolle Grüns, fünf malerische Teiche, idyllische Bachläufe und Hecken sowie strategisch gut verteilte Bunker sind für Bogey- und Scratchspieler eine hohe, aber faire Herausforderung.

Neben der 18-Loch-Anlage verfügt der Karlshäuser Hof Golf Pforzheim über die großzügigste und beste Übungseinrichtung der Region.

Pro-Shop » Basic « | Level | Kurzpl.

DGV-NR. 7706

GOLFCLUB BAD LIEBENZELL E.V.

Golfplatz 1
75378 Bad Liebenzell
Tel. 07052 93250
info@gcbl.de
www.gcbl.de

Am Golfplatz
Tel. 07052 95250
gastronomie@gcbl.de
www.gcbl.de/gastronomie

Löcheranzahl: 18
Gegründet: 1988
Höhe: 550 m
H: 5860 m, CR 71,8, SL 134, Par 72
D: 5159 m, CR 73,9, SL 129, Par 72

Saison: ganzjährig
Mindest-HCP WT/WE: 54
Anmeldung WT/WE: Ja
Mitgl.-begl. WT/WE: Nein
VcG WT/WE: Ja

18-Loch Greenfee WT/WE: EUR 65/85

(Greenfee-Preise können je nach DGV-Ausweiskennzeichnung abweichen)

Platzcharakteristik:

Eingebettet in die wunderschöne Landschaft liegt der 18-Loch-Golfplatz an der Pforte zum Schwarzwald. Das hügelige Terrain sorgt für eine interessante Abwechslung. Hier fügen sich malerisch angelegte Bahnen harmonisch in die Landschaft ein. Das Dienstleistungsangebot ergänzt und unterstreicht die Exklusivität der Anlage. Die ideale Lage und der hervorragende Pflegezustand gewähren eine fast ganzjährige Bespielbarkeit.

Pro-Shop » Basic « | Level | Kurzpl.

GolfPost 4,3/5

DGV-NR. 7752

GOLFCLUB HOFGUT SCHEIBENHARDT E.V.

Gut Scheibenhardt
76135 Karlsruhe
Tel. 0721 867463
club@hofgut-scheibenhardt.de
www.hofgut-scheibenhardt.de

Das Scheibenhardt
Tel. 0721 95296420
info@das-scheibenhardt.de
www.das-scheibenhardt.de

Löcheranzahl: 18
Gegründet: 1986
Höhe: 120 m
H: 5908 m, CR 72,0, SL 130, Par 72
D: 5195 m, CR 74,0, SL 129, Par 72

Saison: ganzjährig
Mindest-HCP WT/WE: 54
Anmeldung WT/WE: Ja
Mitgl.-begl. WT/WE: Nein
VcG WT/WE: Ja

18-Loch Greenfee WT/WE: EUR 65/85

(Greenfee-Preise können je nach DGV-Ausweiskennzeichnung abweichen)

Platzcharakteristik:

Der Golfplatz Hofgut Scheibenhardt liegt mitten in Karlsruhe und mitten im Grünen auf dem ehemaligen Hofgut Scheibenhardt, das bis zur Entstehung des Golfclubs 1991 noch landwirtschaftlich genutzt wurde. Der Golfplatz ist eben, die Fairways gesäumt mit herrlichen Wiesenblumen. Viele Wasservögel kann man in den Seen beobachten. Die Grüns sind top, kurzum, der Golfplatz ist einen Abstecher wert.

Hinweis: Das Wochenend-Greenfee gilt von Fr.-So.

Pro-Shop » Large « | Level | Kurzpl.

GolfPost 4,5/5

BW

DGV-NR. 7809

GOLFPARK KARLSRUHE GUT BATZENHOF

Gut Batzenhof 3
76227 Karlsruhe-Hohenwettersbach
Tel. 0721 90999780
karlsruhe@golf-absolute.de
www.golf-absolute.de/karlsruhe

Genusswerk
Tel. 0721 47034306
www.genusswerk-ka.de
Tägl. ab 10 Uhr geöffnet

Löcheranzahl: 18+9
Gegründet: 2017
Classic Course "Standard"
H: 5836 m, CR 70,9, SL 126, Par 72
D: 4861 m, CR 71,1, SL 121, Par 72

Saison: ganzjährig
Anmeldung WT/WE: Ja
Mitgl.-begl. WT/WE: Nein
VcG WT/WE: Ja

18-Loch Greenfee WT/WE: EUR 60/80

(Greenfee-Preise können je nach DGV-Ausweiskennzeichnung abweichen)

Platzcharakteristik:

Der Golfpark Karlsruhe Gut Batzenhof ist von der Karlsruher Innenstadt über Durlach in wenigen Autominuten erreichbar und liegt auf einem Hochplateau im Ortsteil Hohenwettersbach. Der 18 Loch Platz Classic Course bietet pure golferische Themenvielfalt und ist neben den Well- und Fitnesseinrichtungen das Highlight der Anlage. Ein weiterer 9-Loch Modern Course (Hunde an der Leine erlaubt) ergänzt die Anlage ganz vorzüglich. Umfangreiche Übungsanlagen sowie eine großzügige Driving-Range erwarten Sie ebenso, wie ein Proshop und ein empfehlenswertes öffentliches Restaurant mit großzügigen Seminar- und Veranstaltungsräumen und einer faszinierenden Außenterrasse. Für Greenfee-Spieler ab Mai 2020 geöffnet.

Pro-Shop » Large « | Level | Kurzpl.

GolfPost 4,7/5

DGV-NR. 7705

GOLF-CLUB BAD HERRENALB E.V.

Bernbacherstraße 61
76332 Bad Herrenalb
Tel. 07083 8898
info@gc-bh.de
www.gc-bad-herrenalb.de

Ristorante Pizzeria Bella Vista
Tel. 07083 5749
restaurant@bellavista-herrenalb.de
Ruhetag: montags

Löcheranzahl: 9
Gegründet: 1968
Höhe: 470 m
H: 5068 m, CR 67,2, SL 129, Par 70
D: 4616 m, CR 70,2, SL 126, Par 70

Saison: ganzjährig
Mindest-HCP WT/WE: 54
Anmeldung WT/WE: Ja
Mitgl.-begl. WT/WE: Nein
VcG WT/WE: Ja

18-Loch Greenfee WT/WE: EUR 55/65

(Greenfee-Preise können je nach DGV-Ausweiskennzeichnung abweichen)

2:1

Platzcharakteristik:

Der Platz liegt in einer landschaftlich besonders reizvollen Umgebung des Schwarzwaldes. Die Spielbahnen wurden in die interessante und idyllische Landschaft des Bernbachtals eingebettet.

Pro-Shop » Basic « | Level | Kurzpl.

GolfPost 4,7/5

BW

DGV-NR. 7760

GOLFCLUB ALTRHEIN E.V.

Im Teilergrund 1
76437 Rastatt
Tel. (0 72 22) 15 42 09
golf@gcaltrhein.de
www.gcaltrhein.de

Am Altrhein
Tel. 07222 154205

Löcheranzahl: 9
Gegründet: 1993
Höhe: 115 m
H: 3738 m, CR 61,5, SL 121, Par 62
D: 3376 m, CR 62,5, SL 109, Par 62

Saison: März-November
Mindest-HCP WT/WE: 54
Anmeldung WT/WE: Nein
Mitgl.-begl. WT/WE: Nein
VcG WT/WE: Ja

Tages-Greenfee WT/WE: EUR 30/40

(Greenfee-Preise können je nach DGV-Ausweiskennzeichnung abweichen)

Platzcharakteristik:

Anspruchsvolle, in das Naturschutzgebiet eingebettete 9-Loch-Anlage. Die gepflegten Par 3, 4 und 5 Bahnen gestalten den kleinen, aber feinen Platz zu einer echten Herausforderung für jeden Golfer. Roughs und Pflanzflächen entlang der Spielbahnen sowie Biotope und Wasserhindernisse verlangen dem Spieler präzise Drives ab und lassen das Spiel zu einem abwechslungsreichen Erlebnis werden.

Pro-Shop » Basic « Level Kurzpl.

GolfPost 3,5/5

DGV-NR. 7702

GOLF CLUB BADEN-BADEN E.V.

Fremersbergstr. 127
76530 Baden-Baden
Tel. 07221 23579
info@golf-club-baden-baden.de
www.golf-club-baden-baden.de

Tel. 07221 23527
info@restaurant-im-golfclub.de
www.restaurant-im-golfclub.de

Löcheranzahl: 18
Gegründet: 1901
H: 4260 m, CR 64,1, SL 123, Par 64
D: 3834 m, CR 65,6, SL 119, Par 64

Saison: März-November
Mindest-HCP WT/WE: 54/36
Anmeldung WT/WE: Nein
Mitgl.-begl. WT/WE: Nein
VcG WT/WE: Ja

18-Loch Greenfee WT/WE: EUR 60/80

(Greenfee-Preise können je nach DGV-Ausweiskennzeichnung abweichen)

2:1

Platzcharakteristik:

Der Platz liegt landschaftlich wunderschön in kleine Täler eingebettet und hat seinen besonderen Reiz in der Blütezeit in den Monaten Mai und Juni sowie im Herbst durch fabelhafte Färbung der Mischwälder, die den Platz umgeben. Die Spielbahnen sind zum Teil recht eng und durch nicht allzu große, jedoch zur Gesamtanlage passende Grüns charakterisiert. Präzise Schläge sind notwendig, um ungeschoren das 18. Grün zu erreichen.

Pro-Shop Level Kurzpl.

GolfPost 4,5/5

DGV-NR. 7757

GOLFCLUB BRUCHSAL E.V.

Langental 2
76646 Bruchsal
Tel. 07251302270
info@golfclub-bruchsal.de
www.golfclub-bruchsal.de

Tel. 07251 3022722
info@dierestaurants.net
www.dierestaurants.net

Löcheranzahl: 18
Gegründet: 1990
Höhe: 121 m
H: 5640 m, CR 69,5, SL 128, Par 72
D: 4730 m, CR 69,5, SL 123, Par 72

Saison: ganzjährig
Mindest-HCP WT/WE: 45/36
Anmeldung WT/WE: Ja
Mitgl.-begl. WT/WE: Nein
VcG WT/WE: Ja

18-Loch Greenfee WT/WE: EUR 60/80

(Greenfee-Preise können je nach DGV-Ausweiskennzeichnung abweichen)

Platzcharakteristik:

Der Platz ist sowohl für Anfänger als auch Fortgeschrittene bestens geeignet und stellt je nach Spielstärke ständig neue Herausforderungen. Die computergesteuerte Bewässerungsanlage sorgt für optimale Bespielbarkeit. Drei spezielle Speicherteiche sorgen für das notwendige Nass. Diese sog. Himmelsteiche runden das Landschaftsbild harmonisch ab und sind gleichzeitig interessante Teile des Spiels.

Pro-Shop » Basic «
Level
Kurzpl.

GolfPost 4,8/5

DGV-NR. 7744

GOLF RESORT HEITLINGER TIEFENBACH

Birkenhof
76684 Östringen-Tiefenbach
Tel. 07259 8683
info@heitlinger-golf-resort.de
www.heitlinger-golf-resort.de

Restaurant im Golfresort
Tel. 07259 4940140

Löcheranzahl: 18
Gegründet: 1989
Höhe: 260 m
H: 5716 m, CR 71,7, SL 137, Par 72
D: 4972 m, CR 72,5, SL 135, Par 72

Saison: ganzjährig
Mindest-HCP WT/WE: 54
Anmeldung WT/WE: Ja
Mitgl.-begl. WT/WE: Nein
VcG WT/WE: Ja

18-Loch Greenfee WT/WE: EUR 70/80

(Greenfee-Preise können je nach DGV-Ausweiskennzeichnung abweichen)

Platzcharakteristik:

Auf dem 18-Loch-Meisterschaftsplatz, dem 6-Loch-Kurzplatz sowie auf dem etwa zwei Hektar großen Übungsgelände mit herrlicher Aussicht auf die umliegenden Weinberge erwartet Sie ein Golferlebnis, das Anfänger und Fortgeschrittene gleichermaßen auf die Probe stellt und ihr Spiel zum einmaligen Erlebnis macht.

Das im Mai 2018 neu eröffnete Clubhaus rundet das vierblättrige Kleeblatt-Konzept, eines der vier Säulen und damit Teil des Gesamtkonzepts ab. Weiterhin gehören der Golfplatz, das Hotel Heitlinger Hof und die beiden Weingüter Heitlinger und Burg Ravensburg dazu, eine Kombination, die in dieser Form in Deutschland sicherlich einzigartig ist.

Pro-Shop » Large «
Level
Kurzpl.

GolfPost 4,8/5

DGV-NR. 7800

GOLFANLAGE BIRKENHOF

Birkenhof 1
77694 Kehl
Tel. 07851 77497
info@birkenhof-kehl.de
www.birkenhof-kehl.de

Tel. 07851 77497
Bistro & Biergarten

Löcheranzahl: 9
Gegründet: 2005
H: 3694 m, CR 60,4, SL 103, Par 62
D: 3422 m, CR 61,0, SL 106, Par 62

Saison: ganzjährig
Mindest-HCP WT/WE: PR
Anmeldung WT/WE: Nein
Mitgl.-begl. WT/WE: Nein
VcG WT/WE: Ja

Tages-Greenfee WT/WE: EUR 25/30

(Greenfee-Preise können je nach DGV-Ausweiskennzeichnung abweichen)

Platzcharakteristik:

Der Golfplatz verfügt über 9 Bahnen mit einem Gesamtpar von 31. Die Gesamtlänge beträgt für den Herrenabschlag 1847m, respektive 1711m für den Damenabschlag.

Die Bahnen 1-6 können ohne Platzreife gespielt werden. Für die Bahnen 7-9 wird die Platzreife aber benötigt.

Pro-Shop » Basic «
Level
Kurzpl.

GolfPost 4,0/5

DGV-NR. 7778

GOLFCLUB GRÖBERNHOF E.V.

GOLF& NATUR

Gröbern 1
77736 Zell a.H.
Tel. 07835 634909
info@gc-groebernhof.de
www.golfclub-groebernhof.de

Ruhetag: montags

Löcheranzahl: 18
Gegründet: 1999
Höhe: 220 m
H: 5839 m, CR 72,2, SL 127, Par 72
D: 5238 m, CR 74,2, SL 131, Par 73

Saison: ganzjährig
Mindest-HCP WT/WE: 54
Anmeldung WT/WE: Ja
Mitgl.-begl. WT/WE: Nein
VcG WT/WE: Ja

18-Loch Greenfee WT/WE: EUR 65/75

(Greenfee-Preise können je nach DGV-Ausweiskennzeichnung abweichen)

2:1

Platzcharakteristik:

Die 18-Loch Golfanlage bietet dem ambitionierten Golfer, wie auch dem Einsteiger einen anspruchsvollen und abwechslungsreichen Course.

Die variantenreiche Geländestruktur mit ebenen und hügeligen Bahnen, mit Doglegs, Wasserhindernissen, großzügigen Fairways und raffiniert modellierten Grüns erfordert taktisches Spiel zwischen Blumenarealen, Biotopen und ausgedehnten Streuobstwiesen.

Pro-Shop » Basic «
Level
Kurzpl.

GolfPost 4,5/5

BW

DGV-NR. 7779

GOLFCLUB URLOFFEN E.V.

Golfplatz 1
77767 Appenweier
Tel. 07843 993240
sekretariat@golfclub-urloffen.de
www.gc-urloffen.de

Carmelina Lo Monaco
Tel. 07843 993241

Löcheranzahl: 27
Gegründet: 1998
Höhe: 149 m
18 Loch Platz
H: 5753 m, CR 70,5, SL 125, Par 72
D: 4865 m, CR 71,2, SL 122, Par 72
9 Loch Platz
H+D:
1526 m, Par 29

Saison: März-November
Mindest-HCP WT/WE: 54
Anmeldung WT/WE: Ja
Mitgl.-begl. WT/WE: Nein
VcG WT/WE: Ja

18-Loch Greenfee WT/WE: EUR 60/80

(Greenfee-Preise können je nach DGV-Ausweiskennzeichnung abweichen)

Platzcharakteristik:

In der oberrheinischen Tiefebene zwischen Rhein und Schwarzwald liegt der Golfclub Urloffen in einer beliebten Touristen- und Ausflugsregion und bietet während des Golfspiels einen beeindruckenden Blick auf die Hornisgrinde, den mit 1.164 Metern höchsten Berg im nördlichen Schwarzwald. Bei uns zeigt die Natur, was sie zu bieten hat: Von blühenden Obstbäumen im Frühjahr über strahlend schöne Sommertage mit saftigen Grüns bis hin zu golden gefärbten Blättern im Herbst!
Fernab vom Alltag können Sie hier beim Golfspiel entspannen, die frischeLuft genießen und nette Menschen kennen lernen. Schauen Sie doch einfach einmal bei uns vorbei – Sie werden begeistert sein!
Hunde sind auf dem Kurzplatz erlaubt.

Pro-Shop » Basic « | Level | Kurzpl.

GolfPost 4,0/5

DGV-NR. 7704

BADEN HILLS GOLF UND CURLING CLUB E.V.

Cabot Trail G208
77836 Rheinmünster
Tel. 07229 185100
info@baden-hills.de
www.baden-hills.de

Tel. 0176 24371136
Ruhetag: montags

Löcheranzahl: 18
Gegründet: 1982
Höhe: 121 m
H: 5780 m, CR 70,8, SL 129, Par 72
D: 4869 m, CR 71,1, SL 124, Par 72

Saison: ganzjährig
Mindest-HCP WT/WE: 54
Anmeldung WT/WE: Ja
Mitgl.-begl. WT/WE: Nein
VcG WT/WE: Ja

18-Loch Greenfee WT/WE: EUR 60/80

(Greenfee-Preise können je nach DGV-Ausweiskennzeichnung abweichen)

Platzcharakteristik:

Die Anlage präsentiert sich als gelungene Symbiose zwischen Naturbelassenheit und Platzarchitektur. Heideähnlicher Baumbestand, Ginsterfelder, Schwarzwald-Panorama und die vorbeiziehen den Schiffe bieten ein besonderes Flair. Das milde Klima des Oberrheins und der sandige Boden erlauben ganzjähriges Spiel auf Sommergreens. Ständiger Wechsel zwischen offenen Bahnen und Doglegs mit wechselndem Wind erfordern höchste Konzentration.

Pro-Shop » Large « | Level | Kurzpl.

GolfPost 4,5/5

BW

DGV-NR. 7724

GOLF-CLUB ORTENAU E.V.

Gereut 9.1
77933 Lahr
Tel. 0782177227
kontakt@gc-ortenau.de
www.gc-ortenau.de

Gabis und Tobys Stube
Tel. 07821 9980014
tobias.hahndorf@web.de
www.gabysundtobys-stube.de
Ruhetag: montags, reg. Produkte

Löcheranzahl: 18
Gegründet: 1978
Höhe: 220 m
H: 4861 m, CR 66,4, SL 121, Par 68
D: 4444 m, CR 69,1, SL 118, Par 69

Saison: ganzjährig
Mindest-HCP WT/WE: k.A.
Anmeldung WT/WE: Ja
Mitgl.-begl. WT/WE: Nein
VcG WT/WE: Ja

18-Loch Greenfee WT/WE: EUR 60/70

(Greenfee-Preise können je nach DGV-Ausweiskennzeichnung abweichen)

2:1

Platzcharakteristik:

Die Anlage ist in schönste Schwarzwaldlandschaft eingebettet und liegt im Gereuter Tal mit guter Verkehrsanbindung über Lahr zur B 3/B 415 oder A 5. Die noch einsame Ursprünglichkeit einer unverwechselbaren Kulturlandschaft konnte ohne landschaftszerstörende Eingriffe erhalten bleiben. Der Platz erfordert ein strategisches Spiel.

Pro-Shop » Basic « | Level | Kurzpl.

GolfPost 4,0/5

DGV-NR. 7741

GOLFCLUB KÖNIGSFELD E.V.

Angelmoos 20
78126 Königsfeld
Tel. 07725 93960
info@gc-k.de
www.golfclub-koenigsfeld.de

Bellavista
Tel. 07725 939615
Ruhetag: dienstags
Leitung: Carmine Galasso

Löcheranzahl: 18
Gegründet: 1990
Höhe: 800 m
H: 5632 m, CR 70,3, SL 122, Par 70
D: 4964 m, CR 72,3, SL 125, Par 70

Saison: April-Oktober
Mindest-HCP WT/WE: 54
Anmeldung WT/WE: Ja
Mitgl.-begl. WT/WE: Nein
VcG WT/WE: Ja

18-Loch Greenfee WT/WE: EUR 73

(Greenfee-Preise können je nach DGV-Ausweiskennzeichnung abweichen)

Platzcharakteristik:

Königsfeld ist ein heilklimatischer Kurort. Durch die Höhenlage von 800 m findet man auch im Frühjahr und Herbst einen nebelfreien Golfplatz. Die Golfanlage erstreckt sich über 80 ha entlang eines schönen Bachlaufes mit zahlreichen Teichen und Biotopen. Reizvolle Höhenunterschiede bieten wunderschöne Aussichten auf Schwarzwald und Schwäbische Alb.

Schöne Abwechslung bietet auch der 4-Loch-Kurzplatz.

Pro-Shop » Basic « | Level | Kurzpl.

GolfPost 5,0/5

DGV-NR. 7709

LAND- UND GOLFCLUB ÖSCHBERGHOF

Golfplatz 1
78166 Donaueschingen
Tel. 0771 84525
golf@oeschberghof.com
www.oeschberghof.com
der Öschberghof
Hotel & Restaurant

Löcheranzahl: 45
Gegründet: 1976
Höhe: 700 m
Old Course
H: 5970 m, CR 70,6, SL 126, Par 72
D: 5223 m, CR 72,3, SL 125, Par 72

Saison: März-Oktober
Mindest-HCP WT/WE: 36
Anmeldung WT/WE: Ja
Mitgl.-begl. WT/WE: Nein
VcG WT/WE: Ja

18-Loch Greenfee WT/WE: EUR 80/100

(Greenfee-Preise können je nach DGV-Ausweiskennzeichnung abweichen)

Platzcharakteristik:

Die breiten und harmlos anmutenden Fairways lassen trügerische Sicherheit aufkommen. Ein Blick auf die Scorekarte relativiert aber diesen Eindruck. Präzises Spiel und gesunde Länge sind hier wichtig, um seinen Score zu halten.

2018 werden die umfangreichen Umbauarbeiten großteils abgeschlossen sein. Das Resort verfügt zukünftig über 2 18-Loch-Meisterschaftsplätze (Old Course, East Course) sowie um einen Par 34 9-Loch-Platz.

Pro-Shop » Basic « Level Kurzpl.

GolfPost 5,0/5

DGV-NR. 7747

GOLFCLUB STEISSLINGEN E.V.

Brunnenstr. 4b
78256 Steißlingen/Wiechs
Tel. 07738 939120
info@golfplatz-steisslingen.de
www.golfplatz-steisslingen.de
Öffentliche Clubgastronomie
Tel. 07738 9391220
info@golfplatz-steisslingen.de
www.golfplatz-steisslingen.de

Löcheranzahl: 18
Gegründet: 1991
Höhe: 430 m
H: 5780 m, CR 70,8, SL 127, Par 71
D: 5085 m, CR 72,5, SL 125, Par 71

Saison: ganzjährig
Mindest-HCP WT/WE: PR
Anmeldung WT/WE: Ja
Mitgl.-begl. WT/WE: Nein
VcG WT/WE: Ja

18-Loch Greenfee WT/WE: EUR 70/90

(Greenfee-Preise können je nach DGV-Ausweiskennzeichnung abweichen)

Platzcharakteristik:

In einer für den Bodensee typischen Landschaft wurde eine Golfanlage besonderer Güteklasse realisiert. Die sehr interessant und abwechslungsreich gestalteten Spielbahnen zeichnen sich vor allem durch die anspruchsvoll modellierten Hindernisse aus. Die Sandbunker lassen erkennen, dass hier schottische Architekten am Werk waren. Der Fairway-bunker an der 18 gilt mit einer Länge von 70 m als einer der längsten Bunker Deutschlands.

Pro-Shop » Large « Level Kurzpl.

GolfPost 4,0/5

BW

DGV-NR. 7740

GOLF CLUB SCHLOSS LANGENSTEIN

Schloss Langenstein 16
78359 Orsingen-Nenzingen
Tel. 07774 50651
info@schloss-langenstein.com
www.schloss-langenstein.com

Ristorante Enoteca Toscana
Tel. 07774 50671
toscana@schloss-langenstein.com
Ruhetag: montags, Di-So 11-21 Uhr

Löcheranzahl: 18
Gegründet: 1991
Höhe: 475 m
18-Loch Meisterschaftsplatz
H: 5983 m, CR 71,9, SL 132, Par 72
D: 5281 m, CR 74,1, SL 131, Par 72
außerdem:
öffentlicher 9-Loch-Kurzplatz

Saison: März-November
Mindest-HCP WT/WE: 54/36
Anmeldung WT/WE: Ja
Mitgl.-begl. WT/WE: Nein
VcG WT/WE: Ja

18-Loch Greenfee WT/WE: EUR 75/105

(Greenfee-Preise können je nach DGV-Ausweiskennzeichnung abweichen)

Platzcharakteristik:

Der Meisterschaftsplatz besticht durch seine weitläufige Landschaft und die jede für sich charakteristische und einzigartige Spielbahn. Eröffnet in 1991 und vollendet in 1992, wurde Langenstein von Rod Whitman designed, der mit Pete Dye und Bill Core weltweit viele renommierte Anlagen gebaut hat. „Der Herrgott muss auch ein begnadeter Golfer sein" – Mit diesem Satz beschrieb er seinen ersten Eindruck als er zum ersten Mal das Felsental unter dem Schloss mit seiner urigen Schönheit sah. Zu der Charakteristik gehören neben der einzigartigen Kombination aus unberührter Natur und top gepflegten Spielbahnen zweifelsfrei die großzügigen und stark ondulierten Grüns, welche zu den anspruchsvollsten in ganz Deutschland gehören.

Pro-Shop » Large « · Level · Kurzpl.

GolfPost 4,6/5

DGV-NR. 7720

GOLF-CLUB KONSTANZ E.V.

Hofgut Kargegg 1
78476 Allensbach-Langenrain
Tel. 07533 93030
info@golfclubkonstanz.de
www.golfclubkonstanz.de

Hofgut Kargegg
info@kargegg.com

Löcheranzahl: 18
Gegründet: 1965
Höhe: 500 m
H: 5943 m, CR 71,1, SL 139, Par 72
D: 5046 m, CR 71,7, SL 128, Par 72

Saison: ganzjährig
Mindest-HCP WT/WE: 54/36
Anmeldung WT/WE: Ja
Mitgl.-begl. WT/WE: Nein
VcG WT/WE: Ja

18-Loch Greenfee WT/WE: EUR 85/105

(Greenfee-Preise können je nach DGV-Ausweiskennzeichnung abweichen)

Platzcharakteristik:

Der Golf-Club Konstanz e.V. liegt auf einem Höhenzug zwischen dem Überlinger- und dem Radolfzeller-See, dem so genannten Bodanrück. Die Fairways erstrecken sich über eine völlig unangetastete Naturlandschaft, die von keiner Straße oder auch nur einer Telefonleitung durchschnitten wird. Die zum Teil in Wald eingebetteten Fairways verlangen ein zielgenaues Spiel.

Pro-Shop » Basic « · Level · Kurzpl.

GolfPost 5,0/5

BW

DGV-NR. 7743

GOLFCLUB TUNIBERG E.V.

Große Brühl 1
79112 Freiburg
Tel. 07664 93060
info@golfclub-tuniberg.de
www.golfclub-tuniberg.de

tunigarden Restaurant
Tel. 07664 93 06-12
info@tunigarden.de
www.tunigarden.de
Ruhetag: montags

Löcheranzahl: 18
Gegründet: 1987
Höhe: 212 m
H: 5707 m, CR 71,3, SL 127, Par 72
D: 5124 m, CR 73,9, SL 126, Par 72

Saison: ganzjährig
Mindest-HCP WT/WE: 54/36
Anmeldung WT/WE: Ja
Mitgl.-begl. WT/WE: Nein
VcG WT/WE: Ja

18-Loch Greenfee WT/WE: EUR 70/85

(Greenfee-Preise können je nach DGV-Ausweiskennzeichnung abweichen)

Platzcharakteristik:

Der Course mit seiner ebenen Topographie ist für jede Spielstärke eine Herausforderung. Die Grüns sind qualitativ sehr gut, großzügig in den Ausmaßen und attraktiv in der Optik. Der Driving Range-Unterstand, die vielen Rasenabschlagplätze, die zwei Putting-Greens und das terrassierte Chipping / Pitching-Grün lassen keine Trainingswünsche offen und gelten als besonders gelungene Übungsmöglichkeiten. Hunde auf dem Platz (angeleint) wochentags erlaubt.

Pro-Shop » Basic « · Level · Kurzpl.

GolfPost 4,8/5

DGV-NR. 7710

FREIBURGER GOLFCLUB E.V.

Krüttweg 1
79199 Kirchzarten
Tel. 07661 98470
info@fr-gc.de
www.fr-gc.de

Tel. 07661 3093
AP: Patcharawadee Keidel

Löcheranzahl: 18
Gegründet: 1970
Höhe: 350 m
H: 5864 m, CR 71,7, SL 130, Par 72
D: 4920 m, CR 72,0, SL 125, Par 72

Saison: März-November
Mindest-HCP WT/WE: 54/36
Anmeldung WT/WE: Ja
Mitgl.-begl. WT/WE: Nein
VcG WT/WE: Ja

18-Loch Greenfee WT/WE: EUR 75/90

(Greenfee-Preise können je nach DGV-Ausweiskennzeichnung abweichen)

Platzcharakteristik:

Der 1970 gegründete Freiburger Golfclub befindet sich auf der Gemarkung der Gemeinde Kirchzarten und ist nur wenige Kilometer östlich von Freiburg im schönen Dreisamtal zu finden.

Der Freiburger Golfclub verfügt auf seinem Areal über einen 18-Löcher-Platz, über eine Driving Range mit Rasenabschlägen, Abschlagsmatten und -hütten, einen großen Pitch- und Puttbereich sowie eine Scope-Anlage für computergestützte Schwunganalyse. Eine Indoorhalle ergänzt das Übungsangebot.

Pro-Shop » Basic « · Level · Kurzpl.

GolfPost 4,6/5

DGV-NR. 7714

GOLFCLUB GÜTERMANN GUTACH E.V.

Golfstraße 16/1
79261 Gutach
Tel. 07681 23151
sekretariat@gggutach.de
www.gggutach.de

Clubhaus
Tel. 07681 4934298
anschmigolf@web.de
Ruhetag: montags

Löcheranzahl: 9
Gegründet: 1924
Höhe: 290 m
H: 5796 m, CR 70,7, SL 144, Par 72
D: 4854 m, CR 71,5, SL 135, Par 72

Saison: ganzjährig
Mindest-HCP WT/WE: 36
Anmeldung WT/WE: Nein/Ja
Mitgl.-begl. WT/WE: Nein
VcG WT/WE: Ja

Tages-Greenfee WT/WE: EUR 60/70

(Greenfee-Preise können je nach DGV-Ausweiskennzeichnung abweichen)

Platzcharakteristik:

Der Golfclub Gütermann Gutach e.V. liegt ca. 20 km nordöstlich von Freiburg in den Ausläufern des Schwarzwaldes, eingebettet im schönen Elztal.

Die Anlage wurde 1924 Jahren von der Familie Gütermann gebaut und wird seitdem ununterbrochen bespielt.

Heute erwartet den Golfer ein anspruchsvoller 9-Loch-Platz. Die Bahnen liegen in einer Parkanlage nach englischem Vorbild mit viel Wasser, sind von alten Villen begrenzt und von hohen dunklen Tannen, die der Schwarzwaldgegend entsprechen. Die Übungsmöglichkeiten sind gut, die Driving-Range außerhalb gelegen mit überdachten Abschlägen.

Gäste sind herzlich willkommen.

Pro-Shop » Basic « | Level | Kurzpl.

GolfPost ★★★★★ 5,0/5

DGV-NR. 7784

EUROPA-PARK GOLFCLUB BREISGAU E.V.

Am Golfpark 1
79336 Herbolzheim
Tel. 07643 9369-0
info@gc-breisgau.de
www.gc-breisgau.de

Rebland
Tel. 07643 936920
info@reblandrestaurant.de
www.reblandrestaurant.de

Löcheranzahl: 27
Gegründet: 1998
Höhe: 225 m
Rebland (18-Loch-Meisterschaftspl.)
H: 5865 m, CR 71,5, SL 131, Par 72
D: 5162 m, CR 73,1, SL 129, Par 72
Heckenrose (öffentl. 9-Loch-Platz)
1436 m, 3 x Par 4, 6 x Par 3

Saison: ganzjährig
Mindest-HCP WT/WE: PR
Anmeldung WT/WE: Nein/Ja
Mitgl.-begl. WT/WE: Nein
VcG WT/WE: Ja

18-Loch Greenfee WT/WE: EUR 60/75

(Greenfee-Preise können je nach DGV-Ausweiskennzeichnung abweichen)

Platzcharakteristik:

Der Golfclub Breisgau bietet einen 18-Loch-Meisterschaftsplatz und eine öffentliche 9-Loch "Pay & Play"-Anlage. Eingerahmt von Weinbergen machen die wunderschönen Ausblicke auf den Schwarzwald, die Vogesen und den Kaiserstuhl diesen Golfpark so reizvoll. Leichte Höhenunterschiede, alter Baumbestand, einige Wasserhindernisse und anspruchsvoll modellierte Grüns und Bunker erfordern von Golfern aller Spielstärken ein strategisch durchdachtes Spiel.

BW

Pro-Shop » Basic « | Level | Kurzpl.

GolfPost ★★★★★ 4,6/5

DGV-NR. 7719

GOLFCLUB MARKGRÄFLERLAND KANDERN E.V.

Feuerbacher Str. 35
79400 Kandern
Tel. 07626 977990
info@gc-mk.com
www.gc-mk.com

Tel. 07626 1262
Katja & Andreas Liffers

Löcheranzahl: 18
Gegründet: 1984
Höhe: 364 m
H: 5691 m, CR 70,9, SL 130, Par 72
D: 4890 m, CR 72,2, SL 123, Par 72

Saison: März-November
Mindest-HCP WT/WE: 36
Anmeldung WT/WE: Nein
Mitgl.-begl. WT/WE: Nein
VcG WT/WE: Ja

18-Loch Greenfee WT/WE: EUR 90/120

(Greenfee-Preise können je nach DGV-Ausweiskennzeichnung abweichen)

Platzcharakteristik:

Die architektonisch und landschaftlich anspruchsvolle Anlage umfasst ca. 72 ha und wird den unterschiedlichsten Spielstärken gerecht. Die zum Teil hügeligen und welligen Spielbahnen stellen hohe Ansprüche an die Golftechnik. Sorgfältig angelegte Wasserhindernisse und Bunker sorgen für zusätzliche Schwierigkeiten. Für erfahrene und fortgeschrittene Golfer ist dieser Platz eine echte Herausforderung.

Pro-Shop » Basic « | Level | Kurzpl.

GolfPost 4,3/5

DGV-NR. 7783

DREI THERMEN GOLFRESORT

Am Golfplatz 3
79415 Bad Bellingen
Tel. 07635 824490
info@dtgr.de
www.drei-thermen-golfresort.de

Bamlach:
07635 8244928, Schloss von Hombourg: +33 3389282720,
Hotel Hebelhof: 07635 8244930
Ruhetag: 24.12., 25.12., 31.12.

Löcheranzahl: 72
Gegründet: 1998
Höhe: 320 m
Kapellenberg
H: 5847 m, CR 71,0, SL 135, Par 73
D: 5310 m, CR 73,5, SL 129, Par 73
Quellenhof
H: 6058 m, CR 71,7, SL 129, Par 72
D: 5346 m, CR 73,7, SL 128, Par 72

Saison: ganzjährig
Mindest-HCP WT/WE: 45
Anmeldung WT/WE: Ja
Mitgl.-begl. WT/WE: Nein
VcG WT/WE: Nein

18-Loch Greenfee WT/WE: EUR 60/70

(Greenfee-Preise können je nach DGV-Ausweiskennzeichnung abweichen)

Platzcharakteristik:

Das landschaftlich reizvoll gelegene Resort verfügt derzeit über 72 Löcher. 36 Bahnen bieten ein herrliches Panorama über Alpen, Schwarzwald und Vogesen und sprechen Spieler jeder Spielstärke an. Den Schwarzwald im Rücken, eröffnet sich bei schönem Wetter ein Bild über die "zwei Rheine" - Altrhein und Rheinseitenkanal.

Weitere 36 Bahnen sind im nahegelegenen Hombourg/Elsass. Die Plätze sind flach und befinden sich in einem Waldstück. Nach 18 Loch Golf kann man sich im Schloss und auf der Schlossterrasse verwöhnen lassen. Bitte entnehmen Sie Adresse und Platzdaten dieser beiden Plätze der Homepage des Resorts.

Pro-Shop » Basic « | Level | Kurzpl.

GolfPost 4,5/5

BW

DGV-NR. 7703

RHEIN-GOLF-CLUB BADENWEILER E.V.

Ile du Rhin
68490 Chalampé - Frankreich
Tel. (+33) 389 832832
rheingolfclub@web.de
www.rheingolfclub.de

Birdie
Tel. +33 389 832834
Leitung: Francis Ruffenach

Löcheranzahl: 18
Gegründet: 1973
Höhe: 250 m
H: 5974 m, CR 71,7, SL 133, Par 72
D: 5066 m, CR 72,3, SL 128, Par 72

Saison: ganzjährig
Mindest-HCP WT/WE: 36
Anmeldung WT/WE: Nein
Mitgl.-begl. WT/WE: Nein/Ja
VcG WT/WE: Ja

18-Loch Greenfee WT/WE: EUR 80/95

(Greenfee-Preise können je nach DGV-Ausweiskennzeichnung abweichen)

Platzcharakteristik:

Der sehr gepflegte 18-Loch-Parcours liegt auf einer Insel zwischen dem Rhein und dem Grand Canal d'Alsace auf französischem Boden. In einer idyllischen Umgebung ziehen sich die Fairways durch die früheren Rhein-Auen, heute Natur-, Jagd- und Vogelschutzgebiet. Viele Bahnen bieten einen herrlichen Ausblick auf den Schwarzwald und die Vogesen. Alter Baumbestand umgibt die manchmal sehr schmalen Fairways, präzises Spiel ist hier gefragt.

Pro-Shop » Basic « | Level | Kurzpl.

GolfPost 4,4/5

DGV-NR. 7797

GOLFANLAGE SCHOPFHEIM

Ehner-Fahrnau 12
79650 Schopfheim
Tel. 07622 674760
post@golfanlage-schopfheim.de
www.golfanlage-schopfheim.de

Bistro & Café am Golfplatz
Tel. 07622 67476-13
geöffnet von März bis Oktober

Löcheranzahl: 9
Gegründet: 2009
Höhe: 300 m
H: 5440 m, CR 68,2, SL 127, Par 72
D: 4978 m, CR 70,9, SL 137, Par 72

Saison: ganzjährig
Mindest-HCP WT/WE: 54
Anmeldung WT/WE: Ja
Mitgl.-begl. WT/WE: Nein
VcG WT/WE: Ja

18-Loch Greenfee WT/WE: EUR 50
9-Loch Greenfee WT/WE: EUR 25

(Greenfee-Preise können je nach DGV-Ausweiskennzeichnung abweichen)

%

Platzcharakteristik:

Die 9 Loch Anlage wurde auf dem Gelände des traditionsreichen Hofgutes Ehner-Fahmau zwischen dem idyllischen Fluss „Wiese" und der Sandsteinerhebung „Entengast" erstellt. Die Golfbahnen sind rund um das Hofgut und das historische Schloss „Roggenbach" angeordnet. Zusammen mit der großzügigen Bepflanzung durch eine breite Palette unterschiedlicher Bäume und den Seen ergibt sich eine reizvolle, abwechslungsreiche Gesamtlage. Der Platz an sich ist flach aber dennoch sportlich zu spielen.

Pro-Shop » Basic « | Level | Kurzpl.

GolfPost 4,5/5

BW

DGV-NR. 7770

GOLF-CLUB SCHÖNAU

Schönenberger Str. 17
79677 Schönau
Tel. 07673 888660
info@golf-schoenau.de
www.golf-schoenau.de

Cafe Bistro am Golfplatz
Tel. 07673 888660
info@golf-schoenau.de
Ruhetag: montags
Regionale und italienische Küche

Löcheranzahl: 9
Gegründet: 1995
Höhe: 550 m
H: 3346 m, CR 61,8, SL 103, Par 62
D: 3038 m, CR 61,8, SL 100, Par 62

Saison: März-November
Mindest-HCP WT/WE: 54
Anmeldung WT/WE: Nein/Ja
Mitgl.-begl. WT/WE: Nein
VcG WT/WE: Ja

18-Loch Greenfee WT/WE: EUR 45/50

(Greenfee-Preise können je nach DGV-Ausweiskennzeichnung abweichen)

Platzcharakteristik:

Am Fuße des Belchen gelegen bietet der Golf Club Schönau einen herrlichen Panoramablick auf die Schwarzwaldberge. Der 1995 gegründete 9-Loch-Platz ist der Landschaft harmonisch angepasst; gepflegte Fairways entlang eines Wildbaches, Biotope, Bunker und ein kleiner See bieten dem Spieler viel Abwechslung und sportliche Herausforderung.

Die Fairways sind so angelegt, dass bei jedem Wetter gespielt werden kann und die nebelfreie Lage ermöglicht das Golfen bis zum Beginn des Winters.

Gäste sind bei uns jederzeit willkommen und sind für uns bei Turnieren eine Bereicherung des sportlichen Wettkampfes.

Pro-Shop » Basic « Level Kurzpl.

GolfPost 4,0/5

DGV-NR. 7810

GOLFPARK BAD SÄCKINGEN

Schaffhauserstrasse 121
-79713 Bad Säckingen
Tel. 07761 9381132
info@golfparkbs.de
www.golfparkbs.de

eightyniners meet & eat
Tel. 07761 9999880
info@eightyniners.de
Ruhetag: mo. & di., an Ruhetagen gibt es im Hotel Essen u. Getränke.

Löcheranzahl: 9
Gegründet: 2016
Höhe: 235 m
Angaben für 18-Loch
H: 3180 m, CR 59,2, SL 95, Par 60
D: 2908 m, CR 59,2, SL 94, Par 60

Saison: ganzjährig
Mindest-HCP WT/WE: PR
Anmeldung WT/WE: Ja
Mitgl.-begl. WT/WE: Nein
VcG WT/WE: Ja

18-Loch-Greenfee: WT/WE: EUR 49/54

(Greenfee-Preise können je nach DGV-Ausweiskennzeichnung abweichen)

2:1

Platzcharakteristik:

Im Golfpark Bad Säckingen umgibt Sie vom ersten Moment an eine heimelige Atmosphäre. Kurze Wege ohne anstrengende Steigungen bieten angenehmes Golfen. Die 9-Loch-Anlage bietet alle Elemente, die abwechslungsreiches Golfvergnügen ausmachen: Dogleg, frontales Wasser, Bunker geschützte Greens und Biotope. Der Platz grenzt an ein Landschaftsschutzgebiet und ist für Anfänger bis hin zum ambitionierten Turnierspieler geeignet. Enge Passagen fordern jedoch an der einen oder anderen Stelle präzise Schläge. Der Platz ist das ganze Jahr bespielbar. Auch im Winter spielen Sie auf Sommergrüns. Das direkt am Golfplatz gelegene Sapia Hotel Rheinsberg bietet 26 moderne Doppelz. und Junior Suiten. Von hier aus können Gäste beinahe „das Gras wachsen hören".

Pro-Shop » Basic « Level Kurzpl.

BW

DGV-NR. 7726

GOLFCLUB RICKENBACH E.V.

Hennematt 20
79736 Rickenbach
Tel. 07765 777
info@golfclub-rickenbach.de
www.golfclub-rickenbach.de

Harald Scherer
Tel. 07765 543
golfrestaurant-rickenbach@web.de

Löcheranzahl: 18
Gegründet: 1979
Höhe: 760 m
H: 5264 m, CR 69,5, SL 129, Par 70
D: 4653 m, CR 71,1, SL 126, Par 70

Saison: April-November
Mindest-HCP WT/WE: 54/36
Anmeldung WT/WE: Nein/Ja
Mitgl.-begl. WT/WE: Nein
VcG WT/WE: Ja

18-Loch Greenfee WT/WE: EUR 70/85

(Greenfee-Preise können je nach DGV-Ausweiskennzeichnung abweichen)

Platzcharakteristik:

Begünstigt durch die einmalige Lage auf dem Hochplateau des Hotzenwaldes, bieten die geschützte Fauna und Flora dem Auge zu jeder Jahreszeit faszinierende Schauspiele und herrliche Ausblicke auf die Schweizer Alpen. Mit natürlichen Wasserhindernissen wie Bächen, Weihern und Biotopen sowie den zum Teil von Tannen gesäumten Fairways ist der Platz eine Herausforderung für Spieler jeder Spielstärke.

Pro-Shop » Basic « | Level | Kurzpl.

GolfPost 4,0/5

DGV-NR. 7734

GOLFCLUB OBERE ALP E.V.

Am Golfplatz 1 - 3
79780 Stühlingen
Tel. 07703 92030
sekretariat@golf-oberealp.de
www.golf-oberealp.de

Ristorante Belvedere
Tel. 07703 920320
info@belvedere-oberealp.de
www.belvedere-oberealp.de

Löcheranzahl: 27
Gegründet: 1989
Höhe: 800 m
H: 5956 m, CR 71,1, SL 132, Par 72
D: 5268 m, CR 73,0, SL 126, Par 72

Saison: März-November
Mindest-HCP WT/WE: PR
Anmeldung WT/WE: Ja
Mitgl.-begl. WT/WE: Nein/Ja
VcG WT/WE: Ja

18-Loch Greenfee WT/WE: EUR 92/122

(Greenfee-Preise können je nach DGV-Ausweiskennzeichnung abweichen)

Platzcharakteristik:

Die 27-Loch Anlage besteht aus einem 18-Loch-Meisterschaftsplatz und einem öffentlichen 9-Loch-Platz, harmonisch eingebettet in leicht hügeligem Gelände ohne nennenswerte Höhenunterschiede auf einem Hochplateau im Südschwarzwald. Der 18-Loch-Platz mit seinen breiten und langen Fairways, drei Teichen und 58 Bunkern ist eine Herausforderung für Golfer jeder Spielstärke. Der mit „Gold" als Premium Kurzplatz ausgezeichnete 9-Loch-Platz (Par 30) ist ideal für eine schnelle Golfrunde oder zum Einstieg in den Golfsport. Zum spielerischen Vergnügen kommt bei klarer Sicht der atemberaubende Blick auf die Schweizer Alpen dazu.

Pro-Shop » Basic « | Level | Kurzpl.

GolfPost 4,9/5

BW

DGV-NR. 7742

GOLFCLUB RHEINBLICK E.V.

Rheinstraße 4
79807 Lottstetten
Tel. 07745 92960
info@golfclubrheinblick.de
www.golfclubrheinblick.de

Tel. 07745 929620
gastronomie@golfclubrheinblick.de
von März bis Oktober

Löcheranzahl: 18
Gegründet: 1988
Höhe: 460 m
H: 5832 m, CR 71,6, SL 134, Par 72
D: 5187 m, CR 73,9, SL 129, Par 72

Saison: März-November
Mindest-HCP WT/WE: 36
Anmeldung WT/WE: Ja
Mitgl.-begl. WT/WE: Nein/Ja
VcG WT/WE: Ja/Nein

18-Loch Greenfee WT/WE: EUR 90/110

(Greenfee-Preise können je nach DGV-Ausweiskennzeichnung abweichen)

Platzcharakteristik:

Eine in ihrer Landschaftlichkeit und Natürlichkeit außergewöhnliche Anlage, nahe der Schweizer Grenze, führt Sie über leichtes bis schwieriges hügeliges Gelände, das über dem Rhein gelegen ist. Durch zahlreiche Bunker, Wasserhindernisse, Biotope, Obstbäume und Sträucher wird körperliche Fitness und präzises Spiel verlangt.

Pro-Shop » Basic « | Level | Kurzpl.

GolfPost 5,0/5

DGV-NR. 7780

GOLFCLUB HOCHSCHWARZWALD E.V.

Oberaltenweg 7
79822 Titisee-Neustadt
Tel. 07651 935777
info@hochschwarzwald.golf
www.hochschwarzwald.golf

Familie Axtmann
Tel. 07651 935779
Ruhetag: montags
Di - So ab 10 Uhr

Löcheranzahl: 18
Gegründet: 2001
Höhe: 900 m
H: 4752 m, CR 64,7, SL 113, Par 68
D: 4152 m, CR 65,8, SL 105, Par 68

Saison: April bis November (witterungsbedingt)
Mindest-HCP WT/WE: k.A.
Anmeldung WT/WE: Ja
Mitgl.-begl. WT/WE: Nein
VcG WT/WE: Ja

18-Loch Greenfee WT/WE: EUR 58/68

(Greenfee-Preise können je nach DGV-Ausweiskennzeichnung abweichen)

2:1

Platzcharakteristik:

Die Anlage liegt mit herrlichem Panoramablick auf den Feldberg malerisch zwischen den heilklimatischen Kurorten Titisee-Neustadt und Hinterzarten. Die Erweiterung von 9 auf 18 Loch wurde 2016 abgeschlossen und der neue Platz ist mit seinen Biotopen und den sanften Hanglagen für jede Spielstärke eine abwechslungsreiche Herausforderung.

Pro-Shop » Basic « | Level | Kurzpl.

GolfPost 4,5/5

BW

DGV-NR. 7767

GREEN-GOLF BAD SAULGAU GBR

GMVD MEMBER

Koppelweg 103
88348 Bad Saulgau
Tel. 07581 527455
info@gc-bs.de
www.gc-bs.de

Golfrestaurant
Tel. 07581 527455

Löcheranzahl: 18
Gegründet: 2011
Höhe: 650 m
H: 6125 m, CR 71,9, SL 126, Par 72
D: 5406 m, CR 73,6, SL 132, Par 72

Saison: März-November
Mindest-HCP WT/WE: 54
Anmeldung WT/WE: Ja
Mitgl.-begl. WT/WE: Nein
VcG WT/WE: Ja

18-Loch Greenfee WT/WE: EUR 60/70

(Greenfee-Preise können je nach DGV-Ausweiskennzeichnung abweichen)

2:1

Platzcharakteristik:

Am Rande der Kurstadt Bad Saulgau, dem Heilbad mit Herz, liegt die Golfanlage von Bad Saulgau mit seinem 18-Loch-Meisterschaftsplatz. Die Symbiose zwischen Golf und Natur ist hier in einzigartiger Weise verwirklicht worden. Hier treffen sich Spieler aus Deutschland, Österreich und der Schweiz zum Golfspiel auf einem der schönsten Plätze der Region. Wohlerzogene Hunde sind willkommen. Auf der großzügigen, überdachten Terrasse kann man den Tag bei verschiedenen Gaumenfreuden zufrieden ausklingen lassen. Ein besonderes Parkplatzangebot mit ca. 180 überdachten Parkplätzen, davon mehrere E-Ladestationen stehen zur Verfügung. 25 Wohnmobilstellplätze mit Stromanschluss, bietet Schutz vor Regen und starker Sonne.

Pro-Shop » Basic « | Level | Kurzpl.

GolfPost ★★★★ 4,0/5

BW

DGV-NR. 7762

GOLFCLUB RAVENSBURG E.V.

Hofgut Okatreute
88213 Ravensburg
Tel. 0751 9988
golfanlage-ravensburg@t-online.de
www.golfclub-ravensburg.de

Restaurant am Golfplatz
Tel. 0751 99439049
Valmire und Shendrit Krasniqi

Löcheranzahl: 18
Gegründet: 1994
Höhe: 550 m
H: 6074 m, CR 72,7, SL 124, Par 72
D: 5321 m, CR 74,7, SL 122, Par 72

Saison: März-Oktober
Mindest-HCP WT/WE: 54
Anmeldung WT/WE: Nein
Mitgl.-begl. WT/WE: Nein
VcG WT/WE: Ja

18-Loch Greenfee WT/WE: EUR 58/68

(Greenfee-Preise können je nach DGV-Ausweiskennzeichnung abweichen)

Platzcharakteristik:

Die Golfanlage Ravensburg bietet neben der herrlichen oberschwäbischen Landschaft ein faszinierendes Alpenpanorama. Die freundliche Club-Atmosphäre lädt neben einem anspruchsvollen Platz zum Verweilen ein. Der öffentliche 6-Loch-Kurzplatz sowie die große Driving Range mit Golfschule und Übungsgreens stehen auch ohne Clubmitgliedschaft und Platzreife zur Verfügung. Wohnmobilstellplätze sind in nur 4 km Entfernung zum Golfplatz vorhanden (Mühlbruckstraße, Ravensburg).

Pro-Shop » Basic «
Level
Kurzpl.

GolfPost 4,7/5

DGV-NR. 7708

FÜRSTLICHER GOLFCLUB OBERSCHWABEN E.V.

Hopfenweiler
88339 Bad Waldsee
Tel. 07524 4017200
golf@waldsee-golf.de
www.waldsee-golf.de

„Restaurant im Hofgut", „T19"
Tel. 07524 4017-183
info@waldsee-golf.de

Löcheranzahl: 45
Gegründet: 1968
Höhe: 560 m
Old Course
H: 6007 m, CR 71,9, SL 137, Par 72
D: 5292 m, CR 73,8, SL 133, Par 72
New Course
H: 6020 m, CR 71,7, SL 130, Par 72
D: 5231 m, CR 73,1, SL 130, Par 72

Saison: ganzjährig
Mindest-HCP WT/WE: 54
Anmeldung WT/WE: Ja
Mitgl.-begl. WT/WE: Nein
VcG WT/WE: Ja

18-Loch Greenfee WT/WE: EUR 85

(Greenfee-Preise können je nach DGV-Ausweiskennzeichnung abweichen)

Platzcharakteristik:

Im Waldsee Golf-Resort spielen Sie Golf in anderen Dimensionen. Das 45-Loch Resort mit dem "New Course" und dem "Old Course" verbindet wichtige traditionelle Elemente mit zeitgemäßer Golfplatzarchitektur. Die beiden 18-Loch Meisterschaftsanlagen werden durch den 9-Loch/Par 27 Platz ideal ergänzt. Er eignet sich für die ganze Familie, für Golf-Einsteiger und wird gerne für kurze Golf-Runden unter Freunden genutzt.

Pro-Shop » Basic «
Level
Kurzpl.

GolfPost 4,8/5

BW

DGV-NR. 7733

GOLFCLUB REISCHENHOF E.V.

GOLF& NATUR DGV Zertifikat

Reischenhof 1
88489 Wain
Tel. 07353 1732
info@golfclub-reischenhof.de
www.golfclub-reischenhof.de
Clubhaus

Löcheranzahl: 27
Gegründet: 1987
Höhe: 600 m
Kurs A+B
H: 5933 m, CR 71,3, SL 133, Par 72
D: 5201 m, CR 73,0, SL 130, Par 72

Saison: März-Dezember
Mindest-HCP WT/WE: 54
Anmeldung WT/WE: Nein
Mitgl.-begl. WT/WE: Nein
VcG WT/WE: Ja

Tages-Greenfee WT/WE: EUR 60/80

(Greenfee-Preise können je nach DGV-Ausweiskennzeichnung abweichen)

Platzcharakteristik:

Auf dem Reischenhof wurde die Traumkonstellation einer Koppelung nach dem A/B/C-System vorbildlich mit drei Neun-Loch-Plätzen gelöst, von denen jeder sein eigenes Flair hat.

Eingebettet in oberschwäbische Obstwiesen dehnt sich die sportlich anspruchsvolle Golfanlage auf einem 140 ha umfassenden Gelände großzügig aus. Einige Spielbahnen begeistern durch ihre spektakulären Landschaftseindrücke, bei anderen liegt der Reiz in der Kombination zwischen einem natürlichen Bahnverlauf und einem optimalem Pflegezustand.

Pro-Shop » Basic « Level Kurzpl.

GolfPost 4,8/5

DGV-NR. 7774

GOLFCLUB ROCHUSHOF DEGGENHAUSERTAL E.V.

Unterhomberg 4
88693 Deggenhausertal
Tel. 07555 919630
Rochushof@t-online.de
www.golfclub-rochushof.de
Küche regional

Löcheranzahl: 9
Gegründet: 1998
Höhe: 730 m
H: 5468 m, CR 68,9, SL 134, Par 72
D: 4678 m, CR 69,2, SL 125, Par 72

Saison: April-Oktober
Mindest-HCP WT/WE: k.A.
Anmeldung WT/WE: Nein
Mitgl.-begl. WT/WE: Nein
VcG WT/WE: Ja

18-Loch Greenfee WT/WE: EUR 59/69

(Greenfee-Preise können je nach DGV-Ausweiskennzeichnung abweichen)

Platzcharakteristik:

Weitab von Verkehr und Lärm, liegt die Golfanlage am Rochushof in einer der schönsten Landschaften Deutschlands, dem Deggenhausertal, ca. 20 km vom Bodensee entfernt, unterhalb des Höchsten (833 m ü. M.), und bietet bei schönem Wetter Aussicht zum See, nach Österreich und in die Schweizer Alpen.

Neben einem hochwertigem, gut gepflegtem Golfplatz legt die Familie Jehle und der Club höchsten Wert auf eine herzliche, familiäre, bodenständige und gastfreundliche Atmosphäre, so dass sich auf der noch jungen Anlage bereits ein harmonisches Miteinander und eine lebendige Gemeinschaft gebildet hat, in der sich auch unsere Gastspieler wohlfühlen.

Pro-Shop » Basic « Level Kurzpl.

GolfPost 5,0/5

BW

DGV-NR. 7737

GOLFCLUB OWINGEN ÜBERLINGEN E.V.

Hofgut Lugenhof
88696 Owingen
Tel. 07551 8304-0
welcome@golfclub-owingen.de
www.golfclub-owingen.de

Hofgut Lugenhof
Tel. 07551 830414
www.hofgutlugenhof.de
Küche regional u. international

Löcheranzahl: 18
Gegründet: 1989
Höhe: 450 m
H: 6179 m, CR 72,9, SL 133, Par 73
D: 5550 m, CR 75,7, SL 133, Par 73

Saison: ganzjährig
Mindest-HCP WT/WE: 54/36
Anmeldung WT/WE: Ja
Mitgl.-begl. WT/WE: Nein
VcG WT/WE: Ja

18-Loch Greenfee WT/WE: EUR 80/90

(Greenfee-Preise können je nach DGV-Ausweiskennzeichnung abweichen)

Platzcharakteristik:

Das Hofgut Lugenhof mit seiner 18-Loch-Anlage befindet sich in einer reizvollen Ferienlandschaft des Bodensees. Mit Obstbäumen und Wasserflächen schmiegen sich die 18 Löcher perfekt in ein sanft geschwungenes Areal ein und bieten traumhafte Ausblicke auf die Umgebung, die Alpen und den See. Ohne für den Anfänger zu schwierig zu sein, bietet der Platz auch für den guten Spieler immer einen herausfordernden Reiz.

Pro-Shop » Basic « | Level | Kurzpl.

GolfPost 4,5/5

DGV-NR. 7730

GOLF CLUB ULM E.V.

Wochenauer Hof 2
89186 Illerrieden
Tel. 07306 929500
info@golfclubulm.de
www.golfclubulm.de

Küche regional

Löcheranzahl: 18
Gegründet: 1963
Höhe: 312 m
H: 6072 m, CR 72,2, SL 136, Par 72
D: 5332 m, CR 74,1, SL 131, Par 72

Saison: März-Oktober
Mindest-HCP WT/WE: 36
Anmeldung WT/WE: Nein
Mitgl.-begl. WT/WE: Nein
VcG WT/WE: Ja

18-Loch Greenfee WT/WE: EUR 65/85

(Greenfee-Preise können je nach DGV-Ausweiskennzeichnung abweichen)

Platzcharakteristik:

Der Golfclub liegt im landschaftlich reizvollen Illertal und bietet eine abwechslungsreiche 18-Loch-Anlage. Am 1. Abschlag liegt direkt vor dem See ein Putting-Green. Vom hochgelegenen 2. Abschlag öffnet sich das Illertal mit seiner ganzen Weite. Ab Loch 5 spielt man durch herrlichen alten Baumbestand. Dann folgen regelmäßig Bäche und Wasserhindernisse. Das 11. Loch, das Iris-Loch, verbirgt eine selten gewordene Naturschönheit, die Iris Sibirica.

Pro-Shop » Large « | Level | Kurzpl.

GolfPost 4,7/5

DGV-NR. 7790

GOLFCLUB DONAU-RISS E.V.

Herrschaftslüssen 1
89584 Ehingen-Rißtissen
Tel. 07392 7006995
info@golfclub-donau-riss.de
www.golfclub-donau-riss.de
Treß Florian + Rose
Tel. 07392 9379987
Ruhetag: montags

Löcheranzahl: 18
Gegründet: 2003
Höhe: 500 m
H: 5929 m, CR 71,6, SL 130, Par 72
D: 4924 m, CR 71,6, SL 127, Par 72

Saison: ganzjährig
Mindest-HCP WT/WE: PR
Anmeldung WT/WE: Ja
Mitgl.-begl. WT/WE: Nein
VcG WT/WE: Ja

18-Loch Greenfee WT/WE: EUR 60/80

(Greenfee-Preise können je nach DGV-Ausweiskennzeichnung abweichen)

2:1

Platzcharakteristik:

Konzipiert wurde der 18-LochMeisterschaftsplatz als Par 72 Course mit einer Gesamtlänge von 6100 Metern. Die Verantwortlichen im Club haben sehr viel Wert darauf gelegt, möglichst viel naturbelassenes Rough zu erhalten. Bäume, Büsche, Seen und Gräser sowie die weichen Ondulierungen geben dem Golfplatz zu jeder Jahreszeit eine unterschiedliche, aber immer reizvolle Ausstrahlung.

Darüber hinaus verfügt der Club über ein großzügiges öffentliches Übungsgelände mit Driving-Range mit sieben überdachten Abschlägen, Pitching-, Chipping- und Putting-Green, welches von jedermann genutzt werden kann. Komplettiert wird das Übungsgelände durch einen ebenso öffentlichen 4-Loch-Kurzplatz.

Pro-Shop » Large « | Level | Kurzpl.

GolfPost 4,6/5

DGV-NR. 7707

GOLF-CLUB BAD MERGENTHEIM E.V.

Erlenbachtalstraße 36
97999 Igersheim
Tel. 07931 561109
info@golfclub-badmergentheim.de
www.golfclub-badmergentheim.de
Küche regional
Tel. 07931 8066
chefkoch@fbbgmbh.de
Sonntagsbrunch 11-14 Uhr

Löcheranzahl: 9
Gegründet: 1970
Höhe: 300 m
H: 3866 m, CR 62,7, SL 115, Par 64
D: 3428 m, CR 63,0, SL 117, Par 64

Saison: März-Oktober
Mindest-HCP WT/WE: 54/45
Anmeldung WT/WE: Ja
Mitgl.-begl. WT/WE: Nein
VcG WT/WE: Ja

Tages-Greenfee WT/WE: EUR 38/48

(Greenfee-Preise können je nach DGV-Ausweiskennzeichnung abweichen)

2:1

Platzcharakteristik:

Der Golfplatz liegt im romantischen Erlenbachtal, auf der Gemarkung Igersheim, vom Kurpark Bad Mergentheim zu Fuß nur ca. 10 Minuten entfernt. Das gesamte Gelände ist leicht wellig und gänzlich von Wald umrahmt. Zwei Teiche und der Lauf des Erlenbaches sowie zahlreiche natürliche Hindernisse erfordern ein exaktes Spiel.

Pro-Shop » Large « | Level | Kurzpl.

GolfPost 4,7/5

BAYERN

DGV-Nr.	CLUB-Name	Seite
8702	Golfanlage Alpenseehof	362
8703	Golfpark Rothenburg-Schönbronn	378
8706	OPEN.9 Golf Eichenried	347
8707	Golf Club Gersthofen e.V.	353
8708	GREEN HILL Der Golf & Eventpark München-Ost	349
8713	Golfplatz Scheidegg	369
8716	Golf Resort Achental	329
8719	GolfRange München-Germering	315
8720	Golfclub Pfaffing Wasserburger Land	334
8723	Golf Club am Eixendorfer See	383
8727	GolfCity München Puchheim	316
8730	Golfplatz Waakirchen Tegernsee	336
8732	Golfanlage Gut Leimershof	399
8801	Golfclub Abenberg e.V.	374
8802	Golfclub Ansbach e.V.	379
8804	Golfclub Augsburg e.V.	356

DGV-Nr.	CLUB-Name	Seite
8805	Golfclub Sagmühle e.V.	389
8806	Golf-Club Bad Kissingen e.V	404
8807	Tölzer Golfclub e.V.	335
8808	Tegernseer Golf-Club Bad Wiessee e.V.	338
8809	Golf-Club Bad Wörishofen e.V.	366
8811	Golfclub Berchtesgaden e.V.	333
8812	Golfclub Beuerberg e.V.	324
8814	Golf-Club Chieming e.V.	330
8815	Golf-Club Coburg e.V. Schloss Tambach	401
8816	Golf Club Dachau e.V.	344
8817	Deggendorfer Golfclub e.V.	395
8818	Golfclub Schloßberg e.V.	394
8819	Golfclub Fränkische Schweiz e.V.	376
8820	Golfclub München Eichenried	347
8821	Golfclub Erding-Grünbach e.V.	348
8822	Golf Club Erlangen e.V.	373

(Die rot hinterlegten Clubs nehmen an der Köllen Golf Gutschein-Aktion teil)

DGV-NR. 8953

GOLFCLUB MÜNCHEN-RIEM E.V.

Graf-Lehndorff-Str. 36
81929 München
Tel. 089 94500800
info@gcriem.de
www.gcriem.de

Wirtshaus zur Rennbahn
Tel. 089 93080650
office@wirtshaus-zur-rennbahn.de
www.wirtshaus-zur-rennbahn.de
modern bayerische Küche

Löcheranzahl: 9
Gegründet: 2001
Höhe: 570 m
H: 5242 m, CR 68,0, SL 121, Par 70
D: 4660 m, CR 69,1, SL 120, Par 70

Saison: ganzjährig
Mindest-HCP WT/WE: PR
Anmeldung WT/WE: Ja
Mitgl.-begl. WT/WE: Nein
VcG WT/WE: Ja

9-Loch Greenfee WT/WE: EUR 39/55

(Greenfee-Preise können je nach DGV-Ausweiskennzeichnung abweichen)

Platzcharakteristik:

Anspruchsvoller in City-Lage 9-Loch-Golfplatz auf dem Gelände der Galopprennbahn stellt für Golfer jeder Spielstärke eine Herausforderung dar und bereitet auch Anfängern viel Spaß. Zahlreiche Wasserhindernisse und 31 Bunker „verteidigen" die Grüns. Mit einer doppelstöckige Drivingrange unter Flutlicht, einem riesigen Puttinggrün, den Chipping- und Pitchinggrüns und einem 3-Loch-Kurzplatz bietet die Golfanlage Riem alles was man zum Üben benötigt.

Tagesaktuelle Sondertarife möglich (www.gcriem.de).

Pro-Shop » Large « | Level | Kurzpl.

GolfPost 3,5/5

DGV-NR. 8843

MÜNCHENER GOLF-CLUB E.V.

Tölzer Straße 95
82064 Straßlach
Tel. 08170 929180
strasslach@mgc-golf.de
www.mgc-golf.de

Patrick Nothaft, Johannes Klostermair
Tel. 08170 9291823

Löcheranzahl: 27
Gegründet: 1910
Höhe: 600 m
Straßlach (18 Loch)
H: 6098 m, CR 72,1, SL 137, Par 72
D: 5237 m, CR 72,8, SL 140, Par 72
Thalkirchen (9 Loch)
H: 2548 m, CR 67,3, SL 123, Par 35
D: 2316 m, CR 69,9, SL 124, Par 35

Saison: April-Oktober
Mindest-HCP WT/WE: 34-36
Anmeldung WT/WE: Ja
Mitgl.-begl. WT/WE: Nein/Ja
VcG WT/WE: Nein

18-Loch Greenfee WT/WE: EUR 100/130

(Greenfee-Preise können je nach DGV-Ausweiskennzeichnung abweichen)

Platzcharakteristik:

Der Münchener Golf Club e.V. gehört zu den traditionsreichsten und renommiertesten Golf Clubs in Deutschland.

Die 27-Loch-Golfanlage in Straßlach im Stil eines Parkland Courses bietet mit drei 9-Loch-Schleifen jeder Spielstärke eine interessante Variation an Spielmöglichkeiten. Mit herrlichem Blick über den Golfplatz bietet das Clubhaus seinen Mitgliedern, Gästen und Firmenpartnern ein stilvolles Ambiente.

In unmittelbarer Stadtnähe, nur unweit des Tierparks „Hellabrunn" und direkt am westlichen Ufer der Isar gelegen, bietet die 9-Loch-Golfanlage Thalkirchen für Münchens Golfer eine einmalige grüne Golf-Oase.

Pro-Shop » Large « | Level | Kurzpl.

GolfPost 4,7/5

BAY

DGV-NR. 8719

GOLFRANGE MÜNCHEN-GERMERING

Starnberger Weg 56
82110 Germering
Tel. 089 15001120
muenchen-germering@golfrange.de
www.golfrange.de

El Diablo
Tel. 089 80908241

Löcheranzahl: 2x9
Gegründet: 2007
Höhe: 535 m
Platz Nord
H: 2186 m, CR 32,3, SL 120, Par 33
D: 1928 m, CR 32,4, SL 1114, Par 33
Platz Süd
H: 2327 m, CR 32,1, SL 117, Par 33
D: 1979 m, CR 32,7, SL 116, Par 33

Saison: ganzjährig
Mindest-HCP WT/WE: 54
Anmeldung WT/WE: Ja
Mitgl.-begl. WT/WE: Nein
VcG WT/WE: Ja

18-Loch Greenfee WT/WE: EUR 45/56

(Greenfee-Preise können je nach DGV-Ausweiskennzeichnung abweichen)

Platzcharakteristik:

Der im Mai 2014 auf 18 Spielbahnen erweiterte Golfplatz, ist verkehrstechnisch sehr gut angebunden – nur 15 Minuten aus der Innenstadt. Durch zahlreiche Wasserhindernisse und Bunker sowie die stark ondulierten Grüns bieten die 18 Löcher in Germering sowohl für Anfänger, als auch für erfahrene Spieler anspruchsvolle Abwechslung.

Zwei große Wasserhindernisse, ein 448 Meter langes Par 5 und über 30 Sandbunker machen den "Platz Süd" zu einem sehr interessanten 9-Loch Platz. Auf sechs der neuen Spielbahnen kommen die zahlreichen Wasserhindernisse des "Platzes Nord" ins Spiel. Gut platzierte Bunker und stark ondulierte Grüns stellen sowohl Anfänger als auch erfahrene Turnierspieler vor zahlreiche Herausforderungen.

Pro-Shop » Large «

Level

Kurzpl.

GolfPost 4,3/5

DGV-NR. K704

EBERLE GOLFPARK GAUTING

Robert-Koch-Allee
82131 Gauting
Tel. 089 8500444
eberle-golf@web.de
www.eberle-golf.de

Golf-Café

Löcheranzahl: 6
H: 994 m, Par 19
D: 886 m, Par 19

Saison: ganzjährig
Mindest-HCP WT/WE: PR
Anmeldung WT/WE: Nein
Mitgl.-begl. WT/WE: Nein
VcG WT/WE: Ja

Tages-Greenfee WT/WE: EUR 22/28

(Greenfee-Preise können je nach DGV-Ausweiskennzeichnung abweichen)

Platzcharakteristik:

Der Eberle Golfpark in Gauting ist eine öffentliche Golfanlage, die ideal geeignet ist zum Lernen, Üben und Spielen. Der Golfpark verfügen über einen 6-Löcher-Platz, der gegen ein Entgelt gespielt werden kann, Voraussetzung: Platzreife.

Die ruhige und schön angelegte Anlage nur 20 bis 25 Autominuten von der Münchner Innenstadt entfernt.

Eine eigene Ausrüstung ist nicht erforderlich. Alles kann direkt vor Ort geliehen werden.

Eine Cafeteria lädt recht herzlich zum Verweilen ein.

Pro-Shop » Basic «

Level

Kurzpl.

BAY

DGV-NR. 8851

GOLFCLUB OLCHING E.V.

Feursstraße 89
82140 Olching
Tel. 08142 48290
sportbuero@golfclubolching.de
www.golfclubolching.de

Restaurant Hofgut
Tel. 08142 418080

Löcheranzahl: 18
Gegründet: 1979
Höhe: 450 m
H: 6016 m, CR 73,0, SL 136, Par 72
D: 5031 m, CR 73,7, SL 132, Par 72

Saison: April-Oktober
Mindest-HCP WT/WE: 45/36
Anmeldung WT/WE: Ja
Mitgl.-begl. WT/WE: Nein
VcG WT/WE: Ja

18-Loch Greenfee WT/WE: EUR 85/95

(Greenfee-Preise können je nach DGV-Ausweiskennzeichnung abweichen)

Platzcharakteristik:

Der etwa 25 Minuten und nur 20 km von der Stadtmitte Münchens gelegene Golfclub Olching wurde am 1979 gegründet. Der 18-Loch Championship Course und das Kurzspielgelände wurden 2012/2013 vollständig saniert und modernisiert. Dabei wurden nicht nur alle 18 Grüns völlig neu gestaltet und technisch auf den neuesten Stand gebracht, sondern auch alle Bunker und Abschläge erneuert. Zudem wurden drei Teiche umfassend erweitert und das gesamte Kurzspielgelände völlig neu gestaltet.

Als Mitglied der Leading Golf Courses of Germany haben wir uns außerdem zur Einhaltung von allerhöchsten Qualitätsstandards verpflichtet und arbeiten jeden Tag daran, noch etwas besser zu werden.

Pro-Shop » Large «
Level
Kurzpl.

GolfPost 5,0/5

DGV-NR. 8727

GOLFCITY MÜNCHEN PUCHHEIM

Am Golfplatz 1
82178 Puchheim
Tel. 089 95842022
muenchen@golfcity.de
www.golfcity.de

Löcheranzahl: 9
Gegründet: 2014
H: 3510 m, CR 59,2, SL 96, Par 62
D: 3076 m, CR 58,4, SL 93, Par 62

Saison: ganzjährig
Mindest-HCP WT/WE: PR
Anmeldung WT/WE: Nein
Mitgl.-begl. WT/WE: Nein
VcG WT/WE: Ja

18-Loch Greenfee WT/WE: EUR 22/27

(Greenfee-Preise können je nach DGV-Ausweiskennzeichnung abweichen)

Platzcharakteristik:

einfach. anders. schnell. In Puchheim im Münchener Westen, nur 500 m von der Stadtgrenze Münchens entfernt, entwickelt sich eine der schönsten 9-Loch Golfanlagen – die zweite GolfCity-Anlage Deutschlands.

Nach ökologischer Versiegelung des Geländes, einer historischen Mülldeponie, entstehen nach und nach ein 9-Loch Golfplatz, zwei 3-Loch Fun-Plätze für jedermann sowie eine der größten Trainingsanlagen rund um München. Eine unkomplizierte Anlage für Sport, Freizeit und Naturerlebnis direkt vor der Haustür. Ganz einfach zu erreichen und schnell zu spielen. Flexibel und ohne Einstiegshürden – und damit das Gegenteil der meisten herkömmlichen Golfanlagen.

Pro-Shop » Basic «
Level
Kurzpl.

GolfPost 4,3/5

BAY

DGV-NR. 8927

GOLFANLAGE ROTTBACH

Weiherhaus 5
82216 Rottbach
Tel. 08135 93290
info@rottbach.de
www.golfanlage-rottbach.de

Löcheranzahl: 27
Gegründet: 1995
Höhe: 500 m
A+B
H: 6006 m, CR 71,2, SL 125, Par 72
D: 5196 m, CR 72,5, SL 120, Par 72

Saison: ganzjährig
Mindest-HCP WT/WE: 54
Anmeldung WT/WE: Ja
Mitgl.-begl. WT/WE: Nein
VcG WT/WE: Ja

18-Loch Greenfee WT/WE: EUR 52/72

(Greenfee-Preise können je nach DGV-Ausweiskennzeichnung abweichen)

Platzcharakteristik:

Der 27-Loch Meisterschaftsplatz aus der Designerfeder des renommierten Golfplatzarchitekten Thomas Himmel präsentiert sich seit seiner Erweiterung im Sommer 2007 als einer der größten und längsten Golfplätze im Münchener Westen.

Die drei Kurse A, B und C bieten mit ihren verschiedenen Kombinationsmöglichkeiten abwechslungsreiches Golfvergnügen auf höchstem Niveau.

Die gesamte Golfanlage präsentiert sich in einem Top-Zustand und stellt eine Herausforderung für Golfer jeder Klasse dar.

Pro-Shop » Basic « | Level | Kurzpl.

GolfPost 4,6/5

DGV-NR. 8873

GOLFCLUB WÖRTHSEE E.V.

Gut Schluifeld 1
82237 Wörthsee
Tel. 08153 934770
info@golfclub-woerthsee.de
www.golfclub-woerthsee.de
Restaurant GC Wörthsee
Tel. 08153 9347718
restaurant.worthsee@gmail.com
AP: Anni Szabo

Löcheranzahl: 18
Gegründet: 1982
Höhe: 600 m
H: 5978 m, CR 71,1, SL 126, Par 72
D: 5275 m, CR 73,1, SL 127, Par 72

Saison: April-Oktober
Mindest-HCP WT/WE: 36
Anmeldung WT/WE: Ja
Mitgl.-begl. WT/WE: Nein/Ja
VcG WT/WE: Ja

18-Loch Greenfee WT/WE: EUR 90/110

(Greenfee-Preise können je nach DGV-Ausweiskennzeichnung abweichen)

Platzcharakteristik:

Die 18-Loch-Meisterschaftsanlage und der 6-Loch-Kurzplatz liegen süd-westlich von München auf einem 70 ha umfassenden, welligen Gelände in einer natürlichen Parklandschaft. Die Fairways sind offen, verlangen jedoch durch strategisch gut platzierte Bunker und Wasserhindernisse (besonders die Löcher 10, 11 und 12) sehr genau platzierte Schläge.

Pro-Shop » Large « | Level | Kurzpl.

GolfPost 5,0/5

BAY

DGV-NR. 8945

GOLFCLUB TEGERNBACH E.V.

Kapellenweg 1
82293 Tegernbach
Tel. 08202 905700
info@gc-tegernbach.de
www.gc-tegernbach.de

D'Wirtschaft am Golfplatz
Tel. 08202 90570-20

Löcheranzahl: 18
Gegründet: 1999
Höhe: 510 m
H: 5931 m, CR 71,7, SL 132, Par 73
D: 5121 m, CR 72,7, SL 129, Par 73

Saison: ganzjährig
Mindest-HCP WT/WE: 54
Anmeldung WT/WE: Ja
Mitgl.-begl. WT/WE: Nein
VcG WT/WE: Ja

18-Loch Greenfee WT/WE: EUR 60/75

(Greenfee-Preise können je nach DGV-Ausweiskennzeichnung abweichen)

Platzcharakteristik:

Der 18-Loch Meisterschaftsplatz befindet sich auf einem leicht hügeligen Gelände von ca. 80 ha, nahe bei Augsburg und Fürstenfeldbruck, jedoch inmitten von Natur und umgeben von landwirtschaftlich genutzten Flächen, Wald und kleinen Dörfern. Die großen bewegten Greens wurden nach neuesten Erkenntnissen im Golfplatzbau angelegt, so dass sie auch den Winter über, je nach Witterung, bespielt werden können.

Pro-Shop » Basic «
Level
Kurzpl.

GolfPost 4,5/5

DGV-NR. 8866

GOLFCLUB STARNBERG E.V.

Uneringer Straße 1
82319 Starnberg
Tel. 08151 12157
club@gcstarnberg.de
www.gcstarnberg.de

Villa Borghese
Tel. 08151 28518

Löcheranzahl: 18
Gegründet: 1986
Höhe: 650 m
H: 5996 m, CR 71,3, SL 128, Par 72
D: 5314 m, CR 73,5, SL 128, Par 72

Saison: April-Oktober
Mindest-HCP WT/WE: 36
Anmeldung WT/WE: Nein
Mitgl.-begl. WT/WE: Nein/Ja
VcG WT/WE: Ja

18-Loch Greenfee WT/WE: EUR 95/120

(Greenfee-Preise können je nach DGV-Ausweiskennzeichnung abweichen)

Platzcharakteristik:

Diese wunderschöne Golfanlage liegt mitten im Herzen des Fünfseenlandes, nur wenige Kilometer von Starnberg entfernt, südlich von München. Die ersten neun Spielbahnen verlaufen eher flach, bei den zweiten neun muss in der typischen Moränenlandschaft schon der eine oder andere Hügel erklommen werden. Die offenen Fairways bieten dabei nur trügerisch Sicherheit, denn gut platzierte Bunker u. Wasserhindernisse erfordern ein strategisches Spiel. Montags sind Hunde (angeleint) auf dem Platz erlaubt.

Pro-Shop » Basic «
Level
Kurzpl.

GolfPost 4,8/5

BAY

DGV-NR. 8867

GOLF- UND LANDCLUB GUT RIEDEN E.V.

Gut Rieden
82319 Starnberg
Tel. 08151 90770
info@gut-rieden.de
www.gut-rieden.de

Café-Restaurant
Tel. 08151 90820
info@gutriedenrestaurant.de
www.gut-rieden.de
Ruhetag: montags

Löcheranzahl: 27
Gegründet: 1995
Höhe: 635 m
H: 5949 m, CR 71,7, SL 133, Par 72
D: 5213 m, CR 73,5, SL 130, Par 72

Saison: April-Oktober
Mindest-HCP WT/WE: PR
Anmeldung WT/WE: Ja
Mitgl.-begl. WT/WE: Nein
VcG WT/WE: Ja

18-Loch Greenfee WT/WE: EUR 65/90

(Greenfee-Preise können je nach DGV-Ausweiskennzeichnung abweichen)

Platzcharakteristik:

Auf der 18-Loch-Anlage bieten sich dem Spieler teils atemberaubende Blicke auf das Alpenpanorama über den Starnberger See bis zum Wetterstein-Massiv. Die Fairways verlaufen größtenteils umrahmt von altem Baumbestand auf teils hügeligem Gelände. Leichte Par-4 Bahnen gleichen die schwierigen Par-3 Bahnen aus.

Die öffentliche 9-Loch-Anlage der Gut Rieden Sport & Freizeit GmbH bietet daneben gerade Einsteigern ideale Bedingungen Golf zu erlernen. Hier haben Sie die ideale Möglichkeit Golf zu spielen, ohne sich langfristig an einen Golfclub mit hohen Mitgliedergebühren binden zu müssen.

Pro-Shop » Large «
Level
Kurzpl.

GolfPost 4,3/5

DGV-NR. 8869

GOLF-CLUB TUTZING E.V.

Deixlfurt Nr. 7
82327 Tutzing
Tel. 08158 3600
info@golfclub-tutzing.de
www.golfclub-tutzing.de

Morattina
Tel. 08158 9070088
info@lamorattina-golfclub-tutzing.de
www.lamorattina-golfclub-tutzing.de

Löcheranzahl: 18
Gegründet: 1983
Höhe: 700 m
H: 6041 m, CR 71,7, SL 123, Par 72
D: 5427 m, CR 73,9, SL 131, Par 72

Saison: April-November
Mindest-HCP WT/WE: 54/36
Anmeldung WT/WE: Ja
Mitgl.-begl. WT/WE: Nein
VcG WT/WE: Ja

18-Loch Greenfee WT/WE: EUR 70/86

(Greenfee-Preise können je nach DGV-Ausweiskennzeichnung abweichen)

Platzcharakteristik:

Die 18-Loch-Anlage des Golf-Club Tutzing, die in ein naturbelassenes, idyllisches Areal in der Voralpenlandschaft mit Wäldern, Wiesen und Moorbecken eingebettet ist, bietet an schönen Tagen herrliche Ausblicke auf das Wetterstein- und Karwendel-Massiv. Spielerisch ist der Platz durch alten Baumbestand, Teiche und die Topographie abwechslungsreich und höchst interessant.

Die Golfschule bietet u. a. Schnupperkurse, DGV-Platzreife und Kindergolfabzeichen an.

Öffentliches Golfrestaurant mit grosser Sonnenterrasse.

Pro-Shop » Basic «
Level
Kurzpl.

GolfPost 4,5/5

BAY

DGV-NR. 8824

GOLF-CLUB FELDAFING E.V.

Tutzinger Straße 15
82340 Feldafing
Tel. 08157 9334-0
info@golfclub-feldafing.de
www.golfclub-feldafing.de

Clubrestaurant GC Feldafing
Tel. 08157 9334-11
info@kuesters-kueche.de
Ruhetag: montags (Oktober bis April)

Löcheranzahl: 18
Gegründet: 1926
Höhe: 650 m
H: 5726 m, CR 71,6, SL 142, Par 71
D: 5089 m, CR 73,4, SL 137, Par 71

Saison: April-Oktober
Mindest-HCP WT/WE: 34
Anmeldung WT/WE: Ja
Mitgl.-begl. WT/WE: Nein/Ja
VcG WT/WE: Ja

18-Loch Greenfee WT/WE: EUR 80/110

(Greenfee-Preise können je nach DGV-Ausweiskennzeichnung abweichen)

Platzcharakteristik:

Der Golfclub Feldafing liegt am Ufer des Starnberger Sees und ist in den historischen Lenné-Park eingebettet. Die einzigartig in Hanggelände gelegenen 18 Bahnen bestechen nicht nur durch ihren spielerischen Reiz und das wunderschöne Panorama, sondern auch durch die zeitgeschichtliche Aura, die den Platz umgibt. Auf der Anlage des bereits 1926 gegründeten Traditionsvereins spielten schon Persönlichkeiten wie der US-Präsident Dwight D. Eisenhower!

Pro-Shop » Basic « | Level | Kurzpl.

GolfPost 4,9/5

DGV-NR. 8863

ST. EURACH LAND U. GOLFCLUB E.V.

Eurach 8
82393 Iffeldorf
Tel. 08801 915 830
info@eurach.de
www.eurach.de

ViCulinaris
Tel. 08801 4129690
veranstaltung@viculinaris.de
www.viculinaris.de

Löcheranzahl: 18
Gegründet: 1973
Höhe: 650 m
H: 5933 m, CR 71,9, SL 131, Par 71
D: 5273 m, CR 74,2, SL 125, Par 71

Saison: April-November
Mindest-HCP WT/WE: 35
Anmeldung WT/WE: Ja
Mitgl.-begl. WT/WE: Nein/Ja
VcG WT/WE: Ja

18-Loch Greenfee WT/WE: EUR 90/105

(Greenfee-Preise können je nach DGV-Ausweiskennzeichnung abweichen)

%

Platzcharakteristik:

Die einzigartige Lage des Golfplatzes ist durch die landschaftliche Schönheit und Naturverbundenheit einer Voralpenlandschaft gekennzeichnet. Auf der Runde eröffnen sich zahlreiche Ausblicke auf das Wetterstein- und Karwendel-Massiv. Die Topographie ist leicht hügelig mit Wäldern, Wiesen und Moorbecken. Der schöne, alte Baumbestand wurde geschickt mit Naturpflanzungen ergänzt, Teiche und Nassbiotope geben dem Ganzen einen spielerischen Reiz.

Pro-Shop » Large « | Level | Kurzpl.

GolfPost 5,0/5

BAY

DGV-NR. 8877

GOLFCLUB IFFELDORF E.V.

Gut Rettenberg
82393 Iffeldorf
Tel. 08856 92550
info@golfplatz-iffeldorf.de
www.golfplatz-iffeldorf.de

Gut Rettenberg
Tel. 08856 925530

Löcheranzahl: 18
Gegründet: 1989
Höhe: 630 m
H: 5883 m, CR 71,3, SL 125, Par 72
D: 5185 m, CR 73,1, SL 127, Par 72

Saison: März-November
Mindest-HCP WT/WE: 54
Anmeldung WT/WE: Ja
Mitgl.-begl. WT/WE: Nein
VcG WT/WE: Ja

18-Loch Greenfee WT/WE: EUR 65/85

(Greenfee-Preise können je nach DGV-Ausweiskennzeichnung abweichen)

Platzcharakteristik:

Der Golfplatz Iffeldorf liegt eingebettet in eine typisch bayerische Hügellandschaft. Ein wunderschönes Alpenpanorama liegt im Sichtfeld aller 18 Spielbahnen (Wendelstein, Benediktenwand, Herzogstand, Wettersteingebirge mit Zugspitze). Der teilweise majestätische Baumbestand sowie Teiche und Gräben sind natürliche Hindernisse, die ein sportlich anspruchsvolles Spiel verlangen.

Pro-Shop » Basic «
Level
Kurzpl.

GolfPost 4,6/5

DGV-NR. 8853

GOLF CLUB HOHENPÄHL E.V.

Hohenpähl
82396 Pähl
Tel. 08808 92020
info@gchp.de
www.gchp.de

Restaurant Pfaffenwinkel
Tel. 08808 9242875
www.restaurant-pfaffenwinkel.de

Löcheranzahl: 18
Gegründet: 1988
Höhe: 690 m
H: 5723 m, CR 70,7, SL 131, Par 71
D: 5071 m, CR 72,6, SL 129, Par 71

Saison: ganzjährig
Mindest-HCP WT/WE: 45
Anmeldung WT/WE: Ja
Mitgl.-begl. WT/WE: Nein
VcG WT/WE: Ja

18-Loch Greenfee WT/WE: EUR 80/90

(Greenfee-Preise können je nach DGV-Ausweiskennzeichnung abweichen)

%

Platzcharakteristik:

Schon die zwei Kilometer kurzweilige Anfahrt über den Golfplatz von der B2 (München-Weilheim) lässt das Golferherz höher schlagen und wer auf der Suche nach Bilderbuchgolf ist, der wird hier fündig.

Hoch zwischen Starnberger und Ammersee, inmitten einer wunderbaren Landschaft erstreckt sich der Fünf Sterne Golfplatz Hohenpähl. Durch den behutsamen und nachhaltigen Umgang mit der Natur ist die Hohenpähler Golfanlage als eine der ersten Golfplätze Deutschlands im Jahr 2009 mit dem Umweltpreis "Golf und Natur" in Gold und als erste Golfanlage in Bayern mit dem "Umwelt Pakt Siegel" ausgezeichnet worden.

Stromanschlüsse für Camper vorhanden.

Pro-Shop » Basic «
Level
Kurzpl.

GolfPost 4,8/5

BAY

DGV-NR. 8828

LAND- UND GOLF-CLUB WERDENFELS E.V.

Werdenfelser Straße 2
82467 Garmisch-Partenkirchen
Tel. 08821 945670
info@golfclub-werdenfels.de
www.golfclub-werdenfels.de

Restaurant am Golfplatz
Tel. 08821 945670

Löcheranzahl: 9
Gegründet: 1973
Höhe: 720 m
H: 5871 m, CR 70,7, SL 134, Par 72
D: 5332 m, CR 73,7, SL 125, Par 72

Saison: April-November
Mindest-HCP WT/WE: 54
Anmeldung WT/WE: Ja
Mitgl.-begl. WT/WE: Nein
VcG WT/WE: Ja

18-Loch Greenfee WT/WE: EUR 60
9-Loch Greenfee WT/WE: EUR 40

(Greenfee-Preise können je nach DGV-Ausweiskennzeichnung abweichen)

Platzcharakteristik:

Nicht nur einer der ältesten Golfplätze (gebaut 1928) sondern auch einer der schönsten Deutschlands mit altem und hohem Baumbestand, relativ engen Fairways und kleinen Grüns, die schwer anzuspielen sind. Der direkt vor den Toren von Garmisch-Partenkirchen liegende Platz mit durchwegs ebenen Fairways bietet einen traumhaft nahen Blick auf die ringsum liegenden Berge und das erhaben aufsteigende Wettersteinmassiv mit Alp- und Zugspitze.

Pro-Shop » Basic « · Level · Kurzpl.

GolfPost 5,0/5

DGV-NR. 8827

GOLFCLUB GARMISCH-PARTENKIRCHEN E.V.

GOLF& NATUR

Gut Buchwies
82496 Oberau
Tel. 08824 8344
kontakt@golfclub-gap.de
www.golfclub-gap.de

Gut Buchwies
Tel. 08824 9146954

Löcheranzahl: 18
Gegründet: 1928
Höhe: 700 m
H: 5896 m, CR 71,2, SL 125, Par 72
D: 5197 m, CR 73,6, SL 128, Par 72

Saison: April-November
Mindest-HCP WT/WE: 54/28-36
Anmeldung WT/WE: Nein/Ja
Mitgl.-begl. WT/WE: Nein
VcG WT/WE: Ja

18-Loch Greenfee WT/WE: EUR 70

(Greenfee-Preise können je nach DGV-Ausweiskennzeichnung abweichen)

Platzcharakteristik:

Diese 18-Loch Anlage liegt im Werdenfelser Land. Vom Platz aus haben Golfer wiederholt Ausblick auf die wunderschöne Bergwelt des Oberlandes mit Alpspitze, Zugspitzmassiv und Waxenstein. Der Platz ist kein Gebirgsplatz im eigentlichen Sinne. Steile Anstiege und häufige Schräglagen, wie auf gebirgsnahen Plätzen üblich, sind kaum anzutreffen. Eher flach mit leichten Wellen ist er angenehm zu begehen.

Pro-Shop » Basic « · Level · Kurzpl.

GolfPost 4,4/5

DGV-NR. 8901

GOLF- & LANDCLUB KARWENDEL E.V.

Risser Straße 14
82499 Wallgau
Tel. 08825 2183
info@golfclub-karwendel.de
www.golfclub-karwendel.de
Golf Alm Wallgau
Tel. 08825 9216160
golfalm@golfclub-karwendel.de
Ruhetag: montags

Löcheranzahl: 9
Gegründet: 1992
Höhe: 866 m
H: 5846 m, CR 70,2, SL 127, Par 72
D: 5138 m, CR 71,9, SL 125, Par 72

Saison: April-November
Mindest-HCP WT/WE: PR
Anmeldung WT/WE: Ja
Mitgl.-begl. WT/WE: Nein
VcG WT/WE: Ja

18-Loch Greenfee WT/WE: EUR 55/66

(Greenfee-Preise können je nach DGV-Ausweiskennzeichnung abweichen)

2:1

Platzcharakteristik:

Der Golfplatz liegt im oberen Isartal östlich der Gemeinde Wallgau und grenzt unmittelbar an die Wildflusslandschaft der Isar. Die Fairways liegen eingebettet auf drei ehemaligen Flussterrassen, die im Norden in einen eiszeitlichen Moränenzug übergehen. Der Golfplatz liegt in einer wunderschönen landschaftlichen Lage und bietet durch das nach Süden offene obere Isartal einen Blick auf die nahen Höhenzüge des Karwendelgebirges.

Pro-Shop » Basic « | Level | Kurzpl.

GolfPost 5,0/5

DGV-NR. 8907

GOLF- UND LANDCLUB BERGKRAMERHOF E.V.

Bergkramerhof
82515 Wolfratshausen
Tel. 08171 41910
info@gc-bergkramerhof.de
www.gut-bergkramerhof.de
Der Bergkramer
Tel. 08171 3851946
info@derbergkramer.de

Löcheranzahl: 18
Gegründet: 1997
Höhe: 650 m
H: 5922 m, CR 70,2, SL 125, Par 72
D: 5135 m, CR 71,6, SL 125, Par 72

Saison: April-November
Mindest-HCP WT/WE: 54
Anmeldung WT/WE: Ja
Mitgl.-begl. WT/WE: Nein
VcG WT/WE: Ja

18-Loch Greenfee WT/WE: EUR 75/95

(Greenfee-Preise können je nach DGV-Ausweiskennzeichnung abweichen)

Platzcharakteristik:

Die Golfanlage Bergkramerhof liegt nur 25 km südlich von München. Die 18 Löcher wurden perfekt in die idyllische Landschaft integriert. Von vielen Löchern hat man einen wundervollen Blick auf die Alpen. Die Driving-Range ist von zwei Seiten bespielbar. Putting- und Chipping-Grüns befinden sich sowohl dort als auch bei der Spielbahn 1. Ausgezeichneten Golfunterricht bieten drei erfahrene Golflehrer mit einem ausgefeilten Kursprogramm für Individualunterricht oder Gruppen – auch mit Videoanalyse. Das Restaurant "Der Bergkramer" verwöhnt seine Gäste mit bayrisch-mediterraner Küche auf der Sonnenterrasse mit Bergblick oder im geschmackvoll eingerichteten Innenbereich.

Pro-Shop » Basic « | Level | Kurzpl.

GolfPost 4,7/5

DGV-NR. 8844

GOLFCLUB MÜNCHEN-RIEDHOF E.V.

Riedhof 16
82544 Egling
Tel. 08171 21950
info@riedhof.de
www.riedhof.de

Riedhof Gastronomie
Tel. 08171 2195-35
www.riedhof.de

Löcheranzahl: 18
Gegründet: 1989
Höhe: 550 m
H: 5873 m, CR 71,5, SL 132, Par 72
D: 5172 m, CR 73,5, SL 133, Par 72

Saison: April-November
Mindest-HCP WT/WE: 36
Anmeldung WT/WE: Ja
Mitgl.-begl. WT/WE: Nein/Ja
VcG WT/WE: Ja

18-Loch Greenfee WT/WE: EUR 80/100

(Greenfee-Preise können je nach DGV-Ausweiskennzeichnung abweichen)

Platzcharakteristik:

Dieser exklusive und familienfreundliche Club bietet ein sehr hohes Dienstleistungsniveau und ein vielfältiges sportliches Turnierangebot. Der Platz bietet für sportlich anspruchsvolle Spieler abwechslungsreiche Fairways mit strategisch platzierten Hindernissen und treuen Grüns.

Pro-Shop » Large «

Level

Kurzpl.

GolfPost 4,8/5

DGV-NR. 8812

GOLFCLUB BEUERBERG E.V.

Gut Sterz 3
82547 Beuerberg
Tel. 08179 617
info@gc-beuerberg.de
www.golfclub-beuerberg.de

Isolde Zondler
Tel. 08179 997868
www.golfclub-beuerberg.de
geöffnet April - November

Löcheranzahl: 18
Gegründet: 1982
Höhe: 600 m
H: 6262 m, CR 73,3, SL 135, Par 74
D: 5569 m, CR 75,7, SL 136, Par 74

Saison: April-November
Mindest-HCP WT/WE: 36
Anmeldung WT/WE: Ja
Mitgl.-begl. WT/WE: Nein/Ja
VcG WT/WE: Ja

18-Loch Greenfee WT/WE: EUR 85/105

(Greenfee-Preise können je nach DGV-Ausweiskennzeichnung abweichen)

Platzcharakteristik:

Die großzügig auf einer Fläche von 119 ha angelegten Spielbahnen beeindrucken durch ihre reizvolle Lage im Alpenvorland mit traumhafter Bergkulisse. Breite Fairways, Waldschneisen, strategisch gelegene Bunker und Wasserhindernisse fordern einen überlegten Schlägereinsatz, wobei je nach Spielstärke von Champion-Tees oder normalen Abschlägen gespielt werden kann.

Pro-Shop » Large «

Level

Kurzpl.

GolfPost 4,9/5

BAY

DGV-NR. K725

CITYGOLF ROSENHEIM

Moosbachstraße 1
83026 Rosenheim
Tel. 08031 26699
info@citygolf.de
www.citygolf.de

Bark's
Tel. 08031 2373 400
info@bark-s.de
www.bark-s.de

Löcheranzahl: 6
6-Loch Kurzplatz
H: 620 m, Par 18

Saison: ganzjährig
Mindest-HCP WT/WE: PR
Anmeldung WT/WE: Nein
Mitgl.-begl. WT/WE: Nein
VcG WT/WE: Ja

Tages-Greenfee WT/WE: EUR 13

(Greenfee-Preise können je nach DGV-Ausweiskennzeichnung abweichen)

Platzcharakteristik:

Willkommen auf der Golfakademie CITY GOLF - dem perfekten Trainingsplatz mit 6 Loch Akademie Golfplatz.

Nur fünf Minuten vom Stadtzentrum Rosenheim entfernt neben dem Happinger-Ausee bietet die Anlage eine Golfschule für Anfänger und gute Spieler (Kursprogramm), die größte Driving Range im Landkreis Rosenheim, Flutlich, Putt & Chipping-Greens, eine Pitching & Bunker Area, einen 6 Loch Akademie Platz, überdachte Abschlagplätze, Professionelles Schlägerfitting und einen traumhaften Biergarten.

Pro-Shop » Basic « | Level | Kurzpl.

GolfPost 5,0/5

DGV-NR. 8970

GOLFANLAGE PATTING-HOCHRIESBLICK

Patting 1
83083 Riedering
Tel. 08032 1030
info@golf-patting.de
www.golf-patting.de

Löcheranzahl: 18
Gegründet: 1992
Höhe: 599 m
Kampenwandplatz:
H+D: 1457 m, CR 57,9, SL 93, Par 29
Reversible-Platz Wendelsteinrunde:
H: 2503 m, CR 67,0, SL 107, Par 35
Reversible-Platz Hochriesrunde:
H: 2443 m, CR 65,9, SL 116, Par 35

Saison: ganzjährig
Mindest-HCP WT/WE: PR
Anmeldung WT/WE: Nein/Ja
Mitgl.-begl. WT/WE: Nein
VcG WT/WE: Ja

18-Loch GF Reversible- und Kampenwandplatz WT/WE: EUR 51,50

(Greenfee-Preise können je nach DGV-Ausweiskennzeichnung abweichen)

Platzcharakteristik:

Spielen Sie unseren 2019 eröffneten Reversible-Platz, den ersten und einzigen Reversible-Platz Deutschlands, der wechselnd entweder im oder gegen den Uhrzeigersinn bespielt werden kann. Unser 9 Loch Kampenwandplatz wurde eigens dafür entworfen, um durch seine kürzeren und somit schneller zu spielenden Löcher mit kurzen Wegen, den Mitgliedern und Gästen mehr Flexibilität bei Ihren Runden zu ermöglichen. Beide Plätze erfüllen internationale Maßstäbe hinsichtlich Planung und Aufbau und zeichnen sich durch großzügige Grüns und Vorgrüns aus. Die Anlage ist mit dem Umweltsiegel „Golf & Natur" in Silber ausgezeichnet. Erfrischung erhält man in der Servicehütte und auf der Terrasse mit Bergblick.

Pro-Shop » Large « | Level | Kurzpl.

GolfPost 4,0/5

BAY

DGV-NR. 8842

GOLFCLUB SCHLOSS MAXLRAIN E.V.

GOLF & NATUR DGV Zertifikat

Freiung 14
83104 Maxlrain
Tel. 08061 1403
info@golfclub-maxlrain.de
www.golfclub-maxlrain.de

Golfrestaurant
Tel. 08061 1403
info@golfclub-maxlrain.de

Löcheranzahl: 18
Gegründet: 1988
Höhe: 500 m
H: 6090 m, CR 72,7, SL 131, Par 72
D: 5394 m, CR 74,7, SL 129, Par 72

Saison: April-Oktober
Mindest-HCP WT/WE: 54
Anmeldung WT/WE: Ja
Mitgl.-begl. WT/WE: Nein
VcG WT/WE: Ja

18-Loch Greenfee WT/WE: EUR 80

(Greenfee-Preise können je nach DGV-Ausweiskennzeichnung abweichen)

%

Platzcharakteristik:

Auf 140 ha breitet sich eine der schönsten Golfanlagen Deutschlands aus-ein wahrer Golfpark. Der größte Teil der Bahnen führt über den im 19. Jahrhundert angelegten Schlosspark mit riesigen Tannen, Fichten und über zweihundertjährigen Eichen. Durch seine vielen Teiche, Wasserläufe und Biotope stellt Schloß Maxlrain ein wahres Naturparadies dar. Der Platz ist äußerst anspruchsvoll. Auf einem 9-Loch-Kurzplatz können auch Anfänger Golf lernen.

Montags sind Hunde (angeleint) auf dem Platz erlaubt.

Pro-Shop » Large « | Level | Kurzpl.

GolfPost 4,8/5

DGV-NR. 8954

DER GOLF CLUB AM OBINGER SEE

Kirchreitbergstraße 2
83119 Obing-Kleinornach
Tel. 08624 875623
dergolfclub@t-online.de
www.dergolfclub.de

Golfstüberl
Tel. 08624 875623

Löcheranzahl: 9
Gegründet: 2000
Höhe: 550 m
H: 6014 m, CR 71,6, SL 132, Par 72
D: 5320 m, CR 73,7, SL 127, Par 72

Saison: März-Dezember
Mindest-HCP WT/WE: 54
Anmeldung WT/WE: Nein/Ja
Mitgl.-begl. WT/WE: Nein
VcG WT/WE: Ja

18-Loch Greenfee WT/WE: EUR 36/46

(Greenfee-Preise können je nach DGV-Ausweiskennzeichnung abweichen)

2:1

Platzcharakteristik:

Der Im Juni 2002 eröffnete 9 Loch Meisterschaftsplatz ist ein Juwel geworden, ein Platz im Stil amerikanischer Golfplätze der Jahrhundertwende. Die 42 Sandbunker mit absichtlich ausgefransten Rändern, rugged look genannt, breite Fairways und die riesigen, stark ondulierten Grüns machen den Platz zu einem einmaligen Golferlebnis.
Der offene Platz wurde mit seinen naturwelligen Bahnen wunderbar in die Landschaft eingebettet. Ein echter Geheimtipp! Fair zu Spielen für den Hobbygolfer und eine Herausforderung für den Profi. Der Golf Club Obing ist bekannt für seine außerordentlich freundliche und gemütliche Atmosphäre.

Herzlich willkommen bei uns in Obing!

Pro-Shop » Basic « | Level | Kurzpl.

GolfPost 5,0/5

BAY

DGV-NR. 8859

GOLF-CLUB HÖSLWANG IM CHIEMGAU E.V.

Kronberg 4
83129 Höslwang
Tel. 08075 714
info@golfclub-hoeslwang.de
www.golfclub-hoeslwang.de

Sibel Colak mit Team
Tel. 08075 1263

Löcheranzahl: 18
Gegründet: 1974
Höhe: 600 m
H: 6050 m, CR 71,3, SL 125, Par 72
D: 5020 m, CR 71,1, SL 123, Par 72

Saison: ganzjährig-witterungsabh.
Mindest-HCP WT/WE: 54
Anmeldung WT/WE: Ja
Mitgl.-begl. WT/WE: Nein
VcG WT/WE: Ja

18-Loch Greenfee WT/WE: EUR 60/75

(Greenfee-Preise können je nach DGV-Ausweiskennzeichnung abweichen)

Platzcharakteristik:

Die Fairways des Golf Club Höslwang liegen eingebettet zwischen Chiemsee und Simssee inmitten der Chiemgauer Seenplatte. Das anspruchsvolle, bewegte Gelände wurde weniger auf Längen, jedoch umso mehr auf ein strategisches Spiel abgestimmt. Neben der traumhaften Lage mit Blicken auf die Bergspitzen der Chiemgauer Berge (Abschlag in Richtung Kampenwand) bilden auch die vielen Wasserhindernisse und Teichlandschaften einen sportlichen Charakter.

Pro-Shop » Large « | Level | Kurzpl.

GolfPost 4,8/5

BAY

DGV-NR. 8854

CHIEMSEE GOLF-CLUB PRIEN E.V.

Bauernberg 5
83209 Prien
Tel. 08051 62215
CGC-Prien@t-online.de
www.cgc-prien.de
Karoly Szegvari
Tel. 08051 4820
Ruhetag: montags

Löcheranzahl: 18
Gegründet: 1961
Höhe: 580 m
H: 5773 m, CR 72,0, SL 133, Par 72
D: 5119 m, CR 74,0, SL 129, Par 72

Saison: April-Oktober
Mindest-HCP WT/WE: 54/45
Anmeldung WT/WE: Ja
Mitgl.-begl. WT/WE: Nein
VcG WT/WE: Ja

18-Loch Greenfee WT/WE: EUR 69/75

(Greenfee-Preise können je nach DGV-Ausweiskennzeichnung abweichen)

Platzcharakteristik:

Der Platz, auf einem Hochplateau im Nahbereich des Chiemsees gelegen, ist mit seinen hügeligen und gleichzeitig sehr abwechslungsreichen Spielbahnen sehr anspruchsvoll gestaltet. Zahlreiche Schräglagen, alter Baumbestand und natürlicher Bewuchs stellen den Golfer immer wieder vor Herausforderungen.

Pro-Shop » Basic « | Level | Kurzpl.

GolfPost 5,0/5

DGV-NR. 8857

GOLFCLUB REIT IM WINKL E.V.

Walmbergstraße 5
83237 Reit im Winkl
Tel. 08640 798250
info@gcreit.de
www.gcreit.de
Peternhof
Tel. 05375 6285
info@peternhof.com
www.peternhof.com

Löcheranzahl: 18
Gegründet: 1984
Höhe: 750 m
H: 5202 m, CR 70,0, SL 130, Par 70
D: 4519 m, CR 71,9, SL 128, Par 70

Saison: April-November
Mindest-HCP WT/WE: 45/36
Anmeldung WT/WE: Ja
Mitgl.-begl. WT/WE: Nein
VcG WT/WE: Ja

18-Loch Greenfee WT/WE: EUR 76

(Greenfee-Preise können je nach DGV-Ausweiskennzeichnung abweichen)

Platzcharakteristik:

Dieser Platz liegt im schönen Chiemgauer Land direkt auf der Grenze zu Tirol. Der Charakter der Anlage wird geprägt durch eine stark hügelige Topographie mit herrlichen Ausblicken auf die Chiemgauer Alpen mit Wildem Kaiser und Zahmen Kaiser. Insgesamt ist es ein sehr sportlicher Platz, der die spielerische Kreativität und den strategischen Weitblick fordert, aber auch Anfängern die Chance auf Erfolgserlebnisse gibt.

Pro-Shop » Large « | Level | Kurzpl.

GolfPost 4,8/5

BAY

DGV-NR. 8716

DAS ACHENTAL

Mietenkamer Straße 65
83224 Grassau
Tel. 08641 401717
golf@golf-resort-achental.com
www.golf-resort-achental.com

Hotel & Restaurant
Tel. 086 414010
info@golf-resort-achental.com

Löcheranzahl: 18
Gegründet: 2007
H: 5475 m, CR 69,3, SL 130, Par 72
D: 4630 m, CR 69,8, SL 126, Par 72

Saison: k. A.
Mindest-HCP WT/WE: PR
Anmeldung WT/WE: Ja
Mitgl.-begl. WT/WE: Nein
VcG WT/WE: Ja

18-Loch Greenfee High Season WT/WE: EUR 89/109

(Greenfee-Preise können je nach DGV-Ausweiskennzeichnung abweichen)

Platzcharakteristik:

Der renommierte Golfplatzarchitekt Thomas Himmel gestaltete einen perfekt in die Landschaft integrierten und direkt am Hotel beginnenden Platz, der spielerische Herausforderungen und herrliche Blicke auf die Chiemgauer Berge bis hin zum Wilden Kaiser bietet. Genießen Sie an der Seehütte10, dem Halfway Haus des „Das Achental", regionale Spezialitäten oder Leckereien aus der hauseigenen Patisserie. Die hervorragende Pflege des Golfplatzes und die hochmoderne PGA Premium Golfschule mit integrierten Performance Studio, Fitting Studio by HiO Fitting und der Trackman Simulator samt Lounge lassen die Golfherzen höher schlagen.

Pro-Shop » Basic « · Level · Kurzpl.

GolfPost 4,3/5

DGV-NR. 8896

GOLFCLUB RUHPOLDING E.V.

Rauschbergstraße 1a
83324 Ruhpolding
Tel. 08663 2461
info@golfclub-ruhpolding.de
www.golfclub-ruhpolding.de

Golfstüberl
Tel. 08663 41321

Löcheranzahl: 18
Gegründet: 1991
Höhe: 700 m
H: 5661 m, CR 69,4, SL 125, Par 71
D: 4852 m, CR 70,6, SL 123, Par 71

Saison: April-November
Mindest-HCP WT/WE: 54
Anmeldung WT/WE: Ja
Mitgl.-begl. WT/WE: Nein
VcG WT/WE: Ja

18-Loch Greenfee WT/WE: EUR 64/79

(Greenfee-Preise können je nach DGV-Ausweiskennzeichnung abweichen)

Platzcharakteristik:

Die Golfanlage Ruhpolding liegt eingebettet in ein fantastisches Gebirgspanorama, ist somit geschützt vor rauen Winden, nebelfrei und berühmt für ihr mildes Klima mit viel Sonnenschein.

Im südöstlichen Teil des bekannten Luftkurorts, im Ortsteil Zell, liegen die sehr gut gepflegten 18 Bahnen des GC Ruhpolding, die sich über ein 64 Hektar großes Gelände aus ehemaligen Wiesen und Weiden ziehen.

Bitte berücksichtigen Sie unsere Partnerhotels, die Sie auch unter www.golfclub-ruhpolding.de finden können.

Pro-Shop » Basic «
Level
Kurzpl.

GolfPost 5,0/5

DGV-NR. 8814

GOLF-CLUB CHIEMING E.V.

Kötzing 1
83339 Chieming- Hart
Tel. 08669 87330
info@golfchieming.de
www.golfchieming.de

Löcheranzahl: 18
Gegründet: 1982
Höhe: 500 m
H: 5933 m, CR 71,5, SL 131, Par 72
D: 5254 m, CR 73,7, SL 126, Par 72

Saison: 15. März bis 15. November
Mindest-HCP WT/WE: 54
Anmeldung WT/WE: Ja
Mitgl.-begl. WT/WE: Nein
VcG WT/WE: Ja

18-Loch Greenfee WT/WE: EUR 75

(Greenfee-Preise können je nach DGV-Ausweiskennzeichnung abweichen)

Platzcharakteristik:

Der Golfclub ist in einer der landschaftlich reizvollsten Gegenden Deutschlands gelegen. In unmittelbarer Nachbarschaft des Chiemsees, umrahmt von herrlichen Wäldern, mit Aussicht auf die Chiemgauer Berge und das Berchtesgadener Land. Die sanft kupierte Moränenlandschaft ist teilweise gesäumt von Obstbäumen, Lärchen, Linden und Eichen und steigert den Schwierigkeitsgrad des Platzes.

Pro-Shop » Basic «
Level
Kurzpl.

GolfPost 5,0/5

BAY

DGV-NR. 8937

GOLF CLUB GUT ISING E.V.

Kirchberg 3
83339 Chieming / Ising
Tel. 08667 79358
golfclub@gut-ising.de
www.gut-ising.de

Goldener Pflug
Tel. 08667 790St. Georgklause
Tel. 08667 790ll Cavallo
Tel. 08667 809962

Löcheranzahl: 9
Gegründet: 1997
Höhe: 557 m
H: 5624 m, CR 69,4, SL 121, Par 72
D: 5028 m, CR 71,4, SL 118, Par 72

Saison: April-Oktober
Mindest-HCP WT/WE: 54
Anmeldung WT/WE: Ja
Mitgl.-begl. WT/WE: Nein
VcG WT/WE: Ja

18-Loch Greenfee WT/WE: EUR 40/45

(Greenfee-Preise können je nach DGV-Ausweiskennzeichnung abweichen)

Platzcharakteristik:

Die Anlage liegt eingebettet zwischen alten Alleebäumen und den angrenzenden Poloplätzen von Gut Ising und bietet zusammen mit Wasserhindernissen eine gelungene Mischung unterschiedlicher Löcher. Die Grüns erfordern präzise Annäherungsschläge, denn teilweise eng angelegte Bahnen und angrenzende "out of bounds"-Flächen erlauben nur minimale Abweichungen von der Ideallinie.

Pro-Shop » Basic « | Level | Kurzpl.

Golf Post 4,4/5

DGV-NR. 8905

GOLF CLUB BERCHTESGADENER LAND E.V.

GMVD

Weng 12
83404 Ainring
Tel. 08654 69020
info@gcbgl.de
www.gcbgl.de

Wengerhof, Tel. 08654 6902-50
info@wenger-hof.de
www.wenger-hof.de
Ruhetag: montags
Hotel mit 10 Zimmern

Löcheranzahl: 18
Gegründet: 1993
Höhe: 450 m
H: 5943 m, CR 71,4, SL 131, Par 72
D: 5215 m, CR 72,9, SL 128, Par 72

Saison: ganzjährig
Mindest-HCP WT/WE: 54
Anmeldung WT/WE: Ja
Mitgl.-begl. WT/WE: Nein
VcG WT/WE: Ja

18-Loch Greenfee WT/WE: EUR 65/75

(Greenfee-Preise können je nach DGV-Ausweiskennzeichnung abweichen)

2:1

Platzcharakteristik:

Unser 18-Loch Golfvergnügen in Ainring (Weng) liegt zwischen Salzburg und Bad Reichenhall und ist in nur 10 Autominuten von Salzburg Mitte zu erreichen. Das leicht hügelige Gelände des oberbayerischen Dorfes Weng liegt in herrlich ruhiger Lage der bayerisch-österreichischen Alpen. Der Par 72 Meisterschaftsplatz der Golfanlage Berchtesgadener Land ist eine Golfherausforderung der besonderen Art, bestens geeignet für alle Altersklassen. Die herrliche Lage und gute Erreichbarkeit von Salzburg, Bad Reichenhall, Chiemsee, Waginger See usw.. macht uns zu einer abwechslungsreichen Destination für Mitglieder und Gäste.

Pro-Shop » Basic « | Level | Kurzpl.

Golf Post 4,8/5

BAY

DGV-NR. 8912

GOLFCLUB ANTHAL-WAGINGER SEE E.V.

Anthal
83413 Fridolfing
Tel. 08684 888
info@golfclub-anthal.de
www.golfclub-anthal.de

Ristorante Buon Gusto
Tel. 08684 9694719
ristorante.buongusto@yahoo.de
Ruhetag: montags
Italienische Spezialitäten

Löcheranzahl: 9
Gegründet: 1991
Höhe: 400 m
H: 4542 m, CR 66,0, SL 114, Par 68
D: 4144 m, CR 68,2, SL 115, Par 68

Saison: ganzjährig
Mindest-HCP WT/WE: PR
Anmeldung WT/WE: Nein
Mitgl.-begl. WT/WE: Nein
VcG WT/WE: Ja

18-Loch Greenfee WT/WE: EUR 36

(Greenfee-Preise können je nach DGV-Ausweiskennzeichnung abweichen)

2:1

Platzcharakteristik:

Der Golfplatz besticht durch das perfekt modellierte Hügelgelände des bayerischen Voralpenlandes mit seinen Laubwäldern und der uferbewachsenen Götzinger Ache mit ihren Biotopen. Charakteristisch ist der "Stonecreek", ein ausgetrockneter Bachlauf, der als Wasserhindernis mehrfach Kontakt mit den Bahnen hat und auch für geübte Spieler eine Erschwernis bildet. Das am Rande des Platzes gelegene Hirschgehege unterstreicht die Symbiose mit der Natur.

Pro-Shop » Basic « | Level | Kurzpl.

GolfPost 4,0/5

DGV-NR. 8947

GOLF CLUB BAD REICHENHALL

Schlossberg 5
83435 Bad Reichenhall
Tel. 08651 70050
info@schlossberghof.de
www.schlossberghof.de

Schlossberghof Marzoll
Tel. 08651 70050

Löcheranzahl: 6
Gegründet: 2000
6 x Par 3 Übungsanlage

Saison: ganzjährig
Mindest-HCP WT/WE: PR
Anmeldung WT/WE: Nein
Mitgl.-begl. WT/WE: Nein
VcG WT/WE: Ja

Tages-Greenfee WT/WE: EUR 10

(Greenfee-Preise können je nach DGV-Ausweiskennzeichnung abweichen)

Platzcharakteristik:

Die wunderschön gelegene 6-Loch Par 3 Anlage mit verschiedenen Tees und einer überdachten Driving Range, einem Chipping- und Putting-Green eignet sich hervorragend dazu, das Golfspiel zu erlernen oder zu verbessern. Ein Ausbau auf 9 Loch ist in Planung.

Der Golfclub ist an den Schlossberghof Marzoll angegliedert, einer Rehaklinik in Bad Reichenhall.

Pro-Shop » Basic « | Level | Kurzpl.

GolfPost 4,0/5

DGV-NR. 8811

GOLFCLUB BERCHTESGADEN E.V.

Salzbergstrasse 33
83471 Berchtesgaden
Tel. 08652 2100
info@golfclub-berchtesgaden.de
www.golfclub-berchtesgaden.de

Gutshof
Ruhetag: montags

Löcheranzahl: 9
Gegründet: 1955
Höhe: 1000 m
H: 5266 m, CR 66,8, SL 124, Par 70
D: 4752 m, CR 69,0, SL 122, Par 70

Saison: April-November
Mindest-HCP WT/WE: 54
Anmeldung WT/WE: Ja
Mitgl.-begl. WT/WE: Nein
VcG WT/WE: Ja

18-Loch Greenfee WT/WE: EUR 40/50

(Greenfee-Preise können je nach DGV-Ausweiskennzeichnung abweichen)

Platzcharakteristik:

Der 9-Loch-Golfplatz liegt auf ca. 1.000 m über dem Meeresspiegel und gilt unter Insidern als Juwel. Spielbare Herausforderungen fordern volle Konzentration, wenngleich man sich gerne vom Panoramablick auf Watzmann, Kehlstein und auf Berchtesgaden ablenken lassen möchte. Golfexperten werten den Platz als einen der schönsten in Deutschland, landschaftlich vielleicht als den allerschönstens.

Pro-Shop » Basic «
Level
Kurzpl.

GolfPost 5,0/5

BAY

DGV-NR. 8720

GOLFCLUB PFAFFING WASSERBURGER LAND E.V.

Köckmühle 132
83539 Pfaffing
Tel. 08076 889187-0
club@gcpwl.de
www.gcpwl.de

Restaurant im Golfclub
Tel. 08076 88918760
gastro@gcpwl.de
www.riro24.com
Ruhetag: montags

Löcheranzahl: 27
Gegründet: 2012
Höhe: 475 m
H: 6030 m, CR 72,0, SL 130, Par 73
D: 5252 m, CR 73,6, SL 126, Par 73

Saison: ganzjährig
Mindest-HCP WT/WE: k.A.
Anmeldung WT/WE: Ja
Mitgl.-begl. WT/WE: Nein
VcG WT/WE: Ja

18-Loch Greenfee WT/WE: EUR 58/78

(Greenfee-Preise können je nach DGV-Ausweiskennzeichnung abweichen)

2:1

Platzcharakteristik:

Die großzügig angelegten 18 Spielbahnen ziehen sich auf leicht hügeligem Gelände durch teils offenes und teils bewaldetes Gelände. Bei 67, teils nach schottischem Vorbild angelegten, Pottbunkern und den bis zu 1.200 qm großen und schnellen Grüns kommt Golffreude auf.

Die für den Pfaffinger Platz ausgearbeitete Strategieplanung war von der Maxime geprägt, den Spielern auf der gesamten Runde bei jedem Schlag, ja sogar bei jedem Putt geistig zu fordern und von ihm schnelle Entscheidungen zu verlangen.

Der Pfaffinger 9-Loch Kurzplatz ist ein top gepflegter Par 3 in ruhiger Lage. Er ist geradezu ideal um bei knapper Zeit zumindest eine Stunde dem Golfsport frönen zu können.

Pro-Shop » Basic « | Level | Kurzpl.

GolfPost 4,5/5

DGV-NR. 8841

GOLFCLUB MANGFALLTAL E.V.

GMVD

Oed 1
83620 Feldkirchen-Westerham
Tel. 08063 6300
info@gc-mangfalltal.de
www.gc-mangfalltal.de

Landgasthof Vaitl
Tel. 08063 9737957
www.landgasthof-vaitl.com

Löcheranzahl: 18
Gegründet: 1987
Höhe: 621 m
H: 5748 m, CR 70,6 SL 126, Par 72
D: 5142 m, CR 73,2 SL 122, Par 72

Saison: ganzjährig
Mindest-HCP WT/WE: 45/36
Anmeldung WT/WE: Ja
Mitgl.-begl. WT/WE: Nein
VcG WT/WE: Ja

18-Loch Greenfee WT/WE: EUR 85/95

(Greenfee-Preise können je nach DGV-Ausweiskennzeichnung abweichen)

Platzcharakteristik:

Golf made in Bavaria. Unter diesem Motto präsentiert sich der Golfclub Mangfalltal seinen Gästen.

Auf einem Plateau über Feldkirchen-Westerham vor den Toren Münchens gelegen, bietet unser Golfplatz an fast allen Bahnen freien Blick ins Mangfallgebirge.

Doch nicht nur die atemberaubenden Blicke in die bayerischen Alpen lassen den Alltag für ein paar Stunden in Vergessenheit geraten. Der Golfplatz fordert Ihre ganze Konzentration und Aufmerksamkeit! Die eher offenen "front-nine" sind dabei das ideale "warming-up", bevor es an der urigen Almhütte von Abschlag 10 in die deutlich kürzeren, aber auch anspruchsvolleren „back nine" geht.

Bayern & Golfspielen in seiner schönsten Form.

Pro-Shop » Basic « | Level | Kurzpl.

GolfPost 4,7/5

BAY

DGV-NR. 8875

GOLFCLUB MÜNCHEN VALLEY E.V.

GOLF& NATUR

Am Golfplatz 1
83626 Valley
Tel. 08024 902790
info@golfvalley.de
www.golfvalley.de

Golf Restaurant Valley
Tel. 08024 9027920

Löcheranzahl: 36
Gegründet: 1989
Designer Course AB (A,B,C)
H: 6.202 m, CR 72,4, SL 134, Par 72
D: 5.315 m, CR 74,1, SL 132, Par 72

Saison: ganzjährig
Mindest-HCP WT/WE: 36
Anmeldung WT/WE: Ja
Mitgl.-begl. WT/WE: Nein
VcG WT/WE: Ja

18-Loch Greenfee (Designer Course) WT/WE: EUR 95/120

(Greenfee-Preise können je nach DGV-Ausweiskennzeichnung abweichen)

Platzcharakteristik:

Golf Valley liegt vor den Toren Münchens in der Gemeinde Valley, einem idyllischen Erholungsgebiet zwischen München u. Tegernsee mit atemberaubendem Blick auf die Tegernseer Alpenkulisse. Diese Top Lage trifft auf einen Golfplatz der Superlative, bestehend aus dem 27-Loch-Designer-Course, der beim sportlich-kultivierten Golfer keine Wünsche offen lässt, dem 9-Loch-Golfpark u. dem Golf Learning Center mit Flutlicht-Drivingrange, auf der man auch noch spätabends sein HCP verbessern kann. Das Golferlebnis wird durch ein Clubhaus im mediterranen Stil abgerundet. Die perfekte Symbiose aus Natur, Golf-Kultur, höchstem architektonischen Standard, die Amateure wie Profis gleichermaßen fasziniert. – Das Golferlebnis im Süden Münchens!

Pro-Shop » Basic «
Level
Kurzpl.

GolfPost 4,9/5

DGV-NR. 8807

TÖLZER GOLFCLUB E.V.

Straß 124a
83646 Wackersberg
Tel. 08041 8084944
golf@toelzer-golfclub.de
www.tölzer-golfclub.de

Ludwig's Restaurant
Tel. 08041 8084529
info@restaurant-ludwigs.com
www.restaurant-ludwigs.com
Ruhetag: montags und dienstags

Löcheranzahl: 9
Gegründet: 2014
Höhe: 750 m
H: 5295 m, CR 68,4, SL 125, Par 71
D: 4755 m, CR 69,4, SL 120, Par 71

Saison: April-Oktober
Mindest-HCP WT/WE: PR
Anmeldung WT/WE: Nein/Ja
Mitgl.-begl. WT/WE: Nein
VcG WT/WE: Ja

18-Loch Greenfee WT/WE: EUR 45/55

(Greenfee-Preise können je nach DGV-Ausweiskennzeichnung abweichen)

%

Platzcharakteristik:

Nur wenige Minuten von Bad Tölz entfernt liegt der in herrlichem Gebirgspanorama eingebettete Platz, der neben seinem reizvollen, sportlich anspruchsvollen Gelände diverse Übungsmöglichkeiten bietet. Das hügelige Gelände weist eine abwechslungsreiche Streckenführung auf und wird teilweise von dichten alten Baumbestand gesäumt. Nach dem Umbau des Golfplatzes im Jahr 2016 können Sie nun nicht mehr nur 9 Löcher genießen. Wir haben 2 weitere Grüns und 16 weitere Abschläge errichtet. Damit spielen Sie neben den bestehenden Löchern entweder auf neue Grüns oder von neuen Abschlägen. Mit der neuen Spielführung stehen 18 verschiedene Spielvarianten zur Verfügung.

Pro-Shop » Basic «
Level
Kurzpl.

GolfPost 5,0/5

BAY

DGV-NR. 8861

GOLFCLUB ISARWINKEL E.V.

Am Golfplatz 65
83646 Bad Tölz
Tel. 08041 77877
info@gc-isarwinkel.de
www.gc-isarwinkel.de

Gasthaus Isarwinkel
Tel. 08041 72236

Löcheranzahl: 9
Gegründet: 1985
Höhe: 685 m
H: 5526 m, CR 69,8, SL 126, Par 70
D: 4902 m, CR 71,8, SL 127, Par 70

Saison: April-November
Mindest-HCP WT/WE: 54/36
Anmeldung WT/WE: Nein/Ja
Mitgl.-begl. WT/WE: Nein
VcG WT/WE: Ja

18-Loch Greenfee WT/WE: EUR 40/60

(Greenfee-Preise können je nach DGV-Ausweiskennzeichnung abweichen)

2:1

Platzcharakteristik:

Die leicht hügelige Par-70-Anlage besticht durch ihr außergewöhnliches Bergpanorama. Spieltechnisch anspruchsvoll, mit bekannt schnellen Grüns, jedoch immer fair, ist der Platz für alle Spielstärken bestens geeignet. Angeschlossen ist ein öffentlicher 6-Loch-Kurzplatz. Die reizvollen Spielbahnen bieten kostengünstiges Golfspielen ohne Mitgliedschaft und Handicap.

Pro-Shop » Basic « | Level | Kurzpl.

GolfPost 4,1/5

DGV-NR. 8730

GOLFPLATZ WAAKIRCHEN TEGERNSEE

Sachsenkamer Str. 2 a / Golfplatz 1
83666 Waakirchen / Piesenkamm
Tel. 08021 5520
info@golfplatz-tegernsee.de
www.golfplatz-waakirchen-tegernsee.de

Löcheranzahl: 18
Gegründet: 2015
Höhe: 740 m
H: 5988 m, CR 72,0, SL 126, Par 72
D: 5193 m, CR 73,0, SL 130, Par 72

Saison: ganzjährig
Mindest-HCP WT/WE: PR
Anmeldung WT/WE: Ja
Mitgl.-begl. WT/WE: Nein
VcG WT/WE: Ja

18-Loch Greenfee WT/WE: EUR 58/68

(Greenfee-Preise können je nach DGV-Ausweiskennzeichnung abweichen)

%

Platzcharakteristik:

Der Golfplatz besticht durch seine traumhafte Lage im Tegernseer Voralpenland mit tollen Ausblicken in die nah gelegenen Berge. Auf 18 abwechslungsreichen und interessanten Spielbahnen genießen Sie die Golfrunde in einem weitläufigen Gelände mit einer Größe von über 80 ha. Die Golfanalge verfügt über eine Driving Range.

Pro-Shop » Basic « | Level | Kurzpl.

BAY

DGV-NR. 8830

GOLF AM TEGERNSEE-MARGARETHENHOF

Gut Steinberg 1-3
83666 Waakirchen/Marienstein
Tel. 08022 7506330
golf@margarethenhof.com
www.margarethenhof.com
"Steinberg"
Tel. 08022 7506310

Löcheranzahl: 18
Gegründet: 1982
Höhe: 872 m
H: 5073 m, CR 70,3, SL 127, Par 70
D: 4333 m, CR 71,6, SL 128, Par 70

Saison: April-November
Mindest-HCP WT/WE: 36
Anmeldung WT/WE: Ja
Mitgl.-begl. WT/WE: Nein
VcG WT/WE: Ja

18-Loch Greenfee WT/WE: EUR 80/90

(Greenfee-Preise können je nach DGV-Ausweiskennzeichnung abweichen)

Platzcharakteristik:

Hoch über dem Tegernsee erwartet Sie ein Ort der Ruhe und Gastlichkeit – sowie eine der schönsten Golfanlagen Deutschlands. Höchste spielerische Ansprüche verbinden sich hier mit einzigartigem Naturerlebnis.

Rund um das Hotel Margarethenhof erstreckt sich ein weitgehend naturbelassener 18-Loch Golfplatz. Neben gepflegten Fairways, Biotopen, Wasserhindernissen und Bunkern bietet er in 950 Metern Höhe einen der höchst gelegenen Abschläge Deutschlands. Von hier aus genießt man einen unvergleichlichen Blick auf die Bergwelt.

Ein Panorama, das Golfer aus der ganzen Welt begeistert.

Pro-Shop » Large «
Level
Kurzpl.
GolfPost 4,8/5

DGV-NR. K745

GOLFPLATZ TEGERNSEE

Ledererweg 9
83684 Tegernsee
Tel. 08022 95379
info@golfplatz-tegernsee.de
www.golfplatz-waakirchen-tegernsee.de
Club Lokal
Tel. 08022 95379

Löcheranzahl: 6
Gegründet: 2000
6-Loch Par 3
64 m - 165 m pro Loch

Saison: ganzjährig
Mindest-HCP WT/WE: PR
Anmeldung WT/WE: Nein
Mitgl.-begl. WT/WE: Nein
VcG WT/WE: Ja

Tages-Greenfee WT/WE: EUR 25/30

(Greenfee-Preise können je nach DGV-Ausweiskennzeichnung abweichen)

Platzcharakteristik:

Herzlich Willkommen am Golfplatz Tegernsee am Tegernsee!

Wir sind ein kleiner Golfclub mit einem anspruchsvollen 6-Loch Kurzplatz am schönen Tegernsee. Wer mehr Golf spielen möchte, ist auch an unserem 18-Loch Golfplatz Waakirchen Tegernsee herzlich willkommen.

Pro-Shop
Level
Kurzpl.
GolfPost 5,0/5

BAY

DGV-NR. 8808

TEGERNSEER GOLF-CLUB BAD WIESSEE E.V.

Rohbognerhof
83707 Bad Wiessee
Tel. 08022 271130
info@tegernseer-golf-club.de
www.tegernseer-golf-club.de
M. Schröter
Tel. 08022 2711350
restaurant@tegernseer-golf-club.de

Löcheranzahl: 18
Gegründet: 1959
Höhe: 800 m
H: 5411 m, CR 69,7, SL 131, Par 70
D: 4736 m, CR 70,8, SL 127, Par 70

Saison: April-November
Mindest-HCP WT/WE: 36
Anmeldung WT/WE: Ja
Mitgl.-begl. WT/WE: Nein
VcG WT/WE: Ja

18-Loch Greenfee WT/WE: EUR 100/130

(Greenfee-Preise können je nach DGV-Ausweiskennzeichnung abweichen)

Platzcharakteristik:

Der renommierte Tegernseer Golf-Club liegt auf 800 Meter Seehöhe im wunderschönen Tegernseer Tal mit Blick auf die Alpen. Das teils anspruchsvolle und bewegte Gelände verlangt ein strategisches Spiel und stellt für Golfer jeder Klasse eine abwechslungsreiche Herausforderung dar. Der alte Baumbestand und die traumhaft schönen Ausblicke auf die umliegenden Berge und den Tegernsee sind charakteristisch und lassen so manch schlechten Schlag vergessen. Es gibt also genügend gute Gründe, hier einmal gespielt zu haben.

Pro-Shop » Large « | Level | Kurzpl.

GolfPost 5,0/5

DGV-NR. 8991

GOLFPLATZ LEONHARDSHAUN

Leonhardshaun 104a
84061 Ergoldsbach
Tel. 08771 4096380
info@golfplatz-leonhardshaun.de
www.golfplatz-leonhardshaun.de
Sylvia's Golfstüberl
Tel. 08771 7329943
sylvias.golfstueberl@freenet.de
Ruhetag: montags

Löcheranzahl: 9
Gegründet: 2014
H: 2077 m, CR 61,4, SL 98, Par 64
D: 1869 m, CR 62,6, SL 100, Par 65

Saison: ganzjährig
Mindest-HCP WT/WE: PR
Anmeldung WT/WE: Ja
Mitgl.-begl. WT/WE: Nein
VcG WT/WE: Ja

Tages-Greenfee WT/WE: EUR 25/30

(Greenfee-Preise können je nach DGV-Ausweiskennzeichnung abweichen)

Platzcharakteristik:

Öffentliche 9-Loch-Anlage verkehrsgünstig zwischen Regensburg und München gelegen.

Zugänglich für alle, die am Golfsport Interesse haben.

Vom Anfänger bis zum Profigolfer. Ein Golfplatz für den Breitensport.

Pro-Shop » Basic « | Level | Kurzpl.

GolfPost 3,0/5

BAY

DGV-NR. 8890

GOLFCLUB LANDSHUT E.V.

GMVD MEMBER

Oberlippach 2
84095 Furth
Tel. 08704 8378
sekretariat@golf-landshut.de
www.golf-landshut.de

„Pomodoro am Golfplatz"
Tel. 08704 4949901
sam@zoe-weinimport.de

Löcheranzahl: 18
Gegründet: 1989
Höhe: 400 m
H: 5880 m, CR 70,9, SL 130, Par 73
D: 5122 m, CR 72,3, SL 127, Par 73

Saison: März-Oktober
Mindest-HCP WT/WE: 54/45
Anmeldung WT/WE: Nein/Ja
Mitgl.-begl. WT/WE: Nein
VcG WT/WE: Ja

18-Loch Greenfee WT/WE: EUR 60/75

(Greenfee-Preise können je nach DGV-Ausweiskennzeichnung abweichen)

Platzcharakteristik:

Der Platz liegt in sanft hügeliger Landschaft und wird von Mischwald umsäumt. Die von gut platzierten Bunkern verteidigten Greens sowie die an drei Stellen wirkungsvoll ins Spiel eingreifenden Wasserhindernisse bieten ebenso eine technische und strategische Herausforderung wie die teilweise sehr langen Bahnen. Ein absolutes Highlight, das einen Besuch lohnt.

Pro-Shop » Basic « | Level | Kurzpl.

GolfPost 4,3/5

DGV-NR. 8862

GOLF UND LANDCLUB HOLLEDAU E.V.

GMVD MEMBER

Weihern 3
84104 Rudelzhausen
Tel. 08756 9601-0
glc@golfclubholledau.de
www.golfclubholledau.de

Küche international

Löcheranzahl: 27
Gegründet: 1986
Höhe: 500 m
Abschlag Weihrerhof
H: 5980 m, CR 72,4, SL 124, Par 72
D: 5322 m, CR 74,3, SL 130, Par 72

Saison: ganzjährig
Mindest-HCP WT/WE: 54
Anmeldung WT/WE: Ja
Mitgl.-begl. WT/WE: Nein
VcG WT/WE: Ja

18-Loch Greenfee WT/WE: EUR 60/80

(Greenfee-Preise können je nach DGV-Ausweiskennzeichnung abweichen)

Platzcharakteristik:

Die Golfanlage Holledau liegt zwischen Freising und Mainburg inmitten der Holledau, dem größten zusammenhängenden Hopfenanbaugebiet der Welt.

Die Anlage umfasst 36 Bahnen und ist ganzjährig bespielbar. Unsere Turnierplätze Weihrerhof, Pumpernudl und Kapellenplatz fügen sich traumhaft in die hügelige Holledauer Landschaft ein. Der öffentliche Akademieplatz ist für Jedermann bespielbar. Eingebettet in die altbayrische Landschaft, wunderschön idyllisch zwischen Hopfengärten und Wäldern gelegen, zeigt sich die Anlage mit uraltem Baumbestand.

Pro-Shop » Basic « | Level | Kurzpl.

GolfPost 5,0/5

BAY

DGV-NR. 8925

GOLFCLUB VILSBIBURG E.V.

Trauterfing 31
84137 Vilsbiburg-Trauterfing
Tel. 08741 968680
info@gc-vilsbiburg.de
www.gc-vilsbiburg.de

Lilit´s Golfstüberl
Tel. 08741 968682
Ruhetag: montags

Löcheranzahl: 9
Gegründet: 1992
Höhe: 447 m
H: 5950 m, CR 70,9, SL 124, Par 71
D: 5129 m, CR 71,9, SL 124, Par 71

Saison: ganzjährig
Mindest-HCP WT/WE: 54
Anmeldung WT/WE: Ja
Mitgl.-begl. WT/WE: Nein
VcG WT/WE: Ja

Tages-Greenfee WT/WE: EUR 35/40

(Greenfee-Preise können je nach DGV-Ausweiskennzeichnung abweichen)

2:1

Platzcharakteristik:

Der Golfclub Vilsbiburg liegt nur unweit dieses alten niederbayerischen Ortes direkt an der Großen Vils in Trauterfing. Naturbelassene Gräben, Teiche und Altwässer bieten den Spielern ebenso große Herausforderungen wie aufwendige, künstlich angelegte Hindernisse.

Pro-Shop | Level | Kurzpl.

GolfPost 4,0/5

DGV-NR. 8860

ROTTALER GOLF- UND COUNTRY-CLUB E.V.

Am Fischgartl 2
84332 Hebertsfelden
Tel. 08561 5969
info@rottaler-gc.de
www.rottaler-gc.de

Zur 19
Tel. 08561 9889480
AP: Rosi Grindinger

Löcheranzahl: 18
Gegründet: 1972
Höhe: 400 m
H: 5948 m, CR 71,6, SL 126, Par 72
D: 5249 m, CR 73,2, SL 126, Par 72

Saison: März-November
Mindest-HCP WT/WE: 54
Anmeldung WT/WE: Ja
Mitgl.-begl. WT/WE: Nein
VcG WT/WE: Ja

18-Loch Greenfee WT/WE: EUR 70

(Greenfee-Preise können je nach DGV-Ausweiskennzeichnung abweichen)

Platzcharakteristik:

Die Golf-Anlage ist Teil des Erholungsgebietes Rottal/Inn, herrlich gelegen am Rottauen-Stausee. Die Rott durchquert den gesamten Platz und schafft so eine Vielzahl von natürlichen Wasserhindernissen. Neu geschaffene Tümpel und Teiche haben in Verbindung mit den an den Golfplatz angrenzenden Feuchtbiotopen einen natürlichen Lebensraum entstehen lassen, der seltenen und zum Teil gefährdeten Tierarten Rückzugsmöglichkeiten bietet.

Pro-Shop » Basic « | Level | Kurzpl.

GolfPost 4,5/5

BAY

DGV-NR. 8978

BELLA VISTA GOLFPARK BAD BIRNBACH

Bella Vista Allee 1
84364 Bad Birnbach / Rottal
Tel. 08563 977400
info@bellavista-golfpark.de
www.bellavista-golfpark.de

Bella Vista Bistro
Tel. 08563 9787467

Löcheranzahl: 18
Gegründet: 2005
Höhe: 376 m
H: 5616 m, CR 70,8, SL 134, Par 72
D: 4769 m, CR 72,2, SL 128, Par 72

Saison: ganzjährig
Mindest-HCP WT/WE: PR
Anmeldung WT/WE: Ja
Mitgl.-begl. WT/WE: Nein
VcG WT/WE: Ja

18-Loch Greenfee WT/WE: EUR 72

(Greenfee-Preise können je nach DGV-Ausweiskennzeichnung abweichen)

2:1

Platzcharakteristik:

Wenn bei Sonnenaufgang die Birnbacher Kirchturmuhr zum Morgengeläut ansetzt und beim Gigler, dem Bauernhof mitten im Golfpark, der Hahn den Tag ankräht ...
Dorf, Gastgeber, Therme und der Bella Vista Golfpark sind über unser "GolfBrückerl" so nah verbunden, dass zwischen Morgengeläut, Aufstehen und Ihrem ersten Abschlag nur ein halbes Stündchen vergeht, ohne dass Sie Ihr Auto bewegen müssen. Wenn Sie dann oben am ersten Abschlag stehen und hinunterschauen auf Bayerns erholsamstes Urlaubsdorf, dann werden Sie verstehen, warum unser Golfpark "Bella Vista" heißt und nicht irgendeinen Allerweltsnamen erhalten hat.

Pro-Shop » Basic «

Level

Kurzpl.

GolfPost 3,8/5

BAY

DGV-NR. 8833

GOLFCLUB ALTÖTTING-BURGHAUSEN E.V.

Piesing 4
84533 Haiming
Tel. 08678 986903
office@gc-altoetting-burghausen.de
www.gc-altoetting-burghausen.de
Schlosswirtschaft Piesing
Tel. 08678 7003
Falkenhofstüberl
Tel. 08678 986900

Löcheranzahl: 27
Gegründet: 1986
Höhe: 342 m
Anlage Piesing (18 Löcher)
H: 5995 m, CR 72,0, SL 127, Par 72
D: 5198 m, CR 72,5, SL 130, Par 72
Anlage Falkenhof (9 Löcher)
H: 5854 m, CR 70,5, SL 122, Par 70
D: 5304 m, CR 73,0, SL 125, Par 72

Saison: ganzjährig
Mindest-HCP WT/WE: 54
Anmeldung WT/WE: Ja
Mitgl.-begl. WT/WE: Ja
VcG WT/WE: Ja

18-Loch Greenfee WT/WE: EUR 55/65

(Greenfee-Preise können je nach DGV-Ausweiskennzeichnung abweichen)

2:1

Platzcharakteristik:

Um das Barockschlösschen Piesing liegen die 18 Spielbahnen auf drei Landschaftsterrassen, die durch Bäche, Seen, Weiher und Mulden dem sportlichen Können des Golfers alles abverlangen. Unter sportlich-fairen Voraussetzungen kann das Spiel über 18 Löcher gut kontrolliert werden. Daneben bietet der 9-Loch-Platz der Anlage Falkenhof, charakteristisch in die Innauen eingepasst, eine Herausforderung mit hohem Stellenwert zur Erholung.

Pro-Shop » Basic « | Level | Kurzpl.

Golf Post 4,6/5

DGV-NR. 8921

GOLFCLUB SCHLOSS GUTTENBURG E.V.

Guttenburg 3
84559 Kraiburg / Inn
Tel. 08638 887488
info@golfclub-guttenburg.de
www.golfclub-guttenburg.de
Clubrestaurant „Fairway"
Tel. 08638 6077966
fairwayguttenburg@online.de

Löcheranzahl: 18
Gegründet: 1994
Höhe: 400 m
H: 6044 m, CR 72,2, SL 124, Par 72
D: 5327 m, CR 73,9, SL 126, Par 72

Saison: März-November
Mindest-HCP WT/WE: 54
Anmeldung WT/WE: Nein/Ja
Mitgl.-begl. WT/WE: Nein
VcG WT/WE: Ja

18-Loch Greenfee WT/WE: EUR 50/65

(Greenfee-Preise können je nach DGV-Ausweiskennzeichnung abweichen)

Platzcharakteristik:

Die 18-Loch-Anlage wurde landschaftl. äußerst reizvoll um das Schloss Guttenburg errichtet; während die ersten 9 Löcher in der Ebene zwischen Innauen und vor dem Schloss verlaufen, erstrecken sich die zweiten 9 Löcher im sanft hügeligen Gelände mit Ausblick auf das Alpenpanorama. Neben zahlreichen Bunkern und spektakulären Wasserhindernissen um die Grüns 12 und 15 sind vor allem die schnellen Grüns die Herausforderung des anspruchsvollen Platzes.

Pro-Shop » Basic « | Level | Kurzpl.

Golf Post 4,8/5

BAY

DGV-NR. 8923

GOLFCLUB PLEISKIRCHEN E.V.

Am Golfplatz 2
84568 Pleiskirchen
Tel. 08635 708903
Golfclub@Pleiskirchen.de
www.golfclub-pleiskirchen.de

Restaurant am Golfplatz
Tel. 08635 1278
gastronomie@golfclub-pleiskirchen.de

Löcheranzahl: 18
Gegründet: 1995
Höhe: 450 m
H: 5941 m, CR 71,3, SL 126, Par 72
D: 5208 m, CR 72,7, SL 125, Par 72

Saison: ganzjährig
Mindest-HCP WT/WE: PR
Anmeldung WT/WE: Nein
Mitgl.-begl. WT/WE: Nein
VcG WT/WE: Ja

18-Loch Greenfee WT/WE: EUR 50/60

(Greenfee-Preise können je nach DGV-Ausweiskennzeichnung abweichen)

2:1

Platzcharakteristik:

Abwechslungsreicher Platz, abseits von Verkehrslärm in ruhiger, landschaftlich reizvoller Lage, mit schnellen Greens und langen Par 4- und Par 5 Bahnen bei denen Präzision gefragt ist. Wunderschöner Blick auf die umliegende Landschaft und den Ort Pleiskirchen. Bei schöner Witterung herrliche Kulisse der bayerischen und österreichischen Alpen.

Pro-Shop » Basic « | Level | Kurzpl.

GolfPost 4,0/5

DGV-NR. 8836

GOLF-CLUB INGOLSTADT E.V.

Krumenauer Straße 1
85049 Ingolstadt
Tel. 0841 85778
info@golf-ingolstadt.de
www.golf-ingolstadt.de

„Restaurant bei der Spitzlmühle"
Tel. 0841 4938839

Löcheranzahl: 18
Gegründet: 1977
Höhe: 378 m
H: 6138 m, CR 72,1, SL 129, Par 72
D: 5358 m, CR 73,8, SL 127, Par 72

Saison: April-Oktober
Mindest-HCP WT/WE: 45/36
Anmeldung WT/WE: Nein/Ja
Mitgl.-begl. WT/WE: Nein/Ja
VcG WT/WE: Ja

18-Loch Greenfee WT/WE: EUR 55/70

(Greenfee-Preise können je nach DGV-Ausweiskennzeichnung abweichen)

%

Platzcharakteristik:

Der Golf-Club Ingolstadt e. V. mit seiner zentralen Stadtlage besteht seit dem Jahr 1977. Die stetig gewachsene Anlage verlangt ein überwiegend genaues Spiel auf den Fairways u. exakte Grünannäherungen. Der hervorragende Pflegezustand des Platzes und die natürliche Umgebung haben den Ruf der Anlage geprägt. Seit der Platzerweiterung im Jahr 2005 spielt sich der Platz von den Championship-Tees mit 5358 m für die Damen u. 6138 m für die Herren sportlich herausfordernd. Das ebene Gelände ermöglicht jedoch für Golfer jeder Spielstärke eine faire und erholsame Runde.

Pro-Shop » Basic « | Level | Kurzpl.

GolfPost 4,6/5

BAY

DGV-NR. 8816

GOLF CLUB DACHAU E.V.

An der Flosslände 3
85221 Dachau
Tel. 08131 10879
info@gcdachau.de
www.gcdachau.de

Restaurant Café bei Harry
Tel. 08131 335089
www.hrpartyservice.de
mediterrane und internationale Küche

Löcheranzahl: 9
Gegründet: 1965
H: 5926 m, CR 70,7, SL 131, Par 72
D: 5296 m, CR 73,1, SL 123, Par 72

Saison: April-Oktober
Mindest-HCP WT/WE: 36
Anmeldung WT/WE: Nein/Ja
Mitgl.-begl. WT/WE: Nein/Ja
VcG WT/WE: Ja

18-Loch Greenfee WT/WE: EUR 50

(Greenfee-Preise können je nach DGV-Ausweiskennzeichnung abweichen)

Platzcharakteristik:

Diese idyllisch an dem Fluss Amper gelegene 9-Loch-Anlage wird durch einen schönen alten Baumbestand geprägt, der geschickt in das Spielgeschehen integriert wurde. Der eher ebene Platz führt über die gesamte Länge an der Amper entlang und verlangt ein strategisches Spiel, um die teilweise engen Gassen ohne Schaden zu bewältigen und um den in den Spielbahnen stehenden Bäumen aus den Weg gehen zu können.

Pro-Shop » Basic « Level Kurzpl.

GolfPost 4,5/5

DGV-NR. 8823

GOLFPARK GUT HÄUSERN

Gut Häusern 2
85229 Mark Indersdorf
Tel. 08131 56740
info@golf-gh.de
www.muenchner-golf-eschenried.de

Alte Gutsscheune
Tel. 08139 995133
info@altegutsscheune.de

Löcheranzahl: 24
Gegründet: 1983
Höhe: 500 m
Gut Häusern (18 Loch):
H: 6710 m, CR 75,2, SL 129, Par 72
D: 5530 m, CR 74,8, SL 131, Par 72
Pay & Play (6 Loch)
Länge: 2070 m, Par 57

Saison: ganzjährig
Mindest-HCP WT/WE: 45/36
Anmeldung WT/WE: Ja
Mitgl.-begl. WT/WE: Ja
VcG WT/WE: Ja

18-Loch Greenfee WT/WE: EUR 80/95

(Greenfee-Preise können je nach DGV-Ausweiskennzeichnung abweichen)

Platzcharakteristik:

Der zum GC Eschenried gehörende Golfpark Gut Häusern ist das Dorado für erfahrene Golf-Weltenbummler, die den „Spirit of the Game" atmen und deren Anspruch stets das Besondere ist. Gut Häusern vereint in einzigartiger Weise die neue Dimension des Golfsports und die traditionellen Werte dieses Sports. Eine raffi nierte und harmonische Komposition der Urkomponenten Wald, Sand und Wasser verleihen dem cartfähigen Meisterschaftsplatz ein speziel-les, nach schottischem Vorbild geprägtes Charakteristikum. Die sich daraus ergebende Platzgestaltung ist absolut ein-zigartig. Sportlich anspruchsvoll und spielerisch abwechs-lungsreich präsentiert sich der Par 72 Meisterschaftsplatz dem Golfer.

Pro-Shop » Basic « Level Kurzpl.

GolfPost 5,0/5

BAY

DGV-NR. 8823

GOLFCLUB ESCHENRIED E.V.

Am Kurfürstenweg 10
85232 Eschenried
Tel. 08131 56740
sekretariat.eschenried@golf-eschenried.de
www.muenchner-golf-eschenried.de

Eschenrieder Hof
Tel. 08131 79139
eschenriederhof@email.de

Löcheranzahl: 45
Gegründet: 1983
Höhe: 500 m
Eschenried (18 Loch)
H: 5935 m, CR 71,8, SL 132, Par 72
D: 5195 m, CR 73,7, SL 131, Par 72
Eschenhof (18 Loch)
H: 5640 m, CR 69,7, SL 121, Par 70
D: 4963 m, CR 71,2, SL 117, Par 70

Saison: ganzjährig
Mindest-HCP WT/WE: 45-54/36-45
Anmeldung WT/WE: Ja
Mitgl.-begl. WT/WE: Nein
VcG WT/WE: Ja

18-Loch Greenfee WT/WE: EUR 70/80

(Greenfee-Preise können je nach DGV-Ausweiskennzeichnung abweichen)

Platzcharakteristik:

Die Anlage bietet nur 10 Minunten von München entfernt mitten im Dachauer Moos mit den Plätzen Eschenried, Eschenhof und Gröbenbach drei attraktiv gestaltete Golfplätze. Umgeben von altem Baumbestand und zahlreichen, natürlichen Biotopen finden Sie hier eine abwechslungsreiche sportliche Herausforderung.

Für Golfer, die vor oder nach der Arbeit Sport und Erholung ohne lange Wege genießen möchten, sowie für Golf-Einsteiger, ist der öffentliche 9-Loch Golfplatz Gröbenbach eine ideale Spielmöglichkeit.

18-Loch Greenfee Platz Eschenhof (WT/WE): € 60/70

Pro-Shop » Basic «
Level
Kurzpl.

GolfPost 5,0/5

DGV-NR. 8850

GOLFCLUB MÜNCHEN-WEST ODELZHAUSEN E.V.

Hofgut Todtenried
85235 Odelzhausen
Tel. 08134 99880
info@gcmw.de
www.golfclub-muenchen-west.de

Küche regional, international

Löcheranzahl: 23
Gegründet: 1988
Höhe: 400 m
H: 6060 m, CR 72,1, SL 124, Par 72
D: 5277 m, CR 73,4, SL 122, Par 72

Saison: April-November
Mindest-HCP WT/WE: 54
Anmeldung WT/WE: Ja
Mitgl.-begl. WT/WE: Nein
VcG WT/WE: Ja

18-Loch Greenfee WT/WE: EUR 60/75

(Greenfee-Preise können je nach DGV-Ausweiskennzeichnung abweichen)

2:1

Platzcharakteristik:

Der Golfclub befindet sich auf einem leicht hügeligen Gelände und ist teils von Wald begrenzt. Trotz des großen Geländes mit 80 ha Fläche sind die Wege von Spielbahn zu Spielbahn sehr kurz gehalten. Der Platz erweist sich für Spieler sämtlicher Spielstärken als sehr abwechslungsreich. Der öffentliche 5-Loch Akademieplatz und die großzügigen Übungseinrichtungen bieten ideale Trainingsbedingungen für alle Golfbegeisterten zu günstigen Konditionen.

Pro-Shop » Basic «
Level
Kurzpl.

GolfPost 4,4/5

BAY

DGV-NR. 8856

GOLFCLUB SCHLOSS REICHERTSHAUSEN E.V.

GMVD

Holzhof 2
85293 Reichertshausen
Tel. 08137 5084
info@gcr.de
www.gcr.de

Holzhofer Restaurant
Tel. 08137 808578

Löcheranzahl: 18
Gegründet: 1986
Höhe: 440 m
H: 5816 m, CR 70,2, SL 124, Par 71
D: 5128 m, CR 72,0, SL 122, Par 71
Kurzplatz, 5 Loch, Par 3

Saison: ganzjährig
Mindest-HCP WT/WE: 54/45
Anmeldung WT/WE: Ja
Mitgl.-begl. WT/WE: Nein
VcG WT/WE: Ja

18-Loch Greenfee WT/WE: EUR 60/80

(Greenfee-Preise können je nach DGV-Ausweiskennzeichnung abweichen)

2:1

Platzcharakteristik:

Der anspruchsvolle 18-Loch-Platz liegt ca. 40 km nördlich von München im idyllischen Ilmtal.

Verlangt der Kurs im ersten Teil viel Präzision, stellen auf den Bahnen 10 bis 18 die anspruchsvollen Schräglagen eine echte Herausforderung dar. Ergänzend zu diesem 18-Loch-Kurs stehen fünf Übungsbahnen, die Driving-Range, Putting-Greens und weitere Übungseinrichtungen, wie Bunker und Chippingarea zur Verfügung.

Das zum 25-jährigen Clubjubiläum 2011 neu erbaute Clubhaus mit allen erforderlichen Einrichtungen und einer hervorragenden Gastronomie läd nach einer abwechslungsreichen Golfrunde zum Verweilen in einem gepflegten Ambiente ein.

Pro-Shop » Basic « | Level | Kurzpl.

GolfPost 4,4/5

DGV-NR. 8917

GOLFPARK GEROLSBACH

GMVD

Hof 1
85302 Gerolsbach
Tel. 08445 799
info@golfpark-gerolsbach.de
www.golfpark-gerolsbach.de

Stegerhof
Tel. 08445 6413987

Löcheranzahl: 18
Gegründet: 2015
Höhe: 500 m
H: 6057 m, CR 72,3, SL 130, Par 72
D: 5324 m, CR 74,4, SL 128, Par 72

Saison: ganzjährig
Mindest-HCP WT/WE: 54/45
Anmeldung WT/WE: Ja
Mitgl.-begl. WT/WE: Nein
VcG WT/WE: Ja

18-Loch Greenfee WT/WE: EUR 60/80

(Greenfee-Preise können je nach DGV-Ausweiskennzeichnung abweichen)

2:1

Platzcharakteristik:

Ein fantastisches Panorama und ein abwechslungsreich geschwungenes Gelände bilden den perfekten Rahmen für sportlich anspruchsvolle Golfrunden. Zahlreiche Hügel und Senken verleihen dem 70 ha großen Areal ein markantes Gesicht mit ständig wechselnden Perspektiven. Für eine echte Herausforderung für alle Spielstärken sorgen neben dem Gelände selbst auch zahlreiche Wasserhindernisse, Fairway- und Grünbunker und nicht zuletzt die teilweise erhöhten Grüns. Hier werden Flächen naturnah gestaltet und neue Lebensräume für Insekten geschaffen. Dafür erhielt der GolfPark Gerolsbach im Mai 2021 vom Bayerischen Staatsministerium für Umwelt- und Verbraucherschutz die Auszeichnung „Blühender Golfplatz" verliehen.

Pro-Shop » Basic « | Level | Kurzpl.

GolfPost 4,3/5

BAY

DGV-NR. 8706

OPEN.9 GOLF EICHENRIED

Schönstraße 45
85452 Eichenried
Tel. 08123 989280
info@open9.de
www.open9.de

BISTRO.9
Tel. 08123 98928-21

Löcheranzahl: 9
Gegründet: 2007
9 Loch Executive Kurs
H: 2116m, CR 62,1, SL 109, Par 64
D: 1851m, CR 62,1, SL 106, Par 64

Saison: ganzjährig
Mindest-HCP WT/WE: k.A.
Anmeldung WT/WE: Nein
Mitgl.-begl. WT/WE: Nein
VcG WT/WE: Nein

18-Loch Greenfee WT/WE: EUR 50/65

(Greenfee-Preise können je nach DGV-Ausweiskennzeichnung abweichen)

Platzcharakteristik:

OPEN.9-Einfach Golfen

Die öffentliche 9-Loch Executive Golfanlage liegt unmittelbar neben dem als Austragungsort der BMW International Open bekannten Golfclub München Eichenried vor den Toren Münchens.

OPEN.9 ist die ideale Golfanlage sowohl für Einsteiger als auch für ambitionierte Golfer aller Spielstärken und Altersgruppen mit hohem Qualitätsanspruch. OPEN.9 steht für unkomplizierten, öffentlichen Golfsport. Hier können Sie einfach kommen und Golf spielen-auch ohne Clubmitgliedschaft.

OPEN.9 bietet Golf zu fairen Preisen. Es werden Spielrechte sowohl mit als auch ohne DGV-Ausweis angeboten.

Pro-Shop » Basic « | Level | Kurzpl.

GolfPost 4,6/5

DGV-NR. 8820

GOLFCLUB MÜNCHEN EICHENRIED

Münchner Straße 57
85452 Eichenried
Tel. 08123 93080
info@gc-eichenried.de
www.gc-eichenried.de

„Neo“
Tel. 08123 930813
AP: Ulrich Sauer

Löcheranzahl: 27
Gegründet: 1987
H: 6175 m, CR 73,3, SL 131, Par 73
D: 5454 m, CR 75,1, SL 133, Par 73

Saison: März-November
Mindest-HCP WT/WE: 36
Anmeldung WT/WE: Nein/Ja
Mitgl.-begl. WT/WE: Nein
VcG WT/WE: Ja

18-Loch Greenfee WT/WE: EUR 80/110

(Greenfee-Preise können je nach DGV-Ausweiskennzeichnung abweichen)

Platzcharakteristik:

Der Golfclub München Eichenried ist untrennbar verbunden mit den BMW International Open. Spielen Sie auf den Spuren von Stars wie Martin Kaymer einen hochkarätigen PGA Championship Course. Die Platzpflege ist stets auf höchstem Niveau.

Insgesamt bietet Eichenried 27 Löcher mit drei variantenreichen 9-Loch-Schleifen, die alle bequem am Clubhaus enden. Golfplatzarchitekt Kurt Roßknecht hat die schmalen „alten“ Spielbahnen mit ihrem üppigen Baumbestand verzahnt mit den offenen, wasserreichen Fairways der neuen Löcher. Insgesamt erfordert der durchweg flache Platz ein technisch und taktisch versiertes Golfspiel – ideal für Hobbyspieler sowie für sportliche Golfer.

Pro-Shop » Large « | Level | Kurzpl.

GolfPost 4,7/5

BAY

DGV-NR. 8821

GOLFCLUB ERDING-GRÜNBACH E.V.

Kellerberg 13
85461 Bockhorn
Tel. 08122 49650
info@golf-erding.de
www.golf-erding.de

La Locandiera am Golfplatz
Tel. 08122 9599246
info@lalocandiera.de
Ruhetag: montags

Löcheranzahl: 18
Gegründet: 1973
Höhe: 450 m
H: 5921 m, CR 70,9, SL 130, Par 71
D: 5140 m, CR 72,2, SL 125, Par 71

Saison: April-Oktober
Mindest-HCP WT/WE: 45/36
Anmeldung WT/WE: Ja
Mitgl.-begl. WT/WE: Nein
VcG WT/WE: Ja

18-Loch Greenfee WT/WE: EUR 75/85

(Greenfee-Preise können je nach DGV-Ausweiskennzeichnung abweichen)

2:1

Platzcharakteristik:

Die 18-Loch-Anlage ist ein landschaftliches Kleinod östlich von Erding. Fast alle Spielbahnen zeichnen sich durch ein ständiges bergauf und -ab aus, wobei die ersten neun Fairways auf relativ offenem Gelände verlaufen und die zweiten neun stärker von Wald umgeben sind und oft Baumgruppen in das Spielgeschehen eingreifen. Die terrassenförmig angelegten Bahnen werden teils von Wassergräben begleitet, oft greifen auch frontale Wasserhindernisse ein.

Pro-Shop » Basic « | Level | Kurzpl.

GolfPost 4,7/5

DGV-NR. 8971

BAVARIAN GOLFCLUB MÜNCHEN-EICHERLOH E.V.

Vordere Moosstraße 19
85464 Eicherloh
Tel. 08123 1064
info@bavariangc.de
www.bavariangc.de

Gutsstüberl Eicherloh
Tel. 08123 9919850
www.gutsstueberl.com

Löcheranzahl: 9
Gegründet: 2005
Höhe: 567 m
H: 3570 m, Par 62
D: 3236 m, Par 62

Saison: 1.April-31.Oktober
Mindest-HCP WT/WE: 54
Anmeldung WT/WE: Nein
Mitgl.-begl. WT/WE: Nein
VcG WT/WE: Ja

Tages-Greenfee WT/WE: EUR 25/30

(Greenfee-Preise können je nach DGV-Ausweiskennzeichnung abweichen)

2:1

Platzcharakteristik:

Der Bavarian Golfclub München-Eicherloh wurde in 2005 gegründet. Der Golfplatz Eicherloh unterliegt seitdem einer ständigen Verbesserung. Der Platz wurde im Juni 2008 durch zwei neue Löcher (Par5 und Par4) auf Par62 erweitert. Zum Jahreswechsel 2009 wurde die Anlage nochmals durch 2 neue Par3-Löcher erweitert. Es wurden 2 ehemalige Par3 Löcher zu einem grosszügigen Übungsareal umgestaltet. Das neue Clubhaus ist fertiggestellt und ebenso die Überdachung der Drivingrange. Die 9 Löcher der Anlage, im NO Münchens gelegen, erfordern ein präzises Spiel und sind für Spieler aller Handicapklassen geeignet. Driving Range, Putting Green sowie ein Übungsbunker bieten daneben zusätzlich gute Trainigsmöglichkeiten.

Pro-Shop » Basic « | Level | Kurzpl.

GolfPost 3,0/5

BAY

DGV-NR. 8831

GOLF-CLUB SCHLOSS ELKOFEN E.V.

Hochreiterweg 14
85567 Grafing
Tel. 08092 7494
info@gcschlosselkofen.de
www.gcschlosselkofen.de

Akos Benda und Valentin Kölbl
Tel. 08092 3701

Löcheranzahl: 18
Gegründet: 1982
Höhe: 550 m
H: 5774 m, CR 70,6, SL 121, Par 71
D: 4861 m, CR 70,8, SL 121, Par 71

Saison: April-November
Mindest-HCP WT/WE: 45
Anmeldung WT/WE: Ja
Mitgl.-begl. WT/WE: Nein
VcG WT/WE: Ja

18-Loch Greenfee WT/WE: EUR 60/75

(Greenfee-Preise können je nach DGV-Ausweiskennzeichnung abweichen)

Platzcharakteristik:

Die abwechslungsreichen Spielbahnen folgen dem Rhythmus des Geländes, eingebettet in eine typisch oberbayerische Moränenlandschaft. Die Anhöhen geben dabei immer wieder den Blick auf die Berge frei. Hindernisse und Teiche akzentuieren die Fairways. Die ersten neun Bahnen mit altem Baumbestand bilden eine Parklandschaft, die anschließend in eine großzügige Weitläufigkeit übergeht. Auf der 18 kommen Sie wieder am Clubhaus an, wo schon die Panoramaterrasse als „19. Loch" freundlich herüber grüßt und die Konzentration auf den letzten Putt schwer macht. An heißen Sommertagen lädt unser schattiger Biergarten zum Verweilen ein. 2012 haben wir unser Clubhaus einer Generalsanierung unterzogen. Sie erwarten moderne, helle, saubere und großzügige Umkleiden und Sanitäranlagen.

Pro-Shop » Large «
Level
Kurzpl.
GolfPost 4,3/5

DGV-NR. 8708

GREEN HILL DER GOLF & EVENTPARK MÜNCHEN-OST

Am Mühlbach 99
85609 Aschheim
Tel. 089 99981687-0
info@greenhill-golf.de
www.greenhill-golf.de

Tel. 089 999816873
www.eventlocation-bei-muenchen.de

Löcheranzahl: 9
Gegründet: 2010
9-Loch
H: 816 m, Par 27
D: 726 m, Par 27

Saison: ganzjährig
Mindest-HCP WT/WE: k.A.
Anmeldung WT/WE: Nein
Mitgl.-begl. WT/WE: Nein
VcG WT/WE: Ja

9-Loch Greenfee WT/WE: EUR 28/36

(Greenfee-Preise können je nach DGV-Ausweiskennzeichnung abweichen)

Platzcharakteristik:

Unser 9-Loch-Kurzplatz liegt direkt vor den Toren Münchens und ermöglicht mit seiner zentralen Lage ein spontanes und schnelles Spielvergnügen! Von Münchens höchstgelegenem Golfplatz haben Sie einen faszinierenden Ausblick auf die Alpen und auf die Skyline der Stadt. Die charakteristische Hügellandschaft unseres Platzes lädt zu unvergesslichen Golfrunden ein. Der schönste Kurzplatz Münchens trägt die Handschrift des international renommierten Golfarchitekten Thomas Himmel. Er stand beim Design des Platzes beratend und unterstützend zur Seite. Perfekter Rasen und liebevoll von Schöndorfer in die Landschaft eingebaute Fairways, spektakuläre Bunker und Hindernisse machen den Platz einzigartig.

Pro-Shop » Basic «
Level
Kurzpl.
GolfPost 3,4/5

BAY

DGV-NR. 8889

GOLFPARK MÜNCHEN ASCHHEIM

Fasanenallee 10
85609 Aschheim
Tel. 089 990242-0
info@gp-ma.de
www.gp-ma.de
"Green's"
Tel. 089 990242-22
AP: Heinz Wernitznig

Löcheranzahl: 18
Gegründet: 1999
Höhe: 511 m
H: 5770 m, CR 71,3, SL 132, Par 72
D: 4990 m, CR 72,6, SL 129, Par 72

Saison: ganzjährig
Mindest-HCP WT/WE: 54
Anmeldung WT/WE: Ja
Mitgl.-begl. WT/WE: Nein
VcG WT/WE: Ja

18-Loch Greenfee WT/WE: EUR 90/110

(Greenfee-Preise können je nach DGV-Ausweiskennzeichnung abweichen)

Platzcharakteristik:

Direkt am östlichen Stadtrand Münchens liegt der stadtnächste 18-Loch-Platz des Golfpark München Aschheim mit allen Raffinessen und Charakter. Für pures Golfvergnügen sorgen eine anspruchsvoll bewegte Landschaft, viel Wasser sowie ein Inselgrün. Tee1, Putting Grün, die schöne Driving Range, Blick zum 18. Grün – alles rund ums Clubhaus in kürzester Entfernung. Zahlreiche Turniere mit Top-Sponsoren bieten einen gesellschaftlich und sportlich anspruchsvollen Rahmen. Die herausragende Jugendarbeit ist führend in München und Umgebung. Mitglieder und Gäste schätzen die Sundownerstimmung auf der Clubhausterrasse und die anspruchsvolle Gastronomie. Schönes Spiel!

Pro-Shop » Basic « | Level | Kurzpl.

GolfPost 4,7/5

DGV-NR. 8957

GOLFANLAGE HARTHAUSEN GOLF RANGE

Am Golfplatz 1
85630 Harthausen
Tel. 08106 35440
info@golfanlage-harthausen.de
www.golfanlage-harthausen.de
il Sapore
Tel. 08106 3779840
info@il-sapore.de
www.il-sapore.de
Ruhetag: Dienstag

Löcheranzahl: 18
Gegründet: 2000
H: 5060 m, CR 66,7, SL 116, Par 69
D: 4413 m, CR 67,6, SL 117, Par 69

Saison: ganzjährig
Mindest-HCP WT/WE: 54
Anmeldung WT/WE: Ja
Mitgl.-begl. WT/WE: Nein
VcG WT/WE: Ja

18-Loch Greenfee WT/WE: EUR 55/65

(Greenfee-Preise können je nach DGV-Ausweiskennzeichnung abweichen)

%

Platzcharakteristik:

Durch die Erweiterung der bisherigen 9-Loch Anlage verfügt der Platz nunmehr über 18 Löcher auf über 66 ha Fläche. Die neuen Löcher begeistern durch ihr Design, das beinahe schon britischen Charakter aufweist. Mit Topfbunkern und welligen Grüns sowie einem großzügig angelegten neuen Teich wurde hier ein anspruchsvoller Platz in die Landschaft eingebunden.

Pro-Shop » Large « | Level | Kurzpl.

BAY

DGV-NR. 8884

GOLFCLUB SCHLOSS EGMATING E.V.

Schloßstraße 15
85658 Egmating
Tel. 08095 90860
empfang@gc-egmating.de
www.gc-egmating.de

Cristalina Schlossgarten
Tel. 08095 5789906
Ruhetag: montags
italienische Küche

Löcheranzahl: 27
Gegründet: 1991
Höhe: 650 m
H: 6043 m, CR 72,3, SL 131, Par 72
D: 5272 m, CR 73,7, SL 125, Par 72

Saison: März-November
Mindest-HCP WT/WE: 54
Anmeldung WT/WE: Ja
Mitgl.-begl. WT/WE: Nein
VcG WT/WE: Ja

18-Loch Greenfee WT/WE: EUR 90/120

(Greenfee-Preise können je nach DGV-Ausweiskennzeichnung abweichen)

Platzcharakteristik:

Der Golfclub Schloss Egmating liegt mit seiner 27-Loch-Anlage sehr stadtnah süd-östlich von München und bietet einen sehr sportlichen 18-Loch-Meisterschaftsplatz und den 9-Loch-Arabella Course mit großzügiger Driving Range sowie Chipping- und Pitch-Area und Putting Green. Das relativ flache Gelände wurde durch umfangreiche Anpflanzungen, Schutzflächen und Biotope zu einem abwechslungsreichen Platz mit beachtlichen Herausforderungen gestaltet.

Pro-Shop » Basic « Level Kurzpl.

GolfPost 4,9/5

DGV-NR. 8883

GOLF CLUB EBERSBERG E.V.

GMVD

Zaißing 6
85643 Steinhöring
Tel. 08094 8106
info@gc-ebersberg.de
www.gc-ebersberg.de

La Famiglia Golfrestaurant
Tel. 08094 8106
lafamiglia@gmx.net

Löcheranzahl: 27
Gegründet: 1988
Höhe: 670 m
18-Loch-Platz, Meisterschaftsplatz
H: 5982 m, CR 71,9, SL 128, Par 72
D: 5084 m, CR 72,9, SL 122, Par 72

Saison: ganzjährig
Mindest-HCP WT/WE: 54/36
Anmeldung WT/WE: Ja
Mitgl.-begl. WT/WE: Nein
VcG WT/WE: Ja

18-Loch Greenfee WT/WE: EUR 80/90

(Greenfee-Preise können je nach DGV-Ausweiskennzeichnung abweichen)

Platzcharakteristik:

Der Platz liegt in einem 100 ha umfassenden Areal am Nordhang des Ebrachtales mit weitem Ausblick auf ein großartiges Alpenpanorama. Das hügelige Gelände verfügt über eine naturbelassene Topographie mit Steigungen und Senken, begleitet von Wäldern. Eine Herausforderung bieten fast 40 Bunker in Fairwaymitte und bei Grüns sowie Bäche und Teiche, die zuweilen das Fairway kreuzen oder begleiten und sich auf den Bahnen 6 + 13 wirkungsvoll ausbreiten.

Pro-Shop » Basic « | Level | Kurzpl.

GolfPost 4,9/5

DGV-NR. 8922

GOLFPLATZ THAILING

GMVD

Thailing 4
85643 Steinhöring
Tel. 08094 905500
info@golfplatz-thailing.de
www.golfplatz-thailing.de

Küche regional, international
Tel. 08094 9055050

Löcheranzahl: 18+6
Gegründet: 1995
Höhe: 550 m
H: 5930 m, CR 70,8, SL 126, Par 72
D: 5382 m, CR 72,2, SL 123, Par 72

Saison: März-November
Mindest-HCP WT/WE: 54
Anmeldung WT/WE: Ja
Mitgl.-begl. WT/WE: Nein
VcG WT/WE: Ja

18-Loch Greenfee WT/WE: EUR 60/80

(Greenfee-Preise können je nach DGV-Ausweiskennzeichnung abweichen)

Platzcharakteristik:

Die 24-Loch Golfanlage Gut Thailing mit ihrer traumhaften Naturlandschaft und einem atemberaubenden Weitblick auf die bayerische Alpenkulisse begeistert Golfer jedes Spielertypen. Durch die Symbiose von exklusivem Ambiente und sportlich-jungem Flair, werden ideale Bedingungen geschaffen, die jedes Golferherz höher schlagen lassen. Ob interessierter Einsteiger, Freizeitgolfer oder ambitionierter Turnierspieler, die Golfanlage Gut Thailing bietet individuelle und breitgefächerte Angebote.

Pro-Shop » Basic « | Level | Kurzpl.

GolfPost 4,8/5

DGV-NR. 8933

GOLFRANGE MÜNCHEN-BRUNNTHAL

GolfRange

GMVD

Am Golfplatz 1
85649 Kirchstockach
Tel. 08102 74740
muenchen-brunnthal@golfrange.de
muenchen-brunnthal.golfrange.de
Golf-Restaurant „Tra Di Noi"
Tel. 08102 9948833
www.tradinoi-golfrange-brunnthal.de

Löcheranzahl: 2x9
Gegründet: 1996
Höhe: 580 m
Platz Brunnthal
H: 4014 m, CR 61,8, SL 109, Par 62
D: 3748 m, CR 63,5, SL 104, Par 62

Saison: ganzjährig
Mindest-HCP WT/WE: 54
Anmeldung WT/WE: Ja
Mitgl.-begl. WT/WE: Nein
VcG WT/WE: Ja

18-Loch Greenfee WT/WE: EUR 40/52

(Greenfee-Preise können je nach DGV-Ausweiskennzeichnung abweichen)

%

Platzcharakteristik:

Ganz in der Nähe der Münchener City bietet die ganzjährig geöffnete GolfRange München-Brunnthal zwei öffentliche 9-Loch Plätze und einen auch ohne Platzreife bespielbaren 3-Loch Platz. Die Bahnen des Platzes „Brunnthal" wurden weltbekannten Vorbildern nachempfunden. Der seit Sommer 2007 bespielbare Platz „Kirchstockach" bietet Anfängern wie auch Fortgeschrittenen eine schnelle Golfrunde in zwei Stunden mit viel Spielspaß. Zusätzlich besteht an 365 Tagen im Jahr ein erstklassiges Angebot an Trainingsmöglichkeiten. Für das leibliche Wohl wird in der öffentlichen Gastronomie „Tra Di Noi" mit Sonnenterrasse bestens gesorgt. Als Motto der Anlage gilt: Irisches Grün, amerikanischer Service und schottische Preise!

Pro-Shop » Basic « | Level | Kurzpl.

GolfPost 4,1/5

DGV-NR. 8707

GOLF CLUB GERSTHOFEN E.V.

Unterer Auweg 6
86169 Augsburg / Bay
Tel. 0821 2413799
info@golfclub-gersthofen.de
www.golfclub-gersthofen.de

Löcheranzahl: 18
Gegründet: 2003
Höhe: 500 m
Platz AB 18 Loch
H: 2846 m, CR 57,3, SL 88 Par 58
D: 2846 m, CR 57,8, SL 87 Par 59

Saison: ganzjährig
Mindest-HCP WT/WE:
Anmeldung WT/WE: Nein
Mitgl.-begl. WT/WE: Nein
VcG WT/WE: Ja

Tages-Greenfee WT/WE: EUR 25

(Greenfee-Preise können je nach DGV-Ausweiskennzeichnung abweichen)

2:1

Platzcharakteristik:

18-Loch-Platz nur wenige Minuten vom Gersthofer Stadtzentrum entfernt. Auf dem Weg von Gersthofen nach Mühlhausen (Richtung Flughafen Augsburg) befindet sich der Golfplatz nach Überqueren des Lechkanals und des Lechs nach ca. 100m direkt auf der linken Seite (in Ihr Navigationsgerät geben Sie ein: Unterer Auweg 6, 86169 Augsburg). Der Golfplatz ist auch für Anfänger und Mitglieder ohne Platzreife zu spielen, sofern die grundlegenden Regeln des Golfspiels und die Platzordnung beachtet werden. Unser Platz ist ganzjährig mit Sommergrüns geöffnet.

Pro-Shop » Basic « | Level | Kurzpl.

GolfPost 4,0/5

BAY

DGV-NR. 8935

GOLFRANGE AUGSBURG

Lindauer Straße 56
86199 Augsburg
Tel. 0821 906500
augsburg@golfrange.de
www.golfrange.de

Ristorante Villa Rocca
Tel. 0821 9985869

Löcheranzahl: 9
Gegründet: 1996
Höhe: 460 m
H: 4390 m, CR 63,0, SL 113, Par 64
D: 3990 m, CR 64,8, SL 114, Par 64

Saison: ganzjährig
Mindest-HCP WT/WE: 54
Anmeldung WT/WE: Ja
Mitgl.-begl. WT/WE: Nein
VcG WT/WE: Ja

18-Loch Greenfee WT/WE: EUR 37/42

(Greenfee-Preise können je nach DGV-Ausweiskennzeichnung abweichen)

%

Platzcharakteristik:

Die Golfanlage liegt direkt am Stadtrand von Augsburg und bietet beste Trainingsmöglichkeiten auf der riesigen Driving Range, einem Übungsbunker und zahlreichen Putting-, Chipping- und Pitchinggreens an. Der interessante 9-Loch-Platz wird so manchen Golfer erstaunen lassen, denn wo keines der zahlreichen Wasserhindernisse wartet, lauert einer von insgesamt 35 Bunkern.

Pro-Shop » Basic « | Level | Kurzpl.

GolfPost 4,8/5

DGV-NR. 8837

GOLFCLUB LECHFELD E.V.

Föllstraße 32a
86343 Königsbrunn
Tel. 08231 32637
info@gclechfeld.de
www.gclechfeld.de

Clubrestaurant Golfclub Lechfeld
Tel. 08231 2638
Ruhetag: montags

Löcheranzahl: 9
Gegründet: 1984
H: 5766 m, CR 70,9, SL 128, Par 72
D: 5178 m, CR 73,7, SL 127, Par 72

Saison: April-Oktober
Mindest-HCP WT/WE: 54/36
Anmeldung WT/WE: Nein/Ja
Mitgl.-begl. WT/WE: Nein/Ja
VcG WT/WE: Ja

18-Loch Greenfee WT/WE: EUR 40/50

(Greenfee-Preise können je nach DGV-Ausweiskennzeichnung abweichen)

2:1

Platzcharakteristik:

Geschichtsträchtiges Terrain, den Kampfplatz "Lechfeld", betritt der Golfer auf dieser Anlage. Das Gelände, auf dem sich heute die Spielbahnen des 1984 gegründeten Vereins durch die Landschaft ziehen, erlangte durch die hier ausgetragene Hunnenschlacht von 955 n. Chr. historische Berühmtheit. Der reizvoll gelegene, interessant zu spielende Platz, wird durch neun Seen, die als Wasserhindernisse ins Spielgeschehen eingreifen, geprägt.

Pro-Shop » Basic « | Level | Kurzpl.

GolfPost 4,0/5

DGV-NR. 8886

GOLFCLUB KÖNIGSBRUNN E.V.

Benzstraße 23
86343 Königsbrunn
Tel. 08231 34204
golfclub-koenigsbrunn@t-online.de
www.gc-koenigsbrunn.de

Löcheranzahl: 9
Gegründet: 1986
Höhe: 522 m
H: 5252 m, CR 68,5, SL 106, Par 70
D: 4668 m, CR 69,7, SL 113, Par 70

Saison: März-November
Mindest-HCP WT/WE: k.A.
Anmeldung WT/WE: Nein/Ja
Mitgl.-begl. WT/WE: Nein
VcG WT/WE: Ja

Tages-Greenfee WT/WE: EUR 50

(Greenfee-Preise können je nach DGV-Ausweiskennzeichnung abweichen)

Platzcharakteristik:

Dieser in der Lechebene gelegene öffentliche Golfplatz ist dank seines Kiesbodens bei jedem Wetter bespielbar und bietet dank seiner natürlichen Geländestruktur gute sportliche Akzente. Seniorenfreundlich.

Pro-Shop » Basic « | Level | Kurzpl.

GolfPost 4,0/5

DGV-NR. 8880

GOLFCLUB LEITERSHOFEN E.V.

Deuringer Straße 20
86391 Stadtbergen
Tel. 0821 437242
gcl@golfclub-leitershofen.de
www.golfclub-leitershofen.de
"Da Carlo"
Tel. 0821 4397189

Löcheranzahl: 9
Gegründet: 1982
Höhe: 520 m
H: 6088 m, CR 71,4, SL 126, Par 72
D: 5350 m, CR 73,3, SL 126, Par 72

Saison: April-November
Mindest-HCP WT/WE: 45
Anmeldung WT/WE: Nein
Mitgl.-begl. WT/WE: Nein
VcG WT/WE: Ja

18-Loch Greenfee WT/WE: EUR 45/55

(Greenfee-Preise können je nach DGV-Ausweiskennzeichnung abweichen)

Platzcharakteristik:

Der Golfplatz liegt sehr stadtnah zur Bischofs- und Fuggerstadt Augsburg. Das Gelände ist leicht hügelig und bietet durch die relativ vielen Bunker, Bäume und Büsche interessante Aufgaben. Von der Anlage aus gibt es einen wunderschönen Blick auf die Kulisse Augsburgs.

Weitere Informationen finden Sie auf unserer Homepage: www.golfclub-leitershofen.de

Pro-Shop » Basic « | Level | Kurzpl.

GolfPost 4,2/5

BAY

DGV-NR. 8804

GOLFCLUB AUGSBURG E.V.

Engelshofer Straße 2
86399 Bobingen-Burgwalden
Tel. 08234 5621
info@golfclub-augsburg.de
www.golfclub-augsburg.de

"Die Tafeldecker" im Golfclub Augsburg
Tel. 08234 9685822

Löcheranzahl: 18
Gegründet: 1959
Höhe: 500 m
H: 6097m, CR 72,7, SL 136, Par 73
D: 5379m, CR 74,5, SL 130, Par 73

Saison: März-November
Mindest-HCP WT/WE: k.A.
Anmeldung WT/WE: Ja
Mitgl.-begl. WT/WE: Nein
VcG WT/WE: Ja

18-Loch Greenfee WT/WE: EUR 65/85

(Greenfee-Preise können je nach DGV-Ausweiskennzeichnung abweichen)

2:1

Platzcharakteristik:

Nur 20 Autominuten von Augsburg entfernt begrüßt Sie im Golfclub Augsburg das wunderschöne Panorama des Naturpark Westliche Wälder. Wenn Sie auf der Suche nach einer gleichermaßen landschaftlich wie sportlich reizvollen Golfanlage sind, werden Sie im Golfclub Augsburg fündig. Fordern Sie Ihre golferischen Fähigkeiten auf einem Golfplatz heraus, der schon so manchen Golfprofi der Pro Golf Tour an seine Grenzen brachte.

Gemäß dem Motto "Golf von seiner schönsten Seite" erfüllt der Golfclub Augsburg seit 2007 die hohen Anforderungen der Organisation "Leading Golf Clubs of Germany" und darf sich zum erlesenen Kreis der Top-Plätze Deutschlands zählen.

Pro-Shop » Large « | Level | Kurzpl.

GolfPost 4,8/5

DGV-NR. 8976

GOLFANLAGE WEIHERHOF

Weiherhof 4
86459 Weiherhof
Tel. 0823 8965119
golfanlageweiherhof@yahoo.de
www.golfanlage-weiherhof.de

Getränkeautomaten vorhanden

Löcheranzahl: 9
Gegründet: 2005
Höhe: 520 m
2 Spielmöglichkeiten (A/B)
Course A "Old Course"
H: 3.816 m, CR 63,3, SL 113, Par 66
D: 3.446 m, CR 63,3, SL 117, Par 66
Course B "New Course"
H: 4.450 m, CR 65,6, SL 128, Par 70
D: 4.014 m, CR 67,4, SL 126, Par 70

Saison: April-November
Mindest-HCP WT/WE: 54
Anmeldung WT/WE: Nein
Mitgl.-begl. WT/WE: Nein
VcG WT/WE: Ja

18-Loch Greenfee WT/WE: EUR 30/35

(Greenfee-Preise können je nach DGV-Ausweiskennzeichnung abweichen)

Platzcharakteristik:

Dieser sportlich herausfordernde Naturgolfplatz liegt südwestlich von Augsburg und ist von überwiegend hängenden Fairways und einer Streckenführung durch teilweise weit in die Spielbahnen hineinragende Rough-Flächen geprägt. Der gesamte Platz zeichnet sich durch zahlreiche Biotope,Wassergräben und Teiche aus, die nicht nur „Rabbits", sondern auch fortgeschrittenen Golfern das Spiel erschweren.

Pro-Shop » Basic « | Level | Kurzpl.

GolfPost 5,0/5

BAY

DGV-NR. 8929

GOLFPARK DONAUWÖRTH

Lederstatt 1
86609 Donauwörth
Tel. 0906 40 44
info@gc-donauwoerth.de
www.gc-donauwoerth.de

Tel. 0906 9999449
deutsche u. italienische Küche

Löcheranzahl: 18
Gegründet: 1995
Höhe: 480 m
H: 5939 m, CR 71,7, SL 134, Par 72
D: 5239 m, CR 73,4, SL 131, Par 72

Saison: April-Oktober
Mindest-HCP WT/WE: 54
Anmeldung WT/WE: Nein
Mitgl.-begl. WT/WE: Nein
VcG WT/WE: Ja

18-Loch Greenfee WT/WE: EUR 60/70

(Greenfee-Preise können je nach DGV-Ausweiskennzeichnung abweichen)

Platzcharakteristik:

Der Golfplatz liegt extrem stadtnah und trotzdem paradiesisch ruhig. Wie ein Hufeisen umschließt Wald von drei Seiten den Platz, der optimal in die hügelige Landschaft eingebettet liegt. Spielerisch lässt der Parcours keine Wünsche offen, kein Loch gleicht dem anderen und durch ein stetiges bergauf-bergab, unterbrochen von idyllischen Wasserhindernissen und einem ständig wechselnden Panoramablick ins Donautal, wird dieser Platz zum Erlebnis.

Pro-Shop » Basic «
Level
Kurzpl.

GolfPost 4,3/5

DGV-NR. 8858

WITTELSBACHER GC ROHRENFELD-NEUBURG

Rohrenfeld
86633 Neuburg a.d.Donau
Tel. 08431 908590
info@wbgc.de
www.wbgc.de

Tel. 08431 9085950
reservierung@wbgc.de
abwechslungsreiche, frische Küche und ausgewähltes Weinangebot

Löcheranzahl: 18
Gegründet: 1988
Höhe: 380 m
H: 6284 m, CR 73,1, SL 130, Par 73
D: 5291 m, CR 73,4, SL 124, Par 73

Saison: ganzjährig
Mindest-HCP WT/WE: 36
Anmeldung WT/WE: Ja
Mitgl.-begl. WT/WE: Nein
VcG WT/WE: Ja

18-Loch Greenfee WT/WE: EUR 75/90

(Greenfee-Preise können je nach DGV-Ausweiskennzeichnung abweichen)

Platzcharakteristik:

Auf dem parkartigen Weidegelände des Lieblingsgestütes König Ludwig III., inmitten von mehr als 200 einzeln stehenden uralten Eichen und Linden, liegt der vom Architekten Joan Dudok van Heel meisterhaft gestaltete Platz vor den Toren der alten pfalz-bayerischen Residenzstadt Neuburg an der Donau. Die Golfanlage umfasst mit Driving Range, Putting-und Pitchinggrün ein Gelände von 67 Hektar. Die leichten Bodenwellen ermöglichten es, Abschläge und Grüns anspruchsvoll, aber spielerisch fair, der Landschaft anzupassen.

Pro-Shop » Basic «
Level
Kurzpl.

GolfPost 5,0/5

DGV-NR. 8981

ZIEGLERS GOLFPLATZ GMBH & CO. KG

Matthias-Bauer-Straße 108
86633 Neuburg Heinrichsheim
Tel. 08431 5387844
info@zieglersgolfplatz.de
www.zieglersgolfplatz.de

Lucio Grinzato
Tel. 08431 4379571

Löcheranzahl: 9
Gegründet: 2005
Höhe: 378 m
H: 3432 m, CR 59,1, SL 100, Par 60
D: 3066 m, CR 59,0, SL 100, Par 60

Saison: ganzjährig
Mindest-HCP WT/WE: k.A.
Anmeldung WT/WE: Ja
Mitgl.-begl. WT/WE: Nein
VcG WT/WE: Ja

Tages-Greenfee WT/WE: EUR 40

(Greenfee-Preise können je nach DGV-Ausweiskennzeichnung abweichen)

Platzcharakteristik:

Nahe der Ottheinrich Stadt Neuburg an der Donau liegt die von Karl F. Grohs geplante öffentliche 9-Loch Anlage. Der Platz ermöglicht trotz Sandbunkern und Wasserhindernissen Spielspaß zu erleben.

Driving Range-40 Rasenabschläge und 24 überdachte Abschlagplätze, einen Kurzspielbereich zum Chippen und Pitchen, ein Putting Green sowie eine Golfschule mit eigenem Pro runden das Angebot ab. Ausrüstung kann geliehen oder im Pro Shop erworben werden.

Pro-Shop » Basic «
Level
Kurzpl.

GolfPost 4,3/5

DGV-NR. 8936

GOLFCLUB EGGELSTETTEN

GMVD

Hauptstraße 4
86698 Oberndorf
Tel. 0909 090250
golfclubeggelstetten@t-online.de
www.golfclub-eggelstetten.de

Löcheranzahl: 9
Gegründet: 1998
Höhe: 406 m
H: 3888 m, CR 62,4, SL 103, Par 62
D: 3446 m, CR 62,6, SL 102, Par 62

Saison: Februar-Dezember
Mindest-HCP WT/WE: k.A.
Anmeldung WT/WE: Nein
Mitgl.-begl. WT/WE: Nein
VcG WT/WE: Ja

9-Loch Greenfee WT/WE: EUR 25/30

(Greenfee-Preise können je nach DGV-Ausweiskennzeichnung abweichen)

Platzcharakteristik:

Der im flachen Lechtal gelegene Platz wurde beim Bau leicht modelliert, die beiden Grundwasserteiche kommen bei drei Bahnen ins Spiel. Der Platz ist durch schmale Fairways, die ein gerades Spiel erfordern, gekennzeichnet. Jeder, der diesen Platz ruhig und besonnen spielt und sich nicht durch die vermeintlichen Abkürzungen beeinflussen lässt, kann hier einen guten Score erzielen.

Pro-Shop » Basic «
Level
Kurzpl.

GolfPost 2,8/5

DGV-NR. 8882

GOLFCLUB ZU GUT LUDWIGSBERG E.V.

Augsburger Straße 51
86842 Türkheim / Wertach
Tel. 08245 3322
info@golfclub-tuerkheim.de
www.golfclub-tuerkheim.de

Club Lodge
Küche regional, international

Löcheranzahl: 18
Gegründet: 1988
Höhe: 650 m
H: 5867 m, CR 70,1, SL 123, Par 72
D: 5395 m, CR 73,1, SL 125, Par 72

Saison: ganzjährig
Mindest-HCP WT/WE: 54
Anmeldung WT/WE: Nein
Mitgl.-begl. WT/WE: Nein
VcG WT/WE: Ja

18-Loch Greenfee WT/WE: EUR 50/60

(Greenfee-Preise können je nach DGV-Ausweiskennzeichnung abweichen)

Platzcharakteristik:

Die Anlage wird durch den teilweise alten Baumbestand von Eichen, Eschen, Birken, Erlen, Ahorn und Pappeln geprägt. Seen- und Feuchtbiotope ergänzen sinnvoll die Naturlandschaft und fügen sich gut in das Spielgeschehen ein. Von den Spielbahnen kann man eine herrliche Aussicht auf 300 km Alpenpanorama genießen. Auf dem gleichen Platz beheimatet ist der GC Am Weiherhof e.V.!

Pro-Shop » Basic « | Level | Kurzpl.

GolfPost 4,6/5

BAY

DGV-NR. 8835

GOLFCLUB SCHLOSS IGLING E.V.

Schloß 3
86859 Igling
Tel. 08248 1893
info@golfclub-igling.de
www.golfclub-igling.de

Schlossstuben
Tel. 08248 901770

Löcheranzahl: 9
Gegründet: 1989
Höhe: 500 m
H: 5516 m, CR 69,5, SL 128, Par 72
D: 4854 m, CR 70,9, SL 128, Par 72

Saison: April-November
Mindest-HCP WT/WE: 54/36
Anmeldung WT/WE: Ja
Mitgl.-begl. WT/WE: Nein
VcG WT/WE: Ja

18-Loch Greenfee WT/WE: EUR 45/55

(Greenfee-Preise können je nach DGV-Ausweiskennzeichnung abweichen)

2:1

Platzcharakteristik:

Auf den Fairways rund um Schloß Igling wird in imposanter Kulisse gespielt. Inmitten des weiten Landes zwischen Lechfeld und Alpen hat sich ein Kleinod unter den bayerischen Golfplätzen formiert. In die natürlichen Gegebenheiten wurde ein anspruchsvoller 9-Loch-Platz mit großzügiger Driving Range eingefügt. Aus der ehemaligen Hofmarksherrschaft des märchenhaften Schloßes Igling ist ein Clubhaus mit Pro Shop entstanden.

Pro-Shop » Basic « | Level | Kurzpl.

GolfPost 4,0/5

DGV-NR. 8924

GOLFPLATZ STENZ

Stenz 1
86975 Bernbeuren
Tel. 08860 582
golfplatz.stenz@t-online.de
www.golfplatz-stenz.de

gemütliches Brotzeitstüberl

Löcheranzahl: 9
Gegründet: 1995
Höhe: 750 m
H: 5020 m, CR 67,6, SL 118, Par 70
D: 4330 m, CR 68,2, SL 117, Par 70

Saison: April-November
Mindest-HCP WT/WE: k.A.
Anmeldung WT/WE: Ja
Mitgl.-begl. WT/WE: Nein
VcG WT/WE: Ja

18-Loch Greenfee WT/WE: EUR 50

(Greenfee-Preise können je nach DGV-Ausweiskennzeichnung abweichen)

%

Platzcharakteristik:

Genießen Sie Golfsport inmitten der reizvollen Voralpenlandschaft.

Immer wieder bieten sich dem Spieler traumhaft schöne Ausblicke auf die gesamte Alpenkette, den Auerberg und den idyllisch gelegenen Haslacher See. Kurze Wege vom Green zum nächsten Abschlag, und Spielbahnen die trotz des leicht hügeligen Geländes angenehm zu gehen sind, lassen die Runde zu einem wahren Vergnügen werden. Einzige Voraussetzung um gegen Greenfee spielen zu können, ist eine bestandene Platzreifeprüfung. Egal ob Sie als Anfänger diesen faszinierenden Sport erlernen oder ob Sie als Gastspieler unseren Platz entdecken wollen, bei uns sind Sie immer an der richtigen Adresse!

Pro-Shop » Basic « | Level | Kurzpl.

GolfPost 4,0/5

BAY

DGV-NR. 8944

GOLFCLUB AUF DER GSTEIG LECHBRUCK AM SEE E.V.

Gsteig 1
86983 Lechbruck am See
Tel. 08862 987750
golf@aufdergsteig.de
www.aufdergsteig.de

Tel. 08862 987750
bayerisch-herzliche Gastlichkeit mit mediterraner Küche

Löcheranzahl: 18
Gegründet: 1999
Höhe: 796 m
H: 5589 m, CR 70,1, SL 129, Par 71
D: 4902 m, CR 71,5, SL 128, Par 71

Saison: April-November
Mindest-HCP WT/WE: 54
Anmeldung WT/WE: Ja
Mitgl.-begl. WT/WE: Nein
VcG WT/WE: Ja

18-Loch Greenfee WT/WE: EUR 70/80

(Greenfee-Preise können je nach DGV-Ausweiskennzeichnung abweichen)

Platzcharakteristik:

Auf der gesamten Runde wird man immer wieder von traumhaften Ausblicken auf die Bayerischen, die Allgäuer, die Tiroler und Ammergauer Alpen, den malerisch in die Landschaft eingebetteten Ferienort Lechbruck und der grünen Hügellandschaft des Allgäu vom Spiel auf sehr angenehme Weise abgelenkt. Inmitten von altem Baum- und Heckenbestand, auf einer Gesamtfläche von 96 Hektar und einem mittleren Schwierigkeitsgrad bei ca. 5600 Metern Länge und Par 71 besteht unsere Anlage seit zehn Jahren. Ein abwechslungsreicher und fordernder Kurs, geschickt und sorgsam in die einmalige Landschaft und Natur integriert, professionelle Platzpflege und angenehme Atmosphäre zeichnen die Gsteig aus.

Pro-Shop » Basic « | Level | Kurzpl.

GolfPost 5,0/5

DGV-NR. 8966

GOLFPARK SCHLOSSGUT LENZFRIED

Friedensweg 4
87437 Kempten / Allgäu
Tel. 08315 129550
info@golfparklenzfried.de
www.golfparklenzfried.de

Löcheranzahl: 9
Gegründet: 2005
Höhe: 670 m
H: 5320 m, CR 68,9, SL 124, Par 68
D: 4674 m, CR 70,1, SL 114, Par 68

Saison: März - November
Mindest-HCP WT/WE: k.A.
Anmeldung WT/WE: Ja
Mitgl.-begl. WT/WE: Nein
VcG WT/WE: Ja

Tages-Greenfee WT/WE: EUR 55/65

(Greenfee-Preise können je nach DGV-Ausweiskennzeichnung abweichen)

2:1

Platzcharakteristik:

Die Lage des Golfplatzes am Stadtrand Kemptens verbindet Zentrumsnähe mit atemberaubender Natur und einem einzigartigen Blick auf die Oberallgäuer Alpenlandschaft. Die 9 abwechslungsreichen Löcher mit ihren modellierten Grüns fügen sich harmonisch in die Landschaft ein und bieten einen hohen Erholungswert unweit der Stadtmitte. Da keine Bahn der anderen gleicht, kommt immer wieder Abwechslung und Spannung ins Spiel. Die Driving-Range mit über 18 Abschlagsplätzen ist teilweise überdacht. Drei Abschläge sind zusätzlich mit Radarmessgeräten ausgestattet, hier können Golfspieler ihre Schlägerlängen messen und das kostenlos. Nach einer schönen Golfrunde laden unser Clubhaus sowie unsere Sonnenterrasse zum Verweilen ein.

Pro-Shop » Basic « | Level | Kurzpl.

GolfPost 3,7/5

BAY

DGV-NR. 8900

GOLFCLUB HELLENGERST-ALLGÄUER VORALPEN E.V.

Helingerstraße 5
87480 Weitnau-Hellengerst
Tel. 08378 9200-14
info@golf-allgaeu.de
www.golf-allgaeu.de

Hanusel Hof
Tel. 08378 9200 11
www.hanusel-hof.de

Löcheranzahl: 18
Gegründet: 1993
Höhe: 956 m
H: 5732 m, CR 71,3, SL 128, Par 71
D: 4918 m, CR 72,0, SL 125, Par 71

Saison: April-November
Mindest-HCP WT/WE: 54
Anmeldung WT/WE: Ja
Mitgl.-begl. WT/WE: Nein
VcG WT/WE: Ja

Tages-Greenfee: WT/WE: EUR 78/88

(Greenfee-Preise können je nach DGV-Ausweiskennzeichnung abweichen)

Platzcharakteristik:

Die für die Allgäuer Voralpen typische Hügellandschaft konnte hervorragend in das Platzlayout integriert werden, so dass die großzügige Gestaltung der 55 ha großen Golfanlage auf einem Hochplateau Anfängern ebenso wie fortgeschrittenen Golfern ideale Voraussetzungen bietet. Der Platz verlangt nach präzisen Abschlägen und einem genauen Grünanspiel. Der Ausblick auf die Oberbayerischen, Allgäuer und Schweizer Alpen bildet schöne Höhepunkte.

Pro-Shop » Large « | Level | Kurzpl.

GolfPost 4,8/5

DGV-NR. 8702

GOLFANLAGE ALPENSEEHOF

Attlesee 14
87484 Nesselwang
Tel. 08361 925834
info@alpenseehof.de
www.golf-alpenseehof.de

Einkehrstüberl "Greenvieh-Alp"
Tel. 08361 925834
www.golf-alpenseehof.de
Ruhetag: montags

Löcheranzahl: 9
Gegründet: 2010
Höhe: 900 m
H: 3278 m, CR 60,1, SL 103, Par 60
D: 2954 m, CR 60,1, SL 100, Par 60

Saison: April-Ende Oktober
Mindest-HCP WT/WE: PR
Anmeldung WT/WE: Nein
Mitgl.-begl. WT/WE: Nein
VcG WT/WE: Ja

18-Loch Greenfee (Mo-So): EUR 40
9-Loch Greenfee (Mo-So): EUR 30

(Greenfee-Preise können je nach DGV-Ausweiskennzeichnung abweichen)

Platzcharakteristik:

In herrlicher Voralpenlandschaft, am Landschafts- und Naturschutzgebiet Attlesee liegt die Golfanlage Alpenseehof. Der familiengeführte Golfplatz wurde schonend in die Landschaft eingebettet und erfordert präzise Schläge um einen guten Score zu spielen. Die leicht hügelige 9-Loch Anlage ist einfach zu gehen und gibt dem Golfer immer wieder einen herrlichen Panoramablick frei. Ein großzügiges Trainingsareal samt Driving-Range mit Teeline und überdachten Abschlägen lässt jedes Golferherz höher schlagen. Individuelle Trainingsstunden oder Golfkurse bietet die Golfschule an. Unter dem Motto "Golf lernen mit Spaß am Spiel" steht der PGA-Golflehrer mit Rat und Tat zur Seite. Die gemütliche Einkehr in der „GreenVieh-Alp" rundet die sportlich, lockere Atmosphäre ab.

Pro-Shop » Basic « | Level | Kurzpl.

GolfPost 5,0/5

DGV-NR. 8872

GOLFCLUB WALDEGG-WIGGENSBACH E.V.

Hof Waldegg 3
87487 Wiggensbach
Tel. 08370 93073
info@golf-wiggensbach.com
www.golf-wiggensbach.com
Selbstbedienung

Löcheranzahl: 27
Gegründet: 1988
Höhe: 1011 m
H: 5025 m, CR 68,6, SL 132, Par 70
D: 4352 m, CR 70,9, SL 134, Par 70

Saison: April-November
Mindest-HCP WT/WE: PR
Anmeldung WT/WE: Ja
Mitgl.-begl. WT/WE: Nein
VcG WT/WE: Ja

18-Loch Greenfee WT/WE: EUR 59/69

(Greenfee-Preise können je nach DGV-Ausweiskennzeichnung abweichen)

2:1

Platzcharakteristik:

Mit einem Abschlag auf 1.011 m über Meereshöhe liegt in dieser reizvollen Voralpenlandschaft der höchste Golfabschlag Deutschlands. Sämtliche Spielbahnen sind in ihrer Gestalt gänzlich unterschiedlich. Von altem Baumbestand umgeben, fügen sie sich harmonisch in die Landschaft ein. Bei klarem Wetter erkennt man etwa 200 km Alpenpanorama von den Schweizer bis zu den Berchtesgadener Bergen.

Pro-Shop » Large « | Level | Kurzpl.

GolfPost 4,7/5

DGV-NR. 8865

GOLFCLUB SONNENALP-OBERALLGÄU E.V.

Sonnenalp 1
87527 Ofterschwang
Tel. 08321 272181
golf@sonnenalp.de
www.golf-sonnenalp.de
Waldhaus Golfrestaurant Sonnenalp
Tel. 08321 272180Seehaus
Golfrestaurant Oberallgäu
Tel. 08326 3859420

Löcheranzahl: 42
Gegründet: 1975
Höhe: 800 m
Golfplatz Sonnenalp
H: 6133 m; CR 73,3; SL 135; Par 73
D: 5408 m; CR 74,8; SL 137; Par 73
Golfplatz Oberallgäu
H: 5936 m; CR 71,1; SL 133; Par 72
D: 5034 m; CR 71,2; SL 130; Par 72

Saison: April-November
Mindest-HCP WT/WE: 54
Anmeldung WT/WE: Ja
Mitgl.-begl. WT/WE: Nein
VcG WT/WE: Ja

18-Loch Greenfee WT/WE: EUR 98

(Greenfee-Preise können je nach DGV-Ausweiskennzeichnung abweichen)

Platzcharakteristik:

Zwei imposante 18-Loch-Championship-Golfplätze sowie eine 6-Loch-Golfanlage inmitten einer atemberaubenden Bergkulisse. Das alles erwartet Sie im idyllisch gelegenen Golf Resort Sonnenalp-Oberallgäu. Fern von Alltagsroutine können Sie hier mit der ganzen Familie Golfsport auf höchstem Niveau genießen, sich zu jeder Jahreszeit bestens erholen und gleichzeitig die wunderschöne, unverfältschte Natur erleben. Die Qual der Golfplatzwahl haben Sie zwischen dem zauberhaft gelegenen 18-Loch-Golfplatz Sonnenalp, dem mit traumhaftem Bergblick ausgestattetem 18-Loch-Platz Oberallgäu und dem Kurzplatz Gundelsberg. Wir freuen uns auf Ihren Besuch und wünschen Ihnen ein schönes Spiel in unserem Golfresort.

Pro-Shop » Large « | Level | Kurzpl.

GolfPost 5,0/5

BAY

DGV-NR. 8848

GOLFCLUB OBERSTAUFEN-STEIBIS E.V.

In der Au 5
87534 Oberstaufen
Tel. 08386 8529
info@golf-oberstaufen.de
www.golf-oberstaufen.de

Löcheranzahl: 18
Gegründet: 1988
Höhe: 800 m
H: 5282 m, CR 69,2, SL 133, Par 70
D: 4666 m, CR 70,7, SL 124, Par 70

Saison: April-November
Mindest-HCP WT/WE: 45
Anmeldung WT/WE: Ja
Mitgl.-begl. WT/WE: Nein
VcG WT/WE: Ja

18-Loch Greenfee WT/WE: EUR 68

(Greenfee-Preise können je nach DGV-Ausweiskennzeichnung abweichen)

Platzcharakteristik:

Der Golfplatz liegt in einem außergewöhnlich reizvollen Hochtal auf 800 m Höhe. Am Fuß der Nagelfluhkette hat die Natur die Voraussetzung für ein landschaftlich einmaliges Golferlebnis geschaffen: Biotope, Felsen, Quellen und alte Bäume. Die höchsten Greens liegen auf 900 m. Sie erschließen ein faszinierendes Panorama, bei dem selbst routinierte Golfer mal die Konzentration auf das Putten vernachlässigen.

Pro-Shop » Basic « · Level · Kurzpl.

GolfPost 4,9/5

DGV-NR. 8955

GOLFZENTRUM OBERSTAUFEN

Buflings 1a
87534 Oberstaufen
Tel. 08386 939250
info@golfzentrum-oberstaufen.de
www.golfzentrum-oberstaufen.de
Küche regional

Löcheranzahl: 27
Gegründet: 2007
Höhe: 800 m
Oberstaufen-Buflings
H: 4103 m; CR 62,6; SL 116; Par 66
D: 3576 m; CR 62,9; SL 113; Par 66

Saison: ganzjährig
Mindest-HCP WT/WE: 36
Anmeldung WT/WE: Nein
Mitgl.-begl. WT/WE: Nein
VcG WT/WE: Ja

18-Loch Greenfee WT/WE: EUR 74

(Greenfee-Preise können je nach DGV-Ausweiskennzeichnung abweichen)

Platzcharakteristik:

Das Golfzentrum Oberstaufen liegt auf einer herrlichen Sonnenterrasse direkt am Ortsrand von Oberstaufen, nur 1 km von der Ortsmitte Oberstaufens entfernt. Die Anlage umfasst den 18-Loch Platz "Buflings" und den pay & play 9-Loch Kurzplatz "Zell" in traumhafter Landschaft sowie großzügige Übungseinrichtungen mit Driving Range, Übungsgrüns und Übungsbunkern. Für die Benutzung der Übungseinrichtungen wird keine Gebühr erhoben.

Der gepflegte 18-Loch Golfplatz erstreckt sich von Buflings bis ins malerische Schwarzenbachtal nach Kalzhofen und bietet Ihnen einige der schönsten Ausblicke auf die Allgäuer Landschaft.

Startzeiten sind nicht erforderlich.

Pro-Shop » Basic « · Level · Kurzpl.

GolfPost 4,5/5

BAY

DGV-NR. K805

GOLF CLUB BODENSEE WEISSENSBERG

Lampertsweiler 51
88138 Weißensberg
Tel. 08389 89190
info@gcbw.de
www.gcbw.de

Golfhotel Bodensee
www.golfhotel-bodensee.de

Löcheranzahl: 18
Gegründet: 1986
Höhe: 50 m
H: 6079 m, CR 73,4, SL 143, Par 71
D: 5373 m, CR 75,4, SL 137, Par 71

Saison: März-November
Mindest-HCP WT/WE: PR/35
Anmeldung WT/WE: Ja
Mitgl.-begl. WT/WE: Nein
VcG WT/WE: Ja

18-Loch Greenfee WT/WE: EUR 80/95

(Greenfee-Preise können je nach DGV-Ausweiskennzeichnung abweichen)

Platzcharakteristik:

Das Golfresort liegt eingebettet in eine zauberhafte Naturlandschaft, nur wenige Kilometer vom Bodensee entfernt. Die Anlage profitiert vom milden Klima dieser Region. Auf dem einzigartigen Championship Platz, gestaltet von Robert Trent-Jones Senior, ist jede Golfrunde ein besonderes Erlebnis. Das Slope-Rating von 143 der sorgsam gepflegten Anlage bedeutet auch für gute Golfer eine besondere Herausforderung.

Hunde sind ab 14 Uhr auf dem Platz erlaubt.

Pro-Shop » Large « | Level | Kurzpl.

GolfPost 4,7/5

BAY

DGV-NR. 8849

GOLFCLUB OBERSTDORF E.V.

Gebrgoibe 2
87561 Oberstdorf
Tel. 08322 2895
info@golfclub-oberstdorf.de
www.golfclub-oberstdorf.de

Café Gebrgroibe

Löcheranzahl: 9
Gegründet: 1961
Höhe: 900 m
H: 5372 m, CR 69,4, SL 126, Par 70
D: 4698 m, CR 70,8, SL 123, Par 70

Saison: Mai-Oktober
Mindest-HCP WT/WE: k.A.
Anmeldung WT/WE: Nein
Mitgl.-begl. WT/WE: Nein
VcG WT/WE: Ja

18-Loch Greenfee WT/WE: EUR 50

(Greenfee-Preise können je nach DGV-Ausweiskennzeichnung abweichen)

Platzcharakteristik:

In Oberstdorf befindet sich ein landschaftlich wunderschöner Platz, der mitten in den Bergen gelegen, malerisch von Fellhorn und Nebelhorn eingerahmt wird. Die hügelige, interessante 9-Loch Anlage, deren Fairways seitlich von Wald begrenzt werden und deren Greens von zahlreichen Sandbunkern verteidigt werden, ist aufgrund der Schrägen nicht leicht zu spielen, zumal das imposante Alpenpanorama ein wenig zum Abschweifen und Träumen animiert.

Pro-Shop » Basic « | Level | Kurzpl.

GolfPost 4,5/5

DGV-NR. 8809

GOLF-CLUB BAD WÖRISHOFEN E.V.

Schlingenerstraße 27
87668 Rieden
Tel. 08346 777
golfclub@bad-woerishofen.de
www.golfclub-bad-woerishofen.de

Gutshof Rid - Golfrestaurant
Tel. 08346 2223972
restaurant@gutshof-rid.de
von Mai bis Sep. kein Ruhetag
Küche regional, international

Löcheranzahl: 18
Gegründet: 1971
Höhe: 650 m
Weiß (H):
6308 m, CR 74,0, SL 129, Par 71
Gelb (H):
5933 m, CR 71,8, SL 129, Par 72
Rot (D):
5109 m, CR 72,5, SL 130, Par 72

Saison: April-November
Mindest-HCP WT/WE: 54
Anmeldung WT/WE: Ja
Mitgl.-begl. WT/WE: Nein
VcG WT/WE: Ja

18-Loch Greenfee WT/WE: EUR 70/90

(Greenfee-Preise können je nach DGV-Ausweiskennzeichnung abweichen)

Platzcharakteristik:

Golf neu erleben auf den modernsten Grüns im Allgäu. Im Sommer 2020 wurden die umfangreichen Renovierungsmaßnahmen nach dreijähriger Bauzeit abgeschlossen und die Anlage ist komplett auf allen 18 Bahnen bespielbar. Durch diese zukunftsorientierte Unternehmung bietet der Golfclub Bad Wörishofen höchsten technischen Standard der 18 Spielbahnen, Abschläge und Grüns. Der Einklang des unverwechselbaren alteingewachsenen Parkland-Courses und modernste Grüns, lassen jedes Golferherz höher schlagen. Der neue 6 Loch Kurzplatz mit baugleichen Grüns ergänzt neben der großzügigen Drivingrange, dem 700qm großen Putting Grün, der separaten Chip&Run Area, Übungsbunker und Chipping-Grüns das Angebot der perfekten Trainingsmöglichkeiten.

Pro-Shop » Basic « | Level | Kurzpl.

GolfPost 4,6/5

BAY

DGV-NR. 8852

ALLGÄUER GOLF- UND LANDCLUB E.V.

Boschach 3
87724 Ottobeuren
Tel. 08332 9251-0
info@aglc.de
www.aglc.de

Restaurant am Golfplatz
Tel. 08332 5164
monika@perkovic-memmingen.de
www.restaurant-golfplatz-ottobeuren.de

Löcheranzahl: 18
Gegründet: 1984
Höhe: 690 m
H: 6096 m, CR 72,4, SL 131, Par 72
D: 5398 m, CR 74,4, SL 126, Par 72

Saison: ganzjährig
Mindest-HCP WT/WE: 54/45
Anmeldung WT/WE: Ja
Mitgl.-begl. WT/WE: Nein
VcG WT/WE: Ja

18-Loch Greenfee WT/WE: EUR 64/79

(Greenfee-Preise können je nach DGV-Ausweiskennzeichnung abweichen)

Platzcharakteristik:

Der Golfplatz liegt außerhalb von Ottobeuren, einem schönen Kurort mit der berühmten Basilika, in ländlicher Gegend. Die breiten Fairways sind sehr gut eingewachsen und bieten mit Wasserhindernissen und gut von Bunkern verteidigten Grüns ein abwechslungsreiches Spiel. Das Clubhaus im Landhausstil wurde 1997 total renoviert und wesentlich vergrößert.

Pro-Shop » Basic «

Level

Kurzpl.

GolfPost 4,8/5

(Greenfee-Preise können je nach DGV-Ausweiskennzeichnung abweichen)

BAY

DGV-NR. 8904

GC MEMMINGEN GUT WESTERHART E.V.

Westerhart 1b
87740 Buxheim / Memmingen
Tel. 08331 71016
info@golfclub-memmingen.de
www.golfclub-memmingen.de

Restaurant Gut Westerhart
Tel. 08331 9254614
info@restaurant-gut-westerhart.de
www.restaurant-gut-westerhart.de

Löcheranzahl: 27
Gegründet: 1994
Höhe: 600 m
H: 6077 m, CR 72,3, SL 129, Par 72
D: 5276 m, CR 73,5, SL 129, Par 72

Saison: ganzjährig
Mindest-HCP WT/WE: 54
Anmeldung WT/WE: Nein
Mitgl.-begl. WT/WE: Nein
VcG WT/WE: Ja

18-Loch Greenfee WT/WE: EUR 55/65

(Greenfee-Preise können je nach DGV-Ausweiskennzeichnung abweichen)

Platzcharakteristik:

Die 18-Loch-Anlage liegt im Allgäuer Voralpenland. Der Platz ist insgesamt flach, die Löcher 14 und 15 bilden eine spektakuläre Ausnahme. Buschwerk und eine Vielzahl verschiedenartigster Bäume geben dem Platz zusammen mit farbenprächtigen Bauernwiesen ein markantes Gesicht. Zur Anlage gehören eine großzügig angelegte Driving Range, ein 6+3-Loch-Kurzplatz sowie einige Putting- und Pitching Greens.

Pro-Shop » Basic «

Level

Kurzpl.

GolfPost 4,5/5

DGV-NR. 8839

GOLF-CLUB LINDAU-BAD SCHACHEN E.V.

Am Schönbühl 5
88131 Lindau
Tel. 08382 9617-0
info@golfclub-lindau.de
www.golflclub.lindau.de

Paulo Lopes
Tel. 08382-961717

Löcheranzahl: 18
Gegründet: 1954
Höhe: 460 m
H: 5795 m, CR 70,9, SL 130, Par 71
D: 5040 m, CR 72,4, SL 128, Par 71

Saison: ganzjährig
Mindest-HCP WT/WE: 36
Anmeldung WT/WE: Ja
Mitgl.-begl. WT/WE: Nein
VcG WT/WE: Ja

18-Loch Greenfee WT/WE: EUR 75/85

(Greenfee-Preise können je nach DGV-Ausweiskennzeichnung abweichen)

Platzcharakteristik:

Der Golfplatz Lindau, angelegt um das Schloß Schönbühl, begeistert die Besucher durch seine einmalige Lage und die fast ganzjährige Spielmöglichkeit. Die Fairways verlaufen durch uralten Baumbestand im Wechsel mit junger Bepflanzung. Am 17. Loch sollte man vor dem Abschlag einige Minuten den grandiosen Blick auf den Bodensee und die Berge genießen.

Pro-Shop » Basic «

Level

Kurzpl.

GolfPost 5,0/5

BAY

DGV-NR. 8713

GOLFPLATZ SCHEIDEGG

Am großen Baum 7
88175 Scheidegg
Tel. 08386 939250
info@golfzentrum-oberstaufen.de
www.golfzentrum-oberstaufen.de

Löcheranzahl: 9
Gegründet: 2007
H: 4780 m, SL 115, Par 70
D: 4160 m, SL 117, Par 70

Saison: ganzjährig
Mindest-HCP WT/WE: 54
Anmeldung WT/WE: Nein
Mitgl.-begl. WT/WE: Nein
VcG WT/WE: Ja

18-Loch Greenfee WT/WE: EUR 60

(Greenfee-Preise können je nach DGV-Ausweiskennzeichnung abweichen)

Platzcharakteristik:

Zwischen dem 20 Autominuten entfernten Oberstaufen und dem Bodensee liegt der Golfplatz Scheidegg im sonnenreichsten Ort Deutschlands. Der Golfplatz bietet ein traumhaftes Alpenpanorama – von der Nagelfluhkette im Osten bis hin zum Säntis im Westen. An klaren Tagen lässt sich von Abschlag 8 sogar der Bodensee sehen.

Der relativ flache Golfplatz (Par 70) ist seit Sommer 2011 in Betrieb und bietet neben herrlicher Natur ein abwechslungsreiches und angenehmes Spiel auf seinen 9 Spielbahnen. Darüber hinaus laden die 300m Driving Range sowie großzügige Übungseinrichtungen mit Übungsgrüns und Bunkern geradezu ein, seine Schläge abseits des Fairways zu perfektionieren.

Pro-Shop » Basic « | Level | Kurzpl.

GolfPost 5,0/5

DGV-NR. 8946

NEW GOLFCLUB NEU-ULM

Kammerkrummenstraße 100
89233 Neu-Ulm
Tel. 0731 70533315
info@newgolfclub.de
www.newgolfclub.de
Gastronomie vorhanden

Löcheranzahl: 9
Gegründet: 2014
H: 6156 m, CR 72,0, SL 121, Par 72
D: 5384 m, CR 72,9, SL 121, Par 72

Saison: März-November
Mindest-HCP WT/WE: PR
Anmeldung WT/WE: Nein
Mitgl.-begl. WT/WE: Nein
VcG WT/WE: Ja

18-Loch Greenfee WT/WE: EUR 80

(Greenfee-Preise können je nach DGV-Ausweiskennzeichnung abweichen)

Platzcharakteristik:

Unser 9-Loch-Golfplatz liegt unmittelbar an der Donau, direkt gegenüber dem Naherholungsgebiet der Stadt Ulm. Wer also stadtnah und in lockerer Atmosphäre Golf spielen möchte, der ist auf der Driving Range und dem Platz des NEW GOLF CLUB Neu-Ulm richtig. Nicht nur erfahrene Golfspieler, sondern auch Anfänger kommen hier auf ihre Kosten.

Pro-Shop » Basic « | Level | Kurzpl.

GolfPost 4,2/5

DGV-NR. 8832

GOLF CLUB SCHLOSS KLINGENBURG E.V.

Schloß Klingenburg
89343 Jettingen-Scheppach
Tel. 08225 3030
info@golf-klingenburg.de
www.golf-klingenburg.de
Küche regional

Löcheranzahl: 18
Gegründet: 1980
Höhe: 550 m
H: 6007 m, CR 72,2, SL 128, Par 73
D: 5354 m, CR 74,7, SL 128, Par 73

Saison: ganzjährig
Mindest-HCP WT/WE: 36/35
Anmeldung WT/WE: Ja
Mitgl.-begl. WT/WE: Nein
VcG WT/WE: Ja

18-Loch Greenfee WT/WE: EUR 60/80

(Greenfee-Preise können je nach DGV-Ausweiskennzeichnung abweichen)

Platzcharakteristik:

In historischer Umgebung des schwäbischen Barockwinkel besticht der Platz durch Natürlichkeit und seine vielseitige und z.T. seltene Fauna und Flora. Die Kulisse des 105 ha großen Areals bietet dabei der landschaftliche Reiz des Hochufers der Mindel und des Kammeltales. An Bahn 13 ist ein ca. 140 m langes Wasser zu überspielen, an Loch 17 und 18 wird die Kondition hart auf die Probe gestellt, herrliche Ausblicke belohnen anspruchsvolles Spiel.

Pro-Shop » Basic « | Level | Kurzpl.

GolfPost 4,7/5

DGV-NR. 8979

GOLFCLUB DILLINGEN NUSSER-ALM GMBH

Holzheimerstraße 2
89407 Dillingen
Tel. 09071 705958
info@gc-dillingen.de
www.gc-dillingen.de
Nusser Alm
Tel. 09071 705946
elementi@gmx.de
Ruhetag: montags

Löcheranzahl: 9
Gegründet: 2006
H: CR 57,8, SL 95, Par 56
D: CR 57,4, SL 93, Par 56

Saison: ganzjährig
Mindest-HCP WT/WE: 54
Anmeldung WT/WE: Nein
Mitgl.-begl. WT/WE: Nein
VcG WT/WE: Ja

18-Loch Greenfee WT/WE: EUR 24

(Greenfee-Preise können je nach DGV-Ausweiskennzeichnung abweichen)

Platzcharakteristik:

Der neue Golfclub Dillingen verfügt über einen 9-Loch-Parcours, eingebettet in die Naturlandschaft des sanfthügeligen Donau-Rieds. Für Golfspieler ist die Anlage ideal zum ersten Kontakt mit dem Green. Denn abschlagen, pitchen, chippen und putten darf jeder im Golfclub Dillingen. Ohne Aufnahmegebühr oder Mitgliedschaft. Einfach und entspannt geht es gegen eine geringe Spielgebühr ohne Platzreife auf die Anlage. Oder kostenlos zum Üben der ersten Abschläge und zum Pitchen auf die in Deutschland einzigartige Wasser-Driving-Range. Immer sonntags zwischen 13.00 und 14.00 Uhr gibt es Golfen zum Reinschnuppern - mit Trainer und kompletter Spielausrüstung. Kostenlos!

Pro-Shop » Basic « | Level | Kurzpl.

GolfPost 4,3/5

BAY

DGV-NR. 8847

GOLFCLUB AM REICHSWALD E.V.

Schiestlstraße 100
90427 Nürnberg
Tel. 0911 305730
info@golfclub-nuernberg.de
www.golfclub-nuernberg.de
Küche international
Tel. 0911 305750

Löcheranzahl: 18
Gegründet: 1960
H: 6041 m, CR 72,7, SL 133, Par 72
D: 5336 m, CR 74,2, SL 130, Par 72

Saison: März-Dezember
Mindest-HCP WT/WE: 36
Anmeldung WT/WE: Ja
Mitgl.-begl. WT/WE: Nein
VcG WT/WE: Ja

18-Loch Greenfee WT/WE: EUR 60/80

(Greenfee-Preise können je nach DGV-Ausweiskennzeichnung abweichen)

Platzcharakteristik:

Wie der Name schon sagt, befindet sich diese Anlage "im" Nürnberger Reichswald. Die direkte Umgebung des sehr imposanten alten Baumbestandes, im Volksmund "Steckalaswald" genannt, beeindruckt einen jeden Golfer, der mehr offenes Gelände gewöhnt ist. Der Platz ist für Golfspieler aller Spielstärken geeignet, wobei selbst Bälle von Könnern gelegentlich im Wald oder in einem der Teiche landen.

Pro-Shop » Basic « | Level | Kurzpl.

GolfPost 4,0/5

BAY

DGV-NR. 8825

GOLFANLAGE PUSCHENDORF

Forstweg 2
90617 Puschendorf
Tel. 09101 7552
buero@golfanlage-puschendorf.de
www.golfanlage-puschendorf.de

Rosi & Dani Ristorante Pizzeria am Golfplatz, Tel. 09101 6363
dionilo@hotmail.de
www.ristorante-rosiunddani.de
Ruhetag: montags

Löcheranzahl: 9
Gegründet: 1989
Höhe: 380 m
H: 5858 m, CR 71,1, SL 132, Par 72
D: 5224 m, CR 73,4, SL 128, Par 72

Saison: ganzjährig
Mindest-HCP WT/WE: 54
Anmeldung WT/WE: Nein
Mitgl.-begl. WT/WE: Nein
VcG WT/WE: Ja

18-Loch Greenfee WT/WE: EUR 45/50

(Greenfee-Preise können je nach DGV-Ausweiskennzeichnung abweichen)

Platzcharakteristik:

Der Golfplatz Puschendorf liegt inmitten des Städtedreiecks Fürth-Nürnberg-Erlangen. Die Anlage bietet abwechslungsreiche Fairways in einer typisch fränkischen Landschaft. Gepflegte Greens, von Wald und Wasser gesäumt, sind hier immer Motivation für einen Birdie.

Pro-Shop » Basic « | Level | Kurzpl.

GolfPost 4,5/5

DGV-NR. 8899

1. GOLF CLUB FÜRTH E.V.

Am Golfplatz 10
90768 Fürth
Tel. 0911 757522
info@golfclub-fuerth.de
www.golfclub-fuerth.de

Chongs Golf Restaurant
Tel. 0911 731912
mchong@t-online.de

Löcheranzahl: 18
Gegründet: 1992
Höhe: 303 m
Herren gelb, Damen rot
H: 5930 m, CR 71,7, SL 130, Par 72
D: 5157 m, CR 72,6, SL 131, Par 72
Herren blau, Damen blau
H: 5459 m, CR 69,0, SL 131, Par 72
D: 5459 m, CR 74,9, SL 132, Par 72

Saison: ganzjährig
Mindest-HCP WT/WE: k.A.
Anmeldung WT/WE: Ja
Mitgl.-begl. WT/WE: Nein
VcG WT/WE: Ja

18-Loch Greenfee WT/WE: EUR 45/55

(Greenfee-Preise können je nach DGV-Ausweiskennzeichnung abweichen)

Platzcharakteristik:

Die Anlage wurde 1951 von der US-Army auf dem Gelände des Flugplatzes Atzenhof errichtet. Seit 1992 wird der Platz vom GC Fürth betrieben und befindet sich seit 1997 im Eigentum des Clubs. Die sportlich anspruchsvolle Anlage wurde in den vergangenen Jahren durch zahlreiche Platzverbesserungen (Grüns, Bunker, Pflanzungen und Wasserhindernisse) weiter aufgewertet. Die Stadtnähe und das rege Gesellschaftsleben bieten Sport in besonderer Atmosphäre.

Pro-Shop » Large « | Level | Kurzpl.

GolfPost 4,4/5

BAY

DGV-NR. 8881

GOLF-CLUB HERZOGENAURACH E.V.

Burgstall 1
91074 Herzogenaurach
Tel. 09132 40586
info@golfclub-herzogenaurach.de
www.golfclub-herzogenaurach.de

K!Finest
Tel. 09132 8359297

Löcheranzahl: 18
Gegründet: 1967
H: 6360 m, CR 73,6, SL 129, Par 73
D: 5405 m, CR 74,1, SL 126, Par 73

Saison: ganzjährig
Mindest-HCP WT/WE: 45/36
Anmeldung WT/WE: Nein
Mitgl.-begl. WT/WE: Nein
VcG WT/WE: Ja

18-Loch Greenfee WT/WE: EUR 60/70

(Greenfee-Preise können je nach DGV-Ausweiskennzeichnung abweichen)

Platzcharakteristik:

Die 18-Loch-Golfanlage im Herzen Mittelfrankens zeichnet sich nicht nur durch die gelungene Synthese zwischen landschaftlichem Reiz, sportlicher Herausforderung und gesellschaftlicher Begegnungsstätte aus, sondern bietet hochwertiges Golfvergnügen zu fairen Preisen. Auf über 70 ha erstreckt sich die Carlo Knauss konzipierte, wunderschön auf einem Hochplateau gelegene Anlage. Die PGA-Golfschule Craig Miller gewährleistet professionellen Unterricht.

Pro-Shop » Basic « | Level | Kurzpl.

GolfPost 4,8/5

DGV-NR. 8822

GOLFCLUB ERLANGEN E.V.

Schleinhof 1
91077 Kleinsendelbach
Tel. 09126 5004
info@gc-erlangen.de
www.gc-erlangen.de

Anita Biknietska
Tel. 0157 70250513
info@gc-erlangen.de

Löcheranzahl: 18
Gegründet: 1977
Höhe: 350 m
H: 5633 m, CR 70,2, SL 134, Par 71
D: 4946 m, CR 71,7, SL 131, Par 71

Saison: ganzjährig
Mindest-HCP WT/WE: 54
Anmeldung WT/WE: Ja
Mitgl.-begl. WT/WE: Nein
VcG WT/WE: Ja

18-Loch Greenfee WT/WE: EUR 60/75

(Greenfee-Preise können je nach DGV-Ausweiskennzeichnung abweichen)

2:1

Platzcharakteristik:

Eingebettet in die reizvolle Landschaft der Fränkischen Schweiz erwarten den Golfer abwechslungsreiche Spielbahnen. Es bieten sich von vielen Grüns und Fairways fantastische Ausblicke. Ein besonderes Highlight ist das neu angelegte Halbinselgrün von Loch 15. Trotz seiner zentralen Lage (nur ca. 15 Min. von Nürnberg und Erlangen zu erreichen) befindet man sich abseits von Verkehrslärm inmitten schöner Natur. Ideale Trainingsmöglichkeiten mit Flutlicht und beheizten Abschlagplätzen finden Sie auf der angeschlossenen Golf Akademie.

Pro-Shop » Basic « | Level | Kurzpl.

GolfPost 4,7/5

BAY

DGV-NR. 8801

GOLFCLUB ABENBERG E.V.

Am Golfplatz 19
91183 Abenberg
Tel. 09178 98960
info@golfclub-abenberg.de
www.golfclub-abenberg.de

Ristorante da Renato
Tel. 09178 9896-12

Löcheranzahl: 27
Gegründet: 1988
Höhe: 340 m
Kurs AB
H: 6265 m, CR 73,6, SL 132, Par 72
D: 5527 m, CR 75,9, SL 129, Par 72

Saison: ganzjährig
Mindest-HCP WT/WE: 54/36
Anmeldung WT/WE: Ja
Mitgl.-begl. WT/WE: Nein
VcG WT/WE: Ja

18-Loch Greenfee WT/WE: EUR 70/80

(Greenfee-Preise können je nach DGV-Ausweiskennzeichnung abweichen)

Platzcharakteristik:

Der 27-Loch-Platz liegt in einer Bachaue unterhalb der Burg Abenberg. Jede Spielbahn bietet ein neues, reizvolles Landschaftsbild. Die Kurse lassen sich ohne große Höhenunterschiede angenehm spielen. Reizvoll sind die vielen Wasserhindernisse, und auch die Bunker machen das Spiel interessant.

Der Golfclub wurde mit dem Gold-Zertifikat von "Golf & Natur" ausgezeichnet.

Pro-Shop » Basic « | Level | Kurzpl.

GolfPost 4,8/5

DGV-NR. 8967

GOLFRANGE NÜRNBERG

Am Golfplatz 1
91189 Rohr / Nemsdorf
Tel. 0911 9880680
nuernberg@golfrange.de
www.golfrange.de

Tee 10
Asia Küche

Löcheranzahl: 9
Gegründet: 2004
Höhe: 400 m
H: 4936 m, CR 66,2, SL 124, Par 68
D: 4358 m, CR 66,9, SL 122, Par 68

Saison: ganzjährig
Mindest-HCP WT/WE: 54
Anmeldung WT/WE: Ja
Mitgl.-begl. WT/WE: Nein
VcG WT/WE: Ja

18-Loch Greenfee WT/WE: EUR 34/43

(Greenfee-Preise können je nach DGV-Ausweiskennzeichnung abweichen)

%

Platzcharakteristik:

In bewährter GolfRange-Manier bietet die Anlage einen großzügigen Übungsbereich mit zahlreichen Rasenabschlagplätzen sowie einen interessanten 9-Loch-Platz. Das Clubhaus beherbergt eine öffentliche Gastronomie, einen Proshop sowie das Sekretariat und Umkleiden.

Pro-Shop » Basic « | Level | Kurzpl.

GolfPost 4,5/5

BAY

DGV-NR. 8918

GOLF CLUB POTTENSTEIN WEIDENLOH E.V.

Weidenloh 40
91278 Pottenstein / Oberfranken
Tel. 09243 929220
info@gc-pottenstein.de
www.gc-pottenstein.de

Dötzer Anton
Tel. 09243 90202

Löcheranzahl: 27
Gegründet: 1991
Höhe: 430 m
H: 5960 m, CR 71,9, SL 135, Par 72
D: 5262 m, CR 74,3, SL 129, Par 72

Saison: März-November
Mindest-HCP WT/WE: 54
Anmeldung WT/WE: Ja
Mitgl.-begl. WT/WE: Nein
VcG WT/WE: Ja

18-Loch Greenfee WT/WE: EUR 65/75

(Greenfee-Preise können je nach DGV-Ausweiskennzeichnung abweichen)

2:1

Platzcharakteristik:

Der Golf- und Landschaftspark spiegelt mit bäuerlichem Mosaik aus Felsgruppen, Trockenrasen, Waldflächen und Hecken den Charakter der Fränkischen Schweiz in Reinkultur wider. Eines der interessantesten Löcher ist die 1. Das Loch zieht sich um einen Wald herum und direkt vor dem Grün befindet sich ein Dogleg, das nur mit einem langen Fairwayholz überspielt werden kann. Also heißt die Frage "vorlegen" oder "Risiko".

Pro-Shop » Large «

Level

Kurzpl.

GolfPost 4,7/5

BAY

DGV-NR. 8939

GOLFCLUB GERHELM NÜRNBERGER-LAND E.V.

Gerhelm 1
91235 Velden
Tel. 09152 398
buero@gerhelm.de
www.gerhelm.de

Zum Schäferkarr'n
Tel. 09152 9280666
www.schaeferkarrn.de
Ruhetag: montags, saisonale Spezialitäten & köstl. Lammgerichte

Löcheranzahl: 18
Gegründet: 1995
Höhe: 540 m
H: 5465 m, CR 70,6, SL 138, Par 72
D: 4755 m, CR 71,6, SL 130, Par 72

Saison: März-November
Mindest-HCP WT/WE: 54
Anmeldung WT/WE: Ja
Mitgl.-begl. WT/WE: Nein
VcG WT/WE: Ja

18-Loch Greenfee WT/WE: EUR 60/70

(Greenfee-Preise können je nach DGV-Ausweiskennzeichnung abweichen)

Platzcharakteristik:

Die GOLFANLAGE GERHELM liegt fernab von Stress und Alltagslärm nahe Lauf a. d. Pegnitz am Rande der Fränkischen Schweiz. Ein phantastisches Panorama sowie abwechslungsreiches, leicht hügeliges Gelände sind der Rahmen der ersten und einzigen 18-Loch-Golfanlage im Landkreis Nürnberger Land. Auf insgesamt 1,25 Millionen Quadratmetern Fläche entstand 1997 diese Anlage als Einzige in einem Landschaftschutzgebiet. Natur und Sport sind in Gerhelm schon seit Entstehung eng miteinander verbunden. Zahlreiche Hügel, Felsvorsprünge, tief abfallende und weit auslaufende Spielbahnen bieten ständig wechselnde Perspektiven-optimale Voraussetzungen für einen Golfplatz mit Charakter.

Pro-Shop » Basic « | Level | Kurzpl.

GolfPost 4,6/5

DGV-NR. 8819

GOLFCLUB FRÄNKISCHE SCHWEIZ E.V.

Kanndorf 8
91320 Ebermannstadt
Tel. 09194 4827
gcfraenkischeschweiz@t-online.de
www.gc-fs.de

Erika Messingschlager
Tel. 09194 76710

Löcheranzahl: 18
Gegründet: 1974
Höhe: 470 m
H: 6110 m, CR 73,1, SL 129, Par 72
D: 5382 m, CR 74,9, SL 129, Par 72

Saison: April-November
Mindest-HCP WT/WE: 54
Anmeldung WT/WE: Ja
Mitgl.-begl. WT/WE: Nein
VcG WT/WE: Ja

18-Loch Greenfee WT/WE: EUR 60/70

(Greenfee-Preise können je nach DGV-Ausweiskennzeichnung abweichen)

2:1

Platzcharakteristik:

Im Herzen der Fränkischen Schweiz liegt die 1974 gegründete Golfanlage. Abwechslungreiche Spielbahnen bieten Herausforderung für den ambitionierten Golfer und auch Genuss für Spieler, die Ruhe und Natur lieben. Die Fairways werden von vielen Obstbäumen und Wildblumen gesäumt.

Pro-Shop | Level | Kurzpl.

GolfPost 4,1/5

BAY

DGV-NR. 8888

GOLFCLUB REICHSSTADT BAD WINDSHEIM E.V.

Otmar-Schaller-Allee 1
91438 Bad Windsheim
Tel. 09841 5027
gc.badwindsheim@t-online.de
www.golf-bw.de

Panorama Café-Restaurant am Golfplatz
Tel. 09841 9199847

Löcheranzahl: 18
Gegründet: 1990
Höhe: 340 m
H: 6198 m, CR 72,1, SL 129, Par 73
D: 5494 m, CR 74,6, SL 128, Par 73

Saison: ganzjährig
Mindest-HCP WT/WE: 54
Anmeldung WT/WE: Ja
Mitgl.-begl. WT/WE: Nein
VcG WT/WE: Ja

18-Loch Greenfee WT/WE: EUR 60/70

(Greenfee-Preise können je nach DGV-Ausweiskennzeichnung abweichen)

2:1

Platzcharakteristik:

Auf den ersten Blick macht das überwiegend flache Gelände in dem langgezogenen Tal zwischen den landschaftstypischen Weinbergen einen eher leicht zu spielenden Eindruck. Durch viele taktisch platzierte Bunker, Teiche und Bäume verlangt der Platz jedoch von Spielern jeder Spielstärke einiges ab.

Pro-Shop » Basic « | Level | Kurzpl.

GolfPost 5,0/5

DGV-NR. 8988

GOLFPARK ROMANTISCHE STRASSE DINKELSBÜHL

Seidelsdorf 65
91550 Dinkelsbühl
Tel. 09851 582259
info@golfpark-romantische-strasse.de
www.golfpark-romantische-strasse.de

"bistro am golfpark"
Tel. 09851 582309

Löcheranzahl: 9
Gegründet: 1994
Höhe: 250 m
H: 6178 m, CR 72,4, SL 139, Par 72
D: 5456 m, CR 74,3, SL 131, Par 72

Saison: April-Oktober
Mindest-HCP WT/WE: 54
Anmeldung WT/WE: Nein
Mitgl.-begl. WT/WE: Nein
VcG WT/WE: Ja

18-Loch Greenfee WT/WE: EUR 40

(Greenfee-Preise können je nach DGV-Ausweiskennzeichnung abweichen)

Platzcharakteristik:

Vor den Toren der historischen Stadt Dinkelsbühl befindet sich der Golfpark Romantische Straße. Nur 5 Minuten von der A7 entfernt finden Sie eine Golfanlage in Harmonie mit der Natur. Die Landschaft bietet Liebhabern von Wasser, Wäldern und Wiesen herrliche Aussichten auf das leicht hügelige Frankenland. Der Golfplatz erstreckt sich über eine Fläche von 55 Hektar und fügt sich nahtlos in die Natur ein. Vom Bistro genießen Sie einen Panorama-Blick über die Golfanlage. Sportlich attraktive Golfevents und Kursveranstaltungen der Golfakademie vervollständigen unser Angebot. Hotels in und um Dinkelsbühl bieten Ihnen eine Vielzahl von Pauschalen, Wellnessangeboten und Kulturveranstaltungen.

Pro-Shop » Basic « | Level | Kurzpl.

GolfPost 5,0/5

DGV-NR. 8838

GOLFCLUB LICHTENAU-WEICKERSHOF E.V.

Weickershof 1
91586 Lichtenau
Tel. 09827 92040
info@gclichtenau.de
www.gclichtenau.de
Hotel & Ristorante Il Giardino
Tel. 09827 9282533
ilgiardino@gmx.de

Löcheranzahl: 18
Gegründet: 1977
Höhe: 460 m
H: 6106 m, CR 72,6, SL 138, Par 72
D: 5153 m, CR 73,0, SL 134, Par 72

Saison: März-November
Mindest-HCP WT/WE: 54
Anmeldung WT/WE: Ja
Mitgl.-begl. WT/WE: Nein
VcG WT/WE: Ja

18-Loch Greenfee WT/WE: EUR 60/70

(Greenfee-Preise können je nach DGV-Ausweiskennzeichnung abweichen)

Platzcharakteristik:

HERZLICH WILLKOMMEN im Golfclub Lichtenau-Weickershof e.V., der Perle des fränkischen Golfsports. Inmitten der reizvollen und idyllischen mittelfränkischen Landschaft ist der 18-Loch-Meisterschaftsplatz die Adresse der renommierten Golfclubs in Nordbayern.

Interessante Spielbahnen, die durch malerische Streuobstwiesen und alten Nadelholzbestand, entlang an Bachläufen und Fischweihern, führen, versprechen den Golfbegeisterten aller Spielstärken eine abwechslungsreiche und entspannende Golfrunde. Der Platz besticht nicht nur durch seine landschaftliche Schönheit, sondern verspricht anspruchsvolles Spiel für jeden Golfer, gleichgültig ob Anfänger oder Profi.

Pro-Shop » Basic «
Level
Kurzpl.

GolfPost 5,0/5

DGV-NR. 8703

GOLFPARK ROTHENBURG-SCHÖNBRONN

Schönbronn1
91592 Buch am Wald
Tel. 09868 959530
info@gp-rbg.de
www.golfpark-rothenburg.de
Hofgut Schönbronn
Tel. 09868 9399861
www.hofgut-schoenbronn.de

Löcheranzahl: 18+6
Gegründet: 2010
Höhe: 450 m
H: 6003 m, CR 71,6, SL 133, Par 73
D: 5028 m, CR 71,4, SL 129, Par 73

Saison: ganzjährig
Mindest-HCP WT/WE: k.A.
Anmeldung WT/WE: Ja
Mitgl.-begl. WT/WE: Nein
VcG WT/WE: Ja

18-Loch Greenfee WT/WE: EUR 56/68

(Greenfee-Preise können je nach DGV-Ausweiskennzeichnung abweichen)

2:1

Platzcharakteristik:

Der Golfpark Rothenburg-Schönbronn zählt unter Golfern bereits als Perle Mittelfrankens. Unweit der historischen Reichsstadt Rothenburg ob der Tauber, erstrecken sich 18 spannende Spielbahnen des Meisterschaftsplatzes. Eingebettet in der typischen, leicht hügeligen Landschaft des Naturpark Frankenhöhe finden sich zahlreiche Wasserhindernisse und Bunker. Das besonders abwechslungsreiche Layout garantiert dem Freizeitgolfer ein Maximum an Spaß und Spielfreude und bietet geübten Spielern dennoch Herausforderungen. Das offene Platzdesign gewährt beeindruckende Ausblicke und der großzügige Proshop mit seiner Angebotsvielfalt ist immer einen Besuch wert. Die mediterrane Küche im Hofgut Schönbronn rundet das perfekte Golferlebnis ab.

Pro-Shop » Large «
Level
Kurzpl.

GolfPost 4,7/5

BAY

DGV-NR. 8802

GOLFCLUB ANSBACH E.V.

Rothenburger Str. 35
91598 Colmberg
Tel. 09803 600
sekretariat@golf-ansbach.de
www.golf-ansbach.de

Tel. 09803 600
Ruhetag: montags

Löcheranzahl: 18
Gegründet: 1960
Höhe: 480 m
H: 5118 m, CR 68,4, SL 128, Par 70
D: 4346 m, CR 69,5, SL 125, Par 70

Saison: März-November
Mindest-HCP WT/WE: 54
Anmeldung WT/WE: Nein
Mitgl.-begl. WT/WE: Nein
VcG WT/WE: Ja

18-Loch Greenfee WT/WE: EUR 40

(Greenfee-Preise können je nach DGV-Ausweiskennzeichnung abweichen)

2:1

Platzcharakteristik:

Der 1960 gegr. GC Ansbach gehört zu den traditionsreichsten Clubs in Bayern. Am Fuße der malerischen Hohenzollernburg in Colmberg schmiegen sich die ersten 9 Löcher der GA entlang des Burgberges. Die zweiten 9 liegen nahe der Altmühl. Unsere Mitgl. schätzen neben der Herausforderung des Platzes vor allem auch die naturverbundene Schönheit der Anlage, die zweifelsohne zu den landschaftlich attraktivsten in Mittelfranken gehört. Die familiäre Atmosphäre haben wir uns bis heute erhalten. In unserem gemütlichen Clubhaus und auf der Sonnenterrasse finden Sie immer nette Leute für einen anregenden Plausch. Die Altmühlrunde wurde am 20. Mai 2017 eingeweiht und steht zusätzlich zur traditionellen Burgrunde allen Gästen u. Mitgl. zur Verfügung.

Pro-Shop » Basic « | Level | Kurzpl.

GolfPost 4,5/5

DGV-NR. 8932

GOLFCLUB ZOLLMÜHLE E.V.

Zollmühle 1
91792 Ellingen
Tel. 09141 3976
info@golfanlage-zollmuehle.de
www.golfanlage-zollmuehle.de

Zollmühle
Tel. 09141 3976

Löcheranzahl: 27
Gegründet: 1996
Höhe: 383 m
H: 6127 m, CR 72,8, SL 128, Par 72
D: 5127 m, CR 73,0, SL 124, Par 72

Saison: ganzjährig
Mindest-HCP WT/WE: 54
Anmeldung WT/WE: Ja
Mitgl.-begl. WT/WE: Nein
VcG WT/WE: Ja

18-Loch Greenfee WT/WE: EUR 65/75

(Greenfee-Preise können je nach DGV-Ausweiskennzeichnung abweichen)

2:1

Platzcharakteristik:

Die Golfanlage Zollmühle, einer der landschaftlich schönsten und abwechslungsreichsten Anlagen Mittelfrankens, liegt inmitten des idyllischen Rezattals zwischen Ellingen und Pleinfeld am Rande des neuen fränkischen Seenlandes. Hügeliges Gelände mit altem Baumbestand bereitet ein abwechslungsreiches Spiel.

Pro-Shop » Basic « | Level | Kurzpl.

GolfPost 4,7/5

BAY

DGV-NR. 8845

GOLFCLUB LAUTERHOFEN E.V.

Ruppertslohe 18
92283 Lauterhofen
Tel. 09186 1574
info@gc-lauterhofen.de
www.gc-lauterhofen.de
"Chip Inn"
Tel. 09186 1681
AP: Katja Dörner

Löcheranzahl: 18
Gegründet: 1987
Höhe: 460 m
H: 5960 m, CR 72,5, SL 136, Par 72
D: 5291 m, CR 74,7, SL 129, Par 72

Saison: ganzjährig
Mindest-HCP WT/WE: 54
Anmeldung WT/WE: Ja
Mitgl.-begl. WT/WE: Nein
VcG WT/WE: Ja

18-Loch Greenfee WT/WE: EUR 60/75

(Greenfee-Preise können je nach DGV-Ausweiskennzeichnung abweichen)

Platzcharakteristik:

Die 18-Loch-Anlage liegt in einer typischen Juralandschaft auf einem hügeligen Gelände zwischen Mischwäldern im "Lindeltal". Zahlreiche natürliche Hindernisse, Fairwaybunker und wirkungsvoll von Bunkern verteidigte Grüns prägen die Spielanforderungen dieses Platzes.

Pro-Shop » Basic « | Level | Kurzpl.

GolfPost 4,8/5

DGV-NR. 8864

GOLF- UND LANDCLUB SCHMIDMÜHLEN E.V.

Am Theilberg 1
92287 Schmidmühlen
Tel. 09474 701
golf@glcs.bayern
www.golf-schmidmuehlen.de
Gaststätte am Theilberg
Tel. 09474 8238

Löcheranzahl: 18
Gegründet: 1969
Höhe: 450 m
H: 5757 m, CR 70,7, SL 136, Par 72
D: 5111 m, CR 72,9, SL 127, Par 72

Saison: April-Oktober
Mindest-HCP WT/WE: 54/36-54
Anmeldung WT/WE: Ja
Mitgl.-begl. WT/WE: Nein
VcG WT/WE: Ja

18-Loch Greenfee WT/WE: EUR 60/70

(Greenfee-Preise können je nach DGV-Ausweiskennzeichnung abweichen)

2:1

Platzcharakteristik:

Die Anlage wurde großzügig auf einem leicht hügeligem Gelände auf einem Höhenrücken des Oberpfälzer Mittelgebirges angelegt. Die Spielbahnen werden überwiegend durch Nadelwald in einem gebührenden Abstand begrenzt. Der abwechslungsreiche Platz mit hängenden Fairways, landschaftlich reizvoll auf einem Hochplateau gelegen, verlangt präzises Spiel. Zwei neue Spielbahnen (ab 2006) und der geänderte Bahnenverlauf machen den Platz noch attraktiver.

Pro-Shop » Basic « | Level | Kurzpl.

GolfPost 5,0/5

BAY

DGV-NR. 8916

GOLF-CLUB HERRNHOF E.V.

Am Herrnhof 1
92318 Neumarkt
Tel. 09188 3979
club@golfclub-herrnhof.de
www.golfclub-herrnhof.de

Restaurant am Herrnhof
Tel. 09188 905665
AP: Familie Kaziakos

Löcheranzahl: 18
Gegründet: 1991
Höhe: 450 m
H: 5769 m, CR 72,1, SL 132, Par 72
D: 5156 m, CR 74,3, SL 129, Par 72

Saison: März-November
Mindest-HCP WT/WE: 54
Anmeldung WT/WE: Ja
Mitgl.-begl. WT/WE: Nein
VcG WT/WE: Ja

18-Loch Greenfee WT/WE: EUR 60

(Greenfee-Preise können je nach DGV-Ausweiskennzeichnung abweichen)

2:1

Platzcharakteristik:

Der 18-Loch Platz liegt im Nordwesten der Stadt Neumarkt in der Oberpfalz und verfügt über eine schnelle und verkehrsgünstige Anbindung an den Raum Nürnberg-Fürth. Ein abwechslungsreicher, vorwiegend ebener Golfplatz mit Bunkern, Wasserhindernissen, weitläufigen Fairways und gepflegten Grüns verspricht für Golfer jeder Spielstärke viel Spaß und Erfolg. Vom Abschlag der 14. Bahn hat man einen wundervollen Blick über das Tal auf Neumarkt mit der Burgruine Wolfstein im Hintergrund. Zum Ende der Runde präsentiert sich Bahn 18 als finale Herausforderung, das Grün wird von einem großen Teich geschützt. Durch das ungezwungene, lebendige Clubleben findet man alleine, mit dem Partner oder in der Gruppe schnell Anschluss und Gleichgesinnte.

Pro-Shop » Basic « | Level | Kurzpl.

GolfPost 5,0/5

DGV-NR. 8968

ALTMÜHLGOLF BEILNGRIES GMBH

Ottmaringer Tal 1
92339 Beilngries
Tel. 08461 6063333
info@altmuehlgolf.de
www.altmuehlgolf.de

Bella Sicilia
Tel. 08461 700327
info@altmuehlgolf.de
Ruhetag: dienstags
AP: Claudia Alabiso

Löcheranzahl: 9
Gegründet: 2004
Höhe: 380 m
H: 2879 m, CR 70,8, SL 132, Par 36
D: 2492 m, CR 72,2, SL 128, Par 36

Saison: ganzjährig
Mindest-HCP WT/WE: PR
Anmeldung WT/WE: Nein
Mitgl.-begl. WT/WE: Nein
VcG WT/WE: Ja

18-Loch Greenfree WT/WE: EUR 40/50

(Greenfee-Preise können je nach DGV-Ausweiskennzeichnung abweichen)

2:1

Platzcharakteristik:

Mitten in Bayern entstand 2006 der erste und einzige Golfplatz im Altmühltal. Naturbelassene Fairways, abwechslungsreiche, leicht hügelige Spielbahnen sind für Golfer jeder Spielstärke interessant. Sportlich anspruchsvolles Spiel oder rundum entspannendes Golferlebnis – auf der Anlage der Altmühlgolf Beilngries GmbH stehen Ihnen alle Möglichkeiten offen. Unser Signature Hole, die Bahn 9, Par 4, ist mit ihrem erhöhten Anschlag und nicht einsehbarem Inselgrün, eine besondere Herausforderung. Über unsere kostenlosen Schnupperkurse bis hin zu Platzreifekursen wird Ihnen der Zugang zum Golfsport ermöglicht. Die traumhafte Sonnenterrasse unseres Golfstüberl´s lädt nach der Runde zum Verweilen und Genießen ein.

Pro-Shop » Basic « | Level | Kurzpl.

GolfPost 3,5/5

BAY

DGV-NR. 8958

GOLF CLUB AM HABSBERG E.V.

Zum Golfplatz 1
92355 Velburg-Unterwiesenacker
Tel. 09182 931910
gcah@juragolf.de
www.juragolf.de
"Kaymers 59"
Tel. 09182 3530045
AP: Florian Woellmer

Löcheranzahl: 18
Gegründet: 2002
Höhe: 560590 m
H: 6090 m, CR 72,6, SL 134, Par 72
D: 5220 m, CR 73,1, SL 134, Par 72

Saison: März-November
Mindest-HCP WT/WE: PR
Anmeldung WT/WE: Ja
Mitgl.-begl. WT/WE: Nein
VcG WT/WE: Ja

18-Loch Greenfee WT/WE: EUR 80/100

(Greenfee-Preise können je nach DGV-Ausweiskennzeichnung abweichen)

Platzcharakteristik:

Die sportlich anspruchsvolle 18-Loch-Anlage ist der erste Golfplatz von Graham Marsh in Europa. Der Platz verfügt über ein attraktives Design mit sanft modellierten Fairways, von Bunkern und Teichen gut, aber fair beschützten Greens und einer generellen Konzeption, die gekonnte Schläge belohnt, aber auch eine weniger riskante Variante zulässt. Den zusätzlichen Reiz der Anlage macht die traumhafte Juralandschaft aus.

Pro-Shop » Large « | Level | Kurzpl.

GolfPost 4,7/5

DGV-NR. 8902

JURA GOLF E.V. HILZHOFEN

Hilzhofen 23
92367 Pilsach
Tel. 09182 9319140
info@juragolf.de
www.juragolf.de
„Golfrestaurant Hilzhofen"
Tel. 09186 17128
Betr. Familie Ballato

Löcheranzahl: 27
Gegründet: 1992
Höhe: 570590 m
Meisterschaftsplatz Hilzhofen
H: 5810 m, CR 70,8, SL 127, Par 72
D: 5183 m, CR 72,8, SL 127, Par 72

Saison: März-November
Mindest-HCP WT/WE: PR
Anmeldung WT/WE: Ja
Mitgl.-begl. WT/WE: Nein
VcG WT/WE: Ja

18-Loch Greenfee WT/WE: EUR 65/85

(Greenfee-Preise können je nach DGV-Ausweiskennzeichnung abweichen)

Platzcharakteristik:

Die Golfanlage wurde an einem Südhang auf einem 82 ha großen Areal in einen reizvollen Naturpark eingebettet. Neben natürlich gewachsenen Biotopen und Wasserhindernissen ist v.a. der sehr gute Pflegezustand hervor zu heben. Viele Grüns bieten den Spielern einen reizvollen Blick über das Juratal. Für Einsteiger besonders interessant ist die Golfakademie, die ebenfalls auf diesem Platz mit ihrem angeschlossenen 9-Loch-Kurzplatz, beheimatet ist.

Pro-Shop » Large « | Level | Kurzpl.

GolfPost 4,3/5

BAY

DGV-NR. 8846

GOLF- UND LANDCLUB OBERPFÄLZER WALD E.V.

GOLF& NATUR DGV Zertifikat

Ödengrub 1
92431 Neunburg vorm Wald
Tel. 09439 466
info@glcoberpfaelzerwald.de
www.golf-oberpfalz.de

Clubgastronomie
Tel. 09439 1079
www.golf-oberpfalz.de/gastro
Ruhetag: montags

Löcheranzahl: 18
Gegründet: 1977
Höhe: 510 m
H: 5778 m, CR 70,7, SL 135, Par 72
D: 4903 m, CR 71,5, SL 125, Par 72

Saison: April-Oktober
Mindest-HCP WT/WE: 54
Anmeldung WT/WE: Ja
Mitgl.-begl. WT/WE: Nein
VcG WT/WE: Ja

18-Loch Greenfee WT/WE: EUR 60/70

(Greenfee-Preise können je nach DGV-Ausweiskennzeichnung abweichen)

Platzcharakteristik:

Kommen sie auf die Anlage des Golf- und Landclubs Oberpfälzer Wald! Die 18 Bahnen liegen in einer Talmulde inmitten eines Landschaftsschutzgebietes in der reizvollen Region des Oberpfälzer Waldes. Auch wenn sich der Golfer ganz auf sein Spiel konzentriert, so sollte er den fantastischen Panoramablick auf die herrliche, umliegende Landschaft genießen. Die herrliche Aussicht über das Oberpfälzer Seenland entschädigt sicherlich auch für den einen oder anderen nicht so perfekten Schlag. Ein kulinarisches "Hole in one" bietet die abwechslungsreiche Küche in unserem Clubrestaurant, wo sie sich nach einer gelungenen Golfrunde wunderbar stärken und in angenehmer geselliger Atmosphäre den Tag ausklingen lassen.

Pro-Shop » Basic « | Level | Kurzpl.

GolfPost 5,0/5

DGV-NR. 8723

GOLF CLUB AM EIXENDORFER SEE

Hillstett 69
92444 Rötz
Tel. 09976 2017247
info@golf-eixendorfer-see.de
www.golf-eixendorfer-see.de

Löcheranzahl: 18
Gegründet: 2014
H: 4725 m, CR 65,1, SL 119, Par 69
D: 4379 m, CR 67,7, SL 118, Par 69

Saison:
Mindest-HCP WT/WE: k.A.
Anmeldung WT/WE: Nein
Mitgl.-begl. WT/WE: Nein
VcG WT/WE: Ja

18-Loch Greenfee WT/WE: EUR 50

(Greenfee-Preise können je nach DGV-Ausweiskennzeichnung abweichen)

Platzcharakteristik:

Wunderschön gelegene 18-Loch-Anlage, die für Spieler aller Spielstärken geeignet und gleichermaßen interessant ist.

Komplett vom Golfplatz umgeben liegt das Hotel & Resort „Die Wutzschleife", Hotel für Ayurveda, Wellness, Golf und Gourmet.

Hier bleiben keine Wünsche offen!

Pro-Shop » Basic « | Level | Kurzpl.

DGV-NR. 8892

GOLFCLUB SCHWANHOF E.V.

Klaus-Conrad-Allee 1
92706 Luhe-Wildenau
Tel. 09607 92020
info@golfclub-schwanhof.de
www.golfclub-schwanhof.de

Schwanhof
Tel. 09607 920216
gastro@golfclub-schwanhof.de
Ruhetag: dienstags
AP: Sabine Hennings

Löcheranzahl: 18
Gegründet: 1990
Höhe: 460 m
H: 5696 m, CR 71,3, SL 134, Par 72
D: 4916 m, CR 72,2, SL 133, Par 72

Saison: März-Dezember
Mindest-HCP WT/WE: PR/36
Anmeldung WT/WE: Ja
Mitgl.-begl. WT/WE: Nein
VcG WT/WE: Nein

18-Loch Greenfee WT/WE: EUR 80/95

(Greenfee-Preise können je nach DGV-Ausweiskennzeichnung abweichen)

Platzcharakteristik:

Eingebettet in das leicht hügelige Gebiet der Oberpfalz liegt der mit einem "Hauch Amerika" versehene Platz auf einem ehem. landwirtschaflich genutzten 80 ha großen Gelände. Durch gelungene Architektur werden hohe Anforderungen an Strategie und Präzision gestellt. Mit Blick auf Burg Leuchtenberg bietet die Anlage ein herrliches Panorama und First Class Golf auch abseits der Spielbahnen. Der Club ist Mitglied der "Leading Golf Courses of Germany".

Pro-Shop » Large « | Level | Kurzpl.

GolfPost 4,8/5

DGV-NR. 8908

GOLFCLUB BAD ABBACH-DEUTENHOF E.V.

Deutenhof 2
93077 Bad Abbach
Tel. 09405 9532-0
info@golf-badabbach.de
www.golf-badabbach.de

Villa Giani - Cucina, Bar, Hotel
Tel. 09405 953230
mail@villagiani.de
www.villagiani.eu
Ruhetag: kein Ruhetag

Löcheranzahl: 27
Gegründet: 1993
Höhe: 425 m
H: 5817 m, CR 70,5, SL 128, Par 72
D: 5159 m, CR 72,5, SL 125, Par 72

Saison: Februar-Dezember
Mindest-HCP WT/WE: 54
Anmeldung WT/WE: Ja
Mitgl.-begl. WT/WE: Nein
VcG WT/WE: Ja

18-Loch Greenfee WT/WE: EUR 62/72

(Greenfee-Preise können je nach DGV-Ausweiskennzeichnung abweichen)

2:1

Platzcharakteristik:

Die 27-Loch-Anlage, bestehend aus einem 18-Loch-Championship-Platz und einer öffentlichen 9-Loch-Anlage, erstreckt sich über eine Fläche von 110 Hektar und ist eingebettet in die hügelige Landschaft unweit der Donau. Sie bietet für jeden, vom Anfänger bis zum versierten Golfer, optimale Trainings- und Spielbedingungen.

Die Spielbahnen des Par 72-Kurses, 10 Par 4 sowie jeweils vier Par 3 und Par 5, sind mit gut platzierten Hindernissen sehr abwechslungsreich gestaltet und fordern alle höchste Konzentration.

Von einigen Abschlägen hat man eine wunderbare Aussicht bis in den vorderen Bayerischen Wald. In der Regel ist der 18-Loch-Platz 9 bis 10 Monate im Jahr auf Sommergrüns bespielbar.

Pro-Shop » Large « | Level | Kurzpl.

GolfPost 4,4/5

BAY

DGV-NR. 8855

GOLF- UND LAND-CLUB REGENSBURG E.V.

Thiergartenstraße 10
93093 Jagdschloß Thiergarten
Tel. 09403 505
sekretariat@golfclub-regensburg.de
www.golfclub-regensburg.de
Jagdschloss Thiergarten
Tel. 09403 1505
gastronomie@golfclub-regensburg.de

Löcheranzahl: 18
Gegründet: 1966
Höhe: 450 m
H: 5789 m, CR 71,5, SL 138, Par 72
D: 5069 m, CR 73,2, SL 131, Par 72

Saison: März-November
Mindest-HCP WT/WE: 54/36
Anmeldung WT/WE: Nein
Mitgl.-begl. WT/WE: Nein
VcG WT/WE: Ja

18-Loch Greenfee WT/WE: EUR 65/85

(Greenfee-Preise können je nach DGV-Ausweiskennzeichnung abweichen)

Platzcharakteristik:

Der Platz des G&LC Regensburg e.V. entstand auf einer engl. Parklandschaft mit bis zu 300 Jahre altem Baumbestand und befindet sich an den Ausläufern des bayerischen Waldes. Er bietet einen wunderbaren Ausblick über das Donautal und ist für Golfer jeder Spielstärke eine Herausforderung. Beim Clubhaus mit holzgetäfelten Räumen, Fayencekaminen und Schlossterrasse handelt es sich um das 1885 erbaute Jagdschloss der Fürsten zu Thurn und Taxis.

Pro-Shop » Large « | Level | Kurzpl.

GolfPost 5,0/5

DGV-NR. 8982

GOLF & YACHTCLUB GUT MINORITENHOF

Minoritenhof 1
93161 Sinzing
Tel. 0941 3786100
welcome@golfsinzing.de
www.golfsinzing.de
Minoritenhof
Tel. 0941 4639383131

Löcheranzahl: 27
Gegründet: 1988
H: 5724 m, CR 70,2, SL 130, Par 72
D: 5085 m, CR 72,4, SL 125, Par 72

Saison: ganzjährig
Mindest-HCP WT/WE: 54
Anmeldung WT/WE: Nein/Ja
Mitgl.-begl. WT/WE: Nein
VcG WT/WE: Ja

18-Loch Greenfee WT/WE: EUR 65/75

(Greenfee-Preise können je nach DGV-Ausweiskennzeichnung abweichen)

Platzcharakteristik:

Der Minoritenhof - viele hundert Jahre alt - liegt vor den Toren der antiken Römer- und UNESCO-Weltkulturerbestadt Regensburg. Die 27-Loch-Golfanlage befindet sich im wunderschönen Donautal und ist umgeben von grünen Hügeln und Feldern, die sich entsprechend der Jahreszeit zu einer einzigartigen Kulisse für das Schauspiel der Natur verwandeln. Die Golfanlage wurde vor 30 Jahren gebaut und zählt zu den schönsten Plätzen in ganz Bayern. Sie besteht aus einem 18-Loch-Meisterschaftsplatz, einem öffentlichen 9-Loch-Platz und einem großzügigen Übungsgelände.

Pro-Shop » Basic « | Level | Kurzpl.

GolfPost 4,0/5

BAY

DGV-NR. 8959

MARC AUREL SPA & GOLF RESORT

Heiligenstädter Str. 34-36
93333 Bad Gögging
Tel. 09445 958-0
golf@marcaurel.de
www.marcaurel.de

DOMUS – Haus der Genießer"Forum"

Löcheranzahl: 9
Gegründet: 2002
Höhe: 355 m
H: 2768 m, CR 58,7, SL 104, Par 60
D: 2768 m, CR 59,1, SL 100, Par 60

Saison: ganzjährig
Mindest-HCP WT/WE: 54
Anmeldung WT/WE: Nein
Mitgl.-begl. WT/WE: Nein
VcG WT/WE: Ja

18-Loch Greenfee WT/WE: EUR 40

(Greenfee-Preise können je nach DGV-Ausweiskennzeichnung abweichen)

Platzcharakteristik:

Das MARC AUREL Spa & Golf Resort verfügt über eine 9-Loch-Golfanlage mit großzügigem Übungsareal, die zum Golf lernen, Handicap verbessern oder schlicht zu einigen Löchern Golf im Urlaub einlädt. Die Atmosphäre der in unmittelbarer Hotelnähe liegenden Anlage ist ungezwungen und ermöglicht den Gästen ungetrübten Golfspaß.

Pro-Shop » Basic « | Level | Kurzpl.

GolfPost 3,9/5

DGV-NR. 8950

THERMEN GOLF BAD FÜSSING-KIRCHHAM E.V.

Thierham 3
94072 Bad Füssing
Tel. 08537 91990
info@thermengolf.de
www.thermengolf.de

Auszeit am Grün
Tel. 08537 9192480
office@auszeitamgruen.de
www.auszeitamgruen.de
Ruhetag: montags (Nov bis Mrz)

Löcheranzahl: 18
Gegründet: 2000
Höhe: 400 m
H: 5724 m, CR 69,4, SL 120, Par 72
D: 4729 m, CR 69,4, SL 118, Par 72

Saison: ganzjährig
Mindest-HCP WT/WE: PR
Anmeldung WT/WE: Ja
Mitgl.-begl. WT/WE: Nein
VcG WT/WE: Ja

18-Loch Greenfee WT/WE: EUR 68

(Greenfee-Preise können je nach DGV-Ausweiskennzeichnung abweichen)

2:1

Platzcharakteristik:

Das ganzjährig geöffnete Golfer-Eldorado des Thermen-GolfClubs Bad Füssing-Kirchham erstreckt sich auf einer Gesamtfläche von 90 ha zwischen den Ortschaften Bad Füssing und Kirchham. Dieser Golfplatz lässt keine Wünsche offen. Die 18 Loch Meisterschaftsanlage ist geschickt in die bestehende Landschaft eingebettet. Alter Baumbestand und Junganpflanzungen bieten nicht nur ein reizvolles Panorama, sondern auch Schutz für Fasane und Rehe. Der naturbelassene Erlbach zieht seine Wege durch die gesamte Golfanlage. Der ebene und leicht zu begehende Platz geizt nicht an sportlich anspruchsvollen Herausforderungen für alle Leistungsstärken. Sehr schönes Clubhaus, großzügig mit Terrasse und wunderbaren Blick auf die Golfanlage.

Pro-Shop » Large « | Level | Kurzpl.

GolfPost 5,0/5

BAY

Golfhotels im Niederbayerischen Bäderdreieck

HOTEL MÜRZ
WUNSCH HOTEL

Natural Health & Spa
Wunsch Hotel Mürz
Birkenallee 7-9
94072 Bad Füssing
Tel. 08531 9580
Fax 08531 29876
info@muerz.de
www.muerz.de

KUREN-CAMPEN-ERHOLEN
★★★★
APPARTEMENTHOTEL
Preishof
direkt am Golfplatz Bad Füssing- Kirchham

Appartementhotel★★★★-Camping
Preishof „Am Golfplatz"
nur 200 m zum Clubhaus
Angloh 1
94148 Kirchham
Tel. 08537 919200
info@preishof.de
www.preishof.de
Tiefgarage & Saunalandschaft
in der neuen Wellnessoase

---

first class
PARK HOTEL
An Der Quelle
Mediterran Entspannen

Wellness-Fitness-Beauty
Parkhotel★★★★
Waldstr. 16
94072 Bad Füssing
Tel. 08531 9280
Fax 08531 2061
team@parkhotel.stopp.de
www.parkhotel.stopp.de

GUTSHOF SAGMÜHLE

Gutshof Sagmühle
Golfplatz Sagmühle 1
94086 Bad Griesbach
Tel. +49 (0)8532 96140
info@gutshof-sagmuehle.de
www.gutshof-sagmuehle.de

APOLLO
★★★★
THERMEN-HOTEL

Thermenhotel Apollo
Mozartstraße 1
94072 Bad Füssing
Tel. 08531 9510
Fax 08531 951232
info@hotel-apollo.de
www.hotel-apollo.de

GASS
THERMALHOTEL

Thermen-Hotel Gass★★★S
Finkenstr. 6
94072 Bad Füssing
Tel. 08531 29080
Fax 08531 290884
info@thermenhotel-gass.de
www.thermenhotel-gass.de

DGV-NR. 8826

GOLF-CLUB FURTH IM WALD E.V.

Voithenberg 3
93437 Furth im Wald
Tel. 09973 2089
info@gc-furth.de
www.gc-furth.de

Cafe u. Restaurant zur Einkehr am Voithenberg
Tel. 09973 8053934
info@cafe-vip.de
www.cafe-vip.de

Löcheranzahl: 18
Gegründet: 1982
Höhe: 620 m
H: 5987 m, CR 71,5, SL 136, Par 72
D: 5160 m, CR 72,5, SL 130, Par 72

Saison: April-November
Mindest-HCP WT/WE: 54/45
Anmeldung WT/WE: Ja
Mitgl.-begl. WT/WE: Nein
VcG WT/WE: Ja

18-Loch Greenfee WT/WE: EUR 60/70

(Greenfee-Preise können je nach DGV-Ausweiskennzeichnung abweichen)

2:1

Platzcharakteristik:

Der Platz liegt landschaftlich sehr reizvoll auf dem Gut Voithenberg. Von den meisten Bahnen aus hat man einen herrlichen Blick auf die Berge des Bayerischen Waldes. Der betont natur- und landschaftsgebundene Platz ist reich an altem Baumbestand und kleineren Teichbiotopen. Für den fortgeschrittenen Golfer wird der zwar nicht extrem lange Platz, auch durch seine Bergaufbahnen, reizvoll zu spielen sein.

Pro-Shop » Basic « | Level | Kurzpl.

GolfPost 4,7/5

DGV-NR. 8984

GOLFCLUB SONNENHOF

Himmelreich 13
93462 Lam
Tel. 09943 37-0
gc@sonnenhof-lam.de
www.gc-sonnenhof-lam.de

Hotel & Restaurant
www.sonnenhof-lam.de

Löcheranzahl: 9
Gegründet: 2007
Höhe: 596 m
H: 3.356 m, CR 61,0, SL 107, Par 62
D: 3.356 m, CR 62,3, SL 114, Par 62

Saison: Anfang Mai-Ende Oktober
Mindest-HCP WT/WE: k.A.
Anmeldung WT/WE: Nein
Mitgl.-begl. WT/WE: Nein
VcG WT/WE: Nein

18-Loch Greenfee WT/WE: EUR 50

(Greenfee-Preise können je nach DGV-Ausweiskennzeichnung abweichen)

2:1

Platzcharakteristik:

Der Panorama-Golfplatz Lam zählt von seiner Lage zu den schönsten Golfanlagen in Deutschland. Seine neun Löcher wurden nach den neuesten Erkenntnissen für das Spiel und speziell für die damit verbundene Handicapverbesserung konstruiert und gestaltet. Grundlage dafür war nicht die übliche Star-Achitektur für einen Singlehandicapspieler, sondern die Erfahrung aus Tausenden von Handicap-Verbesserungskursen in Feriengolfschulen. Immerhin spielen allein in Deutschland über 50% Golfer in der Spielstärke zwischen HCP -36 und HCP -54. Der Golfplatz wurde auch für Feriengolfkurse und die damit verbundenen vorgabewirksamen 9-Loch Stablefordturniere gebaut, die hier erfolgreich durchgeführt werden.

Pro-Shop » Basic « | Level | Kurzpl.

GolfPost 4,2/5

DGV-NR. 8985

PANORAMA GOLF PASSAU

Bromberg 1
94081 Fürstenzell
Tel. 08502 917160
office@panorama-golf.info
www.panorama-golf.info

Panorama
Tel. 08502 917-161
panorama94081@gmail.com
www.panorama-fuerstenzell.de

Löcheranzahl: 18
Gegründet: 2015
Höhe: 430 m
H: 6176 m, CR 72,4, SL 135, Par 73
D: 5098 m, CR 72,4, SL 127, Par 73

Saison: März-November
Mindest-HCP WT/WE: k.A.
Anmeldung WT/WE: Ja
Mitgl.-begl. WT/WE: Nein
VcG WT/WE: Ja

18-Loch Greenfee WT/WE: EUR 70

(Greenfee-Preise können je nach DGV-Ausweiskennzeichnung abweichen)

2:1

Platzcharakteristik:

Golfen im Einklang von Yin und Yang, auf Deutschlands erstem Feng Shui Golfplatz im niederbayerischen Fürstenzell, am Rande von Passau. Ein Stück fernöstliche Philosophie in einer traumhaften Umgebung. Kraft- und Ruheplätze sorgen in dieser zauberhaften, parkähnlichen Landschaft für ein entspanntes und erholsames Golfen. Die an den Abschlägen eingelassenen Bergkristalle dienen spürbar der Energieanreicherung. Steinkreise, Herz- und Akupunkturpunkte bereichern das Auge und das Lebensgefühl. Mit 6.176 m Länge ist der 18-Lochplatz eine Herausforderung für Golfer aller HCP-Klassen. Vom Clubhaus haben sie eine herrliche Sicht auf die Golfanlage und bei klarem Wetter einen Panoramablick bis in die Alpen.

Pro-Shop » Basic « | Level | Kurzpl.

GolfPost 4,0/5

DGV-NR. 8805

GOLFCLUB SAGMÜHLE E.V.

Golfplatz Sagmühle 1
94086 Bad Griesbach
Tel. 08532 2038
info@sagmuehle.de
www.sagmuehle.de

Gutshof Sagmühle
Tel. 08532 96140
info@gutshof-sagmuehle.de
www.gutshof-sagmuehle.de

Löcheranzahl: 18
Gegründet: 1983
Höhe: 350 m
H: 5955 m, CR 71,2, SL 130, Par 72
D: 5180 m, CR 72,8, SL 129, Par 72

Saison: ganzjährig
Mindest-HCP WT/WE: 54
Anmeldung WT/WE: Ja
Mitgl.-begl. WT/WE: Nein
VcG WT/WE: Ja

18-Loch Greenfee WT/WE: EUR 80

(Greenfee-Preise können je nach DGV-Ausweiskennzeichnung abweichen)

%

Platzcharakteristik:

Der Meisterschaftsplatz wurde 1987 eröffnet und liegt unmittelbar an der Rott auf ebenem Gelände. Alter Baumbestand, Büsche, Zierpflanzungen und natürliche Wasserhindernisse begleiten und begrenzen die großzügig angelegten Spielbahnen. Intensive Pflege und eine automatische Fairwaybewässerung garantieren eine hohe Platzqualität. Für das leibliche Wohl während und nach der Runde sorgen das einzige Halfwayhouse der Region nach Loch 10 sowie der Gutshof Sagmühle mit seiner einladenden Terrasse und seinem gemütlich bayerischem Gutshofambiente.

Pro-Shop » Basic « | Level | Kurzpl.

GolfPost 4,7/5

DGV-NR. 8878

GOLF-RESORT BAD GRIESBACH E.V.

Holzhäuser 8
94086 Bad Griesbach
Tel. 08532 7900
golfresort@quellness-golf.com
www.quellness-golf.com

Das Resort verfügt über verschiedene Restaurants und Bars.

Löcheranzahl: 129
Gegründet: 1988
Höhe: 475 m
Bitte beachten Sie die unterschiedlichen Adressen der Plätze.

Saison: ganzjährig witterungsab.
Mindest-HCP WT/WE: 54
Anmeldung WT/WE: Ja
Mitgl.-begl. WT/WE: Nein
VcG WT/WE: Ja

%

Platzcharakteristik:

Fünf individuelle 18-Loch-Meisterschaftsplätzen (darunter drei von Bernhard Langer gestaltete Plätze), drei 9-Loch-Anlagen, 6-Loch Kindergolfplatz "Chervò Junior Golf Course" und 6-Loch Übungsanlage "Hackerwiese".

Optimale Trainingsbedingungen am Trainingszentrum Golfodrom® mit 210 Abschlagplätzen sowie großzügigen Kurzspielbereichen und Indoorputtinghalle.

Weltweit größte Golfakademie mit 30 Golfpros und eigener, wissenschaftlich fundierter Lehrmethode.

Hightech Analysezentrum mit Video-Schwunganalyse, Schläger-Fittingcenter und SAM PuttLab Putterfitting, GSK QED Uneekor Golfsimulatoren, großer Golf- & Modeshop.

EUROPAS GOLF RESORT NR. 1 MIT 129 SPIELBAHNEN

GOLFPLATZ LEDERBACH

18-Loch-Meisterschaftsplatz in Lederbach. Große Höhenunterschiede ermöglichen herrliche Blicke über die Landschaft.
H (weiß): 5955 m, CR 70,5, SL 137, Par 71 / D (rot): 5091 m, CR 73,1, SL 131, Par 73
Tages-Greenfee wochentags: EUR 71, Sa./So./Feiertage: EUR 76, Greenfee Special: So-Do (ausgen. Feiertage) ab 14.30 Uhr: 32 EUR
Hunde - an der Leine - erlaubt
Adresse: Lederbach, 94086 Bad Griesbach, gplederbach@quellness-golf.com

ALLFINANZ GOLFPLATZ BRUNNWIES DESIGNED BY BERNHARD LANGER

Sportlich interessanter Platz mit wunderschönen Aussichten über das niederbayerische Holzland.
H (gelb): 5689 m, CR 70,5, SL 130, Par 70 / D (rot): 4976 m, CR 72,0, SL 124, Par 70
Tages-Greenfee wochentags: EUR 95, Sa./So./Feiertage: EUR 105
Adresse: Brunnwies 5, 94542 Haarbach, gpbrunnwies@quellness-golf.com

ST. WOLFGANG GOLFPLATZ UTTLAU

Flache Spielbahnen, ansteigende Fairways, lange Schläge ins Tal – all das vereint dieser Golfplatz vorzüglich
H (gelb): 5818 m, CR 71,5, SL 133, Par 72 / D (rot): 5074 m, CR 73,1, SL 131, Par 72
Tages-Greenfee wochentags: EUR 84, Sa./So./Feiertage: EUR 90, Greenfee Special: So-Do (ausgen. Feiertage) ab 14.30 Uhr: 37 EUR
Adresse: Am Dorfplatz 3, 94542 Uttlau, gputtlau@quellness-golf.com

BECKENBAUER GOLF COURSE DESIGNED BY BERNHARD LANGER

Besonders gut gepflegter und anspruchsvoller Golfplatz, der mit viel Liebe zum Detail gestaltet wurde. Austragungsort der Porsche European Open 2015/2016.
H (gelb): 6078 m, CR 72,6, SL 129, Par 72 / D (rot): 5174 m, CR 73,6, SL 128, Par 72
Tages-Greenfee wochentags: EUR 105, Sa./So./Feiertage: EUR 115
Adresse: An der Rottwiese 1, 94094 Rotthalmünster, gppenning@quellness-golf.com

PORSCHE GOLF COURSE DESIGNED BY BERNHARD LANGER

Jüngster Meisterschaftsplatz im Golf Resort mit stark ondulierten Fairways und vielen Wasserhindernissen.
H (gelb): 5690 m, CR 70,5, SL 130, Par 71 / D (rot): 4920 m, CR 72,0, SL 129, Par 71
Tages-Greenfee: EUR 89, Sa./So./Feiertage: EUR 99, Greenfee Special: So-Do (ausgen. Feiertage) ab 14.30 Uhr: 47 EUR
Hund - an der Leine - ab 15 Uhr erlaubt.
Adresse: An der Rottwiese 1, 94094 Rotthalmünster, gppenning@quellness-golf.com

BAY

Pro-Shop » Basic «
Level
Kurzpl.

GolfPost 5,0/5

DGV-NR. 8870

GOLF- UND LANDCLUB BAYERWALD E.V.

Poppenreut 11
94118 Jandelsbrunn
Tel. 08581 1040
info@gc-bayerwald.de
www.gc-bayerwald.de

Hofstüberl am Golfplatz
Tel. 08581 964722Hofstüberl
Tel. 08581 96470
www.urlaubshof-bayern.de

Löcheranzahl: 18
Gegründet: 1970
Höhe: 600 m
18-Loch Platz (Poppenreut)
H: 5832 m, CR 70,6, SL 130, Par 72
D: 5318 m, CR 73,5, SL 128, Par 72

Saison: März-Oktober
Mindest-HCP WT/WE: 45-54
Anmeldung WT/WE: Ja
Mitgl.-begl. WT/WE: Nein
VcG WT/WE: Ja

18-Loch Greenfee WT/WE: EUR 80

(Greenfee-Preise können je nach DGV-Ausweiskennzeichnung abweichen)

Platzcharakteristik:

Inmitten der idyllischen und ursprünglichen Landschaft der sanften Hügel des Bayerischen Waldes liegt die 18-Loch Golf-Anlage des Golf- und Landclubs Bayerwald e.V. Herrliche Fairways laden zum Drive ein und der 92 h große Rundcourse bietet Golfern jeder Spielstärke ein unvergessliches Erlebnis! Am höchsten Punkt der Anlage schweift der Blick in den angrenzenden Böhmerwald und auf der anderen Seite wacht die Wallfahrtskirche Wollaberg über den Platz. Ein ganz besonderer Genuss ist der Abschlag 11. Hier bietet sich mit einem Par 3 ein ganz besonderes Signature Hole, das jedes Golferherz höherschlagen lässt. Nach der Golfrunde lässt man sich im anliegenden Landgasthof kulinarisch verwöhnen!

Pro-Shop » Basic « | Level | Kurzpl.

GolfPost 5,0/5

DGV-NR. 8868

DONAU-GOLF-CLUB PASSAU-RASSBACH E.V.

Raßbach 8
94136 Thyrnau
Tel. 08501 91313
info@golf-passau.de
www.golf-passau.de

Leo`s im Golf- und Landhotel Anetseder
Tel. 08501 91313
info@hotel-anetseder.de
www.hotel-anetseder.de

Löcheranzahl: 24
Gegründet: 1986
Höhe: 450 m
H: 5730 m, CR 70,5, SL 130, Par 72
D: 4967 m, CR 71,4, SL 128, Par 72

Saison: März-Oktober
Mindest-HCP WT/WE: PR
Anmeldung WT/WE: Nein
Mitgl.-begl. WT/WE: Nein
VcG WT/WE: Ja

Tages-Greenfee WT/WE: EUR 80

(Greenfee-Preise können je nach DGV-Ausweiskennzeichnung abweichen)

2:1

Platzcharakteristik:

Die 24-Loch Anlage ist ein herausfordernder Platz. Er wurde nach internationalem Standardmaß gebaut und liegt auf einer nach Süden hin offenen Hochfläche. Umsäumt wird der Platz von kleinen und großen bewaldeten Flächen, Biotopen und Bächen. Die phantastische Anlage ist sowohl auf die Bedürfnisse der "Hobbygolfer" als auch auf Turniergolfer zugeschnitten.

Pro-Shop » Basic « | Level | Kurzpl.

GolfPost 4,5/5

BAY

DGV-NR. 8893

GOLFPARK OBERZWIESELAU E.V.

Schloß Oberzwieselau
94227 Lindberg
Tel. 09922 80113
info@golfpark-oberzwieselau.de
www.golfpark-oberzwieselau.de
Ruhetag: montags

Löcheranzahl: 18
Gegründet: 1992
Höhe: 600 m
H: 5949 m, CR 71,4, SL 126, Par 72
D: 5229 m, CR 73,4, SL 130, Par 72

Saison: Mai-Oktober
Mindest-HCP WT/WE: k.A.
Anmeldung WT/WE: Nein
Mitgl.-begl. WT/WE: Nein
VcG WT/WE: Ja

18-Loch Greenfee WT/WE: EUR 50/60

(Greenfee-Preise können je nach DGV-Ausweiskennzeichnung abweichen)

Platzcharakteristik:

Eine Meisterschaftsanlage von hoher Qualität mit erheblichen Anforderungen an die Spieler. Die Gesamtfläche von 100 ha ließ eine großzügige Gestaltung des Platzes inmitten einer hügeligen Parklandschaft in Höhenlagen von 550 m bis 650 m zu.

Pro-Shop » Basic « | Level | Kurzpl.

GolfPost 5,0/5

DGV-NR. 8914

GOLFCLUB GÄUBODEN E.V.

Fruhstorf 6
94330 Aiterhofen
Tel. 09421 72804
kontakt@golfclub-gaeuboden.de
www.golfclub-gaeuboden.de
„Mediterano"
Tel. 09421 5695141
Inh. Etjena Ganic

Löcheranzahl: 18
Gegründet: 1992
Höhe: 330 m
H: 6173 m, CR 72,1, SL 130, Par 72
D: 5486 m, CR 74,5, SL 128, Par 72

Saison: ganzjährig
Mindest-HCP WT/WE: 54
Anmeldung WT/WE: Nein
Mitgl.-begl. WT/WE: Nein
VcG WT/WE: Ja

18-Loch Greenfee WT/WE: EUR 70/80

(Greenfee-Preise können je nach DGV-Ausweiskennzeichnung abweichen)

2:1

Platzcharakteristik:

Der Platz, landschaftlich sehr reizvoll am Fuße des Bayerischen Waldes gelegen, bietet den Spielern einen wunderschönen Blick auf den Bogenberg mit seiner bekannten Wallfahrtskirche. Er ist für Golfer aller Spielstärken geeignet und nahezu ganzjährig bespielbar. Überdurchschnittlich große und schnelle, leicht modellierte "Penn-Links" Grüns gewährleisten optimales und treues Putten. Eine Bewässerungsanlage schützt im Sommer vor Austrocknung.

Hunde sind auf dem Platz (angeleint) wochentags erlaubt.

Pro-Shop » Basic « | Level | Kurzpl.

GolfPost 5,0/5

BAY

DGV-NR. 8891

GOLF-CLUB STRAUBING STADT UND LAND E.V.

Bachhof 9
94356 Kirchroth
Tel. 09428 7169
info@golfclub-straubing.de
www.golfclub-straubing.de

Cafe und Restaurant am See
Tel. 09428 8960

Löcheranzahl: 18
Gegründet: 1991
Höhe: 310 m
H: 5876 m, CR 71,7, SL 135, Par 73
D: 5133 m, CR 73,4, SL 131, Par 73

Saison: März-Oktober
Mindest-HCP WT/WE: 54
Anmeldung WT/WE: Ja
Mitgl.-begl. WT/WE: Ja
VcG WT/WE: Ja

18-Loch Greenfee WT/WE: EUR 70/80

(Greenfee-Preise können je nach DGV-Ausweiskennzeichnung abweichen)

2:1

Platzcharakteristik:

Der bestens gepflegte 18 Loch Golfplatz bietet den Mitglieder und Gästen ein abwechslungsreiches Golferlebnis am Fusse des Bayerischen Waldes. Die Anlage ist mit 6.021 Metern ein Par 73 Kurs mit zwei völlig unterschiedlichen Gesichtern: Die ersten neun Bahnen sind durch die engen Fairways sowie die vielen Bäume und Wasserhindernisse spielerisch sehr anspruchsvoll. Auf den zweiten neun Löchern wird es etwas weitläufiger, jedoch nicht einfacher. Bahn 17 - das "Signature Hole" des Platzes, auch Napoleon genannt - ist ein knapp 110 Meter langes Par 3 mit einem Inselgrün! Im gemütlichen Golfbistro, mit einer grüßzügigen Terrasse, können sich Mitglieder,Gäste und selbstverständlich auch Nichtgolfer verwöhnen lassen mit einem Blick über den See.

Pro-Shop » Basic « | Level | Kurzpl.

GolfPost 4,8/5

DGV-NR. 8938

GOLFCLUB LANDAU/ISAR E.V.

Rappach 2
94405 Landau / Isar
Tel. 09951 599111
info@golfpark-landau.de
www.golfpark-landau.de

Rappacher Stüberl
Tel. 09951 599122
info@rappacher-stueberl.de
Ruhetag: montags

Löcheranzahl: 9
Gegründet: 1997
Höhe: 400 m
H: 5420 m, CR 69,2, SL 121, Par 70
D: 4814 m, CR 71,1, SL 116, Par 70

Saison: März-Oktober
Mindest-HCP WT/WE: PR
Anmeldung WT/WE: Nein
Mitgl.-begl. WT/WE: Nein
VcG WT/WE: Ja

18-Loch Greenfee WT/WE: EUR 40/45

(Greenfee-Preise können je nach DGV-Ausweiskennzeichnung abweichen)

2:1

Platzcharakteristik:

Die Anlage für Spieler aller Klassen liegt in einem kleinen Tal, das Gelände ist etwas hügelig und landschaftlich ein Naturerlebnis. Alle Bahnen sind sehr abwechslungsreich aber fair, die Drive-Zonen einsehbar und relativ eben. Durch die mit Wasserhindernissen versehenen, langen Par 5, wird er für höhere Hcp.-Spieler etwas schwieriger. Für Beginner steht ein schöner Kurzplatz mit einigen Par 3 zur Verfügung. Blick bis zum Bayerischen Wald möglich.

Pro-Shop » Basic « | Level | Kurzpl.

GolfPost 3,0/5

BAY

DGV-NR. 8818

GOLFCLUB SCHLOSSBERG E.V.

Grünbach 8
94419 Reisbach
Tel. 08734 7035
golfclub.schlossberg@t-online.de
www.golfclub-schlossberg.de

Il Verde
Tel. 08734 9383346
info@restaurant-ilverde.de
Inh. Fam. Abazaj

Löcheranzahl: 18
Gegründet: 1985
Höhe: 450 m
H: 6037 m, CR 71,6, SL 126, Par 72
D: 5312 m, CR 73,1, SL 126, Par 72

Saison: April-November
Mindest-HCP WT/WE: 54
Anmeldung WT/WE: Ja
Mitgl.-begl. WT/WE: Nein
VcG WT/WE: Ja

18-Loch Greenfee WT/WE: EUR 70/80

(Greenfee-Preise können je nach DGV-Ausweiskennzeichnung abweichen)

2:1

Platzcharakteristik:

Die Golfanlage Schloßberg liegt im Herzen des Erholungsgebietes "Mittleres Vilstal" in einem hügeligen Gelände mit altem, gewachsenem Baumbestand. Ergänzt durch angelegte Grünflächen, Baum- und Strauchgruppen bieten die großzügig gestalteten Spielbahnen Golfern jeder Spielstärke ideale Bedingungen.

Pro-Shop » Basic « | Level | Kurzpl.

GolfPost 3,8/5

DGV-NR. 8969

GOLFCLUB AM NATIONALPARK BAYERISCHER WALD E.V.

Haslach 43
94568 St. Oswald
Tel. 08558 974980
info@gcanp.de
www.gcanp.de

Löcheranzahl: 18
Gegründet: 2001
H: 5433 m, CR 68,9, SL 129, Par 71
D: 4467 m, CR 68,8, SL 127, Par 71

Saison: April-Oktober
Mindest-HCP WT/WE: 54
Anmeldung WT/WE: Ja
Mitgl.-begl. WT/WE: Nein
VcG WT/WE: Ja

18-Loch Greenfee WT/WE: EUR 60/70

(Greenfee-Preise können je nach DGV-Ausweiskennzeichnung abweichen)

2:1

Platzcharakteristik:

Der Platz des Golfclubs am Nationalpark Bayerischer Wald e.V. wird geprägt von der urwüchsigen Landschaft des ersten deutschen Nationalparks. Er befindet sich in Mitten einer der führenden europäischen Erholungslandschaften. Wer Ruhe und Entspannung sucht, wird hier auf seine Kosten kommen. Unser Golfplatz zeigt, dass Naturschutz und Golf sich keineswegs ausschließen. Vielmehr bewahrte er durch die Schaffung von Schutzzonen für Flora und Fauna sein naturnahes Bild. Wildtiere und Vögel aller Art finden ihr Zuhause auf der Anlage. Spielbahnen und Löcher sind nach ihnen benannt. So können Sie auf der »Fuchsbahn« taktisch spielen oder mit einem gelungenen Put das »Bärenloch« abschliessen.

Pro-Shop » Basic « | Level | Kurzpl.

GolfPost 4,0/5

DGV-NR. 8817

DEGGENDORFER GOLFCLUB E.V.

Rusel 111
94571 Schaufling
Tel. 09920 8911
deggendorfer.golfclub@t-online.de
www.deggendorfer-golfclub.de

Johann Käsbeitzer
Tel. 09920 436

Löcheranzahl: 18
Gegründet: 1981
Höhe: 850 m
H: 5490 m, CR 68,8, SL 126, Par 72
D: 4771 m, CR 70,3, SL 124, Par 72

Saison: April-November
Mindest-HCP WT/WE: 54/35
Anmeldung WT/WE: Nein/Ja
Mitgl.-begl. WT/WE: Nein
VcG WT/WE: Ja

18-Loch Greenfee WT/WE: EUR 60/70

(Greenfee-Preise können je nach DGV-Ausweiskennzeichnung abweichen)

Platzcharakteristik:

Die Golfanlage befindet sich inmitten der wunderschönen Landschaft des Naturschutzgebietes Bayerischer Wald. Die 18-Loch-Anlage erfordert durch den Verlauf über Hochwälder und Täler eine gute Kondition und auf den teilweise engen Fairways gut platzierte Schläge.

Pro-Shop » Basic « | Level | Kurzpl.

GolfPost 4,5/5

DGV-NR. 8834

GOLFCLUB HOF E.V.

Am Golfplatz 1
95185 Gattendorf
Tel. 09281 470155
mail@gc-hof.de
www.gc-hof.de

"Piazza Verde"
Tel. 09281 8609796

Löcheranzahl: 18
Gegründet: 1985
Höhe: 500 m
H: 5916 m, CR 72,7, SL 136, Par 72
D: 5260 m, CR 74,4, SL 136, Par 72

Saison: April-November
Mindest-HCP WT/WE: 54
Anmeldung WT/WE: Nein/Ja
Mitgl.-begl. WT/WE: Nein
VcG WT/WE: Ja

18-Loch Greenfee WT/WE: EUR 65/75

(Greenfee-Preise können je nach DGV-Ausweiskennzeichnung abweichen)

Platzcharakteristik:

Die herrliche oberfränkische Hügellandschaft bildet die natürl. Kulisse der 18-Loch-Anlage. Die Rundenführung ist abwechslungsreich, wobei strategisch geschickt platzierte Bunker bei der Schlägerwahl ebenso zu berücksichtigen sind wie herausfordernde Schräglagen, die zu überwindenden Steigungen oder die vier attraktiven Teiche. Leicht zu finden, wird der Gast mit einem anspruchsvollen Platz und gemütlichen Clubhaus für seinen Besuch belohnt.

Pro-Shop » Basic « | Level | Kurzpl.

GolfPost 4,0/5

DGV-NR. 8879

GOLF-CLUB OBERFRANKEN E.V.

Petershof 1
95349 Thurnau
Tel. 09228 319
info@gc-oberfranken.de
www.gc-oberfranken.de

Clubeigenes Restaurant
Tel. 09228 319

Löcheranzahl: 18
Gegründet: 1965
Höhe: 400 m
H: 5932 m, CR 72,1, SL 136, Par 72
D: 5235 m, CR 73,9, SL 128, Par 72

Saison: April-November
Mindest-HCP WT/WE: 54
Anmeldung WT/WE: Nein
Mitgl.-begl. WT/WE: Nein
VcG WT/WE: Ja

18-Loch Greenfee WT/WE:
EUR 50/70

(Greenfee-Preise können je nach DGV-Ausweiskennzeichnung abweichen)

2:1

Platzcharakteristik:

Verkehrsgünstig an der A 70, im Städtedreieck zwischen Kulmbach, Bayreuth und Bamberg, fügt sich der Golfclub Oberfranken in ruhiger Lage harmonisch in die fränkische Kulturlandschaft ein.

Die im Jahr 1965 von Donald Harradine konzipierte Anlage bietet Aussichten von der Kulmbacher Plassenburg über die Höhen des Frankenwaldes bis hin zu den Gipfeln des Fichtelgebirges.

Der klassische Parklandkurs, der als einer der schönsten in Franken gilt, zeichnet sich durch seine abwechslungsreichen Spielbahnen aus und ermöglicht auch im Hochsommer eine erholsame Runde im Schatten des alten Baumbestandes.

Pro-Shop » Basic «
Level
Kurzpl.

GolfPost 4,8/5

DGV-NR. 8911

GOLF-CLUB BAYREUTH E.V.

Rodersberg 43
95448 Bayreuth
Tel. 0921 970704
info@golfclub-bayreuth.de
www.golfeninbayreuth.de

Golfrestaurant Leipold
Tel. 0921 1507405
www.golfrestaurant-leipold.com
Ruhetag: montags (Nebensaison)
Küche mit saisonaler Speisekarte

Löcheranzahl: 27
Gegründet: 1992
Höhe: 354 m
Rodersberg
H: 5676 m, CR 70,6, SL 129, Par 72
D: 4964 m, CR 71,8, SL 128, Par 72

Saison: ganzjährig
Mindest-HCP WT/WE: 54
Anmeldung WT/WE: Nein/Ja
Mitgl.-begl. WT/WE: Nein
VcG WT/WE: Ja

18-Loch Greenfee WT/WE:
EUR 50/65

(Greenfee-Preise können je nach DGV-Ausweiskennzeichnung abweichen)

2:1

Platzcharakteristik:

Der 18-Loch-Platz wie auch der 9-Loch-Kurzplatz und eine großzügige Driving Range mit Pitch- und Putting-Green liegt in einem Landschaftsschutzgebiet innerhalb der Stadtgrenzen der Festspiel-Stadt Bayreuth. Trotz der unmittelbaren städtischen Nachbarschaft konnte die Anlage auf einem 130 ha umfassenden Gelände relativ großzügig angelegt werden. Besonders hervorzuheben sind die weitreichenden Übungsangebote dieses 1992 gegründeten Clubs.

Pro-Shop » Basic «
Level
Kurzpl.

GolfPost 4,5/5

BAY

DGV-NR. 8871

GOLFCLUB STIFTLAND E.V.

Ottengrün 50
95698 Bad Neualbenreuth
Tel. 09638 1271
sekretariat@gc-stiftland.de
www.gc-stiftland.de

Bistro und Terrasse (je nach Witterung) während der Saison 6x pro Woche geöffnet.

Löcheranzahl: 27
Gegründet: 1982
Höhe: 450 m
H: 6105 m, CR 72,3, SL 133, Par 73
D: 5273 m, CR 73,6, SL 126, Par 73

Saison: April-November
Mindest-HCP WT/WE: 54
Anmeldung WT/WE: Ja
Mitgl.-begl. WT/WE: Nein
VcG WT/WE: Ja

18-Loch Greenfee WT/WE: EUR 70/80

(Greenfee-Preise können je nach DGV-Ausweiskennzeichnung abweichen)

Platzcharakteristik:

Der Golfclub liegt in der nordöstlichen Ecke Bayerns, am Mittelpunkt Europas und verfügt über eine 18-Loch-Anlage sowie über einen 9-Loch-Kurzplatz, der vor allem Anfängern den Einstieg wesentlich erleichtert.

www.gc-stiftland.de

Pro-Shop » Basic «

Level

Kurzpl.

GolfPost 5,0/5

BAY

DGV-NR. 8897

GOLFCLUB FAHRENBACH IM FICHTELGEBIRGE E.V.

Fahrenbach 1
95709 Tröstau
Tel. 09232 882250
info@golfclub-fahrenbach.de
www.golfclub-fahrenbach.de

Fahrenbach
www.golfhotel-fahrenbach.de

Löcheranzahl: 18
Gegründet: 1991

H: 5765 m, CR 71,5, SL 131, Par 72
D: 5153 m, CR 73,4, SL 126, Par 72

Saison: April-November
Mindest-HCP WT/WE: 54
Anmeldung WT/WE: Ja
Mitgl.-begl. WT/WE: Nein
VcG WT/WE: Ja

18-Loch Greenfee WT/WE: EUR 65/75

(Greenfee-Preise können je nach DGV-Ausweiskennzeichnung abweichen)

Platzcharakteristik:

Mitten im Naturpark Fichtelgebirge finden Sie einen der schönsten Golfplätze Bayerns. Der 105ha große Championship-Golfplatz liegt eingebettet in der hügeligen Landschaft am Fuße der Kösseine. Golfspielen ist ja vorallem die Sportart, die ihren Reiz aus den topographischen Eigenschaften eines Golfplatzes bezieht, sprich: den natürlichen Bedingungen. Kleine Wasserläufe, Feuchtbiotophe, Strauch- und Baumgruppen sowie Waldschneisen prägen den Platz weitaus mehr als seine Spiellänge. Während einer abwechslungsreichen Rundenführung stellen die zu überwindenden Steigungen, die in sich stark gewellten Grüns sowie anspruchsvolle Schräglagen immer wieder eine neue Herausforderung dar.

Pro-Shop » Basic «
Level
Kurzpl.

GolfPost 4,7/5

DGV-NR. 8903

GOLFCLUB HAUPTSMOORWALD BAMBERG E.V.

Walnussweg 81
96052 Bamberg
Tel. 0951 9684331
sekretariat@gc-hauptsmoorwald.de
www.gc-hauptsmoorwald.de

Löcheranzahl: 9
Gegründet: 1994
Höhe: 240 m
H: 5050 m, CR 68,8, SL 122, Par 72
D: 4488 m, CR 70,0, SL 123, Par 72

Saison: ganzjährig
Mindest-HCP WT/WE: k.A.
Anmeldung WT/WE: Nein
Mitgl.-begl. WT/WE: Nein
VcG WT/WE: Ja

18-Loch Greenfee WT/WE: EUR 35/40

(Greenfee-Preise können je nach DGV-Ausweiskennzeichnung abweichen)

2:1

Platzcharakteristik:

Die Anlage befindet sich zentrumsnah zur historischen Kaiser- und Bischofsstadt Bamberg, eingebettet in einen Kiefernwald mit altem Baumbestand. Der ebene Kurs ist so gestaltet, dass er sowohl Anfängern als auch ambitionierten Golfern ein schönes und faires Spielerlebnis bietet.

Pro-Shop » Basic «
Level
Kurzpl.

GolfPost 4,3/5

BAY

DGV-NR. 8909

GOLFCLUB SCHLOSS REICHMANNSDORF

GMVD

Obere Hauptstrasse 10
96132 Schlüsselfeld
Tel. 09546 5954964
golf@schloss-reichmannsdorf.de
www.golfanlage-reichmannsdorf.de

Golfhotel Schloss Reichmannsdorf
Tel. 09546 59510
empfang@schloss-reichmannsdorf.de

Löcheranzahl: 18
Gegründet: 2014
Höhe: 350 m
H: 6093 m, CR 73,1, SL 139, Par 72
D: 5101 m, CR 73,3, SL 133, Par 72

Saison: März-November
Mindest-HCP WT/WE: 54
Anmeldung WT/WE: Nein/Ja
Mitgl.-begl. WT/WE: Nein
VcG WT/WE: Ja

18-Loch Greenfee WT/WE: EUR 50/65

(Greenfee-Preise können je nach DGV-Ausweiskennzeichnung abweichen)

Platzcharakteristik:

Der inmitten des idyllischen Schlossparks gelegene sehr gepflegte 18-Loch Golfplatz lädt Golfer und „Golfentdecker" zu einem sportlichen Erlebnis in naturbelassener Kulisse ein. Die weitläufige Anlage in herrlicher Natur und Ruhe sowie das traditionelle, im Fachwerk erbaute Clubhaus mit seiner sonnigen Terrasse vermittelt eine wohltuend entspannte Atmosphäre. Hier bietet sich die Gelegenheit, den Golftag bei einem kühlen Bier, Kaffee und Kuchen oder einem Imbiss gemütlich ausklingen zu lassen.

Unser angrenzendes Hotel - nur ein Par 3 vom Golfplatz entfernt - bietet den Gästen mehr als nur einen Ort zum Essen und Schlafen.

www.schloss-reichmannsdorf.de

Pro-Shop » Basic « Level Kurzpl.

GolfPost 4,0/5

DGV-NR. 8732

GOLFANLAGE GUT LEIMERSHOF

Leimershof 9
96149 Breitengüßbach
Tel. 09547 8709939
info@leimershof-golfanlage.de
www.leimershof-golfanlage.de

Trattoria da Danilo
Tel. 09547-8737910
Ruhetag: montags

Löcheranzahl: 18
Gegründet: 1984
Höhe: 370 m
H: 6070 m, CR 72,0, SL 131, Par 72
D: 5372 m, CR 74,1, SL 130, Par 72

Saison: ganzjährig
Mindest-HCP WT/WE: PR
Anmeldung WT/WE: Ja
Mitgl.-begl. WT/WE: Nein
VcG WT/WE: Ja

18-Loch Greenfee WT/WE: EUR 55

(Greenfee-Preise können je nach DGV-Ausweiskennzeichnung abweichen)

2:1

Platzcharakteristik:

Direkt vor den Toren der Stadt Bamberg befi ndet sich auf dem denkmalgeschützten Gut Leimershof eine der landschaftlich schönsten Golfanlagen Oberfrankens. Die 1984 eröffnete Anlage bietet sowohl für ambitionierte Golfer als auch für den Hobbygolfer ein genussvolles Spiel. Eine Runde Golf wird auf dem teilweise hügeligen aber fairen Platz durch seine Schräglagen, zahlreichen Bunker, Wasserhindernisse und ondulierten Grüns zu einem unvergesslichen Erlebnis. Gäste sind bei den Turnieren, wie auch bei den offenen Herren-, Damen- und Senioren-Nachmittagen immer herzlich willkommen. In der Trattoria „da DANILO" haben Sie die Möglichkeit ihre Golfrunde in entspannter Atmosphäre ausklingen zu lassen.

Pro-Shop » Basic « Level Kurzpl.

GolfPost 5,0/5

BAY

DGV-NR. 8895

GOLFCLUB STEIGERWALD IN GEISELWIND E.V.

Friedrichstraße 12
96160 Geiselwind
Tel. 09556 1484
info@golfclub-steigerwald.de
www.golfclub-steigerwald.de

Landhotel Geiselwind
Tel. 09556 92250

Löcheranzahl: 18
Gegründet: 1992
H: 6079 m, CR 72,2, SL 129, Par 72
D: 5326 m, CR 73,5, SL 125, Par 72

Saison: ganzjährig
Mindest-HCP WT/WE: 54
Anmeldung WT/WE: Nein/Ja
Mitgl.-begl. WT/WE: Nein
VcG WT/WE: Ja

18-Loch Greenfee WT/WE: EUR 60/70

(Greenfee-Preise können je nach DGV-Ausweiskennzeichnung abweichen)

Platzcharakteristik:

Auf einem für den Steigerwald typischen Hochplateau ergänzen zwei hügelige Passagen den sonst nur leicht gewellten Platz, der sich über ein 56 ha großes Gelände erstreckt und im Westen und Osten vom Wald begrenzt wird. Als meisterhaft darf die Platzierung der Grüns genannt werden. Einige liegen offen da und bieten dem Golfer einen herrlichen Ausblick auf die fränkische Landschaft, andere hingegen wurden fast völlig im Wald versteckt.

Weiterhin steht ein öffentlicher 6 Loch Kurzplatz zur Verfügung. Hier kann ohne Mitgliedschaft ab 6,- gespielt werden.

Pro-Shop » Basic « | Level | Kurzpl.

GolfPost 4,8/5

DGV-NR. 8894

GOLF-CLUB KRONACH E.V.

Gut Nagel
96328 Küps
Tel. 09264 8812
info@gc-kronach.de
www.gc-kronach.de

Bewirtung im Clubhaus
Tel. 09264 8812
Ruhetag: montags
AP: Thomas Bruckner

Löcheranzahl: 18
Gegründet: 1990
Höhe: 300 m
H: 6104 m, CR 72,8, SL 133, Par 72
D: 5341 m, CR 74,5, SL 128, Par 72

Saison: März-November
Mindest-HCP WT/WE: 54
Anmeldung WT/WE: Ja
Mitgl.-begl. WT/WE: Nein
VcG WT/WE: Ja

18-Loch Greenfee WT/WE: EUR 45/60

(Greenfee-Preise können je nach DGV-Ausweiskennzeichnung abweichen)

2:1

Platzcharakteristik:

Die Golfanlage liegt in kulturhistorisch bedeutsamer Umgebung. Die in der gleichnamigen Stadt befindliche Festung Rosenberg gilt als die größte mittelalterliche Festung Deutschlands. Der Golfplatz befindet sich in naturbelassener Hügellandschaft und wird von altem Baumbestand umrahmt.

Pro-Shop » Basic « | Level | Kurzpl.

GolfPost 4,0/5

BAY

DGV-NR. 8815

GOLF-CLUB COBURG E.V. SCHLOSS TAMBACH

Schlossallee 6
96479 Weitramsdorf
Tel. 09567 981158-0
info@gc-coburg.de
www.gc-coburg.de

Tel. 09567 98115850
Ruhetag: montags

Löcheranzahl: 18
Gegründet: 1981
Höhe: 300 m
H: 6055 m, CR 72,3, SL 133, Par 72
D: 5235 m, CR 73,3, SL 127, Par 72

Saison: März-November
Mindest-HCP WT/WE: PR
Anmeldung WT/WE: Nein
Mitgl.-begl. WT/WE: Nein
VcG WT/WE: Ja

18-Loch Greenfee WT/WE: EUR 60/70

(Greenfee-Preise können je nach DGV-Ausweiskennzeichnung abweichen)

2:1

Platzcharakteristik:

Der reizvolle, leicht wellige Platz ist von Wald umgeben und verfügt über teilweise alten Baumbestand.Der Platz gilt als anspruchsvoll aber nicht anstrengend und wird von einem Bach durchzogen, der, verbunden mit vier Teichen, in das Spielgeschehen eingreift.

Pro-Shop » Large «

Level

Kurzpl.

GolfPost ★★★★★ 5,0/5

BAY

DGV-NR. 8898

GOLF CLUB WÜRZBURG E.V.

Am Golfplatz 2
97084 Würzburg
Tel. 0931 67890
info@golfclub-wuerzburg.de
www.golfclub-wuerzburg.de

Restaurant Tiger Room
Tel. 0931 46621370
restaurant@tiger-room.de
www.tiger-room.de
Ruhetag: montags

Löcheranzahl: 18
Gegründet: 1984
Höhe: 300 m
H: 5787 m, CR 71,5, SL 133, Par 71
D: 4736 m, CR 70,9, SL 126, Par 71

Saison: ganzjährig
Mindest-HCP WT/WE: PR
Anmeldung WT/WE: Ja
Mitgl.-begl. WT/WE: Nein
VcG WT/WE: Ja

18-Loch Greenfee WT/WE: EUR 80/90

(Greenfee-Preise können je nach DGV-Ausweiskennzeichnung abweichen)

Platzcharakteristik:

Nur wenige Minuten von der „Residenz" im Stadtzentrum entfernt und im Stadtgebiet von Würzburg gelegen, präsentieren wir Ihnen auf einem Hochplateau eine der schönsten und vielseitigsten Golfanlagen Süddeutschlands. Diese wurde vom Bundesverband Golfanlagen mit 5 von 5 Sternen klassifiziert. 18 anspruchsvolle und abwechslungsreiche Spielbahnen, eingebettet in eine sanfte Hügellandschaft, und eine großzügige Übungsanlage erwarten Sie. Die Rasendecke der Fairways, die gepflegten Grüns, die außergewöhnliche Architektur von Golfplatz und Clubhaus sowie das hervorragende Restaurant machen Ihren Aufenthalt zu einem unvergesslichen Erlebnis. Seit 2006 ist der Golf Club Würzburg Mitglied der "Leading Golf Clubs of Germany".

Pro-Shop » Large « | Level | Kurzpl.

GolfPost 4,7/5

DGV-NR. 8874

GOLF CLUB KITZINGEN E.V.

Lailachweg 1
97318 Kitzingen
Tel. 09321 4956
info@golfclub-kitzingen.de
www.golfclub-kitzingen.de

Gastronomie im Clubhaus

Löcheranzahl: 18
Gegründet: 1980
Höhe: 270 m
H: 6.058 m, CR 71,8, SL 133, Par 72
D: 5.357 m, CR 73,7, SL 131, Par 72

Saison: ganzjährig
Mindest-HCP WT/WE: PR
Anmeldung WT/WE: Ja
Mitgl.-begl. WT/WE: Nein
VcG WT/WE: Ja

18-Loch Greenfee WT/WE: EUR 60/70

(Greenfee-Preise können je nach DGV-Ausweiskennzeichnung abweichen)

Platzcharakteristik:

Unser reizvoller 18-Loch-Platz liegt auf einer herrlichen Sonnenterrasse im Südwesten von Kitzingen, stadtnah und doch ohne störenden Lärm, mit wundervollem Blick auf das Maintal, den Schwanberg-über fränkisches Weinland bis hin zum Steigerwald. Die Lage und unser Klima ermöglichen eine nahezu ganzjährige Bespielbarkeit. Keine Bahn gleicht der anderen. Geschickt in die Spielbahnen integrierte Biotope sowie Roughs, die diesen in die schöne Landschaft eingebetteten Golfplatz einsäumen, machen das Spiel interessant und anspruchsvoll. Kurze Wege vom Green zum nächsten Abschlag, das weder zu bergig noch zu flache Gelände sowie die Fairwaybewässerung lassen die Runde zu einem wahren Vergnügen werden.

Pro-Shop » Basic « | Level | Kurzpl.

GolfPost 4,7/5

BAY

DGV-NR. 8840

GOLFCLUB SCHLOSS MAINSONDHEIM E.V.

Schlossweg 3
97337 Mainsondheim
Tel. 09324 4656
info@golf-mainsondheim.de
www.golf-mainsondheim.de

Familie Tran
Tel. 09324 979498
deutsche, italienische und asiatische Spezialitäten

Löcheranzahl: 18
Gegründet: 1988
Höhe: 19 m
H: 5.980 m, CR 72,2, SL 134, Par 72
D: 5.290 m, CR 74,1, SL 133, Par 72

Saison: ganzjährig
Mindest-HCP WT/WE: k.A.
Anmeldung WT/WE: Nein
Mitgl.-begl. WT/WE: Nein
VcG WT/WE: Ja

18-Loch Greenfee WT/WE: EUR 60/70

(Greenfee-Preise können je nach DGV-Ausweiskennzeichnung abweichen)

2:1

Platzcharakteristik:

Als einen Geheimtipp in Franken darf man die wunderschöne Anlage des G.C. Schloss Mainsondheim, gelegen an der Mainschleife bei Dettelbach mit lieblicher Weinbergkulisse, bezeichnen.

Der 1989 erbaute 18 Loch Platz, mit Platzstandard 72, zeichnet sich durch seine außergewöhnlich gute Pflege aus, wobei eine durchgehende Beregnungsanlage ein Spielen auf immergrünen, breiten Fairways und bis zu 700 m² großen Greens garantiert.

Pro-Shop » Basic « · Level · Kurzpl.

GolfPost 4,4/5

DGV-NR. 8920

GOLF CLUB SCHWEINFURT E.V.

Ebertshäuser Straße 17
97453 Löffelsterz
Tel. 09727 5889
info@golfclub-schweinfurt.de
www.golfclub-schweinfurt.de

Golfrestaurant
Tel. 09727 909653
cornelia.schott@gmail.com
Ruhetag: montags
Pächterin Cornelia Schott

Löcheranzahl: 18
Gegründet: 1994
Höhe: 379 m
H: 5965 m, CR 71,8 SL 125, Par 72
D: 5118 m, CR 72,9 SL 122, Par 72

Saison: ganzjährig
Mindest-HCP WT/WE: 54
Anmeldung WT/WE: Ja
Mitgl.-begl. WT/WE: Nein
VcG WT/WE: Ja

18-Loch Greenfee WT/WE: EUR 40/50

(Greenfee-Preise können je nach DGV-Ausweiskennzeichnung abweichen)

Platzcharakteristik:

Nur 12 km nordöstlich von Schweinfurt liegt der kleine Ort Löffelsterz auf einer Hochfläche des Schlettach.
Die Golfanlage ermöglicht stets einen weiten Blick zum Steigerwald und zu den Hassbergen. Sie zeichnet sich durch eine außergewöhnliche Ruhe und durch eine gute Begehbarkeit der Golfbahnen aus. Das ausgezeichnete Rasenwachstum sichert eine nahezu ganzjährige Bespielbarkeit des Golfplatzes. Vier Seen, zahlreiche Bunker, lange Par-5-Bahnen sowie schnelle Grüns erhöhen die Schwierigkeiten für die Golfspieler aller Handiacpklassen.

Pro-Shop » Basic « · Level · Kurzpl.

GolfPost 5,0/5

BAY

DGV-NR. 8952

GOLFCLUB HASSBERGE E.V.

Hainach-Neue Laube 1
97500 Ebelsbach (OT. Steinbach)
Tel. 09522 7085500
info@golfclub-hassberge.de
www.golfclub-hassberge.de

Clubgaststätte, Wintergarten, Sonnenterrasse
Tel. 09522 7085503
Ruhetag: montags

Löcheranzahl: 18
Gegründet: 2000
Höhe: 200 m
H: 5842 m, CR 72,0, SL 133, Par 73
D: 5210 m, CR 74,2, SL 134, Par 73

Saison: März-Oktober
Mindest-HCP WT/WE: 54
Anmeldung WT/WE: Ja
Mitgl.-begl. WT/WE: Nein
VcG WT/WE: Ja

18-Loch Greenfee WT/WE: EUR 65/80

(Greenfee-Preise können je nach DGV-Ausweiskennzeichnung abweichen)

2:1

Platzcharakteristik:

Der Golfplatz des GC Haßberge liegt auf einem hügeligen Plateau oberhalb der Weinberge mit einem herrlichen Blick ins Maintal und auf die Wallfahrtskirche Maria Limbach. Umsäumt von alten Eichenbaumbeständen stellt der 22 km von Bamberg und 32 km von Schweinfurt entfernte Platz auf 65 ha mit seinen Sand- und Wasserhindernissen für jeden Golfer eine besondere sportliche Herausforderung dar.

Pro-Shop » Basic «
Level
Kurzpl.

GolfPost 4,5/5

DGV-NR. 8806

GOLF-CLUB BAD KISSINGEN E.V

GMVD
GOLF& NATUR

Euerdorfer Straße 11
97688 Bad Kissingen
Tel. 0971 3608
info@golfclubbadkissingen.de
www.gckg.de

„Ambiente"
www.restaurantambiente.com

Löcheranzahl: 18
Gegründet: 1910
Höhe: 200 m
H: 5699 m, CR 70,7, SL 126, Par 70
D: 5032 m, CR 72,5, SL 128, Par 70

Saison: März-Nov. Sommergrüns, Dez.-Febr. Wintergrüns
Mindest-HCP WT/WE: 36
Anmeldung WT/WE: Ja
Mitgl.-begl. WT/WE: Nein
VcG WT/WE: Ja

Tages-Greenfee WT/WE: EUR 70/80

(Greenfee-Preise können je nach DGV-Ausweiskennzeichnung abweichen)

Platzcharakteristik:

Der Golfplatz in Bad Kissingen ist einer der ältesten Plätze Bayerns und Deutschlands. Er erstreckt sich über 45 ha und liegt ca. 2,5 km von Bad Kissingen entfernt. Sein besonderes Merkmal ist die Fränkische Saale, die sich am Platz entlang und auch hindurch schlängelt. Die Saale und der Lolbach sind Hindernisse genug, so dass an zwei Löchern völlig auf Bunker und sonstige Hindernisse verzichtet werden kann.

Pro-Shop » Basic «
Level
Kurzpl.

GolfPost 4,3/5

BAY

DGV-NR. 8915

GOLFCLUB MARIA BILDHAUSEN E.V.

Rindhof 1
97702 Münnerstadt
Tel. 09766 1601
info@maria-bildhausen.de
www.maria-bildhausen.de
Restaurant Rindhof, Sonnenterasse
Tel. 09766 1607
restaurant@maria-bildhausen.de
in den Sommermonaten tägl. geöffnet

Löcheranzahl: 18+6
Gegründet: 1992
Höhe: 320 m
H: 6047 m, CR 71,2, SL 134, Par 72
D: 5111 m, CR 71,6, SL 126, Par 72
öffentlicher 6-Loch Golfplatz

Saison: ganzjährig
Mindest-HCP WT/WE: 54
Anmeldung WT/WE: Nein/Ja
Mitgl.-begl. WT/WE: Nein
VcG WT/WE: Ja

18-Loch Greenfee WT/WE: EUR 60/70

(Greenfee-Preise können je nach DGV-Ausweiskennzeichnung abweichen)

Platzcharakteristik:

Auf dem Gelände des Klosters Maria Bildhausen finden Sie eine „First-Class" Golfanlage, die mit einem gehobenem Qualitätsstandard und freundlicher Atmosphäre jeden Golfer überzeugen kann. Der Golf-Club liegt im Kurortviereck Bad Kissingen, Bad Bocklet, Bad Neustadt und Bad Königshofen und bietet auf dem großzügig angelegten 140 ha großen und nur leicht hügeligen Gelände einen sportlich anspruchsvollen und abwechslungsreichen 18 Loch Meisterschaftsplatz mit aufwendig gestalteten Grüns und herausfordernden Bunkern. Auch während sommerlicher Trockenperioden spielt es sich in Maria Bildhausen unter besten Spielbedingungen. Das Greenfee für den öffentlichen 6-Loch Golfplatz beträgt 16,- Euro.

Pro-Shop » Basic « | Level | Kurzpl.

GolfPost 4,8/5

DGV-NR. 8885

GOLFCLUB MAIN-SPESSART-EICHENFÜRST E.V.

Eichenfürst 9
97828 Marktheidenfeld
Tel. 09391 8435
info@gc-msp.de
www.gc-msp.de
"Der Eichenfürst"
Tel. 09391 8827
www.der-eichenfuerst.de
Ruhetag: montags
AP: Fam. Ruppert-Khemakhem

Löcheranzahl: 18
Gegründet: 1990
Höhe: 318 m
H: 6019 m, CR 71,4, SL 131, Par 72
D: 5252 m, CR 72,8, SL 126, Par 72

Saison: ganzjährig
Mindest-HCP WT/WE: 54
Anmeldung WT/WE: Ja
Mitgl.-begl. WT/WE: Nein
VcG WT/WE: Ja

18-Loch Greenfee WT/WE: EUR 55/65

(Greenfee-Preise können je nach DGV-Ausweiskennzeichnung abweichen)

%

Platzcharakteristik:

Die unvergleichlich schön gelegene Anlage bietet die besten Voraussetzungen für entspanntes Golfspiel. Mit ausdrucksvollen, abwechslungsreichen Spielbahnen, einem phantastischen Ausblick über die Höhen des Maintals und einer insgesamt sportlich anspruchsvollen Golfanlage zahlt sich ein Besuch in jedem Fall aus, denn rund ums Golfen gibt es in der Umgebung noch viele weitere Freizeitaktivitäten.

Pro-Shop » Basic « | Level | Kurzpl.

GolfPost 4,3/5

BAY

GUTSCHEINE

KÖLLEN GOLF GUTSCHEIN-AKTION

780 Stk.

Einladende Golfclubs

SACHSEN / SACHSEN-ANHALT / THÜRINGEN

DGV-Nr.	Golfclub	Seite
1605	1. Golfclub Leipzig e.V.	7
1610	Thüringer GC „Drei Gleichen" Mühlberg e.V.	17
1618	Golfclub Plauen e.V.	12
1621	Golfclub Gera e.V.	10
1625	Golfpark Westerzgebirge	11
3001	Golfclub Schloß Meisdorf e.V.	8
3002	GCM Golfclub Magdeburg e.V.	15
3004	Golfpark Dessau e.V.	8

BERLIN / BRANDENBURG

DGV-Nr.	Golfclub	Seite
1104	Potsdamer Golfclub e.V.	23
1115	Lausitzer Golfclub e.V.	20
1120	GolfRange Berlin-Großbeeren	25
1125	Golf in Wall	29
1129	Golfpark Schloss Wilkendorf	26
1130	Golfclub Berlin Prenden	28
K111	Country Golf Wiesenburg	24

MECKLENBURG-VORPOMMERN

DGV-Nr.	Golfclub	Seite
1302	Golfclub Rügen e.V.	40
1308	Golfclub Tessin e.V.	36
1310	Golfclub Schloss Teschow e.V.	32
1316	Hanseatischer Golfclub e.V. in Greifswald	35
1318	Golfpark Strelasund GmbH & Co. KG	39
1320	Van der Valk Golfclub Serrahn	37
1321	Baltic Hills Golf Usedom	34

SCHLESWIG-HOLSTEIN / HAMBURG

DGV-Nr.	Golfclub	Seite
2207	Golf-Club Hoisdorf e.V.	55
2215	Golfclub Gut Immenbeck e.V.	49
2218	Mittelholsteinischer Golf-Club Aukrug e.V.	69
2219	Golf Club Fehmarn e.V.	60
2223	Golfclub Gut Grambek e.V.	63
2229	Golf Club Husumer Bucht e.V.	79
2237	Lübeck-Travemünder Golf-Klub von 1921 e.V.	56
2238	Golf Club Ostseebad Grömitz e.V.	59
2244	Golf-Club Buxtehude GmbH & Co. KG	49
2253	GolfRange Hamburg-Oststeinbek	50
2254	Golfclub Hamburg Gut Waldhof	69
2300	Golf-Club Escheburg e.V.	44
2302	Golf Club Hof Berg e.V.	80
2305	Golf und Country Club Brunstorf e.V.	48
2308	Golfclub Sülfeld e.V.	63
2309	Golf-Club-Curau e.V.	57
2315	Golfanlage Gut Wulfsmühle GmbH	76
2320	Golfclub am Donner Kleve e.V.	77
2328	Golfclub Reinfeld e.V.	62
2338	Golfclub Hamburg-Oberalster	53
2341	Golfclub Gut Waldshagen	65

NIEDERSACHSEN / BREMEN

DGV-Nr.	Golfclub	Seite
3302	Golf-Club Harz e.V.	120
3303	Golf-Club Bad Pyrmont e.V.	114
3304	Golf-Club Bad Salzdetfurth-Hildesheim e.V.	109
3305	Golf-Club an der Göhrde e.V.	104
3310	Burgdorfer Golfclub e.V.	110

GUTSCHEIN
2. Greenfee ist gratis

KÖLLEN GOLF

2:1

20% GF-Nachlass (Einzelspieler)

1. Golfclub Leipzig e.V.

DGV-Nr. 1605 Seite 7 Gültig bis 31.05.2023

GUTSCHEIN
2. Greenfee ist gratis

KÖLLEN GOLF

2:1

20% GF-Nachlass (Einzelspieler)

1. Golfclub Leipzig e.V.

DGV-Nr. 1605 Seite 7 Gültig bis 31.05.2023

GUTSCHEIN
2. Greenfee ist gratis

KÖLLEN GOLF

2:1

20% GF-Nachlass (Einzelspieler)

1. Golfclub Leipzig e.V.

DGV-Nr. 1605 Seite 7 Gültig bis 31.05.2023

GUTSCHEIN
2. Greenfee ist gratis

KÖLLEN GOLF

2:1

25% GF-Nachlass (Einzelspieler)

Thüringer Golfclub „Drei Gleichen" Mühlberg e.V.

DGV-Nr. 1610 Seite 17 Gültig bis 31.05.2023

GUTSCHEIN
2. Greenfee ist gratis

KÖLLEN GOLF

2:1

25% GF-Nachlass (Einzelspieler)

Thüringer Golfclub „Drei Gleichen" Mühlberg e.V.

DGV-Nr. 1610 Seite 17 Gültig bis 31.05.2023

GUTSCHEIN
2. Greenfee ist gratis

KÖLLEN GOLF

2:1

Golfclub Plauen e.V.

DGV-Nr. 1618 Seite 12 Gültig bis 31.05.2023

GUTSCHEIN
25% Greenfee-Nachlass

KÖLLEN GOLF

%

Golfclub Plauen e.V.

DGV-Nr. 1618 Seite 12 Gültig bis 31.05.2023

GUTSCHEIN
2. Greenfee ist gratis

KÖLLEN GOLF

2:1

25% GF-Nachlass (Einzelspieler)
nur Di-So (außer feiertags)

Golfclub Gera e.V.

DGV-Nr. 1621 Seite 10 Gültig bis 31.05.2023

GUTSCHEIN
2. Greenfee ist gratis

KÖLLEN GOLF

2:1

25% GF-Nachlass (Einzelspieler)
nur Di-So (außer feiertags)

Golfclub Gera e.V.

DGV-Nr. 1621 Seite 10 Gültig bis 31.05.2023

GUTSCHEIN
30% Greenfee-Nachlass

KÖLLEN GOLF

%

nur Di-So (außer feiertags)

Golfclub Gera e.V.

DGV-Nr. 1621 Seite 10 Gültig bis 31.05.2023

Teilnahmebedingungen

- Zur Gutschein-Einlösung muss eine Greenfee-Berechtigung (z.B. Mindest-HCP, Mitgliedschaft in einem Golfclub) vorliegen.
- Der Gutschein kann nur mit Vorlage des Köllen Golfführer für Deutschland oder mit beiliegender KöllenCard eingelöst werden.
- Die Einlösung kann nur nach telefonischer Anmeldung erfolgen – unter Hinweis auf die Nutzung des Angebots. Bei Sonderveranstaltungen, Turnieren etc. müssen Gutscheine nicht angenommen werden.
- Das Kombinieren mit anderen Rabatten ist nicht möglich – es gilt das zum Abschlagszeitpunkt gültige, volle Greenfee! Bei unterschiedlichen Greenfees (z.B. Studenten-Rabatt) ist der günstigere Tarif gratis!
- Alle Inserenten verpflichten sich, Gutscheine zu den angegebenen Bedingungen einzulösen. Der Verlag übernimmt keine Haftung, wenn ein Gutschein nicht eingelöst wird oder werden kann. Alle Angaben ohne Gewähr!
- Das Angebot ist gültig bis 31.05.2023.

Hinweis

- Informieren Sie sich vorher über das für Sie gültige Greenfee.

Teilnahmebedingungen

- Zur Gutschein-Einlösung muss eine Greenfee-Berechtigung (z.B. Mindest-HCP, Mitgliedschaft in einem Golfclub) vorliegen.
- Der Gutschein kann nur mit Vorlage des Köllen Golfführer für Deutschland oder mit beiliegender KöllenCard eingelöst werden.
- Die Einlösung kann nur nach telefonischer Anmeldung erfolgen – unter Hinweis auf die Nutzung des Angebots. Bei Sonderveranstaltungen, Turnieren etc. müssen Gutscheine nicht angenommen werden.
- Das Kombinieren mit anderen Rabatten ist nicht möglich – es gilt das zum Abschlagszeitpunkt gültige, volle Greenfee! Bei unterschiedlichen Greenfees (z.B. Studenten-Rabatt) ist der günstigere Tarif gratis!
- Alle Inserenten verpflichten sich, Gutscheine zu den angegebenen Bedingungen einzulösen. Der Verlag übernimmt keine Haftung, wenn ein Gutschein nicht eingelöst wird oder werden kann. Alle Angaben ohne Gewähr!
- Das Angebot ist gültig bis 31.05.2023.

Hinweis

- Informieren Sie sich vorher über das für Sie gültige Greenfee.

Teilnahmebedingungen

- Zur Gutschein-Einlösung muss eine Greenfee-Berechtigung (z.B. Mindest-HCP, Mitgliedschaft in einem Golfclub) vorliegen.
- Der Gutschein kann nur mit Vorlage des Köllen Golfführer für Deutschland oder mit beiliegender KöllenCard eingelöst werden.
- Die Einlösung kann nur nach telefonischer Anmeldung erfolgen – unter Hinweis auf die Nutzung des Angebots. Bei Sonderveranstaltungen, Turnieren etc. müssen Gutscheine nicht angenommen werden.
- Das Kombinieren mit anderen Rabatten ist nicht möglich – es gilt das zum Abschlagszeitpunkt gültige, volle Greenfee! Bei unterschiedlichen Greenfees (z.B. Studenten-Rabatt) ist der günstigere Tarif gratis!
- Alle Inserenten verpflichten sich, Gutscheine zu den angegebenen Bedingungen einzulösen. Der Verlag übernimmt keine Haftung, wenn ein Gutschein nicht eingelöst wird oder werden kann. Alle Angaben ohne Gewähr!
- Das Angebot ist gültig bis 31.05.2023.

Hinweis

- Informieren Sie sich vorher über das für Sie gültige Greenfee.

Teilnahmebedingungen

- Zur Gutschein-Einlösung muss eine Greenfee-Berechtigung (z.B. Mindest-HCP, Mitgliedschaft in einem Golfclub) vorliegen.
- Der Gutschein kann nur mit Vorlage des Köllen Golfführer für Deutschland oder mit beiliegender KöllenCard eingelöst werden.
- Die Einlösung kann nur nach telefonischer Anmeldung erfolgen – unter Hinweis auf die Nutzung des Angebots. Bei Sonderveranstaltungen, Turnieren etc. müssen Gutscheine nicht angenommen werden.
- Das Kombinieren mit anderen Rabatten ist nicht möglich – es gilt das zum Abschlagszeitpunkt gültige, volle Greenfee! Bei unterschiedlichen Greenfees (z.B. Studenten-Rabatt) ist der günstigere Tarif gratis!
- Alle Inserenten verpflichten sich, Gutscheine zu den angegebenen Bedingungen einzulösen. Der Verlag übernimmt keine Haftung, wenn ein Gutschein nicht eingelöst wird oder werden kann. Alle Angaben ohne Gewähr!
- Das Angebot ist gültig bis 31.05.2023.

Hinweis

- Informieren Sie sich vorher über das für Sie gültige Greenfee.

Teilnahmebedingungen

- Zur Gutschein-Einlösung muss eine Greenfee-Berechtigung (z.B. Mindest-HCP, Mitgliedschaft in einem Golfclub) vorliegen.
- Der Gutschein kann nur mit Vorlage des Köllen Golfführer für Deutschland oder mit beiliegender KöllenCard eingelöst werden.
- Die Einlösung kann nur nach telefonischer Anmeldung erfolgen – unter Hinweis auf die Nutzung des Angebots. Bei Sonderveranstaltungen, Turnieren etc. müssen Gutscheine nicht angenommen werden.
- Das Kombinieren mit anderen Rabatten ist nicht möglich – es gilt das zum Abschlagszeitpunkt gültige, volle Greenfee! Bei unterschiedlichen Greenfees (z.B. Studenten-Rabatt) ist der günstigere Tarif gratis!
- Alle Inserenten verpflichten sich, Gutscheine zu den angegebenen Bedingungen einzulösen. Der Verlag übernimmt keine Haftung, wenn ein Gutschein nicht eingelöst wird oder werden kann. Alle Angaben ohne Gewähr!
- Das Angebot ist gültig bis 31.05.2023.

Hinweis

- Informieren Sie sich vorher über das für Sie gültige Greenfee.

Teilnahmebedingungen

- Zur Gutschein-Einlösung muss eine Greenfee-Berechtigung (z.B. Mindest-HCP, Mitgliedschaft in einem Golfclub) vorliegen.
- Der Gutschein kann nur mit Vorlage des Köllen Golfführer für Deutschland oder mit beiliegender KöllenCard eingelöst werden.
- Die Einlösung kann nur nach telefonischer Anmeldung erfolgen – unter Hinweis auf die Nutzung des Angebots. Bei Sonderveranstaltungen, Turnieren etc. müssen Gutscheine nicht angenommen werden.
- Das Kombinieren mit anderen Rabatten ist nicht möglich – es gilt das zum Abschlagszeitpunkt gültige, volle Greenfee! Bei unterschiedlichen Greenfees (z.B. Studenten-Rabatt) ist der günstigere Tarif gratis!
- Alle Inserenten verpflichten sich, Gutscheine zu den angegebenen Bedingungen einzulösen. Der Verlag übernimmt keine Haftung, wenn ein Gutschein nicht eingelöst wird oder werden kann. Alle Angaben ohne Gewähr!
- Das Angebot ist gültig bis 31.05.2023.

Hinweis

- Informieren Sie sich vorher über das für Sie gültige Greenfee.

Teilnahmebedingungen

- Zur Gutschein-Einlösung muss eine Greenfee-Berechtigung (z.B. Mindest-HCP, Mitgliedschaft in einem Golfclub) vorliegen.
- Der Gutschein kann nur mit Vorlage des Köllen Golfführer für Deutschland oder mit beiliegender KöllenCard eingelöst werden.
- Die Einlösung kann nur nach telefonischer Anmeldung erfolgen – unter Hinweis auf die Nutzung des Angebots. Bei Sonderveranstaltungen, Turnieren etc. müssen Gutscheine nicht angenommen werden.
- Das Kombinieren mit anderen Rabatten ist nicht möglich – es gilt das zum Abschlagszeitpunkt gültige, volle Greenfee! Bei unterschiedlichen Greenfees (z.B. Studenten-Rabatt) ist der günstigere Tarif gratis!
- Alle Inserenten verpflichten sich, Gutscheine zu den angegebenen Bedingungen einzulösen. Der Verlag übernimmt keine Haftung, wenn ein Gutschein nicht eingelöst wird oder werden kann. Alle Angaben ohne Gewähr!
- Das Angebot ist gültig bis 31.05.2023.

Hinweis

- Informieren Sie sich vorher über das für Sie gültige Greenfee.

Teilnahmebedingungen

- Zur Gutschein-Einlösung muss eine Greenfee-Berechtigung (z.B. Mindest-HCP, Mitgliedschaft in einem Golfclub) vorliegen.
- Der Gutschein kann nur mit Vorlage des Köllen Golfführer für Deutschland oder mit beiliegender KöllenCard eingelöst werden.
- Die Einlösung kann nur nach telefonischer Anmeldung erfolgen – unter Hinweis auf die Nutzung des Angebots. Bei Sonderveranstaltungen, Turnieren etc. müssen Gutscheine nicht angenommen werden.
- Das Kombinieren mit anderen Rabatten ist nicht möglich – es gilt das zum Abschlagszeitpunkt gültige, volle Greenfee! Bei unterschiedlichen Greenfees (z.B. Studenten-Rabatt) ist der günstigere Tarif gratis!
- Alle Inserenten verpflichten sich, Gutscheine zu den angegebenen Bedingungen einzulösen. Der Verlag übernimmt keine Haftung, wenn ein Gutschein nicht eingelöst wird oder werden kann. Alle Angaben ohne Gewähr!
- Das Angebot ist gültig bis 31.05.2023.

Hinweis

- Informieren Sie sich vorher über das für Sie gültige Greenfee.

Teilnahmebedingungen

- Zur Gutschein-Einlösung muss eine Greenfee-Berechtigung (z.B. Mindest-HCP, Mitgliedschaft in einem Golfclub) vorliegen.
- Der Gutschein kann nur mit Vorlage des Köllen Golfführer für Deutschland oder mit beiliegender KöllenCard eingelöst werden.
- Die Einlösung kann nur nach telefonischer Anmeldung erfolgen – unter Hinweis auf die Nutzung des Angebots. Bei Sonderveranstaltungen, Turnieren etc. müssen Gutscheine nicht angenommen werden.
- Das Kombinieren mit anderen Rabatten ist nicht möglich – es gilt das zum Abschlagszeitpunkt gültige, volle Greenfee! Bei unterschiedlichen Greenfees (z.B. Studenten-Rabatt) ist der günstigere Tarif gratis!
- Alle Inserenten verpflichten sich, Gutscheine zu den angegebenen Bedingungen einzulösen. Der Verlag übernimmt keine Haftung, wenn ein Gutschein nicht eingelöst wird oder werden kann. Alle Angaben ohne Gewähr!
- Das Angebot ist gültig bis 31.05.2023.

Hinweis

- Informieren Sie sich vorher über das für Sie gültige Greenfee.

Teilnahmebedingungen

- Zur Gutschein-Einlösung muss eine Greenfee-Berechtigung (z.B. Mindest-HCP, Mitgliedschaft in einem Golfclub) vorliegen.
- Der Gutschein kann nur mit Vorlage des Köllen Golfführer für Deutschland oder mit beiliegender KöllenCard eingelöst werden.
- Die Einlösung kann nur nach telefonischer Anmeldung erfolgen – unter Hinweis auf die Nutzung des Angebots. Bei Sonderveranstaltungen, Turnieren etc. müssen Gutscheine nicht angenommen werden.
- Das Kombinieren mit anderen Rabatten ist nicht möglich – es gilt das zum Abschlagszeitpunkt gültige, volle Greenfee! Bei unterschiedlichen Greenfees (z.B. Studenten-Rabatt) ist der günstigere Tarif gratis!
- Alle Inserenten verpflichten sich, Gutscheine zu den angegebenen Bedingungen einzulösen. Der Verlag übernimmt keine Haftung, wenn ein Gutschein nicht eingelöst wird oder werden kann. Alle Angaben ohne Gewähr!
- Das Angebot ist gültig bis 31.05.2023.

Hinweis

- Informieren Sie sich vorher über das für Sie gültige Greenfee.

GUTSCHEIN
30% Greenfee-Nachlass

KÖLLEN GOLF

%

nur Di-So (außer feiertags)

Golfclub Gera e.V.

DGV-Nr. 1621 Seite 10 Gültig bis 31.05.2023

GUTSCHEIN
2. Greenfee ist gratis

KÖLLEN GOLF

2:1

25% GF-Nachlass (Einzelspieler)

Golfpark Westerzgebirge

DGV-Nr. 1625 Seite 11 Gültig bis 31.05.2023

GUTSCHEIN
2. Greenfee ist gratis

KÖLLEN GOLF

2:1

25% GF-Nachlass (Einzelspieler)

Golfpark Westerzgebirge

DGV-Nr. 1625 Seite 11 Gültig bis 31.05.2023

GUTSCHEIN
2. Greenfee ist gratis

KÖLLEN GOLF

2:1

25% GF-Nachlass (Einzelspieler)

Golfclub Schloß Meisdorf e.V.

DGV-Nr. 3001 Seite 8 Gültig bis 31.05.2023

GUTSCHEIN
2. Greenfee ist gratis

KÖLLEN GOLF

2:1

25% GF-Nachlass (Einzelspieler)

Golfclub Schloß Meisdorf e.V.

DGV-Nr. 3001 Seite 8 Gültig bis 31.05.2023

GUTSCHEIN
2. Greenfee ist gratis

KÖLLEN GOLF

2:1

25% GF-Nachlass (Einzelspieler)

Golfclub Schloß Meisdorf e.V.

DGV-Nr. 3001 Seite 8 Gültig bis 31.05.2023

GUTSCHEIN
25% Greenfee-Nachlass

KÖLLEN GOLF

%

Golfclub Schloß Meisdorf e.V.

DGV-Nr. 3001 Seite 8 Gültig bis 31.05.2023

GUTSCHEIN
25% Greenfee-Nachlass

KÖLLEN GOLF

%

Golfclub Schloß Meisdorf e.V.

DGV-Nr. 3001 Seite 8 Gültig bis 31.05.2023

GUTSCHEIN
2. Greenfee ist gratis

KÖLLEN GOLF

2:1

25% GF-Nachlass (Einzelspieler)
nur Mo-Fr (außer feiertags)

GCM Golfclub Magdeburg e.V.

DGV-Nr. 3002 Seite 15 Gültig bis 31.05.2023

GUTSCHEIN
2. Greenfee ist gratis

KÖLLEN GOLF

2:1

25% GF-Nachlass (Einzelspieler)
nur Mo-Fr (außer feiertags)

GCM Golfclub Magdeburg e.V.

DGV-Nr. 3002 Seite 15 Gültig bis 31.05.2023

Teilnahmebedingungen

- Zur Gutschein-Einlösung muss eine Greenfee-Berechtigung (z.B. Mindest-HCP, Mitgliedschaft in einem Golfclub) vorliegen.
- Der Gutschein kann nur mit Vorlage des Köllen Golfführer für Deutschland oder mit beiliegender KöllenCard eingelöst werden.
- Die Einlösung kann nur nach telefonischer Anmeldung erfolgen – unter Hinweis auf die Nutzung des Angebots. Bei Sonderveranstaltungen, Turnieren etc. müssen Gutscheine nicht angenommen werden.
- Das Kombinieren mit anderen Rabatten ist nicht möglich – es gilt das zum Abschlagszeitpunkt gültige, volle Greenfee! Bei unterschiedlichen Greenfees (z.B. Studenten-Rabatt) ist der günstigere Tarif gratis!
- Alle Inserenten verpflichten sich, Gutscheine zu den angegebenen Bedingungen einzulösen. Der Verlag übernimmt keine Haftung, wenn ein Gutschein nicht eingelöst wird oder werden kann. Alle Angaben ohne Gewähr!
- Das Angebot ist gültig bis 31.05.2023.

Hinweis

- Informieren Sie sich vorher über das für Sie gültige Greenfee.

Teilnahmebedingungen

- Zur Gutschein-Einlösung muss eine Greenfee-Berechtigung (z.B. Mindest-HCP, Mitgliedschaft in einem Golfclub) vorliegen.
- Der Gutschein kann nur mit Vorlage des Köllen Golfführer für Deutschland oder mit beiliegender KöllenCard eingelöst werden.
- Die Einlösung kann nur nach telefonischer Anmeldung erfolgen – unter Hinweis auf die Nutzung des Angebots. Bei Sonderveranstaltungen, Turnieren etc. müssen Gutscheine nicht angenommen werden.
- Das Kombinieren mit anderen Rabatten ist nicht möglich – es gilt das zum Abschlagszeitpunkt gültige, volle Greenfee! Bei unterschiedlichen Greenfees (z.B. Studenten-Rabatt) ist der günstigere Tarif gratis!
- Alle Inserenten verpflichten sich, Gutscheine zu den angegebenen Bedingungen einzulösen. Der Verlag übernimmt keine Haftung, wenn ein Gutschein nicht eingelöst wird oder werden kann. Alle Angaben ohne Gewähr!
- Das Angebot ist gültig bis 31.05.2023.

Hinweis

- Informieren Sie sich vorher über das für Sie gültige Greenfee.

Teilnahmebedingungen

- Zur Gutschein-Einlösung muss eine Greenfee-Berechtigung (z.B. Mindest-HCP, Mitgliedschaft in einem Golfclub) vorliegen.
- Der Gutschein kann nur mit Vorlage des Köllen Golfführer für Deutschland oder mit beiliegender KöllenCard eingelöst werden.
- Die Einlösung kann nur nach telefonischer Anmeldung erfolgen – unter Hinweis auf die Nutzung des Angebots. Bei Sonderveranstaltungen, Turnieren etc. müssen Gutscheine nicht angenommen werden.
- Das Kombinieren mit anderen Rabatten ist nicht möglich – es gilt das zum Abschlagszeitpunkt gültige, volle Greenfee! Bei unterschiedlichen Greenfees (z.B. Studenten-Rabatt) ist der günstigere Tarif gratis!
- Alle Inserenten verpflichten sich, Gutscheine zu den angegebenen Bedingungen einzulösen. Der Verlag übernimmt keine Haftung, wenn ein Gutschein nicht eingelöst wird oder werden kann. Alle Angaben ohne Gewähr!
- Das Angebot ist gültig bis 31.05.2023.

Hinweis

- Informieren Sie sich vorher über das für Sie gültige Greenfee.

Teilnahmebedingungen

- Zur Gutschein-Einlösung muss eine Greenfee-Berechtigung (z.B. Mindest-HCP, Mitgliedschaft in einem Golfclub) vorliegen.
- Der Gutschein kann nur mit Vorlage des Köllen Golfführer für Deutschland oder mit beiliegender KöllenCard eingelöst werden.
- Die Einlösung kann nur nach telefonischer Anmeldung erfolgen – unter Hinweis auf die Nutzung des Angebots. Bei Sonderveranstaltungen, Turnieren etc. müssen Gutscheine nicht angenommen werden.
- Das Kombinieren mit anderen Rabatten ist nicht möglich – es gilt das zum Abschlagszeitpunkt gültige, volle Greenfee! Bei unterschiedlichen Greenfees (z.B. Studenten-Rabatt) ist der günstigere Tarif gratis!
- Alle Inserenten verpflichten sich, Gutscheine zu den angegebenen Bedingungen einzulösen. Der Verlag übernimmt keine Haftung, wenn ein Gutschein nicht eingelöst wird oder werden kann. Alle Angaben ohne Gewähr!
- Das Angebot ist gültig bis 31.05.2023.

Hinweis

- Informieren Sie sich vorher über das für Sie gültige Greenfee.

Teilnahmebedingungen

- Zur Gutschein-Einlösung muss eine Greenfee-Berechtigung (z.B. Mindest-HCP, Mitgliedschaft in einem Golfclub) vorliegen.
- Der Gutschein kann nur mit Vorlage des Köllen Golfführer für Deutschland oder mit beiliegender KöllenCard eingelöst werden.
- Die Einlösung kann nur nach telefonischer Anmeldung erfolgen – unter Hinweis auf die Nutzung des Angebots. Bei Sonderveranstaltungen, Turnieren etc. müssen Gutscheine nicht angenommen werden.
- Das Kombinieren mit anderen Rabatten ist nicht möglich – es gilt das zum Abschlagszeitpunkt gültige, volle Greenfee! Bei unterschiedlichen Greenfees (z.B. Studenten-Rabatt) ist der günstigere Tarif gratis!
- Alle Inserenten verpflichten sich, Gutscheine zu den angegebenen Bedingungen einzulösen. Der Verlag übernimmt keine Haftung, wenn ein Gutschein nicht eingelöst wird oder werden kann. Alle Angaben ohne Gewähr!
- Das Angebot ist gültig bis 31.05.2023.

Hinweis

- Informieren Sie sich vorher über das für Sie gültige Greenfee.

Teilnahmebedingungen

- Zur Gutschein-Einlösung muss eine Greenfee-Berechtigung (z.B. Mindest-HCP, Mitgliedschaft in einem Golfclub) vorliegen.
- Der Gutschein kann nur mit Vorlage des Köllen Golfführer für Deutschland oder mit beiliegender KöllenCard eingelöst werden.
- Die Einlösung kann nur nach telefonischer Anmeldung erfolgen – unter Hinweis auf die Nutzung des Angebots. Bei Sonderveranstaltungen, Turnieren etc. müssen Gutscheine nicht angenommen werden.
- Das Kombinieren mit anderen Rabatten ist nicht möglich – es gilt das zum Abschlagszeitpunkt gültige, volle Greenfee! Bei unterschiedlichen Greenfees (z.B. Studenten-Rabatt) ist der günstigere Tarif gratis!
- Alle Inserenten verpflichten sich, Gutscheine zu den angegebenen Bedingungen einzulösen. Der Verlag übernimmt keine Haftung, wenn ein Gutschein nicht eingelöst wird oder werden kann. Alle Angaben ohne Gewähr!
- Das Angebot ist gültig bis 31.05.2023.

Hinweis

- Informieren Sie sich vorher über das für Sie gültige Greenfee.

Teilnahmebedingungen

- Zur Gutschein-Einlösung muss eine Greenfee-Berechtigung (z.B. Mindest-HCP, Mitgliedschaft in einem Golfclub) vorliegen.
- Der Gutschein kann nur mit Vorlage des Köllen Golfführer für Deutschland oder mit beiliegender KöllenCard eingelöst werden.
- Die Einlösung kann nur nach telefonischer Anmeldung erfolgen – unter Hinweis auf die Nutzung des Angebots. Bei Sonderveranstaltungen, Turnieren etc. müssen Gutscheine nicht angenommen werden.
- Das Kombinieren mit anderen Rabatten ist nicht möglich – es gilt das zum Abschlagszeitpunkt gültige, volle Greenfee! Bei unterschiedlichen Greenfees (z.B. Studenten-Rabatt) ist der günstigere Tarif gratis!
- Alle Inserenten verpflichten sich, Gutscheine zu den angegebenen Bedingungen einzulösen. Der Verlag übernimmt keine Haftung, wenn ein Gutschein nicht eingelöst wird oder werden kann. Alle Angaben ohne Gewähr!
- Das Angebot ist gültig bis 31.05.2023.

Hinweis

- Informieren Sie sich vorher über das für Sie gültige Greenfee.

Teilnahmebedingungen

- Zur Gutschein-Einlösung muss eine Greenfee-Berechtigung (z.B. Mindest-HCP, Mitgliedschaft in einem Golfclub) vorliegen.
- Der Gutschein kann nur mit Vorlage des Köllen Golfführer für Deutschland oder mit beiliegender KöllenCard eingelöst werden.
- Die Einlösung kann nur nach telefonischer Anmeldung erfolgen – unter Hinweis auf die Nutzung des Angebots. Bei Sonderveranstaltungen, Turnieren etc. müssen Gutscheine nicht angenommen werden.
- Das Kombinieren mit anderen Rabatten ist nicht möglich – es gilt das zum Abschlagszeitpunkt gültige, volle Greenfee! Bei unterschiedlichen Greenfees (z.B. Studenten-Rabatt) ist der günstigere Tarif gratis!
- Alle Inserenten verpflichten sich, Gutscheine zu den angegebenen Bedingungen einzulösen. Der Verlag übernimmt keine Haftung, wenn ein Gutschein nicht eingelöst wird oder werden kann. Alle Angaben ohne Gewähr!
- Das Angebot ist gültig bis 31.05.2023.

Hinweis

- Informieren Sie sich vorher über das für Sie gültige Greenfee.

Teilnahmebedingungen

- Zur Gutschein-Einlösung muss eine Greenfee-Berechtigung (z.B. Mindest-HCP, Mitgliedschaft in einem Golfclub) vorliegen.
- Der Gutschein kann nur mit Vorlage des Köllen Golfführer für Deutschland oder mit beiliegender KöllenCard eingelöst werden.
- Die Einlösung kann nur nach telefonischer Anmeldung erfolgen – unter Hinweis auf die Nutzung des Angebots. Bei Sonderveranstaltungen, Turnieren etc. müssen Gutscheine nicht angenommen werden.
- Das Kombinieren mit anderen Rabatten ist nicht möglich – es gilt das zum Abschlagszeitpunkt gültige, volle Greenfee! Bei unterschiedlichen Greenfees (z.B. Studenten-Rabatt) ist der günstigere Tarif gratis!
- Alle Inserenten verpflichten sich, Gutscheine zu den angegebenen Bedingungen einzulösen. Der Verlag übernimmt keine Haftung, wenn ein Gutschein nicht eingelöst wird oder werden kann. Alle Angaben ohne Gewähr!
- Das Angebot ist gültig bis 31.05.2023.

Hinweis

- Informieren Sie sich vorher über das für Sie gültige Greenfee.

Teilnahmebedingungen

- Zur Gutschein-Einlösung muss eine Greenfee-Berechtigung (z.B. Mindest-HCP, Mitgliedschaft in einem Golfclub) vorliegen.
- Der Gutschein kann nur mit Vorlage des Köllen Golfführer für Deutschland oder mit beiliegender KöllenCard eingelöst werden.
- Die Einlösung kann nur nach telefonischer Anmeldung erfolgen – unter Hinweis auf die Nutzung des Angebots. Bei Sonderveranstaltungen, Turnieren etc. müssen Gutscheine nicht angenommen werden.
- Das Kombinieren mit anderen Rabatten ist nicht möglich – es gilt das zum Abschlagszeitpunkt gültige, volle Greenfee! Bei unterschiedlichen Greenfees (z.B. Studenten-Rabatt) ist der günstigere Tarif gratis!
- Alle Inserenten verpflichten sich, Gutscheine zu den angegebenen Bedingungen einzulösen. Der Verlag übernimmt keine Haftung, wenn ein Gutschein nicht eingelöst wird oder werden kann. Alle Angaben ohne Gewähr!
- Das Angebot ist gültig bis 31.05.2023.

Hinweis

- Informieren Sie sich vorher über das für Sie gültige Greenfee.

GUTSCHEIN
2. Greenfee ist gratis
KÖLLEN GOLF
2:1
25% GF-Nachlass (Einzelspieler)
nur Mo-Fr (außer feiertags)
GCM Golfclub Magdeburg e.V.
DGV-Nr. 3002 Seite 15 Gültig bis 31.05.2023

GUTSCHEIN
2. Greenfee ist gratis
KÖLLEN GOLF
2:1
25% GF-Nachlass (Einzelspieler)
nur Mo-Fr (außer feiertags)
GCM Golfclub Magdeburg e.V.
DGV-Nr. 3002 Seite 15 Gültig bis 31.05.2023

GUTSCHEIN
2. Greenfee ist gratis
KÖLLEN GOLF
2:1
25% GF-Nachlass (Einzelspieler)
Golfpark Dessau e.V.
DGV-Nr. 3004 Seite 8 Gültig bis 31.05.2023

GUTSCHEIN
2. Greenfee ist gratis
KÖLLEN GOLF
2:1
25% GF-Nachlass (Einzelspieler)
Golfpark Dessau e.V.
DGV-Nr. 3004 Seite 8 Gültig bis 31.05.2023

GUTSCHEIN
2. Greenfee ist gratis
KÖLLEN GOLF
2:1
25% GF-Nachlass (Einzelspieler)
Potsdamer Golfclub e.V.
DGV-Nr. 1104 Seite 23 Gültig bis 31.05.2023

GUTSCHEIN
2. Greenfee ist gratis
KÖLLEN GOLF
2:1
25% GF-Nachlass (Einzelspieler)
Potsdamer Golfclub e.V.
DGV-Nr. 1104 Seite 23 Gültig bis 31.05.2023

GUTSCHEIN
2. Greenfee ist gratis
KÖLLEN GOLF
2:1
25% GF-Nachlass (Einzelspieler)
Potsdamer Golfclub e.V.
DGV-Nr. 1104 Seite 23 Gültig bis 31.05.2023

GUTSCHEIN
2. Greenfee ist gratis
KÖLLEN GOLF
2:1
25% GF-Nachlass (Einzelspieler)
Potsdamer Golfclub e.V.
DGV-Nr. 1104 Seite 23 Gültig bis 31.05.2023

GUTSCHEIN
2. Greenfee ist gratis
KÖLLEN GOLF
2:1
25% GF-Nachlass (Einzelspieler)
Potsdamer Golfclub e.V.
DGV-Nr. 1104 Seite 23 Gültig bis 31.05.2023

GUTSCHEIN
2. Greenfee ist gratis
KÖLLEN GOLF
2:1
25% GF-Nachlass (Einzelspieler)
Lausitzer Golfclub e.V.
DGV-Nr. 1115 Seite 20 Gültig bis 31.05.2023

Teilnahmebedingungen

- Zur Gutschein-Einlösung muss eine Greenfee-Berechtigung (z.B. Mindest-HCP, Mitgliedschaft in einem Golfclub) vorliegen.
- Der Gutschein kann nur mit Vorlage des Köllen Golfführer für Deutschland oder mit beiliegender KöllenCard eingelöst werden.
- Die Einlösung kann nur nach telefonischer Anmeldung erfolgen – unter Hinweis auf die Nutzung des Angebots. Bei Sonderveranstaltungen, Turnieren etc. müssen Gutscheine nicht angenommen werden.
- Das Kombinieren mit anderen Rabatten ist nicht möglich – es gilt das zum Abschlagszeitpunkt gültige, volle Greenfee! Bei unterschiedlichen Greenfees (z.B. Studenten-Rabatt) ist der günstigere Tarif gratis!
- Alle Inserenten verpflichten sich, Gutscheine zu den angegebenen Bedingungen einzulösen. Der Verlag übernimmt keine Haftung, wenn ein Gutschein nicht eingelöst wird oder werden kann. Alle Angaben ohne Gewähr!
- Das Angebot ist gültig bis 31.05.2023.

Hinweis

- Informieren Sie sich vorher über das für Sie gültige Greenfee.

Teilnahmebedingungen

- Zur Gutschein-Einlösung muss eine Greenfee-Berechtigung (z.B. Mindest-HCP, Mitgliedschaft in einem Golfclub) vorliegen.
- Der Gutschein kann nur mit Vorlage des Köllen Golfführer für Deutschland oder mit beiliegender KöllenCard eingelöst werden.
- Die Einlösung kann nur nach telefonischer Anmeldung erfolgen – unter Hinweis auf die Nutzung des Angebots. Bei Sonderveranstaltungen, Turnieren etc. müssen Gutscheine nicht angenommen werden.
- Das Kombinieren mit anderen Rabatten ist nicht möglich – es gilt das zum Abschlagszeitpunkt gültige, volle Greenfee! Bei unterschiedlichen Greenfees (z.B. Studenten-Rabatt) ist der günstigere Tarif gratis!
- Alle Inserenten verpflichten sich, Gutscheine zu den angegebenen Bedingungen einzulösen. Der Verlag übernimmt keine Haftung, wenn ein Gutschein nicht eingelöst wird oder werden kann. Alle Angaben ohne Gewähr!
- Das Angebot ist gültig bis 31.05.2023.

Hinweis

- Informieren Sie sich vorher über das für Sie gültige Greenfee.

Teilnahmebedingungen

- Zur Gutschein-Einlösung muss eine Greenfee-Berechtigung (z.B. Mindest-HCP, Mitgliedschaft in einem Golfclub) vorliegen.
- Der Gutschein kann nur mit Vorlage des Köllen Golfführer für Deutschland oder mit beiliegender KöllenCard eingelöst werden.
- Die Einlösung kann nur nach telefonischer Anmeldung erfolgen – unter Hinweis auf die Nutzung des Angebots. Bei Sonderveranstaltungen, Turnieren etc. müssen Gutscheine nicht angenommen werden.
- Das Kombinieren mit anderen Rabatten ist nicht möglich – es gilt das zum Abschlagszeitpunkt gültige, volle Greenfee! Bei unterschiedlichen Greenfees (z.B. Studenten-Rabatt) ist der günstigere Tarif gratis!
- Alle Inserenten verpflichten sich, Gutscheine zu den angegebenen Bedingungen einzulösen. Der Verlag übernimmt keine Haftung, wenn ein Gutschein nicht eingelöst wird oder werden kann. Alle Angaben ohne Gewähr!
- Das Angebot ist gültig bis 31.05.2023.

Hinweis

- Informieren Sie sich vorher über das für Sie gültige Greenfee.

Teilnahmebedingungen

- Zur Gutschein-Einlösung muss eine Greenfee-Berechtigung (z.B. Mindest-HCP, Mitgliedschaft in einem Golfclub) vorliegen.
- Der Gutschein kann nur mit Vorlage des Köllen Golfführer für Deutschland oder mit beiliegender KöllenCard eingelöst werden.
- Die Einlösung kann nur nach telefonischer Anmeldung erfolgen – unter Hinweis auf die Nutzung des Angebots. Bei Sonderveranstaltungen, Turnieren etc. müssen Gutscheine nicht angenommen werden.
- Das Kombinieren mit anderen Rabatten ist nicht möglich – es gilt das zum Abschlagszeitpunkt gültige, volle Greenfee! Bei unterschiedlichen Greenfees (z.B. Studenten-Rabatt) ist der günstigere Tarif gratis!
- Alle Inserenten verpflichten sich, Gutscheine zu den angegebenen Bedingungen einzulösen. Der Verlag übernimmt keine Haftung, wenn ein Gutschein nicht eingelöst wird oder werden kann. Alle Angaben ohne Gewähr!
- Das Angebot ist gültig bis 31.05.2023.

Hinweis

- Informieren Sie sich vorher über das für Sie gültige Greenfee.

Teilnahmebedingungen

- Zur Gutschein-Einlösung muss eine Greenfee-Berechtigung (z.B. Mindest-HCP, Mitgliedschaft in einem Golfclub) vorliegen.
- Der Gutschein kann nur mit Vorlage des Köllen Golfführer für Deutschland oder mit beiliegender KöllenCard eingelöst werden.
- Die Einlösung kann nur nach telefonischer Anmeldung erfolgen – unter Hinweis auf die Nutzung des Angebots. Bei Sonderveranstaltungen, Turnieren etc. müssen Gutscheine nicht angenommen werden.
- Das Kombinieren mit anderen Rabatten ist nicht möglich – es gilt das zum Abschlagszeitpunkt gültige, volle Greenfee! Bei unterschiedlichen Greenfees (z.B. Studenten-Rabatt) ist der günstigere Tarif gratis!
- Alle Inserenten verpflichten sich, Gutscheine zu den angegebenen Bedingungen einzulösen. Der Verlag übernimmt keine Haftung, wenn ein Gutschein nicht eingelöst wird oder werden kann. Alle Angaben ohne Gewähr!
- Das Angebot ist gültig bis 31.05.2023.

Hinweis

- Informieren Sie sich vorher über das für Sie gültige Greenfee.

Teilnahmebedingungen

- Zur Gutschein-Einlösung muss eine Greenfee-Berechtigung (z.B. Mindest-HCP, Mitgliedschaft in einem Golfclub) vorliegen.
- Der Gutschein kann nur mit Vorlage des Köllen Golfführer für Deutschland oder mit beiliegender KöllenCard eingelöst werden.
- Die Einlösung kann nur nach telefonischer Anmeldung erfolgen – unter Hinweis auf die Nutzung des Angebots. Bei Sonderveranstaltungen, Turnieren etc. müssen Gutscheine nicht angenommen werden.
- Das Kombinieren mit anderen Rabatten ist nicht möglich – es gilt das zum Abschlagszeitpunkt gültige, volle Greenfee! Bei unterschiedlichen Greenfees (z.B. Studenten-Rabatt) ist der günstigere Tarif gratis!
- Alle Inserenten verpflichten sich, Gutscheine zu den angegebenen Bedingungen einzulösen. Der Verlag übernimmt keine Haftung, wenn ein Gutschein nicht eingelöst wird oder werden kann. Alle Angaben ohne Gewähr!
- Das Angebot ist gültig bis 31.05.2023.

Hinweis

- Informieren Sie sich vorher über das für Sie gültige Greenfee.

Teilnahmebedingungen

- Zur Gutschein-Einlösung muss eine Greenfee-Berechtigung (z.B. Mindest-HCP, Mitgliedschaft in einem Golfclub) vorliegen.
- Der Gutschein kann nur mit Vorlage des Köllen Golfführer für Deutschland oder mit beiliegender KöllenCard eingelöst werden.
- Die Einlösung kann nur nach telefonischer Anmeldung erfolgen – unter Hinweis auf die Nutzung des Angebots. Bei Sonderveranstaltungen, Turnieren etc. müssen Gutscheine nicht angenommen werden.
- Das Kombinieren mit anderen Rabatten ist nicht möglich – es gilt das zum Abschlagszeitpunkt gültige, volle Greenfee! Bei unterschiedlichen Greenfees (z.B. Studenten-Rabatt) ist der günstigere Tarif gratis!
- Alle Inserenten verpflichten sich, Gutscheine zu den angegebenen Bedingungen einzulösen. Der Verlag übernimmt keine Haftung, wenn ein Gutschein nicht eingelöst wird oder werden kann. Alle Angaben ohne Gewähr!
- Das Angebot ist gültig bis 31.05.2023.

Hinweis

- Informieren Sie sich vorher über das für Sie gültige Greenfee.

Teilnahmebedingungen

- Zur Gutschein-Einlösung muss eine Greenfee-Berechtigung (z.B. Mindest-HCP, Mitgliedschaft in einem Golfclub) vorliegen.
- Der Gutschein kann nur mit Vorlage des Köllen Golfführer für Deutschland oder mit beiliegender KöllenCard eingelöst werden.
- Die Einlösung kann nur nach telefonischer Anmeldung erfolgen – unter Hinweis auf die Nutzung des Angebots. Bei Sonderveranstaltungen, Turnieren etc. müssen Gutscheine nicht angenommen werden.
- Das Kombinieren mit anderen Rabatten ist nicht möglich – es gilt das zum Abschlagszeitpunkt gültige, volle Greenfee! Bei unterschiedlichen Greenfees (z.B. Studenten-Rabatt) ist der günstigere Tarif gratis!
- Alle Inserenten verpflichten sich, Gutscheine zu den angegebenen Bedingungen einzulösen. Der Verlag übernimmt keine Haftung, wenn ein Gutschein nicht eingelöst wird oder werden kann. Alle Angaben ohne Gewähr!
- Das Angebot ist gültig bis 31.05.2023.

Hinweis

- Informieren Sie sich vorher über das für Sie gültige Greenfee.

Teilnahmebedingungen

- Zur Gutschein-Einlösung muss eine Greenfee-Berechtigung (z.B. Mindest-HCP, Mitgliedschaft in einem Golfclub) vorliegen.
- Der Gutschein kann nur mit Vorlage des Köllen Golfführer für Deutschland oder mit beiliegender KöllenCard eingelöst werden.
- Die Einlösung kann nur nach telefonischer Anmeldung erfolgen – unter Hinweis auf die Nutzung des Angebots. Bei Sonderveranstaltungen, Turnieren etc. müssen Gutscheine nicht angenommen werden.
- Das Kombinieren mit anderen Rabatten ist nicht möglich – es gilt das zum Abschlagszeitpunkt gültige, volle Greenfee! Bei unterschiedlichen Greenfees (z.B. Studenten-Rabatt) ist der günstigere Tarif gratis!
- Alle Inserenten verpflichten sich, Gutscheine zu den angegebenen Bedingungen einzulösen. Der Verlag übernimmt keine Haftung, wenn ein Gutschein nicht eingelöst wird oder werden kann. Alle Angaben ohne Gewähr!
- Das Angebot ist gültig bis 31.05.2023.

Hinweis

- Informieren Sie sich vorher über das für Sie gültige Greenfee.

Teilnahmebedingungen

- Zur Gutschein-Einlösung muss eine Greenfee-Berechtigung (z.B. Mindest-HCP, Mitgliedschaft in einem Golfclub) vorliegen.
- Der Gutschein kann nur mit Vorlage des Köllen Golfführer für Deutschland oder mit beiliegender KöllenCard eingelöst werden.
- Die Einlösung kann nur nach telefonischer Anmeldung erfolgen – unter Hinweis auf die Nutzung des Angebots. Bei Sonderveranstaltungen, Turnieren etc. müssen Gutscheine nicht angenommen werden.
- Das Kombinieren mit anderen Rabatten ist nicht möglich – es gilt das zum Abschlagszeitpunkt gültige, volle Greenfee! Bei unterschiedlichen Greenfees (z.B. Studenten-Rabatt) ist der günstigere Tarif gratis!
- Alle Inserenten verpflichten sich, Gutscheine zu den angegebenen Bedingungen einzulösen. Der Verlag übernimmt keine Haftung, wenn ein Gutschein nicht eingelöst wird oder werden kann. Alle Angaben ohne Gewähr!
- Das Angebot ist gültig bis 31.05.2023.

Hinweis

- Informieren Sie sich vorher über das für Sie gültige Greenfee.

GUTSCHEIN 2. Greenfee ist gratis

2:1

25% GF-Nachlass (Einzelspieler)

Lausitzer Golfclub e.V.

DGV-Nr. 1115 Seite 20 Gültig bis 31.05.2023

GUTSCHEIN 25% Greenfee-Nachlass

%

GolfRange Berlin-Großbeeren

DGV-Nr. 1120 Seite 25 Gültig bis 31.05.2023

GUTSCHEIN 25% Greenfee-Nachlass

%

GolfRange Berlin-Großbeeren

DGV-Nr. 1120 Seite 25 Gültig bis 31.05.2023

GUTSCHEIN 2. Greenfee ist gratis

2:1

25% GF-Nachlass (Einzelspieler)

Golf in Wall

DGV-Nr. 1125 Seite 29 Gültig bis 31.05.2023

GUTSCHEIN 2. Greenfee ist gratis

2:1

25% GF-Nachlass (Einzelspieler)

Golf in Wall

DGV-Nr. 1125 Seite 29 Gültig bis 31.05.2023

GUTSCHEIN 2. Greenfee ist gratis

2:1

25% GF-Nachlass (Einzelspieler)
gilt nur auf Westside Platz

Golfpark Schloss Wilkendorf

DGV-Nr. 1129 Seite 26 Gültig bis 31.05.2023

GUTSCHEIN 2. Greenfee ist gratis

2:1

25% GF-Nachlass (Einzelspieler)
gilt nur auf Westside Platz

Golfpark Schloss Wilkendorf

DGV-Nr. 1129 Seite 26 Gültig bis 31.05.2023

GUTSCHEIN 2. Greenfee ist gratis

2:1

25% GF-Nachlass (Einzelspieler)
nur Mo-Fr (außer feiertags)

Golfclub Berlin Prenden

DGV-Nr. 1130 Seite 28 Gültig bis 31.05.2023

GUTSCHEIN 15% Greenfee-Nachlass

%

nur Mo-Fr (außer feiertags)

Golfclub Berlin Prenden

DGV-Nr. 1130 Seite 28 Gültig bis 31.05.2023

GUTSCHEIN 2. Greenfee ist gratis

2:1

25% GF-Nachlass (Einzelspieler)

Country Golf Wiesenburg

DGV-Nr. K111 Seite 24 Gültig bis 31.05.2023

Teilnahmebedingungen

- Zur Gutschein-Einlösung muss eine Greenfee-Berechtigung (z.B. Mindest-HCP, Mitgliedschaft in einem Golfclub) vorliegen.
- Der Gutschein kann nur mit Vorlage des Köllen Golfführer für Deutschland oder mit beiliegender KöllenCard eingelöst werden.
- Die Einlösung kann nur nach telefonischer Anmeldung erfolgen – unter Hinweis auf die Nutzung des Angebots. Bei Sonderveranstaltungen, Turnieren etc. müssen Gutscheine nicht angenommen werden.
- Das Kombinieren mit anderen Rabatten ist nicht möglich – es gilt das zum Abschlagszeitpunkt gültige, volle Greenfee! Bei unterschiedlichen Greenfees (z.B. Studenten-Rabatt) ist der günstigere Tarif gratis!
- Alle Inserenten verpflichten sich, Gutscheine zu den angegebenen Bedingungen einzulösen. Der Verlag übernimmt keine Haftung, wenn ein Gutschein nicht eingelöst wird oder werden kann. Alle Angaben ohne Gewähr!
- Das Angebot ist gültig bis 31.05.2023.

Hinweis

- Informieren Sie sich vorher über das für Sie gültige Greenfee.

Teilnahmebedingungen

- Zur Gutschein-Einlösung muss eine Greenfee-Berechtigung (z.B. Mindest-HCP, Mitgliedschaft in einem Golfclub) vorliegen.
- Der Gutschein kann nur mit Vorlage des Köllen Golfführer für Deutschland oder mit beiliegender KöllenCard eingelöst werden.
- Die Einlösung kann nur nach telefonischer Anmeldung erfolgen – unter Hinweis auf die Nutzung des Angebots. Bei Sonderveranstaltungen, Turnieren etc. müssen Gutscheine nicht angenommen werden.
- Das Kombinieren mit anderen Rabatten ist nicht möglich – es gilt das zum Abschlagszeitpunkt gültige, volle Greenfee! Bei unterschiedlichen Greenfees (z.B. Studenten-Rabatt) ist der günstigere Tarif gratis!
- Alle Inserenten verpflichten sich, Gutscheine zu den angegebenen Bedingungen einzulösen. Der Verlag übernimmt keine Haftung, wenn ein Gutschein nicht eingelöst wird oder werden kann. Alle Angaben ohne Gewähr!
- Das Angebot ist gültig bis 31.05.2023.

Hinweis

- Informieren Sie sich vorher über das für Sie gültige Greenfee.

Teilnahmebedingungen

- Zur Gutschein-Einlösung muss eine Greenfee-Berechtigung (z.B. Mindest-HCP, Mitgliedschaft in einem Golfclub) vorliegen.
- Der Gutschein kann nur mit Vorlage des Köllen Golfführer für Deutschland oder mit beiliegender KöllenCard eingelöst werden.
- Die Einlösung kann nur nach telefonischer Anmeldung erfolgen – unter Hinweis auf die Nutzung des Angebots. Bei Sonderveranstaltungen, Turnieren etc. müssen Gutscheine nicht angenommen werden.
- Das Kombinieren mit anderen Rabatten ist nicht möglich – es gilt das zum Abschlagszeitpunkt gültige, volle Greenfee! Bei unterschiedlichen Greenfees (z.B. Studenten-Rabatt) ist der günstigere Tarif gratis!
- Alle Inserenten verpflichten sich, Gutscheine zu den angegebenen Bedingungen einzulösen. Der Verlag übernimmt keine Haftung, wenn ein Gutschein nicht eingelöst wird oder werden kann. Alle Angaben ohne Gewähr!
- Das Angebot ist gültig bis 31.05.2023.

Hinweis

- Informieren Sie sich vorher über das für Sie gültige Greenfee.

Teilnahmebedingungen

- Zur Gutschein-Einlösung muss eine Greenfee-Berechtigung (z.B. Mindest-HCP, Mitgliedschaft in einem Golfclub) vorliegen.
- Der Gutschein kann nur mit Vorlage des Köllen Golfführer für Deutschland oder mit beiliegender KöllenCard eingelöst werden.
- Die Einlösung kann nur nach telefonischer Anmeldung erfolgen – unter Hinweis auf die Nutzung des Angebots. Bei Sonderveranstaltungen, Turnieren etc. müssen Gutscheine nicht angenommen werden.
- Das Kombinieren mit anderen Rabatten ist nicht möglich – es gilt das zum Abschlagszeitpunkt gültige, volle Greenfee! Bei unterschiedlichen Greenfees (z.B. Studenten-Rabatt) ist der günstigere Tarif gratis!
- Alle Inserenten verpflichten sich, Gutscheine zu den angegebenen Bedingungen einzulösen. Der Verlag übernimmt keine Haftung, wenn ein Gutschein nicht eingelöst wird oder werden kann. Alle Angaben ohne Gewähr!
- Das Angebot ist gültig bis 31.05.2023.

Hinweis

- Informieren Sie sich vorher über das für Sie gültige Greenfee.

Teilnahmebedingungen

- Zur Gutschein-Einlösung muss eine Greenfee-Berechtigung (z.B. Mindest-HCP, Mitgliedschaft in einem Golfclub) vorliegen.
- Der Gutschein kann nur mit Vorlage des Köllen Golfführer für Deutschland oder mit beiliegender KöllenCard eingelöst werden.
- Die Einlösung kann nur nach telefonischer Anmeldung erfolgen – unter Hinweis auf die Nutzung des Angebots. Bei Sonderveranstaltungen, Turnieren etc. müssen Gutscheine nicht angenommen werden.
- Das Kombinieren mit anderen Rabatten ist nicht möglich – es gilt das zum Abschlagszeitpunkt gültige, volle Greenfee! Bei unterschiedlichen Greenfees (z.B. Studenten-Rabatt) ist der günstigere Tarif gratis!
- Alle Inserenten verpflichten sich, Gutscheine zu den angegebenen Bedingungen einzulösen. Der Verlag übernimmt keine Haftung, wenn ein Gutschein nicht eingelöst wird oder werden kann. Alle Angaben ohne Gewähr!
- Das Angebot ist gültig bis 31.05.2023.

Hinweis

- Informieren Sie sich vorher über das für Sie gültige Greenfee.

Teilnahmebedingungen

- Zur Gutschein-Einlösung muss eine Greenfee-Berechtigung (z.B. Mindest-HCP, Mitgliedschaft in einem Golfclub) vorliegen.
- Der Gutschein kann nur mit Vorlage des Köllen Golfführer für Deutschland oder mit beiliegender KöllenCard eingelöst werden.
- Die Einlösung kann nur nach telefonischer Anmeldung erfolgen – unter Hinweis auf die Nutzung des Angebots. Bei Sonderveranstaltungen, Turnieren etc. müssen Gutscheine nicht angenommen werden.
- Das Kombinieren mit anderen Rabatten ist nicht möglich – es gilt das zum Abschlagszeitpunkt gültige, volle Greenfee! Bei unterschiedlichen Greenfees (z.B. Studenten-Rabatt) ist der günstigere Tarif gratis!
- Alle Inserenten verpflichten sich, Gutscheine zu den angegebenen Bedingungen einzulösen. Der Verlag übernimmt keine Haftung, wenn ein Gutschein nicht eingelöst wird oder werden kann. Alle Angaben ohne Gewähr!
- Das Angebot ist gültig bis 31.05.2023.

Hinweis

- Informieren Sie sich vorher über das für Sie gültige Greenfee.

Teilnahmebedingungen

- Zur Gutschein-Einlösung muss eine Greenfee-Berechtigung (z.B. Mindest-HCP, Mitgliedschaft in einem Golfclub) vorliegen.
- Der Gutschein kann nur mit Vorlage des Köllen Golfführer für Deutschland oder mit beiliegender KöllenCard eingelöst werden.
- Die Einlösung kann nur nach telefonischer Anmeldung erfolgen – unter Hinweis auf die Nutzung des Angebots. Bei Sonderveranstaltungen, Turnieren etc. müssen Gutscheine nicht angenommen werden.
- Das Kombinieren mit anderen Rabatten ist nicht möglich – es gilt das zum Abschlagszeitpunkt gültige, volle Greenfee! Bei unterschiedlichen Greenfees (z.B. Studenten-Rabatt) ist der günstigere Tarif gratis!
- Alle Inserenten verpflichten sich, Gutscheine zu den angegebenen Bedingungen einzulösen. Der Verlag übernimmt keine Haftung, wenn ein Gutschein nicht eingelöst wird oder werden kann. Alle Angaben ohne Gewähr!
- Das Angebot ist gültig bis 31.05.2023.

Hinweis

- Informieren Sie sich vorher über das für Sie gültige Greenfee.

Teilnahmebedingungen

- Zur Gutschein-Einlösung muss eine Greenfee-Berechtigung (z.B. Mindest-HCP, Mitgliedschaft in einem Golfclub) vorliegen.
- Der Gutschein kann nur mit Vorlage des Köllen Golfführer für Deutschland oder mit beiliegender KöllenCard eingelöst werden.
- Die Einlösung kann nur nach telefonischer Anmeldung erfolgen – unter Hinweis auf die Nutzung des Angebots. Bei Sonderveranstaltungen, Turnieren etc. müssen Gutscheine nicht angenommen werden.
- Das Kombinieren mit anderen Rabatten ist nicht möglich – es gilt das zum Abschlagszeitpunkt gültige, volle Greenfee! Bei unterschiedlichen Greenfees (z.B. Studenten-Rabatt) ist der günstigere Tarif gratis!
- Alle Inserenten verpflichten sich, Gutscheine zu den angegebenen Bedingungen einzulösen. Der Verlag übernimmt keine Haftung, wenn ein Gutschein nicht eingelöst wird oder werden kann. Alle Angaben ohne Gewähr!
- Das Angebot ist gültig bis 31.05.2023.

Hinweis

- Informieren Sie sich vorher über das für Sie gültige Greenfee.

Teilnahmebedingungen

- Zur Gutschein-Einlösung muss eine Greenfee-Berechtigung (z.B. Mindest-HCP, Mitgliedschaft in einem Golfclub) vorliegen.
- Der Gutschein kann nur mit Vorlage des Köllen Golfführer für Deutschland oder mit beiliegender KöllenCard eingelöst werden.
- Die Einlösung kann nur nach telefonischer Anmeldung erfolgen – unter Hinweis auf die Nutzung des Angebots. Bei Sonderveranstaltungen, Turnieren etc. müssen Gutscheine nicht angenommen werden.
- Das Kombinieren mit anderen Rabatten ist nicht möglich – es gilt das zum Abschlagszeitpunkt gültige, volle Greenfee! Bei unterschiedlichen Greenfees (z.B. Studenten-Rabatt) ist der günstigere Tarif gratis!
- Alle Inserenten verpflichten sich, Gutscheine zu den angegebenen Bedingungen einzulösen. Der Verlag übernimmt keine Haftung, wenn ein Gutschein nicht eingelöst wird oder werden kann. Alle Angaben ohne Gewähr!
- Das Angebot ist gültig bis 31.05.2023.

Hinweis

- Informieren Sie sich vorher über das für Sie gültige Greenfee.

Teilnahmebedingungen

- Zur Gutschein-Einlösung muss eine Greenfee-Berechtigung (z.B. Mindest-HCP, Mitgliedschaft in einem Golfclub) vorliegen.
- Der Gutschein kann nur mit Vorlage des Köllen Golfführer für Deutschland oder mit beiliegender KöllenCard eingelöst werden.
- Die Einlösung kann nur nach telefonischer Anmeldung erfolgen – unter Hinweis auf die Nutzung des Angebots. Bei Sonderveranstaltungen, Turnieren etc. müssen Gutscheine nicht angenommen werden.
- Das Kombinieren mit anderen Rabatten ist nicht möglich – es gilt das zum Abschlagszeitpunkt gültige, volle Greenfee! Bei unterschiedlichen Greenfees (z.B. Studenten-Rabatt) ist der günstigere Tarif gratis!
- Alle Inserenten verpflichten sich, Gutscheine zu den angegebenen Bedingungen einzulösen. Der Verlag übernimmt keine Haftung, wenn ein Gutschein nicht eingelöst wird oder werden kann. Alle Angaben ohne Gewähr!
- Das Angebot ist gültig bis 31.05.2023.

Hinweis

- Informieren Sie sich vorher über das für Sie gültige Greenfee.

GUTSCHEIN
2. Greenfee ist gratis

KÖLLEN GOLF

2:1

25% GF-Nachlass (Einzelspieler)

Country Golf Wiesenburg

DGV-Nr. K111 Seite 24 Gültig bis 31.05.2023

GUTSCHEIN
2. Greenfee ist gratis
KÖLLEN GOLF
2:1
25% GF-Nachlass (Einzelspieler)
Country Golf Wiesenburg
DGV-Nr. K111 Seite 24 Gültig bis 31.05.2023
MEHR DRIVE FÜR DIE STRASSE.
www.bmw.de/iX

GUTSCHEIN
2. Greenfee ist gratis
KÖLLEN GOLF
2:1
25% GF-Nachlass (Einzelspieler)
Country Golf Wiesenburg
DGV-Nr. K111 Seite 24 Gültig bis 31.05.2023
MEHR DRIVE FÜR DIE STRASSE.
www.bmw.de/iX

GUTSCHEIN
20% Greenfee-Nachlass

KÖLLEN GOLF

%

Golfclub Rügen e.V.

DGV-Nr. 1302 Seite 40 Gültig bis 31.05.2023

MEHR DRIVE FÜR DIE STRASSE.
www.bmw.de/iX

GUTSCHEIN
20% Greenfee-Nachlass
KÖLLEN GOLF
%
Golfclub Rügen e.V.
DGV-Nr. 1302 Seite 40 Gültig bis 31.05.2023
MEHR DRIVE FÜR DIE STRASSE.
www.bmw.de/iX

GUTSCHEIN
20% Greenfee-Nachlass
KÖLLEN GOLF
%
Golfclub Rügen e.V.
DGV-Nr. 1302 Seite 40 Gültig bis 31.05.2023
MEHR DRIVE FÜR DIE STRASSE.
www.bmw.de/iX

GUTSCHEIN
20% Greenfee-Nachlass
KÖLLEN GOLF
%
Golfclub Rügen e.V.
DGV-Nr. 1302 Seite 40 Gültig bis 31.05.2023
MEHR DRIVE FÜR DIE STRASSE.
www.bmw.de/iX

GUTSCHEIN
2. Greenfee ist gratis

KÖLLEN GOLF

2:1

25% GF-Nachlass (Einzelspieler)

Golfclub Tessin e.V.

DGV-Nr. 1308 Seite 36 Gültig bis 31.05.2023

MEHR DRIVE FÜR DIE STRASSE.
www.bmw.de/iX

GUTSCHEIN
2. Greenfee ist gratis
KÖLLEN GOLF
2:1
25% GF-Nachlass (Einzelspieler)
Golfclub Tessin e.V.
DGV-Nr. 1308 Seite 36 Gültig bis 31.05.2023
MEHR DRIVE FÜR DIE STRASSE.
www.bmw.de/iX

GUTSCHEIN
2. Greenfee ist gratis
KÖLLEN GOLF
2:1
25% GF-Nachlass (Einzelspieler)
Golfclub Tessin e.V.
DGV-Nr. 1308 Seite 36 Gültig bis 31.05.2023
MEHR DRIVE FÜR DIE STRASSE.
www.bmw.de/iX

Teilnahmebedingungen

- Zur Gutschein-Einlösung muss eine Greenfee-Berechtigung (z.B. Mindest-HCP, Mitgliedschaft in einem Golfclub) vorliegen.
- Der Gutschein kann nur mit Vorlage des Köllen Golfführer für Deutschland oder mit beiliegender KöllenCard eingelöst werden.
- Die Einlösung kann nur nach telefonischer Anmeldung erfolgen – unter Hinweis auf die Nutzung des Angebots. Bei Sonderveranstaltungen, Turnieren etc. müssen Gutscheine nicht angenommen werden.
- Das Kombinieren mit anderen Rabatten ist nicht möglich – es gilt das zum Abschlagszeitpunkt gültige, volle Greenfee! Bei unterschiedlichen Greenfees (z.B. Studenten-Rabatt) ist der günstigere Tarif gratis!
- Alle Inserenten verpflichten sich, Gutscheine zu den angegebenen Bedingungen einzulösen. Der Verlag übernimmt keine Haftung, wenn ein Gutschein nicht eingelöst wird oder werden kann. Alle Angaben ohne Gewähr!
- Das Angebot ist gültig bis 31.05.2023.

Hinweis

- Informieren Sie sich vorher über das für Sie gültige Greenfee.

Teilnahmebedingungen

- Zur Gutschein-Einlösung muss eine Greenfee-Berechtigung (z.B. Mindest-HCP, Mitgliedschaft in einem Golfclub) vorliegen.
- Der Gutschein kann nur mit Vorlage des Köllen Golfführer für Deutschland oder mit beiliegender KöllenCard eingelöst werden.
- Die Einlösung kann nur nach telefonischer Anmeldung erfolgen – unter Hinweis auf die Nutzung des Angebots. Bei Sonderveranstaltungen, Turnieren etc. müssen Gutscheine nicht angenommen werden.
- Das Kombinieren mit anderen Rabatten ist nicht möglich – es gilt das zum Abschlagszeitpunkt gültige, volle Greenfee! Bei unterschiedlichen Greenfees (z.B. Studenten-Rabatt) ist der günstigere Tarif gratis!
- Alle Inserenten verpflichten sich, Gutscheine zu den angegebenen Bedingungen einzulösen. Der Verlag übernimmt keine Haftung, wenn ein Gutschein nicht eingelöst wird oder werden kann. Alle Angaben ohne Gewähr!
- Das Angebot ist gültig bis 31.05.2023.

Hinweis

- Informieren Sie sich vorher über das für Sie gültige Greenfee.

Teilnahmebedingungen

- Zur Gutschein-Einlösung muss eine Greenfee-Berechtigung (z.B. Mindest-HCP, Mitgliedschaft in einem Golfclub) vorliegen.
- Der Gutschein kann nur mit Vorlage des Köllen Golfführer für Deutschland oder mit beiliegender KöllenCard eingelöst werden.
- Die Einlösung kann nur nach telefonischer Anmeldung erfolgen – unter Hinweis auf die Nutzung des Angebots. Bei Sonderveranstaltungen, Turnieren etc. müssen Gutscheine nicht angenommen werden.
- Das Kombinieren mit anderen Rabatten ist nicht möglich – es gilt das zum Abschlagszeitpunkt gültige, volle Greenfee! Bei unterschiedlichen Greenfees (z.B. Studenten-Rabatt) ist der günstigere Tarif gratis!
- Alle Inserenten verpflichten sich, Gutscheine zu den angegebenen Bedingungen einzulösen. Der Verlag übernimmt keine Haftung, wenn ein Gutschein nicht eingelöst wird oder werden kann. Alle Angaben ohne Gewähr!
- Das Angebot ist gültig bis 31.05.2023.

Hinweis

- Informieren Sie sich vorher über das für Sie gültige Greenfee.

Teilnahmebedingungen

- Zur Gutschein-Einlösung muss eine Greenfee-Berechtigung (z.B. Mindest-HCP, Mitgliedschaft in einem Golfclub) vorliegen.
- Der Gutschein kann nur mit Vorlage des Köllen Golfführer für Deutschland oder mit beiliegender KöllenCard eingelöst werden.
- Die Einlösung kann nur nach telefonischer Anmeldung erfolgen – unter Hinweis auf die Nutzung des Angebots. Bei Sonderveranstaltungen, Turnieren etc. müssen Gutscheine nicht angenommen werden.
- Das Kombinieren mit anderen Rabatten ist nicht möglich – es gilt das zum Abschlagszeitpunkt gültige, volle Greenfee! Bei unterschiedlichen Greenfees (z.B. Studenten-Rabatt) ist der günstigere Tarif gratis!
- Alle Inserenten verpflichten sich, Gutscheine zu den angegebenen Bedingungen einzulösen. Der Verlag übernimmt keine Haftung, wenn ein Gutschein nicht eingelöst wird oder werden kann. Alle Angaben ohne Gewähr!
- Das Angebot ist gültig bis 31.05.2023.

Hinweis

- Informieren Sie sich vorher über das für Sie gültige Greenfee.

Teilnahmebedingungen

- Zur Gutschein-Einlösung muss eine Greenfee-Berechtigung (z.B. Mindest-HCP, Mitgliedschaft in einem Golfclub) vorliegen.
- Der Gutschein kann nur mit Vorlage des Köllen Golfführer für Deutschland oder mit beiliegender KöllenCard eingelöst werden.
- Die Einlösung kann nur nach telefonischer Anmeldung erfolgen – unter Hinweis auf die Nutzung des Angebots. Bei Sonderveranstaltungen, Turnieren etc. müssen Gutscheine nicht angenommen werden.
- Das Kombinieren mit anderen Rabatten ist nicht möglich – es gilt das zum Abschlagszeitpunkt gültige, volle Greenfee! Bei unterschiedlichen Greenfees (z.B. Studenten-Rabatt) ist der günstigere Tarif gratis!
- Alle Inserenten verpflichten sich, Gutscheine zu den angegebenen Bedingungen einzulösen. Der Verlag übernimmt keine Haftung, wenn ein Gutschein nicht eingelöst wird oder werden kann. Alle Angaben ohne Gewähr!
- Das Angebot ist gültig bis 31.05.2023.

Hinweis

- Informieren Sie sich vorher über das für Sie gültige Greenfee.

Teilnahmebedingungen

- Zur Gutschein-Einlösung muss eine Greenfee-Berechtigung (z.B. Mindest-HCP, Mitgliedschaft in einem Golfclub) vorliegen.
- Der Gutschein kann nur mit Vorlage des Köllen Golfführer für Deutschland oder mit beiliegender KöllenCard eingelöst werden.
- Die Einlösung kann nur nach telefonischer Anmeldung erfolgen – unter Hinweis auf die Nutzung des Angebots. Bei Sonderveranstaltungen, Turnieren etc. müssen Gutscheine nicht angenommen werden.
- Das Kombinieren mit anderen Rabatten ist nicht möglich – es gilt das zum Abschlagszeitpunkt gültige, volle Greenfee! Bei unterschiedlichen Greenfees (z.B. Studenten-Rabatt) ist der günstigere Tarif gratis!
- Alle Inserenten verpflichten sich, Gutscheine zu den angegebenen Bedingungen einzulösen. Der Verlag übernimmt keine Haftung, wenn ein Gutschein nicht eingelöst wird oder werden kann. Alle Angaben ohne Gewähr!
- Das Angebot ist gültig bis 31.05.2023.

Hinweis

- Informieren Sie sich vorher über das für Sie gültige Greenfee.

Teilnahmebedingungen

- Zur Gutschein-Einlösung muss eine Greenfee-Berechtigung (z.B. Mindest-HCP, Mitgliedschaft in einem Golfclub) vorliegen.
- Der Gutschein kann nur mit Vorlage des Köllen Golfführer für Deutschland oder mit beiliegender KöllenCard eingelöst werden.
- Die Einlösung kann nur nach telefonischer Anmeldung erfolgen – unter Hinweis auf die Nutzung des Angebots. Bei Sonderveranstaltungen, Turnieren etc. müssen Gutscheine nicht angenommen werden.
- Das Kombinieren mit anderen Rabatten ist nicht möglich – es gilt das zum Abschlagszeitpunkt gültige, volle Greenfee! Bei unterschiedlichen Greenfees (z.B. Studenten-Rabatt) ist der günstigere Tarif gratis!
- Alle Inserenten verpflichten sich, Gutscheine zu den angegebenen Bedingungen einzulösen. Der Verlag übernimmt keine Haftung, wenn ein Gutschein nicht eingelöst wird oder werden kann. Alle Angaben ohne Gewähr!
- Das Angebot ist gültig bis 31.05.2023.

Hinweis

- Informieren Sie sich vorher über das für Sie gültige Greenfee.

Teilnahmebedingungen

- Zur Gutschein-Einlösung muss eine Greenfee-Berechtigung (z.B. Mindest-HCP, Mitgliedschaft in einem Golfclub) vorliegen.
- Der Gutschein kann nur mit Vorlage des Köllen Golfführer für Deutschland oder mit beiliegender KöllenCard eingelöst werden.
- Die Einlösung kann nur nach telefonischer Anmeldung erfolgen – unter Hinweis auf die Nutzung des Angebots. Bei Sonderveranstaltungen, Turnieren etc. müssen Gutscheine nicht angenommen werden.
- Das Kombinieren mit anderen Rabatten ist nicht möglich – es gilt das zum Abschlagszeitpunkt gültige, volle Greenfee! Bei unterschiedlichen Greenfees (z.B. Studenten-Rabatt) ist der günstigere Tarif gratis!
- Alle Inserenten verpflichten sich, Gutscheine zu den angegebenen Bedingungen einzulösen. Der Verlag übernimmt keine Haftung, wenn ein Gutschein nicht eingelöst wird oder werden kann. Alle Angaben ohne Gewähr!
- Das Angebot ist gültig bis 31.05.2023.

Hinweis

- Informieren Sie sich vorher über das für Sie gültige Greenfee.

Teilnahmebedingungen

- Zur Gutschein-Einlösung muss eine Greenfee-Berechtigung (z.B. Mindest-HCP, Mitgliedschaft in einem Golfclub) vorliegen.
- Der Gutschein kann nur mit Vorlage des Köllen Golfführer für Deutschland oder mit beiliegender KöllenCard eingelöst werden.
- Die Einlösung kann nur nach telefonischer Anmeldung erfolgen – unter Hinweis auf die Nutzung des Angebots. Bei Sonderveranstaltungen, Turnieren etc. müssen Gutscheine nicht angenommen werden.
- Das Kombinieren mit anderen Rabatten ist nicht möglich – es gilt das zum Abschlagszeitpunkt gültige, volle Greenfee! Bei unterschiedlichen Greenfees (z.B. Studenten-Rabatt) ist der günstigere Tarif gratis!
- Alle Inserenten verpflichten sich, Gutscheine zu den angegebenen Bedingungen einzulösen. Der Verlag übernimmt keine Haftung, wenn ein Gutschein nicht eingelöst wird oder werden kann. Alle Angaben ohne Gewähr!
- Das Angebot ist gültig bis 31.05.2023.

Hinweis

- Informieren Sie sich vorher über das für Sie gültige Greenfee.

Teilnahmebedingungen

- Zur Gutschein-Einlösung muss eine Greenfee-Berechtigung (z.B. Mindest-HCP, Mitgliedschaft in einem Golfclub) vorliegen.
- Der Gutschein kann nur mit Vorlage des Köllen Golfführer für Deutschland oder mit beiliegender KöllenCard eingelöst werden.
- Die Einlösung kann nur nach telefonischer Anmeldung erfolgen – unter Hinweis auf die Nutzung des Angebots. Bei Sonderveranstaltungen, Turnieren etc. müssen Gutscheine nicht angenommen werden.
- Das Kombinieren mit anderen Rabatten ist nicht möglich – es gilt das zum Abschlagszeitpunkt gültige, volle Greenfee! Bei unterschiedlichen Greenfees (z.B. Studenten-Rabatt) ist der günstigere Tarif gratis!
- Alle Inserenten verpflichten sich, Gutscheine zu den angegebenen Bedingungen einzulösen. Der Verlag übernimmt keine Haftung, wenn ein Gutschein nicht eingelöst wird oder werden kann. Alle Angaben ohne Gewähr!
- Das Angebot ist gültig bis 31.05.2023.

Hinweis

- Informieren Sie sich vorher über das für Sie gültige Greenfee.

GUTSCHEIN
2. Greenfee ist gratis

KÖLLEN GOLF

2:1

25% GF-Nachlass (Einzelspieler)

Golfclub Schloss Teschow e.V.

DGV-Nr. 1310 Seite 32 Gültig bis 31.05.2023

GUTSCHEIN
2. Greenfee ist gratis
KÖLLEN GOLF
2:1
25% GF-Nachlass (Einzelspieler)
Golfclub Schloss Teschow e.V.
DGV-Nr. 1310 Seite 32 Gültig bis 31.05.2023
MEHR DRIVE FÜR DIE STRASSE.
www.bmw.de/iX

GUTSCHEIN
30% Greenfee-Nachlass

KÖLLEN GOLF

%

Golfclub Schloss Teschow e.V.

DGV-Nr. 1310 Seite 32 Gültig bis 31.05.2023

MEHR DRIVE FÜR DIE STRASSE.
www.bmw.de/iX

GUTSCHEIN
30% Greenfee-Nachlass
KÖLLEN GOLF
%
Golfclub Schloss Teschow e.V.
DGV-Nr. 1310 Seite 32 Gültig bis 31.05.2023
MEHR DRIVE FÜR DIE STRASSE.
www.bmw.de/iX

GUTSCHEIN
2. Greenfee ist gratis

KÖLLEN GOLF

2:1

25% GF-Nachlass (Einzelspieler)

Hanseatischer Golfclub e.V. in Greifswald

DGV-Nr. 1316 Seite 35 Gültig bis 31.05.2023

MEHR DRIVE FÜR DIE STRASSE.
www.bmw.de/iX

GUTSCHEIN
2. Greenfee ist gratis
KÖLLEN GOLF
2:1
25% GF-Nachlass (Einzelspieler)
Hanseatischer Golfclub e.V. in Greifswald
DGV-Nr. 1316 Seite 35 Gültig bis 31.05.2023
MEHR DRIVE FÜR DIE STRASSE.
www.bmw.de/iX

GUTSCHEIN
50% Greenfee-Nachlass

KÖLLEN GOLF

%

Hanseatischer Golfclub e.V. in Greifswald

DGV-Nr. 1316 Seite 35 Gültig bis 31.05.2023

MEHR DRIVE FÜR DIE STRASSE.
www.bmw.de/iX

GUTSCHEIN
50% Greenfee-Nachlass
KÖLLEN GOLF
%
Hanseatischer Golfclub e.V. in Greifswald
DGV-Nr. 1316 Seite 35 Gültig bis 31.05.2023
MEHR DRIVE FÜR DIE STRASSE.
www.bmw.de/iX

GUTSCHEIN
2. Greenfee ist gratis

KÖLLEN GOLF

2:1

nur gültig auf Tages-GF (EUR 89,-), nur Mo-Fr (außer feiertags)

Golfpark Strelasund GmbH & Co. KG

DGV-Nr. 1318 Seite 39 Gültig bis 31.05.2023

MEHR DRIVE FÜR DIE STRASSE.
www.bmw.de/iX

GUTSCHEIN
20% Greenfee-Nachlass

KÖLLEN GOLF

%

nur gültig auf Tages-GF (EUR 89,-), nur Mo-Fr (außer feiertags)

Golfpark Strelasund GmbH & Co. KG

DGV-Nr. 1318 Seite 39 Gültig bis 31.05.2023

MEHR DRIVE FÜR DIE STRASSE.
www.bmw.de/iX

Teilnahmebedingungen

- Zur Gutschein-Einlösung muss eine Greenfee-Berechtigung (z.B. Mindest-HCP, Mitgliedschaft in einem Golfclub) vorliegen.
- Der Gutschein kann nur mit Vorlage des Köllen Golfführer für Deutschland oder mit beiliegender KöllenCard eingelöst werden.
- Die Einlösung kann nur nach telefonischer Anmeldung erfolgen – unter Hinweis auf die Nutzung des Angebots. Bei Sonderveranstaltungen, Turnieren etc. müssen Gutscheine nicht angenommen werden.
- Das Kombinieren mit anderen Rabatten ist nicht möglich – es gilt das zum Abschlagszeitpunkt gültige, volle Greenfee! Bei unterschiedlichen Greenfees (z.B. Studenten-Rabatt) ist der günstigere Tarif gratis!
- Alle Inserenten verpflichten sich, Gutscheine zu den angegebenen Bedingungen einzulösen. Der Verlag übernimmt keine Haftung, wenn ein Gutschein nicht eingelöst wird oder werden kann. Alle Angaben ohne Gewähr!
- Das Angebot ist gültig bis 31.05.2023.

Hinweis

- Informieren Sie sich vorher über das für Sie gültige Greenfee.

Teilnahmebedingungen

- Zur Gutschein-Einlösung muss eine Greenfee-Berechtigung (z.B. Mindest-HCP, Mitgliedschaft in einem Golfclub) vorliegen.
- Der Gutschein kann nur mit Vorlage des Köllen Golfführer für Deutschland oder mit beiliegender KöllenCard eingelöst werden.
- Die Einlösung kann nur nach telefonischer Anmeldung erfolgen – unter Hinweis auf die Nutzung des Angebots. Bei Sonderveranstaltungen, Turnieren etc. müssen Gutscheine nicht angenommen werden.
- Das Kombinieren mit anderen Rabatten ist nicht möglich – es gilt das zum Abschlagszeitpunkt gültige, volle Greenfee! Bei unterschiedlichen Greenfees (z.B. Studenten-Rabatt) ist der günstigere Tarif gratis!
- Alle Inserenten verpflichten sich, Gutscheine zu den angegebenen Bedingungen einzulösen. Der Verlag übernimmt keine Haftung, wenn ein Gutschein nicht eingelöst wird oder werden kann. Alle Angaben ohne Gewähr!
- Das Angebot ist gültig bis 31.05.2023.

Hinweis

- Informieren Sie sich vorher über das für Sie gültige Greenfee.

Teilnahmebedingungen

- Zur Gutschein-Einlösung muss eine Greenfee-Berechtigung (z.B. Mindest-HCP, Mitgliedschaft in einem Golfclub) vorliegen.
- Der Gutschein kann nur mit Vorlage des Köllen Golfführer für Deutschland oder mit beiliegender KöllenCard eingelöst werden.
- Die Einlösung kann nur nach telefonischer Anmeldung erfolgen – unter Hinweis auf die Nutzung des Angebots. Bei Sonderveranstaltungen, Turnieren etc. müssen Gutscheine nicht angenommen werden.
- Das Kombinieren mit anderen Rabatten ist nicht möglich – es gilt das zum Abschlagszeitpunkt gültige, volle Greenfee! Bei unterschiedlichen Greenfees (z.B. Studenten-Rabatt) ist der günstigere Tarif gratis!
- Alle Inserenten verpflichten sich, Gutscheine zu den angegebenen Bedingungen einzulösen. Der Verlag übernimmt keine Haftung, wenn ein Gutschein nicht eingelöst wird oder werden kann. Alle Angaben ohne Gewähr!
- Das Angebot ist gültig bis 31.05.2023.

Hinweis

- Informieren Sie sich vorher über das für Sie gültige Greenfee.

Teilnahmebedingungen

- Zur Gutschein-Einlösung muss eine Greenfee-Berechtigung (z.B. Mindest-HCP, Mitgliedschaft in einem Golfclub) vorliegen.
- Der Gutschein kann nur mit Vorlage des Köllen Golfführer für Deutschland oder mit beiliegender KöllenCard eingelöst werden.
- Die Einlösung kann nur nach telefonischer Anmeldung erfolgen – unter Hinweis auf die Nutzung des Angebots. Bei Sonderveranstaltungen, Turnieren etc. müssen Gutscheine nicht angenommen werden.
- Das Kombinieren mit anderen Rabatten ist nicht möglich – es gilt das zum Abschlagszeitpunkt gültige, volle Greenfee! Bei unterschiedlichen Greenfees (z.B. Studenten-Rabatt) ist der günstigere Tarif gratis!
- Alle Inserenten verpflichten sich, Gutscheine zu den angegebenen Bedingungen einzulösen. Der Verlag übernimmt keine Haftung, wenn ein Gutschein nicht eingelöst wird oder werden kann. Alle Angaben ohne Gewähr!
- Das Angebot ist gültig bis 31.05.2023.

Hinweis

- Informieren Sie sich vorher über das für Sie gültige Greenfee.

Teilnahmebedingungen

- Zur Gutschein-Einlösung muss eine Greenfee-Berechtigung (z.B. Mindest-HCP, Mitgliedschaft in einem Golfclub) vorliegen.
- Der Gutschein kann nur mit Vorlage des Köllen Golfführer für Deutschland oder mit beiliegender KöllenCard eingelöst werden.
- Die Einlösung kann nur nach telefonischer Anmeldung erfolgen – unter Hinweis auf die Nutzung des Angebots. Bei Sonderveranstaltungen, Turnieren etc. müssen Gutscheine nicht angenommen werden.
- Das Kombinieren mit anderen Rabatten ist nicht möglich – es gilt das zum Abschlagszeitpunkt gültige, volle Greenfee! Bei unterschiedlichen Greenfees (z.B. Studenten-Rabatt) ist der günstigere Tarif gratis!
- Alle Inserenten verpflichten sich, Gutscheine zu den angegebenen Bedingungen einzulösen. Der Verlag übernimmt keine Haftung, wenn ein Gutschein nicht eingelöst wird oder werden kann. Alle Angaben ohne Gewähr!
- Das Angebot ist gültig bis 31.05.2023.

Hinweis

- Informieren Sie sich vorher über das für Sie gültige Greenfee.

Teilnahmebedingungen

- Zur Gutschein-Einlösung muss eine Greenfee-Berechtigung (z.B. Mindest-HCP, Mitgliedschaft in einem Golfclub) vorliegen.
- Der Gutschein kann nur mit Vorlage des Köllen Golfführer für Deutschland oder mit beiliegender KöllenCard eingelöst werden.
- Die Einlösung kann nur nach telefonischer Anmeldung erfolgen – unter Hinweis auf die Nutzung des Angebots. Bei Sonderveranstaltungen, Turnieren etc. müssen Gutscheine nicht angenommen werden.
- Das Kombinieren mit anderen Rabatten ist nicht möglich – es gilt das zum Abschlagszeitpunkt gültige, volle Greenfee! Bei unterschiedlichen Greenfees (z.B. Studenten-Rabatt) ist der günstigere Tarif gratis!
- Alle Inserenten verpflichten sich, Gutscheine zu den angegebenen Bedingungen einzulösen. Der Verlag übernimmt keine Haftung, wenn ein Gutschein nicht eingelöst wird oder werden kann. Alle Angaben ohne Gewähr!
- Das Angebot ist gültig bis 31.05.2023.

Hinweis

- Informieren Sie sich vorher über das für Sie gültige Greenfee.

Teilnahmebedingungen

- Zur Gutschein-Einlösung muss eine Greenfee-Berechtigung (z.B. Mindest-HCP, Mitgliedschaft in einem Golfclub) vorliegen.
- Der Gutschein kann nur mit Vorlage des Köllen Golfführer für Deutschland oder mit beiliegender KöllenCard eingelöst werden.
- Die Einlösung kann nur nach telefonischer Anmeldung erfolgen – unter Hinweis auf die Nutzung des Angebots. Bei Sonderveranstaltungen, Turnieren etc. müssen Gutscheine nicht angenommen werden.
- Das Kombinieren mit anderen Rabatten ist nicht möglich – es gilt das zum Abschlagszeitpunkt gültige, volle Greenfee! Bei unterschiedlichen Greenfees (z.B. Studenten-Rabatt) ist der günstigere Tarif gratis!
- Alle Inserenten verpflichten sich, Gutscheine zu den angegebenen Bedingungen einzulösen. Der Verlag übernimmt keine Haftung, wenn ein Gutschein nicht eingelöst wird oder werden kann. Alle Angaben ohne Gewähr!
- Das Angebot ist gültig bis 31.05.2023.

Hinweis

- Informieren Sie sich vorher über das für Sie gültige Greenfee.

Teilnahmebedingungen

- Zur Gutschein-Einlösung muss eine Greenfee-Berechtigung (z.B. Mindest-HCP, Mitgliedschaft in einem Golfclub) vorliegen.
- Der Gutschein kann nur mit Vorlage des Köllen Golfführer für Deutschland oder mit beiliegender KöllenCard eingelöst werden.
- Die Einlösung kann nur nach telefonischer Anmeldung erfolgen – unter Hinweis auf die Nutzung des Angebots. Bei Sonderveranstaltungen, Turnieren etc. müssen Gutscheine nicht angenommen werden.
- Das Kombinieren mit anderen Rabatten ist nicht möglich – es gilt das zum Abschlagszeitpunkt gültige, volle Greenfee! Bei unterschiedlichen Greenfees (z.B. Studenten-Rabatt) ist der günstigere Tarif gratis!
- Alle Inserenten verpflichten sich, Gutscheine zu den angegebenen Bedingungen einzulösen. Der Verlag übernimmt keine Haftung, wenn ein Gutschein nicht eingelöst wird oder werden kann. Alle Angaben ohne Gewähr!
- Das Angebot ist gültig bis 31.05.2023.

Hinweis

- Informieren Sie sich vorher über das für Sie gültige Greenfee.

Teilnahmebedingungen

- Zur Gutschein-Einlösung muss eine Greenfee-Berechtigung (z.B. Mindest-HCP, Mitgliedschaft in einem Golfclub) vorliegen.
- Der Gutschein kann nur mit Vorlage des Köllen Golfführer für Deutschland oder mit beiliegender KöllenCard eingelöst werden.
- Die Einlösung kann nur nach telefonischer Anmeldung erfolgen – unter Hinweis auf die Nutzung des Angebots. Bei Sonderveranstaltungen, Turnieren etc. müssen Gutscheine nicht angenommen werden.
- Das Kombinieren mit anderen Rabatten ist nicht möglich – es gilt das zum Abschlagszeitpunkt gültige, volle Greenfee! Bei unterschiedlichen Greenfees (z.B. Studenten-Rabatt) ist der günstigere Tarif gratis!
- Alle Inserenten verpflichten sich, Gutscheine zu den angegebenen Bedingungen einzulösen. Der Verlag übernimmt keine Haftung, wenn ein Gutschein nicht eingelöst wird oder werden kann. Alle Angaben ohne Gewähr!
- Das Angebot ist gültig bis 31.05.2023.

Hinweis

- Informieren Sie sich vorher über das für Sie gültige Greenfee.

Teilnahmebedingungen

- Zur Gutschein-Einlösung muss eine Greenfee-Berechtigung (z.B. Mindest-HCP, Mitgliedschaft in einem Golfclub) vorliegen.
- Der Gutschein kann nur mit Vorlage des Köllen Golfführer für Deutschland oder mit beiliegender KöllenCard eingelöst werden.
- Die Einlösung kann nur nach telefonischer Anmeldung erfolgen – unter Hinweis auf die Nutzung des Angebots. Bei Sonderveranstaltungen, Turnieren etc. müssen Gutscheine nicht angenommen werden.
- Das Kombinieren mit anderen Rabatten ist nicht möglich – es gilt das zum Abschlagszeitpunkt gültige, volle Greenfee! Bei unterschiedlichen Greenfees (z.B. Studenten-Rabatt) ist der günstigere Tarif gratis!
- Alle Inserenten verpflichten sich, Gutscheine zu den angegebenen Bedingungen einzulösen. Der Verlag übernimmt keine Haftung, wenn ein Gutschein nicht eingelöst wird oder werden kann. Alle Angaben ohne Gewähr!
- Das Angebot ist gültig bis 31.05.2023.

Hinweis

- Informieren Sie sich vorher über das für Sie gültige Greenfee.

GUTSCHEIN
2. Greenfee ist gratis

KÖLLEN GOLF

2:1

25% GF-Nachlass (Einzelspieler)

Van der Valk Golfclub Serrahn

DGV-Nr. 1320 Seite 37 Gültig bis 31.05.2023

GUTSCHEIN
30% Greenfee-Nachlass

KÖLLEN GOLF

%

Baltic Hills Golf Usedom

DGV-Nr. 1321 Seite 34 Gültig bis 31.05.2023

GUTSCHEIN
30% Greenfee-Nachlass

KÖLLEN GOLF

%

Baltic Hills Golf Usedom

DGV-Nr. 1321 Seite 34 Gültig bis 31.05.2023

GUTSCHEIN
20% Greenfee-Nachlass

KÖLLEN GOLF

%

nur Mo-Fr (außer feiertags)

Golf-Club Hoisdorf e.V.

DGV-Nr. 2207 Seite 55 Gültig bis 31.05.2023

GUTSCHEIN
20% Greenfee-Nachlass

KÖLLEN GOLF

%

nur Mo-Fr (außer feiertags)

Golf-Club Hoisdorf e.V.

DGV-Nr. 2207 Seite 55 Gültig bis 31.05.2023

GUTSCHEIN
20% Greenfee-Nachlass

KÖLLEN GOLF

%

nur Mo-Fr (außer feiertags)

Golf-Club Hoisdorf e.V.

DGV-Nr. 2207 Seite 55 Gültig bis 31.05.2023

GUTSCHEIN
20% Greenfee-Nachlass

KÖLLEN GOLF

%

nur Mo-Fr (außer feiertags)

Golf-Club Hoisdorf e.V.

DGV-Nr. 2207 Seite 55 Gültig bis 31.05.2023

GUTSCHEIN
2. Greenfee ist gratis

KÖLLEN GOLF

2:1

25% GF-Nachlass (Einzelspieler)

Golfclub Gut Immenbeck e.V.

DGV-Nr. 2215 Seite 49 Gültig bis 31.05.2023

GUTSCHEIN
2. Greenfee ist gratis

KÖLLEN GOLF

2:1

25% GF-Nachlass (Einzelspieler)

Golfclub Gut Immenbeck e.V.

DGV-Nr. 2215 Seite 49 Gültig bis 31.05.2023

GUTSCHEIN
2. Greenfee ist gratis

KÖLLEN GOLF

2:1

25% GF-Nachlass (Einzelspieler)
nur Mo-Fr (außer feiertags)

Mittelholsteinischer Golf-Club Aukrug e.V.

DGV-Nr. 2218 Seite 69 Gültig bis 31.05.2023

Teilnahmebedingungen

- Zur Gutschein-Einlösung muss eine Greenfee-Berechtigung (z.B. Mindest-HCP, Mitgliedschaft in einem Golfclub) vorliegen.
- Der Gutschein kann nur mit Vorlage des Köllen Golfführer für Deutschland oder mit beiliegender KöllenCard eingelöst werden.
- Die Einlösung kann nur nach telefonischer Anmeldung erfolgen – unter Hinweis auf die Nutzung des Angebots. Bei Sonderveranstaltungen, Turnieren etc. müssen Gutscheine nicht angenommen werden.
- Das Kombinieren mit anderen Rabatten ist nicht möglich – es gilt das zum Abschlagszeitpunkt gültige, volle Greenfee! Bei unterschiedlichen Greenfees (z.B. Studenten-Rabatt) ist der günstigere Tarif gratis!
- Alle Inserenten verpflichten sich, Gutscheine zu den angegebenen Bedingungen einzulösen. Der Verlag übernimmt keine Haftung, wenn ein Gutschein nicht eingelöst wird oder werden kann. Alle Angaben ohne Gewähr!
- Das Angebot ist gültig bis 31.05.2023.

Hinweis

- Informieren Sie sich vorher über das für Sie gültige Greenfee.

Teilnahmebedingungen

- Zur Gutschein-Einlösung muss eine Greenfee-Berechtigung (z.B. Mindest-HCP, Mitgliedschaft in einem Golfclub) vorliegen.
- Der Gutschein kann nur mit Vorlage des Köllen Golfführer für Deutschland oder mit beiliegender KöllenCard eingelöst werden.
- Die Einlösung kann nur nach telefonischer Anmeldung erfolgen – unter Hinweis auf die Nutzung des Angebots. Bei Sonderveranstaltungen, Turnieren etc. müssen Gutscheine nicht angenommen werden.
- Das Kombinieren mit anderen Rabatten ist nicht möglich – es gilt das zum Abschlagszeitpunkt gültige, volle Greenfee! Bei unterschiedlichen Greenfees (z.B. Studenten-Rabatt) ist der günstigere Tarif gratis!
- Alle Inserenten verpflichten sich, Gutscheine zu den angegebenen Bedingungen einzulösen. Der Verlag übernimmt keine Haftung, wenn ein Gutschein nicht eingelöst wird oder werden kann. Alle Angaben ohne Gewähr!
- Das Angebot ist gültig bis 31.05.2023.

Hinweis

- Informieren Sie sich vorher über das für Sie gültige Greenfee.

Teilnahmebedingungen

- Zur Gutschein-Einlösung muss eine Greenfee-Berechtigung (z.B. Mindest-HCP, Mitgliedschaft in einem Golfclub) vorliegen.
- Der Gutschein kann nur mit Vorlage des Köllen Golfführer für Deutschland oder mit beiliegender KöllenCard eingelöst werden.
- Die Einlösung kann nur nach telefonischer Anmeldung erfolgen – unter Hinweis auf die Nutzung des Angebots. Bei Sonderveranstaltungen, Turnieren etc. müssen Gutscheine nicht angenommen werden.
- Das Kombinieren mit anderen Rabatten ist nicht möglich – es gilt das zum Abschlagszeitpunkt gültige, volle Greenfee! Bei unterschiedlichen Greenfees (z.B. Studenten-Rabatt) ist der günstigere Tarif gratis!
- Alle Inserenten verpflichten sich, Gutscheine zu den angegebenen Bedingungen einzulösen. Der Verlag übernimmt keine Haftung, wenn ein Gutschein nicht eingelöst wird oder werden kann. Alle Angaben ohne Gewähr!
- Das Angebot ist gültig bis 31.05.2023.

Hinweis

- Informieren Sie sich vorher über das für Sie gültige Greenfee.

Teilnahmebedingungen

- Zur Gutschein-Einlösung muss eine Greenfee-Berechtigung (z.B. Mindest-HCP, Mitgliedschaft in einem Golfclub) vorliegen.
- Der Gutschein kann nur mit Vorlage des Köllen Golfführer für Deutschland oder mit beiliegender KöllenCard eingelöst werden.
- Die Einlösung kann nur nach telefonischer Anmeldung erfolgen – unter Hinweis auf die Nutzung des Angebots. Bei Sonderveranstaltungen, Turnieren etc. müssen Gutscheine nicht angenommen werden.
- Das Kombinieren mit anderen Rabatten ist nicht möglich – es gilt das zum Abschlagszeitpunkt gültige, volle Greenfee! Bei unterschiedlichen Greenfees (z.B. Studenten-Rabatt) ist der günstigere Tarif gratis!
- Alle Inserenten verpflichten sich, Gutscheine zu den angegebenen Bedingungen einzulösen. Der Verlag übernimmt keine Haftung, wenn ein Gutschein nicht eingelöst wird oder werden kann. Alle Angaben ohne Gewähr!
- Das Angebot ist gültig bis 31.05.2023.

Hinweis

- Informieren Sie sich vorher über das für Sie gültige Greenfee.

Teilnahmebedingungen

- Zur Gutschein-Einlösung muss eine Greenfee-Berechtigung (z.B. Mindest-HCP, Mitgliedschaft in einem Golfclub) vorliegen.
- Der Gutschein kann nur mit Vorlage des Köllen Golfführer für Deutschland oder mit beiliegender KöllenCard eingelöst werden.
- Die Einlösung kann nur nach telefonischer Anmeldung erfolgen – unter Hinweis auf die Nutzung des Angebots. Bei Sonderveranstaltungen, Turnieren etc. müssen Gutscheine nicht angenommen werden.
- Das Kombinieren mit anderen Rabatten ist nicht möglich – es gilt das zum Abschlagszeitpunkt gültige, volle Greenfee! Bei unterschiedlichen Greenfees (z.B. Studenten-Rabatt) ist der günstigere Tarif gratis!
- Alle Inserenten verpflichten sich, Gutscheine zu den angegebenen Bedingungen einzulösen. Der Verlag übernimmt keine Haftung, wenn ein Gutschein nicht eingelöst wird oder werden kann. Alle Angaben ohne Gewähr!
- Das Angebot ist gültig bis 31.05.2023.

Hinweis

- Informieren Sie sich vorher über das für Sie gültige Greenfee.

Teilnahmebedingungen

- Zur Gutschein-Einlösung muss eine Greenfee-Berechtigung (z.B. Mindest-HCP, Mitgliedschaft in einem Golfclub) vorliegen.
- Der Gutschein kann nur mit Vorlage des Köllen Golfführer für Deutschland oder mit beiliegender KöllenCard eingelöst werden.
- Die Einlösung kann nur nach telefonischer Anmeldung erfolgen – unter Hinweis auf die Nutzung des Angebots. Bei Sonderveranstaltungen, Turnieren etc. müssen Gutscheine nicht angenommen werden.
- Das Kombinieren mit anderen Rabatten ist nicht möglich – es gilt das zum Abschlagszeitpunkt gültige, volle Greenfee! Bei unterschiedlichen Greenfees (z.B. Studenten-Rabatt) ist der günstigere Tarif gratis!
- Alle Inserenten verpflichten sich, Gutscheine zu den angegebenen Bedingungen einzulösen. Der Verlag übernimmt keine Haftung, wenn ein Gutschein nicht eingelöst wird oder werden kann. Alle Angaben ohne Gewähr!
- Das Angebot ist gültig bis 31.05.2023.

Hinweis

- Informieren Sie sich vorher über das für Sie gültige Greenfee.

Teilnahmebedingungen

- Zur Gutschein-Einlösung muss eine Greenfee-Berechtigung (z.B. Mindest-HCP, Mitgliedschaft in einem Golfclub) vorliegen.
- Der Gutschein kann nur mit Vorlage des Köllen Golfführer für Deutschland oder mit beiliegender KöllenCard eingelöst werden.
- Die Einlösung kann nur nach telefonischer Anmeldung erfolgen – unter Hinweis auf die Nutzung des Angebots. Bei Sonderveranstaltungen, Turnieren etc. müssen Gutscheine nicht angenommen werden.
- Das Kombinieren mit anderen Rabatten ist nicht möglich – es gilt das zum Abschlagszeitpunkt gültige, volle Greenfee! Bei unterschiedlichen Greenfees (z.B. Studenten-Rabatt) ist der günstigere Tarif gratis!
- Alle Inserenten verpflichten sich, Gutscheine zu den angegebenen Bedingungen einzulösen. Der Verlag übernimmt keine Haftung, wenn ein Gutschein nicht eingelöst wird oder werden kann. Alle Angaben ohne Gewähr!
- Das Angebot ist gültig bis 31.05.2023.

Hinweis

- Informieren Sie sich vorher über das für Sie gültige Greenfee.

Teilnahmebedingungen

- Zur Gutschein-Einlösung muss eine Greenfee-Berechtigung (z.B. Mindest-HCP, Mitgliedschaft in einem Golfclub) vorliegen.
- Der Gutschein kann nur mit Vorlage des Köllen Golfführer für Deutschland oder mit beiliegender KöllenCard eingelöst werden.
- Die Einlösung kann nur nach telefonischer Anmeldung erfolgen – unter Hinweis auf die Nutzung des Angebots. Bei Sonderveranstaltungen, Turnieren etc. müssen Gutscheine nicht angenommen werden.
- Das Kombinieren mit anderen Rabatten ist nicht möglich – es gilt das zum Abschlagszeitpunkt gültige, volle Greenfee! Bei unterschiedlichen Greenfees (z.B. Studenten-Rabatt) ist der günstigere Tarif gratis!
- Alle Inserenten verpflichten sich, Gutscheine zu den angegebenen Bedingungen einzulösen. Der Verlag übernimmt keine Haftung, wenn ein Gutschein nicht eingelöst wird oder werden kann. Alle Angaben ohne Gewähr!
- Das Angebot ist gültig bis 31.05.2023.

Hinweis

- Informieren Sie sich vorher über das für Sie gültige Greenfee.

Teilnahmebedingungen

- Zur Gutschein-Einlösung muss eine Greenfee-Berechtigung (z.B. Mindest-HCP, Mitgliedschaft in einem Golfclub) vorliegen.
- Der Gutschein kann nur mit Vorlage des Köllen Golfführer für Deutschland oder mit beiliegender KöllenCard eingelöst werden.
- Die Einlösung kann nur nach telefonischer Anmeldung erfolgen – unter Hinweis auf die Nutzung des Angebots. Bei Sonderveranstaltungen, Turnieren etc. müssen Gutscheine nicht angenommen werden.
- Das Kombinieren mit anderen Rabatten ist nicht möglich – es gilt das zum Abschlagszeitpunkt gültige, volle Greenfee! Bei unterschiedlichen Greenfees (z.B. Studenten-Rabatt) ist der günstigere Tarif gratis!
- Alle Inserenten verpflichten sich, Gutscheine zu den angegebenen Bedingungen einzulösen. Der Verlag übernimmt keine Haftung, wenn ein Gutschein nicht eingelöst wird oder werden kann. Alle Angaben ohne Gewähr!
- Das Angebot ist gültig bis 31.05.2023.

Hinweis

- Informieren Sie sich vorher über das für Sie gültige Greenfee.

Teilnahmebedingungen

- Zur Gutschein-Einlösung muss eine Greenfee-Berechtigung (z.B. Mindest-HCP, Mitgliedschaft in einem Golfclub) vorliegen.
- Der Gutschein kann nur mit Vorlage des Köllen Golfführer für Deutschland oder mit beiliegender KöllenCard eingelöst werden.
- Die Einlösung kann nur nach telefonischer Anmeldung erfolgen – unter Hinweis auf die Nutzung des Angebots. Bei Sonderveranstaltungen, Turnieren etc. müssen Gutscheine nicht angenommen werden.
- Das Kombinieren mit anderen Rabatten ist nicht möglich – es gilt das zum Abschlagszeitpunkt gültige, volle Greenfee! Bei unterschiedlichen Greenfees (z.B. Studenten-Rabatt) ist der günstigere Tarif gratis!
- Alle Inserenten verpflichten sich, Gutscheine zu den angegebenen Bedingungen einzulösen. Der Verlag übernimmt keine Haftung, wenn ein Gutschein nicht eingelöst wird oder werden kann. Alle Angaben ohne Gewähr!
- Das Angebot ist gültig bis 31.05.2023.

Hinweis

- Informieren Sie sich vorher über das für Sie gültige Greenfee.

GUTSCHEIN
2. Greenfee ist gratis

KÖLLEN GOLF

2:1

25% GF-Nachlass (Einzelspieler)
nur Mo-Fr (außer feiertags)

Mittelholsteinischer
Golf-Club Aukrug e.V.

DGV-Nr. 2218 Seite 69 Gültig bis 31.05.2023

GUTSCHEIN
40% Greenfee-Nachlass

KÖLLEN GOLF

%

Golf Club Fehmarn e.V.

DGV-Nr. 2219 Seite 60 Gültig bis 31.05.2023

MEHR DRIVE FÜR DIE STRASSE.
www.bmw.de/iX

GUTSCHEIN
40% Greenfee-Nachlass

KÖLLEN GOLF

%

Golf Club Fehmarn e.V.

DGV-Nr. 2219 Seite 60 Gültig bis 31.05.2023

MEHR DRIVE FÜR DIE STRASSE.
www.bmw.de/iX

GUTSCHEIN
40% Greenfee-Nachlass

KÖLLEN GOLF

%

Golf Club Fehmarn e.V.

DGV-Nr. 2219 Seite 60 Gültig bis 31.05.2023

MEHR DRIVE FÜR DIE STRASSE.
www.bmw.de/iX

GUTSCHEIN
2. Greenfee ist gratis

KÖLLEN GOLF

2:1

25% GF-Nachlass (Einzelspieler)

Golfclub Gut Grambek e.V.

DGV-Nr. 2223 Seite 63 Gültig bis 31.05.2023

MEHR DRIVE FÜR DIE STRASSE.
www.bmw.de/iX

GUTSCHEIN
2. Greenfee ist gratis

KÖLLEN GOLF

2:1

25% GF-Nachlass (Einzelspieler)

Golfclub Gut Grambek e.V.

DGV-Nr. 2223 Seite 63 Gültig bis 31.05.2023

MEHR DRIVE FÜR DIE STRASSE.
www.bmw.de/iX

GUTSCHEIN
2. Greenfee ist gratis

KÖLLEN GOLF

2:1

25% GF-Nachlass (Einzelspieler)

Golfclub Gut Grambek e.V.

DGV-Nr. 2223 Seite 63 Gültig bis 31.05.2023

MEHR DRIVE FÜR DIE STRASSE.
www.bmw.de/iX

GUTSCHEIN
2. Greenfee ist gratis

KÖLLEN GOLF

2:1

25% GF-Nachlass (Einzelspieler)

Golfclub Gut Grambek e.V.

DGV-Nr. 2223 Seite 63 Gültig bis 31.05.2023

MEHR DRIVE FÜR DIE STRASSE.
www.bmw.de/iX

GUTSCHEIN
2. Greenfee ist gratis

KÖLLEN GOLF

2:1

25% GF-Nachlass (Einzelspieler)

Golf Club
Husumer Bucht e.V.

DGV-Nr. 2229 Seite 79 Gültig bis 31.05.2023

MEHR DRIVE FÜR DIE STRASSE.
www.bmw.de/iX

GUTSCHEIN
2. Greenfee ist gratis

KÖLLEN GOLF

2:1

25% GF-Nachlass (Einzelspieler)

Golf Club
Husumer Bucht e.V.

DGV-Nr. 2229 Seite 79 Gültig bis 31.05.2023

MEHR DRIVE FÜR DIE STRASSE.
www.bmw.de/iX

Teilnahmebedingungen

- Zur Gutschein-Einlösung muss eine Greenfee-Berechtigung (z.B. Mindest-HCP, Mitgliedschaft in einem Golfclub) vorliegen.
- Der Gutschein kann nur mit Vorlage des Köllen Golfführer für Deutschland oder mit beiliegender KöllenCard eingelöst werden.
- Die Einlösung kann nur nach telefonischer Anmeldung erfolgen – unter Hinweis auf die Nutzung des Angebots. Bei Sonderveranstaltungen, Turnieren etc. müssen Gutscheine nicht angenommen werden.
- Das Kombinieren mit anderen Rabatten ist nicht möglich – es gilt das zum Abschlagszeitpunkt gültige, volle Greenfee! Bei unterschiedlichen Greenfees (z.B. Studenten-Rabatt) ist der günstigere Tarif gratis!
- Alle Inserenten verpflichten sich, Gutscheine zu den angegebenen Bedingungen einzulösen. Der Verlag übernimmt keine Haftung, wenn ein Gutschein nicht eingelöst wird oder werden kann. Alle Angaben ohne Gewähr!
- Das Angebot ist gültig bis 31.05.2023.

Hinweis

- Informieren Sie sich vorher über das für Sie gültige Greenfee.

Teilnahmebedingungen

- Zur Gutschein-Einlösung muss eine Greenfee-Berechtigung (z.B. Mindest-HCP, Mitgliedschaft in einem Golfclub) vorliegen.
- Der Gutschein kann nur mit Vorlage des Köllen Golfführer für Deutschland oder mit beiliegender KöllenCard eingelöst werden.
- Die Einlösung kann nur nach telefonischer Anmeldung erfolgen – unter Hinweis auf die Nutzung des Angebots. Bei Sonderveranstaltungen, Turnieren etc. müssen Gutscheine nicht angenommen werden.
- Das Kombinieren mit anderen Rabatten ist nicht möglich – es gilt das zum Abschlagszeitpunkt gültige, volle Greenfee! Bei unterschiedlichen Greenfees (z.B. Studenten-Rabatt) ist der günstigere Tarif gratis!
- Alle Inserenten verpflichten sich, Gutscheine zu den angegebenen Bedingungen einzulösen. Der Verlag übernimmt keine Haftung, wenn ein Gutschein nicht eingelöst wird oder werden kann. Alle Angaben ohne Gewähr!
- Das Angebot ist gültig bis 31.05.2023.

Hinweis

- Informieren Sie sich vorher über das für Sie gültige Greenfee.

Teilnahmebedingungen

- Zur Gutschein-Einlösung muss eine Greenfee-Berechtigung (z.B. Mindest-HCP, Mitgliedschaft in einem Golfclub) vorliegen.
- Der Gutschein kann nur mit Vorlage des Köllen Golfführer für Deutschland oder mit beiliegender KöllenCard eingelöst werden.
- Die Einlösung kann nur nach telefonischer Anmeldung erfolgen – unter Hinweis auf die Nutzung des Angebots. Bei Sonderveranstaltungen, Turnieren etc. müssen Gutscheine nicht angenommen werden.
- Das Kombinieren mit anderen Rabatten ist nicht möglich – es gilt das zum Abschlagszeitpunkt gültige, volle Greenfee! Bei unterschiedlichen Greenfees (z.B. Studenten-Rabatt) ist der günstigere Tarif gratis!
- Alle Inserenten verpflichten sich, Gutscheine zu den angegebenen Bedingungen einzulösen. Der Verlag übernimmt keine Haftung, wenn ein Gutschein nicht eingelöst wird oder werden kann. Alle Angaben ohne Gewähr!
- Das Angebot ist gültig bis 31.05.2023.

Hinweis

- Informieren Sie sich vorher über das für Sie gültige Greenfee.

Teilnahmebedingungen

- Zur Gutschein-Einlösung muss eine Greenfee-Berechtigung (z.B. Mindest-HCP, Mitgliedschaft in einem Golfclub) vorliegen.
- Der Gutschein kann nur mit Vorlage des Köllen Golfführer für Deutschland oder mit beiliegender KöllenCard eingelöst werden.
- Die Einlösung kann nur nach telefonischer Anmeldung erfolgen – unter Hinweis auf die Nutzung des Angebots. Bei Sonderveranstaltungen, Turnieren etc. müssen Gutscheine nicht angenommen werden.
- Das Kombinieren mit anderen Rabatten ist nicht möglich – es gilt das zum Abschlagszeitpunkt gültige, volle Greenfee! Bei unterschiedlichen Greenfees (z.B. Studenten-Rabatt) ist der günstigere Tarif gratis!
- Alle Inserenten verpflichten sich, Gutscheine zu den angegebenen Bedingungen einzulösen. Der Verlag übernimmt keine Haftung, wenn ein Gutschein nicht eingelöst wird oder werden kann. Alle Angaben ohne Gewähr!
- Das Angebot ist gültig bis 31.05.2023.

Hinweis

- Informieren Sie sich vorher über das für Sie gültige Greenfee.

Teilnahmebedingungen

- Zur Gutschein-Einlösung muss eine Greenfee-Berechtigung (z.B. Mindest-HCP, Mitgliedschaft in einem Golfclub) vorliegen.
- Der Gutschein kann nur mit Vorlage des Köllen Golfführer für Deutschland oder mit beiliegender KöllenCard eingelöst werden.
- Die Einlösung kann nur nach telefonischer Anmeldung erfolgen – unter Hinweis auf die Nutzung des Angebots. Bei Sonderveranstaltungen, Turnieren etc. müssen Gutscheine nicht angenommen werden.
- Das Kombinieren mit anderen Rabatten ist nicht möglich – es gilt das zum Abschlagszeitpunkt gültige, volle Greenfee! Bei unterschiedlichen Greenfees (z.B. Studenten-Rabatt) ist der günstigere Tarif gratis!
- Alle Inserenten verpflichten sich, Gutscheine zu den angegebenen Bedingungen einzulösen. Der Verlag übernimmt keine Haftung, wenn ein Gutschein nicht eingelöst wird oder werden kann. Alle Angaben ohne Gewähr!
- Das Angebot ist gültig bis 31.05.2023.

Hinweis

- Informieren Sie sich vorher über das für Sie gültige Greenfee.

Teilnahmebedingungen

- Zur Gutschein-Einlösung muss eine Greenfee-Berechtigung (z.B. Mindest-HCP, Mitgliedschaft in einem Golfclub) vorliegen.
- Der Gutschein kann nur mit Vorlage des Köllen Golfführer für Deutschland oder mit beiliegender KöllenCard eingelöst werden.
- Die Einlösung kann nur nach telefonischer Anmeldung erfolgen – unter Hinweis auf die Nutzung des Angebots. Bei Sonderveranstaltungen, Turnieren etc. müssen Gutscheine nicht angenommen werden.
- Das Kombinieren mit anderen Rabatten ist nicht möglich – es gilt das zum Abschlagszeitpunkt gültige, volle Greenfee! Bei unterschiedlichen Greenfees (z.B. Studenten-Rabatt) ist der günstigere Tarif gratis!
- Alle Inserenten verpflichten sich, Gutscheine zu den angegebenen Bedingungen einzulösen. Der Verlag übernimmt keine Haftung, wenn ein Gutschein nicht eingelöst wird oder werden kann. Alle Angaben ohne Gewähr!
- Das Angebot ist gültig bis 31.05.2023.

Hinweis

- Informieren Sie sich vorher über das für Sie gültige Greenfee.

Teilnahmebedingungen

- Zur Gutschein-Einlösung muss eine Greenfee-Berechtigung (z.B. Mindest-HCP, Mitgliedschaft in einem Golfclub) vorliegen.
- Der Gutschein kann nur mit Vorlage des Köllen Golfführer für Deutschland oder mit beiliegender KöllenCard eingelöst werden.
- Die Einlösung kann nur nach telefonischer Anmeldung erfolgen – unter Hinweis auf die Nutzung des Angebots. Bei Sonderveranstaltungen, Turnieren etc. müssen Gutscheine nicht angenommen werden.
- Das Kombinieren mit anderen Rabatten ist nicht möglich – es gilt das zum Abschlagszeitpunkt gültige, volle Greenfee! Bei unterschiedlichen Greenfees (z.B. Studenten-Rabatt) ist der günstigere Tarif gratis!
- Alle Inserenten verpflichten sich, Gutscheine zu den angegebenen Bedingungen einzulösen. Der Verlag übernimmt keine Haftung, wenn ein Gutschein nicht eingelöst wird oder werden kann. Alle Angaben ohne Gewähr!
- Das Angebot ist gültig bis 31.05.2023.

Hinweis

- Informieren Sie sich vorher über das für Sie gültige Greenfee.

Teilnahmebedingungen

- Zur Gutschein-Einlösung muss eine Greenfee-Berechtigung (z.B. Mindest-HCP, Mitgliedschaft in einem Golfclub) vorliegen.
- Der Gutschein kann nur mit Vorlage des Köllen Golfführer für Deutschland oder mit beiliegender KöllenCard eingelöst werden.
- Die Einlösung kann nur nach telefonischer Anmeldung erfolgen – unter Hinweis auf die Nutzung des Angebots. Bei Sonderveranstaltungen, Turnieren etc. müssen Gutscheine nicht angenommen werden.
- Das Kombinieren mit anderen Rabatten ist nicht möglich – es gilt das zum Abschlagszeitpunkt gültige, volle Greenfee! Bei unterschiedlichen Greenfees (z.B. Studenten-Rabatt) ist der günstigere Tarif gratis!
- Alle Inserenten verpflichten sich, Gutscheine zu den angegebenen Bedingungen einzulösen. Der Verlag übernimmt keine Haftung, wenn ein Gutschein nicht eingelöst wird oder werden kann. Alle Angaben ohne Gewähr!
- Das Angebot ist gültig bis 31.05.2023.

Hinweis

- Informieren Sie sich vorher über das für Sie gültige Greenfee.

Teilnahmebedingungen

- Zur Gutschein-Einlösung muss eine Greenfee-Berechtigung (z.B. Mindest-HCP, Mitgliedschaft in einem Golfclub) vorliegen.
- Der Gutschein kann nur mit Vorlage des Köllen Golfführer für Deutschland oder mit beiliegender KöllenCard eingelöst werden.
- Die Einlösung kann nur nach telefonischer Anmeldung erfolgen – unter Hinweis auf die Nutzung des Angebots. Bei Sonderveranstaltungen, Turnieren etc. müssen Gutscheine nicht angenommen werden.
- Das Kombinieren mit anderen Rabatten ist nicht möglich – es gilt das zum Abschlagszeitpunkt gültige, volle Greenfee! Bei unterschiedlichen Greenfees (z.B. Studenten-Rabatt) ist der günstigere Tarif gratis!
- Alle Inserenten verpflichten sich, Gutscheine zu den angegebenen Bedingungen einzulösen. Der Verlag übernimmt keine Haftung, wenn ein Gutschein nicht eingelöst wird oder werden kann. Alle Angaben ohne Gewähr!
- Das Angebot ist gültig bis 31.05.2023.

Hinweis

- Informieren Sie sich vorher über das für Sie gültige Greenfee.

Teilnahmebedingungen

- Zur Gutschein-Einlösung muss eine Greenfee-Berechtigung (z.B. Mindest-HCP, Mitgliedschaft in einem Golfclub) vorliegen.
- Der Gutschein kann nur mit Vorlage des Köllen Golfführer für Deutschland oder mit beiliegender KöllenCard eingelöst werden.
- Die Einlösung kann nur nach telefonischer Anmeldung erfolgen – unter Hinweis auf die Nutzung des Angebots. Bei Sonderveranstaltungen, Turnieren etc. müssen Gutscheine nicht angenommen werden.
- Das Kombinieren mit anderen Rabatten ist nicht möglich – es gilt das zum Abschlagszeitpunkt gültige, volle Greenfee! Bei unterschiedlichen Greenfees (z.B. Studenten-Rabatt) ist der günstigere Tarif gratis!
- Alle Inserenten verpflichten sich, Gutscheine zu den angegebenen Bedingungen einzulösen. Der Verlag übernimmt keine Haftung, wenn ein Gutschein nicht eingelöst wird oder werden kann. Alle Angaben ohne Gewähr!
- Das Angebot ist gültig bis 31.05.2023.

Hinweis

- Informieren Sie sich vorher über das für Sie gültige Greenfee.

GUTSCHEIN
2. Greenfee ist gratis

KÖLLEN GOLF

2:1

25% GF-Nachlass (Einzelspieler)

Golf Club Husumer Bucht e.V.

DGV-Nr. 2229 Seite 79 Gültig bis 31.05.2023

GUTSCHEIN
2. Greenfee ist gratis

KÖLLEN GOLF

2:1

25% GF-Nachlass (Einzelspieler)

Golf Club Husumer Bucht e.V.

DGV-Nr. 2229 Seite 79 Gültig bis 31.05.2023

MEHR DRIVE FÜR DIE STRASSE.
www.bmw.de/iX

GUTSCHEIN
30% Greenfee-Nachlass

KÖLLEN GOLF

%

Golf Club Husumer Bucht e.V.

DGV-Nr. 2229 Seite 79 Gültig bis 31.05.2023

GUTSCHEIN
30% Greenfee-Nachlass

KÖLLEN GOLF

%

Golf Club Husumer Bucht e.V.

DGV-Nr. 2229 Seite 79 Gültig bis 31.05.2023

MEHR DRIVE FÜR DIE STRASSE.
www.bmw.de/iX

GUTSCHEIN
30% Greenfee-Nachlass

KÖLLEN GOLF

%

Golf Club Husumer Bucht e.V.

DGV-Nr. 2229 Seite 79 Gültig bis 31.05.2023

MEHR DRIVE FÜR DIE STRASSE.
www.bmw.de/iX

GUTSCHEIN
30% Greenfee-Nachlass

KÖLLEN GOLF

%

Golf Club Husumer Bucht e.V.

DGV-Nr. 2229 Seite 79 Gültig bis 31.05.2023

MEHR DRIVE FÜR DIE STRASSE.
www.bmw.de/iX

GUTSCHEIN
20% Greenfee-Nachlass

KÖLLEN GOLF

%

Lübeck-Travemünder Golf-Klub von 1921 e.V.

DGV-Nr. 2237 Seite 56 Gültig bis 31.05.2023

GUTSCHEIN
20% Greenfee-Nachlass

KÖLLEN GOLF

%

Lübeck-Travemünder Golf-Klub von 1921 e.V.

DGV-Nr. 2237 Seite 56 Gültig bis 31.05.2023

MEHR DRIVE FÜR DIE STRASSE.
www.bmw.de/iX

GUTSCHEIN
2. Greenfee ist gratis

KÖLLEN GOLF

2:1

25% GF-Nachlass (Einzelspieler)

Golf Club Ostseebad Grömitz e.V.

DGV-Nr. 2238 Seite 59 Gültig bis 31.05.2023

GUTSCHEIN
2. Greenfee ist gratis

KÖLLEN GOLF

2:1

25% GF-Nachlass (Einzelspieler)

Golf Club Ostseebad Grömitz e.V.

DGV-Nr. 2238 Seite 59 Gültig bis 31.05.2023

MEHR DRIVE FÜR DIE STRASSE.
www.bmw.de/iX

Teilnahmebedingungen

- Zur Gutschein-Einlösung muss eine Greenfee-Berechtigung (z.B. Mindest-HCP, Mitgliedschaft in einem Golfclub) vorliegen.
- Der Gutschein kann nur mit Vorlage des Köllen Golfführer für Deutschland oder mit beiliegender KöllenCard eingelöst werden.
- Die Einlösung kann nur nach telefonischer Anmeldung erfolgen – unter Hinweis auf die Nutzung des Angebots. Bei Sonderveranstaltungen, Turnieren etc. müssen Gutscheine nicht angenommen werden.
- Das Kombinieren mit anderen Rabatten ist nicht möglich – es gilt das zum Abschlagszeitpunkt gültige, volle Greenfee! Bei unterschiedlichen Greenfees (z.B. Studenten-Rabatt) ist der günstigere Tarif gratis!
- Alle Inserenten verpflichten sich, Gutscheine zu den angegebenen Bedingungen einzulösen. Der Verlag übernimmt keine Haftung, wenn ein Gutschein nicht eingelöst wird oder werden kann. Alle Angaben ohne Gewähr!
- Das Angebot ist gültig bis 31.05.2023.

Hinweis

- Informieren Sie sich vorher über das für Sie gültige Greenfee.

Teilnahmebedingungen

- Zur Gutschein-Einlösung muss eine Greenfee-Berechtigung (z.B. Mindest-HCP, Mitgliedschaft in einem Golfclub) vorliegen.
- Der Gutschein kann nur mit Vorlage des Köllen Golfführer für Deutschland oder mit beiliegender KöllenCard eingelöst werden.
- Die Einlösung kann nur nach telefonischer Anmeldung erfolgen – unter Hinweis auf die Nutzung des Angebots. Bei Sonderveranstaltungen, Turnieren etc. müssen Gutscheine nicht angenommen werden.
- Das Kombinieren mit anderen Rabatten ist nicht möglich – es gilt das zum Abschlagszeitpunkt gültige, volle Greenfee! Bei unterschiedlichen Greenfees (z.B. Studenten-Rabatt) ist der günstigere Tarif gratis!
- Alle Inserenten verpflichten sich, Gutscheine zu den angegebenen Bedingungen einzulösen. Der Verlag übernimmt keine Haftung, wenn ein Gutschein nicht eingelöst wird oder werden kann. Alle Angaben ohne Gewähr!
- Das Angebot ist gültig bis 31.05.2023.

Hinweis

- Informieren Sie sich vorher über das für Sie gültige Greenfee.

Teilnahmebedingungen

- Zur Gutschein-Einlösung muss eine Greenfee-Berechtigung (z.B. Mindest-HCP, Mitgliedschaft in einem Golfclub) vorliegen.
- Der Gutschein kann nur mit Vorlage des Köllen Golfführer für Deutschland oder mit beiliegender KöllenCard eingelöst werden.
- Die Einlösung kann nur nach telefonischer Anmeldung erfolgen – unter Hinweis auf die Nutzung des Angebots. Bei Sonderveranstaltungen, Turnieren etc. müssen Gutscheine nicht angenommen werden.
- Das Kombinieren mit anderen Rabatten ist nicht möglich – es gilt das zum Abschlagszeitpunkt gültige, volle Greenfee! Bei unterschiedlichen Greenfees (z.B. Studenten-Rabatt) ist der günstigere Tarif gratis!
- Alle Inserenten verpflichten sich, Gutscheine zu den angegebenen Bedingungen einzulösen. Der Verlag übernimmt keine Haftung, wenn ein Gutschein nicht eingelöst wird oder werden kann. Alle Angaben ohne Gewähr!
- Das Angebot ist gültig bis 31.05.2023.

Hinweis

- Informieren Sie sich vorher über das für Sie gültige Greenfee.

Teilnahmebedingungen

- Zur Gutschein-Einlösung muss eine Greenfee-Berechtigung (z.B. Mindest-HCP, Mitgliedschaft in einem Golfclub) vorliegen.
- Der Gutschein kann nur mit Vorlage des Köllen Golfführer für Deutschland oder mit beiliegender KöllenCard eingelöst werden.
- Die Einlösung kann nur nach telefonischer Anmeldung erfolgen – unter Hinweis auf die Nutzung des Angebots. Bei Sonderveranstaltungen, Turnieren etc. müssen Gutscheine nicht angenommen werden.
- Das Kombinieren mit anderen Rabatten ist nicht möglich – es gilt das zum Abschlagszeitpunkt gültige, volle Greenfee! Bei unterschiedlichen Greenfees (z.B. Studenten-Rabatt) ist der günstigere Tarif gratis!
- Alle Inserenten verpflichten sich, Gutscheine zu den angegebenen Bedingungen einzulösen. Der Verlag übernimmt keine Haftung, wenn ein Gutschein nicht eingelöst wird oder werden kann. Alle Angaben ohne Gewähr!
- Das Angebot ist gültig bis 31.05.2023.

Hinweis

- Informieren Sie sich vorher über das für Sie gültige Greenfee.

Teilnahmebedingungen

- Zur Gutschein-Einlösung muss eine Greenfee-Berechtigung (z.B. Mindest-HCP, Mitgliedschaft in einem Golfclub) vorliegen.
- Der Gutschein kann nur mit Vorlage des Köllen Golfführer für Deutschland oder mit beiliegender KöllenCard eingelöst werden.
- Die Einlösung kann nur nach telefonischer Anmeldung erfolgen – unter Hinweis auf die Nutzung des Angebots. Bei Sonderveranstaltungen, Turnieren etc. müssen Gutscheine nicht angenommen werden.
- Das Kombinieren mit anderen Rabatten ist nicht möglich – es gilt das zum Abschlagszeitpunkt gültige, volle Greenfee! Bei unterschiedlichen Greenfees (z.B. Studenten-Rabatt) ist der günstigere Tarif gratis!
- Alle Inserenten verpflichten sich, Gutscheine zu den angegebenen Bedingungen einzulösen. Der Verlag übernimmt keine Haftung, wenn ein Gutschein nicht eingelöst wird oder werden kann. Alle Angaben ohne Gewähr!
- Das Angebot ist gültig bis 31.05.2023.

Hinweis

- Informieren Sie sich vorher über das für Sie gültige Greenfee.

Teilnahmebedingungen

- Zur Gutschein-Einlösung muss eine Greenfee-Berechtigung (z.B. Mindest-HCP, Mitgliedschaft in einem Golfclub) vorliegen.
- Der Gutschein kann nur mit Vorlage des Köllen Golfführer für Deutschland oder mit beiliegender KöllenCard eingelöst werden.
- Die Einlösung kann nur nach telefonischer Anmeldung erfolgen – unter Hinweis auf die Nutzung des Angebots. Bei Sonderveranstaltungen, Turnieren etc. müssen Gutscheine nicht angenommen werden.
- Das Kombinieren mit anderen Rabatten ist nicht möglich – es gilt das zum Abschlagszeitpunkt gültige, volle Greenfee! Bei unterschiedlichen Greenfees (z.B. Studenten-Rabatt) ist der günstigere Tarif gratis!
- Alle Inserenten verpflichten sich, Gutscheine zu den angegebenen Bedingungen einzulösen. Der Verlag übernimmt keine Haftung, wenn ein Gutschein nicht eingelöst wird oder werden kann. Alle Angaben ohne Gewähr!
- Das Angebot ist gültig bis 31.05.2023.

Hinweis

- Informieren Sie sich vorher über das für Sie gültige Greenfee.

Teilnahmebedingungen

- Zur Gutschein-Einlösung muss eine Greenfee-Berechtigung (z.B. Mindest-HCP, Mitgliedschaft in einem Golfclub) vorliegen.
- Der Gutschein kann nur mit Vorlage des Köllen Golfführer für Deutschland oder mit beiliegender KöllenCard eingelöst werden.
- Die Einlösung kann nur nach telefonischer Anmeldung erfolgen – unter Hinweis auf die Nutzung des Angebots. Bei Sonderveranstaltungen, Turnieren etc. müssen Gutscheine nicht angenommen werden.
- Das Kombinieren mit anderen Rabatten ist nicht möglich – es gilt das zum Abschlagszeitpunkt gültige, volle Greenfee! Bei unterschiedlichen Greenfees (z.B. Studenten-Rabatt) ist der günstigere Tarif gratis!
- Alle Inserenten verpflichten sich, Gutscheine zu den angegebenen Bedingungen einzulösen. Der Verlag übernimmt keine Haftung, wenn ein Gutschein nicht eingelöst wird oder werden kann. Alle Angaben ohne Gewähr!
- Das Angebot ist gültig bis 31.05.2023.

Hinweis

- Informieren Sie sich vorher über das für Sie gültige Greenfee.

Teilnahmebedingungen

- Zur Gutschein-Einlösung muss eine Greenfee-Berechtigung (z.B. Mindest-HCP, Mitgliedschaft in einem Golfclub) vorliegen.
- Der Gutschein kann nur mit Vorlage des Köllen Golfführer für Deutschland oder mit beiliegender KöllenCard eingelöst werden.
- Die Einlösung kann nur nach telefonischer Anmeldung erfolgen – unter Hinweis auf die Nutzung des Angebots. Bei Sonderveranstaltungen, Turnieren etc. müssen Gutscheine nicht angenommen werden.
- Das Kombinieren mit anderen Rabatten ist nicht möglich – es gilt das zum Abschlagszeitpunkt gültige, volle Greenfee! Bei unterschiedlichen Greenfees (z.B. Studenten-Rabatt) ist der günstigere Tarif gratis!
- Alle Inserenten verpflichten sich, Gutscheine zu den angegebenen Bedingungen einzulösen. Der Verlag übernimmt keine Haftung, wenn ein Gutschein nicht eingelöst wird oder werden kann. Alle Angaben ohne Gewähr!
- Das Angebot ist gültig bis 31.05.2023.

Hinweis

- Informieren Sie sich vorher über das für Sie gültige Greenfee.

Teilnahmebedingungen

- Zur Gutschein-Einlösung muss eine Greenfee-Berechtigung (z.B. Mindest-HCP, Mitgliedschaft in einem Golfclub) vorliegen.
- Der Gutschein kann nur mit Vorlage des Köllen Golfführer für Deutschland oder mit beiliegender KöllenCard eingelöst werden.
- Die Einlösung kann nur nach telefonischer Anmeldung erfolgen – unter Hinweis auf die Nutzung des Angebots. Bei Sonderveranstaltungen, Turnieren etc. müssen Gutscheine nicht angenommen werden.
- Das Kombinieren mit anderen Rabatten ist nicht möglich – es gilt das zum Abschlagszeitpunkt gültige, volle Greenfee! Bei unterschiedlichen Greenfees (z.B. Studenten-Rabatt) ist der günstigere Tarif gratis!
- Alle Inserenten verpflichten sich, Gutscheine zu den angegebenen Bedingungen einzulösen. Der Verlag übernimmt keine Haftung, wenn ein Gutschein nicht eingelöst wird oder werden kann. Alle Angaben ohne Gewähr!
- Das Angebot ist gültig bis 31.05.2023.

Hinweis

- Informieren Sie sich vorher über das für Sie gültige Greenfee.

Teilnahmebedingungen

- Zur Gutschein-Einlösung muss eine Greenfee-Berechtigung (z.B. Mindest-HCP, Mitgliedschaft in einem Golfclub) vorliegen.
- Der Gutschein kann nur mit Vorlage des Köllen Golfführer für Deutschland oder mit beiliegender KöllenCard eingelöst werden.
- Die Einlösung kann nur nach telefonischer Anmeldung erfolgen – unter Hinweis auf die Nutzung des Angebots. Bei Sonderveranstaltungen, Turnieren etc. müssen Gutscheine nicht angenommen werden.
- Das Kombinieren mit anderen Rabatten ist nicht möglich – es gilt das zum Abschlagszeitpunkt gültige, volle Greenfee! Bei unterschiedlichen Greenfees (z.B. Studenten-Rabatt) ist der günstigere Tarif gratis!
- Alle Inserenten verpflichten sich, Gutscheine zu den angegebenen Bedingungen einzulösen. Der Verlag übernimmt keine Haftung, wenn ein Gutschein nicht eingelöst wird oder werden kann. Alle Angaben ohne Gewähr!
- Das Angebot ist gültig bis 31.05.2023.

Hinweis

- Informieren Sie sich vorher über das für Sie gültige Greenfee.

GUTSCHEIN
2. Greenfee ist gratis

KÖLLEN GOLF

2:1

25% GF-Nachlass (Einzelspieler)

Golf-Club Buxtehude GmbH & Co. KG

DGV-Nr. 2244 Seite 49 Gültig bis 31.05.2023

GUTSCHEIN
2. Greenfee ist gratis

KÖLLEN GOLF

2:1

25% GF-Nachlass (Einzelspieler)

Golf-Club Buxtehude GmbH & Co. KG

DGV-Nr. 2244 Seite 49 Gültig bis 31.05.2023

GUTSCHEIN
2. Greenfee ist gratis

KÖLLEN GOLF

2:1

25% GF-Nachlass (Einzelspieler)

Golf-Club Buxtehude GmbH & Co. KG

DGV-Nr. 2244 Seite 49 Gültig bis 31.05.2023

GUTSCHEIN
2. Greenfee ist gratis

KÖLLEN GOLF

2:1

25% GF-Nachlass (Einzelspieler)

Golf-Club Buxtehude GmbH & Co. KG

DGV-Nr. 2244 Seite 49 Gültig bis 31.05.2023

GUTSCHEIN
25% Greenfee-Nachlass

KÖLLEN GOLF

%

GolfRange Hamburg-Oststeinbek

DGV-Nr. 2253 Seite 50 Gültig bis 31.05.2023

GUTSCHEIN
25% Greenfee-Nachlass

KÖLLEN GOLF

%

GolfRange Hamburg-Oststeinbek

DGV-Nr. 2253 Seite 50 Gültig bis 31.05.2023

GUTSCHEIN
2. Greenfee ist gratis

KÖLLEN GOLF

2:1

25% GF-Nachlass (Einzelspieler)
nur Mo-Fr (außer feiertags)

Golfclub Hamburg Gut Waldhof

DGV-Nr. 2254 Seite 69 Gültig bis 31.05.2023

GUTSCHEIN
15% Greenfee-Nachlass

KÖLLEN GOLF

%

nur Mo-Fr (außer feiertags)

Golfclub Hamburg Gut Waldhof

DGV-Nr. 2254 Seite 69 Gültig bis 31.05.2023

GUTSCHEIN
2. Greenfee ist gratis

KÖLLEN GOLF

2:1

25% GF-Nachlass (Einzelspieler)

Golf-Club Escheburg e.V.

DGV-Nr. 2300 Seite 44 Gültig bis 31.05.2023

GUTSCHEIN
2. Greenfee ist gratis

KÖLLEN GOLF

2:1

25% GF-Nachlass (Einzelspieler)

Golf-Club Escheburg e.V.

DGV-Nr. 2300 Seite 44 Gültig bis 31.05.2023

Teilnahmebedingungen

- Zur Gutschein-Einlösung muss eine Greenfee-Berechtigung (z.B. Mindest-HCP, Mitgliedschaft in einem Golfclub) vorliegen.
- Der Gutschein kann nur mit Vorlage des Köllen Golfführer für Deutschland oder mit beiliegender KöllenCard eingelöst werden.
- Die Einlösung kann nur nach telefonischer Anmeldung erfolgen – unter Hinweis auf die Nutzung des Angebots. Bei Sonderveranstaltungen, Turnieren etc. müssen Gutscheine nicht angenommen werden.
- Das Kombinieren mit anderen Rabatten ist nicht möglich – es gilt das zum Abschlagszeitpunkt gültige, volle Greenfee! Bei unterschiedlichen Greenfees (z.B. Studenten-Rabatt) ist der günstigere Tarif gratis!
- Alle Inserenten verpflichten sich, Gutscheine zu den angegebenen Bedingungen einzulösen. Der Verlag übernimmt keine Haftung, wenn ein Gutschein nicht eingelöst wird oder werden kann. Alle Angaben ohne Gewähr!
- Das Angebot ist gültig bis 31.05.2023.

Hinweis

- Informieren Sie sich vorher über das für Sie gültige Greenfee.

Teilnahmebedingungen

- Zur Gutschein-Einlösung muss eine Greenfee-Berechtigung (z.B. Mindest-HCP, Mitgliedschaft in einem Golfclub) vorliegen.
- Der Gutschein kann nur mit Vorlage des Köllen Golfführer für Deutschland oder mit beiliegender KöllenCard eingelöst werden.
- Die Einlösung kann nur nach telefonischer Anmeldung erfolgen – unter Hinweis auf die Nutzung des Angebots. Bei Sonderveranstaltungen, Turnieren etc. müssen Gutscheine nicht angenommen werden.
- Das Kombinieren mit anderen Rabatten ist nicht möglich – es gilt das zum Abschlagszeitpunkt gültige, volle Greenfee! Bei unterschiedlichen Greenfees (z.B. Studenten-Rabatt) ist der günstigere Tarif gratis!
- Alle Inserenten verpflichten sich, Gutscheine zu den angegebenen Bedingungen einzulösen. Der Verlag übernimmt keine Haftung, wenn ein Gutschein nicht eingelöst wird oder werden kann. Alle Angaben ohne Gewähr!
- Das Angebot ist gültig bis 31.05.2023.

Hinweis

- Informieren Sie sich vorher über das für Sie gültige Greenfee.

Teilnahmebedingungen

- Zur Gutschein-Einlösung muss eine Greenfee-Berechtigung (z.B. Mindest-HCP, Mitgliedschaft in einem Golfclub) vorliegen.
- Der Gutschein kann nur mit Vorlage des Köllen Golfführer für Deutschland oder mit beiliegender KöllenCard eingelöst werden.
- Die Einlösung kann nur nach telefonischer Anmeldung erfolgen – unter Hinweis auf die Nutzung des Angebots. Bei Sonderveranstaltungen, Turnieren etc. müssen Gutscheine nicht angenommen werden.
- Das Kombinieren mit anderen Rabatten ist nicht möglich – es gilt das zum Abschlagszeitpunkt gültige, volle Greenfee! Bei unterschiedlichen Greenfees (z.B. Studenten-Rabatt) ist der günstigere Tarif gratis!
- Alle Inserenten verpflichten sich, Gutscheine zu den angegebenen Bedingungen einzulösen. Der Verlag übernimmt keine Haftung, wenn ein Gutschein nicht eingelöst wird oder werden kann. Alle Angaben ohne Gewähr!
- Das Angebot ist gültig bis 31.05.2023.

Hinweis

- Informieren Sie sich vorher über das für Sie gültige Greenfee.

Teilnahmebedingungen

- Zur Gutschein-Einlösung muss eine Greenfee-Berechtigung (z.B. Mindest-HCP, Mitgliedschaft in einem Golfclub) vorliegen.
- Der Gutschein kann nur mit Vorlage des Köllen Golfführer für Deutschland oder mit beiliegender KöllenCard eingelöst werden.
- Die Einlösung kann nur nach telefonischer Anmeldung erfolgen – unter Hinweis auf die Nutzung des Angebots. Bei Sonderveranstaltungen, Turnieren etc. müssen Gutscheine nicht angenommen werden.
- Das Kombinieren mit anderen Rabatten ist nicht möglich – es gilt das zum Abschlagszeitpunkt gültige, volle Greenfee! Bei unterschiedlichen Greenfees (z.B. Studenten-Rabatt) ist der günstigere Tarif gratis!
- Alle Inserenten verpflichten sich, Gutscheine zu den angegebenen Bedingungen einzulösen. Der Verlag übernimmt keine Haftung, wenn ein Gutschein nicht eingelöst wird oder werden kann. Alle Angaben ohne Gewähr!
- Das Angebot ist gültig bis 31.05.2023.

Hinweis

- Informieren Sie sich vorher über das für Sie gültige Greenfee.

Teilnahmebedingungen

- Zur Gutschein-Einlösung muss eine Greenfee-Berechtigung (z.B. Mindest-HCP, Mitgliedschaft in einem Golfclub) vorliegen.
- Der Gutschein kann nur mit Vorlage des Köllen Golfführer für Deutschland oder mit beiliegender KöllenCard eingelöst werden.
- Die Einlösung kann nur nach telefonischer Anmeldung erfolgen – unter Hinweis auf die Nutzung des Angebots. Bei Sonderveranstaltungen, Turnieren etc. müssen Gutscheine nicht angenommen werden.
- Das Kombinieren mit anderen Rabatten ist nicht möglich – es gilt das zum Abschlagszeitpunkt gültige, volle Greenfee! Bei unterschiedlichen Greenfees (z.B. Studenten-Rabatt) ist der günstigere Tarif gratis!
- Alle Inserenten verpflichten sich, Gutscheine zu den angegebenen Bedingungen einzulösen. Der Verlag übernimmt keine Haftung, wenn ein Gutschein nicht eingelöst wird oder werden kann. Alle Angaben ohne Gewähr!
- Das Angebot ist gültig bis 31.05.2023.

Hinweis

- Informieren Sie sich vorher über das für Sie gültige Greenfee.

Teilnahmebedingungen

- Zur Gutschein-Einlösung muss eine Greenfee-Berechtigung (z.B. Mindest-HCP, Mitgliedschaft in einem Golfclub) vorliegen.
- Der Gutschein kann nur mit Vorlage des Köllen Golfführer für Deutschland oder mit beiliegender KöllenCard eingelöst werden.
- Die Einlösung kann nur nach telefonischer Anmeldung erfolgen – unter Hinweis auf die Nutzung des Angebots. Bei Sonderveranstaltungen, Turnieren etc. müssen Gutscheine nicht angenommen werden.
- Das Kombinieren mit anderen Rabatten ist nicht möglich – es gilt das zum Abschlagszeitpunkt gültige, volle Greenfee! Bei unterschiedlichen Greenfees (z.B. Studenten-Rabatt) ist der günstigere Tarif gratis!
- Alle Inserenten verpflichten sich, Gutscheine zu den angegebenen Bedingungen einzulösen. Der Verlag übernimmt keine Haftung, wenn ein Gutschein nicht eingelöst wird oder werden kann. Alle Angaben ohne Gewähr!
- Das Angebot ist gültig bis 31.05.2023.

Hinweis

- Informieren Sie sich vorher über das für Sie gültige Greenfee.

Teilnahmebedingungen

- Zur Gutschein-Einlösung muss eine Greenfee-Berechtigung (z.B. Mindest-HCP, Mitgliedschaft in einem Golfclub) vorliegen.
- Der Gutschein kann nur mit Vorlage des Köllen Golfführer für Deutschland oder mit beiliegender KöllenCard eingelöst werden.
- Die Einlösung kann nur nach telefonischer Anmeldung erfolgen – unter Hinweis auf die Nutzung des Angebots. Bei Sonderveranstaltungen, Turnieren etc. müssen Gutscheine nicht angenommen werden.
- Das Kombinieren mit anderen Rabatten ist nicht möglich – es gilt das zum Abschlagszeitpunkt gültige, volle Greenfee! Bei unterschiedlichen Greenfees (z.B. Studenten-Rabatt) ist der günstigere Tarif gratis!
- Alle Inserenten verpflichten sich, Gutscheine zu den angegebenen Bedingungen einzulösen. Der Verlag übernimmt keine Haftung, wenn ein Gutschein nicht eingelöst wird oder werden kann. Alle Angaben ohne Gewähr!
- Das Angebot ist gültig bis 31.05.2023.

Hinweis

- Informieren Sie sich vorher über das für Sie gültige Greenfee.

Teilnahmebedingungen

- Zur Gutschein-Einlösung muss eine Greenfee-Berechtigung (z.B. Mindest-HCP, Mitgliedschaft in einem Golfclub) vorliegen.
- Der Gutschein kann nur mit Vorlage des Köllen Golfführer für Deutschland oder mit beiliegender KöllenCard eingelöst werden.
- Die Einlösung kann nur nach telefonischer Anmeldung erfolgen – unter Hinweis auf die Nutzung des Angebots. Bei Sonderveranstaltungen, Turnieren etc. müssen Gutscheine nicht angenommen werden.
- Das Kombinieren mit anderen Rabatten ist nicht möglich – es gilt das zum Abschlagszeitpunkt gültige, volle Greenfee! Bei unterschiedlichen Greenfees (z.B. Studenten-Rabatt) ist der günstigere Tarif gratis!
- Alle Inserenten verpflichten sich, Gutscheine zu den angegebenen Bedingungen einzulösen. Der Verlag übernimmt keine Haftung, wenn ein Gutschein nicht eingelöst wird oder werden kann. Alle Angaben ohne Gewähr!
- Das Angebot ist gültig bis 31.05.2023.

Hinweis

- Informieren Sie sich vorher über das für Sie gültige Greenfee.

Teilnahmebedingungen

- Zur Gutschein-Einlösung muss eine Greenfee-Berechtigung (z.B. Mindest-HCP, Mitgliedschaft in einem Golfclub) vorliegen.
- Der Gutschein kann nur mit Vorlage des Köllen Golfführer für Deutschland oder mit beiliegender KöllenCard eingelöst werden.
- Die Einlösung kann nur nach telefonischer Anmeldung erfolgen – unter Hinweis auf die Nutzung des Angebots. Bei Sonderveranstaltungen, Turnieren etc. müssen Gutscheine nicht angenommen werden.
- Das Kombinieren mit anderen Rabatten ist nicht möglich – es gilt das zum Abschlagszeitpunkt gültige, volle Greenfee! Bei unterschiedlichen Greenfees (z.B. Studenten-Rabatt) ist der günstigere Tarif gratis!
- Alle Inserenten verpflichten sich, Gutscheine zu den angegebenen Bedingungen einzulösen. Der Verlag übernimmt keine Haftung, wenn ein Gutschein nicht eingelöst wird oder werden kann. Alle Angaben ohne Gewähr!
- Das Angebot ist gültig bis 31.05.2023.

Hinweis

- Informieren Sie sich vorher über das für Sie gültige Greenfee.

Teilnahmebedingungen

- Zur Gutschein-Einlösung muss eine Greenfee-Berechtigung (z.B. Mindest-HCP, Mitgliedschaft in einem Golfclub) vorliegen.
- Der Gutschein kann nur mit Vorlage des Köllen Golfführer für Deutschland oder mit beiliegender KöllenCard eingelöst werden.
- Die Einlösung kann nur nach telefonischer Anmeldung erfolgen – unter Hinweis auf die Nutzung des Angebots. Bei Sonderveranstaltungen, Turnieren etc. müssen Gutscheine nicht angenommen werden.
- Das Kombinieren mit anderen Rabatten ist nicht möglich – es gilt das zum Abschlagszeitpunkt gültige, volle Greenfee! Bei unterschiedlichen Greenfees (z.B. Studenten-Rabatt) ist der günstigere Tarif gratis!
- Alle Inserenten verpflichten sich, Gutscheine zu den angegebenen Bedingungen einzulösen. Der Verlag übernimmt keine Haftung, wenn ein Gutschein nicht eingelöst wird oder werden kann. Alle Angaben ohne Gewähr!
- Das Angebot ist gültig bis 31.05.2023.

Hinweis

- Informieren Sie sich vorher über das für Sie gültige Greenfee.

GUTSCHEIN
2. Greenfee ist gratis

KÖLLEN GOLF

2:1

25% GF-Nachlass (Einzelspieler)

Golf Club Hof Berg e.V.

DGV-Nr. 2302 Seite 80 Gültig bis 31.05.2023

GUTSCHEIN
2. Greenfee ist gratis

KÖLLEN GOLF

2:1

25% GF-Nachlass (Einzelspieler)

Golf Club Hof Berg e.V.

DGV-Nr. 2302 Seite 80 Gültig bis 31.05.2023

GUTSCHEIN
2. Greenfee ist gratis

KÖLLEN GOLF

2:1

25% GF-Nachlass (Einzelspieler)

Golf Club Hof Berg e.V.

DGV-Nr. 2302 Seite 80 Gültig bis 31.05.2023

GUTSCHEIN
2. Greenfee ist gratis

KÖLLEN GOLF

2:1

25% GF-Nachlass (Einzelspieler)

Golf Club Hof Berg e.V.

DGV-Nr. 2302 Seite 80 Gültig bis 31.05.2023

GUTSCHEIN
20% Greenfee-Nachlass

KÖLLEN GOLF

%

Golf Club Hof Berg e.V.

DGV-Nr. 2302 Seite 80 Gültig bis 31.05.2023

GUTSCHEIN
20% Greenfee-Nachlass

KÖLLEN GOLF

%

Golf Club Hof Berg e.V.

DGV-Nr. 2302 Seite 80 Gültig bis 31.05.2023

GUTSCHEIN
15 € Greenfee-Nachlass

KÖLLEN GOLF

€

Golf und Country Club Brunstorf e.V.

DGV-Nr. 2305 Seite 48 Gültig bis 31.05.2023

GUTSCHEIN
2. Greenfee ist gratis

KÖLLEN GOLF

2:1

nur gültig für 18-Loch Runden

Golfclub Sülfeld e.V.

DGV-Nr. 2308 Seite 63 Gültig bis 31.05.2023

GUTSCHEIN
2. Greenfee ist gratis

KÖLLEN GOLF

2:1

nur gültig für 18-Loch Runden

Golfclub Sülfeld e.V.

DGV-Nr. 2308 Seite 63 Gültig bis 31.05.2023

GUTSCHEIN
2. Greenfee ist gratis

KÖLLEN GOLF

2:1

25% GF-Nachlass (Einzelspieler)

Golf-Club-Curau e.V.

DGV-Nr. 2309 Seite 57 Gültig bis 31.05.2023

Teilnahmebedingungen

- Zur Gutschein-Einlösung muss eine Greenfee-Berechtigung (z.B. Mindest-HCP, Mitgliedschaft in einem Golfclub) vorliegen.
- Der Gutschein kann nur mit Vorlage des Köllen Golfführer für Deutschland oder mit beiliegender KöllenCard eingelöst werden.
- Die Einlösung kann nur nach telefonischer Anmeldung erfolgen – unter Hinweis auf die Nutzung des Angebots. Bei Sonderveranstaltungen, Turnieren etc. müssen Gutscheine nicht angenommen werden.
- Das Kombinieren mit anderen Rabatten ist nicht möglich – es gilt das zum Abschlagszeitpunkt gültige, volle Greenfee! Bei unterschiedlichen Greenfees (z.B. Studenten-Rabatt) ist der günstigere Tarif gratis!
- Alle Inserenten verpflichten sich, Gutscheine zu den angegebenen Bedingungen einzulösen. Der Verlag übernimmt keine Haftung, wenn ein Gutschein nicht eingelöst wird oder werden kann. Alle Angaben ohne Gewähr!
- Das Angebot ist gültig bis 31.05.2023.

Hinweis

- Informieren Sie sich vorher über das für Sie gültige Greenfee.

Teilnahmebedingungen

- Zur Gutschein-Einlösung muss eine Greenfee-Berechtigung (z.B. Mindest-HCP, Mitgliedschaft in einem Golfclub) vorliegen.
- Der Gutschein kann nur mit Vorlage des Köllen Golfführer für Deutschland oder mit beiliegender KöllenCard eingelöst werden.
- Die Einlösung kann nur nach telefonischer Anmeldung erfolgen – unter Hinweis auf die Nutzung des Angebots. Bei Sonderveranstaltungen, Turnieren etc. müssen Gutscheine nicht angenommen werden.
- Das Kombinieren mit anderen Rabatten ist nicht möglich – es gilt das zum Abschlagszeitpunkt gültige, volle Greenfee! Bei unterschiedlichen Greenfees (z.B. Studenten-Rabatt) ist der günstigere Tarif gratis!
- Alle Inserenten verpflichten sich, Gutscheine zu den angegebenen Bedingungen einzulösen. Der Verlag übernimmt keine Haftung, wenn ein Gutschein nicht eingelöst wird oder werden kann. Alle Angaben ohne Gewähr!
- Das Angebot ist gültig bis 31.05.2023.

Hinweis

- Informieren Sie sich vorher über das für Sie gültige Greenfee.

Teilnahmebedingungen

- Zur Gutschein-Einlösung muss eine Greenfee-Berechtigung (z.B. Mindest-HCP, Mitgliedschaft in einem Golfclub) vorliegen.
- Der Gutschein kann nur mit Vorlage des Köllen Golfführer für Deutschland oder mit beiliegender KöllenCard eingelöst werden.
- Die Einlösung kann nur nach telefonischer Anmeldung erfolgen – unter Hinweis auf die Nutzung des Angebots. Bei Sonderveranstaltungen, Turnieren etc. müssen Gutscheine nicht angenommen werden.
- Das Kombinieren mit anderen Rabatten ist nicht möglich – es gilt das zum Abschlagszeitpunkt gültige, volle Greenfee! Bei unterschiedlichen Greenfees (z.B. Studenten-Rabatt) ist der günstigere Tarif gratis!
- Alle Inserenten verpflichten sich, Gutscheine zu den angegebenen Bedingungen einzulösen. Der Verlag übernimmt keine Haftung, wenn ein Gutschein nicht eingelöst wird oder werden kann. Alle Angaben ohne Gewähr!
- Das Angebot ist gültig bis 31.05.2023.

Hinweis

- Informieren Sie sich vorher über das für Sie gültige Greenfee.

Teilnahmebedingungen

- Zur Gutschein-Einlösung muss eine Greenfee-Berechtigung (z.B. Mindest-HCP, Mitgliedschaft in einem Golfclub) vorliegen.
- Der Gutschein kann nur mit Vorlage des Köllen Golfführer für Deutschland oder mit beiliegender KöllenCard eingelöst werden.
- Die Einlösung kann nur nach telefonischer Anmeldung erfolgen – unter Hinweis auf die Nutzung des Angebots. Bei Sonderveranstaltungen, Turnieren etc. müssen Gutscheine nicht angenommen werden.
- Das Kombinieren mit anderen Rabatten ist nicht möglich – es gilt das zum Abschlagszeitpunkt gültige, volle Greenfee! Bei unterschiedlichen Greenfees (z.B. Studenten-Rabatt) ist der günstigere Tarif gratis!
- Alle Inserenten verpflichten sich, Gutscheine zu den angegebenen Bedingungen einzulösen. Der Verlag übernimmt keine Haftung, wenn ein Gutschein nicht eingelöst wird oder werden kann. Alle Angaben ohne Gewähr!
- Das Angebot ist gültig bis 31.05.2023.

Hinweis

- Informieren Sie sich vorher über das für Sie gültige Greenfee.

Teilnahmebedingungen

- Zur Gutschein-Einlösung muss eine Greenfee-Berechtigung (z.B. Mindest-HCP, Mitgliedschaft in einem Golfclub) vorliegen.
- Der Gutschein kann nur mit Vorlage des Köllen Golfführer für Deutschland oder mit beiliegender KöllenCard eingelöst werden.
- Die Einlösung kann nur nach telefonischer Anmeldung erfolgen – unter Hinweis auf die Nutzung des Angebots. Bei Sonderveranstaltungen, Turnieren etc. müssen Gutscheine nicht angenommen werden.
- Das Kombinieren mit anderen Rabatten ist nicht möglich – es gilt das zum Abschlagszeitpunkt gültige, volle Greenfee! Bei unterschiedlichen Greenfees (z.B. Studenten-Rabatt) ist der günstigere Tarif gratis!
- Alle Inserenten verpflichten sich, Gutscheine zu den angegebenen Bedingungen einzulösen. Der Verlag übernimmt keine Haftung, wenn ein Gutschein nicht eingelöst wird oder werden kann. Alle Angaben ohne Gewähr!
- Das Angebot ist gültig bis 31.05.2023.

Hinweis

- Informieren Sie sich vorher über das für Sie gültige Greenfee.

Teilnahmebedingungen

- Zur Gutschein-Einlösung muss eine Greenfee-Berechtigung (z.B. Mindest-HCP, Mitgliedschaft in einem Golfclub) vorliegen.
- Der Gutschein kann nur mit Vorlage des Köllen Golfführer für Deutschland oder mit beiliegender KöllenCard eingelöst werden.
- Die Einlösung kann nur nach telefonischer Anmeldung erfolgen – unter Hinweis auf die Nutzung des Angebots. Bei Sonderveranstaltungen, Turnieren etc. müssen Gutscheine nicht angenommen werden.
- Das Kombinieren mit anderen Rabatten ist nicht möglich – es gilt das zum Abschlagszeitpunkt gültige, volle Greenfee! Bei unterschiedlichen Greenfees (z.B. Studenten-Rabatt) ist der günstigere Tarif gratis!
- Alle Inserenten verpflichten sich, Gutscheine zu den angegebenen Bedingungen einzulösen. Der Verlag übernimmt keine Haftung, wenn ein Gutschein nicht eingelöst wird oder werden kann. Alle Angaben ohne Gewähr!
- Das Angebot ist gültig bis 31.05.2023.

Hinweis

- Informieren Sie sich vorher über das für Sie gültige Greenfee.

Teilnahmebedingungen

- Zur Gutschein-Einlösung muss eine Greenfee-Berechtigung (z.B. Mindest-HCP, Mitgliedschaft in einem Golfclub) vorliegen.
- Der Gutschein kann nur mit Vorlage des Köllen Golfführer für Deutschland oder mit beiliegender KöllenCard eingelöst werden.
- Die Einlösung kann nur nach telefonischer Anmeldung erfolgen – unter Hinweis auf die Nutzung des Angebots. Bei Sonderveranstaltungen, Turnieren etc. müssen Gutscheine nicht angenommen werden.
- Das Kombinieren mit anderen Rabatten ist nicht möglich – es gilt das zum Abschlagszeitpunkt gültige, volle Greenfee! Bei unterschiedlichen Greenfees (z.B. Studenten-Rabatt) ist der günstigere Tarif gratis!
- Alle Inserenten verpflichten sich, Gutscheine zu den angegebenen Bedingungen einzulösen. Der Verlag übernimmt keine Haftung, wenn ein Gutschein nicht eingelöst wird oder werden kann. Alle Angaben ohne Gewähr!
- Das Angebot ist gültig bis 31.05.2023.

Hinweis

- Informieren Sie sich vorher über das für Sie gültige Greenfee.

Teilnahmebedingungen

- Zur Gutschein-Einlösung muss eine Greenfee-Berechtigung (z.B. Mindest-HCP, Mitgliedschaft in einem Golfclub) vorliegen.
- Der Gutschein kann nur mit Vorlage des Köllen Golfführer für Deutschland oder mit beiliegender KöllenCard eingelöst werden.
- Die Einlösung kann nur nach telefonischer Anmeldung erfolgen – unter Hinweis auf die Nutzung des Angebots. Bei Sonderveranstaltungen, Turnieren etc. müssen Gutscheine nicht angenommen werden.
- Das Kombinieren mit anderen Rabatten ist nicht möglich – es gilt das zum Abschlagszeitpunkt gültige, volle Greenfee! Bei unterschiedlichen Greenfees (z.B. Studenten-Rabatt) ist der günstigere Tarif gratis!
- Alle Inserenten verpflichten sich, Gutscheine zu den angegebenen Bedingungen einzulösen. Der Verlag übernimmt keine Haftung, wenn ein Gutschein nicht eingelöst wird oder werden kann. Alle Angaben ohne Gewähr!
- Das Angebot ist gültig bis 31.05.2023.

Hinweis

- Informieren Sie sich vorher über das für Sie gültige Greenfee.

Teilnahmebedingungen

- Zur Gutschein-Einlösung muss eine Greenfee-Berechtigung (z.B. Mindest-HCP, Mitgliedschaft in einem Golfclub) vorliegen.
- Der Gutschein kann nur mit Vorlage des Köllen Golfführer für Deutschland oder mit beiliegender KöllenCard eingelöst werden.
- Die Einlösung kann nur nach telefonischer Anmeldung erfolgen – unter Hinweis auf die Nutzung des Angebots. Bei Sonderveranstaltungen, Turnieren etc. müssen Gutscheine nicht angenommen werden.
- Das Kombinieren mit anderen Rabatten ist nicht möglich – es gilt das zum Abschlagszeitpunkt gültige, volle Greenfee! Bei unterschiedlichen Greenfees (z.B. Studenten-Rabatt) ist der günstigere Tarif gratis!
- Alle Inserenten verpflichten sich, Gutscheine zu den angegebenen Bedingungen einzulösen. Der Verlag übernimmt keine Haftung, wenn ein Gutschein nicht eingelöst wird oder werden kann. Alle Angaben ohne Gewähr!
- Das Angebot ist gültig bis 31.05.2023.

Hinweis

- Informieren Sie sich vorher über das für Sie gültige Greenfee.

Teilnahmebedingungen

- Zur Gutschein-Einlösung muss eine Greenfee-Berechtigung (z.B. Mindest-HCP, Mitgliedschaft in einem Golfclub) vorliegen.
- Der Gutschein kann nur mit Vorlage des Köllen Golfführer für Deutschland oder mit beiliegender KöllenCard eingelöst werden.
- Die Einlösung kann nur nach telefonischer Anmeldung erfolgen – unter Hinweis auf die Nutzung des Angebots. Bei Sonderveranstaltungen, Turnieren etc. müssen Gutscheine nicht angenommen werden.
- Das Kombinieren mit anderen Rabatten ist nicht möglich – es gilt das zum Abschlagszeitpunkt gültige, volle Greenfee! Bei unterschiedlichen Greenfees (z.B. Studenten-Rabatt) ist der günstigere Tarif gratis!
- Alle Inserenten verpflichten sich, Gutscheine zu den angegebenen Bedingungen einzulösen. Der Verlag übernimmt keine Haftung, wenn ein Gutschein nicht eingelöst wird oder werden kann. Alle Angaben ohne Gewähr!
- Das Angebot ist gültig bis 31.05.2023.

Hinweis

- Informieren Sie sich vorher über das für Sie gültige Greenfee.

GUTSCHEIN 2. Greenfee ist gratis

KÖLLEN GOLF

2:1

25% GF-Nachlass (Einzelspieler)

Golf-Club-Curau e.V.

DGV-Nr. 2309 Seite 57 Gültig bis 31.05.2023

GUTSCHEIN 25% Greenfee-Nachlass

KÖLLEN GOLF

%

Golf-Club-Curau e.V.

DGV-Nr. 2309 Seite 57 Gültig bis 31.05.2023

GUTSCHEIN 25% Greenfee-Nachlass

KÖLLEN GOLF

%

Golf-Club-Curau e.V.

DGV-Nr. 2309 Seite 57 Gültig bis 31.05.2023

GUTSCHEIN 2. Greenfee ist gratis

KÖLLEN GOLF

2:1

25% GF-Nachlass (Einzelspieler)

Golfanlage Gut Wulfsmühle GmbH

DGV-Nr. 2315 Seite 76 Gültig bis 31.05.2023

GUTSCHEIN 2. Greenfee ist gratis

KÖLLEN GOLF

2:1

25% GF-Nachlass (Einzelspieler)

Golfclub am Donner Kleve e.V.

DGV-Nr. 2320 Seite 77 Gültig bis 31.05.2023

GUTSCHEIN 2. Greenfee ist gratis

KÖLLEN GOLF

2:1

25% GF-Nachlass (Einzelspieler)

Golfclub am Donner Kleve e.V.

DGV-Nr. 2320 Seite 77 Gültig bis 31.05.2023

GUTSCHEIN 2. Greenfee ist gratis

KÖLLEN GOLF

2:1

25% GF-Nachlass (Einzelspieler)

Golfclub Reinfeld e.V.

DGV-Nr. 2328 Seite 62 Gültig bis 31.05.2023

GUTSCHEIN 2. Greenfee ist gratis

KÖLLEN GOLF

2:1

25% GF-Nachlass (Einzelspieler)

Golfclub Reinfeld e.V.

DGV-Nr. 2328 Seite 62 Gültig bis 31.05.2023

GUTSCHEIN 40% Greenfee-Nachlass

KÖLLEN GOLF

%

nur Mo-Fr (außer feiertags)

Golfclub Hamburg-Oberalster

DGV-Nr. 2338 Seite 53 Gültig bis 31.05.2023

GUTSCHEIN 40% Greenfee-Nachlass

KÖLLEN GOLF

%

nur Mo-Fr (außer feiertags)

Golfclub Hamburg-Oberalster

DGV-Nr. 2338 Seite 53 Gültig bis 31.05.2023

Teilnahmebedingungen
- Zur Gutschein-Einlösung muss eine Greenfee-Berechtigung (z.B. Mindest-HCP, Mitgliedschaft in einem Golfclub) vorliegen.
- Der Gutschein kann nur mit Vorlage des Köllen Golfführer für Deutschland oder mit beiliegender KöllenCard eingelöst werden.
- Die Einlösung kann nur nach telefonischer Anmeldung erfolgen – unter Hinweis auf die Nutzung des Angebots. Bei Sonderveranstaltungen, Turnieren etc. müssen Gutscheine nicht angenommen werden.
- Das Kombinieren mit anderen Rabatten ist nicht möglich – es gilt das zum Abschlagszeitpunkt gültige, volle Greenfee! Bei unterschiedlichen Greenfees (z.B. Studenten-Rabatt) ist der günstigere Tarif gratis!
- Alle Inserenten verpflichten sich, Gutscheine zu den angegebenen Bedingungen einzulösen. Der Verlag übernimmt keine Haftung, wenn ein Gutschein nicht eingelöst wird oder werden kann. Alle Angaben ohne Gewähr!
- Das Angebot ist gültig bis 31.05.2023.

Hinweis
- Informieren Sie sich vorher über das für Sie gültige Greenfee.

Teilnahmebedingungen
- Zur Gutschein-Einlösung muss eine Greenfee-Berechtigung (z.B. Mindest-HCP, Mitgliedschaft in einem Golfclub) vorliegen.
- Der Gutschein kann nur mit Vorlage des Köllen Golfführer für Deutschland oder mit beiliegender KöllenCard eingelöst werden.
- Die Einlösung kann nur nach telefonischer Anmeldung erfolgen – unter Hinweis auf die Nutzung des Angebots. Bei Sonderveranstaltungen, Turnieren etc. müssen Gutscheine nicht angenommen werden.
- Das Kombinieren mit anderen Rabatten ist nicht möglich – es gilt das zum Abschlagszeitpunkt gültige, volle Greenfee! Bei unterschiedlichen Greenfees (z.B. Studenten-Rabatt) ist der günstigere Tarif gratis!
- Alle Inserenten verpflichten sich, Gutscheine zu den angegebenen Bedingungen einzulösen. Der Verlag übernimmt keine Haftung, wenn ein Gutschein nicht eingelöst wird oder werden kann. Alle Angaben ohne Gewähr!
- Das Angebot ist gültig bis 31.05.2023.

Hinweis
- Informieren Sie sich vorher über das für Sie gültige Greenfee.

Teilnahmebedingungen
- Zur Gutschein-Einlösung muss eine Greenfee-Berechtigung (z.B. Mindest-HCP, Mitgliedschaft in einem Golfclub) vorliegen.
- Der Gutschein kann nur mit Vorlage des Köllen Golfführer für Deutschland oder mit beiliegender KöllenCard eingelöst werden.
- Die Einlösung kann nur nach telefonischer Anmeldung erfolgen – unter Hinweis auf die Nutzung des Angebots. Bei Sonderveranstaltungen, Turnieren etc. müssen Gutscheine nicht angenommen werden.
- Das Kombinieren mit anderen Rabatten ist nicht möglich – es gilt das zum Abschlagszeitpunkt gültige, volle Greenfee! Bei unterschiedlichen Greenfees (z.B. Studenten-Rabatt) ist der günstigere Tarif gratis!
- Alle Inserenten verpflichten sich, Gutscheine zu den angegebenen Bedingungen einzulösen. Der Verlag übernimmt keine Haftung, wenn ein Gutschein nicht eingelöst wird oder werden kann. Alle Angaben ohne Gewähr!
- Das Angebot ist gültig bis 31.05.2023.

Hinweis
- Informieren Sie sich vorher über das für Sie gültige Greenfee.

Teilnahmebedingungen
- Zur Gutschein-Einlösung muss eine Greenfee-Berechtigung (z.B. Mindest-HCP, Mitgliedschaft in einem Golfclub) vorliegen.
- Der Gutschein kann nur mit Vorlage des Köllen Golfführer für Deutschland oder mit beiliegender KöllenCard eingelöst werden.
- Die Einlösung kann nur nach telefonischer Anmeldung erfolgen – unter Hinweis auf die Nutzung des Angebots. Bei Sonderveranstaltungen, Turnieren etc. müssen Gutscheine nicht angenommen werden.
- Das Kombinieren mit anderen Rabatten ist nicht möglich – es gilt das zum Abschlagszeitpunkt gültige, volle Greenfee! Bei unterschiedlichen Greenfees (z.B. Studenten-Rabatt) ist der günstigere Tarif gratis!
- Alle Inserenten verpflichten sich, Gutscheine zu den angegebenen Bedingungen einzulösen. Der Verlag übernimmt keine Haftung, wenn ein Gutschein nicht eingelöst wird oder werden kann. Alle Angaben ohne Gewähr!
- Das Angebot ist gültig bis 31.05.2023.

Hinweis
- Informieren Sie sich vorher über das für Sie gültige Greenfee.

Teilnahmebedingungen
- Zur Gutschein-Einlösung muss eine Greenfee-Berechtigung (z.B. Mindest-HCP, Mitgliedschaft in einem Golfclub) vorliegen.
- Der Gutschein kann nur mit Vorlage des Köllen Golfführer für Deutschland oder mit beiliegender KöllenCard eingelöst werden.
- Die Einlösung kann nur nach telefonischer Anmeldung erfolgen – unter Hinweis auf die Nutzung des Angebots. Bei Sonderveranstaltungen, Turnieren etc. müssen Gutscheine nicht angenommen werden.
- Das Kombinieren mit anderen Rabatten ist nicht möglich – es gilt das zum Abschlagszeitpunkt gültige, volle Greenfee! Bei unterschiedlichen Greenfees (z.B. Studenten-Rabatt) ist der günstigere Tarif gratis!
- Alle Inserenten verpflichten sich, Gutscheine zu den angegebenen Bedingungen einzulösen. Der Verlag übernimmt keine Haftung, wenn ein Gutschein nicht eingelöst wird oder werden kann. Alle Angaben ohne Gewähr!
- Das Angebot ist gültig bis 31.05.2023.

Hinweis
- Informieren Sie sich vorher über das für Sie gültige Greenfee.

Teilnahmebedingungen
- Zur Gutschein-Einlösung muss eine Greenfee-Berechtigung (z.B. Mindest-HCP, Mitgliedschaft in einem Golfclub) vorliegen.
- Der Gutschein kann nur mit Vorlage des Köllen Golfführer für Deutschland oder mit beiliegender KöllenCard eingelöst werden.
- Die Einlösung kann nur nach telefonischer Anmeldung erfolgen – unter Hinweis auf die Nutzung des Angebots. Bei Sonderveranstaltungen, Turnieren etc. müssen Gutscheine nicht angenommen werden.
- Das Kombinieren mit anderen Rabatten ist nicht möglich – es gilt das zum Abschlagszeitpunkt gültige, volle Greenfee! Bei unterschiedlichen Greenfees (z.B. Studenten-Rabatt) ist der günstigere Tarif gratis!
- Alle Inserenten verpflichten sich, Gutscheine zu den angegebenen Bedingungen einzulösen. Der Verlag übernimmt keine Haftung, wenn ein Gutschein nicht eingelöst wird oder werden kann. Alle Angaben ohne Gewähr!
- Das Angebot ist gültig bis 31.05.2023.

Hinweis
- Informieren Sie sich vorher über das für Sie gültige Greenfee.

Teilnahmebedingungen
- Zur Gutschein-Einlösung muss eine Greenfee-Berechtigung (z.B. Mindest-HCP, Mitgliedschaft in einem Golfclub) vorliegen.
- Der Gutschein kann nur mit Vorlage des Köllen Golfführer für Deutschland oder mit beiliegender KöllenCard eingelöst werden.
- Die Einlösung kann nur nach telefonischer Anmeldung erfolgen – unter Hinweis auf die Nutzung des Angebots. Bei Sonderveranstaltungen, Turnieren etc. müssen Gutscheine nicht angenommen werden.
- Das Kombinieren mit anderen Rabatten ist nicht möglich – es gilt das zum Abschlagszeitpunkt gültige, volle Greenfee! Bei unterschiedlichen Greenfees (z.B. Studenten-Rabatt) ist der günstigere Tarif gratis!
- Alle Inserenten verpflichten sich, Gutscheine zu den angegebenen Bedingungen einzulösen. Der Verlag übernimmt keine Haftung, wenn ein Gutschein nicht eingelöst wird oder werden kann. Alle Angaben ohne Gewähr!
- Das Angebot ist gültig bis 31.05.2023.

Hinweis
- Informieren Sie sich vorher über das für Sie gültige Greenfee.

Teilnahmebedingungen
- Zur Gutschein-Einlösung muss eine Greenfee-Berechtigung (z.B. Mindest-HCP, Mitgliedschaft in einem Golfclub) vorliegen.
- Der Gutschein kann nur mit Vorlage des Köllen Golfführer für Deutschland oder mit beiliegender KöllenCard eingelöst werden.
- Die Einlösung kann nur nach telefonischer Anmeldung erfolgen – unter Hinweis auf die Nutzung des Angebots. Bei Sonderveranstaltungen, Turnieren etc. müssen Gutscheine nicht angenommen werden.
- Das Kombinieren mit anderen Rabatten ist nicht möglich – es gilt das zum Abschlagszeitpunkt gültige, volle Greenfee! Bei unterschiedlichen Greenfees (z.B. Studenten-Rabatt) ist der günstigere Tarif gratis!
- Alle Inserenten verpflichten sich, Gutscheine zu den angegebenen Bedingungen einzulösen. Der Verlag übernimmt keine Haftung, wenn ein Gutschein nicht eingelöst wird oder werden kann. Alle Angaben ohne Gewähr!
- Das Angebot ist gültig bis 31.05.2023.

Hinweis
- Informieren Sie sich vorher über das für Sie gültige Greenfee.

Teilnahmebedingungen
- Zur Gutschein-Einlösung muss eine Greenfee-Berechtigung (z.B. Mindest-HCP, Mitgliedschaft in einem Golfclub) vorliegen.
- Der Gutschein kann nur mit Vorlage des Köllen Golfführer für Deutschland oder mit beiliegender KöllenCard eingelöst werden.
- Die Einlösung kann nur nach telefonischer Anmeldung erfolgen – unter Hinweis auf die Nutzung des Angebots. Bei Sonderveranstaltungen, Turnieren etc. müssen Gutscheine nicht angenommen werden.
- Das Kombinieren mit anderen Rabatten ist nicht möglich – es gilt das zum Abschlagszeitpunkt gültige, volle Greenfee! Bei unterschiedlichen Greenfees (z.B. Studenten-Rabatt) ist der günstigere Tarif gratis!
- Alle Inserenten verpflichten sich, Gutscheine zu den angegebenen Bedingungen einzulösen. Der Verlag übernimmt keine Haftung, wenn ein Gutschein nicht eingelöst wird oder werden kann. Alle Angaben ohne Gewähr!
- Das Angebot ist gültig bis 31.05.2023.

Hinweis
- Informieren Sie sich vorher über das für Sie gültige Greenfee.

Teilnahmebedingungen
- Zur Gutschein-Einlösung muss eine Greenfee-Berechtigung (z.B. Mindest-HCP, Mitgliedschaft in einem Golfclub) vorliegen.
- Der Gutschein kann nur mit Vorlage des Köllen Golfführer für Deutschland oder mit beiliegender KöllenCard eingelöst werden.
- Die Einlösung kann nur nach telefonischer Anmeldung erfolgen – unter Hinweis auf die Nutzung des Angebots. Bei Sonderveranstaltungen, Turnieren etc. müssen Gutscheine nicht angenommen werden.
- Das Kombinieren mit anderen Rabatten ist nicht möglich – es gilt das zum Abschlagszeitpunkt gültige, volle Greenfee! Bei unterschiedlichen Greenfees (z.B. Studenten-Rabatt) ist der günstigere Tarif gratis!
- Alle Inserenten verpflichten sich, Gutscheine zu den angegebenen Bedingungen einzulösen. Der Verlag übernimmt keine Haftung, wenn ein Gutschein nicht eingelöst wird oder werden kann. Alle Angaben ohne Gewähr!
- Das Angebot ist gültig bis 31.05.2023.

Hinweis
- Informieren Sie sich vorher über das für Sie gültige Greenfee.

GUTSCHEIN
2. Greenfee ist gratis

KÖLLEN GOLF

2:1

25% GF-Nachlass (Einzelspieler)

Golfclub Gut Waldshagen

DGV-Nr. 2341 Seite 65 Gültig bis 31.05.2023

GUTSCHEIN
20% Greenfee-Nachlass

KÖLLEN GOLF

%

Golf-Club Harz e.V.

DGV-Nr. 3302 Seite 120 Gültig bis 31.05.2023

GUTSCHEIN
2. Greenfee ist gratis

KÖLLEN GOLF

2:1

25% GF-Nachlass (Einzelspieler)

Golf-Club Bad Pyrmont e.V.

DGV-Nr. 3303 Seite 114 Gültig bis 31.05.2023

GUTSCHEIN
2. Greenfee ist gratis

KÖLLEN GOLF

2:1

25% GF-Nachlass (Einzelspieler)

Golf-Club Bad Pyrmont e.V.

DGV-Nr. 3303 Seite 114 Gültig bis 31.05.2023

MEHR DRIVE FÜR DIE STRASSE.
www.bmw.de/iX

GUTSCHEIN
2. Greenfee ist gratis

KÖLLEN GOLF

2:1

25% GF-Nachlass (Einzelspieler)

Golf-Club Bad Salz-detfurth-Hildesheim e.V.

DGV-Nr. 3304 Seite 109 Gültig bis 31.05.2023

GUTSCHEIN
2. Greenfee ist gratis

KÖLLEN GOLF

2:1

25% GF-Nachlass (Einzelspieler)

Golf-Club Bad Salz-detfurth-Hildesheim e.V.

DGV-Nr. 3304 Seite 109 Gültig bis 31.05.2023

MEHR DRIVE FÜR DIE STRASSE.
www.bmw.de/iX

GUTSCHEIN
2. Greenfee ist gratis

KÖLLEN GOLF

2:1

25% GF-Nachlass (Einzelspieler)

Golf-Club an der Göhrde e.V.

DGV-Nr. 3305 Seite 104 Gültig bis 31.05.2023

GUTSCHEIN
2. Greenfee ist gratis

KÖLLEN GOLF

2:1

25% GF-Nachlass (Einzelspieler)

Golf-Club an der Göhrde e.V.

DGV-Nr. 3305 Seite 104 Gültig bis 31.05.2023

MEHR DRIVE FÜR DIE STRASSE.
www.bmw.de/iX

GUTSCHEIN
50% Greenfee-Nachlass

KÖLLEN GOLF

%

Golf-Club an der Göhrde e.V.

DGV-Nr. 3305 Seite 104 Gültig bis 31.05.2023

GUTSCHEIN
50% Greenfee-Nachlass

KÖLLEN GOLF

%

Golf-Club an der Göhrde e.V.

DGV-Nr. 3305 Seite 104 Gültig bis 31.05.2023

MEHR DRIVE FÜR DIE STRASSE.
www.bmw.de/iX

Teilnahmebedingungen

- Zur Gutschein-Einlösung muss eine Greenfee-Berechtigung (z.B. Mindest-HCP, Mitgliedschaft in einem Golfclub) vorliegen.
- Der Gutschein kann nur mit Vorlage des Köllen Golfführer für Deutschland oder mit beiliegender KöllenCard eingelöst werden.
- Die Einlösung kann nur nach telefonischer Anmeldung erfolgen – unter Hinweis auf die Nutzung des Angebots. Bei Sonderveranstaltungen, Turnieren etc. müssen Gutscheine nicht angenommen werden.
- Das Kombinieren mit anderen Rabatten ist nicht möglich – es gilt das zum Abschlagszeitpunkt gültige, volle Greenfee! Bei unterschiedlichen Greenfees (z.B. Studenten-Rabatt) ist der günstigere Tarif gratis!
- Alle Inserenten verpflichten sich, Gutscheine zu den angegebenen Bedingungen einzulösen. Der Verlag übernimmt keine Haftung, wenn ein Gutschein nicht eingelöst wird oder werden kann. Alle Angaben ohne Gewähr!
- Das Angebot ist gültig bis 31.05.2023.

Hinweis

- Informieren Sie sich vorher über das für Sie gültige Greenfee.

Teilnahmebedingungen

- Zur Gutschein-Einlösung muss eine Greenfee-Berechtigung (z.B. Mindest-HCP, Mitgliedschaft in einem Golfclub) vorliegen.
- Der Gutschein kann nur mit Vorlage des Köllen Golfführer für Deutschland oder mit beiliegender KöllenCard eingelöst werden.
- Die Einlösung kann nur nach telefonischer Anmeldung erfolgen – unter Hinweis auf die Nutzung des Angebots. Bei Sonderveranstaltungen, Turnieren etc. müssen Gutscheine nicht angenommen werden.
- Das Kombinieren mit anderen Rabatten ist nicht möglich – es gilt das zum Abschlagszeitpunkt gültige, volle Greenfee! Bei unterschiedlichen Greenfees (z.B. Studenten-Rabatt) ist der günstigere Tarif gratis!
- Alle Inserenten verpflichten sich, Gutscheine zu den angegebenen Bedingungen einzulösen. Der Verlag übernimmt keine Haftung, wenn ein Gutschein nicht eingelöst wird oder werden kann. Alle Angaben ohne Gewähr!
- Das Angebot ist gültig bis 31.05.2023.

Hinweis

- Informieren Sie sich vorher über das für Sie gültige Greenfee.

Teilnahmebedingungen

- Zur Gutschein-Einlösung muss eine Greenfee-Berechtigung (z.B. Mindest-HCP, Mitgliedschaft in einem Golfclub) vorliegen.
- Der Gutschein kann nur mit Vorlage des Köllen Golfführer für Deutschland oder mit beiliegender KöllenCard eingelöst werden.
- Die Einlösung kann nur nach telefonischer Anmeldung erfolgen – unter Hinweis auf die Nutzung des Angebots. Bei Sonderveranstaltungen, Turnieren etc. müssen Gutscheine nicht angenommen werden.
- Das Kombinieren mit anderen Rabatten ist nicht möglich – es gilt das zum Abschlagszeitpunkt gültige, volle Greenfee! Bei unterschiedlichen Greenfees (z.B. Studenten-Rabatt) ist der günstigere Tarif gratis!
- Alle Inserenten verpflichten sich, Gutscheine zu den angegebenen Bedingungen einzulösen. Der Verlag übernimmt keine Haftung, wenn ein Gutschein nicht eingelöst wird oder werden kann. Alle Angaben ohne Gewähr!
- Das Angebot ist gültig bis 31.05.2023.

Hinweis

- Informieren Sie sich vorher über das für Sie gültige Greenfee.

Teilnahmebedingungen

- Zur Gutschein-Einlösung muss eine Greenfee-Berechtigung (z.B. Mindest-HCP, Mitgliedschaft in einem Golfclub) vorliegen.
- Der Gutschein kann nur mit Vorlage des Köllen Golfführer für Deutschland oder mit beiliegender KöllenCard eingelöst werden.
- Die Einlösung kann nur nach telefonischer Anmeldung erfolgen – unter Hinweis auf die Nutzung des Angebots. Bei Sonderveranstaltungen, Turnieren etc. müssen Gutscheine nicht angenommen werden.
- Das Kombinieren mit anderen Rabatten ist nicht möglich – es gilt das zum Abschlagszeitpunkt gültige, volle Greenfee! Bei unterschiedlichen Greenfees (z.B. Studenten-Rabatt) ist der günstigere Tarif gratis!
- Alle Inserenten verpflichten sich, Gutscheine zu den angegebenen Bedingungen einzulösen. Der Verlag übernimmt keine Haftung, wenn ein Gutschein nicht eingelöst wird oder werden kann. Alle Angaben ohne Gewähr!
- Das Angebot ist gültig bis 31.05.2023.

Hinweis

- Informieren Sie sich vorher über das für Sie gültige Greenfee.

Teilnahmebedingungen

- Zur Gutschein-Einlösung muss eine Greenfee-Berechtigung (z.B. Mindest-HCP, Mitgliedschaft in einem Golfclub) vorliegen.
- Der Gutschein kann nur mit Vorlage des Köllen Golfführer für Deutschland oder mit beiliegender KöllenCard eingelöst werden.
- Die Einlösung kann nur nach telefonischer Anmeldung erfolgen – unter Hinweis auf die Nutzung des Angebots. Bei Sonderveranstaltungen, Turnieren etc. müssen Gutscheine nicht angenommen werden.
- Das Kombinieren mit anderen Rabatten ist nicht möglich – es gilt das zum Abschlagszeitpunkt gültige, volle Greenfee! Bei unterschiedlichen Greenfees (z.B. Studenten-Rabatt) ist der günstigere Tarif gratis!
- Alle Inserenten verpflichten sich, Gutscheine zu den angegebenen Bedingungen einzulösen. Der Verlag übernimmt keine Haftung, wenn ein Gutschein nicht eingelöst wird oder werden kann. Alle Angaben ohne Gewähr!
- Das Angebot ist gültig bis 31.05.2023.

Hinweis

- Informieren Sie sich vorher über das für Sie gültige Greenfee.

Teilnahmebedingungen

- Zur Gutschein-Einlösung muss eine Greenfee-Berechtigung (z.B. Mindest-HCP, Mitgliedschaft in einem Golfclub) vorliegen.
- Der Gutschein kann nur mit Vorlage des Köllen Golfführer für Deutschland oder mit beiliegender KöllenCard eingelöst werden.
- Die Einlösung kann nur nach telefonischer Anmeldung erfolgen – unter Hinweis auf die Nutzung des Angebots. Bei Sonderveranstaltungen, Turnieren etc. müssen Gutscheine nicht angenommen werden.
- Das Kombinieren mit anderen Rabatten ist nicht möglich – es gilt das zum Abschlagszeitpunkt gültige, volle Greenfee! Bei unterschiedlichen Greenfees (z.B. Studenten-Rabatt) ist der günstigere Tarif gratis!
- Alle Inserenten verpflichten sich, Gutscheine zu den angegebenen Bedingungen einzulösen. Der Verlag übernimmt keine Haftung, wenn ein Gutschein nicht eingelöst wird oder werden kann. Alle Angaben ohne Gewähr!
- Das Angebot ist gültig bis 31.05.2023.

Hinweis

- Informieren Sie sich vorher über das für Sie gültige Greenfee.

Teilnahmebedingungen

- Zur Gutschein-Einlösung muss eine Greenfee-Berechtigung (z.B. Mindest-HCP, Mitgliedschaft in einem Golfclub) vorliegen.
- Der Gutschein kann nur mit Vorlage des Köllen Golfführer für Deutschland oder mit beiliegender KöllenCard eingelöst werden.
- Die Einlösung kann nur nach telefonischer Anmeldung erfolgen – unter Hinweis auf die Nutzung des Angebots. Bei Sonderveranstaltungen, Turnieren etc. müssen Gutscheine nicht angenommen werden.
- Das Kombinieren mit anderen Rabatten ist nicht möglich – es gilt das zum Abschlagszeitpunkt gültige, volle Greenfee! Bei unterschiedlichen Greenfees (z.B. Studenten-Rabatt) ist der günstigere Tarif gratis!
- Alle Inserenten verpflichten sich, Gutscheine zu den angegebenen Bedingungen einzulösen. Der Verlag übernimmt keine Haftung, wenn ein Gutschein nicht eingelöst wird oder werden kann. Alle Angaben ohne Gewähr!
- Das Angebot ist gültig bis 31.05.2023.

Hinweis

- Informieren Sie sich vorher über das für Sie gültige Greenfee.

Teilnahmebedingungen

- Zur Gutschein-Einlösung muss eine Greenfee-Berechtigung (z.B. Mindest-HCP, Mitgliedschaft in einem Golfclub) vorliegen.
- Der Gutschein kann nur mit Vorlage des Köllen Golfführer für Deutschland oder mit beiliegender KöllenCard eingelöst werden.
- Die Einlösung kann nur nach telefonischer Anmeldung erfolgen – unter Hinweis auf die Nutzung des Angebots. Bei Sonderveranstaltungen, Turnieren etc. müssen Gutscheine nicht angenommen werden.
- Das Kombinieren mit anderen Rabatten ist nicht möglich – es gilt das zum Abschlagszeitpunkt gültige, volle Greenfee! Bei unterschiedlichen Greenfees (z.B. Studenten-Rabatt) ist der günstigere Tarif gratis!
- Alle Inserenten verpflichten sich, Gutscheine zu den angegebenen Bedingungen einzulösen. Der Verlag übernimmt keine Haftung, wenn ein Gutschein nicht eingelöst wird oder werden kann. Alle Angaben ohne Gewähr!
- Das Angebot ist gültig bis 31.05.2023.

Hinweis

- Informieren Sie sich vorher über das für Sie gültige Greenfee.

Teilnahmebedingungen

- Zur Gutschein-Einlösung muss eine Greenfee-Berechtigung (z.B. Mindest-HCP, Mitgliedschaft in einem Golfclub) vorliegen.
- Der Gutschein kann nur mit Vorlage des Köllen Golfführer für Deutschland oder mit beiliegender KöllenCard eingelöst werden.
- Die Einlösung kann nur nach telefonischer Anmeldung erfolgen – unter Hinweis auf die Nutzung des Angebots. Bei Sonderveranstaltungen, Turnieren etc. müssen Gutscheine nicht angenommen werden.
- Das Kombinieren mit anderen Rabatten ist nicht möglich – es gilt das zum Abschlagszeitpunkt gültige, volle Greenfee! Bei unterschiedlichen Greenfees (z.B. Studenten-Rabatt) ist der günstigere Tarif gratis!
- Alle Inserenten verpflichten sich, Gutscheine zu den angegebenen Bedingungen einzulösen. Der Verlag übernimmt keine Haftung, wenn ein Gutschein nicht eingelöst wird oder werden kann. Alle Angaben ohne Gewähr!
- Das Angebot ist gültig bis 31.05.2023.

Hinweis

- Informieren Sie sich vorher über das für Sie gültige Greenfee.

Teilnahmebedingungen

- Zur Gutschein-Einlösung muss eine Greenfee-Berechtigung (z.B. Mindest-HCP, Mitgliedschaft in einem Golfclub) vorliegen.
- Der Gutschein kann nur mit Vorlage des Köllen Golfführer für Deutschland oder mit beiliegender KöllenCard eingelöst werden.
- Die Einlösung kann nur nach telefonischer Anmeldung erfolgen – unter Hinweis auf die Nutzung des Angebots. Bei Sonderveranstaltungen, Turnieren etc. müssen Gutscheine nicht angenommen werden.
- Das Kombinieren mit anderen Rabatten ist nicht möglich – es gilt das zum Abschlagszeitpunkt gültige, volle Greenfee! Bei unterschiedlichen Greenfees (z.B. Studenten-Rabatt) ist der günstigere Tarif gratis!
- Alle Inserenten verpflichten sich, Gutscheine zu den angegebenen Bedingungen einzulösen. Der Verlag übernimmt keine Haftung, wenn ein Gutschein nicht eingelöst wird oder werden kann. Alle Angaben ohne Gewähr!
- Das Angebot ist gültig bis 31.05.2023.

Hinweis

- Informieren Sie sich vorher über das für Sie gültige Greenfee.

GUTSCHEIN
2. Greenfee ist gratis

KÖLLEN GOLF

2:1

25% GF-Nachlass (Einzelspieler)
nur Mo-Fr (außer feiertags)

Burgdorfer Golfclub e.V.

DGV-Nr. 3310 Seite 110 Gültig bis 31.05.2023

GUTSCHEIN
2. Greenfee ist gratis

KÖLLEN GOLF

2:1

25% GF-Nachlass (Einzelspieler)
nur Mo-Fr (außer feiertags)

Burgdorfer Golfclub e.V.

DGV-Nr. 3310 Seite 110 Gültig bis 31.05.2023

MEHR DRIVE FÜR DIE STRASSE.
www.bmw.de/iX

GUTSCHEIN
25% Greenfee-Nachlass

KÖLLEN GOLF

%

nur Mo-Fr (außer Feiertags)

Burgdorfer Golfclub e.V.

DGV-Nr. 3310 Seite 110 Gültig bis 31.05.2023

GUTSCHEIN
25% Greenfee-Nachlass

KÖLLEN GOLF

%

nur Mo-Fr (außer Feiertags)

Burgdorfer Golfclub e.V.

DGV-Nr. 3310 Seite 110 Gültig bis 31.05.2023

MEHR DRIVE FÜR DIE STRASSE.
www.bmw.de/iX

GUTSCHEIN
2. Greenfee ist gratis

KÖLLEN GOLF

2:1

25% GF-Nachlass (Einzelspieler)

Golfclub Herzogstadt Celle e.V.

DGV-Nr. 3313 Seite 103 Gültig bis 31.05.2023

GUTSCHEIN
2. Greenfee ist gratis

KÖLLEN GOLF

2:1

25% GF-Nachlass (Einzelspieler)

Golfclub Herzogstadt Celle e.V.

DGV-Nr. 3313 Seite 103 Gültig bis 31.05.2023

MEHR DRIVE FÜR DIE STRASSE.
www.bmw.de/iX

GUTSCHEIN
2. Greenfee ist gratis

KÖLLEN GOLF

2:1

25% GF-Nachlass (Einzelspieler)
nur Mo-Fr (außer feiertags)

Golfclub Gifhorn e.V.

DGV-Nr. 3315 Seite 119 Gültig bis 31.05.2023

GUTSCHEIN
2. Greenfee ist gratis

KÖLLEN GOLF

2:1

25% GF-Nachlass (Einzelspieler)
nur Mo-Fr (außer feiertags)

Golfclub Gifhorn e.V.

DGV-Nr. 3315 Seite 119 Gültig bis 31.05.2023

MEHR DRIVE FÜR DIE STRASSE.
www.bmw.de/iX

GUTSCHEIN
2. Greenfee ist gratis

KÖLLEN GOLF

2:1

25% GF-Nachlass (Einzelspieler)
nur Mo-Fr (außer feiertags)

Golfclub Gifhorn e.V.

DGV-Nr. 3315 Seite 119 Gültig bis 31.05.2023

MEHR DRIVE FÜR DIE STRASSE.
www.bmw.de/iX

GUTSCHEIN
2. Greenfee ist gratis

KÖLLEN GOLF

2:1

25% GF-Nachlass (Einzelspieler)
nur Mo-Fr (außer feiertags)

Golfclub Gifhorn e.V.

DGV-Nr. 3315 Seite 119 Gültig bis 31.05.2023

MEHR DRIVE FÜR DIE STRASSE.
www.bmw.de/iX

Teilnahmebedingungen

- Zur Gutschein-Einlösung muss eine Greenfee-Berechtigung (z.B. Mindest-HCP, Mitgliedschaft in einem Golfclub) vorliegen.
- Der Gutschein kann nur mit Vorlage des Köllen Golfführer für Deutschland oder mit beiliegender KöllenCard eingelöst werden.
- Die Einlösung kann nur nach telefonischer Anmeldung erfolgen – unter Hinweis auf die Nutzung des Angebots. Bei Sonderveranstaltungen, Turnieren etc. müssen Gutscheine nicht angenommen werden.
- Das Kombinieren mit anderen Rabatten ist nicht möglich – es gilt das zum Abschlagszeitpunkt gültige, volle Greenfee! Bei unterschiedlichen Greenfees (z.B. Studenten-Rabatt) ist der günstigere Tarif gratis!
- Alle Inserenten verpflichten sich, Gutscheine zu den angegebenen Bedingungen einzulösen. Der Verlag übernimmt keine Haftung, wenn ein Gutschein nicht eingelöst wird oder werden kann. Alle Angaben ohne Gewähr!
- Das Angebot ist gültig bis 31.05.2023.

Hinweis

- Informieren Sie sich vorher über das für Sie gültige Greenfee.

Teilnahmebedingungen

- Zur Gutschein-Einlösung muss eine Greenfee-Berechtigung (z.B. Mindest-HCP, Mitgliedschaft in einem Golfclub) vorliegen.
- Der Gutschein kann nur mit Vorlage des Köllen Golfführer für Deutschland oder mit beiliegender KöllenCard eingelöst werden.
- Die Einlösung kann nur nach telefonischer Anmeldung erfolgen – unter Hinweis auf die Nutzung des Angebots. Bei Sonderveranstaltungen, Turnieren etc. müssen Gutscheine nicht angenommen werden.
- Das Kombinieren mit anderen Rabatten ist nicht möglich – es gilt das zum Abschlagszeitpunkt gültige, volle Greenfee! Bei unterschiedlichen Greenfees (z.B. Studenten-Rabatt) ist der günstigere Tarif gratis!
- Alle Inserenten verpflichten sich, Gutscheine zu den angegebenen Bedingungen einzulösen. Der Verlag übernimmt keine Haftung, wenn ein Gutschein nicht eingelöst wird oder werden kann. Alle Angaben ohne Gewähr!
- Das Angebot ist gültig bis 31.05.2023.

Hinweis

- Informieren Sie sich vorher über das für Sie gültige Greenfee.

Teilnahmebedingungen

- Zur Gutschein-Einlösung muss eine Greenfee-Berechtigung (z.B. Mindest-HCP, Mitgliedschaft in einem Golfclub) vorliegen.
- Der Gutschein kann nur mit Vorlage des Köllen Golfführer für Deutschland oder mit beiliegender KöllenCard eingelöst werden.
- Die Einlösung kann nur nach telefonischer Anmeldung erfolgen – unter Hinweis auf die Nutzung des Angebots. Bei Sonderveranstaltungen, Turnieren etc. müssen Gutscheine nicht angenommen werden.
- Das Kombinieren mit anderen Rabatten ist nicht möglich – es gilt das zum Abschlagszeitpunkt gültige, volle Greenfee! Bei unterschiedlichen Greenfees (z.B. Studenten-Rabatt) ist der günstigere Tarif gratis!
- Alle Inserenten verpflichten sich, Gutscheine zu den angegebenen Bedingungen einzulösen. Der Verlag übernimmt keine Haftung, wenn ein Gutschein nicht eingelöst wird oder werden kann. Alle Angaben ohne Gewähr!
- Das Angebot ist gültig bis 31.05.2023.

Hinweis

- Informieren Sie sich vorher über das für Sie gültige Greenfee.

Teilnahmebedingungen

- Zur Gutschein-Einlösung muss eine Greenfee-Berechtigung (z.B. Mindest-HCP, Mitgliedschaft in einem Golfclub) vorliegen.
- Der Gutschein kann nur mit Vorlage des Köllen Golfführer für Deutschland oder mit beiliegender KöllenCard eingelöst werden.
- Die Einlösung kann nur nach telefonischer Anmeldung erfolgen – unter Hinweis auf die Nutzung des Angebots. Bei Sonderveranstaltungen, Turnieren etc. müssen Gutscheine nicht angenommen werden.
- Das Kombinieren mit anderen Rabatten ist nicht möglich – es gilt das zum Abschlagszeitpunkt gültige, volle Greenfee! Bei unterschiedlichen Greenfees (z.B. Studenten-Rabatt) ist der günstigere Tarif gratis!
- Alle Inserenten verpflichten sich, Gutscheine zu den angegebenen Bedingungen einzulösen. Der Verlag übernimmt keine Haftung, wenn ein Gutschein nicht eingelöst wird oder werden kann. Alle Angaben ohne Gewähr!
- Das Angebot ist gültig bis 31.05.2023.

Hinweis

- Informieren Sie sich vorher über das für Sie gültige Greenfee.

Teilnahmebedingungen

- Zur Gutschein-Einlösung muss eine Greenfee-Berechtigung (z.B. Mindest-HCP, Mitgliedschaft in einem Golfclub) vorliegen.
- Der Gutschein kann nur mit Vorlage des Köllen Golfführer für Deutschland oder mit beiliegender KöllenCard eingelöst werden.
- Die Einlösung kann nur nach telefonischer Anmeldung erfolgen – unter Hinweis auf die Nutzung des Angebots. Bei Sonderveranstaltungen, Turnieren etc. müssen Gutscheine nicht angenommen werden.
- Das Kombinieren mit anderen Rabatten ist nicht möglich – es gilt das zum Abschlagszeitpunkt gültige, volle Greenfee! Bei unterschiedlichen Greenfees (z.B. Studenten-Rabatt) ist der günstigere Tarif gratis!
- Alle Inserenten verpflichten sich, Gutscheine zu den angegebenen Bedingungen einzulösen. Der Verlag übernimmt keine Haftung, wenn ein Gutschein nicht eingelöst wird oder werden kann. Alle Angaben ohne Gewähr!
- Das Angebot ist gültig bis 31.05.2023.

Hinweis

- Informieren Sie sich vorher über das für Sie gültige Greenfee.

Teilnahmebedingungen

- Zur Gutschein-Einlösung muss eine Greenfee-Berechtigung (z.B. Mindest-HCP, Mitgliedschaft in einem Golfclub) vorliegen.
- Der Gutschein kann nur mit Vorlage des Köllen Golfführer für Deutschland oder mit beiliegender KöllenCard eingelöst werden.
- Die Einlösung kann nur nach telefonischer Anmeldung erfolgen – unter Hinweis auf die Nutzung des Angebots. Bei Sonderveranstaltungen, Turnieren etc. müssen Gutscheine nicht angenommen werden.
- Das Kombinieren mit anderen Rabatten ist nicht möglich – es gilt das zum Abschlagszeitpunkt gültige, volle Greenfee! Bei unterschiedlichen Greenfees (z.B. Studenten-Rabatt) ist der günstigere Tarif gratis!
- Alle Inserenten verpflichten sich, Gutscheine zu den angegebenen Bedingungen einzulösen. Der Verlag übernimmt keine Haftung, wenn ein Gutschein nicht eingelöst wird oder werden kann. Alle Angaben ohne Gewähr!
- Das Angebot ist gültig bis 31.05.2023.

Hinweis

- Informieren Sie sich vorher über das für Sie gültige Greenfee.

Teilnahmebedingungen

- Zur Gutschein-Einlösung muss eine Greenfee-Berechtigung (z.B. Mindest-HCP, Mitgliedschaft in einem Golfclub) vorliegen.
- Der Gutschein kann nur mit Vorlage des Köllen Golfführer für Deutschland oder mit beiliegender KöllenCard eingelöst werden.
- Die Einlösung kann nur nach telefonischer Anmeldung erfolgen – unter Hinweis auf die Nutzung des Angebots. Bei Sonderveranstaltungen, Turnieren etc. müssen Gutscheine nicht angenommen werden.
- Das Kombinieren mit anderen Rabatten ist nicht möglich – es gilt das zum Abschlagszeitpunkt gültige, volle Greenfee! Bei unterschiedlichen Greenfees (z.B. Studenten-Rabatt) ist der günstigere Tarif gratis!
- Alle Inserenten verpflichten sich, Gutscheine zu den angegebenen Bedingungen einzulösen. Der Verlag übernimmt keine Haftung, wenn ein Gutschein nicht eingelöst wird oder werden kann. Alle Angaben ohne Gewähr!
- Das Angebot ist gültig bis 31.05.2023.

Hinweis

- Informieren Sie sich vorher über das für Sie gültige Greenfee.

Teilnahmebedingungen

- Zur Gutschein-Einlösung muss eine Greenfee-Berechtigung (z.B. Mindest-HCP, Mitgliedschaft in einem Golfclub) vorliegen.
- Der Gutschein kann nur mit Vorlage des Köllen Golfführer für Deutschland oder mit beiliegender KöllenCard eingelöst werden.
- Die Einlösung kann nur nach telefonischer Anmeldung erfolgen – unter Hinweis auf die Nutzung des Angebots. Bei Sonderveranstaltungen, Turnieren etc. müssen Gutscheine nicht angenommen werden.
- Das Kombinieren mit anderen Rabatten ist nicht möglich – es gilt das zum Abschlagszeitpunkt gültige, volle Greenfee! Bei unterschiedlichen Greenfees (z.B. Studenten-Rabatt) ist der günstigere Tarif gratis!
- Alle Inserenten verpflichten sich, Gutscheine zu den angegebenen Bedingungen einzulösen. Der Verlag übernimmt keine Haftung, wenn ein Gutschein nicht eingelöst wird oder werden kann. Alle Angaben ohne Gewähr!
- Das Angebot ist gültig bis 31.05.2023.

Hinweis

- Informieren Sie sich vorher über das für Sie gültige Greenfee.

Teilnahmebedingungen

- Zur Gutschein-Einlösung muss eine Greenfee-Berechtigung (z.B. Mindest-HCP, Mitgliedschaft in einem Golfclub) vorliegen.
- Der Gutschein kann nur mit Vorlage des Köllen Golfführer für Deutschland oder mit beiliegender KöllenCard eingelöst werden.
- Die Einlösung kann nur nach telefonischer Anmeldung erfolgen – unter Hinweis auf die Nutzung des Angebots. Bei Sonderveranstaltungen, Turnieren etc. müssen Gutscheine nicht angenommen werden.
- Das Kombinieren mit anderen Rabatten ist nicht möglich – es gilt das zum Abschlagszeitpunkt gültige, volle Greenfee! Bei unterschiedlichen Greenfees (z.B. Studenten-Rabatt) ist der günstigere Tarif gratis!
- Alle Inserenten verpflichten sich, Gutscheine zu den angegebenen Bedingungen einzulösen. Der Verlag übernimmt keine Haftung, wenn ein Gutschein nicht eingelöst wird oder werden kann. Alle Angaben ohne Gewähr!
- Das Angebot ist gültig bis 31.05.2023.

Hinweis

- Informieren Sie sich vorher über das für Sie gültige Greenfee.

Teilnahmebedingungen

- Zur Gutschein-Einlösung muss eine Greenfee-Berechtigung (z.B. Mindest-HCP, Mitgliedschaft in einem Golfclub) vorliegen.
- Der Gutschein kann nur mit Vorlage des Köllen Golfführer für Deutschland oder mit beiliegender KöllenCard eingelöst werden.
- Die Einlösung kann nur nach telefonischer Anmeldung erfolgen – unter Hinweis auf die Nutzung des Angebots. Bei Sonderveranstaltungen, Turnieren etc. müssen Gutscheine nicht angenommen werden.
- Das Kombinieren mit anderen Rabatten ist nicht möglich – es gilt das zum Abschlagszeitpunkt gültige, volle Greenfee! Bei unterschiedlichen Greenfees (z.B. Studenten-Rabatt) ist der günstigere Tarif gratis!
- Alle Inserenten verpflichten sich, Gutscheine zu den angegebenen Bedingungen einzulösen. Der Verlag übernimmt keine Haftung, wenn ein Gutschein nicht eingelöst wird oder werden kann. Alle Angaben ohne Gewähr!
- Das Angebot ist gültig bis 31.05.2023.

Hinweis

- Informieren Sie sich vorher über das für Sie gültige Greenfee.

GUTSCHEIN
2. Greenfee ist gratis

KÖLLEN GOLF

2:1

25% GF-Nachlass (Einzelspieler)

Golf-Club Hannover e.V.

DGV-Nr. 3317 Seite 106 Gültig bis 31.05.2023

GUTSCHEIN
2. Greenfee ist gratis

KÖLLEN GOLF

2:1

25% GF-Nachlass (Einzelspieler)

Golf-Club Hannover e.V.

DGV-Nr. 3317 Seite 106 Gültig bis 31.05.2023

GUTSCHEIN
2. Greenfee ist gratis

KÖLLEN GOLF

2:1

25% GF-Nachlass (Einzelspieler)

Golf-Club Hannover e.V.

DGV-Nr. 3317 Seite 106 Gültig bis 31.05.2023

GUTSCHEIN
2. Greenfee ist gratis

KÖLLEN GOLF

2:1

25% GF-Nachlass (Einzelspieler)

Golf-Club Hannover e.V.

DGV-Nr. 3317 Seite 106 Gültig bis 31.05.2023

GUTSCHEIN
2. Greenfee ist gratis

KÖLLEN GOLF

2:1

25% GF-Nachlass (Einzelspieler)

Golf-Club Hannover e.V.

DGV-Nr. 3317 Seite 106 Gültig bis 31.05.2023

GUTSCHEIN
20% Greenfee-Nachlass

KÖLLEN GOLF

%

Golfclub Isernhagen e.V.

DGV-Nr. 3318 Seite 108 Gültig bis 31.05.2023

GUTSCHEIN
20% Greenfee-Nachlass

KÖLLEN GOLF

%

Golfclub Isernhagen e.V.

DGV-Nr. 3318 Seite 108 Gültig bis 31.05.2023

GUTSCHEIN
20% Greenfee-Nachlass

KÖLLEN GOLF

%

Golfclub Isernhagen e.V.

DGV-Nr. 3318 Seite 108 Gültig bis 31.05.2023

GUTSCHEIN
20% Greenfee-Nachlass

KÖLLEN GOLF

%

Golfclub Isernhagen e.V.

DGV-Nr. 3318 Seite 108 Gültig bis 31.05.2023

GUTSCHEIN
2. Greenfee ist gratis

KÖLLEN GOLF

2:1

25% GF-Nachlass (Einzelspieler)

Golfclub Weserbergland e.V.

DGV-Nr. 3327 Seite 117 Gültig bis 31.05.2023

Teilnahmebedingungen

- Zur Gutschein-Einlösung muss eine Greenfee-Berechtigung (z.B. Mindest-HCP, Mitgliedschaft in einem Golfclub) vorliegen.
- Der Gutschein kann nur mit Vorlage des Köllen Golfführer für Deutschland oder mit beiliegender KöllenCard eingelöst werden.
- Die Einlösung kann nur nach telefonischer Anmeldung erfolgen – unter Hinweis auf die Nutzung des Angebots. Bei Sonderveranstaltungen, Turnieren etc. müssen Gutscheine nicht angenommen werden.
- Das Kombinieren mit anderen Rabatten ist nicht möglich – es gilt das zum Abschlagszeitpunkt gültige, volle Greenfee! Bei unterschiedlichen Greenfees (z.B. Studenten-Rabatt) ist der günstigere Tarif gratis!
- Alle Inserenten verpflichten sich, Gutscheine zu den angegebenen Bedingungen einzulösen. Der Verlag übernimmt keine Haftung, wenn ein Gutschein nicht eingelöst wird oder werden kann. Alle Angaben ohne Gewähr!
- Das Angebot ist gültig bis 31.05.2023.

Hinweis

- Informieren Sie sich vorher über das für Sie gültige Greenfee.

Teilnahmebedingungen

- Zur Gutschein-Einlösung muss eine Greenfee-Berechtigung (z.B. Mindest-HCP, Mitgliedschaft in einem Golfclub) vorliegen.
- Der Gutschein kann nur mit Vorlage des Köllen Golfführer für Deutschland oder mit beiliegender KöllenCard eingelöst werden.
- Die Einlösung kann nur nach telefonischer Anmeldung erfolgen – unter Hinweis auf die Nutzung des Angebots. Bei Sonderveranstaltungen, Turnieren etc. müssen Gutscheine nicht angenommen werden.
- Das Kombinieren mit anderen Rabatten ist nicht möglich – es gilt das zum Abschlagszeitpunkt gültige, volle Greenfee! Bei unterschiedlichen Greenfees (z.B. Studenten-Rabatt) ist der günstigere Tarif gratis!
- Alle Inserenten verpflichten sich, Gutscheine zu den angegebenen Bedingungen einzulösen. Der Verlag übernimmt keine Haftung, wenn ein Gutschein nicht eingelöst wird oder werden kann. Alle Angaben ohne Gewähr!
- Das Angebot ist gültig bis 31.05.2023.

Hinweis

- Informieren Sie sich vorher über das für Sie gültige Greenfee.

Teilnahmebedingungen

- Zur Gutschein-Einlösung muss eine Greenfee-Berechtigung (z.B. Mindest-HCP, Mitgliedschaft in einem Golfclub) vorliegen.
- Der Gutschein kann nur mit Vorlage des Köllen Golfführer für Deutschland oder mit beiliegender KöllenCard eingelöst werden.
- Die Einlösung kann nur nach telefonischer Anmeldung erfolgen – unter Hinweis auf die Nutzung des Angebots. Bei Sonderveranstaltungen, Turnieren etc. müssen Gutscheine nicht angenommen werden.
- Das Kombinieren mit anderen Rabatten ist nicht möglich – es gilt das zum Abschlagszeitpunkt gültige, volle Greenfee! Bei unterschiedlichen Greenfees (z.B. Studenten-Rabatt) ist der günstigere Tarif gratis!
- Alle Inserenten verpflichten sich, Gutscheine zu den angegebenen Bedingungen einzulösen. Der Verlag übernimmt keine Haftung, wenn ein Gutschein nicht eingelöst wird oder werden kann. Alle Angaben ohne Gewähr!
- Das Angebot ist gültig bis 31.05.2023.

Hinweis

- Informieren Sie sich vorher über das für Sie gültige Greenfee.

Teilnahmebedingungen

- Zur Gutschein-Einlösung muss eine Greenfee-Berechtigung (z.B. Mindest-HCP, Mitgliedschaft in einem Golfclub) vorliegen.
- Der Gutschein kann nur mit Vorlage des Köllen Golfführer für Deutschland oder mit beiliegender KöllenCard eingelöst werden.
- Die Einlösung kann nur nach telefonischer Anmeldung erfolgen – unter Hinweis auf die Nutzung des Angebots. Bei Sonderveranstaltungen, Turnieren etc. müssen Gutscheine nicht angenommen werden.
- Das Kombinieren mit anderen Rabatten ist nicht möglich – es gilt das zum Abschlagszeitpunkt gültige, volle Greenfee! Bei unterschiedlichen Greenfees (z.B. Studenten-Rabatt) ist der günstigere Tarif gratis!
- Alle Inserenten verpflichten sich, Gutscheine zu den angegebenen Bedingungen einzulösen. Der Verlag übernimmt keine Haftung, wenn ein Gutschein nicht eingelöst wird oder werden kann. Alle Angaben ohne Gewähr!
- Das Angebot ist gültig bis 31.05.2023.

Hinweis

- Informieren Sie sich vorher über das für Sie gültige Greenfee.

Teilnahmebedingungen

- Zur Gutschein-Einlösung muss eine Greenfee-Berechtigung (z.B. Mindest-HCP, Mitgliedschaft in einem Golfclub) vorliegen.
- Der Gutschein kann nur mit Vorlage des Köllen Golfführer für Deutschland oder mit beiliegender KöllenCard eingelöst werden.
- Die Einlösung kann nur nach telefonischer Anmeldung erfolgen – unter Hinweis auf die Nutzung des Angebots. Bei Sonderveranstaltungen, Turnieren etc. müssen Gutscheine nicht angenommen werden.
- Das Kombinieren mit anderen Rabatten ist nicht möglich – es gilt das zum Abschlagszeitpunkt gültige, volle Greenfee! Bei unterschiedlichen Greenfees (z.B. Studenten-Rabatt) ist der günstigere Tarif gratis!
- Alle Inserenten verpflichten sich, Gutscheine zu den angegebenen Bedingungen einzulösen. Der Verlag übernimmt keine Haftung, wenn ein Gutschein nicht eingelöst wird oder werden kann. Alle Angaben ohne Gewähr!
- Das Angebot ist gültig bis 31.05.2023.

Hinweis

- Informieren Sie sich vorher über das für Sie gültige Greenfee.

Teilnahmebedingungen

- Zur Gutschein-Einlösung muss eine Greenfee-Berechtigung (z.B. Mindest-HCP, Mitgliedschaft in einem Golfclub) vorliegen.
- Der Gutschein kann nur mit Vorlage des Köllen Golfführer für Deutschland oder mit beiliegender KöllenCard eingelöst werden.
- Die Einlösung kann nur nach telefonischer Anmeldung erfolgen – unter Hinweis auf die Nutzung des Angebots. Bei Sonderveranstaltungen, Turnieren etc. müssen Gutscheine nicht angenommen werden.
- Das Kombinieren mit anderen Rabatten ist nicht möglich – es gilt das zum Abschlagszeitpunkt gültige, volle Greenfee! Bei unterschiedlichen Greenfees (z.B. Studenten-Rabatt) ist der günstigere Tarif gratis!
- Alle Inserenten verpflichten sich, Gutscheine zu den angegebenen Bedingungen einzulösen. Der Verlag übernimmt keine Haftung, wenn ein Gutschein nicht eingelöst wird oder werden kann. Alle Angaben ohne Gewähr!
- Das Angebot ist gültig bis 31.05.2023.

Hinweis

- Informieren Sie sich vorher über das für Sie gültige Greenfee.

Teilnahmebedingungen

- Zur Gutschein-Einlösung muss eine Greenfee-Berechtigung (z.B. Mindest-HCP, Mitgliedschaft in einem Golfclub) vorliegen.
- Der Gutschein kann nur mit Vorlage des Köllen Golfführer für Deutschland oder mit beiliegender KöllenCard eingelöst werden.
- Die Einlösung kann nur nach telefonischer Anmeldung erfolgen – unter Hinweis auf die Nutzung des Angebots. Bei Sonderveranstaltungen, Turnieren etc. müssen Gutscheine nicht angenommen werden.
- Das Kombinieren mit anderen Rabatten ist nicht möglich – es gilt das zum Abschlagszeitpunkt gültige, volle Greenfee! Bei unterschiedlichen Greenfees (z.B. Studenten-Rabatt) ist der günstigere Tarif gratis!
- Alle Inserenten verpflichten sich, Gutscheine zu den angegebenen Bedingungen einzulösen. Der Verlag übernimmt keine Haftung, wenn ein Gutschein nicht eingelöst wird oder werden kann. Alle Angaben ohne Gewähr!
- Das Angebot ist gültig bis 31.05.2023.

Hinweis

- Informieren Sie sich vorher über das für Sie gültige Greenfee.

Teilnahmebedingungen

- Zur Gutschein-Einlösung muss eine Greenfee-Berechtigung (z.B. Mindest-HCP, Mitgliedschaft in einem Golfclub) vorliegen.
- Der Gutschein kann nur mit Vorlage des Köllen Golfführer für Deutschland oder mit beiliegender KöllenCard eingelöst werden.
- Die Einlösung kann nur nach telefonischer Anmeldung erfolgen – unter Hinweis auf die Nutzung des Angebots. Bei Sonderveranstaltungen, Turnieren etc. müssen Gutscheine nicht angenommen werden.
- Das Kombinieren mit anderen Rabatten ist nicht möglich – es gilt das zum Abschlagszeitpunkt gültige, volle Greenfee! Bei unterschiedlichen Greenfees (z.B. Studenten-Rabatt) ist der günstigere Tarif gratis!
- Alle Inserenten verpflichten sich, Gutscheine zu den angegebenen Bedingungen einzulösen. Der Verlag übernimmt keine Haftung, wenn ein Gutschein nicht eingelöst wird oder werden kann. Alle Angaben ohne Gewähr!
- Das Angebot ist gültig bis 31.05.2023.

Hinweis

- Informieren Sie sich vorher über das für Sie gültige Greenfee.

Teilnahmebedingungen

- Zur Gutschein-Einlösung muss eine Greenfee-Berechtigung (z.B. Mindest-HCP, Mitgliedschaft in einem Golfclub) vorliegen.
- Der Gutschein kann nur mit Vorlage des Köllen Golfführer für Deutschland oder mit beiliegender KöllenCard eingelöst werden.
- Die Einlösung kann nur nach telefonischer Anmeldung erfolgen – unter Hinweis auf die Nutzung des Angebots. Bei Sonderveranstaltungen, Turnieren etc. müssen Gutscheine nicht angenommen werden.
- Das Kombinieren mit anderen Rabatten ist nicht möglich – es gilt das zum Abschlagszeitpunkt gültige, volle Greenfee! Bei unterschiedlichen Greenfees (z.B. Studenten-Rabatt) ist der günstigere Tarif gratis!
- Alle Inserenten verpflichten sich, Gutscheine zu den angegebenen Bedingungen einzulösen. Der Verlag übernimmt keine Haftung, wenn ein Gutschein nicht eingelöst wird oder werden kann. Alle Angaben ohne Gewähr!
- Das Angebot ist gültig bis 31.05.2023.

Hinweis

- Informieren Sie sich vorher über das für Sie gültige Greenfee.

Teilnahmebedingungen

- Zur Gutschein-Einlösung muss eine Greenfee-Berechtigung (z.B. Mindest-HCP, Mitgliedschaft in einem Golfclub) vorliegen.
- Der Gutschein kann nur mit Vorlage des Köllen Golfführer für Deutschland oder mit beiliegender KöllenCard eingelöst werden.
- Die Einlösung kann nur nach telefonischer Anmeldung erfolgen – unter Hinweis auf die Nutzung des Angebots. Bei Sonderveranstaltungen, Turnieren etc. müssen Gutscheine nicht angenommen werden.
- Das Kombinieren mit anderen Rabatten ist nicht möglich – es gilt das zum Abschlagszeitpunkt gültige, volle Greenfee! Bei unterschiedlichen Greenfees (z.B. Studenten-Rabatt) ist der günstigere Tarif gratis!
- Alle Inserenten verpflichten sich, Gutscheine zu den angegebenen Bedingungen einzulösen. Der Verlag übernimmt keine Haftung, wenn ein Gutschein nicht eingelöst wird oder werden kann. Alle Angaben ohne Gewähr!
- Das Angebot ist gültig bis 31.05.2023.

Hinweis

- Informieren Sie sich vorher über das für Sie gültige Greenfee.

GUTSCHEIN
2. Greenfee ist gratis

KÖLLEN GOLF 2:1

25% GF-Nachlass (Einzelspieler)

Golfclub Weserbergland e.V.

DGV-Nr. 3327 Seite 117 Gültig bis 31.05.2023

GUTSCHEIN
20% Greenfee-Nachlass

KÖLLEN GOLF %

Golfclub Weserbergland e.V.

DGV-Nr. 3327 Seite 117 Gültig bis 31.05.2023

GUTSCHEIN
20% Greenfee-Nachlass

KÖLLEN GOLF %

Golfclub Weserbergland e.V.

DGV-Nr. 3327 Seite 117 Gültig bis 31.05.2023

GUTSCHEIN
2. Greenfee ist gratis

KÖLLEN GOLF 2:1

25% GF-Nachlass (Einzelspieler)

Golf-Club Wümme e.V.

DGV-Nr. 3329 Seite 95 Gültig bis 31.05.2023

GUTSCHEIN
2. Greenfee ist gratis

KÖLLEN GOLF 2:1

25% GF-Nachlass (Einzelspieler)

Golf-Club Wümme e.V.

DGV-Nr. 3329 Seite 95 Gültig bis 31.05.2023

GUTSCHEIN
2. Greenfee ist gratis

KÖLLEN GOLF 2:1

25% GF-Nachlass (Einzelspieler)

Golf-Club Wümme e.V.

DGV-Nr. 3329 Seite 95 Gültig bis 31.05.2023

GUTSCHEIN
2. Greenfee ist gratis

KÖLLEN GOLF 2:1

25% GF-Nachlass (Einzelspieler)

Golf-Club Wümme e.V.

DGV-Nr. 3329 Seite 95 Gültig bis 31.05.2023

GUTSCHEIN
2. Greenfee ist gratis

KÖLLEN GOLF 2:1

25% GF-Nachlass (Einzelspieler)

Golf Club Salzgitter / Liebenburg e.V.

DGV-Nr. 3330 Seite 118 Gültig bis 31.05.2023

GUTSCHEIN
2. Greenfee ist gratis

KÖLLEN GOLF 2:1

25% GF-Nachlass (Einzelspieler)

Golf Club Salzgitter / Liebenburg e.V.

DGV-Nr. 3330 Seite 118 Gültig bis 31.05.2023

GUTSCHEIN
2. Greenfee ist gratis

KÖLLEN GOLF 2:1

25% GF-Nachlass (Einzelspieler)

Golf Club Tietlingen e.V.

DGV-Nr. 3333 Seite 106 Gültig bis 31.05.2023

Teilnahmebedingungen

- Zur Gutschein-Einlösung muss eine Greenfee-Berechtigung (z.B. Mindest-HCP, Mitgliedschaft in einem Golfclub) vorliegen.
- Der Gutschein kann nur mit Vorlage des Köllen Golfführer für Deutschland oder mit beiliegender KöllenCard eingelöst werden.
- Die Einlösung kann nur nach telefonischer Anmeldung erfolgen – unter Hinweis auf die Nutzung des Angebots. Bei Sonderveranstaltungen, Turnieren etc. müssen Gutscheine nicht angenommen werden.
- Das Kombinieren mit anderen Rabatten ist nicht möglich – es gilt das zum Abschlagszeitpunkt gültige, volle Greenfee! Bei unterschiedlichen Greenfees (z.B. Studenten-Rabatt) ist der günstigere Tarif gratis!
- Alle Inserenten verpflichten sich, Gutscheine zu den angegebenen Bedingungen einzulösen. Der Verlag übernimmt keine Haftung, wenn ein Gutschein nicht eingelöst wird oder werden kann. Alle Angaben ohne Gewähr!
- Das Angebot ist gültig bis 31.05.2023.

Hinweis

- Informieren Sie sich vorher über das für Sie gültige Greenfee.

Teilnahmebedingungen

- Zur Gutschein-Einlösung muss eine Greenfee-Berechtigung (z.B. Mindest-HCP, Mitgliedschaft in einem Golfclub) vorliegen.
- Der Gutschein kann nur mit Vorlage des Köllen Golfführer für Deutschland oder mit beiliegender KöllenCard eingelöst werden.
- Die Einlösung kann nur nach telefonischer Anmeldung erfolgen – unter Hinweis auf die Nutzung des Angebots. Bei Sonderveranstaltungen, Turnieren etc. müssen Gutscheine nicht angenommen werden.
- Das Kombinieren mit anderen Rabatten ist nicht möglich – es gilt das zum Abschlagszeitpunkt gültige, volle Greenfee! Bei unterschiedlichen Greenfees (z.B. Studenten-Rabatt) ist der günstigere Tarif gratis!
- Alle Inserenten verpflichten sich, Gutscheine zu den angegebenen Bedingungen einzulösen. Der Verlag übernimmt keine Haftung, wenn ein Gutschein nicht eingelöst wird oder werden kann. Alle Angaben ohne Gewähr!
- Das Angebot ist gültig bis 31.05.2023.

Hinweis

- Informieren Sie sich vorher über das für Sie gültige Greenfee.

Teilnahmebedingungen

- Zur Gutschein-Einlösung muss eine Greenfee-Berechtigung (z.B. Mindest-HCP, Mitgliedschaft in einem Golfclub) vorliegen.
- Der Gutschein kann nur mit Vorlage des Köllen Golfführer für Deutschland oder mit beiliegender KöllenCard eingelöst werden.
- Die Einlösung kann nur nach telefonischer Anmeldung erfolgen – unter Hinweis auf die Nutzung des Angebots. Bei Sonderveranstaltungen, Turnieren etc. müssen Gutscheine nicht angenommen werden.
- Das Kombinieren mit anderen Rabatten ist nicht möglich – es gilt das zum Abschlagszeitpunkt gültige, volle Greenfee! Bei unterschiedlichen Greenfees (z.B. Studenten-Rabatt) ist der günstigere Tarif gratis!
- Alle Inserenten verpflichten sich, Gutscheine zu den angegebenen Bedingungen einzulösen. Der Verlag übernimmt keine Haftung, wenn ein Gutschein nicht eingelöst wird oder werden kann. Alle Angaben ohne Gewähr!
- Das Angebot ist gültig bis 31.05.2023.

Hinweis

- Informieren Sie sich vorher über das für Sie gültige Greenfee.

Teilnahmebedingungen

- Zur Gutschein-Einlösung muss eine Greenfee-Berechtigung (z.B. Mindest-HCP, Mitgliedschaft in einem Golfclub) vorliegen.
- Der Gutschein kann nur mit Vorlage des Köllen Golfführer für Deutschland oder mit beiliegender KöllenCard eingelöst werden.
- Die Einlösung kann nur nach telefonischer Anmeldung erfolgen – unter Hinweis auf die Nutzung des Angebots. Bei Sonderveranstaltungen, Turnieren etc. müssen Gutscheine nicht angenommen werden.
- Das Kombinieren mit anderen Rabatten ist nicht möglich – es gilt das zum Abschlagszeitpunkt gültige, volle Greenfee! Bei unterschiedlichen Greenfees (z.B. Studenten-Rabatt) ist der günstigere Tarif gratis!
- Alle Inserenten verpflichten sich, Gutscheine zu den angegebenen Bedingungen einzulösen. Der Verlag übernimmt keine Haftung, wenn ein Gutschein nicht eingelöst wird oder werden kann. Alle Angaben ohne Gewähr!
- Das Angebot ist gültig bis 31.05.2023.

Hinweis

- Informieren Sie sich vorher über das für Sie gültige Greenfee.

Teilnahmebedingungen

- Zur Gutschein-Einlösung muss eine Greenfee-Berechtigung (z.B. Mindest-HCP, Mitgliedschaft in einem Golfclub) vorliegen.
- Der Gutschein kann nur mit Vorlage des Köllen Golfführer für Deutschland oder mit beiliegender KöllenCard eingelöst werden.
- Die Einlösung kann nur nach telefonischer Anmeldung erfolgen – unter Hinweis auf die Nutzung des Angebots. Bei Sonderveranstaltungen, Turnieren etc. müssen Gutscheine nicht angenommen werden.
- Das Kombinieren mit anderen Rabatten ist nicht möglich – es gilt das zum Abschlagszeitpunkt gültige, volle Greenfee! Bei unterschiedlichen Greenfees (z.B. Studenten-Rabatt) ist der günstigere Tarif gratis!
- Alle Inserenten verpflichten sich, Gutscheine zu den angegebenen Bedingungen einzulösen. Der Verlag übernimmt keine Haftung, wenn ein Gutschein nicht eingelöst wird oder werden kann. Alle Angaben ohne Gewähr!
- Das Angebot ist gültig bis 31.05.2023.

Hinweis

- Informieren Sie sich vorher über das für Sie gültige Greenfee.

Teilnahmebedingungen

- Zur Gutschein-Einlösung muss eine Greenfee-Berechtigung (z.B. Mindest-HCP, Mitgliedschaft in einem Golfclub) vorliegen.
- Der Gutschein kann nur mit Vorlage des Köllen Golfführer für Deutschland oder mit beiliegender KöllenCard eingelöst werden.
- Die Einlösung kann nur nach telefonischer Anmeldung erfolgen – unter Hinweis auf die Nutzung des Angebots. Bei Sonderveranstaltungen, Turnieren etc. müssen Gutscheine nicht angenommen werden.
- Das Kombinieren mit anderen Rabatten ist nicht möglich – es gilt das zum Abschlagszeitpunkt gültige, volle Greenfee! Bei unterschiedlichen Greenfees (z.B. Studenten-Rabatt) ist der günstigere Tarif gratis!
- Alle Inserenten verpflichten sich, Gutscheine zu den angegebenen Bedingungen einzulösen. Der Verlag übernimmt keine Haftung, wenn ein Gutschein nicht eingelöst wird oder werden kann. Alle Angaben ohne Gewähr!
- Das Angebot ist gültig bis 31.05.2023.

Hinweis

- Informieren Sie sich vorher über das für Sie gültige Greenfee.

Teilnahmebedingungen

- Zur Gutschein-Einlösung muss eine Greenfee-Berechtigung (z.B. Mindest-HCP, Mitgliedschaft in einem Golfclub) vorliegen.
- Der Gutschein kann nur mit Vorlage des Köllen Golfführer für Deutschland oder mit beiliegender KöllenCard eingelöst werden.
- Die Einlösung kann nur nach telefonischer Anmeldung erfolgen – unter Hinweis auf die Nutzung des Angebots. Bei Sonderveranstaltungen, Turnieren etc. müssen Gutscheine nicht angenommen werden.
- Das Kombinieren mit anderen Rabatten ist nicht möglich – es gilt das zum Abschlagszeitpunkt gültige, volle Greenfee! Bei unterschiedlichen Greenfees (z.B. Studenten-Rabatt) ist der günstigere Tarif gratis!
- Alle Inserenten verpflichten sich, Gutscheine zu den angegebenen Bedingungen einzulösen. Der Verlag übernimmt keine Haftung, wenn ein Gutschein nicht eingelöst wird oder werden kann. Alle Angaben ohne Gewähr!
- Das Angebot ist gültig bis 31.05.2023.

Hinweis

- Informieren Sie sich vorher über das für Sie gültige Greenfee.

Teilnahmebedingungen

- Zur Gutschein-Einlösung muss eine Greenfee-Berechtigung (z.B. Mindest-HCP, Mitgliedschaft in einem Golfclub) vorliegen.
- Der Gutschein kann nur mit Vorlage des Köllen Golfführer für Deutschland oder mit beiliegender KöllenCard eingelöst werden.
- Die Einlösung kann nur nach telefonischer Anmeldung erfolgen – unter Hinweis auf die Nutzung des Angebots. Bei Sonderveranstaltungen, Turnieren etc. müssen Gutscheine nicht angenommen werden.
- Das Kombinieren mit anderen Rabatten ist nicht möglich – es gilt das zum Abschlagszeitpunkt gültige, volle Greenfee! Bei unterschiedlichen Greenfees (z.B. Studenten-Rabatt) ist der günstigere Tarif gratis!
- Alle Inserenten verpflichten sich, Gutscheine zu den angegebenen Bedingungen einzulösen. Der Verlag übernimmt keine Haftung, wenn ein Gutschein nicht eingelöst wird oder werden kann. Alle Angaben ohne Gewähr!
- Das Angebot ist gültig bis 31.05.2023.

Hinweis

- Informieren Sie sich vorher über das für Sie gültige Greenfee.

Teilnahmebedingungen

- Zur Gutschein-Einlösung muss eine Greenfee-Berechtigung (z.B. Mindest-HCP, Mitgliedschaft in einem Golfclub) vorliegen.
- Der Gutschein kann nur mit Vorlage des Köllen Golfführer für Deutschland oder mit beiliegender KöllenCard eingelöst werden.
- Die Einlösung kann nur nach telefonischer Anmeldung erfolgen – unter Hinweis auf die Nutzung des Angebots. Bei Sonderveranstaltungen, Turnieren etc. müssen Gutscheine nicht angenommen werden.
- Das Kombinieren mit anderen Rabatten ist nicht möglich – es gilt das zum Abschlagszeitpunkt gültige, volle Greenfee! Bei unterschiedlichen Greenfees (z.B. Studenten-Rabatt) ist der günstigere Tarif gratis!
- Alle Inserenten verpflichten sich, Gutscheine zu den angegebenen Bedingungen einzulösen. Der Verlag übernimmt keine Haftung, wenn ein Gutschein nicht eingelöst wird oder werden kann. Alle Angaben ohne Gewähr!
- Das Angebot ist gültig bis 31.05.2023.

Hinweis

- Informieren Sie sich vorher über das für Sie gültige Greenfee.

Teilnahmebedingungen

- Zur Gutschein-Einlösung muss eine Greenfee-Berechtigung (z.B. Mindest-HCP, Mitgliedschaft in einem Golfclub) vorliegen.
- Der Gutschein kann nur mit Vorlage des Köllen Golfführer für Deutschland oder mit beiliegender KöllenCard eingelöst werden.
- Die Einlösung kann nur nach telefonischer Anmeldung erfolgen – unter Hinweis auf die Nutzung des Angebots. Bei Sonderveranstaltungen, Turnieren etc. müssen Gutscheine nicht angenommen werden.
- Das Kombinieren mit anderen Rabatten ist nicht möglich – es gilt das zum Abschlagszeitpunkt gültige, volle Greenfee! Bei unterschiedlichen Greenfees (z.B. Studenten-Rabatt) ist der günstigere Tarif gratis!
- Alle Inserenten verpflichten sich, Gutscheine zu den angegebenen Bedingungen einzulösen. Der Verlag übernimmt keine Haftung, wenn ein Gutschein nicht eingelöst wird oder werden kann. Alle Angaben ohne Gewähr!
- Das Angebot ist gültig bis 31.05.2023.

Hinweis

- Informieren Sie sich vorher über das für Sie gültige Greenfee.

GUTSCHEIN

20% Greenfee-Nachlass

KÖLLEN GOLF

%

Golfclub Ostfriesland e.V.

DGV-Nr. 3334 Seite 93 Gültig bis 31.05.2023

GUTSCHEIN

20% Greenfee-Nachlass

KÖLLEN GOLF

%

Golfclub Ostfriesland e.V.

DGV-Nr. 3334 Seite 93 Gültig bis 31.05.2023

GUTSCHEIN

20% Greenfee-Nachlass

KÖLLEN GOLF

%

Golfclub Ostfriesland e.V.

DGV-Nr. 3334 Seite 93 Gültig bis 31.05.2023

GUTSCHEIN

20% Greenfee-Nachlass

KÖLLEN GOLF

%

Golfclub Ostfriesland e.V.

DGV-Nr. 3334 Seite 93 Gültig bis 31.05.2023

GUTSCHEIN

2. Greenfee ist gratis

KÖLLEN GOLF

2:1

25% GF-Nachlass (Einzelspieler)
nur Mo-Fr (außer feiertags), gilt nur für 18-Loch

Golf Club
Wildeshauser Geest e.V.

DGV-Nr. 3335 Seite 98 Gültig bis 31.05.2023

GUTSCHEIN

2. Greenfee ist gratis

KÖLLEN GOLF

2:1

25% GF-Nachlass (Einzelspieler)

Golfclub Worpswede e.V.

DGV-Nr. 3338 Seite 98 Gültig bis 31.05.2023

GUTSCHEIN

2. Greenfee ist gratis

KÖLLEN GOLF

2:1

25% GF-Nachlass (Einzelspieler)

Golfclub Worpswede e.V.

DGV-Nr. 3338 Seite 98 Gültig bis 31.05.2023

GUTSCHEIN

30% Greenfee-Nachlass

KÖLLEN GOLF

%

nur Mo-Fr (außer feiertags)

Golf-Club
Bad Bevensen e.V.

DGV-Nr. 3342 Seite 104 Gültig bis 31.05.2023

GUTSCHEIN

30% Greenfee-Nachlass

KÖLLEN GOLF

%

nur Mo-Fr (außer feiertags)

Golf-Club
Bad Bevensen e.V.

DGV-Nr. 3342 Seite 104 Gültig bis 31.05.2023

GUTSCHEIN

2. Greenfee ist gratis

KÖLLEN GOLF

2:1

25% GF-Nachlass (Einzelspieler)
nur Mo-Fr (außer feiertags)

Golfclub Königshof
Sittensen e.V.

DGV-Nr. 3343 Seite 94 Gültig bis 31.05.2023

Teilnahmebedingungen

- Zur Gutschein-Einlösung muss eine Greenfee-Berechtigung (z.B. Mindest-HCP, Mitgliedschaft in einem Golfclub) vorliegen.
- Der Gutschein kann nur mit Vorlage des Köllen Golfführer für Deutschland oder mit beiliegender KöllenCard eingelöst werden.
- Die Einlösung kann nur nach telefonischer Anmeldung erfolgen – unter Hinweis auf die Nutzung des Angebots. Bei Sonderveranstaltungen, Turnieren etc. müssen Gutscheine nicht angenommen werden.
- Das Kombinieren mit anderen Rabatten ist nicht möglich – es gilt das zum Abschlagszeitpunkt gültige, volle Greenfee! Bei unterschiedlichen Greenfees (z.B. Studenten-Rabatt) ist der günstigere Tarif gratis!
- Alle Inserenten verpflichten sich, Gutscheine zu den angegebenen Bedingungen einzulösen. Der Verlag übernimmt keine Haftung, wenn ein Gutschein nicht eingelöst wird oder werden kann. Alle Angaben ohne Gewähr!
- Das Angebot ist gültig bis 31.05.2023.

Hinweis

- Informieren Sie sich vorher über das für Sie gültige Greenfee.

Teilnahmebedingungen

- Zur Gutschein-Einlösung muss eine Greenfee-Berechtigung (z.B. Mindest-HCP, Mitgliedschaft in einem Golfclub) vorliegen.
- Der Gutschein kann nur mit Vorlage des Köllen Golfführer für Deutschland oder mit beiliegender KöllenCard eingelöst werden.
- Die Einlösung kann nur nach telefonischer Anmeldung erfolgen – unter Hinweis auf die Nutzung des Angebots. Bei Sonderveranstaltungen, Turnieren etc. müssen Gutscheine nicht angenommen werden.
- Das Kombinieren mit anderen Rabatten ist nicht möglich – es gilt das zum Abschlagszeitpunkt gültige, volle Greenfee! Bei unterschiedlichen Greenfees (z.B. Studenten-Rabatt) ist der günstigere Tarif gratis!
- Alle Inserenten verpflichten sich, Gutscheine zu den angegebenen Bedingungen einzulösen. Der Verlag übernimmt keine Haftung, wenn ein Gutschein nicht eingelöst wird oder werden kann. Alle Angaben ohne Gewähr!
- Das Angebot ist gültig bis 31.05.2023.

Hinweis

- Informieren Sie sich vorher über das für Sie gültige Greenfee.

Teilnahmebedingungen

- Zur Gutschein-Einlösung muss eine Greenfee-Berechtigung (z.B. Mindest-HCP, Mitgliedschaft in einem Golfclub) vorliegen.
- Der Gutschein kann nur mit Vorlage des Köllen Golfführer für Deutschland oder mit beiliegender KöllenCard eingelöst werden.
- Die Einlösung kann nur nach telefonischer Anmeldung erfolgen – unter Hinweis auf die Nutzung des Angebots. Bei Sonderveranstaltungen, Turnieren etc. müssen Gutscheine nicht angenommen werden.
- Das Kombinieren mit anderen Rabatten ist nicht möglich – es gilt das zum Abschlagszeitpunkt gültige, volle Greenfee! Bei unterschiedlichen Greenfees (z.B. Studenten-Rabatt) ist der günstigere Tarif gratis!
- Alle Inserenten verpflichten sich, Gutscheine zu den angegebenen Bedingungen einzulösen. Der Verlag übernimmt keine Haftung, wenn ein Gutschein nicht eingelöst wird oder werden kann. Alle Angaben ohne Gewähr!
- Das Angebot ist gültig bis 31.05.2023.

Hinweis

- Informieren Sie sich vorher über das für Sie gültige Greenfee.

Teilnahmebedingungen

- Zur Gutschein-Einlösung muss eine Greenfee-Berechtigung (z.B. Mindest-HCP, Mitgliedschaft in einem Golfclub) vorliegen.
- Der Gutschein kann nur mit Vorlage des Köllen Golfführer für Deutschland oder mit beiliegender KöllenCard eingelöst werden.
- Die Einlösung kann nur nach telefonischer Anmeldung erfolgen – unter Hinweis auf die Nutzung des Angebots. Bei Sonderveranstaltungen, Turnieren etc. müssen Gutscheine nicht angenommen werden.
- Das Kombinieren mit anderen Rabatten ist nicht möglich – es gilt das zum Abschlagszeitpunkt gültige, volle Greenfee! Bei unterschiedlichen Greenfees (z.B. Studenten-Rabatt) ist der günstigere Tarif gratis!
- Alle Inserenten verpflichten sich, Gutscheine zu den angegebenen Bedingungen einzulösen. Der Verlag übernimmt keine Haftung, wenn ein Gutschein nicht eingelöst wird oder werden kann. Alle Angaben ohne Gewähr!
- Das Angebot ist gültig bis 31.05.2023.

Hinweis

- Informieren Sie sich vorher über das für Sie gültige Greenfee.

Teilnahmebedingungen

- Zur Gutschein-Einlösung muss eine Greenfee-Berechtigung (z.B. Mindest-HCP, Mitgliedschaft in einem Golfclub) vorliegen.
- Der Gutschein kann nur mit Vorlage des Köllen Golfführer für Deutschland oder mit beiliegender KöllenCard eingelöst werden.
- Die Einlösung kann nur nach telefonischer Anmeldung erfolgen – unter Hinweis auf die Nutzung des Angebots. Bei Sonderveranstaltungen, Turnieren etc. müssen Gutscheine nicht angenommen werden.
- Das Kombinieren mit anderen Rabatten ist nicht möglich – es gilt das zum Abschlagszeitpunkt gültige, volle Greenfee! Bei unterschiedlichen Greenfees (z.B. Studenten-Rabatt) ist der günstigere Tarif gratis!
- Alle Inserenten verpflichten sich, Gutscheine zu den angegebenen Bedingungen einzulösen. Der Verlag übernimmt keine Haftung, wenn ein Gutschein nicht eingelöst wird oder werden kann. Alle Angaben ohne Gewähr!
- Das Angebot ist gültig bis 31.05.2023.

Hinweis

- Informieren Sie sich vorher über das für Sie gültige Greenfee.

Teilnahmebedingungen

- Zur Gutschein-Einlösung muss eine Greenfee-Berechtigung (z.B. Mindest-HCP, Mitgliedschaft in einem Golfclub) vorliegen.
- Der Gutschein kann nur mit Vorlage des Köllen Golfführer für Deutschland oder mit beiliegender KöllenCard eingelöst werden.
- Die Einlösung kann nur nach telefonischer Anmeldung erfolgen – unter Hinweis auf die Nutzung des Angebots. Bei Sonderveranstaltungen, Turnieren etc. müssen Gutscheine nicht angenommen werden.
- Das Kombinieren mit anderen Rabatten ist nicht möglich – es gilt das zum Abschlagszeitpunkt gültige, volle Greenfee! Bei unterschiedlichen Greenfees (z.B. Studenten-Rabatt) ist der günstigere Tarif gratis!
- Alle Inserenten verpflichten sich, Gutscheine zu den angegebenen Bedingungen einzulösen. Der Verlag übernimmt keine Haftung, wenn ein Gutschein nicht eingelöst wird oder werden kann. Alle Angaben ohne Gewähr!
- Das Angebot ist gültig bis 31.05.2023.

Hinweis

- Informieren Sie sich vorher über das für Sie gültige Greenfee.

Teilnahmebedingungen

- Zur Gutschein-Einlösung muss eine Greenfee-Berechtigung (z.B. Mindest-HCP, Mitgliedschaft in einem Golfclub) vorliegen.
- Der Gutschein kann nur mit Vorlage des Köllen Golfführer für Deutschland oder mit beiliegender KöllenCard eingelöst werden.
- Die Einlösung kann nur nach telefonischer Anmeldung erfolgen – unter Hinweis auf die Nutzung des Angebots. Bei Sonderveranstaltungen, Turnieren etc. müssen Gutscheine nicht angenommen werden.
- Das Kombinieren mit anderen Rabatten ist nicht möglich – es gilt das zum Abschlagszeitpunkt gültige, volle Greenfee! Bei unterschiedlichen Greenfees (z.B. Studenten-Rabatt) ist der günstigere Tarif gratis!
- Alle Inserenten verpflichten sich, Gutscheine zu den angegebenen Bedingungen einzulösen. Der Verlag übernimmt keine Haftung, wenn ein Gutschein nicht eingelöst wird oder werden kann. Alle Angaben ohne Gewähr!
- Das Angebot ist gültig bis 31.05.2023.

Hinweis

- Informieren Sie sich vorher über das für Sie gültige Greenfee.

Teilnahmebedingungen

- Zur Gutschein-Einlösung muss eine Greenfee-Berechtigung (z.B. Mindest-HCP, Mitgliedschaft in einem Golfclub) vorliegen.
- Der Gutschein kann nur mit Vorlage des Köllen Golfführer für Deutschland oder mit beiliegender KöllenCard eingelöst werden.
- Die Einlösung kann nur nach telefonischer Anmeldung erfolgen – unter Hinweis auf die Nutzung des Angebots. Bei Sonderveranstaltungen, Turnieren etc. müssen Gutscheine nicht angenommen werden.
- Das Kombinieren mit anderen Rabatten ist nicht möglich – es gilt das zum Abschlagszeitpunkt gültige, volle Greenfee! Bei unterschiedlichen Greenfees (z.B. Studenten-Rabatt) ist der günstigere Tarif gratis!
- Alle Inserenten verpflichten sich, Gutscheine zu den angegebenen Bedingungen einzulösen. Der Verlag übernimmt keine Haftung, wenn ein Gutschein nicht eingelöst wird oder werden kann. Alle Angaben ohne Gewähr!
- Das Angebot ist gültig bis 31.05.2023.

Hinweis

- Informieren Sie sich vorher über das für Sie gültige Greenfee.

Teilnahmebedingungen

- Zur Gutschein-Einlösung muss eine Greenfee-Berechtigung (z.B. Mindest-HCP, Mitgliedschaft in einem Golfclub) vorliegen.
- Der Gutschein kann nur mit Vorlage des Köllen Golfführer für Deutschland oder mit beiliegender KöllenCard eingelöst werden.
- Die Einlösung kann nur nach telefonischer Anmeldung erfolgen – unter Hinweis auf die Nutzung des Angebots. Bei Sonderveranstaltungen, Turnieren etc. müssen Gutscheine nicht angenommen werden.
- Das Kombinieren mit anderen Rabatten ist nicht möglich – es gilt das zum Abschlagszeitpunkt gültige, volle Greenfee! Bei unterschiedlichen Greenfees (z.B. Studenten-Rabatt) ist der günstigere Tarif gratis!
- Alle Inserenten verpflichten sich, Gutscheine zu den angegebenen Bedingungen einzulösen. Der Verlag übernimmt keine Haftung, wenn ein Gutschein nicht eingelöst wird oder werden kann. Alle Angaben ohne Gewähr!
- Das Angebot ist gültig bis 31.05.2023.

Hinweis

- Informieren Sie sich vorher über das für Sie gültige Greenfee.

Teilnahmebedingungen

- Zur Gutschein-Einlösung muss eine Greenfee-Berechtigung (z.B. Mindest-HCP, Mitgliedschaft in einem Golfclub) vorliegen.
- Der Gutschein kann nur mit Vorlage des Köllen Golfführer für Deutschland oder mit beiliegender KöllenCard eingelöst werden.
- Die Einlösung kann nur nach telefonischer Anmeldung erfolgen – unter Hinweis auf die Nutzung des Angebots. Bei Sonderveranstaltungen, Turnieren etc. müssen Gutscheine nicht angenommen werden.
- Das Kombinieren mit anderen Rabatten ist nicht möglich – es gilt das zum Abschlagszeitpunkt gültige, volle Greenfee! Bei unterschiedlichen Greenfees (z.B. Studenten-Rabatt) ist der günstigere Tarif gratis!
- Alle Inserenten verpflichten sich, Gutscheine zu den angegebenen Bedingungen einzulösen. Der Verlag übernimmt keine Haftung, wenn ein Gutschein nicht eingelöst wird oder werden kann. Alle Angaben ohne Gewähr!
- Das Angebot ist gültig bis 31.05.2023.

Hinweis

- Informieren Sie sich vorher über das für Sie gültige Greenfee.

GUTSCHEIN
20% Greenfee-Nachlass

KÖLLEN GOLF

%

nur Mo-Fr (außer feiertags)

Golfclub Königshof Sittensen e.V.

DGV-Nr. 3343 Seite 94 Gültig bis 31.05.2023

GUTSCHEIN
2. Greenfee ist gratis

KÖLLEN GOLF

2:1

25% GF-Nachlass (Einzelspieler)

Golf Club Thülsfelder Talsperre e.V.

DGV-Nr. 3348 Seite 124 Gültig bis 31.05.2023

GUTSCHEIN
2. Greenfee ist gratis

KÖLLEN GOLF

2:1

25% GF-Nachlass (Einzelspieler)

Golf Club Thülsfelder Talsperre e.V.

DGV-Nr. 3348 Seite 124 Gültig bis 31.05.2023

GUTSCHEIN
2. Greenfee ist gratis

KÖLLEN GOLF

2:1

Golf-Club Burgwedel e.V.

DGV-Nr. 3351 Seite 108 Gültig bis 31.05.2023

GUTSCHEIN
2. Greenfee ist gratis

KÖLLEN GOLF

2:1

Golf-Club Burgwedel e.V.

DGV-Nr. 3351 Seite 108 Gültig bis 31.05.2023

GUTSCHEIN
2. Greenfee ist gratis

KÖLLEN GOLF

2:1

25% GF-Nachlass (Einzelspieler)

Golfclub Rittergut Rothenberger Haus e.V.

DGV-Nr. 3354 Seite 115 Gültig bis 31.05.2023

GUTSCHEIN
2. Greenfee ist gratis

KÖLLEN GOLF

2:1

25% GF-Nachlass (Einzelspieler)

Golfclub Rittergut Rothenberger Haus e.V.

DGV-Nr. 3354 Seite 115 Gültig bis 31.05.2023

GUTSCHEIN
2. Greenfee ist gratis

KÖLLEN GOLF

2:1

25% GF-Nachlass (Einzelspieler)

Golfclub Rittergut Rothenberger Haus e.V.

DGV-Nr. 3354 Seite 115 Gültig bis 31.05.2023

GUTSCHEIN
2. Greenfee ist gratis

KÖLLEN GOLF

2:1

25% GF-Nachlass (Einzelspieler)

Golfclub Rittergut Rothenberger Haus e.V.

DGV-Nr. 3354 Seite 115 Gültig bis 31.05.2023

GUTSCHEIN
2. Greenfee ist gratis

KÖLLEN GOLF

2:1

25% GF-Nachlass (Einzelspieler)

Golfclub Gut Hainmühlen e.V.

DGV-Nr. 3361 Seite 96 Gültig bis 31.05.2023

Teilnahmebedingungen

- Zur Gutschein-Einlösung muss eine Greenfee-Berechtigung (z.B. Mindest-HCP, Mitgliedschaft in einem Golfclub) vorliegen.
- Der Gutschein kann nur mit Vorlage des Köllen Golfführer für Deutschland oder mit beiliegender KöllenCard eingelöst werden.
- Die Einlösung kann nur nach telefonischer Anmeldung erfolgen – unter Hinweis auf die Nutzung des Angebots. Bei Sonderveranstaltungen, Turnieren etc. müssen Gutscheine nicht angenommen werden.
- Das Kombinieren mit anderen Rabatten ist nicht möglich – es gilt das zum Abschlagszeitpunkt gültige, volle Greenfee! Bei unterschiedlichen Greenfees (z.B. Studenten-Rabatt) ist der günstigere Tarif gratis!
- Alle Inserenten verpflichten sich, Gutscheine zu den angegebenen Bedingungen einzulösen. Der Verlag übernimmt keine Haftung, wenn ein Gutschein nicht eingelöst wird oder werden kann. Alle Angaben ohne Gewähr!
- Das Angebot ist gültig bis 31.05.2023.

Hinweis

- Informieren Sie sich vorher über das für Sie gültige Greenfee.

Teilnahmebedingungen

- Zur Gutschein-Einlösung muss eine Greenfee-Berechtigung (z.B. Mindest-HCP, Mitgliedschaft in einem Golfclub) vorliegen.
- Der Gutschein kann nur mit Vorlage des Köllen Golfführer für Deutschland oder mit beiliegender KöllenCard eingelöst werden.
- Die Einlösung kann nur nach telefonischer Anmeldung erfolgen – unter Hinweis auf die Nutzung des Angebots. Bei Sonderveranstaltungen, Turnieren etc. müssen Gutscheine nicht angenommen werden.
- Das Kombinieren mit anderen Rabatten ist nicht möglich – es gilt das zum Abschlagszeitpunkt gültige, volle Greenfee! Bei unterschiedlichen Greenfees (z.B. Studenten-Rabatt) ist der günstigere Tarif gratis!
- Alle Inserenten verpflichten sich, Gutscheine zu den angegebenen Bedingungen einzulösen. Der Verlag übernimmt keine Haftung, wenn ein Gutschein nicht eingelöst wird oder werden kann. Alle Angaben ohne Gewähr!
- Das Angebot ist gültig bis 31.05.2023.

Hinweis

- Informieren Sie sich vorher über das für Sie gültige Greenfee.

Teilnahmebedingungen

- Zur Gutschein-Einlösung muss eine Greenfee-Berechtigung (z.B. Mindest-HCP, Mitgliedschaft in einem Golfclub) vorliegen.
- Der Gutschein kann nur mit Vorlage des Köllen Golfführer für Deutschland oder mit beiliegender KöllenCard eingelöst werden.
- Die Einlösung kann nur nach telefonischer Anmeldung erfolgen – unter Hinweis auf die Nutzung des Angebots. Bei Sonderveranstaltungen, Turnieren etc. müssen Gutscheine nicht angenommen werden.
- Das Kombinieren mit anderen Rabatten ist nicht möglich – es gilt das zum Abschlagszeitpunkt gültige, volle Greenfee! Bei unterschiedlichen Greenfees (z.B. Studenten-Rabatt) ist der günstigere Tarif gratis!
- Alle Inserenten verpflichten sich, Gutscheine zu den angegebenen Bedingungen einzulösen. Der Verlag übernimmt keine Haftung, wenn ein Gutschein nicht eingelöst wird oder werden kann. Alle Angaben ohne Gewähr!
- Das Angebot ist gültig bis 31.05.2023.

Hinweis

- Informieren Sie sich vorher über das für Sie gültige Greenfee.

Teilnahmebedingungen

- Zur Gutschein-Einlösung muss eine Greenfee-Berechtigung (z.B. Mindest-HCP, Mitgliedschaft in einem Golfclub) vorliegen.
- Der Gutschein kann nur mit Vorlage des Köllen Golfführer für Deutschland oder mit beiliegender KöllenCard eingelöst werden.
- Die Einlösung kann nur nach telefonischer Anmeldung erfolgen – unter Hinweis auf die Nutzung des Angebots. Bei Sonderveranstaltungen, Turnieren etc. müssen Gutscheine nicht angenommen werden.
- Das Kombinieren mit anderen Rabatten ist nicht möglich – es gilt das zum Abschlagszeitpunkt gültige, volle Greenfee! Bei unterschiedlichen Greenfees (z.B. Studenten-Rabatt) ist der günstigere Tarif gratis!
- Alle Inserenten verpflichten sich, Gutscheine zu den angegebenen Bedingungen einzulösen. Der Verlag übernimmt keine Haftung, wenn ein Gutschein nicht eingelöst wird oder werden kann. Alle Angaben ohne Gewähr!
- Das Angebot ist gültig bis 31.05.2023.

Hinweis

- Informieren Sie sich vorher über das für Sie gültige Greenfee.

Teilnahmebedingungen

- Zur Gutschein-Einlösung muss eine Greenfee-Berechtigung (z.B. Mindest-HCP, Mitgliedschaft in einem Golfclub) vorliegen.
- Der Gutschein kann nur mit Vorlage des Köllen Golfführer für Deutschland oder mit beiliegender KöllenCard eingelöst werden.
- Die Einlösung kann nur nach telefonischer Anmeldung erfolgen – unter Hinweis auf die Nutzung des Angebots. Bei Sonderveranstaltungen, Turnieren etc. müssen Gutscheine nicht angenommen werden.
- Das Kombinieren mit anderen Rabatten ist nicht möglich – es gilt das zum Abschlagszeitpunkt gültige, volle Greenfee! Bei unterschiedlichen Greenfees (z.B. Studenten-Rabatt) ist der günstigere Tarif gratis!
- Alle Inserenten verpflichten sich, Gutscheine zu den angegebenen Bedingungen einzulösen. Der Verlag übernimmt keine Haftung, wenn ein Gutschein nicht eingelöst wird oder werden kann. Alle Angaben ohne Gewähr!
- Das Angebot ist gültig bis 31.05.2023.

Hinweis

- Informieren Sie sich vorher über das für Sie gültige Greenfee.

Teilnahmebedingungen

- Zur Gutschein-Einlösung muss eine Greenfee-Berechtigung (z.B. Mindest-HCP, Mitgliedschaft in einem Golfclub) vorliegen.
- Der Gutschein kann nur mit Vorlage des Köllen Golfführer für Deutschland oder mit beiliegender KöllenCard eingelöst werden.
- Die Einlösung kann nur nach telefonischer Anmeldung erfolgen – unter Hinweis auf die Nutzung des Angebots. Bei Sonderveranstaltungen, Turnieren etc. müssen Gutscheine nicht angenommen werden.
- Das Kombinieren mit anderen Rabatten ist nicht möglich – es gilt das zum Abschlagszeitpunkt gültige, volle Greenfee! Bei unterschiedlichen Greenfees (z.B. Studenten-Rabatt) ist der günstigere Tarif gratis!
- Alle Inserenten verpflichten sich, Gutscheine zu den angegebenen Bedingungen einzulösen. Der Verlag übernimmt keine Haftung, wenn ein Gutschein nicht eingelöst wird oder werden kann. Alle Angaben ohne Gewähr!
- Das Angebot ist gültig bis 31.05.2023.

Hinweis

- Informieren Sie sich vorher über das für Sie gültige Greenfee.

Teilnahmebedingungen

- Zur Gutschein-Einlösung muss eine Greenfee-Berechtigung (z.B. Mindest-HCP, Mitgliedschaft in einem Golfclub) vorliegen.
- Der Gutschein kann nur mit Vorlage des Köllen Golfführer für Deutschland oder mit beiliegender KöllenCard eingelöst werden.
- Die Einlösung kann nur nach telefonischer Anmeldung erfolgen – unter Hinweis auf die Nutzung des Angebots. Bei Sonderveranstaltungen, Turnieren etc. müssen Gutscheine nicht angenommen werden.
- Das Kombinieren mit anderen Rabatten ist nicht möglich – es gilt das zum Abschlagszeitpunkt gültige, volle Greenfee! Bei unterschiedlichen Greenfees (z.B. Studenten-Rabatt) ist der günstigere Tarif gratis!
- Alle Inserenten verpflichten sich, Gutscheine zu den angegebenen Bedingungen einzulösen. Der Verlag übernimmt keine Haftung, wenn ein Gutschein nicht eingelöst wird oder werden kann. Alle Angaben ohne Gewähr!
- Das Angebot ist gültig bis 31.05.2023.

Hinweis

- Informieren Sie sich vorher über das für Sie gültige Greenfee.

Teilnahmebedingungen

- Zur Gutschein-Einlösung muss eine Greenfee-Berechtigung (z.B. Mindest-HCP, Mitgliedschaft in einem Golfclub) vorliegen.
- Der Gutschein kann nur mit Vorlage des Köllen Golfführer für Deutschland oder mit beiliegender KöllenCard eingelöst werden.
- Die Einlösung kann nur nach telefonischer Anmeldung erfolgen – unter Hinweis auf die Nutzung des Angebots. Bei Sonderveranstaltungen, Turnieren etc. müssen Gutscheine nicht angenommen werden.
- Das Kombinieren mit anderen Rabatten ist nicht möglich – es gilt das zum Abschlagszeitpunkt gültige, volle Greenfee! Bei unterschiedlichen Greenfees (z.B. Studenten-Rabatt) ist der günstigere Tarif gratis!
- Alle Inserenten verpflichten sich, Gutscheine zu den angegebenen Bedingungen einzulösen. Der Verlag übernimmt keine Haftung, wenn ein Gutschein nicht eingelöst wird oder werden kann. Alle Angaben ohne Gewähr!
- Das Angebot ist gültig bis 31.05.2023.

Hinweis

- Informieren Sie sich vorher über das für Sie gültige Greenfee.

Teilnahmebedingungen

- Zur Gutschein-Einlösung muss eine Greenfee-Berechtigung (z.B. Mindest-HCP, Mitgliedschaft in einem Golfclub) vorliegen.
- Der Gutschein kann nur mit Vorlage des Köllen Golfführer für Deutschland oder mit beiliegender KöllenCard eingelöst werden.
- Die Einlösung kann nur nach telefonischer Anmeldung erfolgen – unter Hinweis auf die Nutzung des Angebots. Bei Sonderveranstaltungen, Turnieren etc. müssen Gutscheine nicht angenommen werden.
- Das Kombinieren mit anderen Rabatten ist nicht möglich – es gilt das zum Abschlagszeitpunkt gültige, volle Greenfee! Bei unterschiedlichen Greenfees (z.B. Studenten-Rabatt) ist der günstigere Tarif gratis!
- Alle Inserenten verpflichten sich, Gutscheine zu den angegebenen Bedingungen einzulösen. Der Verlag übernimmt keine Haftung, wenn ein Gutschein nicht eingelöst wird oder werden kann. Alle Angaben ohne Gewähr!
- Das Angebot ist gültig bis 31.05.2023.

Hinweis

- Informieren Sie sich vorher über das für Sie gültige Greenfee.

Teilnahmebedingungen

- Zur Gutschein-Einlösung muss eine Greenfee-Berechtigung (z.B. Mindest-HCP, Mitgliedschaft in einem Golfclub) vorliegen.
- Der Gutschein kann nur mit Vorlage des Köllen Golfführer für Deutschland oder mit beiliegender KöllenCard eingelöst werden.
- Die Einlösung kann nur nach telefonischer Anmeldung erfolgen – unter Hinweis auf die Nutzung des Angebots. Bei Sonderveranstaltungen, Turnieren etc. müssen Gutscheine nicht angenommen werden.
- Das Kombinieren mit anderen Rabatten ist nicht möglich – es gilt das zum Abschlagszeitpunkt gültige, volle Greenfee! Bei unterschiedlichen Greenfees (z.B. Studenten-Rabatt) ist der günstigere Tarif gratis!
- Alle Inserenten verpflichten sich, Gutscheine zu den angegebenen Bedingungen einzulösen. Der Verlag übernimmt keine Haftung, wenn ein Gutschein nicht eingelöst wird oder werden kann. Alle Angaben ohne Gewähr!
- Das Angebot ist gültig bis 31.05.2023.

Hinweis

- Informieren Sie sich vorher über das für Sie gültige Greenfee.

GUTSCHEIN
2. Greenfee ist gratis

KÖLLEN GOLF

2:1

25% GF-Nachlass (Einzelspieler)

Golfclub
Gut Hainmühlen e.V.

DGV-Nr. 3361 Seite 96 Gültig bis 31.05.2023

GUTSCHEIN
2. Greenfee ist gratis

KÖLLEN GOLF

2:1

25% GF-Nachlass (Einzelspieler)
nur Mo-Fr (außer feiertags)

Golfclub Hatten e.V.

DGV-Nr. 3362 Seite 89 Gültig bis 31.05.2023

GUTSCHEIN
2. Greenfee ist gratis

KÖLLEN GOLF

2:1

20% GF-Nachlass (Einzelspieler)

Golfclub Wolfsburg
Boldecker Land e.V.

DGV-Nr. 3364 Seite 120 Gültig bis 31.05.2023

GUTSCHEIN
2. Greenfee ist gratis

KÖLLEN GOLF

2:1

20% GF-Nachlass (Einzelspieler)

Golfclub Wolfsburg
Boldecker Land e.V.

DGV-Nr. 3364 Seite 120 Gültig bis 31.05.2023

GUTSCHEIN
2. Greenfee ist gratis

KÖLLEN GOLF

2:1

25% GF-Nachlass (Einzelspieler)

Golfclub Varus e.V.

DGV-Nr. 3367 Seite 122 Gültig bis 31.05.2023

GUTSCHEIN
2. Greenfee ist gratis

KÖLLEN GOLF

2:1

25% GF-Nachlass (Einzelspieler)

Golfclub Varus e.V.

DGV-Nr. 3367 Seite 122 Gültig bis 31.05.2023

GUTSCHEIN
20% Greenfee-Nachlass

KÖLLEN GOLF

%

Golfclub
Gut Brettberg Lohne e.V.

DGV-Nr. 3370 Seite 123 Gültig bis 31.05.2023

GUTSCHEIN
20% Greenfee-Nachlass

KÖLLEN GOLF

%

Golfclub
Gut Brettberg Lohne e.V.

DGV-Nr. 3370 Seite 123 Gültig bis 31.05.2023

GUTSCHEIN
20% Greenfee-Nachlass

KÖLLEN GOLF

%

Golfclub
Gut Brettberg Lohne e.V.

DGV-Nr. 3370 Seite 123 Gültig bis 31.05.2023

GUTSCHEIN
20% Greenfee-Nachlass

KÖLLEN GOLF

%

Golfclub
Gut Brettberg Lohne e.V.

DGV-Nr. 3370 Seite 123 Gültig bis 31.05.2023

Teilnahmebedingungen

- Zur Gutschein-Einlösung muss eine Greenfee-Berechtigung (z.B. Mindest-HCP, Mitgliedschaft in einem Golfclub) vorliegen.
- Der Gutschein kann nur mit Vorlage des Köllen Golfführer für Deutschland oder mit beiliegender KöllenCard eingelöst werden.
- Die Einlösung kann nur nach telefonischer Anmeldung erfolgen – unter Hinweis auf die Nutzung des Angebots. Bei Sonderveranstaltungen, Turnieren etc. müssen Gutscheine nicht angenommen werden.
- Das Kombinieren mit anderen Rabatten ist nicht möglich – es gilt das zum Abschlagszeitpunkt gültige, volle Greenfee! Bei unterschiedlichen Greenfees (z.B. Studenten-Rabatt) ist der günstigere Tarif gratis!
- Alle Inserenten verpflichten sich, Gutscheine zu den angegebenen Bedingungen einzulösen. Der Verlag übernimmt keine Haftung, wenn ein Gutschein nicht eingelöst wird oder werden kann. Alle Angaben ohne Gewähr!
- Das Angebot ist gültig bis 31.05.2023.

Hinweis

- Informieren Sie sich vorher über das für Sie gültige Greenfee.

Teilnahmebedingungen

- Zur Gutschein-Einlösung muss eine Greenfee-Berechtigung (z.B. Mindest-HCP, Mitgliedschaft in einem Golfclub) vorliegen.
- Der Gutschein kann nur mit Vorlage des Köllen Golfführer für Deutschland oder mit beiliegender KöllenCard eingelöst werden.
- Die Einlösung kann nur nach telefonischer Anmeldung erfolgen – unter Hinweis auf die Nutzung des Angebots. Bei Sonderveranstaltungen, Turnieren etc. müssen Gutscheine nicht angenommen werden.
- Das Kombinieren mit anderen Rabatten ist nicht möglich – es gilt das zum Abschlagszeitpunkt gültige, volle Greenfee! Bei unterschiedlichen Greenfees (z.B. Studenten-Rabatt) ist der günstigere Tarif gratis!
- Alle Inserenten verpflichten sich, Gutscheine zu den angegebenen Bedingungen einzulösen. Der Verlag übernimmt keine Haftung, wenn ein Gutschein nicht eingelöst wird oder werden kann. Alle Angaben ohne Gewähr!
- Das Angebot ist gültig bis 31.05.2023.

Hinweis

- Informieren Sie sich vorher über das für Sie gültige Greenfee.

Teilnahmebedingungen

- Zur Gutschein-Einlösung muss eine Greenfee-Berechtigung (z.B. Mindest-HCP, Mitgliedschaft in einem Golfclub) vorliegen.
- Der Gutschein kann nur mit Vorlage des Köllen Golfführer für Deutschland oder mit beiliegender KöllenCard eingelöst werden.
- Die Einlösung kann nur nach telefonischer Anmeldung erfolgen – unter Hinweis auf die Nutzung des Angebots. Bei Sonderveranstaltungen, Turnieren etc. müssen Gutscheine nicht angenommen werden.
- Das Kombinieren mit anderen Rabatten ist nicht möglich – es gilt das zum Abschlagszeitpunkt gültige, volle Greenfee! Bei unterschiedlichen Greenfees (z.B. Studenten-Rabatt) ist der günstigere Tarif gratis!
- Alle Inserenten verpflichten sich, Gutscheine zu den angegebenen Bedingungen einzulösen. Der Verlag übernimmt keine Haftung, wenn ein Gutschein nicht eingelöst wird oder werden kann. Alle Angaben ohne Gewähr!
- Das Angebot ist gültig bis 31.05.2023.

Hinweis

- Informieren Sie sich vorher über das für Sie gültige Greenfee.

Teilnahmebedingungen

- Zur Gutschein-Einlösung muss eine Greenfee-Berechtigung (z.B. Mindest-HCP, Mitgliedschaft in einem Golfclub) vorliegen.
- Der Gutschein kann nur mit Vorlage des Köllen Golfführer für Deutschland oder mit beiliegender KöllenCard eingelöst werden.
- Die Einlösung kann nur nach telefonischer Anmeldung erfolgen – unter Hinweis auf die Nutzung des Angebots. Bei Sonderveranstaltungen, Turnieren etc. müssen Gutscheine nicht angenommen werden.
- Das Kombinieren mit anderen Rabatten ist nicht möglich – es gilt das zum Abschlagszeitpunkt gültige, volle Greenfee! Bei unterschiedlichen Greenfees (z.B. Studenten-Rabatt) ist der günstigere Tarif gratis!
- Alle Inserenten verpflichten sich, Gutscheine zu den angegebenen Bedingungen einzulösen. Der Verlag übernimmt keine Haftung, wenn ein Gutschein nicht eingelöst wird oder werden kann. Alle Angaben ohne Gewähr!
- Das Angebot ist gültig bis 31.05.2023.

Hinweis

- Informieren Sie sich vorher über das für Sie gültige Greenfee.

Teilnahmebedingungen

- Zur Gutschein-Einlösung muss eine Greenfee-Berechtigung (z.B. Mindest-HCP, Mitgliedschaft in einem Golfclub) vorliegen.
- Der Gutschein kann nur mit Vorlage des Köllen Golfführer für Deutschland oder mit beiliegender KöllenCard eingelöst werden.
- Die Einlösung kann nur nach telefonischer Anmeldung erfolgen – unter Hinweis auf die Nutzung des Angebots. Bei Sonderveranstaltungen, Turnieren etc. müssen Gutscheine nicht angenommen werden.
- Das Kombinieren mit anderen Rabatten ist nicht möglich – es gilt das zum Abschlagszeitpunkt gültige, volle Greenfee! Bei unterschiedlichen Greenfees (z.B. Studenten-Rabatt) ist der günstigere Tarif gratis!
- Alle Inserenten verpflichten sich, Gutscheine zu den angegebenen Bedingungen einzulösen. Der Verlag übernimmt keine Haftung, wenn ein Gutschein nicht eingelöst wird oder werden kann. Alle Angaben ohne Gewähr!
- Das Angebot ist gültig bis 31.05.2023.

Hinweis

- Informieren Sie sich vorher über das für Sie gültige Greenfee.

Teilnahmebedingungen

- Zur Gutschein-Einlösung muss eine Greenfee-Berechtigung (z.B. Mindest-HCP, Mitgliedschaft in einem Golfclub) vorliegen.
- Der Gutschein kann nur mit Vorlage des Köllen Golfführer für Deutschland oder mit beiliegender KöllenCard eingelöst werden.
- Die Einlösung kann nur nach telefonischer Anmeldung erfolgen – unter Hinweis auf die Nutzung des Angebots. Bei Sonderveranstaltungen, Turnieren etc. müssen Gutscheine nicht angenommen werden.
- Das Kombinieren mit anderen Rabatten ist nicht möglich – es gilt das zum Abschlagszeitpunkt gültige, volle Greenfee! Bei unterschiedlichen Greenfees (z.B. Studenten-Rabatt) ist der günstigere Tarif gratis!
- Alle Inserenten verpflichten sich, Gutscheine zu den angegebenen Bedingungen einzulösen. Der Verlag übernimmt keine Haftung, wenn ein Gutschein nicht eingelöst wird oder werden kann. Alle Angaben ohne Gewähr!
- Das Angebot ist gültig bis 31.05.2023.

Hinweis

- Informieren Sie sich vorher über das für Sie gültige Greenfee.

Teilnahmebedingungen

- Zur Gutschein-Einlösung muss eine Greenfee-Berechtigung (z.B. Mindest-HCP, Mitgliedschaft in einem Golfclub) vorliegen.
- Der Gutschein kann nur mit Vorlage des Köllen Golfführer für Deutschland oder mit beiliegender KöllenCard eingelöst werden.
- Die Einlösung kann nur nach telefonischer Anmeldung erfolgen – unter Hinweis auf die Nutzung des Angebots. Bei Sonderveranstaltungen, Turnieren etc. müssen Gutscheine nicht angenommen werden.
- Das Kombinieren mit anderen Rabatten ist nicht möglich – es gilt das zum Abschlagszeitpunkt gültige, volle Greenfee! Bei unterschiedlichen Greenfees (z.B. Studenten-Rabatt) ist der günstigere Tarif gratis!
- Alle Inserenten verpflichten sich, Gutscheine zu den angegebenen Bedingungen einzulösen. Der Verlag übernimmt keine Haftung, wenn ein Gutschein nicht eingelöst wird oder werden kann. Alle Angaben ohne Gewähr!
- Das Angebot ist gültig bis 31.05.2023.

Hinweis

- Informieren Sie sich vorher über das für Sie gültige Greenfee.

Teilnahmebedingungen

- Zur Gutschein-Einlösung muss eine Greenfee-Berechtigung (z.B. Mindest-HCP, Mitgliedschaft in einem Golfclub) vorliegen.
- Der Gutschein kann nur mit Vorlage des Köllen Golfführer für Deutschland oder mit beiliegender KöllenCard eingelöst werden.
- Die Einlösung kann nur nach telefonischer Anmeldung erfolgen – unter Hinweis auf die Nutzung des Angebots. Bei Sonderveranstaltungen, Turnieren etc. müssen Gutscheine nicht angenommen werden.
- Das Kombinieren mit anderen Rabatten ist nicht möglich – es gilt das zum Abschlagszeitpunkt gültige, volle Greenfee! Bei unterschiedlichen Greenfees (z.B. Studenten-Rabatt) ist der günstigere Tarif gratis!
- Alle Inserenten verpflichten sich, Gutscheine zu den angegebenen Bedingungen einzulösen. Der Verlag übernimmt keine Haftung, wenn ein Gutschein nicht eingelöst wird oder werden kann. Alle Angaben ohne Gewähr!
- Das Angebot ist gültig bis 31.05.2023.

Hinweis

- Informieren Sie sich vorher über das für Sie gültige Greenfee.

Teilnahmebedingungen

- Zur Gutschein-Einlösung muss eine Greenfee-Berechtigung (z.B. Mindest-HCP, Mitgliedschaft in einem Golfclub) vorliegen.
- Der Gutschein kann nur mit Vorlage des Köllen Golfführer für Deutschland oder mit beiliegender KöllenCard eingelöst werden.
- Die Einlösung kann nur nach telefonischer Anmeldung erfolgen – unter Hinweis auf die Nutzung des Angebots. Bei Sonderveranstaltungen, Turnieren etc. müssen Gutscheine nicht angenommen werden.
- Das Kombinieren mit anderen Rabatten ist nicht möglich – es gilt das zum Abschlagszeitpunkt gültige, volle Greenfee! Bei unterschiedlichen Greenfees (z.B. Studenten-Rabatt) ist der günstigere Tarif gratis!
- Alle Inserenten verpflichten sich, Gutscheine zu den angegebenen Bedingungen einzulösen. Der Verlag übernimmt keine Haftung, wenn ein Gutschein nicht eingelöst wird oder werden kann. Alle Angaben ohne Gewähr!
- Das Angebot ist gültig bis 31.05.2023.

Hinweis

- Informieren Sie sich vorher über das für Sie gültige Greenfee.

Teilnahmebedingungen

- Zur Gutschein-Einlösung muss eine Greenfee-Berechtigung (z.B. Mindest-HCP, Mitgliedschaft in einem Golfclub) vorliegen.
- Der Gutschein kann nur mit Vorlage des Köllen Golfführer für Deutschland oder mit beiliegender KöllenCard eingelöst werden.
- Die Einlösung kann nur nach telefonischer Anmeldung erfolgen – unter Hinweis auf die Nutzung des Angebots. Bei Sonderveranstaltungen, Turnieren etc. müssen Gutscheine nicht angenommen werden.
- Das Kombinieren mit anderen Rabatten ist nicht möglich – es gilt das zum Abschlagszeitpunkt gültige, volle Greenfee! Bei unterschiedlichen Greenfees (z.B. Studenten-Rabatt) ist der günstigere Tarif gratis!
- Alle Inserenten verpflichten sich, Gutscheine zu den angegebenen Bedingungen einzulösen. Der Verlag übernimmt keine Haftung, wenn ein Gutschein nicht eingelöst wird oder werden kann. Alle Angaben ohne Gewähr!
- Das Angebot ist gültig bis 31.05.2023.

Hinweis

- Informieren Sie sich vorher über das für Sie gültige Greenfee.

GUTSCHEIN
2. Greenfee ist gratis

KÖLLEN GOLF

2:1

25% GF-Nachlass (Einzelspieler)

Golfclub
Oldenburger Land e.V.

DGV-Nr. 3374 Seite 90 Gültig bis 31.05.2023

GUTSCHEIN
20% Greenfee-Nachlass

KÖLLEN GOLF

%

Golfclub
Oldenburger Land e.V.

DGV-Nr. 3374 Seite 90 Gültig bis 31.05.2023

GUTSCHEIN
2. Greenfee ist gratis

KÖLLEN GOLF

2:1

25% GF-Nachlass (Einzelspieler)

Golf und Country Club
Leinetal Einbeck e.V.

DGV-Nr. 3375 Seite 116 Gültig bis 31.05.2023

GUTSCHEIN
2. Greenfee ist gratis

KÖLLEN GOLF

2:1

25% GF-Nachlass (Einzelspieler)

Golf und Country Club
Leinetal Einbeck e.V.

DGV-Nr. 3375 Seite 116 Gültig bis 31.05.2023

GUTSCHEIN
2. Greenfee ist gratis

KÖLLEN GOLF

2:1

25% GF-Nachlass (Einzelspieler)

Golfclub Lilienthal e.V.

DGV-Nr. 3386 Seite 102 Gültig bis 31.05.2023

GUTSCHEIN
2. Greenfee ist gratis

KÖLLEN GOLF

2:1

25% GF-Nachlass (Einzelspieler)

Golfclub Lilienthal e.V.

DGV-Nr. 3386 Seite 102 Gültig bis 31.05.2023

GUTSCHEIN
2. Greenfee ist gratis

KÖLLEN GOLF

2:1

25% GF-Nachlass (Einzelspieler)

Golfclub Bremerhaven
Geestemünde GmbH & Co.KG

DGV-Nr. 3390 Seite 96 Gültig bis 31.05.2023

GUTSCHEIN
20% Greenfee-Nachlass

KÖLLEN GOLF

%

Golfclub Bremerhaven
Geestemünde GmbH & Co.KG

DGV-Nr. 3390 Seite 96 Gültig bis 31.05.2023

GUTSCHEIN
2. Greenfee ist gratis

KÖLLEN GOLF

2:1

25% GF-Nachlass (Einzelspieler)

Golfanlage
Schloss Lütetsburg

DGV-Nr. 3398 Seite 92 Gültig bis 31.05.2023

GUTSCHEIN
2. Greenfee ist gratis

KÖLLEN GOLF

2:1

25% GF-Nachlass (Einzelspieler)

Golfanlage
Schloss Lütetsburg

DGV-Nr. 3398 Seite 92 Gültig bis 31.05.2023

Teilnahmebedingungen

- Zur Gutschein-Einlösung muss eine Greenfee-Berechtigung (z.B. Mindest-HCP, Mitgliedschaft in einem Golfclub) vorliegen.
- Der Gutschein kann nur mit Vorlage des Köllen Golfführer für Deutschland oder mit beiliegender KöllenCard eingelöst werden.
- Die Einlösung kann nur nach telefonischer Anmeldung erfolgen – unter Hinweis auf die Nutzung des Angebots. Bei Sonderveranstaltungen, Turnieren etc. müssen Gutscheine nicht angenommen werden.
- Das Kombinieren mit anderen Rabatten ist nicht möglich – es gilt das zum Abschlagszeitpunkt gültige, volle Greenfee! Bei unterschiedlichen Greenfees (z.B. Studenten-Rabatt) ist der günstigere Tarif gratis!
- Alle Inserenten verpflichten sich, Gutscheine zu den angegebenen Bedingungen einzulösen. Der Verlag übernimmt keine Haftung, wenn ein Gutschein nicht eingelöst wird oder werden kann. Alle Angaben ohne Gewähr!
- Das Angebot ist gültig bis 31.05.2023.

Hinweis

- Informieren Sie sich vorher über das für Sie gültige Greenfee.

Teilnahmebedingungen

- Zur Gutschein-Einlösung muss eine Greenfee-Berechtigung (z.B. Mindest-HCP, Mitgliedschaft in einem Golfclub) vorliegen.
- Der Gutschein kann nur mit Vorlage des Köllen Golfführer für Deutschland oder mit beiliegender KöllenCard eingelöst werden.
- Die Einlösung kann nur nach telefonischer Anmeldung erfolgen – unter Hinweis auf die Nutzung des Angebots. Bei Sonderveranstaltungen, Turnieren etc. müssen Gutscheine nicht angenommen werden.
- Das Kombinieren mit anderen Rabatten ist nicht möglich – es gilt das zum Abschlagszeitpunkt gültige, volle Greenfee! Bei unterschiedlichen Greenfees (z.B. Studenten-Rabatt) ist der günstigere Tarif gratis!
- Alle Inserenten verpflichten sich, Gutscheine zu den angegebenen Bedingungen einzulösen. Der Verlag übernimmt keine Haftung, wenn ein Gutschein nicht eingelöst wird oder werden kann. Alle Angaben ohne Gewähr!
- Das Angebot ist gültig bis 31.05.2023.

Hinweis

- Informieren Sie sich vorher über das für Sie gültige Greenfee.

Teilnahmebedingungen

- Zur Gutschein-Einlösung muss eine Greenfee-Berechtigung (z.B. Mindest-HCP, Mitgliedschaft in einem Golfclub) vorliegen.
- Der Gutschein kann nur mit Vorlage des Köllen Golfführer für Deutschland oder mit beiliegender KöllenCard eingelöst werden.
- Die Einlösung kann nur nach telefonischer Anmeldung erfolgen – unter Hinweis auf die Nutzung des Angebots. Bei Sonderveranstaltungen, Turnieren etc. müssen Gutscheine nicht angenommen werden.
- Das Kombinieren mit anderen Rabatten ist nicht möglich – es gilt das zum Abschlagszeitpunkt gültige, volle Greenfee! Bei unterschiedlichen Greenfees (z.B. Studenten-Rabatt) ist der günstigere Tarif gratis!
- Alle Inserenten verpflichten sich, Gutscheine zu den angegebenen Bedingungen einzulösen. Der Verlag übernimmt keine Haftung, wenn ein Gutschein nicht eingelöst wird oder werden kann. Alle Angaben ohne Gewähr!
- Das Angebot ist gültig bis 31.05.2023.

Hinweis

- Informieren Sie sich vorher über das für Sie gültige Greenfee.

Teilnahmebedingungen

- Zur Gutschein-Einlösung muss eine Greenfee-Berechtigung (z.B. Mindest-HCP, Mitgliedschaft in einem Golfclub) vorliegen.
- Der Gutschein kann nur mit Vorlage des Köllen Golfführer für Deutschland oder mit beiliegender KöllenCard eingelöst werden.
- Die Einlösung kann nur nach telefonischer Anmeldung erfolgen – unter Hinweis auf die Nutzung des Angebots. Bei Sonderveranstaltungen, Turnieren etc. müssen Gutscheine nicht angenommen werden.
- Das Kombinieren mit anderen Rabatten ist nicht möglich – es gilt das zum Abschlagszeitpunkt gültige, volle Greenfee! Bei unterschiedlichen Greenfees (z.B. Studenten-Rabatt) ist der günstigere Tarif gratis!
- Alle Inserenten verpflichten sich, Gutscheine zu den angegebenen Bedingungen einzulösen. Der Verlag übernimmt keine Haftung, wenn ein Gutschein nicht eingelöst wird oder werden kann. Alle Angaben ohne Gewähr!
- Das Angebot ist gültig bis 31.05.2023.

Hinweis

- Informieren Sie sich vorher über das für Sie gültige Greenfee.

Teilnahmebedingungen

- Zur Gutschein-Einlösung muss eine Greenfee-Berechtigung (z.B. Mindest-HCP, Mitgliedschaft in einem Golfclub) vorliegen.
- Der Gutschein kann nur mit Vorlage des Köllen Golfführer für Deutschland oder mit beiliegender KöllenCard eingelöst werden.
- Die Einlösung kann nur nach telefonischer Anmeldung erfolgen – unter Hinweis auf die Nutzung des Angebots. Bei Sonderveranstaltungen, Turnieren etc. müssen Gutscheine nicht angenommen werden.
- Das Kombinieren mit anderen Rabatten ist nicht möglich – es gilt das zum Abschlagszeitpunkt gültige, volle Greenfee! Bei unterschiedlichen Greenfees (z.B. Studenten-Rabatt) ist der günstigere Tarif gratis!
- Alle Inserenten verpflichten sich, Gutscheine zu den angegebenen Bedingungen einzulösen. Der Verlag übernimmt keine Haftung, wenn ein Gutschein nicht eingelöst wird oder werden kann. Alle Angaben ohne Gewähr!
- Das Angebot ist gültig bis 31.05.2023.

Hinweis

- Informieren Sie sich vorher über das für Sie gültige Greenfee.

Teilnahmebedingungen

- Zur Gutschein-Einlösung muss eine Greenfee-Berechtigung (z.B. Mindest-HCP, Mitgliedschaft in einem Golfclub) vorliegen.
- Der Gutschein kann nur mit Vorlage des Köllen Golfführer für Deutschland oder mit beiliegender KöllenCard eingelöst werden.
- Die Einlösung kann nur nach telefonischer Anmeldung erfolgen – unter Hinweis auf die Nutzung des Angebots. Bei Sonderveranstaltungen, Turnieren etc. müssen Gutscheine nicht angenommen werden.
- Das Kombinieren mit anderen Rabatten ist nicht möglich – es gilt das zum Abschlagszeitpunkt gültige, volle Greenfee! Bei unterschiedlichen Greenfees (z.B. Studenten-Rabatt) ist der günstigere Tarif gratis!
- Alle Inserenten verpflichten sich, Gutscheine zu den angegebenen Bedingungen einzulösen. Der Verlag übernimmt keine Haftung, wenn ein Gutschein nicht eingelöst wird oder werden kann. Alle Angaben ohne Gewähr!
- Das Angebot ist gültig bis 31.05.2023.

Hinweis

- Informieren Sie sich vorher über das für Sie gültige Greenfee.

Teilnahmebedingungen

- Zur Gutschein-Einlösung muss eine Greenfee-Berechtigung (z.B. Mindest-HCP, Mitgliedschaft in einem Golfclub) vorliegen.
- Der Gutschein kann nur mit Vorlage des Köllen Golfführer für Deutschland oder mit beiliegender KöllenCard eingelöst werden.
- Die Einlösung kann nur nach telefonischer Anmeldung erfolgen – unter Hinweis auf die Nutzung des Angebots. Bei Sonderveranstaltungen, Turnieren etc. müssen Gutscheine nicht angenommen werden.
- Das Kombinieren mit anderen Rabatten ist nicht möglich – es gilt das zum Abschlagszeitpunkt gültige, volle Greenfee! Bei unterschiedlichen Greenfees (z.B. Studenten-Rabatt) ist der günstigere Tarif gratis!
- Alle Inserenten verpflichten sich, Gutscheine zu den angegebenen Bedingungen einzulösen. Der Verlag übernimmt keine Haftung, wenn ein Gutschein nicht eingelöst wird oder werden kann. Alle Angaben ohne Gewähr!
- Das Angebot ist gültig bis 31.05.2023.

Hinweis

- Informieren Sie sich vorher über das für Sie gültige Greenfee.

Teilnahmebedingungen

- Zur Gutschein-Einlösung muss eine Greenfee-Berechtigung (z.B. Mindest-HCP, Mitgliedschaft in einem Golfclub) vorliegen.
- Der Gutschein kann nur mit Vorlage des Köllen Golfführer für Deutschland oder mit beiliegender KöllenCard eingelöst werden.
- Die Einlösung kann nur nach telefonischer Anmeldung erfolgen – unter Hinweis auf die Nutzung des Angebots. Bei Sonderveranstaltungen, Turnieren etc. müssen Gutscheine nicht angenommen werden.
- Das Kombinieren mit anderen Rabatten ist nicht möglich – es gilt das zum Abschlagszeitpunkt gültige, volle Greenfee! Bei unterschiedlichen Greenfees (z.B. Studenten-Rabatt) ist der günstigere Tarif gratis!
- Alle Inserenten verpflichten sich, Gutscheine zu den angegebenen Bedingungen einzulösen. Der Verlag übernimmt keine Haftung, wenn ein Gutschein nicht eingelöst wird oder werden kann. Alle Angaben ohne Gewähr!
- Das Angebot ist gültig bis 31.05.2023.

Hinweis

- Informieren Sie sich vorher über das für Sie gültige Greenfee.

Teilnahmebedingungen

- Zur Gutschein-Einlösung muss eine Greenfee-Berechtigung (z.B. Mindest-HCP, Mitgliedschaft in einem Golfclub) vorliegen.
- Der Gutschein kann nur mit Vorlage des Köllen Golfführer für Deutschland oder mit beiliegender KöllenCard eingelöst werden.
- Die Einlösung kann nur nach telefonischer Anmeldung erfolgen – unter Hinweis auf die Nutzung des Angebots. Bei Sonderveranstaltungen, Turnieren etc. müssen Gutscheine nicht angenommen werden.
- Das Kombinieren mit anderen Rabatten ist nicht möglich – es gilt das zum Abschlagszeitpunkt gültige, volle Greenfee! Bei unterschiedlichen Greenfees (z.B. Studenten-Rabatt) ist der günstigere Tarif gratis!
- Alle Inserenten verpflichten sich, Gutscheine zu den angegebenen Bedingungen einzulösen. Der Verlag übernimmt keine Haftung, wenn ein Gutschein nicht eingelöst wird oder werden kann. Alle Angaben ohne Gewähr!
- Das Angebot ist gültig bis 31.05.2023.

Hinweis

- Informieren Sie sich vorher über das für Sie gültige Greenfee.

Teilnahmebedingungen

- Zur Gutschein-Einlösung muss eine Greenfee-Berechtigung (z.B. Mindest-HCP, Mitgliedschaft in einem Golfclub) vorliegen.
- Der Gutschein kann nur mit Vorlage des Köllen Golfführer für Deutschland oder mit beiliegender KöllenCard eingelöst werden.
- Die Einlösung kann nur nach telefonischer Anmeldung erfolgen – unter Hinweis auf die Nutzung des Angebots. Bei Sonderveranstaltungen, Turnieren etc. müssen Gutscheine nicht angenommen werden.
- Das Kombinieren mit anderen Rabatten ist nicht möglich – es gilt das zum Abschlagszeitpunkt gültige, volle Greenfee! Bei unterschiedlichen Greenfees (z.B. Studenten-Rabatt) ist der günstigere Tarif gratis!
- Alle Inserenten verpflichten sich, Gutscheine zu den angegebenen Bedingungen einzulösen. Der Verlag übernimmt keine Haftung, wenn ein Gutschein nicht eingelöst wird oder werden kann. Alle Angaben ohne Gewähr!
- Das Angebot ist gültig bis 31.05.2023.

Hinweis

- Informieren Sie sich vorher über das für Sie gültige Greenfee.

GUTSCHEIN
20% Greenfee-Nachlass

KÖLLEN GOLF

%

Golfanlage Schloss Lütetsburg

DGV-Nr. 3398 Seite 92 Gültig bis 31.05.2023

GUTSCHEIN
20% Greenfee-Nachlass

KÖLLEN GOLF

%

Golfanlage Schloss Lütetsburg

DGV-Nr. 3398 Seite 92 Gültig bis 31.05.2023

GUTSCHEIN
2. Greenfee ist gratis

KÖLLEN GOLF

2:1

25% GF-Nachlass (Einzelspieler)

Golfpark Soltau

DGV-Nr. 3408 Seite 105 Gültig bis 31.05.2023

GUTSCHEIN
15% Greenfee-Nachlass

KÖLLEN GOLF

%

Golfpark Soltau

DGV-Nr. 3408 Seite 105 Gültig bis 31.05.2023

GUTSCHEIN
2. Greenfee ist gratis

KÖLLEN GOLF

2:1

25% GF-Nachlass (Einzelspieler)

Royal Homburger Golf Club 1899 e.V.

DGV-Nr. 6601 Seite 139 Gültig bis 31.05.2023

GUTSCHEIN
2. Greenfee ist gratis

KÖLLEN GOLF

2:1

25% GF-Nachlass (Einzelspieler)

Royal Homburger Golf Club 1899 e.V.

DGV-Nr. 6601 Seite 139 Gültig bis 31.05.2023

GUTSCHEIN
2. Greenfee ist gratis

KÖLLEN GOLF

2:1

25% GF-Nachlass (Einzelspieler)

Royal Homburger Golf Club 1899 e.V.

DGV-Nr. 6601 Seite 139 Gültig bis 31.05.2023

GUTSCHEIN
2. Greenfee ist gratis

KÖLLEN GOLF

2:1

25% GF-Nachlass (Einzelspieler)

Royal Homburger Golf Club 1899 e.V.

DGV-Nr. 6601 Seite 139 Gültig bis 31.05.2023

GUTSCHEIN
2. Greenfee ist gratis

KÖLLEN GOLF

2:1

25% GF-Nachlass (Einzelspieler)

Royal Homburger Golf Club 1899 e.V.

DGV-Nr. 6601 Seite 139 Gültig bis 31.05.2023

GUTSCHEIN
2. Greenfee ist gratis

KÖLLEN GOLF

2:1

25% GF-Nachlass (Einzelspieler)
nur Mo-Fr (außer feiertags)

Golf-Club Bad Nauheim e.V.

DGV-Nr. 6602 Seite 138 Gültig bis 31.05.2023

Teilnahmebedingungen

- Zur Gutschein-Einlösung muss eine Greenfee-Berechtigung (z.B. Mindest-HCP, Mitgliedschaft in einem Golfclub) vorliegen.
- Der Gutschein kann nur mit Vorlage des Köllen Golfführer für Deutschland oder mit beiliegender KöllenCard eingelöst werden.
- Die Einlösung kann nur nach telefonischer Anmeldung erfolgen – unter Hinweis auf die Nutzung des Angebots. Bei Sonderveranstaltungen, Turnieren etc. müssen Gutscheine nicht angenommen werden.
- Das Kombinieren mit anderen Rabatten ist nicht möglich – es gilt das zum Abschlagszeitpunkt gültige, volle Greenfee! Bei unterschiedlichen Greenfees (z.B. Studenten-Rabatt) ist der günstigere Tarif gratis!
- Alle Inserenten verpflichten sich, Gutscheine zu den angegebenen Bedingungen einzulösen. Der Verlag übernimmt keine Haftung, wenn ein Gutschein nicht eingelöst wird oder werden kann. Alle Angaben ohne Gewähr!
- Das Angebot ist gültig bis 31.05.2023.

Hinweis

- Informieren Sie sich vorher über das für Sie gültige Greenfee.

Teilnahmebedingungen

- Zur Gutschein-Einlösung muss eine Greenfee-Berechtigung (z.B. Mindest-HCP, Mitgliedschaft in einem Golfclub) vorliegen.
- Der Gutschein kann nur mit Vorlage des Köllen Golfführer für Deutschland oder mit beiliegender KöllenCard eingelöst werden.
- Die Einlösung kann nur nach telefonischer Anmeldung erfolgen – unter Hinweis auf die Nutzung des Angebots. Bei Sonderveranstaltungen, Turnieren etc. müssen Gutscheine nicht angenommen werden.
- Das Kombinieren mit anderen Rabatten ist nicht möglich – es gilt das zum Abschlagszeitpunkt gültige, volle Greenfee! Bei unterschiedlichen Greenfees (z.B. Studenten-Rabatt) ist der günstigere Tarif gratis!
- Alle Inserenten verpflichten sich, Gutscheine zu den angegebenen Bedingungen einzulösen. Der Verlag übernimmt keine Haftung, wenn ein Gutschein nicht eingelöst wird oder werden kann. Alle Angaben ohne Gewähr!
- Das Angebot ist gültig bis 31.05.2023.

Hinweis

- Informieren Sie sich vorher über das für Sie gültige Greenfee.

Teilnahmebedingungen

- Zur Gutschein-Einlösung muss eine Greenfee-Berechtigung (z.B. Mindest-HCP, Mitgliedschaft in einem Golfclub) vorliegen.
- Der Gutschein kann nur mit Vorlage des Köllen Golfführer für Deutschland oder mit beiliegender KöllenCard eingelöst werden.
- Die Einlösung kann nur nach telefonischer Anmeldung erfolgen – unter Hinweis auf die Nutzung des Angebots. Bei Sonderveranstaltungen, Turnieren etc. müssen Gutscheine nicht angenommen werden.
- Das Kombinieren mit anderen Rabatten ist nicht möglich – es gilt das zum Abschlagszeitpunkt gültige, volle Greenfee! Bei unterschiedlichen Greenfees (z.B. Studenten-Rabatt) ist der günstigere Tarif gratis!
- Alle Inserenten verpflichten sich, Gutscheine zu den angegebenen Bedingungen einzulösen. Der Verlag übernimmt keine Haftung, wenn ein Gutschein nicht eingelöst wird oder werden kann. Alle Angaben ohne Gewähr!
- Das Angebot ist gültig bis 31.05.2023.

Hinweis

- Informieren Sie sich vorher über das für Sie gültige Greenfee.

Teilnahmebedingungen

- Zur Gutschein-Einlösung muss eine Greenfee-Berechtigung (z.B. Mindest-HCP, Mitgliedschaft in einem Golfclub) vorliegen.
- Der Gutschein kann nur mit Vorlage des Köllen Golfführer für Deutschland oder mit beiliegender KöllenCard eingelöst werden.
- Die Einlösung kann nur nach telefonischer Anmeldung erfolgen – unter Hinweis auf die Nutzung des Angebots. Bei Sonderveranstaltungen, Turnieren etc. müssen Gutscheine nicht angenommen werden.
- Das Kombinieren mit anderen Rabatten ist nicht möglich – es gilt das zum Abschlagszeitpunkt gültige, volle Greenfee! Bei unterschiedlichen Greenfees (z.B. Studenten-Rabatt) ist der günstigere Tarif gratis!
- Alle Inserenten verpflichten sich, Gutscheine zu den angegebenen Bedingungen einzulösen. Der Verlag übernimmt keine Haftung, wenn ein Gutschein nicht eingelöst wird oder werden kann. Alle Angaben ohne Gewähr!
- Das Angebot ist gültig bis 31.05.2023.

Hinweis

- Informieren Sie sich vorher über das für Sie gültige Greenfee.

Teilnahmebedingungen

- Zur Gutschein-Einlösung muss eine Greenfee-Berechtigung (z.B. Mindest-HCP, Mitgliedschaft in einem Golfclub) vorliegen.
- Der Gutschein kann nur mit Vorlage des Köllen Golfführer für Deutschland oder mit beiliegender KöllenCard eingelöst werden.
- Die Einlösung kann nur nach telefonischer Anmeldung erfolgen – unter Hinweis auf die Nutzung des Angebots. Bei Sonderveranstaltungen, Turnieren etc. müssen Gutscheine nicht angenommen werden.
- Das Kombinieren mit anderen Rabatten ist nicht möglich – es gilt das zum Abschlagszeitpunkt gültige, volle Greenfee! Bei unterschiedlichen Greenfees (z.B. Studenten-Rabatt) ist der günstigere Tarif gratis!
- Alle Inserenten verpflichten sich, Gutscheine zu den angegebenen Bedingungen einzulösen. Der Verlag übernimmt keine Haftung, wenn ein Gutschein nicht eingelöst wird oder werden kann. Alle Angaben ohne Gewähr!
- Das Angebot ist gültig bis 31.05.2023.

Hinweis

- Informieren Sie sich vorher über das für Sie gültige Greenfee.

Teilnahmebedingungen

- Zur Gutschein-Einlösung muss eine Greenfee-Berechtigung (z.B. Mindest-HCP, Mitgliedschaft in einem Golfclub) vorliegen.
- Der Gutschein kann nur mit Vorlage des Köllen Golfführer für Deutschland oder mit beiliegender KöllenCard eingelöst werden.
- Die Einlösung kann nur nach telefonischer Anmeldung erfolgen – unter Hinweis auf die Nutzung des Angebots. Bei Sonderveranstaltungen, Turnieren etc. müssen Gutscheine nicht angenommen werden.
- Das Kombinieren mit anderen Rabatten ist nicht möglich – es gilt das zum Abschlagszeitpunkt gültige, volle Greenfee! Bei unterschiedlichen Greenfees (z.B. Studenten-Rabatt) ist der günstigere Tarif gratis!
- Alle Inserenten verpflichten sich, Gutscheine zu den angegebenen Bedingungen einzulösen. Der Verlag übernimmt keine Haftung, wenn ein Gutschein nicht eingelöst wird oder werden kann. Alle Angaben ohne Gewähr!
- Das Angebot ist gültig bis 31.05.2023.

Hinweis

- Informieren Sie sich vorher über das für Sie gültige Greenfee.

Teilnahmebedingungen

- Zur Gutschein-Einlösung muss eine Greenfee-Berechtigung (z.B. Mindest-HCP, Mitgliedschaft in einem Golfclub) vorliegen.
- Der Gutschein kann nur mit Vorlage des Köllen Golfführer für Deutschland oder mit beiliegender KöllenCard eingelöst werden.
- Die Einlösung kann nur nach telefonischer Anmeldung erfolgen – unter Hinweis auf die Nutzung des Angebots. Bei Sonderveranstaltungen, Turnieren etc. müssen Gutscheine nicht angenommen werden.
- Das Kombinieren mit anderen Rabatten ist nicht möglich – es gilt das zum Abschlagszeitpunkt gültige, volle Greenfee! Bei unterschiedlichen Greenfees (z.B. Studenten-Rabatt) ist der günstigere Tarif gratis!
- Alle Inserenten verpflichten sich, Gutscheine zu den angegebenen Bedingungen einzulösen. Der Verlag übernimmt keine Haftung, wenn ein Gutschein nicht eingelöst wird oder werden kann. Alle Angaben ohne Gewähr!
- Das Angebot ist gültig bis 31.05.2023.

Hinweis

- Informieren Sie sich vorher über das für Sie gültige Greenfee.

Teilnahmebedingungen

- Zur Gutschein-Einlösung muss eine Greenfee-Berechtigung (z.B. Mindest-HCP, Mitgliedschaft in einem Golfclub) vorliegen.
- Der Gutschein kann nur mit Vorlage des Köllen Golfführer für Deutschland oder mit beiliegender KöllenCard eingelöst werden.
- Die Einlösung kann nur nach telefonischer Anmeldung erfolgen – unter Hinweis auf die Nutzung des Angebots. Bei Sonderveranstaltungen, Turnieren etc. müssen Gutscheine nicht angenommen werden.
- Das Kombinieren mit anderen Rabatten ist nicht möglich – es gilt das zum Abschlagszeitpunkt gültige, volle Greenfee! Bei unterschiedlichen Greenfees (z.B. Studenten-Rabatt) ist der günstigere Tarif gratis!
- Alle Inserenten verpflichten sich, Gutscheine zu den angegebenen Bedingungen einzulösen. Der Verlag übernimmt keine Haftung, wenn ein Gutschein nicht eingelöst wird oder werden kann. Alle Angaben ohne Gewähr!
- Das Angebot ist gültig bis 31.05.2023.

Hinweis

- Informieren Sie sich vorher über das für Sie gültige Greenfee.

Teilnahmebedingungen

- Zur Gutschein-Einlösung muss eine Greenfee-Berechtigung (z.B. Mindest-HCP, Mitgliedschaft in einem Golfclub) vorliegen.
- Der Gutschein kann nur mit Vorlage des Köllen Golfführer für Deutschland oder mit beiliegender KöllenCard eingelöst werden.
- Die Einlösung kann nur nach telefonischer Anmeldung erfolgen – unter Hinweis auf die Nutzung des Angebots. Bei Sonderveranstaltungen, Turnieren etc. müssen Gutscheine nicht angenommen werden.
- Das Kombinieren mit anderen Rabatten ist nicht möglich – es gilt das zum Abschlagszeitpunkt gültige, volle Greenfee! Bei unterschiedlichen Greenfees (z.B. Studenten-Rabatt) ist der günstigere Tarif gratis!
- Alle Inserenten verpflichten sich, Gutscheine zu den angegebenen Bedingungen einzulösen. Der Verlag übernimmt keine Haftung, wenn ein Gutschein nicht eingelöst wird oder werden kann. Alle Angaben ohne Gewähr!
- Das Angebot ist gültig bis 31.05.2023.

Hinweis

- Informieren Sie sich vorher über das für Sie gültige Greenfee.

Teilnahmebedingungen

- Zur Gutschein-Einlösung muss eine Greenfee-Berechtigung (z.B. Mindest-HCP, Mitgliedschaft in einem Golfclub) vorliegen.
- Der Gutschein kann nur mit Vorlage des Köllen Golfführer für Deutschland oder mit beiliegender KöllenCard eingelöst werden.
- Die Einlösung kann nur nach telefonischer Anmeldung erfolgen – unter Hinweis auf die Nutzung des Angebots. Bei Sonderveranstaltungen, Turnieren etc. müssen Gutscheine nicht angenommen werden.
- Das Kombinieren mit anderen Rabatten ist nicht möglich – es gilt das zum Abschlagszeitpunkt gültige, volle Greenfee! Bei unterschiedlichen Greenfees (z.B. Studenten-Rabatt) ist der günstigere Tarif gratis!
- Alle Inserenten verpflichten sich, Gutscheine zu den angegebenen Bedingungen einzulösen. Der Verlag übernimmt keine Haftung, wenn ein Gutschein nicht eingelöst wird oder werden kann. Alle Angaben ohne Gewähr!
- Das Angebot ist gültig bis 31.05.2023.

Hinweis

- Informieren Sie sich vorher über das für Sie gültige Greenfee.

GUTSCHEIN
20% Greenfee-Nachlass

KÖLLEN GOLF

%

Golfclub
Bad Wildungen e.V.

DGV-Nr. 6604 Seite 130 Gültig bis 31.05.2023

GUTSCHEIN
2. Greenfee ist gratis

KÖLLEN GOLF

2:1

25% GF-Nachlass (Einzelspieler)

Golf-Club
Schloss Braunfels e.V.

DGV-Nr. 6606 Seite 132 Gültig bis 31.05.2023

GUTSCHEIN
2. Greenfee ist gratis

KÖLLEN GOLF

2:1

25% GF-Nachlass (Einzelspieler)

Golf-Club
Schloss Braunfels e.V.

DGV-Nr. 6606 Seite 132 Gültig bis 31.05.2023

GUTSCHEIN
2. Greenfee ist gratis

KÖLLEN GOLF

2:1

25% GF-Nachlass (Einzelspieler)

Golf-Club
Darmstadt Traisa e.V.

DGV-Nr. 6607 Seite 147 Gültig bis 31.05.2023

GUTSCHEIN
2. Greenfee ist gratis

KÖLLEN GOLF

2:1

Golfclub Odenwald e.V.

DGV-Nr. 6608 Seite 150 Gültig bis 31.05.2023

GUTSCHEIN
2. Greenfee ist gratis

KÖLLEN GOLF

2:1

Golfclub Odenwald e.V.

DGV-Nr. 6608 Seite 150 Gültig bis 31.05.2023

GUTSCHEIN
2. Greenfee ist gratis

KÖLLEN GOLF

2:1

25% GF-Nachlass (Einzelspieler)

Golfclub Fulda Rhön e.V.

DGV-Nr. 6610 Seite 134 Gültig bis 31.05.2023

GUTSCHEIN
2. Greenfee ist gratis

KÖLLEN GOLF

2:1

25% GF-Nachlass (Einzelspieler)

Golfclub Fulda Rhön e.V.

DGV-Nr. 6610 Seite 134 Gültig bis 31.05.2023

GUTSCHEIN
20% Greenfee-Nachlass

KÖLLEN GOLF

%

Golf Club Kassel-
Wilhelmshöhe e. V.

DGV-Nr. 6612 Seite 128 Gültig bis 31.05.2023

GUTSCHEIN
20% Greenfee-Nachlass

KÖLLEN GOLF

%

Golf Club Kassel-
Wilhelmshöhe e. V.

DGV-Nr. 6612 Seite 128 Gültig bis 31.05.2023

Teilnahmebedingungen

- Zur Gutschein-Einlösung muss eine Greenfee-Berechtigung (z.B. Mindest-HCP, Mitgliedschaft in einem Golfclub) vorliegen.
- Der Gutschein kann nur mit Vorlage des Köllen Golfführer für Deutschland oder mit beiliegender KöllenCard eingelöst werden.
- Die Einlösung kann nur nach telefonischer Anmeldung erfolgen – unter Hinweis auf die Nutzung des Angebots. Bei Sonderveranstaltungen, Turnieren etc. müssen Gutscheine nicht angenommen werden.
- Das Kombinieren mit anderen Rabatten ist nicht möglich – es gilt das zum Abschlagszeitpunkt gültige, volle Greenfee! Bei unterschiedlichen Greenfees (z.B. Studenten-Rabatt) ist der günstigere Tarif gratis!
- Alle Inserenten verpflichten sich, Gutscheine zu den angegebenen Bedingungen einzulösen. Der Verlag übernimmt keine Haftung, wenn ein Gutschein nicht eingelöst wird oder werden kann. Alle Angaben ohne Gewähr!
- Das Angebot ist gültig bis 31.05.2023.

Hinweis

- Informieren Sie sich vorher über das für Sie gültige Greenfee.

Teilnahmebedingungen

- Zur Gutschein-Einlösung muss eine Greenfee-Berechtigung (z.B. Mindest-HCP, Mitgliedschaft in einem Golfclub) vorliegen.
- Der Gutschein kann nur mit Vorlage des Köllen Golfführer für Deutschland oder mit beiliegender KöllenCard eingelöst werden.
- Die Einlösung kann nur nach telefonischer Anmeldung erfolgen – unter Hinweis auf die Nutzung des Angebots. Bei Sonderveranstaltungen, Turnieren etc. müssen Gutscheine nicht angenommen werden.
- Das Kombinieren mit anderen Rabatten ist nicht möglich – es gilt das zum Abschlagszeitpunkt gültige, volle Greenfee! Bei unterschiedlichen Greenfees (z.B. Studenten-Rabatt) ist der günstigere Tarif gratis!
- Alle Inserenten verpflichten sich, Gutscheine zu den angegebenen Bedingungen einzulösen. Der Verlag übernimmt keine Haftung, wenn ein Gutschein nicht eingelöst wird oder werden kann. Alle Angaben ohne Gewähr!
- Das Angebot ist gültig bis 31.05.2023.

Hinweis

- Informieren Sie sich vorher über das für Sie gültige Greenfee.

Teilnahmebedingungen

- Zur Gutschein-Einlösung muss eine Greenfee-Berechtigung (z.B. Mindest-HCP, Mitgliedschaft in einem Golfclub) vorliegen.
- Der Gutschein kann nur mit Vorlage des Köllen Golfführer für Deutschland oder mit beiliegender KöllenCard eingelöst werden.
- Die Einlösung kann nur nach telefonischer Anmeldung erfolgen – unter Hinweis auf die Nutzung des Angebots. Bei Sonderveranstaltungen, Turnieren etc. müssen Gutscheine nicht angenommen werden.
- Das Kombinieren mit anderen Rabatten ist nicht möglich – es gilt das zum Abschlagszeitpunkt gültige, volle Greenfee! Bei unterschiedlichen Greenfees (z.B. Studenten-Rabatt) ist der günstigere Tarif gratis!
- Alle Inserenten verpflichten sich, Gutscheine zu den angegebenen Bedingungen einzulösen. Der Verlag übernimmt keine Haftung, wenn ein Gutschein nicht eingelöst wird oder werden kann. Alle Angaben ohne Gewähr!
- Das Angebot ist gültig bis 31.05.2023.

Hinweis

- Informieren Sie sich vorher über das für Sie gültige Greenfee.

Teilnahmebedingungen

- Zur Gutschein-Einlösung muss eine Greenfee-Berechtigung (z.B. Mindest-HCP, Mitgliedschaft in einem Golfclub) vorliegen.
- Der Gutschein kann nur mit Vorlage des Köllen Golfführer für Deutschland oder mit beiliegender KöllenCard eingelöst werden.
- Die Einlösung kann nur nach telefonischer Anmeldung erfolgen – unter Hinweis auf die Nutzung des Angebots. Bei Sonderveranstaltungen, Turnieren etc. müssen Gutscheine nicht angenommen werden.
- Das Kombinieren mit anderen Rabatten ist nicht möglich – es gilt das zum Abschlagszeitpunkt gültige, volle Greenfee! Bei unterschiedlichen Greenfees (z.B. Studenten-Rabatt) ist der günstigere Tarif gratis!
- Alle Inserenten verpflichten sich, Gutscheine zu den angegebenen Bedingungen einzulösen. Der Verlag übernimmt keine Haftung, wenn ein Gutschein nicht eingelöst wird oder werden kann. Alle Angaben ohne Gewähr!
- Das Angebot ist gültig bis 31.05.2023.

Hinweis

- Informieren Sie sich vorher über das für Sie gültige Greenfee.

Teilnahmebedingungen

- Zur Gutschein-Einlösung muss eine Greenfee-Berechtigung (z.B. Mindest-HCP, Mitgliedschaft in einem Golfclub) vorliegen.
- Der Gutschein kann nur mit Vorlage des Köllen Golfführer für Deutschland oder mit beiliegender KöllenCard eingelöst werden.
- Die Einlösung kann nur nach telefonischer Anmeldung erfolgen – unter Hinweis auf die Nutzung des Angebots. Bei Sonderveranstaltungen, Turnieren etc. müssen Gutscheine nicht angenommen werden.
- Das Kombinieren mit anderen Rabatten ist nicht möglich – es gilt das zum Abschlagszeitpunkt gültige, volle Greenfee! Bei unterschiedlichen Greenfees (z.B. Studenten-Rabatt) ist der günstigere Tarif gratis!
- Alle Inserenten verpflichten sich, Gutscheine zu den angegebenen Bedingungen einzulösen. Der Verlag übernimmt keine Haftung, wenn ein Gutschein nicht eingelöst wird oder werden kann. Alle Angaben ohne Gewähr!
- Das Angebot ist gültig bis 31.05.2023.

Hinweis

- Informieren Sie sich vorher über das für Sie gültige Greenfee.

Teilnahmebedingungen

- Zur Gutschein-Einlösung muss eine Greenfee-Berechtigung (z.B. Mindest-HCP, Mitgliedschaft in einem Golfclub) vorliegen.
- Der Gutschein kann nur mit Vorlage des Köllen Golfführer für Deutschland oder mit beiliegender KöllenCard eingelöst werden.
- Die Einlösung kann nur nach telefonischer Anmeldung erfolgen – unter Hinweis auf die Nutzung des Angebots. Bei Sonderveranstaltungen, Turnieren etc. müssen Gutscheine nicht angenommen werden.
- Das Kombinieren mit anderen Rabatten ist nicht möglich – es gilt das zum Abschlagszeitpunkt gültige, volle Greenfee! Bei unterschiedlichen Greenfees (z.B. Studenten-Rabatt) ist der günstigere Tarif gratis!
- Alle Inserenten verpflichten sich, Gutscheine zu den angegebenen Bedingungen einzulösen. Der Verlag übernimmt keine Haftung, wenn ein Gutschein nicht eingelöst wird oder werden kann. Alle Angaben ohne Gewähr!
- Das Angebot ist gültig bis 31.05.2023.

Hinweis

- Informieren Sie sich vorher über das für Sie gültige Greenfee.

Teilnahmebedingungen

- Zur Gutschein-Einlösung muss eine Greenfee-Berechtigung (z.B. Mindest-HCP, Mitgliedschaft in einem Golfclub) vorliegen.
- Der Gutschein kann nur mit Vorlage des Köllen Golfführer für Deutschland oder mit beiliegender KöllenCard eingelöst werden.
- Die Einlösung kann nur nach telefonischer Anmeldung erfolgen – unter Hinweis auf die Nutzung des Angebots. Bei Sonderveranstaltungen, Turnieren etc. müssen Gutscheine nicht angenommen werden.
- Das Kombinieren mit anderen Rabatten ist nicht möglich – es gilt das zum Abschlagszeitpunkt gültige, volle Greenfee! Bei unterschiedlichen Greenfees (z.B. Studenten-Rabatt) ist der günstigere Tarif gratis!
- Alle Inserenten verpflichten sich, Gutscheine zu den angegebenen Bedingungen einzulösen. Der Verlag übernimmt keine Haftung, wenn ein Gutschein nicht eingelöst wird oder werden kann. Alle Angaben ohne Gewähr!
- Das Angebot ist gültig bis 31.05.2023.

Hinweis

- Informieren Sie sich vorher über das für Sie gültige Greenfee.

Teilnahmebedingungen

- Zur Gutschein-Einlösung muss eine Greenfee-Berechtigung (z.B. Mindest-HCP, Mitgliedschaft in einem Golfclub) vorliegen.
- Der Gutschein kann nur mit Vorlage des Köllen Golfführer für Deutschland oder mit beiliegender KöllenCard eingelöst werden.
- Die Einlösung kann nur nach telefonischer Anmeldung erfolgen – unter Hinweis auf die Nutzung des Angebots. Bei Sonderveranstaltungen, Turnieren etc. müssen Gutscheine nicht angenommen werden.
- Das Kombinieren mit anderen Rabatten ist nicht möglich – es gilt das zum Abschlagszeitpunkt gültige, volle Greenfee! Bei unterschiedlichen Greenfees (z.B. Studenten-Rabatt) ist der günstigere Tarif gratis!
- Alle Inserenten verpflichten sich, Gutscheine zu den angegebenen Bedingungen einzulösen. Der Verlag übernimmt keine Haftung, wenn ein Gutschein nicht eingelöst wird oder werden kann. Alle Angaben ohne Gewähr!
- Das Angebot ist gültig bis 31.05.2023.

Hinweis

- Informieren Sie sich vorher über das für Sie gültige Greenfee.

Teilnahmebedingungen

- Zur Gutschein-Einlösung muss eine Greenfee-Berechtigung (z.B. Mindest-HCP, Mitgliedschaft in einem Golfclub) vorliegen.
- Der Gutschein kann nur mit Vorlage des Köllen Golfführer für Deutschland oder mit beiliegender KöllenCard eingelöst werden.
- Die Einlösung kann nur nach telefonischer Anmeldung erfolgen – unter Hinweis auf die Nutzung des Angebots. Bei Sonderveranstaltungen, Turnieren etc. müssen Gutscheine nicht angenommen werden.
- Das Kombinieren mit anderen Rabatten ist nicht möglich – es gilt das zum Abschlagszeitpunkt gültige, volle Greenfee! Bei unterschiedlichen Greenfees (z.B. Studenten-Rabatt) ist der günstigere Tarif gratis!
- Alle Inserenten verpflichten sich, Gutscheine zu den angegebenen Bedingungen einzulösen. Der Verlag übernimmt keine Haftung, wenn ein Gutschein nicht eingelöst wird oder werden kann. Alle Angaben ohne Gewähr!
- Das Angebot ist gültig bis 31.05.2023.

Hinweis

- Informieren Sie sich vorher über das für Sie gültige Greenfee.

Teilnahmebedingungen

- Zur Gutschein-Einlösung muss eine Greenfee-Berechtigung (z.B. Mindest-HCP, Mitgliedschaft in einem Golfclub) vorliegen.
- Der Gutschein kann nur mit Vorlage des Köllen Golfführer für Deutschland oder mit beiliegender KöllenCard eingelöst werden.
- Die Einlösung kann nur nach telefonischer Anmeldung erfolgen – unter Hinweis auf die Nutzung des Angebots. Bei Sonderveranstaltungen, Turnieren etc. müssen Gutscheine nicht angenommen werden.
- Das Kombinieren mit anderen Rabatten ist nicht möglich – es gilt das zum Abschlagszeitpunkt gültige, volle Greenfee! Bei unterschiedlichen Greenfees (z.B. Studenten-Rabatt) ist der günstigere Tarif gratis!
- Alle Inserenten verpflichten sich, Gutscheine zu den angegebenen Bedingungen einzulösen. Der Verlag übernimmt keine Haftung, wenn ein Gutschein nicht eingelöst wird oder werden kann. Alle Angaben ohne Gewähr!
- Das Angebot ist gültig bis 31.05.2023.

Hinweis

- Informieren Sie sich vorher über das für Sie gültige Greenfee.

GUTSCHEIN
2. Greenfee ist gratis
KÖLLEN GOLF
2:1
25% GF-Nachlass (Einzelspieler)
Oberhessischer Golf-Club Marburg e.V.
DGV-Nr. 6614 Seite 131 Gültig bis 31.05.2023

GUTSCHEIN
2. Greenfee ist gratis
KÖLLEN GOLF
2:1
25% GF-Nachlass (Einzelspieler)
Kurhessischer Golfclub Oberaula/Bad Hersfeld e.V.
DGV-Nr. 6616 Seite 135 Gültig bis 31.05.2023

GUTSCHEIN
2. Greenfee ist gratis
KÖLLEN GOLF
2:1
25% GF-Nachlass (Einzelspieler)
Kurhessischer Golfclub Oberaula/Bad Hersfeld e.V.
DGV-Nr. 6616 Seite 135 Gültig bis 31.05.2023

GUTSCHEIN
2. Greenfee ist gratis
KÖLLEN GOLF
2:1
25% GF-Nachlass (Einzelspieler)
Natur Golf-Club Geierstal e.V.
DGV-Nr. 6623 Seite 149 Gültig bis 31.05.2023

GUTSCHEIN
2. Greenfee ist gratis
KÖLLEN GOLF
2:1
25% GF-Nachlass (Einzelspieler)
nur Mo-Fr (außer feiertags)
Golf-Club Bad Orb Jossgrund e.V.
DGV-Nr. 6625 Seite 143 Gültig bis 31.05.2023

GUTSCHEIN
2. Greenfee ist gratis
KÖLLEN GOLF
2:1
25% GF-Nachlass (Einzelspieler)
nur Mo-Fr (außer feiertags)
Golf-Club Bad Orb Jossgrund e.V.
DGV-Nr. 6625 Seite 143 Gültig bis 31.05.2023

GUTSCHEIN
2. Greenfee ist gratis
KÖLLEN GOLF
2:1
25% GF-Nachlass (Einzelspieler)
nur Mo-Fr (außer feiertags)
Golf-Club Bad Orb Jossgrund e.V.
DGV-Nr. 6625 Seite 143 Gültig bis 31.05.2023

GUTSCHEIN
30% Greenfee-Nachlass
KÖLLEN GOLF
%
nur Mo-Fr (außer feiertags)
Golf-Club Bad Orb Jossgrund e.V.
DGV-Nr. 6625 Seite 143 Gültig bis 31.05.2023

GUTSCHEIN
30% Greenfee-Nachlass
KÖLLEN GOLF
%
nur Mo-Fr (außer feiertags)
Golf-Club Bad Orb Jossgrund e.V.
DGV-Nr. 6625 Seite 143 Gültig bis 31.05.2023

GUTSCHEIN
30% Greenfee-Nachlass
KÖLLEN GOLF
%
nur Mo-Fr (außer feiertags)
Golf-Club Bad Orb Jossgrund e.V.
DGV-Nr. 6625 Seite 143 Gültig bis 31.05.2023

Teilnahmebedingungen

- Zur Gutschein-Einlösung muss eine Greenfee-Berechtigung (z.B. Mindest-HCP, Mitgliedschaft in einem Golfclub) vorliegen.
- Der Gutschein kann nur mit Vorlage des Köllen Golfführer für Deutschland oder mit beiliegender KöllenCard eingelöst werden.
- Die Einlösung kann nur nach telefonischer Anmeldung erfolgen – unter Hinweis auf die Nutzung des Angebots. Bei Sonderveranstaltungen, Turnieren etc. müssen Gutscheine nicht angenommen werden.
- Das Kombinieren mit anderen Rabatten ist nicht möglich – es gilt das zum Abschlagszeitpunkt gültige, volle Greenfee! Bei unterschiedlichen Greenfees (z.B. Studenten-Rabatt) ist der günstigere Tarif gratis!
- Alle Inserenten verpflichten sich, Gutscheine zu den angegebenen Bedingungen einzulösen. Der Verlag übernimmt keine Haftung, wenn ein Gutschein nicht eingelöst wird oder werden kann. Alle Angaben ohne Gewähr!
- Das Angebot ist gültig bis 31.05.2023.

Hinweis

- Informieren Sie sich vorher über das für Sie gültige Greenfee.

Teilnahmebedingungen

- Zur Gutschein-Einlösung muss eine Greenfee-Berechtigung (z.B. Mindest-HCP, Mitgliedschaft in einem Golfclub) vorliegen.
- Der Gutschein kann nur mit Vorlage des Köllen Golfführer für Deutschland oder mit beiliegender KöllenCard eingelöst werden.
- Die Einlösung kann nur nach telefonischer Anmeldung erfolgen – unter Hinweis auf die Nutzung des Angebots. Bei Sonderveranstaltungen, Turnieren etc. müssen Gutscheine nicht angenommen werden.
- Das Kombinieren mit anderen Rabatten ist nicht möglich – es gilt das zum Abschlagszeitpunkt gültige, volle Greenfee! Bei unterschiedlichen Greenfees (z.B. Studenten-Rabatt) ist der günstigere Tarif gratis!
- Alle Inserenten verpflichten sich, Gutscheine zu den angegebenen Bedingungen einzulösen. Der Verlag übernimmt keine Haftung, wenn ein Gutschein nicht eingelöst wird oder werden kann. Alle Angaben ohne Gewähr!
- Das Angebot ist gültig bis 31.05.2023.

Hinweis

- Informieren Sie sich vorher über das für Sie gültige Greenfee.

Teilnahmebedingungen

- Zur Gutschein-Einlösung muss eine Greenfee-Berechtigung (z.B. Mindest-HCP, Mitgliedschaft in einem Golfclub) vorliegen.
- Der Gutschein kann nur mit Vorlage des Köllen Golfführer für Deutschland oder mit beiliegender KöllenCard eingelöst werden.
- Die Einlösung kann nur nach telefonischer Anmeldung erfolgen – unter Hinweis auf die Nutzung des Angebots. Bei Sonderveranstaltungen, Turnieren etc. müssen Gutscheine nicht angenommen werden.
- Das Kombinieren mit anderen Rabatten ist nicht möglich – es gilt das zum Abschlagszeitpunkt gültige, volle Greenfee! Bei unterschiedlichen Greenfees (z.B. Studenten-Rabatt) ist der günstigere Tarif gratis!
- Alle Inserenten verpflichten sich, Gutscheine zu den angegebenen Bedingungen einzulösen. Der Verlag übernimmt keine Haftung, wenn ein Gutschein nicht eingelöst wird oder werden kann. Alle Angaben ohne Gewähr!
- Das Angebot ist gültig bis 31.05.2023.

Hinweis

- Informieren Sie sich vorher über das für Sie gültige Greenfee.

Teilnahmebedingungen

- Zur Gutschein-Einlösung muss eine Greenfee-Berechtigung (z.B. Mindest-HCP, Mitgliedschaft in einem Golfclub) vorliegen.
- Der Gutschein kann nur mit Vorlage des Köllen Golfführer für Deutschland oder mit beiliegender KöllenCard eingelöst werden.
- Die Einlösung kann nur nach telefonischer Anmeldung erfolgen – unter Hinweis auf die Nutzung des Angebots. Bei Sonderveranstaltungen, Turnieren etc. müssen Gutscheine nicht angenommen werden.
- Das Kombinieren mit anderen Rabatten ist nicht möglich – es gilt das zum Abschlagszeitpunkt gültige, volle Greenfee! Bei unterschiedlichen Greenfees (z.B. Studenten-Rabatt) ist der günstigere Tarif gratis!
- Alle Inserenten verpflichten sich, Gutscheine zu den angegebenen Bedingungen einzulösen. Der Verlag übernimmt keine Haftung, wenn ein Gutschein nicht eingelöst wird oder werden kann. Alle Angaben ohne Gewähr!
- Das Angebot ist gültig bis 31.05.2023.

Hinweis

- Informieren Sie sich vorher über das für Sie gültige Greenfee.

Teilnahmebedingungen

- Zur Gutschein-Einlösung muss eine Greenfee-Berechtigung (z.B. Mindest-HCP, Mitgliedschaft in einem Golfclub) vorliegen.
- Der Gutschein kann nur mit Vorlage des Köllen Golfführer für Deutschland oder mit beiliegender KöllenCard eingelöst werden.
- Die Einlösung kann nur nach telefonischer Anmeldung erfolgen – unter Hinweis auf die Nutzung des Angebots. Bei Sonderveranstaltungen, Turnieren etc. müssen Gutscheine nicht angenommen werden.
- Das Kombinieren mit anderen Rabatten ist nicht möglich – es gilt das zum Abschlagszeitpunkt gültige, volle Greenfee! Bei unterschiedlichen Greenfees (z.B. Studenten-Rabatt) ist der günstigere Tarif gratis!
- Alle Inserenten verpflichten sich, Gutscheine zu den angegebenen Bedingungen einzulösen. Der Verlag übernimmt keine Haftung, wenn ein Gutschein nicht eingelöst wird oder werden kann. Alle Angaben ohne Gewähr!
- Das Angebot ist gültig bis 31.05.2023.

Hinweis

- Informieren Sie sich vorher über das für Sie gültige Greenfee.

Teilnahmebedingungen

- Zur Gutschein-Einlösung muss eine Greenfee-Berechtigung (z.B. Mindest-HCP, Mitgliedschaft in einem Golfclub) vorliegen.
- Der Gutschein kann nur mit Vorlage des Köllen Golfführer für Deutschland oder mit beiliegender KöllenCard eingelöst werden.
- Die Einlösung kann nur nach telefonischer Anmeldung erfolgen – unter Hinweis auf die Nutzung des Angebots. Bei Sonderveranstaltungen, Turnieren etc. müssen Gutscheine nicht angenommen werden.
- Das Kombinieren mit anderen Rabatten ist nicht möglich – es gilt das zum Abschlagszeitpunkt gültige, volle Greenfee! Bei unterschiedlichen Greenfees (z.B. Studenten-Rabatt) ist der günstigere Tarif gratis!
- Alle Inserenten verpflichten sich, Gutscheine zu den angegebenen Bedingungen einzulösen. Der Verlag übernimmt keine Haftung, wenn ein Gutschein nicht eingelöst wird oder werden kann. Alle Angaben ohne Gewähr!
- Das Angebot ist gültig bis 31.05.2023.

Hinweis

- Informieren Sie sich vorher über das für Sie gültige Greenfee.

Teilnahmebedingungen

- Zur Gutschein-Einlösung muss eine Greenfee-Berechtigung (z.B. Mindest-HCP, Mitgliedschaft in einem Golfclub) vorliegen.
- Der Gutschein kann nur mit Vorlage des Köllen Golfführer für Deutschland oder mit beiliegender KöllenCard eingelöst werden.
- Die Einlösung kann nur nach telefonischer Anmeldung erfolgen – unter Hinweis auf die Nutzung des Angebots. Bei Sonderveranstaltungen, Turnieren etc. müssen Gutscheine nicht angenommen werden.
- Das Kombinieren mit anderen Rabatten ist nicht möglich – es gilt das zum Abschlagszeitpunkt gültige, volle Greenfee! Bei unterschiedlichen Greenfees (z.B. Studenten-Rabatt) ist der günstigere Tarif gratis!
- Alle Inserenten verpflichten sich, Gutscheine zu den angegebenen Bedingungen einzulösen. Der Verlag übernimmt keine Haftung, wenn ein Gutschein nicht eingelöst wird oder werden kann. Alle Angaben ohne Gewähr!
- Das Angebot ist gültig bis 31.05.2023.

Hinweis

- Informieren Sie sich vorher über das für Sie gültige Greenfee.

Teilnahmebedingungen

- Zur Gutschein-Einlösung muss eine Greenfee-Berechtigung (z.B. Mindest-HCP, Mitgliedschaft in einem Golfclub) vorliegen.
- Der Gutschein kann nur mit Vorlage des Köllen Golfführer für Deutschland oder mit beiliegender KöllenCard eingelöst werden.
- Die Einlösung kann nur nach telefonischer Anmeldung erfolgen – unter Hinweis auf die Nutzung des Angebots. Bei Sonderveranstaltungen, Turnieren etc. müssen Gutscheine nicht angenommen werden.
- Das Kombinieren mit anderen Rabatten ist nicht möglich – es gilt das zum Abschlagszeitpunkt gültige, volle Greenfee! Bei unterschiedlichen Greenfees (z.B. Studenten-Rabatt) ist der günstigere Tarif gratis!
- Alle Inserenten verpflichten sich, Gutscheine zu den angegebenen Bedingungen einzulösen. Der Verlag übernimmt keine Haftung, wenn ein Gutschein nicht eingelöst wird oder werden kann. Alle Angaben ohne Gewähr!
- Das Angebot ist gültig bis 31.05.2023.

Hinweis

- Informieren Sie sich vorher über das für Sie gültige Greenfee.

Teilnahmebedingungen

- Zur Gutschein-Einlösung muss eine Greenfee-Berechtigung (z.B. Mindest-HCP, Mitgliedschaft in einem Golfclub) vorliegen.
- Der Gutschein kann nur mit Vorlage des Köllen Golfführer für Deutschland oder mit beiliegender KöllenCard eingelöst werden.
- Die Einlösung kann nur nach telefonischer Anmeldung erfolgen – unter Hinweis auf die Nutzung des Angebots. Bei Sonderveranstaltungen, Turnieren etc. müssen Gutscheine nicht angenommen werden.
- Das Kombinieren mit anderen Rabatten ist nicht möglich – es gilt das zum Abschlagszeitpunkt gültige, volle Greenfee! Bei unterschiedlichen Greenfees (z.B. Studenten-Rabatt) ist der günstigere Tarif gratis!
- Alle Inserenten verpflichten sich, Gutscheine zu den angegebenen Bedingungen einzulösen. Der Verlag übernimmt keine Haftung, wenn ein Gutschein nicht eingelöst wird oder werden kann. Alle Angaben ohne Gewähr!
- Das Angebot ist gültig bis 31.05.2023.

Hinweis

- Informieren Sie sich vorher über das für Sie gültige Greenfee.

Teilnahmebedingungen

- Zur Gutschein-Einlösung muss eine Greenfee-Berechtigung (z.B. Mindest-HCP, Mitgliedschaft in einem Golfclub) vorliegen.
- Der Gutschein kann nur mit Vorlage des Köllen Golfführer für Deutschland oder mit beiliegender KöllenCard eingelöst werden.
- Die Einlösung kann nur nach telefonischer Anmeldung erfolgen – unter Hinweis auf die Nutzung des Angebots. Bei Sonderveranstaltungen, Turnieren etc. müssen Gutscheine nicht angenommen werden.
- Das Kombinieren mit anderen Rabatten ist nicht möglich – es gilt das zum Abschlagszeitpunkt gültige, volle Greenfee! Bei unterschiedlichen Greenfees (z.B. Studenten-Rabatt) ist der günstigere Tarif gratis!
- Alle Inserenten verpflichten sich, Gutscheine zu den angegebenen Bedingungen einzulösen. Der Verlag übernimmt keine Haftung, wenn ein Gutschein nicht eingelöst wird oder werden kann. Alle Angaben ohne Gewähr!
- Das Angebot ist gültig bis 31.05.2023.

Hinweis

- Informieren Sie sich vorher über das für Sie gültige Greenfee.

GUTSCHEIN
2. Greenfee ist gratis

KÖLLEN GOLF

2:1

25% GF-Nachlass (Einzelspieler)

Golfclub Dillenburg e.V.

DGV-Nr. 6626 Seite 133 Gültig bis 31.05.2023

GUTSCHEIN
2. Greenfee ist gratis

KÖLLEN GOLF

2:1

25% GF-Nachlass (Einzelspieler)

Golfclub Dillenburg e.V.

DGV-Nr. 6626 Seite 133 Gültig bis 31.05.2023

GUTSCHEIN
2. Greenfee ist gratis

KÖLLEN GOLF

2:1

25% GF-Nachlass (Einzelspieler)

Golfclub Dillenburg e.V.

DGV-Nr. 6626 Seite 133 Gültig bis 31.05.2023

GUTSCHEIN
2. Greenfee ist gratis

KÖLLEN GOLF

2:1

25% GF-Nachlass (Einzelspieler)

Golfclub Dillenburg e.V.

DGV-Nr. 6626 Seite 133 Gültig bis 31.05.2023

GUTSCHEIN
2. Greenfee ist gratis

KÖLLEN GOLF

2:1

Attighof
Golf & Country Club e.V.

DGV-Nr. 6627 Seite 133 Gültig bis 31.05.2023

GUTSCHEIN
2. Greenfee ist gratis

KÖLLEN GOLF

2:1

25% GF-Nachlass (Einzelspieler)

Golf- und Land-Club
Buchenhof Hetzbach e.V.

DGV-Nr. 6634 Seite 150 Gültig bis 31.05.2023

GUTSCHEIN
2. Greenfee ist gratis

KÖLLEN GOLF

2:1

25% GF-Nachlass (Einzelspieler)

Golf- und Land-Club
Buchenhof Hetzbach e.V.

DGV-Nr. 6634 Seite 150 Gültig bis 31.05.2023

GUTSCHEIN
2. Greenfee ist gratis

KÖLLEN GOLF

2:1

25% GF-Nachlass (Einzelspieler)

Golf- und Land-Club
Buchenhof Hetzbach e.V.

DGV-Nr. 6634 Seite 150 Gültig bis 31.05.2023

GUTSCHEIN
2. Greenfee ist gratis

KÖLLEN GOLF

2:1

25% GF-Nachlass (Einzelspieler)

Golf- und Land-Club
Buchenhof Hetzbach e.V.

DGV-Nr. 6634 Seite 150 Gültig bis 31.05.2023

GUTSCHEIN
2. Greenfee ist gratis

KÖLLEN GOLF

2:1

25% GF-Nachlass (Einzelspieler)
nur Di-Fr (außer feiertags)

Golf-Club Winnerod e.V.

DGV-Nr. 6643 Seite 132 Gültig bis 31.05.2023

Teilnahmebedingungen

- Zur Gutschein-Einlösung muss eine Greenfee-Berechtigung (z.B. Mindest-HCP, Mitgliedschaft in einem Golfclub) vorliegen.
- Der Gutschein kann nur mit Vorlage des Köllen Golfführer für Deutschland oder mit beiliegender KöllenCard eingelöst werden.
- Die Einlösung kann nur nach telefonischer Anmeldung erfolgen – unter Hinweis auf die Nutzung des Angebots. Bei Sonderveranstaltungen, Turnieren etc. müssen Gutscheine nicht angenommen werden.
- Das Kombinieren mit anderen Rabatten ist nicht möglich – es gilt das zum Abschlagszeitpunkt gültige, volle Greenfee! Bei unterschiedlichen Greenfees (z.B. Studenten-Rabatt) ist der günstigere Tarif gratis!
- Alle Inserenten verpflichten sich, Gutscheine zu den angegebenen Bedingungen einzulösen. Der Verlag übernimmt keine Haftung, wenn ein Gutschein nicht eingelöst wird oder werden kann. Alle Angaben ohne Gewähr!
- Das Angebot ist gültig bis 31.05.2023.

Hinweis

- Informieren Sie sich vorher über das für Sie gültige Greenfee.

Teilnahmebedingungen

- Zur Gutschein-Einlösung muss eine Greenfee-Berechtigung (z.B. Mindest-HCP, Mitgliedschaft in einem Golfclub) vorliegen.
- Der Gutschein kann nur mit Vorlage des Köllen Golfführer für Deutschland oder mit beiliegender KöllenCard eingelöst werden.
- Die Einlösung kann nur nach telefonischer Anmeldung erfolgen – unter Hinweis auf die Nutzung des Angebots. Bei Sonderveranstaltungen, Turnieren etc. müssen Gutscheine nicht angenommen werden.
- Das Kombinieren mit anderen Rabatten ist nicht möglich – es gilt das zum Abschlagszeitpunkt gültige, volle Greenfee! Bei unterschiedlichen Greenfees (z.B. Studenten-Rabatt) ist der günstigere Tarif gratis!
- Alle Inserenten verpflichten sich, Gutscheine zu den angegebenen Bedingungen einzulösen. Der Verlag übernimmt keine Haftung, wenn ein Gutschein nicht eingelöst wird oder werden kann. Alle Angaben ohne Gewähr!
- Das Angebot ist gültig bis 31.05.2023.

Hinweis

- Informieren Sie sich vorher über das für Sie gültige Greenfee.

Teilnahmebedingungen

- Zur Gutschein-Einlösung muss eine Greenfee-Berechtigung (z.B. Mindest-HCP, Mitgliedschaft in einem Golfclub) vorliegen.
- Der Gutschein kann nur mit Vorlage des Köllen Golfführer für Deutschland oder mit beiliegender KöllenCard eingelöst werden.
- Die Einlösung kann nur nach telefonischer Anmeldung erfolgen – unter Hinweis auf die Nutzung des Angebots. Bei Sonderveranstaltungen, Turnieren etc. müssen Gutscheine nicht angenommen werden.
- Das Kombinieren mit anderen Rabatten ist nicht möglich – es gilt das zum Abschlagszeitpunkt gültige, volle Greenfee! Bei unterschiedlichen Greenfees (z.B. Studenten-Rabatt) ist der günstigere Tarif gratis!
- Alle Inserenten verpflichten sich, Gutscheine zu den angegebenen Bedingungen einzulösen. Der Verlag übernimmt keine Haftung, wenn ein Gutschein nicht eingelöst wird oder werden kann. Alle Angaben ohne Gewähr!
- Das Angebot ist gültig bis 31.05.2023.

Hinweis

- Informieren Sie sich vorher über das für Sie gültige Greenfee.

Teilnahmebedingungen

- Zur Gutschein-Einlösung muss eine Greenfee-Berechtigung (z.B. Mindest-HCP, Mitgliedschaft in einem Golfclub) vorliegen.
- Der Gutschein kann nur mit Vorlage des Köllen Golfführer für Deutschland oder mit beiliegender KöllenCard eingelöst werden.
- Die Einlösung kann nur nach telefonischer Anmeldung erfolgen – unter Hinweis auf die Nutzung des Angebots. Bei Sonderveranstaltungen, Turnieren etc. müssen Gutscheine nicht angenommen werden.
- Das Kombinieren mit anderen Rabatten ist nicht möglich – es gilt das zum Abschlagszeitpunkt gültige, volle Greenfee! Bei unterschiedlichen Greenfees (z.B. Studenten-Rabatt) ist der günstigere Tarif gratis!
- Alle Inserenten verpflichten sich, Gutscheine zu den angegebenen Bedingungen einzulösen. Der Verlag übernimmt keine Haftung, wenn ein Gutschein nicht eingelöst wird oder werden kann. Alle Angaben ohne Gewähr!
- Das Angebot ist gültig bis 31.05.2023.

Hinweis

- Informieren Sie sich vorher über das für Sie gültige Greenfee.

Teilnahmebedingungen

- Zur Gutschein-Einlösung muss eine Greenfee-Berechtigung (z.B. Mindest-HCP, Mitgliedschaft in einem Golfclub) vorliegen.
- Der Gutschein kann nur mit Vorlage des Köllen Golfführer für Deutschland oder mit beiliegender KöllenCard eingelöst werden.
- Die Einlösung kann nur nach telefonischer Anmeldung erfolgen – unter Hinweis auf die Nutzung des Angebots. Bei Sonderveranstaltungen, Turnieren etc. müssen Gutscheine nicht angenommen werden.
- Das Kombinieren mit anderen Rabatten ist nicht möglich – es gilt das zum Abschlagszeitpunkt gültige, volle Greenfee! Bei unterschiedlichen Greenfees (z.B. Studenten-Rabatt) ist der günstigere Tarif gratis!
- Alle Inserenten verpflichten sich, Gutscheine zu den angegebenen Bedingungen einzulösen. Der Verlag übernimmt keine Haftung, wenn ein Gutschein nicht eingelöst wird oder werden kann. Alle Angaben ohne Gewähr!
- Das Angebot ist gültig bis 31.05.2023.

Hinweis

- Informieren Sie sich vorher über das für Sie gültige Greenfee.

Teilnahmebedingungen

- Zur Gutschein-Einlösung muss eine Greenfee-Berechtigung (z.B. Mindest-HCP, Mitgliedschaft in einem Golfclub) vorliegen.
- Der Gutschein kann nur mit Vorlage des Köllen Golfführer für Deutschland oder mit beiliegender KöllenCard eingelöst werden.
- Die Einlösung kann nur nach telefonischer Anmeldung erfolgen – unter Hinweis auf die Nutzung des Angebots. Bei Sonderveranstaltungen, Turnieren etc. müssen Gutscheine nicht angenommen werden.
- Das Kombinieren mit anderen Rabatten ist nicht möglich – es gilt das zum Abschlagszeitpunkt gültige, volle Greenfee! Bei unterschiedlichen Greenfees (z.B. Studenten-Rabatt) ist der günstigere Tarif gratis!
- Alle Inserenten verpflichten sich, Gutscheine zu den angegebenen Bedingungen einzulösen. Der Verlag übernimmt keine Haftung, wenn ein Gutschein nicht eingelöst wird oder werden kann. Alle Angaben ohne Gewähr!
- Das Angebot ist gültig bis 31.05.2023.

Hinweis

- Informieren Sie sich vorher über das für Sie gültige Greenfee.

Teilnahmebedingungen

- Zur Gutschein-Einlösung muss eine Greenfee-Berechtigung (z.B. Mindest-HCP, Mitgliedschaft in einem Golfclub) vorliegen.
- Der Gutschein kann nur mit Vorlage des Köllen Golfführer für Deutschland oder mit beiliegender KöllenCard eingelöst werden.
- Die Einlösung kann nur nach telefonischer Anmeldung erfolgen – unter Hinweis auf die Nutzung des Angebots. Bei Sonderveranstaltungen, Turnieren etc. müssen Gutscheine nicht angenommen werden.
- Das Kombinieren mit anderen Rabatten ist nicht möglich – es gilt das zum Abschlagszeitpunkt gültige, volle Greenfee! Bei unterschiedlichen Greenfees (z.B. Studenten-Rabatt) ist der günstigere Tarif gratis!
- Alle Inserenten verpflichten sich, Gutscheine zu den angegebenen Bedingungen einzulösen. Der Verlag übernimmt keine Haftung, wenn ein Gutschein nicht eingelöst wird oder werden kann. Alle Angaben ohne Gewähr!
- Das Angebot ist gültig bis 31.05.2023.

Hinweis

- Informieren Sie sich vorher über das für Sie gültige Greenfee.

Teilnahmebedingungen

- Zur Gutschein-Einlösung muss eine Greenfee-Berechtigung (z.B. Mindest-HCP, Mitgliedschaft in einem Golfclub) vorliegen.
- Der Gutschein kann nur mit Vorlage des Köllen Golfführer für Deutschland oder mit beiliegender KöllenCard eingelöst werden.
- Die Einlösung kann nur nach telefonischer Anmeldung erfolgen – unter Hinweis auf die Nutzung des Angebots. Bei Sonderveranstaltungen, Turnieren etc. müssen Gutscheine nicht angenommen werden.
- Das Kombinieren mit anderen Rabatten ist nicht möglich – es gilt das zum Abschlagszeitpunkt gültige, volle Greenfee! Bei unterschiedlichen Greenfees (z.B. Studenten-Rabatt) ist der günstigere Tarif gratis!
- Alle Inserenten verpflichten sich, Gutscheine zu den angegebenen Bedingungen einzulösen. Der Verlag übernimmt keine Haftung, wenn ein Gutschein nicht eingelöst wird oder werden kann. Alle Angaben ohne Gewähr!
- Das Angebot ist gültig bis 31.05.2023.

Hinweis

- Informieren Sie sich vorher über das für Sie gültige Greenfee.

Teilnahmebedingungen

- Zur Gutschein-Einlösung muss eine Greenfee-Berechtigung (z.B. Mindest-HCP, Mitgliedschaft in einem Golfclub) vorliegen.
- Der Gutschein kann nur mit Vorlage des Köllen Golfführer für Deutschland oder mit beiliegender KöllenCard eingelöst werden.
- Die Einlösung kann nur nach telefonischer Anmeldung erfolgen – unter Hinweis auf die Nutzung des Angebots. Bei Sonderveranstaltungen, Turnieren etc. müssen Gutscheine nicht angenommen werden.
- Das Kombinieren mit anderen Rabatten ist nicht möglich – es gilt das zum Abschlagszeitpunkt gültige, volle Greenfee! Bei unterschiedlichen Greenfees (z.B. Studenten-Rabatt) ist der günstigere Tarif gratis!
- Alle Inserenten verpflichten sich, Gutscheine zu den angegebenen Bedingungen einzulösen. Der Verlag übernimmt keine Haftung, wenn ein Gutschein nicht eingelöst wird oder werden kann. Alle Angaben ohne Gewähr!
- Das Angebot ist gültig bis 31.05.2023.

Hinweis

- Informieren Sie sich vorher über das für Sie gültige Greenfee.

Teilnahmebedingungen

- Zur Gutschein-Einlösung muss eine Greenfee-Berechtigung (z.B. Mindest-HCP, Mitgliedschaft in einem Golfclub) vorliegen.
- Der Gutschein kann nur mit Vorlage des Köllen Golfführer für Deutschland oder mit beiliegender KöllenCard eingelöst werden.
- Die Einlösung kann nur nach telefonischer Anmeldung erfolgen – unter Hinweis auf die Nutzung des Angebots. Bei Sonderveranstaltungen, Turnieren etc. müssen Gutscheine nicht angenommen werden.
- Das Kombinieren mit anderen Rabatten ist nicht möglich – es gilt das zum Abschlagszeitpunkt gültige, volle Greenfee! Bei unterschiedlichen Greenfees (z.B. Studenten-Rabatt) ist der günstigere Tarif gratis!
- Alle Inserenten verpflichten sich, Gutscheine zu den angegebenen Bedingungen einzulösen. Der Verlag übernimmt keine Haftung, wenn ein Gutschein nicht eingelöst wird oder werden kann. Alle Angaben ohne Gewähr!
- Das Angebot ist gültig bis 31.05.2023.

Hinweis

- Informieren Sie sich vorher über das für Sie gültige Greenfee.

GUTSCHEIN
2. Greenfee ist gratis
KÖLLEN GOLF
2:1
25% GF-Nachlass (Einzelspieler)
nur Di-Fr (außer feiertags)
Golf-Club Winnerod e.V.
DGV-Nr. 6643 Seite 132 Gültig bis 31.05.2023

GUTSCHEIN
2. Greenfee ist gratis
KÖLLEN GOLF
2:1
25% GF-Nachlass (Einzelspieler)
*Golf- und Landclub
Bad Arolsen e.V.*
DGV-Nr. 6644 Seite 129 Gültig bis 31.05.2023

GUTSCHEIN
2. Greenfee ist gratis
KÖLLEN GOLF
2:1
25% GF-Nachlass (Einzelspieler)
*Golf- und Landclub
Bad Arolsen e.V.*
DGV-Nr. 6644 Seite 129 Gültig bis 31.05.2023

GUTSCHEIN
30% Greenfee-Nachlass
KÖLLEN GOLF
%
*Golf- und Landclub
Bad Arolsen e.V.*
DGV-Nr. 6644 Seite 129 Gültig bis 31.05.2023

GUTSCHEIN
30% Greenfee-Nachlass
KÖLLEN GOLF
%
*Golf- und Landclub
Bad Arolsen e.V.*
DGV-Nr. 6644 Seite 129 Gültig bis 31.05.2023

GUTSCHEIN
2. Greenfee ist gratis
KÖLLEN GOLF
2:1
25% GF-Nachlass (Einzelspieler)
nur Mo-Fr (außer feiertags)
Golfpark Idstein
DGV-Nr. 6653 Seite 154 Gültig bis 31.05.2023

GUTSCHEIN
2. Greenfee ist gratis
KÖLLEN GOLF
2:1
25% GF-Nachlass (Einzelspieler)
*Golfclub
am Schottenring e.V.*
DGV-Nr. 6662 Seite 144 Gültig bis 31.05.2023

GUTSCHEIN
2. Greenfee ist gratis
KÖLLEN GOLF
2:1
25% GF-Nachlass (Einzelspieler)
*Golfclub
am Schottenring e.V.*
DGV-Nr. 6662 Seite 144 Gültig bis 31.05.2023

GUTSCHEIN
30% Greenfee-Nachlass
KÖLLEN GOLF
%
*Golfclub
am Schottenring e.V.*
DGV-Nr. 6662 Seite 144 Gültig bis 31.05.2023

GUTSCHEIN
30% Greenfee-Nachlass
KÖLLEN GOLF
%
*Golfclub
am Schottenring e.V.*
DGV-Nr. 6662 Seite 144 Gültig bis 31.05.2023

Teilnahmebedingungen

- Zur Gutschein-Einlösung muss eine Greenfee-Berechtigung (z.B. Mindest-HCP, Mitgliedschaft in einem Golfclub) vorliegen.
- Der Gutschein kann nur mit Vorlage des Köllen Golfführer für Deutschland oder mit beiliegender KöllenCard eingelöst werden.
- Die Einlösung kann nur nach telefonischer Anmeldung erfolgen – unter Hinweis auf die Nutzung des Angebots. Bei Sonderveranstaltungen, Turnieren etc. müssen Gutscheine nicht angenommen werden.
- Das Kombinieren mit anderen Rabatten ist nicht möglich – es gilt das zum Abschlagszeitpunkt gültige, volle Greenfee! Bei unterschiedlichen Greenfees (z.B. Studenten-Rabatt) ist der günstigere Tarif gratis!
- Alle Inserenten verpflichten sich, Gutscheine zu den angegebenen Bedingungen einzulösen. Der Verlag übernimmt keine Haftung, wenn ein Gutschein nicht eingelöst wird oder werden kann. Alle Angaben ohne Gewähr!
- Das Angebot ist gültig bis 31.05.2023.

Hinweis

- Informieren Sie sich vorher über das für Sie gültige Greenfee.

Teilnahmebedingungen

- Zur Gutschein-Einlösung muss eine Greenfee-Berechtigung (z.B. Mindest-HCP, Mitgliedschaft in einem Golfclub) vorliegen.
- Der Gutschein kann nur mit Vorlage des Köllen Golfführer für Deutschland oder mit beiliegender KöllenCard eingelöst werden.
- Die Einlösung kann nur nach telefonischer Anmeldung erfolgen – unter Hinweis auf die Nutzung des Angebots. Bei Sonderveranstaltungen, Turnieren etc. müssen Gutscheine nicht angenommen werden.
- Das Kombinieren mit anderen Rabatten ist nicht möglich – es gilt das zum Abschlagszeitpunkt gültige, volle Greenfee! Bei unterschiedlichen Greenfees (z.B. Studenten-Rabatt) ist der günstigere Tarif gratis!
- Alle Inserenten verpflichten sich, Gutscheine zu den angegebenen Bedingungen einzulösen. Der Verlag übernimmt keine Haftung, wenn ein Gutschein nicht eingelöst wird oder werden kann. Alle Angaben ohne Gewähr!
- Das Angebot ist gültig bis 31.05.2023.

Hinweis

- Informieren Sie sich vorher über das für Sie gültige Greenfee.

Teilnahmebedingungen

- Zur Gutschein-Einlösung muss eine Greenfee-Berechtigung (z.B. Mindest-HCP, Mitgliedschaft in einem Golfclub) vorliegen.
- Der Gutschein kann nur mit Vorlage des Köllen Golfführer für Deutschland oder mit beiliegender KöllenCard eingelöst werden.
- Die Einlösung kann nur nach telefonischer Anmeldung erfolgen – unter Hinweis auf die Nutzung des Angebots. Bei Sonderveranstaltungen, Turnieren etc. müssen Gutscheine nicht angenommen werden.
- Das Kombinieren mit anderen Rabatten ist nicht möglich – es gilt das zum Abschlagszeitpunkt gültige, volle Greenfee! Bei unterschiedlichen Greenfees (z.B. Studenten-Rabatt) ist der günstigere Tarif gratis!
- Alle Inserenten verpflichten sich, Gutscheine zu den angegebenen Bedingungen einzulösen. Der Verlag übernimmt keine Haftung, wenn ein Gutschein nicht eingelöst wird oder werden kann. Alle Angaben ohne Gewähr!
- Das Angebot ist gültig bis 31.05.2023.

Hinweis

- Informieren Sie sich vorher über das für Sie gültige Greenfee.

Teilnahmebedingungen

- Zur Gutschein-Einlösung muss eine Greenfee-Berechtigung (z.B. Mindest-HCP, Mitgliedschaft in einem Golfclub) vorliegen.
- Der Gutschein kann nur mit Vorlage des Köllen Golfführer für Deutschland oder mit beiliegender KöllenCard eingelöst werden.
- Die Einlösung kann nur nach telefonischer Anmeldung erfolgen – unter Hinweis auf die Nutzung des Angebots. Bei Sonderveranstaltungen, Turnieren etc. müssen Gutscheine nicht angenommen werden.
- Das Kombinieren mit anderen Rabatten ist nicht möglich – es gilt das zum Abschlagszeitpunkt gültige, volle Greenfee! Bei unterschiedlichen Greenfees (z.B. Studenten-Rabatt) ist der günstigere Tarif gratis!
- Alle Inserenten verpflichten sich, Gutscheine zu den angegebenen Bedingungen einzulösen. Der Verlag übernimmt keine Haftung, wenn ein Gutschein nicht eingelöst wird oder werden kann. Alle Angaben ohne Gewähr!
- Das Angebot ist gültig bis 31.05.2023.

Hinweis

- Informieren Sie sich vorher über das für Sie gültige Greenfee.

Teilnahmebedingungen

- Zur Gutschein-Einlösung muss eine Greenfee-Berechtigung (z.B. Mindest-HCP, Mitgliedschaft in einem Golfclub) vorliegen.
- Der Gutschein kann nur mit Vorlage des Köllen Golfführer für Deutschland oder mit beiliegender KöllenCard eingelöst werden.
- Die Einlösung kann nur nach telefonischer Anmeldung erfolgen – unter Hinweis auf die Nutzung des Angebots. Bei Sonderveranstaltungen, Turnieren etc. müssen Gutscheine nicht angenommen werden.
- Das Kombinieren mit anderen Rabatten ist nicht möglich – es gilt das zum Abschlagszeitpunkt gültige, volle Greenfee! Bei unterschiedlichen Greenfees (z.B. Studenten-Rabatt) ist der günstigere Tarif gratis!
- Alle Inserenten verpflichten sich, Gutscheine zu den angegebenen Bedingungen einzulösen. Der Verlag übernimmt keine Haftung, wenn ein Gutschein nicht eingelöst wird oder werden kann. Alle Angaben ohne Gewähr!
- Das Angebot ist gültig bis 31.05.2023.

Hinweis

- Informieren Sie sich vorher über das für Sie gültige Greenfee.

Teilnahmebedingungen

- Zur Gutschein-Einlösung muss eine Greenfee-Berechtigung (z.B. Mindest-HCP, Mitgliedschaft in einem Golfclub) vorliegen.
- Der Gutschein kann nur mit Vorlage des Köllen Golfführer für Deutschland oder mit beiliegender KöllenCard eingelöst werden.
- Die Einlösung kann nur nach telefonischer Anmeldung erfolgen – unter Hinweis auf die Nutzung des Angebots. Bei Sonderveranstaltungen, Turnieren etc. müssen Gutscheine nicht angenommen werden.
- Das Kombinieren mit anderen Rabatten ist nicht möglich – es gilt das zum Abschlagszeitpunkt gültige, volle Greenfee! Bei unterschiedlichen Greenfees (z.B. Studenten-Rabatt) ist der günstigere Tarif gratis!
- Alle Inserenten verpflichten sich, Gutscheine zu den angegebenen Bedingungen einzulösen. Der Verlag übernimmt keine Haftung, wenn ein Gutschein nicht eingelöst wird oder werden kann. Alle Angaben ohne Gewähr!
- Das Angebot ist gültig bis 31.05.2023.

Hinweis

- Informieren Sie sich vorher über das für Sie gültige Greenfee.

Teilnahmebedingungen

- Zur Gutschein-Einlösung muss eine Greenfee-Berechtigung (z.B. Mindest-HCP, Mitgliedschaft in einem Golfclub) vorliegen.
- Der Gutschein kann nur mit Vorlage des Köllen Golfführer für Deutschland oder mit beiliegender KöllenCard eingelöst werden.
- Die Einlösung kann nur nach telefonischer Anmeldung erfolgen – unter Hinweis auf die Nutzung des Angebots. Bei Sonderveranstaltungen, Turnieren etc. müssen Gutscheine nicht angenommen werden.
- Das Kombinieren mit anderen Rabatten ist nicht möglich – es gilt das zum Abschlagszeitpunkt gültige, volle Greenfee! Bei unterschiedlichen Greenfees (z.B. Studenten-Rabatt) ist der günstigere Tarif gratis!
- Alle Inserenten verpflichten sich, Gutscheine zu den angegebenen Bedingungen einzulösen. Der Verlag übernimmt keine Haftung, wenn ein Gutschein nicht eingelöst wird oder werden kann. Alle Angaben ohne Gewähr!
- Das Angebot ist gültig bis 31.05.2023.

Hinweis

- Informieren Sie sich vorher über das für Sie gültige Greenfee.

Teilnahmebedingungen

- Zur Gutschein-Einlösung muss eine Greenfee-Berechtigung (z.B. Mindest-HCP, Mitgliedschaft in einem Golfclub) vorliegen.
- Der Gutschein kann nur mit Vorlage des Köllen Golfführer für Deutschland oder mit beiliegender KöllenCard eingelöst werden.
- Die Einlösung kann nur nach telefonischer Anmeldung erfolgen – unter Hinweis auf die Nutzung des Angebots. Bei Sonderveranstaltungen, Turnieren etc. müssen Gutscheine nicht angenommen werden.
- Das Kombinieren mit anderen Rabatten ist nicht möglich – es gilt das zum Abschlagszeitpunkt gültige, volle Greenfee! Bei unterschiedlichen Greenfees (z.B. Studenten-Rabatt) ist der günstigere Tarif gratis!
- Alle Inserenten verpflichten sich, Gutscheine zu den angegebenen Bedingungen einzulösen. Der Verlag übernimmt keine Haftung, wenn ein Gutschein nicht eingelöst wird oder werden kann. Alle Angaben ohne Gewähr!
- Das Angebot ist gültig bis 31.05.2023.

Hinweis

- Informieren Sie sich vorher über das für Sie gültige Greenfee.

Teilnahmebedingungen

- Zur Gutschein-Einlösung muss eine Greenfee-Berechtigung (z.B. Mindest-HCP, Mitgliedschaft in einem Golfclub) vorliegen.
- Der Gutschein kann nur mit Vorlage des Köllen Golfführer für Deutschland oder mit beiliegender KöllenCard eingelöst werden.
- Die Einlösung kann nur nach telefonischer Anmeldung erfolgen – unter Hinweis auf die Nutzung des Angebots. Bei Sonderveranstaltungen, Turnieren etc. müssen Gutscheine nicht angenommen werden.
- Das Kombinieren mit anderen Rabatten ist nicht möglich – es gilt das zum Abschlagszeitpunkt gültige, volle Greenfee! Bei unterschiedlichen Greenfees (z.B. Studenten-Rabatt) ist der günstigere Tarif gratis!
- Alle Inserenten verpflichten sich, Gutscheine zu den angegebenen Bedingungen einzulösen. Der Verlag übernimmt keine Haftung, wenn ein Gutschein nicht eingelöst wird oder werden kann. Alle Angaben ohne Gewähr!
- Das Angebot ist gültig bis 31.05.2023.

Hinweis

- Informieren Sie sich vorher über das für Sie gültige Greenfee.

Teilnahmebedingungen

- Zur Gutschein-Einlösung muss eine Greenfee-Berechtigung (z.B. Mindest-HCP, Mitgliedschaft in einem Golfclub) vorliegen.
- Der Gutschein kann nur mit Vorlage des Köllen Golfführer für Deutschland oder mit beiliegender KöllenCard eingelöst werden.
- Die Einlösung kann nur nach telefonischer Anmeldung erfolgen – unter Hinweis auf die Nutzung des Angebots. Bei Sonderveranstaltungen, Turnieren etc. müssen Gutscheine nicht angenommen werden.
- Das Kombinieren mit anderen Rabatten ist nicht möglich – es gilt das zum Abschlagszeitpunkt gültige, volle Greenfee! Bei unterschiedlichen Greenfees (z.B. Studenten-Rabatt) ist der günstigere Tarif gratis!
- Alle Inserenten verpflichten sich, Gutscheine zu den angegebenen Bedingungen einzulösen. Der Verlag übernimmt keine Haftung, wenn ein Gutschein nicht eingelöst wird oder werden kann. Alle Angaben ohne Gewähr!
- Das Angebot ist gültig bis 31.05.2023.

Hinweis

- Informieren Sie sich vorher über das für Sie gültige Greenfee.

GUTSCHEIN
2. Greenfee ist gratis

KÖLLEN GOLF

2:1

25% GF-Nachlass (Einzelspieler)

Hofgut Georgenthal

DGV-Nr. 6670 Seite 153 Gültig bis 31.05.2023

GUTSCHEIN
2. Greenfee ist gratis
KÖLLEN GOLF
2:1
25% GF-Nachlass (Einzelspieler)
Hofgut Georgenthal
DGV-Nr. 6670 Seite 153 Gültig bis 31.05.2023
MEHR DRIVE FÜR DIE STRASSE.
www.bmw.de/iX

GUTSCHEIN
2. Greenfee ist gratis
KÖLLEN GOLF
2:1
25% GF-Nachlass (Einzelspieler)
Hofgut Georgenthal
DGV-Nr. 6670 Seite 153 Gültig bis 31.05.2023
MEHR DRIVE FÜR DIE STRASSE.
www.bmw.de/iX

GUTSCHEIN
2. Greenfee ist gratis
KÖLLEN GOLF
2:1
25% GF-Nachlass (Einzelspieler)
Hofgut Georgenthal
DGV-Nr. 6670 Seite 153 Gültig bis 31.05.2023
MEHR DRIVE FÜR DIE STRASSE.
www.bmw.de/iX

GUTSCHEIN
2. Greenfee ist gratis

KÖLLEN GOLF

2:1

25% GF-Nachlass (Einzelspieler)

Aschaffenburger Golfclub e.V.

DGV-Nr. 8803 Seite 145 Gültig bis 31.05.2023

GUTSCHEIN
2. Greenfee ist gratis
KÖLLEN GOLF
2:1
25% GF-Nachlass (Einzelspieler)
Aschaffenburger Golfclub e.V.
DGV-Nr. 8803 Seite 145 Gültig bis 31.05.2023
MEHR DRIVE FÜR DIE STRASSE.
www.bmw.de/iX

GUTSCHEIN
2. Greenfee ist gratis

KÖLLEN GOLF

2:1

25% GF-Nachlass (Einzelspieler)
nur Mo-Fr (außer feiertags)

Golfclub Gut Sansenhof e.V.

DGV-Nr. 8906 Seite 146 Gültig bis 31.05.2023

GUTSCHEIN
25% Greenfee-Nachlass

KÖLLEN GOLF

%

nur Mo-Fr (außer feiertags)

Golfclub Gut Sansenhof e.V.

DGV-Nr. 8906 Seite 146 Gültig bis 31.05.2023

GUTSCHEIN
2. Greenfee ist gratis

KÖLLEN GOLF

2:1

25% GF-Nachlass (Einzelspieler)
gilt nur für Erftal-Course und für 18-Loch Runden

Golfclub Miltenberg – Erftal e.V.

DGV-Nr. 8926 Seite 146 Gültig bis 31.05.2023

GUTSCHEIN
2. Greenfee ist gratis
KÖLLEN GOLF
2:1
25% GF-Nachlass (Einzelspieler)
gilt nur für Erftal-Course und für 18-Loch Runden
Golfclub Miltenberg – Erftal e.V.
DGV-Nr. 8926 Seite 146 Gültig bis 31.05.2023
MEHR DRIVE FÜR DIE STRASSE.
www.bmw.de/iX

Teilnahmebedingungen

- Zur Gutschein-Einlösung muss eine Greenfee-Berechtigung (z.B. Mindest-HCP, Mitgliedschaft in einem Golfclub) vorliegen.
- Der Gutschein kann nur mit Vorlage des Köllen Golfführer für Deutschland oder mit beiliegender KöllenCard eingelöst werden.
- Die Einlösung kann nur nach telefonischer Anmeldung erfolgen – unter Hinweis auf die Nutzung des Angebots. Bei Sonderveranstaltungen, Turnieren etc. müssen Gutscheine nicht angenommen werden.
- Das Kombinieren mit anderen Rabatten ist nicht möglich – es gilt das zum Abschlagszeitpunkt gültige, volle Greenfee! Bei unterschiedlichen Greenfees (z.B. Studenten-Rabatt) ist der günstigere Tarif gratis!
- Alle Inserenten verpflichten sich, Gutscheine zu den angegebenen Bedingungen einzulösen. Der Verlag übernimmt keine Haftung, wenn ein Gutschein nicht eingelöst wird oder werden kann. Alle Angaben ohne Gewähr!
- Das Angebot ist gültig bis 31.05.2023.

Hinweis

- Informieren Sie sich vorher über das für Sie gültige Greenfee.

Teilnahmebedingungen

- Zur Gutschein-Einlösung muss eine Greenfee-Berechtigung (z.B. Mindest-HCP, Mitgliedschaft in einem Golfclub) vorliegen.
- Der Gutschein kann nur mit Vorlage des Köllen Golfführer für Deutschland oder mit beiliegender KöllenCard eingelöst werden.
- Die Einlösung kann nur nach telefonischer Anmeldung erfolgen – unter Hinweis auf die Nutzung des Angebots. Bei Sonderveranstaltungen, Turnieren etc. müssen Gutscheine nicht angenommen werden.
- Das Kombinieren mit anderen Rabatten ist nicht möglich – es gilt das zum Abschlagszeitpunkt gültige, volle Greenfee! Bei unterschiedlichen Greenfees (z.B. Studenten-Rabatt) ist der günstigere Tarif gratis!
- Alle Inserenten verpflichten sich, Gutscheine zu den angegebenen Bedingungen einzulösen. Der Verlag übernimmt keine Haftung, wenn ein Gutschein nicht eingelöst wird oder werden kann. Alle Angaben ohne Gewähr!
- Das Angebot ist gültig bis 31.05.2023.

Hinweis

- Informieren Sie sich vorher über das für Sie gültige Greenfee.

Teilnahmebedingungen

- Zur Gutschein-Einlösung muss eine Greenfee-Berechtigung (z.B. Mindest-HCP, Mitgliedschaft in einem Golfclub) vorliegen.
- Der Gutschein kann nur mit Vorlage des Köllen Golfführer für Deutschland oder mit beiliegender KöllenCard eingelöst werden.
- Die Einlösung kann nur nach telefonischer Anmeldung erfolgen – unter Hinweis auf die Nutzung des Angebots. Bei Sonderveranstaltungen, Turnieren etc. müssen Gutscheine nicht angenommen werden.
- Das Kombinieren mit anderen Rabatten ist nicht möglich – es gilt das zum Abschlagszeitpunkt gültige, volle Greenfee! Bei unterschiedlichen Greenfees (z.B. Studenten-Rabatt) ist der günstigere Tarif gratis!
- Alle Inserenten verpflichten sich, Gutscheine zu den angegebenen Bedingungen einzulösen. Der Verlag übernimmt keine Haftung, wenn ein Gutschein nicht eingelöst wird oder werden kann. Alle Angaben ohne Gewähr!
- Das Angebot ist gültig bis 31.05.2023.

Hinweis

- Informieren Sie sich vorher über das für Sie gültige Greenfee.

Teilnahmebedingungen

- Zur Gutschein-Einlösung muss eine Greenfee-Berechtigung (z.B. Mindest-HCP, Mitgliedschaft in einem Golfclub) vorliegen.
- Der Gutschein kann nur mit Vorlage des Köllen Golfführer für Deutschland oder mit beiliegender KöllenCard eingelöst werden.
- Die Einlösung kann nur nach telefonischer Anmeldung erfolgen – unter Hinweis auf die Nutzung des Angebots. Bei Sonderveranstaltungen, Turnieren etc. müssen Gutscheine nicht angenommen werden.
- Das Kombinieren mit anderen Rabatten ist nicht möglich – es gilt das zum Abschlagszeitpunkt gültige, volle Greenfee! Bei unterschiedlichen Greenfees (z.B. Studenten-Rabatt) ist der günstigere Tarif gratis!
- Alle Inserenten verpflichten sich, Gutscheine zu den angegebenen Bedingungen einzulösen. Der Verlag übernimmt keine Haftung, wenn ein Gutschein nicht eingelöst wird oder werden kann. Alle Angaben ohne Gewähr!
- Das Angebot ist gültig bis 31.05.2023.

Hinweis

- Informieren Sie sich vorher über das für Sie gültige Greenfee.

Teilnahmebedingungen

- Zur Gutschein-Einlösung muss eine Greenfee-Berechtigung (z.B. Mindest-HCP, Mitgliedschaft in einem Golfclub) vorliegen.
- Der Gutschein kann nur mit Vorlage des Köllen Golfführer für Deutschland oder mit beiliegender KöllenCard eingelöst werden.
- Die Einlösung kann nur nach telefonischer Anmeldung erfolgen – unter Hinweis auf die Nutzung des Angebots. Bei Sonderveranstaltungen, Turnieren etc. müssen Gutscheine nicht angenommen werden.
- Das Kombinieren mit anderen Rabatten ist nicht möglich – es gilt das zum Abschlagszeitpunkt gültige, volle Greenfee! Bei unterschiedlichen Greenfees (z.B. Studenten-Rabatt) ist der günstigere Tarif gratis!
- Alle Inserenten verpflichten sich, Gutscheine zu den angegebenen Bedingungen einzulösen. Der Verlag übernimmt keine Haftung, wenn ein Gutschein nicht eingelöst wird oder werden kann. Alle Angaben ohne Gewähr!
- Das Angebot ist gültig bis 31.05.2023.

Hinweis

- Informieren Sie sich vorher über das für Sie gültige Greenfee.

Teilnahmebedingungen

- Zur Gutschein-Einlösung muss eine Greenfee-Berechtigung (z.B. Mindest-HCP, Mitgliedschaft in einem Golfclub) vorliegen.
- Der Gutschein kann nur mit Vorlage des Köllen Golfführer für Deutschland oder mit beiliegender KöllenCard eingelöst werden.
- Die Einlösung kann nur nach telefonischer Anmeldung erfolgen – unter Hinweis auf die Nutzung des Angebots. Bei Sonderveranstaltungen, Turnieren etc. müssen Gutscheine nicht angenommen werden.
- Das Kombinieren mit anderen Rabatten ist nicht möglich – es gilt das zum Abschlagszeitpunkt gültige, volle Greenfee! Bei unterschiedlichen Greenfees (z.B. Studenten-Rabatt) ist der günstigere Tarif gratis!
- Alle Inserenten verpflichten sich, Gutscheine zu den angegebenen Bedingungen einzulösen. Der Verlag übernimmt keine Haftung, wenn ein Gutschein nicht eingelöst wird oder werden kann. Alle Angaben ohne Gewähr!
- Das Angebot ist gültig bis 31.05.2023.

Hinweis

- Informieren Sie sich vorher über das für Sie gültige Greenfee.

Teilnahmebedingungen

- Zur Gutschein-Einlösung muss eine Greenfee-Berechtigung (z.B. Mindest-HCP, Mitgliedschaft in einem Golfclub) vorliegen.
- Der Gutschein kann nur mit Vorlage des Köllen Golfführer für Deutschland oder mit beiliegender KöllenCard eingelöst werden.
- Die Einlösung kann nur nach telefonischer Anmeldung erfolgen – unter Hinweis auf die Nutzung des Angebots. Bei Sonderveranstaltungen, Turnieren etc. müssen Gutscheine nicht angenommen werden.
- Das Kombinieren mit anderen Rabatten ist nicht möglich – es gilt das zum Abschlagszeitpunkt gültige, volle Greenfee! Bei unterschiedlichen Greenfees (z.B. Studenten-Rabatt) ist der günstigere Tarif gratis!
- Alle Inserenten verpflichten sich, Gutscheine zu den angegebenen Bedingungen einzulösen. Der Verlag übernimmt keine Haftung, wenn ein Gutschein nicht eingelöst wird oder werden kann. Alle Angaben ohne Gewähr!
- Das Angebot ist gültig bis 31.05.2023.

Hinweis

- Informieren Sie sich vorher über das für Sie gültige Greenfee.

Teilnahmebedingungen

- Zur Gutschein-Einlösung muss eine Greenfee-Berechtigung (z.B. Mindest-HCP, Mitgliedschaft in einem Golfclub) vorliegen.
- Der Gutschein kann nur mit Vorlage des Köllen Golfführer für Deutschland oder mit beiliegender KöllenCard eingelöst werden.
- Die Einlösung kann nur nach telefonischer Anmeldung erfolgen – unter Hinweis auf die Nutzung des Angebots. Bei Sonderveranstaltungen, Turnieren etc. müssen Gutscheine nicht angenommen werden.
- Das Kombinieren mit anderen Rabatten ist nicht möglich – es gilt das zum Abschlagszeitpunkt gültige, volle Greenfee! Bei unterschiedlichen Greenfees (z.B. Studenten-Rabatt) ist der günstigere Tarif gratis!
- Alle Inserenten verpflichten sich, Gutscheine zu den angegebenen Bedingungen einzulösen. Der Verlag übernimmt keine Haftung, wenn ein Gutschein nicht eingelöst wird oder werden kann. Alle Angaben ohne Gewähr!
- Das Angebot ist gültig bis 31.05.2023.

Hinweis

- Informieren Sie sich vorher über das für Sie gültige Greenfee.

Teilnahmebedingungen

- Zur Gutschein-Einlösung muss eine Greenfee-Berechtigung (z.B. Mindest-HCP, Mitgliedschaft in einem Golfclub) vorliegen.
- Der Gutschein kann nur mit Vorlage des Köllen Golfführer für Deutschland oder mit beiliegender KöllenCard eingelöst werden.
- Die Einlösung kann nur nach telefonischer Anmeldung erfolgen – unter Hinweis auf die Nutzung des Angebots. Bei Sonderveranstaltungen, Turnieren etc. müssen Gutscheine nicht angenommen werden.
- Das Kombinieren mit anderen Rabatten ist nicht möglich – es gilt das zum Abschlagszeitpunkt gültige, volle Greenfee! Bei unterschiedlichen Greenfees (z.B. Studenten-Rabatt) ist der günstigere Tarif gratis!
- Alle Inserenten verpflichten sich, Gutscheine zu den angegebenen Bedingungen einzulösen. Der Verlag übernimmt keine Haftung, wenn ein Gutschein nicht eingelöst wird oder werden kann. Alle Angaben ohne Gewähr!
- Das Angebot ist gültig bis 31.05.2023.

Hinweis

- Informieren Sie sich vorher über das für Sie gültige Greenfee.

Teilnahmebedingungen

- Zur Gutschein-Einlösung muss eine Greenfee-Berechtigung (z.B. Mindest-HCP, Mitgliedschaft in einem Golfclub) vorliegen.
- Der Gutschein kann nur mit Vorlage des Köllen Golfführer für Deutschland oder mit beiliegender KöllenCard eingelöst werden.
- Die Einlösung kann nur nach telefonischer Anmeldung erfolgen – unter Hinweis auf die Nutzung des Angebots. Bei Sonderveranstaltungen, Turnieren etc. müssen Gutscheine nicht angenommen werden.
- Das Kombinieren mit anderen Rabatten ist nicht möglich – es gilt das zum Abschlagszeitpunkt gültige, volle Greenfee! Bei unterschiedlichen Greenfees (z.B. Studenten-Rabatt) ist der günstigere Tarif gratis!
- Alle Inserenten verpflichten sich, Gutscheine zu den angegebenen Bedingungen einzulösen. Der Verlag übernimmt keine Haftung, wenn ein Gutschein nicht eingelöst wird oder werden kann. Alle Angaben ohne Gewähr!
- Das Angebot ist gültig bis 31.05.2023.

Hinweis

- Informieren Sie sich vorher über das für Sie gültige Greenfee.

GUTSCHEIN
2. Greenfee ist gratis

KÖLLEN GOLF

2:1

25% GF-Nachlass (Einzelspieler)
gilt nur für Erftal-Course und für 18-Loch Runden

Golfclub Miltenberg - Erftal e.V.

DGV-Nr. 8926 Seite 146 Gültig bis 31.05.2023

GUTSCHEIN
2. Greenfee ist gratis

KÖLLEN GOLF

2:1

25% GF-Nachlass (Einzelspieler)
gilt nur für Erftal-Course und für 18-Loch Runden

Golfclub Miltenberg - Erftal e.V.

DGV-Nr. 8926 Seite 146 Gültig bis 31.05.2023

GUTSCHEIN
2. Greenfee ist gratis

KÖLLEN GOLF

2:1

25% GF-Nachlass (Einzelspieler)

Golfclub Sauerland e.V

DGV-Nr. 4405 Seite 240 Gültig bis 31.05.2023

GUTSCHEIN
2. Greenfee ist gratis

KÖLLEN GOLF

2:1

25% GF-Nachlass (Einzelspieler)

Golfclub Sauerland e.V

DGV-Nr. 4405 Seite 240 Gültig bis 31.05.2023

GUTSCHEIN
2. Greenfee ist gratis

KÖLLEN GOLF

2:1

30% GF-Nachlass (Einzelspieler)

B.A. Golfclub Sennelager

DGV-Nr. 4406 Seite 163 Gültig bis 31.05.2023

GUTSCHEIN
2. Greenfee ist gratis

KÖLLEN GOLF

2:1

30% GF-Nachlass (Einzelspieler)

B.A. Golfclub Sennelager

DGV-Nr. 4406 Seite 163 Gültig bis 31.05.2023

GUTSCHEIN
2. Greenfee ist gratis

KÖLLEN GOLF

2:1

25% GF-Nachlass (Einzelspieler)

Lippischer Golfclub e.V.

DGV-Nr. 4409 Seite 161 Gültig bis 31.05.2023

GUTSCHEIN
2. Greenfee ist gratis

KÖLLEN GOLF

2:1

25% GF-Nachlass (Einzelspieler)

Lippischer Golfclub e.V.

DGV-Nr. 4409 Seite 161 Gültig bis 31.05.2023

GUTSCHEIN
20% Greenfee-Nachlass

KÖLLEN GOLF

%

Lippischer Golfclub e.V.

DGV-Nr. 4409 Seite 161 Gültig bis 31.05.2023

GUTSCHEIN
20% Greenfee-Nachlass

KÖLLEN GOLF

%

Lippischer Golfclub e.V.

DGV-Nr. 4409 Seite 161 Gültig bis 31.05.2023

Teilnahmebedingungen

- Zur Gutschein-Einlösung muss eine Greenfee-Berechtigung (z.B. Mindest-HCP, Mitgliedschaft in einem Golfclub) vorliegen.
- Der Gutschein kann nur mit Vorlage des Köllen Golfführer für Deutschland oder mit beiliegender KöllenCard eingelöst werden.
- Die Einlösung kann nur nach telefonischer Anmeldung erfolgen – unter Hinweis auf die Nutzung des Angebots. Bei Sonderveranstaltungen, Turnieren etc. müssen Gutscheine nicht angenommen werden.
- Das Kombinieren mit anderen Rabatten ist nicht möglich – es gilt das zum Abschlagszeitpunkt gültige, volle Greenfee! Bei unterschiedlichen Greenfees (z.B. Studenten-Rabatt) ist der günstigere Tarif gratis!
- Alle Inserenten verpflichten sich, Gutscheine zu den angegebenen Bedingungen einzulösen. Der Verlag übernimmt keine Haftung, wenn ein Gutschein nicht eingelöst wird oder werden kann. Alle Angaben ohne Gewähr!
- Das Angebot ist gültig bis 31.05.2023.

Hinweis

- Informieren Sie sich vorher über das für Sie gültige Greenfee.

Teilnahmebedingungen

- Zur Gutschein-Einlösung muss eine Greenfee-Berechtigung (z.B. Mindest-HCP, Mitgliedschaft in einem Golfclub) vorliegen.
- Der Gutschein kann nur mit Vorlage des Köllen Golfführer für Deutschland oder mit beiliegender KöllenCard eingelöst werden.
- Die Einlösung kann nur nach telefonischer Anmeldung erfolgen – unter Hinweis auf die Nutzung des Angebots. Bei Sonderveranstaltungen, Turnieren etc. müssen Gutscheine nicht angenommen werden.
- Das Kombinieren mit anderen Rabatten ist nicht möglich – es gilt das zum Abschlagszeitpunkt gültige, volle Greenfee! Bei unterschiedlichen Greenfees (z.B. Studenten-Rabatt) ist der günstigere Tarif gratis!
- Alle Inserenten verpflichten sich, Gutscheine zu den angegebenen Bedingungen einzulösen. Der Verlag übernimmt keine Haftung, wenn ein Gutschein nicht eingelöst wird oder werden kann. Alle Angaben ohne Gewähr!
- Das Angebot ist gültig bis 31.05.2023.

Hinweis

- Informieren Sie sich vorher über das für Sie gültige Greenfee.

Teilnahmebedingungen

- Zur Gutschein-Einlösung muss eine Greenfee-Berechtigung (z.B. Mindest-HCP, Mitgliedschaft in einem Golfclub) vorliegen.
- Der Gutschein kann nur mit Vorlage des Köllen Golfführer für Deutschland oder mit beiliegender KöllenCard eingelöst werden.
- Die Einlösung kann nur nach telefonischer Anmeldung erfolgen – unter Hinweis auf die Nutzung des Angebots. Bei Sonderveranstaltungen, Turnieren etc. müssen Gutscheine nicht angenommen werden.
- Das Kombinieren mit anderen Rabatten ist nicht möglich – es gilt das zum Abschlagszeitpunkt gültige, volle Greenfee! Bei unterschiedlichen Greenfees (z.B. Studenten-Rabatt) ist der günstigere Tarif gratis!
- Alle Inserenten verpflichten sich, Gutscheine zu den angegebenen Bedingungen einzulösen. Der Verlag übernimmt keine Haftung, wenn ein Gutschein nicht eingelöst wird oder werden kann. Alle Angaben ohne Gewähr!
- Das Angebot ist gültig bis 31.05.2023.

Hinweis

- Informieren Sie sich vorher über das für Sie gültige Greenfee.

Teilnahmebedingungen

- Zur Gutschein-Einlösung muss eine Greenfee-Berechtigung (z.B. Mindest-HCP, Mitgliedschaft in einem Golfclub) vorliegen.
- Der Gutschein kann nur mit Vorlage des Köllen Golfführer für Deutschland oder mit beiliegender KöllenCard eingelöst werden.
- Die Einlösung kann nur nach telefonischer Anmeldung erfolgen – unter Hinweis auf die Nutzung des Angebots. Bei Sonderveranstaltungen, Turnieren etc. müssen Gutscheine nicht angenommen werden.
- Das Kombinieren mit anderen Rabatten ist nicht möglich – es gilt das zum Abschlagszeitpunkt gültige, volle Greenfee! Bei unterschiedlichen Greenfees (z.B. Studenten-Rabatt) ist der günstigere Tarif gratis!
- Alle Inserenten verpflichten sich, Gutscheine zu den angegebenen Bedingungen einzulösen. Der Verlag übernimmt keine Haftung, wenn ein Gutschein nicht eingelöst wird oder werden kann. Alle Angaben ohne Gewähr!
- Das Angebot ist gültig bis 31.05.2023.

Hinweis

- Informieren Sie sich vorher über das für Sie gültige Greenfee.

Teilnahmebedingungen

- Zur Gutschein-Einlösung muss eine Greenfee-Berechtigung (z.B. Mindest-HCP, Mitgliedschaft in einem Golfclub) vorliegen.
- Der Gutschein kann nur mit Vorlage des Köllen Golfführer für Deutschland oder mit beiliegender KöllenCard eingelöst werden.
- Die Einlösung kann nur nach telefonischer Anmeldung erfolgen – unter Hinweis auf die Nutzung des Angebots. Bei Sonderveranstaltungen, Turnieren etc. müssen Gutscheine nicht angenommen werden.
- Das Kombinieren mit anderen Rabatten ist nicht möglich – es gilt das zum Abschlagszeitpunkt gültige, volle Greenfee! Bei unterschiedlichen Greenfees (z.B. Studenten-Rabatt) ist der günstigere Tarif gratis!
- Alle Inserenten verpflichten sich, Gutscheine zu den angegebenen Bedingungen einzulösen. Der Verlag übernimmt keine Haftung, wenn ein Gutschein nicht eingelöst wird oder werden kann. Alle Angaben ohne Gewähr!
- Das Angebot ist gültig bis 31.05.2023.

Hinweis

- Informieren Sie sich vorher über das für Sie gültige Greenfee.

Teilnahmebedingungen

- Zur Gutschein-Einlösung muss eine Greenfee-Berechtigung (z.B. Mindest-HCP, Mitgliedschaft in einem Golfclub) vorliegen.
- Der Gutschein kann nur mit Vorlage des Köllen Golfführer für Deutschland oder mit beiliegender KöllenCard eingelöst werden.
- Die Einlösung kann nur nach telefonischer Anmeldung erfolgen – unter Hinweis auf die Nutzung des Angebots. Bei Sonderveranstaltungen, Turnieren etc. müssen Gutscheine nicht angenommen werden.
- Das Kombinieren mit anderen Rabatten ist nicht möglich – es gilt das zum Abschlagszeitpunkt gültige, volle Greenfee! Bei unterschiedlichen Greenfees (z.B. Studenten-Rabatt) ist der günstigere Tarif gratis!
- Alle Inserenten verpflichten sich, Gutscheine zu den angegebenen Bedingungen einzulösen. Der Verlag übernimmt keine Haftung, wenn ein Gutschein nicht eingelöst wird oder werden kann. Alle Angaben ohne Gewähr!
- Das Angebot ist gültig bis 31.05.2023.

Hinweis

- Informieren Sie sich vorher über das für Sie gültige Greenfee.

Teilnahmebedingungen

- Zur Gutschein-Einlösung muss eine Greenfee-Berechtigung (z.B. Mindest-HCP, Mitgliedschaft in einem Golfclub) vorliegen.
- Der Gutschein kann nur mit Vorlage des Köllen Golfführer für Deutschland oder mit beiliegender KöllenCard eingelöst werden.
- Die Einlösung kann nur nach telefonischer Anmeldung erfolgen – unter Hinweis auf die Nutzung des Angebots. Bei Sonderveranstaltungen, Turnieren etc. müssen Gutscheine nicht angenommen werden.
- Das Kombinieren mit anderen Rabatten ist nicht möglich – es gilt das zum Abschlagszeitpunkt gültige, volle Greenfee! Bei unterschiedlichen Greenfees (z.B. Studenten-Rabatt) ist der günstigere Tarif gratis!
- Alle Inserenten verpflichten sich, Gutscheine zu den angegebenen Bedingungen einzulösen. Der Verlag übernimmt keine Haftung, wenn ein Gutschein nicht eingelöst wird oder werden kann. Alle Angaben ohne Gewähr!
- Das Angebot ist gültig bis 31.05.2023.

Hinweis

- Informieren Sie sich vorher über das für Sie gültige Greenfee.

Teilnahmebedingungen

- Zur Gutschein-Einlösung muss eine Greenfee-Berechtigung (z.B. Mindest-HCP, Mitgliedschaft in einem Golfclub) vorliegen.
- Der Gutschein kann nur mit Vorlage des Köllen Golfführer für Deutschland oder mit beiliegender KöllenCard eingelöst werden.
- Die Einlösung kann nur nach telefonischer Anmeldung erfolgen – unter Hinweis auf die Nutzung des Angebots. Bei Sonderveranstaltungen, Turnieren etc. müssen Gutscheine nicht angenommen werden.
- Das Kombinieren mit anderen Rabatten ist nicht möglich – es gilt das zum Abschlagszeitpunkt gültige, volle Greenfee! Bei unterschiedlichen Greenfees (z.B. Studenten-Rabatt) ist der günstigere Tarif gratis!
- Alle Inserenten verpflichten sich, Gutscheine zu den angegebenen Bedingungen einzulösen. Der Verlag übernimmt keine Haftung, wenn ein Gutschein nicht eingelöst wird oder werden kann. Alle Angaben ohne Gewähr!
- Das Angebot ist gültig bis 31.05.2023.

Hinweis

- Informieren Sie sich vorher über das für Sie gültige Greenfee.

Teilnahmebedingungen

- Zur Gutschein-Einlösung muss eine Greenfee-Berechtigung (z.B. Mindest-HCP, Mitgliedschaft in einem Golfclub) vorliegen.
- Der Gutschein kann nur mit Vorlage des Köllen Golfführer für Deutschland oder mit beiliegender KöllenCard eingelöst werden.
- Die Einlösung kann nur nach telefonischer Anmeldung erfolgen – unter Hinweis auf die Nutzung des Angebots. Bei Sonderveranstaltungen, Turnieren etc. müssen Gutscheine nicht angenommen werden.
- Das Kombinieren mit anderen Rabatten ist nicht möglich – es gilt das zum Abschlagszeitpunkt gültige, volle Greenfee! Bei unterschiedlichen Greenfees (z.B. Studenten-Rabatt) ist der günstigere Tarif gratis!
- Alle Inserenten verpflichten sich, Gutscheine zu den angegebenen Bedingungen einzulösen. Der Verlag übernimmt keine Haftung, wenn ein Gutschein nicht eingelöst wird oder werden kann. Alle Angaben ohne Gewähr!
- Das Angebot ist gültig bis 31.05.2023.

Hinweis

- Informieren Sie sich vorher über das für Sie gültige Greenfee.

Teilnahmebedingungen

- Zur Gutschein-Einlösung muss eine Greenfee-Berechtigung (z.B. Mindest-HCP, Mitgliedschaft in einem Golfclub) vorliegen.
- Der Gutschein kann nur mit Vorlage des Köllen Golfführer für Deutschland oder mit beiliegender KöllenCard eingelöst werden.
- Die Einlösung kann nur nach telefonischer Anmeldung erfolgen – unter Hinweis auf die Nutzung des Angebots. Bei Sonderveranstaltungen, Turnieren etc. müssen Gutscheine nicht angenommen werden.
- Das Kombinieren mit anderen Rabatten ist nicht möglich – es gilt das zum Abschlagszeitpunkt gültige, volle Greenfee! Bei unterschiedlichen Greenfees (z.B. Studenten-Rabatt) ist der günstigere Tarif gratis!
- Alle Inserenten verpflichten sich, Gutscheine zu den angegebenen Bedingungen einzulösen. Der Verlag übernimmt keine Haftung, wenn ein Gutschein nicht eingelöst wird oder werden kann. Alle Angaben ohne Gewähr!
- Das Angebot ist gültig bis 31.05.2023.

Hinweis

- Informieren Sie sich vorher über das für Sie gültige Greenfee.

GUTSCHEIN
2. Greenfee ist gratis

KÖLLEN GOLF

2:1

25% GF-Nachlass (Einzelspieler)

Golf- und Landclub Coesfeld e.V.

DGV-Nr. 4413 Seite 204 Gültig bis 31.05.2023

GUTSCHEIN
2. Greenfee ist gratis

KÖLLEN GOLF

2:1

25% GF-Nachlass (Einzelspieler)

Golf- und Landclub Coesfeld e.V.

DGV-Nr. 4413 Seite 204 Gültig bis 31.05.2023

MEHR DRIVE FÜR DIE STRASSE.
www.bmw.de/iX

GUTSCHEIN
20% Greenfee-Nachlass

KÖLLEN GOLF

%

Golfclub Hösel e.V.

DGV-Nr. 4419 Seite 178 Gültig bis 31.05.2023

GUTSCHEIN
20% Greenfee-Nachlass

KÖLLEN GOLF

%

Golfclub Hösel e.V.

DGV-Nr. 4419 Seite 178 Gültig bis 31.05.2023

MEHR DRIVE FÜR DIE STRASSE.
www.bmw.de/iX

GUTSCHEIN
20% Greenfee-Nachlass

KÖLLEN GOLF

%

Golfclub Hösel e.V.

DGV-Nr. 4419 Seite 178 Gültig bis 31.05.2023

MEHR DRIVE FÜR DIE STRASSE.
www.bmw.de/iX

GUTSCHEIN
20% Greenfee-Nachlass

KÖLLEN GOLF

%

Golfclub Hösel e.V.

DGV-Nr. 4419 Seite 178 Gültig bis 31.05.2023

MEHR DRIVE FÜR DIE STRASSE.
www.bmw.de/iX

GUTSCHEIN
20% Greenfee-Nachlass

KÖLLEN GOLF

%

Golfclub Hösel e.V.

DGV-Nr. 4419 Seite 178 Gültig bis 31.05.2023

MEHR DRIVE FÜR DIE STRASSE.
www.bmw.de/iX

GUTSCHEIN
20% Greenfee-Nachlass

KÖLLEN GOLF

%

Golfclub Hösel e.V.

DGV-Nr. 4419 Seite 178 Gültig bis 31.05.2023

MEHR DRIVE FÜR DIE STRASSE.
www.bmw.de/iX

GUTSCHEIN
2. Greenfee ist gratis

KÖLLEN GOLF

2:1

25% GF-Nachlass (Einzelspieler)
nur Mo-Fr (außer feiertags)

Golfclub Ravensberger Land e.V.

DGV-Nr. 4422 Seite 159 Gültig bis 31.05.2023

GUTSCHEIN
2. Greenfee ist gratis

KÖLLEN GOLF

2:1

25% GF-Nachlass (Einzelspieler)
nur Mo-Fr (außer feiertags)

Golfclub Ravensberger Land e.V.

DGV-Nr. 4422 Seite 159 Gültig bis 31.05.2023

MEHR DRIVE FÜR DIE STRASSE.
www.bmw.de/iX

Teilnahmebedingungen

- Zur Gutschein-Einlösung muss eine Greenfee-Berechtigung (z.B. Mindest-HCP, Mitgliedschaft in einem Golfclub) vorliegen.
- Der Gutschein kann nur mit Vorlage des Köllen Golfführer für Deutschland oder mit beiliegender KöllenCard eingelöst werden.
- Die Einlösung kann nur nach telefonischer Anmeldung erfolgen – unter Hinweis auf die Nutzung des Angebots. Bei Sonderveranstaltungen, Turnieren etc. müssen Gutscheine nicht angenommen werden.
- Das Kombinieren mit anderen Rabatten ist nicht möglich – es gilt das zum Abschlagszeitpunkt gültige, volle Greenfee! Bei unterschiedlichen Greenfees (z.B. Studenten-Rabatt) ist der günstigere Tarif gratis!
- Alle Inserenten verpflichten sich, Gutscheine zu den angegebenen Bedingungen einzulösen. Der Verlag übernimmt keine Haftung, wenn ein Gutschein nicht eingelöst wird oder werden kann. Alle Angaben ohne Gewähr!
- Das Angebot ist gültig bis 31.05.2023.

Hinweis

- Informieren Sie sich vorher über das für Sie gültige Greenfee.

Teilnahmebedingungen

- Zur Gutschein-Einlösung muss eine Greenfee-Berechtigung (z.B. Mindest-HCP, Mitgliedschaft in einem Golfclub) vorliegen.
- Der Gutschein kann nur mit Vorlage des Köllen Golfführer für Deutschland oder mit beiliegender KöllenCard eingelöst werden.
- Die Einlösung kann nur nach telefonischer Anmeldung erfolgen – unter Hinweis auf die Nutzung des Angebots. Bei Sonderveranstaltungen, Turnieren etc. müssen Gutscheine nicht angenommen werden.
- Das Kombinieren mit anderen Rabatten ist nicht möglich – es gilt das zum Abschlagszeitpunkt gültige, volle Greenfee! Bei unterschiedlichen Greenfees (z.B. Studenten-Rabatt) ist der günstigere Tarif gratis!
- Alle Inserenten verpflichten sich, Gutscheine zu den angegebenen Bedingungen einzulösen. Der Verlag übernimmt keine Haftung, wenn ein Gutschein nicht eingelöst wird oder werden kann. Alle Angaben ohne Gewähr!
- Das Angebot ist gültig bis 31.05.2023.

Hinweis

- Informieren Sie sich vorher über das für Sie gültige Greenfee.

Teilnahmebedingungen

- Zur Gutschein-Einlösung muss eine Greenfee-Berechtigung (z.B. Mindest-HCP, Mitgliedschaft in einem Golfclub) vorliegen.
- Der Gutschein kann nur mit Vorlage des Köllen Golfführer für Deutschland oder mit beiliegender KöllenCard eingelöst werden.
- Die Einlösung kann nur nach telefonischer Anmeldung erfolgen – unter Hinweis auf die Nutzung des Angebots. Bei Sonderveranstaltungen, Turnieren etc. müssen Gutscheine nicht angenommen werden.
- Das Kombinieren mit anderen Rabatten ist nicht möglich – es gilt das zum Abschlagszeitpunkt gültige, volle Greenfee! Bei unterschiedlichen Greenfees (z.B. Studenten-Rabatt) ist der günstigere Tarif gratis!
- Alle Inserenten verpflichten sich, Gutscheine zu den angegebenen Bedingungen einzulösen. Der Verlag übernimmt keine Haftung, wenn ein Gutschein nicht eingelöst wird oder werden kann. Alle Angaben ohne Gewähr!
- Das Angebot ist gültig bis 31.05.2023.

Hinweis

- Informieren Sie sich vorher über das für Sie gültige Greenfee.

Teilnahmebedingungen

- Zur Gutschein-Einlösung muss eine Greenfee-Berechtigung (z.B. Mindest-HCP, Mitgliedschaft in einem Golfclub) vorliegen.
- Der Gutschein kann nur mit Vorlage des Köllen Golfführer für Deutschland oder mit beiliegender KöllenCard eingelöst werden.
- Die Einlösung kann nur nach telefonischer Anmeldung erfolgen – unter Hinweis auf die Nutzung des Angebots. Bei Sonderveranstaltungen, Turnieren etc. müssen Gutscheine nicht angenommen werden.
- Das Kombinieren mit anderen Rabatten ist nicht möglich – es gilt das zum Abschlagszeitpunkt gültige, volle Greenfee! Bei unterschiedlichen Greenfees (z.B. Studenten-Rabatt) ist der günstigere Tarif gratis!
- Alle Inserenten verpflichten sich, Gutscheine zu den angegebenen Bedingungen einzulösen. Der Verlag übernimmt keine Haftung, wenn ein Gutschein nicht eingelöst wird oder werden kann. Alle Angaben ohne Gewähr!
- Das Angebot ist gültig bis 31.05.2023.

Hinweis

- Informieren Sie sich vorher über das für Sie gültige Greenfee.

Teilnahmebedingungen

- Zur Gutschein-Einlösung muss eine Greenfee-Berechtigung (z.B. Mindest-HCP, Mitgliedschaft in einem Golfclub) vorliegen.
- Der Gutschein kann nur mit Vorlage des Köllen Golfführer für Deutschland oder mit beiliegender KöllenCard eingelöst werden.
- Die Einlösung kann nur nach telefonischer Anmeldung erfolgen – unter Hinweis auf die Nutzung des Angebots. Bei Sonderveranstaltungen, Turnieren etc. müssen Gutscheine nicht angenommen werden.
- Das Kombinieren mit anderen Rabatten ist nicht möglich – es gilt das zum Abschlagszeitpunkt gültige, volle Greenfee! Bei unterschiedlichen Greenfees (z.B. Studenten-Rabatt) ist der günstigere Tarif gratis!
- Alle Inserenten verpflichten sich, Gutscheine zu den angegebenen Bedingungen einzulösen. Der Verlag übernimmt keine Haftung, wenn ein Gutschein nicht eingelöst wird oder werden kann. Alle Angaben ohne Gewähr!
- Das Angebot ist gültig bis 31.05.2023.

Hinweis

- Informieren Sie sich vorher über das für Sie gültige Greenfee.

Teilnahmebedingungen

- Zur Gutschein-Einlösung muss eine Greenfee-Berechtigung (z.B. Mindest-HCP, Mitgliedschaft in einem Golfclub) vorliegen.
- Der Gutschein kann nur mit Vorlage des Köllen Golfführer für Deutschland oder mit beiliegender KöllenCard eingelöst werden.
- Die Einlösung kann nur nach telefonischer Anmeldung erfolgen – unter Hinweis auf die Nutzung des Angebots. Bei Sonderveranstaltungen, Turnieren etc. müssen Gutscheine nicht angenommen werden.
- Das Kombinieren mit anderen Rabatten ist nicht möglich – es gilt das zum Abschlagszeitpunkt gültige, volle Greenfee! Bei unterschiedlichen Greenfees (z.B. Studenten-Rabatt) ist der günstigere Tarif gratis!
- Alle Inserenten verpflichten sich, Gutscheine zu den angegebenen Bedingungen einzulösen. Der Verlag übernimmt keine Haftung, wenn ein Gutschein nicht eingelöst wird oder werden kann. Alle Angaben ohne Gewähr!
- Das Angebot ist gültig bis 31.05.2023.

Hinweis

- Informieren Sie sich vorher über das für Sie gültige Greenfee.

Teilnahmebedingungen

- Zur Gutschein-Einlösung muss eine Greenfee-Berechtigung (z.B. Mindest-HCP, Mitgliedschaft in einem Golfclub) vorliegen.
- Der Gutschein kann nur mit Vorlage des Köllen Golfführer für Deutschland oder mit beiliegender KöllenCard eingelöst werden.
- Die Einlösung kann nur nach telefonischer Anmeldung erfolgen – unter Hinweis auf die Nutzung des Angebots. Bei Sonderveranstaltungen, Turnieren etc. müssen Gutscheine nicht angenommen werden.
- Das Kombinieren mit anderen Rabatten ist nicht möglich – es gilt das zum Abschlagszeitpunkt gültige, volle Greenfee! Bei unterschiedlichen Greenfees (z.B. Studenten-Rabatt) ist der günstigere Tarif gratis!
- Alle Inserenten verpflichten sich, Gutscheine zu den angegebenen Bedingungen einzulösen. Der Verlag übernimmt keine Haftung, wenn ein Gutschein nicht eingelöst wird oder werden kann. Alle Angaben ohne Gewähr!
- Das Angebot ist gültig bis 31.05.2023.

Hinweis

- Informieren Sie sich vorher über das für Sie gültige Greenfee.

Teilnahmebedingungen

- Zur Gutschein-Einlösung muss eine Greenfee-Berechtigung (z.B. Mindest-HCP, Mitgliedschaft in einem Golfclub) vorliegen.
- Der Gutschein kann nur mit Vorlage des Köllen Golfführer für Deutschland oder mit beiliegender KöllenCard eingelöst werden.
- Die Einlösung kann nur nach telefonischer Anmeldung erfolgen – unter Hinweis auf die Nutzung des Angebots. Bei Sonderveranstaltungen, Turnieren etc. müssen Gutscheine nicht angenommen werden.
- Das Kombinieren mit anderen Rabatten ist nicht möglich – es gilt das zum Abschlagszeitpunkt gültige, volle Greenfee! Bei unterschiedlichen Greenfees (z.B. Studenten-Rabatt) ist der günstigere Tarif gratis!
- Alle Inserenten verpflichten sich, Gutscheine zu den angegebenen Bedingungen einzulösen. Der Verlag übernimmt keine Haftung, wenn ein Gutschein nicht eingelöst wird oder werden kann. Alle Angaben ohne Gewähr!
- Das Angebot ist gültig bis 31.05.2023.

Hinweis

- Informieren Sie sich vorher über das für Sie gültige Greenfee.

Teilnahmebedingungen

- Zur Gutschein-Einlösung muss eine Greenfee-Berechtigung (z.B. Mindest-HCP, Mitgliedschaft in einem Golfclub) vorliegen.
- Der Gutschein kann nur mit Vorlage des Köllen Golfführer für Deutschland oder mit beiliegender KöllenCard eingelöst werden.
- Die Einlösung kann nur nach telefonischer Anmeldung erfolgen – unter Hinweis auf die Nutzung des Angebots. Bei Sonderveranstaltungen, Turnieren etc. müssen Gutscheine nicht angenommen werden.
- Das Kombinieren mit anderen Rabatten ist nicht möglich – es gilt das zum Abschlagszeitpunkt gültige, volle Greenfee! Bei unterschiedlichen Greenfees (z.B. Studenten-Rabatt) ist der günstigere Tarif gratis!
- Alle Inserenten verpflichten sich, Gutscheine zu den angegebenen Bedingungen einzulösen. Der Verlag übernimmt keine Haftung, wenn ein Gutschein nicht eingelöst wird oder werden kann. Alle Angaben ohne Gewähr!
- Das Angebot ist gültig bis 31.05.2023.

Hinweis

- Informieren Sie sich vorher über das für Sie gültige Greenfee.

Teilnahmebedingungen

- Zur Gutschein-Einlösung muss eine Greenfee-Berechtigung (z.B. Mindest-HCP, Mitgliedschaft in einem Golfclub) vorliegen.
- Der Gutschein kann nur mit Vorlage des Köllen Golfführer für Deutschland oder mit beiliegender KöllenCard eingelöst werden.
- Die Einlösung kann nur nach telefonischer Anmeldung erfolgen – unter Hinweis auf die Nutzung des Angebots. Bei Sonderveranstaltungen, Turnieren etc. müssen Gutscheine nicht angenommen werden.
- Das Kombinieren mit anderen Rabatten ist nicht möglich – es gilt das zum Abschlagszeitpunkt gültige, volle Greenfee! Bei unterschiedlichen Greenfees (z.B. Studenten-Rabatt) ist der günstigere Tarif gratis!
- Alle Inserenten verpflichten sich, Gutscheine zu den angegebenen Bedingungen einzulösen. Der Verlag übernimmt keine Haftung, wenn ein Gutschein nicht eingelöst wird oder werden kann. Alle Angaben ohne Gewähr!
- Das Angebot ist gültig bis 31.05.2023.

Hinweis

- Informieren Sie sich vorher über das für Sie gültige Greenfee.

GUTSCHEIN
2. Greenfee ist gratis

KÖLLEN GOLF

2:1

25% GF-Nachlass (Einzelspieler)

Golfclub Essen-Heidhausen e.V.

DGV-Nr. 4425 Seite 183 Gültig bis 31.05.2023

GUTSCHEIN
2. Greenfee ist gratis

KÖLLEN GOLF

2:1

25% GF-Nachlass (Einzelspieler)

Golfclub Essen-Heidhausen e.V.

DGV-Nr. 4425 Seite 183 Gültig bis 31.05.2023

GUTSCHEIN
2. Greenfee ist gratis

KÖLLEN GOLF

2:1

25% GF-Nachlass (Einzelspieler)

Golfclub Essen-Heidhausen e.V.

DGV-Nr. 4425 Seite 183 Gültig bis 31.05.2023

GUTSCHEIN
2. Greenfee ist gratis

KÖLLEN GOLF

2:1

25% GF-Nachlass (Einzelspieler)

Golfclub Essen-Heidhausen e.V.

DGV-Nr. 4425 Seite 183 Gültig bis 31.05.2023

GUTSCHEIN
2. Greenfee ist gratis

KÖLLEN GOLF

2:1

25% GF-Nachlass (Einzelspieler)

Golfclub Essen-Heidhausen e.V.

DGV-Nr. 4425 Seite 183 Gültig bis 31.05.2023

GUTSCHEIN
2. Greenfee ist gratis

KÖLLEN GOLF

2:1

Golfclub Brückhausen e.V.

DGV-Nr. 4428 Seite 202 Gültig bis 31.05.2023

GUTSCHEIN
50% Greenfee-Nachlass

KÖLLEN GOLF

%

Golfclub Brückhausen e.V.

DGV-Nr. 4428 Seite 202 Gültig bis 31.05.2023

GUTSCHEIN
2. Greenfee ist gratis

KÖLLEN GOLF

2:1

25% GF-Nachlass (Einzelspieler)

Golfclub Heerhof e.V.

DGV-Nr. 4429 Seite 158 Gültig bis 31.05.2023

GUTSCHEIN
2. Greenfee ist gratis

KÖLLEN GOLF

2:1

25% GF-Nachlass (Einzelspieler)

Golfclub Heerhof e.V.

DGV-Nr. 4429 Seite 158 Gültig bis 31.05.2023

GUTSCHEIN
2. Greenfee ist gratis

KÖLLEN GOLF

2:1

25% GF-Nachlass (Einzelspieler)

Golfclub Herford e.V.

DGV-Nr. 4434 Seite 160 Gültig bis 31.05.2023

Teilnahmebedingungen
- Zur Gutschein-Einlösung muss eine Greenfee-Berechtigung (z.B. Mindest-HCP, Mitgliedschaft in einem Golfclub) vorliegen.
- Der Gutschein kann nur mit Vorlage des Köllen Golfführer für Deutschland oder mit beiliegender KöllenCard eingelöst werden.
- Die Einlösung kann nur nach telefonischer Anmeldung erfolgen – unter Hinweis auf die Nutzung des Angebots. Bei Sonderveranstaltungen, Turnieren etc. müssen Gutscheine nicht angenommen werden.
- Das Kombinieren mit anderen Rabatten ist nicht möglich – es gilt das zum Abschlagszeitpunkt gültige, volle Greenfee! Bei unterschiedlichen Greenfees (z.B. Studenten-Rabatt) ist der günstigere Tarif gratis!
- Alle Inserenten verpflichten sich, Gutscheine zu den angegebenen Bedingungen einzulösen. Der Verlag übernimmt keine Haftung, wenn ein Gutschein nicht eingelöst wird oder werden kann. Alle Angaben ohne Gewähr!
- Das Angebot ist gültig bis 31.05.2023.

Hinweis
- Informieren Sie sich vorher über das für Sie gültige Greenfee.

Teilnahmebedingungen
- Zur Gutschein-Einlösung muss eine Greenfee-Berechtigung (z.B. Mindest-HCP, Mitgliedschaft in einem Golfclub) vorliegen.
- Der Gutschein kann nur mit Vorlage des Köllen Golfführer für Deutschland oder mit beiliegender KöllenCard eingelöst werden.
- Die Einlösung kann nur nach telefonischer Anmeldung erfolgen – unter Hinweis auf die Nutzung des Angebots. Bei Sonderveranstaltungen, Turnieren etc. müssen Gutscheine nicht angenommen werden.
- Das Kombinieren mit anderen Rabatten ist nicht möglich – es gilt das zum Abschlagszeitpunkt gültige, volle Greenfee! Bei unterschiedlichen Greenfees (z.B. Studenten-Rabatt) ist der günstigere Tarif gratis!
- Alle Inserenten verpflichten sich, Gutscheine zu den angegebenen Bedingungen einzulösen. Der Verlag übernimmt keine Haftung, wenn ein Gutschein nicht eingelöst wird oder werden kann. Alle Angaben ohne Gewähr!
- Das Angebot ist gültig bis 31.05.2023.

Hinweis
- Informieren Sie sich vorher über das für Sie gültige Greenfee.

Teilnahmebedingungen
- Zur Gutschein-Einlösung muss eine Greenfee-Berechtigung (z.B. Mindest-HCP, Mitgliedschaft in einem Golfclub) vorliegen.
- Der Gutschein kann nur mit Vorlage des Köllen Golfführer für Deutschland oder mit beiliegender KöllenCard eingelöst werden.
- Die Einlösung kann nur nach telefonischer Anmeldung erfolgen – unter Hinweis auf die Nutzung des Angebots. Bei Sonderveranstaltungen, Turnieren etc. müssen Gutscheine nicht angenommen werden.
- Das Kombinieren mit anderen Rabatten ist nicht möglich – es gilt das zum Abschlagszeitpunkt gültige, volle Greenfee! Bei unterschiedlichen Greenfees (z.B. Studenten-Rabatt) ist der günstigere Tarif gratis!
- Alle Inserenten verpflichten sich, Gutscheine zu den angegebenen Bedingungen einzulösen. Der Verlag übernimmt keine Haftung, wenn ein Gutschein nicht eingelöst wird oder werden kann. Alle Angaben ohne Gewähr!
- Das Angebot ist gültig bis 31.05.2023.

Hinweis
- Informieren Sie sich vorher über das für Sie gültige Greenfee.

Teilnahmebedingungen
- Zur Gutschein-Einlösung muss eine Greenfee-Berechtigung (z.B. Mindest-HCP, Mitgliedschaft in einem Golfclub) vorliegen.
- Der Gutschein kann nur mit Vorlage des Köllen Golfführer für Deutschland oder mit beiliegender KöllenCard eingelöst werden.
- Die Einlösung kann nur nach telefonischer Anmeldung erfolgen – unter Hinweis auf die Nutzung des Angebots. Bei Sonderveranstaltungen, Turnieren etc. müssen Gutscheine nicht angenommen werden.
- Das Kombinieren mit anderen Rabatten ist nicht möglich – es gilt das zum Abschlagszeitpunkt gültige, volle Greenfee! Bei unterschiedlichen Greenfees (z.B. Studenten-Rabatt) ist der günstigere Tarif gratis!
- Alle Inserenten verpflichten sich, Gutscheine zu den angegebenen Bedingungen einzulösen. Der Verlag übernimmt keine Haftung, wenn ein Gutschein nicht eingelöst wird oder werden kann. Alle Angaben ohne Gewähr!
- Das Angebot ist gültig bis 31.05.2023.

Hinweis
- Informieren Sie sich vorher über das für Sie gültige Greenfee.

Teilnahmebedingungen
- Zur Gutschein-Einlösung muss eine Greenfee-Berechtigung (z.B. Mindest-HCP, Mitgliedschaft in einem Golfclub) vorliegen.
- Der Gutschein kann nur mit Vorlage des Köllen Golfführer für Deutschland oder mit beiliegender KöllenCard eingelöst werden.
- Die Einlösung kann nur nach telefonischer Anmeldung erfolgen – unter Hinweis auf die Nutzung des Angebots. Bei Sonderveranstaltungen, Turnieren etc. müssen Gutscheine nicht angenommen werden.
- Das Kombinieren mit anderen Rabatten ist nicht möglich – es gilt das zum Abschlagszeitpunkt gültige, volle Greenfee! Bei unterschiedlichen Greenfees (z.B. Studenten-Rabatt) ist der günstigere Tarif gratis!
- Alle Inserenten verpflichten sich, Gutscheine zu den angegebenen Bedingungen einzulösen. Der Verlag übernimmt keine Haftung, wenn ein Gutschein nicht eingelöst wird oder werden kann. Alle Angaben ohne Gewähr!
- Das Angebot ist gültig bis 31.05.2023.

Hinweis
- Informieren Sie sich vorher über das für Sie gültige Greenfee.

Teilnahmebedingungen
- Zur Gutschein-Einlösung muss eine Greenfee-Berechtigung (z.B. Mindest-HCP, Mitgliedschaft in einem Golfclub) vorliegen.
- Der Gutschein kann nur mit Vorlage des Köllen Golfführer für Deutschland oder mit beiliegender KöllenCard eingelöst werden.
- Die Einlösung kann nur nach telefonischer Anmeldung erfolgen – unter Hinweis auf die Nutzung des Angebots. Bei Sonderveranstaltungen, Turnieren etc. müssen Gutscheine nicht angenommen werden.
- Das Kombinieren mit anderen Rabatten ist nicht möglich – es gilt das zum Abschlagszeitpunkt gültige, volle Greenfee! Bei unterschiedlichen Greenfees (z.B. Studenten-Rabatt) ist der günstigere Tarif gratis!
- Alle Inserenten verpflichten sich, Gutscheine zu den angegebenen Bedingungen einzulösen. Der Verlag übernimmt keine Haftung, wenn ein Gutschein nicht eingelöst wird oder werden kann. Alle Angaben ohne Gewähr!
- Das Angebot ist gültig bis 31.05.2023.

Hinweis
- Informieren Sie sich vorher über das für Sie gültige Greenfee.

Teilnahmebedingungen
- Zur Gutschein-Einlösung muss eine Greenfee-Berechtigung (z.B. Mindest-HCP, Mitgliedschaft in einem Golfclub) vorliegen.
- Der Gutschein kann nur mit Vorlage des Köllen Golfführer für Deutschland oder mit beiliegender KöllenCard eingelöst werden.
- Die Einlösung kann nur nach telefonischer Anmeldung erfolgen – unter Hinweis auf die Nutzung des Angebots. Bei Sonderveranstaltungen, Turnieren etc. müssen Gutscheine nicht angenommen werden.
- Das Kombinieren mit anderen Rabatten ist nicht möglich – es gilt das zum Abschlagszeitpunkt gültige, volle Greenfee! Bei unterschiedlichen Greenfees (z.B. Studenten-Rabatt) ist der günstigere Tarif gratis!
- Alle Inserenten verpflichten sich, Gutscheine zu den angegebenen Bedingungen einzulösen. Der Verlag übernimmt keine Haftung, wenn ein Gutschein nicht eingelöst wird oder werden kann. Alle Angaben ohne Gewähr!
- Das Angebot ist gültig bis 31.05.2023.

Hinweis
- Informieren Sie sich vorher über das für Sie gültige Greenfee.

Teilnahmebedingungen
- Zur Gutschein-Einlösung muss eine Greenfee-Berechtigung (z.B. Mindest-HCP, Mitgliedschaft in einem Golfclub) vorliegen.
- Der Gutschein kann nur mit Vorlage des Köllen Golfführer für Deutschland oder mit beiliegender KöllenCard eingelöst werden.
- Die Einlösung kann nur nach telefonischer Anmeldung erfolgen – unter Hinweis auf die Nutzung des Angebots. Bei Sonderveranstaltungen, Turnieren etc. müssen Gutscheine nicht angenommen werden.
- Das Kombinieren mit anderen Rabatten ist nicht möglich – es gilt das zum Abschlagszeitpunkt gültige, volle Greenfee! Bei unterschiedlichen Greenfees (z.B. Studenten-Rabatt) ist der günstigere Tarif gratis!
- Alle Inserenten verpflichten sich, Gutscheine zu den angegebenen Bedingungen einzulösen. Der Verlag übernimmt keine Haftung, wenn ein Gutschein nicht eingelöst wird oder werden kann. Alle Angaben ohne Gewähr!
- Das Angebot ist gültig bis 31.05.2023.

Hinweis
- Informieren Sie sich vorher über das für Sie gültige Greenfee.

Teilnahmebedingungen
- Zur Gutschein-Einlösung muss eine Greenfee-Berechtigung (z.B. Mindest-HCP, Mitgliedschaft in einem Golfclub) vorliegen.
- Der Gutschein kann nur mit Vorlage des Köllen Golfführer für Deutschland oder mit beiliegender KöllenCard eingelöst werden.
- Die Einlösung kann nur nach telefonischer Anmeldung erfolgen – unter Hinweis auf die Nutzung des Angebots. Bei Sonderveranstaltungen, Turnieren etc. müssen Gutscheine nicht angenommen werden.
- Das Kombinieren mit anderen Rabatten ist nicht möglich – es gilt das zum Abschlagszeitpunkt gültige, volle Greenfee! Bei unterschiedlichen Greenfees (z.B. Studenten-Rabatt) ist der günstigere Tarif gratis!
- Alle Inserenten verpflichten sich, Gutscheine zu den angegebenen Bedingungen einzulösen. Der Verlag übernimmt keine Haftung, wenn ein Gutschein nicht eingelöst wird oder werden kann. Alle Angaben ohne Gewähr!
- Das Angebot ist gültig bis 31.05.2023.

Hinweis
- Informieren Sie sich vorher über das für Sie gültige Greenfee.

Teilnahmebedingungen
- Zur Gutschein-Einlösung muss eine Greenfee-Berechtigung (z.B. Mindest-HCP, Mitgliedschaft in einem Golfclub) vorliegen.
- Der Gutschein kann nur mit Vorlage des Köllen Golfführer für Deutschland oder mit beiliegender KöllenCard eingelöst werden.
- Die Einlösung kann nur nach telefonischer Anmeldung erfolgen – unter Hinweis auf die Nutzung des Angebots. Bei Sonderveranstaltungen, Turnieren etc. müssen Gutscheine nicht angenommen werden.
- Das Kombinieren mit anderen Rabatten ist nicht möglich – es gilt das zum Abschlagszeitpunkt gültige, volle Greenfee! Bei unterschiedlichen Greenfees (z.B. Studenten-Rabatt) ist der günstigere Tarif gratis!
- Alle Inserenten verpflichten sich, Gutscheine zu den angegebenen Bedingungen einzulösen. Der Verlag übernimmt keine Haftung, wenn ein Gutschein nicht eingelöst wird oder werden kann. Alle Angaben ohne Gewähr!
- Das Angebot ist gültig bis 31.05.2023.

Hinweis
- Informieren Sie sich vorher über das für Sie gültige Greenfee.

GUTSCHEIN
2. Greenfee ist gratis

KÖLLEN GOLF

2:1

25% GF-Nachlass (Einzelspieler)

Golfclub Herford e.V.

DGV-Nr. 4434 Seite 160 Gültig bis 31.05.2023

GUTSCHEIN
2. Greenfee ist gratis

KÖLLEN GOLF

2:1

25% GF-Nachlass (Einzelspieler)
nur Mo-Fr (außer feiertags)

Golf-Club Widukind-Land e.V.

DGV-Nr. 4435 Seite 159 Gültig bis 31.05.2023

MEHR DRIVE FÜR DIE STRASSE.
www.bmw.de/iX

GUTSCHEIN
2. Greenfee ist gratis

KÖLLEN GOLF

2:1

25% GF-Nachlass (Einzelspieler)
nur Mo-Fr (außer feiertags)

Golf-Club Widukind-Land e.V.

DGV-Nr. 4435 Seite 159 Gültig bis 31.05.2023

MEHR DRIVE FÜR DIE STRASSE.
www.bmw.de/iX

GUTSCHEIN
2. Greenfee ist gratis

KÖLLEN GOLF

2:1

25% GF-Nachlass (Einzelspieler)
nur Mo-Fr (außer feiertags)

Golf-Club Widukind-Land e.V.

DGV-Nr. 4435 Seite 159 Gültig bis 31.05.2023

MEHR DRIVE FÜR DIE STRASSE.
www.bmw.de/iX

GUTSCHEIN
2. Greenfee ist gratis

KÖLLEN GOLF

2:1

25% GF-Nachlass (Einzelspieler)
nur Mo-Fr (außer feiertags)

Golf-Club Widukind-Land e.V.

DGV-Nr. 4435 Seite 159 Gültig bis 31.05.2023

MEHR DRIVE FÜR DIE STRASSE.
www.bmw.de/iX

GUTSCHEIN
2. Greenfee ist gratis

KÖLLEN GOLF

2:1

25% GF-Nachlass (Einzelspieler)
nur Mo-Fr (außer feiertags)

Golf-Club Widukind-Land e.V.

DGV-Nr. 4435 Seite 159 Gültig bis 31.05.2023

MEHR DRIVE FÜR DIE STRASSE.
www.bmw.de/iX

GUTSCHEIN
2. Greenfee ist gratis

KÖLLEN GOLF

2:1

25% GF-Nachlass (Einzelspieler)
nur Mo-Fr (außer feiertags)

Land-Golf-Club Schloss Moyland e.V.

DGV-Nr. 4439 Seite 194 Gültig bis 31.05.2023

MEHR DRIVE FÜR DIE STRASSE.
www.bmw.de/iX

GUTSCHEIN
2. Greenfee ist gratis

KÖLLEN GOLF

2:1

25% GF-Nachlass (Einzelspieler)
nur Mo-Fr (außer feiertags)

Land-Golf-Club Schloss Moyland e.V.

DGV-Nr. 4439 Seite 194 Gültig bis 31.05.2023

MEHR DRIVE FÜR DIE STRASSE.
www.bmw.de/iX

GUTSCHEIN
2. Greenfee ist gratis

KÖLLEN GOLF

2:1

nur Di-Fr (außer feiertags)

Golf Burgkonradsheim

DGV-Nr. 4443 Seite 210 Gültig bis 31.05.2023

MEHR DRIVE FÜR DIE STRASSE.
www.bmw.de/iX

GUTSCHEIN
2. Greenfee ist gratis

KÖLLEN GOLF

2:1

nur Di-Fr (außer feiertags)

Golf Burgkonradsheim

DGV-Nr. 4443 Seite 210 Gültig bis 31.05.2023

MEHR DRIVE FÜR DIE STRASSE.
www.bmw.de/iX

Teilnahmebedingungen

- Zur Gutschein-Einlösung muss eine Greenfee-Berechtigung (z.B. Mindest-HCP, Mitgliedschaft in einem Golfclub) vorliegen.
- Der Gutschein kann nur mit Vorlage des Köllen Golfführer für Deutschland oder mit beiliegender KöllenCard eingelöst werden.
- Die Einlösung kann nur nach telefonischer Anmeldung erfolgen – unter Hinweis auf die Nutzung des Angebots. Bei Sonderveranstaltungen, Turnieren etc. müssen Gutscheine nicht angenommen werden.
- Das Kombinieren mit anderen Rabatten ist nicht möglich – es gilt das zum Abschlagszeitpunkt gültige, volle Greenfee! Bei unterschiedlichen Greenfees (z.B. Studenten-Rabatt) ist der günstigere Tarif gratis!
- Alle Inserenten verpflichten sich, Gutscheine zu den angegebenen Bedingungen einzulösen. Der Verlag übernimmt keine Haftung, wenn ein Gutschein nicht eingelöst wird oder werden kann. Alle Angaben ohne Gewähr!
- Das Angebot ist gültig bis 31.05.2023.

Hinweis

- Informieren Sie sich vorher über das für Sie gültige Greenfee.

Teilnahmebedingungen

- Zur Gutschein-Einlösung muss eine Greenfee-Berechtigung (z.B. Mindest-HCP, Mitgliedschaft in einem Golfclub) vorliegen.
- Der Gutschein kann nur mit Vorlage des Köllen Golfführer für Deutschland oder mit beiliegender KöllenCard eingelöst werden.
- Die Einlösung kann nur nach telefonischer Anmeldung erfolgen – unter Hinweis auf die Nutzung des Angebots. Bei Sonderveranstaltungen, Turnieren etc. müssen Gutscheine nicht angenommen werden.
- Das Kombinieren mit anderen Rabatten ist nicht möglich – es gilt das zum Abschlagszeitpunkt gültige, volle Greenfee! Bei unterschiedlichen Greenfees (z.B. Studenten-Rabatt) ist der günstigere Tarif gratis!
- Alle Inserenten verpflichten sich, Gutscheine zu den angegebenen Bedingungen einzulösen. Der Verlag übernimmt keine Haftung, wenn ein Gutschein nicht eingelöst wird oder werden kann. Alle Angaben ohne Gewähr!
- Das Angebot ist gültig bis 31.05.2023.

Hinweis

- Informieren Sie sich vorher über das für Sie gültige Greenfee.

Teilnahmebedingungen

- Zur Gutschein-Einlösung muss eine Greenfee-Berechtigung (z.B. Mindest-HCP, Mitgliedschaft in einem Golfclub) vorliegen.
- Der Gutschein kann nur mit Vorlage des Köllen Golfführer für Deutschland oder mit beiliegender KöllenCard eingelöst werden.
- Die Einlösung kann nur nach telefonischer Anmeldung erfolgen – unter Hinweis auf die Nutzung des Angebots. Bei Sonderveranstaltungen, Turnieren etc. müssen Gutscheine nicht angenommen werden.
- Das Kombinieren mit anderen Rabatten ist nicht möglich – es gilt das zum Abschlagszeitpunkt gültige, volle Greenfee! Bei unterschiedlichen Greenfees (z.B. Studenten-Rabatt) ist der günstigere Tarif gratis!
- Alle Inserenten verpflichten sich, Gutscheine zu den angegebenen Bedingungen einzulösen. Der Verlag übernimmt keine Haftung, wenn ein Gutschein nicht eingelöst wird oder werden kann. Alle Angaben ohne Gewähr!
- Das Angebot ist gültig bis 31.05.2023.

Hinweis

- Informieren Sie sich vorher über das für Sie gültige Greenfee.

Teilnahmebedingungen

- Zur Gutschein-Einlösung muss eine Greenfee-Berechtigung (z.B. Mindest-HCP, Mitgliedschaft in einem Golfclub) vorliegen.
- Der Gutschein kann nur mit Vorlage des Köllen Golfführer für Deutschland oder mit beiliegender KöllenCard eingelöst werden.
- Die Einlösung kann nur nach telefonischer Anmeldung erfolgen – unter Hinweis auf die Nutzung des Angebots. Bei Sonderveranstaltungen, Turnieren etc. müssen Gutscheine nicht angenommen werden.
- Das Kombinieren mit anderen Rabatten ist nicht möglich – es gilt das zum Abschlagszeitpunkt gültige, volle Greenfee! Bei unterschiedlichen Greenfees (z.B. Studenten-Rabatt) ist der günstigere Tarif gratis!
- Alle Inserenten verpflichten sich, Gutscheine zu den angegebenen Bedingungen einzulösen. Der Verlag übernimmt keine Haftung, wenn ein Gutschein nicht eingelöst wird oder werden kann. Alle Angaben ohne Gewähr!
- Das Angebot ist gültig bis 31.05.2023.

Hinweis

- Informieren Sie sich vorher über das für Sie gültige Greenfee.

Teilnahmebedingungen

- Zur Gutschein-Einlösung muss eine Greenfee-Berechtigung (z.B. Mindest-HCP, Mitgliedschaft in einem Golfclub) vorliegen.
- Der Gutschein kann nur mit Vorlage des Köllen Golfführer für Deutschland oder mit beiliegender KöllenCard eingelöst werden.
- Die Einlösung kann nur nach telefonischer Anmeldung erfolgen – unter Hinweis auf die Nutzung des Angebots. Bei Sonderveranstaltungen, Turnieren etc. müssen Gutscheine nicht angenommen werden.
- Das Kombinieren mit anderen Rabatten ist nicht möglich – es gilt das zum Abschlagszeitpunkt gültige, volle Greenfee! Bei unterschiedlichen Greenfees (z.B. Studenten-Rabatt) ist der günstigere Tarif gratis!
- Alle Inserenten verpflichten sich, Gutscheine zu den angegebenen Bedingungen einzulösen. Der Verlag übernimmt keine Haftung, wenn ein Gutschein nicht eingelöst wird oder werden kann. Alle Angaben ohne Gewähr!
- Das Angebot ist gültig bis 31.05.2023.

Hinweis

- Informieren Sie sich vorher über das für Sie gültige Greenfee.

Teilnahmebedingungen

- Zur Gutschein-Einlösung muss eine Greenfee-Berechtigung (z.B. Mindest-HCP, Mitgliedschaft in einem Golfclub) vorliegen.
- Der Gutschein kann nur mit Vorlage des Köllen Golfführer für Deutschland oder mit beiliegender KöllenCard eingelöst werden.
- Die Einlösung kann nur nach telefonischer Anmeldung erfolgen – unter Hinweis auf die Nutzung des Angebots. Bei Sonderveranstaltungen, Turnieren etc. müssen Gutscheine nicht angenommen werden.
- Das Kombinieren mit anderen Rabatten ist nicht möglich – es gilt das zum Abschlagszeitpunkt gültige, volle Greenfee! Bei unterschiedlichen Greenfees (z.B. Studenten-Rabatt) ist der günstigere Tarif gratis!
- Alle Inserenten verpflichten sich, Gutscheine zu den angegebenen Bedingungen einzulösen. Der Verlag übernimmt keine Haftung, wenn ein Gutschein nicht eingelöst wird oder werden kann. Alle Angaben ohne Gewähr!
- Das Angebot ist gültig bis 31.05.2023.

Hinweis

- Informieren Sie sich vorher über das für Sie gültige Greenfee.

Teilnahmebedingungen

- Zur Gutschein-Einlösung muss eine Greenfee-Berechtigung (z.B. Mindest-HCP, Mitgliedschaft in einem Golfclub) vorliegen.
- Der Gutschein kann nur mit Vorlage des Köllen Golfführer für Deutschland oder mit beiliegender KöllenCard eingelöst werden.
- Die Einlösung kann nur nach telefonischer Anmeldung erfolgen – unter Hinweis auf die Nutzung des Angebots. Bei Sonderveranstaltungen, Turnieren etc. müssen Gutscheine nicht angenommen werden.
- Das Kombinieren mit anderen Rabatten ist nicht möglich – es gilt das zum Abschlagszeitpunkt gültige, volle Greenfee! Bei unterschiedlichen Greenfees (z.B. Studenten-Rabatt) ist der günstigere Tarif gratis!
- Alle Inserenten verpflichten sich, Gutscheine zu den angegebenen Bedingungen einzulösen. Der Verlag übernimmt keine Haftung, wenn ein Gutschein nicht eingelöst wird oder werden kann. Alle Angaben ohne Gewähr!
- Das Angebot ist gültig bis 31.05.2023.

Hinweis

- Informieren Sie sich vorher über das für Sie gültige Greenfee.

Teilnahmebedingungen

- Zur Gutschein-Einlösung muss eine Greenfee-Berechtigung (z.B. Mindest-HCP, Mitgliedschaft in einem Golfclub) vorliegen.
- Der Gutschein kann nur mit Vorlage des Köllen Golfführer für Deutschland oder mit beiliegender KöllenCard eingelöst werden.
- Die Einlösung kann nur nach telefonischer Anmeldung erfolgen – unter Hinweis auf die Nutzung des Angebots. Bei Sonderveranstaltungen, Turnieren etc. müssen Gutscheine nicht angenommen werden.
- Das Kombinieren mit anderen Rabatten ist nicht möglich – es gilt das zum Abschlagszeitpunkt gültige, volle Greenfee! Bei unterschiedlichen Greenfees (z.B. Studenten-Rabatt) ist der günstigere Tarif gratis!
- Alle Inserenten verpflichten sich, Gutscheine zu den angegebenen Bedingungen einzulösen. Der Verlag übernimmt keine Haftung, wenn ein Gutschein nicht eingelöst wird oder werden kann. Alle Angaben ohne Gewähr!
- Das Angebot ist gültig bis 31.05.2023.

Hinweis

- Informieren Sie sich vorher über das für Sie gültige Greenfee.

Teilnahmebedingungen

- Zur Gutschein-Einlösung muss eine Greenfee-Berechtigung (z.B. Mindest-HCP, Mitgliedschaft in einem Golfclub) vorliegen.
- Der Gutschein kann nur mit Vorlage des Köllen Golfführer für Deutschland oder mit beiliegender KöllenCard eingelöst werden.
- Die Einlösung kann nur nach telefonischer Anmeldung erfolgen – unter Hinweis auf die Nutzung des Angebots. Bei Sonderveranstaltungen, Turnieren etc. müssen Gutscheine nicht angenommen werden.
- Das Kombinieren mit anderen Rabatten ist nicht möglich – es gilt das zum Abschlagszeitpunkt gültige, volle Greenfee! Bei unterschiedlichen Greenfees (z.B. Studenten-Rabatt) ist der günstigere Tarif gratis!
- Alle Inserenten verpflichten sich, Gutscheine zu den angegebenen Bedingungen einzulösen. Der Verlag übernimmt keine Haftung, wenn ein Gutschein nicht eingelöst wird oder werden kann. Alle Angaben ohne Gewähr!
- Das Angebot ist gültig bis 31.05.2023.

Hinweis

- Informieren Sie sich vorher über das für Sie gültige Greenfee.

Teilnahmebedingungen

- Zur Gutschein-Einlösung muss eine Greenfee-Berechtigung (z.B. Mindest-HCP, Mitgliedschaft in einem Golfclub) vorliegen.
- Der Gutschein kann nur mit Vorlage des Köllen Golfführer für Deutschland oder mit beiliegender KöllenCard eingelöst werden.
- Die Einlösung kann nur nach telefonischer Anmeldung erfolgen – unter Hinweis auf die Nutzung des Angebots. Bei Sonderveranstaltungen, Turnieren etc. müssen Gutscheine nicht angenommen werden.
- Das Kombinieren mit anderen Rabatten ist nicht möglich – es gilt das zum Abschlagszeitpunkt gültige, volle Greenfee! Bei unterschiedlichen Greenfees (z.B. Studenten-Rabatt) ist der günstigere Tarif gratis!
- Alle Inserenten verpflichten sich, Gutscheine zu den angegebenen Bedingungen einzulösen. Der Verlag übernimmt keine Haftung, wenn ein Gutschein nicht eingelöst wird oder werden kann. Alle Angaben ohne Gewähr!
- Das Angebot ist gültig bis 31.05.2023.

Hinweis

- Informieren Sie sich vorher über das für Sie gültige Greenfee.

GUTSCHEIN
2. Greenfee ist gratis
KÖLLEN GOLF
2:1
nur Di-Fr (außer feiertags)
Golf Burgkonradsheim
DGV-Nr. 4443 Seite 210 Gültig bis 31.05.2023

GUTSCHEIN
2. Greenfee ist gratis
KÖLLEN GOLF
2:1
nur Di-Fr (außer feiertags)
Golf Burgkonradsheim
DGV-Nr. 4443 Seite 210 Gültig bis 31.05.2023

GUTSCHEIN
2. Greenfee ist gratis
KÖLLEN GOLF
2:1
nur Di-Fr (außer feiertags)
Golf Burgkonradsheim
DGV-Nr. 4443 Seite 210 Gültig bis 31.05.2023

GUTSCHEIN
2. Greenfee ist gratis
KÖLLEN GOLF
2:1
25% GF-Nachlass (Einzelspieler)
nur Mo-Fr (außer feiertags)
Golf-Club Marienfeld e.V.
DGV-Nr. 4449 Seite 164 Gültig bis 31.05.2023

GUTSCHEIN
2. Greenfee ist gratis
KÖLLEN GOLF
2:1
25% GF-Nachlass (Einzelspieler)
nur Mo-Fr (außer feiertags)
Golf-Club Marienfeld e.V.
DGV-Nr. 4449 Seite 164 Gültig bis 31.05.2023

GUTSCHEIN
2. Greenfee ist gratis
KÖLLEN GOLF
2:1
25% GF-Nachlass (Einzelspieler)
nur Mo-Fr (außer feiertags)
Golf-Club Marienfeld e.V.
DGV-Nr. 4449 Seite 164 Gültig bis 31.05.2023

GUTSCHEIN
2. Greenfee ist gratis
KÖLLEN GOLF
2:1
25% GF-Nachlass (Einzelspieler)
nur Mo-Fr (außer feiertags)
Golf-Club Marienfeld e.V.
DGV-Nr. 4449 Seite 164 Gültig bis 31.05.2023

GUTSCHEIN
2. Greenfee ist gratis
KÖLLEN GOLF
2:1
25% GF-Nachlass (Einzelspieler)
nur Mo-Fr (außer feiertags)
Golf-Club Marienfeld e.V.
DGV-Nr. 4449 Seite 164 Gültig bis 31.05.2023

GUTSCHEIN
2. Greenfee ist gratis
KÖLLEN GOLF
2:1
25% GF-Nachlass (Einzelspieler)
Golfclub Burg Overbach e.V.
DGV-Nr. 4450 Seite 224 Gültig bis 31.05.2023

GUTSCHEIN
2. Greenfee ist gratis
KÖLLEN GOLF
2:1
25% GF-Nachlass (Einzelspieler)
Golfclub Burg Overbach e.V.
DGV-Nr. 4450 Seite 224 Gültig bis 31.05.2023

Teilnahmebedingungen

- Zur Gutschein-Einlösung muss eine Greenfee-Berechtigung (z.B. Mindest-HCP, Mitgliedschaft in einem Golfclub) vorliegen.
- Der Gutschein kann nur mit Vorlage des Köllen Golfführer für Deutschland oder mit beiliegender KöllenCard eingelöst werden.
- Die Einlösung kann nur nach telefonischer Anmeldung erfolgen – unter Hinweis auf die Nutzung des Angebots. Bei Sonderveranstaltungen, Turnieren etc. müssen Gutscheine nicht angenommen werden.
- Das Kombinieren mit anderen Rabatten ist nicht möglich – es gilt das zum Abschlagszeitpunkt gültige, volle Greenfee! Bei unterschiedlichen Greenfees (z.B. Studenten-Rabatt) ist der günstigere Tarif gratis!
- Alle Inserenten verpflichten sich, Gutscheine zu den angegebenen Bedingungen einzulösen. Der Verlag übernimmt keine Haftung, wenn ein Gutschein nicht eingelöst wird oder werden kann. Alle Angaben ohne Gewähr!
- Das Angebot ist gültig bis 31.05.2023.

Hinweis

- Informieren Sie sich vorher über das für Sie gültige Greenfee.

Teilnahmebedingungen

- Zur Gutschein-Einlösung muss eine Greenfee-Berechtigung (z.B. Mindest-HCP, Mitgliedschaft in einem Golfclub) vorliegen.
- Der Gutschein kann nur mit Vorlage des Köllen Golfführer für Deutschland oder mit beiliegender KöllenCard eingelöst werden.
- Die Einlösung kann nur nach telefonischer Anmeldung erfolgen – unter Hinweis auf die Nutzung des Angebots. Bei Sonderveranstaltungen, Turnieren etc. müssen Gutscheine nicht angenommen werden.
- Das Kombinieren mit anderen Rabatten ist nicht möglich – es gilt das zum Abschlagszeitpunkt gültige, volle Greenfee! Bei unterschiedlichen Greenfees (z.B. Studenten-Rabatt) ist der günstigere Tarif gratis!
- Alle Inserenten verpflichten sich, Gutscheine zu den angegebenen Bedingungen einzulösen. Der Verlag übernimmt keine Haftung, wenn ein Gutschein nicht eingelöst wird oder werden kann. Alle Angaben ohne Gewähr!
- Das Angebot ist gültig bis 31.05.2023.

Hinweis

- Informieren Sie sich vorher über das für Sie gültige Greenfee.

Teilnahmebedingungen

- Zur Gutschein-Einlösung muss eine Greenfee-Berechtigung (z.B. Mindest-HCP, Mitgliedschaft in einem Golfclub) vorliegen.
- Der Gutschein kann nur mit Vorlage des Köllen Golfführer für Deutschland oder mit beiliegender KöllenCard eingelöst werden.
- Die Einlösung kann nur nach telefonischer Anmeldung erfolgen – unter Hinweis auf die Nutzung des Angebots. Bei Sonderveranstaltungen, Turnieren etc. müssen Gutscheine nicht angenommen werden.
- Das Kombinieren mit anderen Rabatten ist nicht möglich – es gilt das zum Abschlagszeitpunkt gültige, volle Greenfee! Bei unterschiedlichen Greenfees (z.B. Studenten-Rabatt) ist der günstigere Tarif gratis!
- Alle Inserenten verpflichten sich, Gutscheine zu den angegebenen Bedingungen einzulösen. Der Verlag übernimmt keine Haftung, wenn ein Gutschein nicht eingelöst wird oder werden kann. Alle Angaben ohne Gewähr!
- Das Angebot ist gültig bis 31.05.2023.

Hinweis

- Informieren Sie sich vorher über das für Sie gültige Greenfee.

Teilnahmebedingungen

- Zur Gutschein-Einlösung muss eine Greenfee-Berechtigung (z.B. Mindest-HCP, Mitgliedschaft in einem Golfclub) vorliegen.
- Der Gutschein kann nur mit Vorlage des Köllen Golfführer für Deutschland oder mit beiliegender KöllenCard eingelöst werden.
- Die Einlösung kann nur nach telefonischer Anmeldung erfolgen – unter Hinweis auf die Nutzung des Angebots. Bei Sonderveranstaltungen, Turnieren etc. müssen Gutscheine nicht angenommen werden.
- Das Kombinieren mit anderen Rabatten ist nicht möglich – es gilt das zum Abschlagszeitpunkt gültige, volle Greenfee! Bei unterschiedlichen Greenfees (z.B. Studenten-Rabatt) ist der günstigere Tarif gratis!
- Alle Inserenten verpflichten sich, Gutscheine zu den angegebenen Bedingungen einzulösen. Der Verlag übernimmt keine Haftung, wenn ein Gutschein nicht eingelöst wird oder werden kann. Alle Angaben ohne Gewähr!
- Das Angebot ist gültig bis 31.05.2023.

Hinweis

- Informieren Sie sich vorher über das für Sie gültige Greenfee.

Teilnahmebedingungen

- Zur Gutschein-Einlösung muss eine Greenfee-Berechtigung (z.B. Mindest-HCP, Mitgliedschaft in einem Golfclub) vorliegen.
- Der Gutschein kann nur mit Vorlage des Köllen Golfführer für Deutschland oder mit beiliegender KöllenCard eingelöst werden.
- Die Einlösung kann nur nach telefonischer Anmeldung erfolgen – unter Hinweis auf die Nutzung des Angebots. Bei Sonderveranstaltungen, Turnieren etc. müssen Gutscheine nicht angenommen werden.
- Das Kombinieren mit anderen Rabatten ist nicht möglich – es gilt das zum Abschlagszeitpunkt gültige, volle Greenfee! Bei unterschiedlichen Greenfees (z.B. Studenten-Rabatt) ist der günstigere Tarif gratis!
- Alle Inserenten verpflichten sich, Gutscheine zu den angegebenen Bedingungen einzulösen. Der Verlag übernimmt keine Haftung, wenn ein Gutschein nicht eingelöst wird oder werden kann. Alle Angaben ohne Gewähr!
- Das Angebot ist gültig bis 31.05.2023.

Hinweis

- Informieren Sie sich vorher über das für Sie gültige Greenfee.

Teilnahmebedingungen

- Zur Gutschein-Einlösung muss eine Greenfee-Berechtigung (z.B. Mindest-HCP, Mitgliedschaft in einem Golfclub) vorliegen.
- Der Gutschein kann nur mit Vorlage des Köllen Golfführer für Deutschland oder mit beiliegender KöllenCard eingelöst werden.
- Die Einlösung kann nur nach telefonischer Anmeldung erfolgen – unter Hinweis auf die Nutzung des Angebots. Bei Sonderveranstaltungen, Turnieren etc. müssen Gutscheine nicht angenommen werden.
- Das Kombinieren mit anderen Rabatten ist nicht möglich – es gilt das zum Abschlagszeitpunkt gültige, volle Greenfee! Bei unterschiedlichen Greenfees (z.B. Studenten-Rabatt) ist der günstigere Tarif gratis!
- Alle Inserenten verpflichten sich, Gutscheine zu den angegebenen Bedingungen einzulösen. Der Verlag übernimmt keine Haftung, wenn ein Gutschein nicht eingelöst wird oder werden kann. Alle Angaben ohne Gewähr!
- Das Angebot ist gültig bis 31.05.2023.

Hinweis

- Informieren Sie sich vorher über das für Sie gültige Greenfee.

Teilnahmebedingungen

- Zur Gutschein-Einlösung muss eine Greenfee-Berechtigung (z.B. Mindest-HCP, Mitgliedschaft in einem Golfclub) vorliegen.
- Der Gutschein kann nur mit Vorlage des Köllen Golfführer für Deutschland oder mit beiliegender KöllenCard eingelöst werden.
- Die Einlösung kann nur nach telefonischer Anmeldung erfolgen – unter Hinweis auf die Nutzung des Angebots. Bei Sonderveranstaltungen, Turnieren etc. müssen Gutscheine nicht angenommen werden.
- Das Kombinieren mit anderen Rabatten ist nicht möglich – es gilt das zum Abschlagszeitpunkt gültige, volle Greenfee! Bei unterschiedlichen Greenfees (z.B. Studenten-Rabatt) ist der günstigere Tarif gratis!
- Alle Inserenten verpflichten sich, Gutscheine zu den angegebenen Bedingungen einzulösen. Der Verlag übernimmt keine Haftung, wenn ein Gutschein nicht eingelöst wird oder werden kann. Alle Angaben ohne Gewähr!
- Das Angebot ist gültig bis 31.05.2023.

Hinweis

- Informieren Sie sich vorher über das für Sie gültige Greenfee.

Teilnahmebedingungen

- Zur Gutschein-Einlösung muss eine Greenfee-Berechtigung (z.B. Mindest-HCP, Mitgliedschaft in einem Golfclub) vorliegen.
- Der Gutschein kann nur mit Vorlage des Köllen Golfführer für Deutschland oder mit beiliegender KöllenCard eingelöst werden.
- Die Einlösung kann nur nach telefonischer Anmeldung erfolgen – unter Hinweis auf die Nutzung des Angebots. Bei Sonderveranstaltungen, Turnieren etc. müssen Gutscheine nicht angenommen werden.
- Das Kombinieren mit anderen Rabatten ist nicht möglich – es gilt das zum Abschlagszeitpunkt gültige, volle Greenfee! Bei unterschiedlichen Greenfees (z.B. Studenten-Rabatt) ist der günstigere Tarif gratis!
- Alle Inserenten verpflichten sich, Gutscheine zu den angegebenen Bedingungen einzulösen. Der Verlag übernimmt keine Haftung, wenn ein Gutschein nicht eingelöst wird oder werden kann. Alle Angaben ohne Gewähr!
- Das Angebot ist gültig bis 31.05.2023.

Hinweis

- Informieren Sie sich vorher über das für Sie gültige Greenfee.

Teilnahmebedingungen

- Zur Gutschein-Einlösung muss eine Greenfee-Berechtigung (z.B. Mindest-HCP, Mitgliedschaft in einem Golfclub) vorliegen.
- Der Gutschein kann nur mit Vorlage des Köllen Golfführer für Deutschland oder mit beiliegender KöllenCard eingelöst werden.
- Die Einlösung kann nur nach telefonischer Anmeldung erfolgen – unter Hinweis auf die Nutzung des Angebots. Bei Sonderveranstaltungen, Turnieren etc. müssen Gutscheine nicht angenommen werden.
- Das Kombinieren mit anderen Rabatten ist nicht möglich – es gilt das zum Abschlagszeitpunkt gültige, volle Greenfee! Bei unterschiedlichen Greenfees (z.B. Studenten-Rabatt) ist der günstigere Tarif gratis!
- Alle Inserenten verpflichten sich, Gutscheine zu den angegebenen Bedingungen einzulösen. Der Verlag übernimmt keine Haftung, wenn ein Gutschein nicht eingelöst wird oder werden kann. Alle Angaben ohne Gewähr!
- Das Angebot ist gültig bis 31.05.2023.

Hinweis

- Informieren Sie sich vorher über das für Sie gültige Greenfee.

Teilnahmebedingungen

- Zur Gutschein-Einlösung muss eine Greenfee-Berechtigung (z.B. Mindest-HCP, Mitgliedschaft in einem Golfclub) vorliegen.
- Der Gutschein kann nur mit Vorlage des Köllen Golfführer für Deutschland oder mit beiliegender KöllenCard eingelöst werden.
- Die Einlösung kann nur nach telefonischer Anmeldung erfolgen – unter Hinweis auf die Nutzung des Angebots. Bei Sonderveranstaltungen, Turnieren etc. müssen Gutscheine nicht angenommen werden.
- Das Kombinieren mit anderen Rabatten ist nicht möglich – es gilt das zum Abschlagszeitpunkt gültige, volle Greenfee! Bei unterschiedlichen Greenfees (z.B. Studenten-Rabatt) ist der günstigere Tarif gratis!
- Alle Inserenten verpflichten sich, Gutscheine zu den angegebenen Bedingungen einzulösen. Der Verlag übernimmt keine Haftung, wenn ein Gutschein nicht eingelöst wird oder werden kann. Alle Angaben ohne Gewähr!
- Das Angebot ist gültig bis 31.05.2023.

Hinweis

- Informieren Sie sich vorher über das für Sie gültige Greenfee.

GUTSCHEIN
30% Greenfee-Nachlass

KÖLLEN GOLF

%

Golfclub
Burg Overbach e.V.

DGV-Nr. 4450 Seite 224 Gültig bis 31.05.2023

GUTSCHEIN
30% Greenfee-Nachlass

KÖLLEN GOLF

%

Golfclub
Burg Overbach e.V.

DGV-Nr. 4450 Seite 224 Gültig bis 31.05.2023

GUTSCHEIN
30% Greenfee-Nachlass

KÖLLEN GOLF

%

Golfclub
Burg Overbach e.V.

DGV-Nr. 4450 Seite 224 Gültig bis 31.05.2023

GUTSCHEIN
10% Greenfee-Nachlass

KÖLLEN GOLF

%

nur Mo-Fr (außer feiertags)

Golfclub Weselerwald e.V.

DGV-Nr. 4460 Seite 190 Gültig bis 31.05.2023

GUTSCHEIN
2. Greenfee ist gratis

KÖLLEN GOLF

2:1

Golfclub Habichtswald e.V.

DGV-Nr. 4467 Seite 206 Gültig bis 31.05.2023

GUTSCHEIN
2. Greenfee ist gratis

KÖLLEN GOLF

2:1

Golfclub Habichtswald e.V.

DGV-Nr. 4467 Seite 206 Gültig bis 31.05.2023

GUTSCHEIN
25% Greenfee-Nachlass

KÖLLEN GOLF

%

Golfclub Habichtswald e.V.

DGV-Nr. 4467 Seite 206 Gültig bis 31.05.2023

GUTSCHEIN
25% Greenfee-Nachlass

KÖLLEN GOLF

%

Golfclub Habichtswald e.V.

DGV-Nr. 4467 Seite 206 Gültig bis 31.05.2023

GUTSCHEIN
2. Greenfee ist gratis

KÖLLEN GOLF

2:1

25% GF-Nachlass (Einzelspieler)

Golf-Club Schulten-Hof
Peckeloh e.V.

DGV-Nr. 4468 Seite 165 Gültig bis 31.05.2023

GUTSCHEIN
2. Greenfee ist gratis

KÖLLEN GOLF

2:1

25% GF-Nachlass (Einzelspieler)

Golf-Club Schulten-Hof
Peckeloh e.V.

DGV-Nr. 4468 Seite 165 Gültig bis 31.05.2023

Teilnahmebedingungen

- Zur Gutschein-Einlösung muss eine Greenfee-Berechtigung (z.B. Mindest-HCP, Mitgliedschaft in einem Golfclub) vorliegen.
- Der Gutschein kann nur mit Vorlage des Köllen Golfführer für Deutschland oder mit beiliegender KöllenCard eingelöst werden.
- Die Einlösung kann nur nach telefonischer Anmeldung erfolgen – unter Hinweis auf die Nutzung des Angebots. Bei Sonderveranstaltungen, Turnieren etc. müssen Gutscheine nicht angenommen werden.
- Das Kombinieren mit anderen Rabatten ist nicht möglich – es gilt das zum Abschlagszeitpunkt gültige, volle Greenfee! Bei unterschiedlichen Greenfees (z.B. Studenten-Rabatt) ist der günstigere Tarif gratis!
- Alle Inserenten verpflichten sich, Gutscheine zu den angegebenen Bedingungen einzulösen. Der Verlag übernimmt keine Haftung, wenn ein Gutschein nicht eingelöst wird oder werden kann. Alle Angaben ohne Gewähr!
- Das Angebot ist gültig bis 31.05.2023.

Hinweis

- Informieren Sie sich vorher über das für Sie gültige Greenfee.

Teilnahmebedingungen

- Zur Gutschein-Einlösung muss eine Greenfee-Berechtigung (z.B. Mindest-HCP, Mitgliedschaft in einem Golfclub) vorliegen.
- Der Gutschein kann nur mit Vorlage des Köllen Golfführer für Deutschland oder mit beiliegender KöllenCard eingelöst werden.
- Die Einlösung kann nur nach telefonischer Anmeldung erfolgen – unter Hinweis auf die Nutzung des Angebots. Bei Sonderveranstaltungen, Turnieren etc. müssen Gutscheine nicht angenommen werden.
- Das Kombinieren mit anderen Rabatten ist nicht möglich – es gilt das zum Abschlagszeitpunkt gültige, volle Greenfee! Bei unterschiedlichen Greenfees (z.B. Studenten-Rabatt) ist der günstigere Tarif gratis!
- Alle Inserenten verpflichten sich, Gutscheine zu den angegebenen Bedingungen einzulösen. Der Verlag übernimmt keine Haftung, wenn ein Gutschein nicht eingelöst wird oder werden kann. Alle Angaben ohne Gewähr!
- Das Angebot ist gültig bis 31.05.2023.

Hinweis

- Informieren Sie sich vorher über das für Sie gültige Greenfee.

Teilnahmebedingungen

- Zur Gutschein-Einlösung muss eine Greenfee-Berechtigung (z.B. Mindest-HCP, Mitgliedschaft in einem Golfclub) vorliegen.
- Der Gutschein kann nur mit Vorlage des Köllen Golfführer für Deutschland oder mit beiliegender KöllenCard eingelöst werden.
- Die Einlösung kann nur nach telefonischer Anmeldung erfolgen – unter Hinweis auf die Nutzung des Angebots. Bei Sonderveranstaltungen, Turnieren etc. müssen Gutscheine nicht angenommen werden.
- Das Kombinieren mit anderen Rabatten ist nicht möglich – es gilt das zum Abschlagszeitpunkt gültige, volle Greenfee! Bei unterschiedlichen Greenfees (z.B. Studenten-Rabatt) ist der günstigere Tarif gratis!
- Alle Inserenten verpflichten sich, Gutscheine zu den angegebenen Bedingungen einzulösen. Der Verlag übernimmt keine Haftung, wenn ein Gutschein nicht eingelöst wird oder werden kann. Alle Angaben ohne Gewähr!
- Das Angebot ist gültig bis 31.05.2023.

Hinweis

- Informieren Sie sich vorher über das für Sie gültige Greenfee.

Teilnahmebedingungen

- Zur Gutschein-Einlösung muss eine Greenfee-Berechtigung (z.B. Mindest-HCP, Mitgliedschaft in einem Golfclub) vorliegen.
- Der Gutschein kann nur mit Vorlage des Köllen Golfführer für Deutschland oder mit beiliegender KöllenCard eingelöst werden.
- Die Einlösung kann nur nach telefonischer Anmeldung erfolgen – unter Hinweis auf die Nutzung des Angebots. Bei Sonderveranstaltungen, Turnieren etc. müssen Gutscheine nicht angenommen werden.
- Das Kombinieren mit anderen Rabatten ist nicht möglich – es gilt das zum Abschlagszeitpunkt gültige, volle Greenfee! Bei unterschiedlichen Greenfees (z.B. Studenten-Rabatt) ist der günstigere Tarif gratis!
- Alle Inserenten verpflichten sich, Gutscheine zu den angegebenen Bedingungen einzulösen. Der Verlag übernimmt keine Haftung, wenn ein Gutschein nicht eingelöst wird oder werden kann. Alle Angaben ohne Gewähr!
- Das Angebot ist gültig bis 31.05.2023.

Hinweis

- Informieren Sie sich vorher über das für Sie gültige Greenfee.

Teilnahmebedingungen

- Zur Gutschein-Einlösung muss eine Greenfee-Berechtigung (z.B. Mindest-HCP, Mitgliedschaft in einem Golfclub) vorliegen.
- Der Gutschein kann nur mit Vorlage des Köllen Golfführer für Deutschland oder mit beiliegender KöllenCard eingelöst werden.
- Die Einlösung kann nur nach telefonischer Anmeldung erfolgen – unter Hinweis auf die Nutzung des Angebots. Bei Sonderveranstaltungen, Turnieren etc. müssen Gutscheine nicht angenommen werden.
- Das Kombinieren mit anderen Rabatten ist nicht möglich – es gilt das zum Abschlagszeitpunkt gültige, volle Greenfee! Bei unterschiedlichen Greenfees (z.B. Studenten-Rabatt) ist der günstigere Tarif gratis!
- Alle Inserenten verpflichten sich, Gutscheine zu den angegebenen Bedingungen einzulösen. Der Verlag übernimmt keine Haftung, wenn ein Gutschein nicht eingelöst wird oder werden kann. Alle Angaben ohne Gewähr!
- Das Angebot ist gültig bis 31.05.2023.

Hinweis

- Informieren Sie sich vorher über das für Sie gültige Greenfee.

Teilnahmebedingungen

- Zur Gutschein-Einlösung muss eine Greenfee-Berechtigung (z.B. Mindest-HCP, Mitgliedschaft in einem Golfclub) vorliegen.
- Der Gutschein kann nur mit Vorlage des Köllen Golfführer für Deutschland oder mit beiliegender KöllenCard eingelöst werden.
- Die Einlösung kann nur nach telefonischer Anmeldung erfolgen – unter Hinweis auf die Nutzung des Angebots. Bei Sonderveranstaltungen, Turnieren etc. müssen Gutscheine nicht angenommen werden.
- Das Kombinieren mit anderen Rabatten ist nicht möglich – es gilt das zum Abschlagszeitpunkt gültige, volle Greenfee! Bei unterschiedlichen Greenfees (z.B. Studenten-Rabatt) ist der günstigere Tarif gratis!
- Alle Inserenten verpflichten sich, Gutscheine zu den angegebenen Bedingungen einzulösen. Der Verlag übernimmt keine Haftung, wenn ein Gutschein nicht eingelöst wird oder werden kann. Alle Angaben ohne Gewähr!
- Das Angebot ist gültig bis 31.05.2023.

Hinweis

- Informieren Sie sich vorher über das für Sie gültige Greenfee.

Teilnahmebedingungen

- Zur Gutschein-Einlösung muss eine Greenfee-Berechtigung (z.B. Mindest-HCP, Mitgliedschaft in einem Golfclub) vorliegen.
- Der Gutschein kann nur mit Vorlage des Köllen Golfführer für Deutschland oder mit beiliegender KöllenCard eingelöst werden.
- Die Einlösung kann nur nach telefonischer Anmeldung erfolgen – unter Hinweis auf die Nutzung des Angebots. Bei Sonderveranstaltungen, Turnieren etc. müssen Gutscheine nicht angenommen werden.
- Das Kombinieren mit anderen Rabatten ist nicht möglich – es gilt das zum Abschlagszeitpunkt gültige, volle Greenfee! Bei unterschiedlichen Greenfees (z.B. Studenten-Rabatt) ist der günstigere Tarif gratis!
- Alle Inserenten verpflichten sich, Gutscheine zu den angegebenen Bedingungen einzulösen. Der Verlag übernimmt keine Haftung, wenn ein Gutschein nicht eingelöst wird oder werden kann. Alle Angaben ohne Gewähr!
- Das Angebot ist gültig bis 31.05.2023.

Hinweis

- Informieren Sie sich vorher über das für Sie gültige Greenfee.

Teilnahmebedingungen

- Zur Gutschein-Einlösung muss eine Greenfee-Berechtigung (z.B. Mindest-HCP, Mitgliedschaft in einem Golfclub) vorliegen.
- Der Gutschein kann nur mit Vorlage des Köllen Golfführer für Deutschland oder mit beiliegender KöllenCard eingelöst werden.
- Die Einlösung kann nur nach telefonischer Anmeldung erfolgen – unter Hinweis auf die Nutzung des Angebots. Bei Sonderveranstaltungen, Turnieren etc. müssen Gutscheine nicht angenommen werden.
- Das Kombinieren mit anderen Rabatten ist nicht möglich – es gilt das zum Abschlagszeitpunkt gültige, volle Greenfee! Bei unterschiedlichen Greenfees (z.B. Studenten-Rabatt) ist der günstigere Tarif gratis!
- Alle Inserenten verpflichten sich, Gutscheine zu den angegebenen Bedingungen einzulösen. Der Verlag übernimmt keine Haftung, wenn ein Gutschein nicht eingelöst wird oder werden kann. Alle Angaben ohne Gewähr!
- Das Angebot ist gültig bis 31.05.2023.

Hinweis

- Informieren Sie sich vorher über das für Sie gültige Greenfee.

Teilnahmebedingungen

- Zur Gutschein-Einlösung muss eine Greenfee-Berechtigung (z.B. Mindest-HCP, Mitgliedschaft in einem Golfclub) vorliegen.
- Der Gutschein kann nur mit Vorlage des Köllen Golfführer für Deutschland oder mit beiliegender KöllenCard eingelöst werden.
- Die Einlösung kann nur nach telefonischer Anmeldung erfolgen – unter Hinweis auf die Nutzung des Angebots. Bei Sonderveranstaltungen, Turnieren etc. müssen Gutscheine nicht angenommen werden.
- Das Kombinieren mit anderen Rabatten ist nicht möglich – es gilt das zum Abschlagszeitpunkt gültige, volle Greenfee! Bei unterschiedlichen Greenfees (z.B. Studenten-Rabatt) ist der günstigere Tarif gratis!
- Alle Inserenten verpflichten sich, Gutscheine zu den angegebenen Bedingungen einzulösen. Der Verlag übernimmt keine Haftung, wenn ein Gutschein nicht eingelöst wird oder werden kann. Alle Angaben ohne Gewähr!
- Das Angebot ist gültig bis 31.05.2023.

Hinweis

- Informieren Sie sich vorher über das für Sie gültige Greenfee.

Teilnahmebedingungen

- Zur Gutschein-Einlösung muss eine Greenfee-Berechtigung (z.B. Mindest-HCP, Mitgliedschaft in einem Golfclub) vorliegen.
- Der Gutschein kann nur mit Vorlage des Köllen Golfführer für Deutschland oder mit beiliegender KöllenCard eingelöst werden.
- Die Einlösung kann nur nach telefonischer Anmeldung erfolgen – unter Hinweis auf die Nutzung des Angebots. Bei Sonderveranstaltungen, Turnieren etc. müssen Gutscheine nicht angenommen werden.
- Das Kombinieren mit anderen Rabatten ist nicht möglich – es gilt das zum Abschlagszeitpunkt gültige, volle Greenfee! Bei unterschiedlichen Greenfees (z.B. Studenten-Rabatt) ist der günstigere Tarif gratis!
- Alle Inserenten verpflichten sich, Gutscheine zu den angegebenen Bedingungen einzulösen. Der Verlag übernimmt keine Haftung, wenn ein Gutschein nicht eingelöst wird oder werden kann. Alle Angaben ohne Gewähr!
- Das Angebot ist gültig bis 31.05.2023.

Hinweis

- Informieren Sie sich vorher über das für Sie gültige Greenfee.

GUTSCHEIN
2. Greenfee ist gratis
KÖLLEN GOLF
2:1
25% GF-Nachlass (Einzelspieler)
Golf-Club Schulten-Hof Peckeloh e.V.
DGV-Nr. 4468 Seite 165 Gültig bis 31.05.2023

GUTSCHEIN
2. Greenfee ist gratis
KÖLLEN GOLF
2:1
25% GF-Nachlass (Einzelspieler)
Golf-Club Schulten-Hof Peckeloh e.V.
DGV-Nr. 4468 Seite 165 Gültig bis 31.05.2023

GUTSCHEIN
2. Greenfee ist gratis
KÖLLEN GOLF
2:1
25% GF-Nachlass (Einzelspieler)
Golf-Club Schulten-Hof Peckeloh e.V.
DGV-Nr. 4468 Seite 165 Gültig bis 31.05.2023

GUTSCHEIN
2. Greenfee ist gratis
KÖLLEN GOLF
2:1
25% GF-Nachlass (Einzelspieler)
nur Mo-Fr (außer feiertags)
Golf- und Landclub Schmitzhof e.V.
DGV-Nr. 4470 Seite 176 Gültig bis 31.05.2023

GUTSCHEIN
2. Greenfee ist gratis
KÖLLEN GOLF
2:1
25% GF-Nachlass (Einzelspieler)
Golfclub Gut Hahues zu Telgte e.V.
DGV-Nr. 4474 Seite 202 Gültig bis 31.05.2023

GUTSCHEIN
2. Greenfee ist gratis
KÖLLEN GOLF
2:1
25% GF-Nachlass (Einzelspieler)
Golfclub Gut Hahues zu Telgte e.V.
DGV-Nr. 4474 Seite 202 Gültig bis 31.05.2023

GUTSCHEIN
2. Greenfee ist gratis
KÖLLEN GOLF
2:1
25% GF-Nachlass (Einzelspieler)
Golfclub Sellinghausen e.V.
DGV-Nr. 4476 Seite 228 Gültig bis 31.05.2023

GUTSCHEIN
2. Greenfee ist gratis
KÖLLEN GOLF
2:1
25% GF-Nachlass (Einzelspieler)
Golfclub Sellinghausen e.V.
DGV-Nr. 4476 Seite 228 Gültig bis 31.05.2023

GUTSCHEIN
2. Greenfee ist gratis
KÖLLEN GOLF
2:1
25% GF-Nachlass (Einzelspieler)
Golfclub Sellinghausen e.V.
DGV-Nr. 4476 Seite 228 Gültig bis 31.05.2023

GUTSCHEIN
2. Greenfee ist gratis
KÖLLEN GOLF
2:1
25% GF-Nachlass (Einzelspieler)
Golfclub Sellinghausen e.V.
DGV-Nr. 4476 Seite 228 Gültig bis 31.05.2023

Teilnahmebedingungen

- Zur Gutschein-Einlösung muss eine Greenfee-Berechtigung (z.B. Mindest-HCP, Mitgliedschaft in einem Golfclub) vorliegen.
- Der Gutschein kann nur mit Vorlage des Köllen Golfführer für Deutschland oder mit beiliegender KöllenCard eingelöst werden.
- Die Einlösung kann nur nach telefonischer Anmeldung erfolgen – unter Hinweis auf die Nutzung des Angebots. Bei Sonderveranstaltungen, Turnieren etc. müssen Gutscheine nicht angenommen werden.
- Das Kombinieren mit anderen Rabatten ist nicht möglich – es gilt das zum Abschlagszeitpunkt gültige, volle Greenfee! Bei unterschiedlichen Greenfees (z.B. Studenten-Rabatt) ist der günstigere Tarif gratis!
- Alle Inserenten verpflichten sich, Gutscheine zu den angegebenen Bedingungen einzulösen. Der Verlag übernimmt keine Haftung, wenn ein Gutschein nicht eingelöst wird oder werden kann. Alle Angaben ohne Gewähr!
- Das Angebot ist gültig bis 31.05.2023.

Hinweis

- Informieren Sie sich vorher über das für Sie gültige Greenfee.

Teilnahmebedingungen

- Zur Gutschein-Einlösung muss eine Greenfee-Berechtigung (z.B. Mindest-HCP, Mitgliedschaft in einem Golfclub) vorliegen.
- Der Gutschein kann nur mit Vorlage des Köllen Golfführer für Deutschland oder mit beiliegender KöllenCard eingelöst werden.
- Die Einlösung kann nur nach telefonischer Anmeldung erfolgen – unter Hinweis auf die Nutzung des Angebots. Bei Sonderveranstaltungen, Turnieren etc. müssen Gutscheine nicht angenommen werden.
- Das Kombinieren mit anderen Rabatten ist nicht möglich – es gilt das zum Abschlagszeitpunkt gültige, volle Greenfee! Bei unterschiedlichen Greenfees (z.B. Studenten-Rabatt) ist der günstigere Tarif gratis!
- Alle Inserenten verpflichten sich, Gutscheine zu den angegebenen Bedingungen einzulösen. Der Verlag übernimmt keine Haftung, wenn ein Gutschein nicht eingelöst wird oder werden kann. Alle Angaben ohne Gewähr!
- Das Angebot ist gültig bis 31.05.2023.

Hinweis

- Informieren Sie sich vorher über das für Sie gültige Greenfee.

Teilnahmebedingungen

- Zur Gutschein-Einlösung muss eine Greenfee-Berechtigung (z.B. Mindest-HCP, Mitgliedschaft in einem Golfclub) vorliegen.
- Der Gutschein kann nur mit Vorlage des Köllen Golfführer für Deutschland oder mit beiliegender KöllenCard eingelöst werden.
- Die Einlösung kann nur nach telefonischer Anmeldung erfolgen – unter Hinweis auf die Nutzung des Angebots. Bei Sonderveranstaltungen, Turnieren etc. müssen Gutscheine nicht angenommen werden.
- Das Kombinieren mit anderen Rabatten ist nicht möglich – es gilt das zum Abschlagszeitpunkt gültige, volle Greenfee! Bei unterschiedlichen Greenfees (z.B. Studenten-Rabatt) ist der günstigere Tarif gratis!
- Alle Inserenten verpflichten sich, Gutscheine zu den angegebenen Bedingungen einzulösen. Der Verlag übernimmt keine Haftung, wenn ein Gutschein nicht eingelöst wird oder werden kann. Alle Angaben ohne Gewähr!
- Das Angebot ist gültig bis 31.05.2023.

Hinweis

- Informieren Sie sich vorher über das für Sie gültige Greenfee.

Teilnahmebedingungen

- Zur Gutschein-Einlösung muss eine Greenfee-Berechtigung (z.B. Mindest-HCP, Mitgliedschaft in einem Golfclub) vorliegen.
- Der Gutschein kann nur mit Vorlage des Köllen Golfführer für Deutschland oder mit beiliegender KöllenCard eingelöst werden.
- Die Einlösung kann nur nach telefonischer Anmeldung erfolgen – unter Hinweis auf die Nutzung des Angebots. Bei Sonderveranstaltungen, Turnieren etc. müssen Gutscheine nicht angenommen werden.
- Das Kombinieren mit anderen Rabatten ist nicht möglich – es gilt das zum Abschlagszeitpunkt gültige, volle Greenfee! Bei unterschiedlichen Greenfees (z.B. Studenten-Rabatt) ist der günstigere Tarif gratis!
- Alle Inserenten verpflichten sich, Gutscheine zu den angegebenen Bedingungen einzulösen. Der Verlag übernimmt keine Haftung, wenn ein Gutschein nicht eingelöst wird oder werden kann. Alle Angaben ohne Gewähr!
- Das Angebot ist gültig bis 31.05.2023.

Hinweis

- Informieren Sie sich vorher über das für Sie gültige Greenfee.

Teilnahmebedingungen

- Zur Gutschein-Einlösung muss eine Greenfee-Berechtigung (z.B. Mindest-HCP, Mitgliedschaft in einem Golfclub) vorliegen.
- Der Gutschein kann nur mit Vorlage des Köllen Golfführer für Deutschland oder mit beiliegender KöllenCard eingelöst werden.
- Die Einlösung kann nur nach telefonischer Anmeldung erfolgen – unter Hinweis auf die Nutzung des Angebots. Bei Sonderveranstaltungen, Turnieren etc. müssen Gutscheine nicht angenommen werden.
- Das Kombinieren mit anderen Rabatten ist nicht möglich – es gilt das zum Abschlagszeitpunkt gültige, volle Greenfee! Bei unterschiedlichen Greenfees (z.B. Studenten-Rabatt) ist der günstigere Tarif gratis!
- Alle Inserenten verpflichten sich, Gutscheine zu den angegebenen Bedingungen einzulösen. Der Verlag übernimmt keine Haftung, wenn ein Gutschein nicht eingelöst wird oder werden kann. Alle Angaben ohne Gewähr!
- Das Angebot ist gültig bis 31.05.2023.

Hinweis

- Informieren Sie sich vorher über das für Sie gültige Greenfee.

Teilnahmebedingungen

- Zur Gutschein-Einlösung muss eine Greenfee-Berechtigung (z.B. Mindest-HCP, Mitgliedschaft in einem Golfclub) vorliegen.
- Der Gutschein kann nur mit Vorlage des Köllen Golfführer für Deutschland oder mit beiliegender KöllenCard eingelöst werden.
- Die Einlösung kann nur nach telefonischer Anmeldung erfolgen – unter Hinweis auf die Nutzung des Angebots. Bei Sonderveranstaltungen, Turnieren etc. müssen Gutscheine nicht angenommen werden.
- Das Kombinieren mit anderen Rabatten ist nicht möglich – es gilt das zum Abschlagszeitpunkt gültige, volle Greenfee! Bei unterschiedlichen Greenfees (z.B. Studenten-Rabatt) ist der günstigere Tarif gratis!
- Alle Inserenten verpflichten sich, Gutscheine zu den angegebenen Bedingungen einzulösen. Der Verlag übernimmt keine Haftung, wenn ein Gutschein nicht eingelöst wird oder werden kann. Alle Angaben ohne Gewähr!
- Das Angebot ist gültig bis 31.05.2023.

Hinweis

- Informieren Sie sich vorher über das für Sie gültige Greenfee.

Teilnahmebedingungen

- Zur Gutschein-Einlösung muss eine Greenfee-Berechtigung (z.B. Mindest-HCP, Mitgliedschaft in einem Golfclub) vorliegen.
- Der Gutschein kann nur mit Vorlage des Köllen Golfführer für Deutschland oder mit beiliegender KöllenCard eingelöst werden.
- Die Einlösung kann nur nach telefonischer Anmeldung erfolgen – unter Hinweis auf die Nutzung des Angebots. Bei Sonderveranstaltungen, Turnieren etc. müssen Gutscheine nicht angenommen werden.
- Das Kombinieren mit anderen Rabatten ist nicht möglich – es gilt das zum Abschlagszeitpunkt gültige, volle Greenfee! Bei unterschiedlichen Greenfees (z.B. Studenten-Rabatt) ist der günstigere Tarif gratis!
- Alle Inserenten verpflichten sich, Gutscheine zu den angegebenen Bedingungen einzulösen. Der Verlag übernimmt keine Haftung, wenn ein Gutschein nicht eingelöst wird oder werden kann. Alle Angaben ohne Gewähr!
- Das Angebot ist gültig bis 31.05.2023.

Hinweis

- Informieren Sie sich vorher über das für Sie gültige Greenfee.

Teilnahmebedingungen

- Zur Gutschein-Einlösung muss eine Greenfee-Berechtigung (z.B. Mindest-HCP, Mitgliedschaft in einem Golfclub) vorliegen.
- Der Gutschein kann nur mit Vorlage des Köllen Golfführer für Deutschland oder mit beiliegender KöllenCard eingelöst werden.
- Die Einlösung kann nur nach telefonischer Anmeldung erfolgen – unter Hinweis auf die Nutzung des Angebots. Bei Sonderveranstaltungen, Turnieren etc. müssen Gutscheine nicht angenommen werden.
- Das Kombinieren mit anderen Rabatten ist nicht möglich – es gilt das zum Abschlagszeitpunkt gültige, volle Greenfee! Bei unterschiedlichen Greenfees (z.B. Studenten-Rabatt) ist der günstigere Tarif gratis!
- Alle Inserenten verpflichten sich, Gutscheine zu den angegebenen Bedingungen einzulösen. Der Verlag übernimmt keine Haftung, wenn ein Gutschein nicht eingelöst wird oder werden kann. Alle Angaben ohne Gewähr!
- Das Angebot ist gültig bis 31.05.2023.

Hinweis

- Informieren Sie sich vorher über das für Sie gültige Greenfee.

Teilnahmebedingungen

- Zur Gutschein-Einlösung muss eine Greenfee-Berechtigung (z.B. Mindest-HCP, Mitgliedschaft in einem Golfclub) vorliegen.
- Der Gutschein kann nur mit Vorlage des Köllen Golfführer für Deutschland oder mit beiliegender KöllenCard eingelöst werden.
- Die Einlösung kann nur nach telefonischer Anmeldung erfolgen – unter Hinweis auf die Nutzung des Angebots. Bei Sonderveranstaltungen, Turnieren etc. müssen Gutscheine nicht angenommen werden.
- Das Kombinieren mit anderen Rabatten ist nicht möglich – es gilt das zum Abschlagszeitpunkt gültige, volle Greenfee! Bei unterschiedlichen Greenfees (z.B. Studenten-Rabatt) ist der günstigere Tarif gratis!
- Alle Inserenten verpflichten sich, Gutscheine zu den angegebenen Bedingungen einzulösen. Der Verlag übernimmt keine Haftung, wenn ein Gutschein nicht eingelöst wird oder werden kann. Alle Angaben ohne Gewähr!
- Das Angebot ist gültig bis 31.05.2023.

Hinweis

- Informieren Sie sich vorher über das für Sie gültige Greenfee.

Teilnahmebedingungen

- Zur Gutschein-Einlösung muss eine Greenfee-Berechtigung (z.B. Mindest-HCP, Mitgliedschaft in einem Golfclub) vorliegen.
- Der Gutschein kann nur mit Vorlage des Köllen Golfführer für Deutschland oder mit beiliegender KöllenCard eingelöst werden.
- Die Einlösung kann nur nach telefonischer Anmeldung erfolgen – unter Hinweis auf die Nutzung des Angebots. Bei Sonderveranstaltungen, Turnieren etc. müssen Gutscheine nicht angenommen werden.
- Das Kombinieren mit anderen Rabatten ist nicht möglich – es gilt das zum Abschlagszeitpunkt gültige, volle Greenfee! Bei unterschiedlichen Greenfees (z.B. Studenten-Rabatt) ist der günstigere Tarif gratis!
- Alle Inserenten verpflichten sich, Gutscheine zu den angegebenen Bedingungen einzulösen. Der Verlag übernimmt keine Haftung, wenn ein Gutschein nicht eingelöst wird oder werden kann. Alle Angaben ohne Gewähr!
- Das Angebot ist gültig bis 31.05.2023.

Hinweis

- Informieren Sie sich vorher über das für Sie gültige Greenfee.

GUTSCHEIN
2. Greenfee ist gratis
KÖLLEN GOLF
2:1
25% GF-Nachlass (Einzelspieler)
Golfclub Sellinghausen e.V.
DGV-Nr. 4476 Seite 228 Gültig bis 31.05.2023

GUTSCHEIN
2. Greenfee ist gratis
KÖLLEN GOLF
2:1
25% GF-Nachlass (Einzelspieler)
Golfclub Siegerland e.V.
DGV-Nr. 4482 Seite 227 Gültig bis 31.05.2023

GUTSCHEIN
2. Greenfee ist gratis
KÖLLEN GOLF
2:1
25% GF-Nachlass (Einzelspieler)
Golfclub Siegerland e.V.
DGV-Nr. 4482 Seite 227 Gültig bis 31.05.2023

GUTSCHEIN
30% Greenfee-Nachlass
KÖLLEN GOLF
%
Golfclub Siegerland e.V.
DGV-Nr. 4482 Seite 227 Gültig bis 31.05.2023

GUTSCHEIN
30% Greenfee-Nachlass
KÖLLEN GOLF
%
Golfclub Siegerland e.V.
DGV-Nr. 4482 Seite 227 Gültig bis 31.05.2023

GUTSCHEIN
2. Greenfee ist gratis
KÖLLEN GOLF
2:1
25% GF-Nachlass (Einzelspieler)
Golf-Club Varmert e.V.
DGV-Nr. 4483 Seite 233 Gültig bis 31.05.2023

GUTSCHEIN
30% Greenfee-Nachlass
KÖLLEN GOLF
%
Golf-Club Varmert e.V.
DGV-Nr. 4483 Seite 233 Gültig bis 31.05.2023

GUTSCHEIN
2. Greenfee ist gratis
KÖLLEN GOLF
2:1
25% GF-Nachlass (Einzelspieler)
nur Mo-Fr (außer feiertags)
Golfclub Haus Bey e.V.
DGV-Nr. 4487 Seite 172 Gültig bis 31.05.2023

GUTSCHEIN
2. Greenfee ist gratis
KÖLLEN GOLF
2:1
25% GF-Nachlass (Einzelspieler)
nur Mo-Fr (außer feiertags)
Golfclub Haus Bey e.V.
DGV-Nr. 4487 Seite 172 Gültig bis 31.05.2023

GUTSCHEIN
30% Greenfee-Nachlass
KÖLLEN GOLF
%
nur Mo-Fr (außer feiertags)
Golfclub Haus Bey e.V.
DGV-Nr. 4487 Seite 172 Gültig bis 31.05.2023

Teilnahmebedingungen

- Zur Gutschein-Einlösung muss eine Greenfee-Berechtigung (z.B. Mindest-HCP, Mitgliedschaft in einem Golfclub) vorliegen.
- Der Gutschein kann nur mit Vorlage des Köllen Golfführer für Deutschland oder mit beiliegender KöllenCard eingelöst werden.
- Die Einlösung kann nur nach telefonischer Anmeldung erfolgen – unter Hinweis auf die Nutzung des Angebots. Bei Sonderveranstaltungen, Turnieren etc. müssen Gutscheine nicht angenommen werden.
- Das Kombinieren mit anderen Rabatten ist nicht möglich – es gilt das zum Abschlagszeitpunkt gültige, volle Greenfee! Bei unterschiedlichen Greenfees (z.B. Studenten-Rabatt) ist der günstigere Tarif gratis!
- Alle Inserenten verpflichten sich, Gutscheine zu den angegebenen Bedingungen einzulösen. Der Verlag übernimmt keine Haftung, wenn ein Gutschein nicht eingelöst wird oder werden kann. Alle Angaben ohne Gewähr!
- Das Angebot ist gültig bis 31.05.2023.

Hinweis

- Informieren Sie sich vorher über das für Sie gültige Greenfee.

Teilnahmebedingungen

- Zur Gutschein-Einlösung muss eine Greenfee-Berechtigung (z.B. Mindest-HCP, Mitgliedschaft in einem Golfclub) vorliegen.
- Der Gutschein kann nur mit Vorlage des Köllen Golfführer für Deutschland oder mit beiliegender KöllenCard eingelöst werden.
- Die Einlösung kann nur nach telefonischer Anmeldung erfolgen – unter Hinweis auf die Nutzung des Angebots. Bei Sonderveranstaltungen, Turnieren etc. müssen Gutscheine nicht angenommen werden.
- Das Kombinieren mit anderen Rabatten ist nicht möglich – es gilt das zum Abschlagszeitpunkt gültige, volle Greenfee! Bei unterschiedlichen Greenfees (z.B. Studenten-Rabatt) ist der günstigere Tarif gratis!
- Alle Inserenten verpflichten sich, Gutscheine zu den angegebenen Bedingungen einzulösen. Der Verlag übernimmt keine Haftung, wenn ein Gutschein nicht eingelöst wird oder werden kann. Alle Angaben ohne Gewähr!
- Das Angebot ist gültig bis 31.05.2023.

Hinweis

- Informieren Sie sich vorher über das für Sie gültige Greenfee.

Teilnahmebedingungen

- Zur Gutschein-Einlösung muss eine Greenfee-Berechtigung (z.B. Mindest-HCP, Mitgliedschaft in einem Golfclub) vorliegen.
- Der Gutschein kann nur mit Vorlage des Köllen Golfführer für Deutschland oder mit beiliegender KöllenCard eingelöst werden.
- Die Einlösung kann nur nach telefonischer Anmeldung erfolgen – unter Hinweis auf die Nutzung des Angebots. Bei Sonderveranstaltungen, Turnieren etc. müssen Gutscheine nicht angenommen werden.
- Das Kombinieren mit anderen Rabatten ist nicht möglich – es gilt das zum Abschlagszeitpunkt gültige, volle Greenfee! Bei unterschiedlichen Greenfees (z.B. Studenten-Rabatt) ist der günstigere Tarif gratis!
- Alle Inserenten verpflichten sich, Gutscheine zu den angegebenen Bedingungen einzulösen. Der Verlag übernimmt keine Haftung, wenn ein Gutschein nicht eingelöst wird oder werden kann. Alle Angaben ohne Gewähr!
- Das Angebot ist gültig bis 31.05.2023.

Hinweis

- Informieren Sie sich vorher über das für Sie gültige Greenfee.

Teilnahmebedingungen

- Zur Gutschein-Einlösung muss eine Greenfee-Berechtigung (z.B. Mindest-HCP, Mitgliedschaft in einem Golfclub) vorliegen.
- Der Gutschein kann nur mit Vorlage des Köllen Golfführer für Deutschland oder mit beiliegender KöllenCard eingelöst werden.
- Die Einlösung kann nur nach telefonischer Anmeldung erfolgen – unter Hinweis auf die Nutzung des Angebots. Bei Sonderveranstaltungen, Turnieren etc. müssen Gutscheine nicht angenommen werden.
- Das Kombinieren mit anderen Rabatten ist nicht möglich – es gilt das zum Abschlagszeitpunkt gültige, volle Greenfee! Bei unterschiedlichen Greenfees (z.B. Studenten-Rabatt) ist der günstigere Tarif gratis!
- Alle Inserenten verpflichten sich, Gutscheine zu den angegebenen Bedingungen einzulösen. Der Verlag übernimmt keine Haftung, wenn ein Gutschein nicht eingelöst wird oder werden kann. Alle Angaben ohne Gewähr!
- Das Angebot ist gültig bis 31.05.2023.

Hinweis

- Informieren Sie sich vorher über das für Sie gültige Greenfee.

Teilnahmebedingungen

- Zur Gutschein-Einlösung muss eine Greenfee-Berechtigung (z.B. Mindest-HCP, Mitgliedschaft in einem Golfclub) vorliegen.
- Der Gutschein kann nur mit Vorlage des Köllen Golfführer für Deutschland oder mit beiliegender KöllenCard eingelöst werden.
- Die Einlösung kann nur nach telefonischer Anmeldung erfolgen – unter Hinweis auf die Nutzung des Angebots. Bei Sonderveranstaltungen, Turnieren etc. müssen Gutscheine nicht angenommen werden.
- Das Kombinieren mit anderen Rabatten ist nicht möglich – es gilt das zum Abschlagszeitpunkt gültige, volle Greenfee! Bei unterschiedlichen Greenfees (z.B. Studenten-Rabatt) ist der günstigere Tarif gratis!
- Alle Inserenten verpflichten sich, Gutscheine zu den angegebenen Bedingungen einzulösen. Der Verlag übernimmt keine Haftung, wenn ein Gutschein nicht eingelöst wird oder werden kann. Alle Angaben ohne Gewähr!
- Das Angebot ist gültig bis 31.05.2023.

Hinweis

- Informieren Sie sich vorher über das für Sie gültige Greenfee.

Teilnahmebedingungen

- Zur Gutschein-Einlösung muss eine Greenfee-Berechtigung (z.B. Mindest-HCP, Mitgliedschaft in einem Golfclub) vorliegen.
- Der Gutschein kann nur mit Vorlage des Köllen Golfführer für Deutschland oder mit beiliegender KöllenCard eingelöst werden.
- Die Einlösung kann nur nach telefonischer Anmeldung erfolgen – unter Hinweis auf die Nutzung des Angebots. Bei Sonderveranstaltungen, Turnieren etc. müssen Gutscheine nicht angenommen werden.
- Das Kombinieren mit anderen Rabatten ist nicht möglich – es gilt das zum Abschlagszeitpunkt gültige, volle Greenfee! Bei unterschiedlichen Greenfees (z.B. Studenten-Rabatt) ist der günstigere Tarif gratis!
- Alle Inserenten verpflichten sich, Gutscheine zu den angegebenen Bedingungen einzulösen. Der Verlag übernimmt keine Haftung, wenn ein Gutschein nicht eingelöst wird oder werden kann. Alle Angaben ohne Gewähr!
- Das Angebot ist gültig bis 31.05.2023.

Hinweis

- Informieren Sie sich vorher über das für Sie gültige Greenfee.

Teilnahmebedingungen

- Zur Gutschein-Einlösung muss eine Greenfee-Berechtigung (z.B. Mindest-HCP, Mitgliedschaft in einem Golfclub) vorliegen.
- Der Gutschein kann nur mit Vorlage des Köllen Golfführer für Deutschland oder mit beiliegender KöllenCard eingelöst werden.
- Die Einlösung kann nur nach telefonischer Anmeldung erfolgen – unter Hinweis auf die Nutzung des Angebots. Bei Sonderveranstaltungen, Turnieren etc. müssen Gutscheine nicht angenommen werden.
- Das Kombinieren mit anderen Rabatten ist nicht möglich – es gilt das zum Abschlagszeitpunkt gültige, volle Greenfee! Bei unterschiedlichen Greenfees (z.B. Studenten-Rabatt) ist der günstigere Tarif gratis!
- Alle Inserenten verpflichten sich, Gutscheine zu den angegebenen Bedingungen einzulösen. Der Verlag übernimmt keine Haftung, wenn ein Gutschein nicht eingelöst wird oder werden kann. Alle Angaben ohne Gewähr!
- Das Angebot ist gültig bis 31.05.2023.

Hinweis

- Informieren Sie sich vorher über das für Sie gültige Greenfee.

Teilnahmebedingungen

- Zur Gutschein-Einlösung muss eine Greenfee-Berechtigung (z.B. Mindest-HCP, Mitgliedschaft in einem Golfclub) vorliegen.
- Der Gutschein kann nur mit Vorlage des Köllen Golfführer für Deutschland oder mit beiliegender KöllenCard eingelöst werden.
- Die Einlösung kann nur nach telefonischer Anmeldung erfolgen – unter Hinweis auf die Nutzung des Angebots. Bei Sonderveranstaltungen, Turnieren etc. müssen Gutscheine nicht angenommen werden.
- Das Kombinieren mit anderen Rabatten ist nicht möglich – es gilt das zum Abschlagszeitpunkt gültige, volle Greenfee! Bei unterschiedlichen Greenfees (z.B. Studenten-Rabatt) ist der günstigere Tarif gratis!
- Alle Inserenten verpflichten sich, Gutscheine zu den angegebenen Bedingungen einzulösen. Der Verlag übernimmt keine Haftung, wenn ein Gutschein nicht eingelöst wird oder werden kann. Alle Angaben ohne Gewähr!
- Das Angebot ist gültig bis 31.05.2023.

Hinweis

- Informieren Sie sich vorher über das für Sie gültige Greenfee.

Teilnahmebedingungen

- Zur Gutschein-Einlösung muss eine Greenfee-Berechtigung (z.B. Mindest-HCP, Mitgliedschaft in einem Golfclub) vorliegen.
- Der Gutschein kann nur mit Vorlage des Köllen Golfführer für Deutschland oder mit beiliegender KöllenCard eingelöst werden.
- Die Einlösung kann nur nach telefonischer Anmeldung erfolgen – unter Hinweis auf die Nutzung des Angebots. Bei Sonderveranstaltungen, Turnieren etc. müssen Gutscheine nicht angenommen werden.
- Das Kombinieren mit anderen Rabatten ist nicht möglich – es gilt das zum Abschlagszeitpunkt gültige, volle Greenfee! Bei unterschiedlichen Greenfees (z.B. Studenten-Rabatt) ist der günstigere Tarif gratis!
- Alle Inserenten verpflichten sich, Gutscheine zu den angegebenen Bedingungen einzulösen. Der Verlag übernimmt keine Haftung, wenn ein Gutschein nicht eingelöst wird oder werden kann. Alle Angaben ohne Gewähr!
- Das Angebot ist gültig bis 31.05.2023.

Hinweis

- Informieren Sie sich vorher über das für Sie gültige Greenfee.

Teilnahmebedingungen

- Zur Gutschein-Einlösung muss eine Greenfee-Berechtigung (z.B. Mindest-HCP, Mitgliedschaft in einem Golfclub) vorliegen.
- Der Gutschein kann nur mit Vorlage des Köllen Golfführer für Deutschland oder mit beiliegender KöllenCard eingelöst werden.
- Die Einlösung kann nur nach telefonischer Anmeldung erfolgen – unter Hinweis auf die Nutzung des Angebots. Bei Sonderveranstaltungen, Turnieren etc. müssen Gutscheine nicht angenommen werden.
- Das Kombinieren mit anderen Rabatten ist nicht möglich – es gilt das zum Abschlagszeitpunkt gültige, volle Greenfee! Bei unterschiedlichen Greenfees (z.B. Studenten-Rabatt) ist der günstigere Tarif gratis!
- Alle Inserenten verpflichten sich, Gutscheine zu den angegebenen Bedingungen einzulösen. Der Verlag übernimmt keine Haftung, wenn ein Gutschein nicht eingelöst wird oder werden kann. Alle Angaben ohne Gewähr!
- Das Angebot ist gültig bis 31.05.2023.

Hinweis

- Informieren Sie sich vorher über das für Sie gültige Greenfee.

GUTSCHEIN
30% Greenfee-Nachlass

KÖLLEN GOLF

%

nur Mo-Fr (außer feiertags)

Golfclub Haus Bey e.V.

DGV-Nr. 4487 Seite 172 Gültig bis 31.05.2023

GUTSCHEIN
2. Greenfee ist gratis

KÖLLEN GOLF

2:1

Mühlenhof Golf und Country Club e.V.

DGV-Nr. 4489 Seite 194 Gültig bis 31.05.2023

GUTSCHEIN
50% Greenfee-Nachlass

KÖLLEN GOLF

%

Mühlenhof Golf und Country Club e.V.

DGV-Nr. 4489 Seite 194 Gültig bis 31.05.2023

GUTSCHEIN
20% Greenfee-Nachlass

KÖLLEN GOLF

%

Senne Golfclub Gut Welschof e.V.

DGV-Nr. 4490 Seite 165 Gültig bis 31.05.2023

GUTSCHEIN
20% Greenfee-Nachlass

KÖLLEN GOLF

%

Senne Golfclub Gut Welschof e.V.

DGV-Nr. 4490 Seite 165 Gültig bis 31.05.2023

GUTSCHEIN
20% Greenfee-Nachlass

KÖLLEN GOLF

%

Senne Golfclub Gut Welschof e.V.

DGV-Nr. 4490 Seite 165 Gültig bis 31.05.2023

GUTSCHEIN
20% Greenfee-Nachlass

KÖLLEN GOLF

%

Senne Golfclub Gut Welschof e.V.

DGV-Nr. 4490 Seite 165 Gültig bis 31.05.2023

GUTSCHEIN
20% Greenfee-Nachlass

KÖLLEN GOLF

%

Senne Golfclub Gut Welschof e.V.

DGV-Nr. 4490 Seite 165 Gültig bis 31.05.2023

GUTSCHEIN
2. Greenfee ist gratis

KÖLLEN GOLF

2:1

nur montags

Golfclub Wildenrath e.V.

DGV-Nr. 4491 Seite 175 Gültig bis 31.05.2023

GUTSCHEIN
2. Greenfee ist gratis

KÖLLEN GOLF

2:1

nur montags

Golfclub Wildenrath e.V.

DGV-Nr. 4491 Seite 175 Gültig bis 31.05.2023

Teilnahmebedingungen

- Zur Gutschein-Einlösung muss eine Greenfee-Berechtigung (z.B. Mindest-HCP, Mitgliedschaft in einem Golfclub) vorliegen.
- Der Gutschein kann nur mit Vorlage des Köllen Golfführer für Deutschland oder mit beiliegender KöllenCard eingelöst werden.
- Die Einlösung kann nur nach telefonischer Anmeldung erfolgen – unter Hinweis auf die Nutzung des Angebots. Bei Sonderveranstaltungen, Turnieren etc. müssen Gutscheine nicht angenommen werden.
- Das Kombinieren mit anderen Rabatten ist nicht möglich – es gilt das zum Abschlagszeitpunkt gültige, volle Greenfee! Bei unterschiedlichen Greenfees (z.B. Studenten-Rabatt) ist der günstigere Tarif gratis!
- Alle Inserenten verpflichten sich, Gutscheine zu den angegebenen Bedingungen einzulösen. Der Verlag übernimmt keine Haftung, wenn ein Gutschein nicht eingelöst wird oder werden kann. Alle Angaben ohne Gewähr!
- Das Angebot ist gültig bis 31.05.2023.

Hinweis

- Informieren Sie sich vorher über das für Sie gültige Greenfee.

Teilnahmebedingungen

- Zur Gutschein-Einlösung muss eine Greenfee-Berechtigung (z.B. Mindest-HCP, Mitgliedschaft in einem Golfclub) vorliegen.
- Der Gutschein kann nur mit Vorlage des Köllen Golfführer für Deutschland oder mit beiliegender KöllenCard eingelöst werden.
- Die Einlösung kann nur nach telefonischer Anmeldung erfolgen – unter Hinweis auf die Nutzung des Angebots. Bei Sonderveranstaltungen, Turnieren etc. müssen Gutscheine nicht angenommen werden.
- Das Kombinieren mit anderen Rabatten ist nicht möglich – es gilt das zum Abschlagszeitpunkt gültige, volle Greenfee! Bei unterschiedlichen Greenfees (z.B. Studenten-Rabatt) ist der günstigere Tarif gratis!
- Alle Inserenten verpflichten sich, Gutscheine zu den angegebenen Bedingungen einzulösen. Der Verlag übernimmt keine Haftung, wenn ein Gutschein nicht eingelöst wird oder werden kann. Alle Angaben ohne Gewähr!
- Das Angebot ist gültig bis 31.05.2023.

Hinweis

- Informieren Sie sich vorher über das für Sie gültige Greenfee.

Teilnahmebedingungen

- Zur Gutschein-Einlösung muss eine Greenfee-Berechtigung (z.B. Mindest-HCP, Mitgliedschaft in einem Golfclub) vorliegen.
- Der Gutschein kann nur mit Vorlage des Köllen Golfführer für Deutschland oder mit beiliegender KöllenCard eingelöst werden.
- Die Einlösung kann nur nach telefonischer Anmeldung erfolgen – unter Hinweis auf die Nutzung des Angebots. Bei Sonderveranstaltungen, Turnieren etc. müssen Gutscheine nicht angenommen werden.
- Das Kombinieren mit anderen Rabatten ist nicht möglich – es gilt das zum Abschlagszeitpunkt gültige, volle Greenfee! Bei unterschiedlichen Greenfees (z.B. Studenten-Rabatt) ist der günstigere Tarif gratis!
- Alle Inserenten verpflichten sich, Gutscheine zu den angegebenen Bedingungen einzulösen. Der Verlag übernimmt keine Haftung, wenn ein Gutschein nicht eingelöst wird oder werden kann. Alle Angaben ohne Gewähr!
- Das Angebot ist gültig bis 31.05.2023.

Hinweis

- Informieren Sie sich vorher über das für Sie gültige Greenfee.

Teilnahmebedingungen

- Zur Gutschein-Einlösung muss eine Greenfee-Berechtigung (z.B. Mindest-HCP, Mitgliedschaft in einem Golfclub) vorliegen.
- Der Gutschein kann nur mit Vorlage des Köllen Golfführer für Deutschland oder mit beiliegender KöllenCard eingelöst werden.
- Die Einlösung kann nur nach telefonischer Anmeldung erfolgen – unter Hinweis auf die Nutzung des Angebots. Bei Sonderveranstaltungen, Turnieren etc. müssen Gutscheine nicht angenommen werden.
- Das Kombinieren mit anderen Rabatten ist nicht möglich – es gilt das zum Abschlagszeitpunkt gültige, volle Greenfee! Bei unterschiedlichen Greenfees (z.B. Studenten-Rabatt) ist der günstigere Tarif gratis!
- Alle Inserenten verpflichten sich, Gutscheine zu den angegebenen Bedingungen einzulösen. Der Verlag übernimmt keine Haftung, wenn ein Gutschein nicht eingelöst wird oder werden kann. Alle Angaben ohne Gewähr!
- Das Angebot ist gültig bis 31.05.2023.

Hinweis

- Informieren Sie sich vorher über das für Sie gültige Greenfee.

Teilnahmebedingungen

- Zur Gutschein-Einlösung muss eine Greenfee-Berechtigung (z.B. Mindest-HCP, Mitgliedschaft in einem Golfclub) vorliegen.
- Der Gutschein kann nur mit Vorlage des Köllen Golfführer für Deutschland oder mit beiliegender KöllenCard eingelöst werden.
- Die Einlösung kann nur nach telefonischer Anmeldung erfolgen – unter Hinweis auf die Nutzung des Angebots. Bei Sonderveranstaltungen, Turnieren etc. müssen Gutscheine nicht angenommen werden.
- Das Kombinieren mit anderen Rabatten ist nicht möglich – es gilt das zum Abschlagszeitpunkt gültige, volle Greenfee! Bei unterschiedlichen Greenfees (z.B. Studenten-Rabatt) ist der günstigere Tarif gratis!
- Alle Inserenten verpflichten sich, Gutscheine zu den angegebenen Bedingungen einzulösen. Der Verlag übernimmt keine Haftung, wenn ein Gutschein nicht eingelöst wird oder werden kann. Alle Angaben ohne Gewähr!
- Das Angebot ist gültig bis 31.05.2023.

Hinweis

- Informieren Sie sich vorher über das für Sie gültige Greenfee.

Teilnahmebedingungen

- Zur Gutschein-Einlösung muss eine Greenfee-Berechtigung (z.B. Mindest-HCP, Mitgliedschaft in einem Golfclub) vorliegen.
- Der Gutschein kann nur mit Vorlage des Köllen Golfführer für Deutschland oder mit beiliegender KöllenCard eingelöst werden.
- Die Einlösung kann nur nach telefonischer Anmeldung erfolgen – unter Hinweis auf die Nutzung des Angebots. Bei Sonderveranstaltungen, Turnieren etc. müssen Gutscheine nicht angenommen werden.
- Das Kombinieren mit anderen Rabatten ist nicht möglich – es gilt das zum Abschlagszeitpunkt gültige, volle Greenfee! Bei unterschiedlichen Greenfees (z.B. Studenten-Rabatt) ist der günstigere Tarif gratis!
- Alle Inserenten verpflichten sich, Gutscheine zu den angegebenen Bedingungen einzulösen. Der Verlag übernimmt keine Haftung, wenn ein Gutschein nicht eingelöst wird oder werden kann. Alle Angaben ohne Gewähr!
- Das Angebot ist gültig bis 31.05.2023.

Hinweis

- Informieren Sie sich vorher über das für Sie gültige Greenfee.

Teilnahmebedingungen

- Zur Gutschein-Einlösung muss eine Greenfee-Berechtigung (z.B. Mindest-HCP, Mitgliedschaft in einem Golfclub) vorliegen.
- Der Gutschein kann nur mit Vorlage des Köllen Golfführer für Deutschland oder mit beiliegender KöllenCard eingelöst werden.
- Die Einlösung kann nur nach telefonischer Anmeldung erfolgen – unter Hinweis auf die Nutzung des Angebots. Bei Sonderveranstaltungen, Turnieren etc. müssen Gutscheine nicht angenommen werden.
- Das Kombinieren mit anderen Rabatten ist nicht möglich – es gilt das zum Abschlagszeitpunkt gültige, volle Greenfee! Bei unterschiedlichen Greenfees (z.B. Studenten-Rabatt) ist der günstigere Tarif gratis!
- Alle Inserenten verpflichten sich, Gutscheine zu den angegebenen Bedingungen einzulösen. Der Verlag übernimmt keine Haftung, wenn ein Gutschein nicht eingelöst wird oder werden kann. Alle Angaben ohne Gewähr!
- Das Angebot ist gültig bis 31.05.2023.

Hinweis

- Informieren Sie sich vorher über das für Sie gültige Greenfee.

Teilnahmebedingungen

- Zur Gutschein-Einlösung muss eine Greenfee-Berechtigung (z.B. Mindest-HCP, Mitgliedschaft in einem Golfclub) vorliegen.
- Der Gutschein kann nur mit Vorlage des Köllen Golfführer für Deutschland oder mit beiliegender KöllenCard eingelöst werden.
- Die Einlösung kann nur nach telefonischer Anmeldung erfolgen – unter Hinweis auf die Nutzung des Angebots. Bei Sonderveranstaltungen, Turnieren etc. müssen Gutscheine nicht angenommen werden.
- Das Kombinieren mit anderen Rabatten ist nicht möglich – es gilt das zum Abschlagszeitpunkt gültige, volle Greenfee! Bei unterschiedlichen Greenfees (z.B. Studenten-Rabatt) ist der günstigere Tarif gratis!
- Alle Inserenten verpflichten sich, Gutscheine zu den angegebenen Bedingungen einzulösen. Der Verlag übernimmt keine Haftung, wenn ein Gutschein nicht eingelöst wird oder werden kann. Alle Angaben ohne Gewähr!
- Das Angebot ist gültig bis 31.05.2023.

Hinweis

- Informieren Sie sich vorher über das für Sie gültige Greenfee.

Teilnahmebedingungen

- Zur Gutschein-Einlösung muss eine Greenfee-Berechtigung (z.B. Mindest-HCP, Mitgliedschaft in einem Golfclub) vorliegen.
- Der Gutschein kann nur mit Vorlage des Köllen Golfführer für Deutschland oder mit beiliegender KöllenCard eingelöst werden.
- Die Einlösung kann nur nach telefonischer Anmeldung erfolgen – unter Hinweis auf die Nutzung des Angebots. Bei Sonderveranstaltungen, Turnieren etc. müssen Gutscheine nicht angenommen werden.
- Das Kombinieren mit anderen Rabatten ist nicht möglich – es gilt das zum Abschlagszeitpunkt gültige, volle Greenfee! Bei unterschiedlichen Greenfees (z.B. Studenten-Rabatt) ist der günstigere Tarif gratis!
- Alle Inserenten verpflichten sich, Gutscheine zu den angegebenen Bedingungen einzulösen. Der Verlag übernimmt keine Haftung, wenn ein Gutschein nicht eingelöst wird oder werden kann. Alle Angaben ohne Gewähr!
- Das Angebot ist gültig bis 31.05.2023.

Hinweis

- Informieren Sie sich vorher über das für Sie gültige Greenfee.

Teilnahmebedingungen

- Zur Gutschein-Einlösung muss eine Greenfee-Berechtigung (z.B. Mindest-HCP, Mitgliedschaft in einem Golfclub) vorliegen.
- Der Gutschein kann nur mit Vorlage des Köllen Golfführer für Deutschland oder mit beiliegender KöllenCard eingelöst werden.
- Die Einlösung kann nur nach telefonischer Anmeldung erfolgen – unter Hinweis auf die Nutzung des Angebots. Bei Sonderveranstaltungen, Turnieren etc. müssen Gutscheine nicht angenommen werden.
- Das Kombinieren mit anderen Rabatten ist nicht möglich – es gilt das zum Abschlagszeitpunkt gültige, volle Greenfee! Bei unterschiedlichen Greenfees (z.B. Studenten-Rabatt) ist der günstigere Tarif gratis!
- Alle Inserenten verpflichten sich, Gutscheine zu den angegebenen Bedingungen einzulösen. Der Verlag übernimmt keine Haftung, wenn ein Gutschein nicht eingelöst wird oder werden kann. Alle Angaben ohne Gewähr!
- Das Angebot ist gültig bis 31.05.2023.

Hinweis

- Informieren Sie sich vorher über das für Sie gültige Greenfee.

GUTSCHEIN
2. Greenfee ist gratis

KÖLLEN GOLF

2:1

25% GF-Nachlass (Einzelspieler)

Golfclub Brilon e.V.

DGV-Nr. 4496 Seite 241 Gültig bis 31.05.2023

GUTSCHEIN
2. Greenfee ist gratis

KÖLLEN GOLF

2:1

25% GF-Nachlass (Einzelspieler)

Golfclub Brilon e.V.

DGV-Nr. 4496 Seite 241 Gültig bis 31.05.2023

GUTSCHEIN
2. Greenfee ist gratis

KÖLLEN GOLF

2:1

25% GF-Nachlass (Einzelspieler)

Golfclub Brilon e.V.

DGV-Nr. 4496 Seite 241 Gültig bis 31.05.2023

GUTSCHEIN
2. Greenfee ist gratis

KÖLLEN GOLF

2:1

25% GF-Nachlass (Einzelspieler)

Golfclub Brilon e.V.

DGV-Nr. 4496 Seite 241 Gültig bis 31.05.2023

GUTSCHEIN
2. Greenfee ist gratis

KÖLLEN GOLF

2:1

25% GF-Nachlass (Einzelspieler)

Golfclub Brilon e.V.

DGV-Nr. 4496 Seite 241 Gültig bis 31.05.2023

GUTSCHEIN
2. Greenfee ist gratis

KÖLLEN GOLF

2:1

30% GF-Nachlass
(Einzelspieler)

Mo-Fr ab 14 Uhr oder Sa/So/Feiertage
ab 16 Uhr, keine Gruppen, Reservierung
max. 7 Tage im Voraus möglich

Golf-Club Schloss Miel

DGV-Nr. 4502 Seite 226 Gültig bis 31.05.2023

GUTSCHEIN
2. Greenfee ist gratis

KÖLLEN GOLF

2:1

30% GF-Nachlass
(Einzelspieler)

Mo-Fr ab 14 Uhr oder Sa/So/Feiertage
ab 16 Uhr, keine Gruppen, Reservierung
max. 7 Tage im Voraus möglich

Golf-Club Schloss Miel

DGV-Nr. 4502 Seite 226 Gültig bis 31.05.2023

GUTSCHEIN
2. Greenfee ist gratis

KÖLLEN GOLF

2:1

25% GF-Nachlass (Einzelspieler)

Golfclub Velbert-Gut Kuhlendahl e.V.

DGV-Nr. 4503 Seite 178 Gültig bis 31.05.2023

GUTSCHEIN
2. Greenfee ist gratis

KÖLLEN GOLF

2:1

25% GF-Nachlass (Einzelspieler)

Golfclub Velbert-Gut Kuhlendahl e.V.

DGV-Nr. 4503 Seite 178 Gültig bis 31.05.2023

GUTSCHEIN
2. Greenfee ist gratis

KÖLLEN GOLF

2:1

25% GF-Nachlass (Einzelspieler)

Golfclub Velbert-Gut Kuhlendahl e.V.

DGV-Nr. 4503 Seite 178 Gültig bis 31.05.2023

Teilnahmebedingungen

- Zur Gutschein-Einlösung muss eine Greenfee-Berechtigung (z.B. Mindest-HCP, Mitgliedschaft in einem Golfclub) vorliegen.
- Der Gutschein kann nur mit Vorlage des Köllen Golfführer für Deutschland oder mit beiliegender KöllenCard eingelöst werden.
- Die Einlösung kann nur nach telefonischer Anmeldung erfolgen – unter Hinweis auf die Nutzung des Angebots. Bei Sonderveranstaltungen, Turnieren etc. müssen Gutscheine nicht angenommen werden.
- Das Kombinieren mit anderen Rabatten ist nicht möglich – es gilt das zum Abschlagszeitpunkt gültige, volle Greenfee! Bei unterschiedlichen Greenfees (z.B. Studenten-Rabatt) ist der günstigere Tarif gratis!
- Alle Inserenten verpflichten sich, Gutscheine zu den angegebenen Bedingungen einzulösen. Der Verlag übernimmt keine Haftung, wenn ein Gutschein nicht eingelöst wird oder werden kann. Alle Angaben ohne Gewähr!
- Das Angebot ist gültig bis 31.05.2023.

Hinweis

- Informieren Sie sich vorher über das für Sie gültige Greenfee.

Teilnahmebedingungen

- Zur Gutschein-Einlösung muss eine Greenfee-Berechtigung (z.B. Mindest-HCP, Mitgliedschaft in einem Golfclub) vorliegen.
- Der Gutschein kann nur mit Vorlage des Köllen Golfführer für Deutschland oder mit beiliegender KöllenCard eingelöst werden.
- Die Einlösung kann nur nach telefonischer Anmeldung erfolgen – unter Hinweis auf die Nutzung des Angebots. Bei Sonderveranstaltungen, Turnieren etc. müssen Gutscheine nicht angenommen werden.
- Das Kombinieren mit anderen Rabatten ist nicht möglich – es gilt das zum Abschlagszeitpunkt gültige, volle Greenfee! Bei unterschiedlichen Greenfees (z.B. Studenten-Rabatt) ist der günstigere Tarif gratis!
- Alle Inserenten verpflichten sich, Gutscheine zu den angegebenen Bedingungen einzulösen. Der Verlag übernimmt keine Haftung, wenn ein Gutschein nicht eingelöst wird oder werden kann. Alle Angaben ohne Gewähr!
- Das Angebot ist gültig bis 31.05.2023.

Hinweis

- Informieren Sie sich vorher über das für Sie gültige Greenfee.

Teilnahmebedingungen

- Zur Gutschein-Einlösung muss eine Greenfee-Berechtigung (z.B. Mindest-HCP, Mitgliedschaft in einem Golfclub) vorliegen.
- Der Gutschein kann nur mit Vorlage des Köllen Golfführer für Deutschland oder mit beiliegender KöllenCard eingelöst werden.
- Die Einlösung kann nur nach telefonischer Anmeldung erfolgen – unter Hinweis auf die Nutzung des Angebots. Bei Sonderveranstaltungen, Turnieren etc. müssen Gutscheine nicht angenommen werden.
- Das Kombinieren mit anderen Rabatten ist nicht möglich – es gilt das zum Abschlagszeitpunkt gültige, volle Greenfee! Bei unterschiedlichen Greenfees (z.B. Studenten-Rabatt) ist der günstigere Tarif gratis!
- Alle Inserenten verpflichten sich, Gutscheine zu den angegebenen Bedingungen einzulösen. Der Verlag übernimmt keine Haftung, wenn ein Gutschein nicht eingelöst wird oder werden kann. Alle Angaben ohne Gewähr!
- Das Angebot ist gültig bis 31.05.2023.

Hinweis

- Informieren Sie sich vorher über das für Sie gültige Greenfee.

Teilnahmebedingungen

- Zur Gutschein-Einlösung muss eine Greenfee-Berechtigung (z.B. Mindest-HCP, Mitgliedschaft in einem Golfclub) vorliegen.
- Der Gutschein kann nur mit Vorlage des Köllen Golfführer für Deutschland oder mit beiliegender KöllenCard eingelöst werden.
- Die Einlösung kann nur nach telefonischer Anmeldung erfolgen – unter Hinweis auf die Nutzung des Angebots. Bei Sonderveranstaltungen, Turnieren etc. müssen Gutscheine nicht angenommen werden.
- Das Kombinieren mit anderen Rabatten ist nicht möglich – es gilt das zum Abschlagszeitpunkt gültige, volle Greenfee! Bei unterschiedlichen Greenfees (z.B. Studenten-Rabatt) ist der günstigere Tarif gratis!
- Alle Inserenten verpflichten sich, Gutscheine zu den angegebenen Bedingungen einzulösen. Der Verlag übernimmt keine Haftung, wenn ein Gutschein nicht eingelöst wird oder werden kann. Alle Angaben ohne Gewähr!
- Das Angebot ist gültig bis 31.05.2023.

Hinweis

- Informieren Sie sich vorher über das für Sie gültige Greenfee.

Teilnahmebedingungen

- Zur Gutschein-Einlösung muss eine Greenfee-Berechtigung (z.B. Mindest-HCP, Mitgliedschaft in einem Golfclub) vorliegen.
- Der Gutschein kann nur mit Vorlage des Köllen Golfführer für Deutschland oder mit beiliegender KöllenCard eingelöst werden.
- Die Einlösung kann nur nach telefonischer Anmeldung erfolgen – unter Hinweis auf die Nutzung des Angebots. Bei Sonderveranstaltungen, Turnieren etc. müssen Gutscheine nicht angenommen werden.
- Das Kombinieren mit anderen Rabatten ist nicht möglich – es gilt das zum Abschlagszeitpunkt gültige, volle Greenfee! Bei unterschiedlichen Greenfees (z.B. Studenten-Rabatt) ist der günstigere Tarif gratis!
- Alle Inserenten verpflichten sich, Gutscheine zu den angegebenen Bedingungen einzulösen. Der Verlag übernimmt keine Haftung, wenn ein Gutschein nicht eingelöst wird oder werden kann. Alle Angaben ohne Gewähr!
- Das Angebot ist gültig bis 31.05.2023.

Hinweis

- Informieren Sie sich vorher über das für Sie gültige Greenfee.

Teilnahmebedingungen

- Zur Gutschein-Einlösung muss eine Greenfee-Berechtigung (z.B. Mindest-HCP, Mitgliedschaft in einem Golfclub) vorliegen.
- Der Gutschein kann nur mit Vorlage des Köllen Golfführer für Deutschland oder mit beiliegender KöllenCard eingelöst werden.
- Die Einlösung kann nur nach telefonischer Anmeldung erfolgen – unter Hinweis auf die Nutzung des Angebots. Bei Sonderveranstaltungen, Turnieren etc. müssen Gutscheine nicht angenommen werden.
- Das Kombinieren mit anderen Rabatten ist nicht möglich – es gilt das zum Abschlagszeitpunkt gültige, volle Greenfee! Bei unterschiedlichen Greenfees (z.B. Studenten-Rabatt) ist der günstigere Tarif gratis!
- Alle Inserenten verpflichten sich, Gutscheine zu den angegebenen Bedingungen einzulösen. Der Verlag übernimmt keine Haftung, wenn ein Gutschein nicht eingelöst wird oder werden kann. Alle Angaben ohne Gewähr!
- Das Angebot ist gültig bis 31.05.2023.

Hinweis

- Informieren Sie sich vorher über das für Sie gültige Greenfee.

Teilnahmebedingungen

- Zur Gutschein-Einlösung muss eine Greenfee-Berechtigung (z.B. Mindest-HCP, Mitgliedschaft in einem Golfclub) vorliegen.
- Der Gutschein kann nur mit Vorlage des Köllen Golfführer für Deutschland oder mit beiliegender KöllenCard eingelöst werden.
- Die Einlösung kann nur nach telefonischer Anmeldung erfolgen – unter Hinweis auf die Nutzung des Angebots. Bei Sonderveranstaltungen, Turnieren etc. müssen Gutscheine nicht angenommen werden.
- Das Kombinieren mit anderen Rabatten ist nicht möglich – es gilt das zum Abschlagszeitpunkt gültige, volle Greenfee! Bei unterschiedlichen Greenfees (z.B. Studenten-Rabatt) ist der günstigere Tarif gratis!
- Alle Inserenten verpflichten sich, Gutscheine zu den angegebenen Bedingungen einzulösen. Der Verlag übernimmt keine Haftung, wenn ein Gutschein nicht eingelöst wird oder werden kann. Alle Angaben ohne Gewähr!
- Das Angebot ist gültig bis 31.05.2023.

Hinweis

- Informieren Sie sich vorher über das für Sie gültige Greenfee.

Teilnahmebedingungen

- Zur Gutschein-Einlösung muss eine Greenfee-Berechtigung (z.B. Mindest-HCP, Mitgliedschaft in einem Golfclub) vorliegen.
- Der Gutschein kann nur mit Vorlage des Köllen Golfführer für Deutschland oder mit beiliegender KöllenCard eingelöst werden.
- Die Einlösung kann nur nach telefonischer Anmeldung erfolgen – unter Hinweis auf die Nutzung des Angebots. Bei Sonderveranstaltungen, Turnieren etc. müssen Gutscheine nicht angenommen werden.
- Das Kombinieren mit anderen Rabatten ist nicht möglich – es gilt das zum Abschlagszeitpunkt gültige, volle Greenfee! Bei unterschiedlichen Greenfees (z.B. Studenten-Rabatt) ist der günstigere Tarif gratis!
- Alle Inserenten verpflichten sich, Gutscheine zu den angegebenen Bedingungen einzulösen. Der Verlag übernimmt keine Haftung, wenn ein Gutschein nicht eingelöst wird oder werden kann. Alle Angaben ohne Gewähr!
- Das Angebot ist gültig bis 31.05.2023.

Hinweis

- Informieren Sie sich vorher über das für Sie gültige Greenfee.

Teilnahmebedingungen

- Zur Gutschein-Einlösung muss eine Greenfee-Berechtigung (z.B. Mindest-HCP, Mitgliedschaft in einem Golfclub) vorliegen.
- Der Gutschein kann nur mit Vorlage des Köllen Golfführer für Deutschland oder mit beiliegender KöllenCard eingelöst werden.
- Die Einlösung kann nur nach telefonischer Anmeldung erfolgen – unter Hinweis auf die Nutzung des Angebots. Bei Sonderveranstaltungen, Turnieren etc. müssen Gutscheine nicht angenommen werden.
- Das Kombinieren mit anderen Rabatten ist nicht möglich – es gilt das zum Abschlagszeitpunkt gültige, volle Greenfee! Bei unterschiedlichen Greenfees (z.B. Studenten-Rabatt) ist der günstigere Tarif gratis!
- Alle Inserenten verpflichten sich, Gutscheine zu den angegebenen Bedingungen einzulösen. Der Verlag übernimmt keine Haftung, wenn ein Gutschein nicht eingelöst wird oder werden kann. Alle Angaben ohne Gewähr!
- Das Angebot ist gültig bis 31.05.2023.

Hinweis

- Informieren Sie sich vorher über das für Sie gültige Greenfee.

Teilnahmebedingungen

- Zur Gutschein-Einlösung muss eine Greenfee-Berechtigung (z.B. Mindest-HCP, Mitgliedschaft in einem Golfclub) vorliegen.
- Der Gutschein kann nur mit Vorlage des Köllen Golfführer für Deutschland oder mit beiliegender KöllenCard eingelöst werden.
- Die Einlösung kann nur nach telefonischer Anmeldung erfolgen – unter Hinweis auf die Nutzung des Angebots. Bei Sonderveranstaltungen, Turnieren etc. müssen Gutscheine nicht angenommen werden.
- Das Kombinieren mit anderen Rabatten ist nicht möglich – es gilt das zum Abschlagszeitpunkt gültige, volle Greenfee! Bei unterschiedlichen Greenfees (z.B. Studenten-Rabatt) ist der günstigere Tarif gratis!
- Alle Inserenten verpflichten sich, Gutscheine zu den angegebenen Bedingungen einzulösen. Der Verlag übernimmt keine Haftung, wenn ein Gutschein nicht eingelöst wird oder werden kann. Alle Angaben ohne Gewähr!
- Das Angebot ist gültig bis 31.05.2023.

Hinweis

- Informieren Sie sich vorher über das für Sie gültige Greenfee.

GUTSCHEIN
2. Greenfee ist gratis

KÖLLEN GOLF

2:1

25% GF-Nachlass (Einzelspieler)

Golfclub Velbert-Gut Kuhlendahl e.V.

DGV-Nr. 4503 Seite 178 Gültig bis 31.05.2023

MEHR DRIVE FÜR DIE STRASSE.
www.bmw.de/iX

GUTSCHEIN
30% Greenfee-Nachlass

KÖLLEN GOLF

%

Golfclub Velbert-Gut Kuhlendahl e.V.

DGV-Nr. 4503 Seite 178 Gültig bis 31.05.2023

MEHR DRIVE FÜR DIE STRASSE.
www.bmw.de/iX

GUTSCHEIN
30% Greenfee-Nachlass

KÖLLEN GOLF

%

Golfclub Velbert-Gut Kuhlendahl e.V.

DGV-Nr. 4503 Seite 178 Gültig bis 31.05.2023

MEHR DRIVE FÜR DIE STRASSE.
www.bmw.de/iX

GUTSCHEIN
2. Greenfee ist gratis

KÖLLEN GOLF

2:1

25% GF-Nachlass (Einzelspieler)
gilt nur für 18-Loch Runden

Golf Club Wasserschloß Westerwinkel e.V.

DGV-Nr. 4505 Seite 237 Gültig bis 31.05.2023

MEHR DRIVE FÜR DIE STRASSE.
www.bmw.de/iX

GUTSCHEIN
2. Greenfee ist gratis

KÖLLEN GOLF

2:1

25% GF-Nachlass (Einzelspieler)
gilt nur für 18-Loch Runden

Golf Club Wasserschloß Westerwinkel e.V.

DGV-Nr. 4505 Seite 237 Gültig bis 31.05.2023

MEHR DRIVE FÜR DIE STRASSE.
www.bmw.de/iX

GUTSCHEIN
2. Greenfee ist gratis

KÖLLEN GOLF

2:1

25% GF-Nachlass (Einzelspieler)
gilt nur für 18-Loch Runden

Golf Club Wasserschloß Westerwinkel e.V.

DGV-Nr. 4505 Seite 237 Gültig bis 31.05.2023

MEHR DRIVE FÜR DIE STRASSE.
www.bmw.de/iX

GUTSCHEIN
50% Greenfee-Nachlass

KÖLLEN GOLF

%

gilt nur für 18-Loch Runden

Golf Club Wasserschloß Westerwinkel e.V.

DGV-Nr. 4505 Seite 237 Gültig bis 31.05.2023

MEHR DRIVE FÜR DIE STRASSE.
www.bmw.de/iX

GUTSCHEIN
50% Greenfee-Nachlass

KÖLLEN GOLF

%

gilt nur für 18-Loch Runden

Golf Club Wasserschloß Westerwinkel e.V.

DGV-Nr. 4505 Seite 237 Gültig bis 31.05.2023

MEHR DRIVE FÜR DIE STRASSE.
www.bmw.de/iX

GUTSCHEIN
50% Greenfee-Nachlass

KÖLLEN GOLF

%

gilt nur für 18-Loch Runden

Golf Club Wasserschloß Westerwinkel e.V.

DGV-Nr. 4505 Seite 237 Gültig bis 31.05.2023

MEHR DRIVE FÜR DIE STRASSE.
www.bmw.de/iX

GUTSCHEIN
2. Greenfee ist gratis

KÖLLEN GOLF

2:1

25% GF-Nachlass (Einzelspieler)
nur Mo-Fr (außer feiertags)

Golfclub Gut Neuenhof e.V.

DGV-Nr. 4512 Seite 235 Gültig bis 31.05.2023

MEHR DRIVE FÜR DIE STRASSE.
www.bmw.de/iX

Teilnahmebedingungen

- Zur Gutschein-Einlösung muss eine Greenfee-Berechtigung (z.B. Mindest-HCP, Mitgliedschaft in einem Golfclub) vorliegen.
- Der Gutschein kann nur mit Vorlage des Köllen Golfführer für Deutschland oder mit beiliegender KöllenCard eingelöst werden.
- Die Einlösung kann nur nach telefonischer Anmeldung erfolgen – unter Hinweis auf die Nutzung des Angebots. Bei Sonderveranstaltungen, Turnieren etc. müssen Gutscheine nicht angenommen werden.
- Das Kombinieren mit anderen Rabatten ist nicht möglich – es gilt das zum Abschlagszeitpunkt gültige, volle Greenfee! Bei unterschiedlichen Greenfees (z.B. Studenten-Rabatt) ist der günstigere Tarif gratis!
- Alle Inserenten verpflichten sich, Gutscheine zu den angegebenen Bedingungen einzulösen. Der Verlag übernimmt keine Haftung, wenn ein Gutschein nicht eingelöst wird oder werden kann. Alle Angaben ohne Gewähr!
- Das Angebot ist gültig bis 31.05.2023.

Hinweis

- Informieren Sie sich vorher über das für Sie gültige Greenfee.

Teilnahmebedingungen

- Zur Gutschein-Einlösung muss eine Greenfee-Berechtigung (z.B. Mindest-HCP, Mitgliedschaft in einem Golfclub) vorliegen.
- Der Gutschein kann nur mit Vorlage des Köllen Golfführer für Deutschland oder mit beiliegender KöllenCard eingelöst werden.
- Die Einlösung kann nur nach telefonischer Anmeldung erfolgen – unter Hinweis auf die Nutzung des Angebots. Bei Sonderveranstaltungen, Turnieren etc. müssen Gutscheine nicht angenommen werden.
- Das Kombinieren mit anderen Rabatten ist nicht möglich – es gilt das zum Abschlagszeitpunkt gültige, volle Greenfee! Bei unterschiedlichen Greenfees (z.B. Studenten-Rabatt) ist der günstigere Tarif gratis!
- Alle Inserenten verpflichten sich, Gutscheine zu den angegebenen Bedingungen einzulösen. Der Verlag übernimmt keine Haftung, wenn ein Gutschein nicht eingelöst wird oder werden kann. Alle Angaben ohne Gewähr!
- Das Angebot ist gültig bis 31.05.2023.

Hinweis

- Informieren Sie sich vorher über das für Sie gültige Greenfee.

Teilnahmebedingungen

- Zur Gutschein-Einlösung muss eine Greenfee-Berechtigung (z.B. Mindest-HCP, Mitgliedschaft in einem Golfclub) vorliegen.
- Der Gutschein kann nur mit Vorlage des Köllen Golfführer für Deutschland oder mit beiliegender KöllenCard eingelöst werden.
- Die Einlösung kann nur nach telefonischer Anmeldung erfolgen – unter Hinweis auf die Nutzung des Angebots. Bei Sonderveranstaltungen, Turnieren etc. müssen Gutscheine nicht angenommen werden.
- Das Kombinieren mit anderen Rabatten ist nicht möglich – es gilt das zum Abschlagszeitpunkt gültige, volle Greenfee! Bei unterschiedlichen Greenfees (z.B. Studenten-Rabatt) ist der günstigere Tarif gratis!
- Alle Inserenten verpflichten sich, Gutscheine zu den angegebenen Bedingungen einzulösen. Der Verlag übernimmt keine Haftung, wenn ein Gutschein nicht eingelöst wird oder werden kann. Alle Angaben ohne Gewähr!
- Das Angebot ist gültig bis 31.05.2023.

Hinweis

- Informieren Sie sich vorher über das für Sie gültige Greenfee.

Teilnahmebedingungen

- Zur Gutschein-Einlösung muss eine Greenfee-Berechtigung (z.B. Mindest-HCP, Mitgliedschaft in einem Golfclub) vorliegen.
- Der Gutschein kann nur mit Vorlage des Köllen Golfführer für Deutschland oder mit beiliegender KöllenCard eingelöst werden.
- Die Einlösung kann nur nach telefonischer Anmeldung erfolgen – unter Hinweis auf die Nutzung des Angebots. Bei Sonderveranstaltungen, Turnieren etc. müssen Gutscheine nicht angenommen werden.
- Das Kombinieren mit anderen Rabatten ist nicht möglich – es gilt das zum Abschlagszeitpunkt gültige, volle Greenfee! Bei unterschiedlichen Greenfees (z.B. Studenten-Rabatt) ist der günstigere Tarif gratis!
- Alle Inserenten verpflichten sich, Gutscheine zu den angegebenen Bedingungen einzulösen. Der Verlag übernimmt keine Haftung, wenn ein Gutschein nicht eingelöst wird oder werden kann. Alle Angaben ohne Gewähr!
- Das Angebot ist gültig bis 31.05.2023.

Hinweis

- Informieren Sie sich vorher über das für Sie gültige Greenfee.

Teilnahmebedingungen

- Zur Gutschein-Einlösung muss eine Greenfee-Berechtigung (z.B. Mindest-HCP, Mitgliedschaft in einem Golfclub) vorliegen.
- Der Gutschein kann nur mit Vorlage des Köllen Golfführer für Deutschland oder mit beiliegender KöllenCard eingelöst werden.
- Die Einlösung kann nur nach telefonischer Anmeldung erfolgen – unter Hinweis auf die Nutzung des Angebots. Bei Sonderveranstaltungen, Turnieren etc. müssen Gutscheine nicht angenommen werden.
- Das Kombinieren mit anderen Rabatten ist nicht möglich – es gilt das zum Abschlagszeitpunkt gültige, volle Greenfee! Bei unterschiedlichen Greenfees (z.B. Studenten-Rabatt) ist der günstigere Tarif gratis!
- Alle Inserenten verpflichten sich, Gutscheine zu den angegebenen Bedingungen einzulösen. Der Verlag übernimmt keine Haftung, wenn ein Gutschein nicht eingelöst wird oder werden kann. Alle Angaben ohne Gewähr!
- Das Angebot ist gültig bis 31.05.2023.

Hinweis

- Informieren Sie sich vorher über das für Sie gültige Greenfee.

Teilnahmebedingungen

- Zur Gutschein-Einlösung muss eine Greenfee-Berechtigung (z.B. Mindest-HCP, Mitgliedschaft in einem Golfclub) vorliegen.
- Der Gutschein kann nur mit Vorlage des Köllen Golfführer für Deutschland oder mit beiliegender KöllenCard eingelöst werden.
- Die Einlösung kann nur nach telefonischer Anmeldung erfolgen – unter Hinweis auf die Nutzung des Angebots. Bei Sonderveranstaltungen, Turnieren etc. müssen Gutscheine nicht angenommen werden.
- Das Kombinieren mit anderen Rabatten ist nicht möglich – es gilt das zum Abschlagszeitpunkt gültige, volle Greenfee! Bei unterschiedlichen Greenfees (z.B. Studenten-Rabatt) ist der günstigere Tarif gratis!
- Alle Inserenten verpflichten sich, Gutscheine zu den angegebenen Bedingungen einzulösen. Der Verlag übernimmt keine Haftung, wenn ein Gutschein nicht eingelöst wird oder werden kann. Alle Angaben ohne Gewähr!
- Das Angebot ist gültig bis 31.05.2023.

Hinweis

- Informieren Sie sich vorher über das für Sie gültige Greenfee.

Teilnahmebedingungen

- Zur Gutschein-Einlösung muss eine Greenfee-Berechtigung (z.B. Mindest-HCP, Mitgliedschaft in einem Golfclub) vorliegen.
- Der Gutschein kann nur mit Vorlage des Köllen Golfführer für Deutschland oder mit beiliegender KöllenCard eingelöst werden.
- Die Einlösung kann nur nach telefonischer Anmeldung erfolgen – unter Hinweis auf die Nutzung des Angebots. Bei Sonderveranstaltungen, Turnieren etc. müssen Gutscheine nicht angenommen werden.
- Das Kombinieren mit anderen Rabatten ist nicht möglich – es gilt das zum Abschlagszeitpunkt gültige, volle Greenfee! Bei unterschiedlichen Greenfees (z.B. Studenten-Rabatt) ist der günstigere Tarif gratis!
- Alle Inserenten verpflichten sich, Gutscheine zu den angegebenen Bedingungen einzulösen. Der Verlag übernimmt keine Haftung, wenn ein Gutschein nicht eingelöst wird oder werden kann. Alle Angaben ohne Gewähr!
- Das Angebot ist gültig bis 31.05.2023.

Hinweis

- Informieren Sie sich vorher über das für Sie gültige Greenfee.

Teilnahmebedingungen

- Zur Gutschein-Einlösung muss eine Greenfee-Berechtigung (z.B. Mindest-HCP, Mitgliedschaft in einem Golfclub) vorliegen.
- Der Gutschein kann nur mit Vorlage des Köllen Golfführer für Deutschland oder mit beiliegender KöllenCard eingelöst werden.
- Die Einlösung kann nur nach telefonischer Anmeldung erfolgen – unter Hinweis auf die Nutzung des Angebots. Bei Sonderveranstaltungen, Turnieren etc. müssen Gutscheine nicht angenommen werden.
- Das Kombinieren mit anderen Rabatten ist nicht möglich – es gilt das zum Abschlagszeitpunkt gültige, volle Greenfee! Bei unterschiedlichen Greenfees (z.B. Studenten-Rabatt) ist der günstigere Tarif gratis!
- Alle Inserenten verpflichten sich, Gutscheine zu den angegebenen Bedingungen einzulösen. Der Verlag übernimmt keine Haftung, wenn ein Gutschein nicht eingelöst wird oder werden kann. Alle Angaben ohne Gewähr!
- Das Angebot ist gültig bis 31.05.2023.

Hinweis

- Informieren Sie sich vorher über das für Sie gültige Greenfee.

Teilnahmebedingungen

- Zur Gutschein-Einlösung muss eine Greenfee-Berechtigung (z.B. Mindest-HCP, Mitgliedschaft in einem Golfclub) vorliegen.
- Der Gutschein kann nur mit Vorlage des Köllen Golfführer für Deutschland oder mit beiliegender KöllenCard eingelöst werden.
- Die Einlösung kann nur nach telefonischer Anmeldung erfolgen – unter Hinweis auf die Nutzung des Angebots. Bei Sonderveranstaltungen, Turnieren etc. müssen Gutscheine nicht angenommen werden.
- Das Kombinieren mit anderen Rabatten ist nicht möglich – es gilt das zum Abschlagszeitpunkt gültige, volle Greenfee! Bei unterschiedlichen Greenfees (z.B. Studenten-Rabatt) ist der günstigere Tarif gratis!
- Alle Inserenten verpflichten sich, Gutscheine zu den angegebenen Bedingungen einzulösen. Der Verlag übernimmt keine Haftung, wenn ein Gutschein nicht eingelöst wird oder werden kann. Alle Angaben ohne Gewähr!
- Das Angebot ist gültig bis 31.05.2023.

Hinweis

- Informieren Sie sich vorher über das für Sie gültige Greenfee.

Teilnahmebedingungen

- Zur Gutschein-Einlösung muss eine Greenfee-Berechtigung (z.B. Mindest-HCP, Mitgliedschaft in einem Golfclub) vorliegen.
- Der Gutschein kann nur mit Vorlage des Köllen Golfführer für Deutschland oder mit beiliegender KöllenCard eingelöst werden.
- Die Einlösung kann nur nach telefonischer Anmeldung erfolgen – unter Hinweis auf die Nutzung des Angebots. Bei Sonderveranstaltungen, Turnieren etc. müssen Gutscheine nicht angenommen werden.
- Das Kombinieren mit anderen Rabatten ist nicht möglich – es gilt das zum Abschlagszeitpunkt gültige, volle Greenfee! Bei unterschiedlichen Greenfees (z.B. Studenten-Rabatt) ist der günstigere Tarif gratis!
- Alle Inserenten verpflichten sich, Gutscheine zu den angegebenen Bedingungen einzulösen. Der Verlag übernimmt keine Haftung, wenn ein Gutschein nicht eingelöst wird oder werden kann. Alle Angaben ohne Gewähr!
- Das Angebot ist gültig bis 31.05.2023.

Hinweis

- Informieren Sie sich vorher über das für Sie gültige Greenfee.

GUTSCHEIN
2. Greenfee ist gratis

KÖLLEN GOLF

2:1

25% GF-Nachlass (Einzelspieler)
nur Mo-Fr (außer feiertags)

Golfclub Gut Neuenhof e.V.

DGV-Nr. 4512 Seite 235 Gültig bis 31.05.2023

GUTSCHEIN
2. Greenfee ist gratis

KÖLLEN GOLF

2:1

25% GF-Nachlass (Einzelspieler)

Golfsportclub Rheine/ Mesum Gut Winterbrock e.V.

DGV-Nr. 4514 Seite 203 Gültig bis 31.05.2023

MEHR DRIVE FÜR DIE STRASSE.
www.bmw.de/iX

GUTSCHEIN
2. Greenfee ist gratis

KÖLLEN GOLF

2:1

25% GF-Nachlass (Einzelspieler)

Golfsportclub Rheine/ Mesum Gut Winterbrock e.V.

DGV-Nr. 4514 Seite 203 Gültig bis 31.05.2023

MEHR DRIVE FÜR DIE STRASSE.
www.bmw.de/iX

GUTSCHEIN
2. Greenfee ist gratis

KÖLLEN GOLF

2:1

25% GF-Nachlass (Einzelspieler)

Golfsportclub Rheine/ Mesum Gut Winterbrock e.V.

DGV-Nr. 4514 Seite 203 Gültig bis 31.05.2023

MEHR DRIVE FÜR DIE STRASSE.
www.bmw.de/iX

GUTSCHEIN
2. Greenfee ist gratis

KÖLLEN GOLF

2:1

25% GF-Nachlass (Einzelspieler)

Golfsportclub Rheine/ Mesum Gut Winterbrock e.V.

DGV-Nr. 4514 Seite 203 Gültig bis 31.05.2023

MEHR DRIVE FÜR DIE STRASSE.
www.bmw.de/iX

GUTSCHEIN
2. Greenfee ist gratis

KÖLLEN GOLF

2:1

25% GF-Nachlass (Einzelspieler)

Golfsportclub Rheine/ Mesum Gut Winterbrock e.V.

DGV-Nr. 4514 Seite 203 Gültig bis 31.05.2023

MEHR DRIVE FÜR DIE STRASSE.
www.bmw.de/iX

GUTSCHEIN
2. Greenfee ist gratis

KÖLLEN GOLF

2:1

25% GF-Nachlass (Einzelspieler)

GSV Golf-Sport-Verein Düsseldorf e.V.

DGV-Nr. 4522 Seite 167 Gültig bis 31.05.2023

MEHR DRIVE FÜR DIE STRASSE.
www.bmw.de/iX

GUTSCHEIN
2. Greenfee ist gratis

KÖLLEN GOLF

2:1

25% GF-Nachlass (Einzelspieler)

GSV Golf-Sport-Verein Düsseldorf e.V.

DGV-Nr. 4522 Seite 167 Gültig bis 31.05.2023

MEHR DRIVE FÜR DIE STRASSE.
www.bmw.de/iX

GUTSCHEIN
2. Greenfee ist gratis

KÖLLEN GOLF

2:1

25% GF-Nachlass (Einzelspieler)
nur Mo-Fr (außer feiertags), gilt nur für 18-Loch

Golfclub Schloss Haag e.V.

DGV-Nr. 4523 Seite 195 Gültig bis 31.05.2023

MEHR DRIVE FÜR DIE STRASSE.
www.bmw.de/iX

GUTSCHEIN
2. Greenfee ist gratis

KÖLLEN GOLF

2:1

25% GF-Nachlass (Einzelspieler)
nur Mo-Fr (außer feiertags), gilt nur für 18-Loch

Golfclub Schloss Haag e.V.

DGV-Nr. 4523 Seite 195 Gültig bis 31.05.2023

MEHR DRIVE FÜR DIE STRASSE.
www.bmw.de/iX

Teilnahmebedingungen

- Zur Gutschein-Einlösung muss eine Greenfee-Berechtigung (z.B. Mindest-HCP, Mitgliedschaft in einem Golfclub) vorliegen.
- Der Gutschein kann nur mit Vorlage des Köllen Golfführer für Deutschland oder mit beiliegender KöllenCard eingelöst werden.
- Die Einlösung kann nur nach telefonischer Anmeldung erfolgen – unter Hinweis auf die Nutzung des Angebots. Bei Sonderveranstaltungen, Turnieren etc. müssen Gutscheine nicht angenommen werden.
- Das Kombinieren mit anderen Rabatten ist nicht möglich – es gilt das zum Abschlagszeitpunkt gültige, volle Greenfee! Bei unterschiedlichen Greenfees (z.B. Studenten-Rabatt) ist der günstigere Tarif gratis!
- Alle Inserenten verpflichten sich, Gutscheine zu den angegebenen Bedingungen einzulösen. Der Verlag übernimmt keine Haftung, wenn ein Gutschein nicht eingelöst wird oder werden kann. Alle Angaben ohne Gewähr!
- Das Angebot ist gültig bis 31.05.2023.

Hinweis

- Informieren Sie sich vorher über das für Sie gültige Greenfee.

Teilnahmebedingungen

- Zur Gutschein-Einlösung muss eine Greenfee-Berechtigung (z.B. Mindest-HCP, Mitgliedschaft in einem Golfclub) vorliegen.
- Der Gutschein kann nur mit Vorlage des Köllen Golfführer für Deutschland oder mit beiliegender KöllenCard eingelöst werden.
- Die Einlösung kann nur nach telefonischer Anmeldung erfolgen – unter Hinweis auf die Nutzung des Angebots. Bei Sonderveranstaltungen, Turnieren etc. müssen Gutscheine nicht angenommen werden.
- Das Kombinieren mit anderen Rabatten ist nicht möglich – es gilt das zum Abschlagszeitpunkt gültige, volle Greenfee! Bei unterschiedlichen Greenfees (z.B. Studenten-Rabatt) ist der günstigere Tarif gratis!
- Alle Inserenten verpflichten sich, Gutscheine zu den angegebenen Bedingungen einzulösen. Der Verlag übernimmt keine Haftung, wenn ein Gutschein nicht eingelöst wird oder werden kann. Alle Angaben ohne Gewähr!
- Das Angebot ist gültig bis 31.05.2023.

Hinweis

- Informieren Sie sich vorher über das für Sie gültige Greenfee.

Teilnahmebedingungen

- Zur Gutschein-Einlösung muss eine Greenfee-Berechtigung (z.B. Mindest-HCP, Mitgliedschaft in einem Golfclub) vorliegen.
- Der Gutschein kann nur mit Vorlage des Köllen Golfführer für Deutschland oder mit beiliegender KöllenCard eingelöst werden.
- Die Einlösung kann nur nach telefonischer Anmeldung erfolgen – unter Hinweis auf die Nutzung des Angebots. Bei Sonderveranstaltungen, Turnieren etc. müssen Gutscheine nicht angenommen werden.
- Das Kombinieren mit anderen Rabatten ist nicht möglich – es gilt das zum Abschlagszeitpunkt gültige, volle Greenfee! Bei unterschiedlichen Greenfees (z.B. Studenten-Rabatt) ist der günstigere Tarif gratis!
- Alle Inserenten verpflichten sich, Gutscheine zu den angegebenen Bedingungen einzulösen. Der Verlag übernimmt keine Haftung, wenn ein Gutschein nicht eingelöst wird oder werden kann. Alle Angaben ohne Gewähr!
- Das Angebot ist gültig bis 31.05.2023.

Hinweis

- Informieren Sie sich vorher über das für Sie gültige Greenfee.

Teilnahmebedingungen

- Zur Gutschein-Einlösung muss eine Greenfee-Berechtigung (z.B. Mindest-HCP, Mitgliedschaft in einem Golfclub) vorliegen.
- Der Gutschein kann nur mit Vorlage des Köllen Golfführer für Deutschland oder mit beiliegender KöllenCard eingelöst werden.
- Die Einlösung kann nur nach telefonischer Anmeldung erfolgen – unter Hinweis auf die Nutzung des Angebots. Bei Sonderveranstaltungen, Turnieren etc. müssen Gutscheine nicht angenommen werden.
- Das Kombinieren mit anderen Rabatten ist nicht möglich – es gilt das zum Abschlagszeitpunkt gültige, volle Greenfee! Bei unterschiedlichen Greenfees (z.B. Studenten-Rabatt) ist der günstigere Tarif gratis!
- Alle Inserenten verpflichten sich, Gutscheine zu den angegebenen Bedingungen einzulösen. Der Verlag übernimmt keine Haftung, wenn ein Gutschein nicht eingelöst wird oder werden kann. Alle Angaben ohne Gewähr!
- Das Angebot ist gültig bis 31.05.2023.

Hinweis

- Informieren Sie sich vorher über das für Sie gültige Greenfee.

Teilnahmebedingungen

- Zur Gutschein-Einlösung muss eine Greenfee-Berechtigung (z.B. Mindest-HCP, Mitgliedschaft in einem Golfclub) vorliegen.
- Der Gutschein kann nur mit Vorlage des Köllen Golfführer für Deutschland oder mit beiliegender KöllenCard eingelöst werden.
- Die Einlösung kann nur nach telefonischer Anmeldung erfolgen – unter Hinweis auf die Nutzung des Angebots. Bei Sonderveranstaltungen, Turnieren etc. müssen Gutscheine nicht angenommen werden.
- Das Kombinieren mit anderen Rabatten ist nicht möglich – es gilt das zum Abschlagszeitpunkt gültige, volle Greenfee! Bei unterschiedlichen Greenfees (z.B. Studenten-Rabatt) ist der günstigere Tarif gratis!
- Alle Inserenten verpflichten sich, Gutscheine zu den angegebenen Bedingungen einzulösen. Der Verlag übernimmt keine Haftung, wenn ein Gutschein nicht eingelöst wird oder werden kann. Alle Angaben ohne Gewähr!
- Das Angebot ist gültig bis 31.05.2023.

Hinweis

- Informieren Sie sich vorher über das für Sie gültige Greenfee.

Teilnahmebedingungen

- Zur Gutschein-Einlösung muss eine Greenfee-Berechtigung (z.B. Mindest-HCP, Mitgliedschaft in einem Golfclub) vorliegen.
- Der Gutschein kann nur mit Vorlage des Köllen Golfführer für Deutschland oder mit beiliegender KöllenCard eingelöst werden.
- Die Einlösung kann nur nach telefonischer Anmeldung erfolgen – unter Hinweis auf die Nutzung des Angebots. Bei Sonderveranstaltungen, Turnieren etc. müssen Gutscheine nicht angenommen werden.
- Das Kombinieren mit anderen Rabatten ist nicht möglich – es gilt das zum Abschlagszeitpunkt gültige, volle Greenfee! Bei unterschiedlichen Greenfees (z.B. Studenten-Rabatt) ist der günstigere Tarif gratis!
- Alle Inserenten verpflichten sich, Gutscheine zu den angegebenen Bedingungen einzulösen. Der Verlag übernimmt keine Haftung, wenn ein Gutschein nicht eingelöst wird oder werden kann. Alle Angaben ohne Gewähr!
- Das Angebot ist gültig bis 31.05.2023.

Hinweis

- Informieren Sie sich vorher über das für Sie gültige Greenfee.

Teilnahmebedingungen

- Zur Gutschein-Einlösung muss eine Greenfee-Berechtigung (z.B. Mindest-HCP, Mitgliedschaft in einem Golfclub) vorliegen.
- Der Gutschein kann nur mit Vorlage des Köllen Golfführer für Deutschland oder mit beiliegender KöllenCard eingelöst werden.
- Die Einlösung kann nur nach telefonischer Anmeldung erfolgen – unter Hinweis auf die Nutzung des Angebots. Bei Sonderveranstaltungen, Turnieren etc. müssen Gutscheine nicht angenommen werden.
- Das Kombinieren mit anderen Rabatten ist nicht möglich – es gilt das zum Abschlagszeitpunkt gültige, volle Greenfee! Bei unterschiedlichen Greenfees (z.B. Studenten-Rabatt) ist der günstigere Tarif gratis!
- Alle Inserenten verpflichten sich, Gutscheine zu den angegebenen Bedingungen einzulösen. Der Verlag übernimmt keine Haftung, wenn ein Gutschein nicht eingelöst wird oder werden kann. Alle Angaben ohne Gewähr!
- Das Angebot ist gültig bis 31.05.2023.

Hinweis

- Informieren Sie sich vorher über das für Sie gültige Greenfee.

Teilnahmebedingungen

- Zur Gutschein-Einlösung muss eine Greenfee-Berechtigung (z.B. Mindest-HCP, Mitgliedschaft in einem Golfclub) vorliegen.
- Der Gutschein kann nur mit Vorlage des Köllen Golfführer für Deutschland oder mit beiliegender KöllenCard eingelöst werden.
- Die Einlösung kann nur nach telefonischer Anmeldung erfolgen – unter Hinweis auf die Nutzung des Angebots. Bei Sonderveranstaltungen, Turnieren etc. müssen Gutscheine nicht angenommen werden.
- Das Kombinieren mit anderen Rabatten ist nicht möglich – es gilt das zum Abschlagszeitpunkt gültige, volle Greenfee! Bei unterschiedlichen Greenfees (z.B. Studenten-Rabatt) ist der günstigere Tarif gratis!
- Alle Inserenten verpflichten sich, Gutscheine zu den angegebenen Bedingungen einzulösen. Der Verlag übernimmt keine Haftung, wenn ein Gutschein nicht eingelöst wird oder werden kann. Alle Angaben ohne Gewähr!
- Das Angebot ist gültig bis 31.05.2023.

Hinweis

- Informieren Sie sich vorher über das für Sie gültige Greenfee.

Teilnahmebedingungen

- Zur Gutschein-Einlösung muss eine Greenfee-Berechtigung (z.B. Mindest-HCP, Mitgliedschaft in einem Golfclub) vorliegen.
- Der Gutschein kann nur mit Vorlage des Köllen Golfführer für Deutschland oder mit beiliegender KöllenCard eingelöst werden.
- Die Einlösung kann nur nach telefonischer Anmeldung erfolgen – unter Hinweis auf die Nutzung des Angebots. Bei Sonderveranstaltungen, Turnieren etc. müssen Gutscheine nicht angenommen werden.
- Das Kombinieren mit anderen Rabatten ist nicht möglich – es gilt das zum Abschlagszeitpunkt gültige, volle Greenfee! Bei unterschiedlichen Greenfees (z.B. Studenten-Rabatt) ist der günstigere Tarif gratis!
- Alle Inserenten verpflichten sich, Gutscheine zu den angegebenen Bedingungen einzulösen. Der Verlag übernimmt keine Haftung, wenn ein Gutschein nicht eingelöst wird oder werden kann. Alle Angaben ohne Gewähr!
- Das Angebot ist gültig bis 31.05.2023.

Hinweis

- Informieren Sie sich vorher über das für Sie gültige Greenfee.

Teilnahmebedingungen

- Zur Gutschein-Einlösung muss eine Greenfee-Berechtigung (z.B. Mindest-HCP, Mitgliedschaft in einem Golfclub) vorliegen.
- Der Gutschein kann nur mit Vorlage des Köllen Golfführer für Deutschland oder mit beiliegender KöllenCard eingelöst werden.
- Die Einlösung kann nur nach telefonischer Anmeldung erfolgen – unter Hinweis auf die Nutzung des Angebots. Bei Sonderveranstaltungen, Turnieren etc. müssen Gutscheine nicht angenommen werden.
- Das Kombinieren mit anderen Rabatten ist nicht möglich – es gilt das zum Abschlagszeitpunkt gültige, volle Greenfee! Bei unterschiedlichen Greenfees (z.B. Studenten-Rabatt) ist der günstigere Tarif gratis!
- Alle Inserenten verpflichten sich, Gutscheine zu den angegebenen Bedingungen einzulösen. Der Verlag übernimmt keine Haftung, wenn ein Gutschein nicht eingelöst wird oder werden kann. Alle Angaben ohne Gewähr!
- Das Angebot ist gültig bis 31.05.2023.

Hinweis

- Informieren Sie sich vorher über das für Sie gültige Greenfee.

GUTSCHEIN
2. Greenfee ist gratis

KÖLLEN GOLF

2:1

25% GF-Nachlass (Einzelspieler)
nur Mo-Fr (außer feiertags), gilt nur für 18-Loch

Golfclub Schloss Haag e.V.

DGV-Nr. 4523 Seite 195 Gültig bis 31.05.2023

GUTSCHEIN
2. Greenfee ist gratis

KÖLLEN GOLF

2:1

25% GF-Nachlass (Einzelspieler)
nur Mo-Fr (außer feiertags), gilt nur für 18-Loch

Golfclub Schloss Haag e.V.

DGV-Nr. 4523 Seite 195 Gültig bis 31.05.2023

GUTSCHEIN
2. Greenfee ist gratis

KÖLLEN GOLF

2:1

25% GF-Nachlass (Einzelspieler)
nur Mo-Fr (außer feiertags)

Golfclub Schloss Auel

DGV-Nr. 4541 Seite 223 Gültig bis 31.05.2023

GUTSCHEIN
2. Greenfee ist gratis

KÖLLEN GOLF

2:1

25% GF-Nachlass (Einzelspieler)
nur Mo-Fr (außer feiertags)

Golfclub Schloss Auel

DGV-Nr. 4541 Seite 223 Gültig bis 31.05.2023

GUTSCHEIN
2. Greenfee ist gratis

KÖLLEN GOLF

2:1

25% GF-Nachlass (Einzelspieler)
nur Mo-Fr (außer feiertags)

Golfclub Schloss Auel

DGV-Nr. 4541 Seite 223 Gültig bis 31.05.2023

GUTSCHEIN
2. Greenfee ist gratis

KÖLLEN GOLF

2:1

25% GF-Nachlass (Einzelspieler)
nur Mo-Fr (außer feiertags)

Golfclub Schloss Auel

DGV-Nr. 4541 Seite 223 Gültig bis 31.05.2023

GUTSCHEIN
2. Greenfee ist gratis

KÖLLEN GOLF

2:1

25% GF-Nachlass (Einzelspieler)
nur Mo-Fr (außer feiertags)

Golfclub Schloss Auel

DGV-Nr. 4541 Seite 223 Gültig bis 31.05.2023

GUTSCHEIN
2. Greenfee ist gratis

KÖLLEN GOLF

2:1

25% GF-Nachlass (Einzelspieler)

Golf am Haus Amecke

DGV-Nr. 4542 Seite 240 Gültig bis 31.05.2023

GUTSCHEIN
2. Greenfee ist gratis

KÖLLEN GOLF

2:1

25% GF-Nachlass (Einzelspieler)

Golf am Haus Amecke

DGV-Nr. 4542 Seite 240 Gültig bis 31.05.2023

GUTSCHEIN
20% Greenfee-Nachlass

KÖLLEN GOLF

%

Golf am Haus Amecke

DGV-Nr. 4542 Seite 240 Gültig bis 31.05.2023

Teilnahmebedingungen

- Zur Gutschein-Einlösung muss eine Greenfee-Berechtigung (z.B. Mindest-HCP, Mitgliedschaft in einem Golfclub) vorliegen.
- Der Gutschein kann nur mit Vorlage des Köllen Golfführer für Deutschland oder mit beiliegender KöllenCard eingelöst werden.
- Die Einlösung kann nur nach telefonischer Anmeldung erfolgen – unter Hinweis auf die Nutzung des Angebots. Bei Sonderveranstaltungen, Turnieren etc. müssen Gutscheine nicht angenommen werden.
- Das Kombinieren mit anderen Rabatten ist nicht möglich – es gilt das zum Abschlagszeitpunkt gültige, volle Greenfee! Bei unterschiedlichen Greenfees (z.B. Studenten-Rabatt) ist der günstigere Tarif gratis!
- Alle Inserenten verpflichten sich, Gutscheine zu den angegebenen Bedingungen einzulösen. Der Verlag übernimmt keine Haftung, wenn ein Gutschein nicht eingelöst wird oder werden kann. Alle Angaben ohne Gewähr!
- Das Angebot ist gültig bis 31.05.2023.

Hinweis

- Informieren Sie sich vorher über das für Sie gültige Greenfee.

Teilnahmebedingungen

- Zur Gutschein-Einlösung muss eine Greenfee-Berechtigung (z.B. Mindest-HCP, Mitgliedschaft in einem Golfclub) vorliegen.
- Der Gutschein kann nur mit Vorlage des Köllen Golfführer für Deutschland oder mit beiliegender KöllenCard eingelöst werden.
- Die Einlösung kann nur nach telefonischer Anmeldung erfolgen – unter Hinweis auf die Nutzung des Angebots. Bei Sonderveranstaltungen, Turnieren etc. müssen Gutscheine nicht angenommen werden.
- Das Kombinieren mit anderen Rabatten ist nicht möglich – es gilt das zum Abschlagszeitpunkt gültige, volle Greenfee! Bei unterschiedlichen Greenfees (z.B. Studenten-Rabatt) ist der günstigere Tarif gratis!
- Alle Inserenten verpflichten sich, Gutscheine zu den angegebenen Bedingungen einzulösen. Der Verlag übernimmt keine Haftung, wenn ein Gutschein nicht eingelöst wird oder werden kann. Alle Angaben ohne Gewähr!
- Das Angebot ist gültig bis 31.05.2023.

Hinweis

- Informieren Sie sich vorher über das für Sie gültige Greenfee.

Teilnahmebedingungen

- Zur Gutschein-Einlösung muss eine Greenfee-Berechtigung (z.B. Mindest-HCP, Mitgliedschaft in einem Golfclub) vorliegen.
- Der Gutschein kann nur mit Vorlage des Köllen Golfführer für Deutschland oder mit beiliegender KöllenCard eingelöst werden.
- Die Einlösung kann nur nach telefonischer Anmeldung erfolgen – unter Hinweis auf die Nutzung des Angebots. Bei Sonderveranstaltungen, Turnieren etc. müssen Gutscheine nicht angenommen werden.
- Das Kombinieren mit anderen Rabatten ist nicht möglich – es gilt das zum Abschlagszeitpunkt gültige, volle Greenfee! Bei unterschiedlichen Greenfees (z.B. Studenten-Rabatt) ist der günstigere Tarif gratis!
- Alle Inserenten verpflichten sich, Gutscheine zu den angegebenen Bedingungen einzulösen. Der Verlag übernimmt keine Haftung, wenn ein Gutschein nicht eingelöst wird oder werden kann. Alle Angaben ohne Gewähr!
- Das Angebot ist gültig bis 31.05.2023.

Hinweis

- Informieren Sie sich vorher über das für Sie gültige Greenfee.

Teilnahmebedingungen

- Zur Gutschein-Einlösung muss eine Greenfee-Berechtigung (z.B. Mindest-HCP, Mitgliedschaft in einem Golfclub) vorliegen.
- Der Gutschein kann nur mit Vorlage des Köllen Golfführer für Deutschland oder mit beiliegender KöllenCard eingelöst werden.
- Die Einlösung kann nur nach telefonischer Anmeldung erfolgen – unter Hinweis auf die Nutzung des Angebots. Bei Sonderveranstaltungen, Turnieren etc. müssen Gutscheine nicht angenommen werden.
- Das Kombinieren mit anderen Rabatten ist nicht möglich – es gilt das zum Abschlagszeitpunkt gültige, volle Greenfee! Bei unterschiedlichen Greenfees (z.B. Studenten-Rabatt) ist der günstigere Tarif gratis!
- Alle Inserenten verpflichten sich, Gutscheine zu den angegebenen Bedingungen einzulösen. Der Verlag übernimmt keine Haftung, wenn ein Gutschein nicht eingelöst wird oder werden kann. Alle Angaben ohne Gewähr!
- Das Angebot ist gültig bis 31.05.2023.

Hinweis

- Informieren Sie sich vorher über das für Sie gültige Greenfee.

Teilnahmebedingungen

- Zur Gutschein-Einlösung muss eine Greenfee-Berechtigung (z.B. Mindest-HCP, Mitgliedschaft in einem Golfclub) vorliegen.
- Der Gutschein kann nur mit Vorlage des Köllen Golfführer für Deutschland oder mit beiliegender KöllenCard eingelöst werden.
- Die Einlösung kann nur nach telefonischer Anmeldung erfolgen – unter Hinweis auf die Nutzung des Angebots. Bei Sonderveranstaltungen, Turnieren etc. müssen Gutscheine nicht angenommen werden.
- Das Kombinieren mit anderen Rabatten ist nicht möglich – es gilt das zum Abschlagszeitpunkt gültige, volle Greenfee! Bei unterschiedlichen Greenfees (z.B. Studenten-Rabatt) ist der günstigere Tarif gratis!
- Alle Inserenten verpflichten sich, Gutscheine zu den angegebenen Bedingungen einzulösen. Der Verlag übernimmt keine Haftung, wenn ein Gutschein nicht eingelöst wird oder werden kann. Alle Angaben ohne Gewähr!
- Das Angebot ist gültig bis 31.05.2023.

Hinweis

- Informieren Sie sich vorher über das für Sie gültige Greenfee.

Teilnahmebedingungen

- Zur Gutschein-Einlösung muss eine Greenfee-Berechtigung (z.B. Mindest-HCP, Mitgliedschaft in einem Golfclub) vorliegen.
- Der Gutschein kann nur mit Vorlage des Köllen Golfführer für Deutschland oder mit beiliegender KöllenCard eingelöst werden.
- Die Einlösung kann nur nach telefonischer Anmeldung erfolgen – unter Hinweis auf die Nutzung des Angebots. Bei Sonderveranstaltungen, Turnieren etc. müssen Gutscheine nicht angenommen werden.
- Das Kombinieren mit anderen Rabatten ist nicht möglich – es gilt das zum Abschlagszeitpunkt gültige, volle Greenfee! Bei unterschiedlichen Greenfees (z.B. Studenten-Rabatt) ist der günstigere Tarif gratis!
- Alle Inserenten verpflichten sich, Gutscheine zu den angegebenen Bedingungen einzulösen. Der Verlag übernimmt keine Haftung, wenn ein Gutschein nicht eingelöst wird oder werden kann. Alle Angaben ohne Gewähr!
- Das Angebot ist gültig bis 31.05.2023.

Hinweis

- Informieren Sie sich vorher über das für Sie gültige Greenfee.

Teilnahmebedingungen

- Zur Gutschein-Einlösung muss eine Greenfee-Berechtigung (z.B. Mindest-HCP, Mitgliedschaft in einem Golfclub) vorliegen.
- Der Gutschein kann nur mit Vorlage des Köllen Golfführer für Deutschland oder mit beiliegender KöllenCard eingelöst werden.
- Die Einlösung kann nur nach telefonischer Anmeldung erfolgen – unter Hinweis auf die Nutzung des Angebots. Bei Sonderveranstaltungen, Turnieren etc. müssen Gutscheine nicht angenommen werden.
- Das Kombinieren mit anderen Rabatten ist nicht möglich – es gilt das zum Abschlagszeitpunkt gültige, volle Greenfee! Bei unterschiedlichen Greenfees (z.B. Studenten-Rabatt) ist der günstigere Tarif gratis!
- Alle Inserenten verpflichten sich, Gutscheine zu den angegebenen Bedingungen einzulösen. Der Verlag übernimmt keine Haftung, wenn ein Gutschein nicht eingelöst wird oder werden kann. Alle Angaben ohne Gewähr!
- Das Angebot ist gültig bis 31.05.2023.

Hinweis

- Informieren Sie sich vorher über das für Sie gültige Greenfee.

Teilnahmebedingungen

- Zur Gutschein-Einlösung muss eine Greenfee-Berechtigung (z.B. Mindest-HCP, Mitgliedschaft in einem Golfclub) vorliegen.
- Der Gutschein kann nur mit Vorlage des Köllen Golfführer für Deutschland oder mit beiliegender KöllenCard eingelöst werden.
- Die Einlösung kann nur nach telefonischer Anmeldung erfolgen – unter Hinweis auf die Nutzung des Angebots. Bei Sonderveranstaltungen, Turnieren etc. müssen Gutscheine nicht angenommen werden.
- Das Kombinieren mit anderen Rabatten ist nicht möglich – es gilt das zum Abschlagszeitpunkt gültige, volle Greenfee! Bei unterschiedlichen Greenfees (z.B. Studenten-Rabatt) ist der günstigere Tarif gratis!
- Alle Inserenten verpflichten sich, Gutscheine zu den angegebenen Bedingungen einzulösen. Der Verlag übernimmt keine Haftung, wenn ein Gutschein nicht eingelöst wird oder werden kann. Alle Angaben ohne Gewähr!
- Das Angebot ist gültig bis 31.05.2023.

Hinweis

- Informieren Sie sich vorher über das für Sie gültige Greenfee.

Teilnahmebedingungen

- Zur Gutschein-Einlösung muss eine Greenfee-Berechtigung (z.B. Mindest-HCP, Mitgliedschaft in einem Golfclub) vorliegen.
- Der Gutschein kann nur mit Vorlage des Köllen Golfführer für Deutschland oder mit beiliegender KöllenCard eingelöst werden.
- Die Einlösung kann nur nach telefonischer Anmeldung erfolgen – unter Hinweis auf die Nutzung des Angebots. Bei Sonderveranstaltungen, Turnieren etc. müssen Gutscheine nicht angenommen werden.
- Das Kombinieren mit anderen Rabatten ist nicht möglich – es gilt das zum Abschlagszeitpunkt gültige, volle Greenfee! Bei unterschiedlichen Greenfees (z.B. Studenten-Rabatt) ist der günstigere Tarif gratis!
- Alle Inserenten verpflichten sich, Gutscheine zu den angegebenen Bedingungen einzulösen. Der Verlag übernimmt keine Haftung, wenn ein Gutschein nicht eingelöst wird oder werden kann. Alle Angaben ohne Gewähr!
- Das Angebot ist gültig bis 31.05.2023.

Hinweis

- Informieren Sie sich vorher über das für Sie gültige Greenfee.

Teilnahmebedingungen

- Zur Gutschein-Einlösung muss eine Greenfee-Berechtigung (z.B. Mindest-HCP, Mitgliedschaft in einem Golfclub) vorliegen.
- Der Gutschein kann nur mit Vorlage des Köllen Golfführer für Deutschland oder mit beiliegender KöllenCard eingelöst werden.
- Die Einlösung kann nur nach telefonischer Anmeldung erfolgen – unter Hinweis auf die Nutzung des Angebots. Bei Sonderveranstaltungen, Turnieren etc. müssen Gutscheine nicht angenommen werden.
- Das Kombinieren mit anderen Rabatten ist nicht möglich – es gilt das zum Abschlagszeitpunkt gültige, volle Greenfee! Bei unterschiedlichen Greenfees (z.B. Studenten-Rabatt) ist der günstigere Tarif gratis!
- Alle Inserenten verpflichten sich, Gutscheine zu den angegebenen Bedingungen einzulösen. Der Verlag übernimmt keine Haftung, wenn ein Gutschein nicht eingelöst wird oder werden kann. Alle Angaben ohne Gewähr!
- Das Angebot ist gültig bis 31.05.2023.

Hinweis

- Informieren Sie sich vorher über das für Sie gültige Greenfee.

GUTSCHEIN
20% Greenfee-Nachlass

KÖLLEN GOLF

%

Golf am Haus Amecke

DGV-Nr. 4542 Seite 240 Gültig bis 31.05.2023

GUTSCHEIN
2. Greenfee ist gratis

KÖLLEN GOLF

2:1

25% GF-Nachlass (Einzelspieler)

Golfclub Gimborner Land e.V.

DGV-Nr. 4544 Seite 216 Gültig bis 31.05.2023

GUTSCHEIN
2. Greenfee ist gratis

KÖLLEN GOLF

2:1

25% GF-Nachlass (Einzelspieler)

Golfclub Gimborner Land e.V.

DGV-Nr. 4544 Seite 216 Gültig bis 31.05.2023

GUTSCHEIN
2. Greenfee ist gratis

KÖLLEN GOLF

2:1

25% GF-Nachlass (Einzelspieler)

Golfclub Gimborner Land e.V.

DGV-Nr. 4544 Seite 216 Gültig bis 31.05.2023

GUTSCHEIN
2. Greenfee ist gratis

KÖLLEN GOLF

2:1

25% GF-Nachlass (Einzelspieler)

Golfclub Gimborner Land e.V.

DGV-Nr. 4544 Seite 216 Gültig bis 31.05.2023

GUTSCHEIN
2. Greenfee ist gratis

KÖLLEN GOLF

2:1

25% GF-Nachlass (Einzelspieler)

Golfclub Westheim e.V.

DGV-Nr. 4548 Seite 166 Gültig bis 31.05.2023

GUTSCHEIN
2. Greenfee ist gratis

KÖLLEN GOLF

2:1

25% GF-Nachlass (Einzelspieler)

Golfclub Westheim e.V.

DGV-Nr. 4548 Seite 166 Gültig bis 31.05.2023

GUTSCHEIN
2. Greenfee ist gratis

KÖLLEN GOLF

2:1

25% GF-Nachlass
(Einzelspieler)

nur Mo-Fr (außer feiertags)
und Sa, So, feiertags nach 14 Uhr

Golfclub Bad Münstereifel Stockert e.V.

DGV-Nr. 4549 Seite 226 Gültig bis 31.05.2023

GUTSCHEIN
2. Greenfee ist gratis

KÖLLEN GOLF

2:1

25% GF-Nachlass
(Einzelspieler)

nur Mo-Fr (außer feiertags)
und Sa, So, feiertags nach 14 Uhr

Golfclub Bad Münstereifel Stockert e.V.

DGV-Nr. 4549 Seite 226 Gültig bis 31.05.2023

GUTSCHEIN
2. Greenfee ist gratis

KÖLLEN GOLF

2:1

25% GF-Nachlass (Einzelspieler)
nur Mo-Fr (außer feiertags)

Golfclub Grevenmühle

DGV-Nr. 4550 Seite 171 Gültig bis 31.05.2023

Teilnahmebedingungen

- Zur Gutschein-Einlösung muss eine Greenfee-Berechtigung (z.B. Mindest-HCP, Mitgliedschaft in einem Golfclub) vorliegen.
- Der Gutschein kann nur mit Vorlage des Köllen Golfführer für Deutschland oder mit beiliegender KöllenCard eingelöst werden.
- Die Einlösung kann nur nach telefonischer Anmeldung erfolgen – unter Hinweis auf die Nutzung des Angebots. Bei Sonderveranstaltungen, Turnieren etc. müssen Gutscheine nicht angenommen werden.
- Das Kombinieren mit anderen Rabatten ist nicht möglich – es gilt das zum Abschlagszeitpunkt gültige, volle Greenfee! Bei unterschiedlichen Greenfees (z.B. Studenten-Rabatt) ist der günstigere Tarif gratis!
- Alle Inserenten verpflichten sich, Gutscheine zu den angegebenen Bedingungen einzulösen. Der Verlag übernimmt keine Haftung, wenn ein Gutschein nicht eingelöst wird oder werden kann. Alle Angaben ohne Gewähr!
- Das Angebot ist gültig bis 31.05.2023.

Hinweis

- Informieren Sie sich vorher über das für Sie gültige Greenfee.

Teilnahmebedingungen

- Zur Gutschein-Einlösung muss eine Greenfee-Berechtigung (z.B. Mindest-HCP, Mitgliedschaft in einem Golfclub) vorliegen.
- Der Gutschein kann nur mit Vorlage des Köllen Golfführer für Deutschland oder mit beiliegender KöllenCard eingelöst werden.
- Die Einlösung kann nur nach telefonischer Anmeldung erfolgen – unter Hinweis auf die Nutzung des Angebots. Bei Sonderveranstaltungen, Turnieren etc. müssen Gutscheine nicht angenommen werden.
- Das Kombinieren mit anderen Rabatten ist nicht möglich – es gilt das zum Abschlagszeitpunkt gültige, volle Greenfee! Bei unterschiedlichen Greenfees (z.B. Studenten-Rabatt) ist der günstigere Tarif gratis!
- Alle Inserenten verpflichten sich, Gutscheine zu den angegebenen Bedingungen einzulösen. Der Verlag übernimmt keine Haftung, wenn ein Gutschein nicht eingelöst wird oder werden kann. Alle Angaben ohne Gewähr!
- Das Angebot ist gültig bis 31.05.2023.

Hinweis

- Informieren Sie sich vorher über das für Sie gültige Greenfee.

Teilnahmebedingungen

- Zur Gutschein-Einlösung muss eine Greenfee-Berechtigung (z.B. Mindest-HCP, Mitgliedschaft in einem Golfclub) vorliegen.
- Der Gutschein kann nur mit Vorlage des Köllen Golfführer für Deutschland oder mit beiliegender KöllenCard eingelöst werden.
- Die Einlösung kann nur nach telefonischer Anmeldung erfolgen – unter Hinweis auf die Nutzung des Angebots. Bei Sonderveranstaltungen, Turnieren etc. müssen Gutscheine nicht angenommen werden.
- Das Kombinieren mit anderen Rabatten ist nicht möglich – es gilt das zum Abschlagszeitpunkt gültige, volle Greenfee! Bei unterschiedlichen Greenfees (z.B. Studenten-Rabatt) ist der günstigere Tarif gratis!
- Alle Inserenten verpflichten sich, Gutscheine zu den angegebenen Bedingungen einzulösen. Der Verlag übernimmt keine Haftung, wenn ein Gutschein nicht eingelöst wird oder werden kann. Alle Angaben ohne Gewähr!
- Das Angebot ist gültig bis 31.05.2023.

Hinweis

- Informieren Sie sich vorher über das für Sie gültige Greenfee.

Teilnahmebedingungen

- Zur Gutschein-Einlösung muss eine Greenfee-Berechtigung (z.B. Mindest-HCP, Mitgliedschaft in einem Golfclub) vorliegen.
- Der Gutschein kann nur mit Vorlage des Köllen Golfführer für Deutschland oder mit beiliegender KöllenCard eingelöst werden.
- Die Einlösung kann nur nach telefonischer Anmeldung erfolgen – unter Hinweis auf die Nutzung des Angebots. Bei Sonderveranstaltungen, Turnieren etc. müssen Gutscheine nicht angenommen werden.
- Das Kombinieren mit anderen Rabatten ist nicht möglich – es gilt das zum Abschlagszeitpunkt gültige, volle Greenfee! Bei unterschiedlichen Greenfees (z.B. Studenten-Rabatt) ist der günstigere Tarif gratis!
- Alle Inserenten verpflichten sich, Gutscheine zu den angegebenen Bedingungen einzulösen. Der Verlag übernimmt keine Haftung, wenn ein Gutschein nicht eingelöst wird oder werden kann. Alle Angaben ohne Gewähr!
- Das Angebot ist gültig bis 31.05.2023.

Hinweis

- Informieren Sie sich vorher über das für Sie gültige Greenfee.

Teilnahmebedingungen

- Zur Gutschein-Einlösung muss eine Greenfee-Berechtigung (z.B. Mindest-HCP, Mitgliedschaft in einem Golfclub) vorliegen.
- Der Gutschein kann nur mit Vorlage des Köllen Golfführer für Deutschland oder mit beiliegender KöllenCard eingelöst werden.
- Die Einlösung kann nur nach telefonischer Anmeldung erfolgen – unter Hinweis auf die Nutzung des Angebots. Bei Sonderveranstaltungen, Turnieren etc. müssen Gutscheine nicht angenommen werden.
- Das Kombinieren mit anderen Rabatten ist nicht möglich – es gilt das zum Abschlagszeitpunkt gültige, volle Greenfee! Bei unterschiedlichen Greenfees (z.B. Studenten-Rabatt) ist der günstigere Tarif gratis!
- Alle Inserenten verpflichten sich, Gutscheine zu den angegebenen Bedingungen einzulösen. Der Verlag übernimmt keine Haftung, wenn ein Gutschein nicht eingelöst wird oder werden kann. Alle Angaben ohne Gewähr!
- Das Angebot ist gültig bis 31.05.2023.

Hinweis

- Informieren Sie sich vorher über das für Sie gültige Greenfee.

Teilnahmebedingungen

- Zur Gutschein-Einlösung muss eine Greenfee-Berechtigung (z.B. Mindest-HCP, Mitgliedschaft in einem Golfclub) vorliegen.
- Der Gutschein kann nur mit Vorlage des Köllen Golfführer für Deutschland oder mit beiliegender KöllenCard eingelöst werden.
- Die Einlösung kann nur nach telefonischer Anmeldung erfolgen – unter Hinweis auf die Nutzung des Angebots. Bei Sonderveranstaltungen, Turnieren etc. müssen Gutscheine nicht angenommen werden.
- Das Kombinieren mit anderen Rabatten ist nicht möglich – es gilt das zum Abschlagszeitpunkt gültige, volle Greenfee! Bei unterschiedlichen Greenfees (z.B. Studenten-Rabatt) ist der günstigere Tarif gratis!
- Alle Inserenten verpflichten sich, Gutscheine zu den angegebenen Bedingungen einzulösen. Der Verlag übernimmt keine Haftung, wenn ein Gutschein nicht eingelöst wird oder werden kann. Alle Angaben ohne Gewähr!
- Das Angebot ist gültig bis 31.05.2023.

Hinweis

- Informieren Sie sich vorher über das für Sie gültige Greenfee.

Teilnahmebedingungen

- Zur Gutschein-Einlösung muss eine Greenfee-Berechtigung (z.B. Mindest-HCP, Mitgliedschaft in einem Golfclub) vorliegen.
- Der Gutschein kann nur mit Vorlage des Köllen Golfführer für Deutschland oder mit beiliegender KöllenCard eingelöst werden.
- Die Einlösung kann nur nach telefonischer Anmeldung erfolgen – unter Hinweis auf die Nutzung des Angebots. Bei Sonderveranstaltungen, Turnieren etc. müssen Gutscheine nicht angenommen werden.
- Das Kombinieren mit anderen Rabatten ist nicht möglich – es gilt das zum Abschlagszeitpunkt gültige, volle Greenfee! Bei unterschiedlichen Greenfees (z.B. Studenten-Rabatt) ist der günstigere Tarif gratis!
- Alle Inserenten verpflichten sich, Gutscheine zu den angegebenen Bedingungen einzulösen. Der Verlag übernimmt keine Haftung, wenn ein Gutschein nicht eingelöst wird oder werden kann. Alle Angaben ohne Gewähr!
- Das Angebot ist gültig bis 31.05.2023.

Hinweis

- Informieren Sie sich vorher über das für Sie gültige Greenfee.

Teilnahmebedingungen

- Zur Gutschein-Einlösung muss eine Greenfee-Berechtigung (z.B. Mindest-HCP, Mitgliedschaft in einem Golfclub) vorliegen.
- Der Gutschein kann nur mit Vorlage des Köllen Golfführer für Deutschland oder mit beiliegender KöllenCard eingelöst werden.
- Die Einlösung kann nur nach telefonischer Anmeldung erfolgen – unter Hinweis auf die Nutzung des Angebots. Bei Sonderveranstaltungen, Turnieren etc. müssen Gutscheine nicht angenommen werden.
- Das Kombinieren mit anderen Rabatten ist nicht möglich – es gilt das zum Abschlagszeitpunkt gültige, volle Greenfee! Bei unterschiedlichen Greenfees (z.B. Studenten-Rabatt) ist der günstigere Tarif gratis!
- Alle Inserenten verpflichten sich, Gutscheine zu den angegebenen Bedingungen einzulösen. Der Verlag übernimmt keine Haftung, wenn ein Gutschein nicht eingelöst wird oder werden kann. Alle Angaben ohne Gewähr!
- Das Angebot ist gültig bis 31.05.2023.

Hinweis

- Informieren Sie sich vorher über das für Sie gültige Greenfee.

Teilnahmebedingungen

- Zur Gutschein-Einlösung muss eine Greenfee-Berechtigung (z.B. Mindest-HCP, Mitgliedschaft in einem Golfclub) vorliegen.
- Der Gutschein kann nur mit Vorlage des Köllen Golfführer für Deutschland oder mit beiliegender KöllenCard eingelöst werden.
- Die Einlösung kann nur nach telefonischer Anmeldung erfolgen – unter Hinweis auf die Nutzung des Angebots. Bei Sonderveranstaltungen, Turnieren etc. müssen Gutscheine nicht angenommen werden.
- Das Kombinieren mit anderen Rabatten ist nicht möglich – es gilt das zum Abschlagszeitpunkt gültige, volle Greenfee! Bei unterschiedlichen Greenfees (z.B. Studenten-Rabatt) ist der günstigere Tarif gratis!
- Alle Inserenten verpflichten sich, Gutscheine zu den angegebenen Bedingungen einzulösen. Der Verlag übernimmt keine Haftung, wenn ein Gutschein nicht eingelöst wird oder werden kann. Alle Angaben ohne Gewähr!
- Das Angebot ist gültig bis 31.05.2023.

Hinweis

- Informieren Sie sich vorher über das für Sie gültige Greenfee.

Teilnahmebedingungen

- Zur Gutschein-Einlösung muss eine Greenfee-Berechtigung (z.B. Mindest-HCP, Mitgliedschaft in einem Golfclub) vorliegen.
- Der Gutschein kann nur mit Vorlage des Köllen Golfführer für Deutschland oder mit beiliegender KöllenCard eingelöst werden.
- Die Einlösung kann nur nach telefonischer Anmeldung erfolgen – unter Hinweis auf die Nutzung des Angebots. Bei Sonderveranstaltungen, Turnieren etc. müssen Gutscheine nicht angenommen werden.
- Das Kombinieren mit anderen Rabatten ist nicht möglich – es gilt das zum Abschlagszeitpunkt gültige, volle Greenfee! Bei unterschiedlichen Greenfees (z.B. Studenten-Rabatt) ist der günstigere Tarif gratis!
- Alle Inserenten verpflichten sich, Gutscheine zu den angegebenen Bedingungen einzulösen. Der Verlag übernimmt keine Haftung, wenn ein Gutschein nicht eingelöst wird oder werden kann. Alle Angaben ohne Gewähr!
- Das Angebot ist gültig bis 31.05.2023.

Hinweis

- Informieren Sie sich vorher über das für Sie gültige Greenfee.

GUTSCHEIN
2. Greenfee ist gratis
KÖLLEN GOLF
2:1
25% GF-Nachlass (Einzelspieler)
nur Mo-Fr (außer feiertags)
Golfclub Grevenmühle
DGV-Nr. 4550 Seite 171 Gültig bis 31.05.2023

GUTSCHEIN
2. Greenfee ist gratis
KÖLLEN GOLF
2:1
25% GF-Nachlass (Einzelspieler)
nur Mo-Fr (außer feiertags)
GC Gelstern Lüdenscheid-Schalksmühle e.V.
DGV-Nr. 4551 Seite 234 Gültig bis 31.05.2023

GUTSCHEIN
2. Greenfee ist gratis
KÖLLEN GOLF
2:1
25% GF-Nachlass (Einzelspieler)
nur Mo-Fr (außer feiertags)
GC Gelstern Lüdenscheid-Schalksmühle e.V.
DGV-Nr. 4551 Seite 234 Gültig bis 31.05.2023

GUTSCHEIN
2. Greenfee ist gratis
KÖLLEN GOLF
2:1
25% GF-Nachlass (Einzelspieler)
nur Mo-Fr (außer feiertags)
GC Gelstern Lüdenscheid-Schalksmühle e.V.
DGV-Nr. 4551 Seite 234 Gültig bis 31.05.2023

GUTSCHEIN
2. Greenfee ist gratis
KÖLLEN GOLF
2:1
25% GF-Nachlass (Einzelspieler)
nur Mo-Fr (außer feiertags)
GC Gelstern Lüdenscheid-Schalksmühle e.V.
DGV-Nr. 4551 Seite 234 Gültig bis 31.05.2023

GUTSCHEIN
35% Greenfee-Nachlass
KÖLLEN GOLF
%
nur Mo-Fr (außer Feiertags)
GC Gelstern Lüdenscheid-Schalksmühle e.V.
DGV-Nr. 4551 Seite 234 Gültig bis 31.05.2023

GUTSCHEIN
35% Greenfee-Nachlass
KÖLLEN GOLF
%
nur Mo-Fr (außer Feiertags)
GC Gelstern Lüdenscheid-Schalksmühle e.V.
DGV-Nr. 4551 Seite 234 Gültig bis 31.05.2023

GUTSCHEIN
25% Greenfee-Nachlass
KÖLLEN GOLF
%
GolfRange Dortmund
DGV-Nr. 4552 Seite 179 Gültig bis 31.05.2023

GUTSCHEIN
25% Greenfee-Nachlass
KÖLLEN GOLF
%
GolfRange Dortmund
DGV-Nr. 4552 Seite 179 Gültig bis 31.05.2023

GUTSCHEIN
2. Greenfee ist gratis
KÖLLEN GOLF
2:1
25% GF-Nachlass (Einzelspieler)
nur Mo-Fr (außer feiertags)
Universitäts-Golfclub Paderborn e.V.
DGV-Nr. 4557 Seite 162 Gültig bis 31.05.2023

Teilnahmebedingungen

- Zur Gutschein-Einlösung muss eine Greenfee-Berechtigung (z.B. Mindest-HCP, Mitgliedschaft in einem Golfclub) vorliegen.
- Der Gutschein kann nur mit Vorlage des Köllen Golfführer für Deutschland oder mit beiliegender KöllenCard eingelöst werden.
- Die Einlösung kann nur nach telefonischer Anmeldung erfolgen – unter Hinweis auf die Nutzung des Angebots. Bei Sonderveranstaltungen, Turnieren etc. müssen Gutscheine nicht angenommen werden.
- Das Kombinieren mit anderen Rabatten ist nicht möglich – es gilt das zum Abschlagszeitpunkt gültige, volle Greenfee! Bei unterschiedlichen Greenfees (z.B. Studenten-Rabatt) ist der günstigere Tarif gratis!
- Alle Inserenten verpflichten sich, Gutscheine zu den angegebenen Bedingungen einzulösen. Der Verlag übernimmt keine Haftung, wenn ein Gutschein nicht eingelöst wird oder werden kann. Alle Angaben ohne Gewähr!
- Das Angebot ist gültig bis 31.05.2023.

Hinweis

- Informieren Sie sich vorher über das für Sie gültige Greenfee.

Teilnahmebedingungen

- Zur Gutschein-Einlösung muss eine Greenfee-Berechtigung (z.B. Mindest-HCP, Mitgliedschaft in einem Golfclub) vorliegen.
- Der Gutschein kann nur mit Vorlage des Köllen Golfführer für Deutschland oder mit beiliegender KöllenCard eingelöst werden.
- Die Einlösung kann nur nach telefonischer Anmeldung erfolgen – unter Hinweis auf die Nutzung des Angebots. Bei Sonderveranstaltungen, Turnieren etc. müssen Gutscheine nicht angenommen werden.
- Das Kombinieren mit anderen Rabatten ist nicht möglich – es gilt das zum Abschlagszeitpunkt gültige, volle Greenfee! Bei unterschiedlichen Greenfees (z.B. Studenten-Rabatt) ist der günstigere Tarif gratis!
- Alle Inserenten verpflichten sich, Gutscheine zu den angegebenen Bedingungen einzulösen. Der Verlag übernimmt keine Haftung, wenn ein Gutschein nicht eingelöst wird oder werden kann. Alle Angaben ohne Gewähr!
- Das Angebot ist gültig bis 31.05.2023.

Hinweis

- Informieren Sie sich vorher über das für Sie gültige Greenfee.

Teilnahmebedingungen

- Zur Gutschein-Einlösung muss eine Greenfee-Berechtigung (z.B. Mindest-HCP, Mitgliedschaft in einem Golfclub) vorliegen.
- Der Gutschein kann nur mit Vorlage des Köllen Golfführer für Deutschland oder mit beiliegender KöllenCard eingelöst werden.
- Die Einlösung kann nur nach telefonischer Anmeldung erfolgen – unter Hinweis auf die Nutzung des Angebots. Bei Sonderveranstaltungen, Turnieren etc. müssen Gutscheine nicht angenommen werden.
- Das Kombinieren mit anderen Rabatten ist nicht möglich – es gilt das zum Abschlagszeitpunkt gültige, volle Greenfee! Bei unterschiedlichen Greenfees (z.B. Studenten-Rabatt) ist der günstigere Tarif gratis!
- Alle Inserenten verpflichten sich, Gutscheine zu den angegebenen Bedingungen einzulösen. Der Verlag übernimmt keine Haftung, wenn ein Gutschein nicht eingelöst wird oder werden kann. Alle Angaben ohne Gewähr!
- Das Angebot ist gültig bis 31.05.2023.

Hinweis

- Informieren Sie sich vorher über das für Sie gültige Greenfee.

Teilnahmebedingungen

- Zur Gutschein-Einlösung muss eine Greenfee-Berechtigung (z.B. Mindest-HCP, Mitgliedschaft in einem Golfclub) vorliegen.
- Der Gutschein kann nur mit Vorlage des Köllen Golfführer für Deutschland oder mit beiliegender KöllenCard eingelöst werden.
- Die Einlösung kann nur nach telefonischer Anmeldung erfolgen – unter Hinweis auf die Nutzung des Angebots. Bei Sonderveranstaltungen, Turnieren etc. müssen Gutscheine nicht angenommen werden.
- Das Kombinieren mit anderen Rabatten ist nicht möglich – es gilt das zum Abschlagszeitpunkt gültige, volle Greenfee! Bei unterschiedlichen Greenfees (z.B. Studenten-Rabatt) ist der günstigere Tarif gratis!
- Alle Inserenten verpflichten sich, Gutscheine zu den angegebenen Bedingungen einzulösen. Der Verlag übernimmt keine Haftung, wenn ein Gutschein nicht eingelöst wird oder werden kann. Alle Angaben ohne Gewähr!
- Das Angebot ist gültig bis 31.05.2023.

Hinweis

- Informieren Sie sich vorher über das für Sie gültige Greenfee.

Teilnahmebedingungen

- Zur Gutschein-Einlösung muss eine Greenfee-Berechtigung (z.B. Mindest-HCP, Mitgliedschaft in einem Golfclub) vorliegen.
- Der Gutschein kann nur mit Vorlage des Köllen Golfführer für Deutschland oder mit beiliegender KöllenCard eingelöst werden.
- Die Einlösung kann nur nach telefonischer Anmeldung erfolgen – unter Hinweis auf die Nutzung des Angebots. Bei Sonderveranstaltungen, Turnieren etc. müssen Gutscheine nicht angenommen werden.
- Das Kombinieren mit anderen Rabatten ist nicht möglich – es gilt das zum Abschlagszeitpunkt gültige, volle Greenfee! Bei unterschiedlichen Greenfees (z.B. Studenten-Rabatt) ist der günstigere Tarif gratis!
- Alle Inserenten verpflichten sich, Gutscheine zu den angegebenen Bedingungen einzulösen. Der Verlag übernimmt keine Haftung, wenn ein Gutschein nicht eingelöst wird oder werden kann. Alle Angaben ohne Gewähr!
- Das Angebot ist gültig bis 31.05.2023.

Hinweis

- Informieren Sie sich vorher über das für Sie gültige Greenfee.

Teilnahmebedingungen

- Zur Gutschein-Einlösung muss eine Greenfee-Berechtigung (z.B. Mindest-HCP, Mitgliedschaft in einem Golfclub) vorliegen.
- Der Gutschein kann nur mit Vorlage des Köllen Golfführer für Deutschland oder mit beiliegender KöllenCard eingelöst werden.
- Die Einlösung kann nur nach telefonischer Anmeldung erfolgen – unter Hinweis auf die Nutzung des Angebots. Bei Sonderveranstaltungen, Turnieren etc. müssen Gutscheine nicht angenommen werden.
- Das Kombinieren mit anderen Rabatten ist nicht möglich – es gilt das zum Abschlagszeitpunkt gültige, volle Greenfee! Bei unterschiedlichen Greenfees (z.B. Studenten-Rabatt) ist der günstigere Tarif gratis!
- Alle Inserenten verpflichten sich, Gutscheine zu den angegebenen Bedingungen einzulösen. Der Verlag übernimmt keine Haftung, wenn ein Gutschein nicht eingelöst wird oder werden kann. Alle Angaben ohne Gewähr!
- Das Angebot ist gültig bis 31.05.2023.

Hinweis

- Informieren Sie sich vorher über das für Sie gültige Greenfee.

Teilnahmebedingungen

- Zur Gutschein-Einlösung muss eine Greenfee-Berechtigung (z.B. Mindest-HCP, Mitgliedschaft in einem Golfclub) vorliegen.
- Der Gutschein kann nur mit Vorlage des Köllen Golfführer für Deutschland oder mit beiliegender KöllenCard eingelöst werden.
- Die Einlösung kann nur nach telefonischer Anmeldung erfolgen – unter Hinweis auf die Nutzung des Angebots. Bei Sonderveranstaltungen, Turnieren etc. müssen Gutscheine nicht angenommen werden.
- Das Kombinieren mit anderen Rabatten ist nicht möglich – es gilt das zum Abschlagszeitpunkt gültige, volle Greenfee! Bei unterschiedlichen Greenfees (z.B. Studenten-Rabatt) ist der günstigere Tarif gratis!
- Alle Inserenten verpflichten sich, Gutscheine zu den angegebenen Bedingungen einzulösen. Der Verlag übernimmt keine Haftung, wenn ein Gutschein nicht eingelöst wird oder werden kann. Alle Angaben ohne Gewähr!
- Das Angebot ist gültig bis 31.05.2023.

Hinweis

- Informieren Sie sich vorher über das für Sie gültige Greenfee.

Teilnahmebedingungen

- Zur Gutschein-Einlösung muss eine Greenfee-Berechtigung (z.B. Mindest-HCP, Mitgliedschaft in einem Golfclub) vorliegen.
- Der Gutschein kann nur mit Vorlage des Köllen Golfführer für Deutschland oder mit beiliegender KöllenCard eingelöst werden.
- Die Einlösung kann nur nach telefonischer Anmeldung erfolgen – unter Hinweis auf die Nutzung des Angebots. Bei Sonderveranstaltungen, Turnieren etc. müssen Gutscheine nicht angenommen werden.
- Das Kombinieren mit anderen Rabatten ist nicht möglich – es gilt das zum Abschlagszeitpunkt gültige, volle Greenfee! Bei unterschiedlichen Greenfees (z.B. Studenten-Rabatt) ist der günstigere Tarif gratis!
- Alle Inserenten verpflichten sich, Gutscheine zu den angegebenen Bedingungen einzulösen. Der Verlag übernimmt keine Haftung, wenn ein Gutschein nicht eingelöst wird oder werden kann. Alle Angaben ohne Gewähr!
- Das Angebot ist gültig bis 31.05.2023.

Hinweis

- Informieren Sie sich vorher über das für Sie gültige Greenfee.

Teilnahmebedingungen

- Zur Gutschein-Einlösung muss eine Greenfee-Berechtigung (z.B. Mindest-HCP, Mitgliedschaft in einem Golfclub) vorliegen.
- Der Gutschein kann nur mit Vorlage des Köllen Golfführer für Deutschland oder mit beiliegender KöllenCard eingelöst werden.
- Die Einlösung kann nur nach telefonischer Anmeldung erfolgen – unter Hinweis auf die Nutzung des Angebots. Bei Sonderveranstaltungen, Turnieren etc. müssen Gutscheine nicht angenommen werden.
- Das Kombinieren mit anderen Rabatten ist nicht möglich – es gilt das zum Abschlagszeitpunkt gültige, volle Greenfee! Bei unterschiedlichen Greenfees (z.B. Studenten-Rabatt) ist der günstigere Tarif gratis!
- Alle Inserenten verpflichten sich, Gutscheine zu den angegebenen Bedingungen einzulösen. Der Verlag übernimmt keine Haftung, wenn ein Gutschein nicht eingelöst wird oder werden kann. Alle Angaben ohne Gewähr!
- Das Angebot ist gültig bis 31.05.2023.

Hinweis

- Informieren Sie sich vorher über das für Sie gültige Greenfee.

Teilnahmebedingungen

- Zur Gutschein-Einlösung muss eine Greenfee-Berechtigung (z.B. Mindest-HCP, Mitgliedschaft in einem Golfclub) vorliegen.
- Der Gutschein kann nur mit Vorlage des Köllen Golfführer für Deutschland oder mit beiliegender KöllenCard eingelöst werden.
- Die Einlösung kann nur nach telefonischer Anmeldung erfolgen – unter Hinweis auf die Nutzung des Angebots. Bei Sonderveranstaltungen, Turnieren etc. müssen Gutscheine nicht angenommen werden.
- Das Kombinieren mit anderen Rabatten ist nicht möglich – es gilt das zum Abschlagszeitpunkt gültige, volle Greenfee! Bei unterschiedlichen Greenfees (z.B. Studenten-Rabatt) ist der günstigere Tarif gratis!
- Alle Inserenten verpflichten sich, Gutscheine zu den angegebenen Bedingungen einzulösen. Der Verlag übernimmt keine Haftung, wenn ein Gutschein nicht eingelöst wird oder werden kann. Alle Angaben ohne Gewähr!
- Das Angebot ist gültig bis 31.05.2023.

Hinweis

- Informieren Sie sich vorher über das für Sie gültige Greenfee.

GUTSCHEIN
2. Greenfee ist gratis

KÖLLEN GOLF

2:1

25% GF-Nachlass (Einzelspieler)
nur Mo-Fr (außer feiertags)

Universitäts-Golfclub
Paderborn e.V.

DGV-Nr. 4557 Seite 162 Gültig bis 31.05.2023

GUTSCHEIN
2. Greenfee ist gratis

KÖLLEN GOLF

2:1

25% GF-Nachlass (Einzelspieler)

Golfclub Röttgersbach e.V.

DGV-Nr. 4558 Seite 191 Gültig bis 31.05.2023

GUTSCHEIN
50% Greenfee-Nachlass

KÖLLEN GOLF

%

Golfclub Röttgersbach e.V.

DGV-Nr. 4558 Seite 191 Gültig bis 31.05.2023

GUTSCHEIN
2. Greenfee ist gratis

KÖLLEN GOLF

2:1

25% GF-Nachlass (Einzelspieler)
nur Mo-Fr (außer feiertags)

Golfclub
am Kemnader See e.V.

DGV-Nr. 4560 Seite 233 Gültig bis 31.05.2023

GUTSCHEIN
2. Greenfee ist gratis

KÖLLEN GOLF

2:1

25% GF-Nachlass (Einzelspieler)
nur Mo-Fr (außer feiertags)

Golfclub
am Kemnader See e.V.

DGV-Nr. 4560 Seite 233 Gültig bis 31.05.2023

GUTSCHEIN
2. Greenfee ist gratis

KÖLLEN GOLF

2:1

25% GF-Nachlass (Einzelspieler)
nur Mo-Fr (außer feiertags)

Golfclub
am Kemnader See e.V.

DGV-Nr. 4560 Seite 233 Gültig bis 31.05.2023

GUTSCHEIN
2. Greenfee ist gratis

KÖLLEN GOLF

2:1

25% GF-Nachlass (Einzelspieler)
nur Mo-Fr (außer feiertags)

Golfclub
am Kemnader See e.V.

DGV-Nr. 4560 Seite 233 Gültig bis 31.05.2023

GUTSCHEIN
2. Greenfee ist gratis

KÖLLEN GOLF

2:1

25% GF-Nachlass (Einzelspieler)
nur Mo-Fr (außer feiertags)

Golfclub
am Kemnader See e.V.

DGV-Nr. 4560 Seite 233 Gültig bis 31.05.2023

GUTSCHEIN
2. Greenfee ist gratis

KÖLLEN GOLF

2:1

25% GF-Nachlass (Einzelspieler)

Golfclub Ladbergen e.V.

DGV-Nr. 4564 Seite 207 Gültig bis 31.05.2023

GUTSCHEIN
2. Greenfee ist gratis

KÖLLEN GOLF

2:1

25% GF-Nachlass (Einzelspieler)

Golfclub Ladbergen e.V.

DGV-Nr. 4564 Seite 207 Gültig bis 31.05.2023

Teilnahmebedingungen

- Zur Gutschein-Einlösung muss eine Greenfee-Berechtigung (z.B. Mindest-HCP, Mitgliedschaft in einem Golfclub) vorliegen.
- Der Gutschein kann nur mit Vorlage des Köllen Golfführer für Deutschland oder mit beiliegender KöllenCard eingelöst werden.
- Die Einlösung kann nur nach telefonischer Anmeldung erfolgen – unter Hinweis auf die Nutzung des Angebots. Bei Sonderveranstaltungen, Turnieren etc. müssen Gutscheine nicht angenommen werden.
- Das Kombinieren mit anderen Rabatten ist nicht möglich – es gilt das zum Abschlagszeitpunkt gültige, volle Greenfee! Bei unterschiedlichen Greenfees (z.B. Studenten-Rabatt) ist der günstigere Tarif gratis!
- Alle Inserenten verpflichten sich, Gutscheine zu den angegebenen Bedingungen einzulösen. Der Verlag übernimmt keine Haftung, wenn ein Gutschein nicht eingelöst wird oder werden kann. Alle Angaben ohne Gewähr!
- Das Angebot ist gültig bis 31.05.2023.

Hinweis

- Informieren Sie sich vorher über das für Sie gültige Greenfee.

Teilnahmebedingungen

- Zur Gutschein-Einlösung muss eine Greenfee-Berechtigung (z.B. Mindest-HCP, Mitgliedschaft in einem Golfclub) vorliegen.
- Der Gutschein kann nur mit Vorlage des Köllen Golfführer für Deutschland oder mit beiliegender KöllenCard eingelöst werden.
- Die Einlösung kann nur nach telefonischer Anmeldung erfolgen – unter Hinweis auf die Nutzung des Angebots. Bei Sonderveranstaltungen, Turnieren etc. müssen Gutscheine nicht angenommen werden.
- Das Kombinieren mit anderen Rabatten ist nicht möglich – es gilt das zum Abschlagszeitpunkt gültige, volle Greenfee! Bei unterschiedlichen Greenfees (z.B. Studenten-Rabatt) ist der günstigere Tarif gratis!
- Alle Inserenten verpflichten sich, Gutscheine zu den angegebenen Bedingungen einzulösen. Der Verlag übernimmt keine Haftung, wenn ein Gutschein nicht eingelöst wird oder werden kann. Alle Angaben ohne Gewähr!
- Das Angebot ist gültig bis 31.05.2023.

Hinweis

- Informieren Sie sich vorher über das für Sie gültige Greenfee.

Teilnahmebedingungen

- Zur Gutschein-Einlösung muss eine Greenfee-Berechtigung (z.B. Mindest-HCP, Mitgliedschaft in einem Golfclub) vorliegen.
- Der Gutschein kann nur mit Vorlage des Köllen Golfführer für Deutschland oder mit beiliegender KöllenCard eingelöst werden.
- Die Einlösung kann nur nach telefonischer Anmeldung erfolgen – unter Hinweis auf die Nutzung des Angebots. Bei Sonderveranstaltungen, Turnieren etc. müssen Gutscheine nicht angenommen werden.
- Das Kombinieren mit anderen Rabatten ist nicht möglich – es gilt das zum Abschlagszeitpunkt gültige, volle Greenfee! Bei unterschiedlichen Greenfees (z.B. Studenten-Rabatt) ist der günstigere Tarif gratis!
- Alle Inserenten verpflichten sich, Gutscheine zu den angegebenen Bedingungen einzulösen. Der Verlag übernimmt keine Haftung, wenn ein Gutschein nicht eingelöst wird oder werden kann. Alle Angaben ohne Gewähr!
- Das Angebot ist gültig bis 31.05.2023.

Hinweis

- Informieren Sie sich vorher über das für Sie gültige Greenfee.

Teilnahmebedingungen

- Zur Gutschein-Einlösung muss eine Greenfee-Berechtigung (z.B. Mindest-HCP, Mitgliedschaft in einem Golfclub) vorliegen.
- Der Gutschein kann nur mit Vorlage des Köllen Golfführer für Deutschland oder mit beiliegender KöllenCard eingelöst werden.
- Die Einlösung kann nur nach telefonischer Anmeldung erfolgen – unter Hinweis auf die Nutzung des Angebots. Bei Sonderveranstaltungen, Turnieren etc. müssen Gutscheine nicht angenommen werden.
- Das Kombinieren mit anderen Rabatten ist nicht möglich – es gilt das zum Abschlagszeitpunkt gültige, volle Greenfee! Bei unterschiedlichen Greenfees (z.B. Studenten-Rabatt) ist der günstigere Tarif gratis!
- Alle Inserenten verpflichten sich, Gutscheine zu den angegebenen Bedingungen einzulösen. Der Verlag übernimmt keine Haftung, wenn ein Gutschein nicht eingelöst wird oder werden kann. Alle Angaben ohne Gewähr!
- Das Angebot ist gültig bis 31.05.2023.

Hinweis

- Informieren Sie sich vorher über das für Sie gültige Greenfee.

Teilnahmebedingungen

- Zur Gutschein-Einlösung muss eine Greenfee-Berechtigung (z.B. Mindest-HCP, Mitgliedschaft in einem Golfclub) vorliegen.
- Der Gutschein kann nur mit Vorlage des Köllen Golfführer für Deutschland oder mit beiliegender KöllenCard eingelöst werden.
- Die Einlösung kann nur nach telefonischer Anmeldung erfolgen – unter Hinweis auf die Nutzung des Angebots. Bei Sonderveranstaltungen, Turnieren etc. müssen Gutscheine nicht angenommen werden.
- Das Kombinieren mit anderen Rabatten ist nicht möglich – es gilt das zum Abschlagszeitpunkt gültige, volle Greenfee! Bei unterschiedlichen Greenfees (z.B. Studenten-Rabatt) ist der günstigere Tarif gratis!
- Alle Inserenten verpflichten sich, Gutscheine zu den angegebenen Bedingungen einzulösen. Der Verlag übernimmt keine Haftung, wenn ein Gutschein nicht eingelöst wird oder werden kann. Alle Angaben ohne Gewähr!
- Das Angebot ist gültig bis 31.05.2023.

Hinweis

- Informieren Sie sich vorher über das für Sie gültige Greenfee.

Teilnahmebedingungen

- Zur Gutschein-Einlösung muss eine Greenfee-Berechtigung (z.B. Mindest-HCP, Mitgliedschaft in einem Golfclub) vorliegen.
- Der Gutschein kann nur mit Vorlage des Köllen Golfführer für Deutschland oder mit beiliegender KöllenCard eingelöst werden.
- Die Einlösung kann nur nach telefonischer Anmeldung erfolgen – unter Hinweis auf die Nutzung des Angebots. Bei Sonderveranstaltungen, Turnieren etc. müssen Gutscheine nicht angenommen werden.
- Das Kombinieren mit anderen Rabatten ist nicht möglich – es gilt das zum Abschlagszeitpunkt gültige, volle Greenfee! Bei unterschiedlichen Greenfees (z.B. Studenten-Rabatt) ist der günstigere Tarif gratis!
- Alle Inserenten verpflichten sich, Gutscheine zu den angegebenen Bedingungen einzulösen. Der Verlag übernimmt keine Haftung, wenn ein Gutschein nicht eingelöst wird oder werden kann. Alle Angaben ohne Gewähr!
- Das Angebot ist gültig bis 31.05.2023.

Hinweis

- Informieren Sie sich vorher über das für Sie gültige Greenfee.

Teilnahmebedingungen

- Zur Gutschein-Einlösung muss eine Greenfee-Berechtigung (z.B. Mindest-HCP, Mitgliedschaft in einem Golfclub) vorliegen.
- Der Gutschein kann nur mit Vorlage des Köllen Golfführer für Deutschland oder mit beiliegender KöllenCard eingelöst werden.
- Die Einlösung kann nur nach telefonischer Anmeldung erfolgen – unter Hinweis auf die Nutzung des Angebots. Bei Sonderveranstaltungen, Turnieren etc. müssen Gutscheine nicht angenommen werden.
- Das Kombinieren mit anderen Rabatten ist nicht möglich – es gilt das zum Abschlagszeitpunkt gültige, volle Greenfee! Bei unterschiedlichen Greenfees (z.B. Studenten-Rabatt) ist der günstigere Tarif gratis!
- Alle Inserenten verpflichten sich, Gutscheine zu den angegebenen Bedingungen einzulösen. Der Verlag übernimmt keine Haftung, wenn ein Gutschein nicht eingelöst wird oder werden kann. Alle Angaben ohne Gewähr!
- Das Angebot ist gültig bis 31.05.2023.

Hinweis

- Informieren Sie sich vorher über das für Sie gültige Greenfee.

Teilnahmebedingungen

- Zur Gutschein-Einlösung muss eine Greenfee-Berechtigung (z.B. Mindest-HCP, Mitgliedschaft in einem Golfclub) vorliegen.
- Der Gutschein kann nur mit Vorlage des Köllen Golfführer für Deutschland oder mit beiliegender KöllenCard eingelöst werden.
- Die Einlösung kann nur nach telefonischer Anmeldung erfolgen – unter Hinweis auf die Nutzung des Angebots. Bei Sonderveranstaltungen, Turnieren etc. müssen Gutscheine nicht angenommen werden.
- Das Kombinieren mit anderen Rabatten ist nicht möglich – es gilt das zum Abschlagszeitpunkt gültige, volle Greenfee! Bei unterschiedlichen Greenfees (z.B. Studenten-Rabatt) ist der günstigere Tarif gratis!
- Alle Inserenten verpflichten sich, Gutscheine zu den angegebenen Bedingungen einzulösen. Der Verlag übernimmt keine Haftung, wenn ein Gutschein nicht eingelöst wird oder werden kann. Alle Angaben ohne Gewähr!
- Das Angebot ist gültig bis 31.05.2023.

Hinweis

- Informieren Sie sich vorher über das für Sie gültige Greenfee.

Teilnahmebedingungen

- Zur Gutschein-Einlösung muss eine Greenfee-Berechtigung (z.B. Mindest-HCP, Mitgliedschaft in einem Golfclub) vorliegen.
- Der Gutschein kann nur mit Vorlage des Köllen Golfführer für Deutschland oder mit beiliegender KöllenCard eingelöst werden.
- Die Einlösung kann nur nach telefonischer Anmeldung erfolgen – unter Hinweis auf die Nutzung des Angebots. Bei Sonderveranstaltungen, Turnieren etc. müssen Gutscheine nicht angenommen werden.
- Das Kombinieren mit anderen Rabatten ist nicht möglich – es gilt das zum Abschlagszeitpunkt gültige, volle Greenfee! Bei unterschiedlichen Greenfees (z.B. Studenten-Rabatt) ist der günstigere Tarif gratis!
- Alle Inserenten verpflichten sich, Gutscheine zu den angegebenen Bedingungen einzulösen. Der Verlag übernimmt keine Haftung, wenn ein Gutschein nicht eingelöst wird oder werden kann. Alle Angaben ohne Gewähr!
- Das Angebot ist gültig bis 31.05.2023.

Hinweis

- Informieren Sie sich vorher über das für Sie gültige Greenfee.

Teilnahmebedingungen

- Zur Gutschein-Einlösung muss eine Greenfee-Berechtigung (z.B. Mindest-HCP, Mitgliedschaft in einem Golfclub) vorliegen.
- Der Gutschein kann nur mit Vorlage des Köllen Golfführer für Deutschland oder mit beiliegender KöllenCard eingelöst werden.
- Die Einlösung kann nur nach telefonischer Anmeldung erfolgen – unter Hinweis auf die Nutzung des Angebots. Bei Sonderveranstaltungen, Turnieren etc. müssen Gutscheine nicht angenommen werden.
- Das Kombinieren mit anderen Rabatten ist nicht möglich – es gilt das zum Abschlagszeitpunkt gültige, volle Greenfee! Bei unterschiedlichen Greenfees (z.B. Studenten-Rabatt) ist der günstigere Tarif gratis!
- Alle Inserenten verpflichten sich, Gutscheine zu den angegebenen Bedingungen einzulösen. Der Verlag übernimmt keine Haftung, wenn ein Gutschein nicht eingelöst wird oder werden kann. Alle Angaben ohne Gewähr!
- Das Angebot ist gültig bis 31.05.2023.

Hinweis

- Informieren Sie sich vorher über das für Sie gültige Greenfee.

GUTSCHEIN
2. Greenfee ist gratis

KÖLLEN GOLF

2:1

25% GF-Nachlass (Einzelspieler)
nur Mo-Fr (außer feiertags)

GolfCity Pulheim

DGV-Nr. 4566 Seite 210 Gültig bis 31.05.2023

GUTSCHEIN
2. Greenfee ist gratis

KÖLLEN GOLF

2:1

25% GF-Nachlass (Einzelspieler)
nur Mo-Fr (außer feiertags)

GolfCity Pulheim

DGV-Nr. 4566 Seite 210 Gültig bis 31.05.2023

GUTSCHEIN
2. Greenfee ist gratis

KÖLLEN GOLF

2:1

25% GF-Nachlass (Einzelspieler)
nur Mo-Fr (außer feiertags)

GolfCity Pulheim

DGV-Nr. 4566 Seite 210 Gültig bis 31.05.2023

GUTSCHEIN
25% Greenfee-Nachlass

KÖLLEN GOLF

%

nur Mo-Fr (außer feiertags)

GolfCity Pulheim

DGV-Nr. 4566 Seite 210 Gültig bis 31.05.2023

GUTSCHEIN
25% Greenfee-Nachlass

KÖLLEN GOLF

%

nur Mo-Fr (außer feiertags)

GolfCity Pulheim

DGV-Nr. 4566 Seite 210 Gültig bis 31.05.2023

GUTSCHEIN
25% Greenfee-Nachlass

KÖLLEN GOLF

%

nur Mo-Fr (außer feiertags)

GolfCity Pulheim

DGV-Nr. 4566 Seite 210 Gültig bis 31.05.2023

GUTSCHEIN
2. Greenfee ist gratis

KÖLLEN GOLF

2:1

25% GF-Nachlass (Einzelspieler)

Golf-Park Nümbrecht

DGV-Nr. 4567 Seite 216 Gültig bis 31.05.2023

GUTSCHEIN
2. Greenfee ist gratis

KÖLLEN GOLF

2:1

25% GF-Nachlass (Einzelspieler)

Golf-Park Nümbrecht

DGV-Nr. 4567 Seite 216 Gültig bis 31.05.2023

GUTSCHEIN
2. Greenfee ist gratis

KÖLLEN GOLF

2:1

25% GF-Nachlass (Einzelspieler)

Golf-Park Nümbrecht

DGV-Nr. 4567 Seite 216 Gültig bis 31.05.2023

GUTSCHEIN
2. Greenfee ist gratis

KÖLLEN GOLF

2:1

25% GF-Nachlass (Einzelspieler)

Golf-Park Nümbrecht

DGV-Nr. 4567 Seite 216 Gültig bis 31.05.2023

Teilnahmebedingungen

- Zur Gutschein-Einlösung muss eine Greenfee-Berechtigung (z.B. Mindest-HCP, Mitgliedschaft in einem Golfclub) vorliegen.
- Der Gutschein kann nur mit Vorlage des Köllen Golfführer für Deutschland oder mit beiliegender KöllenCard eingelöst werden.
- Die Einlösung kann nur nach telefonischer Anmeldung erfolgen – unter Hinweis auf die Nutzung des Angebots. Bei Sonderveranstaltungen, Turnieren etc. müssen Gutscheine nicht angenommen werden.
- Das Kombinieren mit anderen Rabatten ist nicht möglich – es gilt das zum Abschlagszeitpunkt gültige, volle Greenfee! Bei unterschiedlichen Greenfees (z.B. Studenten-Rabatt) ist der günstigere Tarif gratis!
- Alle Inserenten verpflichten sich, Gutscheine zu den angegebenen Bedingungen einzulösen. Der Verlag übernimmt keine Haftung, wenn ein Gutschein nicht eingelöst wird oder werden kann. Alle Angaben ohne Gewähr!
- Das Angebot ist gültig bis 31.05.2023.

Hinweis

- Informieren Sie sich vorher über das für Sie gültige Greenfee.

Teilnahmebedingungen

- Zur Gutschein-Einlösung muss eine Greenfee-Berechtigung (z.B. Mindest-HCP, Mitgliedschaft in einem Golfclub) vorliegen.
- Der Gutschein kann nur mit Vorlage des Köllen Golfführer für Deutschland oder mit beiliegender KöllenCard eingelöst werden.
- Die Einlösung kann nur nach telefonischer Anmeldung erfolgen – unter Hinweis auf die Nutzung des Angebots. Bei Sonderveranstaltungen, Turnieren etc. müssen Gutscheine nicht angenommen werden.
- Das Kombinieren mit anderen Rabatten ist nicht möglich – es gilt das zum Abschlagszeitpunkt gültige, volle Greenfee! Bei unterschiedlichen Greenfees (z.B. Studenten-Rabatt) ist der günstigere Tarif gratis!
- Alle Inserenten verpflichten sich, Gutscheine zu den angegebenen Bedingungen einzulösen. Der Verlag übernimmt keine Haftung, wenn ein Gutschein nicht eingelöst wird oder werden kann. Alle Angaben ohne Gewähr!
- Das Angebot ist gültig bis 31.05.2023.

Hinweis

- Informieren Sie sich vorher über das für Sie gültige Greenfee.

Teilnahmebedingungen

- Zur Gutschein-Einlösung muss eine Greenfee-Berechtigung (z.B. Mindest-HCP, Mitgliedschaft in einem Golfclub) vorliegen.
- Der Gutschein kann nur mit Vorlage des Köllen Golfführer für Deutschland oder mit beiliegender KöllenCard eingelöst werden.
- Die Einlösung kann nur nach telefonischer Anmeldung erfolgen – unter Hinweis auf die Nutzung des Angebots. Bei Sonderveranstaltungen, Turnieren etc. müssen Gutscheine nicht angenommen werden.
- Das Kombinieren mit anderen Rabatten ist nicht möglich – es gilt das zum Abschlagszeitpunkt gültige, volle Greenfee! Bei unterschiedlichen Greenfees (z.B. Studenten-Rabatt) ist der günstigere Tarif gratis!
- Alle Inserenten verpflichten sich, Gutscheine zu den angegebenen Bedingungen einzulösen. Der Verlag übernimmt keine Haftung, wenn ein Gutschein nicht eingelöst wird oder werden kann. Alle Angaben ohne Gewähr!
- Das Angebot ist gültig bis 31.05.2023.

Hinweis

- Informieren Sie sich vorher über das für Sie gültige Greenfee.

Teilnahmebedingungen

- Zur Gutschein-Einlösung muss eine Greenfee-Berechtigung (z.B. Mindest-HCP, Mitgliedschaft in einem Golfclub) vorliegen.
- Der Gutschein kann nur mit Vorlage des Köllen Golfführer für Deutschland oder mit beiliegender KöllenCard eingelöst werden.
- Die Einlösung kann nur nach telefonischer Anmeldung erfolgen – unter Hinweis auf die Nutzung des Angebots. Bei Sonderveranstaltungen, Turnieren etc. müssen Gutscheine nicht angenommen werden.
- Das Kombinieren mit anderen Rabatten ist nicht möglich – es gilt das zum Abschlagszeitpunkt gültige, volle Greenfee! Bei unterschiedlichen Greenfees (z.B. Studenten-Rabatt) ist der günstigere Tarif gratis!
- Alle Inserenten verpflichten sich, Gutscheine zu den angegebenen Bedingungen einzulösen. Der Verlag übernimmt keine Haftung, wenn ein Gutschein nicht eingelöst wird oder werden kann. Alle Angaben ohne Gewähr!
- Das Angebot ist gültig bis 31.05.2023.

Hinweis

- Informieren Sie sich vorher über das für Sie gültige Greenfee.

Teilnahmebedingungen

- Zur Gutschein-Einlösung muss eine Greenfee-Berechtigung (z.B. Mindest-HCP, Mitgliedschaft in einem Golfclub) vorliegen.
- Der Gutschein kann nur mit Vorlage des Köllen Golfführer für Deutschland oder mit beiliegender KöllenCard eingelöst werden.
- Die Einlösung kann nur nach telefonischer Anmeldung erfolgen – unter Hinweis auf die Nutzung des Angebots. Bei Sonderveranstaltungen, Turnieren etc. müssen Gutscheine nicht angenommen werden.
- Das Kombinieren mit anderen Rabatten ist nicht möglich – es gilt das zum Abschlagszeitpunkt gültige, volle Greenfee! Bei unterschiedlichen Greenfees (z.B. Studenten-Rabatt) ist der günstigere Tarif gratis!
- Alle Inserenten verpflichten sich, Gutscheine zu den angegebenen Bedingungen einzulösen. Der Verlag übernimmt keine Haftung, wenn ein Gutschein nicht eingelöst wird oder werden kann. Alle Angaben ohne Gewähr!
- Das Angebot ist gültig bis 31.05.2023.

Hinweis

- Informieren Sie sich vorher über das für Sie gültige Greenfee.

Teilnahmebedingungen

- Zur Gutschein-Einlösung muss eine Greenfee-Berechtigung (z.B. Mindest-HCP, Mitgliedschaft in einem Golfclub) vorliegen.
- Der Gutschein kann nur mit Vorlage des Köllen Golfführer für Deutschland oder mit beiliegender KöllenCard eingelöst werden.
- Die Einlösung kann nur nach telefonischer Anmeldung erfolgen – unter Hinweis auf die Nutzung des Angebots. Bei Sonderveranstaltungen, Turnieren etc. müssen Gutscheine nicht angenommen werden.
- Das Kombinieren mit anderen Rabatten ist nicht möglich – es gilt das zum Abschlagszeitpunkt gültige, volle Greenfee! Bei unterschiedlichen Greenfees (z.B. Studenten-Rabatt) ist der günstigere Tarif gratis!
- Alle Inserenten verpflichten sich, Gutscheine zu den angegebenen Bedingungen einzulösen. Der Verlag übernimmt keine Haftung, wenn ein Gutschein nicht eingelöst wird oder werden kann. Alle Angaben ohne Gewähr!
- Das Angebot ist gültig bis 31.05.2023.

Hinweis

- Informieren Sie sich vorher über das für Sie gültige Greenfee.

Teilnahmebedingungen

- Zur Gutschein-Einlösung muss eine Greenfee-Berechtigung (z.B. Mindest-HCP, Mitgliedschaft in einem Golfclub) vorliegen.
- Der Gutschein kann nur mit Vorlage des Köllen Golfführer für Deutschland oder mit beiliegender KöllenCard eingelöst werden.
- Die Einlösung kann nur nach telefonischer Anmeldung erfolgen – unter Hinweis auf die Nutzung des Angebots. Bei Sonderveranstaltungen, Turnieren etc. müssen Gutscheine nicht angenommen werden.
- Das Kombinieren mit anderen Rabatten ist nicht möglich – es gilt das zum Abschlagszeitpunkt gültige, volle Greenfee! Bei unterschiedlichen Greenfees (z.B. Studenten-Rabatt) ist der günstigere Tarif gratis!
- Alle Inserenten verpflichten sich, Gutscheine zu den angegebenen Bedingungen einzulösen. Der Verlag übernimmt keine Haftung, wenn ein Gutschein nicht eingelöst wird oder werden kann. Alle Angaben ohne Gewähr!
- Das Angebot ist gültig bis 31.05.2023.

Hinweis

- Informieren Sie sich vorher über das für Sie gültige Greenfee.

Teilnahmebedingungen

- Zur Gutschein-Einlösung muss eine Greenfee-Berechtigung (z.B. Mindest-HCP, Mitgliedschaft in einem Golfclub) vorliegen.
- Der Gutschein kann nur mit Vorlage des Köllen Golfführer für Deutschland oder mit beiliegender KöllenCard eingelöst werden.
- Die Einlösung kann nur nach telefonischer Anmeldung erfolgen – unter Hinweis auf die Nutzung des Angebots. Bei Sonderveranstaltungen, Turnieren etc. müssen Gutscheine nicht angenommen werden.
- Das Kombinieren mit anderen Rabatten ist nicht möglich – es gilt das zum Abschlagszeitpunkt gültige, volle Greenfee! Bei unterschiedlichen Greenfees (z.B. Studenten-Rabatt) ist der günstigere Tarif gratis!
- Alle Inserenten verpflichten sich, Gutscheine zu den angegebenen Bedingungen einzulösen. Der Verlag übernimmt keine Haftung, wenn ein Gutschein nicht eingelöst wird oder werden kann. Alle Angaben ohne Gewähr!
- Das Angebot ist gültig bis 31.05.2023.

Hinweis

- Informieren Sie sich vorher über das für Sie gültige Greenfee.

Teilnahmebedingungen

- Zur Gutschein-Einlösung muss eine Greenfee-Berechtigung (z.B. Mindest-HCP, Mitgliedschaft in einem Golfclub) vorliegen.
- Der Gutschein kann nur mit Vorlage des Köllen Golfführer für Deutschland oder mit beiliegender KöllenCard eingelöst werden.
- Die Einlösung kann nur nach telefonischer Anmeldung erfolgen – unter Hinweis auf die Nutzung des Angebots. Bei Sonderveranstaltungen, Turnieren etc. müssen Gutscheine nicht angenommen werden.
- Das Kombinieren mit anderen Rabatten ist nicht möglich – es gilt das zum Abschlagszeitpunkt gültige, volle Greenfee! Bei unterschiedlichen Greenfees (z.B. Studenten-Rabatt) ist der günstigere Tarif gratis!
- Alle Inserenten verpflichten sich, Gutscheine zu den angegebenen Bedingungen einzulösen. Der Verlag übernimmt keine Haftung, wenn ein Gutschein nicht eingelöst wird oder werden kann. Alle Angaben ohne Gewähr!
- Das Angebot ist gültig bis 31.05.2023.

Hinweis

- Informieren Sie sich vorher über das für Sie gültige Greenfee.

Teilnahmebedingungen

- Zur Gutschein-Einlösung muss eine Greenfee-Berechtigung (z.B. Mindest-HCP, Mitgliedschaft in einem Golfclub) vorliegen.
- Der Gutschein kann nur mit Vorlage des Köllen Golfführer für Deutschland oder mit beiliegender KöllenCard eingelöst werden.
- Die Einlösung kann nur nach telefonischer Anmeldung erfolgen – unter Hinweis auf die Nutzung des Angebots. Bei Sonderveranstaltungen, Turnieren etc. müssen Gutscheine nicht angenommen werden.
- Das Kombinieren mit anderen Rabatten ist nicht möglich – es gilt das zum Abschlagszeitpunkt gültige, volle Greenfee! Bei unterschiedlichen Greenfees (z.B. Studenten-Rabatt) ist der günstigere Tarif gratis!
- Alle Inserenten verpflichten sich, Gutscheine zu den angegebenen Bedingungen einzulösen. Der Verlag übernimmt keine Haftung, wenn ein Gutschein nicht eingelöst wird oder werden kann. Alle Angaben ohne Gewähr!
- Das Angebot ist gültig bis 31.05.2023.

Hinweis

- Informieren Sie sich vorher über das für Sie gültige Greenfee.

GUTSCHEIN
2. Greenfee ist gratis

KÖLLEN GOLF

2:1

25% GF-Nachlass (Einzelspieler)

Golfen in Hiltrup

DGV-Nr. 4568 Seite 200 Gültig bis 31.05.2023

GUTSCHEIN
2. Greenfee ist gratis

KÖLLEN GOLF

2:1

25% GF-Nachlass (Einzelspieler)

Golfen in Hiltrup

DGV-Nr. 4568 Seite 200 Gültig bis 31.05.2023

GUTSCHEIN
2. Greenfee ist gratis

KÖLLEN GOLF

2:1

25% GF-Nachlass (Einzelspieler)

Golfen in Hiltrup

DGV-Nr. 4568 Seite 200 Gültig bis 31.05.2023

GUTSCHEIN
2. Greenfee ist gratis

KÖLLEN GOLF

2:1

25% GF-Nachlass (Einzelspieler)

Golfen in Hiltrup

DGV-Nr. 4568 Seite 200 Gültig bis 31.05.2023

GUTSCHEIN
50% Greenfee-Nachlass

KÖLLEN GOLF

%

Golfen in Hiltrup

DGV-Nr. 4568 Seite 200 Gültig bis 31.05.2023

GUTSCHEIN
50% Greenfee-Nachlass

KÖLLEN GOLF

%

Golfen in Hiltrup

DGV-Nr. 4568 Seite 200 Gültig bis 31.05.2023

GUTSCHEIN
2. Greenfee ist gratis

KÖLLEN GOLF

2:1

25% GF-Nachlass (Einzelspieler)
nur Mo-Fr (außer feiertags)

WEST Golf GmbH & Co. KG

DGV-Nr. 4574 Seite 224 Gültig bis 31.05.2023

GUTSCHEIN
2. Greenfee ist gratis

KÖLLEN GOLF

2:1

25% GF-Nachlass (Einzelspieler)
nur Mo-Fr (außer feiertags)

WEST Golf GmbH & Co. KG

DGV-Nr. 4574 Seite 224 Gültig bis 31.05.2023

GUTSCHEIN
2. Greenfee ist gratis

KÖLLEN GOLF

2:1

25% GF-Nachlass (Einzelspieler)

Golfclub Wittgensteiner Land e.V.

DGV-Nr. 4576 Seite 227 Gültig bis 31.05.2023

GUTSCHEIN
2. Greenfee ist gratis

KÖLLEN GOLF

2:1

25% GF-Nachlass (Einzelspieler)

Golfclub Wittgensteiner Land e.V.

DGV-Nr. 4576 Seite 227 Gültig bis 31.05.2023

Teilnahmebedingungen

- Zur Gutschein-Einlösung muss eine Greenfee-Berechtigung (z.B. Mindest-HCP, Mitgliedschaft in einem Golfclub) vorliegen.
- Der Gutschein kann nur mit Vorlage des Köllen Golfführer für Deutschland oder mit beiliegender KöllenCard eingelöst werden.
- Die Einlösung kann nur nach telefonischer Anmeldung erfolgen – unter Hinweis auf die Nutzung des Angebots. Bei Sonderveranstaltungen, Turnieren etc. müssen Gutscheine nicht angenommen werden.
- Das Kombinieren mit anderen Rabatten ist nicht möglich – es gilt das zum Abschlagszeitpunkt gültige, volle Greenfee! Bei unterschiedlichen Greenfees (z.B. Studenten-Rabatt) ist der günstigere Tarif gratis!
- Alle Inserenten verpflichten sich, Gutscheine zu den angegebenen Bedingungen einzulösen. Der Verlag übernimmt keine Haftung, wenn ein Gutschein nicht eingelöst wird oder werden kann. Alle Angaben ohne Gewähr!
- Das Angebot ist gültig bis 31.05.2023.

Hinweis

- Informieren Sie sich vorher über das für Sie gültige Greenfee.

Teilnahmebedingungen

- Zur Gutschein-Einlösung muss eine Greenfee-Berechtigung (z.B. Mindest-HCP, Mitgliedschaft in einem Golfclub) vorliegen.
- Der Gutschein kann nur mit Vorlage des Köllen Golfführer für Deutschland oder mit beiliegender KöllenCard eingelöst werden.
- Die Einlösung kann nur nach telefonischer Anmeldung erfolgen – unter Hinweis auf die Nutzung des Angebots. Bei Sonderveranstaltungen, Turnieren etc. müssen Gutscheine nicht angenommen werden.
- Das Kombinieren mit anderen Rabatten ist nicht möglich – es gilt das zum Abschlagszeitpunkt gültige, volle Greenfee! Bei unterschiedlichen Greenfees (z.B. Studenten-Rabatt) ist der günstigere Tarif gratis!
- Alle Inserenten verpflichten sich, Gutscheine zu den angegebenen Bedingungen einzulösen. Der Verlag übernimmt keine Haftung, wenn ein Gutschein nicht eingelöst wird oder werden kann. Alle Angaben ohne Gewähr!
- Das Angebot ist gültig bis 31.05.2023.

Hinweis

- Informieren Sie sich vorher über das für Sie gültige Greenfee.

Teilnahmebedingungen

- Zur Gutschein-Einlösung muss eine Greenfee-Berechtigung (z.B. Mindest-HCP, Mitgliedschaft in einem Golfclub) vorliegen.
- Der Gutschein kann nur mit Vorlage des Köllen Golfführer für Deutschland oder mit beiliegender KöllenCard eingelöst werden.
- Die Einlösung kann nur nach telefonischer Anmeldung erfolgen – unter Hinweis auf die Nutzung des Angebots. Bei Sonderveranstaltungen, Turnieren etc. müssen Gutscheine nicht angenommen werden.
- Das Kombinieren mit anderen Rabatten ist nicht möglich – es gilt das zum Abschlagszeitpunkt gültige, volle Greenfee! Bei unterschiedlichen Greenfees (z.B. Studenten-Rabatt) ist der günstigere Tarif gratis!
- Alle Inserenten verpflichten sich, Gutscheine zu den angegebenen Bedingungen einzulösen. Der Verlag übernimmt keine Haftung, wenn ein Gutschein nicht eingelöst wird oder werden kann. Alle Angaben ohne Gewähr!
- Das Angebot ist gültig bis 31.05.2023.

Hinweis

- Informieren Sie sich vorher über das für Sie gültige Greenfee.

Teilnahmebedingungen

- Zur Gutschein-Einlösung muss eine Greenfee-Berechtigung (z.B. Mindest-HCP, Mitgliedschaft in einem Golfclub) vorliegen.
- Der Gutschein kann nur mit Vorlage des Köllen Golfführer für Deutschland oder mit beiliegender KöllenCard eingelöst werden.
- Die Einlösung kann nur nach telefonischer Anmeldung erfolgen – unter Hinweis auf die Nutzung des Angebots. Bei Sonderveranstaltungen, Turnieren etc. müssen Gutscheine nicht angenommen werden.
- Das Kombinieren mit anderen Rabatten ist nicht möglich – es gilt das zum Abschlagszeitpunkt gültige, volle Greenfee! Bei unterschiedlichen Greenfees (z.B. Studenten-Rabatt) ist der günstigere Tarif gratis!
- Alle Inserenten verpflichten sich, Gutscheine zu den angegebenen Bedingungen einzulösen. Der Verlag übernimmt keine Haftung, wenn ein Gutschein nicht eingelöst wird oder werden kann. Alle Angaben ohne Gewähr!
- Das Angebot ist gültig bis 31.05.2023.

Hinweis

- Informieren Sie sich vorher über das für Sie gültige Greenfee.

Teilnahmebedingungen

- Zur Gutschein-Einlösung muss eine Greenfee-Berechtigung (z.B. Mindest-HCP, Mitgliedschaft in einem Golfclub) vorliegen.
- Der Gutschein kann nur mit Vorlage des Köllen Golfführer für Deutschland oder mit beiliegender KöllenCard eingelöst werden.
- Die Einlösung kann nur nach telefonischer Anmeldung erfolgen – unter Hinweis auf die Nutzung des Angebots. Bei Sonderveranstaltungen, Turnieren etc. müssen Gutscheine nicht angenommen werden.
- Das Kombinieren mit anderen Rabatten ist nicht möglich – es gilt das zum Abschlagszeitpunkt gültige, volle Greenfee! Bei unterschiedlichen Greenfees (z.B. Studenten-Rabatt) ist der günstigere Tarif gratis!
- Alle Inserenten verpflichten sich, Gutscheine zu den angegebenen Bedingungen einzulösen. Der Verlag übernimmt keine Haftung, wenn ein Gutschein nicht eingelöst wird oder werden kann. Alle Angaben ohne Gewähr!
- Das Angebot ist gültig bis 31.05.2023.

Hinweis

- Informieren Sie sich vorher über das für Sie gültige Greenfee.

Teilnahmebedingungen

- Zur Gutschein-Einlösung muss eine Greenfee-Berechtigung (z.B. Mindest-HCP, Mitgliedschaft in einem Golfclub) vorliegen.
- Der Gutschein kann nur mit Vorlage des Köllen Golfführer für Deutschland oder mit beiliegender KöllenCard eingelöst werden.
- Die Einlösung kann nur nach telefonischer Anmeldung erfolgen – unter Hinweis auf die Nutzung des Angebots. Bei Sonderveranstaltungen, Turnieren etc. müssen Gutscheine nicht angenommen werden.
- Das Kombinieren mit anderen Rabatten ist nicht möglich – es gilt das zum Abschlagszeitpunkt gültige, volle Greenfee! Bei unterschiedlichen Greenfees (z.B. Studenten-Rabatt) ist der günstigere Tarif gratis!
- Alle Inserenten verpflichten sich, Gutscheine zu den angegebenen Bedingungen einzulösen. Der Verlag übernimmt keine Haftung, wenn ein Gutschein nicht eingelöst wird oder werden kann. Alle Angaben ohne Gewähr!
- Das Angebot ist gültig bis 31.05.2023.

Hinweis

- Informieren Sie sich vorher über das für Sie gültige Greenfee.

Teilnahmebedingungen

- Zur Gutschein-Einlösung muss eine Greenfee-Berechtigung (z.B. Mindest-HCP, Mitgliedschaft in einem Golfclub) vorliegen.
- Der Gutschein kann nur mit Vorlage des Köllen Golfführer für Deutschland oder mit beiliegender KöllenCard eingelöst werden.
- Die Einlösung kann nur nach telefonischer Anmeldung erfolgen – unter Hinweis auf die Nutzung des Angebots. Bei Sonderveranstaltungen, Turnieren etc. müssen Gutscheine nicht angenommen werden.
- Das Kombinieren mit anderen Rabatten ist nicht möglich – es gilt das zum Abschlagszeitpunkt gültige, volle Greenfee! Bei unterschiedlichen Greenfees (z.B. Studenten-Rabatt) ist der günstigere Tarif gratis!
- Alle Inserenten verpflichten sich, Gutscheine zu den angegebenen Bedingungen einzulösen. Der Verlag übernimmt keine Haftung, wenn ein Gutschein nicht eingelöst wird oder werden kann. Alle Angaben ohne Gewähr!
- Das Angebot ist gültig bis 31.05.2023.

Hinweis

- Informieren Sie sich vorher über das für Sie gültige Greenfee.

Teilnahmebedingungen

- Zur Gutschein-Einlösung muss eine Greenfee-Berechtigung (z.B. Mindest-HCP, Mitgliedschaft in einem Golfclub) vorliegen.
- Der Gutschein kann nur mit Vorlage des Köllen Golfführer für Deutschland oder mit beiliegender KöllenCard eingelöst werden.
- Die Einlösung kann nur nach telefonischer Anmeldung erfolgen – unter Hinweis auf die Nutzung des Angebots. Bei Sonderveranstaltungen, Turnieren etc. müssen Gutscheine nicht angenommen werden.
- Das Kombinieren mit anderen Rabatten ist nicht möglich – es gilt das zum Abschlagszeitpunkt gültige, volle Greenfee! Bei unterschiedlichen Greenfees (z.B. Studenten-Rabatt) ist der günstigere Tarif gratis!
- Alle Inserenten verpflichten sich, Gutscheine zu den angegebenen Bedingungen einzulösen. Der Verlag übernimmt keine Haftung, wenn ein Gutschein nicht eingelöst wird oder werden kann. Alle Angaben ohne Gewähr!
- Das Angebot ist gültig bis 31.05.2023.

Hinweis

- Informieren Sie sich vorher über das für Sie gültige Greenfee.

Teilnahmebedingungen

- Zur Gutschein-Einlösung muss eine Greenfee-Berechtigung (z.B. Mindest-HCP, Mitgliedschaft in einem Golfclub) vorliegen.
- Der Gutschein kann nur mit Vorlage des Köllen Golfführer für Deutschland oder mit beiliegender KöllenCard eingelöst werden.
- Die Einlösung kann nur nach telefonischer Anmeldung erfolgen – unter Hinweis auf die Nutzung des Angebots. Bei Sonderveranstaltungen, Turnieren etc. müssen Gutscheine nicht angenommen werden.
- Das Kombinieren mit anderen Rabatten ist nicht möglich – es gilt das zum Abschlagszeitpunkt gültige, volle Greenfee! Bei unterschiedlichen Greenfees (z.B. Studenten-Rabatt) ist der günstigere Tarif gratis!
- Alle Inserenten verpflichten sich, Gutscheine zu den angegebenen Bedingungen einzulösen. Der Verlag übernimmt keine Haftung, wenn ein Gutschein nicht eingelöst wird oder werden kann. Alle Angaben ohne Gewähr!
- Das Angebot ist gültig bis 31.05.2023.

Hinweis

- Informieren Sie sich vorher über das für Sie gültige Greenfee.

Teilnahmebedingungen

- Zur Gutschein-Einlösung muss eine Greenfee-Berechtigung (z.B. Mindest-HCP, Mitgliedschaft in einem Golfclub) vorliegen.
- Der Gutschein kann nur mit Vorlage des Köllen Golfführer für Deutschland oder mit beiliegender KöllenCard eingelöst werden.
- Die Einlösung kann nur nach telefonischer Anmeldung erfolgen – unter Hinweis auf die Nutzung des Angebots. Bei Sonderveranstaltungen, Turnieren etc. müssen Gutscheine nicht angenommen werden.
- Das Kombinieren mit anderen Rabatten ist nicht möglich – es gilt das zum Abschlagszeitpunkt gültige, volle Greenfee! Bei unterschiedlichen Greenfees (z.B. Studenten-Rabatt) ist der günstigere Tarif gratis!
- Alle Inserenten verpflichten sich, Gutscheine zu den angegebenen Bedingungen einzulösen. Der Verlag übernimmt keine Haftung, wenn ein Gutschein nicht eingelöst wird oder werden kann. Alle Angaben ohne Gewähr!
- Das Angebot ist gültig bis 31.05.2023.

Hinweis

- Informieren Sie sich vorher über das für Sie gültige Greenfee.

GUTSCHEIN
50% Greenfee-Nachlass

KÖLLEN GOLF

%

Golfclub Wittgensteiner Land e.V.

DGV-Nr. 4576 Seite 227 Gültig bis 31.05.2023

GUTSCHEIN
50% Greenfee-Nachlass
KÖLLEN GOLF
%
Golfclub Wittgensteiner Land e.V.
DGV-Nr. 4576 Seite 227 Gültig bis 31.05.2023
MEHR DRIVE FÜR DIE STRASSE.
www.bmw.de/iX

GUTSCHEIN
2. Greenfee ist gratis

KÖLLEN GOLF

2:1

25% GF-Nachlass (Einzelspieler)
nur Mo-Fr (außer feiertags)

Golfen in Herdecke

DGV-Nr. 4577 Seite 232 Gültig bis 31.05.2023

GUTSCHEIN
2. Greenfee ist gratis
KÖLLEN GOLF
2:1
25% GF-Nachlass (Einzelspieler)
nur Mo-Fr (außer feiertags)
Golfen in Herdecke
DGV-Nr. 4577 Seite 232 Gültig bis 31.05.2023
MEHR DRIVE FÜR DIE STRASSE.
www.bmw.de/iX

GUTSCHEIN
2. Greenfee ist gratis

KÖLLEN GOLF

2:1

25% GF-Nachlass (Einzelspieler)
nur Mo-Fr (außer feiertags)

Europäischer Golfclub Elmpter Wald e.V.

DGV-Nr. 4578 Seite 173 Gültig bis 31.05.2023

GUTSCHEIN
2. Greenfee ist gratis

KÖLLEN GOLF

2:1

25% GF-Nachlass (Einzelspieler)

Golfanlage Gut Ottenhausen GmbH

DGV-Nr. 4591 Seite 160 Gültig bis 31.05.2023

GUTSCHEIN
2. Greenfee ist gratis
KÖLLEN GOLF
2:1
25% GF-Nachlass (Einzelspieler)
Golfanlage Gut Ottenhausen GmbH
DGV-Nr. 4591 Seite 160 Gültig bis 31.05.2023
MEHR DRIVE FÜR DIE STRASSE.
www.bmw.de/iX

GUTSCHEIN
2. Greenfee ist gratis
KÖLLEN GOLF
2:1
25% GF-Nachlass (Einzelspieler)
Golfanlage Gut Ottenhausen GmbH
DGV-Nr. 4591 Seite 160 Gültig bis 31.05.2023
MEHR DRIVE FÜR DIE STRASSE.
www.bmw.de/iX

GUTSCHEIN
2. Greenfee ist gratis
KÖLLEN GOLF
2:1
25% GF-Nachlass (Einzelspieler)
Golfanlage Gut Ottenhausen GmbH
DGV-Nr. 4591 Seite 160 Gültig bis 31.05.2023
MEHR DRIVE FÜR DIE STRASSE.
www.bmw.de/iX

GUTSCHEIN
2. Greenfee ist gratis

KÖLLEN GOLF

2:1

25% GF-Nachlass (Einzelspieler)

KölnGolf

DGV-Nr. 4593 Seite 211 Gültig bis 31.05.2023

Teilnahmebedingungen

- Zur Gutschein-Einlösung muss eine Greenfee-Berechtigung (z.B. Mindest-HCP, Mitgliedschaft in einem Golfclub) vorliegen.
- Der Gutschein kann nur mit Vorlage des Köllen Golfführer für Deutschland oder mit beiliegender KöllenCard eingelöst werden.
- Die Einlösung kann nur nach telefonischer Anmeldung erfolgen – unter Hinweis auf die Nutzung des Angebots. Bei Sonderveranstaltungen, Turnieren etc. müssen Gutscheine nicht angenommen werden.
- Das Kombinieren mit anderen Rabatten ist nicht möglich – es gilt das zum Abschlagszeitpunkt gültige, volle Greenfee! Bei unterschiedlichen Greenfees (z.B. Studenten-Rabatt) ist der günstigere Tarif gratis!
- Alle Inserenten verpflichten sich, Gutscheine zu den angegebenen Bedingungen einzulösen. Der Verlag übernimmt keine Haftung, wenn ein Gutschein nicht eingelöst wird oder werden kann. Alle Angaben ohne Gewähr!
- Das Angebot ist gültig bis 31.05.2023.

Hinweis

- Informieren Sie sich vorher über das für Sie gültige Greenfee.

Teilnahmebedingungen

- Zur Gutschein-Einlösung muss eine Greenfee-Berechtigung (z.B. Mindest-HCP, Mitgliedschaft in einem Golfclub) vorliegen.
- Der Gutschein kann nur mit Vorlage des Köllen Golfführer für Deutschland oder mit beiliegender KöllenCard eingelöst werden.
- Die Einlösung kann nur nach telefonischer Anmeldung erfolgen – unter Hinweis auf die Nutzung des Angebots. Bei Sonderveranstaltungen, Turnieren etc. müssen Gutscheine nicht angenommen werden.
- Das Kombinieren mit anderen Rabatten ist nicht möglich – es gilt das zum Abschlagszeitpunkt gültige, volle Greenfee! Bei unterschiedlichen Greenfees (z.B. Studenten-Rabatt) ist der günstigere Tarif gratis!
- Alle Inserenten verpflichten sich, Gutscheine zu den angegebenen Bedingungen einzulösen. Der Verlag übernimmt keine Haftung, wenn ein Gutschein nicht eingelöst wird oder werden kann. Alle Angaben ohne Gewähr!
- Das Angebot ist gültig bis 31.05.2023.

Hinweis

- Informieren Sie sich vorher über das für Sie gültige Greenfee.

Teilnahmebedingungen

- Zur Gutschein-Einlösung muss eine Greenfee-Berechtigung (z.B. Mindest-HCP, Mitgliedschaft in einem Golfclub) vorliegen.
- Der Gutschein kann nur mit Vorlage des Köllen Golfführer für Deutschland oder mit beiliegender KöllenCard eingelöst werden.
- Die Einlösung kann nur nach telefonischer Anmeldung erfolgen – unter Hinweis auf die Nutzung des Angebots. Bei Sonderveranstaltungen, Turnieren etc. müssen Gutscheine nicht angenommen werden.
- Das Kombinieren mit anderen Rabatten ist nicht möglich – es gilt das zum Abschlagszeitpunkt gültige, volle Greenfee! Bei unterschiedlichen Greenfees (z.B. Studenten-Rabatt) ist der günstigere Tarif gratis!
- Alle Inserenten verpflichten sich, Gutscheine zu den angegebenen Bedingungen einzulösen. Der Verlag übernimmt keine Haftung, wenn ein Gutschein nicht eingelöst wird oder werden kann. Alle Angaben ohne Gewähr!
- Das Angebot ist gültig bis 31.05.2023.

Hinweis

- Informieren Sie sich vorher über das für Sie gültige Greenfee.

Teilnahmebedingungen

- Zur Gutschein-Einlösung muss eine Greenfee-Berechtigung (z.B. Mindest-HCP, Mitgliedschaft in einem Golfclub) vorliegen.
- Der Gutschein kann nur mit Vorlage des Köllen Golfführer für Deutschland oder mit beiliegender KöllenCard eingelöst werden.
- Die Einlösung kann nur nach telefonischer Anmeldung erfolgen – unter Hinweis auf die Nutzung des Angebots. Bei Sonderveranstaltungen, Turnieren etc. müssen Gutscheine nicht angenommen werden.
- Das Kombinieren mit anderen Rabatten ist nicht möglich – es gilt das zum Abschlagszeitpunkt gültige, volle Greenfee! Bei unterschiedlichen Greenfees (z.B. Studenten-Rabatt) ist der günstigere Tarif gratis!
- Alle Inserenten verpflichten sich, Gutscheine zu den angegebenen Bedingungen einzulösen. Der Verlag übernimmt keine Haftung, wenn ein Gutschein nicht eingelöst wird oder werden kann. Alle Angaben ohne Gewähr!
- Das Angebot ist gültig bis 31.05.2023.

Hinweis

- Informieren Sie sich vorher über das für Sie gültige Greenfee.

Teilnahmebedingungen

- Zur Gutschein-Einlösung muss eine Greenfee-Berechtigung (z.B. Mindest-HCP, Mitgliedschaft in einem Golfclub) vorliegen.
- Der Gutschein kann nur mit Vorlage des Köllen Golfführer für Deutschland oder mit beiliegender KöllenCard eingelöst werden.
- Die Einlösung kann nur nach telefonischer Anmeldung erfolgen – unter Hinweis auf die Nutzung des Angebots. Bei Sonderveranstaltungen, Turnieren etc. müssen Gutscheine nicht angenommen werden.
- Das Kombinieren mit anderen Rabatten ist nicht möglich – es gilt das zum Abschlagszeitpunkt gültige, volle Greenfee! Bei unterschiedlichen Greenfees (z.B. Studenten-Rabatt) ist der günstigere Tarif gratis!
- Alle Inserenten verpflichten sich, Gutscheine zu den angegebenen Bedingungen einzulösen. Der Verlag übernimmt keine Haftung, wenn ein Gutschein nicht eingelöst wird oder werden kann. Alle Angaben ohne Gewähr!
- Das Angebot ist gültig bis 31.05.2023.

Hinweis

- Informieren Sie sich vorher über das für Sie gültige Greenfee.

Teilnahmebedingungen

- Zur Gutschein-Einlösung muss eine Greenfee-Berechtigung (z.B. Mindest-HCP, Mitgliedschaft in einem Golfclub) vorliegen.
- Der Gutschein kann nur mit Vorlage des Köllen Golfführer für Deutschland oder mit beiliegender KöllenCard eingelöst werden.
- Die Einlösung kann nur nach telefonischer Anmeldung erfolgen – unter Hinweis auf die Nutzung des Angebots. Bei Sonderveranstaltungen, Turnieren etc. müssen Gutscheine nicht angenommen werden.
- Das Kombinieren mit anderen Rabatten ist nicht möglich – es gilt das zum Abschlagszeitpunkt gültige, volle Greenfee! Bei unterschiedlichen Greenfees (z.B. Studenten-Rabatt) ist der günstigere Tarif gratis!
- Alle Inserenten verpflichten sich, Gutscheine zu den angegebenen Bedingungen einzulösen. Der Verlag übernimmt keine Haftung, wenn ein Gutschein nicht eingelöst wird oder werden kann. Alle Angaben ohne Gewähr!
- Das Angebot ist gültig bis 31.05.2023.

Hinweis

- Informieren Sie sich vorher über das für Sie gültige Greenfee.

Teilnahmebedingungen

- Zur Gutschein-Einlösung muss eine Greenfee-Berechtigung (z.B. Mindest-HCP, Mitgliedschaft in einem Golfclub) vorliegen.
- Der Gutschein kann nur mit Vorlage des Köllen Golfführer für Deutschland oder mit beiliegender KöllenCard eingelöst werden.
- Die Einlösung kann nur nach telefonischer Anmeldung erfolgen – unter Hinweis auf die Nutzung des Angebots. Bei Sonderveranstaltungen, Turnieren etc. müssen Gutscheine nicht angenommen werden.
- Das Kombinieren mit anderen Rabatten ist nicht möglich – es gilt das zum Abschlagszeitpunkt gültige, volle Greenfee! Bei unterschiedlichen Greenfees (z.B. Studenten-Rabatt) ist der günstigere Tarif gratis!
- Alle Inserenten verpflichten sich, Gutscheine zu den angegebenen Bedingungen einzulösen. Der Verlag übernimmt keine Haftung, wenn ein Gutschein nicht eingelöst wird oder werden kann. Alle Angaben ohne Gewähr!
- Das Angebot ist gültig bis 31.05.2023.

Hinweis

- Informieren Sie sich vorher über das für Sie gültige Greenfee.

Teilnahmebedingungen

- Zur Gutschein-Einlösung muss eine Greenfee-Berechtigung (z.B. Mindest-HCP, Mitgliedschaft in einem Golfclub) vorliegen.
- Der Gutschein kann nur mit Vorlage des Köllen Golfführer für Deutschland oder mit beiliegender KöllenCard eingelöst werden.
- Die Einlösung kann nur nach telefonischer Anmeldung erfolgen – unter Hinweis auf die Nutzung des Angebots. Bei Sonderveranstaltungen, Turnieren etc. müssen Gutscheine nicht angenommen werden.
- Das Kombinieren mit anderen Rabatten ist nicht möglich – es gilt das zum Abschlagszeitpunkt gültige, volle Greenfee! Bei unterschiedlichen Greenfees (z.B. Studenten-Rabatt) ist der günstigere Tarif gratis!
- Alle Inserenten verpflichten sich, Gutscheine zu den angegebenen Bedingungen einzulösen. Der Verlag übernimmt keine Haftung, wenn ein Gutschein nicht eingelöst wird oder werden kann. Alle Angaben ohne Gewähr!
- Das Angebot ist gültig bis 31.05.2023.

Hinweis

- Informieren Sie sich vorher über das für Sie gültige Greenfee.

Teilnahmebedingungen

- Zur Gutschein-Einlösung muss eine Greenfee-Berechtigung (z.B. Mindest-HCP, Mitgliedschaft in einem Golfclub) vorliegen.
- Der Gutschein kann nur mit Vorlage des Köllen Golfführer für Deutschland oder mit beiliegender KöllenCard eingelöst werden.
- Die Einlösung kann nur nach telefonischer Anmeldung erfolgen – unter Hinweis auf die Nutzung des Angebots. Bei Sonderveranstaltungen, Turnieren etc. müssen Gutscheine nicht angenommen werden.
- Das Kombinieren mit anderen Rabatten ist nicht möglich – es gilt das zum Abschlagszeitpunkt gültige, volle Greenfee! Bei unterschiedlichen Greenfees (z.B. Studenten-Rabatt) ist der günstigere Tarif gratis!
- Alle Inserenten verpflichten sich, Gutscheine zu den angegebenen Bedingungen einzulösen. Der Verlag übernimmt keine Haftung, wenn ein Gutschein nicht eingelöst wird oder werden kann. Alle Angaben ohne Gewähr!
- Das Angebot ist gültig bis 31.05.2023.

Hinweis

- Informieren Sie sich vorher über das für Sie gültige Greenfee.

Teilnahmebedingungen

- Zur Gutschein-Einlösung muss eine Greenfee-Berechtigung (z.B. Mindest-HCP, Mitgliedschaft in einem Golfclub) vorliegen.
- Der Gutschein kann nur mit Vorlage des Köllen Golfführer für Deutschland oder mit beiliegender KöllenCard eingelöst werden.
- Die Einlösung kann nur nach telefonischer Anmeldung erfolgen – unter Hinweis auf die Nutzung des Angebots. Bei Sonderveranstaltungen, Turnieren etc. müssen Gutscheine nicht angenommen werden.
- Das Kombinieren mit anderen Rabatten ist nicht möglich – es gilt das zum Abschlagszeitpunkt gültige, volle Greenfee! Bei unterschiedlichen Greenfees (z.B. Studenten-Rabatt) ist der günstigere Tarif gratis!
- Alle Inserenten verpflichten sich, Gutscheine zu den angegebenen Bedingungen einzulösen. Der Verlag übernimmt keine Haftung, wenn ein Gutschein nicht eingelöst wird oder werden kann. Alle Angaben ohne Gewähr!
- Das Angebot ist gültig bis 31.05.2023.

Hinweis

- Informieren Sie sich vorher über das für Sie gültige Greenfee.

GUTSCHEIN
2. Greenfee ist gratis

KÖLLEN GOLF

2:1

25% GF-Nachlass (Einzelspieler)

Golfplatz Gut Köbbinghof

DGV-Nr. 4596 Seite 239 Gültig bis 31.05.2023

GUTSCHEIN
2. Greenfee ist gratis
KÖLLEN GOLF
2:1
25% GF-Nachlass (Einzelspieler)
Golfplatz Gut Köbbinghof
DGV-Nr. 4596 Seite 239 Gültig bis 31.05.2023
MEHR DRIVE FÜR DIE STRASSE.
www.bmw.de/iX

GUTSCHEIN
2. Greenfee ist gratis

KÖLLEN GOLF

2:1

25% GF-Nachlass (Einzelspieler)

GC Wahn
im SSZ Köln-Wahn e.V.

DGV-Nr. K470 Seite 213 Gültig bis 31.05.2023

GUTSCHEIN
2. Greenfee ist gratis
KÖLLEN GOLF
2:1
25% GF-Nachlass (Einzelspieler)
GC Wahn
im SSZ Köln-Wahn e.V.
DGV-Nr. K470 Seite 213 Gültig bis 31.05.2023
MEHR DRIVE FÜR DIE STRASSE.
www.bmw.de/iX

GUTSCHEIN
2. Greenfee ist gratis
KÖLLEN GOLF
2:1
25% GF-Nachlass (Einzelspieler)
GC Wahn
im SSZ Köln-Wahn e.V.
DGV-Nr. K470 Seite 213 Gültig bis 31.05.2023
MEHR DRIVE FÜR DIE STRASSE.
www.bmw.de/iX

GUTSCHEIN
2. Greenfee ist gratis
KÖLLEN GOLF
2:1
25% GF-Nachlass (Einzelspieler)
GC Wahn
im SSZ Köln-Wahn e.V.
DGV-Nr. K470 Seite 213 Gültig bis 31.05.2023
MEHR DRIVE FÜR DIE STRASSE.
www.bmw.de/iX

GUTSCHEIN
2. Greenfee ist gratis

KÖLLEN GOLF

2:1

25% GF-Nachlass (Einzelspieler)
nur Mo-Fr (außer feiertags)

Mittelrheinischer
Golfclub Bad Ems e.V.

DGV-Nr. 5501 Seite 252 Gültig bis 31.05.2023

GUTSCHEIN
2. Greenfee ist gratis
KÖLLEN GOLF
2:1
25% GF-Nachlass (Einzelspieler)
nur Mo-Fr (außer feiertags)
Mittelrheinischer
Golfclub Bad Ems e.V.
DGV-Nr. 5501 Seite 252 Gültig bis 31.05.2023
MEHR DRIVE FÜR DIE STRASSE.
www.bmw.de/iX

GUTSCHEIN
2. Greenfee ist gratis

KÖLLEN GOLF

2:1

20% GF-Nachlass (Einzelspieler)

Golfclub Nahetal e.V.

DGV-Nr. 5502 Seite 251 Gültig bis 31.05.2023

GUTSCHEIN
2. Greenfee ist gratis
KÖLLEN GOLF
2:1
20% GF-Nachlass (Einzelspieler)
Golfclub Nahetal e.V.
DGV-Nr. 5502 Seite 251 Gültig bis 31.05.2023
MEHR DRIVE FÜR DIE STRASSE.
www.bmw.de/iX

Teilnahmebedingungen

- Zur Gutschein-Einlösung muss eine Greenfee-Berechtigung (z.B. Mindest-HCP, Mitgliedschaft in einem Golfclub) vorliegen.
- Der Gutschein kann nur mit Vorlage des Köllen Golfführer für Deutschland oder mit beiliegender KöllenCard eingelöst werden.
- Die Einlösung kann nur nach telefonischer Anmeldung erfolgen – unter Hinweis auf die Nutzung des Angebots. Bei Sonderveranstaltungen, Turnieren etc. müssen Gutscheine nicht angenommen werden.
- Das Kombinieren mit anderen Rabatten ist nicht möglich – es gilt das zum Abschlagszeitpunkt gültige, volle Greenfee! Bei unterschiedlichen Greenfees (z.B. Studenten-Rabatt) ist der günstigere Tarif gratis!
- Alle Inserenten verpflichten sich, Gutscheine zu den angegebenen Bedingungen einzulösen. Der Verlag übernimmt keine Haftung, wenn ein Gutschein nicht eingelöst wird oder werden kann. Alle Angaben ohne Gewähr!
- Das Angebot ist gültig bis 31.05.2023.

Hinweis

- Informieren Sie sich vorher über das für Sie gültige Greenfee.

Teilnahmebedingungen

- Zur Gutschein-Einlösung muss eine Greenfee-Berechtigung (z.B. Mindest-HCP, Mitgliedschaft in einem Golfclub) vorliegen.
- Der Gutschein kann nur mit Vorlage des Köllen Golfführer für Deutschland oder mit beiliegender KöllenCard eingelöst werden.
- Die Einlösung kann nur nach telefonischer Anmeldung erfolgen – unter Hinweis auf die Nutzung des Angebots. Bei Sonderveranstaltungen, Turnieren etc. müssen Gutscheine nicht angenommen werden.
- Das Kombinieren mit anderen Rabatten ist nicht möglich – es gilt das zum Abschlagszeitpunkt gültige, volle Greenfee! Bei unterschiedlichen Greenfees (z.B. Studenten-Rabatt) ist der günstigere Tarif gratis!
- Alle Inserenten verpflichten sich, Gutscheine zu den angegebenen Bedingungen einzulösen. Der Verlag übernimmt keine Haftung, wenn ein Gutschein nicht eingelöst wird oder werden kann. Alle Angaben ohne Gewähr!
- Das Angebot ist gültig bis 31.05.2023.

Hinweis

- Informieren Sie sich vorher über das für Sie gültige Greenfee.

Teilnahmebedingungen

- Zur Gutschein-Einlösung muss eine Greenfee-Berechtigung (z.B. Mindest-HCP, Mitgliedschaft in einem Golfclub) vorliegen.
- Der Gutschein kann nur mit Vorlage des Köllen Golfführer für Deutschland oder mit beiliegender KöllenCard eingelöst werden.
- Die Einlösung kann nur nach telefonischer Anmeldung erfolgen – unter Hinweis auf die Nutzung des Angebots. Bei Sonderveranstaltungen, Turnieren etc. müssen Gutscheine nicht angenommen werden.
- Das Kombinieren mit anderen Rabatten ist nicht möglich – es gilt das zum Abschlagszeitpunkt gültige, volle Greenfee! Bei unterschiedlichen Greenfees (z.B. Studenten-Rabatt) ist der günstigere Tarif gratis!
- Alle Inserenten verpflichten sich, Gutscheine zu den angegebenen Bedingungen einzulösen. Der Verlag übernimmt keine Haftung, wenn ein Gutschein nicht eingelöst wird oder werden kann. Alle Angaben ohne Gewähr!
- Das Angebot ist gültig bis 31.05.2023.

Hinweis

- Informieren Sie sich vorher über das für Sie gültige Greenfee.

Teilnahmebedingungen

- Zur Gutschein-Einlösung muss eine Greenfee-Berechtigung (z.B. Mindest-HCP, Mitgliedschaft in einem Golfclub) vorliegen.
- Der Gutschein kann nur mit Vorlage des Köllen Golfführer für Deutschland oder mit beiliegender KöllenCard eingelöst werden.
- Die Einlösung kann nur nach telefonischer Anmeldung erfolgen – unter Hinweis auf die Nutzung des Angebots. Bei Sonderveranstaltungen, Turnieren etc. müssen Gutscheine nicht angenommen werden.
- Das Kombinieren mit anderen Rabatten ist nicht möglich – es gilt das zum Abschlagszeitpunkt gültige, volle Greenfee! Bei unterschiedlichen Greenfees (z.B. Studenten-Rabatt) ist der günstigere Tarif gratis!
- Alle Inserenten verpflichten sich, Gutscheine zu den angegebenen Bedingungen einzulösen. Der Verlag übernimmt keine Haftung, wenn ein Gutschein nicht eingelöst wird oder werden kann. Alle Angaben ohne Gewähr!
- Das Angebot ist gültig bis 31.05.2023.

Hinweis

- Informieren Sie sich vorher über das für Sie gültige Greenfee.

Teilnahmebedingungen

- Zur Gutschein-Einlösung muss eine Greenfee-Berechtigung (z.B. Mindest-HCP, Mitgliedschaft in einem Golfclub) vorliegen.
- Der Gutschein kann nur mit Vorlage des Köllen Golfführer für Deutschland oder mit beiliegender KöllenCard eingelöst werden.
- Die Einlösung kann nur nach telefonischer Anmeldung erfolgen – unter Hinweis auf die Nutzung des Angebots. Bei Sonderveranstaltungen, Turnieren etc. müssen Gutscheine nicht angenommen werden.
- Das Kombinieren mit anderen Rabatten ist nicht möglich – es gilt das zum Abschlagszeitpunkt gültige, volle Greenfee! Bei unterschiedlichen Greenfees (z.B. Studenten-Rabatt) ist der günstigere Tarif gratis!
- Alle Inserenten verpflichten sich, Gutscheine zu den angegebenen Bedingungen einzulösen. Der Verlag übernimmt keine Haftung, wenn ein Gutschein nicht eingelöst wird oder werden kann. Alle Angaben ohne Gewähr!
- Das Angebot ist gültig bis 31.05.2023.

Hinweis

- Informieren Sie sich vorher über das für Sie gültige Greenfee.

Teilnahmebedingungen

- Zur Gutschein-Einlösung muss eine Greenfee-Berechtigung (z.B. Mindest-HCP, Mitgliedschaft in einem Golfclub) vorliegen.
- Der Gutschein kann nur mit Vorlage des Köllen Golfführer für Deutschland oder mit beiliegender KöllenCard eingelöst werden.
- Die Einlösung kann nur nach telefonischer Anmeldung erfolgen – unter Hinweis auf die Nutzung des Angebots. Bei Sonderveranstaltungen, Turnieren etc. müssen Gutscheine nicht angenommen werden.
- Das Kombinieren mit anderen Rabatten ist nicht möglich – es gilt das zum Abschlagszeitpunkt gültige, volle Greenfee! Bei unterschiedlichen Greenfees (z.B. Studenten-Rabatt) ist der günstigere Tarif gratis!
- Alle Inserenten verpflichten sich, Gutscheine zu den angegebenen Bedingungen einzulösen. Der Verlag übernimmt keine Haftung, wenn ein Gutschein nicht eingelöst wird oder werden kann. Alle Angaben ohne Gewähr!
- Das Angebot ist gültig bis 31.05.2023.

Hinweis

- Informieren Sie sich vorher über das für Sie gültige Greenfee.

Teilnahmebedingungen

- Zur Gutschein-Einlösung muss eine Greenfee-Berechtigung (z.B. Mindest-HCP, Mitgliedschaft in einem Golfclub) vorliegen.
- Der Gutschein kann nur mit Vorlage des Köllen Golfführer für Deutschland oder mit beiliegender KöllenCard eingelöst werden.
- Die Einlösung kann nur nach telefonischer Anmeldung erfolgen – unter Hinweis auf die Nutzung des Angebots. Bei Sonderveranstaltungen, Turnieren etc. müssen Gutscheine nicht angenommen werden.
- Das Kombinieren mit anderen Rabatten ist nicht möglich – es gilt das zum Abschlagszeitpunkt gültige, volle Greenfee! Bei unterschiedlichen Greenfees (z.B. Studenten-Rabatt) ist der günstigere Tarif gratis!
- Alle Inserenten verpflichten sich, Gutscheine zu den angegebenen Bedingungen einzulösen. Der Verlag übernimmt keine Haftung, wenn ein Gutschein nicht eingelöst wird oder werden kann. Alle Angaben ohne Gewähr!
- Das Angebot ist gültig bis 31.05.2023.

Hinweis

- Informieren Sie sich vorher über das für Sie gültige Greenfee.

Teilnahmebedingungen

- Zur Gutschein-Einlösung muss eine Greenfee-Berechtigung (z.B. Mindest-HCP, Mitgliedschaft in einem Golfclub) vorliegen.
- Der Gutschein kann nur mit Vorlage des Köllen Golfführer für Deutschland oder mit beiliegender KöllenCard eingelöst werden.
- Die Einlösung kann nur nach telefonischer Anmeldung erfolgen – unter Hinweis auf die Nutzung des Angebots. Bei Sonderveranstaltungen, Turnieren etc. müssen Gutscheine nicht angenommen werden.
- Das Kombinieren mit anderen Rabatten ist nicht möglich – es gilt das zum Abschlagszeitpunkt gültige, volle Greenfee! Bei unterschiedlichen Greenfees (z.B. Studenten-Rabatt) ist der günstigere Tarif gratis!
- Alle Inserenten verpflichten sich, Gutscheine zu den angegebenen Bedingungen einzulösen. Der Verlag übernimmt keine Haftung, wenn ein Gutschein nicht eingelöst wird oder werden kann. Alle Angaben ohne Gewähr!
- Das Angebot ist gültig bis 31.05.2023.

Hinweis

- Informieren Sie sich vorher über das für Sie gültige Greenfee.

Teilnahmebedingungen

- Zur Gutschein-Einlösung muss eine Greenfee-Berechtigung (z.B. Mindest-HCP, Mitgliedschaft in einem Golfclub) vorliegen.
- Der Gutschein kann nur mit Vorlage des Köllen Golfführer für Deutschland oder mit beiliegender KöllenCard eingelöst werden.
- Die Einlösung kann nur nach telefonischer Anmeldung erfolgen – unter Hinweis auf die Nutzung des Angebots. Bei Sonderveranstaltungen, Turnieren etc. müssen Gutscheine nicht angenommen werden.
- Das Kombinieren mit anderen Rabatten ist nicht möglich – es gilt das zum Abschlagszeitpunkt gültige, volle Greenfee! Bei unterschiedlichen Greenfees (z.B. Studenten-Rabatt) ist der günstigere Tarif gratis!
- Alle Inserenten verpflichten sich, Gutscheine zu den angegebenen Bedingungen einzulösen. Der Verlag übernimmt keine Haftung, wenn ein Gutschein nicht eingelöst wird oder werden kann. Alle Angaben ohne Gewähr!
- Das Angebot ist gültig bis 31.05.2023.

Hinweis

- Informieren Sie sich vorher über das für Sie gültige Greenfee.

Teilnahmebedingungen

- Zur Gutschein-Einlösung muss eine Greenfee-Berechtigung (z.B. Mindest-HCP, Mitgliedschaft in einem Golfclub) vorliegen.
- Der Gutschein kann nur mit Vorlage des Köllen Golfführer für Deutschland oder mit beiliegender KöllenCard eingelöst werden.
- Die Einlösung kann nur nach telefonischer Anmeldung erfolgen – unter Hinweis auf die Nutzung des Angebots. Bei Sonderveranstaltungen, Turnieren etc. müssen Gutscheine nicht angenommen werden.
- Das Kombinieren mit anderen Rabatten ist nicht möglich – es gilt das zum Abschlagszeitpunkt gültige, volle Greenfee! Bei unterschiedlichen Greenfees (z.B. Studenten-Rabatt) ist der günstigere Tarif gratis!
- Alle Inserenten verpflichten sich, Gutscheine zu den angegebenen Bedingungen einzulösen. Der Verlag übernimmt keine Haftung, wenn ein Gutschein nicht eingelöst wird oder werden kann. Alle Angaben ohne Gewähr!
- Das Angebot ist gültig bis 31.05.2023.

Hinweis

- Informieren Sie sich vorher über das für Sie gültige Greenfee.

GUTSCHEIN

25% Greenfee-Nachlass

KÖLLEN GOLF

%

nur Mo-Fr (außer feiertags)

GLC Bad Neuenahr - Ahrweiler GmbH & Co.KG

DGV-Nr. 5503 Seite 244 Gültig bis 31.05.2023

GUTSCHEIN
25% Greenfee-Nachlass
KÖLLEN GOLF
%
nur Mo-Fr (außer feiertags)
GLC Bad Neuenahr - Ahrweiler GmbH & Co.KG
DGV-Nr. 5503 Seite 244 Gültig bis 31.05.2023

GUTSCHEIN
25% Greenfee-Nachlass
KÖLLEN GOLF
%
nur Mo-Fr (außer feiertags)
GLC Bad Neuenahr - Ahrweiler GmbH & Co.KG
DGV-Nr. 5503 Seite 244 Gültig bis 31.05.2023

GUTSCHEIN
25% Greenfee-Nachlass
KÖLLEN GOLF
%
nur Mo-Fr (außer feiertags)
GLC Bad Neuenahr - Ahrweiler GmbH & Co.KG
DGV-Nr. 5503 Seite 244 Gültig bis 31.05.2023

GUTSCHEIN

2. Greenfee ist gratis

KÖLLEN GOLF

2:1

25% GF-Nachlass (Einzelspieler)

Rolling Hills Golf Club Baumholder e.V.

DGV-Nr. 5504 Seite 252 Gültig bis 31.05.2023

GUTSCHEIN
2. Greenfee ist gratis
KÖLLEN GOLF
2:1
25% GF-Nachlass (Einzelspieler)
Rolling Hills Golf Club Baumholder e.V.
DGV-Nr. 5504 Seite 252 Gültig bis 31.05.2023

GUTSCHEIN

2. Greenfee ist gratis

KÖLLEN GOLF

2:1

20% GF-Nachlass (Einzelspieler)
nur Mo-Fr (außer feiertags)

Golf Club Eifel e.V.

DGV-Nr. 5506 Seite 245 Gültig bis 31.05.2023

GUTSCHEIN

2. Greenfee ist gratis

KÖLLEN GOLF

2:1

25% GF-Nachlass (Einzelspieler)
nur Mo-Fr (außer feiertags)

Golf Club Rhein-Wied e.V.

DGV-Nr. 5508 Seite 254 Gültig bis 31.05.2023

GUTSCHEIN
2. Greenfee ist gratis
KÖLLEN GOLF
2:1
25% GF-Nachlass (Einzelspieler)
nur Mo-Fr (außer feiertags)
Golf Club Rhein-Wied e.V.
DGV-Nr. 5508 Seite 254 Gültig bis 31.05.2023

GUTSCHEIN

2. Greenfee ist gratis

KÖLLEN GOLF

2:1

25% GF-Nachlass (Einzelspieler)

Golf Course Siebengebirge

DGV-Nr. 5511 Seite 244 Gültig bis 31.05.2023

Teilnahmebedingungen

- Zur Gutschein-Einlösung muss eine Greenfee-Berechtigung (z.B. Mindest-HCP, Mitgliedschaft in einem Golfclub) vorliegen.
- Der Gutschein kann nur mit Vorlage des Köllen Golfführer für Deutschland oder mit beiliegender KöllenCard eingelöst werden.
- Die Einlösung kann nur nach telefonischer Anmeldung erfolgen – unter Hinweis auf die Nutzung des Angebots. Bei Sonderveranstaltungen, Turnieren etc. müssen Gutscheine nicht angenommen werden.
- Das Kombinieren mit anderen Rabatten ist nicht möglich – es gilt das zum Abschlagszeitpunkt gültige, volle Greenfee! Bei unterschiedlichen Greenfees (z.B. Studenten-Rabatt) ist der günstigere Tarif gratis!
- Alle Inserenten verpflichten sich, Gutscheine zu den angegebenen Bedingungen einzulösen. Der Verlag übernimmt keine Haftung, wenn ein Gutschein nicht eingelöst wird oder werden kann. Alle Angaben ohne Gewähr!
- Das Angebot ist gültig bis 31.05.2023.

Hinweis

- Informieren Sie sich vorher über das für Sie gültige Greenfee.

Teilnahmebedingungen

- Zur Gutschein-Einlösung muss eine Greenfee-Berechtigung (z.B. Mindest-HCP, Mitgliedschaft in einem Golfclub) vorliegen.
- Der Gutschein kann nur mit Vorlage des Köllen Golfführer für Deutschland oder mit beiliegender KöllenCard eingelöst werden.
- Die Einlösung kann nur nach telefonischer Anmeldung erfolgen – unter Hinweis auf die Nutzung des Angebots. Bei Sonderveranstaltungen, Turnieren etc. müssen Gutscheine nicht angenommen werden.
- Das Kombinieren mit anderen Rabatten ist nicht möglich – es gilt das zum Abschlagszeitpunkt gültige, volle Greenfee! Bei unterschiedlichen Greenfees (z.B. Studenten-Rabatt) ist der günstigere Tarif gratis!
- Alle Inserenten verpflichten sich, Gutscheine zu den angegebenen Bedingungen einzulösen. Der Verlag übernimmt keine Haftung, wenn ein Gutschein nicht eingelöst wird oder werden kann. Alle Angaben ohne Gewähr!
- Das Angebot ist gültig bis 31.05.2023.

Hinweis

- Informieren Sie sich vorher über das für Sie gültige Greenfee.

Teilnahmebedingungen

- Zur Gutschein-Einlösung muss eine Greenfee-Berechtigung (z.B. Mindest-HCP, Mitgliedschaft in einem Golfclub) vorliegen.
- Der Gutschein kann nur mit Vorlage des Köllen Golfführer für Deutschland oder mit beiliegender KöllenCard eingelöst werden.
- Die Einlösung kann nur nach telefonischer Anmeldung erfolgen – unter Hinweis auf die Nutzung des Angebots. Bei Sonderveranstaltungen, Turnieren etc. müssen Gutscheine nicht angenommen werden.
- Das Kombinieren mit anderen Rabatten ist nicht möglich – es gilt das zum Abschlagszeitpunkt gültige, volle Greenfee! Bei unterschiedlichen Greenfees (z.B. Studenten-Rabatt) ist der günstigere Tarif gratis!
- Alle Inserenten verpflichten sich, Gutscheine zu den angegebenen Bedingungen einzulösen. Der Verlag übernimmt keine Haftung, wenn ein Gutschein nicht eingelöst wird oder werden kann. Alle Angaben ohne Gewähr!
- Das Angebot ist gültig bis 31.05.2023.

Hinweis

- Informieren Sie sich vorher über das für Sie gültige Greenfee.

Teilnahmebedingungen

- Zur Gutschein-Einlösung muss eine Greenfee-Berechtigung (z.B. Mindest-HCP, Mitgliedschaft in einem Golfclub) vorliegen.
- Der Gutschein kann nur mit Vorlage des Köllen Golfführer für Deutschland oder mit beiliegender KöllenCard eingelöst werden.
- Die Einlösung kann nur nach telefonischer Anmeldung erfolgen – unter Hinweis auf die Nutzung des Angebots. Bei Sonderveranstaltungen, Turnieren etc. müssen Gutscheine nicht angenommen werden.
- Das Kombinieren mit anderen Rabatten ist nicht möglich – es gilt das zum Abschlagszeitpunkt gültige, volle Greenfee! Bei unterschiedlichen Greenfees (z.B. Studenten-Rabatt) ist der günstigere Tarif gratis!
- Alle Inserenten verpflichten sich, Gutscheine zu den angegebenen Bedingungen einzulösen. Der Verlag übernimmt keine Haftung, wenn ein Gutschein nicht eingelöst wird oder werden kann. Alle Angaben ohne Gewähr!
- Das Angebot ist gültig bis 31.05.2023.

Hinweis

- Informieren Sie sich vorher über das für Sie gültige Greenfee.

Teilnahmebedingungen

- Zur Gutschein-Einlösung muss eine Greenfee-Berechtigung (z.B. Mindest-HCP, Mitgliedschaft in einem Golfclub) vorliegen.
- Der Gutschein kann nur mit Vorlage des Köllen Golfführer für Deutschland oder mit beiliegender KöllenCard eingelöst werden.
- Die Einlösung kann nur nach telefonischer Anmeldung erfolgen – unter Hinweis auf die Nutzung des Angebots. Bei Sonderveranstaltungen, Turnieren etc. müssen Gutscheine nicht angenommen werden.
- Das Kombinieren mit anderen Rabatten ist nicht möglich – es gilt das zum Abschlagszeitpunkt gültige, volle Greenfee! Bei unterschiedlichen Greenfees (z.B. Studenten-Rabatt) ist der günstigere Tarif gratis!
- Alle Inserenten verpflichten sich, Gutscheine zu den angegebenen Bedingungen einzulösen. Der Verlag übernimmt keine Haftung, wenn ein Gutschein nicht eingelöst wird oder werden kann. Alle Angaben ohne Gewähr!
- Das Angebot ist gültig bis 31.05.2023.

Hinweis

- Informieren Sie sich vorher über das für Sie gültige Greenfee.

Teilnahmebedingungen

- Zur Gutschein-Einlösung muss eine Greenfee-Berechtigung (z.B. Mindest-HCP, Mitgliedschaft in einem Golfclub) vorliegen.
- Der Gutschein kann nur mit Vorlage des Köllen Golfführer für Deutschland oder mit beiliegender KöllenCard eingelöst werden.
- Die Einlösung kann nur nach telefonischer Anmeldung erfolgen – unter Hinweis auf die Nutzung des Angebots. Bei Sonderveranstaltungen, Turnieren etc. müssen Gutscheine nicht angenommen werden.
- Das Kombinieren mit anderen Rabatten ist nicht möglich – es gilt das zum Abschlagszeitpunkt gültige, volle Greenfee! Bei unterschiedlichen Greenfees (z.B. Studenten-Rabatt) ist der günstigere Tarif gratis!
- Alle Inserenten verpflichten sich, Gutscheine zu den angegebenen Bedingungen einzulösen. Der Verlag übernimmt keine Haftung, wenn ein Gutschein nicht eingelöst wird oder werden kann. Alle Angaben ohne Gewähr!
- Das Angebot ist gültig bis 31.05.2023.

Hinweis

- Informieren Sie sich vorher über das für Sie gültige Greenfee.

Teilnahmebedingungen

- Zur Gutschein-Einlösung muss eine Greenfee-Berechtigung (z.B. Mindest-HCP, Mitgliedschaft in einem Golfclub) vorliegen.
- Der Gutschein kann nur mit Vorlage des Köllen Golfführer für Deutschland oder mit beiliegender KöllenCard eingelöst werden.
- Die Einlösung kann nur nach telefonischer Anmeldung erfolgen – unter Hinweis auf die Nutzung des Angebots. Bei Sonderveranstaltungen, Turnieren etc. müssen Gutscheine nicht angenommen werden.
- Das Kombinieren mit anderen Rabatten ist nicht möglich – es gilt das zum Abschlagszeitpunkt gültige, volle Greenfee! Bei unterschiedlichen Greenfees (z.B. Studenten-Rabatt) ist der günstigere Tarif gratis!
- Alle Inserenten verpflichten sich, Gutscheine zu den angegebenen Bedingungen einzulösen. Der Verlag übernimmt keine Haftung, wenn ein Gutschein nicht eingelöst wird oder werden kann. Alle Angaben ohne Gewähr!
- Das Angebot ist gültig bis 31.05.2023.

Hinweis

- Informieren Sie sich vorher über das für Sie gültige Greenfee.

Teilnahmebedingungen

- Zur Gutschein-Einlösung muss eine Greenfee-Berechtigung (z.B. Mindest-HCP, Mitgliedschaft in einem Golfclub) vorliegen.
- Der Gutschein kann nur mit Vorlage des Köllen Golfführer für Deutschland oder mit beiliegender KöllenCard eingelöst werden.
- Die Einlösung kann nur nach telefonischer Anmeldung erfolgen – unter Hinweis auf die Nutzung des Angebots. Bei Sonderveranstaltungen, Turnieren etc. müssen Gutscheine nicht angenommen werden.
- Das Kombinieren mit anderen Rabatten ist nicht möglich – es gilt das zum Abschlagszeitpunkt gültige, volle Greenfee! Bei unterschiedlichen Greenfees (z.B. Studenten-Rabatt) ist der günstigere Tarif gratis!
- Alle Inserenten verpflichten sich, Gutscheine zu den angegebenen Bedingungen einzulösen. Der Verlag übernimmt keine Haftung, wenn ein Gutschein nicht eingelöst wird oder werden kann. Alle Angaben ohne Gewähr!
- Das Angebot ist gültig bis 31.05.2023.

Hinweis

- Informieren Sie sich vorher über das für Sie gültige Greenfee.

Teilnahmebedingungen

- Zur Gutschein-Einlösung muss eine Greenfee-Berechtigung (z.B. Mindest-HCP, Mitgliedschaft in einem Golfclub) vorliegen.
- Der Gutschein kann nur mit Vorlage des Köllen Golfführer für Deutschland oder mit beiliegender KöllenCard eingelöst werden.
- Die Einlösung kann nur nach telefonischer Anmeldung erfolgen – unter Hinweis auf die Nutzung des Angebots. Bei Sonderveranstaltungen, Turnieren etc. müssen Gutscheine nicht angenommen werden.
- Das Kombinieren mit anderen Rabatten ist nicht möglich – es gilt das zum Abschlagszeitpunkt gültige, volle Greenfee! Bei unterschiedlichen Greenfees (z.B. Studenten-Rabatt) ist der günstigere Tarif gratis!
- Alle Inserenten verpflichten sich, Gutscheine zu den angegebenen Bedingungen einzulösen. Der Verlag übernimmt keine Haftung, wenn ein Gutschein nicht eingelöst wird oder werden kann. Alle Angaben ohne Gewähr!
- Das Angebot ist gültig bis 31.05.2023.

Hinweis

- Informieren Sie sich vorher über das für Sie gültige Greenfee.

Teilnahmebedingungen

- Zur Gutschein-Einlösung muss eine Greenfee-Berechtigung (z.B. Mindest-HCP, Mitgliedschaft in einem Golfclub) vorliegen.
- Der Gutschein kann nur mit Vorlage des Köllen Golfführer für Deutschland oder mit beiliegender KöllenCard eingelöst werden.
- Die Einlösung kann nur nach telefonischer Anmeldung erfolgen – unter Hinweis auf die Nutzung des Angebots. Bei Sonderveranstaltungen, Turnieren etc. müssen Gutscheine nicht angenommen werden.
- Das Kombinieren mit anderen Rabatten ist nicht möglich – es gilt das zum Abschlagszeitpunkt gültige, volle Greenfee! Bei unterschiedlichen Greenfees (z.B. Studenten-Rabatt) ist der günstigere Tarif gratis!
- Alle Inserenten verpflichten sich, Gutscheine zu den angegebenen Bedingungen einzulösen. Der Verlag übernimmt keine Haftung, wenn ein Gutschein nicht eingelöst wird oder werden kann. Alle Angaben ohne Gewähr!
- Das Angebot ist gültig bis 31.05.2023.

Hinweis

- Informieren Sie sich vorher über das für Sie gültige Greenfee.

GUTSCHEIN
2. Greenfee ist gratis

KÖLLEN GOLF

2:1

25% GF-Nachlass (Einzelspieler)

Golf Course Siebengebirge

DGV-Nr. 5511 Seite 244 Gültig bis 31.05.2023

GUTSCHEIN
2. Greenfee ist gratis

KÖLLEN GOLF

2:1

25% GF-Nachlass (Einzelspieler)

Golf Course Siebengebirge

DGV-Nr. 5511 Seite 244 Gültig bis 31.05.2023

GUTSCHEIN
2. Greenfee ist gratis

KÖLLEN GOLF

2:1

25% GF-Nachlass (Einzelspieler)

Golf Course Siebengebirge

DGV-Nr. 5511 Seite 244 Gültig bis 31.05.2023

GUTSCHEIN
2. Greenfee ist gratis

KÖLLEN GOLF

2:1

25% GF-Nachlass (Einzelspieler)
gilt Sa, So und feiertags erst ab 13 Uhr

Erster Golfclub Westpfalz Schwarzbachtal e.V.

DGV-Nr. 5512 Seite 257 Gültig bis 31.05.2023

GUTSCHEIN
2. Greenfee ist gratis

KÖLLEN GOLF

2:1

25% GF-Nachlass (Einzelspieler)
gilt Sa, So und feiertags erst ab 13 Uhr

Erster Golfclub Westpfalz Schwarzbachtal e.V.

DGV-Nr. 5512 Seite 257 Gültig bis 31.05.2023

GUTSCHEIN
30% Greenfee-Nachlass

KÖLLEN GOLF

%

gilt Sa, So und feiertags erst ab 13 Uhr

Erster Golfclub Westpfalz Schwarzbachtal e.V.

DGV-Nr. 5512 Seite 257 Gültig bis 31.05.2023

GUTSCHEIN
30% Greenfee-Nachlass

KÖLLEN GOLF

%

gilt Sa, So und feiertags erst ab 13 Uhr

Erster Golfclub Westpfalz Schwarzbachtal e.V.

DGV-Nr. 5512 Seite 257 Gültig bis 31.05.2023

GUTSCHEIN
2. Greenfee ist gratis

KÖLLEN GOLF

2:1

25% GF-Nachlass (Einzelspieler)
nur Mo-Fr (außer feiertags)

GC Rheinhessen Hofgut Wißberg St. Johann e.V.

DGV-Nr. 5513 Seite 250 Gültig bis 31.05.2023

GUTSCHEIN
2. Greenfee ist gratis

KÖLLEN GOLF

2:1

25% GF-Nachlass (Einzelspieler)
nur Mo-Fr (außer feiertags)

GC Rheinhessen Hofgut Wißberg St. Johann e.V.

DGV-Nr. 5513 Seite 250 Gültig bis 31.05.2023

GUTSCHEIN
2. Greenfee ist gratis

KÖLLEN GOLF

2:1

25% GF-Nachlass (Einzelspieler)

Golfclub Edelstein-Hunsrück e.V.

DGV-Nr. 5514 Seite 251 Gültig bis 31.05.2023

Teilnahmebedingungen

- Zur Gutschein-Einlösung muss eine Greenfee-Berechtigung (z.B. Mindest-HCP, Mitgliedschaft in einem Golfclub) vorliegen.
- Der Gutschein kann nur mit Vorlage des Köllen Golfführer für Deutschland oder mit beiliegender KöllenCard eingelöst werden.
- Die Einlösung kann nur nach telefonischer Anmeldung erfolgen – unter Hinweis auf die Nutzung des Angebots. Bei Sonderveranstaltungen, Turnieren etc. müssen Gutscheine nicht angenommen werden.
- Das Kombinieren mit anderen Rabatten ist nicht möglich – es gilt das zum Abschlagszeitpunkt gültige, volle Greenfee! Bei unterschiedlichen Greenfees (z.B. Studenten-Rabatt) ist der günstigere Tarif gratis!
- Alle Inserenten verpflichten sich, Gutscheine zu den angegebenen Bedingungen einzulösen. Der Verlag übernimmt keine Haftung, wenn ein Gutschein nicht eingelöst wird oder werden kann. Alle Angaben ohne Gewähr!
- Das Angebot ist gültig bis 31.05.2023.

Hinweis

- Informieren Sie sich vorher über das für Sie gültige Greenfee.

Teilnahmebedingungen

- Zur Gutschein-Einlösung muss eine Greenfee-Berechtigung (z.B. Mindest-HCP, Mitgliedschaft in einem Golfclub) vorliegen.
- Der Gutschein kann nur mit Vorlage des Köllen Golfführer für Deutschland oder mit beiliegender KöllenCard eingelöst werden.
- Die Einlösung kann nur nach telefonischer Anmeldung erfolgen – unter Hinweis auf die Nutzung des Angebots. Bei Sonderveranstaltungen, Turnieren etc. müssen Gutscheine nicht angenommen werden.
- Das Kombinieren mit anderen Rabatten ist nicht möglich – es gilt das zum Abschlagszeitpunkt gültige, volle Greenfee! Bei unterschiedlichen Greenfees (z.B. Studenten-Rabatt) ist der günstigere Tarif gratis!
- Alle Inserenten verpflichten sich, Gutscheine zu den angegebenen Bedingungen einzulösen. Der Verlag übernimmt keine Haftung, wenn ein Gutschein nicht eingelöst wird oder werden kann. Alle Angaben ohne Gewähr!
- Das Angebot ist gültig bis 31.05.2023.

Hinweis

- Informieren Sie sich vorher über das für Sie gültige Greenfee.

Teilnahmebedingungen

- Zur Gutschein-Einlösung muss eine Greenfee-Berechtigung (z.B. Mindest-HCP, Mitgliedschaft in einem Golfclub) vorliegen.
- Der Gutschein kann nur mit Vorlage des Köllen Golfführer für Deutschland oder mit beiliegender KöllenCard eingelöst werden.
- Die Einlösung kann nur nach telefonischer Anmeldung erfolgen – unter Hinweis auf die Nutzung des Angebots. Bei Sonderveranstaltungen, Turnieren etc. müssen Gutscheine nicht angenommen werden.
- Das Kombinieren mit anderen Rabatten ist nicht möglich – es gilt das zum Abschlagszeitpunkt gültige, volle Greenfee! Bei unterschiedlichen Greenfees (z.B. Studenten-Rabatt) ist der günstigere Tarif gratis!
- Alle Inserenten verpflichten sich, Gutscheine zu den angegebenen Bedingungen einzulösen. Der Verlag übernimmt keine Haftung, wenn ein Gutschein nicht eingelöst wird oder werden kann. Alle Angaben ohne Gewähr!
- Das Angebot ist gültig bis 31.05.2023.

Hinweis

- Informieren Sie sich vorher über das für Sie gültige Greenfee.

Teilnahmebedingungen

- Zur Gutschein-Einlösung muss eine Greenfee-Berechtigung (z.B. Mindest-HCP, Mitgliedschaft in einem Golfclub) vorliegen.
- Der Gutschein kann nur mit Vorlage des Köllen Golfführer für Deutschland oder mit beiliegender KöllenCard eingelöst werden.
- Die Einlösung kann nur nach telefonischer Anmeldung erfolgen – unter Hinweis auf die Nutzung des Angebots. Bei Sonderveranstaltungen, Turnieren etc. müssen Gutscheine nicht angenommen werden.
- Das Kombinieren mit anderen Rabatten ist nicht möglich – es gilt das zum Abschlagszeitpunkt gültige, volle Greenfee! Bei unterschiedlichen Greenfees (z.B. Studenten-Rabatt) ist der günstigere Tarif gratis!
- Alle Inserenten verpflichten sich, Gutscheine zu den angegebenen Bedingungen einzulösen. Der Verlag übernimmt keine Haftung, wenn ein Gutschein nicht eingelöst wird oder werden kann. Alle Angaben ohne Gewähr!
- Das Angebot ist gültig bis 31.05.2023.

Hinweis

- Informieren Sie sich vorher über das für Sie gültige Greenfee.

Teilnahmebedingungen

- Zur Gutschein-Einlösung muss eine Greenfee-Berechtigung (z.B. Mindest-HCP, Mitgliedschaft in einem Golfclub) vorliegen.
- Der Gutschein kann nur mit Vorlage des Köllen Golfführer für Deutschland oder mit beiliegender KöllenCard eingelöst werden.
- Die Einlösung kann nur nach telefonischer Anmeldung erfolgen – unter Hinweis auf die Nutzung des Angebots. Bei Sonderveranstaltungen, Turnieren etc. müssen Gutscheine nicht angenommen werden.
- Das Kombinieren mit anderen Rabatten ist nicht möglich – es gilt das zum Abschlagszeitpunkt gültige, volle Greenfee! Bei unterschiedlichen Greenfees (z.B. Studenten-Rabatt) ist der günstigere Tarif gratis!
- Alle Inserenten verpflichten sich, Gutscheine zu den angegebenen Bedingungen einzulösen. Der Verlag übernimmt keine Haftung, wenn ein Gutschein nicht eingelöst wird oder werden kann. Alle Angaben ohne Gewähr!
- Das Angebot ist gültig bis 31.05.2023.

Hinweis

- Informieren Sie sich vorher über das für Sie gültige Greenfee.

Teilnahmebedingungen

- Zur Gutschein-Einlösung muss eine Greenfee-Berechtigung (z.B. Mindest-HCP, Mitgliedschaft in einem Golfclub) vorliegen.
- Der Gutschein kann nur mit Vorlage des Köllen Golfführer für Deutschland oder mit beiliegender KöllenCard eingelöst werden.
- Die Einlösung kann nur nach telefonischer Anmeldung erfolgen – unter Hinweis auf die Nutzung des Angebots. Bei Sonderveranstaltungen, Turnieren etc. müssen Gutscheine nicht angenommen werden.
- Das Kombinieren mit anderen Rabatten ist nicht möglich – es gilt das zum Abschlagszeitpunkt gültige, volle Greenfee! Bei unterschiedlichen Greenfees (z.B. Studenten-Rabatt) ist der günstigere Tarif gratis!
- Alle Inserenten verpflichten sich, Gutscheine zu den angegebenen Bedingungen einzulösen. Der Verlag übernimmt keine Haftung, wenn ein Gutschein nicht eingelöst wird oder werden kann. Alle Angaben ohne Gewähr!
- Das Angebot ist gültig bis 31.05.2023.

Hinweis

- Informieren Sie sich vorher über das für Sie gültige Greenfee.

Teilnahmebedingungen

- Zur Gutschein-Einlösung muss eine Greenfee-Berechtigung (z.B. Mindest-HCP, Mitgliedschaft in einem Golfclub) vorliegen.
- Der Gutschein kann nur mit Vorlage des Köllen Golfführer für Deutschland oder mit beiliegender KöllenCard eingelöst werden.
- Die Einlösung kann nur nach telefonischer Anmeldung erfolgen – unter Hinweis auf die Nutzung des Angebots. Bei Sonderveranstaltungen, Turnieren etc. müssen Gutscheine nicht angenommen werden.
- Das Kombinieren mit anderen Rabatten ist nicht möglich – es gilt das zum Abschlagszeitpunkt gültige, volle Greenfee! Bei unterschiedlichen Greenfees (z.B. Studenten-Rabatt) ist der günstigere Tarif gratis!
- Alle Inserenten verpflichten sich, Gutscheine zu den angegebenen Bedingungen einzulösen. Der Verlag übernimmt keine Haftung, wenn ein Gutschein nicht eingelöst wird oder werden kann. Alle Angaben ohne Gewähr!
- Das Angebot ist gültig bis 31.05.2023.

Hinweis

- Informieren Sie sich vorher über das für Sie gültige Greenfee.

Teilnahmebedingungen

- Zur Gutschein-Einlösung muss eine Greenfee-Berechtigung (z.B. Mindest-HCP, Mitgliedschaft in einem Golfclub) vorliegen.
- Der Gutschein kann nur mit Vorlage des Köllen Golfführer für Deutschland oder mit beiliegender KöllenCard eingelöst werden.
- Die Einlösung kann nur nach telefonischer Anmeldung erfolgen – unter Hinweis auf die Nutzung des Angebots. Bei Sonderveranstaltungen, Turnieren etc. müssen Gutscheine nicht angenommen werden.
- Das Kombinieren mit anderen Rabatten ist nicht möglich – es gilt das zum Abschlagszeitpunkt gültige, volle Greenfee! Bei unterschiedlichen Greenfees (z.B. Studenten-Rabatt) ist der günstigere Tarif gratis!
- Alle Inserenten verpflichten sich, Gutscheine zu den angegebenen Bedingungen einzulösen. Der Verlag übernimmt keine Haftung, wenn ein Gutschein nicht eingelöst wird oder werden kann. Alle Angaben ohne Gewähr!
- Das Angebot ist gültig bis 31.05.2023.

Hinweis

- Informieren Sie sich vorher über das für Sie gültige Greenfee.

Teilnahmebedingungen

- Zur Gutschein-Einlösung muss eine Greenfee-Berechtigung (z.B. Mindest-HCP, Mitgliedschaft in einem Golfclub) vorliegen.
- Der Gutschein kann nur mit Vorlage des Köllen Golfführer für Deutschland oder mit beiliegender KöllenCard eingelöst werden.
- Die Einlösung kann nur nach telefonischer Anmeldung erfolgen – unter Hinweis auf die Nutzung des Angebots. Bei Sonderveranstaltungen, Turnieren etc. müssen Gutscheine nicht angenommen werden.
- Das Kombinieren mit anderen Rabatten ist nicht möglich – es gilt das zum Abschlagszeitpunkt gültige, volle Greenfee! Bei unterschiedlichen Greenfees (z.B. Studenten-Rabatt) ist der günstigere Tarif gratis!
- Alle Inserenten verpflichten sich, Gutscheine zu den angegebenen Bedingungen einzulösen. Der Verlag übernimmt keine Haftung, wenn ein Gutschein nicht eingelöst wird oder werden kann. Alle Angaben ohne Gewähr!
- Das Angebot ist gültig bis 31.05.2023.

Hinweis

- Informieren Sie sich vorher über das für Sie gültige Greenfee.

Teilnahmebedingungen

- Zur Gutschein-Einlösung muss eine Greenfee-Berechtigung (z.B. Mindest-HCP, Mitgliedschaft in einem Golfclub) vorliegen.
- Der Gutschein kann nur mit Vorlage des Köllen Golfführer für Deutschland oder mit beiliegender KöllenCard eingelöst werden.
- Die Einlösung kann nur nach telefonischer Anmeldung erfolgen – unter Hinweis auf die Nutzung des Angebots. Bei Sonderveranstaltungen, Turnieren etc. müssen Gutscheine nicht angenommen werden.
- Das Kombinieren mit anderen Rabatten ist nicht möglich – es gilt das zum Abschlagszeitpunkt gültige, volle Greenfee! Bei unterschiedlichen Greenfees (z.B. Studenten-Rabatt) ist der günstigere Tarif gratis!
- Alle Inserenten verpflichten sich, Gutscheine zu den angegebenen Bedingungen einzulösen. Der Verlag übernimmt keine Haftung, wenn ein Gutschein nicht eingelöst wird oder werden kann. Alle Angaben ohne Gewähr!
- Das Angebot ist gültig bis 31.05.2023.

Hinweis

- Informieren Sie sich vorher über das für Sie gültige Greenfee.

GUTSCHEIN
2. Greenfee ist gratis

KÖLLEN GOLF

2:1

25% GF-Nachlass (Einzelspieler)

Golfclub Edelstein-Hunsrück e.V.

DGV-Nr. 5514 Seite 251 Gültig bis 31.05.2023

GUTSCHEIN
25% Greenfee-Nachlass

KÖLLEN GOLF

%

Golfclub Edelstein-Hunsrück e.V.

DGV-Nr. 5514 Seite 251 Gültig bis 31.05.2023

GUTSCHEIN
25% Greenfee-Nachlass

KÖLLEN GOLF

%

Golfclub Edelstein-Hunsrück e.V.

DGV-Nr. 5514 Seite 251 Gültig bis 31.05.2023

GUTSCHEIN
20% Greenfee-Nachlass

KÖLLEN GOLF

%

Golfclub Jakobsberg e.V.

DGV-Nr. 5518 Seite 253 Gültig bis 31.05.2023

GUTSCHEIN
2. Greenfee ist gratis

KÖLLEN GOLF

2:1

25% GF-Nachlass (Einzelspieler)

Golf-Club Hahn e.V.

DGV-Nr. 5524 Seite 250 Gültig bis 31.05.2023

GUTSCHEIN
2. Greenfee ist gratis

KÖLLEN GOLF

2:1

25% GF-Nachlass (Einzelspieler)

Golf-Club Hahn e.V.

DGV-Nr. 5524 Seite 250 Gültig bis 31.05.2023

GUTSCHEIN
25% Greenfee-Nachlass

KÖLLEN GOLF

%

Golf-Club Hahn e.V.

DGV-Nr. 5524 Seite 250 Gültig bis 31.05.2023

GUTSCHEIN
25% Greenfee-Nachlass

KÖLLEN GOLF

%

Golf-Club Hahn e.V.

DGV-Nr. 5524 Seite 250 Gültig bis 31.05.2023

GUTSCHEIN
2. Greenfee ist gratis

KÖLLEN GOLF

2:1

25% GF-Nachlass (Einzelspieler)

Golfclub Barbarossa e.V. Kaiserslautern

DGV-Nr. 5526 Seite 261 Gültig bis 31.05.2023

GUTSCHEIN
25% Greenfee-Nachlass

KÖLLEN GOLF

%

Euro Golfclub 2000 e.V.

DGV-Nr. 5528 Seite 246 Gültig bis 31.05.2023

Teilnahmebedingungen

- Zur Gutschein-Einlösung muss eine Greenfee-Berechtigung (z.B. Mindest-HCP, Mitgliedschaft in einem Golfclub) vorliegen.
- Der Gutschein kann nur mit Vorlage des Köllen Golfführer für Deutschland oder mit beiliegender KöllenCard eingelöst werden.
- Die Einlösung kann nur nach telefonischer Anmeldung erfolgen – unter Hinweis auf die Nutzung des Angebots. Bei Sonderveranstaltungen, Turnieren etc. müssen Gutscheine nicht angenommen werden.
- Das Kombinieren mit anderen Rabatten ist nicht möglich – es gilt das zum Abschlagszeitpunkt gültige, volle Greenfee! Bei unterschiedlichen Greenfees (z.B. Studenten-Rabatt) ist der günstigere Tarif gratis!
- Alle Inserenten verpflichten sich, Gutscheine zu den angegebenen Bedingungen einzulösen. Der Verlag übernimmt keine Haftung, wenn ein Gutschein nicht eingelöst wird oder werden kann. Alle Angaben ohne Gewähr!
- Das Angebot ist gültig bis 31.05.2023.

Hinweis

- Informieren Sie sich vorher über das für Sie gültige Greenfee.

Teilnahmebedingungen

- Zur Gutschein-Einlösung muss eine Greenfee-Berechtigung (z.B. Mindest-HCP, Mitgliedschaft in einem Golfclub) vorliegen.
- Der Gutschein kann nur mit Vorlage des Köllen Golfführer für Deutschland oder mit beiliegender KöllenCard eingelöst werden.
- Die Einlösung kann nur nach telefonischer Anmeldung erfolgen – unter Hinweis auf die Nutzung des Angebots. Bei Sonderveranstaltungen, Turnieren etc. müssen Gutscheine nicht angenommen werden.
- Das Kombinieren mit anderen Rabatten ist nicht möglich – es gilt das zum Abschlagszeitpunkt gültige, volle Greenfee! Bei unterschiedlichen Greenfees (z.B. Studenten-Rabatt) ist der günstigere Tarif gratis!
- Alle Inserenten verpflichten sich, Gutscheine zu den angegebenen Bedingungen einzulösen. Der Verlag übernimmt keine Haftung, wenn ein Gutschein nicht eingelöst wird oder werden kann. Alle Angaben ohne Gewähr!
- Das Angebot ist gültig bis 31.05.2023.

Hinweis

- Informieren Sie sich vorher über das für Sie gültige Greenfee.

Teilnahmebedingungen

- Zur Gutschein-Einlösung muss eine Greenfee-Berechtigung (z.B. Mindest-HCP, Mitgliedschaft in einem Golfclub) vorliegen.
- Der Gutschein kann nur mit Vorlage des Köllen Golfführer für Deutschland oder mit beiliegender KöllenCard eingelöst werden.
- Die Einlösung kann nur nach telefonischer Anmeldung erfolgen – unter Hinweis auf die Nutzung des Angebots. Bei Sonderveranstaltungen, Turnieren etc. müssen Gutscheine nicht angenommen werden.
- Das Kombinieren mit anderen Rabatten ist nicht möglich – es gilt das zum Abschlagszeitpunkt gültige, volle Greenfee! Bei unterschiedlichen Greenfees (z.B. Studenten-Rabatt) ist der günstigere Tarif gratis!
- Alle Inserenten verpflichten sich, Gutscheine zu den angegebenen Bedingungen einzulösen. Der Verlag übernimmt keine Haftung, wenn ein Gutschein nicht eingelöst wird oder werden kann. Alle Angaben ohne Gewähr!
- Das Angebot ist gültig bis 31.05.2023.

Hinweis

- Informieren Sie sich vorher über das für Sie gültige Greenfee.

Teilnahmebedingungen

- Zur Gutschein-Einlösung muss eine Greenfee-Berechtigung (z.B. Mindest-HCP, Mitgliedschaft in einem Golfclub) vorliegen.
- Der Gutschein kann nur mit Vorlage des Köllen Golfführer für Deutschland oder mit beiliegender KöllenCard eingelöst werden.
- Die Einlösung kann nur nach telefonischer Anmeldung erfolgen – unter Hinweis auf die Nutzung des Angebots. Bei Sonderveranstaltungen, Turnieren etc. müssen Gutscheine nicht angenommen werden.
- Das Kombinieren mit anderen Rabatten ist nicht möglich – es gilt das zum Abschlagszeitpunkt gültige, volle Greenfee! Bei unterschiedlichen Greenfees (z.B. Studenten-Rabatt) ist der günstigere Tarif gratis!
- Alle Inserenten verpflichten sich, Gutscheine zu den angegebenen Bedingungen einzulösen. Der Verlag übernimmt keine Haftung, wenn ein Gutschein nicht eingelöst wird oder werden kann. Alle Angaben ohne Gewähr!
- Das Angebot ist gültig bis 31.05.2023.

Hinweis

- Informieren Sie sich vorher über das für Sie gültige Greenfee.

Teilnahmebedingungen

- Zur Gutschein-Einlösung muss eine Greenfee-Berechtigung (z.B. Mindest-HCP, Mitgliedschaft in einem Golfclub) vorliegen.
- Der Gutschein kann nur mit Vorlage des Köllen Golfführer für Deutschland oder mit beiliegender KöllenCard eingelöst werden.
- Die Einlösung kann nur nach telefonischer Anmeldung erfolgen – unter Hinweis auf die Nutzung des Angebots. Bei Sonderveranstaltungen, Turnieren etc. müssen Gutscheine nicht angenommen werden.
- Das Kombinieren mit anderen Rabatten ist nicht möglich – es gilt das zum Abschlagszeitpunkt gültige, volle Greenfee! Bei unterschiedlichen Greenfees (z.B. Studenten-Rabatt) ist der günstigere Tarif gratis!
- Alle Inserenten verpflichten sich, Gutscheine zu den angegebenen Bedingungen einzulösen. Der Verlag übernimmt keine Haftung, wenn ein Gutschein nicht eingelöst wird oder werden kann. Alle Angaben ohne Gewähr!
- Das Angebot ist gültig bis 31.05.2023.

Hinweis

- Informieren Sie sich vorher über das für Sie gültige Greenfee.

Teilnahmebedingungen

- Zur Gutschein-Einlösung muss eine Greenfee-Berechtigung (z.B. Mindest-HCP, Mitgliedschaft in einem Golfclub) vorliegen.
- Der Gutschein kann nur mit Vorlage des Köllen Golfführer für Deutschland oder mit beiliegender KöllenCard eingelöst werden.
- Die Einlösung kann nur nach telefonischer Anmeldung erfolgen – unter Hinweis auf die Nutzung des Angebots. Bei Sonderveranstaltungen, Turnieren etc. müssen Gutscheine nicht angenommen werden.
- Das Kombinieren mit anderen Rabatten ist nicht möglich – es gilt das zum Abschlagszeitpunkt gültige, volle Greenfee! Bei unterschiedlichen Greenfees (z.B. Studenten-Rabatt) ist der günstigere Tarif gratis!
- Alle Inserenten verpflichten sich, Gutscheine zu den angegebenen Bedingungen einzulösen. Der Verlag übernimmt keine Haftung, wenn ein Gutschein nicht eingelöst wird oder werden kann. Alle Angaben ohne Gewähr!
- Das Angebot ist gültig bis 31.05.2023.

Hinweis

- Informieren Sie sich vorher über das für Sie gültige Greenfee.

Teilnahmebedingungen

- Zur Gutschein-Einlösung muss eine Greenfee-Berechtigung (z.B. Mindest-HCP, Mitgliedschaft in einem Golfclub) vorliegen.
- Der Gutschein kann nur mit Vorlage des Köllen Golfführer für Deutschland oder mit beiliegender KöllenCard eingelöst werden.
- Die Einlösung kann nur nach telefonischer Anmeldung erfolgen – unter Hinweis auf die Nutzung des Angebots. Bei Sonderveranstaltungen, Turnieren etc. müssen Gutscheine nicht angenommen werden.
- Das Kombinieren mit anderen Rabatten ist nicht möglich – es gilt das zum Abschlagszeitpunkt gültige, volle Greenfee! Bei unterschiedlichen Greenfees (z.B. Studenten-Rabatt) ist der günstigere Tarif gratis!
- Alle Inserenten verpflichten sich, Gutscheine zu den angegebenen Bedingungen einzulösen. Der Verlag übernimmt keine Haftung, wenn ein Gutschein nicht eingelöst wird oder werden kann. Alle Angaben ohne Gewähr!
- Das Angebot ist gültig bis 31.05.2023.

Hinweis

- Informieren Sie sich vorher über das für Sie gültige Greenfee.

Teilnahmebedingungen

- Zur Gutschein-Einlösung muss eine Greenfee-Berechtigung (z.B. Mindest-HCP, Mitgliedschaft in einem Golfclub) vorliegen.
- Der Gutschein kann nur mit Vorlage des Köllen Golfführer für Deutschland oder mit beiliegender KöllenCard eingelöst werden.
- Die Einlösung kann nur nach telefonischer Anmeldung erfolgen – unter Hinweis auf die Nutzung des Angebots. Bei Sonderveranstaltungen, Turnieren etc. müssen Gutscheine nicht angenommen werden.
- Das Kombinieren mit anderen Rabatten ist nicht möglich – es gilt das zum Abschlagszeitpunkt gültige, volle Greenfee! Bei unterschiedlichen Greenfees (z.B. Studenten-Rabatt) ist der günstigere Tarif gratis!
- Alle Inserenten verpflichten sich, Gutscheine zu den angegebenen Bedingungen einzulösen. Der Verlag übernimmt keine Haftung, wenn ein Gutschein nicht eingelöst wird oder werden kann. Alle Angaben ohne Gewähr!
- Das Angebot ist gültig bis 31.05.2023.

Hinweis

- Informieren Sie sich vorher über das für Sie gültige Greenfee.

Teilnahmebedingungen

- Zur Gutschein-Einlösung muss eine Greenfee-Berechtigung (z.B. Mindest-HCP, Mitgliedschaft in einem Golfclub) vorliegen.
- Der Gutschein kann nur mit Vorlage des Köllen Golfführer für Deutschland oder mit beiliegender KöllenCard eingelöst werden.
- Die Einlösung kann nur nach telefonischer Anmeldung erfolgen – unter Hinweis auf die Nutzung des Angebots. Bei Sonderveranstaltungen, Turnieren etc. müssen Gutscheine nicht angenommen werden.
- Das Kombinieren mit anderen Rabatten ist nicht möglich – es gilt das zum Abschlagszeitpunkt gültige, volle Greenfee! Bei unterschiedlichen Greenfees (z.B. Studenten-Rabatt) ist der günstigere Tarif gratis!
- Alle Inserenten verpflichten sich, Gutscheine zu den angegebenen Bedingungen einzulösen. Der Verlag übernimmt keine Haftung, wenn ein Gutschein nicht eingelöst wird oder werden kann. Alle Angaben ohne Gewähr!
- Das Angebot ist gültig bis 31.05.2023.

Hinweis

- Informieren Sie sich vorher über das für Sie gültige Greenfee.

Teilnahmebedingungen

- Zur Gutschein-Einlösung muss eine Greenfee-Berechtigung (z.B. Mindest-HCP, Mitgliedschaft in einem Golfclub) vorliegen.
- Der Gutschein kann nur mit Vorlage des Köllen Golfführer für Deutschland oder mit beiliegender KöllenCard eingelöst werden.
- Die Einlösung kann nur nach telefonischer Anmeldung erfolgen – unter Hinweis auf die Nutzung des Angebots. Bei Sonderveranstaltungen, Turnieren etc. müssen Gutscheine nicht angenommen werden.
- Das Kombinieren mit anderen Rabatten ist nicht möglich – es gilt das zum Abschlagszeitpunkt gültige, volle Greenfee! Bei unterschiedlichen Greenfees (z.B. Studenten-Rabatt) ist der günstigere Tarif gratis!
- Alle Inserenten verpflichten sich, Gutscheine zu den angegebenen Bedingungen einzulösen. Der Verlag übernimmt keine Haftung, wenn ein Gutschein nicht eingelöst wird oder werden kann. Alle Angaben ohne Gewähr!
- Das Angebot ist gültig bis 31.05.2023.

Hinweis

- Informieren Sie sich vorher über das für Sie gültige Greenfee.

GUTSCHEIN 25% Greenfee-Nachlass

KÖLLEN GOLF

%

Euro Golfclub 2000 e.V.

DGV-Nr. 5528 Seite 246 Gültig bis 31.05.2023

GUTSCHEIN 25% Greenfee-Nachlass

KÖLLEN GOLF

%

Euro Golfclub 2000 e.V.

DGV-Nr. 5528 Seite 246 Gültig bis 31.05.2023

GUTSCHEIN 25% Greenfee-Nachlass

KÖLLEN GOLF

%

Euro Golfclub 2000 e.V.

DGV-Nr. 5528 Seite 246 Gültig bis 31.05.2023

GUTSCHEIN 2. Greenfee ist gratis

KÖLLEN GOLF

2:1

25% GF-Nachlass (Einzelspieler)

Golfclub Worms e.V.

DGV-Nr. 5531 Seite 261 Gültig bis 31.05.2023

GUTSCHEIN 2. Greenfee ist gratis

KÖLLEN GOLF

2:1

25% GF-Nachlass (Einzelspieler)

Golfclub Worms e.V.

DGV-Nr. 5531 Seite 261 Gültig bis 31.05.2023

GUTSCHEIN 2. Greenfee ist gratis

KÖLLEN GOLF

2:1

25% GF-Nachlass (Einzelspieler)

Golfclub Worms e.V.

DGV-Nr. 5531 Seite 261 Gültig bis 31.05.2023

GUTSCHEIN 2. Greenfee ist gratis

KÖLLEN GOLF

2:1

25% GF-Nachlass (Einzelspieler)

Golfclub Worms e.V.

DGV-Nr. 5531 Seite 261 Gültig bis 31.05.2023

GUTSCHEIN 20% Greenfee-Nachlass

KÖLLEN GOLF

%

Golfclub Worms e.V.

DGV-Nr. 5531 Seite 261 Gültig bis 31.05.2023

GUTSCHEIN 20% Greenfee-Nachlass

KÖLLEN GOLF

%

Golfclub Worms e.V.

DGV-Nr. 5531 Seite 261 Gültig bis 31.05.2023

GUTSCHEIN 2. Greenfee ist gratis

KÖLLEN GOLF

2:1

25% GF-Nachlass (Einzelspieler)

Golf & Health Club Maas-berg Bad Sobernheim e.V.

DGV-Nr. 5533 Seite 249 Gültig bis 31.05.2023

Teilnahmebedingungen

- Zur Gutschein-Einlösung muss eine Greenfee-Berechtigung (z.B. Mindest-HCP, Mitgliedschaft in einem Golfclub) vorliegen.
- Der Gutschein kann nur mit Vorlage des Köllen Golfführer für Deutschland oder mit beiliegender KöllenCard eingelöst werden.
- Die Einlösung kann nur nach telefonischer Anmeldung erfolgen – unter Hinweis auf die Nutzung des Angebots. Bei Sonderveranstaltungen, Turnieren etc. müssen Gutscheine nicht angenommen werden.
- Das Kombinieren mit anderen Rabatten ist nicht möglich – es gilt das zum Abschlagszeitpunkt gültige, volle Greenfee! Bei unterschiedlichen Greenfees (z.B. Studenten-Rabatt) ist der günstigere Tarif gratis!
- Alle Inserenten verpflichten sich, Gutscheine zu den angegebenen Bedingungen einzulösen. Der Verlag übernimmt keine Haftung, wenn ein Gutschein nicht eingelöst wird oder werden kann. Alle Angaben ohne Gewähr!
- Das Angebot ist gültig bis 31.05.2023.

Hinweis

- Informieren Sie sich vorher über das für Sie gültige Greenfee.

Teilnahmebedingungen

- Zur Gutschein-Einlösung muss eine Greenfee-Berechtigung (z.B. Mindest-HCP, Mitgliedschaft in einem Golfclub) vorliegen.
- Der Gutschein kann nur mit Vorlage des Köllen Golfführer für Deutschland oder mit beiliegender KöllenCard eingelöst werden.
- Die Einlösung kann nur nach telefonischer Anmeldung erfolgen – unter Hinweis auf die Nutzung des Angebots. Bei Sonderveranstaltungen, Turnieren etc. müssen Gutscheine nicht angenommen werden.
- Das Kombinieren mit anderen Rabatten ist nicht möglich – es gilt das zum Abschlagszeitpunkt gültige, volle Greenfee! Bei unterschiedlichen Greenfees (z.B. Studenten-Rabatt) ist der günstigere Tarif gratis!
- Alle Inserenten verpflichten sich, Gutscheine zu den angegebenen Bedingungen einzulösen. Der Verlag übernimmt keine Haftung, wenn ein Gutschein nicht eingelöst wird oder werden kann. Alle Angaben ohne Gewähr!
- Das Angebot ist gültig bis 31.05.2023.

Hinweis

- Informieren Sie sich vorher über das für Sie gültige Greenfee.

Teilnahmebedingungen

- Zur Gutschein-Einlösung muss eine Greenfee-Berechtigung (z.B. Mindest-HCP, Mitgliedschaft in einem Golfclub) vorliegen.
- Der Gutschein kann nur mit Vorlage des Köllen Golfführer für Deutschland oder mit beiliegender KöllenCard eingelöst werden.
- Die Einlösung kann nur nach telefonischer Anmeldung erfolgen – unter Hinweis auf die Nutzung des Angebots. Bei Sonderveranstaltungen, Turnieren etc. müssen Gutscheine nicht angenommen werden.
- Das Kombinieren mit anderen Rabatten ist nicht möglich – es gilt das zum Abschlagszeitpunkt gültige, volle Greenfee! Bei unterschiedlichen Greenfees (z.B. Studenten-Rabatt) ist der günstigere Tarif gratis!
- Alle Inserenten verpflichten sich, Gutscheine zu den angegebenen Bedingungen einzulösen. Der Verlag übernimmt keine Haftung, wenn ein Gutschein nicht eingelöst wird oder werden kann. Alle Angaben ohne Gewähr!
- Das Angebot ist gültig bis 31.05.2023.

Hinweis

- Informieren Sie sich vorher über das für Sie gültige Greenfee.

Teilnahmebedingungen

- Zur Gutschein-Einlösung muss eine Greenfee-Berechtigung (z.B. Mindest-HCP, Mitgliedschaft in einem Golfclub) vorliegen.
- Der Gutschein kann nur mit Vorlage des Köllen Golfführer für Deutschland oder mit beiliegender KöllenCard eingelöst werden.
- Die Einlösung kann nur nach telefonischer Anmeldung erfolgen – unter Hinweis auf die Nutzung des Angebots. Bei Sonderveranstaltungen, Turnieren etc. müssen Gutscheine nicht angenommen werden.
- Das Kombinieren mit anderen Rabatten ist nicht möglich – es gilt das zum Abschlagszeitpunkt gültige, volle Greenfee! Bei unterschiedlichen Greenfees (z.B. Studenten-Rabatt) ist der günstigere Tarif gratis!
- Alle Inserenten verpflichten sich, Gutscheine zu den angegebenen Bedingungen einzulösen. Der Verlag übernimmt keine Haftung, wenn ein Gutschein nicht eingelöst wird oder werden kann. Alle Angaben ohne Gewähr!
- Das Angebot ist gültig bis 31.05.2023.

Hinweis

- Informieren Sie sich vorher über das für Sie gültige Greenfee.

Teilnahmebedingungen

- Zur Gutschein-Einlösung muss eine Greenfee-Berechtigung (z.B. Mindest-HCP, Mitgliedschaft in einem Golfclub) vorliegen.
- Der Gutschein kann nur mit Vorlage des Köllen Golfführer für Deutschland oder mit beiliegender KöllenCard eingelöst werden.
- Die Einlösung kann nur nach telefonischer Anmeldung erfolgen – unter Hinweis auf die Nutzung des Angebots. Bei Sonderveranstaltungen, Turnieren etc. müssen Gutscheine nicht angenommen werden.
- Das Kombinieren mit anderen Rabatten ist nicht möglich – es gilt das zum Abschlagszeitpunkt gültige, volle Greenfee! Bei unterschiedlichen Greenfees (z.B. Studenten-Rabatt) ist der günstigere Tarif gratis!
- Alle Inserenten verpflichten sich, Gutscheine zu den angegebenen Bedingungen einzulösen. Der Verlag übernimmt keine Haftung, wenn ein Gutschein nicht eingelöst wird oder werden kann. Alle Angaben ohne Gewähr!
- Das Angebot ist gültig bis 31.05.2023.

Hinweis

- Informieren Sie sich vorher über das für Sie gültige Greenfee.

Teilnahmebedingungen

- Zur Gutschein-Einlösung muss eine Greenfee-Berechtigung (z.B. Mindest-HCP, Mitgliedschaft in einem Golfclub) vorliegen.
- Der Gutschein kann nur mit Vorlage des Köllen Golfführer für Deutschland oder mit beiliegender KöllenCard eingelöst werden.
- Die Einlösung kann nur nach telefonischer Anmeldung erfolgen – unter Hinweis auf die Nutzung des Angebots. Bei Sonderveranstaltungen, Turnieren etc. müssen Gutscheine nicht angenommen werden.
- Das Kombinieren mit anderen Rabatten ist nicht möglich – es gilt das zum Abschlagszeitpunkt gültige, volle Greenfee! Bei unterschiedlichen Greenfees (z.B. Studenten-Rabatt) ist der günstigere Tarif gratis!
- Alle Inserenten verpflichten sich, Gutscheine zu den angegebenen Bedingungen einzulösen. Der Verlag übernimmt keine Haftung, wenn ein Gutschein nicht eingelöst wird oder werden kann. Alle Angaben ohne Gewähr!
- Das Angebot ist gültig bis 31.05.2023.

Hinweis

- Informieren Sie sich vorher über das für Sie gültige Greenfee.

Teilnahmebedingungen

- Zur Gutschein-Einlösung muss eine Greenfee-Berechtigung (z.B. Mindest-HCP, Mitgliedschaft in einem Golfclub) vorliegen.
- Der Gutschein kann nur mit Vorlage des Köllen Golfführer für Deutschland oder mit beiliegender KöllenCard eingelöst werden.
- Die Einlösung kann nur nach telefonischer Anmeldung erfolgen – unter Hinweis auf die Nutzung des Angebots. Bei Sonderveranstaltungen, Turnieren etc. müssen Gutscheine nicht angenommen werden.
- Das Kombinieren mit anderen Rabatten ist nicht möglich – es gilt das zum Abschlagszeitpunkt gültige, volle Greenfee! Bei unterschiedlichen Greenfees (z.B. Studenten-Rabatt) ist der günstigere Tarif gratis!
- Alle Inserenten verpflichten sich, Gutscheine zu den angegebenen Bedingungen einzulösen. Der Verlag übernimmt keine Haftung, wenn ein Gutschein nicht eingelöst wird oder werden kann. Alle Angaben ohne Gewähr!
- Das Angebot ist gültig bis 31.05.2023.

Hinweis

- Informieren Sie sich vorher über das für Sie gültige Greenfee.

Teilnahmebedingungen

- Zur Gutschein-Einlösung muss eine Greenfee-Berechtigung (z.B. Mindest-HCP, Mitgliedschaft in einem Golfclub) vorliegen.
- Der Gutschein kann nur mit Vorlage des Köllen Golfführer für Deutschland oder mit beiliegender KöllenCard eingelöst werden.
- Die Einlösung kann nur nach telefonischer Anmeldung erfolgen – unter Hinweis auf die Nutzung des Angebots. Bei Sonderveranstaltungen, Turnieren etc. müssen Gutscheine nicht angenommen werden.
- Das Kombinieren mit anderen Rabatten ist nicht möglich – es gilt das zum Abschlagszeitpunkt gültige, volle Greenfee! Bei unterschiedlichen Greenfees (z.B. Studenten-Rabatt) ist der günstigere Tarif gratis!
- Alle Inserenten verpflichten sich, Gutscheine zu den angegebenen Bedingungen einzulösen. Der Verlag übernimmt keine Haftung, wenn ein Gutschein nicht eingelöst wird oder werden kann. Alle Angaben ohne Gewähr!
- Das Angebot ist gültig bis 31.05.2023.

Hinweis

- Informieren Sie sich vorher über das für Sie gültige Greenfee.

Teilnahmebedingungen

- Zur Gutschein-Einlösung muss eine Greenfee-Berechtigung (z.B. Mindest-HCP, Mitgliedschaft in einem Golfclub) vorliegen.
- Der Gutschein kann nur mit Vorlage des Köllen Golfführer für Deutschland oder mit beiliegender KöllenCard eingelöst werden.
- Die Einlösung kann nur nach telefonischer Anmeldung erfolgen – unter Hinweis auf die Nutzung des Angebots. Bei Sonderveranstaltungen, Turnieren etc. müssen Gutscheine nicht angenommen werden.
- Das Kombinieren mit anderen Rabatten ist nicht möglich – es gilt das zum Abschlagszeitpunkt gültige, volle Greenfee! Bei unterschiedlichen Greenfees (z.B. Studenten-Rabatt) ist der günstigere Tarif gratis!
- Alle Inserenten verpflichten sich, Gutscheine zu den angegebenen Bedingungen einzulösen. Der Verlag übernimmt keine Haftung, wenn ein Gutschein nicht eingelöst wird oder werden kann. Alle Angaben ohne Gewähr!
- Das Angebot ist gültig bis 31.05.2023.

Hinweis

- Informieren Sie sich vorher über das für Sie gültige Greenfee.

Teilnahmebedingungen

- Zur Gutschein-Einlösung muss eine Greenfee-Berechtigung (z.B. Mindest-HCP, Mitgliedschaft in einem Golfclub) vorliegen.
- Der Gutschein kann nur mit Vorlage des Köllen Golfführer für Deutschland oder mit beiliegender KöllenCard eingelöst werden.
- Die Einlösung kann nur nach telefonischer Anmeldung erfolgen – unter Hinweis auf die Nutzung des Angebots. Bei Sonderveranstaltungen, Turnieren etc. müssen Gutscheine nicht angenommen werden.
- Das Kombinieren mit anderen Rabatten ist nicht möglich – es gilt das zum Abschlagszeitpunkt gültige, volle Greenfee! Bei unterschiedlichen Greenfees (z.B. Studenten-Rabatt) ist der günstigere Tarif gratis!
- Alle Inserenten verpflichten sich, Gutscheine zu den angegebenen Bedingungen einzulösen. Der Verlag übernimmt keine Haftung, wenn ein Gutschein nicht eingelöst wird oder werden kann. Alle Angaben ohne Gewähr!
- Das Angebot ist gültig bis 31.05.2023.

Hinweis

- Informieren Sie sich vorher über das für Sie gültige Greenfee.

GUTSCHEIN
2. Greenfee ist gratis

KÖLLEN GOLF

2:1

25% GF-Nachlass (Einzelspieler)

Golf & Health Club Maasberg Bad Sobernheim e.V.

DGV-Nr. 5533 Seite 249 Gültig bis 31.05.2023

GUTSCHEIN
2. Greenfee ist gratis

KÖLLEN GOLF

2:1

25% GF-Nachlass (Einzelspieler)

Golfclub Cochem/Mosel

DGV-Nr. 5536 Seite 254 Gültig bis 31.05.2023

GUTSCHEIN
2. Greenfee ist gratis

KÖLLEN GOLF

2:1

25% GF-Nachlass (Einzelspieler)

Golfclub Cochem/Mosel

DGV-Nr. 5536 Seite 254 Gültig bis 31.05.2023

GUTSCHEIN
20% Greenfee-Nachlass

KÖLLEN GOLF

%

Golfclub Cochem/Mosel

DGV-Nr. 5536 Seite 254 Gültig bis 31.05.2023

GUTSCHEIN
25% Greenfee-Nachlass

KÖLLEN GOLF

%

nur Mo-Fr (außer feiertags)

Mainzer Golfclub

DGV-Nr. 5537 Seite 247 Gültig bis 31.05.2023

GUTSCHEIN
25% Greenfee-Nachlass

KÖLLEN GOLF

%

nur Mo-Fr (außer feiertags)

Mainzer Golfclub

DGV-Nr. 5537 Seite 247 Gültig bis 31.05.2023

GUTSCHEIN
2. Greenfee ist gratis

KÖLLEN GOLF

2:1

25% GF-Nachlass (Einzelspieler)

Golfplatz Pfälzerwald

DGV-Nr. 5542 Seite 262 Gültig bis 31.05.2023

GUTSCHEIN
2. Greenfee ist gratis

KÖLLEN GOLF

2:1

25% GF-Nachlass (Einzelspieler)

Golfplatz Pfälzerwald

DGV-Nr. 5542 Seite 262 Gültig bis 31.05.2023

GUTSCHEIN
30% Greenfee-Nachlass

KÖLLEN GOLF

%

Golfplatz Pfälzerwald

DGV-Nr. 5542 Seite 262 Gültig bis 31.05.2023

GUTSCHEIN
2. Greenfee ist gratis

KÖLLEN GOLF

2:1

25% GF-Nachlass (Einzelspieler)
nur Mo-Fr (außer feiertags)

Golfclub Saarbrücken e.V.

DGV-Nr. 9901 Seite 259 Gültig bis 31.05.2023

Teilnahmebedingungen

- Zur Gutschein-Einlösung muss eine Greenfee-Berechtigung (z.B. Mindest-HCP, Mitgliedschaft in einem Golfclub) vorliegen.
- Der Gutschein kann nur mit Vorlage des Köllen Golfführer für Deutschland oder mit beiliegender KöllenCard eingelöst werden.
- Die Einlösung kann nur nach telefonischer Anmeldung erfolgen – unter Hinweis auf die Nutzung des Angebots. Bei Sonderveranstaltungen, Turnieren etc. müssen Gutscheine nicht angenommen werden.
- Das Kombinieren mit anderen Rabatten ist nicht möglich – es gilt das zum Abschlagszeitpunkt gültige, volle Greenfee! Bei unterschiedlichen Greenfees (z.B. Studenten-Rabatt) ist der günstigere Tarif gratis!
- Alle Inserenten verpflichten sich, Gutscheine zu den angegebenen Bedingungen einzulösen. Der Verlag übernimmt keine Haftung, wenn ein Gutschein nicht eingelöst wird oder werden kann. Alle Angaben ohne Gewähr!
- Das Angebot ist gültig bis 31.05.2023.

Hinweis

- Informieren Sie sich vorher über das für Sie gültige Greenfee.

Teilnahmebedingungen

- Zur Gutschein-Einlösung muss eine Greenfee-Berechtigung (z.B. Mindest-HCP, Mitgliedschaft in einem Golfclub) vorliegen.
- Der Gutschein kann nur mit Vorlage des Köllen Golfführer für Deutschland oder mit beiliegender KöllenCard eingelöst werden.
- Die Einlösung kann nur nach telefonischer Anmeldung erfolgen – unter Hinweis auf die Nutzung des Angebots. Bei Sonderveranstaltungen, Turnieren etc. müssen Gutscheine nicht angenommen werden.
- Das Kombinieren mit anderen Rabatten ist nicht möglich – es gilt das zum Abschlagszeitpunkt gültige, volle Greenfee! Bei unterschiedlichen Greenfees (z.B. Studenten-Rabatt) ist der günstigere Tarif gratis!
- Alle Inserenten verpflichten sich, Gutscheine zu den angegebenen Bedingungen einzulösen. Der Verlag übernimmt keine Haftung, wenn ein Gutschein nicht eingelöst wird oder werden kann. Alle Angaben ohne Gewähr!
- Das Angebot ist gültig bis 31.05.2023.

Hinweis

- Informieren Sie sich vorher über das für Sie gültige Greenfee.

Teilnahmebedingungen

- Zur Gutschein-Einlösung muss eine Greenfee-Berechtigung (z.B. Mindest-HCP, Mitgliedschaft in einem Golfclub) vorliegen.
- Der Gutschein kann nur mit Vorlage des Köllen Golfführer für Deutschland oder mit beiliegender KöllenCard eingelöst werden.
- Die Einlösung kann nur nach telefonischer Anmeldung erfolgen – unter Hinweis auf die Nutzung des Angebots. Bei Sonderveranstaltungen, Turnieren etc. müssen Gutscheine nicht angenommen werden.
- Das Kombinieren mit anderen Rabatten ist nicht möglich – es gilt das zum Abschlagszeitpunkt gültige, volle Greenfee! Bei unterschiedlichen Greenfees (z.B. Studenten-Rabatt) ist der günstigere Tarif gratis!
- Alle Inserenten verpflichten sich, Gutscheine zu den angegebenen Bedingungen einzulösen. Der Verlag übernimmt keine Haftung, wenn ein Gutschein nicht eingelöst wird oder werden kann. Alle Angaben ohne Gewähr!
- Das Angebot ist gültig bis 31.05.2023.

Hinweis

- Informieren Sie sich vorher über das für Sie gültige Greenfee.

Teilnahmebedingungen

- Zur Gutschein-Einlösung muss eine Greenfee-Berechtigung (z.B. Mindest-HCP, Mitgliedschaft in einem Golfclub) vorliegen.
- Der Gutschein kann nur mit Vorlage des Köllen Golfführer für Deutschland oder mit beiliegender KöllenCard eingelöst werden.
- Die Einlösung kann nur nach telefonischer Anmeldung erfolgen – unter Hinweis auf die Nutzung des Angebots. Bei Sonderveranstaltungen, Turnieren etc. müssen Gutscheine nicht angenommen werden.
- Das Kombinieren mit anderen Rabatten ist nicht möglich – es gilt das zum Abschlagszeitpunkt gültige, volle Greenfee! Bei unterschiedlichen Greenfees (z.B. Studenten-Rabatt) ist der günstigere Tarif gratis!
- Alle Inserenten verpflichten sich, Gutscheine zu den angegebenen Bedingungen einzulösen. Der Verlag übernimmt keine Haftung, wenn ein Gutschein nicht eingelöst wird oder werden kann. Alle Angaben ohne Gewähr!
- Das Angebot ist gültig bis 31.05.2023.

Hinweis

- Informieren Sie sich vorher über das für Sie gültige Greenfee.

Teilnahmebedingungen

- Zur Gutschein-Einlösung muss eine Greenfee-Berechtigung (z.B. Mindest-HCP, Mitgliedschaft in einem Golfclub) vorliegen.
- Der Gutschein kann nur mit Vorlage des Köllen Golfführer für Deutschland oder mit beiliegender KöllenCard eingelöst werden.
- Die Einlösung kann nur nach telefonischer Anmeldung erfolgen – unter Hinweis auf die Nutzung des Angebots. Bei Sonderveranstaltungen, Turnieren etc. müssen Gutscheine nicht angenommen werden.
- Das Kombinieren mit anderen Rabatten ist nicht möglich – es gilt das zum Abschlagszeitpunkt gültige, volle Greenfee! Bei unterschiedlichen Greenfees (z.B. Studenten-Rabatt) ist der günstigere Tarif gratis!
- Alle Inserenten verpflichten sich, Gutscheine zu den angegebenen Bedingungen einzulösen. Der Verlag übernimmt keine Haftung, wenn ein Gutschein nicht eingelöst wird oder werden kann. Alle Angaben ohne Gewähr!
- Das Angebot ist gültig bis 31.05.2023.

Hinweis

- Informieren Sie sich vorher über das für Sie gültige Greenfee.

Teilnahmebedingungen

- Zur Gutschein-Einlösung muss eine Greenfee-Berechtigung (z.B. Mindest-HCP, Mitgliedschaft in einem Golfclub) vorliegen.
- Der Gutschein kann nur mit Vorlage des Köllen Golfführer für Deutschland oder mit beiliegender KöllenCard eingelöst werden.
- Die Einlösung kann nur nach telefonischer Anmeldung erfolgen – unter Hinweis auf die Nutzung des Angebots. Bei Sonderveranstaltungen, Turnieren etc. müssen Gutscheine nicht angenommen werden.
- Das Kombinieren mit anderen Rabatten ist nicht möglich – es gilt das zum Abschlagszeitpunkt gültige, volle Greenfee! Bei unterschiedlichen Greenfees (z.B. Studenten-Rabatt) ist der günstigere Tarif gratis!
- Alle Inserenten verpflichten sich, Gutscheine zu den angegebenen Bedingungen einzulösen. Der Verlag übernimmt keine Haftung, wenn ein Gutschein nicht eingelöst wird oder werden kann. Alle Angaben ohne Gewähr!
- Das Angebot ist gültig bis 31.05.2023.

Hinweis

- Informieren Sie sich vorher über das für Sie gültige Greenfee.

Teilnahmebedingungen

- Zur Gutschein-Einlösung muss eine Greenfee-Berechtigung (z.B. Mindest-HCP, Mitgliedschaft in einem Golfclub) vorliegen.
- Der Gutschein kann nur mit Vorlage des Köllen Golfführer für Deutschland oder mit beiliegender KöllenCard eingelöst werden.
- Die Einlösung kann nur nach telefonischer Anmeldung erfolgen – unter Hinweis auf die Nutzung des Angebots. Bei Sonderveranstaltungen, Turnieren etc. müssen Gutscheine nicht angenommen werden.
- Das Kombinieren mit anderen Rabatten ist nicht möglich – es gilt das zum Abschlagszeitpunkt gültige, volle Greenfee! Bei unterschiedlichen Greenfees (z.B. Studenten-Rabatt) ist der günstigere Tarif gratis!
- Alle Inserenten verpflichten sich, Gutscheine zu den angegebenen Bedingungen einzulösen. Der Verlag übernimmt keine Haftung, wenn ein Gutschein nicht eingelöst wird oder werden kann. Alle Angaben ohne Gewähr!
- Das Angebot ist gültig bis 31.05.2023.

Hinweis

- Informieren Sie sich vorher über das für Sie gültige Greenfee.

Teilnahmebedingungen

- Zur Gutschein-Einlösung muss eine Greenfee-Berechtigung (z.B. Mindest-HCP, Mitgliedschaft in einem Golfclub) vorliegen.
- Der Gutschein kann nur mit Vorlage des Köllen Golfführer für Deutschland oder mit beiliegender KöllenCard eingelöst werden.
- Die Einlösung kann nur nach telefonischer Anmeldung erfolgen – unter Hinweis auf die Nutzung des Angebots. Bei Sonderveranstaltungen, Turnieren etc. müssen Gutscheine nicht angenommen werden.
- Das Kombinieren mit anderen Rabatten ist nicht möglich – es gilt das zum Abschlagszeitpunkt gültige, volle Greenfee! Bei unterschiedlichen Greenfees (z.B. Studenten-Rabatt) ist der günstigere Tarif gratis!
- Alle Inserenten verpflichten sich, Gutscheine zu den angegebenen Bedingungen einzulösen. Der Verlag übernimmt keine Haftung, wenn ein Gutschein nicht eingelöst wird oder werden kann. Alle Angaben ohne Gewähr!
- Das Angebot ist gültig bis 31.05.2023.

Hinweis

- Informieren Sie sich vorher über das für Sie gültige Greenfee.

Teilnahmebedingungen

- Zur Gutschein-Einlösung muss eine Greenfee-Berechtigung (z.B. Mindest-HCP, Mitgliedschaft in einem Golfclub) vorliegen.
- Der Gutschein kann nur mit Vorlage des Köllen Golfführer für Deutschland oder mit beiliegender KöllenCard eingelöst werden.
- Die Einlösung kann nur nach telefonischer Anmeldung erfolgen – unter Hinweis auf die Nutzung des Angebots. Bei Sonderveranstaltungen, Turnieren etc. müssen Gutscheine nicht angenommen werden.
- Das Kombinieren mit anderen Rabatten ist nicht möglich – es gilt das zum Abschlagszeitpunkt gültige, volle Greenfee! Bei unterschiedlichen Greenfees (z.B. Studenten-Rabatt) ist der günstigere Tarif gratis!
- Alle Inserenten verpflichten sich, Gutscheine zu den angegebenen Bedingungen einzulösen. Der Verlag übernimmt keine Haftung, wenn ein Gutschein nicht eingelöst wird oder werden kann. Alle Angaben ohne Gewähr!
- Das Angebot ist gültig bis 31.05.2023.

Hinweis

- Informieren Sie sich vorher über das für Sie gültige Greenfee.

Teilnahmebedingungen

- Zur Gutschein-Einlösung muss eine Greenfee-Berechtigung (z.B. Mindest-HCP, Mitgliedschaft in einem Golfclub) vorliegen.
- Der Gutschein kann nur mit Vorlage des Köllen Golfführer für Deutschland oder mit beiliegender KöllenCard eingelöst werden.
- Die Einlösung kann nur nach telefonischer Anmeldung erfolgen – unter Hinweis auf die Nutzung des Angebots. Bei Sonderveranstaltungen, Turnieren etc. müssen Gutscheine nicht angenommen werden.
- Das Kombinieren mit anderen Rabatten ist nicht möglich – es gilt das zum Abschlagszeitpunkt gültige, volle Greenfee! Bei unterschiedlichen Greenfees (z.B. Studenten-Rabatt) ist der günstigere Tarif gratis!
- Alle Inserenten verpflichten sich, Gutscheine zu den angegebenen Bedingungen einzulösen. Der Verlag übernimmt keine Haftung, wenn ein Gutschein nicht eingelöst wird oder werden kann. Alle Angaben ohne Gewähr!
- Das Angebot ist gültig bis 31.05.2023.

Hinweis

- Informieren Sie sich vorher über das für Sie gültige Greenfee.

GUTSCHEIN
2. Greenfee ist gratis

KÖLLEN GOLF

2:1

25% GF-Nachlass (Einzelspieler)
nur Mo-Fr (außer feiertags)

Golfclub Saarbrücken e.V.

DGV-Nr. 9901 Seite 259 Gültig bis 31.05.2023

GUTSCHEIN
2. Greenfee ist gratis

KÖLLEN GOLF

2:1

25% GF-Nachlass (Einzelspieler)
nur Mo-Fr (außer feiertags)

Golfclub Saarbrücken e.V.

DGV-Nr. 9901 Seite 259 Gültig bis 31.05.2023

MEHR DRIVE FÜR DIE STRASSE.
www.bmw.de/iX

GUTSCHEIN
2. Greenfee ist gratis

KÖLLEN GOLF

2:1

25% GF-Nachlass (Einzelspieler)
nur Mo-Fr (außer feiertags)

Golfclub Saarbrücken e.V.

DGV-Nr. 9901 Seite 259 Gültig bis 31.05.2023

MEHR DRIVE FÜR DIE STRASSE.
www.bmw.de/iX

GUTSCHEIN
2. Greenfee ist gratis

KÖLLEN GOLF

2:1

25% GF-Nachlass (Einzelspieler)

Golf-Club Katharinenhof e.V.

DGV-Nr. 9902 Seite 256 Gültig bis 31.05.2023

MEHR DRIVE FÜR DIE STRASSE.
www.bmw.de/iX

GUTSCHEIN
2. Greenfee ist gratis

KÖLLEN GOLF

2:1

25% GF-Nachlass (Einzelspieler)

Golf-Club Katharinenhof e.V.

DGV-Nr. 9902 Seite 256 Gültig bis 31.05.2023

MEHR DRIVE FÜR DIE STRASSE.
www.bmw.de/iX

GUTSCHEIN
2. Greenfee ist gratis

KÖLLEN GOLF

2:1

25% GF-Nachlass (Einzelspieler)

Golf-Club Katharinenhof e.V.

DGV-Nr. 9902 Seite 256 Gültig bis 31.05.2023

MEHR DRIVE FÜR DIE STRASSE.
www.bmw.de/iX

GUTSCHEIN
2. Greenfee ist gratis

KÖLLEN GOLF

2:1

25% GF-Nachlass (Einzelspieler)

Golf-Club Katharinenhof e.V.

DGV-Nr. 9902 Seite 256 Gültig bis 31.05.2023

MEHR DRIVE FÜR DIE STRASSE.
www.bmw.de/iX

GUTSCHEIN
2. Greenfee ist gratis

KÖLLEN GOLF

2:1

25% GF-Nachlass (Einzelspieler)
nur Mo-Fr (außer feiertags)

Golf- und Landclub Haghof e.V.

DGV-Nr. 7701 Seite 281 Gültig bis 31.05.2023

MEHR DRIVE FÜR DIE STRASSE.
www.bmw.de/iX

GUTSCHEIN
2. Greenfee ist gratis

KÖLLEN GOLF

2:1

25% GF-Nachlass (Einzelspieler)
nur Mo-Fr (außer feiertags)

Golf- und Landclub Haghof e.V.

DGV-Nr. 7701 Seite 281 Gültig bis 31.05.2023

MEHR DRIVE FÜR DIE STRASSE.
www.bmw.de/iX

GUTSCHEIN
2. Greenfee ist gratis

KÖLLEN GOLF

2:1

25% GF-Nachlass (Einzelspieler)

Golf Club Baden-Baden e.V.

DGV-Nr. 7702 Seite 293 Gültig bis 31.05.2023

MEHR DRIVE FÜR DIE STRASSE.
www.bmw.de/iX

Teilnahmebedingungen

- Zur Gutschein-Einlösung muss eine Greenfee-Berechtigung (z.B. Mindest-HCP, Mitgliedschaft in einem Golfclub) vorliegen.
- Der Gutschein kann nur mit Vorlage des Köllen Golfführer für Deutschland oder mit beiliegender KöllenCard eingelöst werden.
- Die Einlösung kann nur nach telefonischer Anmeldung erfolgen – unter Hinweis auf die Nutzung des Angebots. Bei Sonderveranstaltungen, Turnieren etc. müssen Gutscheine nicht angenommen werden.
- Das Kombinieren mit anderen Rabatten ist nicht möglich – es gilt das zum Abschlagszeitpunkt gültige, volle Greenfee! Bei unterschiedlichen Greenfees (z.B. Studenten-Rabatt) ist der günstigere Tarif gratis!
- Alle Inserenten verpflichten sich, Gutscheine zu den angegebenen Bedingungen einzulösen. Der Verlag übernimmt keine Haftung, wenn ein Gutschein nicht eingelöst wird oder werden kann. Alle Angaben ohne Gewähr!
- Das Angebot ist gültig bis 31.05.2023.

Hinweis

- Informieren Sie sich vorher über das für Sie gültige Greenfee.

Teilnahmebedingungen

- Zur Gutschein-Einlösung muss eine Greenfee-Berechtigung (z.B. Mindest-HCP, Mitgliedschaft in einem Golfclub) vorliegen.
- Der Gutschein kann nur mit Vorlage des Köllen Golfführer für Deutschland oder mit beiliegender KöllenCard eingelöst werden.
- Die Einlösung kann nur nach telefonischer Anmeldung erfolgen – unter Hinweis auf die Nutzung des Angebots. Bei Sonderveranstaltungen, Turnieren etc. müssen Gutscheine nicht angenommen werden.
- Das Kombinieren mit anderen Rabatten ist nicht möglich – es gilt das zum Abschlagszeitpunkt gültige, volle Greenfee! Bei unterschiedlichen Greenfees (z.B. Studenten-Rabatt) ist der günstigere Tarif gratis!
- Alle Inserenten verpflichten sich, Gutscheine zu den angegebenen Bedingungen einzulösen. Der Verlag übernimmt keine Haftung, wenn ein Gutschein nicht eingelöst wird oder werden kann. Alle Angaben ohne Gewähr!
- Das Angebot ist gültig bis 31.05.2023.

Hinweis

- Informieren Sie sich vorher über das für Sie gültige Greenfee.

Teilnahmebedingungen

- Zur Gutschein-Einlösung muss eine Greenfee-Berechtigung (z.B. Mindest-HCP, Mitgliedschaft in einem Golfclub) vorliegen.
- Der Gutschein kann nur mit Vorlage des Köllen Golfführer für Deutschland oder mit beiliegender KöllenCard eingelöst werden.
- Die Einlösung kann nur nach telefonischer Anmeldung erfolgen – unter Hinweis auf die Nutzung des Angebots. Bei Sonderveranstaltungen, Turnieren etc. müssen Gutscheine nicht angenommen werden.
- Das Kombinieren mit anderen Rabatten ist nicht möglich – es gilt das zum Abschlagszeitpunkt gültige, volle Greenfee! Bei unterschiedlichen Greenfees (z.B. Studenten-Rabatt) ist der günstigere Tarif gratis!
- Alle Inserenten verpflichten sich, Gutscheine zu den angegebenen Bedingungen einzulösen. Der Verlag übernimmt keine Haftung, wenn ein Gutschein nicht eingelöst wird oder werden kann. Alle Angaben ohne Gewähr!
- Das Angebot ist gültig bis 31.05.2023.

Hinweis

- Informieren Sie sich vorher über das für Sie gültige Greenfee.

Teilnahmebedingungen

- Zur Gutschein-Einlösung muss eine Greenfee-Berechtigung (z.B. Mindest-HCP, Mitgliedschaft in einem Golfclub) vorliegen.
- Der Gutschein kann nur mit Vorlage des Köllen Golfführer für Deutschland oder mit beiliegender KöllenCard eingelöst werden.
- Die Einlösung kann nur nach telefonischer Anmeldung erfolgen – unter Hinweis auf die Nutzung des Angebots. Bei Sonderveranstaltungen, Turnieren etc. müssen Gutscheine nicht angenommen werden.
- Das Kombinieren mit anderen Rabatten ist nicht möglich – es gilt das zum Abschlagszeitpunkt gültige, volle Greenfee! Bei unterschiedlichen Greenfees (z.B. Studenten-Rabatt) ist der günstigere Tarif gratis!
- Alle Inserenten verpflichten sich, Gutscheine zu den angegebenen Bedingungen einzulösen. Der Verlag übernimmt keine Haftung, wenn ein Gutschein nicht eingelöst wird oder werden kann. Alle Angaben ohne Gewähr!
- Das Angebot ist gültig bis 31.05.2023.

Hinweis

- Informieren Sie sich vorher über das für Sie gültige Greenfee.

Teilnahmebedingungen

- Zur Gutschein-Einlösung muss eine Greenfee-Berechtigung (z.B. Mindest-HCP, Mitgliedschaft in einem Golfclub) vorliegen.
- Der Gutschein kann nur mit Vorlage des Köllen Golfführer für Deutschland oder mit beiliegender KöllenCard eingelöst werden.
- Die Einlösung kann nur nach telefonischer Anmeldung erfolgen – unter Hinweis auf die Nutzung des Angebots. Bei Sonderveranstaltungen, Turnieren etc. müssen Gutscheine nicht angenommen werden.
- Das Kombinieren mit anderen Rabatten ist nicht möglich – es gilt das zum Abschlagszeitpunkt gültige, volle Greenfee! Bei unterschiedlichen Greenfees (z.B. Studenten-Rabatt) ist der günstigere Tarif gratis!
- Alle Inserenten verpflichten sich, Gutscheine zu den angegebenen Bedingungen einzulösen. Der Verlag übernimmt keine Haftung, wenn ein Gutschein nicht eingelöst wird oder werden kann. Alle Angaben ohne Gewähr!
- Das Angebot ist gültig bis 31.05.2023.

Hinweis

- Informieren Sie sich vorher über das für Sie gültige Greenfee.

Teilnahmebedingungen

- Zur Gutschein-Einlösung muss eine Greenfee-Berechtigung (z.B. Mindest-HCP, Mitgliedschaft in einem Golfclub) vorliegen.
- Der Gutschein kann nur mit Vorlage des Köllen Golfführer für Deutschland oder mit beiliegender KöllenCard eingelöst werden.
- Die Einlösung kann nur nach telefonischer Anmeldung erfolgen – unter Hinweis auf die Nutzung des Angebots. Bei Sonderveranstaltungen, Turnieren etc. müssen Gutscheine nicht angenommen werden.
- Das Kombinieren mit anderen Rabatten ist nicht möglich – es gilt das zum Abschlagszeitpunkt gültige, volle Greenfee! Bei unterschiedlichen Greenfees (z.B. Studenten-Rabatt) ist der günstigere Tarif gratis!
- Alle Inserenten verpflichten sich, Gutscheine zu den angegebenen Bedingungen einzulösen. Der Verlag übernimmt keine Haftung, wenn ein Gutschein nicht eingelöst wird oder werden kann. Alle Angaben ohne Gewähr!
- Das Angebot ist gültig bis 31.05.2023.

Hinweis

- Informieren Sie sich vorher über das für Sie gültige Greenfee.

Teilnahmebedingungen

- Zur Gutschein-Einlösung muss eine Greenfee-Berechtigung (z.B. Mindest-HCP, Mitgliedschaft in einem Golfclub) vorliegen.
- Der Gutschein kann nur mit Vorlage des Köllen Golfführer für Deutschland oder mit beiliegender KöllenCard eingelöst werden.
- Die Einlösung kann nur nach telefonischer Anmeldung erfolgen – unter Hinweis auf die Nutzung des Angebots. Bei Sonderveranstaltungen, Turnieren etc. müssen Gutscheine nicht angenommen werden.
- Das Kombinieren mit anderen Rabatten ist nicht möglich – es gilt das zum Abschlagszeitpunkt gültige, volle Greenfee! Bei unterschiedlichen Greenfees (z.B. Studenten-Rabatt) ist der günstigere Tarif gratis!
- Alle Inserenten verpflichten sich, Gutscheine zu den angegebenen Bedingungen einzulösen. Der Verlag übernimmt keine Haftung, wenn ein Gutschein nicht eingelöst wird oder werden kann. Alle Angaben ohne Gewähr!
- Das Angebot ist gültig bis 31.05.2023.

Hinweis

- Informieren Sie sich vorher über das für Sie gültige Greenfee.

Teilnahmebedingungen

- Zur Gutschein-Einlösung muss eine Greenfee-Berechtigung (z.B. Mindest-HCP, Mitgliedschaft in einem Golfclub) vorliegen.
- Der Gutschein kann nur mit Vorlage des Köllen Golfführer für Deutschland oder mit beiliegender KöllenCard eingelöst werden.
- Die Einlösung kann nur nach telefonischer Anmeldung erfolgen – unter Hinweis auf die Nutzung des Angebots. Bei Sonderveranstaltungen, Turnieren etc. müssen Gutscheine nicht angenommen werden.
- Das Kombinieren mit anderen Rabatten ist nicht möglich – es gilt das zum Abschlagszeitpunkt gültige, volle Greenfee! Bei unterschiedlichen Greenfees (z.B. Studenten-Rabatt) ist der günstigere Tarif gratis!
- Alle Inserenten verpflichten sich, Gutscheine zu den angegebenen Bedingungen einzulösen. Der Verlag übernimmt keine Haftung, wenn ein Gutschein nicht eingelöst wird oder werden kann. Alle Angaben ohne Gewähr!
- Das Angebot ist gültig bis 31.05.2023.

Hinweis

- Informieren Sie sich vorher über das für Sie gültige Greenfee.

Teilnahmebedingungen

- Zur Gutschein-Einlösung muss eine Greenfee-Berechtigung (z.B. Mindest-HCP, Mitgliedschaft in einem Golfclub) vorliegen.
- Der Gutschein kann nur mit Vorlage des Köllen Golfführer für Deutschland oder mit beiliegender KöllenCard eingelöst werden.
- Die Einlösung kann nur nach telefonischer Anmeldung erfolgen – unter Hinweis auf die Nutzung des Angebots. Bei Sonderveranstaltungen, Turnieren etc. müssen Gutscheine nicht angenommen werden.
- Das Kombinieren mit anderen Rabatten ist nicht möglich – es gilt das zum Abschlagszeitpunkt gültige, volle Greenfee! Bei unterschiedlichen Greenfees (z.B. Studenten-Rabatt) ist der günstigere Tarif gratis!
- Alle Inserenten verpflichten sich, Gutscheine zu den angegebenen Bedingungen einzulösen. Der Verlag übernimmt keine Haftung, wenn ein Gutschein nicht eingelöst wird oder werden kann. Alle Angaben ohne Gewähr!
- Das Angebot ist gültig bis 31.05.2023.

Hinweis

- Informieren Sie sich vorher über das für Sie gültige Greenfee.

Teilnahmebedingungen

- Zur Gutschein-Einlösung muss eine Greenfee-Berechtigung (z.B. Mindest-HCP, Mitgliedschaft in einem Golfclub) vorliegen.
- Der Gutschein kann nur mit Vorlage des Köllen Golfführer für Deutschland oder mit beiliegender KöllenCard eingelöst werden.
- Die Einlösung kann nur nach telefonischer Anmeldung erfolgen – unter Hinweis auf die Nutzung des Angebots. Bei Sonderveranstaltungen, Turnieren etc. müssen Gutscheine nicht angenommen werden.
- Das Kombinieren mit anderen Rabatten ist nicht möglich – es gilt das zum Abschlagszeitpunkt gültige, volle Greenfee! Bei unterschiedlichen Greenfees (z.B. Studenten-Rabatt) ist der günstigere Tarif gratis!
- Alle Inserenten verpflichten sich, Gutscheine zu den angegebenen Bedingungen einzulösen. Der Verlag übernimmt keine Haftung, wenn ein Gutschein nicht eingelöst wird oder werden kann. Alle Angaben ohne Gewähr!
- Das Angebot ist gültig bis 31.05.2023.

Hinweis

- Informieren Sie sich vorher über das für Sie gültige Greenfee.

GUTSCHEIN
2. Greenfee ist gratis

KÖLLEN GOLF

2:1

25% GF-Nachlass (Einzelspieler)

Golf Club
Baden-Baden e.V.

DGV-Nr. 7702 Seite 293 Gültig bis 31.05.2023

GUTSCHEIN
2. Greenfee ist gratis

KÖLLEN GOLF

2:1

25% GF-Nachlass (Einzelspieler)

Golf Club
Baden-Baden e.V.

DGV-Nr. 7702 Seite 293 Gültig bis 31.05.2023

GUTSCHEIN
2. Greenfee ist gratis

KÖLLEN GOLF

2:1

25% GF-Nachlass (Einzelspieler)

Golf Club
Baden-Baden e.V.

DGV-Nr. 7702 Seite 293 Gültig bis 31.05.2023

GUTSCHEIN
2. Greenfee ist gratis

KÖLLEN GOLF

2:1

25% GF-Nachlass (Einzelspieler)
nur Mo-Fr (außer feiertags)

Golf-Club
Bad Herrenalb e.V.

DGV-Nr. 7705 Seite 292 Gültig bis 31.05.2023

GUTSCHEIN
2. Greenfee ist gratis

KÖLLEN GOLF

2:1

25% GF-Nachlass (Einzelspieler)
nur Mo-Fr (außer feiertags)

Golf-Club
Bad Herrenalb e.V.

DGV-Nr. 7705 Seite 292 Gültig bis 31.05.2023

GUTSCHEIN
2. Greenfee ist gratis

KÖLLEN GOLF

2:1

25% GF-Nachlass (Einzelspieler)
nur Mo-Fr (außer feiertags)

Golf-Club
Bad Mergentheim e.V.

DGV-Nr. 7707 Seite 311 Gültig bis 31.05.2023

GUTSCHEIN
2. Greenfee ist gratis

KÖLLEN GOLF

2:1

25% GF-Nachlass (Einzelspieler)
nur Mo-Fr (außer feiertags)

Golf-Club
Bad Mergentheim e.V.

DGV-Nr. 7707 Seite 311 Gültig bis 31.05.2023

GUTSCHEIN
2. Greenfee ist gratis

KÖLLEN GOLF

2:1

nur Mo-Fr (außer feiertags)

Golfclub Hetzenhof e.V.

DGV-Nr. 7712 Seite 281 Gültig bis 31.05.2023

GUTSCHEIN
2. Greenfee ist gratis

KÖLLEN GOLF

2:1

nur Mo-Fr (außer feiertags)

Golfclub Hetzenhof e.V.

DGV-Nr. 7712 Seite 281 Gültig bis 31.05.2023

GUTSCHEIN
2. Greenfee ist gratis

KÖLLEN GOLF

2:1

25% GF-Nachlass (Einzelspieler)

Golf Club Hechingen-
Hohenzollern e.V.

DGV-Nr. 7715 Seite 276 Gültig bis 31.05.2023

Teilnahmebedingungen

- Zur Gutschein-Einlösung muss eine Greenfee-Berechtigung (z.B. Mindest-HCP, Mitgliedschaft in einem Golfclub) vorliegen.
- Der Gutschein kann nur mit Vorlage des Köllen Golfführer für Deutschland oder mit beiliegender KöllenCard eingelöst werden.
- Die Einlösung kann nur nach telefonischer Anmeldung erfolgen – unter Hinweis auf die Nutzung des Angebots. Bei Sonderveranstaltungen, Turnieren etc. müssen Gutscheine nicht angenommen werden.
- Das Kombinieren mit anderen Rabatten ist nicht möglich – es gilt das zum Abschlagszeitpunkt gültige, volle Greenfee! Bei unterschiedlichen Greenfees (z.B. Studenten-Rabatt) ist der günstigere Tarif gratis!
- Alle Inserenten verpflichten sich, Gutscheine zu den angegebenen Bedingungen einzulösen. Der Verlag übernimmt keine Haftung, wenn ein Gutschein nicht eingelöst wird oder werden kann. Alle Angaben ohne Gewähr!
- Das Angebot ist gültig bis 31.05.2023.

Hinweis

- Informieren Sie sich vorher über das für Sie gültige Greenfee.

Teilnahmebedingungen

- Zur Gutschein-Einlösung muss eine Greenfee-Berechtigung (z.B. Mindest-HCP, Mitgliedschaft in einem Golfclub) vorliegen.
- Der Gutschein kann nur mit Vorlage des Köllen Golfführer für Deutschland oder mit beiliegender KöllenCard eingelöst werden.
- Die Einlösung kann nur nach telefonischer Anmeldung erfolgen – unter Hinweis auf die Nutzung des Angebots. Bei Sonderveranstaltungen, Turnieren etc. müssen Gutscheine nicht angenommen werden.
- Das Kombinieren mit anderen Rabatten ist nicht möglich – es gilt das zum Abschlagszeitpunkt gültige, volle Greenfee! Bei unterschiedlichen Greenfees (z.B. Studenten-Rabatt) ist der günstigere Tarif gratis!
- Alle Inserenten verpflichten sich, Gutscheine zu den angegebenen Bedingungen einzulösen. Der Verlag übernimmt keine Haftung, wenn ein Gutschein nicht eingelöst wird oder werden kann. Alle Angaben ohne Gewähr!
- Das Angebot ist gültig bis 31.05.2023.

Hinweis

- Informieren Sie sich vorher über das für Sie gültige Greenfee.

Teilnahmebedingungen

- Zur Gutschein-Einlösung muss eine Greenfee-Berechtigung (z.B. Mindest-HCP, Mitgliedschaft in einem Golfclub) vorliegen.
- Der Gutschein kann nur mit Vorlage des Köllen Golfführer für Deutschland oder mit beiliegender KöllenCard eingelöst werden.
- Die Einlösung kann nur nach telefonischer Anmeldung erfolgen – unter Hinweis auf die Nutzung des Angebots. Bei Sonderveranstaltungen, Turnieren etc. müssen Gutscheine nicht angenommen werden.
- Das Kombinieren mit anderen Rabatten ist nicht möglich – es gilt das zum Abschlagszeitpunkt gültige, volle Greenfee! Bei unterschiedlichen Greenfees (z.B. Studenten-Rabatt) ist der günstigere Tarif gratis!
- Alle Inserenten verpflichten sich, Gutscheine zu den angegebenen Bedingungen einzulösen. Der Verlag übernimmt keine Haftung, wenn ein Gutschein nicht eingelöst wird oder werden kann. Alle Angaben ohne Gewähr!
- Das Angebot ist gültig bis 31.05.2023.

Hinweis

- Informieren Sie sich vorher über das für Sie gültige Greenfee.

Teilnahmebedingungen

- Zur Gutschein-Einlösung muss eine Greenfee-Berechtigung (z.B. Mindest-HCP, Mitgliedschaft in einem Golfclub) vorliegen.
- Der Gutschein kann nur mit Vorlage des Köllen Golfführer für Deutschland oder mit beiliegender KöllenCard eingelöst werden.
- Die Einlösung kann nur nach telefonischer Anmeldung erfolgen – unter Hinweis auf die Nutzung des Angebots. Bei Sonderveranstaltungen, Turnieren etc. müssen Gutscheine nicht angenommen werden.
- Das Kombinieren mit anderen Rabatten ist nicht möglich – es gilt das zum Abschlagszeitpunkt gültige, volle Greenfee! Bei unterschiedlichen Greenfees (z.B. Studenten-Rabatt) ist der günstigere Tarif gratis!
- Alle Inserenten verpflichten sich, Gutscheine zu den angegebenen Bedingungen einzulösen. Der Verlag übernimmt keine Haftung, wenn ein Gutschein nicht eingelöst wird oder werden kann. Alle Angaben ohne Gewähr!
- Das Angebot ist gültig bis 31.05.2023.

Hinweis

- Informieren Sie sich vorher über das für Sie gültige Greenfee.

Teilnahmebedingungen

- Zur Gutschein-Einlösung muss eine Greenfee-Berechtigung (z.B. Mindest-HCP, Mitgliedschaft in einem Golfclub) vorliegen.
- Der Gutschein kann nur mit Vorlage des Köllen Golfführer für Deutschland oder mit beiliegender KöllenCard eingelöst werden.
- Die Einlösung kann nur nach telefonischer Anmeldung erfolgen – unter Hinweis auf die Nutzung des Angebots. Bei Sonderveranstaltungen, Turnieren etc. müssen Gutscheine nicht angenommen werden.
- Das Kombinieren mit anderen Rabatten ist nicht möglich – es gilt das zum Abschlagszeitpunkt gültige, volle Greenfee! Bei unterschiedlichen Greenfees (z.B. Studenten-Rabatt) ist der günstigere Tarif gratis!
- Alle Inserenten verpflichten sich, Gutscheine zu den angegebenen Bedingungen einzulösen. Der Verlag übernimmt keine Haftung, wenn ein Gutschein nicht eingelöst wird oder werden kann. Alle Angaben ohne Gewähr!
- Das Angebot ist gültig bis 31.05.2023.

Hinweis

- Informieren Sie sich vorher über das für Sie gültige Greenfee.

Teilnahmebedingungen

- Zur Gutschein-Einlösung muss eine Greenfee-Berechtigung (z.B. Mindest-HCP, Mitgliedschaft in einem Golfclub) vorliegen.
- Der Gutschein kann nur mit Vorlage des Köllen Golfführer für Deutschland oder mit beiliegender KöllenCard eingelöst werden.
- Die Einlösung kann nur nach telefonischer Anmeldung erfolgen – unter Hinweis auf die Nutzung des Angebots. Bei Sonderveranstaltungen, Turnieren etc. müssen Gutscheine nicht angenommen werden.
- Das Kombinieren mit anderen Rabatten ist nicht möglich – es gilt das zum Abschlagszeitpunkt gültige, volle Greenfee! Bei unterschiedlichen Greenfees (z.B. Studenten-Rabatt) ist der günstigere Tarif gratis!
- Alle Inserenten verpflichten sich, Gutscheine zu den angegebenen Bedingungen einzulösen. Der Verlag übernimmt keine Haftung, wenn ein Gutschein nicht eingelöst wird oder werden kann. Alle Angaben ohne Gewähr!
- Das Angebot ist gültig bis 31.05.2023.

Hinweis

- Informieren Sie sich vorher über das für Sie gültige Greenfee.

Teilnahmebedingungen

- Zur Gutschein-Einlösung muss eine Greenfee-Berechtigung (z.B. Mindest-HCP, Mitgliedschaft in einem Golfclub) vorliegen.
- Der Gutschein kann nur mit Vorlage des Köllen Golfführer für Deutschland oder mit beiliegender KöllenCard eingelöst werden.
- Die Einlösung kann nur nach telefonischer Anmeldung erfolgen – unter Hinweis auf die Nutzung des Angebots. Bei Sonderveranstaltungen, Turnieren etc. müssen Gutscheine nicht angenommen werden.
- Das Kombinieren mit anderen Rabatten ist nicht möglich – es gilt das zum Abschlagszeitpunkt gültige, volle Greenfee! Bei unterschiedlichen Greenfees (z.B. Studenten-Rabatt) ist der günstigere Tarif gratis!
- Alle Inserenten verpflichten sich, Gutscheine zu den angegebenen Bedingungen einzulösen. Der Verlag übernimmt keine Haftung, wenn ein Gutschein nicht eingelöst wird oder werden kann. Alle Angaben ohne Gewähr!
- Das Angebot ist gültig bis 31.05.2023.

Hinweis

- Informieren Sie sich vorher über das für Sie gültige Greenfee.

Teilnahmebedingungen

- Zur Gutschein-Einlösung muss eine Greenfee-Berechtigung (z.B. Mindest-HCP, Mitgliedschaft in einem Golfclub) vorliegen.
- Der Gutschein kann nur mit Vorlage des Köllen Golfführer für Deutschland oder mit beiliegender KöllenCard eingelöst werden.
- Die Einlösung kann nur nach telefonischer Anmeldung erfolgen – unter Hinweis auf die Nutzung des Angebots. Bei Sonderveranstaltungen, Turnieren etc. müssen Gutscheine nicht angenommen werden.
- Das Kombinieren mit anderen Rabatten ist nicht möglich – es gilt das zum Abschlagszeitpunkt gültige, volle Greenfee! Bei unterschiedlichen Greenfees (z.B. Studenten-Rabatt) ist der günstigere Tarif gratis!
- Alle Inserenten verpflichten sich, Gutscheine zu den angegebenen Bedingungen einzulösen. Der Verlag übernimmt keine Haftung, wenn ein Gutschein nicht eingelöst wird oder werden kann. Alle Angaben ohne Gewähr!
- Das Angebot ist gültig bis 31.05.2023.

Hinweis

- Informieren Sie sich vorher über das für Sie gültige Greenfee.

Teilnahmebedingungen

- Zur Gutschein-Einlösung muss eine Greenfee-Berechtigung (z.B. Mindest-HCP, Mitgliedschaft in einem Golfclub) vorliegen.
- Der Gutschein kann nur mit Vorlage des Köllen Golfführer für Deutschland oder mit beiliegender KöllenCard eingelöst werden.
- Die Einlösung kann nur nach telefonischer Anmeldung erfolgen – unter Hinweis auf die Nutzung des Angebots. Bei Sonderveranstaltungen, Turnieren etc. müssen Gutscheine nicht angenommen werden.
- Das Kombinieren mit anderen Rabatten ist nicht möglich – es gilt das zum Abschlagszeitpunkt gültige, volle Greenfee! Bei unterschiedlichen Greenfees (z.B. Studenten-Rabatt) ist der günstigere Tarif gratis!
- Alle Inserenten verpflichten sich, Gutscheine zu den angegebenen Bedingungen einzulösen. Der Verlag übernimmt keine Haftung, wenn ein Gutschein nicht eingelöst wird oder werden kann. Alle Angaben ohne Gewähr!
- Das Angebot ist gültig bis 31.05.2023.

Hinweis

- Informieren Sie sich vorher über das für Sie gültige Greenfee.

Teilnahmebedingungen

- Zur Gutschein-Einlösung muss eine Greenfee-Berechtigung (z.B. Mindest-HCP, Mitgliedschaft in einem Golfclub) vorliegen.
- Der Gutschein kann nur mit Vorlage des Köllen Golfführer für Deutschland oder mit beiliegender KöllenCard eingelöst werden.
- Die Einlösung kann nur nach telefonischer Anmeldung erfolgen – unter Hinweis auf die Nutzung des Angebots. Bei Sonderveranstaltungen, Turnieren etc. müssen Gutscheine nicht angenommen werden.
- Das Kombinieren mit anderen Rabatten ist nicht möglich – es gilt das zum Abschlagszeitpunkt gültige, volle Greenfee! Bei unterschiedlichen Greenfees (z.B. Studenten-Rabatt) ist der günstigere Tarif gratis!
- Alle Inserenten verpflichten sich, Gutscheine zu den angegebenen Bedingungen einzulösen. Der Verlag übernimmt keine Haftung, wenn ein Gutschein nicht eingelöst wird oder werden kann. Alle Angaben ohne Gewähr!
- Das Angebot ist gültig bis 31.05.2023.

Hinweis

- Informieren Sie sich vorher über das für Sie gültige Greenfee.

GUTSCHEIN
2. Greenfee ist gratis

KÖLLEN GOLF

2:1

25% GF-Nachlass (Einzelspieler)

Golf Club Hechingen-Hohenzollern e.V.

DGV-Nr. 7715 Seite 276 Gültig bis 31.05.2023

GUTSCHEIN
2. Greenfee ist gratis

KÖLLEN GOLF

2:1

25% GF-Nachlass (Einzelspieler)

Golf Club Hechingen-Hohenzollern e.V.

DGV-Nr. 7715 Seite 276 Gültig bis 31.05.2023

GUTSCHEIN
2. Greenfee ist gratis

KÖLLEN GOLF

2:1

25% GF-Nachlass (Einzelspieler)

Golf Club Hechingen-Hohenzollern e.V.

DGV-Nr. 7715 Seite 276 Gültig bis 31.05.2023

GUTSCHEIN
2. Greenfee ist gratis

KÖLLEN GOLF

2:1

25% GF-Nachlass (Einzelspieler)

Golfclub Heidelberg-Lobenfeld e.V.

DGV-Nr. 7716 Seite 289 Gültig bis 31.05.2023

GUTSCHEIN
2. Greenfee ist gratis

KÖLLEN GOLF

2:1

25% GF-Nachlass (Einzelspieler)

Golfclub Heidelberg-Lobenfeld e.V.

DGV-Nr. 7716 Seite 289 Gültig bis 31.05.2023

GUTSCHEIN
2. Greenfee ist gratis

KÖLLEN GOLF

2:1

25% GF-Nachlass (Einzelspieler)

Golfclub Heidelberg-Lobenfeld e.V.

DGV-Nr. 7716 Seite 289 Gültig bis 31.05.2023

GUTSCHEIN
25% Greenfee-Nachlass

KÖLLEN GOLF

%

Golfclub Heidelberg-Lobenfeld e.V.

DGV-Nr. 7716 Seite 289 Gültig bis 31.05.2023

GUTSCHEIN
2. Greenfee ist gratis

KÖLLEN GOLF

2:1

25% GF-Nachlass (Einzelspieler)

Golf-Club Ortenau e.V.

DGV-Nr. 7724 Seite 297 Gültig bis 31.05.2023

GUTSCHEIN
2. Greenfee ist gratis

KÖLLEN GOLF

2:1

25% GF-Nachlass (Einzelspieler)

Golf-Club Ortenau e.V.

DGV-Nr. 7724 Seite 297 Gültig bis 31.05.2023

GUTSCHEIN
2. Greenfee ist gratis

KÖLLEN GOLF

2:1

25% GF-Nachlass (Einzelspieler)
nur Mo-Fr (außer feiertags)

Golfclub Reutlingen-Sonnenbühl e.V.

DGV-Nr. 7725 Seite 277 Gültig bis 31.05.2023

Teilnahmebedingungen

- Zur Gutschein-Einlösung muss eine Greenfee-Berechtigung (z.B. Mindest-HCP, Mitgliedschaft in einem Golfclub) vorliegen.
- Der Gutschein kann nur mit Vorlage des Köllen Golfführer für Deutschland oder mit beiliegender KöllenCard eingelöst werden.
- Die Einlösung kann nur nach telefonischer Anmeldung erfolgen – unter Hinweis auf die Nutzung des Angebots. Bei Sonderveranstaltungen, Turnieren etc. müssen Gutscheine nicht angenommen werden.
- Das Kombinieren mit anderen Rabatten ist nicht möglich – es gilt das zum Abschlagszeitpunkt gültige, volle Greenfee! Bei unterschiedlichen Greenfees (z.B. Studenten-Rabatt) ist der günstigere Tarif gratis!
- Alle Inserenten verpflichten sich, Gutscheine zu den angegebenen Bedingungen einzulösen. Der Verlag übernimmt keine Haftung, wenn ein Gutschein nicht eingelöst wird oder werden kann. Alle Angaben ohne Gewähr!
- Das Angebot ist gültig bis 31.05.2023.

Hinweis

- Informieren Sie sich vorher über das für Sie gültige Greenfee.

Teilnahmebedingungen

- Zur Gutschein-Einlösung muss eine Greenfee-Berechtigung (z.B. Mindest-HCP, Mitgliedschaft in einem Golfclub) vorliegen.
- Der Gutschein kann nur mit Vorlage des Köllen Golfführer für Deutschland oder mit beiliegender KöllenCard eingelöst werden.
- Die Einlösung kann nur nach telefonischer Anmeldung erfolgen – unter Hinweis auf die Nutzung des Angebots. Bei Sonderveranstaltungen, Turnieren etc. müssen Gutscheine nicht angenommen werden.
- Das Kombinieren mit anderen Rabatten ist nicht möglich – es gilt das zum Abschlagszeitpunkt gültige, volle Greenfee! Bei unterschiedlichen Greenfees (z.B. Studenten-Rabatt) ist der günstigere Tarif gratis!
- Alle Inserenten verpflichten sich, Gutscheine zu den angegebenen Bedingungen einzulösen. Der Verlag übernimmt keine Haftung, wenn ein Gutschein nicht eingelöst wird oder werden kann. Alle Angaben ohne Gewähr!
- Das Angebot ist gültig bis 31.05.2023.

Hinweis

- Informieren Sie sich vorher über das für Sie gültige Greenfee.

Teilnahmebedingungen

- Zur Gutschein-Einlösung muss eine Greenfee-Berechtigung (z.B. Mindest-HCP, Mitgliedschaft in einem Golfclub) vorliegen.
- Der Gutschein kann nur mit Vorlage des Köllen Golfführer für Deutschland oder mit beiliegender KöllenCard eingelöst werden.
- Die Einlösung kann nur nach telefonischer Anmeldung erfolgen – unter Hinweis auf die Nutzung des Angebots. Bei Sonderveranstaltungen, Turnieren etc. müssen Gutscheine nicht angenommen werden.
- Das Kombinieren mit anderen Rabatten ist nicht möglich – es gilt das zum Abschlagszeitpunkt gültige, volle Greenfee! Bei unterschiedlichen Greenfees (z.B. Studenten-Rabatt) ist der günstigere Tarif gratis!
- Alle Inserenten verpflichten sich, Gutscheine zu den angegebenen Bedingungen einzulösen. Der Verlag übernimmt keine Haftung, wenn ein Gutschein nicht eingelöst wird oder werden kann. Alle Angaben ohne Gewähr!
- Das Angebot ist gültig bis 31.05.2023.

Hinweis

- Informieren Sie sich vorher über das für Sie gültige Greenfee.

Teilnahmebedingungen

- Zur Gutschein-Einlösung muss eine Greenfee-Berechtigung (z.B. Mindest-HCP, Mitgliedschaft in einem Golfclub) vorliegen.
- Der Gutschein kann nur mit Vorlage des Köllen Golfführer für Deutschland oder mit beiliegender KöllenCard eingelöst werden.
- Die Einlösung kann nur nach telefonischer Anmeldung erfolgen – unter Hinweis auf die Nutzung des Angebots. Bei Sonderveranstaltungen, Turnieren etc. müssen Gutscheine nicht angenommen werden.
- Das Kombinieren mit anderen Rabatten ist nicht möglich – es gilt das zum Abschlagszeitpunkt gültige, volle Greenfee! Bei unterschiedlichen Greenfees (z.B. Studenten-Rabatt) ist der günstigere Tarif gratis!
- Alle Inserenten verpflichten sich, Gutscheine zu den angegebenen Bedingungen einzulösen. Der Verlag übernimmt keine Haftung, wenn ein Gutschein nicht eingelöst wird oder werden kann. Alle Angaben ohne Gewähr!
- Das Angebot ist gültig bis 31.05.2023.

Hinweis

- Informieren Sie sich vorher über das für Sie gültige Greenfee.

Teilnahmebedingungen

- Zur Gutschein-Einlösung muss eine Greenfee-Berechtigung (z.B. Mindest-HCP, Mitgliedschaft in einem Golfclub) vorliegen.
- Der Gutschein kann nur mit Vorlage des Köllen Golfführer für Deutschland oder mit beiliegender KöllenCard eingelöst werden.
- Die Einlösung kann nur nach telefonischer Anmeldung erfolgen – unter Hinweis auf die Nutzung des Angebots. Bei Sonderveranstaltungen, Turnieren etc. müssen Gutscheine nicht angenommen werden.
- Das Kombinieren mit anderen Rabatten ist nicht möglich – es gilt das zum Abschlagszeitpunkt gültige, volle Greenfee! Bei unterschiedlichen Greenfees (z.B. Studenten-Rabatt) ist der günstigere Tarif gratis!
- Alle Inserenten verpflichten sich, Gutscheine zu den angegebenen Bedingungen einzulösen. Der Verlag übernimmt keine Haftung, wenn ein Gutschein nicht eingelöst wird oder werden kann. Alle Angaben ohne Gewähr!
- Das Angebot ist gültig bis 31.05.2023.

Hinweis

- Informieren Sie sich vorher über das für Sie gültige Greenfee.

Teilnahmebedingungen

- Zur Gutschein-Einlösung muss eine Greenfee-Berechtigung (z.B. Mindest-HCP, Mitgliedschaft in einem Golfclub) vorliegen.
- Der Gutschein kann nur mit Vorlage des Köllen Golfführer für Deutschland oder mit beiliegender KöllenCard eingelöst werden.
- Die Einlösung kann nur nach telefonischer Anmeldung erfolgen – unter Hinweis auf die Nutzung des Angebots. Bei Sonderveranstaltungen, Turnieren etc. müssen Gutscheine nicht angenommen werden.
- Das Kombinieren mit anderen Rabatten ist nicht möglich – es gilt das zum Abschlagszeitpunkt gültige, volle Greenfee! Bei unterschiedlichen Greenfees (z.B. Studenten-Rabatt) ist der günstigere Tarif gratis!
- Alle Inserenten verpflichten sich, Gutscheine zu den angegebenen Bedingungen einzulösen. Der Verlag übernimmt keine Haftung, wenn ein Gutschein nicht eingelöst wird oder werden kann. Alle Angaben ohne Gewähr!
- Das Angebot ist gültig bis 31.05.2023.

Hinweis

- Informieren Sie sich vorher über das für Sie gültige Greenfee.

Teilnahmebedingungen

- Zur Gutschein-Einlösung muss eine Greenfee-Berechtigung (z.B. Mindest-HCP, Mitgliedschaft in einem Golfclub) vorliegen.
- Der Gutschein kann nur mit Vorlage des Köllen Golfführer für Deutschland oder mit beiliegender KöllenCard eingelöst werden.
- Die Einlösung kann nur nach telefonischer Anmeldung erfolgen – unter Hinweis auf die Nutzung des Angebots. Bei Sonderveranstaltungen, Turnieren etc. müssen Gutscheine nicht angenommen werden.
- Das Kombinieren mit anderen Rabatten ist nicht möglich – es gilt das zum Abschlagszeitpunkt gültige, volle Greenfee! Bei unterschiedlichen Greenfees (z.B. Studenten-Rabatt) ist der günstigere Tarif gratis!
- Alle Inserenten verpflichten sich, Gutscheine zu den angegebenen Bedingungen einzulösen. Der Verlag übernimmt keine Haftung, wenn ein Gutschein nicht eingelöst wird oder werden kann. Alle Angaben ohne Gewähr!
- Das Angebot ist gültig bis 31.05.2023.

Hinweis

- Informieren Sie sich vorher über das für Sie gültige Greenfee.

Teilnahmebedingungen

- Zur Gutschein-Einlösung muss eine Greenfee-Berechtigung (z.B. Mindest-HCP, Mitgliedschaft in einem Golfclub) vorliegen.
- Der Gutschein kann nur mit Vorlage des Köllen Golfführer für Deutschland oder mit beiliegender KöllenCard eingelöst werden.
- Die Einlösung kann nur nach telefonischer Anmeldung erfolgen – unter Hinweis auf die Nutzung des Angebots. Bei Sonderveranstaltungen, Turnieren etc. müssen Gutscheine nicht angenommen werden.
- Das Kombinieren mit anderen Rabatten ist nicht möglich – es gilt das zum Abschlagszeitpunkt gültige, volle Greenfee! Bei unterschiedlichen Greenfees (z.B. Studenten-Rabatt) ist der günstigere Tarif gratis!
- Alle Inserenten verpflichten sich, Gutscheine zu den angegebenen Bedingungen einzulösen. Der Verlag übernimmt keine Haftung, wenn ein Gutschein nicht eingelöst wird oder werden kann. Alle Angaben ohne Gewähr!
- Das Angebot ist gültig bis 31.05.2023.

Hinweis

- Informieren Sie sich vorher über das für Sie gültige Greenfee.

Teilnahmebedingungen

- Zur Gutschein-Einlösung muss eine Greenfee-Berechtigung (z.B. Mindest-HCP, Mitgliedschaft in einem Golfclub) vorliegen.
- Der Gutschein kann nur mit Vorlage des Köllen Golfführer für Deutschland oder mit beiliegender KöllenCard eingelöst werden.
- Die Einlösung kann nur nach telefonischer Anmeldung erfolgen – unter Hinweis auf die Nutzung des Angebots. Bei Sonderveranstaltungen, Turnieren etc. müssen Gutscheine nicht angenommen werden.
- Das Kombinieren mit anderen Rabatten ist nicht möglich – es gilt das zum Abschlagszeitpunkt gültige, volle Greenfee! Bei unterschiedlichen Greenfees (z.B. Studenten-Rabatt) ist der günstigere Tarif gratis!
- Alle Inserenten verpflichten sich, Gutscheine zu den angegebenen Bedingungen einzulösen. Der Verlag übernimmt keine Haftung, wenn ein Gutschein nicht eingelöst wird oder werden kann. Alle Angaben ohne Gewähr!
- Das Angebot ist gültig bis 31.05.2023.

Hinweis

- Informieren Sie sich vorher über das für Sie gültige Greenfee.

Teilnahmebedingungen

- Zur Gutschein-Einlösung muss eine Greenfee-Berechtigung (z.B. Mindest-HCP, Mitgliedschaft in einem Golfclub) vorliegen.
- Der Gutschein kann nur mit Vorlage des Köllen Golfführer für Deutschland oder mit beiliegender KöllenCard eingelöst werden.
- Die Einlösung kann nur nach telefonischer Anmeldung erfolgen – unter Hinweis auf die Nutzung des Angebots. Bei Sonderveranstaltungen, Turnieren etc. müssen Gutscheine nicht angenommen werden.
- Das Kombinieren mit anderen Rabatten ist nicht möglich – es gilt das zum Abschlagszeitpunkt gültige, volle Greenfee! Bei unterschiedlichen Greenfees (z.B. Studenten-Rabatt) ist der günstigere Tarif gratis!
- Alle Inserenten verpflichten sich, Gutscheine zu den angegebenen Bedingungen einzulösen. Der Verlag übernimmt keine Haftung, wenn ein Gutschein nicht eingelöst wird oder werden kann. Alle Angaben ohne Gewähr!
- Das Angebot ist gültig bis 31.05.2023.

Hinweis

- Informieren Sie sich vorher über das für Sie gültige Greenfee.

GUTSCHEIN
2. Greenfee ist gratis

KÖLLEN GOLF

2:1

25% GF-Nachlass (Einzelspieler)
nur Mo-Fr (außer feiertags)

Golfclub Reutlingen-Sonnenbühl e.V.

DGV-Nr. 7725 Seite 277 Gültig bis 31.05.2023

GUTSCHEIN
2. Greenfee ist gratis

KÖLLEN GOLF

2:1

25% GF-Nachlass (Einzelspieler)

Golfanlagen Hohenhardter Hof

DGV-Nr. 7732 Seite 269 Gültig bis 31.05.2023

GUTSCHEIN
2. Greenfee ist gratis

KÖLLEN GOLF

2:1

25% GF-Nachlass (Einzelspieler)

Golfanlagen Hohenhardter Hof

DGV-Nr. 7732 Seite 269 Gültig bis 31.05.2023

GUTSCHEIN
2. Greenfee ist gratis

KÖLLEN GOLF

2:1

25% GF-Nachlass (Einzelspieler)
nur Mo-Fr (außer feiertags)

Golf & Country Club Grafenhof e.V.

DGV-Nr. 7750 Seite 285 Gültig bis 31.05.2023

GUTSCHEIN
2. Greenfee ist gratis

KÖLLEN GOLF

2:1

25% GF-Nachlass (Einzelspieler)

Golfclub Sinsheim Buchenauerhof e.V.

DGV-Nr. 7756 Seite 288 Gültig bis 31.05.2023

GUTSCHEIN
2. Greenfee ist gratis

KÖLLEN GOLF

2:1

25% GF-Nachlass (Einzelspieler)

Golfclub Sinsheim Buchenauerhof e.V.

DGV-Nr. 7756 Seite 288 Gültig bis 31.05.2023

GUTSCHEIN
2. Greenfee ist gratis

KÖLLEN GOLF

2:1

25% GF-Nachlass (Einzelspieler)

Golfclub Sinsheim Buchenauerhof e.V.

DGV-Nr. 7756 Seite 288 Gültig bis 31.05.2023

GUTSCHEIN
2. Greenfee ist gratis

KÖLLEN GOLF

2:1

25% GF-Nachlass (Einzelspieler)

Golfclub Sinsheim Buchenauerhof e.V.

DGV-Nr. 7756 Seite 288 Gültig bis 31.05.2023

GUTSCHEIN
2. Greenfee ist gratis

KÖLLEN GOLF

2:1

25% GF-Nachlass (Einzelspieler)

Green-Golf Bad Saulgau GbR

DGV-Nr. 7767 Seite 307 Gültig bis 31.05.2023

GUTSCHEIN
2. Greenfee ist gratis

KÖLLEN GOLF

2:1

25% GF-Nachlass (Einzelspieler)

Green-Golf Bad Saulgau GbR

DGV-Nr. 7767 Seite 307 Gültig bis 31.05.2023

Teilnahmebedingungen

- Zur Gutschein-Einlösung muss eine Greenfee-Berechtigung (z.B. Mindest-HCP, Mitgliedschaft in einem Golfclub) vorliegen.
- Der Gutschein kann nur mit Vorlage des Köllen Golfführer für Deutschland oder mit beiliegender KöllenCard eingelöst werden.
- Die Einlösung kann nur nach telefonischer Anmeldung erfolgen – unter Hinweis auf die Nutzung des Angebots. Bei Sonderveranstaltungen, Turnieren etc. müssen Gutscheine nicht angenommen werden.
- Das Kombinieren mit anderen Rabatten ist nicht möglich – es gilt das zum Abschlagszeitpunkt gültige, volle Greenfee! Bei unterschiedlichen Greenfees (z.B. Studenten-Rabatt) ist der günstigere Tarif gratis!
- Alle Inserenten verpflichten sich, Gutscheine zu den angegebenen Bedingungen einzulösen. Der Verlag übernimmt keine Haftung, wenn ein Gutschein nicht eingelöst wird oder werden kann. Alle Angaben ohne Gewähr!
- Das Angebot ist gültig bis 31.05.2023.

Hinweis

- Informieren Sie sich vorher über das für Sie gültige Greenfee.

Teilnahmebedingungen

- Zur Gutschein-Einlösung muss eine Greenfee-Berechtigung (z.B. Mindest-HCP, Mitgliedschaft in einem Golfclub) vorliegen.
- Der Gutschein kann nur mit Vorlage des Köllen Golfführer für Deutschland oder mit beiliegender KöllenCard eingelöst werden.
- Die Einlösung kann nur nach telefonischer Anmeldung erfolgen – unter Hinweis auf die Nutzung des Angebots. Bei Sonderveranstaltungen, Turnieren etc. müssen Gutscheine nicht angenommen werden.
- Das Kombinieren mit anderen Rabatten ist nicht möglich – es gilt das zum Abschlagszeitpunkt gültige, volle Greenfee! Bei unterschiedlichen Greenfees (z.B. Studenten-Rabatt) ist der günstigere Tarif gratis!
- Alle Inserenten verpflichten sich, Gutscheine zu den angegebenen Bedingungen einzulösen. Der Verlag übernimmt keine Haftung, wenn ein Gutschein nicht eingelöst wird oder werden kann. Alle Angaben ohne Gewähr!
- Das Angebot ist gültig bis 31.05.2023.

Hinweis

- Informieren Sie sich vorher über das für Sie gültige Greenfee.

Teilnahmebedingungen

- Zur Gutschein-Einlösung muss eine Greenfee-Berechtigung (z.B. Mindest-HCP, Mitgliedschaft in einem Golfclub) vorliegen.
- Der Gutschein kann nur mit Vorlage des Köllen Golfführer für Deutschland oder mit beiliegender KöllenCard eingelöst werden.
- Die Einlösung kann nur nach telefonischer Anmeldung erfolgen – unter Hinweis auf die Nutzung des Angebots. Bei Sonderveranstaltungen, Turnieren etc. müssen Gutscheine nicht angenommen werden.
- Das Kombinieren mit anderen Rabatten ist nicht möglich – es gilt das zum Abschlagszeitpunkt gültige, volle Greenfee! Bei unterschiedlichen Greenfees (z.B. Studenten-Rabatt) ist der günstigere Tarif gratis!
- Alle Inserenten verpflichten sich, Gutscheine zu den angegebenen Bedingungen einzulösen. Der Verlag übernimmt keine Haftung, wenn ein Gutschein nicht eingelöst wird oder werden kann. Alle Angaben ohne Gewähr!
- Das Angebot ist gültig bis 31.05.2023.

Hinweis

- Informieren Sie sich vorher über das für Sie gültige Greenfee.

Teilnahmebedingungen

- Zur Gutschein-Einlösung muss eine Greenfee-Berechtigung (z.B. Mindest-HCP, Mitgliedschaft in einem Golfclub) vorliegen.
- Der Gutschein kann nur mit Vorlage des Köllen Golfführer für Deutschland oder mit beiliegender KöllenCard eingelöst werden.
- Die Einlösung kann nur nach telefonischer Anmeldung erfolgen – unter Hinweis auf die Nutzung des Angebots. Bei Sonderveranstaltungen, Turnieren etc. müssen Gutscheine nicht angenommen werden.
- Das Kombinieren mit anderen Rabatten ist nicht möglich – es gilt das zum Abschlagszeitpunkt gültige, volle Greenfee! Bei unterschiedlichen Greenfees (z.B. Studenten-Rabatt) ist der günstigere Tarif gratis!
- Alle Inserenten verpflichten sich, Gutscheine zu den angegebenen Bedingungen einzulösen. Der Verlag übernimmt keine Haftung, wenn ein Gutschein nicht eingelöst wird oder werden kann. Alle Angaben ohne Gewähr!
- Das Angebot ist gültig bis 31.05.2023.

Hinweis

- Informieren Sie sich vorher über das für Sie gültige Greenfee.

Teilnahmebedingungen

- Zur Gutschein-Einlösung muss eine Greenfee-Berechtigung (z.B. Mindest-HCP, Mitgliedschaft in einem Golfclub) vorliegen.
- Der Gutschein kann nur mit Vorlage des Köllen Golfführer für Deutschland oder mit beiliegender KöllenCard eingelöst werden.
- Die Einlösung kann nur nach telefonischer Anmeldung erfolgen – unter Hinweis auf die Nutzung des Angebots. Bei Sonderveranstaltungen, Turnieren etc. müssen Gutscheine nicht angenommen werden.
- Das Kombinieren mit anderen Rabatten ist nicht möglich – es gilt das zum Abschlagszeitpunkt gültige, volle Greenfee! Bei unterschiedlichen Greenfees (z.B. Studenten-Rabatt) ist der günstigere Tarif gratis!
- Alle Inserenten verpflichten sich, Gutscheine zu den angegebenen Bedingungen einzulösen. Der Verlag übernimmt keine Haftung, wenn ein Gutschein nicht eingelöst wird oder werden kann. Alle Angaben ohne Gewähr!
- Das Angebot ist gültig bis 31.05.2023.

Hinweis

- Informieren Sie sich vorher über das für Sie gültige Greenfee.

Teilnahmebedingungen

- Zur Gutschein-Einlösung muss eine Greenfee-Berechtigung (z.B. Mindest-HCP, Mitgliedschaft in einem Golfclub) vorliegen.
- Der Gutschein kann nur mit Vorlage des Köllen Golfführer für Deutschland oder mit beiliegender KöllenCard eingelöst werden.
- Die Einlösung kann nur nach telefonischer Anmeldung erfolgen – unter Hinweis auf die Nutzung des Angebots. Bei Sonderveranstaltungen, Turnieren etc. müssen Gutscheine nicht angenommen werden.
- Das Kombinieren mit anderen Rabatten ist nicht möglich – es gilt das zum Abschlagszeitpunkt gültige, volle Greenfee! Bei unterschiedlichen Greenfees (z.B. Studenten-Rabatt) ist der günstigere Tarif gratis!
- Alle Inserenten verpflichten sich, Gutscheine zu den angegebenen Bedingungen einzulösen. Der Verlag übernimmt keine Haftung, wenn ein Gutschein nicht eingelöst wird oder werden kann. Alle Angaben ohne Gewähr!
- Das Angebot ist gültig bis 31.05.2023.

Hinweis

- Informieren Sie sich vorher über das für Sie gültige Greenfee.

Teilnahmebedingungen

- Zur Gutschein-Einlösung muss eine Greenfee-Berechtigung (z.B. Mindest-HCP, Mitgliedschaft in einem Golfclub) vorliegen.
- Der Gutschein kann nur mit Vorlage des Köllen Golfführer für Deutschland oder mit beiliegender KöllenCard eingelöst werden.
- Die Einlösung kann nur nach telefonischer Anmeldung erfolgen – unter Hinweis auf die Nutzung des Angebots. Bei Sonderveranstaltungen, Turnieren etc. müssen Gutscheine nicht angenommen werden.
- Das Kombinieren mit anderen Rabatten ist nicht möglich – es gilt das zum Abschlagszeitpunkt gültige, volle Greenfee! Bei unterschiedlichen Greenfees (z.B. Studenten-Rabatt) ist der günstigere Tarif gratis!
- Alle Inserenten verpflichten sich, Gutscheine zu den angegebenen Bedingungen einzulösen. Der Verlag übernimmt keine Haftung, wenn ein Gutschein nicht eingelöst wird oder werden kann. Alle Angaben ohne Gewähr!
- Das Angebot ist gültig bis 31.05.2023.

Hinweis

- Informieren Sie sich vorher über das für Sie gültige Greenfee.

Teilnahmebedingungen

- Zur Gutschein-Einlösung muss eine Greenfee-Berechtigung (z.B. Mindest-HCP, Mitgliedschaft in einem Golfclub) vorliegen.
- Der Gutschein kann nur mit Vorlage des Köllen Golfführer für Deutschland oder mit beiliegender KöllenCard eingelöst werden.
- Die Einlösung kann nur nach telefonischer Anmeldung erfolgen – unter Hinweis auf die Nutzung des Angebots. Bei Sonderveranstaltungen, Turnieren etc. müssen Gutscheine nicht angenommen werden.
- Das Kombinieren mit anderen Rabatten ist nicht möglich – es gilt das zum Abschlagszeitpunkt gültige, volle Greenfee! Bei unterschiedlichen Greenfees (z.B. Studenten-Rabatt) ist der günstigere Tarif gratis!
- Alle Inserenten verpflichten sich, Gutscheine zu den angegebenen Bedingungen einzulösen. Der Verlag übernimmt keine Haftung, wenn ein Gutschein nicht eingelöst wird oder werden kann. Alle Angaben ohne Gewähr!
- Das Angebot ist gültig bis 31.05.2023.

Hinweis

- Informieren Sie sich vorher über das für Sie gültige Greenfee.

Teilnahmebedingungen

- Zur Gutschein-Einlösung muss eine Greenfee-Berechtigung (z.B. Mindest-HCP, Mitgliedschaft in einem Golfclub) vorliegen.
- Der Gutschein kann nur mit Vorlage des Köllen Golfführer für Deutschland oder mit beiliegender KöllenCard eingelöst werden.
- Die Einlösung kann nur nach telefonischer Anmeldung erfolgen – unter Hinweis auf die Nutzung des Angebots. Bei Sonderveranstaltungen, Turnieren etc. müssen Gutscheine nicht angenommen werden.
- Das Kombinieren mit anderen Rabatten ist nicht möglich – es gilt das zum Abschlagszeitpunkt gültige, volle Greenfee! Bei unterschiedlichen Greenfees (z.B. Studenten-Rabatt) ist der günstigere Tarif gratis!
- Alle Inserenten verpflichten sich, Gutscheine zu den angegebenen Bedingungen einzulösen. Der Verlag übernimmt keine Haftung, wenn ein Gutschein nicht eingelöst wird oder werden kann. Alle Angaben ohne Gewähr!
- Das Angebot ist gültig bis 31.05.2023.

Hinweis

- Informieren Sie sich vorher über das für Sie gültige Greenfee.

Teilnahmebedingungen

- Zur Gutschein-Einlösung muss eine Greenfee-Berechtigung (z.B. Mindest-HCP, Mitgliedschaft in einem Golfclub) vorliegen.
- Der Gutschein kann nur mit Vorlage des Köllen Golfführer für Deutschland oder mit beiliegender KöllenCard eingelöst werden.
- Die Einlösung kann nur nach telefonischer Anmeldung erfolgen – unter Hinweis auf die Nutzung des Angebots. Bei Sonderveranstaltungen, Turnieren etc. müssen Gutscheine nicht angenommen werden.
- Das Kombinieren mit anderen Rabatten ist nicht möglich – es gilt das zum Abschlagszeitpunkt gültige, volle Greenfee! Bei unterschiedlichen Greenfees (z.B. Studenten-Rabatt) ist der günstigere Tarif gratis!
- Alle Inserenten verpflichten sich, Gutscheine zu den angegebenen Bedingungen einzulösen. Der Verlag übernimmt keine Haftung, wenn ein Gutschein nicht eingelöst wird oder werden kann. Alle Angaben ohne Gewähr!
- Das Angebot ist gültig bis 31.05.2023.

Hinweis

- Informieren Sie sich vorher über das für Sie gültige Greenfee.

GUTSCHEIN 2. Greenfee ist gratis

KÖLLEN GOLF

2:1

25% GF-Nachlass (Einzelspieler) nur Mo-Fr (außer feiertags)

Golfclub Teck e.V.

DGV-Nr. 7775 Seite 279 Gültig bis 31.05.2023

GUTSCHEIN 2. Greenfee ist gratis

KÖLLEN GOLF

2:1

25% GF-Nachlass (Einzelspieler) nur Mo-Fr (außer feiertags)

Golfclub Teck e.V.

DGV-Nr. 7775 Seite 279 Gültig bis 31.05.2023

GUTSCHEIN 2. Greenfee ist gratis

KÖLLEN GOLF

2:1

25% GF-Nachlass (Einzelspieler) nur Mo-Fr (außer feiertags)

Golfclub Teck e.V.

DGV-Nr. 7775 Seite 279 Gültig bis 31.05.2023

GUTSCHEIN 2. Greenfee ist gratis

KÖLLEN GOLF

2:1

25% GF-Nachlass (Einzelspieler) nur Mo-Fr (außer feiertags)

Golfclub Teck e.V.

DGV-Nr. 7775 Seite 279 Gültig bis 31.05.2023

GUTSCHEIN 2. Greenfee ist gratis

KÖLLEN GOLF

2:1

25% GF-Nachlass (Einzelspieler) nur Mo-Fr (außer feiertags)

Golfclub Teck e.V.

DGV-Nr. 7775 Seite 279 Gültig bis 31.05.2023

GUTSCHEIN 2. Greenfee ist gratis

KÖLLEN GOLF

2:1

25% GF-Nachlass (Einzelspieler)

Golfclub Gröbernhof e.V.

DGV-Nr. 7778 Seite 295 Gültig bis 31.05.2023

GUTSCHEIN 2. Greenfee ist gratis

KÖLLEN GOLF

2:1

25% GF-Nachlass (Einzelspieler)

Golfclub Hochschwarzwald e.V.

DGV-Nr. 7780 Seite 306 Gültig bis 31.05.2023

GUTSCHEIN 2. Greenfee ist gratis

KÖLLEN GOLF

2:1

25% GF-Nachlass (Einzelspieler)

Golfclub Hochschwarzwald e.V.

DGV-Nr. 7780 Seite 306 Gültig bis 31.05.2023

GUTSCHEIN 2. Greenfee ist gratis

KÖLLEN GOLF

2:1

25% GF-Nachlass (Einzelspieler) nur Mo-Fr (außer feiertags)

Golfclub Donau-Riss e.V.

DGV-Nr. 7790 Seite 311 Gültig bis 31.05.2023

GUTSCHEIN 2. Greenfee ist gratis

KÖLLEN GOLF

2:1

25% GF-Nachlass (Einzelspieler) nur Mo-Fr (außer feiertags)

Golfclub Donau-Riss e.V.

DGV-Nr. 7790 Seite 311 Gültig bis 31.05.2023

Teilnahmebedingungen
- Zur Gutschein-Einlösung muss eine Greenfee-Berechtigung (z.B. Mindest-HCP, Mitgliedschaft in einem Golfclub) vorliegen.
- Der Gutschein kann nur mit Vorlage des Köllen Golfführer für Deutschland oder mit beiliegender KöllenCard eingelöst werden.
- Die Einlösung kann nur nach telefonischer Anmeldung erfolgen – unter Hinweis auf die Nutzung des Angebots. Bei Sonderveranstaltungen, Turnieren etc. müssen Gutscheine nicht angenommen werden.
- Das Kombinieren mit anderen Rabatten ist nicht möglich – es gilt das zum Abschlagszeitpunkt gültige, volle Greenfee! Bei unterschiedlichen Greenfees (z.B. Studenten-Rabatt) ist der günstigere Tarif gratis!
- Alle Inserenten verpflichten sich, Gutscheine zu den angegebenen Bedingungen einzulösen. Der Verlag übernimmt keine Haftung, wenn ein Gutschein nicht eingelöst wird oder werden kann. Alle Angaben ohne Gewähr!
- Das Angebot ist gültig bis 31.05.2023.

Hinweis
- Informieren Sie sich vorher über das für Sie gültige Greenfee.

Teilnahmebedingungen
- Zur Gutschein-Einlösung muss eine Greenfee-Berechtigung (z.B. Mindest-HCP, Mitgliedschaft in einem Golfclub) vorliegen.
- Der Gutschein kann nur mit Vorlage des Köllen Golfführer für Deutschland oder mit beiliegender KöllenCard eingelöst werden.
- Die Einlösung kann nur nach telefonischer Anmeldung erfolgen – unter Hinweis auf die Nutzung des Angebots. Bei Sonderveranstaltungen, Turnieren etc. müssen Gutscheine nicht angenommen werden.
- Das Kombinieren mit anderen Rabatten ist nicht möglich – es gilt das zum Abschlagszeitpunkt gültige, volle Greenfee! Bei unterschiedlichen Greenfees (z.B. Studenten-Rabatt) ist der günstigere Tarif gratis!
- Alle Inserenten verpflichten sich, Gutscheine zu den angegebenen Bedingungen einzulösen. Der Verlag übernimmt keine Haftung, wenn ein Gutschein nicht eingelöst wird oder werden kann. Alle Angaben ohne Gewähr!
- Das Angebot ist gültig bis 31.05.2023.

Hinweis
- Informieren Sie sich vorher über das für Sie gültige Greenfee.

Teilnahmebedingungen
- Zur Gutschein-Einlösung muss eine Greenfee-Berechtigung (z.B. Mindest-HCP, Mitgliedschaft in einem Golfclub) vorliegen.
- Der Gutschein kann nur mit Vorlage des Köllen Golfführer für Deutschland oder mit beiliegender KöllenCard eingelöst werden.
- Die Einlösung kann nur nach telefonischer Anmeldung erfolgen – unter Hinweis auf die Nutzung des Angebots. Bei Sonderveranstaltungen, Turnieren etc. müssen Gutscheine nicht angenommen werden.
- Das Kombinieren mit anderen Rabatten ist nicht möglich – es gilt das zum Abschlagszeitpunkt gültige, volle Greenfee! Bei unterschiedlichen Greenfees (z.B. Studenten-Rabatt) ist der günstigere Tarif gratis!
- Alle Inserenten verpflichten sich, Gutscheine zu den angegebenen Bedingungen einzulösen. Der Verlag übernimmt keine Haftung, wenn ein Gutschein nicht eingelöst wird oder werden kann. Alle Angaben ohne Gewähr!
- Das Angebot ist gültig bis 31.05.2023.

Hinweis
- Informieren Sie sich vorher über das für Sie gültige Greenfee.

Teilnahmebedingungen
- Zur Gutschein-Einlösung muss eine Greenfee-Berechtigung (z.B. Mindest-HCP, Mitgliedschaft in einem Golfclub) vorliegen.
- Der Gutschein kann nur mit Vorlage des Köllen Golfführer für Deutschland oder mit beiliegender KöllenCard eingelöst werden.
- Die Einlösung kann nur nach telefonischer Anmeldung erfolgen – unter Hinweis auf die Nutzung des Angebots. Bei Sonderveranstaltungen, Turnieren etc. müssen Gutscheine nicht angenommen werden.
- Das Kombinieren mit anderen Rabatten ist nicht möglich – es gilt das zum Abschlagszeitpunkt gültige, volle Greenfee! Bei unterschiedlichen Greenfees (z.B. Studenten-Rabatt) ist der günstigere Tarif gratis!
- Alle Inserenten verpflichten sich, Gutscheine zu den angegebenen Bedingungen einzulösen. Der Verlag übernimmt keine Haftung, wenn ein Gutschein nicht eingelöst wird oder werden kann. Alle Angaben ohne Gewähr!
- Das Angebot ist gültig bis 31.05.2023.

Hinweis
- Informieren Sie sich vorher über das für Sie gültige Greenfee.

Teilnahmebedingungen
- Zur Gutschein-Einlösung muss eine Greenfee-Berechtigung (z.B. Mindest-HCP, Mitgliedschaft in einem Golfclub) vorliegen.
- Der Gutschein kann nur mit Vorlage des Köllen Golfführer für Deutschland oder mit beiliegender KöllenCard eingelöst werden.
- Die Einlösung kann nur nach telefonischer Anmeldung erfolgen – unter Hinweis auf die Nutzung des Angebots. Bei Sonderveranstaltungen, Turnieren etc. müssen Gutscheine nicht angenommen werden.
- Das Kombinieren mit anderen Rabatten ist nicht möglich – es gilt das zum Abschlagszeitpunkt gültige, volle Greenfee! Bei unterschiedlichen Greenfees (z.B. Studenten-Rabatt) ist der günstigere Tarif gratis!
- Alle Inserenten verpflichten sich, Gutscheine zu den angegebenen Bedingungen einzulösen. Der Verlag übernimmt keine Haftung, wenn ein Gutschein nicht eingelöst wird oder werden kann. Alle Angaben ohne Gewähr!
- Das Angebot ist gültig bis 31.05.2023.

Hinweis
- Informieren Sie sich vorher über das für Sie gültige Greenfee.

Teilnahmebedingungen
- Zur Gutschein-Einlösung muss eine Greenfee-Berechtigung (z.B. Mindest-HCP, Mitgliedschaft in einem Golfclub) vorliegen.
- Der Gutschein kann nur mit Vorlage des Köllen Golfführer für Deutschland oder mit beiliegender KöllenCard eingelöst werden.
- Die Einlösung kann nur nach telefonischer Anmeldung erfolgen – unter Hinweis auf die Nutzung des Angebots. Bei Sonderveranstaltungen, Turnieren etc. müssen Gutscheine nicht angenommen werden.
- Das Kombinieren mit anderen Rabatten ist nicht möglich – es gilt das zum Abschlagszeitpunkt gültige, volle Greenfee! Bei unterschiedlichen Greenfees (z.B. Studenten-Rabatt) ist der günstigere Tarif gratis!
- Alle Inserenten verpflichten sich, Gutscheine zu den angegebenen Bedingungen einzulösen. Der Verlag übernimmt keine Haftung, wenn ein Gutschein nicht eingelöst wird oder werden kann. Alle Angaben ohne Gewähr!
- Das Angebot ist gültig bis 31.05.2023.

Hinweis
- Informieren Sie sich vorher über das für Sie gültige Greenfee.

Teilnahmebedingungen
- Zur Gutschein-Einlösung muss eine Greenfee-Berechtigung (z.B. Mindest-HCP, Mitgliedschaft in einem Golfclub) vorliegen.
- Der Gutschein kann nur mit Vorlage des Köllen Golfführer für Deutschland oder mit beiliegender KöllenCard eingelöst werden.
- Die Einlösung kann nur nach telefonischer Anmeldung erfolgen – unter Hinweis auf die Nutzung des Angebots. Bei Sonderveranstaltungen, Turnieren etc. müssen Gutscheine nicht angenommen werden.
- Das Kombinieren mit anderen Rabatten ist nicht möglich – es gilt das zum Abschlagszeitpunkt gültige, volle Greenfee! Bei unterschiedlichen Greenfees (z.B. Studenten-Rabatt) ist der günstigere Tarif gratis!
- Alle Inserenten verpflichten sich, Gutscheine zu den angegebenen Bedingungen einzulösen. Der Verlag übernimmt keine Haftung, wenn ein Gutschein nicht eingelöst wird oder werden kann. Alle Angaben ohne Gewähr!
- Das Angebot ist gültig bis 31.05.2023.

Hinweis
- Informieren Sie sich vorher über das für Sie gültige Greenfee.

Teilnahmebedingungen
- Zur Gutschein-Einlösung muss eine Greenfee-Berechtigung (z.B. Mindest-HCP, Mitgliedschaft in einem Golfclub) vorliegen.
- Der Gutschein kann nur mit Vorlage des Köllen Golfführer für Deutschland oder mit beiliegender KöllenCard eingelöst werden.
- Die Einlösung kann nur nach telefonischer Anmeldung erfolgen – unter Hinweis auf die Nutzung des Angebots. Bei Sonderveranstaltungen, Turnieren etc. müssen Gutscheine nicht angenommen werden.
- Das Kombinieren mit anderen Rabatten ist nicht möglich – es gilt das zum Abschlagszeitpunkt gültige, volle Greenfee! Bei unterschiedlichen Greenfees (z.B. Studenten-Rabatt) ist der günstigere Tarif gratis!
- Alle Inserenten verpflichten sich, Gutscheine zu den angegebenen Bedingungen einzulösen. Der Verlag übernimmt keine Haftung, wenn ein Gutschein nicht eingelöst wird oder werden kann. Alle Angaben ohne Gewähr!
- Das Angebot ist gültig bis 31.05.2023.

Hinweis
- Informieren Sie sich vorher über das für Sie gültige Greenfee.

Teilnahmebedingungen
- Zur Gutschein-Einlösung muss eine Greenfee-Berechtigung (z.B. Mindest-HCP, Mitgliedschaft in einem Golfclub) vorliegen.
- Der Gutschein kann nur mit Vorlage des Köllen Golfführer für Deutschland oder mit beiliegender KöllenCard eingelöst werden.
- Die Einlösung kann nur nach telefonischer Anmeldung erfolgen – unter Hinweis auf die Nutzung des Angebots. Bei Sonderveranstaltungen, Turnieren etc. müssen Gutscheine nicht angenommen werden.
- Das Kombinieren mit anderen Rabatten ist nicht möglich – es gilt das zum Abschlagszeitpunkt gültige, volle Greenfee! Bei unterschiedlichen Greenfees (z.B. Studenten-Rabatt) ist der günstigere Tarif gratis!
- Alle Inserenten verpflichten sich, Gutscheine zu den angegebenen Bedingungen einzulösen. Der Verlag übernimmt keine Haftung, wenn ein Gutschein nicht eingelöst wird oder werden kann. Alle Angaben ohne Gewähr!
- Das Angebot ist gültig bis 31.05.2023.

Hinweis
- Informieren Sie sich vorher über das für Sie gültige Greenfee.

Teilnahmebedingungen
- Zur Gutschein-Einlösung muss eine Greenfee-Berechtigung (z.B. Mindest-HCP, Mitgliedschaft in einem Golfclub) vorliegen.
- Der Gutschein kann nur mit Vorlage des Köllen Golfführer für Deutschland oder mit beiliegender KöllenCard eingelöst werden.
- Die Einlösung kann nur nach telefonischer Anmeldung erfolgen – unter Hinweis auf die Nutzung des Angebots. Bei Sonderveranstaltungen, Turnieren etc. müssen Gutscheine nicht angenommen werden.
- Das Kombinieren mit anderen Rabatten ist nicht möglich – es gilt das zum Abschlagszeitpunkt gültige, volle Greenfee! Bei unterschiedlichen Greenfees (z.B. Studenten-Rabatt) ist der günstigere Tarif gratis!
- Alle Inserenten verpflichten sich, Gutscheine zu den angegebenen Bedingungen einzulösen. Der Verlag übernimmt keine Haftung, wenn ein Gutschein nicht eingelöst wird oder werden kann. Alle Angaben ohne Gewähr!
- Das Angebot ist gültig bis 31.05.2023.

Hinweis
- Informieren Sie sich vorher über das für Sie gültige Greenfee.

GUTSCHEIN
2. Greenfee ist gratis

KÖLLEN GOLF

2:1

25% GF-Nachlass (Einzelspieler)
nur Mo-Fr (außer feiertags)

Golfclub Donau-Riss e.V.

DGV-Nr. 7790 Seite 311 Gültig bis 31.05.2023

GUTSCHEIN
2. Greenfee ist gratis

KÖLLEN GOLF

2:1

25% GF-Nachlass (Einzelspieler)
nur Mo-Fr (außer feiertags)

Golfclub Donau-Riss e.V.

DGV-Nr. 7790 Seite 311 Gültig bis 31.05.2023

GUTSCHEIN
2. Greenfee ist gratis

KÖLLEN GOLF

2:1

25% GF-Nachlass (Einzelspieler)
nur Mo-Fr (außer feiertags)

Golfclub Donau-Riss e.V.

DGV-Nr. 7790 Seite 311 Gültig bis 31.05.2023

GUTSCHEIN
20% Greenfee-Nachlass

KÖLLEN GOLF

%

gilt nur für 18-Loch Runden

Golfanlage Schopfheim

DGV-Nr. 7797 Seite 303 Gültig bis 31.05.2023

GUTSCHEIN
20% Greenfee-Nachlass

KÖLLEN GOLF

%

gilt nur für 18-Loch Runden

Golfanlage Schopfheim

DGV-Nr. 7797 Seite 303 Gültig bis 31.05.2023

GUTSCHEIN
20% Greenfee-Nachlass

KÖLLEN GOLF

%

gilt nur für 18-Loch Runden

Golfanlage Schopfheim

DGV-Nr. 7797 Seite 303 Gültig bis 31.05.2023

GUTSCHEIN
20% Greenfee-Nachlass

KÖLLEN GOLF

%

gilt nur für 18-Loch Runden

Golfanlage Schopfheim

DGV-Nr. 7797 Seite 303 Gültig bis 31.05.2023

GUTSCHEIN
2. Greenfee ist gratis

KÖLLEN GOLF

2:1

25% GF-Nachlass (Einzelspieler)

Golfpark Bad Säckingen

DGV-Nr. 7810 Seite 304 Gültig bis 31.05.2023

GUTSCHEIN
2. Greenfee ist gratis

KÖLLEN GOLF

2:1

25% GF-Nachlass (Einzelspieler)

Golfpark Bad Säckingen

DGV-Nr. 7810 Seite 304 Gültig bis 31.05.2023

GUTSCHEIN
2. Greenfee ist gratis

KÖLLEN GOLF

2:1

25% GF-Nachlass (Einzelspieler)

Golfpark Bad Säckingen

DGV-Nr. 7810 Seite 304 Gültig bis 31.05.2023

Teilnahmebedingungen

- Zur Gutschein-Einlösung muss eine Greenfee-Berechtigung (z.B. Mindest-HCP, Mitgliedschaft in einem Golfclub) vorliegen.
- Der Gutschein kann nur mit Vorlage des Köllen Golfführer für Deutschland oder mit beiliegender KöllenCard eingelöst werden.
- Die Einlösung kann nur nach telefonischer Anmeldung erfolgen – unter Hinweis auf die Nutzung des Angebots. Bei Sonderveranstaltungen, Turnieren etc. müssen Gutscheine nicht angenommen werden.
- Das Kombinieren mit anderen Rabatten ist nicht möglich – es gilt das zum Abschlagszeitpunkt gültige, volle Greenfee! Bei unterschiedlichen Greenfees (z.B. Studenten-Rabatt) ist der günstigere Tarif gratis!
- Alle Inserenten verpflichten sich, Gutscheine zu den angegebenen Bedingungen einzulösen. Der Verlag übernimmt keine Haftung, wenn ein Gutschein nicht eingelöst wird oder werden kann. Alle Angaben ohne Gewähr!
- Das Angebot ist gültig bis 31.05.2023.

Hinweis

- Informieren Sie sich vorher über das für Sie gültige Greenfee.

Teilnahmebedingungen

- Zur Gutschein-Einlösung muss eine Greenfee-Berechtigung (z.B. Mindest-HCP, Mitgliedschaft in einem Golfclub) vorliegen.
- Der Gutschein kann nur mit Vorlage des Köllen Golfführer für Deutschland oder mit beiliegender KöllenCard eingelöst werden.
- Die Einlösung kann nur nach telefonischer Anmeldung erfolgen – unter Hinweis auf die Nutzung des Angebots. Bei Sonderveranstaltungen, Turnieren etc. müssen Gutscheine nicht angenommen werden.
- Das Kombinieren mit anderen Rabatten ist nicht möglich – es gilt das zum Abschlagszeitpunkt gültige, volle Greenfee! Bei unterschiedlichen Greenfees (z.B. Studenten-Rabatt) ist der günstigere Tarif gratis!
- Alle Inserenten verpflichten sich, Gutscheine zu den angegebenen Bedingungen einzulösen. Der Verlag übernimmt keine Haftung, wenn ein Gutschein nicht eingelöst wird oder werden kann. Alle Angaben ohne Gewähr!
- Das Angebot ist gültig bis 31.05.2023.

Hinweis

- Informieren Sie sich vorher über das für Sie gültige Greenfee.

Teilnahmebedingungen

- Zur Gutschein-Einlösung muss eine Greenfee-Berechtigung (z.B. Mindest-HCP, Mitgliedschaft in einem Golfclub) vorliegen.
- Der Gutschein kann nur mit Vorlage des Köllen Golfführer für Deutschland oder mit beiliegender KöllenCard eingelöst werden.
- Die Einlösung kann nur nach telefonischer Anmeldung erfolgen – unter Hinweis auf die Nutzung des Angebots. Bei Sonderveranstaltungen, Turnieren etc. müssen Gutscheine nicht angenommen werden.
- Das Kombinieren mit anderen Rabatten ist nicht möglich – es gilt das zum Abschlagszeitpunkt gültige, volle Greenfee! Bei unterschiedlichen Greenfees (z.B. Studenten-Rabatt) ist der günstigere Tarif gratis!
- Alle Inserenten verpflichten sich, Gutscheine zu den angegebenen Bedingungen einzulösen. Der Verlag übernimmt keine Haftung, wenn ein Gutschein nicht eingelöst wird oder werden kann. Alle Angaben ohne Gewähr!
- Das Angebot ist gültig bis 31.05.2023.

Hinweis

- Informieren Sie sich vorher über das für Sie gültige Greenfee.

Teilnahmebedingungen

- Zur Gutschein-Einlösung muss eine Greenfee-Berechtigung (z.B. Mindest-HCP, Mitgliedschaft in einem Golfclub) vorliegen.
- Der Gutschein kann nur mit Vorlage des Köllen Golfführer für Deutschland oder mit beiliegender KöllenCard eingelöst werden.
- Die Einlösung kann nur nach telefonischer Anmeldung erfolgen – unter Hinweis auf die Nutzung des Angebots. Bei Sonderveranstaltungen, Turnieren etc. müssen Gutscheine nicht angenommen werden.
- Das Kombinieren mit anderen Rabatten ist nicht möglich – es gilt das zum Abschlagszeitpunkt gültige, volle Greenfee! Bei unterschiedlichen Greenfees (z.B. Studenten-Rabatt) ist der günstigere Tarif gratis!
- Alle Inserenten verpflichten sich, Gutscheine zu den angegebenen Bedingungen einzulösen. Der Verlag übernimmt keine Haftung, wenn ein Gutschein nicht eingelöst wird oder werden kann. Alle Angaben ohne Gewähr!
- Das Angebot ist gültig bis 31.05.2023.

Hinweis

- Informieren Sie sich vorher über das für Sie gültige Greenfee.

Teilnahmebedingungen

- Zur Gutschein-Einlösung muss eine Greenfee-Berechtigung (z.B. Mindest-HCP, Mitgliedschaft in einem Golfclub) vorliegen.
- Der Gutschein kann nur mit Vorlage des Köllen Golfführer für Deutschland oder mit beiliegender KöllenCard eingelöst werden.
- Die Einlösung kann nur nach telefonischer Anmeldung erfolgen – unter Hinweis auf die Nutzung des Angebots. Bei Sonderveranstaltungen, Turnieren etc. müssen Gutscheine nicht angenommen werden.
- Das Kombinieren mit anderen Rabatten ist nicht möglich – es gilt das zum Abschlagszeitpunkt gültige, volle Greenfee! Bei unterschiedlichen Greenfees (z.B. Studenten-Rabatt) ist der günstigere Tarif gratis!
- Alle Inserenten verpflichten sich, Gutscheine zu den angegebenen Bedingungen einzulösen. Der Verlag übernimmt keine Haftung, wenn ein Gutschein nicht eingelöst wird oder werden kann. Alle Angaben ohne Gewähr!
- Das Angebot ist gültig bis 31.05.2023.

Hinweis

- Informieren Sie sich vorher über das für Sie gültige Greenfee.

Teilnahmebedingungen

- Zur Gutschein-Einlösung muss eine Greenfee-Berechtigung (z.B. Mindest-HCP, Mitgliedschaft in einem Golfclub) vorliegen.
- Der Gutschein kann nur mit Vorlage des Köllen Golfführer für Deutschland oder mit beiliegender KöllenCard eingelöst werden.
- Die Einlösung kann nur nach telefonischer Anmeldung erfolgen – unter Hinweis auf die Nutzung des Angebots. Bei Sonderveranstaltungen, Turnieren etc. müssen Gutscheine nicht angenommen werden.
- Das Kombinieren mit anderen Rabatten ist nicht möglich – es gilt das zum Abschlagszeitpunkt gültige, volle Greenfee! Bei unterschiedlichen Greenfees (z.B. Studenten-Rabatt) ist der günstigere Tarif gratis!
- Alle Inserenten verpflichten sich, Gutscheine zu den angegebenen Bedingungen einzulösen. Der Verlag übernimmt keine Haftung, wenn ein Gutschein nicht eingelöst wird oder werden kann. Alle Angaben ohne Gewähr!
- Das Angebot ist gültig bis 31.05.2023.

Hinweis

- Informieren Sie sich vorher über das für Sie gültige Greenfee.

Teilnahmebedingungen

- Zur Gutschein-Einlösung muss eine Greenfee-Berechtigung (z.B. Mindest-HCP, Mitgliedschaft in einem Golfclub) vorliegen.
- Der Gutschein kann nur mit Vorlage des Köllen Golfführer für Deutschland oder mit beiliegender KöllenCard eingelöst werden.
- Die Einlösung kann nur nach telefonischer Anmeldung erfolgen – unter Hinweis auf die Nutzung des Angebots. Bei Sonderveranstaltungen, Turnieren etc. müssen Gutscheine nicht angenommen werden.
- Das Kombinieren mit anderen Rabatten ist nicht möglich – es gilt das zum Abschlagszeitpunkt gültige, volle Greenfee! Bei unterschiedlichen Greenfees (z.B. Studenten-Rabatt) ist der günstigere Tarif gratis!
- Alle Inserenten verpflichten sich, Gutscheine zu den angegebenen Bedingungen einzulösen. Der Verlag übernimmt keine Haftung, wenn ein Gutschein nicht eingelöst wird oder werden kann. Alle Angaben ohne Gewähr!
- Das Angebot ist gültig bis 31.05.2023.

Hinweis

- Informieren Sie sich vorher über das für Sie gültige Greenfee.

Teilnahmebedingungen

- Zur Gutschein-Einlösung muss eine Greenfee-Berechtigung (z.B. Mindest-HCP, Mitgliedschaft in einem Golfclub) vorliegen.
- Der Gutschein kann nur mit Vorlage des Köllen Golfführer für Deutschland oder mit beiliegender KöllenCard eingelöst werden.
- Die Einlösung kann nur nach telefonischer Anmeldung erfolgen – unter Hinweis auf die Nutzung des Angebots. Bei Sonderveranstaltungen, Turnieren etc. müssen Gutscheine nicht angenommen werden.
- Das Kombinieren mit anderen Rabatten ist nicht möglich – es gilt das zum Abschlagszeitpunkt gültige, volle Greenfee! Bei unterschiedlichen Greenfees (z.B. Studenten-Rabatt) ist der günstigere Tarif gratis!
- Alle Inserenten verpflichten sich, Gutscheine zu den angegebenen Bedingungen einzulösen. Der Verlag übernimmt keine Haftung, wenn ein Gutschein nicht eingelöst wird oder werden kann. Alle Angaben ohne Gewähr!
- Das Angebot ist gültig bis 31.05.2023.

Hinweis

- Informieren Sie sich vorher über das für Sie gültige Greenfee.

Teilnahmebedingungen

- Zur Gutschein-Einlösung muss eine Greenfee-Berechtigung (z.B. Mindest-HCP, Mitgliedschaft in einem Golfclub) vorliegen.
- Der Gutschein kann nur mit Vorlage des Köllen Golfführer für Deutschland oder mit beiliegender KöllenCard eingelöst werden.
- Die Einlösung kann nur nach telefonischer Anmeldung erfolgen – unter Hinweis auf die Nutzung des Angebots. Bei Sonderveranstaltungen, Turnieren etc. müssen Gutscheine nicht angenommen werden.
- Das Kombinieren mit anderen Rabatten ist nicht möglich – es gilt das zum Abschlagszeitpunkt gültige, volle Greenfee! Bei unterschiedlichen Greenfees (z.B. Studenten-Rabatt) ist der günstigere Tarif gratis!
- Alle Inserenten verpflichten sich, Gutscheine zu den angegebenen Bedingungen einzulösen. Der Verlag übernimmt keine Haftung, wenn ein Gutschein nicht eingelöst wird oder werden kann. Alle Angaben ohne Gewähr!
- Das Angebot ist gültig bis 31.05.2023.

Hinweis

- Informieren Sie sich vorher über das für Sie gültige Greenfee.

Teilnahmebedingungen

- Zur Gutschein-Einlösung muss eine Greenfee-Berechtigung (z.B. Mindest-HCP, Mitgliedschaft in einem Golfclub) vorliegen.
- Der Gutschein kann nur mit Vorlage des Köllen Golfführer für Deutschland oder mit beiliegender KöllenCard eingelöst werden.
- Die Einlösung kann nur nach telefonischer Anmeldung erfolgen – unter Hinweis auf die Nutzung des Angebots. Bei Sonderveranstaltungen, Turnieren etc. müssen Gutscheine nicht angenommen werden.
- Das Kombinieren mit anderen Rabatten ist nicht möglich – es gilt das zum Abschlagszeitpunkt gültige, volle Greenfee! Bei unterschiedlichen Greenfees (z.B. Studenten-Rabatt) ist der günstigere Tarif gratis!
- Alle Inserenten verpflichten sich, Gutscheine zu den angegebenen Bedingungen einzulösen. Der Verlag übernimmt keine Haftung, wenn ein Gutschein nicht eingelöst wird oder werden kann. Alle Angaben ohne Gewähr!
- Das Angebot ist gültig bis 31.05.2023.

Hinweis

- Informieren Sie sich vorher über das für Sie gültige Greenfee.

GUTSCHEIN
2. Greenfee ist gratis

KÖLLEN GOLF

2:1

25% GF-Nachlass (Einzelspieler)

Golfpark Bad Säckingen

DGV-Nr. 7810 Seite 304 Gültig bis 31.05.2023

GUTSCHEIN
2. Greenfee ist gratis

KÖLLEN GOLF

2:1

25% GF-Nachlass (Einzelspieler)

Golfpark Bad Säckingen

DGV-Nr. 7810 Seite 304 Gültig bis 31.05.2023

GUTSCHEIN
20% Greenfee-Nachlass

KÖLLEN GOLF

%

nur Mo-Fr (außer feiertags)

Karlshäuser Hof
Golf Pforzheim

DGV-Nr. 7815 Seite 290 Gültig bis 31.05.2023

GUTSCHEIN
20% Greenfee-Nachlass

KÖLLEN GOLF

%

nur Mo-Fr (außer feiertags)

Karlshäuser Hof
Golf Pforzheim

DGV-Nr. 7815 Seite 290 Gültig bis 31.05.2023

GUTSCHEIN
20% Greenfee-Nachlass

KÖLLEN GOLF

%

nur Mo-Fr (außer feiertags)

Karlshäuser Hof
Golf Pforzheim

DGV-Nr. 7815 Seite 290 Gültig bis 31.05.2023

GUTSCHEIN
20% Greenfee-Nachlass

KÖLLEN GOLF

%

nur Mo-Fr (außer feiertags)

Karlshäuser Hof
Golf Pforzheim

DGV-Nr. 7815 Seite 290 Gültig bis 31.05.2023

GUTSCHEIN
2. Greenfee ist gratis

KÖLLEN GOLF

2:1

25% GF-Nachlass (Einzelspieler)
nur Mo-Fr (außer feiertags)

Golfanlage Alpenseehof

DGV-Nr. 8702 Seite 362 Gültig bis 31.05.2023

GUTSCHEIN
2. Greenfee ist gratis

KÖLLEN GOLF

2:1

25% GF-Nachlass (Einzelspieler)

Golfpark Rothenburg-
Schönbronn

DGV-Nr. 8703 Seite 378 Gültig bis 31.05.2023

GUTSCHEIN
2. Greenfee ist gratis

KÖLLEN GOLF

2:1

25% GF-Nachlass (Einzelspieler)

Golfpark Rothenburg-
Schönbronn

DGV-Nr. 8703 Seite 378 Gültig bis 31.05.2023

GUTSCHEIN
30% Greenfee-Nachlass

KÖLLEN GOLF

%

Golfpark Rothenburg-
Schönbronn

DGV-Nr. 8703 Seite 378 Gültig bis 31.05.2023

Teilnahmebedingungen

- Zur Gutschein-Einlösung muss eine Greenfee-Berechtigung (z.B. Mindest-HCP, Mitgliedschaft in einem Golfclub) vorliegen.
- Der Gutschein kann nur mit Vorlage des Köllen Golfführer für Deutschland oder mit beiliegender KöllenCard eingelöst werden.
- Die Einlösung kann nur nach telefonischer Anmeldung erfolgen – unter Hinweis auf die Nutzung des Angebots. Bei Sonderveranstaltungen, Turnieren etc. müssen Gutscheine nicht angenommen werden.
- Das Kombinieren mit anderen Rabatten ist nicht möglich – es gilt das zum Abschlagszeitpunkt gültige, volle Greenfee! Bei unterschiedlichen Greenfees (z.B. Studenten-Rabatt) ist der günstigere Tarif gratis!
- Alle Inserenten verpflichten sich, Gutscheine zu den angegebenen Bedingungen einzulösen. Der Verlag übernimmt keine Haftung, wenn ein Gutschein nicht eingelöst wird oder werden kann. Alle Angaben ohne Gewähr!
- Das Angebot ist gültig bis 31.05.2023.

Hinweis

- Informieren Sie sich vorher über das für Sie gültige Greenfee.

Teilnahmebedingungen

- Zur Gutschein-Einlösung muss eine Greenfee-Berechtigung (z.B. Mindest-HCP, Mitgliedschaft in einem Golfclub) vorliegen.
- Der Gutschein kann nur mit Vorlage des Köllen Golfführer für Deutschland oder mit beiliegender KöllenCard eingelöst werden.
- Die Einlösung kann nur nach telefonischer Anmeldung erfolgen – unter Hinweis auf die Nutzung des Angebots. Bei Sonderveranstaltungen, Turnieren etc. müssen Gutscheine nicht angenommen werden.
- Das Kombinieren mit anderen Rabatten ist nicht möglich – es gilt das zum Abschlagszeitpunkt gültige, volle Greenfee! Bei unterschiedlichen Greenfees (z.B. Studenten-Rabatt) ist der günstigere Tarif gratis!
- Alle Inserenten verpflichten sich, Gutscheine zu den angegebenen Bedingungen einzulösen. Der Verlag übernimmt keine Haftung, wenn ein Gutschein nicht eingelöst wird oder werden kann. Alle Angaben ohne Gewähr!
- Das Angebot ist gültig bis 31.05.2023.

Hinweis

- Informieren Sie sich vorher über das für Sie gültige Greenfee.

Teilnahmebedingungen

- Zur Gutschein-Einlösung muss eine Greenfee-Berechtigung (z.B. Mindest-HCP, Mitgliedschaft in einem Golfclub) vorliegen.
- Der Gutschein kann nur mit Vorlage des Köllen Golfführer für Deutschland oder mit beiliegender KöllenCard eingelöst werden.
- Die Einlösung kann nur nach telefonischer Anmeldung erfolgen – unter Hinweis auf die Nutzung des Angebots. Bei Sonderveranstaltungen, Turnieren etc. müssen Gutscheine nicht angenommen werden.
- Das Kombinieren mit anderen Rabatten ist nicht möglich – es gilt das zum Abschlagszeitpunkt gültige, volle Greenfee! Bei unterschiedlichen Greenfees (z.B. Studenten-Rabatt) ist der günstigere Tarif gratis!
- Alle Inserenten verpflichten sich, Gutscheine zu den angegebenen Bedingungen einzulösen. Der Verlag übernimmt keine Haftung, wenn ein Gutschein nicht eingelöst wird oder werden kann. Alle Angaben ohne Gewähr!
- Das Angebot ist gültig bis 31.05.2023.

Hinweis

- Informieren Sie sich vorher über das für Sie gültige Greenfee.

Teilnahmebedingungen

- Zur Gutschein-Einlösung muss eine Greenfee-Berechtigung (z.B. Mindest-HCP, Mitgliedschaft in einem Golfclub) vorliegen.
- Der Gutschein kann nur mit Vorlage des Köllen Golfführer für Deutschland oder mit beiliegender KöllenCard eingelöst werden.
- Die Einlösung kann nur nach telefonischer Anmeldung erfolgen – unter Hinweis auf die Nutzung des Angebots. Bei Sonderveranstaltungen, Turnieren etc. müssen Gutscheine nicht angenommen werden.
- Das Kombinieren mit anderen Rabatten ist nicht möglich – es gilt das zum Abschlagszeitpunkt gültige, volle Greenfee! Bei unterschiedlichen Greenfees (z.B. Studenten-Rabatt) ist der günstigere Tarif gratis!
- Alle Inserenten verpflichten sich, Gutscheine zu den angegebenen Bedingungen einzulösen. Der Verlag übernimmt keine Haftung, wenn ein Gutschein nicht eingelöst wird oder werden kann. Alle Angaben ohne Gewähr!
- Das Angebot ist gültig bis 31.05.2023.

Hinweis

- Informieren Sie sich vorher über das für Sie gültige Greenfee.

Teilnahmebedingungen

- Zur Gutschein-Einlösung muss eine Greenfee-Berechtigung (z.B. Mindest-HCP, Mitgliedschaft in einem Golfclub) vorliegen.
- Der Gutschein kann nur mit Vorlage des Köllen Golfführer für Deutschland oder mit beiliegender KöllenCard eingelöst werden.
- Die Einlösung kann nur nach telefonischer Anmeldung erfolgen – unter Hinweis auf die Nutzung des Angebots. Bei Sonderveranstaltungen, Turnieren etc. müssen Gutscheine nicht angenommen werden.
- Das Kombinieren mit anderen Rabatten ist nicht möglich – es gilt das zum Abschlagszeitpunkt gültige, volle Greenfee! Bei unterschiedlichen Greenfees (z.B. Studenten-Rabatt) ist der günstigere Tarif gratis!
- Alle Inserenten verpflichten sich, Gutscheine zu den angegebenen Bedingungen einzulösen. Der Verlag übernimmt keine Haftung, wenn ein Gutschein nicht eingelöst wird oder werden kann. Alle Angaben ohne Gewähr!
- Das Angebot ist gültig bis 31.05.2023.

Hinweis

- Informieren Sie sich vorher über das für Sie gültige Greenfee.

Teilnahmebedingungen

- Zur Gutschein-Einlösung muss eine Greenfee-Berechtigung (z.B. Mindest-HCP, Mitgliedschaft in einem Golfclub) vorliegen.
- Der Gutschein kann nur mit Vorlage des Köllen Golfführer für Deutschland oder mit beiliegender KöllenCard eingelöst werden.
- Die Einlösung kann nur nach telefonischer Anmeldung erfolgen – unter Hinweis auf die Nutzung des Angebots. Bei Sonderveranstaltungen, Turnieren etc. müssen Gutscheine nicht angenommen werden.
- Das Kombinieren mit anderen Rabatten ist nicht möglich – es gilt das zum Abschlagszeitpunkt gültige, volle Greenfee! Bei unterschiedlichen Greenfees (z.B. Studenten-Rabatt) ist der günstigere Tarif gratis!
- Alle Inserenten verpflichten sich, Gutscheine zu den angegebenen Bedingungen einzulösen. Der Verlag übernimmt keine Haftung, wenn ein Gutschein nicht eingelöst wird oder werden kann. Alle Angaben ohne Gewähr!
- Das Angebot ist gültig bis 31.05.2023.

Hinweis

- Informieren Sie sich vorher über das für Sie gültige Greenfee.

Teilnahmebedingungen

- Zur Gutschein-Einlösung muss eine Greenfee-Berechtigung (z.B. Mindest-HCP, Mitgliedschaft in einem Golfclub) vorliegen.
- Der Gutschein kann nur mit Vorlage des Köllen Golfführer für Deutschland oder mit beiliegender KöllenCard eingelöst werden.
- Die Einlösung kann nur nach telefonischer Anmeldung erfolgen – unter Hinweis auf die Nutzung des Angebots. Bei Sonderveranstaltungen, Turnieren etc. müssen Gutscheine nicht angenommen werden.
- Das Kombinieren mit anderen Rabatten ist nicht möglich – es gilt das zum Abschlagszeitpunkt gültige, volle Greenfee! Bei unterschiedlichen Greenfees (z.B. Studenten-Rabatt) ist der günstigere Tarif gratis!
- Alle Inserenten verpflichten sich, Gutscheine zu den angegebenen Bedingungen einzulösen. Der Verlag übernimmt keine Haftung, wenn ein Gutschein nicht eingelöst wird oder werden kann. Alle Angaben ohne Gewähr!
- Das Angebot ist gültig bis 31.05.2023.

Hinweis

- Informieren Sie sich vorher über das für Sie gültige Greenfee.

Teilnahmebedingungen

- Zur Gutschein-Einlösung muss eine Greenfee-Berechtigung (z.B. Mindest-HCP, Mitgliedschaft in einem Golfclub) vorliegen.
- Der Gutschein kann nur mit Vorlage des Köllen Golfführer für Deutschland oder mit beiliegender KöllenCard eingelöst werden.
- Die Einlösung kann nur nach telefonischer Anmeldung erfolgen – unter Hinweis auf die Nutzung des Angebots. Bei Sonderveranstaltungen, Turnieren etc. müssen Gutscheine nicht angenommen werden.
- Das Kombinieren mit anderen Rabatten ist nicht möglich – es gilt das zum Abschlagszeitpunkt gültige, volle Greenfee! Bei unterschiedlichen Greenfees (z.B. Studenten-Rabatt) ist der günstigere Tarif gratis!
- Alle Inserenten verpflichten sich, Gutscheine zu den angegebenen Bedingungen einzulösen. Der Verlag übernimmt keine Haftung, wenn ein Gutschein nicht eingelöst wird oder werden kann. Alle Angaben ohne Gewähr!
- Das Angebot ist gültig bis 31.05.2023.

Hinweis

- Informieren Sie sich vorher über das für Sie gültige Greenfee.

Teilnahmebedingungen

- Zur Gutschein-Einlösung muss eine Greenfee-Berechtigung (z.B. Mindest-HCP, Mitgliedschaft in einem Golfclub) vorliegen.
- Der Gutschein kann nur mit Vorlage des Köllen Golfführer für Deutschland oder mit beiliegender KöllenCard eingelöst werden.
- Die Einlösung kann nur nach telefonischer Anmeldung erfolgen – unter Hinweis auf die Nutzung des Angebots. Bei Sonderveranstaltungen, Turnieren etc. müssen Gutscheine nicht angenommen werden.
- Das Kombinieren mit anderen Rabatten ist nicht möglich – es gilt das zum Abschlagszeitpunkt gültige, volle Greenfee! Bei unterschiedlichen Greenfees (z.B. Studenten-Rabatt) ist der günstigere Tarif gratis!
- Alle Inserenten verpflichten sich, Gutscheine zu den angegebenen Bedingungen einzulösen. Der Verlag übernimmt keine Haftung, wenn ein Gutschein nicht eingelöst wird oder werden kann. Alle Angaben ohne Gewähr!
- Das Angebot ist gültig bis 31.05.2023.

Hinweis

- Informieren Sie sich vorher über das für Sie gültige Greenfee.

Teilnahmebedingungen

- Zur Gutschein-Einlösung muss eine Greenfee-Berechtigung (z.B. Mindest-HCP, Mitgliedschaft in einem Golfclub) vorliegen.
- Der Gutschein kann nur mit Vorlage des Köllen Golfführer für Deutschland oder mit beiliegender KöllenCard eingelöst werden.
- Die Einlösung kann nur nach telefonischer Anmeldung erfolgen – unter Hinweis auf die Nutzung des Angebots. Bei Sonderveranstaltungen, Turnieren etc. müssen Gutscheine nicht angenommen werden.
- Das Kombinieren mit anderen Rabatten ist nicht möglich – es gilt das zum Abschlagszeitpunkt gültige, volle Greenfee! Bei unterschiedlichen Greenfees (z.B. Studenten-Rabatt) ist der günstigere Tarif gratis!
- Alle Inserenten verpflichten sich, Gutscheine zu den angegebenen Bedingungen einzulösen. Der Verlag übernimmt keine Haftung, wenn ein Gutschein nicht eingelöst wird oder werden kann. Alle Angaben ohne Gewähr!
- Das Angebot ist gültig bis 31.05.2023.

Hinweis

- Informieren Sie sich vorher über das für Sie gültige Greenfee.

GUTSCHEIN
30% Greenfee-Nachlass

KÖLLEN GOLF

%

Golfpark Rothenburg-Schönbronn

DGV-Nr. 8703 Seite 378 Gültig bis 31.05.2023

GUTSCHEIN
2. Greenfee ist gratis

KÖLLEN GOLF

2:1

30% GF-Nachlass (Einzelspieler)

Golf Club Gersthofen e.V.

DGV-Nr. 8707 Seite 353 Gültig bis 31.05.2023

MEHR DRIVE FÜR DIE STRASSE.
www.bmw.de/iX

GUTSCHEIN
25% Greenfee-Nachlass

KÖLLEN GOLF

%

GolfRange München-Germering

DGV-Nr. 8719 Seite 315 Gültig bis 31.05.2023

MEHR DRIVE FÜR DIE STRASSE.
www.bmw.de/iX

GUTSCHEIN
25% Greenfee-Nachlass

KÖLLEN GOLF

%

GolfRange München-Germering

DGV-Nr. 8719 Seite 315 Gültig bis 31.05.2023

MEHR DRIVE FÜR DIE STRASSE.
www.bmw.de/iX

GUTSCHEIN
2. Greenfee ist gratis

KÖLLEN GOLF

2:1

25% GF-Nachlass (Einzelspieler)
nur Mo-Fr (außer feiertags)

Golfclub Pfaffing Wasserburger Land e.V.

DGV-Nr. 8720 Seite 334 Gültig bis 31.05.2023

MEHR DRIVE FÜR DIE STRASSE.
www.bmw.de/iX

GUTSCHEIN
2. Greenfee ist gratis

KÖLLEN GOLF

2:1

25% GF-Nachlass (Einzelspieler)
nur Mo-Fr (außer feiertags)

Golfclub Pfaffing Wasserburger Land e.V.

DGV-Nr. 8720 Seite 334 Gültig bis 31.05.2023

MEHR DRIVE FÜR DIE STRASSE.
www.bmw.de/iX

GUTSCHEIN
2. Greenfee ist gratis

KÖLLEN GOLF

2:1

25% GF-Nachlass (Einzelspieler)
nur Mo-Fr (außer feiertags)

Golfclub Pfaffing Wasserburger Land e.V.

DGV-Nr. 8720 Seite 334 Gültig bis 31.05.2023

MEHR DRIVE FÜR DIE STRASSE.
www.bmw.de/iX

GUTSCHEIN
2. Greenfee ist gratis

KÖLLEN GOLF

2:1

25% GF-Nachlass (Einzelspieler)
nur Mo-Fr (außer feiertags)

Golfclub Pfaffing Wasserburger Land e.V.

DGV-Nr. 8720 Seite 334 Gültig bis 31.05.2023

MEHR DRIVE FÜR DIE STRASSE.
www.bmw.de/iX

GUTSCHEIN
2. Greenfee ist gratis

KÖLLEN GOLF

2:1

25% GF-Nachlass (Einzelspieler)
nur Mo-Fr (außer feiertags)

Golfclub Pfaffing Wasserburger Land e.V.

DGV-Nr. 8720 Seite 334 Gültig bis 31.05.2023

MEHR DRIVE FÜR DIE STRASSE.
www.bmw.de/iX

GUTSCHEIN
20% Greenfee-Nachlass

KÖLLEN GOLF

%

Golfplatz Waakirchen Tegernsee

DGV-Nr. 8730 Seite 336 Gültig bis 31.05.2023

MEHR DRIVE FÜR DIE STRASSE.
www.bmw.de/iX

Teilnahmebedingungen

- Zur Gutschein-Einlösung muss eine Greenfee-Berechtigung (z.B. Mindest-HCP, Mitgliedschaft in einem Golfclub) vorliegen.
- Der Gutschein kann nur mit Vorlage des Köllen Golfführer für Deutschland oder mit beiliegender KöllenCard eingelöst werden.
- Die Einlösung kann nur nach telefonischer Anmeldung erfolgen – unter Hinweis auf die Nutzung des Angebots. Bei Sonderveranstaltungen, Turnieren etc. müssen Gutscheine nicht angenommen werden.
- Das Kombinieren mit anderen Rabatten ist nicht möglich – es gilt das zum Abschlagszeitpunkt gültige, volle Greenfee! Bei unterschiedlichen Greenfees (z.B. Studenten-Rabatt) ist der günstigere Tarif gratis!
- Alle Inserenten verpflichten sich, Gutscheine zu den angegebenen Bedingungen einzulösen. Der Verlag übernimmt keine Haftung, wenn ein Gutschein nicht eingelöst wird oder werden kann. Alle Angaben ohne Gewähr!
- Das Angebot ist gültig bis 31.05.2023.

Hinweis

- Informieren Sie sich vorher über das für Sie gültige Greenfee.

Teilnahmebedingungen

- Zur Gutschein-Einlösung muss eine Greenfee-Berechtigung (z.B. Mindest-HCP, Mitgliedschaft in einem Golfclub) vorliegen.
- Der Gutschein kann nur mit Vorlage des Köllen Golfführer für Deutschland oder mit beiliegender KöllenCard eingelöst werden.
- Die Einlösung kann nur nach telefonischer Anmeldung erfolgen – unter Hinweis auf die Nutzung des Angebots. Bei Sonderveranstaltungen, Turnieren etc. müssen Gutscheine nicht angenommen werden.
- Das Kombinieren mit anderen Rabatten ist nicht möglich – es gilt das zum Abschlagszeitpunkt gültige, volle Greenfee! Bei unterschiedlichen Greenfees (z.B. Studenten-Rabatt) ist der günstigere Tarif gratis!
- Alle Inserenten verpflichten sich, Gutscheine zu den angegebenen Bedingungen einzulösen. Der Verlag übernimmt keine Haftung, wenn ein Gutschein nicht eingelöst wird oder werden kann. Alle Angaben ohne Gewähr!
- Das Angebot ist gültig bis 31.05.2023.

Hinweis

- Informieren Sie sich vorher über das für Sie gültige Greenfee.

Teilnahmebedingungen

- Zur Gutschein-Einlösung muss eine Greenfee-Berechtigung (z.B. Mindest-HCP, Mitgliedschaft in einem Golfclub) vorliegen.
- Der Gutschein kann nur mit Vorlage des Köllen Golfführer für Deutschland oder mit beiliegender KöllenCard eingelöst werden.
- Die Einlösung kann nur nach telefonischer Anmeldung erfolgen – unter Hinweis auf die Nutzung des Angebots. Bei Sonderveranstaltungen, Turnieren etc. müssen Gutscheine nicht angenommen werden.
- Das Kombinieren mit anderen Rabatten ist nicht möglich – es gilt das zum Abschlagszeitpunkt gültige, volle Greenfee! Bei unterschiedlichen Greenfees (z.B. Studenten-Rabatt) ist der günstigere Tarif gratis!
- Alle Inserenten verpflichten sich, Gutscheine zu den angegebenen Bedingungen einzulösen. Der Verlag übernimmt keine Haftung, wenn ein Gutschein nicht eingelöst wird oder werden kann. Alle Angaben ohne Gewähr!
- Das Angebot ist gültig bis 31.05.2023.

Hinweis

- Informieren Sie sich vorher über das für Sie gültige Greenfee.

Teilnahmebedingungen

- Zur Gutschein-Einlösung muss eine Greenfee-Berechtigung (z.B. Mindest-HCP, Mitgliedschaft in einem Golfclub) vorliegen.
- Der Gutschein kann nur mit Vorlage des Köllen Golfführer für Deutschland oder mit beiliegender KöllenCard eingelöst werden.
- Die Einlösung kann nur nach telefonischer Anmeldung erfolgen – unter Hinweis auf die Nutzung des Angebots. Bei Sonderveranstaltungen, Turnieren etc. müssen Gutscheine nicht angenommen werden.
- Das Kombinieren mit anderen Rabatten ist nicht möglich – es gilt das zum Abschlagszeitpunkt gültige, volle Greenfee! Bei unterschiedlichen Greenfees (z.B. Studenten-Rabatt) ist der günstigere Tarif gratis!
- Alle Inserenten verpflichten sich, Gutscheine zu den angegebenen Bedingungen einzulösen. Der Verlag übernimmt keine Haftung, wenn ein Gutschein nicht eingelöst wird oder werden kann. Alle Angaben ohne Gewähr!
- Das Angebot ist gültig bis 31.05.2023.

Hinweis

- Informieren Sie sich vorher über das für Sie gültige Greenfee.

Teilnahmebedingungen

- Zur Gutschein-Einlösung muss eine Greenfee-Berechtigung (z.B. Mindest-HCP, Mitgliedschaft in einem Golfclub) vorliegen.
- Der Gutschein kann nur mit Vorlage des Köllen Golfführer für Deutschland oder mit beiliegender KöllenCard eingelöst werden.
- Die Einlösung kann nur nach telefonischer Anmeldung erfolgen – unter Hinweis auf die Nutzung des Angebots. Bei Sonderveranstaltungen, Turnieren etc. müssen Gutscheine nicht angenommen werden.
- Das Kombinieren mit anderen Rabatten ist nicht möglich – es gilt das zum Abschlagszeitpunkt gültige, volle Greenfee! Bei unterschiedlichen Greenfees (z.B. Studenten-Rabatt) ist der günstigere Tarif gratis!
- Alle Inserenten verpflichten sich, Gutscheine zu den angegebenen Bedingungen einzulösen. Der Verlag übernimmt keine Haftung, wenn ein Gutschein nicht eingelöst wird oder werden kann. Alle Angaben ohne Gewähr!
- Das Angebot ist gültig bis 31.05.2023.

Hinweis

- Informieren Sie sich vorher über das für Sie gültige Greenfee.

Teilnahmebedingungen

- Zur Gutschein-Einlösung muss eine Greenfee-Berechtigung (z.B. Mindest-HCP, Mitgliedschaft in einem Golfclub) vorliegen.
- Der Gutschein kann nur mit Vorlage des Köllen Golfführer für Deutschland oder mit beiliegender KöllenCard eingelöst werden.
- Die Einlösung kann nur nach telefonischer Anmeldung erfolgen – unter Hinweis auf die Nutzung des Angebots. Bei Sonderveranstaltungen, Turnieren etc. müssen Gutscheine nicht angenommen werden.
- Das Kombinieren mit anderen Rabatten ist nicht möglich – es gilt das zum Abschlagszeitpunkt gültige, volle Greenfee! Bei unterschiedlichen Greenfees (z.B. Studenten-Rabatt) ist der günstigere Tarif gratis!
- Alle Inserenten verpflichten sich, Gutscheine zu den angegebenen Bedingungen einzulösen. Der Verlag übernimmt keine Haftung, wenn ein Gutschein nicht eingelöst wird oder werden kann. Alle Angaben ohne Gewähr!
- Das Angebot ist gültig bis 31.05.2023.

Hinweis

- Informieren Sie sich vorher über das für Sie gültige Greenfee.

Teilnahmebedingungen

- Zur Gutschein-Einlösung muss eine Greenfee-Berechtigung (z.B. Mindest-HCP, Mitgliedschaft in einem Golfclub) vorliegen.
- Der Gutschein kann nur mit Vorlage des Köllen Golfführer für Deutschland oder mit beiliegender KöllenCard eingelöst werden.
- Die Einlösung kann nur nach telefonischer Anmeldung erfolgen – unter Hinweis auf die Nutzung des Angebots. Bei Sonderveranstaltungen, Turnieren etc. müssen Gutscheine nicht angenommen werden.
- Das Kombinieren mit anderen Rabatten ist nicht möglich – es gilt das zum Abschlagszeitpunkt gültige, volle Greenfee! Bei unterschiedlichen Greenfees (z.B. Studenten-Rabatt) ist der günstigere Tarif gratis!
- Alle Inserenten verpflichten sich, Gutscheine zu den angegebenen Bedingungen einzulösen. Der Verlag übernimmt keine Haftung, wenn ein Gutschein nicht eingelöst wird oder werden kann. Alle Angaben ohne Gewähr!
- Das Angebot ist gültig bis 31.05.2023.

Hinweis

- Informieren Sie sich vorher über das für Sie gültige Greenfee.

Teilnahmebedingungen

- Zur Gutschein-Einlösung muss eine Greenfee-Berechtigung (z.B. Mindest-HCP, Mitgliedschaft in einem Golfclub) vorliegen.
- Der Gutschein kann nur mit Vorlage des Köllen Golfführer für Deutschland oder mit beiliegender KöllenCard eingelöst werden.
- Die Einlösung kann nur nach telefonischer Anmeldung erfolgen – unter Hinweis auf die Nutzung des Angebots. Bei Sonderveranstaltungen, Turnieren etc. müssen Gutscheine nicht angenommen werden.
- Das Kombinieren mit anderen Rabatten ist nicht möglich – es gilt das zum Abschlagszeitpunkt gültige, volle Greenfee! Bei unterschiedlichen Greenfees (z.B. Studenten-Rabatt) ist der günstigere Tarif gratis!
- Alle Inserenten verpflichten sich, Gutscheine zu den angegebenen Bedingungen einzulösen. Der Verlag übernimmt keine Haftung, wenn ein Gutschein nicht eingelöst wird oder werden kann. Alle Angaben ohne Gewähr!
- Das Angebot ist gültig bis 31.05.2023.

Hinweis

- Informieren Sie sich vorher über das für Sie gültige Greenfee.

Teilnahmebedingungen

- Zur Gutschein-Einlösung muss eine Greenfee-Berechtigung (z.B. Mindest-HCP, Mitgliedschaft in einem Golfclub) vorliegen.
- Der Gutschein kann nur mit Vorlage des Köllen Golfführer für Deutschland oder mit beiliegender KöllenCard eingelöst werden.
- Die Einlösung kann nur nach telefonischer Anmeldung erfolgen – unter Hinweis auf die Nutzung des Angebots. Bei Sonderveranstaltungen, Turnieren etc. müssen Gutscheine nicht angenommen werden.
- Das Kombinieren mit anderen Rabatten ist nicht möglich – es gilt das zum Abschlagszeitpunkt gültige, volle Greenfee! Bei unterschiedlichen Greenfees (z.B. Studenten-Rabatt) ist der günstigere Tarif gratis!
- Alle Inserenten verpflichten sich, Gutscheine zu den angegebenen Bedingungen einzulösen. Der Verlag übernimmt keine Haftung, wenn ein Gutschein nicht eingelöst wird oder werden kann. Alle Angaben ohne Gewähr!
- Das Angebot ist gültig bis 31.05.2023.

Hinweis

- Informieren Sie sich vorher über das für Sie gültige Greenfee.

Teilnahmebedingungen

- Zur Gutschein-Einlösung muss eine Greenfee-Berechtigung (z.B. Mindest-HCP, Mitgliedschaft in einem Golfclub) vorliegen.
- Der Gutschein kann nur mit Vorlage des Köllen Golfführer für Deutschland oder mit beiliegender KöllenCard eingelöst werden.
- Die Einlösung kann nur nach telefonischer Anmeldung erfolgen – unter Hinweis auf die Nutzung des Angebots. Bei Sonderveranstaltungen, Turnieren etc. müssen Gutscheine nicht angenommen werden.
- Das Kombinieren mit anderen Rabatten ist nicht möglich – es gilt das zum Abschlagszeitpunkt gültige, volle Greenfee! Bei unterschiedlichen Greenfees (z.B. Studenten-Rabatt) ist der günstigere Tarif gratis!
- Alle Inserenten verpflichten sich, Gutscheine zu den angegebenen Bedingungen einzulösen. Der Verlag übernimmt keine Haftung, wenn ein Gutschein nicht eingelöst wird oder werden kann. Alle Angaben ohne Gewähr!
- Das Angebot ist gültig bis 31.05.2023.

Hinweis

- Informieren Sie sich vorher über das für Sie gültige Greenfee.

GUTSCHEIN
20% Greenfee-Nachlass

KÖLLEN GOLF

%

Golfplatz
Waakirchen Tegernsee

DGV-Nr. 8730 Seite 336 Gültig bis 31.05.2023

GUTSCHEIN
2. Greenfee ist gratis

KÖLLEN GOLF

2:1

25% GF-Nachlass (Einzelspieler)
nur Di-So (außer feiertags)

Golfanlage
Gut Leimershof

DGV-Nr. 8732 Seite 399 Gültig bis 31.05.2023

GUTSCHEIN
2. Greenfee ist gratis

KÖLLEN GOLF

2:1

25% GF-Nachlass (Einzelspieler)
nur Di-So (außer feiertags)

Golfanlage
Gut Leimershof

DGV-Nr. 8732 Seite 399 Gültig bis 31.05.2023

GUTSCHEIN
2. Greenfee ist gratis

KÖLLEN GOLF

2:1

25% GF-Nachlass (Einzelspieler)
nur Di-So (außer feiertags)

Golfanlage
Gut Leimershof

DGV-Nr. 8732 Seite 399 Gültig bis 31.05.2023

GUTSCHEIN
2. Greenfee ist gratis

KÖLLEN GOLF

2:1

25% GF-Nachlass (Einzelspieler)
nur Di-So (außer feiertags)

Golfanlage
Gut Leimershof

DGV-Nr. 8732 Seite 399 Gültig bis 31.05.2023

GUTSCHEIN
2. Greenfee ist gratis

KÖLLEN GOLF

2:1

25% GF-Nachlass (Einzelspieler)
nur Di-So (außer feiertags)

Golfanlage
Gut Leimershof

DGV-Nr. 8732 Seite 399 Gültig bis 31.05.2023

GUTSCHEIN
2. Greenfee ist gratis

KÖLLEN GOLF

2:1

25% GF-Nachlass (Einzelspieler)

Golfclub Ansbach e.V.

DGV-Nr. 8802 Seite 379 Gültig bis 31.05.2023

GUTSCHEIN
2. Greenfee ist gratis

KÖLLEN GOLF

2:1

25% GF-Nachlass (Einzelspieler)

Golfclub Ansbach e.V.

DGV-Nr. 8802 Seite 379 Gültig bis 31.05.2023

GUTSCHEIN
2. Greenfee ist gratis

KÖLLEN GOLF

2:1

25% GF-Nachlass (Einzelspieler)
nur Mo-Fr (außer feiertags)

Golfclub Augsburg e.V.

DGV-Nr. 8804 Seite 356 Gültig bis 31.05.2023

GUTSCHEIN
2. Greenfee ist gratis

KÖLLEN GOLF

2:1

25% GF-Nachlass (Einzelspieler)
nur Mo-Fr (außer feiertags)

Golfclub Augsburg e.V.

DGV-Nr. 8804 Seite 356 Gültig bis 31.05.2023

Teilnahmebedingungen

- Zur Gutschein-Einlösung muss eine Greenfee-Berechtigung (z.B. Mindest-HCP, Mitgliedschaft in einem Golfclub) vorliegen.
- Der Gutschein kann nur mit Vorlage des Köllen Golfführer für Deutschland oder mit beiliegender KöllenCard eingelöst werden.
- Die Einlösung kann nur nach telefonischer Anmeldung erfolgen – unter Hinweis auf die Nutzung des Angebots. Bei Sonderveranstaltungen, Turnieren etc. müssen Gutscheine nicht angenommen werden.
- Das Kombinieren mit anderen Rabatten ist nicht möglich – es gilt das zum Abschlagszeitpunkt gültige, volle Greenfee! Bei unterschiedlichen Greenfees (z.B. Studenten-Rabatt) ist der günstigere Tarif gratis!
- Alle Inserenten verpflichten sich, Gutscheine zu den angegebenen Bedingungen einzulösen. Der Verlag übernimmt keine Haftung, wenn ein Gutschein nicht eingelöst wird oder werden kann. Alle Angaben ohne Gewähr!
- Das Angebot ist gültig bis 31.05.2023.

Hinweis

- Informieren Sie sich vorher über das für Sie gültige Greenfee.

Teilnahmebedingungen

- Zur Gutschein-Einlösung muss eine Greenfee-Berechtigung (z.B. Mindest-HCP, Mitgliedschaft in einem Golfclub) vorliegen.
- Der Gutschein kann nur mit Vorlage des Köllen Golfführer für Deutschland oder mit beiliegender KöllenCard eingelöst werden.
- Die Einlösung kann nur nach telefonischer Anmeldung erfolgen – unter Hinweis auf die Nutzung des Angebots. Bei Sonderveranstaltungen, Turnieren etc. müssen Gutscheine nicht angenommen werden.
- Das Kombinieren mit anderen Rabatten ist nicht möglich – es gilt das zum Abschlagszeitpunkt gültige, volle Greenfee! Bei unterschiedlichen Greenfees (z.B. Studenten-Rabatt) ist der günstigere Tarif gratis!
- Alle Inserenten verpflichten sich, Gutscheine zu den angegebenen Bedingungen einzulösen. Der Verlag übernimmt keine Haftung, wenn ein Gutschein nicht eingelöst wird oder werden kann. Alle Angaben ohne Gewähr!
- Das Angebot ist gültig bis 31.05.2023.

Hinweis

- Informieren Sie sich vorher über das für Sie gültige Greenfee.

Teilnahmebedingungen

- Zur Gutschein-Einlösung muss eine Greenfee-Berechtigung (z.B. Mindest-HCP, Mitgliedschaft in einem Golfclub) vorliegen.
- Der Gutschein kann nur mit Vorlage des Köllen Golfführer für Deutschland oder mit beiliegender KöllenCard eingelöst werden.
- Die Einlösung kann nur nach telefonischer Anmeldung erfolgen – unter Hinweis auf die Nutzung des Angebots. Bei Sonderveranstaltungen, Turnieren etc. müssen Gutscheine nicht angenommen werden.
- Das Kombinieren mit anderen Rabatten ist nicht möglich – es gilt das zum Abschlagszeitpunkt gültige, volle Greenfee! Bei unterschiedlichen Greenfees (z.B. Studenten-Rabatt) ist der günstigere Tarif gratis!
- Alle Inserenten verpflichten sich, Gutscheine zu den angegebenen Bedingungen einzulösen. Der Verlag übernimmt keine Haftung, wenn ein Gutschein nicht eingelöst wird oder werden kann. Alle Angaben ohne Gewähr!
- Das Angebot ist gültig bis 31.05.2023.

Hinweis

- Informieren Sie sich vorher über das für Sie gültige Greenfee.

Teilnahmebedingungen

- Zur Gutschein-Einlösung muss eine Greenfee-Berechtigung (z.B. Mindest-HCP, Mitgliedschaft in einem Golfclub) vorliegen.
- Der Gutschein kann nur mit Vorlage des Köllen Golfführer für Deutschland oder mit beiliegender KöllenCard eingelöst werden.
- Die Einlösung kann nur nach telefonischer Anmeldung erfolgen – unter Hinweis auf die Nutzung des Angebots. Bei Sonderveranstaltungen, Turnieren etc. müssen Gutscheine nicht angenommen werden.
- Das Kombinieren mit anderen Rabatten ist nicht möglich – es gilt das zum Abschlagszeitpunkt gültige, volle Greenfee! Bei unterschiedlichen Greenfees (z.B. Studenten-Rabatt) ist der günstigere Tarif gratis!
- Alle Inserenten verpflichten sich, Gutscheine zu den angegebenen Bedingungen einzulösen. Der Verlag übernimmt keine Haftung, wenn ein Gutschein nicht eingelöst wird oder werden kann. Alle Angaben ohne Gewähr!
- Das Angebot ist gültig bis 31.05.2023.

Hinweis

- Informieren Sie sich vorher über das für Sie gültige Greenfee.

Teilnahmebedingungen

- Zur Gutschein-Einlösung muss eine Greenfee-Berechtigung (z.B. Mindest-HCP, Mitgliedschaft in einem Golfclub) vorliegen.
- Der Gutschein kann nur mit Vorlage des Köllen Golfführer für Deutschland oder mit beiliegender KöllenCard eingelöst werden.
- Die Einlösung kann nur nach telefonischer Anmeldung erfolgen – unter Hinweis auf die Nutzung des Angebots. Bei Sonderveranstaltungen, Turnieren etc. müssen Gutscheine nicht angenommen werden.
- Das Kombinieren mit anderen Rabatten ist nicht möglich – es gilt das zum Abschlagszeitpunkt gültige, volle Greenfee! Bei unterschiedlichen Greenfees (z.B. Studenten-Rabatt) ist der günstigere Tarif gratis!
- Alle Inserenten verpflichten sich, Gutscheine zu den angegebenen Bedingungen einzulösen. Der Verlag übernimmt keine Haftung, wenn ein Gutschein nicht eingelöst wird oder werden kann. Alle Angaben ohne Gewähr!
- Das Angebot ist gültig bis 31.05.2023.

Hinweis

- Informieren Sie sich vorher über das für Sie gültige Greenfee.

Teilnahmebedingungen

- Zur Gutschein-Einlösung muss eine Greenfee-Berechtigung (z.B. Mindest-HCP, Mitgliedschaft in einem Golfclub) vorliegen.
- Der Gutschein kann nur mit Vorlage des Köllen Golfführer für Deutschland oder mit beiliegender KöllenCard eingelöst werden.
- Die Einlösung kann nur nach telefonischer Anmeldung erfolgen – unter Hinweis auf die Nutzung des Angebots. Bei Sonderveranstaltungen, Turnieren etc. müssen Gutscheine nicht angenommen werden.
- Das Kombinieren mit anderen Rabatten ist nicht möglich – es gilt das zum Abschlagszeitpunkt gültige, volle Greenfee! Bei unterschiedlichen Greenfees (z.B. Studenten-Rabatt) ist der günstigere Tarif gratis!
- Alle Inserenten verpflichten sich, Gutscheine zu den angegebenen Bedingungen einzulösen. Der Verlag übernimmt keine Haftung, wenn ein Gutschein nicht eingelöst wird oder werden kann. Alle Angaben ohne Gewähr!
- Das Angebot ist gültig bis 31.05.2023.

Hinweis

- Informieren Sie sich vorher über das für Sie gültige Greenfee.

Teilnahmebedingungen

- Zur Gutschein-Einlösung muss eine Greenfee-Berechtigung (z.B. Mindest-HCP, Mitgliedschaft in einem Golfclub) vorliegen.
- Der Gutschein kann nur mit Vorlage des Köllen Golfführer für Deutschland oder mit beiliegender KöllenCard eingelöst werden.
- Die Einlösung kann nur nach telefonischer Anmeldung erfolgen – unter Hinweis auf die Nutzung des Angebots. Bei Sonderveranstaltungen, Turnieren etc. müssen Gutscheine nicht angenommen werden.
- Das Kombinieren mit anderen Rabatten ist nicht möglich – es gilt das zum Abschlagszeitpunkt gültige, volle Greenfee! Bei unterschiedlichen Greenfees (z.B. Studenten-Rabatt) ist der günstigere Tarif gratis!
- Alle Inserenten verpflichten sich, Gutscheine zu den angegebenen Bedingungen einzulösen. Der Verlag übernimmt keine Haftung, wenn ein Gutschein nicht eingelöst wird oder werden kann. Alle Angaben ohne Gewähr!
- Das Angebot ist gültig bis 31.05.2023.

Hinweis

- Informieren Sie sich vorher über das für Sie gültige Greenfee.

Teilnahmebedingungen

- Zur Gutschein-Einlösung muss eine Greenfee-Berechtigung (z.B. Mindest-HCP, Mitgliedschaft in einem Golfclub) vorliegen.
- Der Gutschein kann nur mit Vorlage des Köllen Golfführer für Deutschland oder mit beiliegender KöllenCard eingelöst werden.
- Die Einlösung kann nur nach telefonischer Anmeldung erfolgen – unter Hinweis auf die Nutzung des Angebots. Bei Sonderveranstaltungen, Turnieren etc. müssen Gutscheine nicht angenommen werden.
- Das Kombinieren mit anderen Rabatten ist nicht möglich – es gilt das zum Abschlagszeitpunkt gültige, volle Greenfee! Bei unterschiedlichen Greenfees (z.B. Studenten-Rabatt) ist der günstigere Tarif gratis!
- Alle Inserenten verpflichten sich, Gutscheine zu den angegebenen Bedingungen einzulösen. Der Verlag übernimmt keine Haftung, wenn ein Gutschein nicht eingelöst wird oder werden kann. Alle Angaben ohne Gewähr!
- Das Angebot ist gültig bis 31.05.2023.

Hinweis

- Informieren Sie sich vorher über das für Sie gültige Greenfee.

Teilnahmebedingungen

- Zur Gutschein-Einlösung muss eine Greenfee-Berechtigung (z.B. Mindest-HCP, Mitgliedschaft in einem Golfclub) vorliegen.
- Der Gutschein kann nur mit Vorlage des Köllen Golfführer für Deutschland oder mit beiliegender KöllenCard eingelöst werden.
- Die Einlösung kann nur nach telefonischer Anmeldung erfolgen – unter Hinweis auf die Nutzung des Angebots. Bei Sonderveranstaltungen, Turnieren etc. müssen Gutscheine nicht angenommen werden.
- Das Kombinieren mit anderen Rabatten ist nicht möglich – es gilt das zum Abschlagszeitpunkt gültige, volle Greenfee! Bei unterschiedlichen Greenfees (z.B. Studenten-Rabatt) ist der günstigere Tarif gratis!
- Alle Inserenten verpflichten sich, Gutscheine zu den angegebenen Bedingungen einzulösen. Der Verlag übernimmt keine Haftung, wenn ein Gutschein nicht eingelöst wird oder werden kann. Alle Angaben ohne Gewähr!
- Das Angebot ist gültig bis 31.05.2023.

Hinweis

- Informieren Sie sich vorher über das für Sie gültige Greenfee.

Teilnahmebedingungen

- Zur Gutschein-Einlösung muss eine Greenfee-Berechtigung (z.B. Mindest-HCP, Mitgliedschaft in einem Golfclub) vorliegen.
- Der Gutschein kann nur mit Vorlage des Köllen Golfführer für Deutschland oder mit beiliegender KöllenCard eingelöst werden.
- Die Einlösung kann nur nach telefonischer Anmeldung erfolgen – unter Hinweis auf die Nutzung des Angebots. Bei Sonderveranstaltungen, Turnieren etc. müssen Gutscheine nicht angenommen werden.
- Das Kombinieren mit anderen Rabatten ist nicht möglich – es gilt das zum Abschlagszeitpunkt gültige, volle Greenfee! Bei unterschiedlichen Greenfees (z.B. Studenten-Rabatt) ist der günstigere Tarif gratis!
- Alle Inserenten verpflichten sich, Gutscheine zu den angegebenen Bedingungen einzulösen. Der Verlag übernimmt keine Haftung, wenn ein Gutschein nicht eingelöst wird oder werden kann. Alle Angaben ohne Gewähr!
- Das Angebot ist gültig bis 31.05.2023.

Hinweis

- Informieren Sie sich vorher über das für Sie gültige Greenfee.

GUTSCHEIN
20% Greenfee-Nachlass

KÖLLEN GOLF

%

Golfclub Sagmühle e.V.

DGV-Nr. 8805 Seite 389 Gültig bis 31.05.2023

GUTSCHEIN
20% Greenfee-Nachlass
KÖLLEN GOLF
%
Golfclub Sagmühle e.V.
DGV-Nr. 8805 Seite 389 Gültig bis 31.05.2023
MEHR DRIVE FÜR DIE STRASSE.
www.bmw.de/iX
GUTSCHEIN
20% Greenfee-Nachlass
KÖLLEN GOLF
%
Golfclub Sagmühle e.V.
DGV-Nr. 8805 Seite 389 Gültig bis 31.05.2023
MEHR DRIVE FÜR DIE STRASSE.
www.bmw.de/iX
GUTSCHEIN
20% Greenfee-Nachlass
KÖLLEN GOLF
%
Golfclub Sagmühle e.V.
DGV-Nr. 8805 Seite 389 Gültig bis 31.05.2023
MEHR DRIVE FÜR DIE STRASSE.
www.bmw.de/iX

GUTSCHEIN
20% Greenfee-Nachlass

KÖLLEN GOLF

%

Tölzer Golfclub e.V.

DGV-Nr. 8807 Seite 335 Gültig bis 31.05.2023

GUTSCHEIN
20% Greenfee-Nachlass
KÖLLEN GOLF
%
Tölzer Golfclub e.V.
DGV-Nr. 8807 Seite 335 Gültig bis 31.05.2023
MEHR DRIVE FÜR DIE STRASSE.
www.bmw.de/iX

GUTSCHEIN
2. Greenfee ist gratis

KÖLLEN GOLF

2:1

25% GF-Nachlass (Einzelspieler)

Golf-Club Coburg e.V.
Schloss Tambach

DGV-Nr. 8815 Seite 401 Gültig bis 31.05.2023

GUTSCHEIN
2. Greenfee ist gratis
KÖLLEN GOLF
2:1
25% GF-Nachlass (Einzelspieler)
Golf-Club Coburg e.V.
Schloss Tambach
DGV-Nr. 8815 Seite 401 Gültig bis 31.05.2023
MEHR DRIVE FÜR DIE STRASSE.
www.bmw.de/iX
GUTSCHEIN
2. Greenfee ist gratis
KÖLLEN GOLF
2:1
25% GF-Nachlass (Einzelspieler)
Golf-Club Coburg e.V.
Schloss Tambach
DGV-Nr. 8815 Seite 401 Gültig bis 31.05.2023
MEHR DRIVE FÜR DIE STRASSE.
www.bmw.de/iX
GUTSCHEIN
2. Greenfee ist gratis
KÖLLEN GOLF
2:1
25% GF-Nachlass (Einzelspieler)
Golf-Club Coburg e.V.
Schloss Tambach
DGV-Nr. 8815 Seite 401 Gültig bis 31.05.2023
MEHR DRIVE FÜR DIE STRASSE.
www.bmw.de/iX

Teilnahmebedingungen
- Zur Gutschein-Einlösung muss eine Greenfee-Berechtigung (z.B. Mindest-HCP, Mitgliedschaft in einem Golfclub) vorliegen.
- Der Gutschein kann nur mit Vorlage des Köllen Golfführer für Deutschland oder mit beiliegender KöllenCard eingelöst werden.
- Die Einlösung kann nur nach telefonischer Anmeldung erfolgen – unter Hinweis auf die Nutzung des Angebots. Bei Sonderveranstaltungen, Turnieren etc. müssen Gutscheine nicht angenommen werden.
- Das Kombinieren mit anderen Rabatten ist nicht möglich – es gilt das zum Abschlagszeitpunkt gültige, volle Greenfee! Bei unterschiedlichen Greenfees (z.B. Studenten-Rabatt) ist der günstigere Tarif gratis!
- Alle Inserenten verpflichten sich, Gutscheine zu den angegebenen Bedingungen einzulösen. Der Verlag übernimmt keine Haftung, wenn ein Gutschein nicht eingelöst wird oder werden kann. Alle Angaben ohne Gewähr!
- Das Angebot ist gültig bis 31.05.2023.

Hinweis
- Informieren Sie sich vorher über das für Sie gültige Greenfee.

Teilnahmebedingungen
- Zur Gutschein-Einlösung muss eine Greenfee-Berechtigung (z.B. Mindest-HCP, Mitgliedschaft in einem Golfclub) vorliegen.
- Der Gutschein kann nur mit Vorlage des Köllen Golfführer für Deutschland oder mit beiliegender KöllenCard eingelöst werden.
- Die Einlösung kann nur nach telefonischer Anmeldung erfolgen – unter Hinweis auf die Nutzung des Angebots. Bei Sonderveranstaltungen, Turnieren etc. müssen Gutscheine nicht angenommen werden.
- Das Kombinieren mit anderen Rabatten ist nicht möglich – es gilt das zum Abschlagszeitpunkt gültige, volle Greenfee! Bei unterschiedlichen Greenfees (z.B. Studenten-Rabatt) ist der günstigere Tarif gratis!
- Alle Inserenten verpflichten sich, Gutscheine zu den angegebenen Bedingungen einzulösen. Der Verlag übernimmt keine Haftung, wenn ein Gutschein nicht eingelöst wird oder werden kann. Alle Angaben ohne Gewähr!
- Das Angebot ist gültig bis 31.05.2023.

Hinweis
- Informieren Sie sich vorher über das für Sie gültige Greenfee.

Teilnahmebedingungen
- Zur Gutschein-Einlösung muss eine Greenfee-Berechtigung (z.B. Mindest-HCP, Mitgliedschaft in einem Golfclub) vorliegen.
- Der Gutschein kann nur mit Vorlage des Köllen Golfführer für Deutschland oder mit beiliegender KöllenCard eingelöst werden.
- Die Einlösung kann nur nach telefonischer Anmeldung erfolgen – unter Hinweis auf die Nutzung des Angebots. Bei Sonderveranstaltungen, Turnieren etc. müssen Gutscheine nicht angenommen werden.
- Das Kombinieren mit anderen Rabatten ist nicht möglich – es gilt das zum Abschlagszeitpunkt gültige, volle Greenfee! Bei unterschiedlichen Greenfees (z.B. Studenten-Rabatt) ist der günstigere Tarif gratis!
- Alle Inserenten verpflichten sich, Gutscheine zu den angegebenen Bedingungen einzulösen. Der Verlag übernimmt keine Haftung, wenn ein Gutschein nicht eingelöst wird oder werden kann. Alle Angaben ohne Gewähr!
- Das Angebot ist gültig bis 31.05.2023.

Hinweis
- Informieren Sie sich vorher über das für Sie gültige Greenfee.

Teilnahmebedingungen
- Zur Gutschein-Einlösung muss eine Greenfee-Berechtigung (z.B. Mindest-HCP, Mitgliedschaft in einem Golfclub) vorliegen.
- Der Gutschein kann nur mit Vorlage des Köllen Golfführer für Deutschland oder mit beiliegender KöllenCard eingelöst werden.
- Die Einlösung kann nur nach telefonischer Anmeldung erfolgen – unter Hinweis auf die Nutzung des Angebots. Bei Sonderveranstaltungen, Turnieren etc. müssen Gutscheine nicht angenommen werden.
- Das Kombinieren mit anderen Rabatten ist nicht möglich – es gilt das zum Abschlagszeitpunkt gültige, volle Greenfee! Bei unterschiedlichen Greenfees (z.B. Studenten-Rabatt) ist der günstigere Tarif gratis!
- Alle Inserenten verpflichten sich, Gutscheine zu den angegebenen Bedingungen einzulösen. Der Verlag übernimmt keine Haftung, wenn ein Gutschein nicht eingelöst wird oder werden kann. Alle Angaben ohne Gewähr!
- Das Angebot ist gültig bis 31.05.2023.

Hinweis
- Informieren Sie sich vorher über das für Sie gültige Greenfee.

Teilnahmebedingungen
- Zur Gutschein-Einlösung muss eine Greenfee-Berechtigung (z.B. Mindest-HCP, Mitgliedschaft in einem Golfclub) vorliegen.
- Der Gutschein kann nur mit Vorlage des Köllen Golfführer für Deutschland oder mit beiliegender KöllenCard eingelöst werden.
- Die Einlösung kann nur nach telefonischer Anmeldung erfolgen – unter Hinweis auf die Nutzung des Angebots. Bei Sonderveranstaltungen, Turnieren etc. müssen Gutscheine nicht angenommen werden.
- Das Kombinieren mit anderen Rabatten ist nicht möglich – es gilt das zum Abschlagszeitpunkt gültige, volle Greenfee! Bei unterschiedlichen Greenfees (z.B. Studenten-Rabatt) ist der günstigere Tarif gratis!
- Alle Inserenten verpflichten sich, Gutscheine zu den angegebenen Bedingungen einzulösen. Der Verlag übernimmt keine Haftung, wenn ein Gutschein nicht eingelöst wird oder werden kann. Alle Angaben ohne Gewähr!
- Das Angebot ist gültig bis 31.05.2023.

Hinweis
- Informieren Sie sich vorher über das für Sie gültige Greenfee.

Teilnahmebedingungen
- Zur Gutschein-Einlösung muss eine Greenfee-Berechtigung (z.B. Mindest-HCP, Mitgliedschaft in einem Golfclub) vorliegen.
- Der Gutschein kann nur mit Vorlage des Köllen Golfführer für Deutschland oder mit beiliegender KöllenCard eingelöst werden.
- Die Einlösung kann nur nach telefonischer Anmeldung erfolgen – unter Hinweis auf die Nutzung des Angebots. Bei Sonderveranstaltungen, Turnieren etc. müssen Gutscheine nicht angenommen werden.
- Das Kombinieren mit anderen Rabatten ist nicht möglich – es gilt das zum Abschlagszeitpunkt gültige, volle Greenfee! Bei unterschiedlichen Greenfees (z.B. Studenten-Rabatt) ist der günstigere Tarif gratis!
- Alle Inserenten verpflichten sich, Gutscheine zu den angegebenen Bedingungen einzulösen. Der Verlag übernimmt keine Haftung, wenn ein Gutschein nicht eingelöst wird oder werden kann. Alle Angaben ohne Gewähr!
- Das Angebot ist gültig bis 31.05.2023.

Hinweis
- Informieren Sie sich vorher über das für Sie gültige Greenfee.

Teilnahmebedingungen
- Zur Gutschein-Einlösung muss eine Greenfee-Berechtigung (z.B. Mindest-HCP, Mitgliedschaft in einem Golfclub) vorliegen.
- Der Gutschein kann nur mit Vorlage des Köllen Golfführer für Deutschland oder mit beiliegender KöllenCard eingelöst werden.
- Die Einlösung kann nur nach telefonischer Anmeldung erfolgen – unter Hinweis auf die Nutzung des Angebots. Bei Sonderveranstaltungen, Turnieren etc. müssen Gutscheine nicht angenommen werden.
- Das Kombinieren mit anderen Rabatten ist nicht möglich – es gilt das zum Abschlagszeitpunkt gültige, volle Greenfee! Bei unterschiedlichen Greenfees (z.B. Studenten-Rabatt) ist der günstigere Tarif gratis!
- Alle Inserenten verpflichten sich, Gutscheine zu den angegebenen Bedingungen einzulösen. Der Verlag übernimmt keine Haftung, wenn ein Gutschein nicht eingelöst wird oder werden kann. Alle Angaben ohne Gewähr!
- Das Angebot ist gültig bis 31.05.2023.

Hinweis
- Informieren Sie sich vorher über das für Sie gültige Greenfee.

Teilnahmebedingungen
- Zur Gutschein-Einlösung muss eine Greenfee-Berechtigung (z.B. Mindest-HCP, Mitgliedschaft in einem Golfclub) vorliegen.
- Der Gutschein kann nur mit Vorlage des Köllen Golfführer für Deutschland oder mit beiliegender KöllenCard eingelöst werden.
- Die Einlösung kann nur nach telefonischer Anmeldung erfolgen – unter Hinweis auf die Nutzung des Angebots. Bei Sonderveranstaltungen, Turnieren etc. müssen Gutscheine nicht angenommen werden.
- Das Kombinieren mit anderen Rabatten ist nicht möglich – es gilt das zum Abschlagszeitpunkt gültige, volle Greenfee! Bei unterschiedlichen Greenfees (z.B. Studenten-Rabatt) ist der günstigere Tarif gratis!
- Alle Inserenten verpflichten sich, Gutscheine zu den angegebenen Bedingungen einzulösen. Der Verlag übernimmt keine Haftung, wenn ein Gutschein nicht eingelöst wird oder werden kann. Alle Angaben ohne Gewähr!
- Das Angebot ist gültig bis 31.05.2023.

Hinweis
- Informieren Sie sich vorher über das für Sie gültige Greenfee.

Teilnahmebedingungen
- Zur Gutschein-Einlösung muss eine Greenfee-Berechtigung (z.B. Mindest-HCP, Mitgliedschaft in einem Golfclub) vorliegen.
- Der Gutschein kann nur mit Vorlage des Köllen Golfführer für Deutschland oder mit beiliegender KöllenCard eingelöst werden.
- Die Einlösung kann nur nach telefonischer Anmeldung erfolgen – unter Hinweis auf die Nutzung des Angebots. Bei Sonderveranstaltungen, Turnieren etc. müssen Gutscheine nicht angenommen werden.
- Das Kombinieren mit anderen Rabatten ist nicht möglich – es gilt das zum Abschlagszeitpunkt gültige, volle Greenfee! Bei unterschiedlichen Greenfees (z.B. Studenten-Rabatt) ist der günstigere Tarif gratis!
- Alle Inserenten verpflichten sich, Gutscheine zu den angegebenen Bedingungen einzulösen. Der Verlag übernimmt keine Haftung, wenn ein Gutschein nicht eingelöst wird oder werden kann. Alle Angaben ohne Gewähr!
- Das Angebot ist gültig bis 31.05.2023.

Hinweis
- Informieren Sie sich vorher über das für Sie gültige Greenfee.

Teilnahmebedingungen
- Zur Gutschein-Einlösung muss eine Greenfee-Berechtigung (z.B. Mindest-HCP, Mitgliedschaft in einem Golfclub) vorliegen.
- Der Gutschein kann nur mit Vorlage des Köllen Golfführer für Deutschland oder mit beiliegender KöllenCard eingelöst werden.
- Die Einlösung kann nur nach telefonischer Anmeldung erfolgen – unter Hinweis auf die Nutzung des Angebots. Bei Sonderveranstaltungen, Turnieren etc. müssen Gutscheine nicht angenommen werden.
- Das Kombinieren mit anderen Rabatten ist nicht möglich – es gilt das zum Abschlagszeitpunkt gültige, volle Greenfee! Bei unterschiedlichen Greenfees (z.B. Studenten-Rabatt) ist der günstigere Tarif gratis!
- Alle Inserenten verpflichten sich, Gutscheine zu den angegebenen Bedingungen einzulösen. Der Verlag übernimmt keine Haftung, wenn ein Gutschein nicht eingelöst wird oder werden kann. Alle Angaben ohne Gewähr!
- Das Angebot ist gültig bis 31.05.2023.

Hinweis
- Informieren Sie sich vorher über das für Sie gültige Greenfee.

GUTSCHEIN
2. Greenfee ist gratis

KÖLLEN GOLF

2:1

25% GF-Nachlass (Einzelspieler)

Golf-Club Coburg e.V.
Schloss Tambach

DGV-Nr. 8815 Seite 401 Gültig bis 31.05.2023

GUTSCHEIN
2. Greenfee ist gratis

KÖLLEN GOLF

2:1

25% GF-Nachlass (Einzelspieler)

Golf-Club Coburg e.V.
Schloss Tambach

DGV-Nr. 8815 Seite 401 Gültig bis 31.05.2023

MEHR DRIVE FÜR DIE STRASSE.
www.bmw.de/iX

GUTSCHEIN
2. Greenfee ist gratis

KÖLLEN GOLF

2:1

25% GF-Nachlass (Einzelspieler)

Golfclub Schloßberg e.V.

DGV-Nr. 8818 Seite 394 Gültig bis 31.05.2023

GUTSCHEIN
2. Greenfee ist gratis

KÖLLEN GOLF

2:1

25% GF-Nachlass (Einzelspieler)

Golfclub Schloßberg e.V.

DGV-Nr. 8818 Seite 394 Gültig bis 31.05.2023

MEHR DRIVE FÜR DIE STRASSE.
www.bmw.de/iX

GUTSCHEIN
2. Greenfee ist gratis

KÖLLEN GOLF

2:1

50% GF-Nachlass (Einzelspieler)

Golfclub
Fränkische Schweiz e.V.

DGV-Nr. 8819 Seite 376 Gültig bis 31.05.2023

GUTSCHEIN
2. Greenfee ist gratis

KÖLLEN GOLF

2:1

50% GF-Nachlass (Einzelspieler)

Golfclub
Fränkische Schweiz e.V.

DGV-Nr. 8819 Seite 376 Gültig bis 31.05.2023

MEHR DRIVE FÜR DIE STRASSE.
www.bmw.de/iX

GUTSCHEIN
2. Greenfee ist gratis

KÖLLEN GOLF

2:1

25% GF-Nachlass (Einzelspieler)

Golfclub
Erding-Grünbach e.V.

DGV-Nr. 8821 Seite 348 Gültig bis 31.05.2023

GUTSCHEIN
2. Greenfee ist gratis

KÖLLEN GOLF

2:1

25% GF-Nachlass (Einzelspieler)

Golfclub
Erding-Grünbach e.V.

DGV-Nr. 8821 Seite 348 Gültig bis 31.05.2023

MEHR DRIVE FÜR DIE STRASSE.
www.bmw.de/iX

GUTSCHEIN
20% Greenfee-Nachlass

KÖLLEN GOLF

%

Golfclub
Erding-Grünbach e.V.

DGV-Nr. 8821 Seite 348 Gültig bis 31.05.2023

GUTSCHEIN
2. Greenfee ist gratis

KÖLLEN GOLF

2:1

25% GF-Nachlass (Einzelspieler)
nur Mo-Fr (außer feiertags), Fr bis 12 Uhr

Golf Club Erlangen e.V.

DGV-Nr. 8822 Seite 373 Gültig bis 31.05.2023

Teilnahmebedingungen

- Zur Gutschein-Einlösung muss eine Greenfee-Berechtigung (z.B. Mindest-HCP, Mitgliedschaft in einem Golfclub) vorliegen.
- Der Gutschein kann nur mit Vorlage des Köllen Golfführer für Deutschland oder mit beiliegender KöllenCard eingelöst werden.
- Die Einlösung kann nur nach telefonischer Anmeldung erfolgen – unter Hinweis auf die Nutzung des Angebots. Bei Sonderveranstaltungen, Turnieren etc. müssen Gutscheine nicht angenommen werden.
- Das Kombinieren mit anderen Rabatten ist nicht möglich – es gilt das zum Abschlagszeitpunkt gültige, volle Greenfee! Bei unterschiedlichen Greenfees (z.B. Studenten-Rabatt) ist der günstigere Tarif gratis!
- Alle Inserenten verpflichten sich, Gutscheine zu den angegebenen Bedingungen einzulösen. Der Verlag übernimmt keine Haftung, wenn ein Gutschein nicht eingelöst wird oder werden kann. Alle Angaben ohne Gewähr!
- Das Angebot ist gültig bis 31.05.2023.

Hinweis

- Informieren Sie sich vorher über das für Sie gültige Greenfee.

Teilnahmebedingungen

- Zur Gutschein-Einlösung muss eine Greenfee-Berechtigung (z.B. Mindest-HCP, Mitgliedschaft in einem Golfclub) vorliegen.
- Der Gutschein kann nur mit Vorlage des Köllen Golfführer für Deutschland oder mit beiliegender KöllenCard eingelöst werden.
- Die Einlösung kann nur nach telefonischer Anmeldung erfolgen – unter Hinweis auf die Nutzung des Angebots. Bei Sonderveranstaltungen, Turnieren etc. müssen Gutscheine nicht angenommen werden.
- Das Kombinieren mit anderen Rabatten ist nicht möglich – es gilt das zum Abschlagszeitpunkt gültige, volle Greenfee! Bei unterschiedlichen Greenfees (z.B. Studenten-Rabatt) ist der günstigere Tarif gratis!
- Alle Inserenten verpflichten sich, Gutscheine zu den angegebenen Bedingungen einzulösen. Der Verlag übernimmt keine Haftung, wenn ein Gutschein nicht eingelöst wird oder werden kann. Alle Angaben ohne Gewähr!
- Das Angebot ist gültig bis 31.05.2023.

Hinweis

- Informieren Sie sich vorher über das für Sie gültige Greenfee.

Teilnahmebedingungen

- Zur Gutschein-Einlösung muss eine Greenfee-Berechtigung (z.B. Mindest-HCP, Mitgliedschaft in einem Golfclub) vorliegen.
- Der Gutschein kann nur mit Vorlage des Köllen Golfführer für Deutschland oder mit beiliegender KöllenCard eingelöst werden.
- Die Einlösung kann nur nach telefonischer Anmeldung erfolgen – unter Hinweis auf die Nutzung des Angebots. Bei Sonderveranstaltungen, Turnieren etc. müssen Gutscheine nicht angenommen werden.
- Das Kombinieren mit anderen Rabatten ist nicht möglich – es gilt das zum Abschlagszeitpunkt gültige, volle Greenfee! Bei unterschiedlichen Greenfees (z.B. Studenten-Rabatt) ist der günstigere Tarif gratis!
- Alle Inserenten verpflichten sich, Gutscheine zu den angegebenen Bedingungen einzulösen. Der Verlag übernimmt keine Haftung, wenn ein Gutschein nicht eingelöst wird oder werden kann. Alle Angaben ohne Gewähr!
- Das Angebot ist gültig bis 31.05.2023.

Hinweis

- Informieren Sie sich vorher über das für Sie gültige Greenfee.

Teilnahmebedingungen

- Zur Gutschein-Einlösung muss eine Greenfee-Berechtigung (z.B. Mindest-HCP, Mitgliedschaft in einem Golfclub) vorliegen.
- Der Gutschein kann nur mit Vorlage des Köllen Golfführer für Deutschland oder mit beiliegender KöllenCard eingelöst werden.
- Die Einlösung kann nur nach telefonischer Anmeldung erfolgen – unter Hinweis auf die Nutzung des Angebots. Bei Sonderveranstaltungen, Turnieren etc. müssen Gutscheine nicht angenommen werden.
- Das Kombinieren mit anderen Rabatten ist nicht möglich – es gilt das zum Abschlagszeitpunkt gültige, volle Greenfee! Bei unterschiedlichen Greenfees (z.B. Studenten-Rabatt) ist der günstigere Tarif gratis!
- Alle Inserenten verpflichten sich, Gutscheine zu den angegebenen Bedingungen einzulösen. Der Verlag übernimmt keine Haftung, wenn ein Gutschein nicht eingelöst wird oder werden kann. Alle Angaben ohne Gewähr!
- Das Angebot ist gültig bis 31.05.2023.

Hinweis

- Informieren Sie sich vorher über das für Sie gültige Greenfee.

Teilnahmebedingungen

- Zur Gutschein-Einlösung muss eine Greenfee-Berechtigung (z.B. Mindest-HCP, Mitgliedschaft in einem Golfclub) vorliegen.
- Der Gutschein kann nur mit Vorlage des Köllen Golfführer für Deutschland oder mit beiliegender KöllenCard eingelöst werden.
- Die Einlösung kann nur nach telefonischer Anmeldung erfolgen – unter Hinweis auf die Nutzung des Angebots. Bei Sonderveranstaltungen, Turnieren etc. müssen Gutscheine nicht angenommen werden.
- Das Kombinieren mit anderen Rabatten ist nicht möglich – es gilt das zum Abschlagszeitpunkt gültige, volle Greenfee! Bei unterschiedlichen Greenfees (z.B. Studenten-Rabatt) ist der günstigere Tarif gratis!
- Alle Inserenten verpflichten sich, Gutscheine zu den angegebenen Bedingungen einzulösen. Der Verlag übernimmt keine Haftung, wenn ein Gutschein nicht eingelöst wird oder werden kann. Alle Angaben ohne Gewähr!
- Das Angebot ist gültig bis 31.05.2023.

Hinweis

- Informieren Sie sich vorher über das für Sie gültige Greenfee.

Teilnahmebedingungen

- Zur Gutschein-Einlösung muss eine Greenfee-Berechtigung (z.B. Mindest-HCP, Mitgliedschaft in einem Golfclub) vorliegen.
- Der Gutschein kann nur mit Vorlage des Köllen Golfführer für Deutschland oder mit beiliegender KöllenCard eingelöst werden.
- Die Einlösung kann nur nach telefonischer Anmeldung erfolgen – unter Hinweis auf die Nutzung des Angebots. Bei Sonderveranstaltungen, Turnieren etc. müssen Gutscheine nicht angenommen werden.
- Das Kombinieren mit anderen Rabatten ist nicht möglich – es gilt das zum Abschlagszeitpunkt gültige, volle Greenfee! Bei unterschiedlichen Greenfees (z.B. Studenten-Rabatt) ist der günstigere Tarif gratis!
- Alle Inserenten verpflichten sich, Gutscheine zu den angegebenen Bedingungen einzulösen. Der Verlag übernimmt keine Haftung, wenn ein Gutschein nicht eingelöst wird oder werden kann. Alle Angaben ohne Gewähr!
- Das Angebot ist gültig bis 31.05.2023.

Hinweis

- Informieren Sie sich vorher über das für Sie gültige Greenfee.

Teilnahmebedingungen

- Zur Gutschein-Einlösung muss eine Greenfee-Berechtigung (z.B. Mindest-HCP, Mitgliedschaft in einem Golfclub) vorliegen.
- Der Gutschein kann nur mit Vorlage des Köllen Golfführer für Deutschland oder mit beiliegender KöllenCard eingelöst werden.
- Die Einlösung kann nur nach telefonischer Anmeldung erfolgen – unter Hinweis auf die Nutzung des Angebots. Bei Sonderveranstaltungen, Turnieren etc. müssen Gutscheine nicht angenommen werden.
- Das Kombinieren mit anderen Rabatten ist nicht möglich – es gilt das zum Abschlagszeitpunkt gültige, volle Greenfee! Bei unterschiedlichen Greenfees (z.B. Studenten-Rabatt) ist der günstigere Tarif gratis!
- Alle Inserenten verpflichten sich, Gutscheine zu den angegebenen Bedingungen einzulösen. Der Verlag übernimmt keine Haftung, wenn ein Gutschein nicht eingelöst wird oder werden kann. Alle Angaben ohne Gewähr!
- Das Angebot ist gültig bis 31.05.2023.

Hinweis

- Informieren Sie sich vorher über das für Sie gültige Greenfee.

Teilnahmebedingungen

- Zur Gutschein-Einlösung muss eine Greenfee-Berechtigung (z.B. Mindest-HCP, Mitgliedschaft in einem Golfclub) vorliegen.
- Der Gutschein kann nur mit Vorlage des Köllen Golfführer für Deutschland oder mit beiliegender KöllenCard eingelöst werden.
- Die Einlösung kann nur nach telefonischer Anmeldung erfolgen – unter Hinweis auf die Nutzung des Angebots. Bei Sonderveranstaltungen, Turnieren etc. müssen Gutscheine nicht angenommen werden.
- Das Kombinieren mit anderen Rabatten ist nicht möglich – es gilt das zum Abschlagszeitpunkt gültige, volle Greenfee! Bei unterschiedlichen Greenfees (z.B. Studenten-Rabatt) ist der günstigere Tarif gratis!
- Alle Inserenten verpflichten sich, Gutscheine zu den angegebenen Bedingungen einzulösen. Der Verlag übernimmt keine Haftung, wenn ein Gutschein nicht eingelöst wird oder werden kann. Alle Angaben ohne Gewähr!
- Das Angebot ist gültig bis 31.05.2023.

Hinweis

- Informieren Sie sich vorher über das für Sie gültige Greenfee.

Teilnahmebedingungen

- Zur Gutschein-Einlösung muss eine Greenfee-Berechtigung (z.B. Mindest-HCP, Mitgliedschaft in einem Golfclub) vorliegen.
- Der Gutschein kann nur mit Vorlage des Köllen Golfführer für Deutschland oder mit beiliegender KöllenCard eingelöst werden.
- Die Einlösung kann nur nach telefonischer Anmeldung erfolgen – unter Hinweis auf die Nutzung des Angebots. Bei Sonderveranstaltungen, Turnieren etc. müssen Gutscheine nicht angenommen werden.
- Das Kombinieren mit anderen Rabatten ist nicht möglich – es gilt das zum Abschlagszeitpunkt gültige, volle Greenfee! Bei unterschiedlichen Greenfees (z.B. Studenten-Rabatt) ist der günstigere Tarif gratis!
- Alle Inserenten verpflichten sich, Gutscheine zu den angegebenen Bedingungen einzulösen. Der Verlag übernimmt keine Haftung, wenn ein Gutschein nicht eingelöst wird oder werden kann. Alle Angaben ohne Gewähr!
- Das Angebot ist gültig bis 31.05.2023.

Hinweis

- Informieren Sie sich vorher über das für Sie gültige Greenfee.

Teilnahmebedingungen

- Zur Gutschein-Einlösung muss eine Greenfee-Berechtigung (z.B. Mindest-HCP, Mitgliedschaft in einem Golfclub) vorliegen.
- Der Gutschein kann nur mit Vorlage des Köllen Golfführer für Deutschland oder mit beiliegender KöllenCard eingelöst werden.
- Die Einlösung kann nur nach telefonischer Anmeldung erfolgen – unter Hinweis auf die Nutzung des Angebots. Bei Sonderveranstaltungen, Turnieren etc. müssen Gutscheine nicht angenommen werden.
- Das Kombinieren mit anderen Rabatten ist nicht möglich – es gilt das zum Abschlagszeitpunkt gültige, volle Greenfee! Bei unterschiedlichen Greenfees (z.B. Studenten-Rabatt) ist der günstigere Tarif gratis!
- Alle Inserenten verpflichten sich, Gutscheine zu den angegebenen Bedingungen einzulösen. Der Verlag übernimmt keine Haftung, wenn ein Gutschein nicht eingelöst wird oder werden kann. Alle Angaben ohne Gewähr!
- Das Angebot ist gültig bis 31.05.2023.

Hinweis

- Informieren Sie sich vorher über das für Sie gültige Greenfee.

GUTSCHEIN
2. Greenfee ist gratis

KÖLLEN GOLF

2:1

25% GF-Nachlass (Einzelspieler)
nur Mo-Fr (außer feiertags), Fr bis 12 Uhr

Golf Club Erlangen e.V.

DGV-Nr. 8822 Seite 373 Gültig bis 31.05.2023

GUTSCHEIN
2. Greenfee ist gratis

KÖLLEN GOLF

2:1

25% GF-Nachlass (Einzelspieler)
nur Mo-Fr (außer feiertags)

Golf-Club Furth im Wald e.V.

DGV-Nr. 8826 Seite 388 Gültig bis 31.05.2023

GUTSCHEIN
20% Greenfee-Nachlass

KÖLLEN GOLF

%

nur Mo-Fr (außer feiertags)

Golf-Club Furth im Wald e.V.

DGV-Nr. 8826 Seite 388 Gültig bis 31.05.2023

GUTSCHEIN
2. Greenfee ist gratis

KÖLLEN GOLF

2:1

25% GF-Nachlass (Einzelspieler)

Golfclub Altötting-Burghausen e.V.

DGV-Nr. 8833 Seite 342 Gültig bis 31.05.2023

GUTSCHEIN
2. Greenfee ist gratis

KÖLLEN GOLF

2:1

25% GF-Nachlass (Einzelspieler)

Golfclub Altötting-Burghausen e.V.

DGV-Nr. 8833 Seite 342 Gültig bis 31.05.2023

GUTSCHEIN
2. Greenfee ist gratis

KÖLLEN GOLF

2:1

25% GF-Nachlass (Einzelspieler)

Golfclub Altötting-Burghausen e.V.

DGV-Nr. 8833 Seite 342 Gültig bis 31.05.2023

GUTSCHEIN
2. Greenfee ist gratis

KÖLLEN GOLF

2:1

25% GF-Nachlass (Einzelspieler)

Golfclub Altötting-Burghausen e.V.

DGV-Nr. 8833 Seite 342 Gültig bis 31.05.2023

GUTSCHEIN
2. Greenfee ist gratis

KÖLLEN GOLF

2:1

25% GF-Nachlass (Einzelspieler)

Golfclub Altötting-Burghausen e.V.

DGV-Nr. 8833 Seite 342 Gültig bis 31.05.2023

GUTSCHEIN
2. Greenfee ist gratis

KÖLLEN GOLF

2:1

25% GF-Nachlass (Einzelspieler)

Golfclub Altötting-Burghausen e.V.

DGV-Nr. 8833 Seite 342 Gültig bis 31.05.2023

GUTSCHEIN
2. Greenfee ist gratis

KÖLLEN GOLF

2:1

25% GF-Nachlass (Einzelspieler)
gilt nur für 18-Loch Runden

Golfclub Schloss Igling e.V.

DGV-Nr. 8835 Seite 360 Gültig bis 31.05.2023

Teilnahmebedingungen

- Zur Gutschein-Einlösung muss eine Greenfee-Berechtigung (z.B. Mindest-HCP, Mitgliedschaft in einem Golfclub) vorliegen.
- Der Gutschein kann nur mit Vorlage des Köllen Golfführer für Deutschland oder mit beiliegender KöllenCard eingelöst werden.
- Die Einlösung kann nur nach telefonischer Anmeldung erfolgen – unter Hinweis auf die Nutzung des Angebots. Bei Sonderveranstaltungen, Turnieren etc. müssen Gutscheine nicht angenommen werden.
- Das Kombinieren mit anderen Rabatten ist nicht möglich – es gilt das zum Abschlagszeitpunkt gültige, volle Greenfee! Bei unterschiedlichen Greenfees (z.B. Studenten-Rabatt) ist der günstigere Tarif gratis!
- Alle Inserenten verpflichten sich, Gutscheine zu den angegebenen Bedingungen einzulösen. Der Verlag übernimmt keine Haftung, wenn ein Gutschein nicht eingelöst wird oder werden kann. Alle Angaben ohne Gewähr!
- Das Angebot ist gültig bis 31.05.2023.

Hinweis

- Informieren Sie sich vorher über das für Sie gültige Greenfee.

Teilnahmebedingungen

- Zur Gutschein-Einlösung muss eine Greenfee-Berechtigung (z.B. Mindest-HCP, Mitgliedschaft in einem Golfclub) vorliegen.
- Der Gutschein kann nur mit Vorlage des Köllen Golfführer für Deutschland oder mit beiliegender KöllenCard eingelöst werden.
- Die Einlösung kann nur nach telefonischer Anmeldung erfolgen – unter Hinweis auf die Nutzung des Angebots. Bei Sonderveranstaltungen, Turnieren etc. müssen Gutscheine nicht angenommen werden.
- Das Kombinieren mit anderen Rabatten ist nicht möglich – es gilt das zum Abschlagszeitpunkt gültige, volle Greenfee! Bei unterschiedlichen Greenfees (z.B. Studenten-Rabatt) ist der günstigere Tarif gratis!
- Alle Inserenten verpflichten sich, Gutscheine zu den angegebenen Bedingungen einzulösen. Der Verlag übernimmt keine Haftung, wenn ein Gutschein nicht eingelöst wird oder werden kann. Alle Angaben ohne Gewähr!
- Das Angebot ist gültig bis 31.05.2023.

Hinweis

- Informieren Sie sich vorher über das für Sie gültige Greenfee.

Teilnahmebedingungen

- Zur Gutschein-Einlösung muss eine Greenfee-Berechtigung (z.B. Mindest-HCP, Mitgliedschaft in einem Golfclub) vorliegen.
- Der Gutschein kann nur mit Vorlage des Köllen Golfführer für Deutschland oder mit beiliegender KöllenCard eingelöst werden.
- Die Einlösung kann nur nach telefonischer Anmeldung erfolgen – unter Hinweis auf die Nutzung des Angebots. Bei Sonderveranstaltungen, Turnieren etc. müssen Gutscheine nicht angenommen werden.
- Das Kombinieren mit anderen Rabatten ist nicht möglich – es gilt das zum Abschlagszeitpunkt gültige, volle Greenfee! Bei unterschiedlichen Greenfees (z.B. Studenten-Rabatt) ist der günstigere Tarif gratis!
- Alle Inserenten verpflichten sich, Gutscheine zu den angegebenen Bedingungen einzulösen. Der Verlag übernimmt keine Haftung, wenn ein Gutschein nicht eingelöst wird oder werden kann. Alle Angaben ohne Gewähr!
- Das Angebot ist gültig bis 31.05.2023.

Hinweis

- Informieren Sie sich vorher über das für Sie gültige Greenfee.

Teilnahmebedingungen

- Zur Gutschein-Einlösung muss eine Greenfee-Berechtigung (z.B. Mindest-HCP, Mitgliedschaft in einem Golfclub) vorliegen.
- Der Gutschein kann nur mit Vorlage des Köllen Golfführer für Deutschland oder mit beiliegender KöllenCard eingelöst werden.
- Die Einlösung kann nur nach telefonischer Anmeldung erfolgen – unter Hinweis auf die Nutzung des Angebots. Bei Sonderveranstaltungen, Turnieren etc. müssen Gutscheine nicht angenommen werden.
- Das Kombinieren mit anderen Rabatten ist nicht möglich – es gilt das zum Abschlagszeitpunkt gültige, volle Greenfee! Bei unterschiedlichen Greenfees (z.B. Studenten-Rabatt) ist der günstigere Tarif gratis!
- Alle Inserenten verpflichten sich, Gutscheine zu den angegebenen Bedingungen einzulösen. Der Verlag übernimmt keine Haftung, wenn ein Gutschein nicht eingelöst wird oder werden kann. Alle Angaben ohne Gewähr!
- Das Angebot ist gültig bis 31.05.2023.

Hinweis

- Informieren Sie sich vorher über das für Sie gültige Greenfee.

Teilnahmebedingungen

- Zur Gutschein-Einlösung muss eine Greenfee-Berechtigung (z.B. Mindest-HCP, Mitgliedschaft in einem Golfclub) vorliegen.
- Der Gutschein kann nur mit Vorlage des Köllen Golfführer für Deutschland oder mit beiliegender KöllenCard eingelöst werden.
- Die Einlösung kann nur nach telefonischer Anmeldung erfolgen – unter Hinweis auf die Nutzung des Angebots. Bei Sonderveranstaltungen, Turnieren etc. müssen Gutscheine nicht angenommen werden.
- Das Kombinieren mit anderen Rabatten ist nicht möglich – es gilt das zum Abschlagszeitpunkt gültige, volle Greenfee! Bei unterschiedlichen Greenfees (z.B. Studenten-Rabatt) ist der günstigere Tarif gratis!
- Alle Inserenten verpflichten sich, Gutscheine zu den angegebenen Bedingungen einzulösen. Der Verlag übernimmt keine Haftung, wenn ein Gutschein nicht eingelöst wird oder werden kann. Alle Angaben ohne Gewähr!
- Das Angebot ist gültig bis 31.05.2023.

Hinweis

- Informieren Sie sich vorher über das für Sie gültige Greenfee.

Teilnahmebedingungen

- Zur Gutschein-Einlösung muss eine Greenfee-Berechtigung (z.B. Mindest-HCP, Mitgliedschaft in einem Golfclub) vorliegen.
- Der Gutschein kann nur mit Vorlage des Köllen Golfführer für Deutschland oder mit beiliegender KöllenCard eingelöst werden.
- Die Einlösung kann nur nach telefonischer Anmeldung erfolgen – unter Hinweis auf die Nutzung des Angebots. Bei Sonderveranstaltungen, Turnieren etc. müssen Gutscheine nicht angenommen werden.
- Das Kombinieren mit anderen Rabatten ist nicht möglich – es gilt das zum Abschlagszeitpunkt gültige, volle Greenfee! Bei unterschiedlichen Greenfees (z.B. Studenten-Rabatt) ist der günstigere Tarif gratis!
- Alle Inserenten verpflichten sich, Gutscheine zu den angegebenen Bedingungen einzulösen. Der Verlag übernimmt keine Haftung, wenn ein Gutschein nicht eingelöst wird oder werden kann. Alle Angaben ohne Gewähr!
- Das Angebot ist gültig bis 31.05.2023.

Hinweis

- Informieren Sie sich vorher über das für Sie gültige Greenfee.

Teilnahmebedingungen

- Zur Gutschein-Einlösung muss eine Greenfee-Berechtigung (z.B. Mindest-HCP, Mitgliedschaft in einem Golfclub) vorliegen.
- Der Gutschein kann nur mit Vorlage des Köllen Golfführer für Deutschland oder mit beiliegender KöllenCard eingelöst werden.
- Die Einlösung kann nur nach telefonischer Anmeldung erfolgen – unter Hinweis auf die Nutzung des Angebots. Bei Sonderveranstaltungen, Turnieren etc. müssen Gutscheine nicht angenommen werden.
- Das Kombinieren mit anderen Rabatten ist nicht möglich – es gilt das zum Abschlagszeitpunkt gültige, volle Greenfee! Bei unterschiedlichen Greenfees (z.B. Studenten-Rabatt) ist der günstigere Tarif gratis!
- Alle Inserenten verpflichten sich, Gutscheine zu den angegebenen Bedingungen einzulösen. Der Verlag übernimmt keine Haftung, wenn ein Gutschein nicht eingelöst wird oder werden kann. Alle Angaben ohne Gewähr!
- Das Angebot ist gültig bis 31.05.2023.

Hinweis

- Informieren Sie sich vorher über das für Sie gültige Greenfee.

Teilnahmebedingungen

- Zur Gutschein-Einlösung muss eine Greenfee-Berechtigung (z.B. Mindest-HCP, Mitgliedschaft in einem Golfclub) vorliegen.
- Der Gutschein kann nur mit Vorlage des Köllen Golfführer für Deutschland oder mit beiliegender KöllenCard eingelöst werden.
- Die Einlösung kann nur nach telefonischer Anmeldung erfolgen – unter Hinweis auf die Nutzung des Angebots. Bei Sonderveranstaltungen, Turnieren etc. müssen Gutscheine nicht angenommen werden.
- Das Kombinieren mit anderen Rabatten ist nicht möglich – es gilt das zum Abschlagszeitpunkt gültige, volle Greenfee! Bei unterschiedlichen Greenfees (z.B. Studenten-Rabatt) ist der günstigere Tarif gratis!
- Alle Inserenten verpflichten sich, Gutscheine zu den angegebenen Bedingungen einzulösen. Der Verlag übernimmt keine Haftung, wenn ein Gutschein nicht eingelöst wird oder werden kann. Alle Angaben ohne Gewähr!
- Das Angebot ist gültig bis 31.05.2023.

Hinweis

- Informieren Sie sich vorher über das für Sie gültige Greenfee.

Teilnahmebedingungen

- Zur Gutschein-Einlösung muss eine Greenfee-Berechtigung (z.B. Mindest-HCP, Mitgliedschaft in einem Golfclub) vorliegen.
- Der Gutschein kann nur mit Vorlage des Köllen Golfführer für Deutschland oder mit beiliegender KöllenCard eingelöst werden.
- Die Einlösung kann nur nach telefonischer Anmeldung erfolgen – unter Hinweis auf die Nutzung des Angebots. Bei Sonderveranstaltungen, Turnieren etc. müssen Gutscheine nicht angenommen werden.
- Das Kombinieren mit anderen Rabatten ist nicht möglich – es gilt das zum Abschlagszeitpunkt gültige, volle Greenfee! Bei unterschiedlichen Greenfees (z.B. Studenten-Rabatt) ist der günstigere Tarif gratis!
- Alle Inserenten verpflichten sich, Gutscheine zu den angegebenen Bedingungen einzulösen. Der Verlag übernimmt keine Haftung, wenn ein Gutschein nicht eingelöst wird oder werden kann. Alle Angaben ohne Gewähr!
- Das Angebot ist gültig bis 31.05.2023.

Hinweis

- Informieren Sie sich vorher über das für Sie gültige Greenfee.

Teilnahmebedingungen

- Zur Gutschein-Einlösung muss eine Greenfee-Berechtigung (z.B. Mindest-HCP, Mitgliedschaft in einem Golfclub) vorliegen.
- Der Gutschein kann nur mit Vorlage des Köllen Golfführer für Deutschland oder mit beiliegender KöllenCard eingelöst werden.
- Die Einlösung kann nur nach telefonischer Anmeldung erfolgen – unter Hinweis auf die Nutzung des Angebots. Bei Sonderveranstaltungen, Turnieren etc. müssen Gutscheine nicht angenommen werden.
- Das Kombinieren mit anderen Rabatten ist nicht möglich – es gilt das zum Abschlagszeitpunkt gültige, volle Greenfee! Bei unterschiedlichen Greenfees (z.B. Studenten-Rabatt) ist der günstigere Tarif gratis!
- Alle Inserenten verpflichten sich, Gutscheine zu den angegebenen Bedingungen einzulösen. Der Verlag übernimmt keine Haftung, wenn ein Gutschein nicht eingelöst wird oder werden kann. Alle Angaben ohne Gewähr!
- Das Angebot ist gültig bis 31.05.2023.

Hinweis

- Informieren Sie sich vorher über das für Sie gültige Greenfee.

GUTSCHEIN
2. Greenfee ist gratis

KÖLLEN GOLF

2:1

25% GF-Nachlass (Einzelspieler)
gilt nur für 18-Loch Runden

Golfclub
Schloss Igling e.V.

DGV-Nr. 8835 Seite 360 Gültig bis 31.05.2023

GUTSCHEIN
20% Greenfee-Nachlass

KÖLLEN GOLF

%

nur Mo-Fr (außer feiertags)

Golf-Club Ingolstadt e.V.

DGV-Nr. 8836 Seite 343 Gültig bis 31.05.2023

GUTSCHEIN
2. Greenfee ist gratis

KÖLLEN GOLF

2:1

25% GF-Nachlass (Einzelspieler)
nur Mo-Fr (außer feiertags)

Golfclub Lechfeld e.V.

DGV-Nr. 8837 Seite 354 Gültig bis 31.05.2023

GUTSCHEIN
25% Greenfee-Nachlass

KÖLLEN GOLF

%

nur Mo-Fr (außer feiertags)

Golfclub Lechfeld e.V.

DGV-Nr. 8837 Seite 354 Gültig bis 31.05.2023

GUTSCHEIN
2. Greenfee ist gratis

KÖLLEN GOLF

2:1

25% GF-Nachlass (Einzelspieler)
nur Mo-Fr (außer feiertags)

Golfclub Schloß
Mainsondheim e.V.

DGV-Nr. 8840 Seite 403 Gültig bis 31.05.2023

GUTSCHEIN
2. Greenfee ist gratis

KÖLLEN GOLF

2:1

25% GF-Nachlass (Einzelspieler)
nur Mo-Fr (außer feiertags)

Golfclub Schloß
Mainsondheim e.V.

DGV-Nr. 8840 Seite 403 Gültig bis 31.05.2023

GUTSCHEIN
2. Greenfee ist gratis

KÖLLEN GOLF

2:1

25% GF-Nachlass (Einzelspieler)
nur Mo-Fr (außer feiertags)

Golfclub Schloß
Mainsondheim e.V.

DGV-Nr. 8840 Seite 403 Gültig bis 31.05.2023

GUTSCHEIN
2. Greenfee ist gratis

KÖLLEN GOLF

2:1

25% GF-Nachlass (Einzelspieler)
nur Mo-Fr (außer feiertags)

Golfclub Schloß
Mainsondheim e.V.

DGV-Nr. 8840 Seite 403 Gültig bis 31.05.2023

GUTSCHEIN
20% Greenfee-Nachlass

KÖLLEN GOLF

%

nur Mo-Fr (außer feiertags)

Golfclub Schloß
Mainsondheim e.V.

DGV-Nr. 8840 Seite 403 Gültig bis 31.05.2023

GUTSCHEIN
20% Greenfee-Nachlass

KÖLLEN GOLF

%

nur Mo-Fr (außer feiertags)

Golfclub Schloß
Mainsondheim e.V.

DGV-Nr. 8840 Seite 403 Gültig bis 31.05.2023

Teilnahmebedingungen

- Zur Gutschein-Einlösung muss eine Greenfee-Berechtigung (z.B. Mindest-HCP, Mitgliedschaft in einem Golfclub) vorliegen.
- Der Gutschein kann nur mit Vorlage des Köllen Golfführer für Deutschland oder mit beiliegender KöllenCard eingelöst werden.
- Die Einlösung kann nur nach telefonischer Anmeldung erfolgen – unter Hinweis auf die Nutzung des Angebots. Bei Sonderveranstaltungen, Turnieren etc. müssen Gutscheine nicht angenommen werden.
- Das Kombinieren mit anderen Rabatten ist nicht möglich – es gilt das zum Abschlagszeitpunkt gültige, volle Greenfee! Bei unterschiedlichen Greenfees (z.B. Studenten-Rabatt) ist der günstigere Tarif gratis!
- Alle Inserenten verpflichten sich, Gutscheine zu den angegebenen Bedingungen einzulösen. Der Verlag übernimmt keine Haftung, wenn ein Gutschein nicht eingelöst wird oder werden kann. Alle Angaben ohne Gewähr!
- Das Angebot ist gültig bis 31.05.2023.

Hinweis

- Informieren Sie sich vorher über das für Sie gültige Greenfee.

Teilnahmebedingungen

- Zur Gutschein-Einlösung muss eine Greenfee-Berechtigung (z.B. Mindest-HCP, Mitgliedschaft in einem Golfclub) vorliegen.
- Der Gutschein kann nur mit Vorlage des Köllen Golfführer für Deutschland oder mit beiliegender KöllenCard eingelöst werden.
- Die Einlösung kann nur nach telefonischer Anmeldung erfolgen – unter Hinweis auf die Nutzung des Angebots. Bei Sonderveranstaltungen, Turnieren etc. müssen Gutscheine nicht angenommen werden.
- Das Kombinieren mit anderen Rabatten ist nicht möglich – es gilt das zum Abschlagszeitpunkt gültige, volle Greenfee! Bei unterschiedlichen Greenfees (z.B. Studenten-Rabatt) ist der günstigere Tarif gratis!
- Alle Inserenten verpflichten sich, Gutscheine zu den angegebenen Bedingungen einzulösen. Der Verlag übernimmt keine Haftung, wenn ein Gutschein nicht eingelöst wird oder werden kann. Alle Angaben ohne Gewähr!
- Das Angebot ist gültig bis 31.05.2023.

Hinweis

- Informieren Sie sich vorher über das für Sie gültige Greenfee.

Teilnahmebedingungen

- Zur Gutschein-Einlösung muss eine Greenfee-Berechtigung (z.B. Mindest-HCP, Mitgliedschaft in einem Golfclub) vorliegen.
- Der Gutschein kann nur mit Vorlage des Köllen Golfführer für Deutschland oder mit beiliegender KöllenCard eingelöst werden.
- Die Einlösung kann nur nach telefonischer Anmeldung erfolgen – unter Hinweis auf die Nutzung des Angebots. Bei Sonderveranstaltungen, Turnieren etc. müssen Gutscheine nicht angenommen werden.
- Das Kombinieren mit anderen Rabatten ist nicht möglich – es gilt das zum Abschlagszeitpunkt gültige, volle Greenfee! Bei unterschiedlichen Greenfees (z.B. Studenten-Rabatt) ist der günstigere Tarif gratis!
- Alle Inserenten verpflichten sich, Gutscheine zu den angegebenen Bedingungen einzulösen. Der Verlag übernimmt keine Haftung, wenn ein Gutschein nicht eingelöst wird oder werden kann. Alle Angaben ohne Gewähr!
- Das Angebot ist gültig bis 31.05.2023.

Hinweis

- Informieren Sie sich vorher über das für Sie gültige Greenfee.

Teilnahmebedingungen

- Zur Gutschein-Einlösung muss eine Greenfee-Berechtigung (z.B. Mindest-HCP, Mitgliedschaft in einem Golfclub) vorliegen.
- Der Gutschein kann nur mit Vorlage des Köllen Golfführer für Deutschland oder mit beiliegender KöllenCard eingelöst werden.
- Die Einlösung kann nur nach telefonischer Anmeldung erfolgen – unter Hinweis auf die Nutzung des Angebots. Bei Sonderveranstaltungen, Turnieren etc. müssen Gutscheine nicht angenommen werden.
- Das Kombinieren mit anderen Rabatten ist nicht möglich – es gilt das zum Abschlagszeitpunkt gültige, volle Greenfee! Bei unterschiedlichen Greenfees (z.B. Studenten-Rabatt) ist der günstigere Tarif gratis!
- Alle Inserenten verpflichten sich, Gutscheine zu den angegebenen Bedingungen einzulösen. Der Verlag übernimmt keine Haftung, wenn ein Gutschein nicht eingelöst wird oder werden kann. Alle Angaben ohne Gewähr!
- Das Angebot ist gültig bis 31.05.2023.

Hinweis

- Informieren Sie sich vorher über das für Sie gültige Greenfee.

Teilnahmebedingungen

- Zur Gutschein-Einlösung muss eine Greenfee-Berechtigung (z.B. Mindest-HCP, Mitgliedschaft in einem Golfclub) vorliegen.
- Der Gutschein kann nur mit Vorlage des Köllen Golfführer für Deutschland oder mit beiliegender KöllenCard eingelöst werden.
- Die Einlösung kann nur nach telefonischer Anmeldung erfolgen – unter Hinweis auf die Nutzung des Angebots. Bei Sonderveranstaltungen, Turnieren etc. müssen Gutscheine nicht angenommen werden.
- Das Kombinieren mit anderen Rabatten ist nicht möglich – es gilt das zum Abschlagszeitpunkt gültige, volle Greenfee! Bei unterschiedlichen Greenfees (z.B. Studenten-Rabatt) ist der günstigere Tarif gratis!
- Alle Inserenten verpflichten sich, Gutscheine zu den angegebenen Bedingungen einzulösen. Der Verlag übernimmt keine Haftung, wenn ein Gutschein nicht eingelöst wird oder werden kann. Alle Angaben ohne Gewähr!
- Das Angebot ist gültig bis 31.05.2023.

Hinweis

- Informieren Sie sich vorher über das für Sie gültige Greenfee.

Teilnahmebedingungen

- Zur Gutschein-Einlösung muss eine Greenfee-Berechtigung (z.B. Mindest-HCP, Mitgliedschaft in einem Golfclub) vorliegen.
- Der Gutschein kann nur mit Vorlage des Köllen Golfführer für Deutschland oder mit beiliegender KöllenCard eingelöst werden.
- Die Einlösung kann nur nach telefonischer Anmeldung erfolgen – unter Hinweis auf die Nutzung des Angebots. Bei Sonderveranstaltungen, Turnieren etc. müssen Gutscheine nicht angenommen werden.
- Das Kombinieren mit anderen Rabatten ist nicht möglich – es gilt das zum Abschlagszeitpunkt gültige, volle Greenfee! Bei unterschiedlichen Greenfees (z.B. Studenten-Rabatt) ist der günstigere Tarif gratis!
- Alle Inserenten verpflichten sich, Gutscheine zu den angegebenen Bedingungen einzulösen. Der Verlag übernimmt keine Haftung, wenn ein Gutschein nicht eingelöst wird oder werden kann. Alle Angaben ohne Gewähr!
- Das Angebot ist gültig bis 31.05.2023.

Hinweis

- Informieren Sie sich vorher über das für Sie gültige Greenfee.

Teilnahmebedingungen

- Zur Gutschein-Einlösung muss eine Greenfee-Berechtigung (z.B. Mindest-HCP, Mitgliedschaft in einem Golfclub) vorliegen.
- Der Gutschein kann nur mit Vorlage des Köllen Golfführer für Deutschland oder mit beiliegender KöllenCard eingelöst werden.
- Die Einlösung kann nur nach telefonischer Anmeldung erfolgen – unter Hinweis auf die Nutzung des Angebots. Bei Sonderveranstaltungen, Turnieren etc. müssen Gutscheine nicht angenommen werden.
- Das Kombinieren mit anderen Rabatten ist nicht möglich – es gilt das zum Abschlagszeitpunkt gültige, volle Greenfee! Bei unterschiedlichen Greenfees (z.B. Studenten-Rabatt) ist der günstigere Tarif gratis!
- Alle Inserenten verpflichten sich, Gutscheine zu den angegebenen Bedingungen einzulösen. Der Verlag übernimmt keine Haftung, wenn ein Gutschein nicht eingelöst wird oder werden kann. Alle Angaben ohne Gewähr!
- Das Angebot ist gültig bis 31.05.2023.

Hinweis

- Informieren Sie sich vorher über das für Sie gültige Greenfee.

Teilnahmebedingungen

- Zur Gutschein-Einlösung muss eine Greenfee-Berechtigung (z.B. Mindest-HCP, Mitgliedschaft in einem Golfclub) vorliegen.
- Der Gutschein kann nur mit Vorlage des Köllen Golfführer für Deutschland oder mit beiliegender KöllenCard eingelöst werden.
- Die Einlösung kann nur nach telefonischer Anmeldung erfolgen – unter Hinweis auf die Nutzung des Angebots. Bei Sonderveranstaltungen, Turnieren etc. müssen Gutscheine nicht angenommen werden.
- Das Kombinieren mit anderen Rabatten ist nicht möglich – es gilt das zum Abschlagszeitpunkt gültige, volle Greenfee! Bei unterschiedlichen Greenfees (z.B. Studenten-Rabatt) ist der günstigere Tarif gratis!
- Alle Inserenten verpflichten sich, Gutscheine zu den angegebenen Bedingungen einzulösen. Der Verlag übernimmt keine Haftung, wenn ein Gutschein nicht eingelöst wird oder werden kann. Alle Angaben ohne Gewähr!
- Das Angebot ist gültig bis 31.05.2023.

Hinweis

- Informieren Sie sich vorher über das für Sie gültige Greenfee.

Teilnahmebedingungen

- Zur Gutschein-Einlösung muss eine Greenfee-Berechtigung (z.B. Mindest-HCP, Mitgliedschaft in einem Golfclub) vorliegen.
- Der Gutschein kann nur mit Vorlage des Köllen Golfführer für Deutschland oder mit beiliegender KöllenCard eingelöst werden.
- Die Einlösung kann nur nach telefonischer Anmeldung erfolgen – unter Hinweis auf die Nutzung des Angebots. Bei Sonderveranstaltungen, Turnieren etc. müssen Gutscheine nicht angenommen werden.
- Das Kombinieren mit anderen Rabatten ist nicht möglich – es gilt das zum Abschlagszeitpunkt gültige, volle Greenfee! Bei unterschiedlichen Greenfees (z.B. Studenten-Rabatt) ist der günstigere Tarif gratis!
- Alle Inserenten verpflichten sich, Gutscheine zu den angegebenen Bedingungen einzulösen. Der Verlag übernimmt keine Haftung, wenn ein Gutschein nicht eingelöst wird oder werden kann. Alle Angaben ohne Gewähr!
- Das Angebot ist gültig bis 31.05.2023.

Hinweis

- Informieren Sie sich vorher über das für Sie gültige Greenfee.

Teilnahmebedingungen

- Zur Gutschein-Einlösung muss eine Greenfee-Berechtigung (z.B. Mindest-HCP, Mitgliedschaft in einem Golfclub) vorliegen.
- Der Gutschein kann nur mit Vorlage des Köllen Golfführer für Deutschland oder mit beiliegender KöllenCard eingelöst werden.
- Die Einlösung kann nur nach telefonischer Anmeldung erfolgen – unter Hinweis auf die Nutzung des Angebots. Bei Sonderveranstaltungen, Turnieren etc. müssen Gutscheine nicht angenommen werden.
- Das Kombinieren mit anderen Rabatten ist nicht möglich – es gilt das zum Abschlagszeitpunkt gültige, volle Greenfee! Bei unterschiedlichen Greenfees (z.B. Studenten-Rabatt) ist der günstigere Tarif gratis!
- Alle Inserenten verpflichten sich, Gutscheine zu den angegebenen Bedingungen einzulösen. Der Verlag übernimmt keine Haftung, wenn ein Gutschein nicht eingelöst wird oder werden kann. Alle Angaben ohne Gewähr!
- Das Angebot ist gültig bis 31.05.2023.

Hinweis

- Informieren Sie sich vorher über das für Sie gültige Greenfee.

GUTSCHEIN
20% Greenfee-Nachlass

KÖLLEN GOLF

%

nur Mo-Fr (außer feiertags)

Golfclub Schloss Maxlrain e.V.

DGV-Nr. 8842 Seite 326 Gültig bis 31.05.2023

GUTSCHEIN
20% Greenfee-Nachlass

KÖLLEN GOLF

%

nur Mo-Fr (außer feiertags)

Golfclub Schloss Maxlrain e.V.

DGV-Nr. 8842 Seite 326 Gültig bis 31.05.2023

MEHR DRIVE FÜR DIE STRASSE.
www.bmw.de/iX

GUTSCHEIN
2. Greenfee ist gratis

KÖLLEN GOLF

2:1

25% GF-Nachlass (Einzelspieler)

Golfclub München-West Odelzhausen e.V.

DGV-Nr. 8850 Seite 345 Gültig bis 31.05.2023

MEHR DRIVE FÜR DIE STRASSE.
www.bmw.de/iX

GUTSCHEIN
2. Greenfee ist gratis

KÖLLEN GOLF

2:1

25% GF-Nachlass (Einzelspieler)

Golfclub München-West Odelzhausen e.V.

DGV-Nr. 8850 Seite 345 Gültig bis 31.05.2023

MEHR DRIVE FÜR DIE STRASSE.
www.bmw.de/iX

GUTSCHEIN
2. Greenfee ist gratis

KÖLLEN GOLF

2:1

25% GF-Nachlass (Einzelspieler)

Golfclub München-West Odelzhausen e.V.

DGV-Nr. 8850 Seite 345 Gültig bis 31.05.2023

MEHR DRIVE FÜR DIE STRASSE.
www.bmw.de/iX

GUTSCHEIN
2. Greenfee ist gratis

KÖLLEN GOLF

2:1

25% GF-Nachlass (Einzelspieler)

Golfclub München-West Odelzhausen e.V.

DGV-Nr. 8850 Seite 345 Gültig bis 31.05.2023

MEHR DRIVE FÜR DIE STRASSE.
www.bmw.de/iX

GUTSCHEIN
2. Greenfee ist gratis

KÖLLEN GOLF

2:1

25% GF-Nachlass (Einzelspieler)

Golfclub München-West Odelzhausen e.V.

DGV-Nr. 8850 Seite 345 Gültig bis 31.05.2023

MEHR DRIVE FÜR DIE STRASSE.
www.bmw.de/iX

GUTSCHEIN
2. Greenfee ist gratis

KÖLLEN GOLF

2:1

25% GF-Nachlass (Einzelspieler)

Golfclub München-West Odelzhausen e.V.

DGV-Nr. 8850 Seite 345 Gültig bis 31.05.2023

MEHR DRIVE FÜR DIE STRASSE.
www.bmw.de/iX

GUTSCHEIN
20% Greenfee-Nachlass

KÖLLEN GOLF

%

nur Mo-Fr (außer feiertags)

Golf Club Hohenpähl e.V.

DGV-Nr. 8853 Seite 321 Gültig bis 31.05.2023

MEHR DRIVE FÜR DIE STRASSE.
www.bmw.de/iX

GUTSCHEIN
20% Greenfee-Nachlass

KÖLLEN GOLF

%

nur Mo-Fr (außer feiertags)

Golf Club Hohenpähl e.V.

DGV-Nr. 8853 Seite 321 Gültig bis 31.05.2023

MEHR DRIVE FÜR DIE STRASSE.
www.bmw.de/iX

Teilnahmebedingungen

- Zur Gutschein-Einlösung muss eine Greenfee-Berechtigung (z.B. Mindest-HCP, Mitgliedschaft in einem Golfclub) vorliegen.
- Der Gutschein kann nur mit Vorlage des Köllen Golfführer für Deutschland oder mit beiliegender KöllenCard eingelöst werden.
- Die Einlösung kann nur nach telefonischer Anmeldung erfolgen – unter Hinweis auf die Nutzung des Angebots. Bei Sonderveranstaltungen, Turnieren etc. müssen Gutscheine nicht angenommen werden.
- Das Kombinieren mit anderen Rabatten ist nicht möglich – es gilt das zum Abschlagszeitpunkt gültige, volle Greenfee! Bei unterschiedlichen Greenfees (z.B. Studenten-Rabatt) ist der günstigere Tarif gratis!
- Alle Inserenten verpflichten sich, Gutscheine zu den angegebenen Bedingungen einzulösen. Der Verlag übernimmt keine Haftung, wenn ein Gutschein nicht eingelöst wird oder werden kann. Alle Angaben ohne Gewähr!
- Das Angebot ist gültig bis 31.05.2023.

Hinweis

- Informieren Sie sich vorher über das für Sie gültige Greenfee.

Teilnahmebedingungen

- Zur Gutschein-Einlösung muss eine Greenfee-Berechtigung (z.B. Mindest-HCP, Mitgliedschaft in einem Golfclub) vorliegen.
- Der Gutschein kann nur mit Vorlage des Köllen Golfführer für Deutschland oder mit beiliegender KöllenCard eingelöst werden.
- Die Einlösung kann nur nach telefonischer Anmeldung erfolgen – unter Hinweis auf die Nutzung des Angebots. Bei Sonderveranstaltungen, Turnieren etc. müssen Gutscheine nicht angenommen werden.
- Das Kombinieren mit anderen Rabatten ist nicht möglich – es gilt das zum Abschlagszeitpunkt gültige, volle Greenfee! Bei unterschiedlichen Greenfees (z.B. Studenten-Rabatt) ist der günstigere Tarif gratis!
- Alle Inserenten verpflichten sich, Gutscheine zu den angegebenen Bedingungen einzulösen. Der Verlag übernimmt keine Haftung, wenn ein Gutschein nicht eingelöst wird oder werden kann. Alle Angaben ohne Gewähr!
- Das Angebot ist gültig bis 31.05.2023.

Hinweis

- Informieren Sie sich vorher über das für Sie gültige Greenfee.

Teilnahmebedingungen

- Zur Gutschein-Einlösung muss eine Greenfee-Berechtigung (z.B. Mindest-HCP, Mitgliedschaft in einem Golfclub) vorliegen.
- Der Gutschein kann nur mit Vorlage des Köllen Golfführer für Deutschland oder mit beiliegender KöllenCard eingelöst werden.
- Die Einlösung kann nur nach telefonischer Anmeldung erfolgen – unter Hinweis auf die Nutzung des Angebots. Bei Sonderveranstaltungen, Turnieren etc. müssen Gutscheine nicht angenommen werden.
- Das Kombinieren mit anderen Rabatten ist nicht möglich – es gilt das zum Abschlagszeitpunkt gültige, volle Greenfee! Bei unterschiedlichen Greenfees (z.B. Studenten-Rabatt) ist der günstigere Tarif gratis!
- Alle Inserenten verpflichten sich, Gutscheine zu den angegebenen Bedingungen einzulösen. Der Verlag übernimmt keine Haftung, wenn ein Gutschein nicht eingelöst wird oder werden kann. Alle Angaben ohne Gewähr!
- Das Angebot ist gültig bis 31.05.2023.

Hinweis

- Informieren Sie sich vorher über das für Sie gültige Greenfee.

Teilnahmebedingungen

- Zur Gutschein-Einlösung muss eine Greenfee-Berechtigung (z.B. Mindest-HCP, Mitgliedschaft in einem Golfclub) vorliegen.
- Der Gutschein kann nur mit Vorlage des Köllen Golfführer für Deutschland oder mit beiliegender KöllenCard eingelöst werden.
- Die Einlösung kann nur nach telefonischer Anmeldung erfolgen – unter Hinweis auf die Nutzung des Angebots. Bei Sonderveranstaltungen, Turnieren etc. müssen Gutscheine nicht angenommen werden.
- Das Kombinieren mit anderen Rabatten ist nicht möglich – es gilt das zum Abschlagszeitpunkt gültige, volle Greenfee! Bei unterschiedlichen Greenfees (z.B. Studenten-Rabatt) ist der günstigere Tarif gratis!
- Alle Inserenten verpflichten sich, Gutscheine zu den angegebenen Bedingungen einzulösen. Der Verlag übernimmt keine Haftung, wenn ein Gutschein nicht eingelöst wird oder werden kann. Alle Angaben ohne Gewähr!
- Das Angebot ist gültig bis 31.05.2023.

Hinweis

- Informieren Sie sich vorher über das für Sie gültige Greenfee.

Teilnahmebedingungen

- Zur Gutschein-Einlösung muss eine Greenfee-Berechtigung (z.B. Mindest-HCP, Mitgliedschaft in einem Golfclub) vorliegen.
- Der Gutschein kann nur mit Vorlage des Köllen Golfführer für Deutschland oder mit beiliegender KöllenCard eingelöst werden.
- Die Einlösung kann nur nach telefonischer Anmeldung erfolgen – unter Hinweis auf die Nutzung des Angebots. Bei Sonderveranstaltungen, Turnieren etc. müssen Gutscheine nicht angenommen werden.
- Das Kombinieren mit anderen Rabatten ist nicht möglich – es gilt das zum Abschlagszeitpunkt gültige, volle Greenfee! Bei unterschiedlichen Greenfees (z.B. Studenten-Rabatt) ist der günstigere Tarif gratis!
- Alle Inserenten verpflichten sich, Gutscheine zu den angegebenen Bedingungen einzulösen. Der Verlag übernimmt keine Haftung, wenn ein Gutschein nicht eingelöst wird oder werden kann. Alle Angaben ohne Gewähr!
- Das Angebot ist gültig bis 31.05.2023.

Hinweis

- Informieren Sie sich vorher über das für Sie gültige Greenfee.

Teilnahmebedingungen

- Zur Gutschein-Einlösung muss eine Greenfee-Berechtigung (z.B. Mindest-HCP, Mitgliedschaft in einem Golfclub) vorliegen.
- Der Gutschein kann nur mit Vorlage des Köllen Golfführer für Deutschland oder mit beiliegender KöllenCard eingelöst werden.
- Die Einlösung kann nur nach telefonischer Anmeldung erfolgen – unter Hinweis auf die Nutzung des Angebots. Bei Sonderveranstaltungen, Turnieren etc. müssen Gutscheine nicht angenommen werden.
- Das Kombinieren mit anderen Rabatten ist nicht möglich – es gilt das zum Abschlagszeitpunkt gültige, volle Greenfee! Bei unterschiedlichen Greenfees (z.B. Studenten-Rabatt) ist der günstigere Tarif gratis!
- Alle Inserenten verpflichten sich, Gutscheine zu den angegebenen Bedingungen einzulösen. Der Verlag übernimmt keine Haftung, wenn ein Gutschein nicht eingelöst wird oder werden kann. Alle Angaben ohne Gewähr!
- Das Angebot ist gültig bis 31.05.2023.

Hinweis

- Informieren Sie sich vorher über das für Sie gültige Greenfee.

Teilnahmebedingungen

- Zur Gutschein-Einlösung muss eine Greenfee-Berechtigung (z.B. Mindest-HCP, Mitgliedschaft in einem Golfclub) vorliegen.
- Der Gutschein kann nur mit Vorlage des Köllen Golfführer für Deutschland oder mit beiliegender KöllenCard eingelöst werden.
- Die Einlösung kann nur nach telefonischer Anmeldung erfolgen – unter Hinweis auf die Nutzung des Angebots. Bei Sonderveranstaltungen, Turnieren etc. müssen Gutscheine nicht angenommen werden.
- Das Kombinieren mit anderen Rabatten ist nicht möglich – es gilt das zum Abschlagszeitpunkt gültige, volle Greenfee! Bei unterschiedlichen Greenfees (z.B. Studenten-Rabatt) ist der günstigere Tarif gratis!
- Alle Inserenten verpflichten sich, Gutscheine zu den angegebenen Bedingungen einzulösen. Der Verlag übernimmt keine Haftung, wenn ein Gutschein nicht eingelöst wird oder werden kann. Alle Angaben ohne Gewähr!
- Das Angebot ist gültig bis 31.05.2023.

Hinweis

- Informieren Sie sich vorher über das für Sie gültige Greenfee.

Teilnahmebedingungen

- Zur Gutschein-Einlösung muss eine Greenfee-Berechtigung (z.B. Mindest-HCP, Mitgliedschaft in einem Golfclub) vorliegen.
- Der Gutschein kann nur mit Vorlage des Köllen Golfführer für Deutschland oder mit beiliegender KöllenCard eingelöst werden.
- Die Einlösung kann nur nach telefonischer Anmeldung erfolgen – unter Hinweis auf die Nutzung des Angebots. Bei Sonderveranstaltungen, Turnieren etc. müssen Gutscheine nicht angenommen werden.
- Das Kombinieren mit anderen Rabatten ist nicht möglich – es gilt das zum Abschlagszeitpunkt gültige, volle Greenfee! Bei unterschiedlichen Greenfees (z.B. Studenten-Rabatt) ist der günstigere Tarif gratis!
- Alle Inserenten verpflichten sich, Gutscheine zu den angegebenen Bedingungen einzulösen. Der Verlag übernimmt keine Haftung, wenn ein Gutschein nicht eingelöst wird oder werden kann. Alle Angaben ohne Gewähr!
- Das Angebot ist gültig bis 31.05.2023.

Hinweis

- Informieren Sie sich vorher über das für Sie gültige Greenfee.

Teilnahmebedingungen

- Zur Gutschein-Einlösung muss eine Greenfee-Berechtigung (z.B. Mindest-HCP, Mitgliedschaft in einem Golfclub) vorliegen.
- Der Gutschein kann nur mit Vorlage des Köllen Golfführer für Deutschland oder mit beiliegender KöllenCard eingelöst werden.
- Die Einlösung kann nur nach telefonischer Anmeldung erfolgen – unter Hinweis auf die Nutzung des Angebots. Bei Sonderveranstaltungen, Turnieren etc. müssen Gutscheine nicht angenommen werden.
- Das Kombinieren mit anderen Rabatten ist nicht möglich – es gilt das zum Abschlagszeitpunkt gültige, volle Greenfee! Bei unterschiedlichen Greenfees (z.B. Studenten-Rabatt) ist der günstigere Tarif gratis!
- Alle Inserenten verpflichten sich, Gutscheine zu den angegebenen Bedingungen einzulösen. Der Verlag übernimmt keine Haftung, wenn ein Gutschein nicht eingelöst wird oder werden kann. Alle Angaben ohne Gewähr!
- Das Angebot ist gültig bis 31.05.2023.

Hinweis

- Informieren Sie sich vorher über das für Sie gültige Greenfee.

Teilnahmebedingungen

- Zur Gutschein-Einlösung muss eine Greenfee-Berechtigung (z.B. Mindest-HCP, Mitgliedschaft in einem Golfclub) vorliegen.
- Der Gutschein kann nur mit Vorlage des Köllen Golfführer für Deutschland oder mit beiliegender KöllenCard eingelöst werden.
- Die Einlösung kann nur nach telefonischer Anmeldung erfolgen – unter Hinweis auf die Nutzung des Angebots. Bei Sonderveranstaltungen, Turnieren etc. müssen Gutscheine nicht angenommen werden.
- Das Kombinieren mit anderen Rabatten ist nicht möglich – es gilt das zum Abschlagszeitpunkt gültige, volle Greenfee! Bei unterschiedlichen Greenfees (z.B. Studenten-Rabatt) ist der günstigere Tarif gratis!
- Alle Inserenten verpflichten sich, Gutscheine zu den angegebenen Bedingungen einzulösen. Der Verlag übernimmt keine Haftung, wenn ein Gutschein nicht eingelöst wird oder werden kann. Alle Angaben ohne Gewähr!
- Das Angebot ist gültig bis 31.05.2023.

Hinweis

- Informieren Sie sich vorher über das für Sie gültige Greenfee.

GUTSCHEIN
20% Greenfee-Nachlass

KÖLLEN GOLF

%

nur Mo-Fr (außer feiertags)

Golf Club Hohenpähl e.V.

DGV-Nr. 8853 Seite 321 Gültig bis 31.05.2023

GUTSCHEIN
20% Greenfee-Nachlass
KÖLLEN GOLF
%
nur Mo-Fr (außer feiertags)
Golf Club Hohenpähl e.V.
DGV-Nr. 8853 Seite 321 Gültig bis 31.05.2023
MEHR DRIVE FÜR DIE STRASSE.
www.bmw.de/iX

GUTSCHEIN
20% Greenfee-Nachlass
KÖLLEN GOLF
%
nur Mo-Fr (außer feiertags)
Golf Club Hohenpähl e.V.
DGV-Nr. 8853 Seite 321 Gültig bis 31.05.2023
MEHR DRIVE FÜR DIE STRASSE.
www.bmw.de/iX

GUTSCHEIN
2. Greenfee ist gratis

KÖLLEN GOLF

2:1

25% GF-Nachlass (Einzelspieler)

Golfclub Schloss Reichertshausen e.V.

DGV-Nr. 8856 Seite 346 Gültig bis 31.05.2023

MEHR DRIVE FÜR DIE STRASSE.
www.bmw.de/iX

GUTSCHEIN
2. Greenfee ist gratis
KÖLLEN GOLF
2:1
25% GF-Nachlass (Einzelspieler)
Golfclub Schloss Reichertshausen e.V.
DGV-Nr. 8856 Seite 346 Gültig bis 31.05.2023
MEHR DRIVE FÜR DIE STRASSE.
www.bmw.de/iX

GUTSCHEIN
2. Greenfee ist gratis
KÖLLEN GOLF
2:1
25% GF-Nachlass (Einzelspieler)
Golfclub Schloss Reichertshausen e.V.
DGV-Nr. 8856 Seite 346 Gültig bis 31.05.2023
MEHR DRIVE FÜR DIE STRASSE.
www.bmw.de/iX

GUTSCHEIN
2. Greenfee ist gratis
KÖLLEN GOLF
2:1
25% GF-Nachlass (Einzelspieler)
Golfclub Schloss Reichertshausen e.V.
DGV-Nr. 8856 Seite 346 Gültig bis 31.05.2023
MEHR DRIVE FÜR DIE STRASSE.
www.bmw.de/iX

GUTSCHEIN
2. Greenfee ist gratis
KÖLLEN GOLF
2:1
25% GF-Nachlass (Einzelspieler)
Golfclub Schloss Reichertshausen e.V.
DGV-Nr. 8856 Seite 346 Gültig bis 31.05.2023
MEHR DRIVE FÜR DIE STRASSE.
www.bmw.de/iX

GUTSCHEIN
2. Greenfee ist gratis
KÖLLEN GOLF
2:1
25% GF-Nachlass (Einzelspieler)
Golfclub Schloss Reichertshausen e.V.
DGV-Nr. 8856 Seite 346 Gültig bis 31.05.2023
MEHR DRIVE FÜR DIE STRASSE.
www.bmw.de/iX

GUTSCHEIN
25% Greenfee-Nachlass

KÖLLEN GOLF

%

Golf-Club Höslwang im Chiemgau e.V.

DGV-Nr. 8859 Seite 327 Gültig bis 31.05.2023

MEHR DRIVE FÜR DIE STRASSE.
www.bmw.de/iX

Teilnahmebedingungen

- Zur Gutschein-Einlösung muss eine Greenfee-Berechtigung (z.B. Mindest-HCP, Mitgliedschaft in einem Golfclub) vorliegen.
- Der Gutschein kann nur mit Vorlage des Köllen Golfführer für Deutschland oder mit beiliegender KöllenCard eingelöst werden.
- Die Einlösung kann nur nach telefonischer Anmeldung erfolgen – unter Hinweis auf die Nutzung des Angebots. Bei Sonderveranstaltungen, Turnieren etc. müssen Gutscheine nicht angenommen werden.
- Das Kombinieren mit anderen Rabatten ist nicht möglich – es gilt das zum Abschlagszeitpunkt gültige, volle Greenfee! Bei unterschiedlichen Greenfees (z.B. Studenten-Rabatt) ist der günstigere Tarif gratis!
- Alle Inserenten verpflichten sich, Gutscheine zu den angegebenen Bedingungen einzulösen. Der Verlag übernimmt keine Haftung, wenn ein Gutschein nicht eingelöst wird oder werden kann. Alle Angaben ohne Gewähr!
- Das Angebot ist gültig bis 31.05.2023.

Hinweis

- Informieren Sie sich vorher über das für Sie gültige Greenfee.

Teilnahmebedingungen

- Zur Gutschein-Einlösung muss eine Greenfee-Berechtigung (z.B. Mindest-HCP, Mitgliedschaft in einem Golfclub) vorliegen.
- Der Gutschein kann nur mit Vorlage des Köllen Golfführer für Deutschland oder mit beiliegender KöllenCard eingelöst werden.
- Die Einlösung kann nur nach telefonischer Anmeldung erfolgen – unter Hinweis auf die Nutzung des Angebots. Bei Sonderveranstaltungen, Turnieren etc. müssen Gutscheine nicht angenommen werden.
- Das Kombinieren mit anderen Rabatten ist nicht möglich – es gilt das zum Abschlagszeitpunkt gültige, volle Greenfee! Bei unterschiedlichen Greenfees (z.B. Studenten-Rabatt) ist der günstigere Tarif gratis!
- Alle Inserenten verpflichten sich, Gutscheine zu den angegebenen Bedingungen einzulösen. Der Verlag übernimmt keine Haftung, wenn ein Gutschein nicht eingelöst wird oder werden kann. Alle Angaben ohne Gewähr!
- Das Angebot ist gültig bis 31.05.2023.

Hinweis

- Informieren Sie sich vorher über das für Sie gültige Greenfee.

Teilnahmebedingungen

- Zur Gutschein-Einlösung muss eine Greenfee-Berechtigung (z.B. Mindest-HCP, Mitgliedschaft in einem Golfclub) vorliegen.
- Der Gutschein kann nur mit Vorlage des Köllen Golfführer für Deutschland oder mit beiliegender KöllenCard eingelöst werden.
- Die Einlösung kann nur nach telefonischer Anmeldung erfolgen – unter Hinweis auf die Nutzung des Angebots. Bei Sonderveranstaltungen, Turnieren etc. müssen Gutscheine nicht angenommen werden.
- Das Kombinieren mit anderen Rabatten ist nicht möglich – es gilt das zum Abschlagszeitpunkt gültige, volle Greenfee! Bei unterschiedlichen Greenfees (z.B. Studenten-Rabatt) ist der günstigere Tarif gratis!
- Alle Inserenten verpflichten sich, Gutscheine zu den angegebenen Bedingungen einzulösen. Der Verlag übernimmt keine Haftung, wenn ein Gutschein nicht eingelöst wird oder werden kann. Alle Angaben ohne Gewähr!
- Das Angebot ist gültig bis 31.05.2023.

Hinweis

- Informieren Sie sich vorher über das für Sie gültige Greenfee.

Teilnahmebedingungen

- Zur Gutschein-Einlösung muss eine Greenfee-Berechtigung (z.B. Mindest-HCP, Mitgliedschaft in einem Golfclub) vorliegen.
- Der Gutschein kann nur mit Vorlage des Köllen Golfführer für Deutschland oder mit beiliegender KöllenCard eingelöst werden.
- Die Einlösung kann nur nach telefonischer Anmeldung erfolgen – unter Hinweis auf die Nutzung des Angebots. Bei Sonderveranstaltungen, Turnieren etc. müssen Gutscheine nicht angenommen werden.
- Das Kombinieren mit anderen Rabatten ist nicht möglich – es gilt das zum Abschlagszeitpunkt gültige, volle Greenfee! Bei unterschiedlichen Greenfees (z.B. Studenten-Rabatt) ist der günstigere Tarif gratis!
- Alle Inserenten verpflichten sich, Gutscheine zu den angegebenen Bedingungen einzulösen. Der Verlag übernimmt keine Haftung, wenn ein Gutschein nicht eingelöst wird oder werden kann. Alle Angaben ohne Gewähr!
- Das Angebot ist gültig bis 31.05.2023.

Hinweis

- Informieren Sie sich vorher über das für Sie gültige Greenfee.

Teilnahmebedingungen

- Zur Gutschein-Einlösung muss eine Greenfee-Berechtigung (z.B. Mindest-HCP, Mitgliedschaft in einem Golfclub) vorliegen.
- Der Gutschein kann nur mit Vorlage des Köllen Golfführer für Deutschland oder mit beiliegender KöllenCard eingelöst werden.
- Die Einlösung kann nur nach telefonischer Anmeldung erfolgen – unter Hinweis auf die Nutzung des Angebots. Bei Sonderveranstaltungen, Turnieren etc. müssen Gutscheine nicht angenommen werden.
- Das Kombinieren mit anderen Rabatten ist nicht möglich – es gilt das zum Abschlagszeitpunkt gültige, volle Greenfee! Bei unterschiedlichen Greenfees (z.B. Studenten-Rabatt) ist der günstigere Tarif gratis!
- Alle Inserenten verpflichten sich, Gutscheine zu den angegebenen Bedingungen einzulösen. Der Verlag übernimmt keine Haftung, wenn ein Gutschein nicht eingelöst wird oder werden kann. Alle Angaben ohne Gewähr!
- Das Angebot ist gültig bis 31.05.2023.

Hinweis

- Informieren Sie sich vorher über das für Sie gültige Greenfee.

Teilnahmebedingungen

- Zur Gutschein-Einlösung muss eine Greenfee-Berechtigung (z.B. Mindest-HCP, Mitgliedschaft in einem Golfclub) vorliegen.
- Der Gutschein kann nur mit Vorlage des Köllen Golfführer für Deutschland oder mit beiliegender KöllenCard eingelöst werden.
- Die Einlösung kann nur nach telefonischer Anmeldung erfolgen – unter Hinweis auf die Nutzung des Angebots. Bei Sonderveranstaltungen, Turnieren etc. müssen Gutscheine nicht angenommen werden.
- Das Kombinieren mit anderen Rabatten ist nicht möglich – es gilt das zum Abschlagszeitpunkt gültige, volle Greenfee! Bei unterschiedlichen Greenfees (z.B. Studenten-Rabatt) ist der günstigere Tarif gratis!
- Alle Inserenten verpflichten sich, Gutscheine zu den angegebenen Bedingungen einzulösen. Der Verlag übernimmt keine Haftung, wenn ein Gutschein nicht eingelöst wird oder werden kann. Alle Angaben ohne Gewähr!
- Das Angebot ist gültig bis 31.05.2023.

Hinweis

- Informieren Sie sich vorher über das für Sie gültige Greenfee.

Teilnahmebedingungen

- Zur Gutschein-Einlösung muss eine Greenfee-Berechtigung (z.B. Mindest-HCP, Mitgliedschaft in einem Golfclub) vorliegen.
- Der Gutschein kann nur mit Vorlage des Köllen Golfführer für Deutschland oder mit beiliegender KöllenCard eingelöst werden.
- Die Einlösung kann nur nach telefonischer Anmeldung erfolgen – unter Hinweis auf die Nutzung des Angebots. Bei Sonderveranstaltungen, Turnieren etc. müssen Gutscheine nicht angenommen werden.
- Das Kombinieren mit anderen Rabatten ist nicht möglich – es gilt das zum Abschlagszeitpunkt gültige, volle Greenfee! Bei unterschiedlichen Greenfees (z.B. Studenten-Rabatt) ist der günstigere Tarif gratis!
- Alle Inserenten verpflichten sich, Gutscheine zu den angegebenen Bedingungen einzulösen. Der Verlag übernimmt keine Haftung, wenn ein Gutschein nicht eingelöst wird oder werden kann. Alle Angaben ohne Gewähr!
- Das Angebot ist gültig bis 31.05.2023.

Hinweis

- Informieren Sie sich vorher über das für Sie gültige Greenfee.

Teilnahmebedingungen

- Zur Gutschein-Einlösung muss eine Greenfee-Berechtigung (z.B. Mindest-HCP, Mitgliedschaft in einem Golfclub) vorliegen.
- Der Gutschein kann nur mit Vorlage des Köllen Golfführer für Deutschland oder mit beiliegender KöllenCard eingelöst werden.
- Die Einlösung kann nur nach telefonischer Anmeldung erfolgen – unter Hinweis auf die Nutzung des Angebots. Bei Sonderveranstaltungen, Turnieren etc. müssen Gutscheine nicht angenommen werden.
- Das Kombinieren mit anderen Rabatten ist nicht möglich – es gilt das zum Abschlagszeitpunkt gültige, volle Greenfee! Bei unterschiedlichen Greenfees (z.B. Studenten-Rabatt) ist der günstigere Tarif gratis!
- Alle Inserenten verpflichten sich, Gutscheine zu den angegebenen Bedingungen einzulösen. Der Verlag übernimmt keine Haftung, wenn ein Gutschein nicht eingelöst wird oder werden kann. Alle Angaben ohne Gewähr!
- Das Angebot ist gültig bis 31.05.2023.

Hinweis

- Informieren Sie sich vorher über das für Sie gültige Greenfee.

Teilnahmebedingungen

- Zur Gutschein-Einlösung muss eine Greenfee-Berechtigung (z.B. Mindest-HCP, Mitgliedschaft in einem Golfclub) vorliegen.
- Der Gutschein kann nur mit Vorlage des Köllen Golfführer für Deutschland oder mit beiliegender KöllenCard eingelöst werden.
- Die Einlösung kann nur nach telefonischer Anmeldung erfolgen – unter Hinweis auf die Nutzung des Angebots. Bei Sonderveranstaltungen, Turnieren etc. müssen Gutscheine nicht angenommen werden.
- Das Kombinieren mit anderen Rabatten ist nicht möglich – es gilt das zum Abschlagszeitpunkt gültige, volle Greenfee! Bei unterschiedlichen Greenfees (z.B. Studenten-Rabatt) ist der günstigere Tarif gratis!
- Alle Inserenten verpflichten sich, Gutscheine zu den angegebenen Bedingungen einzulösen. Der Verlag übernimmt keine Haftung, wenn ein Gutschein nicht eingelöst wird oder werden kann. Alle Angaben ohne Gewähr!
- Das Angebot ist gültig bis 31.05.2023.

Hinweis

- Informieren Sie sich vorher über das für Sie gültige Greenfee.

Teilnahmebedingungen

- Zur Gutschein-Einlösung muss eine Greenfee-Berechtigung (z.B. Mindest-HCP, Mitgliedschaft in einem Golfclub) vorliegen.
- Der Gutschein kann nur mit Vorlage des Köllen Golfführer für Deutschland oder mit beiliegender KöllenCard eingelöst werden.
- Die Einlösung kann nur nach telefonischer Anmeldung erfolgen – unter Hinweis auf die Nutzung des Angebots. Bei Sonderveranstaltungen, Turnieren etc. müssen Gutscheine nicht angenommen werden.
- Das Kombinieren mit anderen Rabatten ist nicht möglich – es gilt das zum Abschlagszeitpunkt gültige, volle Greenfee! Bei unterschiedlichen Greenfees (z.B. Studenten-Rabatt) ist der günstigere Tarif gratis!
- Alle Inserenten verpflichten sich, Gutscheine zu den angegebenen Bedingungen einzulösen. Der Verlag übernimmt keine Haftung, wenn ein Gutschein nicht eingelöst wird oder werden kann. Alle Angaben ohne Gewähr!
- Das Angebot ist gültig bis 31.05.2023.

Hinweis

- Informieren Sie sich vorher über das für Sie gültige Greenfee.

GUTSCHEIN
25% Greenfee-Nachlass
KÖLLEN GOLF
%
Golf-Club Höslwang
im Chiemgau e.V.
DGV-Nr. 8859 Seite 327 Gültig bis 31.05.2023

GUTSCHEIN
2. Greenfee ist gratis
KÖLLEN GOLF
2:1
20% GF-Nachlass (Einzelspieler)
Golfclub Isarwinkel e.V.
DGV-Nr. 8861 Seite 336 Gültig bis 31.05.2023

GUTSCHEIN
2. Greenfee ist gratis
KÖLLEN GOLF
2:1
20% GF-Nachlass (Einzelspieler)
Golfclub Isarwinkel e.V.
DGV-Nr. 8861 Seite 336 Gültig bis 31.05.2023

GUTSCHEIN
2. Greenfee ist gratis
KÖLLEN GOLF
2:1
20% GF-Nachlass (Einzelspieler)
Golfclub Isarwinkel e.V.
DGV-Nr. 8861 Seite 336 Gültig bis 31.05.2023

GUTSCHEIN
2. Greenfee ist gratis
KÖLLEN GOLF
2:1
20% GF-Nachlass (Einzelspieler)
Golfclub Isarwinkel e.V.
DGV-Nr. 8861 Seite 336 Gültig bis 31.05.2023

GUTSCHEIN
2. Greenfee ist gratis
KÖLLEN GOLF
2:1
20% GF-Nachlass (Einzelspieler)
Golfclub Isarwinkel e.V.
DGV-Nr. 8861 Seite 336 Gültig bis 31.05.2023

GUTSCHEIN
2. Greenfee ist gratis
KÖLLEN GOLF
2:1
20% GF-Nachlass (Einzelspieler)
Golfclub Isarwinkel e.V.
DGV-Nr. 8861 Seite 336 Gültig bis 31.05.2023

GUTSCHEIN
25% Greenfee-Nachlass
KÖLLEN GOLF
%
St. Eurach
Land u. Golfclub e.V.
DGV-Nr. 8863 Seite 320 Gültig bis 31.05.2023

GUTSCHEIN
25% Greenfee-Nachlass
KÖLLEN GOLF
%
St. Eurach
Land u. Golfclub e.V.
DGV-Nr. 8863 Seite 320 Gültig bis 31.05.2023

GUTSCHEIN
2. Greenfee ist gratis
KÖLLEN GOLF
2:1
25% GF-Nachlass (Einzelspieler)
Golf- und Landclub
Schmidmühlen e.V.
DGV-Nr. 8864 Seite 380 Gültig bis 31.05.2023

Teilnahmebedingungen
- Zur Gutschein-Einlösung muss eine Greenfee-Berechtigung (z.B. Mindest-HCP, Mitgliedschaft in einem Golfclub) vorliegen.
- Der Gutschein kann nur mit Vorlage des Köllen Golfführer für Deutschland oder mit beiliegender KöllenCard eingelöst werden.
- Die Einlösung kann nur nach telefonischer Anmeldung erfolgen – unter Hinweis auf die Nutzung des Angebots. Bei Sonderveranstaltungen, Turnieren etc. müssen Gutscheine nicht angenommen werden.
- Das Kombinieren mit anderen Rabatten ist nicht möglich – es gilt das zum Abschlagszeitpunkt gültige, volle Greenfee! Bei unterschiedlichen Greenfees (z.B. Studenten-Rabatt) ist der günstigere Tarif gratis!
- Alle Inserenten verpflichten sich, Gutscheine zu den angegebenen Bedingungen einzulösen. Der Verlag übernimmt keine Haftung, wenn ein Gutschein nicht eingelöst wird oder werden kann. Alle Angaben ohne Gewähr!
- Das Angebot ist gültig bis 31.05.2023.

Hinweis
- Informieren Sie sich vorher über das für Sie gültige Greenfee.

Teilnahmebedingungen
- Zur Gutschein-Einlösung muss eine Greenfee-Berechtigung (z.B. Mindest-HCP, Mitgliedschaft in einem Golfclub) vorliegen.
- Der Gutschein kann nur mit Vorlage des Köllen Golfführer für Deutschland oder mit beiliegender KöllenCard eingelöst werden.
- Die Einlösung kann nur nach telefonischer Anmeldung erfolgen – unter Hinweis auf die Nutzung des Angebots. Bei Sonderveranstaltungen, Turnieren etc. müssen Gutscheine nicht angenommen werden.
- Das Kombinieren mit anderen Rabatten ist nicht möglich – es gilt das zum Abschlagszeitpunkt gültige, volle Greenfee! Bei unterschiedlichen Greenfees (z.B. Studenten-Rabatt) ist der günstigere Tarif gratis!
- Alle Inserenten verpflichten sich, Gutscheine zu den angegebenen Bedingungen einzulösen. Der Verlag übernimmt keine Haftung, wenn ein Gutschein nicht eingelöst wird oder werden kann. Alle Angaben ohne Gewähr!
- Das Angebot ist gültig bis 31.05.2023.

Hinweis
- Informieren Sie sich vorher über das für Sie gültige Greenfee.

Teilnahmebedingungen
- Zur Gutschein-Einlösung muss eine Greenfee-Berechtigung (z.B. Mindest-HCP, Mitgliedschaft in einem Golfclub) vorliegen.
- Der Gutschein kann nur mit Vorlage des Köllen Golfführer für Deutschland oder mit beiliegender KöllenCard eingelöst werden.
- Die Einlösung kann nur nach telefonischer Anmeldung erfolgen – unter Hinweis auf die Nutzung des Angebots. Bei Sonderveranstaltungen, Turnieren etc. müssen Gutscheine nicht angenommen werden.
- Das Kombinieren mit anderen Rabatten ist nicht möglich – es gilt das zum Abschlagszeitpunkt gültige, volle Greenfee! Bei unterschiedlichen Greenfees (z.B. Studenten-Rabatt) ist der günstigere Tarif gratis!
- Alle Inserenten verpflichten sich, Gutscheine zu den angegebenen Bedingungen einzulösen. Der Verlag übernimmt keine Haftung, wenn ein Gutschein nicht eingelöst wird oder werden kann. Alle Angaben ohne Gewähr!
- Das Angebot ist gültig bis 31.05.2023.

Hinweis
- Informieren Sie sich vorher über das für Sie gültige Greenfee.

Teilnahmebedingungen
- Zur Gutschein-Einlösung muss eine Greenfee-Berechtigung (z.B. Mindest-HCP, Mitgliedschaft in einem Golfclub) vorliegen.
- Der Gutschein kann nur mit Vorlage des Köllen Golfführer für Deutschland oder mit beiliegender KöllenCard eingelöst werden.
- Die Einlösung kann nur nach telefonischer Anmeldung erfolgen – unter Hinweis auf die Nutzung des Angebots. Bei Sonderveranstaltungen, Turnieren etc. müssen Gutscheine nicht angenommen werden.
- Das Kombinieren mit anderen Rabatten ist nicht möglich – es gilt das zum Abschlagszeitpunkt gültige, volle Greenfee! Bei unterschiedlichen Greenfees (z.B. Studenten-Rabatt) ist der günstigere Tarif gratis!
- Alle Inserenten verpflichten sich, Gutscheine zu den angegebenen Bedingungen einzulösen. Der Verlag übernimmt keine Haftung, wenn ein Gutschein nicht eingelöst wird oder werden kann. Alle Angaben ohne Gewähr!
- Das Angebot ist gültig bis 31.05.2023.

Hinweis
- Informieren Sie sich vorher über das für Sie gültige Greenfee.

Teilnahmebedingungen
- Zur Gutschein-Einlösung muss eine Greenfee-Berechtigung (z.B. Mindest-HCP, Mitgliedschaft in einem Golfclub) vorliegen.
- Der Gutschein kann nur mit Vorlage des Köllen Golfführer für Deutschland oder mit beiliegender KöllenCard eingelöst werden.
- Die Einlösung kann nur nach telefonischer Anmeldung erfolgen – unter Hinweis auf die Nutzung des Angebots. Bei Sonderveranstaltungen, Turnieren etc. müssen Gutscheine nicht angenommen werden.
- Das Kombinieren mit anderen Rabatten ist nicht möglich – es gilt das zum Abschlagszeitpunkt gültige, volle Greenfee! Bei unterschiedlichen Greenfees (z.B. Studenten-Rabatt) ist der günstigere Tarif gratis!
- Alle Inserenten verpflichten sich, Gutscheine zu den angegebenen Bedingungen einzulösen. Der Verlag übernimmt keine Haftung, wenn ein Gutschein nicht eingelöst wird oder werden kann. Alle Angaben ohne Gewähr!
- Das Angebot ist gültig bis 31.05.2023.

Hinweis
- Informieren Sie sich vorher über das für Sie gültige Greenfee.

Teilnahmebedingungen
- Zur Gutschein-Einlösung muss eine Greenfee-Berechtigung (z.B. Mindest-HCP, Mitgliedschaft in einem Golfclub) vorliegen.
- Der Gutschein kann nur mit Vorlage des Köllen Golfführer für Deutschland oder mit beiliegender KöllenCard eingelöst werden.
- Die Einlösung kann nur nach telefonischer Anmeldung erfolgen – unter Hinweis auf die Nutzung des Angebots. Bei Sonderveranstaltungen, Turnieren etc. müssen Gutscheine nicht angenommen werden.
- Das Kombinieren mit anderen Rabatten ist nicht möglich – es gilt das zum Abschlagszeitpunkt gültige, volle Greenfee! Bei unterschiedlichen Greenfees (z.B. Studenten-Rabatt) ist der günstigere Tarif gratis!
- Alle Inserenten verpflichten sich, Gutscheine zu den angegebenen Bedingungen einzulösen. Der Verlag übernimmt keine Haftung, wenn ein Gutschein nicht eingelöst wird oder werden kann. Alle Angaben ohne Gewähr!
- Das Angebot ist gültig bis 31.05.2023.

Hinweis
- Informieren Sie sich vorher über das für Sie gültige Greenfee.

Teilnahmebedingungen
- Zur Gutschein-Einlösung muss eine Greenfee-Berechtigung (z.B. Mindest-HCP, Mitgliedschaft in einem Golfclub) vorliegen.
- Der Gutschein kann nur mit Vorlage des Köllen Golfführer für Deutschland oder mit beiliegender KöllenCard eingelöst werden.
- Die Einlösung kann nur nach telefonischer Anmeldung erfolgen – unter Hinweis auf die Nutzung des Angebots. Bei Sonderveranstaltungen, Turnieren etc. müssen Gutscheine nicht angenommen werden.
- Das Kombinieren mit anderen Rabatten ist nicht möglich – es gilt das zum Abschlagszeitpunkt gültige, volle Greenfee! Bei unterschiedlichen Greenfees (z.B. Studenten-Rabatt) ist der günstigere Tarif gratis!
- Alle Inserenten verpflichten sich, Gutscheine zu den angegebenen Bedingungen einzulösen. Der Verlag übernimmt keine Haftung, wenn ein Gutschein nicht eingelöst wird oder werden kann. Alle Angaben ohne Gewähr!
- Das Angebot ist gültig bis 31.05.2023.

Hinweis
- Informieren Sie sich vorher über das für Sie gültige Greenfee.

Teilnahmebedingungen
- Zur Gutschein-Einlösung muss eine Greenfee-Berechtigung (z.B. Mindest-HCP, Mitgliedschaft in einem Golfclub) vorliegen.
- Der Gutschein kann nur mit Vorlage des Köllen Golfführer für Deutschland oder mit beiliegender KöllenCard eingelöst werden.
- Die Einlösung kann nur nach telefonischer Anmeldung erfolgen – unter Hinweis auf die Nutzung des Angebots. Bei Sonderveranstaltungen, Turnieren etc. müssen Gutscheine nicht angenommen werden.
- Das Kombinieren mit anderen Rabatten ist nicht möglich – es gilt das zum Abschlagszeitpunkt gültige, volle Greenfee! Bei unterschiedlichen Greenfees (z.B. Studenten-Rabatt) ist der günstigere Tarif gratis!
- Alle Inserenten verpflichten sich, Gutscheine zu den angegebenen Bedingungen einzulösen. Der Verlag übernimmt keine Haftung, wenn ein Gutschein nicht eingelöst wird oder werden kann. Alle Angaben ohne Gewähr!
- Das Angebot ist gültig bis 31.05.2023.

Hinweis
- Informieren Sie sich vorher über das für Sie gültige Greenfee.

Teilnahmebedingungen
- Zur Gutschein-Einlösung muss eine Greenfee-Berechtigung (z.B. Mindest-HCP, Mitgliedschaft in einem Golfclub) vorliegen.
- Der Gutschein kann nur mit Vorlage des Köllen Golfführer für Deutschland oder mit beiliegender KöllenCard eingelöst werden.
- Die Einlösung kann nur nach telefonischer Anmeldung erfolgen – unter Hinweis auf die Nutzung des Angebots. Bei Sonderveranstaltungen, Turnieren etc. müssen Gutscheine nicht angenommen werden.
- Das Kombinieren mit anderen Rabatten ist nicht möglich – es gilt das zum Abschlagszeitpunkt gültige, volle Greenfee! Bei unterschiedlichen Greenfees (z.B. Studenten-Rabatt) ist der günstigere Tarif gratis!
- Alle Inserenten verpflichten sich, Gutscheine zu den angegebenen Bedingungen einzulösen. Der Verlag übernimmt keine Haftung, wenn ein Gutschein nicht eingelöst wird oder werden kann. Alle Angaben ohne Gewähr!
- Das Angebot ist gültig bis 31.05.2023.

Hinweis
- Informieren Sie sich vorher über das für Sie gültige Greenfee.

Teilnahmebedingungen
- Zur Gutschein-Einlösung muss eine Greenfee-Berechtigung (z.B. Mindest-HCP, Mitgliedschaft in einem Golfclub) vorliegen.
- Der Gutschein kann nur mit Vorlage des Köllen Golfführer für Deutschland oder mit beiliegender KöllenCard eingelöst werden.
- Die Einlösung kann nur nach telefonischer Anmeldung erfolgen – unter Hinweis auf die Nutzung des Angebots. Bei Sonderveranstaltungen, Turnieren etc. müssen Gutscheine nicht angenommen werden.
- Das Kombinieren mit anderen Rabatten ist nicht möglich – es gilt das zum Abschlagszeitpunkt gültige, volle Greenfee! Bei unterschiedlichen Greenfees (z.B. Studenten-Rabatt) ist der günstigere Tarif gratis!
- Alle Inserenten verpflichten sich, Gutscheine zu den angegebenen Bedingungen einzulösen. Der Verlag übernimmt keine Haftung, wenn ein Gutschein nicht eingelöst wird oder werden kann. Alle Angaben ohne Gewähr!
- Das Angebot ist gültig bis 31.05.2023.

Hinweis
- Informieren Sie sich vorher über das für Sie gültige Greenfee.

GUTSCHEIN
2. Greenfee ist gratis

KÖLLEN GOLF

2:1

25% GF-Nachlass (Einzelspieler)

Golf- und Landclub
Schmidmühlen e.V.

DGV-Nr. 8864 Seite 380 Gültig bis 31.05.2023

GUTSCHEIN
2. Greenfee ist gratis

KÖLLEN GOLF

2:1

25% GF-Nachlass (Einzelspieler)

Golf- und Landclub
Schmidmühlen e.V.

DGV-Nr. 8864 Seite 380 Gültig bis 31.05.2023

MEHR DRIVE FÜR DIE STRASSE.
www.bmw.de/iX

GUTSCHEIN
50% Greenfee-Nachlass

KÖLLEN GOLF

%

gilt nur Mo und Mi (außer feiertags)

Golfclub Starnberg e.V.

DGV-Nr. 8866 Seite 318 Gültig bis 31.05.2023

GUTSCHEIN
50% Greenfee-Nachlass

KÖLLEN GOLF

%

gilt nur Mo und Mi (außer feiertags)

Golfclub Starnberg e.V.

DGV-Nr. 8866 Seite 318 Gültig bis 31.05.2023

MEHR DRIVE FÜR DIE STRASSE.
www.bmw.de/iX

GUTSCHEIN
2. Greenfee ist gratis

KÖLLEN GOLF

2:1

Donau-Golf-Club
Passau-Raßbach e.V.

DGV-Nr. 8868 Seite 391 Gültig bis 31.05.2023

GUTSCHEIN
2. Greenfee ist gratis

KÖLLEN GOLF

2:1

Donau-Golf-Club
Passau-Raßbach e.V.

DGV-Nr. 8868 Seite 391 Gültig bis 31.05.2023

MEHR DRIVE FÜR DIE STRASSE.
www.bmw.de/iX

GUTSCHEIN
2. Greenfee ist gratis

KÖLLEN GOLF

2:1

25% GF-Nachlass (Einzelspieler)

Golfclub Waldegg-
Wiggensbach e.V.

DGV-Nr. 8872 Seite 363 Gültig bis 31.05.2023

GUTSCHEIN
2. Greenfee ist gratis

KÖLLEN GOLF

2:1

25% GF-Nachlass (Einzelspieler)

Golfclub Waldegg-
Wiggensbach e.V.

DGV-Nr. 8872 Seite 363 Gültig bis 31.05.2023

MEHR DRIVE FÜR DIE STRASSE.
www.bmw.de/iX

GUTSCHEIN
20% Greenfee-Nachlass

KÖLLEN GOLF

%

gültig auf den
18-Loch-Anlagen
des Golf Resort
Bad Griesbach

nur Mo-Fr (außer feiertags), nach vorheriger
Startzeitenbuchung über die Golf-Buchungszentrale:
Tel. 08532 79022

Golf-Resort
Bad Griesbach e.V.

DGV-Nr. 8878 Seite 390 Gültig bis 31.05.2023

GUTSCHEIN
20% Greenfee-Nachlass

KÖLLEN GOLF

%

gültig auf den
18-Loch-Anlagen
des Golf Resort
Bad Griesbach

nur Mo-Fr (außer feiertags), nach vorheriger
Startzeitenbuchung über die Golf-Buchungszentrale:
Tel. 08532 79022

Golf-Resort
Bad Griesbach e.V.

DGV-Nr. 8878 Seite 390 Gültig bis 31.05.2023

MEHR DRIVE FÜR DIE STRASSE.
www.bmw.de/iX

Teilnahmebedingungen

- Zur Gutschein-Einlösung muss eine Greenfee-Berechtigung (z.B. Mindest-HCP, Mitgliedschaft in einem Golfclub) vorliegen.
- Der Gutschein kann nur mit Vorlage des Köllen Golfführer für Deutschland oder mit beiliegender KöllenCard eingelöst werden.
- Die Einlösung kann nur nach telefonischer Anmeldung erfolgen – unter Hinweis auf die Nutzung des Angebots. Bei Sonderveranstaltungen, Turnieren etc. müssen Gutscheine nicht angenommen werden.
- Das Kombinieren mit anderen Rabatten ist nicht möglich – es gilt das zum Abschlagszeitpunkt gültige, volle Greenfee! Bei unterschiedlichen Greenfees (z.B. Studenten-Rabatt) ist der günstigere Tarif gratis!
- Alle Inserenten verpflichten sich, Gutscheine zu den angegebenen Bedingungen einzulösen. Der Verlag übernimmt keine Haftung, wenn ein Gutschein nicht eingelöst wird oder werden kann. Alle Angaben ohne Gewähr!
- Das Angebot ist gültig bis 31.05.2023.

Hinweis

- Informieren Sie sich vorher über das für Sie gültige Greenfee.

Teilnahmebedingungen

- Zur Gutschein-Einlösung muss eine Greenfee-Berechtigung (z.B. Mindest-HCP, Mitgliedschaft in einem Golfclub) vorliegen.
- Der Gutschein kann nur mit Vorlage des Köllen Golfführer für Deutschland oder mit beiliegender KöllenCard eingelöst werden.
- Die Einlösung kann nur nach telefonischer Anmeldung erfolgen – unter Hinweis auf die Nutzung des Angebots. Bei Sonderveranstaltungen, Turnieren etc. müssen Gutscheine nicht angenommen werden.
- Das Kombinieren mit anderen Rabatten ist nicht möglich – es gilt das zum Abschlagszeitpunkt gültige, volle Greenfee! Bei unterschiedlichen Greenfees (z.B. Studenten-Rabatt) ist der günstigere Tarif gratis!
- Alle Inserenten verpflichten sich, Gutscheine zu den angegebenen Bedingungen einzulösen. Der Verlag übernimmt keine Haftung, wenn ein Gutschein nicht eingelöst wird oder werden kann. Alle Angaben ohne Gewähr!
- Das Angebot ist gültig bis 31.05.2023.

Hinweis

- Informieren Sie sich vorher über das für Sie gültige Greenfee.

Teilnahmebedingungen

- Zur Gutschein-Einlösung muss eine Greenfee-Berechtigung (z.B. Mindest-HCP, Mitgliedschaft in einem Golfclub) vorliegen.
- Der Gutschein kann nur mit Vorlage des Köllen Golfführer für Deutschland oder mit beiliegender KöllenCard eingelöst werden.
- Die Einlösung kann nur nach telefonischer Anmeldung erfolgen – unter Hinweis auf die Nutzung des Angebots. Bei Sonderveranstaltungen, Turnieren etc. müssen Gutscheine nicht angenommen werden.
- Das Kombinieren mit anderen Rabatten ist nicht möglich – es gilt das zum Abschlagszeitpunkt gültige, volle Greenfee! Bei unterschiedlichen Greenfees (z.B. Studenten-Rabatt) ist der günstigere Tarif gratis!
- Alle Inserenten verpflichten sich, Gutscheine zu den angegebenen Bedingungen einzulösen. Der Verlag übernimmt keine Haftung, wenn ein Gutschein nicht eingelöst wird oder werden kann. Alle Angaben ohne Gewähr!
- Das Angebot ist gültig bis 31.05.2023.

Hinweis

- Informieren Sie sich vorher über das für Sie gültige Greenfee.

Teilnahmebedingungen

- Zur Gutschein-Einlösung muss eine Greenfee-Berechtigung (z.B. Mindest-HCP, Mitgliedschaft in einem Golfclub) vorliegen.
- Der Gutschein kann nur mit Vorlage des Köllen Golfführer für Deutschland oder mit beiliegender KöllenCard eingelöst werden.
- Die Einlösung kann nur nach telefonischer Anmeldung erfolgen – unter Hinweis auf die Nutzung des Angebots. Bei Sonderveranstaltungen, Turnieren etc. müssen Gutscheine nicht angenommen werden.
- Das Kombinieren mit anderen Rabatten ist nicht möglich – es gilt das zum Abschlagszeitpunkt gültige, volle Greenfee! Bei unterschiedlichen Greenfees (z.B. Studenten-Rabatt) ist der günstigere Tarif gratis!
- Alle Inserenten verpflichten sich, Gutscheine zu den angegebenen Bedingungen einzulösen. Der Verlag übernimmt keine Haftung, wenn ein Gutschein nicht eingelöst wird oder werden kann. Alle Angaben ohne Gewähr!
- Das Angebot ist gültig bis 31.05.2023.

Hinweis

- Informieren Sie sich vorher über das für Sie gültige Greenfee.

Teilnahmebedingungen

- Zur Gutschein-Einlösung muss eine Greenfee-Berechtigung (z.B. Mindest-HCP, Mitgliedschaft in einem Golfclub) vorliegen.
- Der Gutschein kann nur mit Vorlage des Köllen Golfführer für Deutschland oder mit beiliegender KöllenCard eingelöst werden.
- Die Einlösung kann nur nach telefonischer Anmeldung erfolgen – unter Hinweis auf die Nutzung des Angebots. Bei Sonderveranstaltungen, Turnieren etc. müssen Gutscheine nicht angenommen werden.
- Das Kombinieren mit anderen Rabatten ist nicht möglich – es gilt das zum Abschlagszeitpunkt gültige, volle Greenfee! Bei unterschiedlichen Greenfees (z.B. Studenten-Rabatt) ist der günstigere Tarif gratis!
- Alle Inserenten verpflichten sich, Gutscheine zu den angegebenen Bedingungen einzulösen. Der Verlag übernimmt keine Haftung, wenn ein Gutschein nicht eingelöst wird oder werden kann. Alle Angaben ohne Gewähr!
- Das Angebot ist gültig bis 31.05.2023.

Hinweis

- Informieren Sie sich vorher über das für Sie gültige Greenfee.

Teilnahmebedingungen

- Zur Gutschein-Einlösung muss eine Greenfee-Berechtigung (z.B. Mindest-HCP, Mitgliedschaft in einem Golfclub) vorliegen.
- Der Gutschein kann nur mit Vorlage des Köllen Golfführer für Deutschland oder mit beiliegender KöllenCard eingelöst werden.
- Die Einlösung kann nur nach telefonischer Anmeldung erfolgen – unter Hinweis auf die Nutzung des Angebots. Bei Sonderveranstaltungen, Turnieren etc. müssen Gutscheine nicht angenommen werden.
- Das Kombinieren mit anderen Rabatten ist nicht möglich – es gilt das zum Abschlagszeitpunkt gültige, volle Greenfee! Bei unterschiedlichen Greenfees (z.B. Studenten-Rabatt) ist der günstigere Tarif gratis!
- Alle Inserenten verpflichten sich, Gutscheine zu den angegebenen Bedingungen einzulösen. Der Verlag übernimmt keine Haftung, wenn ein Gutschein nicht eingelöst wird oder werden kann. Alle Angaben ohne Gewähr!
- Das Angebot ist gültig bis 31.05.2023.

Hinweis

- Informieren Sie sich vorher über das für Sie gültige Greenfee.

Teilnahmebedingungen

- Zur Gutschein-Einlösung muss eine Greenfee-Berechtigung (z.B. Mindest-HCP, Mitgliedschaft in einem Golfclub) vorliegen.
- Der Gutschein kann nur mit Vorlage des Köllen Golfführer für Deutschland oder mit beiliegender KöllenCard eingelöst werden.
- Die Einlösung kann nur nach telefonischer Anmeldung erfolgen – unter Hinweis auf die Nutzung des Angebots. Bei Sonderveranstaltungen, Turnieren etc. müssen Gutscheine nicht angenommen werden.
- Das Kombinieren mit anderen Rabatten ist nicht möglich – es gilt das zum Abschlagszeitpunkt gültige, volle Greenfee! Bei unterschiedlichen Greenfees (z.B. Studenten-Rabatt) ist der günstigere Tarif gratis!
- Alle Inserenten verpflichten sich, Gutscheine zu den angegebenen Bedingungen einzulösen. Der Verlag übernimmt keine Haftung, wenn ein Gutschein nicht eingelöst wird oder werden kann. Alle Angaben ohne Gewähr!
- Das Angebot ist gültig bis 31.05.2023.

Hinweis

- Informieren Sie sich vorher über das für Sie gültige Greenfee.

Teilnahmebedingungen

- Zur Gutschein-Einlösung muss eine Greenfee-Berechtigung (z.B. Mindest-HCP, Mitgliedschaft in einem Golfclub) vorliegen.
- Der Gutschein kann nur mit Vorlage des Köllen Golfführer für Deutschland oder mit beiliegender KöllenCard eingelöst werden.
- Die Einlösung kann nur nach telefonischer Anmeldung erfolgen – unter Hinweis auf die Nutzung des Angebots. Bei Sonderveranstaltungen, Turnieren etc. müssen Gutscheine nicht angenommen werden.
- Das Kombinieren mit anderen Rabatten ist nicht möglich – es gilt das zum Abschlagszeitpunkt gültige, volle Greenfee! Bei unterschiedlichen Greenfees (z.B. Studenten-Rabatt) ist der günstigere Tarif gratis!
- Alle Inserenten verpflichten sich, Gutscheine zu den angegebenen Bedingungen einzulösen. Der Verlag übernimmt keine Haftung, wenn ein Gutschein nicht eingelöst wird oder werden kann. Alle Angaben ohne Gewähr!
- Das Angebot ist gültig bis 31.05.2023.

Hinweis

- Informieren Sie sich vorher über das für Sie gültige Greenfee.

Teilnahmebedingungen

- Zur Gutschein-Einlösung muss eine Greenfee-Berechtigung (z.B. Mindest-HCP, Mitgliedschaft in einem Golfclub) vorliegen.
- Der Gutschein kann nur mit Vorlage des Köllen Golfführer für Deutschland oder mit beiliegender KöllenCard eingelöst werden.
- Die Einlösung kann nur nach telefonischer Anmeldung erfolgen – unter Hinweis auf die Nutzung des Angebots. Bei Sonderveranstaltungen, Turnieren etc. müssen Gutscheine nicht angenommen werden.
- Das Kombinieren mit anderen Rabatten ist nicht möglich – es gilt das zum Abschlagszeitpunkt gültige, volle Greenfee! Bei unterschiedlichen Greenfees (z.B. Studenten-Rabatt) ist der günstigere Tarif gratis!
- Alle Inserenten verpflichten sich, Gutscheine zu den angegebenen Bedingungen einzulösen. Der Verlag übernimmt keine Haftung, wenn ein Gutschein nicht eingelöst wird oder werden kann. Alle Angaben ohne Gewähr!
- Das Angebot ist gültig bis 31.05.2023.

Hinweis

- Informieren Sie sich vorher über das für Sie gültige Greenfee.

Teilnahmebedingungen

- Zur Gutschein-Einlösung muss eine Greenfee-Berechtigung (z.B. Mindest-HCP, Mitgliedschaft in einem Golfclub) vorliegen.
- Der Gutschein kann nur mit Vorlage des Köllen Golfführer für Deutschland oder mit beiliegender KöllenCard eingelöst werden.
- Die Einlösung kann nur nach telefonischer Anmeldung erfolgen – unter Hinweis auf die Nutzung des Angebots. Bei Sonderveranstaltungen, Turnieren etc. müssen Gutscheine nicht angenommen werden.
- Das Kombinieren mit anderen Rabatten ist nicht möglich – es gilt das zum Abschlagszeitpunkt gültige, volle Greenfee! Bei unterschiedlichen Greenfees (z.B. Studenten-Rabatt) ist der günstigere Tarif gratis!
- Alle Inserenten verpflichten sich, Gutscheine zu den angegebenen Bedingungen einzulösen. Der Verlag übernimmt keine Haftung, wenn ein Gutschein nicht eingelöst wird oder werden kann. Alle Angaben ohne Gewähr!
- Das Angebot ist gültig bis 31.05.2023.

Hinweis

- Informieren Sie sich vorher über das für Sie gültige Greenfee.

GUTSCHEIN
2. Greenfee ist gratis

KÖLLEN GOLF

2:1

25% GF-Nachlass (Einzelspieler)

Golf-Club Oberfranken e.V.

DGV-Nr. 8879 Seite 396 Gültig bis 31.05.2023

GUTSCHEIN
2. Greenfee ist gratis

KÖLLEN GOLF

2:1

25% GF-Nachlass (Einzelspieler)

Golf-Club Oberfranken e.V.

DGV-Nr. 8879 Seite 396 Gültig bis 31.05.2023

GUTSCHEIN
2. Greenfee ist gratis

KÖLLEN GOLF

2:1

25% GF-Nachlass (Einzelspieler)

Golf-Club Oberfranken e.V.

DGV-Nr. 8879 Seite 396 Gültig bis 31.05.2023

GUTSCHEIN
2. Greenfee ist gratis

KÖLLEN GOLF

2:1

25% GF-Nachlass (Einzelspieler)

Golf-Club Oberfranken e.V.

DGV-Nr. 8879 Seite 396 Gültig bis 31.05.2023

GUTSCHEIN
20% Greenfee-Nachlass

KÖLLEN GOLF

%

Golfclub Main-Spessart-Eichenfürst e.V.

DGV-Nr. 8885 Seite 405 Gültig bis 31.05.2023

GUTSCHEIN
20% Greenfee-Nachlass

KÖLLEN GOLF

%

Golfclub Main-Spessart-Eichenfürst e.V.

DGV-Nr. 8885 Seite 405 Gültig bis 31.05.2023

GUTSCHEIN
2. Greenfee ist gratis

KÖLLEN GOLF

2:1

25% GF-Nachlass (Einzelspieler)

Golfclub Reichsstadt Bad Windsheim e.V.

DGV-Nr. 8888 Seite 377 Gültig bis 31.05.2023

GUTSCHEIN
2. Greenfee ist gratis

KÖLLEN GOLF

2:1

25% GF-Nachlass (Einzelspieler)

Golf-Club Straubing Stadt und Land e.V.

DGV-Nr. 8891 Seite 393 Gültig bis 31.05.2023

GUTSCHEIN
2. Greenfee ist gratis

KÖLLEN GOLF

2:1

25% GF-Nachlass (Einzelspieler)

Golf-Club Straubing Stadt und Land e.V.

DGV-Nr. 8891 Seite 393 Gültig bis 31.05.2023

GUTSCHEIN
2. Greenfee ist gratis

KÖLLEN GOLF

2:1

25% GF-Nachlass (Einzelspieler)

Golf-Club Kronach e.V.

DGV-Nr. 8894 Seite 400 Gültig bis 31.05.2023

Teilnahmebedingungen

- Zur Gutschein-Einlösung muss eine Greenfee-Berechtigung (z.B. Mindest-HCP, Mitgliedschaft in einem Golfclub) vorliegen.
- Der Gutschein kann nur mit Vorlage des Köllen Golfführer für Deutschland oder mit beiliegender KöllenCard eingelöst werden.
- Die Einlösung kann nur nach telefonischer Anmeldung erfolgen – unter Hinweis auf die Nutzung des Angebots. Bei Sonderveranstaltungen, Turnieren etc. müssen Gutscheine nicht angenommen werden.
- Das Kombinieren mit anderen Rabatten ist nicht möglich – es gilt das zum Abschlagszeitpunkt gültige, volle Greenfee! Bei unterschiedlichen Greenfees (z.B. Studenten-Rabatt) ist der günstigere Tarif gratis!
- Alle Inserenten verpflichten sich, Gutscheine zu den angegebenen Bedingungen einzulösen. Der Verlag übernimmt keine Haftung, wenn ein Gutschein nicht eingelöst wird oder werden kann. Alle Angaben ohne Gewähr!
- Das Angebot ist gültig bis 31.05.2023.

Hinweis

- Informieren Sie sich vorher über das für Sie gültige Greenfee.

Teilnahmebedingungen

- Zur Gutschein-Einlösung muss eine Greenfee-Berechtigung (z.B. Mindest-HCP, Mitgliedschaft in einem Golfclub) vorliegen.
- Der Gutschein kann nur mit Vorlage des Köllen Golfführer für Deutschland oder mit beiliegender KöllenCard eingelöst werden.
- Die Einlösung kann nur nach telefonischer Anmeldung erfolgen – unter Hinweis auf die Nutzung des Angebots. Bei Sonderveranstaltungen, Turnieren etc. müssen Gutscheine nicht angenommen werden.
- Das Kombinieren mit anderen Rabatten ist nicht möglich – es gilt das zum Abschlagszeitpunkt gültige, volle Greenfee! Bei unterschiedlichen Greenfees (z.B. Studenten-Rabatt) ist der günstigere Tarif gratis!
- Alle Inserenten verpflichten sich, Gutscheine zu den angegebenen Bedingungen einzulösen. Der Verlag übernimmt keine Haftung, wenn ein Gutschein nicht eingelöst wird oder werden kann. Alle Angaben ohne Gewähr!
- Das Angebot ist gültig bis 31.05.2023.

Hinweis

- Informieren Sie sich vorher über das für Sie gültige Greenfee.

Teilnahmebedingungen

- Zur Gutschein-Einlösung muss eine Greenfee-Berechtigung (z.B. Mindest-HCP, Mitgliedschaft in einem Golfclub) vorliegen.
- Der Gutschein kann nur mit Vorlage des Köllen Golfführer für Deutschland oder mit beiliegender KöllenCard eingelöst werden.
- Die Einlösung kann nur nach telefonischer Anmeldung erfolgen – unter Hinweis auf die Nutzung des Angebots. Bei Sonderveranstaltungen, Turnieren etc. müssen Gutscheine nicht angenommen werden.
- Das Kombinieren mit anderen Rabatten ist nicht möglich – es gilt das zum Abschlagszeitpunkt gültige, volle Greenfee! Bei unterschiedlichen Greenfees (z.B. Studenten-Rabatt) ist der günstigere Tarif gratis!
- Alle Inserenten verpflichten sich, Gutscheine zu den angegebenen Bedingungen einzulösen. Der Verlag übernimmt keine Haftung, wenn ein Gutschein nicht eingelöst wird oder werden kann. Alle Angaben ohne Gewähr!
- Das Angebot ist gültig bis 31.05.2023.

Hinweis

- Informieren Sie sich vorher über das für Sie gültige Greenfee.

Teilnahmebedingungen

- Zur Gutschein-Einlösung muss eine Greenfee-Berechtigung (z.B. Mindest-HCP, Mitgliedschaft in einem Golfclub) vorliegen.
- Der Gutschein kann nur mit Vorlage des Köllen Golfführer für Deutschland oder mit beiliegender KöllenCard eingelöst werden.
- Die Einlösung kann nur nach telefonischer Anmeldung erfolgen – unter Hinweis auf die Nutzung des Angebots. Bei Sonderveranstaltungen, Turnieren etc. müssen Gutscheine nicht angenommen werden.
- Das Kombinieren mit anderen Rabatten ist nicht möglich – es gilt das zum Abschlagszeitpunkt gültige, volle Greenfee! Bei unterschiedlichen Greenfees (z.B. Studenten-Rabatt) ist der günstigere Tarif gratis!
- Alle Inserenten verpflichten sich, Gutscheine zu den angegebenen Bedingungen einzulösen. Der Verlag übernimmt keine Haftung, wenn ein Gutschein nicht eingelöst wird oder werden kann. Alle Angaben ohne Gewähr!
- Das Angebot ist gültig bis 31.05.2023.

Hinweis

- Informieren Sie sich vorher über das für Sie gültige Greenfee.

Teilnahmebedingungen

- Zur Gutschein-Einlösung muss eine Greenfee-Berechtigung (z.B. Mindest-HCP, Mitgliedschaft in einem Golfclub) vorliegen.
- Der Gutschein kann nur mit Vorlage des Köllen Golfführer für Deutschland oder mit beiliegender KöllenCard eingelöst werden.
- Die Einlösung kann nur nach telefonischer Anmeldung erfolgen – unter Hinweis auf die Nutzung des Angebots. Bei Sonderveranstaltungen, Turnieren etc. müssen Gutscheine nicht angenommen werden.
- Das Kombinieren mit anderen Rabatten ist nicht möglich – es gilt das zum Abschlagszeitpunkt gültige, volle Greenfee! Bei unterschiedlichen Greenfees (z.B. Studenten-Rabatt) ist der günstigere Tarif gratis!
- Alle Inserenten verpflichten sich, Gutscheine zu den angegebenen Bedingungen einzulösen. Der Verlag übernimmt keine Haftung, wenn ein Gutschein nicht eingelöst wird oder werden kann. Alle Angaben ohne Gewähr!
- Das Angebot ist gültig bis 31.05.2023.

Hinweis

- Informieren Sie sich vorher über das für Sie gültige Greenfee.

Teilnahmebedingungen

- Zur Gutschein-Einlösung muss eine Greenfee-Berechtigung (z.B. Mindest-HCP, Mitgliedschaft in einem Golfclub) vorliegen.
- Der Gutschein kann nur mit Vorlage des Köllen Golfführer für Deutschland oder mit beiliegender KöllenCard eingelöst werden.
- Die Einlösung kann nur nach telefonischer Anmeldung erfolgen – unter Hinweis auf die Nutzung des Angebots. Bei Sonderveranstaltungen, Turnieren etc. müssen Gutscheine nicht angenommen werden.
- Das Kombinieren mit anderen Rabatten ist nicht möglich – es gilt das zum Abschlagszeitpunkt gültige, volle Greenfee! Bei unterschiedlichen Greenfees (z.B. Studenten-Rabatt) ist der günstigere Tarif gratis!
- Alle Inserenten verpflichten sich, Gutscheine zu den angegebenen Bedingungen einzulösen. Der Verlag übernimmt keine Haftung, wenn ein Gutschein nicht eingelöst wird oder werden kann. Alle Angaben ohne Gewähr!
- Das Angebot ist gültig bis 31.05.2023.

Hinweis

- Informieren Sie sich vorher über das für Sie gültige Greenfee.

Teilnahmebedingungen

- Zur Gutschein-Einlösung muss eine Greenfee-Berechtigung (z.B. Mindest-HCP, Mitgliedschaft in einem Golfclub) vorliegen.
- Der Gutschein kann nur mit Vorlage des Köllen Golfführer für Deutschland oder mit beiliegender KöllenCard eingelöst werden.
- Die Einlösung kann nur nach telefonischer Anmeldung erfolgen – unter Hinweis auf die Nutzung des Angebots. Bei Sonderveranstaltungen, Turnieren etc. müssen Gutscheine nicht angenommen werden.
- Das Kombinieren mit anderen Rabatten ist nicht möglich – es gilt das zum Abschlagszeitpunkt gültige, volle Greenfee! Bei unterschiedlichen Greenfees (z.B. Studenten-Rabatt) ist der günstigere Tarif gratis!
- Alle Inserenten verpflichten sich, Gutscheine zu den angegebenen Bedingungen einzulösen. Der Verlag übernimmt keine Haftung, wenn ein Gutschein nicht eingelöst wird oder werden kann. Alle Angaben ohne Gewähr!
- Das Angebot ist gültig bis 31.05.2023.

Hinweis

- Informieren Sie sich vorher über das für Sie gültige Greenfee.

Teilnahmebedingungen

- Zur Gutschein-Einlösung muss eine Greenfee-Berechtigung (z.B. Mindest-HCP, Mitgliedschaft in einem Golfclub) vorliegen.
- Der Gutschein kann nur mit Vorlage des Köllen Golfführer für Deutschland oder mit beiliegender KöllenCard eingelöst werden.
- Die Einlösung kann nur nach telefonischer Anmeldung erfolgen – unter Hinweis auf die Nutzung des Angebots. Bei Sonderveranstaltungen, Turnieren etc. müssen Gutscheine nicht angenommen werden.
- Das Kombinieren mit anderen Rabatten ist nicht möglich – es gilt das zum Abschlagszeitpunkt gültige, volle Greenfee! Bei unterschiedlichen Greenfees (z.B. Studenten-Rabatt) ist der günstigere Tarif gratis!
- Alle Inserenten verpflichten sich, Gutscheine zu den angegebenen Bedingungen einzulösen. Der Verlag übernimmt keine Haftung, wenn ein Gutschein nicht eingelöst wird oder werden kann. Alle Angaben ohne Gewähr!
- Das Angebot ist gültig bis 31.05.2023.

Hinweis

- Informieren Sie sich vorher über das für Sie gültige Greenfee.

Teilnahmebedingungen

- Zur Gutschein-Einlösung muss eine Greenfee-Berechtigung (z.B. Mindest-HCP, Mitgliedschaft in einem Golfclub) vorliegen.
- Der Gutschein kann nur mit Vorlage des Köllen Golfführer für Deutschland oder mit beiliegender KöllenCard eingelöst werden.
- Die Einlösung kann nur nach telefonischer Anmeldung erfolgen – unter Hinweis auf die Nutzung des Angebots. Bei Sonderveranstaltungen, Turnieren etc. müssen Gutscheine nicht angenommen werden.
- Das Kombinieren mit anderen Rabatten ist nicht möglich – es gilt das zum Abschlagszeitpunkt gültige, volle Greenfee! Bei unterschiedlichen Greenfees (z.B. Studenten-Rabatt) ist der günstigere Tarif gratis!
- Alle Inserenten verpflichten sich, Gutscheine zu den angegebenen Bedingungen einzulösen. Der Verlag übernimmt keine Haftung, wenn ein Gutschein nicht eingelöst wird oder werden kann. Alle Angaben ohne Gewähr!
- Das Angebot ist gültig bis 31.05.2023.

Hinweis

- Informieren Sie sich vorher über das für Sie gültige Greenfee.

Teilnahmebedingungen

- Zur Gutschein-Einlösung muss eine Greenfee-Berechtigung (z.B. Mindest-HCP, Mitgliedschaft in einem Golfclub) vorliegen.
- Der Gutschein kann nur mit Vorlage des Köllen Golfführer für Deutschland oder mit beiliegender KöllenCard eingelöst werden.
- Die Einlösung kann nur nach telefonischer Anmeldung erfolgen – unter Hinweis auf die Nutzung des Angebots. Bei Sonderveranstaltungen, Turnieren etc. müssen Gutscheine nicht angenommen werden.
- Das Kombinieren mit anderen Rabatten ist nicht möglich – es gilt das zum Abschlagszeitpunkt gültige, volle Greenfee! Bei unterschiedlichen Greenfees (z.B. Studenten-Rabatt) ist der günstigere Tarif gratis!
- Alle Inserenten verpflichten sich, Gutscheine zu den angegebenen Bedingungen einzulösen. Der Verlag übernimmt keine Haftung, wenn ein Gutschein nicht eingelöst wird oder werden kann. Alle Angaben ohne Gewähr!
- Das Angebot ist gültig bis 31.05.2023.

Hinweis

- Informieren Sie sich vorher über das für Sie gültige Greenfee.

GUTSCHEIN
2. Greenfee ist gratis
KÖLLEN GOLF
2:1
25% GF-Nachlass (Einzelspieler)
Golf-Club Kronach e.V.
DGV-Nr. 8894 Seite 400 Gültig bis 31.05.2023

GUTSCHEIN
2. Greenfee ist gratis
KÖLLEN GOLF
2:1
25% GF-Nachlass (Einzelspieler)
Golf- & Landclub Karwendel e.V.
DGV-Nr. 8901 Seite 323 Gültig bis 31.05.2023

GUTSCHEIN
2. Greenfee ist gratis
KÖLLEN GOLF
2:1
25% GF-Nachlass (Einzelspieler)
Golf- & Landclub Karwendel e.V.
DGV-Nr. 8901 Seite 323 Gültig bis 31.05.2023

GUTSCHEIN
20% Greenfee-Nachlass
KÖLLEN GOLF
%
Golf- & Landclub Karwendel e.V.
DGV-Nr. 8901 Seite 323 Gültig bis 31.05.2023

GUTSCHEIN
20% Greenfee-Nachlass
KÖLLEN GOLF
%
Golf- & Landclub Karwendel e.V.
DGV-Nr. 8901 Seite 323 Gültig bis 31.05.2023

GUTSCHEIN
2. Greenfee ist gratis
KÖLLEN GOLF
2:1
25% GF-Nachlass (Einzelspieler)
Golfclub Hauptsmoorwald Bamberg e.V.
DGV-Nr. 8903 Seite 398 Gültig bis 31.05.2023

GUTSCHEIN
2. Greenfee ist gratis
KÖLLEN GOLF
2:1
25% GF-Nachlass (Einzelspieler)
Golfclub Hauptsmoorwald Bamberg e.V.
DGV-Nr. 8903 Seite 398 Gültig bis 31.05.2023

GUTSCHEIN
2. Greenfee ist gratis
KÖLLEN GOLF
2:1
25% GF-Nachlass (Einzelspieler)
Golfclub Hauptsmoorwald Bamberg e.V.
DGV-Nr. 8903 Seite 398 Gültig bis 31.05.2023

GUTSCHEIN
2. Greenfee ist gratis
KÖLLEN GOLF
2:1
25% GF-Nachlass (Einzelspieler)
Golfclub Hauptsmoorwald Bamberg e.V.
DGV-Nr. 8903 Seite 398 Gültig bis 31.05.2023

GUTSCHEIN
2. Greenfee ist gratis
KÖLLEN GOLF
2:1
25% GF-Nachlass (Einzelspieler)
nur Di-So ab 13 Uhr
Golf Club Berchtesgadener Land e.V.
DGV-Nr. 8905 Seite 331 Gültig bis 31.05.2023

Teilnahmebedingungen

- Zur Gutschein-Einlösung muss eine Greenfee-Berechtigung (z.B. Mindest-HCP, Mitgliedschaft in einem Golfclub) vorliegen.
- Der Gutschein kann nur mit Vorlage des Köllen Golfführer für Deutschland oder mit beiliegender KöllenCard eingelöst werden.
- Die Einlösung kann nur nach telefonischer Anmeldung erfolgen – unter Hinweis auf die Nutzung des Angebots. Bei Sonderveranstaltungen, Turnieren etc. müssen Gutscheine nicht angenommen werden.
- Das Kombinieren mit anderen Rabatten ist nicht möglich – es gilt das zum Abschlagszeitpunkt gültige, volle Greenfee! Bei unterschiedlichen Greenfees (z.B. Studenten-Rabatt) ist der günstigere Tarif gratis!
- Alle Inserenten verpflichten sich, Gutscheine zu den angegebenen Bedingungen einzulösen. Der Verlag übernimmt keine Haftung, wenn ein Gutschein nicht eingelöst wird oder werden kann. Alle Angaben ohne Gewähr!
- Das Angebot ist gültig bis 31.05.2023.

Hinweis

- Informieren Sie sich vorher über das für Sie gültige Greenfee.

Teilnahmebedingungen

- Zur Gutschein-Einlösung muss eine Greenfee-Berechtigung (z.B. Mindest-HCP, Mitgliedschaft in einem Golfclub) vorliegen.
- Der Gutschein kann nur mit Vorlage des Köllen Golfführer für Deutschland oder mit beiliegender KöllenCard eingelöst werden.
- Die Einlösung kann nur nach telefonischer Anmeldung erfolgen – unter Hinweis auf die Nutzung des Angebots. Bei Sonderveranstaltungen, Turnieren etc. müssen Gutscheine nicht angenommen werden.
- Das Kombinieren mit anderen Rabatten ist nicht möglich – es gilt das zum Abschlagszeitpunkt gültige, volle Greenfee! Bei unterschiedlichen Greenfees (z.B. Studenten-Rabatt) ist der günstigere Tarif gratis!
- Alle Inserenten verpflichten sich, Gutscheine zu den angegebenen Bedingungen einzulösen. Der Verlag übernimmt keine Haftung, wenn ein Gutschein nicht eingelöst wird oder werden kann. Alle Angaben ohne Gewähr!
- Das Angebot ist gültig bis 31.05.2023.

Hinweis

- Informieren Sie sich vorher über das für Sie gültige Greenfee.

Teilnahmebedingungen

- Zur Gutschein-Einlösung muss eine Greenfee-Berechtigung (z.B. Mindest-HCP, Mitgliedschaft in einem Golfclub) vorliegen.
- Der Gutschein kann nur mit Vorlage des Köllen Golfführer für Deutschland oder mit beiliegender KöllenCard eingelöst werden.
- Die Einlösung kann nur nach telefonischer Anmeldung erfolgen – unter Hinweis auf die Nutzung des Angebots. Bei Sonderveranstaltungen, Turnieren etc. müssen Gutscheine nicht angenommen werden.
- Das Kombinieren mit anderen Rabatten ist nicht möglich – es gilt das zum Abschlagszeitpunkt gültige, volle Greenfee! Bei unterschiedlichen Greenfees (z.B. Studenten-Rabatt) ist der günstigere Tarif gratis!
- Alle Inserenten verpflichten sich, Gutscheine zu den angegebenen Bedingungen einzulösen. Der Verlag übernimmt keine Haftung, wenn ein Gutschein nicht eingelöst wird oder werden kann. Alle Angaben ohne Gewähr!
- Das Angebot ist gültig bis 31.05.2023.

Hinweis

- Informieren Sie sich vorher über das für Sie gültige Greenfee.

Teilnahmebedingungen

- Zur Gutschein-Einlösung muss eine Greenfee-Berechtigung (z.B. Mindest-HCP, Mitgliedschaft in einem Golfclub) vorliegen.
- Der Gutschein kann nur mit Vorlage des Köllen Golfführer für Deutschland oder mit beiliegender KöllenCard eingelöst werden.
- Die Einlösung kann nur nach telefonischer Anmeldung erfolgen – unter Hinweis auf die Nutzung des Angebots. Bei Sonderveranstaltungen, Turnieren etc. müssen Gutscheine nicht angenommen werden.
- Das Kombinieren mit anderen Rabatten ist nicht möglich – es gilt das zum Abschlagszeitpunkt gültige, volle Greenfee! Bei unterschiedlichen Greenfees (z.B. Studenten-Rabatt) ist der günstigere Tarif gratis!
- Alle Inserenten verpflichten sich, Gutscheine zu den angegebenen Bedingungen einzulösen. Der Verlag übernimmt keine Haftung, wenn ein Gutschein nicht eingelöst wird oder werden kann. Alle Angaben ohne Gewähr!
- Das Angebot ist gültig bis 31.05.2023.

Hinweis

- Informieren Sie sich vorher über das für Sie gültige Greenfee.

Teilnahmebedingungen

- Zur Gutschein-Einlösung muss eine Greenfee-Berechtigung (z.B. Mindest-HCP, Mitgliedschaft in einem Golfclub) vorliegen.
- Der Gutschein kann nur mit Vorlage des Köllen Golfführer für Deutschland oder mit beiliegender KöllenCard eingelöst werden.
- Die Einlösung kann nur nach telefonischer Anmeldung erfolgen – unter Hinweis auf die Nutzung des Angebots. Bei Sonderveranstaltungen, Turnieren etc. müssen Gutscheine nicht angenommen werden.
- Das Kombinieren mit anderen Rabatten ist nicht möglich – es gilt das zum Abschlagszeitpunkt gültige, volle Greenfee! Bei unterschiedlichen Greenfees (z.B. Studenten-Rabatt) ist der günstigere Tarif gratis!
- Alle Inserenten verpflichten sich, Gutscheine zu den angegebenen Bedingungen einzulösen. Der Verlag übernimmt keine Haftung, wenn ein Gutschein nicht eingelöst wird oder werden kann. Alle Angaben ohne Gewähr!
- Das Angebot ist gültig bis 31.05.2023.

Hinweis

- Informieren Sie sich vorher über das für Sie gültige Greenfee.

Teilnahmebedingungen

- Zur Gutschein-Einlösung muss eine Greenfee-Berechtigung (z.B. Mindest-HCP, Mitgliedschaft in einem Golfclub) vorliegen.
- Der Gutschein kann nur mit Vorlage des Köllen Golfführer für Deutschland oder mit beiliegender KöllenCard eingelöst werden.
- Die Einlösung kann nur nach telefonischer Anmeldung erfolgen – unter Hinweis auf die Nutzung des Angebots. Bei Sonderveranstaltungen, Turnieren etc. müssen Gutscheine nicht angenommen werden.
- Das Kombinieren mit anderen Rabatten ist nicht möglich – es gilt das zum Abschlagszeitpunkt gültige, volle Greenfee! Bei unterschiedlichen Greenfees (z.B. Studenten-Rabatt) ist der günstigere Tarif gratis!
- Alle Inserenten verpflichten sich, Gutscheine zu den angegebenen Bedingungen einzulösen. Der Verlag übernimmt keine Haftung, wenn ein Gutschein nicht eingelöst wird oder werden kann. Alle Angaben ohne Gewähr!
- Das Angebot ist gültig bis 31.05.2023.

Hinweis

- Informieren Sie sich vorher über das für Sie gültige Greenfee.

Teilnahmebedingungen

- Zur Gutschein-Einlösung muss eine Greenfee-Berechtigung (z.B. Mindest-HCP, Mitgliedschaft in einem Golfclub) vorliegen.
- Der Gutschein kann nur mit Vorlage des Köllen Golfführer für Deutschland oder mit beiliegender KöllenCard eingelöst werden.
- Die Einlösung kann nur nach telefonischer Anmeldung erfolgen – unter Hinweis auf die Nutzung des Angebots. Bei Sonderveranstaltungen, Turnieren etc. müssen Gutscheine nicht angenommen werden.
- Das Kombinieren mit anderen Rabatten ist nicht möglich – es gilt das zum Abschlagszeitpunkt gültige, volle Greenfee! Bei unterschiedlichen Greenfees (z.B. Studenten-Rabatt) ist der günstigere Tarif gratis!
- Alle Inserenten verpflichten sich, Gutscheine zu den angegebenen Bedingungen einzulösen. Der Verlag übernimmt keine Haftung, wenn ein Gutschein nicht eingelöst wird oder werden kann. Alle Angaben ohne Gewähr!
- Das Angebot ist gültig bis 31.05.2023.

Hinweis

- Informieren Sie sich vorher über das für Sie gültige Greenfee.

Teilnahmebedingungen

- Zur Gutschein-Einlösung muss eine Greenfee-Berechtigung (z.B. Mindest-HCP, Mitgliedschaft in einem Golfclub) vorliegen.
- Der Gutschein kann nur mit Vorlage des Köllen Golfführer für Deutschland oder mit beiliegender KöllenCard eingelöst werden.
- Die Einlösung kann nur nach telefonischer Anmeldung erfolgen – unter Hinweis auf die Nutzung des Angebots. Bei Sonderveranstaltungen, Turnieren etc. müssen Gutscheine nicht angenommen werden.
- Das Kombinieren mit anderen Rabatten ist nicht möglich – es gilt das zum Abschlagszeitpunkt gültige, volle Greenfee! Bei unterschiedlichen Greenfees (z.B. Studenten-Rabatt) ist der günstigere Tarif gratis!
- Alle Inserenten verpflichten sich, Gutscheine zu den angegebenen Bedingungen einzulösen. Der Verlag übernimmt keine Haftung, wenn ein Gutschein nicht eingelöst wird oder werden kann. Alle Angaben ohne Gewähr!
- Das Angebot ist gültig bis 31.05.2023.

Hinweis

- Informieren Sie sich vorher über das für Sie gültige Greenfee.

Teilnahmebedingungen

- Zur Gutschein-Einlösung muss eine Greenfee-Berechtigung (z.B. Mindest-HCP, Mitgliedschaft in einem Golfclub) vorliegen.
- Der Gutschein kann nur mit Vorlage des Köllen Golfführer für Deutschland oder mit beiliegender KöllenCard eingelöst werden.
- Die Einlösung kann nur nach telefonischer Anmeldung erfolgen – unter Hinweis auf die Nutzung des Angebots. Bei Sonderveranstaltungen, Turnieren etc. müssen Gutscheine nicht angenommen werden.
- Das Kombinieren mit anderen Rabatten ist nicht möglich – es gilt das zum Abschlagszeitpunkt gültige, volle Greenfee! Bei unterschiedlichen Greenfees (z.B. Studenten-Rabatt) ist der günstigere Tarif gratis!
- Alle Inserenten verpflichten sich, Gutscheine zu den angegebenen Bedingungen einzulösen. Der Verlag übernimmt keine Haftung, wenn ein Gutschein nicht eingelöst wird oder werden kann. Alle Angaben ohne Gewähr!
- Das Angebot ist gültig bis 31.05.2023.

Hinweis

- Informieren Sie sich vorher über das für Sie gültige Greenfee.

Teilnahmebedingungen

- Zur Gutschein-Einlösung muss eine Greenfee-Berechtigung (z.B. Mindest-HCP, Mitgliedschaft in einem Golfclub) vorliegen.
- Der Gutschein kann nur mit Vorlage des Köllen Golfführer für Deutschland oder mit beiliegender KöllenCard eingelöst werden.
- Die Einlösung kann nur nach telefonischer Anmeldung erfolgen – unter Hinweis auf die Nutzung des Angebots. Bei Sonderveranstaltungen, Turnieren etc. müssen Gutscheine nicht angenommen werden.
- Das Kombinieren mit anderen Rabatten ist nicht möglich – es gilt das zum Abschlagszeitpunkt gültige, volle Greenfee! Bei unterschiedlichen Greenfees (z.B. Studenten-Rabatt) ist der günstigere Tarif gratis!
- Alle Inserenten verpflichten sich, Gutscheine zu den angegebenen Bedingungen einzulösen. Der Verlag übernimmt keine Haftung, wenn ein Gutschein nicht eingelöst wird oder werden kann. Alle Angaben ohne Gewähr!
- Das Angebot ist gültig bis 31.05.2023.

Hinweis

- Informieren Sie sich vorher über das für Sie gültige Greenfee.

GUTSCHEIN
2. Greenfee ist gratis

KÖLLEN GOLF 2:1

25% GF-Nachlass (Einzelspieler)
nur Di-So ab 13 Uhr

Golf Club Berchtesgadener Land e.V.

DGV-Nr. 8905 Seite 331 Gültig bis 31.05.2023

GUTSCHEIN
2. Greenfee ist gratis

KÖLLEN GOLF 2:1

25% GF-Nachlass (Einzelspieler)

Golfclub Bad Abbach-Deutenhof e.V.

DGV-Nr. 8908 Seite 384 Gültig bis 31.05.2023

GUTSCHEIN
2. Greenfee ist gratis

KÖLLEN GOLF 2:1

25% GF-Nachlass (Einzelspieler)

Golfclub Bad Abbach-Deutenhof e.V.

DGV-Nr. 8908 Seite 384 Gültig bis 31.05.2023

GUTSCHEIN
2. Greenfee ist gratis

KÖLLEN GOLF 2:1

25% GF-Nachlass (Einzelspieler)

Golfclub Bad Abbach-Deutenhof e.V.

DGV-Nr. 8908 Seite 384 Gültig bis 31.05.2023

GUTSCHEIN
2. Greenfee ist gratis

KÖLLEN GOLF 2:1

25% GF-Nachlass (Einzelspieler)

Golfclub Bad Abbach-Deutenhof e.V.

DGV-Nr. 8908 Seite 384 Gültig bis 31.05.2023

GUTSCHEIN
2. Greenfee ist gratis

KÖLLEN GOLF 2:1

25% GF-Nachlass (Einzelspieler)

Golfclub Bad Abbach-Deutenhof e.V.

DGV-Nr. 8908 Seite 384 Gültig bis 31.05.2023

GUTSCHEIN
2. Greenfee ist gratis

KÖLLEN GOLF 2:1

25% GF-Nachlass (Einzelspieler)

Golf-Club Bayreuth e.V.

DGV-Nr. 8911 Seite 396 Gültig bis 31.05.2023

GUTSCHEIN
2. Greenfee ist gratis

KÖLLEN GOLF 2:1

25% GF-Nachlass (Einzelspieler)

Golf-Club Bayreuth e.V.

DGV-Nr. 8911 Seite 396 Gültig bis 31.05.2023

GUTSCHEIN
2. Greenfee ist gratis

KÖLLEN GOLF 2:1

25% GF-Nachlass (Einzelspieler)

Golfclub Anthal-Waginger See e.V.

DGV-Nr. 8912 Seite 332 Gültig bis 31.05.2023

GUTSCHEIN
2. Greenfee ist gratis

KÖLLEN GOLF 2:1

25% GF-Nachlass (Einzelspieler)

Golfclub Anthal-Waginger See e.V.

DGV-Nr. 8912 Seite 332 Gültig bis 31.05.2023

Teilnahmebedingungen

- Zur Gutschein-Einlösung muss eine Greenfee-Berechtigung (z.B. Mindest-HCP, Mitgliedschaft in einem Golfclub) vorliegen.
- Der Gutschein kann nur mit Vorlage des Köllen Golfführer für Deutschland oder mit beiliegender KöllenCard eingelöst werden.
- Die Einlösung kann nur nach telefonischer Anmeldung erfolgen – unter Hinweis auf die Nutzung des Angebots. Bei Sonderveranstaltungen, Turnieren etc. müssen Gutscheine nicht angenommen werden.
- Das Kombinieren mit anderen Rabatten ist nicht möglich – es gilt das zum Abschlagszeitpunkt gültige, volle Greenfee! Bei unterschiedlichen Greenfees (z.B. Studenten-Rabatt) ist der günstigere Tarif gratis!
- Alle Inserenten verpflichten sich, Gutscheine zu den angegebenen Bedingungen einzulösen. Der Verlag übernimmt keine Haftung, wenn ein Gutschein nicht eingelöst wird oder werden kann. Alle Angaben ohne Gewähr!
- Das Angebot ist gültig bis 31.05.2023.

Hinweis

- Informieren Sie sich vorher über das für Sie gültige Greenfee.

Teilnahmebedingungen

- Zur Gutschein-Einlösung muss eine Greenfee-Berechtigung (z.B. Mindest-HCP, Mitgliedschaft in einem Golfclub) vorliegen.
- Der Gutschein kann nur mit Vorlage des Köllen Golfführer für Deutschland oder mit beiliegender KöllenCard eingelöst werden.
- Die Einlösung kann nur nach telefonischer Anmeldung erfolgen – unter Hinweis auf die Nutzung des Angebots. Bei Sonderveranstaltungen, Turnieren etc. müssen Gutscheine nicht angenommen werden.
- Das Kombinieren mit anderen Rabatten ist nicht möglich – es gilt das zum Abschlagszeitpunkt gültige, volle Greenfee! Bei unterschiedlichen Greenfees (z.B. Studenten-Rabatt) ist der günstigere Tarif gratis!
- Alle Inserenten verpflichten sich, Gutscheine zu den angegebenen Bedingungen einzulösen. Der Verlag übernimmt keine Haftung, wenn ein Gutschein nicht eingelöst wird oder werden kann. Alle Angaben ohne Gewähr!
- Das Angebot ist gültig bis 31.05.2023.

Hinweis

- Informieren Sie sich vorher über das für Sie gültige Greenfee.

Teilnahmebedingungen

- Zur Gutschein-Einlösung muss eine Greenfee-Berechtigung (z.B. Mindest-HCP, Mitgliedschaft in einem Golfclub) vorliegen.
- Der Gutschein kann nur mit Vorlage des Köllen Golfführer für Deutschland oder mit beiliegender KöllenCard eingelöst werden.
- Die Einlösung kann nur nach telefonischer Anmeldung erfolgen – unter Hinweis auf die Nutzung des Angebots. Bei Sonderveranstaltungen, Turnieren etc. müssen Gutscheine nicht angenommen werden.
- Das Kombinieren mit anderen Rabatten ist nicht möglich – es gilt das zum Abschlagszeitpunkt gültige, volle Greenfee! Bei unterschiedlichen Greenfees (z.B. Studenten-Rabatt) ist der günstigere Tarif gratis!
- Alle Inserenten verpflichten sich, Gutscheine zu den angegebenen Bedingungen einzulösen. Der Verlag übernimmt keine Haftung, wenn ein Gutschein nicht eingelöst wird oder werden kann. Alle Angaben ohne Gewähr!
- Das Angebot ist gültig bis 31.05.2023.

Hinweis

- Informieren Sie sich vorher über das für Sie gültige Greenfee.

Teilnahmebedingungen

- Zur Gutschein-Einlösung muss eine Greenfee-Berechtigung (z.B. Mindest-HCP, Mitgliedschaft in einem Golfclub) vorliegen.
- Der Gutschein kann nur mit Vorlage des Köllen Golfführer für Deutschland oder mit beiliegender KöllenCard eingelöst werden.
- Die Einlösung kann nur nach telefonischer Anmeldung erfolgen – unter Hinweis auf die Nutzung des Angebots. Bei Sonderveranstaltungen, Turnieren etc. müssen Gutscheine nicht angenommen werden.
- Das Kombinieren mit anderen Rabatten ist nicht möglich – es gilt das zum Abschlagszeitpunkt gültige, volle Greenfee! Bei unterschiedlichen Greenfees (z.B. Studenten-Rabatt) ist der günstigere Tarif gratis!
- Alle Inserenten verpflichten sich, Gutscheine zu den angegebenen Bedingungen einzulösen. Der Verlag übernimmt keine Haftung, wenn ein Gutschein nicht eingelöst wird oder werden kann. Alle Angaben ohne Gewähr!
- Das Angebot ist gültig bis 31.05.2023.

Hinweis

- Informieren Sie sich vorher über das für Sie gültige Greenfee.

Teilnahmebedingungen

- Zur Gutschein-Einlösung muss eine Greenfee-Berechtigung (z.B. Mindest-HCP, Mitgliedschaft in einem Golfclub) vorliegen.
- Der Gutschein kann nur mit Vorlage des Köllen Golfführer für Deutschland oder mit beiliegender KöllenCard eingelöst werden.
- Die Einlösung kann nur nach telefonischer Anmeldung erfolgen – unter Hinweis auf die Nutzung des Angebots. Bei Sonderveranstaltungen, Turnieren etc. müssen Gutscheine nicht angenommen werden.
- Das Kombinieren mit anderen Rabatten ist nicht möglich – es gilt das zum Abschlagszeitpunkt gültige, volle Greenfee! Bei unterschiedlichen Greenfees (z.B. Studenten-Rabatt) ist der günstigere Tarif gratis!
- Alle Inserenten verpflichten sich, Gutscheine zu den angegebenen Bedingungen einzulösen. Der Verlag übernimmt keine Haftung, wenn ein Gutschein nicht eingelöst wird oder werden kann. Alle Angaben ohne Gewähr!
- Das Angebot ist gültig bis 31.05.2023.

Hinweis

- Informieren Sie sich vorher über das für Sie gültige Greenfee.

Teilnahmebedingungen

- Zur Gutschein-Einlösung muss eine Greenfee-Berechtigung (z.B. Mindest-HCP, Mitgliedschaft in einem Golfclub) vorliegen.
- Der Gutschein kann nur mit Vorlage des Köllen Golfführer für Deutschland oder mit beiliegender KöllenCard eingelöst werden.
- Die Einlösung kann nur nach telefonischer Anmeldung erfolgen – unter Hinweis auf die Nutzung des Angebots. Bei Sonderveranstaltungen, Turnieren etc. müssen Gutscheine nicht angenommen werden.
- Das Kombinieren mit anderen Rabatten ist nicht möglich – es gilt das zum Abschlagszeitpunkt gültige, volle Greenfee! Bei unterschiedlichen Greenfees (z.B. Studenten-Rabatt) ist der günstigere Tarif gratis!
- Alle Inserenten verpflichten sich, Gutscheine zu den angegebenen Bedingungen einzulösen. Der Verlag übernimmt keine Haftung, wenn ein Gutschein nicht eingelöst wird oder werden kann. Alle Angaben ohne Gewähr!
- Das Angebot ist gültig bis 31.05.2023.

Hinweis

- Informieren Sie sich vorher über das für Sie gültige Greenfee.

Teilnahmebedingungen

- Zur Gutschein-Einlösung muss eine Greenfee-Berechtigung (z.B. Mindest-HCP, Mitgliedschaft in einem Golfclub) vorliegen.
- Der Gutschein kann nur mit Vorlage des Köllen Golfführer für Deutschland oder mit beiliegender KöllenCard eingelöst werden.
- Die Einlösung kann nur nach telefonischer Anmeldung erfolgen – unter Hinweis auf die Nutzung des Angebots. Bei Sonderveranstaltungen, Turnieren etc. müssen Gutscheine nicht angenommen werden.
- Das Kombinieren mit anderen Rabatten ist nicht möglich – es gilt das zum Abschlagszeitpunkt gültige, volle Greenfee! Bei unterschiedlichen Greenfees (z.B. Studenten-Rabatt) ist der günstigere Tarif gratis!
- Alle Inserenten verpflichten sich, Gutscheine zu den angegebenen Bedingungen einzulösen. Der Verlag übernimmt keine Haftung, wenn ein Gutschein nicht eingelöst wird oder werden kann. Alle Angaben ohne Gewähr!
- Das Angebot ist gültig bis 31.05.2023.

Hinweis

- Informieren Sie sich vorher über das für Sie gültige Greenfee.

Teilnahmebedingungen

- Zur Gutschein-Einlösung muss eine Greenfee-Berechtigung (z.B. Mindest-HCP, Mitgliedschaft in einem Golfclub) vorliegen.
- Der Gutschein kann nur mit Vorlage des Köllen Golfführer für Deutschland oder mit beiliegender KöllenCard eingelöst werden.
- Die Einlösung kann nur nach telefonischer Anmeldung erfolgen – unter Hinweis auf die Nutzung des Angebots. Bei Sonderveranstaltungen, Turnieren etc. müssen Gutscheine nicht angenommen werden.
- Das Kombinieren mit anderen Rabatten ist nicht möglich – es gilt das zum Abschlagszeitpunkt gültige, volle Greenfee! Bei unterschiedlichen Greenfees (z.B. Studenten-Rabatt) ist der günstigere Tarif gratis!
- Alle Inserenten verpflichten sich, Gutscheine zu den angegebenen Bedingungen einzulösen. Der Verlag übernimmt keine Haftung, wenn ein Gutschein nicht eingelöst wird oder werden kann. Alle Angaben ohne Gewähr!
- Das Angebot ist gültig bis 31.05.2023.

Hinweis

- Informieren Sie sich vorher über das für Sie gültige Greenfee.

Teilnahmebedingungen

- Zur Gutschein-Einlösung muss eine Greenfee-Berechtigung (z.B. Mindest-HCP, Mitgliedschaft in einem Golfclub) vorliegen.
- Der Gutschein kann nur mit Vorlage des Köllen Golfführer für Deutschland oder mit beiliegender KöllenCard eingelöst werden.
- Die Einlösung kann nur nach telefonischer Anmeldung erfolgen – unter Hinweis auf die Nutzung des Angebots. Bei Sonderveranstaltungen, Turnieren etc. müssen Gutscheine nicht angenommen werden.
- Das Kombinieren mit anderen Rabatten ist nicht möglich – es gilt das zum Abschlagszeitpunkt gültige, volle Greenfee! Bei unterschiedlichen Greenfees (z.B. Studenten-Rabatt) ist der günstigere Tarif gratis!
- Alle Inserenten verpflichten sich, Gutscheine zu den angegebenen Bedingungen einzulösen. Der Verlag übernimmt keine Haftung, wenn ein Gutschein nicht eingelöst wird oder werden kann. Alle Angaben ohne Gewähr!
- Das Angebot ist gültig bis 31.05.2023.

Hinweis

- Informieren Sie sich vorher über das für Sie gültige Greenfee.

Teilnahmebedingungen

- Zur Gutschein-Einlösung muss eine Greenfee-Berechtigung (z.B. Mindest-HCP, Mitgliedschaft in einem Golfclub) vorliegen.
- Der Gutschein kann nur mit Vorlage des Köllen Golfführer für Deutschland oder mit beiliegender KöllenCard eingelöst werden.
- Die Einlösung kann nur nach telefonischer Anmeldung erfolgen – unter Hinweis auf die Nutzung des Angebots. Bei Sonderveranstaltungen, Turnieren etc. müssen Gutscheine nicht angenommen werden.
- Das Kombinieren mit anderen Rabatten ist nicht möglich – es gilt das zum Abschlagszeitpunkt gültige, volle Greenfee! Bei unterschiedlichen Greenfees (z.B. Studenten-Rabatt) ist der günstigere Tarif gratis!
- Alle Inserenten verpflichten sich, Gutscheine zu den angegebenen Bedingungen einzulösen. Der Verlag übernimmt keine Haftung, wenn ein Gutschein nicht eingelöst wird oder werden kann. Alle Angaben ohne Gewähr!
- Das Angebot ist gültig bis 31.05.2023.

Hinweis

- Informieren Sie sich vorher über das für Sie gültige Greenfee.

GUTSCHEIN
2. Greenfee ist gratis

KÖLLEN GOLF

2:1

25% GF-Nachlass (Einzelspieler)
gilt nur für 18-Loch Runden

Golfclub Gäuboden e.V.

DGV-Nr. 8914 Seite 392 Gültig bis 31.05.2023

GUTSCHEIN
2. Greenfee ist gratis

KÖLLEN GOLF

2:1

25% GF-Nachlass (Einzelspieler)
gilt nur für 18-Loch Runden

Golfclub Gäuboden e.V.

DGV-Nr. 8914 Seite 392 Gültig bis 31.05.2023

GUTSCHEIN
30% Greenfee-Nachlass

KÖLLEN GOLF

%

gilt nur für 18-Loch Runden

Golfclub Gäuboden e.V.

DGV-Nr. 8914 Seite 392 Gültig bis 31.05.2023

GUTSCHEIN
30% Greenfee-Nachlass

KÖLLEN GOLF

%

gilt nur für 18-Loch Runden

Golfclub Gäuboden e.V.

DGV-Nr. 8914 Seite 392 Gültig bis 31.05.2023

GUTSCHEIN
2. Greenfee ist gratis

KÖLLEN GOLF

2:1

25% GF-Nachlass (Einzelspieler)

Golf-Club Herrnhof e.V.

DGV-Nr. 8916 Seite 381 Gültig bis 31.05.2023

GUTSCHEIN
2. Greenfee ist gratis

KÖLLEN GOLF

2:1

25% GF-Nachlass (Einzelspieler)

Golf-Club Herrnhof e.V.

DGV-Nr. 8916 Seite 381 Gültig bis 31.05.2023

GUTSCHEIN
2. Greenfee ist gratis

KÖLLEN GOLF

2:1

25% GF-Nachlass (Einzelspieler)

GolfPark Gerolsbach

DGV-Nr. 8917 Seite 346 Gültig bis 31.05.2023

GUTSCHEIN
2. Greenfee ist gratis

KÖLLEN GOLF

2:1

25% GF-Nachlass (Einzelspieler)

GolfPark Gerolsbach

DGV-Nr. 8917 Seite 346 Gültig bis 31.05.2023

GUTSCHEIN
30% Greenfee-Nachlass

KÖLLEN GOLF

%

GolfPark Gerolsbach

DGV-Nr. 8917 Seite 346 Gültig bis 31.05.2023

GUTSCHEIN
30% Greenfee-Nachlass

KÖLLEN GOLF

%

GolfPark Gerolsbach

DGV-Nr. 8917 Seite 346 Gültig bis 31.05.2023

Teilnahmebedingungen

- Zur Gutschein-Einlösung muss eine Greenfee-Berechtigung (z.B. Mindest-HCP, Mitgliedschaft in einem Golfclub) vorliegen.
- Der Gutschein kann nur mit Vorlage des Köllen Golfführer für Deutschland oder mit beiliegender KöllenCard eingelöst werden.
- Die Einlösung kann nur nach telefonischer Anmeldung erfolgen – unter Hinweis auf die Nutzung des Angebots. Bei Sonderveranstaltungen, Turnieren etc. müssen Gutscheine nicht angenommen werden.
- Das Kombinieren mit anderen Rabatten ist nicht möglich – es gilt das zum Abschlagszeitpunkt gültige, volle Greenfee! Bei unterschiedlichen Greenfees (z.B. Studenten-Rabatt) ist der günstigere Tarif gratis!
- Alle Inserenten verpflichten sich, Gutscheine zu den angegebenen Bedingungen einzulösen. Der Verlag übernimmt keine Haftung, wenn ein Gutschein nicht eingelöst wird oder werden kann. Alle Angaben ohne Gewähr!
- Das Angebot ist gültig bis 31.05.2023.

Hinweis

- Informieren Sie sich vorher über das für Sie gültige Greenfee.

Teilnahmebedingungen

- Zur Gutschein-Einlösung muss eine Greenfee-Berechtigung (z.B. Mindest-HCP, Mitgliedschaft in einem Golfclub) vorliegen.
- Der Gutschein kann nur mit Vorlage des Köllen Golfführer für Deutschland oder mit beiliegender KöllenCard eingelöst werden.
- Die Einlösung kann nur nach telefonischer Anmeldung erfolgen – unter Hinweis auf die Nutzung des Angebots. Bei Sonderveranstaltungen, Turnieren etc. müssen Gutscheine nicht angenommen werden.
- Das Kombinieren mit anderen Rabatten ist nicht möglich – es gilt das zum Abschlagszeitpunkt gültige, volle Greenfee! Bei unterschiedlichen Greenfees (z.B. Studenten-Rabatt) ist der günstigere Tarif gratis!
- Alle Inserenten verpflichten sich, Gutscheine zu den angegebenen Bedingungen einzulösen. Der Verlag übernimmt keine Haftung, wenn ein Gutschein nicht eingelöst wird oder werden kann. Alle Angaben ohne Gewähr!
- Das Angebot ist gültig bis 31.05.2023.

Hinweis

- Informieren Sie sich vorher über das für Sie gültige Greenfee.

Teilnahmebedingungen

- Zur Gutschein-Einlösung muss eine Greenfee-Berechtigung (z.B. Mindest-HCP, Mitgliedschaft in einem Golfclub) vorliegen.
- Der Gutschein kann nur mit Vorlage des Köllen Golfführer für Deutschland oder mit beiliegender KöllenCard eingelöst werden.
- Die Einlösung kann nur nach telefonischer Anmeldung erfolgen – unter Hinweis auf die Nutzung des Angebots. Bei Sonderveranstaltungen, Turnieren etc. müssen Gutscheine nicht angenommen werden.
- Das Kombinieren mit anderen Rabatten ist nicht möglich – es gilt das zum Abschlagszeitpunkt gültige, volle Greenfee! Bei unterschiedlichen Greenfees (z.B. Studenten-Rabatt) ist der günstigere Tarif gratis!
- Alle Inserenten verpflichten sich, Gutscheine zu den angegebenen Bedingungen einzulösen. Der Verlag übernimmt keine Haftung, wenn ein Gutschein nicht eingelöst wird oder werden kann. Alle Angaben ohne Gewähr!
- Das Angebot ist gültig bis 31.05.2023.

Hinweis

- Informieren Sie sich vorher über das für Sie gültige Greenfee.

Teilnahmebedingungen

- Zur Gutschein-Einlösung muss eine Greenfee-Berechtigung (z.B. Mindest-HCP, Mitgliedschaft in einem Golfclub) vorliegen.
- Der Gutschein kann nur mit Vorlage des Köllen Golfführer für Deutschland oder mit beiliegender KöllenCard eingelöst werden.
- Die Einlösung kann nur nach telefonischer Anmeldung erfolgen – unter Hinweis auf die Nutzung des Angebots. Bei Sonderveranstaltungen, Turnieren etc. müssen Gutscheine nicht angenommen werden.
- Das Kombinieren mit anderen Rabatten ist nicht möglich – es gilt das zum Abschlagszeitpunkt gültige, volle Greenfee! Bei unterschiedlichen Greenfees (z.B. Studenten-Rabatt) ist der günstigere Tarif gratis!
- Alle Inserenten verpflichten sich, Gutscheine zu den angegebenen Bedingungen einzulösen. Der Verlag übernimmt keine Haftung, wenn ein Gutschein nicht eingelöst wird oder werden kann. Alle Angaben ohne Gewähr!
- Das Angebot ist gültig bis 31.05.2023.

Hinweis

- Informieren Sie sich vorher über das für Sie gültige Greenfee.

Teilnahmebedingungen

- Zur Gutschein-Einlösung muss eine Greenfee-Berechtigung (z.B. Mindest-HCP, Mitgliedschaft in einem Golfclub) vorliegen.
- Der Gutschein kann nur mit Vorlage des Köllen Golfführer für Deutschland oder mit beiliegender KöllenCard eingelöst werden.
- Die Einlösung kann nur nach telefonischer Anmeldung erfolgen – unter Hinweis auf die Nutzung des Angebots. Bei Sonderveranstaltungen, Turnieren etc. müssen Gutscheine nicht angenommen werden.
- Das Kombinieren mit anderen Rabatten ist nicht möglich – es gilt das zum Abschlagszeitpunkt gültige, volle Greenfee! Bei unterschiedlichen Greenfees (z.B. Studenten-Rabatt) ist der günstigere Tarif gratis!
- Alle Inserenten verpflichten sich, Gutscheine zu den angegebenen Bedingungen einzulösen. Der Verlag übernimmt keine Haftung, wenn ein Gutschein nicht eingelöst wird oder werden kann. Alle Angaben ohne Gewähr!
- Das Angebot ist gültig bis 31.05.2023.

Hinweis

- Informieren Sie sich vorher über das für Sie gültige Greenfee.

Teilnahmebedingungen

- Zur Gutschein-Einlösung muss eine Greenfee-Berechtigung (z.B. Mindest-HCP, Mitgliedschaft in einem Golfclub) vorliegen.
- Der Gutschein kann nur mit Vorlage des Köllen Golfführer für Deutschland oder mit beiliegender KöllenCard eingelöst werden.
- Die Einlösung kann nur nach telefonischer Anmeldung erfolgen – unter Hinweis auf die Nutzung des Angebots. Bei Sonderveranstaltungen, Turnieren etc. müssen Gutscheine nicht angenommen werden.
- Das Kombinieren mit anderen Rabatten ist nicht möglich – es gilt das zum Abschlagszeitpunkt gültige, volle Greenfee! Bei unterschiedlichen Greenfees (z.B. Studenten-Rabatt) ist der günstigere Tarif gratis!
- Alle Inserenten verpflichten sich, Gutscheine zu den angegebenen Bedingungen einzulösen. Der Verlag übernimmt keine Haftung, wenn ein Gutschein nicht eingelöst wird oder werden kann. Alle Angaben ohne Gewähr!
- Das Angebot ist gültig bis 31.05.2023.

Hinweis

- Informieren Sie sich vorher über das für Sie gültige Greenfee.

Teilnahmebedingungen

- Zur Gutschein-Einlösung muss eine Greenfee-Berechtigung (z.B. Mindest-HCP, Mitgliedschaft in einem Golfclub) vorliegen.
- Der Gutschein kann nur mit Vorlage des Köllen Golfführer für Deutschland oder mit beiliegender KöllenCard eingelöst werden.
- Die Einlösung kann nur nach telefonischer Anmeldung erfolgen – unter Hinweis auf die Nutzung des Angebots. Bei Sonderveranstaltungen, Turnieren etc. müssen Gutscheine nicht angenommen werden.
- Das Kombinieren mit anderen Rabatten ist nicht möglich – es gilt das zum Abschlagszeitpunkt gültige, volle Greenfee! Bei unterschiedlichen Greenfees (z.B. Studenten-Rabatt) ist der günstigere Tarif gratis!
- Alle Inserenten verpflichten sich, Gutscheine zu den angegebenen Bedingungen einzulösen. Der Verlag übernimmt keine Haftung, wenn ein Gutschein nicht eingelöst wird oder werden kann. Alle Angaben ohne Gewähr!
- Das Angebot ist gültig bis 31.05.2023.

Hinweis

- Informieren Sie sich vorher über das für Sie gültige Greenfee.

Teilnahmebedingungen

- Zur Gutschein-Einlösung muss eine Greenfee-Berechtigung (z.B. Mindest-HCP, Mitgliedschaft in einem Golfclub) vorliegen.
- Der Gutschein kann nur mit Vorlage des Köllen Golfführer für Deutschland oder mit beiliegender KöllenCard eingelöst werden.
- Die Einlösung kann nur nach telefonischer Anmeldung erfolgen – unter Hinweis auf die Nutzung des Angebots. Bei Sonderveranstaltungen, Turnieren etc. müssen Gutscheine nicht angenommen werden.
- Das Kombinieren mit anderen Rabatten ist nicht möglich – es gilt das zum Abschlagszeitpunkt gültige, volle Greenfee! Bei unterschiedlichen Greenfees (z.B. Studenten-Rabatt) ist der günstigere Tarif gratis!
- Alle Inserenten verpflichten sich, Gutscheine zu den angegebenen Bedingungen einzulösen. Der Verlag übernimmt keine Haftung, wenn ein Gutschein nicht eingelöst wird oder werden kann. Alle Angaben ohne Gewähr!
- Das Angebot ist gültig bis 31.05.2023.

Hinweis

- Informieren Sie sich vorher über das für Sie gültige Greenfee.

Teilnahmebedingungen

- Zur Gutschein-Einlösung muss eine Greenfee-Berechtigung (z.B. Mindest-HCP, Mitgliedschaft in einem Golfclub) vorliegen.
- Der Gutschein kann nur mit Vorlage des Köllen Golfführer für Deutschland oder mit beiliegender KöllenCard eingelöst werden.
- Die Einlösung kann nur nach telefonischer Anmeldung erfolgen – unter Hinweis auf die Nutzung des Angebots. Bei Sonderveranstaltungen, Turnieren etc. müssen Gutscheine nicht angenommen werden.
- Das Kombinieren mit anderen Rabatten ist nicht möglich – es gilt das zum Abschlagszeitpunkt gültige, volle Greenfee! Bei unterschiedlichen Greenfees (z.B. Studenten-Rabatt) ist der günstigere Tarif gratis!
- Alle Inserenten verpflichten sich, Gutscheine zu den angegebenen Bedingungen einzulösen. Der Verlag übernimmt keine Haftung, wenn ein Gutschein nicht eingelöst wird oder werden kann. Alle Angaben ohne Gewähr!
- Das Angebot ist gültig bis 31.05.2023.

Hinweis

- Informieren Sie sich vorher über das für Sie gültige Greenfee.

Teilnahmebedingungen

- Zur Gutschein-Einlösung muss eine Greenfee-Berechtigung (z.B. Mindest-HCP, Mitgliedschaft in einem Golfclub) vorliegen.
- Der Gutschein kann nur mit Vorlage des Köllen Golfführer für Deutschland oder mit beiliegender KöllenCard eingelöst werden.
- Die Einlösung kann nur nach telefonischer Anmeldung erfolgen – unter Hinweis auf die Nutzung des Angebots. Bei Sonderveranstaltungen, Turnieren etc. müssen Gutscheine nicht angenommen werden.
- Das Kombinieren mit anderen Rabatten ist nicht möglich – es gilt das zum Abschlagszeitpunkt gültige, volle Greenfee! Bei unterschiedlichen Greenfees (z.B. Studenten-Rabatt) ist der günstigere Tarif gratis!
- Alle Inserenten verpflichten sich, Gutscheine zu den angegebenen Bedingungen einzulösen. Der Verlag übernimmt keine Haftung, wenn ein Gutschein nicht eingelöst wird oder werden kann. Alle Angaben ohne Gewähr!
- Das Angebot ist gültig bis 31.05.2023.

Hinweis

- Informieren Sie sich vorher über das für Sie gültige Greenfee.

GUTSCHEIN
2. Greenfee ist gratis

KÖLLEN GOLF

2:1

25% GF-Nachlass (Einzelspieler)
nur Mo-Fr (außer feiertags)

Golf Club Pottenstein Weidenloh e.V.

DGV-Nr. 8918 Seite 375 Gültig bis 31.05.2023

GUTSCHEIN
2. Greenfee ist gratis
KÖLLEN GOLF
2:1
25% GF-Nachlass (Einzelspieler)
nur Mo-Fr (außer feiertags)
Golf Club Pottenstein Weidenloh e.V.
DGV-Nr. 8918 Seite 375 Gültig bis 31.05.2023
MEHR DRIVE FÜR DIE STRASSE.
www.bmw.de/iX

GUTSCHEIN
2. Greenfee ist gratis

KÖLLEN GOLF

2:1

25% GF-Nachlass (Einzelspieler)

Golfclub Pleiskirchen e.V.

DGV-Nr. 8923 Seite 343 Gültig bis 31.05.2023

GUTSCHEIN
25% Greenfee-Nachlass

KÖLLEN GOLF

%

Golfclub Pleiskirchen e.V.

DGV-Nr. 8923 Seite 343 Gültig bis 31.05.2023

GUTSCHEIN
20% Greenfee-Nachlass

KÖLLEN GOLF

%

Golfplatz Stenz

DGV-Nr. 8924 Seite 360 Gültig bis 31.05.2023

GUTSCHEIN
20% Greenfee-Nachlass
KÖLLEN GOLF
%
Golfplatz Stenz
DGV-Nr. 8924 Seite 360 Gültig bis 31.05.2023
MEHR DRIVE FÜR DIE STRASSE.
www.bmw.de/iX

GUTSCHEIN
20% Greenfee-Nachlass
KÖLLEN GOLF
%
Golfplatz Stenz
DGV-Nr. 8924 Seite 360 Gültig bis 31.05.2023
MEHR DRIVE FÜR DIE STRASSE.
www.bmw.de/iX

GUTSCHEIN
20% Greenfee-Nachlass
KÖLLEN GOLF
%
Golfplatz Stenz
DGV-Nr. 8924 Seite 360 Gültig bis 31.05.2023
MEHR DRIVE FÜR DIE STRASSE.
www.bmw.de/iX

GUTSCHEIN
2. Greenfee ist gratis

KÖLLEN GOLF

2:1

25% GF-Nachlass (Einzelspieler)

Golfclub Vilsbiburg e.V.

DGV-Nr. 8925 Seite 340 Gültig bis 31.05.2023

GUTSCHEIN
2. Greenfee ist gratis
KÖLLEN GOLF
2:1
25% GF-Nachlass (Einzelspieler)
Golfclub Vilsbiburg e.V.
DGV-Nr. 8925 Seite 340 Gültig bis 31.05.2023
MEHR DRIVE FÜR DIE STRASSE.
www.bmw.de/iX

Teilnahmebedingungen

- Zur Gutschein-Einlösung muss eine Greenfee-Berechtigung (z.B. Mindest-HCP, Mitgliedschaft in einem Golfclub) vorliegen.
- Der Gutschein kann nur mit Vorlage des Köllen Golfführer für Deutschland oder mit beiliegender KöllenCard eingelöst werden.
- Die Einlösung kann nur nach telefonischer Anmeldung erfolgen – unter Hinweis auf die Nutzung des Angebots. Bei Sonderveranstaltungen, Turnieren etc. müssen Gutscheine nicht angenommen werden.
- Das Kombinieren mit anderen Rabatten ist nicht möglich – es gilt das zum Abschlagszeitpunkt gültige, volle Greenfee! Bei unterschiedlichen Greenfees (z.B. Studenten-Rabatt) ist der günstigere Tarif gratis!
- Alle Inserenten verpflichten sich, Gutscheine zu den angegebenen Bedingungen einzulösen. Der Verlag übernimmt keine Haftung, wenn ein Gutschein nicht eingelöst wird oder werden kann. Alle Angaben ohne Gewähr!
- Das Angebot ist gültig bis 31.05.2023.

Hinweis

- Informieren Sie sich vorher über das für Sie gültige Greenfee.

Teilnahmebedingungen

- Zur Gutschein-Einlösung muss eine Greenfee-Berechtigung (z.B. Mindest-HCP, Mitgliedschaft in einem Golfclub) vorliegen.
- Der Gutschein kann nur mit Vorlage des Köllen Golfführer für Deutschland oder mit beiliegender KöllenCard eingelöst werden.
- Die Einlösung kann nur nach telefonischer Anmeldung erfolgen – unter Hinweis auf die Nutzung des Angebots. Bei Sonderveranstaltungen, Turnieren etc. müssen Gutscheine nicht angenommen werden.
- Das Kombinieren mit anderen Rabatten ist nicht möglich – es gilt das zum Abschlagszeitpunkt gültige, volle Greenfee! Bei unterschiedlichen Greenfees (z.B. Studenten-Rabatt) ist der günstigere Tarif gratis!
- Alle Inserenten verpflichten sich, Gutscheine zu den angegebenen Bedingungen einzulösen. Der Verlag übernimmt keine Haftung, wenn ein Gutschein nicht eingelöst wird oder werden kann. Alle Angaben ohne Gewähr!
- Das Angebot ist gültig bis 31.05.2023.

Hinweis

- Informieren Sie sich vorher über das für Sie gültige Greenfee.

Teilnahmebedingungen

- Zur Gutschein-Einlösung muss eine Greenfee-Berechtigung (z.B. Mindest-HCP, Mitgliedschaft in einem Golfclub) vorliegen.
- Der Gutschein kann nur mit Vorlage des Köllen Golfführer für Deutschland oder mit beiliegender KöllenCard eingelöst werden.
- Die Einlösung kann nur nach telefonischer Anmeldung erfolgen – unter Hinweis auf die Nutzung des Angebots. Bei Sonderveranstaltungen, Turnieren etc. müssen Gutscheine nicht angenommen werden.
- Das Kombinieren mit anderen Rabatten ist nicht möglich – es gilt das zum Abschlagszeitpunkt gültige, volle Greenfee! Bei unterschiedlichen Greenfees (z.B. Studenten-Rabatt) ist der günstigere Tarif gratis!
- Alle Inserenten verpflichten sich, Gutscheine zu den angegebenen Bedingungen einzulösen. Der Verlag übernimmt keine Haftung, wenn ein Gutschein nicht eingelöst wird oder werden kann. Alle Angaben ohne Gewähr!
- Das Angebot ist gültig bis 31.05.2023.

Hinweis

- Informieren Sie sich vorher über das für Sie gültige Greenfee.

Teilnahmebedingungen

- Zur Gutschein-Einlösung muss eine Greenfee-Berechtigung (z.B. Mindest-HCP, Mitgliedschaft in einem Golfclub) vorliegen.
- Der Gutschein kann nur mit Vorlage des Köllen Golfführer für Deutschland oder mit beiliegender KöllenCard eingelöst werden.
- Die Einlösung kann nur nach telefonischer Anmeldung erfolgen – unter Hinweis auf die Nutzung des Angebots. Bei Sonderveranstaltungen, Turnieren etc. müssen Gutscheine nicht angenommen werden.
- Das Kombinieren mit anderen Rabatten ist nicht möglich – es gilt das zum Abschlagszeitpunkt gültige, volle Greenfee! Bei unterschiedlichen Greenfees (z.B. Studenten-Rabatt) ist der günstigere Tarif gratis!
- Alle Inserenten verpflichten sich, Gutscheine zu den angegebenen Bedingungen einzulösen. Der Verlag übernimmt keine Haftung, wenn ein Gutschein nicht eingelöst wird oder werden kann. Alle Angaben ohne Gewähr!
- Das Angebot ist gültig bis 31.05.2023.

Hinweis

- Informieren Sie sich vorher über das für Sie gültige Greenfee.

Teilnahmebedingungen

- Zur Gutschein-Einlösung muss eine Greenfee-Berechtigung (z.B. Mindest-HCP, Mitgliedschaft in einem Golfclub) vorliegen.
- Der Gutschein kann nur mit Vorlage des Köllen Golfführer für Deutschland oder mit beiliegender KöllenCard eingelöst werden.
- Die Einlösung kann nur nach telefonischer Anmeldung erfolgen – unter Hinweis auf die Nutzung des Angebots. Bei Sonderveranstaltungen, Turnieren etc. müssen Gutscheine nicht angenommen werden.
- Das Kombinieren mit anderen Rabatten ist nicht möglich – es gilt das zum Abschlagszeitpunkt gültige, volle Greenfee! Bei unterschiedlichen Greenfees (z.B. Studenten-Rabatt) ist der günstigere Tarif gratis!
- Alle Inserenten verpflichten sich, Gutscheine zu den angegebenen Bedingungen einzulösen. Der Verlag übernimmt keine Haftung, wenn ein Gutschein nicht eingelöst wird oder werden kann. Alle Angaben ohne Gewähr!
- Das Angebot ist gültig bis 31.05.2023.

Hinweis

- Informieren Sie sich vorher über das für Sie gültige Greenfee.

Teilnahmebedingungen

- Zur Gutschein-Einlösung muss eine Greenfee-Berechtigung (z.B. Mindest-HCP, Mitgliedschaft in einem Golfclub) vorliegen.
- Der Gutschein kann nur mit Vorlage des Köllen Golfführer für Deutschland oder mit beiliegender KöllenCard eingelöst werden.
- Die Einlösung kann nur nach telefonischer Anmeldung erfolgen – unter Hinweis auf die Nutzung des Angebots. Bei Sonderveranstaltungen, Turnieren etc. müssen Gutscheine nicht angenommen werden.
- Das Kombinieren mit anderen Rabatten ist nicht möglich – es gilt das zum Abschlagszeitpunkt gültige, volle Greenfee! Bei unterschiedlichen Greenfees (z.B. Studenten-Rabatt) ist der günstigere Tarif gratis!
- Alle Inserenten verpflichten sich, Gutscheine zu den angegebenen Bedingungen einzulösen. Der Verlag übernimmt keine Haftung, wenn ein Gutschein nicht eingelöst wird oder werden kann. Alle Angaben ohne Gewähr!
- Das Angebot ist gültig bis 31.05.2023.

Hinweis

- Informieren Sie sich vorher über das für Sie gültige Greenfee.

Teilnahmebedingungen

- Zur Gutschein-Einlösung muss eine Greenfee-Berechtigung (z.B. Mindest-HCP, Mitgliedschaft in einem Golfclub) vorliegen.
- Der Gutschein kann nur mit Vorlage des Köllen Golfführer für Deutschland oder mit beiliegender KöllenCard eingelöst werden.
- Die Einlösung kann nur nach telefonischer Anmeldung erfolgen – unter Hinweis auf die Nutzung des Angebots. Bei Sonderveranstaltungen, Turnieren etc. müssen Gutscheine nicht angenommen werden.
- Das Kombinieren mit anderen Rabatten ist nicht möglich – es gilt das zum Abschlagszeitpunkt gültige, volle Greenfee! Bei unterschiedlichen Greenfees (z.B. Studenten-Rabatt) ist der günstigere Tarif gratis!
- Alle Inserenten verpflichten sich, Gutscheine zu den angegebenen Bedingungen einzulösen. Der Verlag übernimmt keine Haftung, wenn ein Gutschein nicht eingelöst wird oder werden kann. Alle Angaben ohne Gewähr!
- Das Angebot ist gültig bis 31.05.2023.

Hinweis

- Informieren Sie sich vorher über das für Sie gültige Greenfee.

Teilnahmebedingungen

- Zur Gutschein-Einlösung muss eine Greenfee-Berechtigung (z.B. Mindest-HCP, Mitgliedschaft in einem Golfclub) vorliegen.
- Der Gutschein kann nur mit Vorlage des Köllen Golfführer für Deutschland oder mit beiliegender KöllenCard eingelöst werden.
- Die Einlösung kann nur nach telefonischer Anmeldung erfolgen – unter Hinweis auf die Nutzung des Angebots. Bei Sonderveranstaltungen, Turnieren etc. müssen Gutscheine nicht angenommen werden.
- Das Kombinieren mit anderen Rabatten ist nicht möglich – es gilt das zum Abschlagszeitpunkt gültige, volle Greenfee! Bei unterschiedlichen Greenfees (z.B. Studenten-Rabatt) ist der günstigere Tarif gratis!
- Alle Inserenten verpflichten sich, Gutscheine zu den angegebenen Bedingungen einzulösen. Der Verlag übernimmt keine Haftung, wenn ein Gutschein nicht eingelöst wird oder werden kann. Alle Angaben ohne Gewähr!
- Das Angebot ist gültig bis 31.05.2023.

Hinweis

- Informieren Sie sich vorher über das für Sie gültige Greenfee.

Teilnahmebedingungen

- Zur Gutschein-Einlösung muss eine Greenfee-Berechtigung (z.B. Mindest-HCP, Mitgliedschaft in einem Golfclub) vorliegen.
- Der Gutschein kann nur mit Vorlage des Köllen Golfführer für Deutschland oder mit beiliegender KöllenCard eingelöst werden.
- Die Einlösung kann nur nach telefonischer Anmeldung erfolgen – unter Hinweis auf die Nutzung des Angebots. Bei Sonderveranstaltungen, Turnieren etc. müssen Gutscheine nicht angenommen werden.
- Das Kombinieren mit anderen Rabatten ist nicht möglich – es gilt das zum Abschlagszeitpunkt gültige, volle Greenfee! Bei unterschiedlichen Greenfees (z.B. Studenten-Rabatt) ist der günstigere Tarif gratis!
- Alle Inserenten verpflichten sich, Gutscheine zu den angegebenen Bedingungen einzulösen. Der Verlag übernimmt keine Haftung, wenn ein Gutschein nicht eingelöst wird oder werden kann. Alle Angaben ohne Gewähr!
- Das Angebot ist gültig bis 31.05.2023.

Hinweis

- Informieren Sie sich vorher über das für Sie gültige Greenfee.

Teilnahmebedingungen

- Zur Gutschein-Einlösung muss eine Greenfee-Berechtigung (z.B. Mindest-HCP, Mitgliedschaft in einem Golfclub) vorliegen.
- Der Gutschein kann nur mit Vorlage des Köllen Golfführer für Deutschland oder mit beiliegender KöllenCard eingelöst werden.
- Die Einlösung kann nur nach telefonischer Anmeldung erfolgen – unter Hinweis auf die Nutzung des Angebots. Bei Sonderveranstaltungen, Turnieren etc. müssen Gutscheine nicht angenommen werden.
- Das Kombinieren mit anderen Rabatten ist nicht möglich – es gilt das zum Abschlagszeitpunkt gültige, volle Greenfee! Bei unterschiedlichen Greenfees (z.B. Studenten-Rabatt) ist der günstigere Tarif gratis!
- Alle Inserenten verpflichten sich, Gutscheine zu den angegebenen Bedingungen einzulösen. Der Verlag übernimmt keine Haftung, wenn ein Gutschein nicht eingelöst wird oder werden kann. Alle Angaben ohne Gewähr!
- Das Angebot ist gültig bis 31.05.2023.

Hinweis

- Informieren Sie sich vorher über das für Sie gültige Greenfee.

GUTSCHEIN
25% Greenfee-Nachlass

KÖLLEN GOLF

%

Golfanlage Rottbach

DGV-Nr. 8927 Seite 317 Gültig bis 31.05.2023

GUTSCHEIN
25% Greenfee-Nachlass
KÖLLEN GOLF
%
Golfanlage Rottbach
DGV-Nr. 8927 Seite 317 Gültig bis 31.05.2023
MEHR DRIVE FÜR DIE STRASSE.
www.bmw.de/iX

GUTSCHEIN
2. Greenfee ist gratis

KÖLLEN GOLF

2:1

30% GF-Nachlass (Einzelspieler)

Golfclub Zollmühle e.V.

DGV-Nr. 8932 Seite 379 Gültig bis 31.05.2023

GUTSCHEIN
2. Greenfee ist gratis
KÖLLEN GOLF
2:1
30% GF-Nachlass (Einzelspieler)
Golfclub Zollmühle e.V.
DGV-Nr. 8932 Seite 379 Gültig bis 31.05.2023
MEHR DRIVE FÜR DIE STRASSE.
www.bmw.de/iX

GUTSCHEIN
25% Greenfee-Nachlass

KÖLLEN GOLF

%

GolfRange
München-Brunnthal

DGV-Nr. 8933 Seite 353 Gültig bis 31.05.2023

GUTSCHEIN
25% Greenfee-Nachlass
KÖLLEN GOLF
%
GolfRange
München-Brunnthal
DGV-Nr. 8933 Seite 353 Gültig bis 31.05.2023
MEHR DRIVE FÜR DIE STRASSE.
www.bmw.de/iX

GUTSCHEIN
25% Greenfee-Nachlass

KÖLLEN GOLF

%

GolfRange Augsburg

DGV-Nr. 8935 Seite 354 Gültig bis 31.05.2023

GUTSCHEIN
25% Greenfee-Nachlass
KÖLLEN GOLF
%
GolfRange Augsburg
DGV-Nr. 8935 Seite 354 Gültig bis 31.05.2023
MEHR DRIVE FÜR DIE STRASSE.
www.bmw.de/iX

GUTSCHEIN
2. Greenfee ist gratis

KÖLLEN GOLF

2:1

25% GF-Nachlass (Einzelspieler)

Golfclub Landau/Isar e.V.

DGV-Nr. 8938 Seite 393 Gültig bis 31.05.2023

GUTSCHEIN
2. Greenfee ist gratis
KÖLLEN GOLF
2:1
25% GF-Nachlass (Einzelspieler)
Golfclub Landau/Isar e.V.
DGV-Nr. 8938 Seite 393 Gültig bis 31.05.2023
MEHR DRIVE FÜR DIE STRASSE.
www.bmw.de/iX

Teilnahmebedingungen

- Zur Gutschein-Einlösung muss eine Greenfee-Berechtigung (z.B. Mindest-HCP, Mitgliedschaft in einem Golfclub) vorliegen.
- Der Gutschein kann nur mit Vorlage des Köllen Golfführer für Deutschland oder mit beiliegender KöllenCard eingelöst werden.
- Die Einlösung kann nur nach telefonischer Anmeldung erfolgen – unter Hinweis auf die Nutzung des Angebots. Bei Sonderveranstaltungen, Turnieren etc. müssen Gutscheine nicht angenommen werden.
- Das Kombinieren mit anderen Rabatten ist nicht möglich – es gilt das zum Abschlagszeitpunkt gültige, volle Greenfee! Bei unterschiedlichen Greenfees (z.B. Studenten-Rabatt) ist der günstigere Tarif gratis!
- Alle Inserenten verpflichten sich, Gutscheine zu den angegebenen Bedingungen einzulösen. Der Verlag übernimmt keine Haftung, wenn ein Gutschein nicht eingelöst wird oder werden kann. Alle Angaben ohne Gewähr!
- Das Angebot ist gültig bis 31.05.2023.

Hinweis

- Informieren Sie sich vorher über das für Sie gültige Greenfee.

Teilnahmebedingungen

- Zur Gutschein-Einlösung muss eine Greenfee-Berechtigung (z.B. Mindest-HCP, Mitgliedschaft in einem Golfclub) vorliegen.
- Der Gutschein kann nur mit Vorlage des Köllen Golfführer für Deutschland oder mit beiliegender KöllenCard eingelöst werden.
- Die Einlösung kann nur nach telefonischer Anmeldung erfolgen – unter Hinweis auf die Nutzung des Angebots. Bei Sonderveranstaltungen, Turnieren etc. müssen Gutscheine nicht angenommen werden.
- Das Kombinieren mit anderen Rabatten ist nicht möglich – es gilt das zum Abschlagszeitpunkt gültige, volle Greenfee! Bei unterschiedlichen Greenfees (z.B. Studenten-Rabatt) ist der günstigere Tarif gratis!
- Alle Inserenten verpflichten sich, Gutscheine zu den angegebenen Bedingungen einzulösen. Der Verlag übernimmt keine Haftung, wenn ein Gutschein nicht eingelöst wird oder werden kann. Alle Angaben ohne Gewähr!
- Das Angebot ist gültig bis 31.05.2023.

Hinweis

- Informieren Sie sich vorher über das für Sie gültige Greenfee.

Teilnahmebedingungen

- Zur Gutschein-Einlösung muss eine Greenfee-Berechtigung (z.B. Mindest-HCP, Mitgliedschaft in einem Golfclub) vorliegen.
- Der Gutschein kann nur mit Vorlage des Köllen Golfführer für Deutschland oder mit beiliegender KöllenCard eingelöst werden.
- Die Einlösung kann nur nach telefonischer Anmeldung erfolgen – unter Hinweis auf die Nutzung des Angebots. Bei Sonderveranstaltungen, Turnieren etc. müssen Gutscheine nicht angenommen werden.
- Das Kombinieren mit anderen Rabatten ist nicht möglich – es gilt das zum Abschlagszeitpunkt gültige, volle Greenfee! Bei unterschiedlichen Greenfees (z.B. Studenten-Rabatt) ist der günstigere Tarif gratis!
- Alle Inserenten verpflichten sich, Gutscheine zu den angegebenen Bedingungen einzulösen. Der Verlag übernimmt keine Haftung, wenn ein Gutschein nicht eingelöst wird oder werden kann. Alle Angaben ohne Gewähr!
- Das Angebot ist gültig bis 31.05.2023.

Hinweis

- Informieren Sie sich vorher über das für Sie gültige Greenfee.

Teilnahmebedingungen

- Zur Gutschein-Einlösung muss eine Greenfee-Berechtigung (z.B. Mindest-HCP, Mitgliedschaft in einem Golfclub) vorliegen.
- Der Gutschein kann nur mit Vorlage des Köllen Golfführer für Deutschland oder mit beiliegender KöllenCard eingelöst werden.
- Die Einlösung kann nur nach telefonischer Anmeldung erfolgen – unter Hinweis auf die Nutzung des Angebots. Bei Sonderveranstaltungen, Turnieren etc. müssen Gutscheine nicht angenommen werden.
- Das Kombinieren mit anderen Rabatten ist nicht möglich – es gilt das zum Abschlagszeitpunkt gültige, volle Greenfee! Bei unterschiedlichen Greenfees (z.B. Studenten-Rabatt) ist der günstigere Tarif gratis!
- Alle Inserenten verpflichten sich, Gutscheine zu den angegebenen Bedingungen einzulösen. Der Verlag übernimmt keine Haftung, wenn ein Gutschein nicht eingelöst wird oder werden kann. Alle Angaben ohne Gewähr!
- Das Angebot ist gültig bis 31.05.2023.

Hinweis

- Informieren Sie sich vorher über das für Sie gültige Greenfee.

Teilnahmebedingungen

- Zur Gutschein-Einlösung muss eine Greenfee-Berechtigung (z.B. Mindest-HCP, Mitgliedschaft in einem Golfclub) vorliegen.
- Der Gutschein kann nur mit Vorlage des Köllen Golfführer für Deutschland oder mit beiliegender KöllenCard eingelöst werden.
- Die Einlösung kann nur nach telefonischer Anmeldung erfolgen – unter Hinweis auf die Nutzung des Angebots. Bei Sonderveranstaltungen, Turnieren etc. müssen Gutscheine nicht angenommen werden.
- Das Kombinieren mit anderen Rabatten ist nicht möglich – es gilt das zum Abschlagszeitpunkt gültige, volle Greenfee! Bei unterschiedlichen Greenfees (z.B. Studenten-Rabatt) ist der günstigere Tarif gratis!
- Alle Inserenten verpflichten sich, Gutscheine zu den angegebenen Bedingungen einzulösen. Der Verlag übernimmt keine Haftung, wenn ein Gutschein nicht eingelöst wird oder werden kann. Alle Angaben ohne Gewähr!
- Das Angebot ist gültig bis 31.05.2023.

Hinweis

- Informieren Sie sich vorher über das für Sie gültige Greenfee.

Teilnahmebedingungen

- Zur Gutschein-Einlösung muss eine Greenfee-Berechtigung (z.B. Mindest-HCP, Mitgliedschaft in einem Golfclub) vorliegen.
- Der Gutschein kann nur mit Vorlage des Köllen Golfführer für Deutschland oder mit beiliegender KöllenCard eingelöst werden.
- Die Einlösung kann nur nach telefonischer Anmeldung erfolgen – unter Hinweis auf die Nutzung des Angebots. Bei Sonderveranstaltungen, Turnieren etc. müssen Gutscheine nicht angenommen werden.
- Das Kombinieren mit anderen Rabatten ist nicht möglich – es gilt das zum Abschlagszeitpunkt gültige, volle Greenfee! Bei unterschiedlichen Greenfees (z.B. Studenten-Rabatt) ist der günstigere Tarif gratis!
- Alle Inserenten verpflichten sich, Gutscheine zu den angegebenen Bedingungen einzulösen. Der Verlag übernimmt keine Haftung, wenn ein Gutschein nicht eingelöst wird oder werden kann. Alle Angaben ohne Gewähr!
- Das Angebot ist gültig bis 31.05.2023.

Hinweis

- Informieren Sie sich vorher über das für Sie gültige Greenfee.

Teilnahmebedingungen

- Zur Gutschein-Einlösung muss eine Greenfee-Berechtigung (z.B. Mindest-HCP, Mitgliedschaft in einem Golfclub) vorliegen.
- Der Gutschein kann nur mit Vorlage des Köllen Golfführer für Deutschland oder mit beiliegender KöllenCard eingelöst werden.
- Die Einlösung kann nur nach telefonischer Anmeldung erfolgen – unter Hinweis auf die Nutzung des Angebots. Bei Sonderveranstaltungen, Turnieren etc. müssen Gutscheine nicht angenommen werden.
- Das Kombinieren mit anderen Rabatten ist nicht möglich – es gilt das zum Abschlagszeitpunkt gültige, volle Greenfee! Bei unterschiedlichen Greenfees (z.B. Studenten-Rabatt) ist der günstigere Tarif gratis!
- Alle Inserenten verpflichten sich, Gutscheine zu den angegebenen Bedingungen einzulösen. Der Verlag übernimmt keine Haftung, wenn ein Gutschein nicht eingelöst wird oder werden kann. Alle Angaben ohne Gewähr!
- Das Angebot ist gültig bis 31.05.2023.

Hinweis

- Informieren Sie sich vorher über das für Sie gültige Greenfee.

Teilnahmebedingungen

- Zur Gutschein-Einlösung muss eine Greenfee-Berechtigung (z.B. Mindest-HCP, Mitgliedschaft in einem Golfclub) vorliegen.
- Der Gutschein kann nur mit Vorlage des Köllen Golfführer für Deutschland oder mit beiliegender KöllenCard eingelöst werden.
- Die Einlösung kann nur nach telefonischer Anmeldung erfolgen – unter Hinweis auf die Nutzung des Angebots. Bei Sonderveranstaltungen, Turnieren etc. müssen Gutscheine nicht angenommen werden.
- Das Kombinieren mit anderen Rabatten ist nicht möglich – es gilt das zum Abschlagszeitpunkt gültige, volle Greenfee! Bei unterschiedlichen Greenfees (z.B. Studenten-Rabatt) ist der günstigere Tarif gratis!
- Alle Inserenten verpflichten sich, Gutscheine zu den angegebenen Bedingungen einzulösen. Der Verlag übernimmt keine Haftung, wenn ein Gutschein nicht eingelöst wird oder werden kann. Alle Angaben ohne Gewähr!
- Das Angebot ist gültig bis 31.05.2023.

Hinweis

- Informieren Sie sich vorher über das für Sie gültige Greenfee.

Teilnahmebedingungen

- Zur Gutschein-Einlösung muss eine Greenfee-Berechtigung (z.B. Mindest-HCP, Mitgliedschaft in einem Golfclub) vorliegen.
- Der Gutschein kann nur mit Vorlage des Köllen Golfführer für Deutschland oder mit beiliegender KöllenCard eingelöst werden.
- Die Einlösung kann nur nach telefonischer Anmeldung erfolgen – unter Hinweis auf die Nutzung des Angebots. Bei Sonderveranstaltungen, Turnieren etc. müssen Gutscheine nicht angenommen werden.
- Das Kombinieren mit anderen Rabatten ist nicht möglich – es gilt das zum Abschlagszeitpunkt gültige, volle Greenfee! Bei unterschiedlichen Greenfees (z.B. Studenten-Rabatt) ist der günstigere Tarif gratis!
- Alle Inserenten verpflichten sich, Gutscheine zu den angegebenen Bedingungen einzulösen. Der Verlag übernimmt keine Haftung, wenn ein Gutschein nicht eingelöst wird oder werden kann. Alle Angaben ohne Gewähr!
- Das Angebot ist gültig bis 31.05.2023.

Hinweis

- Informieren Sie sich vorher über das für Sie gültige Greenfee.

Teilnahmebedingungen

- Zur Gutschein-Einlösung muss eine Greenfee-Berechtigung (z.B. Mindest-HCP, Mitgliedschaft in einem Golfclub) vorliegen.
- Der Gutschein kann nur mit Vorlage des Köllen Golfführer für Deutschland oder mit beiliegender KöllenCard eingelöst werden.
- Die Einlösung kann nur nach telefonischer Anmeldung erfolgen – unter Hinweis auf die Nutzung des Angebots. Bei Sonderveranstaltungen, Turnieren etc. müssen Gutscheine nicht angenommen werden.
- Das Kombinieren mit anderen Rabatten ist nicht möglich – es gilt das zum Abschlagszeitpunkt gültige, volle Greenfee! Bei unterschiedlichen Greenfees (z.B. Studenten-Rabatt) ist der günstigere Tarif gratis!
- Alle Inserenten verpflichten sich, Gutscheine zu den angegebenen Bedingungen einzulösen. Der Verlag übernimmt keine Haftung, wenn ein Gutschein nicht eingelöst wird oder werden kann. Alle Angaben ohne Gewähr!
- Das Angebot ist gültig bis 31.05.2023.

Hinweis

- Informieren Sie sich vorher über das für Sie gültige Greenfee.

GUTSCHEIN
20% Greenfee-Nachlass

KÖLLEN GOLF

%

Golfclub Tegernbach e.V.

DGV-Nr. 8945 Seite 318 Gültig bis 31.05.2023

GUTSCHEIN
20% Greenfee-Nachlass
KÖLLEN GOLF
%
Golfclub Tegernbach e.V.
DGV-Nr. 8945 Seite 318 Gültig bis 31.05.2023
MEHR DRIVE FÜR DIE STRASSE.
www.bmw.de/iX

GUTSCHEIN
2. Greenfee ist gratis

KÖLLEN GOLF

2:1

25% GF-Nachlass (Einzelspieler)

Thermen Golf Bad Füssing-Kirchham e.V.

DGV-Nr. 8950 Seite 386 Gültig bis 31.05.2023

GUTSCHEIN
2. Greenfee ist gratis
KÖLLEN GOLF
2:1
25% GF-Nachlass (Einzelspieler)
Thermen Golf Bad Füssing-Kirchham e.V.
DGV-Nr. 8950 Seite 386 Gültig bis 31.05.2023
MEHR DRIVE FÜR DIE STRASSE.
www.bmw.de/iX

GUTSCHEIN
25% Greenfee-Nachlass

KÖLLEN GOLF

%

Thermen Golf Bad Füssing-Kirchham e.V.

DGV-Nr. 8950 Seite 386 Gültig bis 31.05.2023

GUTSCHEIN
25% Greenfee-Nachlass
KÖLLEN GOLF
%
Thermen Golf Bad Füssing-Kirchham e.V.
DGV-Nr. 8950 Seite 386 Gültig bis 31.05.2023
MEHR DRIVE FÜR DIE STRASSE.
www.bmw.de/iX

GUTSCHEIN
2. Greenfee ist gratis

KÖLLEN GOLF

2:1

25% GF-Nachlass (Einzelspieler)

Golfclub Hassberge e.V.

DGV-Nr. 8952 Seite 404 Gültig bis 31.05.2023

GUTSCHEIN
20% Greenfee-Nachlass

KÖLLEN GOLF

%

Golfclub Hassberge e.V.

DGV-Nr. 8952 Seite 404 Gültig bis 31.05.2023

GUTSCHEIN
25% Greenfee-Nachlass

KÖLLEN GOLF

%

nur Mo-Fr (außer feiertags) vor 16 Uhr

Golfclub München-Riem e.V.

DGV-Nr. 8953 Seite 314 Gültig bis 31.05.2023

GUTSCHEIN
25% Greenfee-Nachlass
KÖLLEN GOLF
%
nur Mo-Fr (außer feiertags) vor 16 Uhr
Golfclub München-Riem e.V.
DGV-Nr. 8953 Seite 314 Gültig bis 31.05.2023
MEHR DRIVE FÜR DIE STRASSE.
www.bmw.de/iX

Teilnahmebedingungen

- Zur Gutschein-Einlösung muss eine Greenfee-Berechtigung (z.B. Mindest-HCP, Mitgliedschaft in einem Golfclub) vorliegen.
- Der Gutschein kann nur mit Vorlage des Köllen Golfführer für Deutschland oder mit beiliegender KöllenCard eingelöst werden.
- Die Einlösung kann nur nach telefonischer Anmeldung erfolgen – unter Hinweis auf die Nutzung des Angebots. Bei Sonderveranstaltungen, Turnieren etc. müssen Gutscheine nicht angenommen werden.
- Das Kombinieren mit anderen Rabatten ist nicht möglich – es gilt das zum Abschlagszeitpunkt gültige, volle Greenfee! Bei unterschiedlichen Greenfees (z.B. Studenten-Rabatt) ist der günstigere Tarif gratis!
- Alle Inserenten verpflichten sich, Gutscheine zu den angegebenen Bedingungen einzulösen. Der Verlag übernimmt keine Haftung, wenn ein Gutschein nicht eingelöst wird oder werden kann. Alle Angaben ohne Gewähr!
- Das Angebot ist gültig bis 31.05.2023.

Hinweis

- Informieren Sie sich vorher über das für Sie gültige Greenfee.

Teilnahmebedingungen

- Zur Gutschein-Einlösung muss eine Greenfee-Berechtigung (z.B. Mindest-HCP, Mitgliedschaft in einem Golfclub) vorliegen.
- Der Gutschein kann nur mit Vorlage des Köllen Golfführer für Deutschland oder mit beiliegender KöllenCard eingelöst werden.
- Die Einlösung kann nur nach telefonischer Anmeldung erfolgen – unter Hinweis auf die Nutzung des Angebots. Bei Sonderveranstaltungen, Turnieren etc. müssen Gutscheine nicht angenommen werden.
- Das Kombinieren mit anderen Rabatten ist nicht möglich – es gilt das zum Abschlagszeitpunkt gültige, volle Greenfee! Bei unterschiedlichen Greenfees (z.B. Studenten-Rabatt) ist der günstigere Tarif gratis!
- Alle Inserenten verpflichten sich, Gutscheine zu den angegebenen Bedingungen einzulösen. Der Verlag übernimmt keine Haftung, wenn ein Gutschein nicht eingelöst wird oder werden kann. Alle Angaben ohne Gewähr!
- Das Angebot ist gültig bis 31.05.2023.

Hinweis

- Informieren Sie sich vorher über das für Sie gültige Greenfee.

Teilnahmebedingungen

- Zur Gutschein-Einlösung muss eine Greenfee-Berechtigung (z.B. Mindest-HCP, Mitgliedschaft in einem Golfclub) vorliegen.
- Der Gutschein kann nur mit Vorlage des Köllen Golfführer für Deutschland oder mit beiliegender KöllenCard eingelöst werden.
- Die Einlösung kann nur nach telefonischer Anmeldung erfolgen – unter Hinweis auf die Nutzung des Angebots. Bei Sonderveranstaltungen, Turnieren etc. müssen Gutscheine nicht angenommen werden.
- Das Kombinieren mit anderen Rabatten ist nicht möglich – es gilt das zum Abschlagszeitpunkt gültige, volle Greenfee! Bei unterschiedlichen Greenfees (z.B. Studenten-Rabatt) ist der günstigere Tarif gratis!
- Alle Inserenten verpflichten sich, Gutscheine zu den angegebenen Bedingungen einzulösen. Der Verlag übernimmt keine Haftung, wenn ein Gutschein nicht eingelöst wird oder werden kann. Alle Angaben ohne Gewähr!
- Das Angebot ist gültig bis 31.05.2023.

Hinweis

- Informieren Sie sich vorher über das für Sie gültige Greenfee.

Teilnahmebedingungen

- Zur Gutschein-Einlösung muss eine Greenfee-Berechtigung (z.B. Mindest-HCP, Mitgliedschaft in einem Golfclub) vorliegen.
- Der Gutschein kann nur mit Vorlage des Köllen Golfführer für Deutschland oder mit beiliegender KöllenCard eingelöst werden.
- Die Einlösung kann nur nach telefonischer Anmeldung erfolgen – unter Hinweis auf die Nutzung des Angebots. Bei Sonderveranstaltungen, Turnieren etc. müssen Gutscheine nicht angenommen werden.
- Das Kombinieren mit anderen Rabatten ist nicht möglich – es gilt das zum Abschlagszeitpunkt gültige, volle Greenfee! Bei unterschiedlichen Greenfees (z.B. Studenten-Rabatt) ist der günstigere Tarif gratis!
- Alle Inserenten verpflichten sich, Gutscheine zu den angegebenen Bedingungen einzulösen. Der Verlag übernimmt keine Haftung, wenn ein Gutschein nicht eingelöst wird oder werden kann. Alle Angaben ohne Gewähr!
- Das Angebot ist gültig bis 31.05.2023.

Hinweis

- Informieren Sie sich vorher über das für Sie gültige Greenfee.

Teilnahmebedingungen

- Zur Gutschein-Einlösung muss eine Greenfee-Berechtigung (z.B. Mindest-HCP, Mitgliedschaft in einem Golfclub) vorliegen.
- Der Gutschein kann nur mit Vorlage des Köllen Golfführer für Deutschland oder mit beiliegender KöllenCard eingelöst werden.
- Die Einlösung kann nur nach telefonischer Anmeldung erfolgen – unter Hinweis auf die Nutzung des Angebots. Bei Sonderveranstaltungen, Turnieren etc. müssen Gutscheine nicht angenommen werden.
- Das Kombinieren mit anderen Rabatten ist nicht möglich – es gilt das zum Abschlagszeitpunkt gültige, volle Greenfee! Bei unterschiedlichen Greenfees (z.B. Studenten-Rabatt) ist der günstigere Tarif gratis!
- Alle Inserenten verpflichten sich, Gutscheine zu den angegebenen Bedingungen einzulösen. Der Verlag übernimmt keine Haftung, wenn ein Gutschein nicht eingelöst wird oder werden kann. Alle Angaben ohne Gewähr!
- Das Angebot ist gültig bis 31.05.2023.

Hinweis

- Informieren Sie sich vorher über das für Sie gültige Greenfee.

Teilnahmebedingungen

- Zur Gutschein-Einlösung muss eine Greenfee-Berechtigung (z.B. Mindest-HCP, Mitgliedschaft in einem Golfclub) vorliegen.
- Der Gutschein kann nur mit Vorlage des Köllen Golfführer für Deutschland oder mit beiliegender KöllenCard eingelöst werden.
- Die Einlösung kann nur nach telefonischer Anmeldung erfolgen – unter Hinweis auf die Nutzung des Angebots. Bei Sonderveranstaltungen, Turnieren etc. müssen Gutscheine nicht angenommen werden.
- Das Kombinieren mit anderen Rabatten ist nicht möglich – es gilt das zum Abschlagszeitpunkt gültige, volle Greenfee! Bei unterschiedlichen Greenfees (z.B. Studenten-Rabatt) ist der günstigere Tarif gratis!
- Alle Inserenten verpflichten sich, Gutscheine zu den angegebenen Bedingungen einzulösen. Der Verlag übernimmt keine Haftung, wenn ein Gutschein nicht eingelöst wird oder werden kann. Alle Angaben ohne Gewähr!
- Das Angebot ist gültig bis 31.05.2023.

Hinweis

- Informieren Sie sich vorher über das für Sie gültige Greenfee.

Teilnahmebedingungen

- Zur Gutschein-Einlösung muss eine Greenfee-Berechtigung (z.B. Mindest-HCP, Mitgliedschaft in einem Golfclub) vorliegen.
- Der Gutschein kann nur mit Vorlage des Köllen Golfführer für Deutschland oder mit beiliegender KöllenCard eingelöst werden.
- Die Einlösung kann nur nach telefonischer Anmeldung erfolgen – unter Hinweis auf die Nutzung des Angebots. Bei Sonderveranstaltungen, Turnieren etc. müssen Gutscheine nicht angenommen werden.
- Das Kombinieren mit anderen Rabatten ist nicht möglich – es gilt das zum Abschlagszeitpunkt gültige, volle Greenfee! Bei unterschiedlichen Greenfees (z.B. Studenten-Rabatt) ist der günstigere Tarif gratis!
- Alle Inserenten verpflichten sich, Gutscheine zu den angegebenen Bedingungen einzulösen. Der Verlag übernimmt keine Haftung, wenn ein Gutschein nicht eingelöst wird oder werden kann. Alle Angaben ohne Gewähr!
- Das Angebot ist gültig bis 31.05.2023.

Hinweis

- Informieren Sie sich vorher über das für Sie gültige Greenfee.

Teilnahmebedingungen

- Zur Gutschein-Einlösung muss eine Greenfee-Berechtigung (z.B. Mindest-HCP, Mitgliedschaft in einem Golfclub) vorliegen.
- Der Gutschein kann nur mit Vorlage des Köllen Golfführer für Deutschland oder mit beiliegender KöllenCard eingelöst werden.
- Die Einlösung kann nur nach telefonischer Anmeldung erfolgen – unter Hinweis auf die Nutzung des Angebots. Bei Sonderveranstaltungen, Turnieren etc. müssen Gutscheine nicht angenommen werden.
- Das Kombinieren mit anderen Rabatten ist nicht möglich – es gilt das zum Abschlagszeitpunkt gültige, volle Greenfee! Bei unterschiedlichen Greenfees (z.B. Studenten-Rabatt) ist der günstigere Tarif gratis!
- Alle Inserenten verpflichten sich, Gutscheine zu den angegebenen Bedingungen einzulösen. Der Verlag übernimmt keine Haftung, wenn ein Gutschein nicht eingelöst wird oder werden kann. Alle Angaben ohne Gewähr!
- Das Angebot ist gültig bis 31.05.2023.

Hinweis

- Informieren Sie sich vorher über das für Sie gültige Greenfee.

Teilnahmebedingungen

- Zur Gutschein-Einlösung muss eine Greenfee-Berechtigung (z.B. Mindest-HCP, Mitgliedschaft in einem Golfclub) vorliegen.
- Der Gutschein kann nur mit Vorlage des Köllen Golfführer für Deutschland oder mit beiliegender KöllenCard eingelöst werden.
- Die Einlösung kann nur nach telefonischer Anmeldung erfolgen – unter Hinweis auf die Nutzung des Angebots. Bei Sonderveranstaltungen, Turnieren etc. müssen Gutscheine nicht angenommen werden.
- Das Kombinieren mit anderen Rabatten ist nicht möglich – es gilt das zum Abschlagszeitpunkt gültige, volle Greenfee! Bei unterschiedlichen Greenfees (z.B. Studenten-Rabatt) ist der günstigere Tarif gratis!
- Alle Inserenten verpflichten sich, Gutscheine zu den angegebenen Bedingungen einzulösen. Der Verlag übernimmt keine Haftung, wenn ein Gutschein nicht eingelöst wird oder werden kann. Alle Angaben ohne Gewähr!
- Das Angebot ist gültig bis 31.05.2023.

Hinweis

- Informieren Sie sich vorher über das für Sie gültige Greenfee.

Teilnahmebedingungen

- Zur Gutschein-Einlösung muss eine Greenfee-Berechtigung (z.B. Mindest-HCP, Mitgliedschaft in einem Golfclub) vorliegen.
- Der Gutschein kann nur mit Vorlage des Köllen Golfführer für Deutschland oder mit beiliegender KöllenCard eingelöst werden.
- Die Einlösung kann nur nach telefonischer Anmeldung erfolgen – unter Hinweis auf die Nutzung des Angebots. Bei Sonderveranstaltungen, Turnieren etc. müssen Gutscheine nicht angenommen werden.
- Das Kombinieren mit anderen Rabatten ist nicht möglich – es gilt das zum Abschlagszeitpunkt gültige, volle Greenfee! Bei unterschiedlichen Greenfees (z.B. Studenten-Rabatt) ist der günstigere Tarif gratis!
- Alle Inserenten verpflichten sich, Gutscheine zu den angegebenen Bedingungen einzulösen. Der Verlag übernimmt keine Haftung, wenn ein Gutschein nicht eingelöst wird oder werden kann. Alle Angaben ohne Gewähr!
- Das Angebot ist gültig bis 31.05.2023.

Hinweis

- Informieren Sie sich vorher über das für Sie gültige Greenfee.

GUTSCHEIN
2. Greenfee ist gratis

KÖLLEN GOLF

2:1

25% GF-Nachlass (Einzelspieler)

Der Golf Club am Obinger See

DGV-Nr. 8954 Seite 326 Gültig bis 31.05.2023

GUTSCHEIN
2. Greenfee ist gratis
KÖLLEN GOLF
2:1
25% GF-Nachlass (Einzelspieler)
Der Golf Club am Obinger See
DGV-Nr. 8954 Seite 326 Gültig bis 31.05.2023
MEHR DRIVE FÜR DIE STRASSE.
www.bmw.de/iX

GUTSCHEIN
20% Greenfee-Nachlass

KÖLLEN GOLF

%

Der Golf Club am Obinger See

DGV-Nr. 8954 Seite 326 Gültig bis 31.05.2023

GUTSCHEIN
20% Greenfee-Nachlass
KÖLLEN GOLF
%
Der Golf Club am Obinger See
DGV-Nr. 8954 Seite 326 Gültig bis 31.05.2023
MEHR DRIVE FÜR DIE STRASSE.
www.bmw.de/iX

GUTSCHEIN
25% Greenfee-Nachlass

KÖLLEN GOLF

%

Golfanlage Harthausen

DGV-Nr. 8957 Seite 350 Gültig bis 31.05.2023

GUTSCHEIN
25% Greenfee-Nachlass
KÖLLEN GOLF
%
Golfanlage Harthausen
DGV-Nr. 8957 Seite 350 Gültig bis 31.05.2023
MEHR DRIVE FÜR DIE STRASSE.
www.bmw.de/iX

GUTSCHEIN
2. Greenfee ist gratis

KÖLLEN GOLF

2:1

25% GF-Nachlass (Einzelspieler)

Golfpark Schloßgut Lenzfried

DGV-Nr. 8966 Seite 361 Gültig bis 31.05.2023

GUTSCHEIN
2. Greenfee ist gratis
KÖLLEN GOLF
2:1
25% GF-Nachlass (Einzelspieler)
Golfpark Schloßgut Lenzfried
DGV-Nr. 8966 Seite 361 Gültig bis 31.05.2023
MEHR DRIVE FÜR DIE STRASSE.
www.bmw.de/iX

GUTSCHEIN
25% Greenfee-Nachlass

KÖLLEN GOLF

%

GolfRange Nürnberg

DGV-Nr. 8967 Seite 374 Gültig bis 31.05.2023

GUTSCHEIN
25% Greenfee-Nachlass
KÖLLEN GOLF
%
GolfRange Nürnberg
DGV-Nr. 8967 Seite 374 Gültig bis 31.05.2023
MEHR DRIVE FÜR DIE STRASSE.
www.bmw.de/iX

Teilnahmebedingungen

- Zur Gutschein-Einlösung muss eine Greenfee-Berechtigung (z.B. Mindest-HCP, Mitgliedschaft in einem Golfclub) vorliegen.
- Der Gutschein kann nur mit Vorlage des Köllen Golfführer für Deutschland oder mit beiliegender KöllenCard eingelöst werden.
- Die Einlösung kann nur nach telefonischer Anmeldung erfolgen – unter Hinweis auf die Nutzung des Angebots. Bei Sonderveranstaltungen, Turnieren etc. müssen Gutscheine nicht angenommen werden.
- Das Kombinieren mit anderen Rabatten ist nicht möglich – es gilt das zum Abschlagszeitpunkt gültige, volle Greenfee! Bei unterschiedlichen Greenfees (z.B. Studenten-Rabatt) ist der günstigere Tarif gratis!
- Alle Inserenten verpflichten sich, Gutscheine zu den angegebenen Bedingungen einzulösen. Der Verlag übernimmt keine Haftung, wenn ein Gutschein nicht eingelöst wird oder werden kann. Alle Angaben ohne Gewähr!
- Das Angebot ist gültig bis 31.05.2023.

Hinweis

- Informieren Sie sich vorher über das für Sie gültige Greenfee.

Teilnahmebedingungen

- Zur Gutschein-Einlösung muss eine Greenfee-Berechtigung (z.B. Mindest-HCP, Mitgliedschaft in einem Golfclub) vorliegen.
- Der Gutschein kann nur mit Vorlage des Köllen Golfführer für Deutschland oder mit beiliegender KöllenCard eingelöst werden.
- Die Einlösung kann nur nach telefonischer Anmeldung erfolgen – unter Hinweis auf die Nutzung des Angebots. Bei Sonderveranstaltungen, Turnieren etc. müssen Gutscheine nicht angenommen werden.
- Das Kombinieren mit anderen Rabatten ist nicht möglich – es gilt das zum Abschlagszeitpunkt gültige, volle Greenfee! Bei unterschiedlichen Greenfees (z.B. Studenten-Rabatt) ist der günstigere Tarif gratis!
- Alle Inserenten verpflichten sich, Gutscheine zu den angegebenen Bedingungen einzulösen. Der Verlag übernimmt keine Haftung, wenn ein Gutschein nicht eingelöst wird oder werden kann. Alle Angaben ohne Gewähr!
- Das Angebot ist gültig bis 31.05.2023.

Hinweis

- Informieren Sie sich vorher über das für Sie gültige Greenfee.

Teilnahmebedingungen

- Zur Gutschein-Einlösung muss eine Greenfee-Berechtigung (z.B. Mindest-HCP, Mitgliedschaft in einem Golfclub) vorliegen.
- Der Gutschein kann nur mit Vorlage des Köllen Golfführer für Deutschland oder mit beiliegender KöllenCard eingelöst werden.
- Die Einlösung kann nur nach telefonischer Anmeldung erfolgen – unter Hinweis auf die Nutzung des Angebots. Bei Sonderveranstaltungen, Turnieren etc. müssen Gutscheine nicht angenommen werden.
- Das Kombinieren mit anderen Rabatten ist nicht möglich – es gilt das zum Abschlagszeitpunkt gültige, volle Greenfee! Bei unterschiedlichen Greenfees (z.B. Studenten-Rabatt) ist der günstigere Tarif gratis!
- Alle Inserenten verpflichten sich, Gutscheine zu den angegebenen Bedingungen einzulösen. Der Verlag übernimmt keine Haftung, wenn ein Gutschein nicht eingelöst wird oder werden kann. Alle Angaben ohne Gewähr!
- Das Angebot ist gültig bis 31.05.2023.

Hinweis

- Informieren Sie sich vorher über das für Sie gültige Greenfee.

Teilnahmebedingungen

- Zur Gutschein-Einlösung muss eine Greenfee-Berechtigung (z.B. Mindest-HCP, Mitgliedschaft in einem Golfclub) vorliegen.
- Der Gutschein kann nur mit Vorlage des Köllen Golfführer für Deutschland oder mit beiliegender KöllenCard eingelöst werden.
- Die Einlösung kann nur nach telefonischer Anmeldung erfolgen – unter Hinweis auf die Nutzung des Angebots. Bei Sonderveranstaltungen, Turnieren etc. müssen Gutscheine nicht angenommen werden.
- Das Kombinieren mit anderen Rabatten ist nicht möglich – es gilt das zum Abschlagszeitpunkt gültige, volle Greenfee! Bei unterschiedlichen Greenfees (z.B. Studenten-Rabatt) ist der günstigere Tarif gratis!
- Alle Inserenten verpflichten sich, Gutscheine zu den angegebenen Bedingungen einzulösen. Der Verlag übernimmt keine Haftung, wenn ein Gutschein nicht eingelöst wird oder werden kann. Alle Angaben ohne Gewähr!
- Das Angebot ist gültig bis 31.05.2023.

Hinweis

- Informieren Sie sich vorher über das für Sie gültige Greenfee.

Teilnahmebedingungen

- Zur Gutschein-Einlösung muss eine Greenfee-Berechtigung (z.B. Mindest-HCP, Mitgliedschaft in einem Golfclub) vorliegen.
- Der Gutschein kann nur mit Vorlage des Köllen Golfführer für Deutschland oder mit beiliegender KöllenCard eingelöst werden.
- Die Einlösung kann nur nach telefonischer Anmeldung erfolgen – unter Hinweis auf die Nutzung des Angebots. Bei Sonderveranstaltungen, Turnieren etc. müssen Gutscheine nicht angenommen werden.
- Das Kombinieren mit anderen Rabatten ist nicht möglich – es gilt das zum Abschlagszeitpunkt gültige, volle Greenfee! Bei unterschiedlichen Greenfees (z.B. Studenten-Rabatt) ist der günstigere Tarif gratis!
- Alle Inserenten verpflichten sich, Gutscheine zu den angegebenen Bedingungen einzulösen. Der Verlag übernimmt keine Haftung, wenn ein Gutschein nicht eingelöst wird oder werden kann. Alle Angaben ohne Gewähr!
- Das Angebot ist gültig bis 31.05.2023.

Hinweis

- Informieren Sie sich vorher über das für Sie gültige Greenfee.

Teilnahmebedingungen

- Zur Gutschein-Einlösung muss eine Greenfee-Berechtigung (z.B. Mindest-HCP, Mitgliedschaft in einem Golfclub) vorliegen.
- Der Gutschein kann nur mit Vorlage des Köllen Golfführer für Deutschland oder mit beiliegender KöllenCard eingelöst werden.
- Die Einlösung kann nur nach telefonischer Anmeldung erfolgen – unter Hinweis auf die Nutzung des Angebots. Bei Sonderveranstaltungen, Turnieren etc. müssen Gutscheine nicht angenommen werden.
- Das Kombinieren mit anderen Rabatten ist nicht möglich – es gilt das zum Abschlagszeitpunkt gültige, volle Greenfee! Bei unterschiedlichen Greenfees (z.B. Studenten-Rabatt) ist der günstigere Tarif gratis!
- Alle Inserenten verpflichten sich, Gutscheine zu den angegebenen Bedingungen einzulösen. Der Verlag übernimmt keine Haftung, wenn ein Gutschein nicht eingelöst wird oder werden kann. Alle Angaben ohne Gewähr!
- Das Angebot ist gültig bis 31.05.2023.

Hinweis

- Informieren Sie sich vorher über das für Sie gültige Greenfee.

Teilnahmebedingungen

- Zur Gutschein-Einlösung muss eine Greenfee-Berechtigung (z.B. Mindest-HCP, Mitgliedschaft in einem Golfclub) vorliegen.
- Der Gutschein kann nur mit Vorlage des Köllen Golfführer für Deutschland oder mit beiliegender KöllenCard eingelöst werden.
- Die Einlösung kann nur nach telefonischer Anmeldung erfolgen – unter Hinweis auf die Nutzung des Angebots. Bei Sonderveranstaltungen, Turnieren etc. müssen Gutscheine nicht angenommen werden.
- Das Kombinieren mit anderen Rabatten ist nicht möglich – es gilt das zum Abschlagszeitpunkt gültige, volle Greenfee! Bei unterschiedlichen Greenfees (z.B. Studenten-Rabatt) ist der günstigere Tarif gratis!
- Alle Inserenten verpflichten sich, Gutscheine zu den angegebenen Bedingungen einzulösen. Der Verlag übernimmt keine Haftung, wenn ein Gutschein nicht eingelöst wird oder werden kann. Alle Angaben ohne Gewähr!
- Das Angebot ist gültig bis 31.05.2023.

Hinweis

- Informieren Sie sich vorher über das für Sie gültige Greenfee.

Teilnahmebedingungen

- Zur Gutschein-Einlösung muss eine Greenfee-Berechtigung (z.B. Mindest-HCP, Mitgliedschaft in einem Golfclub) vorliegen.
- Der Gutschein kann nur mit Vorlage des Köllen Golfführer für Deutschland oder mit beiliegender KöllenCard eingelöst werden.
- Die Einlösung kann nur nach telefonischer Anmeldung erfolgen – unter Hinweis auf die Nutzung des Angebots. Bei Sonderveranstaltungen, Turnieren etc. müssen Gutscheine nicht angenommen werden.
- Das Kombinieren mit anderen Rabatten ist nicht möglich – es gilt das zum Abschlagszeitpunkt gültige, volle Greenfee! Bei unterschiedlichen Greenfees (z.B. Studenten-Rabatt) ist der günstigere Tarif gratis!
- Alle Inserenten verpflichten sich, Gutscheine zu den angegebenen Bedingungen einzulösen. Der Verlag übernimmt keine Haftung, wenn ein Gutschein nicht eingelöst wird oder werden kann. Alle Angaben ohne Gewähr!
- Das Angebot ist gültig bis 31.05.2023.

Hinweis

- Informieren Sie sich vorher über das für Sie gültige Greenfee.

Teilnahmebedingungen

- Zur Gutschein-Einlösung muss eine Greenfee-Berechtigung (z.B. Mindest-HCP, Mitgliedschaft in einem Golfclub) vorliegen.
- Der Gutschein kann nur mit Vorlage des Köllen Golfführer für Deutschland oder mit beiliegender KöllenCard eingelöst werden.
- Die Einlösung kann nur nach telefonischer Anmeldung erfolgen – unter Hinweis auf die Nutzung des Angebots. Bei Sonderveranstaltungen, Turnieren etc. müssen Gutscheine nicht angenommen werden.
- Das Kombinieren mit anderen Rabatten ist nicht möglich – es gilt das zum Abschlagszeitpunkt gültige, volle Greenfee! Bei unterschiedlichen Greenfees (z.B. Studenten-Rabatt) ist der günstigere Tarif gratis!
- Alle Inserenten verpflichten sich, Gutscheine zu den angegebenen Bedingungen einzulösen. Der Verlag übernimmt keine Haftung, wenn ein Gutschein nicht eingelöst wird oder werden kann. Alle Angaben ohne Gewähr!
- Das Angebot ist gültig bis 31.05.2023.

Hinweis

- Informieren Sie sich vorher über das für Sie gültige Greenfee.

Teilnahmebedingungen

- Zur Gutschein-Einlösung muss eine Greenfee-Berechtigung (z.B. Mindest-HCP, Mitgliedschaft in einem Golfclub) vorliegen.
- Der Gutschein kann nur mit Vorlage des Köllen Golfführer für Deutschland oder mit beiliegender KöllenCard eingelöst werden.
- Die Einlösung kann nur nach telefonischer Anmeldung erfolgen – unter Hinweis auf die Nutzung des Angebots. Bei Sonderveranstaltungen, Turnieren etc. müssen Gutscheine nicht angenommen werden.
- Das Kombinieren mit anderen Rabatten ist nicht möglich – es gilt das zum Abschlagszeitpunkt gültige, volle Greenfee! Bei unterschiedlichen Greenfees (z.B. Studenten-Rabatt) ist der günstigere Tarif gratis!
- Alle Inserenten verpflichten sich, Gutscheine zu den angegebenen Bedingungen einzulösen. Der Verlag übernimmt keine Haftung, wenn ein Gutschein nicht eingelöst wird oder werden kann. Alle Angaben ohne Gewähr!
- Das Angebot ist gültig bis 31.05.2023.

Hinweis

- Informieren Sie sich vorher über das für Sie gültige Greenfee.

GUTSCHEIN
2. Greenfee ist gratis

KÖLLEN GOLF

2:1

25% GF-Nachlass (Einzelspieler)

Altmühlgolf
Beilngries GmbH

DGV-Nr. 8968 Seite 381 Gültig bis 31.05.2023

GUTSCHEIN
20% Greenfee-Nachlass

KÖLLEN GOLF

%

Altmühlgolf
Beilngries GmbH

DGV-Nr. 8968 Seite 381 Gültig bis 31.05.2023

GUTSCHEIN
2. Greenfee ist gratis

KÖLLEN GOLF

2:1

25% GF-Nachlass (Einzelspieler)

Golfclub am Nationalpark
Bayerischer Wald e.V.

DGV-Nr. 8969 Seite 394 Gültig bis 31.05.2023

GUTSCHEIN
2. Greenfee ist gratis

KÖLLEN GOLF

2:1

25% GF-Nachlass (Einzelspieler)

Golfclub am Nationalpark
Bayerischer Wald e.V.

DGV-Nr. 8969 Seite 394 Gültig bis 31.05.2023

GUTSCHEIN
2. Greenfee ist gratis

KÖLLEN GOLF

2:1

25% GF-Nachlass (Einzelspieler)

Bavarian Golfclub
München-Eicherloh e.V.

DGV-Nr. 8971 Seite 348 Gültig bis 31.05.2023

GUTSCHEIN
2. Greenfee ist gratis

KÖLLEN GOLF

2:1

25% GF-Nachlass (Einzelspieler)

Bavarian Golfclub
München-Eicherloh e.V.

DGV-Nr. 8971 Seite 348 Gültig bis 31.05.2023

GUTSCHEIN
2. Greenfee ist gratis

KÖLLEN GOLF

2:1

25% GF-Nachlass (Einzelspieler)

Bavarian Golfclub
München-Eicherloh e.V.

DGV-Nr. 8971 Seite 348 Gültig bis 31.05.2023

GUTSCHEIN
25% Greenfee-Nachlass

KÖLLEN GOLF

%

Bavarian Golfclub
München-Eicherloh e.V.

DGV-Nr. 8971 Seite 348 Gültig bis 31.05.2023

GUTSCHEIN
2. Greenfee ist gratis

KÖLLEN GOLF

2:1

25% GF-Nachlass (Einzelspieler)

Bella Vista
Golfpark Bad Birnbach

DGV-Nr. 8978 Seite 341 Gültig bis 31.05.2023

GUTSCHEIN
2. Greenfee ist gratis

KÖLLEN GOLF

2:1

25% GF-Nachlass (Einzelspieler)

Bella Vista
Golfpark Bad Birnbach

DGV-Nr. 8978 Seite 341 Gültig bis 31.05.2023

Teilnahmebedingungen

- Zur Gutschein-Einlösung muss eine Greenfee-Berechtigung (z.B. Mindest-HCP, Mitgliedschaft in einem Golfclub) vorliegen.
- Der Gutschein kann nur mit Vorlage des Köllen Golfführer für Deutschland oder mit beiliegender KöllenCard eingelöst werden.
- Die Einlösung kann nur nach telefonischer Anmeldung erfolgen – unter Hinweis auf die Nutzung des Angebots. Bei Sonderveranstaltungen, Turnieren etc. müssen Gutscheine nicht angenommen werden.
- Das Kombinieren mit anderen Rabatten ist nicht möglich – es gilt das zum Abschlagszeitpunkt gültige, volle Greenfee! Bei unterschiedlichen Greenfees (z.B. Studenten-Rabatt) ist der günstigere Tarif gratis!
- Alle Inserenten verpflichten sich, Gutscheine zu den angegebenen Bedingungen einzulösen. Der Verlag übernimmt keine Haftung, wenn ein Gutschein nicht eingelöst wird oder werden kann. Alle Angaben ohne Gewähr!
- Das Angebot ist gültig bis 31.05.2023.

Hinweis

- Informieren Sie sich vorher über das für Sie gültige Greenfee.

Teilnahmebedingungen

- Zur Gutschein-Einlösung muss eine Greenfee-Berechtigung (z.B. Mindest-HCP, Mitgliedschaft in einem Golfclub) vorliegen.
- Der Gutschein kann nur mit Vorlage des Köllen Golfführer für Deutschland oder mit beiliegender KöllenCard eingelöst werden.
- Die Einlösung kann nur nach telefonischer Anmeldung erfolgen – unter Hinweis auf die Nutzung des Angebots. Bei Sonderveranstaltungen, Turnieren etc. müssen Gutscheine nicht angenommen werden.
- Das Kombinieren mit anderen Rabatten ist nicht möglich – es gilt das zum Abschlagszeitpunkt gültige, volle Greenfee! Bei unterschiedlichen Greenfees (z.B. Studenten-Rabatt) ist der günstigere Tarif gratis!
- Alle Inserenten verpflichten sich, Gutscheine zu den angegebenen Bedingungen einzulösen. Der Verlag übernimmt keine Haftung, wenn ein Gutschein nicht eingelöst wird oder werden kann. Alle Angaben ohne Gewähr!
- Das Angebot ist gültig bis 31.05.2023.

Hinweis

- Informieren Sie sich vorher über das für Sie gültige Greenfee.

Teilnahmebedingungen

- Zur Gutschein-Einlösung muss eine Greenfee-Berechtigung (z.B. Mindest-HCP, Mitgliedschaft in einem Golfclub) vorliegen.
- Der Gutschein kann nur mit Vorlage des Köllen Golfführer für Deutschland oder mit beiliegender KöllenCard eingelöst werden.
- Die Einlösung kann nur nach telefonischer Anmeldung erfolgen – unter Hinweis auf die Nutzung des Angebots. Bei Sonderveranstaltungen, Turnieren etc. müssen Gutscheine nicht angenommen werden.
- Das Kombinieren mit anderen Rabatten ist nicht möglich – es gilt das zum Abschlagszeitpunkt gültige, volle Greenfee! Bei unterschiedlichen Greenfees (z.B. Studenten-Rabatt) ist der günstigere Tarif gratis!
- Alle Inserenten verpflichten sich, Gutscheine zu den angegebenen Bedingungen einzulösen. Der Verlag übernimmt keine Haftung, wenn ein Gutschein nicht eingelöst wird oder werden kann. Alle Angaben ohne Gewähr!
- Das Angebot ist gültig bis 31.05.2023.

Hinweis

- Informieren Sie sich vorher über das für Sie gültige Greenfee.

Teilnahmebedingungen

- Zur Gutschein-Einlösung muss eine Greenfee-Berechtigung (z.B. Mindest-HCP, Mitgliedschaft in einem Golfclub) vorliegen.
- Der Gutschein kann nur mit Vorlage des Köllen Golfführer für Deutschland oder mit beiliegender KöllenCard eingelöst werden.
- Die Einlösung kann nur nach telefonischer Anmeldung erfolgen – unter Hinweis auf die Nutzung des Angebots. Bei Sonderveranstaltungen, Turnieren etc. müssen Gutscheine nicht angenommen werden.
- Das Kombinieren mit anderen Rabatten ist nicht möglich – es gilt das zum Abschlagszeitpunkt gültige, volle Greenfee! Bei unterschiedlichen Greenfees (z.B. Studenten-Rabatt) ist der günstigere Tarif gratis!
- Alle Inserenten verpflichten sich, Gutscheine zu den angegebenen Bedingungen einzulösen. Der Verlag übernimmt keine Haftung, wenn ein Gutschein nicht eingelöst wird oder werden kann. Alle Angaben ohne Gewähr!
- Das Angebot ist gültig bis 31.05.2023.

Hinweis

- Informieren Sie sich vorher über das für Sie gültige Greenfee.

Teilnahmebedingungen

- Zur Gutschein-Einlösung muss eine Greenfee-Berechtigung (z.B. Mindest-HCP, Mitgliedschaft in einem Golfclub) vorliegen.
- Der Gutschein kann nur mit Vorlage des Köllen Golfführer für Deutschland oder mit beiliegender KöllenCard eingelöst werden.
- Die Einlösung kann nur nach telefonischer Anmeldung erfolgen – unter Hinweis auf die Nutzung des Angebots. Bei Sonderveranstaltungen, Turnieren etc. müssen Gutscheine nicht angenommen werden.
- Das Kombinieren mit anderen Rabatten ist nicht möglich – es gilt das zum Abschlagszeitpunkt gültige, volle Greenfee! Bei unterschiedlichen Greenfees (z.B. Studenten-Rabatt) ist der günstigere Tarif gratis!
- Alle Inserenten verpflichten sich, Gutscheine zu den angegebenen Bedingungen einzulösen. Der Verlag übernimmt keine Haftung, wenn ein Gutschein nicht eingelöst wird oder werden kann. Alle Angaben ohne Gewähr!
- Das Angebot ist gültig bis 31.05.2023.

Hinweis

- Informieren Sie sich vorher über das für Sie gültige Greenfee.

Teilnahmebedingungen

- Zur Gutschein-Einlösung muss eine Greenfee-Berechtigung (z.B. Mindest-HCP, Mitgliedschaft in einem Golfclub) vorliegen.
- Der Gutschein kann nur mit Vorlage des Köllen Golfführer für Deutschland oder mit beiliegender KöllenCard eingelöst werden.
- Die Einlösung kann nur nach telefonischer Anmeldung erfolgen – unter Hinweis auf die Nutzung des Angebots. Bei Sonderveranstaltungen, Turnieren etc. müssen Gutscheine nicht angenommen werden.
- Das Kombinieren mit anderen Rabatten ist nicht möglich – es gilt das zum Abschlagszeitpunkt gültige, volle Greenfee! Bei unterschiedlichen Greenfees (z.B. Studenten-Rabatt) ist der günstigere Tarif gratis!
- Alle Inserenten verpflichten sich, Gutscheine zu den angegebenen Bedingungen einzulösen. Der Verlag übernimmt keine Haftung, wenn ein Gutschein nicht eingelöst wird oder werden kann. Alle Angaben ohne Gewähr!
- Das Angebot ist gültig bis 31.05.2023.

Hinweis

- Informieren Sie sich vorher über das für Sie gültige Greenfee.

Teilnahmebedingungen

- Zur Gutschein-Einlösung muss eine Greenfee-Berechtigung (z.B. Mindest-HCP, Mitgliedschaft in einem Golfclub) vorliegen.
- Der Gutschein kann nur mit Vorlage des Köllen Golfführer für Deutschland oder mit beiliegender KöllenCard eingelöst werden.
- Die Einlösung kann nur nach telefonischer Anmeldung erfolgen – unter Hinweis auf die Nutzung des Angebots. Bei Sonderveranstaltungen, Turnieren etc. müssen Gutscheine nicht angenommen werden.
- Das Kombinieren mit anderen Rabatten ist nicht möglich – es gilt das zum Abschlagszeitpunkt gültige, volle Greenfee! Bei unterschiedlichen Greenfees (z.B. Studenten-Rabatt) ist der günstigere Tarif gratis!
- Alle Inserenten verpflichten sich, Gutscheine zu den angegebenen Bedingungen einzulösen. Der Verlag übernimmt keine Haftung, wenn ein Gutschein nicht eingelöst wird oder werden kann. Alle Angaben ohne Gewähr!
- Das Angebot ist gültig bis 31.05.2023.

Hinweis

- Informieren Sie sich vorher über das für Sie gültige Greenfee.

Teilnahmebedingungen

- Zur Gutschein-Einlösung muss eine Greenfee-Berechtigung (z.B. Mindest-HCP, Mitgliedschaft in einem Golfclub) vorliegen.
- Der Gutschein kann nur mit Vorlage des Köllen Golfführer für Deutschland oder mit beiliegender KöllenCard eingelöst werden.
- Die Einlösung kann nur nach telefonischer Anmeldung erfolgen – unter Hinweis auf die Nutzung des Angebots. Bei Sonderveranstaltungen, Turnieren etc. müssen Gutscheine nicht angenommen werden.
- Das Kombinieren mit anderen Rabatten ist nicht möglich – es gilt das zum Abschlagszeitpunkt gültige, volle Greenfee! Bei unterschiedlichen Greenfees (z.B. Studenten-Rabatt) ist der günstigere Tarif gratis!
- Alle Inserenten verpflichten sich, Gutscheine zu den angegebenen Bedingungen einzulösen. Der Verlag übernimmt keine Haftung, wenn ein Gutschein nicht eingelöst wird oder werden kann. Alle Angaben ohne Gewähr!
- Das Angebot ist gültig bis 31.05.2023.

Hinweis

- Informieren Sie sich vorher über das für Sie gültige Greenfee.

Teilnahmebedingungen

- Zur Gutschein-Einlösung muss eine Greenfee-Berechtigung (z.B. Mindest-HCP, Mitgliedschaft in einem Golfclub) vorliegen.
- Der Gutschein kann nur mit Vorlage des Köllen Golfführer für Deutschland oder mit beiliegender KöllenCard eingelöst werden.
- Die Einlösung kann nur nach telefonischer Anmeldung erfolgen – unter Hinweis auf die Nutzung des Angebots. Bei Sonderveranstaltungen, Turnieren etc. müssen Gutscheine nicht angenommen werden.
- Das Kombinieren mit anderen Rabatten ist nicht möglich – es gilt das zum Abschlagszeitpunkt gültige, volle Greenfee! Bei unterschiedlichen Greenfees (z.B. Studenten-Rabatt) ist der günstigere Tarif gratis!
- Alle Inserenten verpflichten sich, Gutscheine zu den angegebenen Bedingungen einzulösen. Der Verlag übernimmt keine Haftung, wenn ein Gutschein nicht eingelöst wird oder werden kann. Alle Angaben ohne Gewähr!
- Das Angebot ist gültig bis 31.05.2023.

Hinweis

- Informieren Sie sich vorher über das für Sie gültige Greenfee.

Teilnahmebedingungen

- Zur Gutschein-Einlösung muss eine Greenfee-Berechtigung (z.B. Mindest-HCP, Mitgliedschaft in einem Golfclub) vorliegen.
- Der Gutschein kann nur mit Vorlage des Köllen Golfführer für Deutschland oder mit beiliegender KöllenCard eingelöst werden.
- Die Einlösung kann nur nach telefonischer Anmeldung erfolgen – unter Hinweis auf die Nutzung des Angebots. Bei Sonderveranstaltungen, Turnieren etc. müssen Gutscheine nicht angenommen werden.
- Das Kombinieren mit anderen Rabatten ist nicht möglich – es gilt das zum Abschlagszeitpunkt gültige, volle Greenfee! Bei unterschiedlichen Greenfees (z.B. Studenten-Rabatt) ist der günstigere Tarif gratis!
- Alle Inserenten verpflichten sich, Gutscheine zu den angegebenen Bedingungen einzulösen. Der Verlag übernimmt keine Haftung, wenn ein Gutschein nicht eingelöst wird oder werden kann. Alle Angaben ohne Gewähr!
- Das Angebot ist gültig bis 31.05.2023.

Hinweis

- Informieren Sie sich vorher über das für Sie gültige Greenfee.

INTERNATIONALE REISETIPPS

SUPPLEMENT
zum DGV-GOLFFÜHRER

2022/23

PORTUGAL • TÜRKEI • FRANKREICH • ITALIEN • ÖSTERREICH

INHALT

IMPRESSUM

Herausgeber und Verlag:
KÖLLEN Druck + Verlag GmbH
Ernst-Robert-Curtius-Straße 14
53117 Bonn
Telefon 0228 – 9898280
Telefax 0228 – 9898299
E-Mail: verlag@koellen.de
www.koellen-golf.de

Herausgegeben im März 2022 als
Beilage zum DGV-GF 2022/2023

Geschäftsführung:
Bastian Bleeck

Projektleitung:
Monika Tischler-Möbius,
Köllen Druck + Verlag GmbH
Satz: Sereina Jacoby,
Köllen Druck + Verlag GmbH

Nicht gekennzeichnete Bilder wurden von den jeweiligen Partnern für die Veröffentlichung bereitgestellt.

VORWORT

LIEBE LESERINNEN, LIEBE LESER,

ENDLICH! Ja, endlich können wir wieder Urlaubspläne schmieden. Oder uns auf geplante Reisen freuen. Wir haben Ihnen in den Internationalen Reisetipps einige wunderbare Regionen für Ihre Golfreisen zusammengestellt.

Die Lisboa Golf Coast in Portugal bietet in einer überschaubaren Region über 20 attraktive Golfclubs, die allesamt von namhaften Golfplatzarchitekten entworfen wurden. Von Lissabon aus erreichen Sie die meisten dieser Golfplätze innerhalb einer halben Stunde. Etwa eine Stunde benötigen Sie zu den Golfclubs bei Peniche und Ferrel nördlich von Lissabon am Atlantik – absolut lohnenswert!

Im südlichen Portugal an der Algarve liegt ROBINSON Quinta Da Ria. Im Naturschutzgebiet „Ria Formosa" liegen die mehrfach ausgezeichneten Golfplätze Quinta da Ria und Quinta de Cima.

Ihre Reise an das türkische Mittelmeer bei Belek führt Sie zum Club von ROBINSON Nobilis. Der Club-eigene Golfplatz ist nur wenige Schritte von Ihrer Unterkunft entfernt. Ein Golf-Shuttle befördert Sie außerdem zu vielen umliegenden Golfplätzen.

Vive la France heißt es, wenn Sie das Elsass für eine Golfreise auswählen. Mit dem Golf Pass des Verbundes Golfs in Alsace spielen Sie auf 6 anspruchsvollen Golfplätzen zu attraktiven Paketpreisen - bei gutem Wein und mit Aussicht auf die Vogesen.

Wer lieber nach Italien reisen möchte, sollte auf dem Wege dorthin unbedingt bei den Andreus Resorts in Südtirol einen Aufenthalt planen. Sie bieten 4- und 5-Sterne-Hotels sowie den 18-Loch-Golfplatz Passaier.Meran.

Und am Gardasee bei Costermano sul Garda haben Sie die Qual der Wahl für Ihren Golfurlaub: Das Boffenigo Panorama & Experience Hotel liegt auf 300 Metern Höhe in herrlicher Hügellandschaft mit Blick auf den Gardasee. Auch das Madrigale – Panoramic. Lifestyle. Soulful. Hotel eröffnet schon an der Rezeption einen sagenhaften Blick auf den Gardasee.

Sie bleiben lieber in den Bergen? Besuchen Sie Österreich! Das Salzkammergut & Salzburgerland bietet Ihnen jedes Jahr im Mai die Golfmasters – Das Golfevent der Superlative. Franz Wittmann, der ehemalige Weltklasse-Rallye-Pilot, lädt Sie ein in seine Golfclubs Adamstal in Ramsau und Schladming-Dachstein.

Spannende Golfpartien spielen Sie am Achensee und residieren im Hotel der Wiesenhof nur wenige Minuten vom Golfplatz entfernt. Auch das Golf- und Seehotel Engstler in Kärnten bietet Golfen auf 15 hervorragenden Golfanlagen. Weiter geht es in Tirol zu den Marcati-Hotels Lärchenhof und zum Gourmet. Lassen Sie sich auf einen Rundum-Verwöhnurlaub mit abwechslungsreichem Aktivprogramm ein.

Ich wünsche Ihnen einen schönen und erlebnisreichen Golfurlaub!

Ihre

Monika Tischler-Möbius

Lisboa
GolfCoast
PORTUGAL

Lisboa Golf Coast

Golf-Liebhaber finden vor den Toren Lissabons perfekt gepflegte Plätze inmitten atemberaubender Landschaften und mit Designs, die für jeden Spieler eine Herausforderung darstellen.

Für Golfer bietet die Lisboa Golf Coast mit ihrem sonnigen und milden Klima das ganze Jahr über attraktive Golfplätze für unvergessliche Golfrunden. Mehr als 20 erstklassige Golfplätze entlang der Lisboa Golf Coast mit ihren klangvollen Städtenamen Cascais, Sintra, Setubal, Palmela und Sesimbra erschweren die Wahl der Anlage.

Die Vielfalt der Golfplätze – von renommierten Architekten entworfen – bieten einen hohen Qualitätsstandard und sorgen für ein einzigartiges Golferlebnis in Verbindung mit Ruhe und Entspannung. Golferisch gehören sie ohnehin zu den besten Portugals.

Die Region mit ihren Naturschönheiten ist eine Attraktion für diesen inspirierenden und belebenden Sport. Das ganzjährig sonnige und milde Klima und die großartigen Landschaften, geformt durch den Ozean, mit ihren Stränden, Flüssen, Klippen, Dünen und Seen, machen Golf zu einem wahrhaft eindrucksvollen Erlebnis.

Die Lisboa Golf Coast besteht aber aus viel mehr als hervorragenden Golfplätzen: Sie ist eine intensive Erfahrung, die erlebt werden muss! Hier gibt es alles für einen unvergesslichen Golfurlaub, sowohl auf dem Grün, als auch ringsum.

Mit über 20 erstklassigen Golfplätzen ist es nicht verwunderlich, dass die Lisboa Golf Coast ein drittes Mal zum europäischen Golfziel des Jahres gekürt wurde (aktuell 2016 von der IAGTO – Internationale Vereinigung von Golf Tour Operators).

Von Lissabon aus erreichen Sie alle Golfplätze und Unterkünfte in weniger als einer Stunde!

Golfen Sie mit den Besten. Besuchen Sie die Lisboa Golf Coast!

Setubal, Küste

Turismo de Lisboa Visitors & Convention Bureau
Rua do Arsenal, 21 · 1100-038 Lisboa
Tel: +351 210 312 700 · Fax: +351 210 312 899
atl@visitlisboa.com · www.visitlisboa.com

GOLFCLUBS UND RESORTS

ACADEMIA DE GOLFE DE LISBOA
Azinhaga das Galhardas, S/N
1600 – 213 LISBOA
T: +351 217 960 108
E: geral@academiadegolfedelisboa.pt
W: www.academiadegolfedelisboa.pt

BELAS CLUBE DE CAMPO
Alameda do Aqueduto, Clubhouse
2605-193 BELAS
T: +351 219 626 640
F: +351 219 626 641
E: golfe@planbelas.pt
W: www.belasclubedecampo.pt

CAMPO DE GOLFE DO MONTADO
Urbanização do Golfe do Montado, Lote 1
2950-051 PALMELA
T: +351 265 708 150
F: +351 265 708 159
E: geral@montadoresort.com
W: www.montadoresort.com

CLUBE DE CAMPO DA AROEIRA I & II
Herdade da Aroeira
2820-567 CHARNECA DA CAPARICA
T: +351 212 979 110
F: +351 212 971 238
E: aroeira@orizontegolf.com
W: www.orizontegolf.com

CLUBE DE GOLFE DO PAÇO DO LUMIAR
Rua Formozinho Sanchez, nº79
1600-223 LISBOA
T: +351 217 591 719
F: +351 217 591 720
E: golf@golfepacodolumiar.pt
W: www.golfepacodolumiar.pt

CLUBE DE GOLF DA QUINTA DA MARINHA
Quinta da Marinha, Casa 36
2750-715 CASCAIS
T: +351 214 860 142
F: +351 214 869 482
E: golf@quintadamarinha.com
W: www.quintadamarinha.com

DOLCE CAMPOREAL LISBOA GOLF
Dolce Campo Real, Rua do Campo
2565-770 TURCIFAL
T: +351 261 960 900
E: camporeal.golf@dolce.com
W: www.dolcecamporeal.com/pt/golfe/

Turismo de Lisboa

Lisboa Golf Coast

GOLF ALDEIA DOS CAPUCHOS
Largo Aldeia dos Capuchos
2825 - 017 COSTA DA CAPARICA
T: +351 212 909 046
E: golf@golfaldeiadoscapuchos.com
W: www.golfaldeiadoscapuchos.com

GOLF ESTORIL
Avenida da República
2765-273 ESTORIL
T: +351 214 680 176
F: +351 214 682 796
E: geral@golfestoril.com
W: www.palacioestorilhotel.com/golf

GUARDIAN BOM SUCESSO
Bom Sucesso – Vau
2510-668 ÓBIDOS
T: +351 262 965 310
E: golf@bomsucesso.net
W: www.guardiangolf.net

LISBON SPORTS CLUB
Casal da Carregueira
2605-213 BELAS
T: +351 214 310 077
F: +351 214 312 482
E: geral@lisbonclub.com
W: www.lisbonclub.com

OEIRAS GOLF E RESIDENCE
Avenida Casal de Cabanas, Lote 140
2730-250 BARCARENA
T: +351 965 002 755
E: oeirasgolf@orizontegolf.com
W: www.orizontegolf.com

OITAVOS DUNES - NATURAL LINKS GOLF
Quinta da Marinha, Casa da Quinta, nº25
2750-715 CASCAIS
T: +351 214 860 600
F: +351 214 860 609
E: info@oitavosdunes.pt
W: www.oitavosdunes.pt

PENHA LONGA GOLF CAMPO ATLÂNTICO
Estrada da Lagoa Azul, Linhó
2714-511 SINTRA
T: +351 219 249 031
F: +351 219 249 024
E: reservas.golf@penhalonga.com
W: www.penhalonga.com/Golf

GOLFCLUBS UND RESORTS

PESTANA BELOURA GOLFE
Rua das Sesmarias, n°3 - Quinta da Beloura
Estrada de Albarraque
2710-692 SINTRA
T: +351 219 106 350
F: +351 219 106 359
E: beloura.reservas@pestana.com
W: www.pestanagolf.com

PRAIA D'EL REY GOLF & BEACH RESORT
Praia D'El Rey - Vale das Janelas
2510-451 ÓBIDOS
T: +351 262 099 587
F: +351 262 905 009
E: golf.reservations@praia-del-rey.com
W: www.praia-del-rey.com/index.php/golf/

QUINTA DO PERÚ GOLF & COUNTRY CLUB
Alameda da Serra, 2 - Quinta do Conde
2975-666 SESIMBRA
T: +351 212 134 320
F: +351 212 134 321
E: quintadoperu@reformosa.com
W: www.clubgolfquintadoperu.com

RIBAGOLFE I & II
Vargem Fresca EN 119 – Infantado
2135-194 SAMORA CORREIA
T: +351 263 930 040
F: +351 263 930 049
E: ribagolfe@orizontegolf.com
W: www.orizontegolf.com

ROYAL ÓBIDOS SPA & GOLF RESORT
Cabeço da Serra- Vau
2510-665 ÓBIDOS
T: +351 262 965 220
F: +351 262 960 106
E: golf.reservations@royalobidos.com
W: www.royalobidosgolf.com

TROIA GOLF CHAMPIONSHIP COURSE
Tróia Golf, Carvalhal
7570-789 TRÓIA
T: +351 265 494 024
F: +351 265 494 315
E: golf@troiaresort.pt
W: www.troiagolf.com

WESTCLIFFS
Avenida Inês de Castro, n°1
2510 – 451 Vale de Janelas ÓBIDOS
T: +351 262 905 152
E: info@westcliffs.com
W: www.westcliffs.com

Foto: ROBINSON NOBILIS

ROBINSON QUINTA DA RIA – GOLFEN MIT BLICK AUF DEN ATLANTIK

ROBINSON
Share the moment

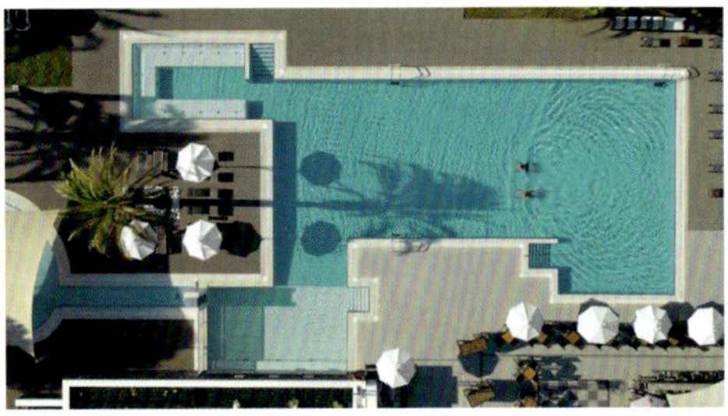

Abwechslungsreiche Erlebnisse in einer einzigartigen Strandlandschaft im Naturschutzgebiet – das ist Urlaub im ROBINSON QUINTA DA RIA an der wunderschönen Algarve. Der Ort, an dem sich Portugal von seiner schönsten Seite zeigt. Hier genießt du deine Zeit zum Durchatmen. Ob beim Golf, Tennis oder Biken - vor dieser traumhaften Kulisse erlebst du das besondere Urlaubsgefühl. Sport, Spaß und Unterhaltung gehören zu einem Urlaub in unserem portugiesischen Club dazu – hier in der nahezu unberührten Natur. Das ist es auch, was Golfer schon lange zu schätzen wissen: Unverbaute Strände, direkte Anbindung an den Atlantik, hervorragender Pflegezustand beider Golfplätze und eine aktiv gelebte Wettspielkultur des „Clube de Golfe do Levante". Nicht umsonst der Geheimtipp des „Sotavento", des östlichen Teils der Algarve.

ROBINSON Golf-Versprechen
- 50 Partnergolfanlagen, einige direkt am Club gelegen
- Vorab buchbare Startzeiten
- Leihschläger und Trainerstunden
- Attraktive Gruppenangebote
- Schnuppergolf und Golfturniere
- Platzreife im Urlaub erlangen

Im ROBINSON QUINTA DA RIA blühen Golferherzen auf. Die mehrfach ausgezeichneten 18-Loch-Golfplätze „Quinta da Ria" und „Quinta de Cima" mit atemberaubendem Ausblick auf das Naturschutzgebiet der „Ria Formosa" befinden sich direkt auf dem Clubgelände. Quinta da Ria und Quinta de Cima wurden von Fachmagazinen und Golfführern mehrfach ausgezeichnet! Vier weitere Golfplätze erwarten dich in der näheren Umgebung – ein wahres Eldorado für Golfer.

Mehr Infos zu Golf und Golf-Events bei ROBINSON findest du online.

ROBINSON QUINTA DA RIA
8900-057 Vila Nova de Cacela
Algarve, Portugal
www.robinson.com – quintadaria@robinson.com

ROBINSON NOBILIS – GOLFEN DIREKT IM CLUB

ROBINSON
Share the moment

ROBINSON NOBILIS – das heißt nobles Ambiente, einzigartig und wie für dich geschaffen. Hier am blau glitzernden Mittelmeer im türkischen Belek stehen alle Zeichen auf Erholung, Fitness und Erlebnis für dich und deine Familie. Gemeinsam am Handicap feilen oder die Grundlagen des Golfens lernen: wir bieten das richtige Programm für Einsteiger oder erfahrene Golfer. Den eigenen 18-Loch-Parkland-Course auf dem Gelände des ROBINSON NOBILIS erreichst du mit wenigen Schritten direkt vom Zimmer aus. Für die weiteren 16 Golfplätze in der Nachbarschaft steht dir unser ROBINSON Golf-Shuttle zur Verfügung. Während du dich beim Golf unter der türkischen Sonne auspowerst oder Wellness-Anwendungen genießt, sind deine Kinder bei den ROBINS in den besten Händen. Und die Abende im Club, zusammen mit anderen Golfern, sind einfach legendär! So schön ist Urlaub im ROBINSON NOBILIS.

Bei ROBINSON findest du optimale Bedingungen, um das Golfspielen richtig und erfolgreich zu erlernen. Wir garantieren dir ein modernes Kurssystem mit einheitlichen Standards für ein professionelles Training nach höchsten Ansprüchen. Die VOLVO GOLF ACADEMY bietet Golfunterricht für alle Spielstärken. Ob Anfänger oder Fortgeschrittener, unsere Golf-Professionals bringen dich individuell weiter.

ROBINSON Golf-Versprechen
- 50 Partnergolfanlagen, einige direkt am Club gelegen
- Vorab buchbare Startzeiten
- Leihschläger und Trainerstunden
- Attraktive Gruppenangebote
- Schnuppergolf und Golfturniere
- Platzreife im Urlaub erlangen

ROBINSON NOBILIS
Acisu Mevkii, 7500 Belek
Belek, Türkei
www.robinson.com – nobilis@robinson.com

FR

Foto: Viktor Kiryanov/Unsplash.com

Pont Couverts, Strasbourg

Für manche ein Freizeitsport, für andere eine echte Leidenschaft, auf jeden Fall steht Golfen für Entspannung, Wohlbefinden und Erholung. In der Natur, an der frischen Luft, laden die 6 Golfplätze im Elsass zu einem Erlebnis der besonderen Art ein, zu einer neuen Lebensart, aber auch zur Entdeckung von touristischen Highlights... Erfrischendes für Geist und Seele. Es liegt alles im Golfschwung!

GOLF PASS

Unsere Golf Pass-Packeges mit 2 oder 3 Green Fees, ermöglichen es Ihnen, auf den Golfplätzen der 6 Mitgliederclubs vergünstigt zu spielen.
Wenn Sie Ihre Tee-Time mit Ihrem Pass online reservieren und bezahlen, erhalten Sie einen Rabatt.

GOLF INTERNATIONAL SOUFFLENHEIM BADEN-BADEN

Drei außerordentliche Plätze (18-Loch, 9-Loch und 6-Loch), für Golfer jeden Alters und Spielniveau. Eine von Weltklasse-Golfer Bernhard Langer geplante Meisterschaftsanlage, die alles bietet, was das Golfherz im gastfreundlichen und deutschsprachigen Elsass höher schlagen lässt.

+33 (0)3 88 05 77 00
info@golfclub-soufflenheim.com
www.golfclub-soufflenheim.com

GOLF DE LA WANTZENAU

Auf dieser angenehmen Anlage, gezeichnet durch Jeremy Pen (berühmter Architekt aus England), in Zusammenarbeit mit Jean Garaïalde, einer der besten Golf-Profis Frankreichs, wechseln sich bei diesem 18-Loch-Golfplatz die Bahnen im Wald, bei Wasserhindernissen und breiten Fairways ab.

+33 (0)3 88 96 37 73
accueil@golf-wantzenau.fr
www.golf-wantzenau.fr

GOLFS IN ALSACE

GOLF DU KEMPFERHOF

Der Kempferhof ist ein Weltklasse-Kurs, entworfen von Robert von Hagge, einem amerikanischen Architekten, einer der schönsten Golfplätze Europas. Idyllisch gelegen, umgeben von hundertjährigen Eichen, Buchen und Pappeln, erstreckt sich der Golf du Kempferhof. Alle weitere Kennzeichen: Hügel am Rande der Fairways, nicht weniger als 13 Wasserhindernisse, große Grüns und riesige Bunker.

+33 (0)3 88 98 72 72
contact@kempferhof.fr
www.kempferhof.fr

GOLF RESORT AMMERSCHWIHR TROIS-EPIS

Vor den Toren von Colmar, umgeben von Wäldern und Weinbergen, liegt das Golf-Resort Ammerschwihr Trois Epis, eingebettet am Fuße der elsässischen Höhenzüge. Der im Jahre 1990 angelegte 18-Loch-Parcours ist 5.207 Meter lang. Er ist nicht nur körperlich, sondern auch technisch eine Herausforderung.

+33 (0)3 89 47 17 30
golf-mail@golf-ammerschwihr.com
www.golf-ammerschwihr.com

ALSACE GOLF LINKS

Mit traumhafter Aussicht auf die Vogesen und die Weindörfer des Elsass liegt der als Links-Course, im irischen Stil gestaltete Platz und bietet ein außergewöhnliches Erlebnis. Der flache Linkskurs ist voller Reiz und stellt eine Herausforderung für jedes Spielniveau dar.

+33 (0)3 89 78 52 12
info@alsacegolflinks.com
www.alsacegolflinks.com

GOLFCLUB DES BOULEAUX

Ganz in der Nähe von Mülhausen entfaltet der Golfclub des Bouleaux seine Fairways zwischen Wald und Wasser. Relativ schmal gestaltet verlangen sie präzises Spielen, der zweite Schlag ist somit von großer Wichtigkeit, jedoch sind seine 18 Löcher für jeden Spieler sehr reizvoll.
+33 (0)3 89 55 55 07
contact@golf-bouleaux.fr
www.golf-bouleaux.fr

**www.golfsinalsace.com/de und
www.golfsinalsace.com/de/golfpass-de**

Foto: Luca Micheli /Unsplash.com

ITALIEN

Foto: Andreus Resorts

ANDREUS RESORTS

Wenn Sie bei Ihrem nächsten Urlaub ein traumhaftes Luxus-Domizil in Südtirol und eine Mischung zwischen Entspannung, körperlicher Aktivität und Genuss suchen, dann sollten Sie sich die Andreus Resorts unbedingt merken!

Zu den **Andreus Resorts** gehören zwei familiengeführte 5-Sterne-Hotels, das **Andreus Golf & Spa Resort**, das **Erwachsenenhotel Golf Lodge** und das **4-Sterne-Hotel Sonnenalm**. Sie liegen am **18-Loch-Golfplatz Passeier.Meran** (bespielbar von März bis Dezember) mit eigener Golfschule.

ANDREUS GOLF & SPA RESORT*****
- 8.000 qm Spa & Wellness
- 2.000 qm Sauna World mit der NEUEN Dome Eventsauna, der größten im Alpenraum
- 11 weitere verschiedene Saunen sowie täglichen Saunaaufgüssen vom Sauna-Aufguss-Italienmeister Helli Haller und Team
- 33,33 Meter langes Sportbecken (29 °C) mit Zeitmessung
- ganzjährig beheizter Indoor-Outdoorpool (34 °C)
- Infinity-Solepool und „adults only"-Area
- Fitness- & Energy-Tower
- 2 Tennis-Sandplätze und eigener Reitstall am Hotel.

GOLF LODGE*** adults only**
- Klein und fein, nur 30 Suiten
- 4.000m2 Wellness & Spa
- Mediterrane Gartenwelt mit viel Platz
- Naturbadesee mit integriertem, ganzjährig beheiztem 28 Meter-Infinity-Pool
- Nature Sauna World mit täglichen Aufgüssen in der Event Sauna
- Frühstücken und Abendessen im Freien direkt am See oder im Gourmetrestaurant
- Infinity-Solepool und Panorama-Ruheraum auf der Dachterrasse
- NEU: Indoor Putting Green und Golf Simulator

SONNENALM****
- Kleines, feines Familienhotel mit neuem Wellnesshouse mit Sauna World & Relax Areas
- beheiztem 25 Meter Pool
- Palmengarten, Outdoor Kinderparc
- 3 Tennis-Sandplätze mit Tennisschule
- Panorama-Restaurant und Sonnenterrasse, Beautyfarm und Fitnessraum
- Direkte Lage am 4-Loch-Golf Übungsplatz – 18 Loch, Golfplatz Passeier.Meran nur 5 Minuten entfernt

Andreus Resorts
Kellerlahne 3a · 39015 St. Leonhard in Passeier
Tel: +39 0473 491330
www.andreus-resorts.it, info@andreus-resorts.it

BOFFENIGO
PANORAMA & EXPERIENCE HOTEL

Das Boffenigo liegt auf 300 Metern Höhe, mitten im schönen Hügelland von Costermano sul Garda und bietet einen herrlichen Blick auf den See. Hier können Sie den herrlich ländlichen Duft einatmen und sich an den wunderschönen Farben des unvergesslichen Panoramas erfreuen. Hier fällt es leicht, sich zu entspannen: in der Natur, im Pool, in den Zimmern mit Seeblick, im Leseraum, im Wellnessbereich oder auf der Terrasse.

ZIMMER & SUITEN MIT BLICK AUF DEN GARDASEE

Alle Zimmer verfügen über Komfort, sind elegant, stilvoll und mit Liebe zum Detail dekoriert. Edle Einrichtungen, behagliche Holz- und Teppichböden, geräumig und lichtdurchflutet zu jeder Tageszeit.

POOL MIT AUSBLICK

Klares, kühlendes Süßwasser. Freuen Sie sich auf den Panorama-Außenpool. In der grünen Hügellandschaft und auf unserer Wiese gleicht er einem blauen Klecks, der Sie in perfekt gepflegtem Ambiente erwartet, mit Sonnenschirmen, Liegestühlen und einer exklusiven Poolbar, wo Sie entspannt Ihre freie Zeit genießen können.

THERMAL SENSE SPA

In Spa-Bereich können Sie viele Serviceleistungen für ihr seelisches und körperliches Wohlbefinden ausnutzen: Sauna, türkisches Dampfbad, Kneipp-Parcours, Emotions- und Tropenduschen, Entspannungsliegen, Wasserstrahlen und Farbtherapie.
Hier können Sie sich vom Stress befreien und zwischen warmem Wasser, Düften, Farben und natürlichen Massagen ein süßes Gefühl der Harmonie in sich aufzunehmen. Atmen Sie tief ein und lassen Sie sich gehen: Es ist der Moment gekommen, an dem Sie einfach nur an sich selbst denken können.

BISTRO APERI BOFF & FOOD

Wie durch Zauber wurde das Bistro Aperi Boff & Food im Jahr 2020 geboren. Eine ritueller Ort des psychischen und physischen Wohlbefindens, an dem der Aperitif zum Protagonisten wird, in einer idealen Atmosphäre, in der auch der herrliche Blick auf den Gardasee mit den Lichtern, die auf dem Wasser glitzern und spielen, zur völligen Entspannung und Gelassenheit beiträgt.

In Italien ist der Aperitif nicht nur ein Moment des Tages, er ist das Ritual, das einen Abend in Gesellschaft einleitet!

BOFFENIGO
PANORAMA & EXPERIENCE HOTEL

Er ist gemeinsames Lachen und Snacks, während die Sonne untergeht und sich alles rot färbt. Er ist die perfekte Verabredung zu jeder Jahreszeit.

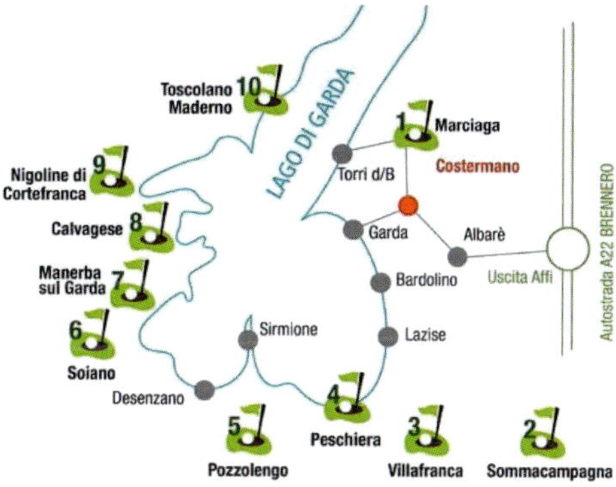

GOLF

Konnten Sie jemals beim Golfspielen den größten See Italiens in seiner ganzen Schönheit bewundern? Es gibt viele Fans dieser Sportart am Gardasee, weil sie hier auf Plätzen spielen können, die für Spieler aller Leistungsklassen geeignet sind, von Profis bis zu Anfängern; und alle können das atemberaubende Panorama genießen.

Wir von Boffenigo möchten die Ressourcen dieser wunderbaren Gegend valorisieren. Deshalb bieten wir den Enthusiasten des 18-Loch-Golfplatzes jeden Service, der erforderlich ist, um ihr Golferlebnis besser zu genießen: Konventionen, Reservierungen Teetime, Ideen und Vorschläge jeglicher Art, um alle Bedürfnisse zu befriedigen.

Die Gegend um Garda ist unter Liebhabern dieses wundervollen Sports schon immer eine der beliebtesten gewesen. Wegen ihrer Felder, ihrer Spazierrouten durch die Panoramen, die man während des Spiels zu jeder Jahreszeit bewundern kann. Alle Golf-Liebhaber, auch die Anfänger, können am Gardasee das Vergnügen dieses Sports erleben.

ANGEBOT GOLF EXPERIENCE-LIVING

vom 01.04.2022 bis 06.11.2022
5 Übernachtungen ab 599 Euro pro Zimmer

Genießen Sie einen fantastischen Aufenthalt am Gardasee und gehen Ihrem Lieblingssport nach!

Das Paket (5 Nächte) hat inbegriffen:

- 3 Greenfees - 18 Löcher auf den verschiedenen Golfpätzen (nach Vereinbarung)
- Gutschein zu Euro 50,- pro Person für die Thermalsense SPA
- Geschenk für Golfspieler (pro Zimmer)

Boffenigo Panorama & Experience Hotel
Via Boffenigo · 6
37010 Costermano sul Garda
Tel. +39 045 72 00 178 · info@boffenigo.it

MADRIGALE
PANORAMIC. LIFESTYLE. SOULFUL.

WILLKOMMEN IM MADRIGALE

Betreten Sie die Eingangshalle mit der Rezeption, die einen sagenhaften Blick auf den Gardasee eröffnet, und lassen Sie sich aufs Herzlichste begrüßen. Werden Sie Teil der Familie, hier wünscht man sich nichts mehr als Ihr Wohlbefinden. Aufmerksam, aber diskret, mit dem Gespür für das, was Sie zum Entspannen brauchen. Das ist der Service, der Sie durch den gesamten Urlaub begleitet.

Jeglicher Stress, die Sorgen des Alltags verlieren hier an Bedeutung und machen einem Gefühl der Freiheit, Lebensfreude und Unbeschwertheit Platz. Lehnen Sie sich zurück, lassen Sie sich einen erfrischenden Sommercocktail servieren und genießen Sie den Moment.

Wohin Sie auch blicken, in jedem Winkel können Sie die liebevolle Pflege und Aufmerksamkeit für Details erkennen, die aufgewendet werden, um ein heimeliges Wohlfühlambiente zu schaffen. Ein Wohlfühlambiente, das Ihnen ein Gefühl des Glücks und der inneren Zufriedenheit schenkt.

ELEGANZ, STIL UND BEHAGLICHKEIT

Anmutige Farben, edle Materialien, großzügige Raumeinteilungen – das sind die Zimmer & Suiten im Madrigale. Ein Ambiente, geschaffen zum Entspannen, Genießen, Wohlfühlen! Und erst der Ausblick! Zu Ihren Füßen der blau schimmernde Gardasee, ringsum die mediterran angehauchten Hügel von Marciaga, über Ihnen der klare, blaue Himmel.

Ein Meer von berauschenden Düften, ausgestrahlt von üppig blühenden Hecken, Sträuchern und Blumen umhüllt Sie, während Sie durch den Gartenpark schlendern, jeden einzelnen Atemzug in vollen Zügen genießend, bis hin zur Panorama-Terrasse mit dem eleganten Schwimmbad und der Poolbar oder zum Infinity Pool, der Ihnen das Gefühl gibt, als könnten Sie direkt in den Gardasee schwimmen!

Im neuen Wellnessbereich des Madrigale, dem MADSpa, erwartet Sie eine wohlige Wärme, die tief in die Haut dringt. Entspannende Düfte beflügeln Körper und Geist und rücken die Welt in weite Ferne. Der perfekte Ort für eine Ruhepause, eine sanfte Massage oder eine regenerierende Beauty-Behandlung. Hier genießen Sie auch ganz private Wohlfühlstunden.

Freuen Sie sich auf das Dinner im Gourmet-Restaurant Bellevue! Die gehobene Atmosphäre, sanfte Musik, stimmungsvolles Licht und ein perfekt eingedeckter Tisch lassen erahnen, was gleich serviert wird. Ein freundlicher Servicemitarbeiter überreicht die gut sortierte Weinkarte und gibt Ihnen fachkundig einige Empfehlungen, erklärt die Vorzüge der einzelnen Weine und verrät seine Favoriten zu dem von Ihnen gewählten Menü. Der erste Gang wird serviert, eine Portion, genau richtig, um den ersten Hunger zu stillen und Appetit auf mehr zu machen.

Betörende Düfte steigen in die Nase, harmonisch abgestimmt, sodass sie ein perfektes Ganzes ergeben. Man sieht förmlich die Frische der Zutaten, die schonende Zubereitung, die unverfälschten Geschmacksnuancen ... Einfach herrlich! Am Ende des Menüs sind Sie angenehm satt und bereit für einen Digestif an der Hotelbar ...

PANORAMIC · LIFESTYLE · SOULFUL
MADRIGALE
★ ★ ★ ★ S

GOLFWOCHE AM GARDASEE

NEUES ANGEBOT

Spielen Sie erlebnisreiche Golfpartien inmitten der malerischen Naturlandschaft des Gardasees.

- 7 Übernachtungen im Doppelzimmer mit Seeblick
- Begrüßungsdrink
- Reichhaltiges Frühstücksbuffet
- Beheizter Pool
- 3 Greenfees (an Werktagen) pro Person: 2 im Golfclub Cà degli Ulivi und 1 im Gardagolf oder im Golf Club Verona
- Tee-Time Desk Service
- Sonderkonditionen auf weiteren Golfplätzen
- Sicherer Aufbewahrungsraum für Ihre Golfbag

7 Nächte & 3 Golf-Tage ab € 849 pro Person

Angebot ganzjährig gültig für ein begrenztes Zimmerkontingent und nicht in Verbindung mit anderen Aktionen.

GOLFEN AM GARDASEE

Perfekt gepflegte Greens, eingebettet in atemberaubende Naturlandschaften, die zudem ganzjährig bespielbar sind: Was will man mehr! Vier 27-Loch-Anlagen, sechs 18-Loch-Plätze und ein 9-Loch-Platz bieten Golfgenuss für jeden Anspruch: Vom Genuss- bis zum sportlich ambitionierten Golf, vom Golf für jedermann bis hin zu Golf & Lifestyle sind alle Facetten dieses faszinierenden Sports vertreten!

So unterschiedlich die verschiedenen Golfplätze auch sind, eines haben sie alle gemeinsam: Der Alltag verliert an Bedeutung, die Gedanken sind voll und ganz auf das eigene Spiel gerichtet und sorgen so für ungeahnte Entspannung.

Als eines der Golfhotels am Gardasee bietet das Madrigale spezielle Leistungen für alle Golf spielenden Gäste wie die Reservierung von Abschlagzeiten, Beratung in der Wahl des Golf Clubs sowie Sonderkonditionen für das Greenfee. Starten Sie vom Madrigale aus und bespielen Sie die schönsten Plätze rund um den See! Nur wenige Schritte entfernt, können Gäste auf dem Golfplatz Ca' degli Ulivi ihr Eisen schwingen und Golfvergnügen mit Seeblick genießen.

Freuen Sie sich auf emotionsgeladene Golfpartien inmitten der traumhaft-schönen Naturlandschaft mit Blick auf den Gardasee!

Madrigale Panoramic, Lifestyle & Soulful Hotel
Via Ghiandare, 1 - 37010 Costermano sul Garda (VR)
Marciaga Gardasee
Tel. +39 045 62 79 001 · info@madrigale.it

ÖS

Foto: Paul Gilmore | Unsplash.com

GOLF & SEEN
SALZKAMMERGUT & SALZBURGERLAND

Zehn beeindruckende Golfplätze und 19 golfaffine Beherbergungsbetriebe haben sich in einer der reizvollsten Landschaften Mitteleuropas zusammengeschlossen und warten darauf, von Ihnen entdeckt zu werden.

International bekannte Namen wie das historische Salzkammergut und die Salzburger Seeregion vor den Toren der gleichnamigen Festspielstadt, gelten schon seit längerem als Geheimtipp.

© STMG

Alle Plätze zeichnen sich durch ihre unmittelbare Nähe zu einem der bekannten Seen, wie Mondsee, Wolfgangsee, Wallersee, Attersee, Traunsee und Fuschlsee, aus. Sie haben nicht nur meist einen See am Grün im Blick, sondern sind auch von einem Bergpanorama von unvergleichbarer Schönheit umgeben. Beeindruckende Berge wie der Watzmann und Untersberg im Westen, der mit Zahnradbahn erschlossene Schafberg in der Mitte oder der Traunstein im Osten, sind Ihre Begleiter beim Entdecken der Golfplätze.

Darüber hinaus hat der Golfsport im Salzkammergut und im Salzburger Land eine lange Tradition. Vor beinahe 100 Jahren eröffneten die ersten Plätze und diese haben sich stetig weiterentwickelt, um den modernen Anforderungen eines Golfplatzes zu entsprechen.

ober österreich

salzkammergut

SALZBURGERLAND

Golf&Seen
Salzkammergut & SalzburgerLand
www.golfundseen.at

GOLFMASTERS 2022 – DAS GOLFEVENT DER SUPERLATIVE.

4 Tage – 10 Golfplätze – 90 Löcher

von 19. Mai – 22. Mai 2022
in der Golf & Seen Region im Salzkammergut und SalzburgerLand

Die Golfer:innen bespielen die Greens an 4 Tagen auf 10 Plätzen und 90 Löchern.

Dabei dürfen sich die Golfer:innen auf Top-Highlights, perfekte Locations und kulinarische Köstlichkeiten freuen.

Im GolfMasters Turnier (nicht vorgabewirksam) werden für die Einzelwertung alle Stablefordpunkte der 90 Löcher addiert.

Verpassen Sie nicht das Golfevent des Jahres 2022 und verbringen Sie schöne Tage in DER Golfregion Österreichs!

Melden Sie sich ab sofort bei der ARGE Golf & Seen per Mail unter info@golfundseen.at oder telefonisch unter +43 6232 2270 an und sichern Sie sich einen der limitierten Plätze!

Ein Anmeldeformular und weitere Informationen zum Turnier finden Sie unter: www.golfundseen.at

Kontakt:
ARGE Golf & Seen · c/o Tourismusverband · Mondsee-Irrsee · Dr. Franz Müller Str. 3
5310 Mondsee · Tel. 0043 6232 2270 · info@golfundseen.at · info@mondsee.at

ARGE Golf & Seen
c/o Tourismusverband MondSeeLand · Mondsee-Irrsee
Dr. Franz Müller Straße 3 · A-5310 Mondsee
www.golfundseen.at · info@golfundseen.at

GC ADAMSTAL – FRANZ WITTMANN

GOLFEN IM PARADIES

Es braucht drei wesentliche Zutaten, um einen fabelhaften Golfplatz zu realisieren. Eine spektakuläre Umgebung – so wie die anspruchsvoll facettenreichen Hügel im niederösterreichischen Alpenvorland. Den richtigen Golfarchitekten – etwa den kreativen Kanadier Jeff Howes, die rechte Hand von Jack Nicklaus. Und eine ehrgeizig treibende Kraft hinter dem Projekt – wie Franz Wittmann, den ehemaligen österreichischen Weltklasse-Rallye-Piloten. Dieser war schon während seiner sportlichen Karriere dafür bekannt, nichts dem Zufall zu überlassen, und deswegen steht das Ergebnis nun für sich: Der Golfclub Adamstal ist einer der spektakulärsten Golfplätze Europas, grandios im Design und stets makellos gepflegt.

DAS SPIEL MIT LUFT UND LICHT

Gäste des Golfclubs Adamstal haben die Wahl zwischen dem 18-Loch-„Championship-Course" und dem 9-Loch-„Course Wallerbach". Doch alle 27 Löcher haben Charakter: Noch lange nach einer Runde kann man sich an die einzelnen Spielbahnen erinnern – nicht nur, weil jede einen Namen trägt. Designer Jeff Howes gelang es, Bäche und Geländestufen, Waldlichtungen und Felsformationen geschickt in die Kulisse zu integrieren. Das abwechslungsreiche Voralpenland bestimmt so auf natürliche Art den Rhythmus der Fairways und Grünlandschaften. Keine Überraschung also, dass der Golfclub Adamstal, ein Mitglied der Leading Golf Courses Austria, von einer Experten-Jury bereits fünfmal zu Österreichs Golfplatz des Jahres gewählt wurde.

UND DANN DIE BELOHNUNG

Nach dem letzten Putt kommt im Golfclub Adamstal etwas Besonderes ins Spiel: das elegant gemütliche Clubhaus mit seiner fabelhaften Gastronomie und seinen Fremdenzimmern. Was gibt es Angenehmeres, als auf der komfortablen Terrasse, im Wintergarten oder im gemütlichen Gastzimmer die Runde Revue passieren zu lassen?

GENUSS IM ADAMSTAL

Genießen Sie nach der Runde ein **5-Gang-Abendmenü** im gemütlichen Clubhausrestaurant **„Golf und Genuss im Adamstal"**. 2016 wurde es unter der Leitung von Claus Curn zum Golfrestaurant des Jahres gewählt und Gault Millau verlieh sogar eine Haube.

Genussrunde ab 14:00 Uhr

Greenfee 18-Loch-Championship-Course inkl. 3-Gänge-Menü

Montag bis Freitag .... 95,– €
Samstag bis Sonntag, Feiertage .... 105,– €

GC Adamstal – Franz Wittmann
Gaupmannsgraben 21 · A – 3172 Ramsau
Tel: +43 2764 3500 · Fax: +43 2764 3500 -15
info@adamstal.at

GC ADAMSTAL
RAMSAU
NÖ
The Leading Golf Courses
GOLFCLUB ADAMSTAL
SPEKTAKULÄR & EINZIGARTIG
3-Tages Wochentagsangebot um
259 € / Person (Mo-Fr) oder
3-Tages Wochenendangebot um
289 € / Person (Sa-So und Feiertag)
• 2 Übernachtungen
• 1 Greenfee 9-Loch-Course Wallerbach
• 2 Greenfees 18-Loch-Championship-Course inklusive E-Cart
Wochentagsangebot um
139 € / Person (Mo-Fr)
• 1 Übernachtung
• 1 Greenfee 9-Loch-Course Wallerbach
• 1 Greenfee 18-Loch-Championship-Course inklusive E-Cart
info@adamstal.at | www.adamstal.at | Telefon +43 2764 3500

GOLFCLUB SCHLADMING-DACHSTEIN

„PEBBLE BEACH" DER ALPEN

GOLFCLUB SCHLADMING-DACHSTEIN

In einer der schönsten Gegenden des Ennstals direkt bei Schladming liegt der Golfclub Schladming-Dachstein auf einer Höhe von 750 m. Der von Bernhard Langer erstdesignte Golfplatz besticht durch überragende Platzqualität in sonniger Lage und die Wasserlandschaften verleihen dabei eine besondere Optik, die einen Hauch von Florida spüren lassen. Designer Bernhard Langer: *„Mein Ziel war es, einen Championship-Platz zu kreieren, der für Spieler aller Handicap-Gruppen unvergesslich bleibt."*

Den Golfer erwartet ein Golferlebnis der besonderen Klasse, auf einem der bestgepflegten Anlagen Österreichs. Club-Präsident Franz Wittmann: *„Beste Qualität zum fairen Preis. Mit dem Golfclub Schladming-Dachstein und Golfclub Adamstal verfolgen wir das gleiche Konzept. Weltklasse Anlagen mit familiärem Flair. Ich bin überzeugt, dass unsere Gäste einmalige Tage auf unserem Golfplatz verbringen werden!"*

GREENFEEPREISE 2022

Montag bis Sonntag: Greenfee	€ 92,-
Greenfee-Angebot:	
Early Bird bis 9:00 Uhr	€ 82,- inkl. E-Cart
Sunset ab 14:30 Uhr	€ 82,- inkl. E-Cart
	€ 75,- ohne E-Cart

(evtl. Änderungen vorbehalten)

NUTZEN SIE UNSERE „PLAY & STAY"-ANGEBOTE UNSERER PARTNERHOTELS!

- Gäste unserer Partnerbetriebe -20 %
- diverse Partnerclubs haben Ermäßigung, diese liegen im jeweiligen Club für die Mitglieder aus.

Ein schönes Spiel wünscht das Golfclub Schladming-Dachstein-Team!

Golfclub Schladming-Dachstein
Oberhaus 59 · A – 8967 Haus
Telefon: +43 3686 2630 · Fax: +43 3686 2630 15
gccschladming@golf.at

GOLFCLUB SCHLADMING-DACHSTEIN
GOLFCLUB
SCHLADMING
DACHSTEIN
The Leading Golf Courses

HOTEL DER WIESENHOF

WIESENHOF

Abschlag mit Panoramaaussicht in Ihrem Golfhotel in Tirol dem Hotel der Wiesenhof

Wer zum Golfen in das Hotel der Wiesenhof nach Pertisau kommt, dem wird es nicht leichtfallen, sich nicht vom funkelnden Glitzern des Achensees oder den imposanten Berggipfeln des Karwendelgebirges ablenken zu lassen. Es spricht jedoch nichts dagegen, wenn Sie die traumhaften Ausblicke genießen, während Sie Ihr Handicap am 18-Loch-Golfplatz verbessern. Als Mitgliedsbetrieb des Golfclubs Achensee bietet Ihnen das Hotel der Wiesenhof einige attraktive Vorteile, wie etwa eine 20%-Greenfee-Ermäßigung im Golfclub Achensee, der zu den als Leading Golf Course zertifizierten Golfplätzen gehört. Freuen Sie sich darauf, Ihre besten Abschläge im Urlaub in unserem Golfhotel in Tirol zu erleben!

Spannende Golfpartien mit unseren Gästen und der anschließende Ausklang an unserem Golfer Stammtisch gehören zu den Highlights unseres Golfgastgebers und Präsident von Golf in Austria, Manfred Furtner.

Als einziges Hotel am Achensee verfügt der Wiesenhof über zwei Golfsimulatoren der neuesten Generation, auf denen Sie neben internationalen Plätzen auch den Golfplatz Pertisau virtuell bespielen können. In HD-Bildqualität werden die Plätze naturgetreu projiziert und Schläge detailliert analysiert.

Der Wiesenhof ist Mitgliedsbetrieb des Golfclub Achensee und befindet sich nur zwei Minuten vom Clubhaus entfernt. Der Golfclub Achensee in Pertisau ist der älteste Golfclub Tirols und wurde 1934 gegründet. 1995 wurde er komplett umgestaltet und 2003 auf 18 Loch erweitert. Zwischen dem Fuße des Karwendels und dem silberglänzenden Achensee befindet sich auf 950 m Seehöhe dieses Juwel von einem Golfplatz.

Golf, Golf und nochmals Golf auf dem Golfplatz Pertisau – 2010 zum besten Golfclub Österreichs ausgezeichnet und seit 2013 als Leading Golf Course zertifiziert. Genießen Sie die einzigartige Atmosphäre zwischen dem majestätischen Karwendelgebirge und dem smaragdgrünen Achensee mit unseren Wiesenhof Golftagen nach Wahl.

UNSER GOLFARRANGEMENT

- Golftage nach Wahl
- 5 Übernachtungen inklusive Wiesenhof Halbpension
- 3 Greenfees (18 Holes) im Golf- & Landclub Achensee
- 1 Golfer-Jause am Nachmittag
- Pro Person ab € 981

Hotel der Wiesenhof
Naturparkstraße 20 · 6213 Pertisau am Achensee, Tirol
Tel.: +43 5243 52460
www.wiesenhof.at · info@wiesenhof.at

GOLF- UND SEEHOTEL ENGSTLER GMBH****

ZUHAUSE AM WÖRTHERSEE

Seit 1906 zählt das Golf- und Seehotel Engstler zu den besten Adressen am Wörthersee.

Mitten in Velden, direkt am Wörthersee befindet sich das charmante, familiengeführte ****Haus, das nicht nur unter passionierten Golfern als Geheimtipp gilt. Seit jeher bietet das Golf- und See-Hotel neben umfangreichen Golf-Angeboten auch alles, was sich Familien und Erholungssuchende wünschen. Neben gepflegten Zimmern und Suiten mit Seeblick darf man sich auf gehobene Gourmet-Küche und Spezialitäten aus der Region freuen.

JETZT MAL LANGSAM.

Das Engstler beherbergt den top-ausgestatteten Wellness- und Spa-Bereich am See. Massagen, kosmetische Behandlungen, Dampfbad, Sanarium, Panorama-Sauna und der 28° beheizte Innen-/Außenpool mit Whirlbereich lassen schnell den Alltag vergessen. Dazu ein sonniger Fitnessbereich für alle, die sich gern körperlich verausgaben. Für kurze Ausflüge rund um den See sind Sport- und Erlebnisprogramme zusammengestellt.

GOLF MIT ALLEM, WAS DAZUGEHÖRT.

Im großen Hotelpark befindet sich ein Putting-Green mit Blick auf die ganze Veldner Bucht. Die Indoor-Golfanlage mit Großleinwand und PC-Video-Control eignet sich perfekt für eine Schwunganalyse mit dem hauseigenen Golf-Pro. Golfschläger-Fitting, Greenfee-Ermäßigungen, spezielle Trainings und vieles mehr machen restlos glücklich. Das Golf- und Seehotel Engstler liegt inmitten von 15 hervorragenden Golf-Anlagen in Kärnten.

Spezielles Angebot GOLF IM DREILÄNDERECK ALPE-ADRIA

- 7 Nächte im Doppelzimmer mit Seeblick, inklusive Genießer-Halbpension
- Ab 4 Greenfees mit freier Wahl im Dreiländereck Alpe-Adria
- Alpe-Adria-Golf-Card inklusive
- Golf-Begrüßungsgeschenk
- Kostenloses Training mit unserem Haus-Golf-Pro
- Golf Begrüßungsgeschenk

u. v. m.

(Einzelzimmer auf Anfrage) ab 730,–

Golf- und Seehotel Engstler GmbH**
Am Corso 21 · 9220 Velden am Wörthersee
Buchungshotline: +43 4274 2644-0
info@engstler.com · www.engstler.com**

NATUR & SPA HOTEL LÄRCHENHOF****S

Hotel Lärchenhof ****S
Natur & Spa Hotel **Seefeld in Tirol**

GELEGEN AM HÖCHSTEN, DER NATUR AM NÄCHSTEN

Das Natur & Spa Hotel Lärchenhof in Seefeld in Tirol ist der ideale Ausgangspunkt um die Natur hautnah zu erleben, zu spüren und zu genießen. Das können Sie nicht nur in den Wäldern und auf den Wanderwegen rund um den Lärchenhof, sondern vor allem auch im Haus.

Kulinarisch liegt das Hauptaugenmerk auf saisonalen und regionalen Produkten – professionell verarbeitet zu traditionellen sowie kreativen Gaumenfreuden, ein wahrer Genuss für alle Sinne.

Das Lärchenhof-Aktivprogramm bietet Abwechslung, Abenteuer und Ausgleich: Geführte Wanderungen und E-Bike Touren (inkl. kostenfreie E-Bikes nach Verfügbarkeit) mit unserem Guide Andreas und Yoga-Einheiten mit Natalie stehen wöchentlich auf dem Plan.

Spüren Sie die Urkraft der Alpen und tun Sie sich und Ihrem Körper etwas Gutes: Bei einer wohltuenden Wellnessbehandlung in unserem marVita Spa verwenden wir nur ausgewählte, natürliche Produkte welche langanhaltendes Wohlbefinden spenden.

Im Natur & Spa Hotel Lärchenhof können Sie hoch über den Dächern von Seefeld Kraft schöpfen und beim Ausblick auf die Tiroler Bergwelt Glücksmomente sammeln.

Natur & Spa Hotel Lärchenhof**S**
Geigenbühelstraße 203 · A-6100 Seefeld – Tirol
Tel: +43 5212 2383 · Fax: +43 5212 2583
www.hotel-laerchenhof-seefeld.com · info@marcati.at

HOTEL ZUM GOURMET

★★★★
ZUM GOURMET
HOTEL IN SEEFELD·TIROL

ERSTKLASSIGER ALL-INCLUSIVE URLAUB

Freuen Sie sich auf einen Rundum-Verwöhn-Urlaub in den Tiroler Bergen im Hotel zum Gourmet, ruhig, und doch im unmittelbaren Zentrum gelegen. Geführt wird das Feinschmeckerhotel von der erfahrenen und langjährigen Hoteliers-Familie Marcati.

Ganz leger finden Gäste hier eine dauerhaft hohe Qualität mit Überzeugungsfaktor. Spüren Sie die warme, herzliche Atmosphäre und erwarten Sie einen 4-Sterne-Urlaub mit All-Inclusive-Leistungen der Extraklasse. Im Sommer wie auch im Winter bieten wir unseren Gästen ein abwechslungsreiches Aktivprogramm, hochwertige kulinarische Inklusivleistungen und eine große Auswahl an Getränken – Highlights des Genießens und Schlemmens. Eines unserer Highlights: Die Gäste dieses Hauses erhalten Greenfee Ermäßigungen in Seefeld und Wildmoos.

Hotel zum Gourmet
Geigenbühelstraße 158 · A-6100 Seefeld in Tirol
Telefon: +43 5212/2383
www.zumgourmet.at · info@zumgourmet.at

KÖLLEN GOLF

2022/23

INTERNATIONALE REISETIPPS

PORTUGAL
TÜRKEI
FRANKREICH
ITALIEN
ÖSTERREICH

GUTSCHEIN
25% Greenfee-Nachlass

KÖLLEN GOLF

%

Bella Vista Golfpark Bad Birnbach

DGV-Nr. 8978 Seite 341 Gültig bis 31.05.2023

GUTSCHEIN
25% Greenfee-Nachlass

KÖLLEN GOLF

%

Bella Vista Golfpark Bad Birnbach

DGV-Nr. 8978 Seite 341 Gültig bis 31.05.2023

GUTSCHEIN
2. Greenfee ist gratis

KÖLLEN GOLF

2:1

25% GF-Nachlass (Einzelspieler)

Golfclub Sonnenhof

DGV-Nr. 8984 Seite 388 Gültig bis 31.05.2023

GUTSCHEIN
2. Greenfee ist gratis

KÖLLEN GOLF

2:1

25% GF-Nachlass (Einzelspieler)

Golfclub Sonnenhof

DGV-Nr. 8984 Seite 388 Gültig bis 31.05.2023

GUTSCHEIN
2. Greenfee ist gratis

KÖLLEN GOLF

2:1

25% GF-Nachlass (Einzelspieler)

Golfclub Sonnenhof

DGV-Nr. 8984 Seite 388 Gültig bis 31.05.2023

GUTSCHEIN
2. Greenfee ist gratis

KÖLLEN GOLF

2:1

25% GF-Nachlass (Einzelspieler)

Golfclub Sonnenhof

DGV-Nr. 8984 Seite 388 Gültig bis 31.05.2023

GUTSCHEIN
2. Greenfee ist gratis

KÖLLEN GOLF

2:1

25% GF-Nachlass (Einzelspieler)

Golfclub Sonnenhof

DGV-Nr. 8984 Seite 388 Gültig bis 31.05.2023

GUTSCHEIN
2. Greenfee ist gratis

KÖLLEN GOLF

2:1

25% GF-Nachlass (Einzelspieler)

Golfclub Sonnenhof

DGV-Nr. 8984 Seite 388 Gültig bis 31.05.2023

GUTSCHEIN
2. Greenfee ist gratis

KÖLLEN GOLF

2:1

25% GF-Nachlass (Einzelspieler)

Panorama Golf Passau

DGV-Nr. 8985 Seite 389 Gültig bis 31.05.2023

GUTSCHEIN
2. Greenfee ist gratis

KÖLLEN GOLF

2:1

25% GF-Nachlass (Einzelspieler)

Panorama Golf Passau

DGV-Nr. 8985 Seite 389 Gültig bis 31.05.2023

Teilnahmebedingungen

- Zur Gutschein-Einlösung muss eine Greenfee-Berechtigung (z.B. Mindest-HCP, Mitgliedschaft in einem Golfclub) vorliegen.
- Der Gutschein kann nur mit Vorlage des Köllen Golfführer für Deutschland oder mit beiliegender KöllenCard eingelöst werden.
- Die Einlösung kann nur nach telefonischer Anmeldung erfolgen – unter Hinweis auf die Nutzung des Angebots. Bei Sonderveranstaltungen, Turnieren etc. müssen Gutscheine nicht angenommen werden.
- Das Kombinieren mit anderen Rabatten ist nicht möglich – es gilt das zum Abschlagszeitpunkt gültige, volle Greenfee! Bei unterschiedlichen Greenfees (z.B. Studenten-Rabatt) ist der günstigere Tarif gratis!
- Alle Inserenten verpflichten sich, Gutscheine zu den angegebenen Bedingungen einzulösen. Der Verlag übernimmt keine Haftung, wenn ein Gutschein nicht eingelöst wird oder werden kann. Alle Angaben ohne Gewähr!
- Das Angebot ist gültig bis 31.05.2023.

Hinweis

- Informieren Sie sich vorher über das für Sie gültige Greenfee.

Teilnahmebedingungen

- Zur Gutschein-Einlösung muss eine Greenfee-Berechtigung (z.B. Mindest-HCP, Mitgliedschaft in einem Golfclub) vorliegen.
- Der Gutschein kann nur mit Vorlage des Köllen Golfführer für Deutschland oder mit beiliegender KöllenCard eingelöst werden.
- Die Einlösung kann nur nach telefonischer Anmeldung erfolgen – unter Hinweis auf die Nutzung des Angebots. Bei Sonderveranstaltungen, Turnieren etc. müssen Gutscheine nicht angenommen werden.
- Das Kombinieren mit anderen Rabatten ist nicht möglich – es gilt das zum Abschlagszeitpunkt gültige, volle Greenfee! Bei unterschiedlichen Greenfees (z.B. Studenten-Rabatt) ist der günstigere Tarif gratis!
- Alle Inserenten verpflichten sich, Gutscheine zu den angegebenen Bedingungen einzulösen. Der Verlag übernimmt keine Haftung, wenn ein Gutschein nicht eingelöst wird oder werden kann. Alle Angaben ohne Gewähr!
- Das Angebot ist gültig bis 31.05.2023.

Hinweis

- Informieren Sie sich vorher über das für Sie gültige Greenfee.

Teilnahmebedingungen

- Zur Gutschein-Einlösung muss eine Greenfee-Berechtigung (z.B. Mindest-HCP, Mitgliedschaft in einem Golfclub) vorliegen.
- Der Gutschein kann nur mit Vorlage des Köllen Golfführer für Deutschland oder mit beiliegender KöllenCard eingelöst werden.
- Die Einlösung kann nur nach telefonischer Anmeldung erfolgen – unter Hinweis auf die Nutzung des Angebots. Bei Sonderveranstaltungen, Turnieren etc. müssen Gutscheine nicht angenommen werden.
- Das Kombinieren mit anderen Rabatten ist nicht möglich – es gilt das zum Abschlagszeitpunkt gültige, volle Greenfee! Bei unterschiedlichen Greenfees (z.B. Studenten-Rabatt) ist der günstigere Tarif gratis!
- Alle Inserenten verpflichten sich, Gutscheine zu den angegebenen Bedingungen einzulösen. Der Verlag übernimmt keine Haftung, wenn ein Gutschein nicht eingelöst wird oder werden kann. Alle Angaben ohne Gewähr!
- Das Angebot ist gültig bis 31.05.2023.

Hinweis

- Informieren Sie sich vorher über das für Sie gültige Greenfee.

Teilnahmebedingungen

- Zur Gutschein-Einlösung muss eine Greenfee-Berechtigung (z.B. Mindest-HCP, Mitgliedschaft in einem Golfclub) vorliegen.
- Der Gutschein kann nur mit Vorlage des Köllen Golfführer für Deutschland oder mit beiliegender KöllenCard eingelöst werden.
- Die Einlösung kann nur nach telefonischer Anmeldung erfolgen – unter Hinweis auf die Nutzung des Angebots. Bei Sonderveranstaltungen, Turnieren etc. müssen Gutscheine nicht angenommen werden.
- Das Kombinieren mit anderen Rabatten ist nicht möglich – es gilt das zum Abschlagszeitpunkt gültige, volle Greenfee! Bei unterschiedlichen Greenfees (z.B. Studenten-Rabatt) ist der günstigere Tarif gratis!
- Alle Inserenten verpflichten sich, Gutscheine zu den angegebenen Bedingungen einzulösen. Der Verlag übernimmt keine Haftung, wenn ein Gutschein nicht eingelöst wird oder werden kann. Alle Angaben ohne Gewähr!
- Das Angebot ist gültig bis 31.05.2023.

Hinweis

- Informieren Sie sich vorher über das für Sie gültige Greenfee.

Teilnahmebedingungen

- Zur Gutschein-Einlösung muss eine Greenfee-Berechtigung (z.B. Mindest-HCP, Mitgliedschaft in einem Golfclub) vorliegen.
- Der Gutschein kann nur mit Vorlage des Köllen Golfführer für Deutschland oder mit beiliegender KöllenCard eingelöst werden.
- Die Einlösung kann nur nach telefonischer Anmeldung erfolgen – unter Hinweis auf die Nutzung des Angebots. Bei Sonderveranstaltungen, Turnieren etc. müssen Gutscheine nicht angenommen werden.
- Das Kombinieren mit anderen Rabatten ist nicht möglich – es gilt das zum Abschlagszeitpunkt gültige, volle Greenfee! Bei unterschiedlichen Greenfees (z.B. Studenten-Rabatt) ist der günstigere Tarif gratis!
- Alle Inserenten verpflichten sich, Gutscheine zu den angegebenen Bedingungen einzulösen. Der Verlag übernimmt keine Haftung, wenn ein Gutschein nicht eingelöst wird oder werden kann. Alle Angaben ohne Gewähr!
- Das Angebot ist gültig bis 31.05.2023.

Hinweis

- Informieren Sie sich vorher über das für Sie gültige Greenfee.

Teilnahmebedingungen

- Zur Gutschein-Einlösung muss eine Greenfee-Berechtigung (z.B. Mindest-HCP, Mitgliedschaft in einem Golfclub) vorliegen.
- Der Gutschein kann nur mit Vorlage des Köllen Golfführer für Deutschland oder mit beiliegender KöllenCard eingelöst werden.
- Die Einlösung kann nur nach telefonischer Anmeldung erfolgen – unter Hinweis auf die Nutzung des Angebots. Bei Sonderveranstaltungen, Turnieren etc. müssen Gutscheine nicht angenommen werden.
- Das Kombinieren mit anderen Rabatten ist nicht möglich – es gilt das zum Abschlagszeitpunkt gültige, volle Greenfee! Bei unterschiedlichen Greenfees (z.B. Studenten-Rabatt) ist der günstigere Tarif gratis!
- Alle Inserenten verpflichten sich, Gutscheine zu den angegebenen Bedingungen einzulösen. Der Verlag übernimmt keine Haftung, wenn ein Gutschein nicht eingelöst wird oder werden kann. Alle Angaben ohne Gewähr!
- Das Angebot ist gültig bis 31.05.2023.

Hinweis

- Informieren Sie sich vorher über das für Sie gültige Greenfee.

Teilnahmebedingungen

- Zur Gutschein-Einlösung muss eine Greenfee-Berechtigung (z.B. Mindest-HCP, Mitgliedschaft in einem Golfclub) vorliegen.
- Der Gutschein kann nur mit Vorlage des Köllen Golfführer für Deutschland oder mit beiliegender KöllenCard eingelöst werden.
- Die Einlösung kann nur nach telefonischer Anmeldung erfolgen – unter Hinweis auf die Nutzung des Angebots. Bei Sonderveranstaltungen, Turnieren etc. müssen Gutscheine nicht angenommen werden.
- Das Kombinieren mit anderen Rabatten ist nicht möglich – es gilt das zum Abschlagszeitpunkt gültige, volle Greenfee! Bei unterschiedlichen Greenfees (z.B. Studenten-Rabatt) ist der günstigere Tarif gratis!
- Alle Inserenten verpflichten sich, Gutscheine zu den angegebenen Bedingungen einzulösen. Der Verlag übernimmt keine Haftung, wenn ein Gutschein nicht eingelöst wird oder werden kann. Alle Angaben ohne Gewähr!
- Das Angebot ist gültig bis 31.05.2023.

Hinweis

- Informieren Sie sich vorher über das für Sie gültige Greenfee.

Teilnahmebedingungen

- Zur Gutschein-Einlösung muss eine Greenfee-Berechtigung (z.B. Mindest-HCP, Mitgliedschaft in einem Golfclub) vorliegen.
- Der Gutschein kann nur mit Vorlage des Köllen Golfführer für Deutschland oder mit beiliegender KöllenCard eingelöst werden.
- Die Einlösung kann nur nach telefonischer Anmeldung erfolgen – unter Hinweis auf die Nutzung des Angebots. Bei Sonderveranstaltungen, Turnieren etc. müssen Gutscheine nicht angenommen werden.
- Das Kombinieren mit anderen Rabatten ist nicht möglich – es gilt das zum Abschlagszeitpunkt gültige, volle Greenfee! Bei unterschiedlichen Greenfees (z.B. Studenten-Rabatt) ist der günstigere Tarif gratis!
- Alle Inserenten verpflichten sich, Gutscheine zu den angegebenen Bedingungen einzulösen. Der Verlag übernimmt keine Haftung, wenn ein Gutschein nicht eingelöst wird oder werden kann. Alle Angaben ohne Gewähr!
- Das Angebot ist gültig bis 31.05.2023.

Hinweis

- Informieren Sie sich vorher über das für Sie gültige Greenfee.

Teilnahmebedingungen

- Zur Gutschein-Einlösung muss eine Greenfee-Berechtigung (z.B. Mindest-HCP, Mitgliedschaft in einem Golfclub) vorliegen.
- Der Gutschein kann nur mit Vorlage des Köllen Golfführer für Deutschland oder mit beiliegender KöllenCard eingelöst werden.
- Die Einlösung kann nur nach telefonischer Anmeldung erfolgen – unter Hinweis auf die Nutzung des Angebots. Bei Sonderveranstaltungen, Turnieren etc. müssen Gutscheine nicht angenommen werden.
- Das Kombinieren mit anderen Rabatten ist nicht möglich – es gilt das zum Abschlagszeitpunkt gültige, volle Greenfee! Bei unterschiedlichen Greenfees (z.B. Studenten-Rabatt) ist der günstigere Tarif gratis!
- Alle Inserenten verpflichten sich, Gutscheine zu den angegebenen Bedingungen einzulösen. Der Verlag übernimmt keine Haftung, wenn ein Gutschein nicht eingelöst wird oder werden kann. Alle Angaben ohne Gewähr!
- Das Angebot ist gültig bis 31.05.2023.

Hinweis

- Informieren Sie sich vorher über das für Sie gültige Greenfee.

Teilnahmebedingungen

- Zur Gutschein-Einlösung muss eine Greenfee-Berechtigung (z.B. Mindest-HCP, Mitgliedschaft in einem Golfclub) vorliegen.
- Der Gutschein kann nur mit Vorlage des Köllen Golfführer für Deutschland oder mit beiliegender KöllenCard eingelöst werden.
- Die Einlösung kann nur nach telefonischer Anmeldung erfolgen – unter Hinweis auf die Nutzung des Angebots. Bei Sonderveranstaltungen, Turnieren etc. müssen Gutscheine nicht angenommen werden.
- Das Kombinieren mit anderen Rabatten ist nicht möglich – es gilt das zum Abschlagszeitpunkt gültige, volle Greenfee! Bei unterschiedlichen Greenfees (z.B. Studenten-Rabatt) ist der günstigere Tarif gratis!
- Alle Inserenten verpflichten sich, Gutscheine zu den angegebenen Bedingungen einzulösen. Der Verlag übernimmt keine Haftung, wenn ein Gutschein nicht eingelöst wird oder werden kann. Alle Angaben ohne Gewähr!
- Das Angebot ist gültig bis 31.05.2023.

Hinweis

- Informieren Sie sich vorher über das für Sie gültige Greenfee.

Impressum

Herausgeber und Verlag:

Köllen Druck + Verlag GmbH
Ernst-Robert-Curtius-Straße 14
53117 Bonn
Telefon 02 28 – 98 98 284
Telefax 02 28 – 98 98 299
E-Mail: golf@koellen.de
www.koellen-golf.de

Herausgegeben im März 2022
Redaktionsschluss: 31. Januar 2022

Geschäftsführung:
Bastian Bleeck

Projektleitung:
Frederic Brandenburg, Köllen Druck + Verlag GmbH

Anzeigen:
Monika Möbius, Max Freyn, Köllen Druck + Verlag GmbH

Redaktion:
Frederic Brandenburg, Max Freyn,
Köllen Druck + Verlag GmbH

Vorstufe / Satz:
Jenny Flink, Köllen Druck + Verlag GmbH

Betreuung von Hotel-Anzeigen:
Köllen Druck + Verlag GmbH
Telefon 02 28 – 98 98 280
E-Mail: golf@koellen.de

Kartographie:
Landkarten-Verlag J. Kronast, Dietmannsried

Die Clubdaten ergeben sich aus Mitteilungen der Golfanlagen sowie aus Onlinerecherchen des Verlags. Informationen können sich im Laufe eines Jahres verändern. Für die Richtigkeit der Angaben übernimmt der Verlag keine Gewähr.

Die Mitgliedschaft im Deutschen Golf Verband e.V. (DGV) bildet keine rechtliche Basis für eine Veröffentlichung im Köllen Golfführer.

Für die im Köllen Golfführer angebotenen Greenfee-Aktionen und -Vergünstigungen wird keine Garantie auf Einlösung übernommen.

Gesamtherstellung:
Köllen Druck + Verlag GmbH
ISBN: 978-3-88579-581-0

Titelbild: Van der Valk Golfclub Serrahn

Sie wollen neue Golfanlagen kennenlernen und dabei sparen?

Mit dem Köllen Golfführer und der Gutschein-Aktion können Sie bei 272 teilnehmenden Golfanlagen deutschlandweit Greenfee-vergünstigt Golf spielen.

Auf den Übersichtskarten der Bundesländer finden Sie alle an der Greenfee-Aktion teilnehmenden Golfplätze rot markiert. Auf den Seiten 406 bis 408 werden darüber hinaus alle an der Aktion beteiligten Anlagen noch einmal aufgeführt. Die Plätze sind dort innerhalb der Bundesländer nach DGV-Nummern sortiert. Die DGV-Nummer eines Platzes finden Sie auch immer auf der jeweiligen Clubseite im Buch. Nimmt der Club an der Gutschein-Aktion teil, ist dies dort noch einmal gekennzeichnet.

Spielen Sie zu zweit mit den „2:1"-Coupons und zahlen nur ein Greenfee (alternativ gilt bei vielen Gutscheinen 25% GF-Nachlass für Einzelspieler) oder gehen Sie mit den %-Marken auf die Runde!

Beachten Sie bitte unten stehende und auf der Rückseite der Coupons abgedruckte Teilnahmebedingungen! Einschränkungen zur Einlösung des Nachlasses sind auf den jeweiligen Coupons zu finden.

Zusammen mit den teilnehmenden Golfanlagen wünschen wir Ihnen entspannende Stunden und gutes Spiel!

Ihr Köllen Golf Team

Teilnahmebedingungen

- Zur Gutschein-Einlösung muss eine Greenfee-Berechtigung (z.B. Mindest-HCP, Mitgliedschaft in einem Golfclub) vorliegen.
- Der Gutschein kann nur mit Vorlage des Köllen Golfführer für Deutschland oder mit beiliegender KöllenCard eingelöst werden.
- Die Einlösung kann nur nach telefonischer Anmeldung erfolgen – unter Hinweis auf die Nutzung des Angebots. Bei Sonderveranstaltungen, Turnieren etc. müssen Gutscheine nicht angenommen werden.
- Das Kombinieren mit anderen Rabatten ist nicht möglich – es gilt das zum Abschlagszeitpunkt gültige, volle Greenfee! Bei unterschiedlichen Greenfees (z.B. Studenten-Rabatt) ist der günstigere Tarif gratis!
- Alle Inserenten verpflichten sich, Gutscheine zu den angegebenen Bedingungen einzulösen. Der Verlag übernimmt keine Haftung, wenn ein Gutschein nicht eingelöst wird oder werden kann. Alle Angaben ohne Gewähr!
- Das Angebot ist gültig bis 31.05.2023.

Hinweis:
Informieren Sie sich vorher über das für Sie gültige Greenfee.